조선문명사

조선문명사

안확 지음
김종만 역주

안티쿠스
ANTIQUUS

조선문명사

발행일 | 초판 1쇄 2023년 8월 15일
지은이 | 안확
역주자 | 김종만
펴낸이 | 김종만 · 고진숙
펴낸곳 | 안티쿠스
책임편집 | 김종만
표지디자인 | 디노디자인
표지인쇄 | 천일문화사
본문인쇄 · 제본 | 한국출판정보(주)
물류 | (주)문화유통북스
출판등록 | 제300-2010-58호(2010년 4월 21일)
주소 | 03020 서울시 종로구 자하문로 41길 6, 가동 102호
전화 | 02-379-8883
팩스 | 02-379-8874
이메일 | jm-kayapia@hanmail.net
값은 뒤표지에 있습니다.
이 책의 무단전재 및 복제를 금합니다.

ISBN 978-89-92801-51-5 93910

일러두기(역주자)

1. 본서는 1923년(大正 12) 1월 1일 경성 회동서관(滙東書舘:京城府南大門通 1, 17 印刷 永南印刷 株式會社 印刷人 金世穆)에서 간행한 안확(安廓: 京城府 玉仁洞 157)의『朝鮮文明史』(一名 朝鮮政 治史)를 번역, 주석한 것이다(著作兼發行者 安廓 洋製 二圓 平製一圓二十錢).

2. 이 책의 저본은 국회도서관 소장본 『朝鮮文明史』(1966.4.19 등록 093336)과 安廓 (著), 權五聖・李泰鎭・崔元植(編), 『自山安廓國學論著集:第1部 著書類. 1-2』(驪江出版 社, 1994)을 참고로 하였다.

3. 이전에 출간된 안확의『조선문명사』는 두 권이 있다.
   이태진 교,『朝鮮文明史』(中央新書 109, 중앙일보사, 1983)와 자산 안확 지음, 송강호 역주,『조선문명사』-국학자 안자산의 한국통사, 우리역사연구재단, 2015)가 있는데, 이 두 책에서 많은 도움을 받았다. 잘못된 부분을 수정하고 주석을 충실히 하였으며 원문은 오식 (誤植)의 수정을 거쳐 수록하였다.

4. 원서는 세로 조판이지만 본서에서는 가로 조판으로 바꾸었고 현행 맞춤법에 의거 띄어 쓰 기를 하였다.

5. 번역문에서는 출간 당시의 오식(誤植)을 밝히지 않았으나 원문에서는 바로잡았고, 주석 에서 정오(正誤) 사항을 밝혔다.

6. 연도 표시는 서력기원을 원칙으로 하였다. 원저자가 표기한 왕력(王曆) 표기는 서력(西曆) 기원을 먼저 밝히고 왕력 표기는 괄호 처리하였다.

7. 이 책에 등장하는 학자 등을 '자'나 '호'로 표기한 경우, 인명직서(人名直書)의 원칙에 따라 이름으로 바꾸었고, 생몰연대도 부기(附記)하였다.
   본서에 사용한 문장부호 가운데, " "는 독립적인 인용 또는 대화를 표시할 때, ' '는 부 분적 인용이나 중복 인용 또는 강조를 표시할 때, ( )는 한글과 한자 병기, 연도와 임 금의 재위연간을 표시할 때, [ ]는 한글과 한자 병기 시 음이 다른 경우에 사용하였 다. 『 』는 저서명을 표시할 때, 「 」은 책 편명에서 세부적 명칭을 표시할 때, ・는 동 격의 명사를 나열할 때 사용하였다.

8. 원문은 모두 번역하여 실었다. 이 경우에 번역문만 싣고 그 출전을 제시하였다. 단, 의미 전달상 필요한 경우는 원문을 남겨두었다.

9. 저자의 원주와 옮긴이의 주를 구분하였다. 저자 원주는 본문 중에 ( )와 *로 표시하였 고, 옮긴이 주석은 미주로 두었다.

10. ( )는 저자 원주, 한자 병기, 서력 병기에 한정했다.

11. 번역문에서는 원문의 용어 일부는 다음과 같이 바꾸었다.
    예) 종족→ 민족

몽고→ 몽골, 이조(李朝)→ 조선(朝鮮), 대신라(大新羅)→ 통일신라(統一新羅)
터키→ 튀르키예 등.
그러나 인민(人民)은 민중(民衆)으로 고치지 않고 그대로 인민으로 사용하였다.

12. 원문에서 약자(略字)는 원자(原字)로 바꾸었고, 속자(俗字)나 위자(僞字)는 통용한자
(通用漢字)로 바꾸었다.

13. 원문은 오식(誤植)을 바로잡았고 주석에서 이를 밝혔다.

14. 외래어 표기는 『표준국어대사전』(국립국어원)의 외래어표기법에 따랐다. 외래어표기법의
기본 원칙은 현지음을 따른다는 것으로, 이에 의거하였다.
    1) 지명: 역사 지명은 우리 한자음으로, 현재 지명은 현지음(現地音)에 따르는 것을 원칙
    으로 하였다.
    2) 인명: 중국은 신해혁명(辛亥革命, 1911)을 기준으로 이전의 인명은 우리 한자음(漢字
    音)으로, 이후의 것은 현지음(現地音)으로 표기하였고, 일본은 시대에 관계없이
    모두 한자음 표기를 원칙으로 하였다.

15. 원래의 글은 간지(干支)·왕력(王曆)·연호(年號)가 병기되고 여기에 일본·중국의 왕
력·연호가 부기되었으나, 현재 우리에게 익숙한 시간 정보 규준에 따라 서력을 병기(倂
記)하되 우리나라 왕력과 연호 중심으로 표기하였다. 다만, 문맥상 필요한 경우에는 해
당 국가의 왕력과 연호를 그대로 두었다.

16. 본문 중 저자주와 역주자주는 표시하였으며 미주는 역주자주이다.

17. 주석은 이홍직 편, 『증보 새국사사전』(2004, 18쇄본, 교학사), 趙義高 編, 『世界史大事典』
(1976, 初版本, 民衆書館), 『한국민족문화대백과사전』(한국학중앙연구원)과 위키백과
(위키피디아)를 주로 참고하여 작성하였으며, 『한국민족문화대백과사전』는 [출처:(항목
명)-한국민족문화대백과사전])으로 명시하였다.

18. 주석 중 일부 항목은 다양한 콘텐츠를 보여준다는 측면과 상충된 입장을 반영하는 등의
이유로 두 번 수록하였다.
    예) 이회영(李會榮), 환인(桓因), 환웅(桓雄), 단군(檀君, 壇君), 우륵(于勒), 김생(金生) 등.

19. 주석 가운데 김유신(金庾信), 김춘추(金春秋), 대동법(大同法), 독립협회(獨立協會), 동학(東
學), 만민공동회(萬民共同會), 이성계(李成桂), 장악원(掌樂院), 최치원(崔致遠), 향약(鄕約)
등의 항목 설명글은 매우 길다. 그만큼 중요도가 있다고 판단되어 줄이지는 않았다.

『조선문명사』 해제

불행으로 마감한 지식인 60년의 삶

안확(安廓)은 1886년(고종 23)에 서울의 중인 집안(부친 안윤기安胤基: 순흥順興 안씨 첨추공파僉樞公派)에서 출생하였다. 호는 자산(自山)1), 팔대수(八人搜), 운문생(雲門生) 이 있는데 주로 자산을 많이 썼고, 자산으로 호칭했다.

1875년(고종 12) 7월 공포한 소학교령(小學校令)에 의하여 1895년(고종 32) 열 살 때 서울 수하동 소학교(水河洞小學校)2)에 입학하였고 이듬해에는 1896년 독립 협회(獨立協會)3)가 만민공동회(萬民共同會)4)를 개최할 때 그 모임에 참여, 연설(演說) 지도를 받았다. 그는 중인(中人) 출신이었기에 유대치(劉人致=유홍기劉鴻基, ?~?)5) 같 은 사람처럼 일찍이 신학문을 접했다. 유길준(兪吉濬, 1856~1914)6)의 『서유견문(西 遊見聞)』7)과 양계초(梁啓超, 1873~1929)8)의 『음빙실문집(飮氷室文集)』9) 등을 통해 서 구 문물(文物)과 정치사상(政治思想)에 대한 영향을 받았다고 한다.

1900년대에는 서북 일대에서 학교 설립 등의 교육 사업을 통해 계몽운동(啓蒙 運動)을 전개, 1911년에는 제자 이은상(李殷相, 1903~1982)10)의 부친 남하 이승규 (南荷 李承奎, 1840~1922)가 오스트레일리아 선교사(宣敎師)들의 도움으로 세운 마산 창신학교(昌信學校)11) 교사로 부임하는(1914년까지 근무한 듯) 한편으로 1915년부터 는 조선국권회복단(朝鮮國權恢復團)12)의 전신인 달성친목회(達城親睦會)13)를 중심으 로 활동하였다.

1913년경에는 일본대학 정치학과에 유학하여 서양정치사와 근대 민주정치에 대한 연구는 뒷날 한국사를 세계사와 비교하여 탁견(卓見: 뛰어난 의견이나 견식. 탁 식卓識-역주자주)을 내놓는 글을 집필하게 된다.

1916년 유학을 마치고 귀국하여 윤상로(尹相老)·이시영(李始榮, 1868~1953)14) 등이 결성한 조선국권회복단 마산지부장을 맡으며 독립운동 대열에 참가, 1917년 이회영 (李會榮, 1867~1932)15)·이승훈(李昇薰, 1864~1930)16)·오세창(吳世昌, 1864~1953)17) 등 과 고종(高宗)의 해외 망명 유치 계획에 가담하기도 했다.

1921년 조선청년연합회 기관지 《아성(我聲)》의 편집을 맡았고 이듬해에는 《신 천지(新天地)》18)의 편집인이 되었다. 이 시기부터 국어와 국문학, 한국사를 비롯한 국학에 대한 글들을 발표하였다. 이해 5월 중국 여행에 나서 북경·상해 등지를 다니며 다방면의 서적을 탐독, 이 무렵 8,500여 권에 달하는 책을 섭렵(涉獵) 본격 집필에 들어가 『조선문학사(朝鮮文學史)』, 『조선문명사(朝鮮文明史)』(조선정치사)와 『조선무사영웅전(朝鮮武士英雄傳)』[19] 등의 책과 「자각론(自覺論)」 등의 시론(時論)을 발표하였다.

1928년부터는 이왕직 아악부(李王職 雅樂部)[20]에 촉탁(囑託: 임시로 어떤 일을 보는 공무원 또는 직원-역주자주)으로 4년 동안 근무하는 동안 연구물을 일본인 사학 잡지인 《조선사학(朝鮮史學)》[21]에 발표, 후일 그의 민족주의적(民族主義的) 성향(性向)에 어긋나는 평가를 남기기도 하였다.[22]

일제의 대륙 침략이 본격화하자 국내를 벗어나 만주와 상해·북경 등의 중국 대륙, 러시아의 연해주, 시베리아와 일본, 이주 등지를 7년간 유랑(流浪)하였다. 곧이어 귀국하여(1938년) 어학, 문학, 미술사 등에 관한 글을 발표, 1940년 이후에는 절필(絶筆)하다시피 하며 정인보(鄭寅普, 1892~?)[23] 등과 교유(交遊)하였다.

1945년 조국이 광복이 되자 자신의 정치 이념(理念)을 구현하고자 친우들과 정당(政黨)을 결성(結成)하려 하였으나 성사(成事)시키지는 못하고 이듬해(1946) 11월 8일 서울에서 타계(他界)하였다.

저서에 『조선문명사』·『조선문학사』·『조선문법』·『조선무사영웅전(朝鮮武士英雄傳)』·『시조시학』 등의 저서와 「조선의 미술」 「조선철학사상개관」·「조선의 음악」 「조선상업사소고」 등 140여 편의 한국학 관련 논문이 있다. 1994년 여강출판사에서 『자산안확국학논저집(自山安廓國學論著集)』이 출간되었다.

대한민국 정부는 1993년 안확에게 건국훈장(建國勳章) 애족장(愛族章, National Medal)을 추서(追敍)했고 2003년 1월 이달의 문화인물로 선정한 바 있다.

한국통사의 전형 『조선문명사』

3·1운동 이후에 국내에서는 문화계 전반에 문화주의(文化主義)가 풍미했다. 문화사관(文化史觀)은 정치·경제·사회·문화 등 사회 전 분야를 통해서 역사 발전의 구조를 파악하려는 방법론을 의미한다. 안확을 비롯해서 황의돈(黃義敦, 1887~1964)[24]·장도빈(張道斌, 1888~1963)[25]·권덕규(權悳奎, 1890~1950)[26]·이능화(李能和, 1869~1943)[27] 등이었다.

안확은 문화사관(文化史觀)의 입장에서 모두 43책의 방대한 저술 계획을 세웠는데 『조선문명사(朝鮮文明史)』 전 8책, 『자산학설집(自山學說集)』 전 8책, 『자산문집(自山文集)』 전 7책, 『정치론(政治論)』 전 20책 총 43책이 그것이다.

우리나라 문명사를 체계적으로 쓸 계획을 세웠다. 민족사·정치사·경제사·외교사·미술사·학예사·문화사·육해군사 등 전 8책의 문명사를 구상하고 8,500여 권의 동서양 서적을 수집했다.

안확의 역사의식을 대표하는 저술은 『조선문명사』이다. 이 책은 원래 그가 구상한 8권의 『조선문명사』 가운데 제5권 정치사(政治史)에 해당하는 것으로, 후속 작업이 이루어지지 않은 까닭에 『조선문명사』로 이름을 바꾸게 된 것이다.

이 무렵 한국사 저술로 황의돈의 『신편 조선역사(新編 朝鮮歷史)』, 장도빈의 『조선사 요령(朝鮮史要領)』, 권덕규의 『조선유기략(朝鮮留記略)』 등이 있는데 『조선문명사』는 통사체의 정형(定型)이란 면에서 단연 돋보이는 것이었다. 체재와 서술에서 역사 발전의 과정을 충실히 담고 있으며, 시기(時期) 구분에서도 근대적 관점이 반영됨으로써 역사 연구의 새로운 지평을 여는 것이었다.

안확은 우리나라 정치사를 '독립적'이고 '진화적'으로 이해하였다. '독립적'이라 함은 우리 역사에서 중국과는 달리 이민족이 세운 왕조는 없었고, 고대에서 고려와 조선을 거쳐 정치와 문명이 퇴보하지 않고 진보해왔다는 점이다.

안확은 역사의 주체로 인민(人民), 민중(民衆)으로 보았고, 역사의 동력, 주체(主體)로 간주하는 인식 체계를 민족사 파악에 관철시킨 것으로 이 『조선문명사』가 처음이었다.28)

또한 우리 역사의 시대 구분을 태고(원시), 상고(단군~삼한 말), 중고(삼국~남북조), 근고(고려), 근세(조선)로 시대구분하였다.

전편에 걸쳐 시도되고 있는 세계사와의 비교는 비교사학(比較史學)의 견지에서 선구적(先驅的)인 것으로 곳곳에 저자의 독특(獨特)한 학설과 탁견(卓見)이 돋보이는 것 또한 이 책이 갖는 특장점(特長點)이다.

안확은 정치 주권(主權)이 어디에 있었는가에 두었는데 서양의 경우에는 봉건제(封建制)가 있고 중국에도 천자제후(天子諸侯)의 제도가 있었으나, 우리나라는 봉건제가 없는 대신 자치제(自治制)의 역사가 있다고 보았다. 조선시대의 자치제에서는 고려시대의 사심관(事審官)제도를 계승한 유향소(留鄕所), 즉 향회(鄕會)와 촌회(村會)에 주목했다.

신라는 본래 정치의 성질이 자치(自治)에 있었다. 그런 까닭에 각 지방에는 관치조직(官治組織) 이외에 자치조직이 있으니, 이는 오늘날 면동장(面洞長) 제도의 근본이다. 한 마을[村]에는 촌주(村主)가 있고 또한 촌도전(村徒典)이 있었는데, 모두 민간의 명망(名望)이 있는 자로 선발(選拔)하여 임명(任命)하였다. 인민의 풍속과 교육과 소재판과 경찰 등의 일을 자발적으로 다스렸다(40절).

향회는 좌수(座首)가 보통 고을 주민의 대표를 소집하여 향청(鄕廳)에서 개최하는 것이요, 향교(鄕校)에서 해당 고을 내에서 유적(儒籍)에 가입한 유림(儒林)들을 모아놓은 것을 '유회(儒會)'라고 한다.(…) 향회는 2종으로 이루어진 지금의 상원(上院), 하원(下院)과 유사한 점이 있다고 하겠다.(…) 이 향회의 조직은 형식을 오늘날의 회의 단체들에 비하면 못한 점이 없지 않으나, 서양에서 그리스의 정회(政會)보다는 대단히 발달된 경우인 셈이다. 또한, 이 향회는 동양 여러 나라에는 보이지 않는 것으로, 오직 우리 조선에서만 정치의 발달이 구현된 것이다. 그런 까닭에 근세 정치의 원기(元氣)는 이 향회에 있었다고 할 수 있겠다(제106절).

조선 정치의 독특한 양상인 당파(黨派)에 대한 해석도 매우 파격적(破格的)이다. 그는 이건창(李建昌, 1852~1898)의 『당의통략(黨議通略)』을 비롯하여 당파를 부정적으로 보는 견해를 반박(反駁)하고, "내가 생각하니 근대 정치는 당파로 인하여 발달을 이루었음에도 불구하고 오히려 당파가 진보(進步)하지 못하고 끊어지는 바람에 정치가 쇠퇴하고 말았다고 서슴없이 단언하는 바이다"(제85절)고 했다.

당파 정치가 정치 발달을 가져온 이유로, 첫째, 정객(政客)의 정치적 자유가 진작된 점, 둘째, 인재(人材) 등용(登用)이 활성화되고 상인(常人)의 정계(政界) 진출이 촉진된 점, 셋째, 여러 당파가 가부(可否)를 성토(聲討)하는 가운데 중정(中正)의 길을 얻어 진보가 이루어진 점을 들고 있다. 당파를 정당(政黨)으로 간주하면서 세도정치는 당파정치가 끊어지면서 빚어진 정치적 후퇴로 보고 있다.

자유국가(自由國家)여야 정당이 있고, 정치가 발달해야 당파가 생기는 법이다. 조선의 사색(四色) 당쟁은 다소 불미스러운 행태들을 드러내기도 했으나 다른 측면에서 본다면 그것이 오히려 유리하게 작용하기도 했다. 그러므로 동양의 여러 국가들 중에서 조선의 정치가 발달하게 된 데에는 이 당파들이 존재했던 한 가지 요인이 되었던 것 같다고 하겠다(제85절).

태고부락시대(제2장)에서는 조선족의 발원지(發源地)를 흑룡강(黑龍江) 부근으로 발현지(發現地)는 송화강(松花江) 부근으로 상정하였다. 단군 이전에 조선족(朝鮮族)은 이미 광대한 지역에 식민지(植民地)를 두었고, 중국 본토(本土)까지도 조선족의 지배 아래 있었다고 주장하는데 이는 대종교적(大倧敎的) 민족주의(民族主義)의 영향과 식민지(植民地) 현실의 극복이라는 시대적 고뇌의 반영으로 보인다.

상고소분립시대(제3장)에서는 고조선이 한 사람의 강력(强力)으로 만들어진 것이 아니라, 전 민족이 공동일치하여 기초를 만든 것으로 보았다. 단군의 역년(歷年)은 2백 년으로 보고 단군의 직령(直領)도 소방(小邦)에 불과한 것으로 파악하여, 그 역대(歷代)가 제방국(諸邦國)과 같은 소분립정치시대라고 보고 있다.

중고 대분립정치시대(제4장)는 전·후기로 나누어 전기를 삼국시대(三國時代), 후기를 남북조시대(南北朝時代)로 구분하였다. 이는 유득공(柳得恭, 1748~1807)[29]이 발해사(渤海史)를 한국사에 넣어 발해를 '북국(北國)'으로, 통일신라를 '남국(南國)'으로 부르자는 주장과 그 궤(軌)를 같이 한다.

부여(夫餘)의 천도(遷都)로 시작된 민족의 대이동은 삼국 건설의 서장(序章)으로 신정치의 진화와 신문명 생활의 기운을 얻었으며, 이로써 사상(史上)의 일변(一變)을 이루었다고 하였다. 그리고 이는 헬레네 민족이 대이동을 통해 스파르타와 아테네를 건설함으로써 서양문명의 원천을 계발한 것과 같다고 평하였다.

삼국시대의 서술은 『삼국사기(三國史記)』와는 달리 고구려(高句麗)·백제(百濟)·신라(新羅)의 순(順)으로 되어 있으나 신라에 비중을 두고 있다. 신라의 3성(姓) 교체에 의한 왕위 계승, 화백제(和白制)·촌주제(村主制) 등에 주목(注目)하면서 자치제(自治制)의 발달과정으로 보았다.

남북조시대에서 그는 신라의 삼국통일(三國統一)에 대하여 추체험(追體驗)적 역사 인식을 강조하면서 당시는 민족 관념보다는 각기 국민적 의식이 고조되던 시대로 파악하고 신라의 외세(外勢) 이용과 삼국 통일을 긍정적(肯定的)으로 평가하였다.

어떤 역사가는 외국의 군대로 동족을 멸망시켰다고 신라를 책망하여 토론하였다. 그러나 동족을 내세우는 것은 오늘날과 같이 민족 관념이 확고해진 시대에 치우친 견해이니, 당시에 고구려와 백제가 신라를 공격한 것은 동족 간에 원수가 된 것이지만 당시 민족 관념은 없었던 것 같고, 국민적 의식이 상이했던 시대이다. 어찌 시대적 사상의 다름을

돌아보지 않고, 자기 편견에 의지하여 평론을 고집하겠는가?(36절)

근고정치시대(제5장)에서는 우리의 역사가 그전까지는 복체정치(複體政治)로 이루어지던 우리의 역사가 고려조 이후 단체정치(單體政治)로 이루어지고 있음을 강조한다. 또한 고려시대의 노예운동(奴隷運動)에 깊은 관심을 표명하였다. 도감(都監)의 설치와 만적(萬積)의 난, 충주 노군(忠州奴軍)의 몽병(蒙兵)의 격퇴 등을 노예의 3차 운동으로 규정하고 긍정적인 평가를 내리고 있다.

근세 군주독재정치시대(제6장)에서는 조선의 건국에 대한 독특한 견해가 있다. 그는 고려와 조선의 왕조교체를 사회혁명적인 조선 건국을 혁명당(革命黨)의 승리로 보아 그 역사적 의미를 강조하였다. 이성계(李成桂, 1335~1408)의 위화도 회군(威化島回軍)의 당위성(當爲性)을 인정하고 조선 건국을 혁명당의 승리로 보았다.

살펴보면 이태조의 위화도 회군이라 함도 자의(自意)가 아니라 정부 명령에서 나온 것이었다. 이태조가 등극 후에는 크게 정명론(征明論)을 제창하여 정도전과 같이 명나라 정벌의 의론을 전개한 것이 여러 차례요, 또한 8도 민간에 방을 내걸어 명나라 정벌 준비를 크게 하였던 것이다(제73절).

그는 조선시대를 군주독재정치(君主獨裁政治)로 규정하고 서양 전제정치(專制政治)와 차별성을 역설하였다. 그는 군권(君權)의 발달과정에서 군주의 권리 신장(伸張)만 이루어진 것이 아니라, 군권을 매개로 하여 신권(臣權)과 서민(庶民)의 지위 향상(向上)도 이루어졌다고 보고, 이를 소수의 귀족(貴族)만이 신분 이동이 자유로운 성취적 계급제였음을 강조했으며, 이 점에서 그는 고려시대의 귀족적(貴族的) 계급제도와의 차이를 분명히 하였다. 조선의 독재군주제를 근대의 완전한 민주정치(民主政治)체제인 공화제(共和制)의 실현을 위한 과정으로 해석하였던 것이다.

군주가 능히 법률을 변경할 수 있지만 항상 고법(古法)이나 고례(古例)에 따르고, 국민의 생활을 쉽게 고치지 못하였다.(…) 군주를 제한하는 것은 현대 구미 각국의 국회 같은 것이 없으나 정신상·습관상 또 행정상의 근본에 있어서 신민(臣民)의 무한한 세력이 잠재해 있었다(제74절).

차 례

일러두기(저자)30)

1. 나는 19년 전부터 역사 연구에 취미를 붙였는데, 중도에 정치학(政治學)을 연구한 뒤31) 다시 정치사(政治史)를 연구하는 길에 들어섰다. 본서는 바로 그 같은 연구 결과를 경신년(庚申年, 1922) 정월(正月)에 이르는 동안 기록한 것이다.

2. 조선에는 기존의 정치학 또는 정치사 기록이 없으므로 본서의 체제는 이전의 책을 본받지 아니하고 전적으로 저자가 임의로 새로운 모형을 만들었다.

3. 본서에서 인용한 책은 너무 많아서 일일이 기재하지 못하였는데, 서원(書院)과 고가(古家)의 장서, 일본상야도서관(日本上野圖書館), 북경관립장서각(北京官立藏書閣), 상해천주교서루(上海天主敎書樓) 등을 두루 다니며 탐독한 바, 우리 역사로는 『대전통편(大典通編)』32)『백헌총요(百憲總要)』33), 『은대조례(銀臺條例)』34), 『동략(東略)』35)과 여러 역사서 및 문집 등이 있고, 한서(漢書)로는 『구통(九通)』36) 등 각종 법전(法典), 『고금치평략(古今治平略)』,37) 연감(年鑑), 유서(類書: 내용을 사항별로 분류, 편집한 책-역주자주) 등이 있다. 또 서양서(西洋書)로는 『독일법제사(獨逸法制史)』와 『로마법제사』 및 각종 정치사, 정치학 등 모두 8,500책이다.

4. 본서는 단지 서적으로만 참고했을 뿐만 아니라 옛 관리로 생활하던 대관(大官), 서리(胥吏, 중앙관청의 품계 없는 하급관리), 아전(衙前) 등의 노인에게 문의한 것이 많으며, 더욱 친한 벗인 김병목(金炳穆), 조남익(趙南益), 이병주(李丙冑), 김항규(金恒圭) 여러분들에게서 크나큰 지도를 받았다.

5. 본서의 내용에 있어서 절목(節目)과 조례(條例) 부분은 법제사(法制史)에 관한 것이다. 그러므로 모두 다 열거하지 않고, 오직 공법상(公法上)으로 의의(意義)가 있는 부분만을 가려서 기록하였는데, 여러 저자의 견해를 접하여 세계정치사[萬國政治史]와 비교하면서 여기에 다시 내 의견을 보태서 논평하였다.

6. 본서를 저술하는 데 있어 적어도 1,000쪽 이상의 큰 책을 만들려고 하였는데, 지금 얼마간의 사정에 의해서 통속적(通俗的) 대강(大綱)을 취하는데

그치니, 선배 여러분들은 나의 미력(微力)한 뜻을 양해하여 훗날의 광명(光明)한 편찬을 발행 배포하기까지 너그러이 용서해 주시기를 바란다.

제 1 장
서 언緒言

제1절 개설(槪說)

웅장(雄壯)한 조선 5천 년의 역사. 천지가 개벽(開闢)하여 세계가 탄생한 후, 아시아 동쪽의 대륙과 반도 전체, 동서로는 6~7천 리가 되고 남북으로는 1만여 리가 되는 광활(廣闊)한 터전이다. 이 신주(神州)[38]의 주인공인 우리 조선 민족이 지금 5천 년을 경유(經由)할 새, 자기 민족을 보호함에는 외적의 침입을 막아 혈전고투(血戰苦鬪)를 시험하고, 자기 민족을 발달함에 찬란(燦爛)한 제도를 시행할 새 혹은 외부 문화를 흡수(吸收)하고 혹은 자발적 문화를 드러내어 개선(改善), 진화(進化)를 경유해왔다. 어느 때는 군국주의(軍國主義)를 행하고 어느 때는 문화주의(文化主義)를 행한 바, 그 두드러진 문화생활은 5천 년 오랜 세월 동안 무수한 변혁(變革)의 정치사에서 드러나지 않음이 없었다.

조선정치사를 알려면 먼저 조선 민족의 생활사(生活史)를 알아야 할 것이요, 조선 민족의 생활사를 살펴보려 한다면 그 정치사(政治史)를 먼저 연구하지 않을 수 없다. 그러므로 말하기를(…) 예로부터 조선사(朝鮮史)의 저술이 출현한 바 그 수가 몇 백 종에 달하지만 정치사(政治史) 논평(論評)은 흐릿[濛濃몽농]함에도 불구하고, 그 저서에 기록된 글의 뜻[文意문의]을 살펴보면 조선 민족의 생명(生命)이 기생적(寄生的)이거나 모의적(模擬的: 실제의 것을 본떠서 시험적으로 해봄-역주자주)인 것으로 언급한 것이 많고, 독립 또는 특수한 문명을 발휘하여 조선 민족의 생명(生命)을 생명으로 보전(保全)하지 않은 것으로 서술한 것[裝置장치]이 많았다.

근래 여러 학자들이 논한 것을 보더라도 또한 마찬가지라서 조선 사람을 제2의 중국 민족으로 밀어 붙여서[推付추부] 잘못된 학설을 주장한 경우가 많다. 이는 다름이 아니라 요즘 정치가 궁정(宮庭: 궁궐 안의 마당-역주자주) 일각(一角)에 편중(偏重)되는 바람에 귀족적(貴族的)인 역사가(歷史家)들의 안목[眼光안광]이 이면(裏面)에 숨겨져 있는 역사적 사실에 찾아내지 못하기 때문이고, 또 근래의 정치가 외교적 수단을 발휘(發揮)한 가면(假面)이 정치적 내용을 덮어 가린 것[遮隱차은]이 많기 때문에 과거 과학의 힘이 부족한 붓에서 분석적인 역사를 저술하지 못한 병폐(病弊)이기도 하다. 또한 근래의 인사들은 간혹 말하기를, 고려로부터 조선에 이르는 무릇 1천 년간의 정치와 문명이 삼국시대보다 그 자취가 퇴보(退步)한 것으로 오인(誤認)한 이가 있으니, 이는 근래의 시세(時勢)에 패배하여 역사를 회고(回顧)하는 사시적(史詩的) 관념으로 오랜 과거를 흠모(欽慕)하는 생각에서 생긴 것이다.

사실상 조선정치사를 들여다보면 그 잘못 관찰한 것을 고치기가 어렵지는 않다. 그 동안에 십여 차례 외적이 침입(侵入)해 온 일이 있으나 5천 년간의 왕위 계승표를 살펴보면 결코 이민족(異民族)으로서 조선 궁궐을 점유(占有)하여 제왕이 된 일이 잠깐 동안도 없었고, 중국 당송(唐宋)의 법제를 채용하며 외래 문명을 수입한 일은 많았지만, 잘 씹고[詛嚼저작] 잘 수용(受容)하여 본래의 법제(法制)와 문명(文明)을 혼합(混合), 조화(調和)시킨 까닭에, 진보하고 발전하는데 참고, 이용한 것을 드러낸 것에 지나지 않는다. 더욱 조선의 자치제(自治制)는 단군(檀君) 건국시대부터 있던 바, 그리스의 정치와 같은 것으로 동양의 선진적(先進的)이며 독특한 생활(生活)이다. 또한 법제문화의 경우만 하더라도 스파르타의 헌법(憲法)처럼 고정성(固定性: 정한대로 변경하지 않는 성질-역주자주)이 있다할지언정 쇠락(衰落)했다고 할 수는 없으며, 로마의 정치와 같이 현란(絢爛)하기에 더디었다고는 할 수 있어서도 퇴보(退步)라고는 할 수는 없는 것이다.

옛 오류(誤謬)를 배제(排除)하고 새로운 견지에서 올바른 역사를 관찰(觀察)하며, 문명의 요체(要諦)로써 생활사의 근본을 찾아서 정치사를 건설하는 것은 사실 오늘날에 가장 시급히 요구되는 것이라 하지 않을 수 없다. 정치사에서 가장 중요한 것은 시대구분(時代區分)이다. 근세 과학적인 입장에서 사회조직, 경제, 문화 및 지리상의 여러 문제에 그 대표적인 전범(典範)을 취하면 조선 정치사의 구분(區分)을 다음과 같이 정리할 수 있다.

① 상고 소분립 정치시대
   단군 건국부터 열국(列國) 즉 삼한 말까지 2천 2백 년간
② 중고 대분립 정치시대
   삼국 초부터 남북조(南北朝)39)까지 전체 1천 년간
③ 근고 귀족 정치시대
   고려 전체 5백 년간
④ 근세 군주독재 정치시대
   조선 전체 5백 년간

이런 방식으로 구분하여 정치사를 서양의 정치사와 비교해 보면 봉건시대(封建時代)가 없다. 조선은 본래 봉건제가 약해서 천자제후(天子諸侯)의 제도가 희미하고 그리스와 같이 부족자치와 왕들이 각기 분립하는 정치로 상고시대(上古時代)와 중고시대(中古時代)의 역사를 전개하였던 것이다.

제 2 장
태고太古 부락생활시대部落生活時代

제 2 장

태고(太古) 부락생활시대(部落生活時代)

제2절 조선 민족의 정주(定住)와 그 생활

태초에 우리 조선 민족은 동양의 대륙, 즉 만주(滿洲) 지방에 거주한 민족이다. 환경의 사정과 경제가 발달해 가는 과정으로 인하여 점차 남쪽으로 내려와 한반도 전체에 퍼져 살게 되었으니, 이러한 사실은 추측(推測)에 의존(依存)하지 않더라도 역사에서 짐작하기에 어렵지 않은 일이다.

단군 이전에는 어떤 뚜렷한 통치자(統治者)가 있어서 여러 인민(人民)들을 통솔(統率)했다는 발자취를 찾아볼 수가 없다. 그러나 부부(夫婦)와 자녀(子女)가 혹은 합치거나 혹은 나뉘어서 곳곳에 흩어져서 생활의 조건을 외계(外界)의 자연물에 두었을 것이다. 이는 단군 건국 초창기의 일을 기록한 부분에 보면 알 수 있는데, 고서(古書)에 의하면 동방에 군장(君長)이 처음에는 없었다. 인민은 풀로 옷을 해 입고, 나무 열매[木實목실]를 먹고, 여름에는 둥지[巢소]에서 살았으며, 겨울에는 동굴[穴혈]에 거처하였다고 하였다.

태고(太古)에 정해진 땅이 없이 혈거(穴居) 생활을 했다는 것은 유형(有形)의 한자(漢字) 기록에만 전할 뿐만 아니라 무형(無形)의 언어상에도 전해 오는 것이 있다. 예를 들어 동굴 혈(穴)을 '골'이라 하는데, 고을 군(郡) 역시 '골' 또는 '시골'이라 하고 오방(奧房)을 '골방'이라고 한다. 이것은 곧 원시시대 거처했던 곳의 이름을 도회지(都會地)나 주·현(州縣)에 가져다가 사용한 것이다.

혈(穴)에서 거주하여 생활했을 뿐만 아니라 또한 빽빽한 나무 숲 사이에서 그 삼림을 벌목[斫伐작벌]하고 그 사이에서 거주하여 살던 자취도 있으니, 이 또한 언어적으로 찾아보는 것이 가능하다. 들[野야]을 '벌'이라 하고, 마을[村촌]과 고을 지역[州域주역]도 '벌'이라 하는데, 『삼국사기(三國史記)』에,

"소부리(所夫里)는 본래 부여군(所夫里本夫餘郡)이고, 고하부리(古河夫里)는 본래 고부군[古河夫里本古阜郡]이다. 하벌(河伐)은 본래 상주[河伐本尙州]이고, 추화(推火)는 본래 밀성[推火本密城]이었다"

라고 하였다. 여기의 부리(夫里), 벌(伐), 불[火] 등의 말은 즉 '벌'인 바, 군주(郡州)·성(城)의 고어(古語)가 '벌'이라고 하는 것은 의심의 여지가 없는 것이다. 밝다. 바란다. 붉다 하는 것도 역시 '벌'과 같은 어원이니, 고대의 민족이 삼림(森林)을 개척하고 사방을 둘러보는 과정에서 얻은 언어로 벌판[原野원야]과 성읍(城邑) 고을[城州성주]의 이름으로 지었던 것이다.

조선 민족이 북으로 만주에서부터 남으로 한반도에 내려와서 살게 된 것은 옛 역사[古史고사]에서 분명하게 기록된 곳은 없으나 고대 부락의 위치와 부여에서 점차 남쪽으로 내려와서 고구려와 백제를 건설한 것은 살펴보면 쉽게 짐작할 수 있는 일이다.

또한 언어에 의해서도 알 수 있듯이 남쪽 시내[南川남천]를 앞 시내[前川전천]라 하며 북쪽 산[北山북산]을 뒷산[後山후산]이라 하고, 고구려 5부 가운데 남부(南部)를 전부(前部)라 하고, 북부(北部)를 후부(後部)라 하니, 이것이 바로 북을 등지고 남을 바라보는 것인 바, 남으로 내려온 흔적(痕迹)이 구비(口碑) 전승(傳承)에 남아 있는 것이다. 대개 이들 방위의 명명(命名)을 민족의 이동에 기인(起因)하는 현상은 외국의 경우에도 증거가 있다.

말에 영어에서 동(東) 'East'는 빛날 휘(輝)의 뜻이고, 서(西) 'West'는 머물다[住주]는 뜻이다. (…) 산스크리트어[범어]에 동(東) 'Purva'는 앞[前전]의 뜻이고, 서(西) 'Apara'는 뒤[後후]의 뜻이다. 이와 같이 문자가 없던 태고의 사적(史跡)은 여러 차례 퇴적(堆積)된 구비(口碑) 전승의 이면에 감추어져 있고, 또 법률(法律)이나 관습(慣習)에도 잔존(殘存)해 있음을 기억해야 한다.

조선 민족의 기원은 확신할 만한 근거가 있다고 믿기는 어려우나 나의 의견은 우리 민족의 원래 발상지(發祥地)가 흑룡강(黑龍江) 부근에 있었을 것으로 생각한다(뒷절을 참조). 우리 민족의 발현지(發現地)는 만주의 장백산(長白山)과 송화강(松花江) 부근에 있었음은 의심 없는 사실이다.[40]

그런데 고서(古書)에는 민족의 기원을 확언(確言)한 것이 없으니, 이것은 문자가 없던 시대에는 자연스러운 일이라고 할 수도 있고 또한 다른 면으로 생각하면 고대인들이 유목(遊牧)과 수어렵(狩漁獵) 생활을 했다는 것을 무언(無言) 중에 포함하고 있는 것이다. 우리 조상이 만주와 한반도의 광활 비옥(肥沃)한 땅을 차지하고 우리 자손만대(子孫萬代)에 전한 것을 생각하면, 고대 조선 민족의 정주지(定住地)가 어디에 있었는지 알 수 있다. 그렇지만 신주(神州)에 완전히 정주한 것은 어렵 생활시대를 거쳐서 농업시대(農業時代)에 들어와 장백산(長白山)과 두만강(豆滿江) 및 압록강(鴨綠江) 부근에 안전(安全)한 지대를 만든 것으로 생각한다.

고대 원시생활은 어렵에 있는 것이라서 민족이 두만강 해안을 서쪽 방향으로 하고 압록강 황해안을 좌우(左右)로 한 이 일대를 주유(周遊)하면서 산골짜기와 수림(樹林) 사이로 이전해서는 새나 짐승을 사냥하고, 하천 주변이나 강기슭으로 이전해서는 어족(魚族)을 낚는 것으로 생계를 구하면서 떠도는[流轉유전] 생활을 하였으니 이때는 공동생활(共同生活)의 집단을 이루지 못하고, 오직 개인(個人)이 각기 작은 힘으로 자연(自然)에서 먹을 것을 취할 뿐이었다.

이는 만주와 반도에 있는 무수한 산골짜기와 수많은 산천(山川)이 원시 인류의 생활에 풍족(豊足)한 자료를 공급해주었기 때문이다. 이는 대개 인류 생활은 원시 어렵(漁獵)생활을 영위(營爲)함이 예삿일이었다. 그러나 인구가 점차 늘어남에 따라 자연의 생활 자료는 그 공급이 부족한지라 일정한 때도 없고 일정한 수확도 없는 어렵은 그 생활의 불안을 면하지 못하는지라 그러므로 사회의 진보에 따라 그 생활은 바뀌어[一轉일전] 농업생활(農業生活)에 진입(進入)하게 되었다.

서양의 리스트(List Georg Friedrich, 1789~1846)[41]는 어렵시대(漁獵時代), 목축시대(牧畜時代), 농업시대(農業時代)로 차례를 정하여 이로써 세계 경제 발달의 올바른 법칙으로 순서를 정한지라 그러나 조선은 본래 목축생활(牧畜生活)이 없이 어렵생활(漁獵生活)에서 곧바로 농업생활시대(農業生活時代)로 변했다. 본래 농업보다도 지난(至難)한 목축생활(牧畜生活)이 먼저 발달하였다 하는 것은 믿을 수 없는 학설(學說)로 생각되니, 이는 서양 각국의 비교(比較) 검증(檢證)해 보더라도 알 수 있는 것이다.

농업생활시대에 이르러서는 초(稍) 원시적(原始的)인 가족제도(家族制度) 양식의 발단을 드러냄에 이르러 일정한 때 일정한 장소를 취하여 집합적(集合的)인 생활 상태가 일어났다. 그러나 몇 무리의 독립적인 가족이 서로 모여서 공동생활 단체를 이룸에 이르러서는 더디게 또 서서히 습관상(習慣上) 환경상(環境上) 많은 변화의 영향을 받은 뒤에라야 가능하게 되었다. 또한 농업 제도도 단군 때에 고시씨(高矢氏)42)가 농사일을 다스렸다는 시대 이전까지는 민족이 흩어져서 어렵생활을 하는 단계(段階)를 완전히 벗어나지 못한 것으로 생각한다.

그동안에 교통(交通)은 의외(意外)로 발전을 이루었는데, 그 증거(證據)를 찾는 것은 관습(慣習)이 많이 있다. 예를 들어 과거에 이정표(里程標)를 세운 것은 동양에서 제일 발달(發達)하였으니 '장승'43)이 곧 이것이다. 이 장승이라는 것은 신(神)을 존중(尊重)하고 받드는 목적(目的)에 불과하지만, 이정표(里程標)를 기록, 새겨서 도로교통(道路交通)의 표준(標準)을 만든 것이다. 또한 고대 조선 민족의 지리(地理) 지식은 삼림(森林)에 관한 일에 많이 있었는데, 지금도 산속의 사람은 자석 또는 햇빛이 아니더라도 삼림 속에서 위아래를 능히 분간(分揀)한다.

제3절 조선 민족 이외의 제 종족과 그 관계

조선 민족이 이미 식민지(植民地)를 광막(廣漠)한 지역에 정(定)하니 그 생활은 오로지 안전(安全)하고 온전(穩全)하기만은 할 수 없어서 이에 무력(武力)을 필요로 하게 되었다.

첫째는 이민족(異民族)의 침략에 대하여 방어(防禦)하였는데, 이런 사정(事情)은 조선 민족의 거주지(居住地)가 아름답고 비옥(肥沃, 美沃미옥)했기 때문이었다.

둘째는 조선 민족 자신의 발전과 더불어 적극적(積極的)인 시설(施設)이다. 이는 수많은 시간 동안 농업생활로 인하여 토지를 필요로 하는 일이 많아지게 되자 조선 민족의 가래와 쟁기[鋤犂서려]가 이미 이민족(異民族)들 사이에까지 투입하니 그 수확(收穫)과 토지(土地)를 보호(保護)하기 위해서는 상당한 무력(武力)이 필요했다. 이들 사정으로 어떤 시설들을 갖추게 되었는가 하면 큰 활[大弓대궁]과 긴 창[長矛장모] 같은 씩씩하고 늠름한[壯凜장름] 무기(武器)를 발명(發明) 사용하고, 금벽철루(金壁鐵壘) 같은 군건한 성곽(城郭)을 건축(建築)하여 이로써 안전을 보장(保障)하는 필수적인 것으로 삼은 것이다.

고대에 있어서 조선 민족의 호령(號令)을 받은 자는 첫 번째로 아이누족[44]이었다. 이 민족은 동해변(邊)에 출몰(出沒)했다가 한 번 호령(號令)에 축출(逐出)되어 동해 섬 가운데로 물러났는데, 아이누어에 동(東) 'Moshiripa'는 '땅의 머리[地頭지두]'의 뜻이고, 서(西) 'Moshiripesh'는 '땅의 꼬리[地尻지고]'라는 뜻이다. 아이누족은 그 역사가 없을지라도 쫓겨나게 된 사실이 그 언어(言語)에 숨겨져 있다.

두 번째는 훈죽(葷粥)[45]으로 이 민족은 흑룡강 기슭에 있던 강하고 사나운[强悍강한] 이들이었다. 그들은 마침내 우리 민족에게 쫓겨나서 한인(漢人)과 다투었는데, 그 추장 오 장군(吳將軍)이 고신 씨(高辛氏)[46]와 황제(黃帝)[47]로 하여금 큰 곤란을 당하게 하였다. 그 후 주(周)나라 때에는 크게 침략(侵掠)해서 주나라로 하여금 "집이 없고, 편히 쉴 겨를이 없다네[靡室不遑啓居미실불황계거]"[48]라는 노래를 부르게 만들었다. 당시 우리 민족의 선조가 이 민족을 격퇴(擊退)하지 않았더라면 그 참화(慘禍)가 조선에 미치게 되었을 것이다.

세 번째는 한인(漢人)이니 이 민족은 지금의 중화인(中華人)이다. 이 민족과는 해마다 큰 전쟁(戰爭)이 그치지 않았는데, 이는 역사에 분명하다. 황제(黃帝)가 구려(九黎)49)의 임금 치우(蚩尤)50)와 교전(交戰)하여 큰 곤란을 겪은 전설(傳說)이 있으니, 구려는 즉 구이(九夷)를 일컫는 말이다. 『귀장역(歸藏易)』51)에 황제가 치우를 청구(靑邱)에서 죽였다 했으니, 청구는 『천문유초(天文類抄)』52)에서 말한 것같이 조선이 분명한지라 치우의 일은 우리 역사[本史본사]에서 보지 못하니, 태고(太古) 시절 구이(九夷)의 일파로 한족과 나뉘어 격전(擊戰)을 시도한 것이 분명하다. 또 『성호사설(星湖僿說)』53)을 보면 순(舜)임금이 저풍(諸馮)에서 태어나 동이(東夷) 사람이라고 칭하였다 하는데,54) 순임금도 또한 조선인으로 요(堯)임금을 몰아내고 중국의 천자(天子)가 된 것이다[순이 요를 몰아낸 것은 유지기(劉知幾, 661~721)55)가 지은 『사통(史通)』56)과 『장자(莊子)』 및 이태백(李太白, 701~762)의 시(詩) 등에 있다]. 요가 순에게 선양(禪讓: 왕위를 다음 임금에게 물려줌. 선위禪位-역주자주)했다는 것은 유가(儒家)에서 꾸며낸 말이다.

창해(滄海)의 역사(力士)57) 여도령(黎道令, ?~?)58)이 장량(張良, ?~B.C.186)59)과 함께 진시황(秦始皇, B.C.259~B.C.210)을 공격한 일, 조선 민족 일파인 선비(鮮卑), 요(遼), 금(金), 만인(滿人: 만주족) 등이 중국의 전 영토를 병탄(倂呑)한 일. 이런 사실을 관찰하면 태고(太古) 시절에 있었던 조선 민족이 한족을 호령(號令)했던 바가 컸다는 것을 추측할 수 있다.

그리고 아이누족, 흉노, 한인(漢人) 이외에도 조선 판도(版圖) 내에서 할거하던 종족은 그 수가 몹시 많은 듯하다. 『후한서(後漢書)』,60) 『논어(論語)』, 『풍속통(風俗通)』61) 등의 책에 보면 동이(東夷)에 9종(種)이 있다 하였다. 또 고사(古史)에 의하면 태고에 흑수(黑水)로부터 한남(漢南)에 이르러 9소국(小國)이 있어서 각기 그 한 지방을 보전했는데, 견족(畎族), 우족(于族), 방족(方族), 황족(黃族),62) 백족(白族),63) 적족(赤族),64) 현족(玄族), 풍족(風族),65) 양족(陽族)이 그들이다. 이것을 구이(九夷)66) 라고 말하니 단군이 신교(神敎)로 교화(敎化)하였다고도 하고, 또한 숙신(肅愼)이니 옥저(沃沮)67)니 예맥(濊貊)68)이니 하는 민족이 있다 한지라 그렇지만 이들은 모두 조선 민족의 일파(一派)로 언어(言語)가 서로 같은 동족(同族)이다(뒷장 참조).

대체로 독일인이 게르만[日耳曼일이만] 삼림에서 나와서 유럽 각처를 정복(征服)하고 정주(定住)한 것같이 조선 민족은 만주 삼림에 머물고 생활하여 깊고 엄한 성질이 있고, 또 조선 호랑이는 동양에서 유명한 것인 바, 이들 사나운 호랑이와 사악(邪惡)한 이리 같은 맹수(猛獸)들에 저항하였던 무예(武藝)를 지니고 있다. 이렇게 다방면으로 학습된 능력을 가지고 도처에서 여러 민족을 정복하여 신주(神州) 전체를 자손만대(子孫萬代)의 기초(基礎)가 되는 사업[基業기업]으로 만들었다.

한인(漢人)이 동방(東方) 사람을 가리켜 동이(東夷)라 했는데, 이(夷)라는 것은 『설문해자(說文解字)』[69]에 의하면 큰 활을 지닌 '대궁인(大弓人)'이라 한지라 공자(孔子)는 호시석노(楛矢石砮)[70]를 숙신씨(肅愼氏)의 화살이라 하였고,[71] 『후한서(後漢書)』에는 "예(濊)는 보전(步戰)에 능하였다. 창[矛]의 길이는 3장(丈)인데, 혹은 여러 사람이 함께 그것을 잡고서 사용하기도 하였다[濊能步戰예능보전, 作矛長三尺작모장삼척, 或數人共持之혹수인공지지]" 운운(云云)이라 하였다. 조선 사람이 본래 굉장(宏壯)한 병기(兵器)를 사용하여 동방의 여러 민족을 몰아내고 호령하던 남은 자취를 이들 여러 설에 의하여 추측하기 어렵지 않은 일이다.

제4절 통치자를 갈망함에 이르게 된 경로

태고 시절의 사회 조직은 어느 곳을 막론하고, 각각의 사회군(群)이 그 생계(生計) 물자(物資)를 얻는 토지(土地)와 점차 밀접한 연결 관계를 지니게 되는 경향은 덮을 수 없는 사실이다. 조선 사람이 이미 떠돌아다니는 생활에 종지부(終止符)를 찍고 정주(定住)하는 경향을 지닌 농업에 의하여 사람마다 그 경작하는 토지에 변치 않고 거주하게 되어, 인류의 정치적 생활은 많은 사회적 활동과 더불어 각기 공동의 단체가 그 정착한 토지와 직접 연결하기에 이르렀다.

이리하여 농사를 시작하던 처음에 가족의 일단을 구성하여 사회 조직의 원시적 단위를 나타냈다. 그 가족 내에 가장(家長)이 되는 이는 항상 동족(同族) 간의 두령(頭領)이 되는 지위(地位)를 갖고, 일족(一族)은 그 권력(權力)의 아래에서 강고(強固)한 단체(團體)를 이루었다. 각 독립한 가족 간에 그 가족의 규모가 늘어나고 확대되어 군중(群衆)의 가족이 서로 모인 단일(單一)한 공동생활 단체를 이루는데 이르게 되니, 이것이 바로 부락(部落)이다.

부락시대(部落時代)에 있어서는 부락의 조직만으로 단체생활의 요구를 채우기에 충분하였고 다른 강고(強固)한 조직을 만드는 일은 없었다. 그러다가 이민족과 전투를 겪은 뒤로는 민족의 두뇌 속에 새로운 사상(思想)을 일으켰다. 다시 말하면 운명(運命)과 싸우며 사방을 방랑(放浪)하다가 최후에 고향 땅에 도달하기까지는 어느 정도 그리스와 같은 경험이 있다. 즉 환경의 변화와 새로운 생활양식에 따라 민족의 성정(性情)을 도야(陶冶)할 뿐 아니라 이전(移轉) 생활상 반드시 드러나는 현상(現象)으로 정복하여 탈취한 물건도 이전의 생활상과 민족의 정신을 크게 변화(變化)시켰다.

정복(征服) 사업은 피정복(被征服) 민족 자신에게만 변화를 미쳤을 뿐만 아니라 정복 민족 자신이 야기한 것에도 역시 변화를 미치게 되었다. 즉 승리자인 노르만족인 패배한 색슨족의 사상과 혈액을 받아들인 것같이 조선 민족은 아이누, 견융(犬戎),[72] 한인(漢人) 등의 민족을 정복하고 몰아내는 동시에 그 밖의 민족의 영향(影響)을 직접적으로 받았다. 그리고 대항적(對抗的) 사상(思想)에 의하여 동족이라는 혈족적(血族的) 관념(觀念)이 더욱 강고해졌다. 또한 다른 민족의 사람을 혈족

단체 밖에 둘 뿐 아니라 원수(怨讐)와 적(敵)으로 간주하니, 오늘날 오랑캐라고 하는 말은 고려시대에 생긴 것이 아니라 멀리 태고 시절부터 유행(流行)하던 말이며 지금은 외국인(外國人)을 대하여 동족과 같이 신성(神聖)하게 생각하지 않는다. 이 관념이 정치사회의 기초적인 관념을 제공한 것이다.

이민족(異民族)의 대부분은 외지(外地)로 쫓겨났으나 그 일부분은 조선 지역 내에 거주하였는데, 이들 민족에 대해서는 혈족의 관념상 동등(同等)하게 대우하지 않았으니 이로 하여 노예제도(奴隷制度)가 이루어졌다. 이 노예는 동양(東洋)에서는 조선이 먼저 시작하였고 또 제일 먼저 발달(發達)하였으니, 고려시대 충렬왕(忠烈王, 재위:1275~1308)은 말하기를 "이 천류(賤流)는 옛날 우리 시조(始祖)로부터 따로 두고 삼가 부렸다"라고 운운(云云)하였다.

태고 시절 노예제도에 편입(編入)된 아이누, 견융, 한족들은 점차로(유대 민족 중에서 외래 민족이 그 무력에 굴복하여 자기 본래의 신(神)을 버리고, 이스라엘 신에게 귀의한 것과 같다) 아이누, 견융, 한족 등은 자기의 본래 관습을 버리고 조선의 좋은 관습(慣習)과 풍속(風俗)을 존숭(尊崇)하고 또 동화(同和)되어 자기 종족의 추장(酋長)에게 돌아가기를 바라지 않고, 조선인과 더불어 공동의 조상을 추대(推戴)하는 관념이 생겼다.

그러니 조선 민족은 외래 민족은 수용할 뿐 아니라 민족이 점차 늘어나며 또 밖으로는 외적(外敵)의 침략(侵略)이 그치지 않자 소극적(消極的), 적극적(積極的)인 대내 정돈(整頓) 등 여러 가지 정치적 관념이 일반 사상을 변화시키는 가운데, 외래 민족의 동화(同化)된 사상 또 그 윤리적(倫理的) 관념을 합쳐서 공동 혈족의 통치자에게 귀의(歸依)할 것을 갈망(渴望)하게 되니 역사 지도자로 나라 사람들[國人국인]이 단군(檀君)을 세워서 군장(君長)으로 삼았다는 것은 이상의 여러 정치적 관념으로 생겨났다.

제 3 장
상고 소분립 정치시대

제 3 장 상고 소분립 정치시대

- 단군시대에서 삼한시대까지

제5절 건국의 기초

태초(太初)에 온 인민이 일치된 의사(意思)로 단군(檀君)을 세우고 군장(君長)을 삼으니, 이는 조선의 건국 초기(初期)이다. 국호(國號)는 진단(震檀), 혹은 단(檀) 또는 환(桓)이라고 전하여 그 이름이 같지 않으나 조선(朝鮮)이라고 하는 것은 통칭(統稱)해서 부르는 국호(國號)이다.

조선 민족이 이미 방랑(放浪) 생활을 벗어나 대지에 정착한 후, 많은 경력(經歷)을 거쳐서 다시 그 종족(種族)과 부락(部落)이 한층 강하고 견고한 기초 위에 세워진 조직을 필요로 하게 되어 국가(國家)가 건설되고 통일된 정치(政治)가 행하여졌다. 그렇게 되니 국가는 가문(家門)과 부락(部落)을 취하고 그 대신에 그 직무(職務)를 맡아서 처리함에 이르게 됨에 국가는 부락과 가문(家門)을 기초로 수립되지 않고 직접 사회 조직의 최초 단위가 되는 가족 위에 세워지는 것을 본다. 국가가 이미 건설된 이래로 기존의 부락과 대가족(大家族)을 이루는 가문은 종교상(宗敎上)의 집단이나 혹은 국가 행위(國家行爲)를 대표하는 편리한 단위로 존속하는 것에 불과하였다.

그렇다면 조선 최초의 건설(建設)과 입법(立法)은 어떤 힘으로 체현(體現)되었는가? 나는 이 문제를 먼저 강구(講究)해 볼 것이다. 이것에 대한 논의(論議)에는 지금까지 두 가지 설(說)이 있다.

(1) 최초에 위대한 인물 한 사람, 즉 단군이 즉위(卽位)하여 정치제도(政治制度)를 창설(創設)하였다 하니 마치 유태인의 모세(Mose),73) 아테네의 솔론(Solon, B.C.640~B.C.560?),74) 로마의 누마(Numa Pompilus, B.C.753~673)75)와 같이 역사의 배후에 위인(偉人)이 서서 정치사의 발단을 시작했다는 것이다. (2) 단군이 조물주(造物主)의 직접 명령에 의하여 신화적으로 입법(立法)과 입국(立國)의 대업(大業)을 성취하였다는 것이다. 지금에서 이 두 가지 설을 논한다면 부당하다고 할 것이다.

첫 번째 설은 정치가의 창조적 능력으로 사회의 정치적 여러 세력이 통일의 결정적 요소가 된 것으로 조선인의 정치사상이 성취 발달하지 않고, 의식적인 행위의 결과로 귀결된 것이다. 두 번째 설은 단군을 일종의 미신화(迷信化)된 것으로 간주하고 또 정치적 기능으로서 어떠한 방법에 의하여 신을 인간의 고유(固有)한 성질(性質)에 주입(注入)한 것으로 간주한 것이다.

살펴보건대 전자는 인간의 자유(自由) 선택(選擇)의 효과(效果)를 지나치게 중시한 것이고, 후자는 인간 고유의 본능의 효과를 지나치게 중시한 것이다.

생각건대 조선인의 건국은 결코 위대한 인물의 권위(權威)에 복종(服從)하거나 신권(神權)에 맹종(盲從)하여 굴복(屈服)한 것이 아니다. 가족적 정치의 사상이 점차 발달하여 전 민족의 일치된 뜻으로 나라를 세우고 통치자를 선택(選擇)한 것이니, 의지함은 처음부터 있었던 것이 아니고 마지막에 있게 된 것이다. 그러므로 역사에서 단군을 세워서 군장을 삼았다 하였으니 자세히 말하면 조선의 건국은 조선인의 타산적(打算的)인 행위의 결과인데, 그 타산적인 행위는 조선 사람의 성격과 그 활동 범위가 되는 외부 세계 속에 자연적으로 심은[植付식부] 여러 조건에 대응(對應)하여 이루어진 것이다.

이상의 이유를 가지고 태고(太古) 건국의 동력(動力)이 어디에 있었는가 하는 것을 찾아보면 두 가지 강력한 원인(原因)에 있었다고 할 수 있다. 첫째는 혈족 관념(血族觀念), 즉 동일한 민족이라는 관념이다. 같은 혈족의 가족이 인간에게 고유한 사회성(社會性)의 결과로 발생하여 점차(漸次) 개량(改良) 진보(進步)를 구하는 동시에 외적(外敵)의 자극에 의한 혈족(血族) 관념을 더욱 촉진(促進)하여 동족(同族)의 결합(結合)을 만들어낸 것이다. 둘째는 종교(宗敎)이다. 조선 사람의 같은 혈족은 각지에 흩어져 교섭(交涉)이 없는 까닭에 이르렀을지라도 하늘을 숭배(崇拜)하고 존경(尊敬)하는 관습은 동일하였다. 그 하늘 숭배의 종교심(宗敎心)이 사람 간의 결합에 강력한 힘을 공급한 것이다. 그런데 그 종교의 하늘 숭배라 함은 조물주(造物主), 즉 천신(天神)에 국한하지 않고 공동(共同) 조상을 숭배함이니 조선 사람의 공동조상(共同祖上)이 즉 하늘이라고 하는 관념(觀念)이다.

그리하여 환인(桓因)76)의 아들 환웅(桓雄)77), 환웅의 아들 단군(檀君)78)이라고도 하고, 환인(桓因)은 천(天), 환웅은 신(神), 단군은 인신(人神)이라고도 하였다. 그렇지만 종교와 혈족 관계는 불가분(不可分)의 교섭이 있으니 당시에 있어서 혈족은 본체(本體)요, 종교는 그 관념이라 하는 것이 무방하다. 상세하게 말하면 종교는 실상(實狀) 공동혈족의 표상(表象)이다.

　가족이든 부락이든 제단(祭壇)에 무릎 꿇고 절하는, 마음이 함께 되는 감회(感懷)가 일어나는 동시에 피차(彼此) 공동 조상(祖上)에 귀의하고 갈망하는 뜻을 표하고, 그 선조로부터 보호(保護)와 지도(指導)를 받고자 소원(所願)을 빌었다. 그 종교심이 혈족 관계를 동반하여 가장 엄격(嚴格)한 의무(義務)를 지고 또 가장 신성(神聖)한 특권(特權)을 취하였는데, 이것이 전 민족을 통하여 일신(一新)되는 뜻이다. 이것이 무한하고도 강력한 힘이 되어 조선 최초 건국의 기초(基礎)를 만들었다.

　그러므로 조선 최초의 건국은 한 사람의 강한 힘으로 이루어진 것이 아니고, 전 민족이 공동 일치된 최대 다수 또 최대의 강한 힘으로 기초를 만든 것이라 생각한다.

제6절 단군의 헌법과 행정

혈족 관념과 종교적 관계로 나라를 세우고 정부를 세운 이상 그 정치생활의 정신은 오로지 전례(前例)를 존중하는 데에 있는 것이다. 이는 무엇을 말하는 것인가? 조상을 숭배하고 혈족을 애호(愛好)하는 사상이 그 뿌리가 된 그런 까닭에 전례는 절대 권력을 가진다. 이것은 현재의 영국 미국[英美영미]인이 성문법(成文法)보다 관습법(慣習法)에 더 치중한 것과 같은 것이다. 당시 전례(前例)의 존중을 관찰한 것은 역사를 참고하지 않더라도 미루어 생각해서 판단할 수 있다. 오늘날에도 새 왕조의 군주가 전대(前代)의 신민(臣民)들에게 행했던 오래된 법률을 갑자기 바꾸게 할 수 없으며, 전쟁에서 승리한 자가 망한 나라 인민의 편벽되고 잘못된 견해와 속에 몰래 숨겨져 있는[伏在복재] 세력을 감히 간섭하지 못한다. 하물며 보수적인 정신이 강한 조건하에서 행정(行政)을 하는 시대에야 다시 말할 것이 있겠는가?

그런 까닭에 단군은 새로운 의견을 내세워서 절대 자신의 독창적인 법률(法律)로 지배(支配)하지 않았고, 또한 인민도 그 제도에 자연적인 인습적(因襲的)으로 승인(承認)하고 받들어 행하였다. 그러므로 당시 입법(立法)과 행정(行政)은 새로 만들어낸 것이 적고 원시적(原始的) 제도(制度)를 답습(踏襲)하고, 또 조화롭게 보수(補修)하는 길에 나선 것이었다. 그러므로 당시의 정치는 일반 인민의 여론(輿論)을 존중(尊重)한 정치요, 정부는 일개 유기체(有機體)인 사회의 한 기관(機關)이었다.

역사에 의하면 단군이 팽우(彭虞)79)로 하여금 산천을 다스리게 하여 인민이 거주할 터를 잡으며, 신지(神誌)80)로 서계(書契: 글자로 사물을 표시하는 부호-역주자주)를 관장하게 하며, 고시씨(高矢氏)로 밭농사 일을 다스리게 하였다.

또 말하기를, 신(神)으로 가르침을 베풀고, 주로 인간 세상 366가지의 일을 다스리게 하였고 또 말하기를, 단군이 가르침을 세울 때 곡식(穀食), 생명(生命), 형벌(刑罰), 질병(疾病), 선악(善惡)을 주관하고 남녀(男女), 부자(父子), 군신(君臣), 의복(衣服), 궁실(宮室), 편발(編髮: 예전에, 관례冠禮하기 전에 머리를 땋아 늘이던 일. 또는 그 머리-역주자주), 개수(蓋首: 머리를 덮은 것-역주자주)의 제도로 교화하였다고 하였다. 저 고대 튜턴족(Teutones)81)이 공개적으로 평의(評議)하여 법률을 선언하고 인민

(人民)이 스스로 법률을 결정하고 또 적용할 것을 결정했던 것은 모두가 관습에 기인(起因)한 것이다. 그와 같이 번거롭고 많은 법률행정은 원래 제도를 받아들여 일상 행위를 크거나 작거나 관습으로 엄중한 법을 정해서 통일된 제도를 만든 것에 불과한 것으로 생각한다.

또 살펴보면 단군 당시의 입법과 행정이 도덕과 종교 및 정치를 혼동하여 서로 구별이 없었으니, 이것이 바로 관습(慣習) 법률을 답습한 증거였다. 그 법제가 고대 로마의 법률보다는 크게 발달하였음을 드러냈으니, 로마의 12동표(銅表)82)를 공개적으로 선포(宣布)하기 이전의 법률은 오직 하나의 종교법(宗敎法)에 불과한 것인지라 단군의 헌법은 종교법에 치중하는 경향이 비록 많을지라도 사회법(社會法)의 조건 또한 많았다. 그렇지만 제정일치(祭政一致)를 하여 종교와 정치를 혼동한 것은 로마나 고조선(古朝鮮)이 모두 서로 같았다. 이것은 다른 것이 아니라 종교가 관습의 원천되는 현상을 잃지 않는 데서 나온 것일 뿐만 아니라 그 생활의 총 규칙이 종교법이나 관습법(慣習法)을 불문하고 모두가 동일한 효력을 지녔기 때문이었다.

제7절 봉건정치와 그 성질

당시의 정치는 말하자면 다수의 의사에 의한 군주정체(君主政體)였다. 입법(立法)과 행정(行政)을 분간하기 어려우나 인민의 동의(同意)로써 군주를 추대하여 한 번 국세(國勢)를 위임(委任)한 이상에는 군주가 민의(民意)를 대표하는 동시에 또한 광범위한 세력이 불가(不可)한 것이 없는 것은 자연스러운 것이다. 그런 까닭에 인민이 그 군주의 명령에 굴복하지 않는 것이 불가능하고, 단군도 신성한 권능(權能)으로 인민을 통솔하지 않는 것은 불가한지라 그래서 단군이 등극(登極)한 뒤에 신공성덕(神功聖德)으로 천하를 이끌고 통솔할 때에도 그 정신은 정교일치(政敎一致)에 두고, 민의(民意)를 거역하지 않는 동시에 신성(神聖)한 정사(政事)를 평화롭게 시행하였다.

그렇지만 광대한 토지에 있어서 왕권이 직접 전체에 미치지 못하고, 또한 인민의 정론(政論)이나 물의(物議: 뭇사람의 서로 다른 비판이나 불평-역주자주)도 같은 시간 같은 장소에 집중하기가 불가능하였다. 그러므로 그 행정제도의 방법은 봉건(封建)의 제도를 행함에 있었다.

역사에 단군은 비천생(裨天生: 단군시대의 군장-역주자주)으로 남해상장(南海上長)을 봉하였다. 또 여수기(余守己)[83]로 예(濊)의 군장을 삼고, 그 아들 9명으로 여러 고을을 나누어 관장하였다. 또 지자(支子: 맏이 다음의 아들-역주자주)를 부여(夫餘)에 봉(封)했다는 역사상 기록은 즉 봉건제를 이르는 것이다. 또 3천 명을 이끌고 태백산(太白山)에 강림(降臨)하였다. 또 전국을 3천 단부(團部)로 분치(分寘: 나누어 설치-역주자주)하였다 하는데, 그 인솔(引率)한 3천 명이라 함은 그리스 고대 산상(山上) 원로원(元老院)[84] 같이 각 부장(部長)의 회의인지 또는 제일 교화자(敎化者)의 장로(長老)인지 불분명하나 3천 명과 3천 단부는 봉건적 관계가 있는 것으로 생각할 때 그 봉건 수는 프랑스[佛蘭西불란서] 고대에 있던 3천 본토(本土)와 같다.

그런데 조선 봉건제의 성질은 게르만[日耳曼일이만] 왕국이 로마[羅馬라마]를 정복하고 신민으로 국가적 복종을 보충하기 위하여 성립한 봉건과도 같지 않고, 영국 노르만 왕조가 인민으로 하여금 적의(敵意)를 도리어 품게 한 봉건과도 같지 않다. 또 인민과 토지를 궁중 대관의 봉급으로 사용하던 주나라의 봉건과도 역시 같지 않다. 즉 조선의 봉건제는 민의를 순응하는 편리 또는 국무(國務)를 통일하는 정책으로 나온 바, 여론에 기초한 군주정체를 완전히 성립한 것이다. 그러므로 서양은 다른 민족이 침입하여 봉건제를 수립하고, 한족은 요(堯), 순(舜), 우(禹), 탕(湯) 등 군주제가 먼저 성립한 것이다. 조선의 봉건제는 혈족 관념으로부터 자치적 정치에 기반하여 국가를 건설하던 당시에 성립한 것으로 생각한다.

소분립시대

제8절 정치상 분열

그 자치적 소단부(小團部)가 조직되는 동시에 단군(檀君)이 직령(直領)의 영토와 인민도 따로 있는 모양이니, 이것은 흡사 프랑스 봉건시대에 그 군주의 영지(領地)가 특별한 소유지를 지닌 것과 같이 된 것이다. 그러므로 인민의 증가와 경제상의 관계로 인하여 인민이 거주하는 지역의 이동이 생길 때에 단군은 그 거주 지역의 변동을 따라서 국가의 도읍을 이전하게 되었는데, 그 진화의 정도는 지극히 신속하여 단군 당시에만 그 도읍을 태백산(太白山), 평양(平壤), 당장경(唐藏京)[85] 등으로 세 번이나 옮겼다.

이와 같이 단군이 직접 관할하는 지역이 별도로 있고, 또한 3천의 단부가 각기 있었는데, 통일을 위한 법제가 몇 백 년을 아직 지나지 않아서 도리어 산만한 상황을 드러내었다. 한 나라 안에 수많은 작은 방국(邦國)이 생겨나기에 이르니 항상 봉건제도의 결과가 국가 통일의 뜻을 표현하는 것이 가장 미약하고도 산만하게 동서 만국을 막론하고 동일한 상태로 돌아간다.

이러므로 국가 행위에 대한 대표상 편리한 단위로 된 각 봉건 지방은 단군 이후로 점차 분리 할거(割據)하기에 이르니 흡사 튜턴족의 봉건제와 같은 모양이다. 국가 전체로 행동하는 일이 없이, 각 부는 독립된 모습으로 활동하는 데에 이른다. 즉 국가 전체를 통하여 균등하게 각 개인을 직접 지배하는 권력을 다시 보는 일이 불가능하였는데, 단군의 자손이 관계된 영토에서도 하나의 단부도 이를 면하지 못하였다. 그리하여 일반 인민은 보통 공동(共同)의 법률에 공동의 복종(服從)을 하지 않고 각부 제도에 복종하니 그 법률은 습관의 형식을 취한 당시에 발생함이 없지 않으나 여러 나라가 각 관습을 달리하여 같지 않은 상태를 드러낸다.

그런데 그 3천 단부(團部)는 각기 경우를 따라 피차 연합하여 몇 개의 대방(大邦)으로 나뉘어 소속되니, 부여와 삼한 등의 여러 나라가 이것이다. 다시 말하면 그 원인은 그 단부가 군주에 대하여 서양 고례(古例)와 같이 적대시한 것에서 나온 것이 아니라, 지리(地理) 즉 산수(山水)의 상호 간격, 관습과 경제가 서로 다름으로 인하여 자연적으로 이루어진 것이니, 비유하자면 늙은 아버지가 그 재산을 여러 아들에게 나누어 주면 그 여러 아들은 각자 몫의 유산을 받아서 독립생활을 각각 이루는 것과 같은 것이다.

각 단부의 연대(年代)에 대해서는 여러 설이 분분(紛紛)하여 혹은 단군 이후 1212년 혹은 1500년 혹은 1048년이라고 한다. 나는 생각건대 단군 이후 2백 년쯤을 벗어나지 않을 것으로 본다. 역사에서는 단군의 역년(歷年)을 1212년이라 하고, 그 역대(歷代) 왕명(王名)을 기록하지 않았으니,86) 이는 군주국(君主國)만 알고 공화제(共和制)니 족장제(族長制) 국가를 인정하지 않는 구(舊) 역사가가 단부 중의 한 나라인 기자(箕子)의 역대를 보충하기 위하여 몇 년이라고 말한 것이다.

지금 내가 단군의 태자 부루조(夫婁朝)의 말년으로 각 단부의 독립 정치가 시행된 것을 미루어 생각하면, 그간 세월이 지난 것을 대략 2백 년으로 짐작한다. 또 그 단부 독립 정치의 역년(歷年)은 장구(長久)하여 삼국이 병립하기 전 무릇 2천 1백 년간이라 하니, 그런즉 단군이 직령도 소방(小邦)에 불과하여 그 역대(歷代)가 여러 방국(邦國: 나라)과 같을 것은 불문가지(不問可知)이니, 이 시대를 말하여 소분립(小分立) 정치시대(政治時代)라고 한다.

제9절 북방 여러 나라의 정치

각 단부(團部)가 독립 정치를 행한 뒤 즉 소분립 정치시대에 있어서 대륙 방면에서 연합하여 강권(强權)을 지닌 것은 3방(邦)이 있으며, 남쪽 한반도 방면에서 강력한 권력을 지닌 것은 5방(邦)이 있다. 본 절에서는 북방(北方) 여러 나라의 정치 제도를 말하고자 한다.

북방 대륙에 흩어져 있는 여러 소방(小邦)을 아울러 연합하여 가장 강대한 권위를 지녔던 나라는 부여(夫餘), 숙신(肅愼), 구려(高句麗) 등의 세 나라인데, 그 중에서도 부여가 가장 강성하였다. 부여는 부여(夫餘), 부루(符婁), 불여(不與), 부유(鳧臾) 등으로 기록되어 전해왔다. 사방 2천 리(里)를 점유(占有)하고 호구(戶口)가 8만호(戶)에 달하는 대국이었다.

정부는 군주제로 왕이 나라 전체를 통치하지만 그 왕은 폴란드의 선거왕(選擧王)과 같이 인민의 선거에 의하여 세웠다. 『삼국지(三國志)』에,

"부여 풍속에 가물고 고르지 않아서, 오곡이 여물지 않으면 문득 왕에게 그 허물을 돌린다. 또 혹은 왕을 바꿔야 한다. 혹은 죽여야 한다[夫餘俗부여속水旱不調수한부조. 五穀不熟오곡불숙. 輒歸咎于王첩귀구우왕. 或言當易혹언당역. 或言當殺 혹언당살]"

라고 하였으니, 왕위(王位)의 교체는 인민의 속권(俗權)에 있음을 가히 알 수 있다. 이는 단군 때의 입법(立法)을 답습한 것이다.

왕의 아래에는 4명의 대신이 있으니, 이는 인민의 선거에서 나오지 않고 왕의 직권으로 귀족 중에서 선출한 듯하다. 그 4명 대신의 관명은 마가(馬加), 우가(牛加), 저가(豬加), 구가(狗加) 등인데, 대체로 고대에는 동서를 물론하고 지식수준이 낮은 이유로 동물의 이름으로 인사 관계의 칭호를 지은 것이 많으니 한족(漢族)이 고대에 새의 이름으로 관명을 지어 오구(五鳩:다섯 비둘기), 오치(五雉: 다섯 꿩) 등의 명칭이 있었고 서양의 태고 시절에는 인류의 시조가 조수(鳥獸)에서 나오게 되었으며 또 부락의 이름을 조수(鳥獸)의 이름으로 지은 것이 많았다. 우리 부여 시대에도 육축(六畜)으로 이름을 지은 것은 그때에 목축업(牧畜業)이 발달했기 때문인데, 『삼국지』에서 "그 풍속이 가축을 잘 길렀다[其俗善養牲기속선양성]"라고 한 것

이 바로 이것이다. 매번 사람의 일, 즉 인사(人事)와 동물의 일을 연결하여 생각하므로 소뼈로 길흉(吉凶)을 점치는 일도 있었다(갑골문에 사용되었던 우골牛骨의 복사卜辭-역주자주). 그런 까닭에 책임 관념을 육축에 비유하여 관직을 연상함으로써 지은 것이 아닌가 한다.

이 4명의 대가(大加)[87]는 아테네의 9아르콘(Archontes)[88]과 같이 행정권(行政權), 재판권(裁判權), 군사권(軍事權)을 모두 지니고 있다. 지방제도는 4도(道)로 하여 제가(諸加) 스스로 군사를 통솔하고 출정(出征)하니 4도는 즉 자치적인 군영(軍營)과 같은 것이었다(이 4명의 대가 외에 대사자大使者와 사자使者의 2관직이 있는데 이들의 직무에 대해서는 상세하지 않다). 법률은 지극히 엄준(嚴峻)하여 사형이 많았는데, 살인자와 남녀 간음자(姦淫者) 및 여자 투기자(妬忌者)들은 모두 사형에 처하였다. 대체로 형법은 완비되어 있었고, 또 감옥(監獄)제도도 발달했는데 재판(裁判)제도는 단심직결제(單審直決制)였다.

인민의 계급은 3등급이 있었으니 귀족(貴族), 평민(平民), 노예(奴隷)다. 노예는 최하급에 처한 자로 그 기원(起源)이 두 가지가 있으니 하나는 전쟁 포로[孚虜부로]요, 둘은 사형에 처한 이의 가족을 노예로 삼은 것이다.

노예는 모두 부잣집[富豪家부호가]의 노비에 충당하거나 각 관사(官司)의 노비에 충당하거나 그 외는 모두 하호(下戶)[89]라고 하여 농업(農業)과 공업(工業)에 종사하였는데, 사회의 최하층 노동은 모두 노예의 업무에 전적으로 맡겼다. 그런 까닭에 전시에 처할지라도 노예는 치중대(輜重隊: 군 물자, 물품 등을 수송하는 부대-역주자주)로 편성할 뿐이고 직접 군대의 대오(隊伍)에 편성(編成)시킬 수 없었다. 이 신분 계급은 당시 국민 생활의 결과로 사상(思想)과 습관(習慣) 및 명예심(名譽心)으로부터 저절로 생겨난 것이다. 뿐만 아니라 종족 관계가 앞서 성립하여 혈맥(血脈)이 생활을 만들었는데, 그 신분 조직은 당시 사회의 중요한 기강(紀綱)이었다.

그런 까닭에 가족제도를 지극히 엄하게 하여 이로써 민족의 도덕적 존재의 기본을 삼으니, 이에 양성(兩性) 문제는 공동생활의 큰 근본이 되었던 바, 국가(國家)와 인민(人民)의 관계를 부부관계(夫婦關係)에 비교하였으니 그런 까닭에 간음(姦淫)을 행한 자는 남자든 여자든 어느 편을 불문(不問)하고, 반역죄(反逆罪) 또는 살인범(殺人犯)과 같은 법을 적용시켜서 사형(死刑)에 처하였다.

부여 동편에 숙신국(肅愼國)[90]이 있었으니, 이는 식신(息愼), 직신(稷愼), 읍루(挹

厥), 물길(勿吉), 말갈(靺鞨)91)의 여러 국명으로 나타난 것이다. 그 판도가 속말(粟末), 백돌(伯咄), 안차골(安車骨), 불열(拂涅), 호실(號室), 흑수(黑水), 백산(白山) 7부로 이루어지니, 군장(君長)이 있고 각 부에는 대인(大人)이라는 집정관(執政官)이 있었으나 항상 부여에 조세(租稅)와 부역(賦役)을 바치고, 그 통제를 받는 것을 면하지 못하였다.

부여 남방에는 구려(句麗), 진번(眞番) 두 나라가 있었는데, 진번은 특히 한족들이 뒤섞여 살고 있어서 국제(國際) 시장(市場)이 개설이 있었다. 그러나 이 두 나라도 모두 부여에 복종한 나라이다. 그 외에 진번 이남에서부터 한강에 이르기까지 옥저(沃沮) 이내에는 13개 소국이 있었는데, 이들은 모두 남에게 통제(統制)와 부림을 받지 않고 소속이 없이 고대의 단부(團部) 생활을 이어나갔다.

제10절 남방 여러 나라의 정치

한강과 소백산 이남(以南), 즉 경기도와 삼남(三南) 지방(충청도, 전라도, 경상도를 말한다-역주자주)은 토지가 비옥(肥沃)하고 물산(物産)이 풍부하였다. 그래서 예로부터 수많은 종족이 와서 거주한 것은 물론이고 바다와 육상 두 방면으로 한족(漢族)과 왜(倭)의 많은 다른 민족이 들어와 살게 되었다. 게다가 지형(地形)이 남북을 가로지르는 천연의 참호(塹壕)를 자연적으로 이루어 강대한 다른 민족의 침입이 적었던 까닭에 여러 가지 환난(患難)과 불평(不平)을 피하여 귀화[歸托귀탁]해오는 자도 대대(代代)로 끊이지 않았다. 각 단부는 이들 혈족 집단 이외의 자들을 그 집단의 안에 수용하여 소속시켜서 일원(一員)으로 삼으니, 그 내부(內附)해 온 다른 민족의 사람도 점차 동화(同化)하여 흡사 그 혈관을 열고 동족의 피를 섭취하는 것같이 완전한 일원(一員)으로 그 안에 편입되었다.

이 밖에 외부에서 온 세력을 엮어서 받아들인 단부는 각각 규모를 확대하여 정치 단체를 확장(擴張), 공고(鞏固)히 하기에 이르니, 이 단부를 통칭하여 한국(韓國)이라고 하였다. 한국 내에 있는 소방(小邦)은 78국(國)인데, 그 78국을 3국으로 조직하니 마한(馬韓), 진한(辰韓), 변한(弁韓)이 그것이다.

마한- 54국- 약 15만호92)
진한- 각 12국- 약 5만호
변한- 각 12국- 약 5만호

마한(馬韓)은 삼한(三韓) 중에 가장 강대한 방(邦)이었다. 연방국의 군주 같은 큰 권세를 지녀, 진한(辰韓), 변한(弁韓) 두 나라의 군주를 항상 그 귀족 가운데서 파견하여 맡겼다[差定차정]. 그 왕은 대대로 세습되는 것이 아니고 역시 선거로 왕이 되는 것이었다. 또 그 왕도(王都)는 월지국(月支國)93)에 있었는데, 월지국은 사실상 삼한 전체의 도읍(都邑)에 해당되는 셈이었다. 각 소방(小邦)에는 대후(大侯)와 차후(次侯)가 있어서 그 부를 다스리고 통제하니, 그 관명은 당시 언어로 신지(臣智)와 읍차(邑借)라고 불렀다.

마한은 북방 여러 부(富)보다 상업(商業)이 발전하였기에 읍락이 잡거(雜居)하고,

먼저 먼 지역과 이방인의 왕래가 번다(繁多)하여 사회생활이 지극히 복잡하였다. 그리하여 여기에서 발생하는 법률문제와 소송판결은 서로 간의 자유를 몹시 제약(制約)하는 경향이 있었는데, 이것은 고대 로마에서 외무(外務) 봉행관(奉行官)을 설치한 원인과도 상당히 유사하였다.

각 방에서 와서 거주하는 사람은 피차 간 그 당에 소속된 관념이 적고, 사람에게 속한 관념이 커서 각기 자기 방의 습관으로 법률 해결의 표준(標準)을 삼고자 하였다. 그렇다 보니 그 자치와 자유를 위주(爲主)하는 마한의 법관은 내외 사람 사이의 소송 건에 대하여 순수한 마한 법률과 습관만으로는 적용하기가 불가능하여 제어하기 곤란한 문제가 종종 발생하였다. 이 때문에 이 같은 문제를 보완하기 위하여 새롭게 설치한 관직이나 법률이 있었을 것인데, 역사에 전하지 않으므로 상상(想像)이 미치지 못한다.

진한과 변한은 모두 독일 연방의 황위(皇位)를 프로이센[普魯西보로서][94) 왕으로 오르게 한 것같이 모두 마한 사람으로 그 왕을 삼는 그런 까닭에 행정제도는 마한과 유사하다. 그중 진한은 외래인(外來人)이 많아서 각 방(邦)에 신지(臣智), 검측(儉側), 번지(樊祗), 교원(敎爰), 읍차(邑借)의 5등 관직이 있어서 그 제도가 몹시 주밀(周密)하고, 특히 소방 이외에 별읍(別邑)의 제도가 있었다.95) 이것은 생각건대 도시 아니면 외국인의 조차지(租借地: 영토의 일부를 빌려 일정한 기간 동안 통치하는 행위-역주자주)가 아니었나 싶다. 변한의 법률은 다른 두 한(韓)보다 규모가 상밀(詳密)하고 제도와 법령이 엄하여 마한과 같이 처분과 판결에서 길게 늘어지는 폐해가 적었다.

삼한의 동북방에 옥저(沃沮, 지금의 함경도)와 예맥(濊貊, 지금의 강원도) 두 방(邦)이 있었다. 옥저는 단군 이후 정치와 법제의 변동이 달리 없어 오직 옛 봉건제의 남겨진 법에 따라서 대군주 없이 각 단부가 스스로 다스렸는데, 그 인가(人家)는 극히 적어서 겨우 5,000(호戶-역주자주)에 불과하였다.

그러나 예맥은 옛 봉건제를 다소 변혁(變革)하여 자기 단부의 관습과 형편에 맞는 제도를 만든 일이 있다. 여러 방을 통치함에는 대군주가 있고 각 소방(小邦)에는 읍군(邑君)이 있어서, 그 방의 정치를 관장하며, 각 방에는 또한 거수(渠帥) 혹은 삼로(三老)라 하는 것이 있었는데, 이는 향중(鄕中)의 장로(長老)로서 향의 자치(自治)를 주관하는 자인 듯하다.

예맥은 산지가 많은 일종의 산국(山國)인데, 3만 호(戶)의 대중(人衆)으로 체력이 강한 자가 많았다. 경제상의 문제로 인해서 각 장과 읍락이 서로 침략하는 일이 많이 발생하였다. 이로 말미암아 난(難)을 다스리고 삶을 영위하는 방책을 강구하지 않을 수 없었다.

이에 그리스의 아케이아(Achaean League)96) 동맹 또는 튜턴족의 촌제(村際) 정치같이 각 소방(小邦)이 회의를 하여 새로운 법률제도를 마련하니 이름하여 책화(責禍)97)이다. 그 법은 읍락이 서로 침범하는 일이 있을 때는 포로[生口생구]나 말 같은 가축으로 배상(賠償)을 논하며, 도적질을 한 죄를 범한 자는 사형에 처하였다. 이로부터 자신과 타인의 자유를 유지하고, 지방의 거주민은 평온하게 되었다.

이상에서 논한 전 국면의 정치를 개관하면, 북방 여러 나라는 외부 민족과 드러내놓고 다투는 경쟁이 많으므로 무력(武力)을 숭상하여 곳곳에 성곽(城廓)을 많이 건설하였고, 남방 여러 나라는 외부 사람과 좀 더 부드러운 형태의 전쟁(戰爭)이 많으므로 문화에 역점을 두어 무역 시장의 경제생활이 발달하여 화폐(貨幣)를 주조하고 조세법(租稅法)을 행하였다. 이것으로 살펴보면 남북 여러 나라의 정책을 가히 알 수 있다. 그 정책의 수단이 형식(形式)을 이루어 그 정책을 시행하는 방법이 멀리 삼국시대 말기까지 전해졌다.

제11절 당시의 도시

남북 각 방(邦)에는 촌락(村落) 이외에도 도시(都市)가 따로 있으니 그 도시의 제도와 정치는 어떠하였는가? 오늘날의 의미에 있어서 도시는 많은 인구의 중심이 되고, 동시에 또 산업의 중심이 되는 것을 말하나 고조선의 도시는 그 취지[趣취]가 다르다. 옛 도시에는 물론 왕과 그 보조 제사관(祭祀官) 아울러 그 수행자[從者종자]와 종족(宗族)은 그 안에 거주하나 이들 이외의 사람들은 여기에 거주하는 이가 적다. 이 도시는 모두 구릉(丘陵)에 위치한 하나의 성암(城岩)으로 일단 외적이 있거나 혹 있을 조짐이 보일 때는 그 주위의 여러 지방에 거주하는 각 가족과 부락의 사람들이 와서 난리를 피하는 곳이니 시내에는 여러 신전(神殿)이 있고 매매(賣買)하는 곳도 있어 지방 상업(商業)의 중심이 되었고, 또한 국가의 제전(祭典), 희생(犧牲), 회의(會議), 법정(法廷) 그리고 무장(武裝)한 병력도 모두 시내에 있었다. 그러나 일반 인민의 일상생활은 부락(部落)에 나누어 거주하여 독특한 단체 생활을 영위(營爲)하였다.

도시의 관직은 없으나 제사(祭祀) 예배(禮拜)를 관장하는 제사장(祭司長)이 있으니, 일종의 신성한 품격을 지니고 최고의 권위와 만나는 자였다. 도시의 정치적 생활은 종교와 서로 관련되지 않음이 없었는데, 이 신전(神殿)에는 인민이 끊임없이 찾아와서 그 신전에 먹을 것을 제공하는가 하면 또 연회(宴會)와 음악회(音樂會)도 개최(開催)하였다. 또 인민의 덕행(德行)을 칭찬하고 질책[譴責예책]하는 회의 같은 것도 그 신전에서 거행하였는데, 다른 한편에서 본다면 당시의 정치적인 업무는 종교적인 업무와 크게 벗어나는 것이 아니었다.

제12절 각 방(邦) 정치의 일관(一貫)

이상에서 언급한 바는 전국(全局)을 남북(南北)으로 나누어 관찰한 것이다. 다시 전국을 동서(東西)로 나누어 보면 동부, 즉 숙신(肅愼), 옥저(沃沮), 진한(辰韓), 예맥(濊貊) 등의 여러 나라는 인구도 적고 또 단군이 법률을 제정(制定)하던 시대보다 정치적으로 큰 변동(變動)도 적다. 그러나 서부, 즉 부여, 구려, 마한 기타 무소속의 소방은 외부 사정으로 인하여 단군의 입법(立法)보다 새로운 제도도 있고 또 인구도 많은 편이었다.

처음에 단군이 지방의 소구역을 나누어 봉건제(封建制)를 수립함은 통치상(統治上)의 방법에서 나온 것이다. 즉 산국인(山國人)과 해변인(海邊人)과 평지인(平地人) 등은 처한 경우가 각기 다르기 때문에 각자의 이해(利害)를 꾀할 때에는 정치상으로 장애(障碍)가 컸다. 그런 까닭에 각자의 지방 생활이 다르기 때문에 자치적인 정치를 행한 것으로 생각한다. 세계 각국의 봉건제는 두 종류가 있는데, 개인적인 복종(服從) 관계로 이루어지거나 또는 영토(領土)상의 관계로 생겨난 것이다. 그러나 조선은 이 같은 관계가 없이 특별한 자치적 관계로 발생한 듯하다.

이 같은 자치의 민주적인 헌법이 설치되면서 각 단부는 점차 반독립적(半獨立的)인 태도[姿子]를 가지게 되어 지배하는 중앙 권력 같은 것은 다시 볼 수 없었다. 이리하여 각 자치 단체가 변하여 수많은 소독립국이 생겼다. 이 소독립국이 생겨난 것은 단군 이전 부락(部落)시대를 재현한 것과 같은 것이다.

그러나 그 소독립국이 작은 집단으로 있는 것이 아니라 인근 각 방(邦)을 통합 연립한 것이니, 즉 부여, 마한, 옥저 등 5~6개의 대단국(大團國)을 합성하니, 이는 바로 광대한 단군 나라를 나누어 5~6개의 작은 단군 나라를 설치한 것이다. 그런 까닭에 소국(小國), 대국(大國) 또 개인을 물론하고 단군의 헌법을 각기 고수(固守)한 큰 근본은 피차 동일하였으니, 그 일관된 정사(政事)와 정신(精神)은 다음의 두 가지 조건에 있었다.

(1) 어느 나라를 막론하고 인민의 관습(慣習)과 여론(輿論)을 주장하여 자치를 큰 근본으로 삼으니 제도를 변혁(變革)하는 원동력은 인민이 발휘하는 힘에 있었

다. 그 변혁의 방법은 신중하게 입법하는 방법으로 사회 일반의 사상을 조합한 적분적(積分的)으로 구성하는 방법에 다름 아니었다. 그런 까닭에 여러 소방(小邦)을 통치하는 왕이라도 그 통솔(統率)한 각 방의 관습법을 어길 수 없었는데, 흡사 그 인민의 가장 비천한 자가 이 법을 어기지 못하는 것과 다름이 없는 것이었다.

그 정치체제의 성질은 물론 민주(民主)인데, 근세의 대의제(代議制)같이 인민이 간접적으로 정치에 참여하는 것은 아니고 인민이 직접 정치에 참여(參與)하는 듯 하다. 그러나 당시의 민주(民主)라고 하는 것은 일종의 계급정치로 넓은 의미에서 귀족정치체제(貴族政治體制)에 불과하니, 그 정치에 참여하는 자를 아무리 넓게 잡더라도 노예와 하호(下戶)를 제외한 어떤 소수자에 국한된 것이었다. 그 참정(參政)의 방침에 있어서는 그리스의 식장국회(食場國會)나 로마의 부락대회(部落大會) 같은 것이 있었겠고, 결의법(決議法)에는 아테네의 패각[蠣殼]투표법,98) 스파르타의 구두직결법(口頭直決法)99) 같은 것이 있었겠으나 문헌이 부족하여 찾아보거나 검증할 수 없다. 그런데 각 방을 제일 관통(貫通)하는 정신은 지방자치(地方自治)의 제도가 국민의 정치 관행의 근본이 된다는 사실은 쉽게 짐작할 수 있는 것이다.

(2) 이 같은 여러 소방(小邦)이 각기 자치(自治)를 위주로 하지만, 형체가 없는 가운데 통일된 정신이 있었으니 이것이 바로 종교이다. 그 종교는 원시시대의 하늘을 숭배[拜天배천]하는 자연종교로서 단군이 다시 종(倧)이라는 것을 설치하여 일치된 신앙을 더욱 깊이 새기게 하니, 단군은 즉 대군주(大君主)가 되는 동시에 대교주(大敎主)가 된다. 그 감화(感化)로 인하여 종교적 관념은 한층 진보하였는데, 어느 곳을 막론하고 10월이 되면 제천대회(祭天大會)를 열었다.

각 방의 사람은 이 종교적, 그 동일한 정신에 대하여 모든 일은 신앙자의 양심(良心)에 있다는 주관적 확신에 차 있었는데, 이러한 이상(理想)이 자치제를 부응하여 발생시킨 것이라 하겠다. 물론 당시의 자치는 오늘날의 제도보다는 열등(劣等)한 것이라 하겠다. 제정(祭政)의 일치(一致)는 이렇게 이루어지게 되었다.

이 제정일치는 로마에 비하면 또한 특색이 있었으니, 로마인의 예배(禮拜)는 계약을 이행(履行)한다는 의미를 지녀서 그 속에 자비(慈悲), 인욕(忍辱), 귀의(歸依), 갈앙(渴仰) 같은 정서(情緒)를 포함하지 않았다. 그러나 조선에서는 예배일을 당해서는 형옥(刑獄)을 중단하고 속박(束縛)을 풀어 주어서 도덕과 정치를 하나로 간주하는 동시에 정신적으로 통일을 이루었다.

　대체로 밤하늘의 별이나 바둑판의 돌처럼 분포한 소방(小邦)의 그 정치상의 방법은 서로 다르더라도 정신적인 이상의 두 가지 조건에 의하여 통일되었다. 또한 정치적으로 근본 사상은 모두 이론에 치우치지 않았고, 오로지 착실함을 위주로 하여 조화를 방법으로 삼고 적합함을 통칙(通則)으로 삼았다.

　이로써 국가 행위의 방향을 결정하여 정치적 능률을 확보하니, 이는 동일한 정신과 주의(主義)가 있으므로 외형은 각 방이 할거(割據)한 것 같으나 실제는 동일한 큰 근본[大本대본] 하에서 정권을 분배한 것에서 벗어나지 않았다.

제13절 한토(漢土)에 대한 식민과 그 변동 1

조선족이 흥안령(興安嶺) 동쪽의 반도와 여러 섬의 동서남북(東西南北)에 퍼져서 분포함은 이미 제2장(24~32쪽)에서 기술한 바 있다. 그러나 인종(人種)이 이동하는 움직임은 결코 여기에만 그치지 않는다. 각 방국이 독립 정치를 수립한 뒤에는 요서(遼西)와 북경(北京)의 위아래, 즉 한토(漢土)의 북경 일대 지역에 식민지(植民地)를 창설(創設)하고, 바다와 육지 두 방면으로 이주한 일이 대대로 끊이지 않았다.

당시 한토의 세력은 아직도 부락정치를 면하지 못한 하(夏)나라와 은(殷)나라 시대였다. 각기 다른 종족이 그 동북 지경으로 침입하는 중이었는데, 그때 큰 활로 위무(威武)를 선양(宣揚)하고 대지를 점령(占領)한 자는 오직 조선 사람뿐이었다.

주(周)나라가 건국하고 수많은 제후의 봉토(封土)가 생겨나면서는 우리 조선의 식민운동(植民運動)은 더욱 크게 진작(振作)하고, 점차 남하(南下)하여 산동(山東)반도 부근까지 깊이 들어가[深入섬입] 도시 부락을 창설하기에 이르렀다. 이것은 마치 그리스인이 서해에 깊이 들어가 맛실리아(Massilia)100) 해상도시를 창건(B.C. 600년경 포카에아인들이 교역항을 건설-역주자주)한 바, 오늘날의 프랑스 마르세이유(Marseille) 항구의 터를 개척함과 다름이 없는 것이다.

그후의 식민제도(植民制度)는 어떠하였는가? 정치의 근본적 정신에서 나와서 모국(母國)의 간섭이 없이 자치를 이루니, 동일한 민족이 식민(植民)한 도시였지만 각각 독립하여 결코 정치의 기관(機關)을 같이하지 않고, 소재지마다 각별한 조직을 지니고 자치의 식민지를 만들었다. 그런 까닭에 고대 조선의 식민은 소위 근대의 식민과는 그 성질이 크게 다르고, 옛 로마인의 식민과도 그 개념이 다르다. 즉 조선의 식민은 모국이 한 번 식민지를 성립시키면 이후에는 결코 이것을 간섭(干涉)하는 일이 없고, 다만 막연한 종교적 정서에 의하여 서로 통하는 것으로 생각할 뿐이었다. 그러나 이 종교상의 관계도 툭하면 사소한 일들 때문에 완전히 파기(破棄: 破却파각)하는 데 이르렀다.

그런데 식민지가 현생(現生)한 자주자치(自主自治)의 사회를 만들었는데, 그 기강과 조직은 모국의 제도를 따른 듯하다. 이것은 즉 정치의 큰 근본이 되는 본연의 정신을 고수한 것인 바, 흡사 나뭇가지를 하나를 꺾어서 한(漢)나라의 땅에 옮겨

심은 것과 같은 것으로 생각한다. 그런 까닭에 그 조직은 단부로 건설하였는데, 그 단부의 명칭은 포고(浦姑), 엄(奄), 변(弁), 내(萊), 개(介), 거(莒), 녹(綠), 애(涯: 지금의 산동성 지역 일대)의 8개다.

이 각 단부의 생활은 농업이 크지만 또한 상업도 크게 발달하니 모국에서 수출하는 물품은 가죽[皮物피물], 포목(布木), 금은(金銀), 주옥(珠玉), 철물(鐵物), 완물품(玩物品) 등이었다. 수많은 도시에 바둑판처럼 분포한 상점(商店), 용감한 기력(氣力), 질서의 정치, 정밀하고 투철[精透정투]한 사상, 대담한 기업심(企業心) 등 이같은 일반 조선 문물의 품위 있는 상태는 한나라 땅의 인민에게 경이(驚異)로운 생각을 부여하고, 다시 주위의 다른 인종(人種) 위에 우뚝 서서[卓立탁립] 당당하고도(역주자 첨기) 오연(傲然)하게 조선(朝鮮) 민족(民族) 본래(本來)의 면목(面目)을 발휘(發揮)하였다.

제14절 한토(漢土)에 대한 식민과 그 변동 2

그 식민의 정치적 생활은 점차 발달하여 새 조직을 이루게 되었다. 즉 여러 부락은 본토(本土)의 연방(聯邦) 독립 정치의 제도를 모방하여 그 8단부(團部)를 결합하여 하나의 큰 나라를 이루었는데, 그중 통합(統合)의 권력을 잡은 자는 서나라[徐國]101)였다.

서국(徐國)이 8단을 연합 결성함에 이르러 언왕(偃王)이라는 자가 나오니, 이 왕은 신묘(神妙)한 덕과 기이한 재주를 겸비한 인물이었다. 8단부를 통솔하고 큰 활약을 펼치는 동안, 주 목왕(周穆王) 13년(B.C. 987) 시절부터 대군을 움직여서 주나라의 도성을 공격, 압박하였다. 이때 주나라는 그 위세를 감당하지 못하고 성 아래에서 회맹(會盟)102)을 맺고, 동쪽의 여러 지역을 할양(割讓)하였는데, 이를 계기로 식민지의 강역(疆域)이 광대(廣大)하게 되어 36국을 속령(屬領)으로 하게 되었다.

그 뒤에 왕은 문사(文事)의 정치에 힘쓰고 무력 정치[武政무정]에 치중함이 적더니, 주나라가 형초(荊楚)103)라는 강한 오랑캐와 연합하여 침략했다. 언왕은 이 연합군의 창칼을 맞아서 힘을 다해 싸우다가 결국 패망하였다. 그러나 그 지역의 여러 단부는 독립적으로 활동을 하여 100년간 정략(政略)을 행하였다. 주 선왕(周宣王, B.C.827~B.C.782) 뒤 600년 동안에는 더욱 무력 활동이 커져서 종주(宗周)를 침해하여 능욕(凌辱)하고, 소방(小邦)을 병탄(倂呑)하다가 진시황 때부터는 그 소식이 단절되었다.

제15절 신설 부락과 그 변동

부여의 국경(國境), 요(遼)의 동서(東西)되는 이 지역 일대는 예로부터 한인(漢人) 이주자가 아주 많았고 상업이 번영하던 일종의 호시장(互市場)이었다. 이 지역은 재화(財貨)가 다양하고 인종이 뒤섞인 대도시 구역이지만 예로부터 어떠한 정치적 단결이 보이지 않았다. 그러다가 단군 뒤 1200년경은 한족의 은말주초(殷末周初) 무렵에 망명객(亡命客)이 많이 왔다. 그 망명객 중에 은나라의 국족(國族) 기자(箕子)104)라고 하는 자가 있어 스스로 왕[自稱王자칭왕]이라 일컫고 그 일대의 지역을 결합하여 1단부를 완성하였으니, 소위 기자조선(箕子朝鮮)105)이라고 하는 것이 바로 이 새로 설치된 단부를 가리킨 것이다.

이 신설 단부, 즉 기자조선의 제도는 세습(世襲) 군주이고, 그 법률은 소위 팔조지교(八條之敎)106)라고 하는데, 지금에 와서는 고증(考證)하기 어렵다. 또 그 역대 사적(事蹟)도 8백 년간 들어 보지 못한 일에 속한다. 그러나 그 판도(版圖)를 점차 증가하고 늘려서 전체 조선 중부(中部) 일대를 차지하더니, 그 마지막에 이르러서는 서쪽으로 인접한 연국(燕國: 춘추전국시대)이라는 강성(強盛)을 만나서, 그 땅 2천여 리를 할양(割讓)하고 퇴각(退却)하여 만번한(滿潘汗: 즉 지금의 압록강 하류)을 국경(國境)으로 정하였다.107) 이로부터 정부의 관리에는 연나라 사람을 고용(雇傭)하는 일이 많아졌는데, 연나라 사람의 정치적 세력이 커지더니 박사 위만(衛滿: 연나라 사람)에게 그 왕위를 빼앗기게 되었다.

그 왕실이 변혁(變革)된 뒤 87년이 지나서 한족 유 씨(劉氏) 황실의 침략을 받았고, 이에 이르러 기자조선(箕子朝鮮)은 멸망하게 되었다. 그 땅은 전부 한나라의 다스림을 받는 곳이 되어 4군(郡)으로 나누어지게 되었다. 그 후 고구려가 일어나면서 한나라를 정벌(征伐)하고 그 땅을 모두 회복(回復)하였다.

제 4 장
중고 대분립 정치시대

제 4 장
중고 대분립 정치시대

소분립시대 이후로 무릇 천 년간은 그 작은 구역(區域)의 여러 정치집단들이 합쳐져서 큰 정치집단으로 조직되었다. 그렇지만 그 전기에는 삼국(三國)으로 이루어지고, 후기에는 2국(國: 통일신라와 발해의 두 나라–역주자주)으로 이루어지니, 이 시대를 대(大)분립 정치시대라 한다.

제16절 민족의 대이동

삼국이 건립되기 이전의 한 백 년간은 전 조선 민족의 대(大) 이동(移動) 시대였다. 그 이동의 서막은 부여(夫餘)의 천도(遷都)와 왕위의 세습(世襲)으로부터 비롯되었다. 해부루(解夫婁)108)라고 하는 이가 왕위에 즉위하여서는 정치적으로 전제(專制)의 색채(色彩)드러나더니, 대신(大臣) 아란불(阿蘭弗)109)의 헌책(獻策)을 받아들여 국도(國都)를 동방 가섭원(迦葉原), 즉 영고탑(寧古塔)110) 지역으로 이전하였다(2275년, B.C.59). 일반 제도를 개혁하는 한편 왕위 문제에 이르러서는 예로부터 내려오던 선거제가 폐지되고 1성씨(姓氏) 세습제(世襲制)로 되었다.

그 옛 도읍에 있어서는 해모수(解慕漱)111)가 왕위에 올라 자칭 천제(天帝)의 아들이라고 했다. 또한 단군(檀君)이라고도 불렀는데, 그 위세(威勢)를 인민에게 보이면서 또한 세습(世襲)으로 집정(執政)하였다. 이리하여 부여는 둘로 분열(分裂)되었는데, 전자를 동부여(東夫餘)라 하고 후자를 북부여(北夫餘)라고 하였다.

이 부여가 분열되는 때를 즈음하여 부여인의 일파가 서쪽으로부터 동해가[東海濱동해빈]로 이동하였다. 이때 기자조선(箕子朝鮮)의 군주 준(準)112)이라는 이는 그 왕위를 위만(衛滿)에게 빼앗기고, 남쪽으로 달아나 마한(馬韓)의 일부에 거주하였다가 점차 세력을 확장하여 마한의 왕이 되었다. 당시 기자조선의 인구는 약 백만

명에 달함에, 그 수의 대부분은 마한 지방으로 이동한 것이다. 그 세력을 받아들인 원래의 마한인은 충동(衝動)의 형세(形勢)가 이루어지자 변한과 진한 지방으로이주하게 되었다.

기자조선의 인민이 남쪽으로 이주(移住)하는 것에서 그친 것만 아니라 또 그 일파(一派)는 동방, 즉 옥저(沃沮), 예맥(濊貊) 등지로 이동(移動)하니, 이 지방으로 이동하는 자는 그 수가 실상 남쪽으로 이주하는 자보다 더 많은 수를 이루었다. 그 인민이 두 파로 나뉘어 동쪽 또 남쪽으로 이전(移轉)하는 동시에 그 본토(本土)에 있어서는 또한 한인(漢人)의 내왕자(來往者)가 많았으니, 그 지역은 예로부터 한나라 사람이 신진대사 하는 무대(舞臺)가 되었다.

남방 인민의 근거가 동요(動搖)하여 파란(波瀾)이 중첩(重疊)되자 북방 부여의 종적(蹤迹)이 다시 대 이동(大移動)을 시작하여 천하의 형세가 변하게 되는데, 이것의 주동자(主動者)는 동부여의 제2세 금와왕(金蛙王)113)의 의자(義子: 의붓아들) 고주몽(高朱蒙) 바로 그 사람이었다.

주몽의 어머니 유화(柳花)114)는 본래 북부여(北夫餘)왕 해모수(解慕漱)의 후궁(後宮)이었다. 천첩(賤妾)에 대한 관습이 본가(本家)에서의 생활을 용납(容納)하지 못하는 까닭에 유화는 자신의 몸을 유리(流離)하여 동부여(東夫餘)로 이주하다가 금와왕의 후궁(後宮)이 되었다. 그 후 얼마 지나지 않아서 주몽을 낳게 되었다. 주몽을 낳을 때에는 기이(奇異)한 조짐(兆朕)과 이상한 현상[奇兆異狀기조이상]들이 나타났는데, 무예(武藝)와 재지(才智)가 뛰어났다.

나이 스무 살 무렵에 금와왕의 아들들에 대하여 역시 천한 서자(庶子)의 관습으로 그 자신을 용납하지 못하는 데 이르렀다. 이로 인하여 따르는 수행자들을 이끌고 남하(南下)하여 졸본부여(卒本夫餘)라고 하는 작은 나라에 이르러 왕이 되니 이것이 바로 고구려의 건국(建國)이다.

그후 주몽의 둘째 왕후의 아들 온조 형제는 그 부친의 행적과 같은 입장이 되어 남하하여 한수(漢水) 부근에 나라를 건국하니 형은 비류국(沸流國)의 왕이고, 동생 온조(溫祚)는 백제국(百濟國)의 왕이다. 고구려가 건국한 뒤 그 부근 여러 소국(小國)을 정복하여 마침내 북방을 통일하였고, 백제도 또 마한과 여러 소국을 병탄(倂吞)하여 대국(大國)을 이루었다. 이에 이르러 부여인(夫餘人)의 일파가 서남방 일대에 이주하여 새 제도의 제국(帝國)을 건설하니, 이것을 따라서 진한인은 진한을 개혁(改革)하고 역시 제국을 건설하게 되었는데, 이것이 신라국(新羅國)이다.

　이 전 민족의 대이동은 결국 세 왕국 건설의 서막을 열고 새 정치의 발전과 새 문명생활의 기운(機運)을 열게 되었다. 이것은 마치 헬렌(Hellen)115) 민족이 대이동을 해서 스파르타와 아테네를 건설하여 서양 문명의 원천(源泉)을 계발(啓發)한 것과 같다.

제17절 사상의 일대 변화[一變]

내부적으로 민족의 대이동이 생기고 밖으로는 한인(漢人) 침입으로 자극이 심하면서 이로 인하여 사상이 일대 변화하게 되었다.

(1) 외부와의 충동(衝動)으로 인하여 민족(民族) 관념을 자각하게 되었으며 동시에 국가생활의 변동(變動)이 일어나 재래(在來)의 구(舊) 조직을 파괴하고 신(新) 형식의 조직으로 개조(改造)하고자 하였다.

(2) 이동의 형세로 인하여 무리와 무리 사이에 극한 작용이 생기고, 또한 개인간에 격렬(激烈)한 작용이 생겨서 정력(精力)과 재간(才幹)이 뛰어난 이들에게는 입신(立身)의 기회가 지극히 많아졌다(신분이 낮았던 미천한 서자 주몽과 온조 같은 이가 나라를 건국하고 왕이 되었다). 이 사상이 바로 삼국시대와 그 이전 시대 사이에 경계[鴻溝홍구]를 형성한 바 이를 신시대(新時代)의 표상(表象)이라고 할 수 있다.

이처럼 큰 공적(功績)을 수립하는 시대에 즈음하여 위대한 영웅호걸(英雄豪傑)들은 장수(將帥)로서의 입지를 획득하고, 나아가 새로운 방토(邦土= 國土)에 대한 선도자가 되었는데, 다소 정도에 있어서 지극히 심했던 관습(慣習)에서 해방되었다. 바꾸어 말하면 인습(因習)적인 것을 깨뜨리고, 개인의 재능(才能)을 충분히 발휘하며 또한 새로운 표준[標型표형]을 국민생활 중에 용인(容認)하니, 부여, 고구려, 백제 등이 신설되며 동시에 전날의 선거왕제(選擧王制)를 배척해 버리고[排却배각] 스스로 왕이 되고 또한 세습적인 왕위를 차지하게 되었다.

이와 같은 결과로 개인의 독창력(獨創力)은 드디어 태고 시절부터 전래하던 관습에 저항(抵抗)하여 점차 그 지위(地位)를 차지하게 되니, 진한에도 그 6부의 사람이 혁거세(赫居世, B.C.69~A.D.4)116)를 추대(推戴)하여 거서간(居西干: 왕의 칭호)을 삼은 후에는 이로 인(因)하여 그 제도를 세습왕제(世襲王制)로 고치게 되었다. 그 사상 변화의 힘이 종횡(縱橫)으로 작용한 것은 이들 정치 체계를 변화시키는 데 이른 과정을 보더라도 쉽게 알 수 있는 것이다.

앞서 기술한 바와 같이 전날의 단부(團部)의 생활과 족장주의(族長主義)의 정치적 관계는 그 흔적(痕迹)이 점차 소멸(消滅)하게 되고, 개인의 독창력에 대한 존중이 변화의 정세(政勢)를 촉진(促進)하였다. 그런 까닭에 가문(家門)의 장(長)이나 연장자(年長者)를 당연히 선임(選任)하는 것이 아니라 지극히 보배롭고 또 지극히 용맹(勇猛)한 자를 선발(選拔)하여 그 직임(職任)에 오르게 하였다. 그리하여 신라왕 혁거세는 나이 겨우 열세 살이었으나 인민의 추대(推戴)를 받들었고, 고주몽과 온조 같은 이도 모두 이십여 세(歲)의 소년으로 왕이 되었다. 그런 까닭에 철두철미(徹頭徹尾) 그 아버지에게 복종(服從)하는 아들도 가족의 밖에서는 직책(職責)과 임무(任務)에 의하여 국가의 중요한 직책을 맡게 되어 공직(公職) 생활에 있어서는 그 아들이 아버지의 지배자가 되는 현상도 누차(屢次) 발생하였다.

대분립시대의 전기(삼국시대)

제18절 새 왕조 건설의 성질

고주몽(高朱蒙)은 북방을 정복한 뒤 고구려를 세우고, 고온조(高溫祚)는 한반도 서남부에 거처(居處)한 뒤 마한을 병탄(倂呑)하여 백제를 세웠으며, 박혁거세(朴赫居世)는 진한을 개혁(改革)하여 신제(新制)의 국가를 만드니, 이것이 삼국의 건국이다. 이로부터 밖으로는 서북(西北) 지역의 여러 이민족과 동남해(東南海) 밖의 섬 오랑캐[島夷도이]를 진압(鎭壓)하고, 안으로는 이주한 인민들이 세 경역(境域)으로 안정(安定)되어 법제(法制)를 개혁하고 새로운 정치를 펼치게 되었는데, 이 삼국시대의 정치와 문명은 역사상 신면목(新面目)을 이루어 민족 만년의 앞길을 튼튼하게 하였다.

이 체현(體現)된 삼국의 정치 상태를 관찰하면 전대(前代)의 무수한 작은 방국(邦國)이 한 걸음 더 나아가서 세 집단으로 모여서 중앙집권(中央集權)을 완전하게 만드는 동시에 그 작은 방국은 군현(郡縣)으로 되는 새로운 조직을 만들었다.

전대(前代)에는 봉건제가 분열하여 소구역 내에서 장자(長者)를 추대하는 선거왕제(選擧王制)로 조직되었다. 지금 새로 조직된 삼국의 정치는 선거왕제가 변하여 한 명의 왕이 그의 자손으로 왕위를 상속(相續)하는 세습군주제(世襲君主制)로 조직되었다. 전대에는 다소 관습을 주장하는 자치적(自治的) 정신으로 조직된 정치체제(政治體制)요, 이번 시대에는 실제(實際)의 효력(效力)으로부터 평화(平和)로부터 평화로운 발전 아래 완성된 정치체(政治體)이다.

이 세습군주의 발생은 부여에서 먼저 일어나고 삼국이 이를 모방한 것이다. 부여는 무슨 까닭에서 선거제(選擧制)를 바꾸어 세습제(世襲制)를 시행(施行)하게 된 것인가? 이는 해모수(解慕漱)나 해부루(解夫婁)의 야심(野心)에 근본을 둔 바, 인민은 무조건적으로 그 위압(威壓)에 굴복(屈服)한 것이 아니었다. 부여는 단군의 직계(直系) 왕조로 풍부한 경험과 다대(多大)한 정치적 단련(鍛鍊)을 겪은 결과, 그 폐해를 자각(自覺)하고 먼저 개조(改造)를 실행하는 용단(勇斷)을 내린 것이다(설령 해 씨가 독단적으로 통치한 것이라 하더라도 해 씨가 다른 사람도 아니요, 역시 조선 민족으로 당시의 대표자인즉, 그 왕 한 사람의 사상으로써 전 인민의 사상을 추측하는 것이 가능한 것이다).

근대 유럽의 식민지는 정치적 전설이 없으므로 공화제(共和制)를 추구함이 보통이다. 조선 고대에도 인민의 정주(定住)가 오래지 않고 겸하여 지리적, 관습적 영향으로 작은 자치제(自治制)를 실현한 것이다. 그러나 그 자치의 정신에 기반(基盤)하여 정치의 큰 근본을 삼음은 조선 사람의 특성이다. 또 대체(大體)라 하겠지만 그 제도의 말류(末流)는 폐해가 저절로 생겨나서 무수한 소(小)왕국이 건설되었으니, 통치는 자기의 이익을 계산하기 위하는 데서 많이 나오는 것으로 중우정치(衆愚政治)로 타락한 듯하며, 또한 공정(公正)함을 얻기도 심히 어려워 일이 몽롱[漫朧만롱]함에 매몰되는 것이 많았다. 전대(前代) 역사의 기술(記述)이 분명치 않은 것도 이 같은 조건의 하나가 된다 하지 않을 수 없다.

그런 까닭에 이 폐단을 깨닫고 신(新) 제도의 시행을 추구하는 운동이 일어나니, 이것이 정치 진화(進化)의 한 단계이다. 즉 부여를 위시하여 삼국이 모두 세습군주제(世襲君主制)를 시행(施行)함은 전대 정치의 수많은 폐단을 구하려는 것에서 나온 것이니, 세습제에 있어서는 선거제보다 특이(特異)하여, 왕족은 장기간의 역사적 경험으로부터 일종의 인생관을 품은 바, 관습적 또 유전적으로 정치상 전문적인 재능이 있어 당시의 기준에서 보면 선거왕(選擧王)보다는 폐단이 적고(당시 사상의 표준) 개개의 신민(臣民)보다 생활의 전체 국면 또는 세계 일반의 현상에 대하여 정확한 판단을 하며, 사회의 세력 관계를 정당하게 감식(鑑識)할 수 있는 자격이 있었다. 또한 스스로 보충하며 스스로 개혁하는 능력이 있어 외국의 문화를 수용하여 자기완성의 자산으로 삼기가 쉬웠다. 아울러 민족이 대이동을 하고 한 나라의 세력이 서쪽으로 침입해 오는 지극히 분란(紛亂)하고 소요(騷擾)하던 시대에 즈음하여, 정치상의 권력과 국민의 통일을 유형적으로 표현하기는 다른 어떠한 정치라도 미칠 바가 아니다. 대개 삼국시대의 세습군주제의 신정체(新政體)는 이상에서 언급 서술한 정치의 개념을 실현(實現)한 것이었다.

일반적 구(舊) 역사가는 삼국사(三國史)를 한족(漢族) 제도의 모방(模倣)이라고 하고, 혹은 불교(佛敎)의 촉진(促進)이라 하고 신성(神聖)한 민족의 정치를 가지고 외국(外國)의 부용자(附庸者)로 삼았다. 그러나 역사적 본질의 바른 모습은 구제도의 폐해를 교정(矯正)하여 자각적(自覺的), 자발적(自發的)인 문명(文明)으로 진화(進化)한 것이요, 결코 무의식적(無意識的), 무자주적(無自主的)인 외부의 모방은 아니다. 이것은 시대의 변천과 제도 개혁의 핵심을 살펴보면 자연히 깨달을 수 있는 것이다 (저자주).

그런즉 조선 사람의 품성(品性)에는 자연스러운 충의(忠義)의 특질(特質)이 그 밑바탕에 놓여 있다. 그 결과 최초에는 불완전(不完全)한 제도를 스스로 발전시켜 신시대(新時代)의 산정체(新政體)를 개설함에 이르니, 전대에는 관습(慣習)을 위주로 하여 왕의 권위(權威)를 그다지 중시하지 않았으나, 이 시대에 와서는 국민의 대다수가 강력한 신념(信念)으로 국왕의 정의(正義)에 신뢰(信賴)하는 현상이 생겨났다. 그리하여 국왕은 권위가 크게 신장되어서, 국왕 한 몸에 집중된 권리는 국가 주권(主權)의 대부분을 차지하였다. 저 게르만[日耳曼일이만]의 왕권이 그 민족의 대이동(大移動)으로부터 확대된 것은 실상 우리 삼국시대와 서로 비추어 볼 일이다. 생각해보면 이 대(大) 삼국(三國)을 조직한 대규모(大規模)의 발전은 전대(前代) 대다수의 소국(小國)을 조직(組織)한 작은 규모에서의 경험이니, 그 발달된 군권(君權)은 입법(立法)과 행정(行政)을 모두 총괄하여 일반 정치 현상의 주격(主格)을 이루었던 것이다.

제19절 고구려의 정치

필자가 고구려의 역사를 탐구할 때는 일종의 특색을 부여하지 않을 수 없다. 그 건국 초부터 특이한 역사를 지녔으니, 이는 다름이 아니라 군국(軍國)의 정치이다. 주몽왕이 졸본(卒本)117)에 이르러 행인국(荇人國)118), 송양국(松讓國)119) 등을 정복(征服)하여 그 판도(版圖)를 점령(占領)하였는데, 한 번 싸우면 1보(步)를 전진하고 다시 싸우면 2보를 돌아서 그 말엽에 이르기까지 무릇 수십 회(回)의 고된 전투[苦鬪]를 치르면서 국세(國勢)를 확장하였다. 그 인민의 수는 처음에는 3만 호(戶)에 불과하더니, 중엽에 이르러서는 3배에 달하였다. 국토는 중엽의 형세가 남북 1천 리 동서 2천 리에 불과하였으나 말엽에는 그 4배에 달하였다.

고구려는 건국을 60주(州) 176성(城)으로 나누었는데, 주(州)에는 관직명이 욕살(褥薩)120)이라는 장관(長官)이 있고, 성(城)에는 관직명을 처려근지(處閭近支)121)라고 하는 장관이 있어서 각기 장군의 직무를 겸하여 지니고 자기 고을[邑]을 다스리니 이는 마치 각 지방의 제도는 군영(軍營)을 배치한 것 같고 동북으로 서남쪽에 이르러 무릇 1,000여 리(里)의 장성을 쌓아서 외국에 대한 위세(威勢)를 자못 영역 밖으로 확장하고 넓히니, 국민은 싸워서 이긴 수비병(守備兵) 같이 집집마다 활, 화살, 창, 방패를 각기 소장하여 국권(國權)을 옹호함에 진력(盡力)하였다.

이와 같이 군국주의(軍國主義)로 정치의 방침을 세웠는데, 개인이든 정부든 모두 무력(武力)을 숭상(崇尙)하고 위세(威勢)를 용맹(勇猛)하게 떨침은 고구려의 국혼(國魂)이었다. 비록 땅이 척박(瘠薄)한 까닭에 곡물(穀物)의 공급이 충분하지 않았지만 가옥의 제도는 극히 장엄(莊嚴)하고 기거(寄居)하는 것과 드러난 외양(外樣)이 모두 지극히 활기찼다. 저 굉장하고 유명했던 수정궁(水晶宮)은 군왕(君王)이 거주하는 곳이었다.

왕이 이 궁궐에 행차하여 조회를 개최할 때면 만조백관(滿朝百官)의 모습과 기치창검(旗幟槍劍)이 빛을 반사하는 광경은 실상 천하에 둘도 없는 장관(壯觀)이었다. 저 게르만의 시네시우스(Synesius, 370~414)122)가 황제가 행차하는 위대한 광경(光景)을 예상했던 것과는 하늘과 땅의 차이가 있다.

교육에 있어서도 국가적, 상무적(尙武的)으로 하니, 대학과 문학박사의 제도는 건국한 지 400년 뒤에 비로소 설치하였다. 그러나 보통 문무(文武)를 익히는 제도는 초엽부터 있었다. 국내의 큰 도로가에는 도처에 학교를 설치하였는데, 이를 경당(扃堂)123)이라 하였으며 미혼(未婚)의 자제(子弟)들은 이곳에 모여서 무예(武藝)와 경서(經書)를 항상 익혔다. 저 스파르타에서 7세부터 60세까지 상무(尙武)교육을 실시하는 제도와 같이 그렇게 심하지 않았으나, 보통 형법(刑法)에 출전법(出戰法)을 두어서 전투(戰鬪)에 임하여 패배한 자와 성을 지키다가 적에게 항복한 자는 모두 사형에 처하였다. 따라서 그 군국주의(軍國主義)가 이와 같고 상무정책이 이와 같았기에 강한 적을 능히 방어하여 국권(國權)을 발전시킬 수 있었던 것이다.

제20절 고구려의 대신(大臣)

일반 형법은 부여의 제도를 답습하여 극히 엄격하고, 사법 사무는 그리스 스파르타의 태재(太宰)같이 여러 가(加)가 상세히 논의(論議)하여 제정(制定) 결정(決定)하며, 혹은 소재지의 담당 관청이 심리(審理) 재판(裁判)하기도 하였다. 그러나 특별히 사형에 있어서는 여러 대가(大加)가 서로 논의를 통하여 처리하였다. 그 제가(諸加)라 하는 것은 부여의 관직명을 인습(因襲)한 자이니 혹은 고추대가(古雛大加)라고 부르는 바 최고급의 관직이었다.

이 대가는 그 직무가 중하여 기밀(機密)과 정사(政事)를 관장(管掌)하고 도모(圖謀)하는 외에 병마(兵馬)를 징발(徵發)하는 권한(權限)과 관작(官爵)을 선택하는 권한과 소송(訴訟)을 심리 재판하는 권한까지 있었다. 대가는 이와 같이 그 직무가 중대하여 1인의 힘으로는 번다(煩多)한 사무(事務)를 처리하기 난감하므로 그 아래에 사자(使者)124)라고 하는 관리를 두었다. 이 사자는 주임(奏任)125)의 직급으로 그 이름을 왕에게 보고하여 전달하였다. 그러나 이 사자는 국가의 사자와는 그 성격이 달라서 대가가 사적(私的)으로 고용한 사람이었기 때문에 관록(官祿)을 받지 않았다. 이는 중국의 송대(宋代)와 명대(明代)에 있었던 막우(幕友)126)와 같은 것이다.

일반 작위(爵位)의 제도는 12등급이 있었는데, 혹 관직 지위가 없고 작위만 있는 자라도 정무(政務)를 관장하였다. 그런데 대가는 최고 관직이라고 하더라도 대가 이상의 대신, 즉 대대로(大對盧)127)라고 부르는 관직이 있어서 국사(國事)를 모두 파악하였다. 고구려 헌법에 있어서 가장 유력하면서도 두드러진 관작(官爵)은 무엇인가 하고 묻는다면, 우리는 이 대대로가 바로 그 직책에 해당한다고 대답할 수 있을 것이다.

대대로는 최초에는 대보(大輔),128) 좌보(左輔),129) 우보(右輔)130)의 3대신으로 설치하여 시행한 것이었다. 국왕을 보필하여 군국(軍國)의 정무를 모의하며 여러 유사(有司)를 감시하였는데, 그 권력이 국왕의 아래에 있어서 여러 대가와 동등한 자였다. 그런데 신대왕(新大王, 89~179)131)이 군위(君位)에 오르면서부터는 3보(輔)의 제도를 단보(單輔)로 고쳐서 국상(國相), 즉 대대로(大對盧)를 설정하였다. 그 국상은 시대적 상황이 암암리에 바뀌어 가면서 원래의 성격과 직권에도 중대한 변화를 일으키게 되었다. 그 원인을 우리가 모두 알 수 없지만 본래 국상(國相)을 처음 맡았던 명림답부(明臨答夫, 67~179)132)가 차대왕(次大王, 71~165)133)을 시해(弑害)하고 신대왕을 옹립(擁立)하여 국상(國相)이 되었는데, 내외 병마(兵馬)의 권력이 모두 국상에게 돌아갔다.

답부가 죽은 뒤 어진 재상인 을파소(乙巴素, ?~203),134) 고우루(高優樓, ?~230),135) 명림어수(明臨於漱, ?~254)136) 등이 계속해서 국상을 맡게 된 뒤로는 그 권력이 점차 증대(增大)하여 내외 병마(兵馬)의 정권을 언제까지나 대대로가 관장(管掌)하였다. 그 임기(任期)는 무제한이 아니라 3년에 한 차례의 임기로 정하였다. 그러나 허물이 없을 때는 이 제한을 두지 않았음에도 불구하고, 그 교체(交替)하는 날에 신구(新舊)의 대대로가 서로 복종하기를 거부하는 바람에 병사를 동원(動員)하여 전투를 개시(開始)하는 데에 이르니, 이것이 유명한 교상전(交相戰)이다.

국상의 자리는 결국 승리(勝利)한 자가 점령(占領)하니, 이때 국왕은 제어하기 불가능해서 궁궐을 닫아걸고 스스로를 지키고자 하였다. 싸워서 승리한 국상은 왕의 임명(任命)을 묻지 않고 취임하였다. 이는 스파르타의 태재(太宰)에 비하면 그 권한이 강대(强大)하였는데, 그 태재는 임기가 1년에 불과하였고, 임기가 만료된 때는 어제까지 군주 이상의 권력을 지녔던 자가 오늘은 하루아침에 야인(野人)의 아래 일개 인민이 되었던 것이다. 그렇게 본다면 고구려 대신의 권력은 세계 역사상 두 번 다시없는 사례인 것이다.

제21절 백제의 관제(官制)

백제의 시조는 온조왕(溫祖王)이다. 처음에는 고주몽의 서자(庶子)였는데, 적서(嫡庶)를 차별하는 분함을 참지 못하고 10명의 신하137)와 수많은 인민을 이끌고 하남(河南)의 위례성(慰禮城)138)으로 와서 거처하였다. 처음에는 신하 10명과 함께 도모(圖謀)하여 국가를 세웠던 탓에 그 판도(版圖)가 협소(狹小)한 것을 면하지 못했는데, 점차 마한 50개 국(國)을 정벌(征伐)하여 그 당을 차지하였다. 국초(國初)로부터 말갈(靺鞨)과 낙랑(樂浪)의 강적이 침입(侵入)하여 외적을 방어(防禦)하는 방책이 어려웠는데, 점차 판도를 확장(擴張)하고 국력(國力)을 양성(養成)하여 산업과 문화가 크게 발달하게 되었다.

백제가 강성할 때의 지방제도를 탐구하면 전국을 5방(方)139)으로 나누고 방을 다시 37개의 군(郡), 200개의 성(城)으로 정하였다. 방에는 방령(方領)140)이라는 장관(長官)이 있었는데, 이것은 2품의 관직이요, 군에는 군장(郡將)이 있었으니 이것은 4품의 관직이었다. 도성은 고구려를 모방(模倣)해서 5부로 나누어 정하였는데, 도의 호수는 1만 가였고, 전국의 호수는 76만이었다. 또 당시의 판도가 동서로 사방 50리 남북으로 900리가 되었다.

5부: 상부(上部), 하부(下部), 중부(中部), 전부(前部), 후부(後部)

5방: 중부- 고사성(古沙城),141) 동방- 득안성(得安城),142) 남방- 구지하성(久知下城),143) 서방- 도선성(刀先城),144) 북방- 웅진성(熊津城)145)

백제의 지방 조직이 이같이 공고(鞏固)함은 일반 국가 업무에 대한 관제(官制)가 크게 발달한 것에서 나온 것이다. 그 관제의 결정은 제8대 고이왕(古爾王, 234~286) 때에 반포(頒布)한 것이니, 중앙정부에는 관직명이 상좌평(上佐平)146)이라는 1인이 있어서 군국의 정무를 총괄하였다. 또 그 아래에는 6좌평이 있어서 국가의 업무를 나누어 살폈다.

6좌평: ① 내신좌평(內臣佐平)147)- 선납사(宣納事) 관장

② 내두좌평(內頭佐平)148)- 고장사(庫藏事) 관장

③ 내법좌평(內法佐平)149)- 예의사(禮儀事) 관장

④ 위사좌평(衛士佐平)150)- 숙위병사(宿衛兵事) 관장

⑤ 조정좌평(朝廷佐平)151)- 형옥사(刑獄事) 관장
⑥ 병관좌평(兵官佐平)152)- 재외병마(在外兵馬) 관장

정무를 나누어 관장하는 행정부는 내관(內官) 12부, 외관(外官) 10부 도합 22부로 조직하였다.
　내관: ① 만부(萬部) ② 곡부(穀部) ③ 육부(肉部) ④ 내략부(內掠部) ⑤ 외략부(外掠部) ⑥ 마부(馬部) ⑦ 도부(刀部) ⑧ 공덕부(功德部) ⑨ 악부(樂部) ⑩ 목부(木部) ⑪ 법부(法部) ⑫ 후관부(後官部)
　외관 10부: ① 사군부(司軍部) ② 사도부(司徒部) ③ 사공부(司空部) ④ 사구부(司寇部) ⑤ 점구부(點口部) ⑥ 객부(客部) ⑦ 외사부(外舍部) ⑧ 주부(綢部) ⑨ 일관부(日官部) ⑩ 도시부(都市部)

그 행정부의 각 관리는 16품의 작위를 내려주었다.
　품수 명칭: 1품- 좌평(佐平) 2품- 달솔(達率) 3품- 은솔(恩率) 4품- 덕솔(德率) 5품- 한솔(扞率) 6품- 나솔(奈率) 7품- 장덕(將德) 8품- 시덕(施德) 9품- 고덕(固德) 10품- 계덕(季德) 11품- 대덕(對德) 12품- 문독(文督) 13품- 무독(武督) 14품-좌군(佐軍) 15품-진무(振武) 16품-극우(剋虞)

위의 행정상 조직은 이전 시대의 옛 관습을 벗어 버리고 새로운 제도로 조직한 것이다. 현재 영국 중앙정부의 각 부서는 그 내부에는 수백의 분과가 있어서 분명하게 이해하기란 쉬운 일이 아니다. 이 백제의 제도가 발달한 것도 그간 진화 과정에서 누적(累積)되어 생긴 역사의 결과가 많다. 그러나 문헌(文獻)이 많지 않아서 그 발달된 내력을 고찰하기가 어렵다. 당·우(唐虞: 당요, 우순, 요순시대), 하·은·주(夏殷周)와 한나라 등의 제도와 비교해보더라도 두세 가지 명칭 외에는 같은 것이 없다. 생각건대 고구려의 제도를 본받은 것이 많은 것 같으나 고구려 제도의 역사도 마찬가지로 상세(詳細)하지 않은 것이 유감(遺憾)일 따름이다.

제22절 백제의 해외 정책

백제(百濟)의 정치는 고구려(高句麗)와 같이 용무(勇武)를 중시하였다. 그러나 나중에는 무력보다 오히려 문화의 발달에 치중하여 산업(産業)을 장려(奬勵)하고 문학(文學)을 숭상(崇尙)하였다. 그중 물질문명과 항해술(航海術)은 의외(意外)로 발달하였는데, 그 인류 정신의 뛰어난 점은 서양의 이집트와 페니키아(Phoenicia) 등에서도 보이지 않는 바이다.

항상 해외(海外) 여러 나라를 순방(巡訪)하고 탐험(探險)하면서 식민지(植民地)를 개척(開拓)하여 무역(貿易)이 발달하였는데, 당시 서남쪽으로 15개의 큰 섬은 모두 백제의 영토(領土)였다. 백제는 그 큰 섬에 성(城)을 각각 설치하고 수장을 파견하여 거주하게 하였다. 동남쪽으로는 대련도(大聯島: 일본 열도를 말한다-역주자주)가 있었는데, 100여 국(國)이나 있었다. 그중 대륙 방면으로 사신 통역이 오고간 것은 무릇 30여 국이었는데, 이를 일러 왜(倭)라고 하는 것이다.

왜와는 삼한시대(三韓時代)부터 서로 통함이 있어서 서로 이주하여 거주한 흔적(痕迹)이 있고, 호시(互市: 외국무역장)153) 무역의 일도 보인다. 백제의 해외 정책 사상은 고구려의 대륙 정책과 같아서 항상 국교(國交)를 단절(斷絶)하지 않고 새로운 문명(文明)을 전파(傳播)하는 데 있었다.(…) [원문 생략]

제23절 신라 왕위 계승법의 특색

신라에서 박혁거세를 추대(推戴)하여 왕으로 삼은 것은 고구려가 건국하기 20년 전이었다. 이때 박혁거세가 왕으로 즉위(卽位)하게 된 것은 순전히 세습제(世襲制)로 세워진 것이 아니라 삼한시대(三韓時代)의 옛 선거왕(選擧王) 제도에 의하여 6부(部)에서 세운 것이다. 왕호(王號)를 정하고 신라국(新羅國)이라고 칭(稱)하기는 실상 고구려가 건국하고 540년 뒤의 일이었다. 그런즉 왕권(王權) 발달도 서서히 체계적으로 내려와서 충실하게 되었다. 그런 까닭에 신라의 왕위 계승(繼承)의 문제는 고구려나 백제 두 나라보다 특이(特異)한 색채를 지녔다.

신라 왕조는 무릇 1,000년의 역사를 지녔는데, 그간 왕실의 계통은 집안이 차례로 돌아가면서 전승(傳乘)하였다. 박(朴) 씨 집안의 왕이 10명, 석(昔) 씨 집안의 왕이 8명, 김(金) 씨 집안의 왕이 38명이었다. 신라의 정치에 있어서 우선 왕통(王統)의 연구(硏究)가 흥미(興味) 있는 문제이다. 삼국시대는 왕권이 발달한 시대이다. 그런 까닭에 고구려와 백제 두 나라는 한 가지 성(姓)이 세습을 하였으나 유독 신라만 세 성씨(姓氏)가 돌아가며 계승(繼承)하는 것을 허용(許容)하였으니 무슨 까닭에서 기인한 것인가? 이 문제를 해명(解明)하지 못하면 신라의 정치적 성질(性質)을 알 수 없는 것이다.

서양의 스파르타에서는 두 사람이 왕인 2왕 제도가 있었다는 것이 이상하게 여겨진 문제였는데, 우리 신라에는 세 성씨가 교대로 계승했다는 것이 기이한 사실이다. 이 비슷한 예를 각국의 역사에서 찾아보면 오직 로마에만 있었다. 로마인의 구비(口碑) 전승(傳承)에 의하면, 그 고대에는 수많은 왕가(王家)가 왕위를 교대(交代)로 계승했다고 하였다. 그러나 로마의 그 같은 계승 이유는 족장시대(族長時代)에 있어서 한 씨족의 장자(長子)가 국민의 제사장(祭司長)도 되고 또 장군(將軍)도 되는 바 이것을 일러서 왕(王)이라 한 것이다. 그런 까닭에 달리 이상하다고 할 것이 아니다. 우리 신라에서 왕권이 충실한 시대에 이 같은 제도가 생겨난 것이 실로 이상한 현상이다.

신라는 앞서 기술한 것과 같이 그 발달이 서서히 이루어진 까닭에 삼국 이전 시대의 선거왕 제도가 빠르게 변하지 못한 것이 원인이라고 보기도 가능하지만

1,000년 뒤 그 말년에 이르러서도 박(朴) 씨와 김(金) 씨 두 성씨(姓氏)가 교대로 계승한 것을 보면 순전히 관습을 답습한 것이라고 할 수도 없다. 생각건대 이 세 성씨가 교대(交代)로 계승한 것은 예로부터 역사나 소설 속에 많이 나오나, 내가 살펴본 바에 의하면 신라인의 정치사상이 상대적으로 더 발달한 데서 나온 것이다. 이것의 이유는 다음의 세 가지이다.

첫째, 왕의 우국우민(憂國憂民) 정신이다. 석(昔), 김(金) 두 사람은 본래 왕이 습득(拾得)해서 기른 사람을 부마(駙馬)154)로 삼은 자이니, 왕은 유훈(遺訓)을 내려서 그 직계 자손과 이 사위의 나이가 많고, 또 덕망(德望)이 높은 자가 차기 왕위를 계승하라고 한 것이다. 이것은 오직 혈족(血族) 관념으로 왕위를 전한 것이 아니라, 국무 대정(大政)을 감당할 수 있는 재능(才能)을 지닌 인재(人材)를 발탁(拔擢)하여 맡긴 것인 바, 사사(私事)로움을 버리고 공공(公共)을 위한 것이다.

둘째, 국명(國命)의 일신(一新)이다. 왕의 계승이 가족 상속의 항구적(恒久的)인 제도가 될 때는 단조롭고 정체(停滯)의 위험에 빠지기 쉬우니, 저 영국의 조지(George)라고 하는 여러 왕들은 독창력이 없는 왕족이었고, 스페인에서는 필립 2세(Philippe Ⅱ, 1165~1223)155) 이후로는 훌륭한 왕이 없었다. 신라는 이 같은 위험을 먼저 깨닫고 3족 왕가(王家)를 병설하고, 그중 뛰어난 인격을 지닌 자를 선택해서 왕위에 세우게 하여 정치(政治)의 진보(進步)를 꾀한 것이다.

셋째, 자치(自治)를 위주로 한 것이다. 아무리 신성한 자격을 지닌 자라도 실제 견문이 부족하면 원래 지닌 재능을 발휘하는 데에 어색함이 있게 된다. 신라왕의 계승자는 왕태자 이외에도 대신, 즉 상대등(上大等)156)이나 부군(副君)이 되어 평소에 정치적 지식이 풍부(豊富)하고 사물을 정확히 판단(判斷)할 능력을 기른 뒤에 즉위한 자가 많았다.

살펴보면 군주제 국가에 있어서 본연(本然)의 의무(義務)에 충실(充實)하고 힘 있는 군주는 그 후계자에 대하여 질투(嫉妬)의 생각을 지니게 마련인데, 신라의 경우에는 이 같은 도덕적 위험성(危險性)을 깨달아 더욱 뛰어난 인격을 길러서 후사(後嗣)를 맡기게 한 것이다. 또한 예로부터 들어보지 못한 여왕(女王)이 신라에는 3대(代)씩이나 거듭 즉위한 것을 보더라도 일반 인민의 애중(愛衆) 협동(協同)의 정신이 얼마나 풍부했는지를 가히 알 수 있는 것이다. 그런 까닭에 신라 왕위의 계승은 왕의 독단적(獨斷的) 결재(決裁)가 아니라 여럿이 더불어 옹립(擁立)한 것이다.

이상에서 언급한 것처럼 신라 정치의 발달은 무엇보다도 왕위계승법(王位繼承法)에서 특색을 지녔다는 것을 알 수 있었다. 그 다음 행정 관제의 발달에 대해서는 아래 절에 언급하였다.

제24절 신라 제도의 발달

행정제도는 그 정치의 발달을 따라 완전한 조직을 완성한다. 그 변혁(變革)은 결코 급격함을 요(要)하는 것은 아니다. 처음에는 임기응변적(臨機應變的)으로 새로운 관례(慣例)를 시행(施行)하다가 심사숙고(深思熟考)하여 점차 추구해 나가는 것이다. 법률의 제정은 23대 법흥왕(法興王, ?~540)157) 때에 반포(頒布)한 것으로 그 후 140년 태종왕(太宗王= 태종무열왕, 재위 654~661)이 이를 다시 개정(改定)하니, 그 이방부(理方府)의 격(格) 60여 조(條)는 당시 이방부령(理方府令)의 관직으로 있던 법관(法官) 양수(良首)의 수정(修正)을 거친 것이었다.

관제(官制)는 크게 완비(完備)하여 후대 왕조와 조선의 제도는 모두 이 당시의 것을 답습(踏襲)한 것이 많으니, 오늘날 대감(大監)158)이라고 하는 호칭(呼稱)도 이 때의 무관(武官) 직책이었다.

상대등(上大等) 1인- (총리대신)
영(令) 5인- (행정 각부 장관)
경(卿) 38인- (차관)
대사(大舍)- 약간 명- (속관)
사지(舍知)- 약간 명- (속관)
사(史)- 약간 명- (속관)

위의 관직명은 각 관리의 보통 명칭이고, 행정 관청의 조직은 다음과 같다.
① 집사성(執事省)159)- 국정의 기밀사무를 관장.
② 위화부(位和府)160)- 관리를 선정하며 국내 사무를 관장.
③ 병부(兵府)- 무관 선발, 군사업무, 의장대[儀衛], 우역(郵驛) 등의 정무를 관장.
④ 조부(調府)- 호구(戶口), 공부(貢賦), 전량(錢粮<糧>)161) 등의 업무를 관장.
⑤ 창부(倉部)162)- 곡물과 재물 등을 출납.
⑥ 이방부(理方府)163)- 율령을 관리하니 여기에는 좌우 2부가 있었다.

⑦ 예부(禮部)- 학사(學事), 예절(禮節), 예술(藝術) 등의 정무를 다스린다. 이 문사(文事)의 정무를 관장함에는 상문사(祥文司),164) 원봉성(元鳳省),165) 국학(國學),166) 대도서(大道署),167) 음성서(音聲署),168) 사범서(司範署),169) 전범서(典範署),170) 누각전(漏刻),171) 채전(彩典)172) 등이 따로 있었다.

⑧ 예작부(例作府)173)- 공업(工業)의 정무를 관장한다. 이외에 공장부(工匠府)174), 주작전(周作典),175) 와기전(瓦器典)176) 기타 수십 부가 따로 있었다.

⑨ 선부(船府)177)- 선박[舟檝주직], 군함(軍艦)의 정무를 관장

⑩ 승부(乘府)178)- 교량(橋梁), 거승(車乘)의 정무를 관장

⑪ 영객부(領客府)179)- 국빈(國賓), 연향(燕享)180) 등의 정무를 관장

이상의 각 부의 관리는 영 2인, 경 2인, 대사 2인, 사지 1인, 사 약간 명이 각각 있어서 부(府)의 업무를 관장했다.

이상의 11부는 전국의 정무를 관장하는 행정조직이었다. 상대등(上大等)은 혹 병부, 조부의 수장인 영(令)을 겸임하기도 했으나 고구려의 대대로(大對盧)에 비해서는 그 권리가 크지 않았다. 그러나 상대등은 왕위(王位)에 즉위하는 자격이 있었다(위의 절을 참고).

행정조직이 이같이 완비되더라도 상대등 이하 각 관직의 월권(越權), 위법(違法)과 부정(不正)의 행위가 있을 때에는 이것을 감독하지 않을 수 없었다. 이 제도는 사정부(司正府)181)라고 하는 관청이 백관(百官)을 규찰(糾察) 또는 탄핵(彈劾)하는 한편 시정(時政)을 논의하고 풍속(風俗)을 교정하는 임무를 관장하였는데, 후세의 사헌부(司憲府) 제도는 이것을 답습(踏襲)한 것이다.

행정관 외에도 왕족과 왕실에 대해서의 행위 역시 감찰하지 않을 수 없었다. 이것은 내사정전(內司正典)이라고 하는 특별히 설치한 관청이었다. 왕실에 대한 내정직사(內廷職司)는 그 수가 몹시 많아서 궁전(宮典) 20, 잡전(雜典) 80이 있으니, 유럽 각국이 본받은 이탈리아 로마의 콘스탄티우스 황제의 궁정직사(宮庭職司)보다 100배는 더 완전하게 갖추었다.

일반 행정의 대권은 왕 한 사람에게 있었는데, 상대등은 여러 관리의 의견을

종합하여 보고하고 왕의 결재를 받아 시행하였으므로 '품주(稟主)'182)라고 부르기
도 하였다. 이 제도를 살펴보면 오늘날 각국의 입헌군주제도(立憲君主制度)에 비해
서도 손색이 없다.

관리의 품급은 17등급이 있었는데 다음과 같았다.

1등— 이벌찬(伊伐湌: 혹은 각간角干)183)

2등— 이시찬(伊尸湌)184)

3등— 잡찬(迊湌)185)

4등— 파진찬(波珍湌)186)

5등—대아찬(大阿湌)187)

6등— 아찬(阿湌)188)

7등— 일길찬(一吉湌)189)

8등— 사찬(沙湌)190)

9등— 급벌찬(級伐湌)191)

10등— 대내마(大奈麻)192)

11등— 내마(奈麻)193)

12등— 대사(大舍)194)

13등— 사지(舍知)195)

14등— 길사(吉士)196)

15등— 대오(大烏)197)

16등— 소오(小烏)198)

17등— 조위(造位)199)

제25절 관리의 선거법

행정(行政)의 주된 목적(目的)은 왕이 각 관리에게 권력(權力)을 분배(分配)하여 국가 기관의 운용(運用)을 원활(圓滑)하게 하는 데 있는 것이다. 따라서 관리들은 저마다 복무규율(服務規律)에 의거하여 그 직무를 충실히 수행(遂行)해야 한다.

그러나 관리에게 생기는 폐단(弊端)은 동서 각국을 막론하고 지극히 많이 있는 예사(例事)이다. 이 같은 폐해(弊害)에 빠지는 것을 막기 위하여 제도적으로는 특별히 감독관청(監督官廳), 즉 사정부(司正府)를 설치하여 항상 순시(巡視)와 검열(檢閱)을 행하였다. 이것은 근일(近日) 각국의 관리에 대해서 상세한 복무규정(服務規定)이 있는 것과 다름이 없는 것이다.

관리(官吏)의 임기(任期)는 상대등(上大等)의 경우 3년인데, 일반 관리는 이러한 제한(制限)이 있지 않았다. 관리의 파면(罷免)에 관한 권리는 물론 사정부에 있었으나 관리를 임명하는 문제는 고대 그리스의 경우 시민회(市民會)의 추첨(抽籤)을 통해 결정했지만 신라에서는 일종의 특별한 방법을 설치하였으니, 즉 관민협의체(官民協議體)에 의한 추천(推薦)으로 임명하였다. 이 협의체에서는 인민이 서로 모여서 무리 지어 다닐 때 사람의 행동거지를 관찰(觀察)해서 어질고 현명(賢明)한 인재(人材)를 발탁(拔擢)하여 추천하였는데, 추천하는 권리를 지닌 자는 화랑(花郞)이었다.

화랑으로는 용모(容貌)가 아름답고 뛰어난 자를 선정하여 분(粉)을 바르고 장식(裝飾)을 갖추게 하여 여러 사람들과 서로 노닐 적에 도의(道義)로 서로 연마(研磨)하여 사람의 의지(意志)를 시험(試驗)하기도 하고, 음악(音樂)이나 노래를 선보여 사람들의 미감(美感)이나 정서(情緖)를 살피기도 하였다. 이와 같이 다양한 방법으로 시험하여 얻은 성적(成績)을 가지고 그 사람을 선발(選拔)하니 그 사람은 대관(臺官)에 한정된 것이 아니라 상관(上官)이나 미관말직(微官末職), 상장(上長: 지위가 높은 사람-역주자주)이나 하졸(下卒: 군대의 가장 낮은 직위의 병사-역주자주)을 모두 이 방식에 의하여 선발하여 썼다.

그런데 이 협의체는 일정한 장소에 늘 두었던 것이 아니라 안팎으로 순회(巡廻)하여 임시로 설정하니 산속이나 물가를 막론하고 먼 곳까지 이르지 않은 곳이 없었다. 시간적으로는 당일(當日)에 천거(薦擧)하기도 하며 혹은 동행(同行)을 붙여서 오랜 시간에 걸쳐서 평가(評價)하여 선발하기도 하였다.

화랑제도는 진흥왕 37년(576)에 실시한 것으로 처음에는 미녀(美女) 두 사람[남모(南毛), 준정(俊貞)200]을 임명(任命)하였다. 그런데 이들이 서로 질투(嫉妬)하는 부도덕(不道德)한 폐해가 발생하는 바람에 여자를 폐지하고 남자를 채용(採用)했는데, 그 첫 번째 남자 화랑의 이름이 설원랑(薛原郎 ?~?)201)이었다.

이로부터 관리의 천거는 완전하게 되어 훌륭한 인재, 큰 인물이 조정에 끊이지 않게 되었다. 그런 까닭에 김대문(金大問, ?~?)202)의 『화랑세기(花郎世紀)』203)에 이르기를, "어질고 충성스러운 신하가 이로부터 빼어나게 길러지고, 훌륭한 장수(將帥)와 용맹(勇猛)한 병사(兵士)가 이로부터 생겨났다"라고 하였다.

제26절 신라 지방정치

신라 초에는 진한(辰韓) 6부(部)에 각 수장(首長)이 있어서 자치의 구제도를 답습(踏襲)하였다. 그러다가 박혁거세왕(朴赫居世王) 이후로는 대대(代代)로 여러 나라를 토벌(討伐)하여 판도(版圖)를 확장(擴張)하였는데, 제23세 법흥왕 때에(514~540)에 당시 5가락국(五駕洛國)이었던 변한의 전 영토(領土)를 병탄(幷呑)하고204) 북옥저(北沃沮)까지 겸병(兼幷)하였다. 그 다음 대인 진흥왕 16년(555) 8월부터 5개월에 걸쳐서 친히 서북방에 순행(巡幸)하여 국경(國境)을 정(定)하니, 이로부터 판도가 완전히 정해져서 다른 나라와 정치(鼎峙: 솥발과 같은 새 세력-역주자주)의 형세(形勢)를 이루었다. 진흥왕 함흥정계비문(咸興定界碑文)205)에 이르기를, "짐(朕)은 태조(太祖)의 기틀을 이어 받아 왕위(王位)를 계승하여, 몸을 조심하고 스스로 삼갔으며" 하고, 또 이르기를 "사방으로 영토를 개척하여 인민과 토지를 널리 획득하니, 이웃 나라가 신의(信義)를 맹세(盟誓)하고 화호(和好)를 요청(要請)하는 사신(使臣)이 서로 통하였다"고 하였다. 신라는 판도가 확고해진 뒤로 각지를 주·군·현으로 나누어 각기 장관을 두었는데, 주(州)에는 군주(軍主), 군(郡)에는 군주(郡主), 현에는 현령(縣令)이 있어서 지방의 정치를 관장(管掌)하고 통치(統治)하였다. 왕은 친히 국내를 순무(巡撫: 여러 곳을 돌아다니며 백성들을 위로하고 달램-역주자주)하거나 사자(使者)를 파견(派遣)하여 인민의 질고(疾苦)를 방문하고 진휼(賑恤: 구제)하였다. 또 지방장관의 행정을 안무(按撫)하며 인민의 송사(訟事)를 처리해 주기도 하였다. 그런즉 지방의 인민이 그 지방정치에 대한 불평(不平)이나 불복(不服)의 소송(訴訟)이 있는 자는 모두 이 사자의 안무(按撫) 때나 왕의 순무(巡撫) 때를 타서 고소(告訴)하였다.

살펴보면 오늘날 프랑스의 지방 인민이 법정(法廷)에 월권행위(越權行爲)를 고소할 수도 없으며 또 정략적(政略的) 의사 표현도 할 수 없는 그 같은 제도를 신라의 지방행정 제도와 비교해 보라! 신라의 인권(人權) 보호 정치가 얼마나 훌륭한 것인지 알 수 있는 것이다.

변한은 전통적으로 구간(九干), 즉 아도(我刀), 여도(汝刀), 피도(彼刀), 오도(五刀), 유수(留水), 유천(留天), 신천(神天), 신귀(神鬼), 오천(五天) 등이 전국을 나누어 관장하여 다스렸는데, 삼국 초에 구간(九干)이 합의(合議)한 결과 김수로왕(金首露王,

42~199)206)을 추대(推戴)하면서 세습왕(世襲王) 제도로 고치고 국호(國號)를 가락(駕洛)이라고 하였다. 그러나 대대로 신라의 간섭(干涉)을 면하지 못하더니, 구해(仇亥, ?~544<?>)왕207) 때에 신라에 영원히 합병(合倂)되니(532년), 전세(傳世) 열여섯 명(16명은 가락이 아니라 대가야국-역주자주)의 왕 역년(歷年)이 527년(527년이 아니라 520년, 562년에 멸망한 대가야-역주자주)이었다.

제27절 삼국 헌법의 공통된 특성

삼국의 헌법(憲法)은 각국이 따로 없이 공통성을 지니고 있다. 그 헌법은 흠정(欽定)의 불문법(不文法)인 바 군주(君主)가 임의(任意)로 제정(制定)하였다. 그런 까닭에 국가의 의사(意思)가 일체로 확정(確定)되고, 또 발달하게 된 모든 제도, 즉 법제의 성립, 계급의 조직, 관직의 배치 등이 모든 군주의 의지에 달려 있는 것이고 인민의 의지와는 직접적으로 관련이 없는 것이다. 국가의 의사를 실현하는 행위, 즉 행정법(行政法)도 모두 군주가 총괄(總括)한다. 오직 정사(政事)의 필요한 때에 어전 회의(御前會議)와 관료회의(官僚會議)로 처리하여 판단하였다.

역사에서 그 중대사(重大事)가 있으면 여러 관리를 모아서 상세히 논의하여 결정한다고 한 것이 바로 이것이다. 왕위는 이미 세습으로 된 그런 까닭에 이어서 왕권이 확대되었는데, 지방장관을 모두 왕족과 귀족으로 뽑아서 임명하는 풍조(風潮)가 있었으니, 그 왕족과 귀족은 모두 왕에게 복종(服從)하고 왕을 보좌(補佐)함으로써 왕권이 더욱 확대되었다.

동양의 한(漢)나라와 당(唐)나라의 법제(法制), 서기 1814년 프랑스 루이 14세의 헌법(憲法), 1850년 프로이센 왕 프리드리히 빌헬름(Friedrich Wilhelm Ⅳ, 1795~1861) 208)의 헌법 등은 모두 삼국시대의 헌법과 같이 흠정법(欽定法)으로 국가의 주권(主權)이 군주에 있음을 나타낸 것이다. 또한 현재 서양에 삼권 분립(三權分立)이라는 것도 형식뿐이고 실제로는 독립이 없는 것이다.

군권은 이와 같이 발달하여 국가의 대권(大權)이 군주 한 사람의 몸에 집중되었다. 그러나 귀족의 일파는 정치를 지도하는 특권(特權)이 있었기 때문에 그 세력이 점차 증가하여 정치 기관의 중요한 권리를 집행하였다. 그리하여 왕위에 후사가 없는 때는 귀족의 회의를 거쳐서 다음 군주를 추대(推戴)하였으며, 폭군(暴君)이 나와서 정치적 불행(不幸)이 생겼을 때에는 귀족(貴族)의 회의(會議)를 거쳐 폐위(廢位)하는 일도 있었다.

	고구려	백제	신라
왕위 계승(繼承)	28	30	58
왕위 봉위(奉位)	4	-	18
왕위 승위(承位)	18	22	35
군주 시해	5	7	5

　그중 신라왕의 변란(變亂)은 통일한 뒤에 많이 있었다. 각 귀족의 세력이 강대
하였으나 왕위(王位)를 찬탈(簒奪)한 자는 없었다. 고구려 말엽에 연개소문(淵蓋蘇文,
?~665)209)의 세도가 몹시 컸으나 한나라의 왕망(王莽, B.C.45~A.D.23),210) 오초(吳
楚) 7국의 난,211) 환관(宦官) 등에 의한 어린아이 장난 같은 폐립(廢立)은 없었다.
행정관과 군대의 장수는 국가의 대표자, 즉 화신(化身)으로서 인민과 병졸(兵卒)들
에게 복종의 의무(義務)를 담당하게 하였다. 당시 인민의 윤리사상(倫理思想)은 개
인적(個人的)인 자유(自由)를 인정(認定)하지 않고 단체(團體)로써 기준(基準)을 삼았
는데, 사람은 국가(國家)에 복종(服從)하는 것을 가장 큰 근본으로 알아서 국가와는
무형(無形)의 집단 속에 그 자신을 일체화(一體化)시켜, 국가는 부모(父母)이고 인민
(人民)은 그 자녀(子女)로 여겼던 것이다.

제28절 씨족제도의 발달

왕족과 귀족의 생활이 생겨서 권리와 제한이 세워졌는데, 이것을 따라서 씨족(氏族) 구별의 증표(證票)가 없을 수 없다. 씨족 구별의 원인은 오직 정치상으로 뿐만 아니라 민족의 대이동을 따라 혈족 관념이 충돌한 것에서도 발생하니, 이 씨족 구별의 증거는 성씨를 만들어 일족의 표지(標識)로 드러낸 것이다.

그 성(姓)을 지니게 된 것을 보면 왕이 하사(下賜)하기도 하고 종족(種族)이 스스로 만들기도 하며, 그 성(姓)을 만드는 방법에 대하여 지명을 사용하거나 자기 생시(生時)의 사적(事績)을 근거로 하거나 선조의 이름을 그대로 사용하기도 하였다.

신라왕의 성은 박·석·김(朴昔金)이요, 고구려와 백제의 성은 모두 고 씨(高氏)이다. 신라 6부족은 그 왕에게서 하사받은 이(李)212), 최(崔)213), 손(孫)214), 정(鄭)215), 배(裵)216), 설(薛)217) 6성(姓)이다. 고구려의 건국 공신(功臣)도 역시 그 왕에게서 하사받았는데, 극 씨(克氏), 중실 씨(仲室氏), 소실 씨(少室氏)가 이것이다.218) 단군 때의 여수기(余守己)의 자손은 여러 인민에게 공(功)이 있다고 하여 중인변(衆人邊·亻)에 여(余) 자를 합하여 서 씨(徐氏)라고 했다. 안 씨(安氏)는 조상이 난을 평정(平定)하여 인민과 나라를 평안(平安)하게 하였으므로 안 씨라고 하였다.219)

이 성씨의 제도가 성립함과 동시에 결혼제도(結婚制度)도 완전하게 되었다. 동성 간에는 서로 결혼하지 않았으며, 각 계급은 그 계급의 혈통(血統)을 유지(維持)하기 위하여 통혼(通婚)하는 것을 허락(許諾)하지 않았다. 더욱이 왕족은 혈통을 위하여 동성 동족(同姓種族) 내에서 서로 결혼하였다. 그런데 귀족 계급은 각 가문이 엄연(嚴然)한 집단을 이루면서 정치의 권세(權勢)를 잡았다. 반면에 일반 서민들에게 있어서는 성을 지닌 자가 많지 않았고, 산업과 학문 및 예술로써 가문(家門)을 세웠다.

제29절 국민의 계급

인민의 계급(階級)은 전대(前代)로부터 귀족(貴族), 평민(平民), 노예(奴隷)의 3계층(階層)으로 내려왔다. 이 시대에 이르러서는 세습군주제(世襲君主制)가 확립되면서 각 조직의 정연(整然)한 질서(秩序)가 요구되었으며, 그 계층제도는 더욱 완전하게 되었다. 근대(近代)에는 평민을 차별하지 않는 풍조가 유행하였으나 고대에는 계급이 있었기 때문에 국가를 보전(保全)하고 사회의 질서를 안정(安定)시킬 수 있었다. 살펴보면 국가는 통치자와 피통치자의 구별이 없이 존립(存立)할 수 없었던 것같이 당시의 사회도 역시 여러 가지 계층(階層)으로 조직함이 없으면 존립하기 불가능(不可能)하였다.

그리하여 이 시대에는 정치와 사회가 전대(前代)보다 발달하여 공통의 사상(思想)과 명예심(名譽心)으로부터 자연적으로 발생하는 여러 종류의 집단이 완전한 조직체를 이루어 국가와 사회생활에 없어서는 안 될 요소가 되었다. 이제부터 그 기존의 계급이 발달하게 된 상황을 잠시 언급하고자 한다.

(1) 귀족

귀족은 전대부터 이미 존재했던 자도 있고 건국 초에 공(功)이 있는 자 또는 왕의 지파(支派)로 된 자이니, 국가의 정치를 지도하는 세습의 특권을 지닌 계급이었다. 처음에는 무기(武器)를 소지(所持)하는 것으로 본래의 임무를 삼았으나 후세에는 점차 평화 시의 직무(職務)를 겸하게 되어 국무대신(國務大臣), 지방장관(地方長官)에까지 그 고귀(高貴)한 지위(地位)를 독점(獨占)하였다.

프랑스의 귀족은 궁중에서 왕과 더불어 연회(宴會)를 즐겼고, 이탈리아의 귀족은 도시에 공복(公僕)의 역할을 할 뿐이었다. 우리 삼국시대의 귀족은 밖으로는 다른 민족과 경쟁하는 국민의 울타리 역할을 하고 안으로는 국무를 관장(管掌)하여 국민생활의 안녕(安寧)을 도모(圖謀)하였는데, 조상 전래의 명예심(名譽心)과 도덕심(道德心)을 지닌 종족으로 정치에 있어서 불가결(不可缺)한 요소(要素)가 되었다.

당시 인민은 군주 국체(國體)의 관념이 있어서 사실상 또 형식상 국가의 관리가 있는 것을 존중하고, 또한 지배자는 그 요건이 지식에만 한정되지 않고 정무

(政務)의 능력이 있는지 여부(與否)에 있었다. 그리하여 그 조상으로부터 유전(遺傳)된 정치적 능력이 있는 계급은 자연적으로 국민의 숭배와 존경을 받게 되었다.

귀족제의 분간(分揀)이 없어서 사경(死境)에서 신음(呻吟)하고 있는 터키와 폴란드의 사정을 살펴보면 삼국시대의 제도는 상하 일치의 정치사상이 발달하여 피차간 공(公)을 위하고 사(私)를 돌아보지 않는 헌신적인 사상을 가히 추측(推測)할 수 있다. 그런 까닭에 귀족제(貴族制)도 엄격(嚴格)하고 혈족(血族)에 대한 풍속(風俗)도 극히 정연(整然)하였다. 제1골(骨)인 왕족은 제2골인 귀족과 통혼(通婚)하지 않았으며, 제2골도 자기 계급 외에는 결혼(結婚)을 허락하지 않았다.

고구려 5부(部)220)라고 한 것도 관념 하에 설립된 제도였다. 직업과 종족으로 인하여 부(部)를 따로 한 것이다. 소노부(消奴部)221)와 계노부(桂奴部)222)는 왕족에 속했고, 5부 외에 연나부(椽那部)223)에는 동부여 사람으로서 투항(投降)해온 이를 거주하게 하였다. 또 잠지부(蠶支部), 한기부(漢祇部)224)에는 귀화한 한인(漢人)을 거하게 하였다. 신라의 6부도 처음에는 자치(自治)를 기초(基礎)한 것이다. 나중에 성씨를 하사(下賜)하여 씨족을 구분(區分)한 것도 이것을 위한 것이었다.

(2) 평민

고유의 민족 세력은 오로지 이 계급에 존재한다. 민족의 정치적 천재(天才)는 특히 귀족 중에서 실현되나 이에 반하여 이상의 의의를 지닌 문화적 생활은 스스로 평민계급 중에 실현되었다. 그런 까닭에 물질과 노력을 요하는 위업(偉業)이든지 국민으로 하여금 건전한 사회를 이루게 하는 것은 이 계급과 관계가 있었다.

러시아는 시민계급이 없어서 문학이 귀족으로부터 나왔으나 일반 동서 양 각국의 참된 국민 문학은 일반 인민의 심정(心情)에 발하지 않은 것이 없었다.

우리 삼국시대에는 학자와 시인 및 예술가가 귀족들에게 있었으니, 본래 문학과 예술의 옹호자(擁護者)는 이 계급에만 오로지 있었다. 최치원(崔致遠, 857~?)225)도 평민(平民)이요, 우륵(于勒, ?~?)226)도 평민이요, 김생(金生, 711~791)227)과 솔거(率居, ?~?)228)도 그 출신이 모두 미미(微微)하여 역사에서는 그 가계(家系)를 기록으로 남기지 않았다. 조선시대에 문예(文藝)의 일을 천업(賤業)이라고 하여 양반(兩班)이 좋아하지 않았던 것도 역시 평민의 전유물(專有物)이 되었기 때문이었다.

이 계급은 실상 국민 중에서 가장 귀한 자이다. 그런 까닭에 자기로써 국민(國

民) 전체라고 자신하였으니 어느 때는 정치에 대하여 자기 의견만 편벽(偏僻)되이 믿는 자가 있으나 국민이라 칭(稱)하는 것은 대체로 이 계급(階級)을 가리키고 있다고 자신하는 바이다.

(3) 노예
노예는 최하층 계급의 인민으로 간주되었던 자이다. 그들은 자기의 업무에 종사하는 것으로도 만족하여 항상 사람의 최하등 생활을 영위하는 자였다. 고사(古史)에 보면 고구려 국중(國中)의 대가(大家)는 경작(耕作)하지 않고 앉아서 먹었는데, 그 수가 1만여 구(口)였다. 하호(下戶)는 쌀과 생선 및 소금을 멀리까지 조달(調達)했다고 하였다. 그렇지만 우리의 안목(眼目)으로 이 계급을 살펴보면 한편으로 사회의 최악(最惡)의 분자(分子)를 포함하는 동시에 민족(民族) 스스로 갱신(更新)하고 부활(復活)하는 정력(精力)을 함축(含蓄)하였다고 하겠다.

어느 시대 어느 나라를 막론하고 상층(上層)에 속할 수 없어서 떨어진 것을 모두 포용할 수 있는 최하층(最下層)이 있는 것은 필연적인 일이다. 그런 까닭에 퇴폐한 분자는 위에서 아래로 몰락하고 소장(小壯)의 기예(氣銳)한 분자는 아래에서 위로 승진(陞進)하였다. 이러한 사실은 고려시대에 노예 혁명(革命)을 일으킨 그 두령(頭領) 만적(萬積, ?~1198)[229]의 선언(宣言)을 통해서 가히 알 수 있다. 그는 북산(北山)에서 대규모 노예 집회를 열고 연설(演說)하기를, "우리나라에는 예로부터 고관대작(高官大爵)들이 천민(賤民)과 노예(奴隷)에서 많이 나왔는데, 장수(將帥)와 재상(宰相)에는 종자(種子)가 없으니, 어찌 채찍질 아래에서 근골(筋骨)을 수고로이 할 것인가?"[230] 운운(云云)하였다. 살펴보면 실상 역사상 대인(大人)은 모두 하층 계급에서 일어났으니, 근래의 전설에서 양반(兩班)에 앞서 삼노팔리(三奴八吏)[231]라고 한 것이 바로 이것이다. 그들은 간소(簡素)한 생활 상태에 있었기 때문에 자연적(自然的) 기력(氣力)과 순결한 정서(情緒)를 길렀는데, 그들의 이해력(理解力)은 두 방면으로 발현(發現)하였다. 하나는 심후(深厚)한 종교적(宗敎的) 감정(感情)이요, 하나는 상무적(尚武的) 정신(精神)이다. 그런 까닭에 본래 영웅적(英雄的) 활동(活動)과 종교적(宗敎的) 천재(天才)는 비천(鄙賤)한 사회에서 출현(出現)한다는 것이다.

이상의 세 계급은 당시 사회를 구성한 요소들이었다. 그 위에 왕족 일파가 있었으나 위의 절에서 언급하였으므로 여기에서 생략하였다.

제30절 경제의 상황 1

이 시대에 있어서 삼국 세 나라의 재정 제도와 행정을 관찰하면 국가사회주의(國家社會主義)를 실제로 집행(執行)하였다. 그런 까닭에 인민(人民)도 국가 소유(所有)요, 토지(土地)도 국가 소유요, 권리(權利)도 국가 소유였다. 인민의 자유는 공중(公衆)을 기준으로 삼고, 개인을 기준으로 삼지 않았다. 동시에 우리 생활의 근본을 모두 국가의 행위로 간주하였다. 국가와 법률의 보증이 없으면 상업은 전적으로 실재(實在)하기가 불가능(不可能)하며 국가가 없으면 소유권(所有權)과 재산제도(財産制度)는 도저히 상상(想像)할 수 없다.

납세(納稅)의 의무는 법률상(法律上)으로 알지 못하더라도 이미 도덕상(道德上)으로 알아차리고 있었다. 그 조세제도(租稅制度)는 곡물과 직물로 납입(納入)하였는데, 각자의 능률(能率)에 따라서 차등(差等)이 있었다. 그 분명하고 자세한 법조문(法條文)은 알 수 없으나, 『수서(隋書)』를 보면 고구려에는 부호자(富戶者) 최고 1등은 매년 베[布포] 5필, 조(租) 5석(石: 섬, 1섬은 10말), 유인(遊人)은 3년에 1번 납세(納稅)하였다. 기타는 조(租) 1석, 그 다음은 7두(斗: 말), 그 다음은 5두를 납부하였다.[232] 신라에서는 전(田) 1부(負: 100尺은 1負이다)에 조 3승(升: 되)을 납부하였다.

이 납세의 의무는 국가 생활의 제1의 조건이었다. 그런 까닭에 항산(恒産)이 없어서 생산하지 못하는 유민(遊民)이라고 하더라도 모두 국비(國費)를 부담하였다. 그렇지만 유민에 대하여는 토지를 반포(頒布) 지급하여 농업에 종사하게 하니, 이렇게 반포 지급하는 토지를 정전(丁田)이라고 하였다. 농업은 국가경제의 제일 요소(要素)로 삼은 까닭에 토지를 인민의 근본으로 삼았다.

관리의 봉록(俸祿)도 모두 조전(租田)을 하사(下賜)하여 지급하니, 이를 일러서 요전(僚田)이라고 하였다. 특히 공로(功勞)가 있는 신하에게 상을 주는 경우에는 다른 금전(金錢)이나 물산(物産)으로 주지 않고 조(租)나 식읍(食邑), 즉 전지(田地)를 하사하였는데, 이것은 봉건시대(封建時代)의 관념(觀念)이 여전히 있는 것이기는 하지만 사실은 농업을 중요시한 것이다.

토지는 이전시대부터 국가 소유물로 지정하였는데,[233] 서양 고대의 경우와 같이 귀족이 토지를 자유로이 차지하여 국민의 빈부(貧富)를 월수(越數:정한 수효나 예정된 수를 넘음-역주자주)하게 하는 것이 아니었다. 전국 토지를 모두 국유물(國有物)로 정한 바, 인민에게 공토(公土)를 대여해 주는 것이었다. 그런 까닭에 인민(人民)은 소작인(小作人)이요, 국가(國家)는 대지주(大地主)가 되는 것에 불과하였다. 그러나 식읍은 세습으로 상속하고, 사사로이 서로 매매하는 토지는 사유물이 되나 그 토지의 원래 주인(主人)은 국가(國家)요, 개인(個人)이 아니라는 것을 인식하였다.

정부가 국민생활을 보호하는 것으로는 네 가지 법이 있었다.

(1) 세금(稅金)의 면제(免除)이다. 혹시라도 지방에 수해(水害)나 충해(蟲害) 또는 비상시와 같은 환란이 있으면 1년 이상 3년 이하의 조세를 면제하였으며 또한 지방 인민이 난리를 방어한 일이 있으면 1년 이상 7년 이하의 조세를 면제하였다.

(2) 진대법(賑貸法)이다. 1년 경작에 대하여 식량을 마련할 방도(方途)가 미치지 못한 경우가 생길 때에는 관청 곡식을 내서 가구(家口)의 많고 적음에 따라 차등을 두어 대여(貸與)하였다. 매년 봄 3월에 시행하였다가 겨울 10월에 환납(還納)하였는데, 이는 고구려 고국천왕(故國川王) 16년(194)부터 시작된 것이었다.

(3) 진휼(賑恤)이다. 왕이 친히 국내를 순행(巡行)하여 민간 경제의 상황을 직접 살핀 후 빈민(貧民)에게 곡물(穀物)과 직물(織物)로 구휼(救恤)하여 지급하였다.

(4) 금유법(禁遊法)이다. 국내의 일반 유민(遊民)을 조사하여 강제로 농업과 다른 직업에 종사하게 하게 하니 이는 적극적인 구호법(救護法)이었다. 이 제도로 인하여 사회 경제생활은 날로 발전하였다.

이들 네 가지 법은 국가 경제의 중요한 행정이었다. 국가가 국민을 사랑하고 인민이 국가를 자기 집으로 간주(看做)하여 상하 간에 도와가면서 생활을 하였으니, 이 국가가 없으면 인민이 생존(生存)하지 못하였다. 국가가 있을지라도 생존(生存)하기 불가능한 일이 있으니, 직업이 없고 할 일 없이 떠도는 자가 많아도 돌보지 않고, 공동(共同)의 환난(患難)을 당하여도 돌보지 않으면서 오로지 십사량격(十四兩格: 열에 넷 정도의 과중한 조세 비율을 언급한 것으로 추정-역주자주)으로 인민에게 과중(過重)한 부세(賦稅)를 강제로 부담시키고 이를 독촉(督促)함에 가혹(苛酷)한 수단만을 휘두른다면 어찌 살아가겠는가? 어찌 살아가겠는가?(이하 생략)

제31절 경제의 상황 2

일반 산업(産業)에 대해서는 당시 정부의 보호정책이 극진(極盡)하여 이로부터 문화활동이 크게 발전하였다. 농업은 전대(前代)부터 근본이 되는 업으로 여겨서 국가 생산의 제1의 산업으로 삼았다. 벼[稻도]의 소출(所出)과 우경(牛耕), 관개(灌漑) 등 여러 가지를 새롭게 발명(發明)하였으며 직물(織物)의 생산을 크게 장려하였다. 신라는 매 8월 15일에 여자들의 직물(織物) 품평회(品評會)를 개최하였는데, 이의 정해진 방식은 나라의 연중행사가 되어 오늘날까지 전하니, 가배절(嘉俳節) 또 가우(嘉優)라고 부르는 것이 이것이다.

신라는 상업(商業)에도 주력하였는데, 3시전(市廛)이 있어서 각 시전을 감독(監督)하였다. 물가(物價)의 조절(調節)과 간상(姦商)의 제재(制裁), 금융(金融) 활용을 간섭(干涉)하며 더욱 외국무역(外國貿易)을 크게 발전시켜서 아라비아, 페르시아, 인도, 한(漢) 및 일본 등과 호시(互市) 내왕(來往)이 이어졌다. 신라의 보물창고에는 아라비아, 페르시아, 인도의 기이(奇異)한 보배와 집기(什器)를 모아 놓았고, 고구려의 국고(國庫)에는 중국의 화폐(貨幣)를 대량으로 저장해 두었다.

신라의 문화 활동에 대한 경제정책은 삼국 가운데 제1위(位)이었을 뿐만 아니라 동양(東洋)의 제일(第一)이었다. 그런 까닭에 소지왕(炤知王, 479~500) 때에 우편과 역참[郵驛우역]을 두루 설치하였는가 하면 관용(官用) 도로인 관도(官道)를 수리(修理) 축성(築城)하여 교통(交通)을 편리하게 하였고, 선박과 수레를 이용한 수송운반(輸送運搬)이 크게 갖추어졌다.

화폐(貨幣)는 금전(金錢), 연전(鉛錢) 또 철(鉎=鐵)의 3종이 있는데, 그 형태에 있어서는 모두 문양(紋樣)이 없었다. 당시 매매 과정에서 화폐를 통용(通用)하였으나 대개는 물물교환(物物交換)의 관습(慣習)이 여전히 있었다. 포 1필(疋)의 값에 조 30석(石), 혹은 50석으로 하고, 세포(細布) 1필에 쌀 5승(升)으로 거래하였다. 당시 외국으로 수출되던 물품은 다음과 같다.

황금(黃金), 은(銀), 동(銅), 철(鉎=鐵), 석유(石油), 적옥(赤玉), 인삼(人蔘), 토사자(兎絲子),234) 백부자(白附子), 오미자(五味子), 우황(牛黃), 호피(虎皮), 웅피(熊皮), 구(狗),

곡물(穀物), 어물(魚物), 포(布), 목면(木棉), 하주(霞紬), 어아주(魚牙紬),235) 백지(白紙), 완호품(玩好品), 주(酒).

　삼국시대의 경제 상황을 논하게 되면 서양(西洋) 고대문명(古代文明) 발달사의 추억(追憶)을 환기(喚起)시키게 한다. 피차 비교(比較)를 시도한다면, 우리 삼국시대의 문명이 소위 세계문명에서 선진적(先進的)인 옛날의 국가보다 뛰어난 점이 한둘이 아니었다. 그렇지만 그 사회의 활동(活動)에 있어서 국가의 외부의사(外部意思)를 발휘한 자취는 크고도 웅장(雄壯)하다. 다만 그 제도에 있어서 세밀(細密)한 규모(規模)는 알기 어려우니, 아! 옛 역사의 잔간(殘簡: 흩어져서 일부가 없어지고 남은 문서-역주자주)이 필자의 뇌(腦)를 망연(茫然)케 한다.

제32절 종교

삼국시대의 문화적 활동 가운데 제일 먼저 고찰해야 할 분야는 종교(宗敎)이다. 종교 분야에서는 초기에 고유의 신앙인 대종(大倧: 국조 단군을 모시는 뿌리사상)을 답습(踏襲)하면서 이것을 확장(擴張)시키다가 이교(異敎)가 침투(浸透)한 뒤로는 정신계(精神界)에 대변동(大變動)이 생겨났다.

최초로 민족의 이동이 시작되고 사상이 일변(一變)할 당시에 여러 가지 전설(傳說)이 유행(流行)하고 역사를 시(詩)로 노래하는 사상(思想)이 일어났는데, 결국 국민은 최후의 권위를 요망(要望)한 바, 공평무사(公平無私)한 인격체(人格體)의 권력에 집중하였다. 그 공평무사한 인격체(人格體)라고 하는 것은 뛰어난 재능(才能)과 신앙적(信仰的) 전설이 합쳐진 자를 일컫는 것이다.

주몽왕은 알에서 태어났는데 골격(骨格)과 의표(儀表: 몸을 가지는 태도, 의용儀容-역주자주)가 영특(英特)하고 기이(奇異)했으며 물고기와 자라들의 기이한 도움이 있었다고 하는데 동시에 천제(天帝)의 아들이라고 스스로 칭하였다. 온조왕(溫祚王)은 알에서 태어난 사람인 고구려 주몽(朱蒙)의 친아들이었으며, 신라 박혁거세도 알에서 태어난 난생인(卵生人)으로 성스러운 덕(德)을 지닌 자였다. 이들의 자격은 모두 큰 재능도 있었거니와 기이한 징조로 신명(神明)이 감응(感應)한 전설이 있었다. 그런데 이것은 다름이 아니라 일반 국민이 신조(神祖: 신성神聖한 조선祖先. 즉 공덕功德이 있는 선대先代의 조종祖宗을 일컬음-역주자주)의 후예로서 군주를 추대(推戴)하는 경향이 있었던 것이다.

삼국에 새 조정(朝廷)이 성립한 것은 예로부터 내려온 신앙인 조국(祖國)과 민족(民族)의 관념을 구체적으로 표현한 것이다. 이리하여 국가적 품성(稟性)은 이같은 전설을 답습하고, 군왕은 신앙적 통일을 영원히 계속한 바, 왕권(王權)을 영구(永久)히 지속(持續)시키니 종교에 대한 행정 태도가 어떠했는가를 여기에서 볼 수 있다.

이로부터 군왕 이하 일반 인민의 종교적 관념은 근본 사상이 발달하는 양상을 나타냈는데, 종(倧)은 대략 세 파로 나뉘었다. 부여는 대천교(代天敎), 신라는 숭천교(崇天敎), 고구려는 경천교(敬天敎)라고 하였다. 그렇지만 그 종파는 한 나라 안에서 분열된 것이 아니라 각국이 분립된 상태에서 각자 명칭을 붙인 것이요, 교의(敎義)에 있어서는 특별한 차이는 없었다.

그런 까닭에 종교의 본체는 변동이 없고 또한 각국의 종교 간에 어떤 단층(斷層)이나 단절(斷絶)이 생기지 않고, 오직 전대(前代)의 고례(古例)에 의하여 제정일치(祭政一致)의 정책을 행하였다. 종(倧)의 세력은 정부와 하나가 됨에 따라서 점차 발달하니 러시아에 종교대신(宗敎大臣)이 있는 것같이 국선(國仙)이라고 하였다.

당시 정교(政敎)의 관계를 고찰하면 오스트리아의 예와 같이 교권(敎權)의 아래에 국가 권리를 복속(服屬)하게 한 것도 아니요, 벨기에의 제도와 같이 정교가 상호 대립한 것도 아니며 러시아의 제국적(帝國的) 법주제(法主制)와도 같지 않았다. 전적으로 국민적(國民的) 종교로 군주(君主)는 동시에 어떠한 방식으로든 대교주(大敎主)가 되었으니, 국가(國家)와 교회(敎會)는 가장 친밀(親密)한 관계를 지녀서 둘이 결합된 형국(形局)은 인류 교화(敎化)를 위한 제도가 되었다.

중세에 들어와서 유교(儒敎)와 불교(佛敎)라는 다른 종교가 침입한 뒤로부터 정치와 교화(敎化)에 대하여 큰 영향(影響)이 발생하였다. 이때 종교 행정은 신앙(信仰)의 자유(自由)를 허락(許諾)하였는데, 모든 종교 중 어떤 것을 특별히 보호(保護)한 것이 아니라 일반적으로 애호(愛好)하는 바, 즉 공인교주의(公認敎主義)를 행하였다. 동시에 종(倧) 이외의 다른 종교, 즉 유교(儒敎)나 불교(佛敎)는 모두 학술(學術)과 지식(知識)으로 간주하여 이용후생(利用厚生)을 위한 소재로 활용되었다.

그런 까닭에 유교, 불교뿐만 아니라 도교(道敎) 역시 수입하여 3교의 정립(鼎立)을 이루게 되었다. 고구려의 연개소문이 왕에게 주청(奏請)하여 도교를 구하여 들어올 때 그 목적을 진술한 것을 보면 당시의 종교정책을 알 수 있는데, 그는 말하기를, "삼교(三敎)는 비유하면 솥발과 같은데, 그 하나가 부족해도 안 됩니다. 지금 유교와 불교가 나란히 흥성(興盛)하는데 도교는 아직 융성(隆盛)하지 못했습니다. 이른바 천하의 도술(道術)을 구비(具備)한 것이 아닙니다. 당나라에 사신을 보내 도교를 구하여 나라 인민들을 가르칠 것을 엎드려 청하옵니다[三敎譬如鼎足삼교비여정족, 關一不可관일불가, 今儒佛幷興而道敎未盛금유불병흥이도교미성, 非所謂備天下之道術者비소위비천하지도술자, 與伏請遣使於唐求道以訓國人여복청견사어당구도이훈국인]. 라고 하였다. 만일 다른 종교를 학술로 간주하지 않았으면, 여러 종교들은 스페인에서 기독교가 승리를 얻기 전의 형세(形勢)와 같이 국가는 각 종교 신도의 할거(割據)로 인하여 한 나라의 국민이 되는 일이 불가능하였을 것이다. 당시 국가는 문화적 사명을 자각하는 동시에 각 종교의 발호(跋扈)를 예방(豫防)하고자 노력하였다. 그 결과 철학이 발달하고 고유한 대종교는 다른 종교들을 참고하여 그 진리를 펼치는 데에 이르렀다. 옛적에 최치원(崔致遠, 857~?)이, "원래 나라에 현묘(玄妙)한 도가 있었다. 풍류가 가르침을 베푼 근원은 선사(仙史)에 상세히 갖추어져 있다. 실로 3교를 포함하여 뭇 생명(生命)에 접하여 교화(敎化)한다[國236)有玄妙之道국유현묘지도, 風流設敎之源풍류설교지원, 備詳仙史비상선사, 實乃包含三敎실내포함삼교, 接化群生접화군생]. 라고 하였다. 이로 살펴보면 인류교화의 교과(敎科)로 삼은 것이니, 조선의 종교행정사(宗敎行政史)는 세계 다른 나라에 비하여 일종의 특색을 지녔다.

제33절 삼국의 관계

삼국이 세 나라로 정립(鼎立)한 이래 피차 교체상 관계는 국력의 강성(强盛)하고 미약(微弱)한 것에 의하여 사달(원문에는 사단, 사달이 맞다-역주자주)이 많이 발생했을 뿐만 아니라 정치상 문화적으로도 그 영향이 대단하였다. 본래 고구려는 그 세력이 강한 것을 의지하여 백제를 공격하고 침략하는 일이 심하였고, 백제 역시 처음부터 신라를 침략하였다.

그러나 신라는 그 약한 세력으로 인해서 고구려, 백제와 평화를 맺는 동시에 안으로 실력(實力)을 양성(養成)하여 국력(國力)을 성장시키는 데 치중하였다. 신라의 눌지왕(訥祇王, 417~458) 때부터는 고구려와 우호(友好) 관계를 깨뜨리고, 백제와 연합하여 고구려를 상대로 전쟁을 벌이기 시작하였다.[237] 그렇지만 얼마 안 되어 백제와 또 다시 서로 전쟁(戰爭)을 하게 되었는데, 삼국의 전쟁은 갈수록 크게 확장되었다. 삼국의 전쟁이 빈번(頻繁)해짐에 따라 군사제도가 크게 발달하였다. 기병대(騎兵隊)와 보병대(步兵隊)의 편제(編制)는 실상 대규모의 모습이 있었고, 백제와 신라 양국은 특히 해군(海軍) 제도를 창설하여 바다 오랑캐를 방어(防禦)하는 데 대비하였다.

또한 약한 나라가 제일 강한 나라의 억압을 피하기 위하여 제2 강자의 구원(救援)을 요(要)함은 국가 상황으로나 인정상으로나 자연스러운 추세(趨勢)이다. 그런 까닭에 백제는 고구려를 정벌(征伐)하기 위하여 그 도움을 위(魏)나라에 구(救)한 일이 있으며, 신라 또한 고구려, 백제 양(兩) 세력의 강압(强壓)을 견뎌 내지 못하고, 수(隋)나라와 당(唐)나라에 구원(救援)을 청(請)한 일이 있었다. 이로 인하여 고구려에게는 강한 적들이 사방에서 일어나게 되었으니, 국제 문제는 점점(漸漸) 크고 강해져서, 만주 벌판의 풍운(風雲)이 동양 천지(天地)의 일대 활극(活劇) 무대(舞臺)를 열었다.

제34절 고구려의 강적과 외교

고구려의 정치는 실상 군국주의(軍國主義)이다. 문화(文化) 활동보다 무예(武藝) 활동이 성(盛)하니 그 확장 세력은 오직 남으로 백제와 신라 두 방면으로 떨칠 뿐 아니라, 동서 두 방향으로는 더욱 그 세력을 크게 펼쳤다. 동북에 있는 부여와 최초부터 서로 전쟁을 벌이는 일이 심하였다. 동방에 있는 옛 숙신씨(肅愼氏)는 고대의 부락적(部落的)인 상태에서 읍루(挹婁), 말갈(靺鞨)이라는 이름으로 바꾸고 자주 변경(邊境)을 침략(侵掠)하였는데, 그 국경(國境) 방면의 인민은 접경 거주 지역이 편안하지 못했다. 그러나 서천왕(西川王) 7년(276)에 이를 정복하여 영원히 속국[附庸부용]을 삼은 뒤 그 병사를 징발(徵發)하여 신라와 요서(遼西)의 전쟁에 이용하였다. 부여는 최후의 강적이 되었는데, 점차 그 세력이 약해져서 결국 문자왕(文咨王) 3년(493)에 그 땅을 복속(服屬)하였다.

프로이센이 오스트리아의 변방에서 궐기(蹶起)함과 같이 고구려 서방 변경(邊境)에서 일어난 선비족(鮮卑族)은 무시할 수 없는 강적이었다. 이 선비족(鮮卑族)은 태조왕(太祖王) 69년(121)에 부분노(夫芬奴, ?~?)238)의 정벌로 인하여 한 번병(藩屛: 변방의 속국)이 되었다가 봉상왕(烽上王, 292~300) 때에 그 추장 모용 씨(慕容氏)239)가 일어나 연나라를 세우면서부터는 그 침략해 오는 기세(氣勢)가 강하게 되었다. 그러나 고구려의 왕족 고운(高雲, 374~409)240)이라 하는 이가 연왕(燕王)의 계승자가 된 이후에 이르러 그 반목(反目)이 다소 그치게 되었다.

선비족 이외에 최대의 강적은 한족(漢族)이었다. 한족은 그 왕조가 여러 차례 바뀌었음에도 불구하고 대대로 우리나라를 수고롭게 하여 큰 전쟁이 끊이지 않았다. 한족은 아시아 중부의 방대(尨大)한 판도(版圖)를 가지고 수십 차례 왕조가 바뀌면서도 독특(獨特)한 문명(文明)을 발휘한 나라이다.

한나라 때에는 그 변방 장수가 침입해 온 것이 여러 차례이나 그 변방(邊方) 지역인 북평(北平),241) 어양(漁陽),242) 상곡(上谷)243) 및 요동(遼東)의 6현(縣)은 모두 우리의 점령지(占領地)가 되었다. 한나라 말 삼국시대 위나라 때에는 반대로 고구려의 도성(都城)이 그들의 함락(陷落)을 당한 일이 있으며, 그 후 수당시대에 이르러서는 피차간 대규모(大規模)의 전쟁이 여러 차례 일어났다.

그러나 수와 당나라가 수백 만의 철기(鐵騎)를 동원(動員)하여 우리 영토를 침범(侵犯)하였으나 고구려의 날카로운 예봉(銳鋒)을 당해 내지 못하였다. 수나라는 이로 인하여 멸망(滅亡)하였고, 당나라는 치욕(恥辱)을 면하지 못하였다.

이 같은 두 부(部)의 국제 관계는 험악(險惡)한 형세를 만들었으나 그 간에 오히려 누그러진 교류(交流) 관계도 없지 않았다. 5호 16국 시대에 최강(最强)의 힘을 가지고 강북(江北)을 통일(統一)하고자 했던 전진(前秦)의 부 씨(符氏)와는 문화 교류가 있어서 불교가 이 나라를 통하여 고구려에 전래되었다.244) 남북조시대에는 북조 후위(後魏)와 교분이 더욱 친밀(親密)하였으니, 이는 북위(北魏)245)를 고구려 왕족이 건설(建設)하여 왕실과 혈연관계가 있는 까닭이었다.

제35절 외교로 발생한 자연적인 영향

삼국 관계와 한족과의 전쟁 등 복잡한 국제 관계로부터 발생한 정치생활은 민족 전체의 개선(改善) 진보(進步)를 명백히 드러내게 하였다. 삼국이 상호관계를 맺은 때에는 군사제도가 발달하고 국제적 사회생활이 한층 발달하였다. 한인(漢人), 즉 한나라, 수나라, 당나라 등과 접촉을 한 때는 국민적 자긍심이 왕성(旺盛)하게 일어나게 되었다. 이 사이에 자연적으로 서로에게 미친 감화(感化)도 많이 있었다.

더욱 신라는 한인과 접촉함으로써 생긴 일체의 효과를 자신의 수중(手中)에 거두어서 진보 발전에 이용하였는데, 당나라의 문물제도(文物制度)를 수입하는 풍조(風潮)가 성행(盛行)한 때는 27~28대 두 여왕(선덕여왕善德女王, 진덕여왕眞德女王-역주자주)의 시대였다. 여자의 본성(本性)이 다감(多感)하여 새로운 외부의 문물을 환영하는 성질(性質)이 있을 뿐만 아니라 당나라와 고구려에 대한 숙원(宿怨)을 갚으려는 정책을 수행하던 시기였다. 이 두 가지 원인으로 인하여 당나라의 문화를 점차 신라에 수입하는 경향이 생겼다.

대분립시대의 후기(남북조시대)

제36절 문무왕의 통일

신라가 당나라와 국교를 수호하고 그 문화를 채용하는 동시에 당나라를 의지하여 대대로 숙원(宿怨)이었던 백제를 멸하고자 시도한 정략(政略)이 있었다. 이때 신라 제일의 영웅 김춘추(金春秋, 603~661)246)가 출현하였다. 김춘추는 당시 명장(名將) 김유신(金庾信, 595~673)247)과 처남 매부 사이로 한마음으로 협력하여 큰 정략(政略)의 방침을 정하였다. 김춘추는 이로 인하여 고구려와 일본을 차례로 순방(巡訪)하고 이웃나라의 형세(形勢)를 탐지(探知)한 뒤 당나라에 사신으로 가서 교묘(巧妙)하고 기민(機敏)한 외교로 당나라와 동맹(同盟)을 체결(締結)하였다. 귀국하여 왕위에 즉위한 뒤 이미 정해 두었던 정략을 실행하여 백제를 공격하였다.

이보다 앞서 고구려는 신라의 방침을 알고 백제와 연합하여 신라의 땅 30여 성(城)을 공격(攻擊)하여 취하였다. 신라는 그 시기를 타서 당나라의 병사와 함께 백제를 정벌(征伐)하기 시작하였다. 마침내 백제가 멸망하여 신라에 합병(合倂)되었다. 그러나 고구려는 유명한 영웅 연개소문(淵蓋蘇文)이 건재했기 때문에 고구려를 얻지 못한 채 춘추왕(春秋王)은 세상을 떠났다. 그 후 연개소문이 죽고 춘추왕의 아들 문무왕(文武王, ?~681)248)이 나오니 또한 영걸(英傑)의 군주로 부왕(父王)의 정략을 계승하여 대군을 이끌고 고구려를 멸망시키는 공적을 이루었다.

당시 고구려는 연개소문이 있었고, 신라에는 김춘추와 김유신이 있었고, 당나라에는 이세민(李世民, 599~649)249)이 있었으니, 이때는 세 나라 영웅이 활동하여 동양은 전에 없던 대활극(大活劇)을 연 때이다. 동시에 고구려와 백제는 비참한 지경에 떨어지니, 백제는 신라에 병합되고 고구려는 한때 무정부(無政府)의 빈 터가 되어 신라 병사와 당나라 병사의 둔영지(屯營地)가 되었다.

살펴보면 신라가 당나라를 의지하여 통일(統一)의 대업(大業)을 이루게 된 것은 흡사 스위스가 프랑스 혁명시대의 지원 병사에 의지하여 독립 상태의 여러 무리를 통일한 것을 방불(彷佛)케 한다. 이에 대하여 어떤 역사가는 외국의 군대로 동족을 멸망시켰다고 신라를 책망(責望)하여 토론(討論)하였다. 그러나 동족을 내세우는 것은 오늘날과 같이 민족 관념이 확고해진 시대에 치우친 견해이니, 당시에 고구려와 백제가 신라를 공격한 것은 동족 간에 원수가 된 것이지만 당시 민족 관념은 없었던 것 같고, 국민적 의식이 상이(相異)했던 시대이다. 어찌 시대적 사상의 다름을 돌아보지 않고, 자기 편견(偏見)에 의지하여 평론(評論)을 고집하겠는가?

오히려 신라의 정치상 큰 수단됨을 찬탄(讚嘆)하지 않을 수 없으니, 처음에는 원교근공(遠交近攻) 정책으로 당나라 군사와 연합(聯合)하여 원수(怨讐) 국가인 고구려와 백제를 쳐서 취했다. 그러나 뒷날 당나라의 야심(野心)이 도리어 고구려와 백제의 옛 땅을 빼앗고자 하자 그 처음의 정책을 즉각 근교원공(近交遠攻) 정책으로 전환하여 고구려 땅에 발해가 건국되는 것을 돕고 또 그 세력과 연합하여 당나라를 격퇴(擊退)하였던 것이다.250)

제37절 후고구려와 대조영(大祚榮)

고구려가 멸망한 뒤 30년 동안의 일이다. 처음 30년간은 인민의 흩어짐[산망散奔]이 극히 많아서 혹은 말갈(靺鞨)에 의지하고 혹은 거란에 귀부(歸附)하고, 또는 당나라의 산의 남쪽, 도읍의 서쪽과 여러 고을로 이주(移住)하였다. 이때 당나라의 야심(野心)은 고구려 전 땅을 점령하여 속지(屬地)로 삼고자 하여 군사로 하여금 주둔(駐屯)하게 하니, 신라는 당나라의 정략을 분하게 여겨 대군을 일으켜 당나라를 정벌(征伐)하였는데, 당시에 고구려의 대형(大兄: 9등급의 관계官階 중 제5품관) 검모잠(劍牟岑, ?~670)251)이 그 마지막 대인 보장왕(寶藏王, ?~682)252)의 외손 안승(安勝,?~?)253)을 옹립(擁立)하여 왕을 삼고 당나라에 저항하고자 하였다.

신라는 고구려의 부흥을 돕고 그들 군사와 합하여 당나라를 치고자 하니, 이 전쟁이 7년이나 되었다. 결국 당나라가 패하여 군대를 철수(撤收)하고 퇴각(退却)하였다. 그러나 당의 후고구려에 대한 간섭은 끊이지 않아서 보장왕의 손자 보원(寶元)이 안승왕(安勝王)의 뒤를 이어서 즉위하는 것을 암암리에 도왔다. 이때 신라는 정략(政略)을 철회하고 완화책(緩和策)을 행하는 기색(氣色)이 드러났는데, 당나라는 후고구려에 대한 간섭을 갈수록 심하게 하였다. 이때 대조영(大祚榮, ?~719)254)이 나타나 당나라를 격퇴하고 새로운 제국을 건설하니, 대조영의 출현은 신라와 당나라의 간섭 사이에 끼어서 곤란에 빠졌던 고구려인을 구제(救濟)한 격이었다.

본래 대조영은 고구려의 옛 장수로 말갈과 거란에 내왕(來往)하면서 웅대(雄大)한 정략(政略)을 내다보고 잠재 역량(力量)을 기르던 터였다. 그 세력이 점차 강성(强盛)할 때에 즈음하여 당나라가 대군을 동원하여 대조영을 공격해 오니, 대조영이 이에 이르러 당나라를 크게 격파하고 이 기회를 빌려 고구려의 전 영토를 회복하였다.

제38절 대조영의 발해국

대조영이 북방(北方)을 통일(統一)하여 고구려를 대신하고 국호(國號)를 발해(渤海)라
고 하였다. 이리하여 조선은 남(南)과 북(北) 두 나라로 분립되었는데, 북조(北朝)는
발해요, 남조(南朝)는 신라(新羅)였다.

북조인 발해는 즉 고구려를 확장하고 발달시킨 것이었다. 그런 까닭에 그 판도
(版圖)는 고구려의 배(倍)에 달하여 15부(府) 62주(州)를 두었는데, 고구려 때의 번
병(藩屛)이었던 말갈, 숙신, 부여 등은 모두 발해의 군현(郡縣)이 되었다. 부(府)에
는 도독(都督)이 있었고, 주(州)에는 자사(刺史)가 있어서 모든 지방의 정사(政事)를
관장하였다. 중앙관제에 있어서도 고구려보다 크게 발달하여 그 조직이 3성(省)
12부(部)로 구성되었다.

3성(三省): 선조성(宣詔省),255) 중당성(中堂省),256) 정당성(政堂省)257)
제1성(省)인 선조성(宣詔省)에는 좌상(左相)과 좌평장사(左平章事)258)와 시중(侍中)
과 좌상시(左常侍)와 간의(諫議) 등 관리가 있고, 제2성 중당성에는 우상(右相)과 우
평장사(右平章事)와 내시(內侍)와 조고(詔誥)259)와 사인(舍人)260)이 있고, 제3성 정당
성에는 대내화(大內和)와 좌우의 사정(司政) 기타 속관(屬官)이 있었는데, 사정(司政)
은 그 직위가 좌우상(左右相)의 위에 거하였다.261)

12부: 좌6사(司), 우6사(司)
　좌6사(司): 정사(正司)- 충부(忠部),262) 인부(仁部),263) 의부(義部)264)
　　　　　　지사(支司)- 작부(爵部),265) 창부(倉部),266) 선부(膳部)267)
　우6사(司): 정사(正司)- 지부(智部),268) 예부(禮部),269) 신부(信部)270)
　　　　　　지사(支司)- 융부(戎部),271) 계부(計部),272) 수부(水部)273)

12부 외에 전중시(殿中寺), 대농시(大農寺)가 따로 있고 군관(軍官)제도에는 좌우
맹분(猛奮)과 웅위(熊衛)가 있으니, 웅위(熊衛)는 남좌우위(南左右衛)와 북좌우위(北左
右衛)가 있는데 대장군(大將軍)과 장군(將軍)이 각각 있었다.

이들 행정과 관제의 법은 모두 고구려의 구제도에 바탕을 둔 것이 많았으나 대강령은 당나라에서 참고한 것이 많았다. 새 연호 또한 독립적으로 만들고 천통(天統),274) 인안(仁安), 대흥(大興) 등의 호칭이 있었다.275)

기타 일반 문화생활도 대부분 당나라를 모방(模倣)한 것이 많았다. 대조영 이래로 당나라 수도의 태학(太學)에 파송(派送)하여 그 고금(古今)의 제도를 연구하였는데, 그 결과 고구려 구제도를 많이 개혁 발달시켰다. 이리하여 문화에 대한 행정이 강력하여 상업(商業)과 무역(貿易)이 자못 번성(繁盛)하였다. 이는 접경(接境)해 있던 한인(漢人)에 한해서만 통상(通商)이 빈번(頻繁)했을 뿐만 아니라 멀리 일본에까지 왕래하는 동시에 국제적인 활동이 크게 발달하였다.

군사력에 있어서는 고구려 때와 같이 전적으로 상무주의(尙武主義)를 실시하지 않았으나 군사에 대한 설비는 커서 상비군이 40만에 달했다. 발해는 국위(國威)가 사방에 떨친 까닭에 『자치통감(資治通鑑)』에서, "발해는 대조영이 건국한 개원(開元)276) 연간(713~741)과 그 아들 대무예(大武藝, ?~?)277)가 즉위하기까지, 대개 강역(疆域)이 흥성(興盛)하여 동북 제이(諸夷)가 모두 두려워하여 발해에 신하로 복속하였다. 개원 연호를 인안(仁安)으로 고치고, 다시 오대(五代), 송(宋), 야율(耶律: 요나라-역주자주)에 이르기까지 비록 빈번하게 군사를 보냈으나 복속시키지 못했다[渤海自人祚榮立國발해자대조영입국, 開元之間개원지간 其子武藝立기자무예립, 蓋以疆土盛개이강토성, 東北諸夷동북제이, 皆畏而臣之개외이신지, 改元仁安개원인안, 更五代以于宋耶律갱오대이우송야률, 雖頻數加兵수빈수가병, 不能服也불능복야]라고 할 정도였다.

제39절 통일신라의 행정

춘추왕 부자(父子)가 힘을 다하여 반도(半島)를 통일(統一)하게 되니, 이로부터 국세(國勢)가 크게 부강(富强)하였다. 이제 그 통일의 대업(大業)을 이룬 원인을 고찰해 보면, 혹은 당나라에서 힘을 빌린 것이라고 하고, 혹은 고구려, 백제가 자연 쇠퇴(衰退)하였기 때문이라고 하였다. 그러나 우리들이 관찰한 것에 의하면 두 가지 커다란 원인에 있다고 할 수 있는데, 하나는 정치의 발단(發端)이요, 다른 하나는 지리적 이로움에 따른 감화(感化)이다.

본래 신라는 자치생활의 전통이 풍부하여 자조(自助)의 사상이 발전하였는데, 정치는 그 본성을 따라 교화(敎化)에 대한 행정이 다른 두 나라와는 아주 달랐다. 군왕(君王)은 대대(代代)로 현명(賢明)하여 인민을 사랑하고, 인민은 나라에 충성(忠誠)하여 절의(節義)를 숭상(崇尙)하였으니, 싸움에 임해서는 죽음에 나아감을 영광으로 알았고 물러나 패배하는 것을 욕된 것으로 알았다. 그런 까닭에 본래부터 고구려, 백제와 싸움을 개시(開始)한 뒤에 유명한 열사(烈士)로 목숨을 바친 자가 배출되어 대업(大業)을 완성(完成)한 것이었다.

또한 지리적 이로움의 감화를 논하면, 신라의 사방의 국경(國境)은 산악(山岳)이 중첩(重疊)하고 파도(波濤)가 거대한 참호(塹壕)를 이루어 외적(外敵)을 방어하기 편리하고, 겸하여 토질(土質)이 비옥(肥沃)하여 생산물(生産物)이 풍요(豊饒)로운 가운데 상업을 진작(振作)하여 인민의 정신력이 민활(敏活)하게 발달하였다. 이 두 가지 큰 원인이 있었기 때문에, 삼국 중에서 가장 작은 자임에도 불구하고 실력을 충분히 양성하였으며, 외교를 교묘히 다루어서 마침내 대업(大業)을 이루게 되었다.

통일 후 일반 정치 제도를 일신(一新)했는데, 지방 분권(地方分權)의 행정구역을 정하면서 구주(九州)를 설치하고 주(州)에서 각 군현(郡縣)을 관할하게 하였다. 그 장관은 주(州)의 도독(都督)278)과 주조(州助)279)와 장리(長吏)가 있었고, 군(郡)의 태수(太守)280)와 소수(小守)가 있었다. 현의 현령(縣令)과 그 외에 사정(司正)이 있었으며 서울에는 사신(仕臣)과 사사(仕士)가 있었다.

신주명(新州名)	소경(小京)	군수(郡數)	현수(縣數)	구명(舊名)
상주(尙州)		10	30	사벌주(沙伐州)
양주(良州)	1	12	34	삽량주(歃良州)
강주(康州)		11	27	청주(菁州)
한주(漢州)	1	27	46	한산주(漢山州)
삭주(朔州)	1	11	27	수약주(首若州)
명주(溟州)		9	25	서주(西州)
웅주(熊州)	1	13	29	웅천주(熊川州)
전주(全州)	1	10	31	완산주(完山州)
무주(武州)		14	44	무진주(武珍州)

　　중앙정부에는 행정사무가 복잡하게 발달하고 사회영역이 확장하게 됨에 따라 튼튼한 정부를 조직함에 이르게 되었다. 이에 따라서 통일에는 다수의 관리가 필요하게 되어 복무규정(服務規定)을 엄중(嚴重)하게 하고 책임의무를 분명하게 함으로써 중대한 의미를 더하게 하였다. 이렇게 하니 정치 도덕이 발달하게 되었다.

　　관리로 인해서 발생하는 폐단과 위해(危害)를 방지하기 위하여 종래의 사정부(司正府)에서 순찰(巡察) 검사(檢査)하는 것만으로는 충분하지 못하여, 특히 정찰(偵察)을 설치하여 백관(百官)을 바로잡게 하고, 게다가 백관잠(百官箴: 성덕왕聖德王 10년<711>-역주자주), 즉 관리의 주의사항을 만들어 여러 신하들로 하여금 이것을 따르도록 하였다.

　　관리 임명은 그 사람의 적부(適否)를 선택하는 경우 종래의 제도를 폐지하고, 독서출신과(讀書出身科)281)를 설치하여 한학(漢學)에 정통한 자를 선발하였다. 이리하여 최초에는 재덕(才德)으로 기준을 삼던 화랑제도(花郎制度)가 중기 전쟁시대(戰爭時代)에 와서 무예(武藝)만으로 기준을 삼다가 원성왕(元聖王, ?~798)282) 3년(787)에 와서는 무과(武科)를 폐지하고 문과(文科)를 위주로 하였다. 이는 당나라의 문명(文明)을 받아들이는 과정에서 중국의 제도를 철저하게 연구한 것에서 기인(起因)한 것이었다.

제40절 지방자치

신라는 본래 정치의 성질(性質)이 자치(自治)에 있었다. 그런 까닭에 각 지방에는 관치조직(官治組織) 이외에 자치조직이 있으니, 이는 오늘날 면동장(面洞長) 제도의 근본이다. 한 마을[村]에는 촌주(村主)가 있고 또한 촌도전(村徒典)이 있었는데, 모두 민간(民間)의 명망(名望)이 있는 자로 선발(選拔)하여 임명(任命)하였다. 인민의 풍속(風俗)과 교육(敎育)과 소재판(小裁判)과 경찰(警察) 등의 일을 자발적으로 다스렸다. 그 제도는 매사(每事)를 향민(鄕民)이나 촌민(村民)이 회의한 결과에 따라 결정했는데, 그 회의는 이름 하여 화백(和白)283)이라고 하였다. 1향(鄕) 1촌(村)의 크고 작은 일은 이 화백회의(和白會議)에서 의결(議決)하여 시행(施行)하였는데, 적이 침입해왔을 때라도 호장(戶長)284)이나 촌주(村主)가 민병(民兵)을 스스로 모집하여 방어했기 때문에 관청에서도 행정을 매번 화백회의에 의지하는 경우가 많았다.

이 자치제를 현대의 유럽 각국에 비교하면 프랑스식의 대항주의(對抗主義)도 아니요, 독일식의 흠정주의(欽定主義)도 아니었다. 순전히 자치주의(自治主義)로 정치사상이 발달한 바, 독립자영(獨立自營)에서 나와서 민관(民官)이 상호부조(相互扶助)하는 정신을 발휘한 표상(表象)이니, 이것이 조선정치사의 또 하나의 특색이라고 할 수 있을 것이다.

제41절 당나라 제도의 채택

신라가 통일한 뒤로는 당나라 제도를 모방하여 채용한 것이 많았다. 첫째로 관리의 예복(禮服), 음악(音樂) 등이 모두 당나라 제도에 의하여 새롭게 개량(改良)되었고, 관리의 명칭까지도 변경되었다. 이리하여 유학생을 당나라에 보내어 당의 법제와 문물을 연구하는 기풍이 크게 일어났다. 더욱 공자(孔子)와 그 제자의 동상을 태학(太學)에 설치하고, 유교의 예의(禮儀)를 연구하여 일반 정치에 이용하니, 원성왕 5년(789)에 반포한 20여 개의 공식(公式)은 실상 정치, 사회상 등에 대한 예의(禮儀)를 모두 포함한 것이다.

그리스는 페니키아 문명을 본받고, 유럽 각국은 로마법을 차용하였다. 우리 신라와 발해시대에서 외국의 제도를 채용한 것도 또한 문명국으로 진화(進化)하는 상태라고 해야 할 것이다. 그렇지만 남북조가 당나라 제도를 이용함에 대하여 어떠한 입장을 취하였는가 물어본다면, 그리스나 다른 나라의 예와는 전혀 다른 색채가 있다. 그리스는 외래문화(外來文化)를 이용할 때에 그 천재성(天才性)을 발휘(發揮)하여 장식(裝飾)하고 조장(助長)하여 자기의 것으로 만들었고, 독일은 로마법을 채용하되 재판 절차, 형법의 범위, 계약의 범주 등에 한정될 뿐이다.

우리 남북조 시대에 당나라의 문화를 수용함에는 여러 가지의 사정과 세력에 비롯되었다. 그러나 이것은 남북조의 법제(法制)가 빈약(貧弱)하고 혹은 불완전(不完全)함에서 기인(起因)한 것이 아니었다. 본래 삼국시대로부터 전래하는 법제는 내용의 발달이 극히 풍부하고 충실하여 혹 여러 면에서 그 시대의 요구와 정황에 대한 적응력 면에서 오히려 한나라와 당나라보다 뛰어난 것이라 해야 한다. 그런 까닭에 한당(漢唐)의 법제(法制), 그것이 신라 법의 발달을 촉진(促進)하게 하는 자료로 사용된 것이라고 하더라도 사실에 반하는 것이다.

그러므로 경덕왕(景德王, ?~765)285) 때에 당나라 제도에 의하여 만든 관직 호칭(呼稱)이 불과 30년 뒤 혜공왕(惠恭王) 31년(776)에 이르러 모두 옛 호칭으로 다시 돌아가고, 문자(文字)도 이두문(吏讀文)을 특별히 제작하여 사용하였으며, 음악(音樂)도 당나라 제도를 변경(變更)하여 독특한 선율(旋律)과 악기(樂器)를 제작하여 사용하였다. 관리 복장(服裝)제도에 있어서도 자·비·녹·청(紫緋綠靑: 붉은색, 분홍색, 초록색, 푸른색)을 사용한 것이 백제는 중국보다도 350년이나 앞서고, 신라도 중국보다 90년이나 앞서서 착용한 것이었다.

제42절 불교와 귀족

불교는 중국 전진(前秦)의 부견(苻堅, 337~385)286)으로부터 고구려 소수림왕(小獸林王, 371~384) 때에 전래(傳來)되어 들어온 것이다. 그로부터 11년 뒤 백제에 널리 전파(傳播)되고, 또 그로부터 20년 뒤 신라에 전파되었다. 불교가 놀라운 속도로 천하(天下)에 전파된 것은 본래 백제와 신라에 대한 고구려의 정책에 지나지 않았다. 그렇지만 신라의 통일 뒤에는 불교의 세력이 커지게 되었는데, 이제 그 기원(起源)을 고찰하면 네 가지의 편리(便利)함이 있었다.

첫째, 신라에는 본래 대종(大倧)의 유파(流派)로 다신(多神)을 제사(祭祀)하는 일이 있었는데, 그 제사장(祭司長)을 자충(慈充)이라 하고, 그 제사하는 날을 도달(忉怛)287)이라 하였다. 일반 인민이 자충을 존경(尊敬)함이 왕과 같은 지위로 여기고 존경하였는데, 왕을 차차웅(次次雄: 자충慈充)이라고 하였다. 이 기복(祈福)의 풍속이 불교를 맞이하는 데 편리를 제공한 것이다.

둘째, 군왕은 외국 예술(藝術)을 맹신(盲信)하여 왕의 명령으로 사찰(寺刹)을 많이 건설하는가 하면 왕과 왕후가 머리를 삭발(削髮)하고 승려가 되는 일이 많으니, 이 세력으로 인하여 불교가 널리 유포되기가 쉬웠다.

셋째, 귀족(貴族)은 동등(同等)할 것을 요구할 뿐 아니라 그 사유 토지를 불교 사찰에 기대어 조세(租稅)를 면하고자 하는 마음이 생겨서 벼슬을 버리고 승려가 되는 일이 많았다.

넷째, 일반 하층민은 역(役)을 피하고 조세(租稅)를 면(免)하며, 또한 귀족과 평등하게 되기를 바라는 기대로 불교를 많이 믿었다.

불교는 이 네 가지 편리를 얻어서 차차 전국(全國)에 퍼지게 되었던 것이다. 불교가 크게 확장된 후 그 세력이 정치에 파급(波及)됨이 컸다. 인민은 납세(納稅)와 국가의 부역(賦役)을 불교에 의지(依支)하여 회피(回避)하였는데, 국가와 불교 간에 갈등(葛藤)이 생기니, 그런 까닭에 어느 때는 왕이 불사(佛舍)의 새로운 창건(創建)을 금지(禁止)하고, 나라의 허락(許諾) 없이 무단적으로 승려가 되는 자를 금지하였다. 평민과 하층민은 한번 승려가 되면 귀족과 같은 반열(班列)에 들게 되어 귀족과 왕으로 하여금 그 아래에 꿇어앉고, 자기의 강설(講說)을 공손하게 듣게 하였으며 여타 귀족은 사노비(私奴婢)를 인솔하고 승적(僧籍)에 들어가 왕과 동등(同等)해지려고 하였다.

이로 인하여 중대한 사실이 생겨났는데, 바로 궁예(弓裔, ?~918)[288]의 출현(出現)이었다. 궁예는 왕의 서족(庶族)으로 자칭 미륵불(彌勒佛)이라고 하고 머리에 금관(金冠)을 쓰고 몸에는 방포(方袍: 비구比丘 승려가 입는 네모진 법의-역주자주)를 둘렀는데, 그가 행차할 때는 동남동녀(童男童女)로 하여금 번개(幡盖: 깃발과 우산 모양의 장식물-역주자주), 향화(香火)를 받들며, 수백 명의 수행 인원을 명령하여 범패(梵唄:석가여래를 찬미하는 노래-역주자주)를 하게 하고, 또 불경(佛經) 20여 권을 저술하게 하였다.

궁예가 점차 그 세력을 확대하여 난을 일으켰는데, 전국의 3분의 2를 점령(占領)하고 태봉왕(泰封王)이라고 하게 되었다. 결국 통일신라의 멸망은 이 궁예로 인하여 왕건(王建)[289]이 득세(得勢)하면서 시작되었던 것이다. 왕건이 고려 새 왕조를 건설함에도 불교의 폐해를 이미 알았으나 그 세력을 감히 어찌하지 못하여 최응(崔凝, 898~932)[290]의 배불(排佛) 주장도 도리어 배척(排斥)하고, 더욱 불교를 확장하였다.

제43절 통일신라의 쇠퇴

통일신라 1,000년의 구(舊) 왕조가 쇠퇴하여 망하고, 왕(王) 씨의 새로운 왕조가 혁명을 수립하게 된 것은 그 원인이 다음의 세 가지가 있었다.

첫째, 불교의 해독(害毒)이라 하지 않을 수 없지만 그 외에도 두 가지 원인(原因)이 더 있었다.

둘째로 말하면 문약(文弱)이었다. 한학(漢學)에 깊이 빠져서 대대로 유학생(留學生)을 당나라에 파견하였는데, 그들 유학생들이 귀국하여 본래의 정신은 외국 문화에 팔고 순전(純全)한 중국 정신을 수입(輸入)하여 소극적(消極的) 사상과 안일(安逸)한 기풍(氣風)을 발휘하여 음악 연주(演奏)를 크게 여니 궁중(宮中)은 하나의 음악회당(音樂會堂)처럼 되어 정치는 자연 해이(解弛)함의 극치(極致)에 달하였다. 최치원(崔致遠, 857~?)의 은둔(隱遁) 피세(避世)와 경애왕(景哀王, ?~927)291)의 포석정(鮑石亭)292) 놀이는 그 좋은 예였다.

셋째로 말하면 관리와 귀족의 발호(跋扈)였다. 그 왕위계승법(王位繼承法)은 신라 정치의 특색 있는 점이 되어 국가 진흥(振興)의 좋은 본보기가 되었다. 이 같은 본보기가 말기에 이르러서는 도리어 폐해가 발생하였다. 그 왕위 선거는 왕족의 허영심(虛榮心)을 유발하여 통일 후 찬위(簒位) 모반자(謀叛者)가 매우 많았으니, 왕을 시해(弑害)하고 즉위한 자와 모반(謀叛)하다가 성공하지 못한 자의 수효(數爻)는 그 뒤로 30명을 헤아릴 수 있었다.

동시에 관료파(官僚派)는 정권을 사사(私事)로이 농락(籠絡)하여 인민의 자유(自由)를 해치는 일이 여러 차례 나타났다. 헌덕왕(憲德王, ?~826)293) 때(809~826) 상대등(上大等) 충공(忠恭)이 내외 관리의 인사 문제를 담당했는데, 청탁(請託)이 몰려들어 아프다는 핑계로 나오지 않은 일은 귀족 등의 엽관(獵官: 관직 사냥)한 일이 심했음을 알 수 있다.

고관(高官)들은 왕이 사랑하는 벗으로 같은 등급의 반열(班列)에 들고자 하여 점점 왕을 존경(尊敬)하지 않게 되었는데, 마치 영국왕 조지 3세(George William Fredrick, 1738~1820),294) 프랑스왕 샤를 10세(Charles X, 1757~1836)295)의 내각(內閣)이 자칭 왕의 벗이라 한 것, 또 빅토리아 여왕 때 오곤네 씨가 여왕(女王)의 벗이라 칭하는 한 당파(黨派)를 만든 것과 같이 진성여왕(眞聖女王, ?~897)296) 때 (887~897)에 많은 대관(大官) 고작(高爵)들이 여왕의 사적인 친구가 되어 국정(國政)을 사사로이 행한 일이 많이 발생하였다.

이들 세 원인을 말미암아 진성여왕 이후로 기강(紀綱)이 무너지고 혁명당(革命黨)이 사방에서 일어나게 되었다. 결국 통일신라는 분열(分裂)하여 셋으로 나뉘게 되었는데, 전라도에는 평민 수령 견훤(甄萱)297)이 차지하고, 함경도와 강원도 땅에는 승려 수령(首領) 궁예(弓裔)가 차지하였다. 이러한 소요(騷擾) 난리가 40년 동안 이러지다가 궁예의 계통(系統)으로 내려온 왕건(王建)이 고려 새 왕조를 창건(創建)함에 이르러 비로소 진정(鎭定: 진압하여 평정함-역주자주)되었다. 고려조의 정치는 궁예의 제도를 개혁(改革)함에 있었다.

제 5 장
근고 귀족정치시대(고려)

제 5 장
근고 귀족정치시대(고려)

제44절 근고사(近古史)의 의의

조선 민족의 역사는 두 개의 단락으로 성립하니, 태초부터 고려시대 성립 전까지 무릇 3,200년이 그 1단(段)이요, 고려시대부터 그 이후 무릇 1,000년간이 또 1단이다. 앞의 1단에서 최초 200년간은 봉건제도(封建制度)로 조직되어 한 명의 대왕 아래에 여러 왕이 세워졌고, 그 후 3,000년간은 복수 체제의 정치조직으로 내려왔는데, 처음에는 무수한 소정치 집단이 있다가 이들이 다시 모두 합쳐서 5~6개의 정치집단으로 이루어지고, 그 5~6개의 정치집단이 다시 변화하여 삼국으로 병립(並立)했다가 그 삼국의 정치집단이 남북 두 왕조의 대립(對立)으로 되었다.

그렇지만 고려시대부터는 정치의 조직이 단일 체제로 되어 역사가 단식(單式)으로 되었다. 그 정치 발달의 내용을 논하면 또한 자연적인 단계가 있으니, 삼국시대 이전에는 정신이 관습에 있고, 주관이 민중에게 있는 완연한 공화제(共和制)를 이루었다. 삼국시대로부터 남북조시대에 이르기까지 전후 1,000년간은 군권(君權)이 발달하고 계급제도가 차례로 서고, 구래(舊來)의 제도와 외국의 제도를 혼용(混用)하는 색채가 드러났다. 어떤 측면에서 관찰하면 고려시대 이전에도 귀족정치(貴族政治)라고 할 수 있다. 그러나 전대 정치의 성질은 프로이센 정부의 형체와 같이 군주(君主), 귀족(貴族), 인민(人民)의 혼합체로 되었다. 그런 까닭에 그 분립시대에 있어서는 귀족이 있었으나 그 권력이 심대하지 않았다. 또한 인민의 참정권(參政權)이 없었으나 중대사를 인민의 뜻에 따라서 행하였다. 고려조가 성립한 이후로는 주권이 귀족에게 있어서 일반 정무(政務)가 귀족의 관할에 있었으니 그런 까닭에 근고사(近古史)는 순전한 귀족의 무대를 이루었다.

이 귀족정치시대에 들어서면서부터 정부가 단일체제(單一體制)로 조직되는 동시에 역사도 또한 단순한 요소로 꾸며지니, 이는 다름 아니라 북방 대륙(大陸)이 역사적 요소에서 제외(除外)된 것이다. 독일 연방에서 오스트리아가 분립(分立)한 것과 같이 나중에 발해의 역사적 지위는 그만 조선사와 분할(分轄)되었다.

제45절 고려조 수립의 과정

통일신라의 쇠퇴는 진성여왕 때에 와서 극도(極度)에 이르게 되었다. 그 전에도 왕위 찬탈자(簒奪者)가 있었으나 내홍(內訌= 내분內紛-역주자주)의 범위가 오직 반역 (叛逆)이라는 작은 소동(騷動)에 불과했다. 그런데 그 소수인의 야심적(野心的) 파동 (波動)이 문득 인민의 힘을 강하게 하여 도당(徒黨)의 발생을 재촉하였다. 그리하여 진성여왕 시대부터는 왕위를 찬탈 계승하는 운동의 시대가 발전하여 파괴적인 내 홍(內訌)의 시대가 새로 도래(到來)한 것이다. 그 반기(叛旗)를 내세운 도당(徒黨)이 사면(四面) 변방 지역으로부터 일어나면서 결국 통일신라는 셋으로 나뉘어 3분 천 하의 형국(形局)을 연출(演出)하니, 즉 궁예와 견훤이 서와 북의 두 변방(邊方) 지역 에서 할거(割據)하면서 엄연한 국가의 형체를 이루었던 것이다.

본래 궁예, 견훤 두 사람이 고구려의 옛 변방 지역과 백제의 옛 변방 지역에 각기 근거하여 그 유민(遺民)의 회고적(懷古的) 사상을 선동(煽動)하여 그 세력을 수 립하였는데, 견훤은 완산주(完山州)에서 일어나 인민을 불러 모으고 말하기를 "신 라가 공격해와 백제를 멸(滅)하였으니, 지금 내가 어찌 감히 완산(完山)에 도읍(都 邑)하여 의자왕(義慈王)의 오랜 원한(怨恨)을 갚지 않으리오?" 하고 스스로 후백제 (後百濟)라 하였다.

궁예도 또한 시대 인심을 응용하여 북변(北邊)을 할거하여 말하기를 "과거에 신라가 고구려를 격파(擊破)한 까닭에 평양 구도(舊都)는 풀이 무성(茂盛)하게 되었 으니, 내가 그 원수(怨讐)를 반드시 갚으리라!" 하며 국호(國號)를 태봉(泰封)이라 하고 연호(年號)를 무태(武泰)298)라 하였다. 이와 같이 기강(紀綱)이 해이(解弛)해진 즈음에 그 심란(心亂)한 인심(人心)이 회고적(回顧的) 사상의 선동(煽動)으로 받아들 이게 된 것은 실상 감발력(感發力)이 강해서 군중의 활동이 대세(大勢)의 변화에 영향을 끼치기 쉬운 시대였기 때문이다.

이 회고적 사상을 선동(煽動)하여 국가를 분열하게 함은 흡사(恰似) 요즘의 지방 열(地方熱)을 고취하여 세력을 획득(獲得)하고자 하는 누구누구와 같다. 이러한 조 치가 어떤 면에 있어서는 편리(便利)한 것으로 생각할 수도 있을 것이다. 그러나 이(利)로움은 적고 해(害)로움은 많으니 매번 선동가(煽動家)는 자기의 야심(野心)을 채우기에만 힘을 쏟고 다른 것은 돌아보지 않음으로 도리어 악의적(惡意的)인 행동을 발휘(發揮)하기가 쉽다.

이 시기에는 신라의 사정(事情)과 상태(狀態)만 요란(搖亂)한 것이 아니라 발해 또한 외적과 전쟁이 벌어질 조짐(兆朕)이 여러 차례 나타나 불안(不安)한 형세에 이르게 되었다. 발해의 역사는 본래 그 전하는 바가 분명치 않아서 그 내용을 살펴보기가 상당히 조심스럽다. 그러나 왕조가 성립한 지 200년경부터 거란(契丹)의 침입이 극심한 일이 있었다. 거란은 본래 발해의 번병(藩屏)이던 나라였다. 그들은 서북 지역, 즉 중국의 직례성(直隷省)299) 승덕부(承德府)와 내몽골 동북에서 일어났는데, 정력(精力)이 뛰어나고 모험심(冒險心)이 풍부하여 해마다 영토를 부단(不斷)히 확장(擴張)하여 어느 때인가 방대(尨大)한 판도(版圖)를 지니게 되었다. 그러나 발해가 큰 군사를 내서 그 세력을 억누르니, 이로부터 거란과 발해는 일대(一大) 원수(怨讐)가 되어 서로 간에 전쟁이 그치지 않았다. 『요사(遼史)』에 이르기를, 천찬(天贊) 4년(925) 12월 을해(乙亥) 조(詔)에 이르기를 "이른바 두 가지 일에서 한 가지 일은 이미 끝마쳤다. 다만 발해는 대대로 원수인데 아직 갚지 못했으니 어찌 안주(安住)할 수 있겠는가? 이에 군사를 일으켜 친히 발해 대인선(大諲譔, ?~?)300)을 정벌하였다. 황후, 황태자, 대원수 요골(堯骨)이 모두 따랐다. 윤달 임진일(壬辰日) 목섭산(木葉山: 葉은 '엽'이 아니라 '섭'으로 읽는 것이 옳다고 본다—역주자주)에서 제사하였다. 임인일(壬寅日) 오산(烏山)에서 검은 소와 흰 말로 천지에 제사하였다. 기유일(己酉日), 살갈산(撒葛山)에 도착하여 귀전(歸箭)을 쏘았다. '정사일(丁巳日) 상령(商岑)에 있다가 밤에 부여부(夫餘府)를 포위하였다."

이리하여 남북조를 막론하고 천하는 큰 난리가 생겨서 쇠퇴하고 어지러움이 날로 심하였다. 이때에 앉아서 민심이 단합되고 정령(政令)이 충실하며 또한 당시의 소요(騷擾)를 진압(鎭壓)하여 대세를 만회(挽回)하고자 했던 자는 고구려를 표방(標榜)하고 일어난 태봉(泰封)이었다. 태봉이 신라 판도의 3분의 2를 점령(占領)하면서도 민심(民心)도 차차 심하게 기울어지자 천하의 재사(才士)와 위인은 모두 태봉 무태왕(武泰王)의 아래에 모이게 되었다. 고려 왕조를 새로 수립한 천수대왕(天授大王) 왕건(王建)은 당시 태봉의 제일가는 인물이 되어 나라와 인민을 구하는 커다란 사명(使命)을 담당(擔當)하였다.

제46절 천수대왕의 혁명

천수대왕(天授大王)의 부친 왕륭(王隆, ?~897)301)은 신라의 한 지방관으로 있었는데, 태봉에 귀의(歸依)하여 자신의 아들을 추천(推薦)해서 송악(松岳: 개성-역주자주)의 성주(城主)로 삼았다. 대왕이 송악 성주로 있다가 정기대감(精騎大監)302)으로 승진(陞進)하여 전공(戰功)을 세우더니 다시 육해군 총대장이 되었다. 태봉의 국세(國勢)가 강해진 것은 오로지 대왕의 힘이었다. 변방 지역의 여러 적들을 진압(鎭壓)하고 후백제와 싸워서 견훤의 세력을 억압(抑壓)하며 일반 정무의 기밀(機密)을 총괄(總括)하니, 실상 무태왕(武泰王)은 왕위(王位)에 있을 뿐이요, 군국대정(軍國大政)은 모두 대장의 책략(策略)에서 나왔다.

당시에 무태왕 궁예는 신라를 원수로 간주하고 기어이 신라 왕조를 멸절(滅絶)하고자 하는 주의(主義)를 고집하는 등, 당시의 소요(騷擾)를 구제(救濟)하고 천하를 통일하는 정책보다는 오히려 신라 왕실에 대한 감정이 발동했는데, 정작 인민과 국가의 중대사(重大事)에는 도리어 폐해가 발생하였다.

또한 일반 공신에 대하여는 시기(猜忌)하는 생각을 품었으니, 태봉의 여러 신하들은 왕의 불성실(不誠實)한 정치와 불합리(不合理)한 거동(擧動: 임금의 나들이-역주자주)을 질책(叱責)하여 장차 혁명을 일으키고자 하는 기색(氣色)이 나타났다. 이때에 지위가 백료(百僚)에 으뜸이고, 재능(才能)이 만인(萬人)보다 위라서 제1의 공훈(功勳)을 지닌 왕건은 여러 정객(政客)의 시선을 집중시키며 인민의 중망(衆望)을 얻고 있어서 중대사의 처결(處決)이 오직 그 한 사람에게 달려 있었다.

이에 왕건이 혁명당의 수령(首領)이 되어 거사(擧事)했는데, 홍유(洪儒, ?~936),303) 배현경(裵玄慶, ?~936),304) 복지겸(卜智謙, ?~?)305) 등에 의하여 하룻밤 사이에 무태왕을 내쳐 죽이고 왕위(王位)에 오르니, 이 조치가 비록 태봉의 혁명(革命)에 불과한 일이나 실상 천하 대개혁(大改革)의 기운이었다.

왕건은 무태왕을 대신하여 왕위에 즉위한 후 왕조의 명칭을 고려(高麗)로 또 연호(年號)를 고쳐서 천수(天授)라고 하였다. 혁명 이후부터는 그 위대한 재략(才略)을 발휘하여 신라를 합병(合倂)하고 견훤을 토멸(討滅)하여 통일신라의 정치적 전통을 계승(繼承)하니 이에 고려조 수립의 공(功)을 완성(完成)하였다.

천수대왕이 이미 남조(南朝)를 진압하여 안정시키고, 다시 방향을 돌려서 북조(北朝)의 쇠란(衰亂)을 정돈(整頓)하고자 하는데, 당시에 발해는 거란에 병탄(倂呑)되었고, 그 태자 대광현(大光顯, ?~?)306)과 수십 만의 유민(遺民)은 계속해서 내부(內附)하는 동시에 그 구원(救援)을 청하였다. 대왕이 더욱 이에 마음을 두어 발해를 회복하고 천하를 통일하고자 하여 그 방도를 강구함에 힘을 다하였다. 그러나 거란의 세력을 능히 방어하는데 힘이 미치지 못하고, 내부 사정을 수습하는데 겨를이 없어서 마침내 그 뜻을 이루지 못하였다.

이로부터 만주(滿洲) 일대는 원래 처음으로 나라를 세운 곳이었음에도 불구하고, 지금은 조선이 아닌 국가가 되어 조선의 역사를 이루는 요소(要素)로부터 모두 제외되기에 이르렀다. 생각건대 대왕의 절대적인 웅략(雄略)으로도 대북(對北)의 뜻을 이루지 못하고, 오직 정치의 결정적 요소를 반도 한편으로 물러나게 되었다. 이는 다름이 아니라 통일신라 쇠퇴기에 있어서 군웅(群雄)의 봉기(蜂起)가 백제나 고구려라고 하는 회고적(回顧的) 사상을 선동(煽動)하여 천하를 분열(分裂)하게 함으로 천수대왕은 그 힘을 분열된 내부사정을 통치하는 데 전적으로 두지 않을 수 없어서 대북(對北)의 포부(抱負)를 미처 시작하지 못했던 것이다.

제47절 신정치의 43대 강령

천수대왕의 혁명은 태봉왕인 궁예의 간악(奸惡)하고 포악(暴惡)한 것을 고치는데 있었다. 그러나 새 정치의 정신은 다만 태봉을 혁신(革新)하는 것에 그친 것이 아니라 당시 폐해의 근원을 살펴서 널리 천하대세의 판단을 교정(矯正)함에 있었으니, 신라의 쇠퇴한 정치를 쇄신(刷新)함은 실로 대왕의 사명이었다. 그러한 까닭에 신제도는 태봉의 제도와 신라의 제도를 혁신하는 동시에 제도 문물의 일신(一新)을 쇄신하여 정치상 한 신기원(新紀元)을 이루니, 그 정신은 4대 강령(綱領)이었다.

첫째, 종교문제(宗敎問題)이다. 예로부터 불교에서 나온 폐단은 정치에 큰 폐해를 가하여 사상과 풍속을 어지럽게 하였다. 그러나 불교의 정신이 이미 인민의 뇌리(腦裏)와 골수(骨髓)에까지 깊게 침투(浸透)하였으므로, 갑자기 이것을 제거(除去)하면 도리어 반하는 현상이 발생할 것이다. 그런 까닭에 이에 대한 정책은 인성(因性)에서 나오는데, 불교를 극력 존중(尊重)하여 민심을 순조롭게 인도하는 동시에 어떤 제한을 두어서 이전의 폐해를 구제하고 앞으로의 폐해를 방지하였다.

그 제한은 먼저 각 사원(寺院)에 주지(住持)를 파견하여 그 해당 부분의 업무를 각각 다스리게 하고, 또한 왕공(王公), 후비(后妃), 조정대신 등이 원당(願堂)307)을 창건(創建)하는 것을 금하였다. 예로부터 내려온 천신(天神)에 제사하는 제도는 다소 한정하여 국기(國忌)를 범하지 못하게 하고, 제사를 공경(恭敬)스럽게 행하니 소위 팔관회(八關會)가 이것이다. 즉 '하늘 제사[天祭천제]'의 종류를 오악(五嶽), 명산(名山), 대천(大川), 용신(龍神)으로 제한하고, 기타의 것을 보태거나 빼지 못하게 하였다. 불사(佛事)는 연등회(燃燈會)를 두어서 정기적(定期的)으로 행하였는데, 연등회와 팔관회 날은 동시에 열어서 군주와 신하가 더불어 즐기게 하였다.

둘째, 왕위계승법(王位繼承法)이다. 전대(前代)인 신라에서 왕위를 3성씨(姓氏)가 교대(交代)로 계승하던 방법은 도리어 후대에 폐해를 낳아서 역모(逆謀)가 많이 발생하니, 이 법을 개정하여 1성씨가 세습(世襲)하는 것으로 법을 정하여 왕위를 적자(嫡子)에게 전하였다. 만일 원자(元子: 아직 세자에 책봉되지 않은 임금의 맏아들-역주자주)가 불초(不肖)하면 차자(次子) 또는 형제(兄弟)의 무리에서 추대(推戴)하여 대통(大統)을 계승하게 하였다.

셋째, 관료(官僚)의 계(戒)이다. 전대(前代)에는 국록(國祿)을 헛되이 주며 구제(救濟)하는 관작(官爵)이 많았는데, 이로 말미암아 정무(政務)가 정돈되지 않고 참언(讒言:거짓 무고)이 많이 유행(流行)하였다. 이 문제에 대하여는 국력의 대소를 보아서 관리의 봉록(俸祿)을 정하되 증감(增減)을 행하지 말고, 친척(親戚)과 사적인 친분이 있는 자에게 국록(國祿)을 그냥 주지 아니하였는데, 특히 대왕은『정계(政誡)』1권과『계백료서(誡百僚書)』8편을 친히 제작하여 내외에 반포하였다. 또 하주군인(下州郡人)과 노예·진역잡척(奴隷津驛雜尺: 노예나 나루터, 역에 딸린 잡척)은 일절 조정에 참여하지 못하게 하였는데, 하급 인민은 오직 국정을 잡지 못하게 할 뿐만 아니라 귀족과 통혼(通婚)하는 것을 금하였다. 이는 권력을 농단(壟斷)하고 정치를 어지럽게 하는 농권난정(弄權亂政)을 방지하며, 국민의 의무에 대하여 세력에 붙어서 면제를 받는 투세이면(投勢移免)308)을 금지하게 하였다. 그러나 귀족정치는 바로 여기에서 시작되었다.

넷째, 법제(法制)의 참작(參酌)이다. 국가의 근본과 정무의 진행은 근심 없는 때를 경계(警戒)함에 있으니, 이는 경전(經典)과 사서(史書)를 널리 열람(閱覽)하여 옛날을 거울삼고 오늘을 경계(警戒)해야 한다. 지역(地域)이 다르고 풍속(風俗)이 각각 다르니 반드시 같을 것 없다. 거란(契丹) 같은 나라는 실상 금수(禽獸)의 나라이니 풍속(風俗)과 언어(言語)가 같지 않으므로 그 의관제도(衣冠制度)를 본받지 말 것이다. 그렇지만 중국[唐風당풍]의 문물(文物)과 예악(禮樂)은 예로부터 모방(模倣)하고 따르는 일이 많았으니, 이 제도는 참작(參酌)하여 보태고 채택(採擇)하여 사용할 수 있다.

이상의 4대 강령은 새 시정(施政) 방침의 큰 근본인 동시에 근고 정치의 헌법이 되어 행정의 이념은 모두가 이것에 근본하게 하였다.

제48절 신관제(新官制) 1

태봉 때에는 신라의 관제 칭호가 거칠고 비루(鄙陋)하다 하여 새로운 표현들로 고쳤다. 그러나 천수대왕의 혁명 이후에는 인민들이 잘 알지 못하여 혹시 혼란을 발생시키는 명칭만 고치고, 당나라와 신라의 제도를 절충(折衷)하여 제정하였다. 그러나 대왕의 개혁도 초창기(草創期)에는 제대로 갖추지 못했다가 130년 뒤 제11대 문종(文宗, 1019~1083)309) 때(1046~1083)에 이르러 완전히 갖추어지게 되었다.

* 관직 제도의 비교(신라, 태봉, 고려)

신라 제도	태봉 제도	고려 제도				
집사성 (執事省)	내봉성 (內奉省)	태조	성종	목종	현종	문종
	조위부 (調位部)	내의성 (內議省) 광평성 (廣評省)	내사 문하성 (內史 門下省) 상서도성 (尙書都省)	同	同	중서 문하성 (中書 門下省) 同
위화부 (位和府) 병부 (兵府)	병부 (兵部)	삼사 (三司)	同 중추원 (中樞院)	同		
조부 (調府) 이방부 (理方府)	의형대 (義刑臺)	선관 (選官) 병관 (兵官)	이부 (吏部) 병부 (兵部)			
예부 (禮府) 예작부 (例作府)	수춘부 (壽春部)	민관 (民官) 형관 (刑官)	호부 (戶部) 형부 (刑部)			同

신라 제도	태봉 제도	고려 제도				
사정부 (司正府) 원봉성 (元鳳省)	원봉성 (元鳳省)	예관 (禮官) 공관 (工官)	예부 (禮部) 공부 (工部)			同
		사헌대 (司憲臺) 학사원 (學士院)	어사대 (御史臺) 同	同	同 한림원 (翰林院)	同
		사관 (史館)	同 국자감 (國子監)	同	同	同
	금서성 (禁書省)	내서성 (內書省)	추서성 (秋書省)	同 합문 (閤門)		
				태상부 (太常府) 전중성 (殿中省)	同	同
승부 (乘府)	성비룡 (省飛龍)	내군경 (內軍卿)	위위시 (衛尉寺)	同	同	同 태복시 (太僕寺)
영객부 (領客府)	봉빈부 (奉賓部) 남화성 (納貨省)	예빈성 (禮賓省)	同	同	同	同 대부시 (大寺府)
	물장성 (物藏省) 남상단 (南廂壇)	同	同	同 장작감 (將作監)	同	同
				군기감 (軍器監)	同	사재시 (司宰寺) 同

(이하 생략)

태봉의 제도에서 대룡부(大龍部), 수단(水壇), 식화부(殖貨部), 장부(障部), 주도성(珠陶省) 등이 또 있는데, 이 시대에 와서는 수단(水壇)을 사수시(司水寺)라 하고, 나머지 4부는 도감에 부속시켰다. 관직의 품계는 대왕 때에는 신라와 태봉의 제도를 합쳐서 사용했는데, 이 또한 문종 때에 이르러 크게 고치니 다음 표에서 예시(例示)하였다.

◉ 태조 시절

태서발한(太舒發韓), 서발한(舒發韓, 또 人匡), 이찬(夷粲, 또 正匡), 소판(蘇判, 또 人丞), 파진찬(波珍粲, 또 人相), 한찬(韓粲), 알찬(閼粲), 일길찬(一吉粲), 급찬(級粲) 이상 신라제(新羅制)

대재상(人宰相), 중부(重副), 태사훈(台司訓), 보좌상(補佐相), 주서령(注書令), 광록승(光祿丞), 봉조판(奉朝判), 봉진위(奉進位), 좌진사(佐眞仕) 이상 태봉제(泰封制)

◉ 문종 시절

종1품 개부의동삼사(開府儀同三司)　　　정2품 특진(特進)

종2품 금자광록대부(金紫光祿大夫)　　　정3품 은청광록대부(銀靑光祿大夫)

종3품 광록대부(光祿大夫)　　　　　　정4품상 정의대부(正議大夫)

정4품하 통의대부(通議大夫)　　　　　정5품상 중산대부(中散大夫)

정5품하 조의대부(朝議大夫)　　　　　종5품상 조청대부(朝請大夫)

종5품하 조산대부(朝散大夫)　　　　　정6품상 조의랑(調議郎)

정6품하 승의랑(承議郎)　　　　　　　종6품상 봉의랑(奉議郎)

종6품하 통직랑(通直郎)　　　　　　　정7품상 조청랑(朝請郎)

정7품하 선덕랑(宣德郎)　　　　　　　정8품상 급사랑(給事郎)

정8품하 징사랑(徵仕郎)　　　　　　　종8품상 승봉랑(承奉郎)

종8품하 승무랑(承務郎)　　　　　　　정9품상 유림랑(儒林郎)

정9품하 등사랑(等仕郎)　　　　　　　종9품상 문림랑(文林郎)

종9품하 장사랑(將仕郎)

작위의 경우는 공·후·백·자·남(公侯伯子男)의 5위(位)로 정하였다.

제49절 신관제(新官制) 2

각 정청(政廳)에서 국가 사무를 처리함에는 그 법제(法制)가 아래와 같았다.

(1) 문하성(門下省)310)
백관(百官)의 서무(庶務), 간론(諫論), 봉박(封駁)311) 및 제명(帝命)의 출납(出納)을 관장(管掌)하였다.

삼공(三公)312)- 태사(太師) 태부(太傅) 태보(太保) 3인.

삼사(三師)313)- 대위(大衛) 사도(司徒) 사구(司寇) 3인.

중서령(中書令) 1인.

문하시중(門下侍中) 나중에 정승(政丞)으로 개정 1인.

시랑(侍郞) 2인, 평장사(平章事)314) 2인, 참지정사(參知政事) 1인, 정당문학(政堂文學) 1인, 지문하성사(知門下省事) 1인, 상시(常時) 2인, 직문하(直門下) 1인, 간의대부(諫議大夫) 2인, 중사(中事) 1인, 중서(中書) 1인, 기거주(起居注) 1인, 기거랑(起居郎) 1인, 정언(正言) 2인, 문하녹사(門下錄事) 1인, 주사(注事) 1인, 승(丞) 2인, 녹사(錄事) 2인.

이속(吏屬): 주사(主事) 6인, 영사(令史) 6인, 서영사(書令史) 6인, 주보(注寶) 3인, 대조(待詔) 2인, 서예(書藝) 2인, 시서예(詩書藝) 2인, 기관(記官) 20인, 서수(書手) 26인, 직성(直省) 8인, 전리(電吏) 180인, 문복(門僕) 10인.

(2) 상서도성(尙書都省)
백관을 모두 인도하였다.

상서령(尙書令) 1인, 좌우복야(左右僕射) 각 1인, 지성사(知省事) 1인, 좌우승(左右丞) 각 1인, 좌우사랑중(左右司郞中) 각 1인, 좌우사원외랑(左右司員外郞) 각 1인, 도사(都事) 2인 이속(吏屬) 39인.

(3) 삼사(三司)

모든 전곡(錢穀)과 출납(出納) 회계(會計)의 임무를 모두 관장.

판사(判事) 1인, 재신(宰臣)이 겸한다.

사(使) 2인, 지사사(知司事) 1인, 부사(副使) 2인, 판관(判官) 4인, 이속(吏屬) 52인.

(4) 중추원(中樞院)

정사(政事)의 명령과 보고를 출납하고, 숙위(宿衛)와 군기(軍機)의 정사를 관장.

판원사(判院事) 1인, 원사(院使) 2인, 지원사(知院事) 1인, 동지원사(同知院事) 1인, 부사(副使) 2인, 첨서원사(添書院事) 1인, 직학사(直學士) 1인, 지주사(知奏事) 1인, 좌우승선(左右承宣) 각 1인, 좌우부승선(左右副承宣) 각 1인, 당후관(堂後官) 2인, 이속(吏屬) 36인.

(5) 이부(吏部)

문관(文官)의 선발과 훈봉(勳封)의 정사를 관장.

판사(判事) 1인, 재신(宰臣) 겸직한다. 상서(尚書) 1인, 지부사(知部事) 1인, 시랑(侍郎) 1인, 낭중(郎中) 1인, 원외랑(員外郎) 1인, 이속(吏屬) 12인, 속관(屬官)으로 고공사(考功司)가 있는데, 관리(官吏)의 공과(功過)를 조사하여 밝혔다.

(6) 병부(兵部)

무관 선발과 군무(軍務), 위의(威儀), 우역(郵驛)의 정사(政事)를 관장.

판사(判事) 1인, 상동(上同: 재신 겸직), 상서(尚書) 1인, 지부사(知府事) 1인, 시랑(侍郎) 1인, 시중(侍中) 2인, 원외랑(員外郎) 2인, 이속(吏屬) 20인.

(7) 호부(戶部)

호구(戶口), 공부(貢賦), 전량(錢糧)의 정사(政事)를 관장.

직원(職員) 위와 같음. 이속(吏屬) 50인.

(8) 형부(刑部)

법률, 사송(詞訟), 상언(詳讞: 범죄 사실을 자세히 밝혀 논함-역주자주)의 정사(政事)를 관장.

　직원(職員) 위와 같음. 율학박사(律學博士) 1인, 조교(助敎) 2인을 따로 두었다.
이속(吏屬) 53인.

　(9) 예부(禮部)

　예의(禮義), 제향(祭享), 조회(朝會), 교빙(交聘), 학교(學校), 과거(科擧)의 정사를 관장.
직원(職員) 상동. 이속(吏屬) 18인.

　(10) 공부(工部)

　산택(山澤), 공장(工匠), 영조(營造)의 정사를 관장.
직원(職員) 상동. 이속(吏屬) 19인.

　(11) 어사대(御史臺)

　시정(時政)을 논집(論執: 논술하여 고집함-역주자주)하고 풍속을 바로잡으며 규찰(糾
察)과 탄핵(彈劾)의 임무를 관장.

　판사(判事) 1인, 대부(大夫) 1인, 지사(知事) 1인, 중승(中丞) 1인, 잡단(雜端) 1인,
시어사(侍御史) 2인, 전중시어사(殿中侍御史) 2인, 감찰어사(監察御史) 10인, 이속(吏
屬) 83인.

　이외(以外)는 후장(後章)에서 참조.

　이상 여러 종류의 관직 제도를 현대 정치학상의 직무(職務)에 나누어 배속(配屬)
시켜 보면 대략 다음과 같다.

　◉ 입법부(立法部)- 문하성(門下省)

　◉ 행정관(行政官)

　내무행정(內務行政)-

　　교육행정(敎育行政): 국자감(國子監),315) 전악서(典樂署),316) 비서성(祕書省)317)

　　종교행정(宗敎行政): 종부시(宗簿寺),318) 전의시(典儀寺)319)

　　경제행정(經濟行政): 호부(戶部), 대부시(大府寺)320)

　　공무행정(公務行政): 공부(工部), 물장성(物帳省), 장작감(將作監),321) 장야서(掌冶

署),322) 도교서(都校署)323)

경찰행정(警察行政): 군영(軍營), 순군부(巡軍府)324)

영업행정(營業行政): 대부시(大府寺), 경시서(京市署)325)

교통행정(交通行政): 병부(兵部), 공역서(供驛署),326) 사재시(司宰寺)327)

위생행정(衛生行政): 태의감(太醫監),328) 사재시(司宰寺)

구휼행정(救恤行政): 대부시(大府寺), 대비원(大悲院),329) 혜민국(惠民局)330)

외무행정(外務行政): 예부(禮部), 위우시(衛尉寺), 군기감(軍器監),331) 사수시(司水
寺)332)

재무행정(財務行政): 호부(戶部), 대부시(大府寺), 물장성(物藏省),333) 사농시(司農
寺)334)

◉ 사법관(司法官)- 형부(刑部), 어사대(御史臺)335)

제50절 군제(軍制)

군직(軍職)은 무반(武班) 또는 서반(西班)이라고 하여 독립된 관제를 두었는데, 중방(重房)과 2군 6위로 군정을 중심으로 조직하고, 상장군(上將軍) 대장군 장군 이하제 장교가 있어서 군사를 통제하였다.

◉ 중방(重房): 상장군의 회의, 즉 원수부(元帥府)

◉ 군문(軍門): 2군 6위

2군: 응양군(鷹揚軍)- 1영(領), 용호군(龍虎軍)- 1영

6위: 좌우위(左右衛)- 13영, 신호위(神號衛)- 7영, 흥위위(興威衛)- 12영, 금오위(金吾衛)- 7영, 천우위(千牛衛)- 2영, 감문위(監門衛)- 1영

매 1영(領)에는 상장군(上將軍) 대장군(大將軍) 장군(將軍) 각 1인이 있고, 중랑장(中郞將) 2인, 낭장(郞將) 별장 산원(散員) 각 5인, 위(衛) 20인, 대정(隊正) 40인이 있었다. 6위에는 특히 장사(長史) 1인, 녹사(錄事) 2인, 인사(人史) 3인, 기관(記官) 2인이 각각 있어서 위(衛)의 여러 사무를 관장하였다.

일반 무직의 품위(品位)는 29등으로 나누어 정하였다.

종1품 표기대장군(驃騎大將軍)	정2품 보국대장군(輔國大將軍)
종2품 진국대장군(鎭國大將軍)	정3품 관군대장군(冠軍大將軍)
종3품 운휘대장군(雲麾大將軍)	정4품 상중무장군(上中武將軍)
정4품 하장무장군(下將武將軍)	
종4품 상선위장군(上宣威將軍)	그 아래 명위장군(明衛將軍)
정5품 상정원장군(上定遠將軍)	그 아래 영원장군(永遠將軍)
종5품 상유기장군(上遊騎將軍)	그 아래 유격장군(遊擊將軍)
정6품 상요무장군(上耀武將軍)	그 아래 요무부위(耀武副衛)
종6품 상진위교위(上振衛校尉)	그 아래 진무부위(振武副尉)
정7품 상치과교위(上致果校尉)	그 아래 도과부위(到果副尉)
종7품 상익위교위(上翊威校尉)	그 아래 익휘부위(翊麾副尉)
정8품 상선절교위(上宣折校尉)	그 아래 선절부위(宣折副尉)

종8품 상어모교위(上禦侮校尉)   그 아래 어모부위(禦侮副尉)
정9품 상인용교위(上仁勇校尉)   그 아래 인용부위(仁勇副尉)
종9품 상배융교위(上陪戎校尉)   그 아래 배융부위(陪戎副尉)

군사상 여러 직무의 처리는 도부(都府), 외의장부(外儀仗府), 견예부(堅銳府), 노부(弩府) 등이 분담하였다. 지방의 경우에는 전국 개병(皆兵) 제도라서 병마사(兵馬使)와 부주사(府州使)가 통솔하였다. 그렇지만 지방관은 특히 지방행정관을 겸임하여 군정(軍政)과 민정(民政)을 나누지 않았다. 의종(毅宗, 재위: 1146~1170)과 명종(明宗, 재위: 1170~1197) 이후로는 군정이 모두 권문세가(權門勢家)에 돌아가서 장수는 국가의 장수가 아닌 사사로운 한 개인의 장수요, 병사도 또한 개인의 병사가 되었다.

제51절 귀족정치의 발생

신라 후기에 귀족 등이 정권을 탈취(奪取)하고자 하여 난을 일으켰으며 이어서 원종(元宗), 양길(梁吉)336) 등 산적(山賊)들이 봉기하여 정국을 어지럽게 요동시켰다. 더러는 일개 승려로 일어나 나라를 세운 궁예도 있었고, 또 초야(草野)에서 일어나 나라를 건국하고자 한 견훤도 있었다. 이와 같이 인재가 많이 나와서 정권을 잡고자 하는 기운이 고려 왕조의 수립을 촉진하였는데, 왕건(王建)이 왕위에 오른 그 자격도 역시 일종의 평민(平民) 자격이었다고 할 수 있다.

신라 말기에 진승(陳勝, ?~B.C.209),337) 오광(吳廣, ?~B.C.209)338)의 무리가 호미를 밭두렁에 내던지고, "왕후장상에 정녕 종자가 있는가?"[王侯將相왕후장상, 寧有種乎영유종호]와 같은 대담한 말이 유행하여 누구든지 재능만 있으면 새로운 판도를 개척할 수 있는 기회를 얻었는데, 시세(時勢)는 신성(神聖)한 가운데 보다 더 신성한 인물(人物)을 구하게 되었다.

궁예가 태어날 적에 긴 무지개 같은 흰빛이 집 위에 있었고, 태어나면서부터 치아(齒牙)를 지니고 있었다는 전설, 견훤이 태어날 적에 호랑이가 와서 젖을 주었고, 체모(體貌)가 웅장하고 기이했다는 전설, 왕건이 태어날 적에 '신기한 광채(光彩)와 자줏빛 기운'이 '방 안을 비추고 뜰에 가득하고,' 용모가 '용의 머리에 해와 같이 둥글었다'고 하는 전설, 이들 기이한 전설은 당시의 풍조(風潮)가 전 시대의 제왕 사상과 동일하여 비상한 인격을 요구함을 말한다.

왕건이 왕위에 오르니 군왕의 색채(色彩)는 이미 이와 같아서 전대(前代)의 색채를 벗어나지 않으나, 왕건이 본래 미천(微賤)한 신분에서 나서 높은 지위에 올랐기 때문에 자신이 즉위하게 된 천조(賤祚)의 덕(德)을 군신의 추대에 양보하였다. 대왕이 말하기를, "짐은 미천한 신분으로 재주와 식견(識見)이 용렬(庸劣)함에도 진실로 여러 사람들의 소망에 힘입어 왕위에 올랐다" 운운(云云), 또 말하기를, "짐은 공들이 추대(推戴)하는 마음에 힘입어 가장 높은 자리에 올랐으니, 낡은 풍속(風俗)을 고쳐 모든 것을 다함께 새롭게 만들고, 법도(法度)와 규범(規範)을 혁신하는 길을 좇을 것이다" 운운[大王曰대왕왈, 朕出自側微짐출자측미, 才識庸下재식용하, 誠資羣公推戴之心성자군공추대지심, 登九五統臨之極등구오통림지극, 移風易俗이풍역속, 咸與維新

함여유신, 宜遵改轍之規云云의준개철지규운운]. 이것이 제1차 귀족정치 발생의 징조(徵兆)이다. 대왕이 임종(臨終) 시에 정치의 방침을 전할 때 태자(太子)에게 직접 전해 주지 않고, 중신(重臣)인 박술희(朴述希, ?~?)339)에게 전했는데, 박술희는 유조(遺詔)를 받들고 혜종(惠宗)을 옹립한 뒤 정권을 전적으로 장악하였다. 이때 외척 왕규(王規, ?~?)340)가 그 생질(甥姪) 광주원군(廣州院君), 즉 태조 18비(妃)의 아들을 내세워 왕위를 빼앗고자 하니, 박과 왕 두 사람은 정적(政敵)이 되어 서로 다툼이 발생하였다. 박은 세력이 점차 성장하여 사병(私兵) 100여 명을 직접 이끌고 다니면서 임금을 끼고 전횡(專橫)을 일삼는 것이 날로 심하게 되었다.

대왕의 유훈(遺訓) 제8조에는 국민의 계급을 엄하게 정하여 귀족 이하의 일반 인민은 조정에 참여하지 못하게 하였다. 태조가 죽은 후 6년에 이르러서는 거짓으로 해(害)하려고 죄를 고하는 참소(讒訴)가 행해지면서 충성되고 어진 이들이 무고(誣告)한 모함(謀陷)을 받아서 살육(殺戮)을 당한 자가 많이 발생하였다. 사람들이 다른 사물에 빗대어서 의견이나 교훈(敎訓)을 은연(隱然) 중에 나타내는 우언(寓言)을 드러내 말할 수 없더니, 경종(景宗) 때(975~981)에 참소(讒訴)를 당한 자손으로 하여금 복수(復讐)를 허용하면서부터 살육이 크게 행하여 왕자(王子)와 왕손(王孫)까지도 해를 당한 일이 있었다. 이 같은 일은 실제로 귀족정치(貴族政治)를 발생하게 한 것이니, 이것이 제2의 원인이었다.

더욱 고려는 일반 제도는 귀족정치였던 한과 당나라 제도에 의지한 것이 많았다. 그런 까닭에 귀족 사상이 크게 떨치면서 그들이 자연스럽게 국가의 주춧돌을 담당하게 되었다. 또한 전대의 씨족제(氏族制)는 이 시대에 와서 크게 발달하여 가족제도가 자못 번성(繁盛)함에 이르니 그런 까닭에 이 시대 민법(民法)의 내용은 씨족(氏族)에 관한 것이 가장 많았다.

대왕의 혁명 초에 귀의한 자는 새 성(姓)을 하사하여 귀족의 반열에 들게 하니, 왕(王)·권(權)·차(車)·유(劉)·손(孫)·문(文) 등의 성(姓)이 바로 이것이다. 또한 혁명 초에 누누이 반대한 인민들이 거주했던 지방에는 그들을 꺼려서 가축이나 짐승의 명칭으로 성을 하사(下賜)하여 천(賤)하게 낮추니, 우(牛)·상(象)·돈(豚)·장(獐) 등의 성이 이것이다. 오늘날 있는 우(于)·상(尙)·돈(頓)·장(張)의 성은 그 천한 성에서 발음을 취하여 고쳐 지은 것이다.

이 같은 씨족제(氏族制)로 인하여 세족(世族)의 발생은 자연스럽게 이루어지니

세족의 지위(地位)는 실상 왕의 권세(權勢)로도 감히 억제(抑制)하지 못하고 특별한 대우(待遇)를 부여하게 되었다. 그런 까닭에 명문 귀족은 계급 사상이 발달했을 뿐만 아니라 같은 계급 간에서도 서로 질투하는 일이 일어났다. 『문헌통고(文獻通考)』341)에서 "고려의 선비들은 씨족의 명망으로써 서로를 내세웠다[高麗士人고려사인은 族望족망으로써 相高상고]"라고 할 정도였다.

제52절 귀족정치의 요소 그 하나 = 승(僧)

고려 왕조의 정정(政情)이 이미 귀족의 지배에 속하게 되니, 일반의 정권에 대한 관여는 지극히 미약(微弱)한 형세(形勢)에 놓이게 되었다. 이제 그 정권을 잡은 이들의 요소를 말하고자 한다.

제일 먼저 로마교회와 로마제국이 밀접한 관계가 있었던 것같이 불교도와 고려 왕조는 서로 불가분(不可分)의 관계가 있었다. 대왕이 혁명을 하여 새 정치의 방침을 시행할 적에 예로부터 내려오고 물들어 있던 불교를 갑자기 배척(排斥)하지 못하여 어떠한 제도를 정하였다는 것은 앞에서 제시한 바와 같다. 고려시대는 이미 국법(國法)으로 불교를 숭상(崇尙)했는데, 따라서 불교는 국교(國敎)의 성질(性質)을 지니게 있었다.

그러므로 승려의 지위(地位)와 품격(品格)은 점차 존경(尊敬)을 받게 되었으니, 제1대 천수대왕 왕건 때부터 고명한 도승(道僧)을 택하여 왕사(王師)342)와 국사(國師)343)를 삼고 왕과 왕후가 그 아래에 무릎 꿇고 설법(說法)을 공경(恭敬)스럽게 들었다. 승려가 궁정(宮廷)에 출입하게 되면서부터는 자연 왕실(王室)과 가깝게 되는 사정이 발생하였다. 또한 왕자나 왕손이 승려가 되어 불경(佛經)을 저술(著述)하고, 포교(布敎)에 열심인 자가 계속 배출되었다.

이와 같이 승려가 궁중(宮中)에 출입하고 왕과 왕자가 직접 승려가 되는 이상 승려들이 정치적으로 간여(干與)하게 되는 일은 자연스런 추세(趨勢)가 되었다. 목종(穆宗) 때(997~1009) 천추태후(千秋太后, 964~1029)344)가 섭정(攝政)을 행할 때는 승려 김치양(金致陽, ?~1009)345)이 합문통사사인(閤門通事舍人)의 직책(職責)을 지니고 국정을 장악(掌握)하였는데, 중심부에 위치하여 일을 처리하고 친당(親黨)을 아울러 양성하여 권세(權勢)가 일국(一國)에 진동(振動)하였다. 태후와 정(情)을 통하여 자식을 낳았는가 하면 한편으로 그 자식으로 하여금 왕위를 계승하게 하고자 한 일도 있었다.

묘청(妙淸, ?~1135)346)은 술법(術法)을 빙자하여 왕과 조정대신을 자기 휘하에 부리고, 국도(國都)를 서경(西京: 4경의 하나, 평양- 역주자주)에 천도(遷都)하게 되고, 또한 발해 옛터에서 발흥(發興)하는 금나라를 공격해서 나라를 중흥(中興)시키고자 시도하였다. 그러나 그 계획이 실행되지 못하자 결국 나라에 반기(反旗)를 들고 정치상의 약점을 공격하였다. 후세의 역사가는 묘청을 역적(逆賊)이라고 하지만 그 인물됨은 정치의 큰 책략 면에서 국토를 확장시키고자 한 웅대한 전략을 지녔던 자이니, 한때 왕과 이하 여러 대신들이 복종하여 성인으로 대우하였던 것이다.

이후 왕은 궁중에 불단(佛壇)을 설치하고 누누이 3만의 뭇 승려를 공양(供養)하는가 하면 왕이 친히 사원(寺院)에 행차(行次)하여 놀고 돌아다니니, 직·간접적으로 정치상 변동을 발생시키게 됨은 말하지 않아도 알 수 있는 것이다.

의종(毅宗, 재위: 1146~1170), 고종(高宗, 재위: 1213~1259), 공민왕(恭愍王, 재위: 1351~1374) 시대는 승려의 국가가 되었고 고려 왕조 말기에 이르러서는 승려들의 정치상 간섭이 더욱 심하여 그 세력이 왕공(王公) 이상을 넘었으며 신돈(辛旽, ?~1371)347)이라는 승려는 고려 말 최후로 등장하여 일반 정권을 손바닥 위에서 희롱(戲弄)하였다. 그리하여 비록 유학(儒學)의 무리가 불교(佛敎)를 배척(排斥)하는 논의를 극단적으로 전개하였으나 국왕은 끝까지 이들의 뜻을 따르지 않았다.

제53절 귀족정치의 요소 그 둘 = 무신(武臣)

승려보다 정권을 전부 장악하고 천하를 호령한 자는 무신(武臣)이었다(무신은 외척을 겸하였다). 무신의 지위는 귀족정치의 중추가 되어 고려왕조 500년과 운명을 같이했는데, 고려왕조 말기에 결국 무신 이성계(李成桂)의 역성혁명(易姓革命)을 가져오게 하였다.

처음에 김치양(金致陽, ?~1009)이 사통(私通)하여 낳은 그 자신의 아들로 하여금 왕위에 즉위시키고자 하였는데, 서북면(西北面) 도순검사(都巡檢使) 강조(康兆, ?~1010)348)가 목종(穆宗, 980~1009)을 시해하고 현종(顯宗)을 옹립(擁立)하면서 김치양 부자(父子)를 참수(斬首)하고 그 일당(一黨)을 다 제거(除去)하였다. 이로부터 정권은 강조에게 집중되니 국가는 강조의 국가가 되고 왕은 허울 좋은 자리만 지키고 있을 뿐이었다. 강조가 정권을 잡은 뒤로는 거란과 여진(女眞)의 침입이 끊이지 않아 외란(外亂)이 분분(紛紛)하였는데, 이들 위기를 당한 당시의 상황은 무신의 세력을 점차 공고(鞏固)하게 하는 데 이르렀다.

외란이 가라앉게 되자 외척 이자겸(李資謙, ?~1126)349)이 정권을 잡아 왕을 그 사저(私邸)에 유폐(幽閉)하여 기거동정(起居動靜)과 음식에 자유가 없게 하고, 모든 관료들을 사저(私邸)에 모이게 하여 정치 일반을 의논하게 하였다. 그리하여 이자겸의 집은 왕궁(王宮)과 조정(朝廷)이 되고 이자겸은 공공연(公公然)하게 왕위를 대신하니 일반 요직(要職)은 모두 그 일족이 들어서고, 당시의 이름난 신하들은 그 아래에서 아부(阿附)하지 않는 자가 없었다.

그즈음에 한 아전[吏屬]으로 여러 차례 전공을 세워서 재상(宰相)에 오른 자가 있으니, 척준경(拓俊京, ?~1144)350)이 바로 그 사람이다. 척준경이 이자겸과 일당이 되어 재상이 된 뒤 도리어 이자겸을 시기하였다. 결국 이자겸은 그의 부하에게 사로잡혀서 유배지(流配地)에서 사형을 당하고 불귀(不歸)의 객(客)이 되었으니, 천하는 도리어 척준경의 세상이 되었다. 척준경 이후에는 정치의 권력이 오로지 묘청에게만 있다가 의종 때부터는 다시 무신의 천하가 되어 서반(西班)의 집정(執政)이 무릇 100년간이나 지속되었다.

처음에 의종은 무신을 내치고 문신을 총애(寵愛)하다가 날로 행락(行樂)을 일삼

앉으니, 무신들이 크게 분개(憤慨)하여 거사(擧事)하기에 이르렀다. 대장군 정중부 (鄭仲夫, 1106~1179)351) 등이 병사를 이끌고 왕이 향락(享樂)을 일삼는 곳을 습격 (襲擊)하여 왕을 시해(弒害)하고 왕의 아우 명종(明宗, 1131~1202)을 옹립(擁立)하였 다. 한편으로 문신을 죽여 없애니, 당시 문관(文冠)을 쓴 자는 지위의 높고 낮음을 막론하고 모두 해(害)를 당하여 죽은 시신(屍身)이 산처럼 쌓였다.

이로부터 3경(京) 4도호(都護) 8목(牧)으로부터 군·현·관·역(郡縣館驛)의 직임 (職任)까지 모두 무신을 등용(登用)하게 되니, 정국은 정중부의 독무대(獨舞臺)로 변하여 그 집의 어린 종[奴]이나 식객(食客)들까지도 모두 그 세력에 의지하여 횡 포(橫暴)하기와 방자(放恣)함이 극(極)에 달했다. 정중부의 발호(跋扈)가 극단(極端)에 이르러 난에 이르게 되니, 장군 경대승(慶大升, 1154~1183)352)이 정중부 부자(父子) 를 잡아 죽이고 그 권세(權勢)를 대신하였는데, 경대승은 정중부보다 더욱 심하여 뇌물수수(賂物授受)가 공연(公然)하게 이루어지고 출세(出世)를 위해 아부하고 다투 는 풍조(風潮)가 성행(盛行)하게 되었다.

경대승이 죽은 뒤에 이의민(李義旼, ?~1196)353)이 대신하여 권력을 잡았다. 이의 민은 본래 옥령사(玉靈寺)에서 부리는 여종의 자식으로 힘이 다른 사람을 뛰어넘 어 정중부의 호종(扈從)이 되어 여러 차례 공이 있었는데, 나중에는 대장군이 되 었다가 이 무렵에 이르러 정권을 잡았다. 이의민은 본래 노비의 자식이었던 까닭 에 노비의 무리를 많이 유인(誘引)하여 정권을 농락했는데, 탐학(貪虐)이 날이 갈수 록 심하고 횡포(橫暴)가 더욱 떨치니, 이리하여 무신 귀족의 생각은 한 걸음 나아 가 거부감을 초래하는 지경이 되었다.

이때에 절대 세력가인 최충헌(崔忠獻, 1149~1219)354)이 출현하였다. 최충헌은 장군의 신분으로 이의민을 살해하고, 명종을 창락궁(昌樂宮)에 유폐(幽閉)한 후 신 종(神宗, 1144~1204)355)을 옹립(擁立)하였다. 그는 장상(將相)의 인(印)을 차고 정권 을 독점하더니 뇌물(賂物)을 받고 관작(官爵)을 매매(賣買)하였다. 당대의 명사(名士) 이었던 금의(琴儀, 1153~1230),356) 이규보(李奎報, 1169~1241),357) 최자(崔滋, ?~?)358) 등이 모두 호응(呼應)하여 그를 따랐다. 예측하지 못한 변고(變故)가 생길까 두려워 문인(文人)과 무사(武士)와 사병(私兵)을 그 자신의 집에 두었으니 이것을 도방(都 房)359)이라고 불렀다. 출입할 때에는 당직(堂直)을 서며 호위(扈衛)하고 지키니, 흡 사 전장(戰場)의 병영(兵營)에 나아가는 것과 같았다.

왕과 여러 신하들을 최충헌의 사저에서 연회(宴會)하며 관리를 임의로 파면(罷免)하니, 왕은 조금도 자유가 없었다. 조정 대신들을 살육(殺戮)하고 그 인민들을 고통스럽게 하니, 그 잔인포학(殘忍暴虐)함은 정중부, 이의민보다 더 심하였다. 최충헌이 죽자 그 아들 최우(崔瑀=최이崔怡, ?~1249)360)가 대신하여 그 정권을 이어서 차지하였다. 최우는 정방(政房)361)을 사택에 두고 모든 정사를 정방에서 처결하였다. 최우가 죽은 뒤에는 그의 아들 최항(崔沆, ?~1257)362)과 그의 손자 최의(崔竩, ?~?)363)가 돌아가면서 정권을 독점하니 최 씨(崔氏) 집안의 권력 세습이 모두 4대(代) 80년에 이르렀다.

그 후 김준(金俊, ?~1268)364)이 최의를 죽이고, 임연(林衍, ?~1270)365)은 김준을 죽이고, 홍문경(洪文景, ?~? : 인적사항을 찾을 길이 없다-역주자주)은 임연의 아들인 임유무(林惟茂, ?~1271)366)를 죽이고, 차례로 정권을 가로채더니 배중손(裵仲孫, ?~1273)367) 등이 삼별초(三別抄)368) 군을 이끌고 반기(反旗)를 드는 데 이르렀다. 이때 김방경(金方慶, 1212~1300)369)이 나와서 몽골병과 연합하여 배중손의 무리를 토벌(討伐)하자 비로소 무신의 권세(權勢)가 몰락(沒落)하게 되었다.

제54절 귀족정치의 요소 그 셋 = 궁신(宮臣)

귀족정치의 제3의 요소는 폐신(嬖臣: 아첨하여 임금의 신임을 받는 신하-역주자주)이다. 본래 고려 관제에서 궁중 내직을 설치함에 있어서 내시부(內侍府),370) 액정부(掖庭府),371) 제비주부(諸妃主府)의 세 관청이 있었다.

내시부(內侍府)는 고환이 없는 자로 조직하여 전명(傳命), 수문(守門), 소제(掃除)의 임무를 관장하였다. 액정부(掖庭府)는 전알(傳謁: 임금에게 전달)과 필연(筆硯: 붓과 벼루)의 공어(供御: 제공), 궐문(闕門)의 쇄약(鎖鑰: 자물쇠), 금정(禁庭: 정원을 폐쇄함), 포설(鋪設: 문고리 설치 뭔가를 펼쳐놓음-역주자주)의 임무를 관장하였다. 제비주부(諸妃主府)는 왕의 비(妃)가 수십 명에 달하여 그 여러 비의 시종(侍從), 급사(急事)의 직무를 관장하게 한 것이다.

이들은 본래 정사와는 관련이 없고 오로지 궁중에서 왕을 가까이에서 모시는 노복(奴僕)에 불과한 것이었다. 그런데 무신들이 정권을 잡고 왕이 실권이 없어지자 왕의 심정은 그 내심을 따로 이들에게서 구하게 된 것이다. 그런 까닭에 귀족에게서 권세를 얻지 못한 자는 그 관리의 직을 문지기나 수위 호위병(扈衛兵)을 매개로 하여 왕에게 사사로이 접근하여 청탁하는 일이 발생하였던 것이다.

환관(宦官)은 무양(無陽: 무양無陽은 남자의 양물陽物<음경陰莖>이 없다는 말-역주자주)의 사람이다. 그런 까닭에 왕이 거처하는 궁문을 출입하면서 가까이에서 시중을 들기에 적당한 자였다. 조선은 중국의 옛 제도와 같이 부형(腐刑=궁형宮刑. 생식기를 자르는 형벌-역주자주)을 쓰지 않았으므로 간혹 포대기에 싸여 있던 갓난애 시절 개한테 물려서 상하게 된 자들이었다. 그들은 궁중(宮中)에서 왕비(王妃) 또는 왕의 질투(嫉妬)로 인한 행동을 감시하기도 했는데, 이로 말미암아 왕은 그들을 애용(愛用)하는 동시에 무신과 외척에 대한 분개한 이야기들을 그들과 나누게 되었다.

이렇게 환관들이 왕의 총애(寵愛)를 얻어 권력을 잡게 되면서 의종 때에 정함(鄭諴, ?~?),372) 백선연(白善淵, ?~?)373) 등이 비로소 정권을 잡더니 지위가 재상(宰相)에 달하였고, 그들은 광영(光榮=영광榮光-역주자주)을 세상에서 독보적(獨步的)으로 누리게 되었다. 잔인(殘忍)하고 요행(僥倖)을 바라는 무리는 서로가 그 같은 행위를 부러워하여 아버지는 그 아들을 헤치며 형은 그 아우를 헤치고, 또 강포(强暴)한

자는 작은 원한(怨恨)이 있으면 문득 그 남성을 스스로 제거하여 몇 년이 못 되어 자신의 몸에 칼을 대는 무리가 심히 많아지게 되었다.

정함 등의 총애와 권세가 날로 성하게 되어 친당(親黨)과 관노(官奴)를 많이 심어 우익(羽翼)을 삼고, 눈과 귀를 기울여 참소(讒訴)로 서로 얽어매어 조정의 대신을 능멸(凌蔑)하니, 재상(宰相)과 대간(臺諫)이 그 위세(威勢)를 두려워하여 반대로 그 세에 위협(威脅)을 느꼈으니, 권력이 모두 환관에게 있다는 '권재내수(權在內竪)'374)의 4자(字)가 당시에 유행(流行)하던 말이었다.

충렬왕(忠烈王) 때(1275~1308)에 무신의 전정(專政)이 단절된 이래로 환관이 득세(得勢)하여 일반 관직이 모두 환관에게서 나오지 않은 것이 없었다. 대대로 환관은 부원군(府院君)375)의 직임(職任)을 지녔으니, 방신우(方臣祐, ?~1344),376) 이대순(李大順, ?~?),377) 우산절(禹山節, ?~?),378) 고용보(高龍普, ?~?)379) 등이 이들이다. 환관이 득세(得勢)한 후 왕위를 폐립(廢立)한 일은 없었다. 그러나 재권(財權), 관권(官權) 등을 독점(獨占)하여 무소불위(無所不爲)하는 지경에까지 이르렀다.

충렬왕 이후로는 몽골과 국제상 교섭(交涉)이 긴밀(緊密)하던 때였다. 환관(宦官)은 몽골의 왕과 가까이하여 군왕을 그 수하(手下)에 두고 임의로 일을 처리하니 국제상 관계에 대하여 큰 영향은 그들이 개입(介入)하여 처리한 것이 많았다. 그래서 고려 역사에서는 환관을 논하여 말하기를, "나라를 경영하고 도를 논하는 지위에 있고, 묘당(廟堂)에 앉아서 국정을 논했으니, 고려의 사직(社稷)이 또한 오래가지 못하였다[列於經邦論道之位열어경방논도지위, 坐廟堂護國政좌묘당호국정, 而麗之社稷이려지사직, 亦不久역불구]" 운운(云云)하였다. 내시 이외에 액정(掖庭), 궁노(宮奴) 등 소속으로 정권을 잡은 자가 또한 많았으니, 이는 성색(盛色)·전렵(田獵)·취렴(聚斂)·토목(土木)·기술(技術) 등으로 총애(寵愛)를 얻었다.

그 시초(始初)는 목종(穆宗) 때(997~1009)였다. 유행간(庾行簡, ?~1009)380)은 용모(容貌)가 미려(美麗)한 남자로 용양(龍陽)381)으로 총애를 얻었는데, 관직이 합문사인(閤門舍人)에까지 올라 왕이 어떤 조직에 대해 자신의 뜻을 펴기 전 자신에게 먼저 물은 후에 발표하게 하였다. 유행간은 이같이 막대한 권세를 지녔지만 김치양과 모의(謀議)하여 왕을 폐립(廢立)하려고 하다가 강조에게 살해당하였다.

복자(卜者) 영의(榮儀, ?~1170),382) 풍수(風水) 백승현(白勝賢, ?~?),383) 기수(碁手) 조윤통(曺允通, ?~1306),384) 엽수(獵手) 이정(李貞, ?~?),385) 의원(醫員) 왕삼석(王三錫,

?~?)386) 그리고 몽골어 통사(通事) 강윤소(姜允紹, ?~?)387) 등은 모두 역대 총애(寵愛)를 받았던 신하들이었다.

권세가 한 나라를 기울게 하여 관원의 승진(陞進)과 파면(罷免)을 임의로 하고, 공연한 공사(工事)와 과중한 세금(稅金)으로 민정(民情)을 약하게 할 뿐 아니라 관작을 팔고 민가(民家)의 사람과 토지를 강탈하여 횡포가 극에 이르니, 공민왕은 결국 폐행(嬖幸: 임금에게 아첨하여 총애를 받는 신하나 후궁-역주자주)에게 시해(弑害)를 당하기까지 하였다. 이 같은 환관과 폐행들이 무신 대(代)에 국정(國政)을 독점(獨占)한 까닭에 『고려사(高麗史)』에는 「폐행전(嬖幸傳)」과 「환자전(宦者傳)」을 특별히 두어서 역사의 한 단면(斷面)을 드러내었다.

고려시대의 정치는 이들 귀족이 번갈아 집권(執權)하였는데, 의종(毅宗) 이전은 이상의 3파(派)가 교대(交代)로 집권하였고, 의종 이후 원종(元宗) 때(1146~1274)까지는 무신이 오로지 집권하였고, 충렬왕(1275)부터는 폐신(嬖臣)이 오로지 정권을 잡았다. 공민왕(1351) 이후로는 승려(僧侶) 일파가 출동(出動)하여 정권을 잡다가 마침내 무신에게 결국 이성계(李成桂)의 혁명(革命)이 나타나게 되었다.

제55절 지방정치 = 구역(區域)

지방정치의 구역(區域)은 여러 차례 변하여 항구적(恒久的)인 규제(規制)로 내려오지는 않았다. 처음에는 정사(政事)가 초창기(草創期)에 많이 나왔기 때문에 경영(經營)·관리(管理)할 겨를이 없어서 그대로 전대(前代)의 제도를 답습(踏襲)한 동시에 오직 구역의 명칭(名稱)만 고쳤다. 성종(成宗) 때(982~997)에 이르러 전국을 10도(道)로 나누고 모든 주·현(州縣)을 정했는데, 변방 가까운 지방의 중요한 지역에는 특히 군제로 정하여 12주의 절도사(節度使)를 두었다.

◉ 10도(道):개성부(開城府) 적현(赤縣)　6　　기현(畿縣)　7

관내도(關內道) 주(州)	29	81
중원도(中原道)	13	42
하남도(河南道)	11	34
강남도(江南道)	9	43
영남도(嶺南道)	12	48
산남도(山南道)	10	39
해양도(海陽道)	14	62
삭방도(朔方道)	7	62
패서도(浿西道)	14	4

◉ 12주(州):양주(楊州) 좌신책군(左神策軍)

　　　　　광주(廣州) 봉국군(奉國軍)

　　　　　충주(忠州) 창화군(昌化軍)

　　　　　청주(淸州) 전절군(全節軍)

　　　　　공주(公州) 안절군(安節軍)

　　　　　진주(晉州) 정해군(定海軍)

　　　　　상주(尙州) 귀덕군(歸德軍)

　　　　　전주(全州) 순의군(順義軍)

나주(羅州) 진해군(鎭海軍)

정주(鼎州) 곤해군(袞海軍)

해주(海州) 우신책군(右神策軍)

황주(黃州) 천덕군(天德軍)

　현종(1009~1031) 때에 12절도사를 고쳐서 4도호(都護) 8목(牧)으로 하더니, 그 후에 전국의 구역을 다시 5도 양계(陽界) 4경(京) 8목(牧) 15부(府) 129군(郡) 335현(縣) 29진(鎭)으로 개정하였다.

제56절 지방정치 = 관제(官制)

지방 구역에 있어서 행정 관리를 두는 것에는 그 정원(定員)과 관명(官名)도 또한 여러 차례 고치니 대략을 말하면 다음과 같다.

(1) 도(道)- 관찰사(觀察使)가 있어서 주·현(州縣)을 안거(按擧: 골라 뽑음)하여 각 지방 간의 행정과 민사(民事)의 상황을 순찰하였으므로 각 지방관을 승진(陞進) 강등(降等)시키는 권한이 있었다. 그 아래에 권농사(勸農使)388)와 경력(經歷)389)이 있었다.

(2) 계(界)- 병마사(兵馬使)390)는 왕이 부월(斧鉞: 도끼)을 친히 수여하여 곤외(閫外: 경계境界의 밖-역주자주)를 전적으로 통제하였는데, 사(使)를 행하고 절(節)을 수립하였다. 그 아래에 지병마사(知兵馬使), 병마부사(兵馬副使), 병마판관(兵馬判官), 녹사(錄事)가 있었다.

(3) 경(京)- 유수(留守)이다. 유수라는 명칭은 왕이 천도 후 그 옛 수도에서 중신(重臣)을 두고 지키게 한 것에서 나왔다. 그 아래에 참좌(參佐), 부유수(副留守), 판관(判官), 사록(司錄),391) 참군사(參軍事), 서기(書記), 법조(法曹), 의사(醫師), 문사(文師) 등이 있었다.

(4) 주(州)- 목사(牧使)는 제번(諸藩)을 진위(鎭慰)하고 밖의 도적들을 안정시키고, 적정(敵情)을 살펴서 이것을 정벌(征伐)하는 일을 관장(管掌)하니 그 아래에 부목사, 판관, 사록, 서기, 법조, 의사, 문사 등이 있었다.

(5) 부(府)- 부사(府使)는 목사의 하급관이니 그 직원과 직무는 주의 경우와 같았다.

(6) 군(郡)- 지군사(知郡事)는 교화(敎化), 재무(財務), 사법(司法) 등 일반 정무(政務)를 처리하니 그 아래에 위(尉), 의사가 있었다.

(7) 현(縣)- 영(令)은 군(郡)의 하급관리이니 감무(監務), 의사가 있었다.

(8) 진(鎭)- 방어사(防禦使)는 진(鎭)에 관한 군문(軍門) 사무, 즉 방수(防守)하는 일을 관장하였다. 그 아래에 장(將), 부장(副將), 부방어사(副防禦使), 판관, 법조, 문사, 의사가 있었다.

지방관 명칭의 변경을 전대와 대조하면 다음과 같다.

신라(新羅)	고려(高麗)
도독(都督)392)	유수(留守),393) 유수사(留守使)
사자(使者)	전운사(轉運使),394) 안렴사(按廉使),395) 순무사(巡撫使),396) 안무사(按撫使),397) 안찰사(按察使), 출척사(黜陟使), 관찰사(觀察使)398)
총관(總管)399)	대도호부사(大都護府使)400)
주주(州主)	목사(牧使)
군주(君主)401)	도호부사(都護府使)
군태수(郡太守)	지군사(知君事)
현령(縣令)402)	현령(縣令)
주조(州助), 장사(長史)	경력(經歷),403) 경력사(經歷使), 도사(道使)
사신(使臣), 대윤(大尹)	부윤(府尹)404)
사대사(使大舍)	판관(判官),405) 소윤(小尹)406)
외사정(外司正)	판관(判官)

제57절 서경(西京)

지방행정에서 제일 중요하게 주의(注意)를 기울였던 것은 서경(西京)이었다. 서경은 평양(平壤)이니, 즉 고구려의 옛 도성(都城)이다. 동시에 여진, 거란 등의 외적(外敵)을 방어하는 중대한 요새(要塞) 지역으로 되었으며, 또한 혁명 초에는 왕도(王都)가 이 지역에 있었다가 개성(開城)으로 옮겼던 것이다. 천수대왕의 유훈(遺訓) 제9조에 이르기를, "짐이 삼한(三韓) 산천(山川)의 보우(保佑)하심으로 대업(大業)을 이루었다. 서경(西京)은 수덕(水德)이 순조(順調)로워 우리나라 지맥(地脈)의 근본(根本)이자 대업(大業) 만대(萬代)의 터이다. 의당 4중(仲)에 100일을 머물러 안녕(安寧)하게 하여야 한다[朕賴三韓山川陰佑짐뢰삼한산천음우, 以成大業이성대업. 西京水德調順서경수덕조순, 爲我國地脉之根本위아국지맥지근본, 大業萬代之地대업만대지지. 宜當四仲留過百日의당사중유과백일, 以致安寧이치안녕]"라고 하였다. 서경 지방을 이렇게 중요시했기 때문에 그 관제(官制)를 마련할 때에 특별한 제도를 두었으니, '조설(曹設)'과 '호막(豪幕)'이라고 한 것은 방언(方言)에서 관호(官號), 관명(官名)을 지칭하는 것으로 서경을 특별히 설립한 관직 제도의 정신이었다. 그 제도는 천수대왕 초(初)에 설치하였다.

- 조설(曹設, 廊官)- 시중(侍中) 1인, 시랑(侍郎) 2인, 낭중(郎中) 2인.
- 호막(豪幕, 衛官)- 구단(具壇) 1인, 경(卿) 2인, 감(監) 1인, 찬(粲) 1인, 이결(異決) 1인, 평찰(評察), 사객(史客) 1인.
- 병부(兵部)- 구단(具壇), 경(卿), 대사(大舍) 각 1인 사(史) 2인.
- 납화부(納貨府)407)- 경(卿), 대사(大舍), 사(史) 각 2인.
- 내천부(內泉府)408)- 구단(具壇) 1인, 경(卿), 대사(大舍), 사(史) 각 2인.
- 국천부(國泉府)409)- 구단(具壇) 1인, 경(卿), 대사(大舍) 각 2인, 사(史) 각 2인.
- 관택사(官宅司)410)- 경(卿), 대사(大舍), 사(史) 각 2인.
- 도항사(都航司)411)- 경(卿), 대사(大舍), 사(史) 각 1인.
- 대어부(大馭府)412)- 경(卿), 대사(大舍), 사(史) 각 1인.

이들 관제는 서경 유수(留守) 이외에 따로 둔 것이니, 유수는 중앙정부의 중신

(重臣)으로 파견하였는데, 이것은 서경 대신의 관직이었다. 이 제도는 마치 영국의 특설 법제와 같아서 큰 정부 아래에 작은 정부가 따로 세워진 것인 바, 서경은 서북방에서 자치적 정치의 큰 기관이었다. 서경은 그 정칙기관이 이같이 특별히 세워진 바, 당대(當代)의 중요한 지방으로 그 뒤로 선동가(煽動家) 또는 반란(叛亂)의 무리가 얼마간 그 뜻을 여기에 드리운 일이 많으니, 묘청(妙淸), 조위총(趙位寵, ?~1176)413) 등이 모두 이 지역에서 반기(叛起)를 들고 일어났고, (…) [원문 생략]

경(京)이라 함은 대개 신라의 구제도에 바탕을 두고 그대로 답습(踏襲)한 것이니, 서경 이외에 남경(南京), 동경(東京) 및 왕경(王京)의 3경이 있었다. 그러나 왕경(王京) 이외의 동과 서 2경의 제도는 특별히 중시하지 않고, 다만 소규모 유수(留守)의 통치 아래에서 정무(政務)를 집행하였다.

제58절 향리(鄉吏)

각 주·부·군·현(州府郡縣)의 관리는 두 종류로 조직하니, 하나는 이상에서 논술한 정부에서 선임(選任)하는 관리가 이것이고, 둘은 지방장관이 자체적으로 임명하는 관리인데, 이는 인민 가운데 장자(長者)를 선택하여 향촌(鄉村)의 직무(職務)를 분담 처리하게 하는 자, 즉 향리(鄉吏)가 그것이다.

향리는 성종(成宗) 때(982~997)에 정한 바 사정(司正), 사창(司倉), 당대등(堂大等), 대등(大等), 호정(戶正), 부호정(副戶正), 사(史), 병정(兵正), 부병정(副兵正), 창정(倉正), 부창정(副倉正), 병사(兵史), 창정(倉正)의 명칭이 있었다. 현종(顯宗) 때(1009~1031)에 이것을 개정(改定)하여 완전한 조직을 세웠다. 호장(戶長), 부호장(副戶長), 병정(兵正), 부병정(副兵正), 창정(倉正), 부창정(副倉正), 사(史), 병창사(兵倉史), 후단사(後壇史), 공수(公須), 창록사(倉錄史), 객사(客舍), 약점(藥店), 사옥(司獄) 등의 명칭이 있고, 그 관리 인원의 수는 읍(邑)에 거주하는 인구(人口)의 다소(多少)에 따라 결정되었다.

천정(千丁) 이상의 읍 84인.
오백정(五百丁) 이상의 읍 61인.
삼백정(三百丁) 이상의 읍 51인.
백정(百丁) 이상의 읍 31인.

그러나 방어사(防禦使)와 진장현(鎭將縣)에는 가장 적은 최소의 읍, 즉 300정(三百丁) 이상 읍의 관리 수와 같았다.

이들 향리는 본래 인민 가운데 장자(長者)로 선택한 자이다. 그러나 귀족제도를 따라 관리 가문이 따로 있어 향리직(鄉吏職)을 독점하였다.

제59절 사심관(事審官)과 기인(其人)

사심관(事審官)414)은 지방자치의 직원이니 현대 각국 지방제도의 참사관(參事官)과 같은 자이다. 각 주군(州郡)에 2인 이상 4인 이하의 사심관을 두어 본 향내(鄕內)의 인민들의 풍속(風俗)을 교정(矯正)하고 선악(善惡)을 포폄(襃貶)하였다. 또한 지방 정무에 있어서 지방관과 향리 등의 행사도 살펴서 상부(上部)에 보고(報告)하는 권한(權限)이 있었으며, 향사(鄕事)를 처리하는 방법은 사심관회의에 의하여 결정하였으니, 이는 근대 지방평의회(地方評議會)와 다르지 않은 것이다.

사심관을 임명함에는 일반 향민(鄕民)의 보통 선거에 의하여 군내(郡內)에서 제일 명망(名望)이 있는 자를 선택하여 결정하면 왕이 이를 친히 임명하는 것이니, 그 자격(資格)에 있어서는 엄정(嚴正)한 법규(法規)가 있었다. 상당한 학문(學問)과 품행(品行)이 있어야 하는 것은 물론이고, 범죄를 저지른 일이 있어서 형법상 처분을 당한 자 또는 향리(鄕吏)와 친척과 관계가 있는 자는 피선거권이 없었는데, 조정에서 현달(顯達)한 자 또는 대대(代代)로 문벌자(門閥者)라도 자격이 그에 상응(相應)하면 선발(選拔)하였다. 이 직책은 본래 혁명 초에 신라 왕 김부(金傅, ?~978)415)를 파견(派遣)하여 맡긴 것이었는데, 그 후 여러 공신(功臣)들도 또한 발탁(拔擢)하여 등용(登用)하였다.

기인(其人)416)이라는 것은 향사 고문(顧問)이었다. 각 주·군(州郡)의 향리의 자제(子弟) 또는 품행(品行)이 바른 자를 선발하여 경성(京城: 서울)에 머물게 하였으니, 만일 기인에 상응하는 자격자가 없으면 사심관이 대신(代身)하는 것도 가능하였다.

제60절 촌정치(村政治)

촌(村)의 정치는 전대(前代)보다 다소 다른 현상이 있으니, 바로 귀족적이라 촌의 정령(政令)을 관장한 자는 촌민의 선거에 의하지 않고 군왕이 파견하여 맡겼다. 촌관(村官)은 향관의 하급에 처했는데, 각 관명을 전대에는 촌주(村主) 또는 촌도전(村徒典)이라 하다가 이 시기에 들어와서는 처음에는 촌대감(村大監), 촌소감(村小監)이라고 하였다. 성종 때(982~997)에는 다시 촌장(村長)과 촌정(村正)이라고 고쳐서 부르고, 장(長)과 정(正) 아래에는 분직(分職)의 속료(屬僚)가 있었는데, 그 직책은 기인이 추가할 수 있었다. 그런즉 촌정(村政)은 향관(鄕官)에 의한 자치제가 되니, 촌의 하급관리는 지방자치상의 하급관리가 되는 동시에 국가의 하급관리였다.

제61절 지방정치의 성질

여기에서는 이상의 지방제도의 정치상 성질을 일괄하여 논하고자 한다. 지방정치의 제도는 예로부터 내려온 관습의 뿌리 깊은 역사적 기초에 근거하여 이를 세우고 더욱 보태어 온 까닭에 일종의 관료적인 색채를 띠었다.

구역에 있어서 보면 고대 자치제도의 경제적 관계까지 포함(包含)하여 절충(折衷)해서 정하였다. 즉 주·부·군·현(州府郡縣)의 대소 구별을 세움은 고대 자치구역에 근거(根據)하여 정전(丁田)의 대소로써 이를 등급(等級)으로 나눈 것이다. 그러므로 지도를 한 번 보면 크기가 고르지 못한 자투리 베나 비단으로 봉합(縫合)한 조각보와 같았다. 그 잡다하고 불규칙한 영국의 지방제도와 비교하면 동일한 현상이 있다. 그러나 영국은 그 정치조직이 불규칙하나 조선 지방제의 불규칙이라 함은 오직 지도상의 구역에 국한(局限)될 뿐이요, 그 정치는 실상(實狀) 층층(層層)이 쌓여 질서정연(秩序整然)하고 완전한 성전(成典) 법률(法律)을 기초(基礎)로 하여 나서 자란 것인 바, 일정한 규칙 하에서 조직된 것이다.

살펴보면 지방정치는 군정(軍情)과 민정(民情)을 분간(分揀)하지 않고 이를 혼합(混合)하였는데, 군사를 중시하여 행정(行政)을 하는 지방이 있고 문화를 중시하여 행정을 하는 지방이 있었다. 그러므로 지방행정 장관을 임명(任命)함에도 문관(文官)과 무관(武官)으로 나누어 임명하였다. 지역은 대소(大小)가 고르지 못하나 그 정치의 주장은 문(文)과 무(武) 두 개의 반으로 조직을 만드니, 마치 전국은 용호(龍虎)가 서로 교차(交叉)하여 절대의 조화(調和)를 발휘(發揮)함과 같았다.

각 지방의 행정상 관계를 논하면 도·주·부·군·현·촌(道州府郡縣村)의 6계급이 있었으나 주·부·군·현의 4구역은 관리의 등급과 또는 문무의 차별이 있을 뿐이요, 서로 복속하는 관계는 성립하지 않고 동등한 지위에 있었다. 이는 마치 프로이센의 지방제도와 같은 모습이었다.

그러므로 우리의 관찰로는 읍·촌(邑村)의 두 등급으로 나누는 것이 가능하니, 읍은 주·부·군·현을 막론하고 모두 있는 바, 지방자치 정무의 정청(政廳) 소재지였다. 읍은 소관(所關)하는 그 안의 각 촌을 다스렸는데, 촌은 읍에 대하여 복속의 관계가 있었다. 그러므로 읍은 전국의 지부로서 전국 정치의 단위가 되었다.

이리하여 읍의 장관, 즉 수령은 이중 자격이 있었으니, 즉 중앙정부의 대리자인 동시에 지방자치 정치의 입법자(立法者)였던 것이다.

도(道)는 각 읍의 위에 있어서 관할(管轄)하는 각 읍을 전부 통할(統轄)하는 것이 아니고, 각 읍의 정치를 살피는 감독기관(監督機關)이었다. 그러므로 도사(道使), 즉 관찰사(觀察使)는 순회(巡廻)하기 전에는 경성(서울)에 머물러 있어야 멀리 이를 감독(監督)하면서 군무(軍務)를 다스리고 인민의 질고(疾苦)를 탐방(探訪)하고 수령(守令)의 근무 상태인 전최(殿最)417) 살필 뿐이었다. 또 어느 때는 다른 관직으로 겸임(兼任)하기도 하여 항상 주·현에 머물러 있지는 않았다.

그런즉 이 시대에는 헝가리의 제도와 같이 도가 없이 전국의 정치 단위는 읍이고, 읍 아래에 촌이 있고, 도는 지방정치의 감독기관이 될 뿐이었다. 그런데 점차 귀족이 득세(得勢)하여 도사가 각 읍의 정치를 간섭하며 또한 양반의 명문(名門) 집안이 거주하는 관향(貫鄕)은 현을 군으로 승격(昇格)하고, 군을 부로 승격하고, 부를 주로 승격하여 고급 관리의 다스림을 받았으니, 이는 귀족적·관료적 조직에 그 원인(原因)을 두고 있는 것이다.

제62절 사법제도(司法制度)

예로부터 사법관(司法官)은 독립되지 않았고 행정관(行政官)이 겸하여 사법사무(司法事務)를 처리하였으니 재판(裁判)을 행하는 자가 지방행정관이 되어 민사(民事)와 형사(刑事)의 구별이 없이 모두 관장하는 직임(職任)의 일부가 되었다.

그러므로 재판소의 구성이라 할 것은 지방에 있어서는 곧 최하급이 되는 읍의 지방장관, 즉 주·부·군·현(州府郡縣)의 장관이요, 상급은 도의 관찰사(觀察使)였다. 경사(京師)에 있어서는 형부(刑部), 어사대(御史臺)에서 처리했는데, 만일 각 도에 불복(不服)하는 자가 있으면 경사에 상고(上告)하였다.

그런데 중앙정부에서는 이들 상고로 인하여 단계를 건너뛰어 상급기관(上級機關)에 소송을 제기하는 폐해가 발생하므로 어사대의 1명과 주장관 1명을 각도에 파송(派送)하여 순회재판소(巡廻裁判所), 즉 변정도감(辨正都監), 추판도감(推判都監) 또 고찰사(考察司) 등을 설치하고 누적된 미해결(未解決)의 민사를 처리하였다.

또한 촌장도 민사에 대한 재판권이 있으므로 사소한 소송은 이 자치기관에서 처리하였고, 여기에서 불복(不服)한 자 또는 형사상 중한 자는 모두 읍에서 처리하였다. 혹 동일 사건을 가지고 장관의 해임(解任)을 따라 누차(屢次) 제기(提起)하고 소송(訴訟)하는 일이 있는 경우에는 5명의 의결에서 3명을 따르고 3명의 의결에서 2명을 따르며, 또 도관(都官)이 이미 해결한 자는 진정을 허락하지 않았다.

재판기일은 소사(小事)에는 5일, 중사(中事)에는 10일, 대사(大事)에는 20일이었고, 징역형[徒罪도죄]418)에는 30일이었다. 범죄를 신문(訊問)함에는 3인의 관리가 합석(合席)하였으며, 형벌의 집행은 태형(笞刑)419)은 수령이 직접 결정하였고, 장형(杖刑)420)은 관찰사의 처분(處分)을 기다린 뒤에 집행하였다. 또 죄인(罪人)의 목을 베는 대벽(大辟), 사형(死刑)은 왕에게 상주(上奏)하여 군신(君臣)의 합의(合意)로 결정되기를 기다렸다.

제63절 형법(刑法)의 정신

형법에 있어서는 당나라의 제도를 채용(採用)하였는데, 번거로움을 삭제(削除)하고 간략함에 취하여 시대적 상황이나 국가의 풍습을 참작(參酌)하여 행하였다. 그런 까닭에 당나라 법률인 당률(唐律) 500조항을 보완하여 모두 60개조와 옥관령(獄官令) 2개조를 새로 만들어 도합 71개조로 법률 문서의 조항을 완성하였다.

	당(唐)	고려(高麗)
명례(名例)	57	12
위금(衛禁)	33	4
직제(職制)	58	14
호혼(戶婚)	46	4
구고(廐庫)	28	3
천흥(擅興)	24	3
도적(盜賊)	54	6
투송(鬪訟)	59	7
소위(訴僞)	27	2
잡률(雜律)	62	2
보망(補亡)	18	8
단옥(斷獄)	34	4

형(刑)은 가감이 없이 태·장·도·류·사(笞杖徒流死) 5개 조항을 전부 채용하였다.

태형(笞刑): 10~50 대속(代贖)은 동(銅) 1근에서 5근.

장형(杖刑): 60~100 대속은 동 6근에서 10근.

도형(徒刑): 1년~3년 대속은 동 20근에서 60근.

유형(流刑):421) 2,000리~3,000리 대속은 동 80근에서 100근.

사형(死刑): 교(絞),422) 참(斬)423) 대속은 동 각 120근.

태·장·사(笞杖死)의 세 가지 형벌은 모두 신체형(身體刑)이다. 이 신체형은 어느 시대 어느 나라를 막론하고 동일한 방식으로 많이 사용하는 바, 죄인에게 직접적인 고통을 가하여 가장 큰 효력을 지녔다. 오늘날은 정신적 고통, 예를 들어 명예형이나 자유형을 사용하고, 신체형을 사용하는 사례는 찾아보지 못한다.

그러나 고대 게르만 로마인은 지체(肢體)를 상하게 하는 형벌을 사용하였다. 가장 많이 사용한 것은 게르만 프랑크 시대였는데, 그때의 신체형은 대개 두 가지였다. 하나는 수족(手足)을 자르는 형벌이요, 다른 하나는 피모(皮毛)의 형벌이었다. 전자는 단독으로 사용하지 않고, 사형의 준비로도 또한 사용하였다. 단독의 형벌은 궁형(宮刑),424) 수족의 절단, 혹은 양손과 양발의 절단, 귀와 코의 절단, 혀의 절단, 입술의 절단, 또 눈을 도려내는 형벌들이었다. 피부에는 편태(鞭笞), 모발(毛髮) 제거, 피부 제거 또는 낙인(烙印)을 찍는 것 등이었다. 당나라 때에도 종종 경(黥= 묵형墨刑: 얼굴에 문신을 뜨는 형벌-역주자주), 혀의 절단, 입술의 절단 등의 형벌을 사용하였다.

그러나 우리 고려시대에는 결단코 그같이 참혹(慘酷)한 형벌은 가하지 않았으니, 형법의 정신은 오직 자비(慈悲)를 근본으로 삼고, 악(惡)을 관대(寬待)하게 대하고, 강포(强暴)함에 은혜(恩惠)를 베푸는 큰 뜻을 천명(闡明)한 것이다. 이것은 불교 숭상(崇尙)에 기인(起因)한 것인지는 모르겠으나 본래 신라 때부터 게르만이나 한나라 제도같이 참혹(慘酷)한 형벌을 사용하지 않았다.

제64절 관리 임용과 정방(政房)

관리를 임용하는 문제는 귀족시대의 중요한 사건이 되고 또 정치상 미묘(微妙)한 내용을 보이는 것이다. 이것은 무슨 말인가? 행정의 권리와 정무의 책임은 오로지 귀족에게 있는데, 이 시대의 정치상 중요한 관계에서는 관리를 기준으로 삼지 않는 것은 불가능한 것이다.

그런데 관리의 피선거권은 오로지 귀족에게만 있음은 물론이요, 재주 있는 인재를 선발하여 정무(政務)를 맡기는 데는 귀족 중에도 또한 상당한 자격을 요하는 것이다. 그 제도는 대략 세 가지 법이 있으니 재능(才能)을 기준(基準)으로 삼는 경우, 덕행(德行)을 기준으로 삼는 경우, 공로(功勞)를 기준으로 삼는 경우 등이 이것이다.

첫째, 과거(科擧): 재능에 있어서는 각종 학과(學課)에 의하여 그 능력을 시행함으로써 관리를 채용(採用)하였는데, 이것은 광종(光宗) 때(949~975)에 후주(後周) 사람으로 귀화(歸化)하여 입조(入朝)한 쌍기(雙冀, ?~?)425)의 건의(建議)에 의하여 시행(施行)한 것이다. 그 고시(考試)의 과목은 8과목이었다.

> 제술업(製述業): 경의(經義), 시(詩), 연권(連卷)426)으로 시취(試取: 시험을 보아 선발)
> 경명업(經明業): 『상서(尙書)』, 『주역(周易)』, 『모시(毛詩)』, 대소경(大小經),427) 『춘추(春秋)』로 시취(試取).
> 명법업(明法業): 법률(法律).
> 명산업(明算業): 수학(數學).
> 명서업(明書業): 『설문해자(說文解字)』, 『오경자양(五經字樣)』.
> 의업(醫業): 의학(醫學).
> 지리업(地理業): 지리(地理)에 해당하는 서적.
> 하론업(何論業):428) 예도(禮度)의 서적.

위와 같은 각 과에 있어서 급제한 자는 그 즉시로 해당 정무를 보게 되는데, 나이 20세 이상의 남자에게만 허락하였다. 지방에 있어서는 해당 지방관이 초시(初試)를 선택하여 경사(京師=서울-역주자주)에 나아가게 한 후 국자감에서 이를 다시 시험 보았다. 그런데 그 학력을 기르는 데는 각 학교에서 3년간 수업(受業)하게 하였다.

· 경성의 학교:

국자감생(國子監生) 300인. 문무관 3품 이상의 자손.

태학생(大學生) 400인. 문무관 5품 이상의 자손.

사문학생(四門學生) 200인. 훈관(勳官) 3품 이상 문무관 7품 이상의 자손.

각 지방에 향교가 있어 학업(學業)을 수양(修養)하게 하되 어느 곳을 막론하고 이들 관립학교에는 상공업(商工業) 등의 각종 천(賤)한 일에 종사한 자 또는 범죄가 있는 자는 모두 입학(入學)을 불허(不許)하였다.

둘째, 전주(銓注: 인물을 전형하여 적소에 배정함-역주자주): 특이한 재주와 능력을 지니고 깊은 산골에 은둔(隱遁)해서 거주하는 자는 현재 관직이 있는 자로 하여금 천거(薦擧)하게 하고, 또 현재 재직하고 있는 자는 그 집무상 부지런하고 게으른 정도와 성적을 살펴서 그를 승진(陞進)시키거나 파면(罷免)시키는 것이다.

이는 명종(明宗) 때(1170~1197)에 시작되었는데 이 문제를 거론하는 일이 발생했을 때에는 논의가 분분하여 후세에 폐해가 있게 될 것을 고려하였다. 그러나 권문세가(權門勢家)의 주장이 승리하여 결국 전주의 법이 생겨났다. 그 법은 문관(文官)은 이부(吏部)에서 주관(主管)하고, 무관(武官)은 병부(兵部)에서 행하는 제도로 시작되었다.

은둔(隱遁)한 선비를 천거(薦擧)함에는 청백(淸白)하여 절의(節義)를 지킨 자와 재능(才能)이 뛰어난 자를 선발하고, 직무상 성적(成績)에 대하여 승진과 파면을 하는 것에는 첫째로 수령(守令)을 가장 중요하게 감찰(監察)하였다.

각 수령의 성적(成績)을 고과(考課)하는 기준은 6사(六事)에 있었는데, 전답(田畓)의 개척[田野闢전야벽], 호구(戶口)의 증대[戶口增호구증], 부역(賦役)의 균등[賦役均부역균], 소송(訴訟)의 간결[詞訟簡사송간], 도적(盜賊)의 종식[盜賊息도적식], 학교(學校)의 부흥[學校興학교흥] 등이다. 방진(方鎭)에는 호령(號令)의 준엄[號令嚴호령엄], 기계(器械)의 정밀[器械精기계정], 병졸(兵卒)의 훈련[兵卒練병졸련], 둔전(屯田)의 보수[屯田修둔전수], 해구(海寇)의 종식[海寇息해구식] 등 5사(五事)가 이것이다.

지방관은 거리가 멀리 떨어진 외방(外方)에 있어서 행정이 자유로운 재량(裁量)이 있었으므로 전주(銓注: 인물을 전형銓衡하여 적소에 배정함-역주자주)를 중요하게 여긴 것이었다. 명종 11년(1181)에 전주로 지방관리 가운데 뇌물 때문에 관직을 잃은 자가 일시에 990여 명의 다수에 달하였다. 이 전주를 행함은 이미 제시해 보인 것과 같이 이부와 병부 2부에 있었는데, 추후에는 귀족의 수중에서 전적으로 맡아서 관장하여 백관(百官)의 승진과 파면이 임의로 시행되었다.

최 씨의 집권시대에는 전주기관을 자기 사랑(舍廊)에 설치하고 이를 정방(政房)이라고 하였다. 이는 관리의 공과(功過)와 능력의 여부를 기록한 정안(政案)을 왕에게 한 차례 상주하여 시행했을 뿐이었다.

셋째, 음서(蔭敍)

재능과 덕행은 따지지 않고 이미 국가에 공로(功勞)가 있는 자의 자손은 의례히 관직을 제수(除授)하였다. 공로가 있는 자의 자손뿐 아니라 그의 처(妻)나 사망한 부조(父祖)에게도 봉증법(封贈法)이 있어서 2대, 3대를 추증(追贈)하였다.

그러나 유공자(有功者)뿐 아니라 양반 직무의 3품 이상의 자·질(子姪)은 음직(蔭職)을 수여(受與)하되 직계 자식이 없으면 양자 또는 손자라도 허락하였다.

왕의 후손은 직계 자손이 아닌 외손(外孫)에게도 관작(官爵)을 수여했는데, 특히 작위(爵位)에 있어서는 자손이 세습(世襲)하였다.

이상과 같이 관리의 임용법(任用法)에는 세 종류가 있는데, 처음에는 일정한 법규로 출발한 것이나 나중에 권세가가 독단적으로 처리하고부터는 남용(濫用)이 생겨서 정당하게 행하지 못하게 되었다. 이로부터 엽관(獵官: 관직을 부정하게 얻음-역주자주)하는 부류는 권문세가(權門勢家)에 출입하여 지기(知己)를 구함에 추태(醜態)를 발(發)하였다.

당나라의 한유(韓愈, 768~824)429)가 포의탄(布衣嘆: 벼슬 없는 선비의 탄식-역주자주)을 부르짖은 일과 로마 중세에 엽관 경쟁이 발생한 것을 모두 이 시대와 대조할 만한 일이다. 권세가의 권리 남용은 전주(銓注)를 독점한 데에 있었을 뿐만 아니라 관제를 자주 변경하여 관리의 수를 증감하기를 임의로 하는 데에서 발생하였다. 당시의 항간에는 "황국에는 진실로 절이 없는데, 성중에는 칠재(七齋)를 두었네. 칠재가 지금 끝나지도 않았는데, 팔재(八齋)가 뒤에 들어오는구나![皇國實無寺황국실무사, 省中置七齋성중치칠재, 七齋今未了칠재금미료, 八齋後入來팔재후입래]"라고 풍자하는 노래가 유행하였다.

제65절 봉록(俸祿)과 전제(田制)

관리는 그 지위에 어울리는 생활을 하면서 진심을 다하여 그 직책을 수행할 수 있도록 해주어야 하며 관리가 봉록을 받는 것은 공법상(公法上)의 권리이다. 그 제도는 두 가지에 의해 뒷받침이 되었는데, 하나는 전지(田地)를 수여하는 것이고, 하나는 미곡(米穀)을 수여하는 것이었다.

전지를 수여(授與)함에는 전시과(田柴科)라고 하여 문무백관으로부터 부병(府兵)430)과 한인(閑人)431)에 이르기까지 개간(開墾)할 밭과 땔감을 채취할 땅을 지급하였는데, 위로는 220결(結)부터 아래로는 78결에서 그쳤다. 미곡(米穀)을 수여(授與)함에는 위로는 3,400석(石), 아래로는 45석으로 정하였다.

그러나 중엽에 이르러 미곡이 부족하게 되는 일이 발생하자 전지(田地)로 대여(貸與)하게 되니 이를 녹과전(祿科田)432)이라고 하였다. 본래 전시과의 결을 준다는 것도 역시 곡물을 대여하더니, 이에 이르러 전지(田地)를 대여하는 것으로 완전히 전환되었다. 현직에 있지 않은 자라도 공음·전시(功蔭田柴)의 구분전(口分田)433)이라 하는 제도를 정하여 그 생활을 영위(營爲)하게 하였다. 공음전(功蔭田)434)은 공신에게 수여하여 세습으로 전하였고, 구분전은 관직에서 물러난 퇴직자(退職者)의 생활자산으로 삼다가 죽은 뒤에 반납(返納)하게 하는 것이었다.

생각건대 그 당시에 화폐(貨幣)제도가 없었던 것은 아니지만, 특히 전지와 미곡(米穀)으로 봉록(俸祿)을 지급한 것은 사실 농업을 국가의 큰 근본으로 삼아서 내려온 것이었다. 이렇게 하여 각 관청과 학교의 경비(經費)도 모두 전지를 기본으로 하여 이로써 그 비용(費用)에 공급하게 하였다. 이리하여 전지제도는 봉록과 공해전(公廨田)435)으로써 조직하는 것에서 벗어나지 않았다. 당시 전국의 전수(田數)는 실전(實田)과 황원전(荒遠田)을 합하여 100만 결(結)436) 이상에 달하였는데(사방 600보 1결) 이를 공전(公田)과 사전(私田)의 두 종류로 구별하였다. 사전은 인민의 사유물로 조세를 납부하지 않은 것이고, 공전은 인민이 빌려서 농사짓고 그 일부분을 국고(國庫)에 상납(上納)하는 것이었다. 그리하여 공전으로 전부 봉록, 공해전, 구분전 및 음전(蔭田) 등에 나누어 배속(配屬)한 것이었다.

대개 이 전제(田制)는 중국 후위(後魏)437)의 효문제(孝文帝, 467~499)438)가 제창

(提唱)한 균전제도(均田制度)를 당나라 때에 이르러서 전국에 적용(適用)한 선례(先例)를 따른 것이다. 그러나 당나라의 균전제도에는 사전(私田)이 없고 전부 공전(公田)으로 만들어 이를 전국 인민에게 호구(戶口)대로 나누어 소작(小作)하게 한 것이지만 고려시대의 제도는 다소 그 취지를 달리하여 소수의 사전과 다수의 공전으로 제정(制定)하였다. 그리하여 공전은 구분해서 경작(耕作)하게 한 경우도 있었으나 대부분은 공음전, 봉록과 공해(公廨)에 관한 것이었다. 그런즉 당시의 전제는 관리와 관사(官舍)를 위하여 제정한 것이라 하여도 과언(過言)이 아니었다.

제66절 전쟁과 관리

해마다 내란(內亂)과 외적(外敵)의 침입(侵入)이 연이어 발생하고 귀족의 정치도 수시로 바뀌어 국가 비용(費用)이 부족한 경우가 생기게 되었다. 또 몽골과도 관계를 갖기 시작하면서부터는 외교상(外交上)의 비용도 기존의 규모 이상을 많이 넘었다. 또 귀족이 재정을 독단적으로 운영하면서 국가 경제가 더욱 빈약한 지경에 이르게 되었다.

이 같은 경비(經費)의 부족을 보충하는 방책은 역관(役官)을 설치함에 있었으니, 역관은 화폐를 바치고 관직을 얻은 뒤에 그 사재(私財)로 해당 관청의 경비를 보충하여 사용하도록 하였다. 그러나 역관을 피하여 사직하거나 도피(逃避)하는 자가 많이 발생하여 이 제도의 효력(效力)이 없게 되었다. 이러므로 일반 관리와 상인(商人)과 부호(富豪)에게 임시로 추렴하여 부족한 액수를 보충하였다.

그러나 이 역시도 부족해지자 충렬왕(忠烈王, 1275~1308) 때부터는 관직을 매매(賣買)하는 제도가 반포(頒布)되어 공로(功勞)나 차례(次例)도 없는 자가 관직을 구할 때는 정한 액수의 은(銀)이나 포목(布木)을 바쳤다. 또 어떤 인민이라도 관직을 얻을 때에는 반드시 은이나 포목을 바치도록 의무화하였는데, 어느 지방의 관리에게는 그 납부한 곡물(穀物)로 군수(軍需)에 충당하게 하였다. 이는 마치 프랑스의 십자군 전쟁 때 정부가 인민의 공권(公權)을 판매(販賣)한 것과 같은 현상이었다.

제67절 노예(奴隸)의 운동(運動) 1

이전 시대부터 노예제도는 사회질서를 정돈하는 데 있어서 한 요소가 되어 왔다. 귀족정치시대에 이르러서는 계급제도가 더욱 엄격(嚴格)해져서 천한 노예의 무리가 조정 관리에 참여하지 못하는 것은 천수대왕 때 새 정강(政綱) 중의 한 조항으로 명시된 것이었다. 따라서 문무 양반의 귀족 이외는 관리로 선발되는 권리를 허용하지 않았다. 간혹 귀족 이외라도 삼한(三韓) 공신의 자손(子孫) 또는 8대(代) 동안 호적상 노예로 전락(轉落)한 일이 없는 자는 특별히 남반(南班)439)이라 하여 관리가 되는 것을 허용(許容)한 일도 있었다.

그러나 그 밖의 사람은 결코 양반의 반열(班列)에 들지 못하였으니, 만일 하천(下賤)한 노예가 국가에 큰 공을 세웠더라도 돈과 비단을 상으로 주었을 뿐 관작(官爵)을 내리지는 않았다. 대개 계급시대에 있어서 계약(契約)보다는 신분(身分)을 중시하였고, 재능(才能)보다는 혈통(血統)을 내세우는 것은 자연스러운 추세(趨勢)였다. 그러나 비천(卑賤)한 사람이라고 하여 윤리적(倫理的)으로 가혹(苛酷)하게 대우(待遇)하는 것은 인도적(人道的)이라고 할 수 없다. 이 시대에는 귀족이 정치를 집정(執政)했으므로 노예법(奴隸法)도 크게 발달하였다. 그런데 발달된 그 제도는 오히려 인도적이지 못한 면이 많았다.

(1) 노예를 매매함에는 그 대가가 포(布) 120필(疋)로부터 50필까지 되었으며, 노예와 말을 서로 교환함에는 노예 2~3구(口)에 말 한 마리를 충당하였다.

(2) 노예가 집을 소유하는 경우 정문(正門)이 없었으며, 예복(禮服)과 정관(正冠)을 착용(着用)할 수 없었다.

(3) 노예의 주인이 분노(憤怒)했을 때에는 형벌(刑罰)을 임의(任意)로 하였다.

(4) 노예가 병에 걸려도 치료(治療)하지 않고, 죽으면 매장(埋葬)하는 일이 적었다.

이와 같이 노예는 귀족의 사역(使役)으로 소와 말 같은 노역(勞役)을 전담(專擔)하였다. 귀족의 권세가 확장될수록 노예의 수는 점차 증가하였는데, 한 기록에 의하면 당시 전국 노예는 공천(公賤) 60만 구(口), 사천(私賤) 26만 구의 많은 수에 달하였다. 이와 같이 노예의 비율(比率)이 증가하여 큰 수를 이루는 것과 비례(比例)하여 억압(抑壓)에 반항(反抗)하는 풍조(風潮)가 생겨나는 것 또한 자연적인 현상이었다. 이렇게 하여 노예의 반항운동(反抗運動)이 점점 일어나 사회 행정의 중요한 문제가 되었다.

제68절 노예(奴隷)의 운동(運動) 2

노예의 제1차 반항운동은 소송(訴訟)을 제기(提起)하여 법으로써 지나친 억압을 면하고자 한 것으로 이것은 경성(京城)과 지방(地方)의 부자들이 빚이 많았던 가난한 사람들을 강제로 차지하여 노예로 삼은 것이었다. 노예의 주인 문제로 생긴 분쟁(紛爭)을 해결하는 데에는 광종 때 도감(都監)을 설치하였고, 재판(裁判)에 의하여 처결(處決)하게 하였다. 이때 공신파(功臣派)의 반론(反論)이 컸으나 왕명(王命)으로 찬성(贊成)하여 노예의 주인을 재판하는 법이 확립하는 데 이르렀다.

그러나 권문(權門)의 세가(勢家)는 다시 교묘(巧妙)하게 지령(指令)하여 재판상 판결을 항상 주인을 위하도록 했을 뿐만 아니라 억압이 이전보다 더욱 심하게 되어 노예의 슬픈 상황은 극도(極度)에 달하였다. 이로 말미암아 노예는 혹 기회를 타서 반역자(叛逆者)에게 투항(投降)하거나 난리를 돕는 일도 있었고, 또는 세상을 피하여 승려가 되는 일도 많이 발생하였다. 그러다가 신종 원년(1198)에 이르러서는 크게 일어나 노예제도를 근본적으로 해결하고자 하니, 이것이 제2차 반항운동(反抗運動)이었다. 노예 무리의 수령인 만적(萬積) 이외에 5명의 노비는 개경 북산(北山)에 나아가서 노예 집회를 열고 격한 연설을 한 후 누런 종이 수천 장을 잘라서 무리를 구분하는 표지(標識)로 삼았다.

최충헌 이하 각 주인을 제거하고 노비문서인 천적(賤籍)을 태워서 없애버리면 삼한(三韓)에 천인(賤人)이 다시는 없고, 또한 정부의 조직을 우리 노예의 무리로 세우자고 약속하고 크게 봉기하여 우선 최충헌의 집을 공격하였다. 그러나 최충헌은 그 일을 먼저 알고 가병(家兵)을 내서 서로 싸우니, 노예의 무리는 오합지졸(烏合之卒)이라 형세(形勢)를 당할 수 없어서 결국 실패로 돌아갔다.

그러나 노예의 무리는 제2차 운동이 실패한 것을 분하게 여기고, 쌓였던 원한(怨恨) 속에서 다시 기회를 노리다가 그 후 33년 고종 18년(1231)을 기약(期約)하고 대운동(大運動)을 거사(擧事)하여 마침내 성공(成功)을 거두게 되었다. 처음에 몽골병이 충주(忠州)에 침입(侵入)해 들어왔을 적에 양반이 이끄는 군대는 모두 성을 버리고 도주(逃走)하였으나 노예 군대의 한 부대는 힘을 다하여 이를 격퇴(擊退)하였다. 노예 무리가 이 기회를 타서 귀족계급을 박멸(撲滅)했는데, 부강(富强)한 자

와 권세가로 평소 원한이 있던 자는 남녀노소(男女老少)를 막론하고 모조리 찾아
내서 빠짐없이 죽이니, 이는 과거에 무관이 문관을 제태(除汰)440)한 것보다 더욱
참혹(慘酷)한 양상(樣相)을 드러냈다.

제69절 관로(官路) 개방과 남반(南班)

제3차 노예의 운동이 폭발한 결과 천한 노예의 계급이 벼슬길에 올라 참여(參與)하게 되었다. 고종 45년(1258) 2월에 이공주(李公柱, ?~?)441)는 낭장(郎將), 최양백(崔良伯, ?~1258)442)과 김인준(金仁俊)은 별장(別將),443) 섭장수(聶長壽,?~?: 설장수(偰長壽<1341~1399>444)의 잘못이 아닌가 한다. 聶長壽라는 인물은 어디에도 안 보일 뿐 아니라 설장수의 인물을 살펴볼 때 타당성이 있어 보인다-역주자주)는 교위(校尉)445) 등으로 시작하여 점차 고관대작(高官大爵)에 달하였다. 그러나 미천(微賤)한 계급의 출신으로 관직(官職)에 나아간 자는 남반(南班)이라고 하여 동서(東西), 즉 문무 양반 이외에 따로 두었다. 이리하여 관리는 동서남(東西南) 3반(班)으로 조직하게 되었다.

제70절 신조직의 행정

무신의 권력이 무너지고 노예의 반항운동이 성공한 후 정권은 미천한 출신, 즉 남반에 의하여 독점(獨占)되었다. 충렬왕 때에는 궁노(宮奴) 김자정(金子廷, ?~?),446) 천인(賤人) 이정(李貞, ?~?)·김문비(金文庇, ?~?)447)·이빈(李玭)448) 그리고 일부의 환관(宦官)들이 정권을 농단(壟斷)하였다.

그런데 남반은 천인(賤人)이라서 정치상의 상식(常識)이 부족하여 제도(制度)나 전례(典禮)에 대한 책임(責任)이 부족했기 때문에 행정제도를 바꾸려고 하는 사상이 생겼다. 그 고치려고 하는 행정법(行政法)은 회의(會議)제도였다. 더욱 당시 몽골과 국제상 외교(外交) 문제로 인하여 정사(政事)가 갑작스럽게 나오는 것이 많았다. 이 같은 사정은 회의정치(回議政治)로 새로 조직하지 않을 수 없었다.

이리하여 3공(公)449) 3사(師)450)를 폐지하고, 중서문하성(中書門下省)과 광평성(廣評省)을 합하여 1성(省)을 만들고 첨의부(僉議府)451)라고 하였다. 중추원(中樞院)은 밀직사(密直司), 각 부는 조(曹)라고 하였고, 상서(尚書)는 판서(判書)라고 하였으며, 또 품계(品階)는 30품(品)을 15품으로 축소하였다. 기타 관아의 제사(諸司) 및 주군(州郡) 등 관할구역 358곳을 다소 그 수를 줄이고 명칭을 고친 것이 있었다. 또 대소 관리 모두 합하여 4,355명도 그 수를 줄이거나 철폐(撤廢)하여 간소화(簡素化)하고 합의체(合議體)를 수립하였다.

그 뒤로 정사는 한두 명의 권세 있는 자가 단독으로 처리하는 것을 폐지하고, 밀직사와 첨의부가 합석 회의를 거쳤으며, 군사 업무도 역시 합의체(合議體)로 결정하였다. 병마사는 도평의사(都評議使)452)로 고쳐서 첨의부, 밀직사와 합좌(合坐)453) 회의를 만들게 하였는데 합좌(合坐)라는 명칭이 이로부터 시작하였다. 당시 회의에 참석하는 인원(人員)은 70인(人)에 이르렀는데, 일반 정사는 이 70인 회의에서 나왔으므로 귀족정치(貴族政治)의 형식은 이에 이르러 완성(完成)되었다고 말할 수 있다.

이번에 이 같은 회의정치를 구성한 이면(裏面)에는 남반이 많은 활동을 전개(展開)하였던 것으로 미루어 짐작(斟酌)할 수 있는 바, 남반이 어떠한 운동을 전개했는가 하고 묻는다면 외교를 이용하여 자신들의 계급 세력을 견고(堅固)하게 수립하였다고 할 것이다.

당시 반도의 북부는 원나라가 다스리는 영토가 되어 동녕부(東寧府)454)를 두고 인민들은 원나라의 도읍에 많이 가서 서로 외교문제를 직·간접적으로 전개하였는데, 원은 적극적인 외교를 행하고 우리는 소극적으로 외교를 수행했던 형편이었다.

그때 우리의 외교를 맡은 이들은 남반(南班) 출신이 많았다. 남반이 원나라 왕에게 의지하여 자신들의 세력을 국제적으로 공고(鞏固)하게 하고자 하니, 원나라 왕은 충렬왕에게 권고(勸告)하여 노예법과 대대(代代)로 나라에서 받는 봉록(俸祿)을 개혁(改革)하라고 하는 일이 여러 차례 있었다. 이러한 문제의 제기도 역시 남반이 전개한 활동 가운데 있었다. 관리를 줄이라고 권고(勸告)한 것도 역시 남반이 주선(周旋)한 것이고, 오랑캐 복장(服裝)을 입고 머리를 깎으며 몽골어를 배우는 풍조(風潮)가 생긴 것도 남반이 이같이 원나라에 의존하던 기풍(氣風) 때문이었다.

그런 까닭에 남반이 이제 정치 개혁을 시행하는 것도 그 기회를 빌려서 크게 활동을 전개하였던 것이었다. 그리하여 원나라 왕이 적극적인 외교를 집행한 것은 모름지기 남반이 행한 수단에서 나온 것이 많았다. 따라서 원나라에 의존했던 활동이 바로 남반 정책의 약점이었다.

제71절 유교도

당시의 고려에는 남반이 득세(得勢)하고 승려의 무리가 총애(寵愛)를 얻는 동시에 외교문제는 국정의 큰 영향 관계를 일으키게 되었다. 이 무렵 사회적으로 커다란 변동(變動)이 일어나게 되었으니, 명분(名分)을 바로잡고 도덕(道德)을 고취(鼓吹)하고자 하는 뜻 있는 선비들이 나와서 세도를 깨끗하게 쇄신(刷新)하는 데에 새로운 수단을 모색(摸索)하고자 하였으니, 이는 바로 유교도의 활동이었다. 이때는 충렬왕 때로 그 대표자는 안유(安裕, 1243~1306)455)였다. 안유는 참의부(參議府)에 건의(建議)하여 학교(學校)를 부흥(復興)시켰는데, 학교 자본금을 관리들 각 품급(品級)에 따라서 내도록 하고, 왕도 또한 내고(內庫)의 전곡(田穀)을 내서 이를 도왔다.

이때 무신들은 학교에 의연금(義捐金)을 내는 것을 달가워하지 않아서 반대(反對)를 하였다. 그러자 안유는 크게 부르짖어 말하기를, "공자님의 도는 만대(萬代)에 드리울 위대한 본보기이다. 신하는 임금에게 충성(忠誠)하고, 아들은 아버지에게 효도(孝道)하고, 아우는 형에게 공경(恭敬)하라고 하는 것. 이것이 누구의 가르침이던가? 만일 우리가 돈을 내는 것을 수고롭게 여겨서 생도(生徒)들을 기르지 않는다면, 이는 공자의 말씀을 무위(無爲)로 돌아가게 하는 것이니, 그것이 될 일이겠는가?" 하고, 강경한 어조(語調)로 그 반대파(反對派)를 제압(制壓)하였다.

안유는 공자를 인도주의(人道主義)의 대왕(大王)으로 추존(追尊)하여 나라와 가정(家庭)의 호위신(護衛神)으로 삼는 동시에 학교를 세우고 인재를 여기에서 길러냈다. 또 그는 자기 집안의 노비 전부를 태학(太學)에 납부하여 남반 세력의 위압을 암암리 드러내기도 하였는데, 김문정(金文鼎, ?~?),456) 이산(李㦃),457) 이진(李瑱, 1244~1321)458) 등과 손을 잡고, 공자와 70제자의 화상(畵像) 및 제기(祭器), 악기(樂器), 육경(六經), 제자(諸子), 사(史) 등을 구입해 와서 대성전(大成殿)을 확장하고, 그 위세(威勢)를 천하(天下)에 크게 펼쳤다.

이로부터 학자가 배출(輩出)되고 생도(生徒)가 크게 흥하여 일어났다. 전날 분열(分裂)되고 미미(微微)한 중에 있었던 7관(官) 12도(徒)는 마음을 모으고 뜻을 같이하여 큰 단체를 결성(結成)하고 장차 세상을 구제(救濟)할 방책(方策)을 강구(講究)하여 큰 활동을 시작하고자 하였다. 안유가 죽자 그 장례일(葬禮日)에 각 학교 생도

(生徒) 7관 12도와 유자(儒者) 등은 일제히 소복(素服)을 입고 성대한 노제(路祭)를 거행하니, 이는 유교도가 당시의 사회를 향해 행한 시위운동(示威運動)이었다.

이를 이어서 백이정(白頤正, 1247~1323),459) 이제현(李齊賢, 1278~1367),460) 우탁 (禹倬, 1263~1342),461) 이색(李穡, 1328~1396)462) 등의 학자가 그 뒤를 따라서 성리 학(性理學)463)을 널리 보급(普及)하고, 인민의 가묘(家廟)464)를 수립하여 조상숭배(祖 上崇拜)의 기품을 장려(獎勵)하는가 하면 충의(忠義) 대절(大節)의 가르침으로 국민교 육의 이념(理念)을 삼았다. 유교도(儒敎徒)가 발흥(勃興)하여 이 같은 큰 활동을 벌 이는 동시에 격렬(激烈)한 불교 배척론(佛敎排斥論)을 제창(提唱)하여 정치 사회적으 로 새로운 풍조(風潮)를 일으키니, 이것이 근대(近代)의 독재정치(獨裁政治)의 단계 (段階)로 진입(進入)하는 한 요소(要素)가 되었다.

제72절 귀족정치의 파괴

군주독재정치의 시대가 도래(到來)하기 전에 귀족정치가 파괴된 원인을 고찰하면 서너 가지가 있었다.

(1) 외국 관계

무신 집정의 최후 말기에 장군 배중손(裵仲孫, ?~1273), 노영희(盧永禧, ?~?)465) 등이 삼별초 군을 인솔(引率)해서 난을 일으키자 김방경(金方慶) 등이 몽골병과 합세하여 이들을 진압(鎭壓)하였다. 본래 몽골은 고종(高宗) 18년(1231) 처음 침입해 들어와 25년간 전후 5차례의 교전(交戰)을 벌였다. 결국 몽골 세력이 극성(極盛)한 때에 달하였고, 이미 권세를 잃은 귀족은 제대로 몽골을 대적(對敵)하지 못하였다. 천한 계급에서 나온 남반은 세력을 장악(掌握)하고 몽골의 외교를 이용하여 자기들의 권리를 확보(確保)하였다. (…) [원문 생략]

(2) 남반의 득세

인종(仁宗) 때(1123~1146)에 환관, 즉 궁노(宮奴)였던 정함(鄭諴)에게 관대(官帶)를 착용시키고, 조정 관료의 반열(班列)에 오르게 하였다. 그러자 대관(臺官)들은 복합상소(伏閤上疏: 나라에 중요한 일이 있을 때 조신朝臣 또는 유생이 대궐 문 앞에 엎드려 상소하던 일-역주자주)를 한다. 두문불출(杜門不出)한다 하고 논란이 들끓었다. 충렬왕 때(1275~1308)에도 환관에게 관직을 내렸다가 좌승지 안전(安戩, ?~1298)466)이 극력 간(諫)하여 철회(撤回)한 일이 있었다.

그러나 전공(戰功)을 세운 자나 또는 왕의 총애(寵愛)를 받은 자가 높은 지위에 오르는 것은 물론이요, 신종(神宗) 때(1197~1204)에 노예 무리의 혁명운동(革命運動)이 크게 일어난 뒤로부터는 조금씩 벼슬길이 열리게 되는 동시에 정권을 잡기 시작하더니, 충렬왕 이후는 국정이 오로지 남반의 노리개가 되고 귀족은 그 권력을 잃어버렸다. 마지막에는 공민왕이 환관 최만생(崔萬生, ?~1374),467) 행신(幸臣: 총신 寵臣-역주자주) 홍윤(洪倫, ?~1374)468) 등에게 시해(弑害)를 당하였고, 그들은 다시 신우(辛禑)라는 다른 성씨의 인물을 내세워서 왕을 삼았다.

(3) 유교도의 활동

앞의 절에서 말함과 같이 유교도(儒敎徒)는 부흥(復興)운동을 시작하여 충효(忠孝) 이념을 높이 제창하는 한편 불교를 배척하였다. 유교도에도 여러 학파가 있으나 특별히 정주학파(程朱學派)를 수입하여 이를 널리 반포(頒布)하니, 이로 말미암아 변화하여 발생한 사상이 군주전제주의의 정치에 옮겨가게 되었다.

(4) 가족제(家族制)의 문란

고려시대의 왕계(王系)는 34명의 왕으로 모두 456년이었다. 충렬왕(忠烈王)부터 공민왕(恭愍王)까지(1275~1374) 7대는 원나라 종실(宗室)과 서로 혼인(婚姻)하였으니, 그 6대의 왕은 모두 호녀(胡女)의 소생이었다. 왕가(王家)의 혈통(血統)이 온전(穩全)하지 못함으로 인하여, 왕실에 대한 믿음이 사연히 약해지는 동시에 귀족과 서민의 애국심(愛國心)도 견고하지 못하게 되었다.

고려 말기에 이르러 공민왕 뒤의 2대는 신 씨(辛氏)를 맞이하여 세웠는데, 이두 왕에 대해서는 조정에 대한 마음이 이반(離反)되더니 결국 이성계가 두 왕을 폐위(廢位)하였다. 이 문제에 대해서는 후대(後代) 사가(史家)들의 논의(論議)가 분분(紛紛)하여 엄연한 왕 씨를 승려 신돈의 아들이라고 한 것은 태조 이성계(李成桂)의 야심(野心)에서 나온 것이라고도 한다. 그러한 주장의 맞고 그름은 지금 제기(提起)하고 거론(擧論)할 바는 아니나 하여간 왕실 혈족의 부정(不正)이 혁명적 기운(氣運)의 하나의 조건(條件)이 되었다는 것은 여기에서 증명(證明)할 수 있다.

또한 일반의 문벌(門閥)에도 혈족의 파괴가 발생하여 남반과 서로 통혼(通婚)하였고, 세력을 다투어 형제나 부자가 서로 살육(殺戮)을 하였으며, 승려가 되어 가족과의 인연(因緣)을 끊기도 하였고 또한 요승(妖僧)이 권력을 잡았을 때 부녀자를 겁탈하거나 음행(淫行)을 한 일이 많았다. 이로 인하여 가족 관념(家族觀念)은 큰 혼란(昏亂)에 빠지게 되었으니, 이 가족제(家族制)의 문란은 귀족정치(貴族政治)가 파괴되는 중요한 요소가 되었다.

이상의 네 가지 이외에 국민경제상 쇠퇴(衰退)한 일은 일일이 거론할 겨를이 없고, 대체적으로 말하면 이상 네 가지 고려시대 귀족정치의 막(幕)을 내리게 했다고 할 수 있다.

제 6 장
근세 군주독재정치시대(조선)

제 6 장
근세 군주독재정치시대(조선)

제73절 태조 이성계의 혁명과 독재정치의 유래

고려시대 말기에 국정(國政)과 민정(民政)이 쇠퇴(衰退)하고 어지러워진 지경에 이르자 청년계(靑年界)에는 비분강개(悲憤慷慨)하는 사상이 가득 넘치고, 정계(政界)에는 개혁당(改革黨)이 궐기(蹶起)하여 의론(議論)이 분분(紛紛)하였다. 당시의 사정은 역사적 실체(實體)가 은밀(隱密)하고 비밀(秘密)스럽기에 진면목(眞面目)을 살피기가 어렵다. 그러나 목은(牧隱) 이색(李穡, 1328~1396)의 시(詩)에, "요즘 후학(後學)들이 선학(先學)을 가볍게 여기네, 다만 새 근심이 옛 근심을 대신하는 것을 볼 뿐이네[近來後進輕先進근래후진경선진, 只見新愁舊愁지견신수구수]"라는 한 구절을 읽어보더라도 그 시세(時勢)가 어떻게 움직이는가 하는 것을 가히 알 수 있다.

그 새로운 요구의 결과 태조 이성계(李成桂, 1335~1408)469)를 낳게 하였으니, 이태조(李太祖)는 실상 그 당시의 폐해를 구하고 어지러운 정치를 수습(收拾)하여 새로운 정치의 기초(基礎)를 세웠던 은인(恩人)이었다. 태조는 개혁당(改革黨)의 지도자로 정치개혁(政治改革)에 몰두하여 두 명의 왕을 교체(交替)하여 세웠다. 그런데 그 같은 강력한 조치에도 오히려 수구당(守舊黨)의 여론(輿論)이 자신의 경륜(經綸)을 막는 일이 있게 되자 결국에는 왕위(王位)를 빼앗고 혁명(革命)을 일으켜 대권(大權)을 잡은 뒤 일반 개혁(改革)을 실시하게 되었다.

혁명 당시에 태조 이성계는 명나라를 정벌(征伐)하지 않고 위화도 회군(威化島回軍)470)으로 한때 소극적(消極的)인 외교를 행하였다. 그리하여 그 외교는 더러운 악취(惡臭)가 있다 하여 근래의 문자를 쓰는 무리들은 이것을 가지고 이태조의 허물로 여기는 동시에 근세 역사까지 경멸(輕蔑)하고 무시(無視)하는 경향을 만드는 자가 많이 있다. 논(論)하건대 이 같은 논의는 과도한 질책(叱責)이라고 하지 않을 수 없다. 어찌하여 그런가? 이태조가 한갓 왕위를 점령(占領)하고자 한 야심(野心)만 전적으로 지닌 것은 아니고, 당시 울부짖음이 하늘을 찌르는 인민들의 사정을 구제(救濟)하고자 하는 경륜(經綸)이 커서 외교(外交)보다는 내정(內政)의 수습(收拾)을 선결(先決) 과제로 삼았던 것이었다. 그러므로 이태조는 국가의 대본(大本)이요, 민업(民業)의 생명(生命)과도 같았던 전제(田制)를 공양왕(恭讓王) 원년(1389)에 개혁하고자 하여 3년간 쟁론(爭論)으로 강경한 주장을 펼쳐 공사(公私) 전적(田籍)을 저잣거리에서 불태워 버리고 인민의 생활을 고루 평등(平等)하게 하였다. 만일 전제의 개혁도 오직 찬탈(簒奪)의 야심(野心)에서 인심을 수습한 수단이라고 하면 혁명의 일반 정치는 모두 악의(惡意)에서 나온 것이라 할 수 있고, 또한 우리 조상들은 500년 악화(惡化)의 인민이라고 할 수 있는 것이다.

나는 태조의 변호사(辯護士)도 아니요, 이 씨(李氏) 조선의 충직(忠直)한 노예(奴隷)도 아니다. 정치사의 진정(眞情)을 천명하기 위해서 이와 같이 말하는 것이다. 그에게 제위(帝位) 찬탈(簒奪)의 야심이 있음은 나도 미루어 아는 바이나 그가 행한 모든 일을 야심으로만 몰아붙이는 것은 정론(正論)이 아니다.

살펴보면 이태조의 위화도 회군이라 함도 자의(自意)가 아니라 정부 명령(命令)에서 나온 것이었다.471) 이태조가 등극(登極) 후에는 크게 정명론(征明論)을 제창(提唱)하여 정도전(鄭道傳, 1342~1398)과 같이 명나라 정벌(征伐)의 의론(議論)을 전개한 것이 여러 차례요, 또한 8도 민간에 방을 내걸어 명나라 정벌 준비를 크게 하였던 것이다.472)

혁명 전에 이때 정권이 이태조 한 몸에 집중되어 정치 개혁을 능히 자유롭게 실행할 수 있었으나 다소 반대파가 있어서 자신의 경륜을 펼칠 수 없으므로 왕위를 빼앗지 않고는 불가능하며 또는 집안으로 나라가 되게 하려는 화가위국(化家爲國)의 욕망을 품었다. 이러므로 혁명당(革命黨)의 거사(擧事)로 왕위(王位)에 즉위하니, 그 욕망(慾望)과 그 군권(君權)을 품지 않으면 개조(改造)하기 불가능(不可能)하다는 방침(方針)이 군주독재정치(君主獨裁政治)의 탄생(誕生)을 낳게 되는 데 이른 것이다. 더불어 공신(功臣)은 모두 유학자 출신으로 정치는 최고의 지위에 있는 군주에게 있다는 생각을 고집하였다.

또한 이때 혁명은 고려의 천수대왕(天授大王: 태조 왕건-역주자주) 시대와 달라 분열된 정부를 통합한 것이 아니요, 일부 인사의 힘으로 혁명을 이룬 것이다. 그러므로 정치개혁의 정신이 단순하여 전날의 시폐(時弊)를 고치는 것에 관찰력(觀察力)이 전적으로 집중되었다. 이리하여 귀족정치를 타파(打破)하고 독재정치(獨裁政治)를 건설(建設)하는 것이 개혁 방침의 첫째가는 정신이 되었다. 그러나 혁명 후 65년간에 있어서는 시폐(時弊) 개정과 또는 공신 등의 권리로 인하여 독재적인 행정을 능히 시행(施行)하지 못하고 대소 정무를 모두 전날과 같이 정부 대관의 회의 처결함에 부치더니, 세조 때부터는 완전한 법제를 행하는 데에 이르렀다.

본래 세조는 단종 때 재상이 되어 정치 능력을 닦은 바 있었는데, 급기야는 단종을 내치고 자기가 왕위를 차지하고서는 정부의 권력을 장악하여 군주 한 몸에 집중시켰다. 이로부터 귀족적 회의정치가 폐지되고 독재정치가 완성(完成)되니, 『경국대전(經國大典)』473)도 이때에 제작하고 여러 전장(典章) 제도도 이때에 이르러 새로운 모습을 드러내었다. <삼공제명기(三公題名記)>에 이르기를,

"우리 태조강헌대왕(太祖康獻大王= 태조 이성계-역주자주)이 천명을 받아 개국(開國)할 때에, 문하우시중 배극렴(裵克廉, 1325~1392)474)이 전도의 재상된 신하로 실로 도와서 운을 열었다. 문하성(門下省) 제도를 고치지 않고 2부(府)를 처음으로 창설(創設)하였는데, 고려 말기의 제도를 모방(模倣)하여 도평의사(都評議司)를 설치하고, 국정을 관장(管掌)하게 하며 삼군부(三軍府)475)를 설립하여 군사 정무를 다스리게 하였다. 공정조(恭靖朝= 정종定宗, 1357~1419)476) 때에 의정부(議政府)로 고쳤다. 태종 조에 하륜(河崙, 1348~1416),477) 성석린(成石璘, 1338~1423)478)으로 좌우 정승(政丞)을 삼았다. 이에 군국(軍國)의 대정(大政)과 육관(六官)의 서무(庶務)가 모두 정부로 돌아가고 전장 제도(典章制度)가 비로소 정해졌다. 지금에 이르러 3공이 조당(朝堂)에 좌정(坐定)하면 6조(曹)의 관속(官屬)이 각기 임무를 가지고 조당에 와서 모였다. 무릇 공사(公事)를 재가(裁可) 받으면 사인(舍人) 이하가 분방(分房)하여 평가(評價)하고 처리해서 재상의 전결(專決)을 얻은 뒤 해당 관리가 그 일을 감행(敢行)하였다. 그런즉 그 임무를 맡겨서 책임지고 이루게 한 것의 중함을 대개 상상(想像)할 수 있다. 광묘(光廟= 세조-역주자주)가 왕위에 오른 뒤 6조(曹)에서 일을 처리하는 것을 폐지하고, 오직 대정(大政)을 사록(司祿)에 속하게 하여 사관(四館)의 겸관(兼官)으로 하고, 녹사(綠事) 이하는 예전대로 결재(決裁)하여 제수(除授)함에 이

르니, 정부의 권력이 이로부터 가볍고 적어지게 되었다고 하였다. 교산(蛟山) 허균(許筠, 1569~16
18)[479]이 말하기를, "우리 조선 왕조 정부의 권력은 문묘(文廟)[480] 이전으로 지극히 융성(隆盛)하고 중시되어 매일 조회(朝會)에 삼공이 조당에 좌정하면 6조 이하 해당 관에서 각기 그 임무를 가져와 참석하고 안부를 물었다. 무릇 공사(公事)가 승정원(承政院)으로 계하(啓下: 임금의 재가를 받음-역주자주)하면 모든 정부에 이르는데, 대신들이 동서벽(東西壁)[481]으로 더불어 회의하여 한 나라의 대소사(大小事)를 처리하여 대신이 함께 처결(處決)하지 않는 것이 없었다. 그러므로 재상의 권력이 대단히 중하게 되었는데, 세조가 대통(大統)을 계승한 이래로 그 일을 모두 혁파(革罷)하니, 이로부터 드디어 정부의 권력이 작아지게 되었다"고 하였다. 그후 인조(仁祖)가 반정(反正)[482]에 성공하고, 제 공신들이 정부의 일을 결재(決裁)하는 권한을 회복하고자 하여 의론을 제기하였다. 그러나 수상(首相) 이원익(李元翼, 1547~1634)[483]이 "나라의 대권을 신하된 이가 고쳐서 임의로 할 수 없다" 하여 반대했으며, 숙종 때에도 수상 박세채(朴世采, 1631~1695)[484]가 상소하여, 체통(體統)을 높이고 사리(事理)를 얻는 것은 정부회의법(政府會議法)을 회복함에 있다고 하여 중서당(中書堂)을 설치하고자 하였으나 이 역시 이루지 못하였다.

이에 대한 논의는 지금도 여전히 있어서 어떤 이는 말하기를, 조선시대의 정치는 세조가 의정부를 축소하여 회의를 폐지한 것에서부터 기울어졌다고 하였다. 그러나 이태조의 본의는 세조 때에 완성되었고, 또한 고대 정치의 군권(君權) 발달도 이 시대에 이르러 완전하게 되었고, 동시에 정치도 크게 발달하였다.

제74절 독재정치의 발달

왕실이 교체되어 이 씨가 세습으로 왕위를 차지한 근세시대에 군주는 신성(神聖)하다는 의의가 일반적으로 승인(承認)되었고, 그 지위는 만민(萬民)의 지위를 초월(超越)하게 되었다. 그런즉 귀족정치의 쇠망(衰亡)은 군주에게 무한한 편리를 부여하였고, 그와 동시에 서민의 발달에도 편리를 부여하여 그 지위를 향상시켰다.

그러므로 이 시대에는 계급제도가 전대(前代)보다 일층(一層) 발달하여 반상(班常)의 구별에 엄격한 현상이 있으면서도 누구든지 고유의 벌열(閥閱: 나라에 공로가 많고 벼슬 경력이 많음. 또는 그런 집안. 벌족閥族-역주자주)이 없이 자유롭게 양반(兩班)이 될 수 있었고, 또한 양반의 부류라도 몰락하여 상민(常民)이 될 수 있었다(82절, 201~202쪽 참조). 그러나 그 주고 빼앗는 권한은 군주의 수중에 있었으므로 일반 신민은 왕에게 충성하였으니, 이것이 독재정치가 발달하게 된 원인이었다.

군권(君權) 발달의 제2의 원인은 유학(儒學)의 보급(普及)에 있었다. 태조 이성계의 혁명 때에 전대(前代) 정치가 불교로 인하여 쇠퇴하게 된 것을 관찰하여 이것을 정치개혁의 제1조로 삼았을 뿐 아니라 혁명당은 모두 유교파 출신인 까닭에 불교를 더욱 배척하고 그 대신에 유교를 오로지 숭상하게 되었다. 그뿐 아니라 집안을 국가로 변화시킨 태조 이성계의 정책상 인민으로 하여금 새 왕에게 절대 복종하게 하고자 한 의도는 유교를 국교로 삼는 것을 자연스러운 추세(趨勢)로 만들었다. 유교가 발달한 뒤로 이러한 현상은 문득 한 차례 변화를 드러냈으니, 세 집만 사는 작은 마을의 인민이라도 공맹(孔孟)의 의리(義理)를 갖추는 상황(狀況)에 이르렀으며, 상하(上下) 신민(臣民)이 '충효(忠孝)' 두 글자로 인류 도덕의 근본을 삼게 되었다. 군주의 권리가 발달하게 된 원인이 여기에 있었으니, 우리 조상이 모두 유도(儒道)의 교훈을 행하였으며, 우리도 또한 공맹의 충의(忠義)의 가르침으로 성장하였다.

그러므로 군주는 신민의 위에 전제권(專制權)을 행하고, 또한 법률상 전제권(專制權)을 지니며, 군주는 스스로 그 법률에 복종하는 의무가 없고 윤음(綸音: 임금이 신하나 인민에게 내리는 말. 윤지綸旨-역주자주)을 한 번 내면 그 법률을 폐할 수 있고, 또 이를 다시 행할 수 있었다. 그러나 군주가 절대권능(絶對權能)을 행하고 인민은 무제한의 복종을 행하는 것이 아니라서 다소 제한이 있었는데, 군주든지 인민이든지 그에 상당하는 권한과 책임의 정도가 있었다.

군주는 국가를 자기 소유물로 알지만 명(命)을 천(天)으로부터 받아서 인민과 나라를 다스리는 주권(主權)을 지니고, 더욱 인민을 하늘의 인민인 천민(天民)이자 공인(公人)으로 인지(認知)하여 정당한 정치로 천민을 평안(平安)하게 하는 책임(責任)이 있다. 신민은 천명을 받은 국가주권자에게 복종하는 의무가 있고, 동시에 천민(天民)·공인(公人)의 자신력(自信力)이 있어 군주가 만일 부정(不正)한 정치적 명령을 행할 때는 말과 상소(上疏)로써 항거(抗拒)하는 권리가 있었다(제81절, 200쪽 참조). 이것은 근대 인민의 국가적 관념(觀念)이요, 이는 근대정치의 본질(本質)이다.

그러므로 군주가 능히 법률을 변경할 수 있지만 항상 고법(古法)이나 고례(古例)에 따르고, 국민의 생활을 쉽게 고치지 못하였다. 즉 국민의 전통, 국민의 성질, 또 지방적 관습과 산업상의 관습 같은 것은 군주를 구속하여 국민과 그 생활을 공동으로 하는 동시에 저도 모르는 사이에 위, 아래를 하나로 일치시켰다. 그런즉 군주를 제한하는 것은 현대 구미 각국의 국회 같은 것은 없으나 정신상·습관상 또 행정상의 근본에 있어서 신민(臣民)의 무한한 세력이 잠재해 있었다.

근래 혹자는 오직 쇠란(衰亂)의 말기만 보고서 조선시대 500년의 정치를 군주 1인의 전횡(專橫)과 압제(壓制)로만 오로지 치부(致富)하여 군주를 질시(嫉視)하는 동시에 국가 그 자체까지도 아끼지 않는 객기(客氣)를 지닌 자가 많다. 그러나 이는 정치사의 실상(實相)을 알지 못하고 기껏해야 감정(感情) 드러내는 데에 도취된 것에 불과하니 그 생각들이 개인주의(個人主義)로 타락(墮落)한 것이다.

제75절 입법(立法)

정치가 전체주의(全體主義)로 성립하자 위정(爲政)의 대권(大權)은 모두 군주(君主) 한 사람의 몸에 집중되면서 법률(法律)을 제정하는 입법권(立法權)과 법률을 실행 (實行)하는 행정권(行政權) 모두가 군주에게 있었다. 그렇게 되어 왕의 명령(命令)이 곧 법률이요, 왕의 의사(意思)가 곧 정치의 원천(源泉)이 되면서 정치기관의 조직도 역시 입법부(立法府)와 행정부(行政府)를 분립시키지 않고 혼합하여 구성하였다. 그러나 입법에 대하여 군주 한 사람의 의사로써 재단(裁斷)함은 물론이었으나 다른 의견을 보태지 않고 오직 왕 자신의 뜻대로 독단(獨斷)만을 행하지는 아니 하였으니, 즉 궁정회의(宮廷會議)가 바로 그런 것이었다. 궁정회의는 일종의 정치회의인 바, 입법과 행정은 모두 해당 회의(會議)에서 결정(決定)하는데, 군주는 회장(會長) 이 되어 그 회의 안건(案件)을 재가(裁可)하였다(이하의 절 참조). 이것이 서양 각국 전제정치시대(專制政治時代)의 위정(爲政)의 성격(性格)과 다른 점이요, 동시에 조선 정치가 발달(發達)한 점이다.

제76절 정기회의

군주가 정사를 결정하는 과정에서 정치회의를 거친다는 점에 관해서는 앞의 절에서 제시하였다. 그런데 그 회의를 개최할 경우 첫째, 정기적으로 시행했는데 그같은 정기(定期) 회의로는 세 가지가 있었다.

(1) 차대(次對)- 이것은 매월 6회 개최하는 것으로, 대신 및 정부의 당상관(3품 이상)485)과 각 부의 행정정관 등, 최고 신료들로 조직되었다. 이때에는 중급의 관리도 참석할 수는 있으나 장관의 요청이 왕의 허가를 얻지 못하면 안 되었다. 또, 6회 중 3회는 원임(原任) 대신, 즉 증경(曾慶: 전임前任-역주자주) 대신이 함께 배석(陪席)하게 되어 있었다.

(2) 윤대(輪對)486)- 이것은 매월 1일, 11일, 21일 등 3회 개최되었다. 이 윤대에는 오로지 중급 관리 즉 당하관들로만 조직되었다(이 중급 관리들의 회의에는 명함의 제출이 필요했다). '차대'에서는 정부의 최고위 관리의 의견을 수렴(收斂)하여 입법과 행정상의 문제를 의논하고 '윤대'에서는 특히 중등 관리 중의 의견을 수렴하여 고관(高官)들의 의견(意見)과 대조(對照)한 후 참고(參考)하였다.

(3) 상참(常參)487)- 이것은 본래 매일 조회의 형태로 진행하던 것으로 나중에 비정기(非定期) 회의로 전환되었다. 여기에는 관등의 상하를 막론하고 백관이 거의 대부분 참석하여 종합적인 토론을 펼쳤으므로 각자의 의견을 진술하는 데에 상당한 자유를 보장받았다. 정조 10년(1786)의 '상참'에서는 한 번에 350여 명의 진술(陳述)이 이루어졌다고 한다. 이상의 정치회의의 조직은 그 제도가 사실상 오늘날 각국에서 운영하고 있는 상하원(上下院) 제도보다 더 정연하고 체계가 갖추어진 동시에 입법, 행정에 대한 가부(可否) 결정이 간단하고 상당히 원만(圓滿)하여 결점(缺點)이 없는 제도라고 할 것이다.

제77절 임시회의

정기회의(定期會議) 이외에는 임시회의(臨時會議)가 있었는데, 긴급한 공무(公務)가 발생하면 정기회의를 기다리지 않고 임시로 시행하였다.

(1) 빈청회의(賓廳會議)488)- 이 회의는 왕의 특별한 어명(御命)에 따라 현직(現職) 대신들 중 2품 이상을 소집하여 궁중의 빈청에서 개최하는 것으로, 이 경우에는 왕이 직접 출석하지 않고 그 의결사항을 들여서 살펴보는 것에 그쳤다.

(2) 대륜차(大輪次)- 이 회의는 왕이 소집한 관원과 함께 의결에 참여하는 것으로, 참석 관원은 현직 및 전직 대신 모두 당상관과 사학(四學)489)의 교수로 국한되었다. 회의를 시작할 때에는 출석을 부르는 점명(點名)을 먼저 실시했는데, 해당자의 참석 여부(與否)를 명단 말미에 함께 기입함으로써 검사하였다.

회의 때이든 비상시이든 간에 왕이 신하를 소환(召喚)하면 반드시 왕명을 표시한 '명패(命牌)'490)를 사용하였다. 이 명패는 철판(鐵板)으로 제작되었는데, 상단에 '명(命)' 자를 새기고 그 아래에는 소환되는 사람의 성명을 기록했다. 이 명패는 왕의 측근 신하가 당사자에게 전달했다.

제78절 회의(會議)의 성격

이상에서 제시한 여러 종류의 정치회의는 이전의 정부회의의 후신(後身)으로 생겨
난 것이 아니라 본래부터 특별히 조직한 것이었다. 이는 정사(政事)의 여하(如何)에
따라 성립된 것이 아니라 여러 가지 정사를 하나로 묶어 대소 관리 각자의 의견
들을 종합적으로 토의하는 것을 위주로 운영되었다. 따라서 입법과 행정을 분리
하지 않고 실질적인 정치적 책임을 일반 관리에게 전담(專擔)하게 한 셈이다. 즉,
정치회의는 프로이센(Prussia: 1947년까지 독일 북부에 있었던 주로서 1918년까지는 베를
린을 수도로 한 호엔촐레른가의 왕국이었다-역주자주)의 대신회의(大臣會議)가 프랑스 내
각회의의 대신회의나 고등회의에 속한 직무의 관장(管掌)을 함께한 것과 같이, 과
거의 정부회의를 통합(統合)해 놓은 것이다. 입법과 행정을 통일한 동시에 정치상
의 분분(紛紛)한 의론을 저촉(抵觸)하지 않기에 행정의 통일이나 활기(活氣)에 있어
서만큼은 오늘날의 분립제도(分立制度)보다 상당히 우수(優秀)한 점이 있었다.

그런데 이 같은 특징으로 말미암아 비난(非難)이 발생하기도 했다. 즉 국정 추
밀(樞密: 군정軍政에 관한 중요한 사항. 중요한 기밀-역주자주)의 명맥(命脈)이 전적으로
국가의 수장(首長)에게 돌아가고, 일반 인민은 그 정치적 생활에서 위축(萎縮)되고
시들해지는 문제를 면하지 못한 것이 그것이다. 그러나 입헌국가(立憲國家)들 중에
서 독일 같은 나라에서는 군주의 의사가 국가 행정에서 중심적인 의사가 되는 사
례(事例)가 보이며, 대혁명(大革命) 전의 러시아와 터키 두 나라 역시 무제한적인
군주정체이며, 서기 1665년의 덴마크의 흠정법전(欽定法典)에도 군주의 대권(大權)
에 어떠한 제한(制限)도 두지 않았다.

오늘날의 입헌국가들은 입법부를 분리한 것을 가지고 '문명정치(文明政治)'라고
하는 경향이 있다. 그러나 실제로는 행정부와 입법부 사이에는 의사(意思)가 소통
(疏通)되지 못하여 통일되지 못한 정치 사정이 없지 않다. 영국은 행정부가 입법
부에 대하여 지도자로서의 임무와 책임을 충분히 지니고 있고, 프랑스는 반(半)
지도의 임무로써 충분한 책임(責任)을 지니고 있으며, 프로이센과 스위스는 그 같
은 책임을 지지 않고 지도(指導)의 임무(任務)만 지고, 미국은 전적으로 입법부(立法
府)와 분리되어 독립적(獨立的)으로 존재(存在)한다.

대체로 조선의 정치는 연역적(演繹的)으로 발전된 반면 서양은 귀납적(歸納的)으로 발전되었기 때문에 피차에 대한 비교는 그 기초가 서로 다르다는 점을 염두에 두어야 쉽게 이해할 수 있을 것이다. 그렇기 때문에 입법회의(立法會議) 즉 국회(國會)의 설립이 불가능(不可能)하다고 하는 것은 아니다. 다만, 정치의 발전 정도의 문제를 놓고 본다면 조선은 입법부를 완전히 독립시키지 않은 제도로서, 정치의 통일이 이같이 완전하게 조직된 것을 일컫는 것이다.

그런데 정치회의라는 것이 다른 기관이나 남이 아니라 바로 행정관리로 조직되다 보니 입법과 행정을 분간(分揀)하지 못하는 동시에 회의의 문제 역시 번다(繁多)하고 복잡(複雜)해서 복잡한 직권(職權)으로 이루어진 스위스 행정부의 경우와 같다는 느낌을 갖게 된다. 그렇다 보니 회의는 스스로 행하는 것을 자책(自責)하며 자유(自由)를 스스로 억누르는 모순적(矛盾的)인 논의(論議)가 빈번(頻繁)하게 발생하는 것이다. 따라서 일반 관리는 자신의 신법(新法)을 포기하고, 회의의 표준(標準)을 오로지 옛 법전(法典)이나 기존의 관례(慣例)만 따르는가 하면, 왕의 말에 항거(抗拒)함으로써 자신들의 의견(意見)을 개진(開陳)하였다. 그러다 보니 회의석상에서는 왕에게 항거(抗拒)하는 청백리(淸白吏)491)와 기존의 전례(典例)를 빙자(憑藉)하는 소위 사정을 아는 식자(識者)들의 발언(發言)이 중심을 이루는 것이었다.

제79절 의결

일반 회의를 거친 결과의 경우 그 처리 방법은 왕의 결정(決定) 여하(如何)에 일임된다. 그러나 만일 그 의결 사항을 채택(採擇)하여 재가(裁可)하면 그만이겠지만, 그 의결 사항을 전면 부결(否決)하여 정당치 못한 처분이 있을 경우에는 반포관(頒布官), 즉 승지(承旨)가 반포를 하지 않고 이에 이의(異議)를 제기(提起)하였다. 이일을 살펴보면 군주가 전제적인 행동을 취한 것이라기보다는 행정관리의 권리가 우월(優越)하다고 해야 할 것이다. 그러나 왕이 기어이 신료(臣僚)들을 배척(排斥)하고 자신의 의사를 관철(觀徹)하고자 할 때에는 반포관을 모두 내보내고 궁중의 남소(南所)에서 입직(入直)하는 하급 무관 오위장(五衛將)을 '가승지(假承旨)'로 새로 임명하여 반포하게 했던 바, 여기서 독재정치로서의 성격을 엿볼 수 있는 셈이다.

이 같은 강압적(强壓的)인 의결(議決)은 왕실(王室)의 사사로운 일에 관한 것에서 많았다. 숙종(肅宗, 1661~1720)이 왕비를 폐위할 때와 순조(純祖, 1790~1834)가 왕모(王母)의 장례(葬禮)에 관한 일을 처리한 예가 바로 그것이다. 반면에 이 사례(事例)들을 통해 볼 때 신료의 권리가 단지 정사(政事)의 대체(大體)에만 국한(局限)되지 않고 왕실의 사사로운 일에까지 미치고 있음을 알 수 있으니, 이것만으로 말한다면 정권이 관료(官僚)에게 있다고도 할 수 있겠다. 그러나 왕이든 관료든 국정을 수행함에 있어 품위(品位)에 어긋나는 일을 하면 국민(國民) 대표(代表)가 일어나 항거(抗拒)하고, 심할 경우에는 혼란스러운 국가를 안정(安定)시키려는 세력이 일어나 왕을 폐위(廢位)하기까지 이르렀다. 근대정치(近代政治)는 군주독재(君主獨裁)라고 하지만 어느 정도까지는 민권(民權)도 발전하여 전대(前代) 귀족정치(貴族政治)를 어느 정도는 탈피(脫皮)하기에 이르렀다.

제80절 조지(朝紙)와 민론(民論)

전제주의 국가에서는 매번 그 정사(政事)를 비밀리에 부치는 일이 많다. 그러나 우리 조선 근대에 있어서는 정사를 공개적으로 반포(頒布)하여 인민에게 널리 알리는 일이 있었으니, 이것 또한 정치(政治)가 발달(發達)했다는 것을 시사(示唆)해주는 특별한 것이었다. 이런 경우 정사를 반포하는 기관은 관보(官報)이니, '조지(朝紙)'라고 부르는 정사신문지(政事新聞紙)였다. 이 조지는 승정원(承政院)에서 발표하면 각 행정부의 서리(書吏)가 베껴 적어서 세상에 반포했기 때문에, 조정에 있든 초야(草野)에 있든 간에 누구나 이를 읽고 날마다 정사가 이루어지는 상황을 훤히 알 수 있었다. 당시 조지의 체재(體裁)는 활자(活字)가 이미 사용되기는 했으나 간행(刊行)이 더뎌서 등사(謄寫)해서 반포했기 때문에 '기별(記別)'492)이라고도 하였다. 이같이 옮겨 쓰는 등사는 주로 여자의 손에서 이루어지는 일이 많았다.

조지는 정치 발달을 보여 주는 새로운 요소로서, 왕명(王命)이라는 권력(權力)을 펼치는 동시에 정치적인 민활성(敏活性)과 세력을 조야(朝野)에 부여하는 기관(機關)이었다. 조야를 막론하고 이 조지가 담고 있는 소식을 한 번 접하기만 하면 여론(輿論)이 일어나고 공론(公論)이 발생(發生)하여 인민의 생활이 사회나 국가와 충돌(衝突)하지 않으면서도 병존(竝存)을 얻을 수 있었다. 그렇다 보니 조지는 무엇보다도 먼저 사회 대중 각자의 의견 즉 여론(輿論)의 발생을 촉진(促進)하였다. 그런데 그 여론이라는 것은 혹시 큰 오류(誤謬)가 발생하여 사람들로 하여금 오류, 무지(無知), 공포(恐怖), 격앙(激昂), 자부(自負), 미신(迷信) 등에 쉬이 빠지게 하는 일이 많아서, 해마다 초봄이 되면 의례히 와전(訛傳)된 말이 난무하여 무슨무슨 일이 생긴다고 하였다. 이는 단순히 문학적 고찰로만 치부(置簿)할 것이 아니라 실제로는 정치에 있어 민의(民意)의 충동적 영향(影響)의 일환으로 연구해야 할 것이다.

전제국가(專制國家)는 압제(壓制)와 비밀(秘密)이 많은 까닭에 그 인민들이 측면 관찰(觀察), 즉 눈치로 간파(看破)하는 일 많다 보니 와전된 말이 나오는 것은 당연(當然)한 추세(趨勢)였다. 그래서 『문헌비고(文獻備考)』493) 「와언지(訛言志)」을 보면 그 와전(訛傳)된 말들의 종류가 오로지 정치와 관계된 문제들임을 알 수 있다. 모든 사람들로부터 나오는 의견, 즉 여론이 나중에는 토의(討議)와 논란(論難)을 거친 결과로 생긴 사회 전체의 의견, 즉 공론(公論)이 일어난다(다음 절, 200쪽 참조). 그 공론이라는 것은 민중의 권력이 되어야 입법과 행정에 대한 교섭(交涉)을 일으키게 된다. 그렇기 때문에 형식에 있어서는 전제(專制)일지 모르나 그 본질은 인민들에 참정(參政)의 권리를 부여하기에 입헌적(立憲的) 기운(氣運)을 지니는 셈이다. 그런즉 조지(朝紙)로써 샤를 10세(Charles X, 1757~1836, 재위:1824~1830)의 국무대신이 1830년에 이 정기출판물을 다툼과 소요(騷擾)의 기관이라 하여 금지했던 정치에 비하면 우리 조선의 정치가 얼마나 발전해 있었는지 알 수가 있다.

조지의 반포에는 제한이 있어서 곡물(穀物)의 이동(移動)이나 변방(邊方)의 정세(情勢), 또 궁궐(宮闕)이나 도성(都城)을 지키던 각 영(營)의 장군과 포도대장(捕盜大將)의 거취(去就) 같은 일은 국민과 외국인에 있어서 중대한 관련이 있다 보니 이 같은 일들은 비밀에 부쳐져 반포되지 않았다.

제81절 국민대표의 발안(發案) 1

민간에 있어서 정치사상은 크게 발달하였다. 인생에 있어 최대의 목적을 치국평천하(治國平天下)에 두는 발상은 유교의 보급(普及)을 통하여 발생하였다. 서양에서 기독교가 정치문화에 있어 하나의 중요한 요소로 작용하는 것처럼, 근대 우리 정치에서 유교는 불가분(不可分)의 관계를 가지기에 유생들은 정치에 간섭(干涉)할 권리가 있는 동시에 국민의 대표로서의 자격을 지니고 있었다. 그런 까닭에 왕과 정부는 유생들에게 남들보다 높은 대우를 해주었으며, 더욱이 산림(山林)에 은거(隱居)한 학자들에 대해서는 정치적 지도자로 인식(認識)하여 대단히 존경하였다.

옛날 로마 황제가 법학자를 존숭(尊崇)하여 그 해당자들을 사방에서 초빙(招聘)한 바 있으며, 지금의 포로이센 왕은 제도에 통달(通達)한 학자를 믿고 맡겨서 정치조직을 학자의 공부에 의존하여 완성하였다. 이와 같이, 국왕은 초야(草野)에 있는 학자를 불러 모아 정치 발달을 모색(摸索)했으며, 그 존경(尊敬)의 도리는 왕의 엄격한 부형(父兄)들과도 동등(同等)하게 예우(禮遇)하였다. 그리하여 산림(山林)에 은거(隱居)한 학자들이 만일 개인적인 일로 경성(京城)에 들어오더라도 승정원(承政院)에서는 왕에게 그 사실을 고(告)하여 알렸으며, 또 고인(故人)이 된 산림의 학자의 사판(祠版)494)을 경성에 운반(運搬)해 오는 경우에도 마찬가지였다.

그런즉 학자의 세력은 정치 정책에 있어서는 그 발언권(發言權)이 국회 제도(制度)보다 더욱 컸다. 그런데 이러한 유생(儒生)들의 지론(持論)은 보수적(保守的)인 성격을 띠고 있어서 항상 역사상(歷史上)의 사태(事態)에 근거(根據)하곤 했다.

제82절 국민대표의 발안(發案) 2

그 발안을 제출할 때 대표자를 소집하는 방법은 두 가지였다. (1) 태학(太學)에서 수업하는 진사(進士)들이 통문(通文: 여러 사람들의 성명을 적어 돌려보는 통지문-역주자 주)을 팔도(八道)에 돌리거나, (2) 유생들 중 명망 있는 자가 유도(儒道)를 나라 안에 전파(傳播)하는 것이 그것이었다. 각지에 거주하는 유생(儒生)들은 저마다 향교(鄕校)에서 향회(鄕會)를 열고 대표자를 선정(選定)하여 경성으로 집경(集京)하게 했는데, 그 수에는 제한이 없었으며, 대표자의 자격은 반상의 계급은 둘째로 치더라도 학행(學行)과 덕망(德望)이 있는 자로 한정하였다. 경성에 집결한 대표자들은 공의(公儀)를 결정한 후 국왕에게 건의(建議)하니 이를 '유소(儒疏)'라고 하였다.

이렇게 유소를 제출한 다음에는 일반 대표자는 궐문(闕門) 밖에 모여서 비답(批答)495)을 기다렸는데, 이를 '복합(伏閤)'이라고 하였다. 만일 왕이 이를 받아들이지 않거나 해산(解散)을 당할 경우에는 왕이 거둥(임금의 나들이-역주자주)하는 때를 틈타 대표자가 그 어가(御駕) 아래로 달려가서 사안의 시비가부(是非可否)를 변론(辯論)했는데, 이러한 경우에는 왕과 정부가 여기에 굴복(屈服)하지 않을 수 없었다. 어떤 경우에는 상소문(上疏文)을 영원히 물리치고, 유생 등을 영영 도성(都城) 밖으로 축출(逐出)하여 왕과 정부가 모두 사림(士林)의 논리, 즉 사론(士論)에 반항(反抗)하기도 했는데, 이는 곧 전제정치(專制政治)의 권리(權利)라 할 수 있는 것이다.

그러나 오늘날 입헌국가(立憲國家)에서 의원(議員)이 정부를 반대하다가 해산을 당한 뒤 새로 선출한 의원이 다시 행정부를 찬성(贊成)하는 것을 보면 오히려 공의(公議)를 죽을 때까지 고수한 우리 사론이 훨씬 공정(公正)한 것이었다고 하지 않을 수 없다. 이와 같이 사론(士論)이 정부에 대하여 비상한 세력(勢力)을 이루고 있었기 때문에 세종(世宗)이 일찍이 "조정의 기(氣)는 꺾을 수 있을지언정 여러 유생들의 기를 꺾을 수 없다"라고 한 것이다.

어떤 사람은 말하되 문벌(門閥)의 제도가 심하여 반상(班常)의 차별(差別)이 심하다 보니 하급 인민은 사론(士論)에 참여(參與)하지 못한다고 하였다. 그러나 이 시대에는 반벌(班閥)과 유생(儒生)에 세습적인 제한이 존재하지 않았다. 따라서 비록 하급 인민이라 해도 학행(學行)과 지조(志操)가 있으면 사론에 참여하는 것은 물론이고 반열을 얻기도 수월했던 바, 송구봉(宋龜峯= 송익필宋翼弼-역주자주)(노예),496) 서고청(徐孤靑= 서기徐起-역주자주)(노예),497) 정금남(鄭錦南= 정충신鄭忠信-역주자주)(아전),498) 박영성(朴靈城= 박문수朴文秀-역주자주)(평민),499) 홍모당(洪慕堂= 홍이상洪履祥-역주자주)(평민),500) 서약봉(徐藥峯= 서성徐渻-역주자주)(평민)501)이 그들이었다. 이와 함께 아무리 벌족(閥族)이라도 5대(代) 동안 큰 벼슬을 한 조상이 없으면 일반 상민의 반열로 저절로 몰락(沒落)하였다.

제83절 정당의 발생

이미 국민의 대표로 인정할 만한 유생 등이 국정(國政)에 대하여 공론(公論)을 제출하고 왕과 정부의 위정(爲政)을 개량(改良) 또는 수정(修正)함으로써 공공(公共)의 안전(安全)을 담보(擔保)한 예(例)를 통하여 정치적 자유가 어느 정도는 있었음을 짐작할 수 있는 셈이다. 그러나 정치에 대한 의견을 개진하는 데에는 필연적으로 가부(可否), 선악(善惡), 사정(邪正)을 둘러싼 논의(論議)가 일어나지 않을 수 없는 바, 이로 말미암아 쌍방 간에 당파적(黨派的) 논쟁(論爭)이 발생하게 된다. 그 같은 당파 발생의 유래를 말하면서 그 기원을 매우 간명하게 제시하기는 어렵다. 근래의 이건창(李建昌, 1852~1898)[502]의 말에 의하면 다음과 같았다.

> 이건창의 당의(黨議) 유래설
> ① 도학(道學)의 태중(太重: 너무 중대함)
> ② 명의(名義)의 태엄(太嚴: 너무 엄격함)
> ③ 문사(文詞)의 태번(太繁: 너무 번잡함)
> ④ 형옥(刑獄)의 태밀(太密: 너무 주밀함)
> ⑤ 대각(臺閣)의 태준(太峻: 너무 준열함)
> ⑥ 관직(官職)의 태청(太淸: 너무 청정함)
> ⑦ 벌열(閥閱)의 태성(太盛: 너무 번성함)
> ⑧ 승평(承平: 나라가 오래 태평泰平함. 태평한 세상이 오래 계속됨-역주자주)의 태구(太久: 너무 오래됨-역주자주)[503]

이상의 여덟 항목으로 구분하여, 근시적(近視的) 또는 소극적(消極的)으로 과도(過度)한 제도와 해이(解弛)한 정치적 폐단(弊端)에 근거한 바, 그 시작이 선조(宣祖, 재위:1567~1608) 초기(初期)에 비롯된 것으로 보았다. 그러나 내가 생각할 때 당파의 발생은 적극적인 정치의 발달에서 기인(起因)한 것으로 양대(兩大) 원인(原因)에서 비롯된 것으로 보았다.[504]

(1) 전대(前代) 정치의 폐단(弊端)은 조선시대에 와서 어느 정도 개량(改良)하여 새로운 국면의 정치 체제를 만들게 되면서 일반 인민은 정치에 대한 자유(自由)를 얻었다. 그렇게 해서 유생들은 정치 안건을 제출하여 왕과 정부에 항의할 수 있었던 것이다. 정치 토의(討議)가 어느 정도 자유롭게 가부(可否)의 입장을 서로 견지하면서 논쟁이 양방향으로 흐르는 것은 당연한 추세(趨勢)이며, 이렇게 해서 정당의 발생이 이루어진다. 만일 군주의 권한이 제일이라서 오로지 압제(壓制)만으로 정치의 토대(土臺)를 세운다면 정치 강령은 오직 급격하고 가혹(苛酷)하게만 흘러서 관리나 인민이 적절(適切)하게 왕명(王命)을 좌우(左右)할 수 없고, 관민(官民) 역시 모두가 군주(君主) 밑의 노복(奴僕) 신세가 될 뿐이다.

(2) 정당 발생의 완전한 시초(始初)는 선조 때에 비롯된 것이 아니라 실제로는 연산군(燕山君) 때(1494~1506)였다.505) 연산군으로부터 명종(明宗)에 이르는(1494~1567) 50여 년 동안 참혹(慘酷)한 사화(士禍)506)가 네 차례나 발생했는데, 김종직(金宗直, 1431~1492),507) 김굉필(金宏弼, 1454~1504),508) 조광조(趙光祖, 1482~1519),509) 류관(柳灌, 1484~1545)510) 등 절의(節義)를 갖춘 이름난 선비들이 많이 죽임을 당하였다. 이 같은 변고(變故)를 겪으면서 정객(政客)들은 자연히 둘로 나뉘었는데, 하나는 충의(忠毅)와 절개(節槪)를 적극적으로 고집한 쪽이고, 다른 하나는 명리(名利)와 신분(身分)의 보전책(保全策)을 권세(權勢)에서 구하는 쪽이었다. 이렇게 해서 사론(士論)은 둘로 분열(分裂)되는 모습을 보이니, 이동고(李東皐= 이준경李浚慶, 1499~1572-역주자주)511)는 그 조짐을 먼저 알고, 생을 마칠 때에 예언적(豫言的)인 유차(遺箚= 유훈遺訓으로 남기는 차자(箚子: 신하가 임금에게 올리던 간단한 서식의 상소문-역주자주)를 제출한 바 있었다.

선조 때에 이르러 전랑(銓郞)512) 문제가 일어나면서부터는 완연한 두 개 당파가 수립되기에 이르렀다.513) 본래 전랑이라는 관직은 젊은 유신(儒臣)들 중에서 절개(節槪)가 있고 고결(高潔)한 사람을 선출하여 천거(薦擧)하기 마련이었다. 그런데 당시의 세력가의 집에 출입한 혐의가 있다는 김효원(金孝元, 1532~1590)514)이 선정(選定)되면서 외척(外戚)의 장로(長老)인 심의겸(沈義謙, 1535~1587)515)이 고결(高潔)하지 못한 그의 평소 품행(品行)을 문제 삼아 임명(任命)에 동의하지 않았다. 김효원이 전랑이 된 후, 다시 재차 전랑을 선발(選拔)할 때가 되어 심의겸의 아우 심충겸(沈忠謙, 1545~1594)516)이 그 자리에 기대를 품었다. 그러자 김효원은 그가 외척

(外戚)임을 꺼려 천관(天官)을 외척의 사유물(私有物)로 전락(轉落)시키는 것은 부당하다 하여 임명에 동의하지 않았다.

이렇게 해서 전국의 공론(公論)은 두 파로 나뉘었던 바, 그 두 파가 사사로운 감정과 권력을 잡겠다는 야심을 가졌음에도 불구하고, 형식적으로 표방(標榜)하기는 청렴(淸廉)한 관리의 선발 문제를 빌미 삼아 분당(分黨)이 되었다. 대개 당시에는 의회(議會)가 존재하지 않았기 때문에 입법(立法)과 예산(豫算)보다는 관리의 임무 적합성(適合性) 여부(與否)가 정치적으로 중요한 사유가 되었으므로, 당시 당파의 분립이 그 적임성(適任性) 문제에서 기인(起因)하고 있는 것은 당연한 추세였다. 당시 당파는 다음에서 보듯이 동서 두 파였다.

청년가(靑年家)- 국민당(國民黨)- 의사파(義士派)- 동인(東人)
노장가(老長家)- 관료파(官僚派)- 외척파(外戚派)- 서인(西人)

그 명칭에 동(東)과 서(西)가 들어가게 된 것은 그 수령(首領: 김효원, 심의겸-역주자주)이 거주하던 곳의 방위(方位)를 따서 지었기 때문이다.

제84절 정당의 발달

그 당파의 형세(形勢)가 발발하여 서로 간에 공격이 치열하게 일어나니, 이때에 즈음하여 노수신(盧守愼, 1515~1590),517) 성혼(成渾, 1535~1598),518) 이이(李珥, 1536~1584)519) 등은 보합(保合)과 조정(調停)을 주선(周旋)하기에 성심(誠心)을 다했다. 그중에서도 율곡(栗谷) 이이는 당시의 정세(情勢)를 우려한 나머지 화합(和合)하도록 알선(斡旋)하는 데에 그 힘을 다하였다.

그러나 내가 생각하기에는 당파의 세력은 도리어 율곡으로 인하여 강성(强盛)하게 되었으니 율곡은 조정(調整)한 것이 아니라 당파를 더욱 발전시켰다고 하겠다. 어찌하여 그러한가? 율곡은 당(黨)을 당으로 인식(認識)하고 조정(朝廷)에 나서지 않고 시비(是非)를 시비로 인식하여 타협(妥協)을 모색(摸索)하지 않음으로써 그 주선의 방책을 양당 이상의 세력이 있는 왕에게 중개(仲介)하여 수단을 발휘(發揮)한 까닭에, 심과 김 두 수령(首領)을 축출(逐出)하고 외임(外任)에 제수(除授)하였다. 이때에 이르러 두 파는 무형적 중립파(中立波)인 율곡이 왕의 힘을 의지(依支)하여 제수(除授)한 일을 당하자 그들의 전략(戰略)을 바꾸어 왕에게 의지하고자 하는 역량(力量)이 갑자기 발생했으니, 율곡은 당쟁에 있어서 승리(勝利)를 거두는 방책(方策)을 그들에게 가르쳐 준 것에 불과했던 것이다. 율곡이 양당(兩黨)을 축출(逐出)할 때에도 용단(勇斷)한 위력(威力)을 더하지 않고, 김효원(金孝元, 1532~1590)이 외임지(外任地)가 좋지 않음을 피하여 자신이 원하는 곳으로 전임(轉任)하도록 방임(放任)하는 약점(弱點)을 보이기에 이르렀다. 이는 당파 조정에 있어서의 일대 흠점(欠點)인 동시에 두 파로 하여금 훗날 싸움을 재개(再開)할 용기(勇氣)를 북돋우게 하는 기회(機會)를 준 격(格)이었다. 그 후 전단(戰端: 싸움을 하게 된 실마리-역주자주)은 과연 갈수록 더해만 갔다. 율곡은 이 지경이 되어서도 당파의 질색(嫉色)을 촉진(促進)시키는 실수를 범했다.

이때부터 당파(黨派) 간의 싸움이 갈수록 심해져 정부는 그야말로 커다란 싸움터가 되고 말았다. 왕 또한 당파의 성립을 승인(承認)하고, 율곡의 당이 되는 동시에, 『실록』에서 이르기를, "왕이 하교(下敎)하시며 이이와 성혼을 존숭(尊崇)하여 격려(激勵)하여 말하기를, 이이는 참으로 군자(君子)이다. 당이 있음을 근심하지 않고, 다만 당이 적은 것을 근심한다. 나 역시 주희(朱熹= 주자朱子, 1130~1200)의 설을 차용하여, 이이와 성혼의 당에 들고자 한다[王下敎왕하교, 崇奬李珥成渾曰숭장이이성혼왈, 珥苟君子也이구군자야. 不患有黨불환유당, 唯患黨之少유환당지소, 予亦用朱熹之說여역용주희지설, 願入珥渾之黨원입이혼지당]"라고 했다고 한다. 화합책(和合策)을 내려서 전랑(銓郎) 천거법(薦擧法)을 폐지하니, 이것의 약점이 양당의 수령을 축출했던 방책(方策)과 다를 것이 없었다. 이로써 정당의 안목(眼目)에서는 왕권 역시 절대적인 것으로 여기지 않게 됨에 따라, 정쟁(政爭)이 갈수록 확장되고 당파는 갈수록 다수로 분할(分割)되어 수십 파가 생기니 정사(政事)가 모두 당의(黨議)에서 나왔다고 할 정도였다.

　동인(東人): 남인(南人) 2파, 북인(北人) 12파
　서인(西人): 노론(老論) 4파, 소론(少論) 2파

　당파가 이같이 다수가 되었으나 나중에는 합쳐지기도 하고 줄어들기도 해서 오직 4파(波)만 존립(存立)하게 되니, 이것이 남북노소(南北老少)의 '사색(四色)'이다. 각 당에는 총무 1인이 있었으니 이름 하여 감주(監主)였다. 그 사무실은 감주의 사가(私家)로 정했는데, 이것은 결코 위험을 만들어내던 그리스와 프랑스 혁명 당시의 구락부(俱樂部)와는 다르다. 당시에는 내시(內侍)와 궁녀(宮女)를 막론하고 당파를 나누지 않은 이가 없을 정도였는데, 이는 영국 노동자라도 양팔을 걷어붙이고, "나는 어느 당이다" 하고 공언(公言)하는 것과 다를 것이 없는 꼴이었다.
　선조 8년(1575)부터 정조 때(1800)까지 220여 년간은 각 정파가 번갈아 자기 세력을 옹호(擁護)하는 바람에 인명(人命)의 살상(殺傷)도 많았고 정치적 파란(波瀾)도 많았다. 어느 때는 미국 정부의 경우처럼 1당이 전체 관리를 독차지 하는가 하면 어느 때는 프랑스 7월 혁명 당시의 삼색기당(三色旗黨)과 보수당이 연립(聯立)했던 것처럼 각 당이 연립한 일도 있었다. 그러나 정조 중기 이후로는 오랫동안 노론(老論)이 득세(得勢)하였다. 이는 다름이 아니라 안으로 국혼(國婚)을 맺고 밖으로는 학자를 등용(登用)한 데 따른 결과이다. 노론의 이 두 가지 방책은 인조반정(仁祖反正) 때에 이미 "국혼을 놓치지 않고, 산림을 숭상하여 등용한다[無失國婚무실국혼, 崇用山林숭용산림]"는 당의 방침을 세워서 회맹(會盟)을 기약한 데서 비롯되었다고 해도 과언이 아니다.

제85절 당파와 정치 발달

이렇게 당파가 발생한 뒤로 정치 무대에서는 대활극(大活劇)이 연출되어 온갖 곡절(曲折)이 다 벌어졌다. 그렇다 보니 정치는 당파로 인하여 쇠퇴(衰退)하였다고 주장하는 사람이 많았다. 동고 이준경(東皐 李浚慶, 1499~1572)도, "지금 사람들이 거창하고 대단한 말재주로 당파를 만드니, 나중에는 분명히 국가에서 뽑아 버리기 어려운 재난이 될 것이다[今人高談大言금인고담대, 結爲黨比결위당비, 終必爲國家難拔之患종필위국가난발지환]"라고 예언한 바 있다. 율곡(栗谷= 이이李珥, 1536~1584-역주자주) 역시 당쟁을 조정하면서 무당주의(無黨主義)를 제창하였고, 백사(白沙) 이항복(李恒福, 1556~1618)520) 또한 자손에게 당쟁에 참가하지 말라는 유언(遺言)을 남겼다. 또『당의통략(黨議通略)』521)을 지은 이건창(李建昌, 1852~1898) 역시 당쟁의 폐단을 말했고 근래의 인사들도 그랬다.

그러나 내가 생각하니 근대정치는 당파로 인하여 발달을 이루었음에도 불구하고 오히려 당파가 진보(進步)하지 못하고 끊어지는 바람에 정치가 쇠퇴하고 말았다고 서슴없이 단언(斷言)하는 바이다.522)

(1) 세조(世祖)가 의정부(議政府)의 권한(權限)을 축소(縮小)하고 각 행정장관이 왕에게 직접 아뢰는 제도를 시행(施行)하면서 그로 인하여 압제 독재적 수단이 무한히 확대되었다. 만일 그 같은 압제적 통치가 당의를 억제하지 않았더라면 정치는 한편으로 치우쳐 흘러서 연산군(燕山君)과 같은 행태가 끊이지 않았을 것이다. 뿐만 아니라 관리와 인민은 한 군주의 명령에 맹목적인 노예 노릇을 하고 조금도 여지가 없는 폭력이 난무(亂舞)했을 것이다. 당파가 발생하기 전의 상태를 살펴보면 4대 사화로 말미암아 명망(名望) 높고 절개(節介) 있는 인사들이 얼마나 참혹(慘酷)한 죽음을 당했던가? 물론 당파가 발생한 뒤에도 그 같은 살상이야 많이 발생하였다. 그러나 양자는 그 성격이 서로 다르니 전자가 군주의 독재라면 후자는 자유로운 토의(討議)의 산물(産物)이라 할 것이다.

그렇기 때문에 첫째, 당파로 인하여 정치가 발달한 것은 군권(君權)이 축소되는 반면 정객(政客)의 권리(權利)가 신장(伸張)되면서 어느 정도 정치상의 자유가 생겼기 때문이었다.

(2) 당파로 인하여 정부의 교체가 빈번해지는 문제가 발생하였다. 그러나 일반

인사들은 정치적으로 개성을 발휘하는 데에 한층 다대(多人)한 여지를 가짐으로써 젊은 활기가 정치무대를 장식하기에 이르렀다. 각 당파는 각자의 주의 주장을 펼치기 위하여 권력을 차지하려 하였다. 이와 동시에 자신들의 주의를 실행할 수 있는 능력을 갖춘 인물을 요구하게 되는데, 이를 초야(草野)에 은거(隱居)하는 인사들 중에서 발탁(拔擢) 등용(登用)하니, 이 과정에서 인재의 다수가 세상으로 나와 활동을 하게 된다. 만일 군권(君權)을 축소(縮小)하지 않고 일반 행정을 군주(君主) 전제(專制)로 고착(固着)시켰더라면 관료(官僚)의 엄격한 승진(陞進)제도는 인재의 출세(出世)에 장애(障碍)가 되었을 것이다. 물론 당파는 나중에도 승진제(陞進制)를 파괴(破壞)하는 일이 없었으나 기한의 구속을 벗어나 빠른 속도로 등용(登用)될 수 있었다.

그래서 둘째, 당파로 인하여 정치가 발달한 것은 인재의 등용이 과거보다 크게 발전했기 때문이며, 그런 까닭에 학자(學者)와 문집(文集)의 숫자가 전대(前代)보다 100배나 많아졌으며 상인(常人) 계급에서도 벼슬길에 나갈 기회가 많아졌다.

(3) 당파가 서로 싸우고 서로 빼앗음으로 인하여 정치가 무한한 파란을 일으키면서 혼란이 많았다. 그러나 정치의 시행은 폐해를 구제하여 가부를 토론하는 과정에서 중정(中正)의 도(道)를 모색함으로써 결국 초월적(超越的)인 진보(進步)가 이루어졌다. 선조, 영조, 정조 같은 왕이 모두 당의(黨議) 때마다 중정(中正)의 길을 모색하고 조화를 추구하는 데에 노력함으로써 가능한 한 어느 한쪽으로 치우치는 일이 없도록 하였다.

그래서 셋째, 정당으로 인하여 정치가 발달한다는 것은 다수의 여론(輿論)과 당의(黨議)가 일어나는 과정에서 절충(折衝)을 통하여 이루어진 것이다. 이상 세 가지 사실이 바로 내가 관찰(觀察)한 바, 정당으로 인하여 정치가 진보한 이유(理由)이다.

그런데 당파라는 것은 이념이 없으면 도당(徒黨)일 뿐 정당(政黨)이라 할 수 없다. 그 뒤로 "사색(四色)을 완전한 정당이라고 한다면 그들에게 저마다 이념(理念)이 있었을까? 하는 것이 또 문제가 된다. 이 역시 소극적인 관찰자(觀察者)의 안목(眼目)으로 본다면 이념이 없는 도당(徒黨)일 뿐이다. 그러나 조금 초월적(超越的)인 관찰력(觀察力)으로 따지고 살펴보면 그들 저마다 이념(理念)이 없었다고 할 수도 없는 바, 오늘날의 이념을 전제로 하여 사색을 논한다면 양대 이념으로 구분된다는 점을 발견할 수 있다. 즉, 노론과 북인은 변통적(變通的)인 자유로운 방침(方針)과 수단(手段)을 가지고 있었고, 남인과 소론은 절의적(節義的)인 집요한 수단과 방침을 가지고 있었다고 하겠다.

자유당(自由黨)- 노론(老論) 북인(北人)
보수당(保守黨)- 소론(少論) 남인(南人)

따라서 노론과 북인은 활발(活潑)하고 시기를 잘 살펴 개선(改善)과 발전(發展)을 모색(摸索)하는 변통적(便通的)인 수단들을 통하여 세력적(勢力的) 역사를 구축(構築)하였다. 반면에 소론과 남인은 자부심(自負心)과 독선주의(獨善主義)와 권위적(權威的), 절의적(節義的)인 다양한 보수적 수단을 통하여 세력적(勢力的) 역사를 구축하였다. 정치는 이 4파가 대립하면서 투쟁하는 흐름 속에서 발전을 이룬 것이다. 세상 사람들은 모두 이들이 이념이 없었다고 말하지만 나만은 이들에게도 주의(主義)가 있었던 것을 발견하였던 바, 이 사색 당파는 결코 영국의 정통당(正統黨), 서계당(庶系黨)처럼 정권 장악에만 힘쓴 경우, 또는 저 아테네 솔론 시대에 산림당(山林黨), 해변당(海邊黨), 평지당(平地黨)이 각 지방의 이익(利益)을 위해 경쟁(競爭)했던 경우와는 달리 정당한 심지(心持)와 이념을 가지고 있었던 것이다. 물론, 이 사색이 권세(權勢)에만 열광(熱狂)하고 수시로 질투(嫉妬)를 일삼았던 역사적 추태(醜態)에 대해서는 나도 잘 알고 있다. 그러나 정당이란 것은 어느 때를 막론(莫論)하고 각자의 주장(主張)들을 펼침에 따라 반역(叛逆)과 혼란(昏亂)에 빠지기 쉬운 것도 당연한 결과이다.

이처럼 사색 당은 사사로운 이익(利益)을 버리고 정도(正道)를 취하는 당파적 윤리(倫理)가 진보하지 못한 것이 결점이다. 선조가 일찍이 당파 그 자체(自體)를 근심하지 않고 정당한 당파가 소수(少數)임을 근심할 뿐이라고 한 것이 바로 이 경우인 것이다. 그래서 후세(後世) 사람들은 당파의 도덕을 강구하지 않고 오직 당파 멸절(滅絶)만을 바라며 당파 간의 조화(調和)를 도모했으며, 정조(正祖) 중엽(中葉) 영영 당의(黨議)가 끊어지고 무언(無言)이 주류(主流)를 이룸에 따라 소위 '세도(勢道)'라는 것이 생기고 양반(兩班)의 문벌제도(門閥制度)가 극심해져서 결국 국정(國政)이 크게 쇠퇴(衰頹)하기에 이르렀다.

논하건대 자유국가(自由國家)여야 정당이 있고, 정치가 발달해야 당파가 생기는 법이다. 조선의 사색당쟁은 다소 불미(不美)스러운 행태(行態)들을 드러내기도 했으나 다른 측면에서 본다면 그것이 오히려 유리(有利)하게 작용(作用)하기도 했다. 그러므로 동양의 여러 국가들 중에서 조선의 정치가 발달하게 된 데에는 이 당파들이 존재했던 한 가지 요인이 되었던 것 같다고 하겠다.

제86절 정부(政府)

근대의 정부는 역사적 기초 위에서 조직된 것, 다시 말해서 고려시대의 정치를 개조(改造)한 것이다. 그런 까닭에 큰 변동(變動)이 없었던 것은 물론이요, 입법(立法), 행정(行政), 사법(司法)의 3부를 분리하지 않고 통일, 혼합했다는 것에 관해서는 이상에서 누누이 설명한 바와 같아서 그 조직체를 구별하기란 대단히 힘들다. 이는 곧 생리학자(生理學者)가 심장이 어떻게 생겼는가 하는 문제를 해결하지 못하는 것처럼, 그 복잡하게 조직된 시설을 일괄하여 즉석에서 분명하게 설명하기란 불가한 것이다. 튀르키예(Türkiye, 터키)의 정치는 지금까지도 무제한의 군주정체(君主政體)에 있다. 물론 조선 근대의 정치체제는 그 정도로 무제한적이지 않았지만 3부의 기관이 서로 뒤섞여 상당히 복잡한 양상을 띠고 있었다.

현대 입헌제(立憲制)를 채택하고 있는 각국에도 3부가 분명하게 분립되지 않은 경우가 많다. 프랑스의 경우는 입법, 행정 2부 간에 의사가 제대로 소통되지 않아 재무적(財務的)으로 정부가 상당히 약함을 면하지 못하고 있는 실정이다. 즉 그 나라 국회의 예산안에 관하여 내각대신의 말을 조금도 신임(信任)하지 않는 것이다.

독일은 입법과 행정의 두 직권은 원만한 관계를 유지하고 있으나, 사법은 그야말로 혼동되는 모습을 보이고 있다. 더욱이 스위스의 제도는 3부가 모두 불가분의 직권(職權)으로 조직되어 있다. 더욱이 스위스의 제도는 3부가 모두 분립되지 않은 대다가 그 정치 행위는 공통적으로 애매성(曖昧性)을 띠었다. 그러므로 정부 조직에 있어 행정 각 부의 직원은 대단히 복잡한 편이다. 행정 각 부는 한편으로는 협력적인 조직을 취하면서도 다른 한편으로는 그와는 반대의 독립적인 조직을 취한다. 말하자면 각 조(曹)의 장관은 회의에 참석하고 의견을 제출하여 일반 정치의 책임을 지는 동시에, 각기 부처 간에 행정 사무를 분할해서 처리하는 셈이다. 그런즉 정부는 국무(國務)를 통괄(統括)하여 정치 활동을 하나로 포괄(包括)한다. 다른 측면에서 이를 본다면 정치를 통일한 것이라고 할 수도 있을 것이다. 그러나 여기서 더 나아가 그 이면을 살펴보면 정부는 정치상의 자유의 본질을 상실한 것이다. 이것이 군주독재정치(君主獨裁政治)의 하나의 요소인 것이다.

제87절 행정 각 부(各部)

행정 각 부의 조직과 명칭은 귀족시대(貴族時代) 말기에 성립된 것과 대동소이(大同小異)하다. 이를 예시(例示)해 보면 다음과 같다.

의정부(議政府)- 백관(百官)을 총괄하고 서무(庶務)를 처리하는 한편, 음양(陰陽)을 다스리고 나라를 경영한다(總百官, 平庶政, 理陰陽, 經邦國- 역주자주). 영의정(領議政), 좌우의정(左右議政), 좌우찬성(左右贊成), 좌우참찬(左右參贊) 각 1인, 사인(舍人) 2인, 검상(檢詳) 1인, 공사관(公事官) 11인, 사록(司祿) 1인.

분과(分課): 제언사(堤堰司)- 각 도의 제언(堤堰:농사에 쓸 목적으로 물길을 막기 위해 쌓은 둑-역주자주) 수리(水利) 시설의 건설을 담당함.

: 비변사(備邊司)523)- 군국기무(軍國機務)를 총괄하여 다스림.

이조(吏曹)- 문선(文選), 훈봉(勳封), 고과(考課) 등의 정무를 관장함. 판서(判書), 참판(參判), 참의(參議) 각 1인, 정랑(正郞) 2인, 좌랑(佐郞) 2인.

분과(分課): 문선사(文選司)524), 고훈사(考勳司)525), 고공사(考功司)526)

병조(兵曹)- 무선(武選), 군무(軍務), 의위(儀衛), 우역(郵驛), 병갑(兵甲), 기장(器仗), 수문(守門) 등의 정무를 관장. 판서(判書), 참판(參判), 참의(參議) 참지(參知) 각 1인, 정좌랑(正左郞) 각 4인.

분과(分課): 무선사(武選司)527)- 무관, 군사, 무반잡직의 인사 행정과 무과시험 등을 관장.

승여사(乘輿司)528)- 마차와 수레, 역마, 전국의 사령(使令)에 관한 일을 맡아 봄.

무비사(武備司)529)- 군대 관련 모든 서류와 무기, 전함, 점열, 훈련, 숙위 등을 관장.

호조(戶曹)- 호구(戶口), 공부(貢賦: 나라에 바치던 물건과 세금), 전량(錢糧: 돈과 양곡), 식화(食貨: 음식과 재물) 등의 정무를 관장. 판서(判書), 참판(參判), 참의(參議) 각 1인, 정좌랑(正左郞) 각 3인. 산학교수(算學教授) 2

인, 별제(別提), 산사(算士), 계사(計士), 산학훈도(算學訓導), 회사(會士)
각 1인. 분과(分課): 판적사(版籍司), 회계사(會計司), 경비사(經費司),
별례방(別例房), 판별방(辦別房), 전례방(前例房).
별영색(別營色), 은색(銀色), 별고색(別庫色), 세폐색(歲幣色), 세판(歲辦色).

예조(禮曹)- 예악(禮樂), 제사(祭祀), 연향(宴享), 교빙(交聘), 학교(學校), 과거(科擧)
등의 정무를 관장. 판서(判書), 참판(參判), 참의(參議) 참지(參知) 각
1인, 정좌랑(正左郎) 각 4인.

분과(分課): 계제사(稽制司)- 의식(儀式), 제도(制度), 조회(朝會), 경연(經筵) 등의
일을 맡아보던 예조 관아.

전향사(典享司)- 나라 잔치, 제사, 의약 등을 맡아봄.

전객사(典客司)- 중국 사신(使臣), 일본인, 야인들을 맞이하는 일과
지방 공물에 관한 일.

형조(刑曹)- 법률(法律), 상언(上讞), 사송(詞訟), 노예(奴隸) 등의 정무를 관장.
판서(判書), 참판(參判), 참의(參議) 각 1인, 정좌랑(正左郎) 각 3인.
율학교수(律學敎授), 별제(別提) 각 2인. 명률(明律), 심율(審律), 율학
훈도(律學訓導), 검률(檢律) 각 1인.

분과(分課): 상복사(詳覆司)- 중죄자(사형)에 대한 복심(최종심리)을 담당하는 관서.

고율사(考律司)- 율령의 조사와 형옥(刑獄)의 사찰(査察)에 관한 업무.

장금사(掌禁司)- 감옥(監獄)과 범죄 수사(搜査)를 관장.

공조(工曹) - 산택(山澤), 공장(工匠), 영선(營繕), 도야(陶冶) 등의 정무를 관장.
판서(判書), 참판(參判), 참의(參議) 각 1인, 정좌랑(正左郎) 각 3인.

분과(分課): 영조사(營造司)- 궁실과 성곽, 연못, 관공서의 청사와 가옥 등의
토목공사 및 피혁, 모포 등에 관한 사무를 관장함.

공야사(工冶司)- 중앙 관서에서 금, 은, 주옥 등의 세공(細工), 동납
철의 주조(鑄造), 도자기, 기와류 등의 제작을 맡은
부서.

산택사(山澤司)- 산림, 교량, 땔감 등에 관한 일을 관장.

이상의 6조(曹)와 의정부(議政府)는 행정부의 근간이 되는 원청(原廳)으로서, 혁

명 초기에 새로 조직한 이래 시간이 지나면서 편의를 따른 결과 여러 차례 개선이 이루어진 바, 여기서는 최후의 제도를 근거로 예시하였다. 관리 이외에는 서리(胥吏)가 따로 있었는데, 이에 대해서는 제99절(231쪽)을 참조하기 바란다.

제88절 대신(大臣) 1

각종 정치기관들 중에서도 의정부(議政府)는 행정부의 가장 근본이 되는 부처(部處)이다. 그 장관인 대신(大臣)은 직간접적으로 가장 중대한 국가의 정무를 수행하며 각 지방의 정무를 감독하는 중책을 맡는 수장(首長)이다. 대신은 정치의 중추(中樞)이자 정부의 수장(首長)인 것이다. 그런데 대신의 경우 수석대신(首席大臣)인 영의정(領議政)과 차석대신(次席大臣)인 좌우의정(左右議政)이 있으며, 이 밖에도 과거 대신을 지내 국정 논의에 참여할 권리 및 의무가 있는 전직 대신이 있었다. 현직 대신들 중에서 차석대신(次席大臣)은 독일의 부대신(副大臣)과 흡사하나 부대신은 그 직무를 총대신(總大臣)이 마음대로 회수할 수 있었다. 그러나 우리 조선의 3정승(政丞)은 삼각구도의 초석(礎石)처럼 행정에 있어 불가결한 장관(長官)이었다.

대신은 군주의 책임 있는 대리자로서, 왕에 의해 엄명되고 왕의 호오(好惡)에 따라 진퇴가 결정되는 자이나, 그 직책에 있는 동안에는 실질적인 수장으로서 백관의 서정(庶政: 모든 행정)을 총괄하고 시사(時事) 및 국책(國策)을 경영하였다. 중국의 경우 명조(明朝)의 제도에서는 대신이 없고 육부(六部)의 상서(尚書)가 천자(天子)에게 직속되어 있어서 천자가 직접 육부에 명령(命令)을 내리고, 천자의 비서관(秘書官)이라 할 수 있는 내각학사(內閣學士)가 그 형식에 있어 대신과 유사하였다. 우리 조선의 제도에서는 세조 때(1455~1468)에 6조 장관의 행정회의를 폐지하고, 왕과 직접 결정하여 처리하였다. 그러나 일반 정사(政事)를 대신이 감독하는 방식에는 변함이 없었다.

제89절 대신(大臣) 2

6조(曹)의 판서(判書)가 왕에게 직접 상주(上奏)함에 따라 의정부의 권력이 약하기는 해도 대신이 모든 업무를 감독하는 최고 권력을 가지고 있다는 것은 분명하다. 비변사(備邊司)가 의정부에 속하는 데다 또 다른 중대한 관적인 홍문관장(弘文館長), 예문관장(藝文館長), 태자사부(太子師傅), 춘추관장(春秋館長), 승문원장(承文院長)까지 겸임(兼任)했기 때문이다.

> 홍문관(弘文館)530): 내부경적(內部經籍)과 문한제도(文翰制度)의 고문을 담당.
>> 영사(領事), 대제학(大提學), 제학(提學), 부제학(副提學), 직제학(直提學), 전한(典翰), 응교(應敎), 부응교(副應敎) 각 1인. 교리(校理), 부교리(副校理), 수찬(修撰), 부수찬(副修撰) 각 1인. 박사(博士), 저작(著作) 각 1인. 정자(正字) 2인. 3품관을 '옥당(玉堂)'이라 하였다.
>
> 예문관(藝文館)531): 사명(辭命)의 제찬(製撰)을 관장.
>> 영사(領事) 1인, 대제학(大提學), 제학(提學), 직제학(直提學), 응교(應敎) 각 1인. 봉교(奉敎), 대교(待敎) 각 2인. 검열(檢閱) 4인. 봉교(奉敎) 이하는 한림(翰林)이라 칭하였다.
>
> 춘추관(春秋館)532): 시정(時政)의 기록을 관장.
>> 영사(領事), 감사(監事), 지사(知事), 동지사(同知事) 각 2인, 수찬관(修撰官), 편수관(編修官), 기주관(記注官) 각 1인.
>
> 승문원(承文院)533): 외교문서(外交文書)의 작성을 관장.
>> 도제조(都提調) 3인. 그 외 속관(屬官)이 있음.

이상의 관리들은 의정부 대신 이하 여러 관리가 의례적으로 겸임(兼任)하는 경우가 많았기 때문에 의정부의 관원은 모두 왕의 비서관(秘書官)의 자격(資格)을 겸하였다.

제90절 대신(大臣) 3

대신의 후보자는 현직(現職) 대신의 추천(推薦)에 따라 왕의 재가(裁可)를 거쳐 임명(任命)했는데, 이를 '복상(卜相)534)'이라고 하였다. 현직 대신은 모두 한 번에 차례로 임명되기도 하지만 동시에 전직 대신의 복상을 통하여 임명되었다. 그러나 어느 쪽이든 간에 피추천자가 왕의 뜻에 부합(符合)되지 않으면 왕의 뜻에 부합되는 인선(人選)을 추가해 넣은 후 낙점(落點)하였다. 다만, 3대신 사이에 친척(親戚) 또는 인척(姻戚)의 관계가 있을 경우에는 임명되지 못하였는데, 이런 경우를 "서로 피한다"(상피제相避制를 말함-역주자주)라고 하였다.

제91절 행정장관 및 그 대신과의 관계

6조(曹) 판서(判書)가 행정 사무 처리과정에서 제반 문제를 결정할 때에는 의정부 대신과의 회의를 거치지 않고 직접 왕에게 품신(稟申)했으며, 왕 역시 6조에 직접 명령을 내렸다는 것은 이상에서 말한 바와 같다. 조선의 행정 제도가 처음부터 왕의 통솔(統率)하에 조직된 이상 왕이 행정(行政)의 수장(首長)일 수밖에 없었다. 따라서 왕의 의사(意思)가 국가 행정에서의 주도적인 의사였다. 즉 왕의 의사야말로 모두가 정책의 원천(源泉)이자 정책 기틀의 중심이다 보니, 6조의 장관은 왕의 의사를 집행(執行)하는 대신인 셈이었다. 이는 독일 황제(皇帝)의 권력과도 대단히 흡사(恰似)한 모습이다. 그런즉 의정부 대신은 명의상으로는 행정장관을 통솔(統率)한다지만 실제에 있어서는 모든 행정을 감독(監督)할 뿐이고 행정 사무를 분배(分配)할 수는 없었다.

그렇다 보니 행정에 있어서의 의정부의 감독은 실제로는 정치에 있어서의 의정부의 책임으로 인하여 자연히 발생한 결과, 특히 사법적인 절차에 의하여 행정 제반의 사무를 감독하는 기관으로 구성되었다. 영국과 프랑스는 군주나 대통령이 명의상의 행정 수장이지만 사실은 통리대신이 행정 수장이다. 미국과 독일의 경우는 우리 조선처럼 군주나 대통령이 직접적인 행정 수장이 된다. 그런즉 6조의 행정 문제는 의정부의 간섭(干涉)을 받지 않고 각 조에 대하여 그 임의적인 행위를 취했다. 말하자면 통상적으로 정부 전체의 위에 이들을 총괄하는 감독으로서의 정부의 회의가 없고, 특히 의정부의 감독 하에서 정부의 통일을 이루었다.

제92절 승정원(承政院) 1

정무(政務)의 운용(運用)에 있어 제일 중요한 바, 제도 발달의 표상(表象)이 된 기관은 승정원이었다. 이 기관은 왕명(王命)의 출납(出納)을 관장(管掌)하면서 왕과 정부 사이에 개재(介在)해 있는 입과 같은 역할(役割)을 담당하였다. 본래 전 왕조에서는 중추원(中樞院)의 관직들 중 하나였으나 이 왕조에 들어와 분리 설치되면서 독립적인 기관을 이루었다. 그 사무조직은 행정 각 부, 즉 6조(曹)에 준하여 육계(六係)로 설치되었다.

승정원의 분방(分房)

도승지(都承旨)- 이방(吏房)

좌승지(左承旨)- 호방(戶房)

우승지(右丞旨)- 예방(禮房)

좌부승지(左副承旨)- 병방(兵房)

우부승지(右副承旨)- 형방(刑房)

동부승지(同副承旨)- 공방(工房)

이 여섯 승지 외에도 주서(注書)535) 2인, 사변가주서(事變假注書) 1인이었다. 이들은 문서를 관장(管掌)했는데, 후자는 특히 중대 범죄(犯罪)가 드러났을 때 그 문서를 관장하는 자이다. '방(房)'은 즉 각 행정부(行政府)와 군주(君主) 사이에 교섭(交涉)되는 정무(政務)들을 분담(分擔)한 것이다. 왕명을 반포한다거나 각처로부터의 품계(稟啓)가 있는 대소사(大小事)를 막론하고 승정원을 거쳐 대신 또 각 조의 수장이 직접 품계를 올릴 때는 승지(承旨)와 주서(注書)가 동반(同伴) 배석(陪席)하기 때문에, 그 군신(君臣) 간의 교섭은 승지로 하여금 알지 못하게 할 수 없다 보니, 국정(國政)치고 승정원이 참가하지 않는 일이 없었다. 승정원과 군주 사이에는 전명사알(傳命司謁)536)과 승전색(承傳色)537) 등 두 명의 신하가 따로 있어 명령과 품계(品階)를 전하였다.

제93절 승정원(承政院) 2

승정원이 관장하는 직무는 정무의 접수(接受)와 발송(發送)에 불과하지만, 다른 관직의 겸임(兼任)이 가능하여 정무에 있어서 중요한 자리라고 할 수 있다. 도승지(都承旨)는 삼관 직제학(三館直提學)과 상서원(尙瑞院)538)의 정(正)을 관례(慣例)에 따라 겸임하고, 주서(注書)539)는 한림(翰林), 즉 사관(史官)을 겸임하였다. 문한(文翰)과 제도의 고문관(顧問官)을 겸할 뿐 아니라 주서의 사관을 겸임한다는 것은 그 소임(所任)이 더욱 막중(莫重)하다는 것을 의미한다. 본래 사관(史官)은 국무(國務)의 하나하나의 동정(動靜)을 기록하여 역사책을 편찬하는 공정(公正)한 직책을 가진 자이다. 따라서 왕과 대신 이하가 모두 존중(尊重)하고 특별한 보호(保護)를 해 주었다. 예를 들어, 사관의 뒤에는 포교(捕校)540)가 수행하여 길을 다닐 때에도 사관이 거동하는 5간(間)의 거리 내에는 행인(行人)의 접근을 금하였다.

이는 곧 사관이 길에서도 일을 기록하는데, 그 기록이 혹시라도 길에서 누락(漏落)되는 일이 없도록 점검(點檢)하는 것이다. 또한 사관이 새로 부임(赴任)하면 호조(戶曹)에서는 대형 궤갑(櫃匣)을 1개 주어 무슨 일이든 기록한 것을 취합(聚合)하게 하였다. 따라서 정치회의가 진행될 때나 왕이 여타(餘他)의 관리와 응대(應待)를 할 때에는 주서(注書) 2인이 임석(臨席)하여 그 일을 기록했는데, 1인은 왕과 관리의 동정(動靜)과 형용(形容)을 기록하고, 1인은 그들이 주고받는 언사(言事)를 기록하였다. 승정원이 이처럼 중임(重任), 즉 춘추정필(春秋正筆)의 소임을 맡고 있다 보니 '제2의 의정부(議政府)'라 할 정도의 권력이 있었다. 이들이 관장하는 직무를 상세히 말해 보면 네 가지로 구분할 수 있다.

(1) 왕명의 출납(出納)과 정부의 품계(品階)를 관장하는 것.
(2) 국법 중에서 부당한 경우라면 왕명(王命)이라도 거절하여 반포(頒布)하지 않으며, 동시에 사간(司諫)에 버금가는 의무로 왕의 과실(過失)을 진술(陳述)하는 일.
(3) 정무실사(政務實事)에 대한 고문(顧問)에 응하는 동시에 정무(政務)를 독촉하는 일.

(4) 고을 수령이나 변방 장수가 이·취임할 때 직책상 주의해야 할 사항들을 고지하는 일.

이상의 중책이 승정원의 책임이었다. 따라서 승지는 기타 관리와 친척 관계가 있으면 서로 피하였다. 예를 들어, 각 방(房)의 전무승지(專務承旨)와 6조 판서 사이에 친인척(親姻戚) 관계가 있을 때에는 환방(換房) 또는 인사이동(人事移動)을 하였다. 승지의 책임이 이처럼 막중하기에 왕 역시 그들을 조심했으며, 고관대작(高官大爵)들도 두려워하였다. 그렇다 보니 인조 때에는 최명길(崔鳴吉, 1586~1647)541) 이 승지(承旨)와 사관(史官)이 함께 배석(陪席)하는 것을 폐지하자는 의견을 내기도 했으나 교리(校理) 윤집(尹集, 1606~1637)542)에 의해 이는 나라를 망치는 짓이라 하여 책임 추궁을 당한 적도 있었다.

제94절 관제(官制)에서의 3대 부(部)

근세 정치는 국가 활동의 형식을 셋으로 나누어 입법(立法), 행정(行政), 사법(司法)의 이름으로 각자 독립된 기관을 두고 사무를 처리한다. 조선은 이러한 구별이 분명하지 못하여 입법은 그 일을 주로 관장하는 군주(君主)에게 맡기곤 하였다. 그러나 행정 행위와 재판(裁判)은 종종 혼동되어 행정 관리가 재판 업무를 집행하기도 하였다. 그렇기 때문에 서양의 삼권분립주의(三權分立主義)에 입각하여 조선의 기존 관제(官制)를 분류한다는 것은 불가능한 것이다. 다만, 조선의 경우에는 자국만의 특별한 삼분주의(三分主義)에 입각하여 관제를 대별하는 방식이 있으니 소위 문·무(文武)와 규찰(糾察)의 3관(官)이 그것이다.

관제(官制)의 3구분: ① 문관(文官) ② 무관(武官) ③ 규찰관(糾察官)

문관(文官)은 행정 겸 사법 관리로서, 정부의 6조(曹), 삼관(三官) 등이 그것이다. 무관은 군사, 경찰을 관장하는 반열(班列)로서 무가(武家) 출신이 그것이다. 규찰관은 문무관(文武官)을 감독하고 그들의 불법행위를 탄핵하는 자로서, 사헌부(司憲府), 사간원(司諫院)이 그것이다.

제95절 대성(臺省)

대성은 사헌부(司憲府)와 사간원(司諫院)에 대한 총칭(總稱)으로, 그 제도는 다음과 같다.

사헌부(司憲府)543) - 시정(時政)을 논집(論執: 논술하여 고집함-역주자주)하고, 백관(百官)을 규찰(糾察)하고, 풍속을 바로잡고, 원통한 사정[冤抑원억]을 풀어 주고, 과도하거나 허위[濫僞남위]를 금하는 일 등이 그 주요한 업무. 대사헌(大司憲), 집의(執義) 각 1인. 장령(掌令) 각 2인. 감찰(監察) 13인.

사간원(司諫院)544) - 특히 군왕(君王)의 정사(政事)와 행동을 살펴 이에 대해 간쟁(諫諍)하거나 논박(論駁)하는 일이 주요한 업무.

대사간(大司諫)545) - 사간(司諫), 헌납(獻納) 각 1인. 정언(正言) 2인.

각국의 국회가 자국 정부에 대해 질책권(質責權)을 행사하는 것처럼 대성(臺省)은 왕과 정부를 상대로 질문을 하는데, 그중에서 사간원은 왕에 대하여 오직 품격(品格)에 어긋난 행위를 간(諫)하는 정도에서 그칠 뿐이었다. 그러나 사헌부는 문무백관(文武百官)을 대상으로 그 행정 행위와 개인 행위를 막론하고 철저하게 규찰(糾察)하여 질책(叱責)했으므로, 사실은 검사나 경찰에 버금가는 절차(節次)에 따라 정부를 감시(監視), 검사(檢査)했는데, 대사헌이 사헌부에 좌기(坐起: 관아의 우두머리가 출근하여 일을 봄-역주자주)하기라도 하면 영의정(領議政) 이하로 정부의 관리들이 한결같이 전율(戰慄)하고 당황하는 등 마치 계엄령(戒嚴令)을 내린 전쟁(戰爭)을 준비하는 것과도 같은 판국이 연출(演出)되었다. 이런 경우에는 상대가 영의정이라 해도 체포(逮捕)해 와서 심문(審問)할 권한(權限)을 발휘할 수 있었다. 또, 만일 죄가 있으면 금부(禁府)에 넘겨 추고(推考)를 진행하게 했는데, 이런 경우에는 반드시 왕에게 아뢴 뒤에 진행하였다. 그런데 프랑스 국회(國會)의 질책(叱責)과 마찬가지로, 사려 없이 과격한 언행(言行)을 일삼다가 오히려 신용(信用)을 잃는 불상사를 당하기보다는 사헌부는 상당한 시간과 상당한 정탐(偵探)을 거친 뒤에야 그

거조(擧措: 조치-역주자주) 여부를 결정하였다. 그 직무는 감찰(監察)에만 국한되어 있었다. 감찰이 백관(百官)의 행위를 조사, 정탐(偵探)한 결과 유죄(有罪)로 판명되었을 때에는 해당 유죄 관리의 집 문에 검은 묵색(墨色: 검은색-역주자주)을 칠했다. 이는 그 직권에 따라 죄가 있는 자를 금부(禁府)의 관리에게 고발하는 것이다.

금부 관리는 이 문의 칠을 보고 해당자를 체포해 왔는데, 태종 때 부마(駙馬) 조대림(趙大臨, ?~?)546)의 칠문(漆門) 사건은 지금까지도 끊임없이 사람들 입에 회자(膾炙)되고 있다. 어전회의(御前會議) 또는 조회(朝會) 때가 되면 직접 경찰권(警察權)을 행사하니, 백관이 어전에 이르러 문무(文武) 두 줄로 나뉘어 부복(俯伏)하면 감찰 2인은 그 반열 뒤에 서 있으면서(왕의 위엄 속에서도 서 있었음-저자주) 그들이 예법을 제대로 지키는지 살폈다. 이때는 대성의 관리들도 조회의 각 반열(班列)마다 동서로 서로 마주보고 나누어 서서 의례를 올리는 규율(規律)을 감시하다가 조회가 끝나면 근정문(勤政門)547) 밖 영제교(永濟橋)548)로 물러가 도열한 채 백관(百官)이 모두 나올 때까지 기다렸다.

제96절 관리(官吏) 1

관리는 국가의 공기(公器)이다. 아무리 군주라고 해도 혼자서 국정을 전담(專擔)하는 것은 불가능(不可能)하다 보니 국무의 집행(執行)과 정사의 처리에는 그 일에 적합한 관리를 선정(選定)하는 것이 큰 문제이다. 그래서 중종(中宗, 1488~1544)은, "나라를 지키는 길로는 인재를 얻는 일보다 우선하는 일이 없다[保國之道보국지도, 莫先於得人막선어득인]"라고 했고, 숙종(肅宗, 1661~1720)은, "국가가 다스려지고 어지러워지는 것은 얻은 인재의 현명(賢明)함 여부(與否)에 달려 있다. 당사자를 들이거나 물리칠 권한은 전조(銓曹: 이조와 병조. 문관은 이조에서, 무관은 병조에서 뽑는다)에 있다[國家之治亂국가지치란, 係於得人之賢否계어득인지현부, 進退之權在銓曹진퇴지권재전조]"라고 했는가 하면, "다스려지느냐 다스려지지 않느냐는 오로지 그 인재의 현명함 여부(與否)가 어떠하냐에 달려 있다[治不治치불치 惟在於其人之賢否如何유재어기인지현부여하]"라고 한 바 있다. 관리의 종류는 문(文), 음(蔭), 무(武)의 세 가지로 구분할 수 있다.

관리의 출신(出身)

문관(文官)- 문과(文科)를 통해 승격한 자.
음관(蔭官)- 문과(文科)를 거치지 않은 자.
무관(武官)- 무과(武科) 출신자.

우리 조선에서는 관리를 등용할 때 문관(文官)을 최상급으로 여기고 무직(武職)은 최하급으로 여겨왔다. 이는 전 왕조에서 무신(武臣)들이 발호(跋扈)했던 폐단을 개혁(改革)하기 위한 의도에서 비롯된 것이다. 이처럼 무관을 비천(卑賤)한 벼슬로 치부함에 따라 군사 방면의 정정(政情)은 크게 쇠퇴할 수밖에 없었다. 그러나 문관으로서 현직에 있지 않은 자를 모두 무직에 앉히고 녹봉(祿俸)을 받게 한 것은 정말 기이(奇異)한 제도라고 하지 않을 수 없다. 음관(蔭官)은 '남행(南行)'이라고도 했는데, 무관보다는 약간 중요하게 여겼으나, 정경(正卿)이나 판서(判書)까지 올라

가면 그걸로 충분한 것으로 여겼다. 이렇듯 대체로 문사(文事)에 집중하는 반면 무사(武事)를 경시한 것은 근대 정치의 결점(缺點)이라 할 것이다.

관리를 등용하는 경우 문관은 이조(吏曹)에서 관장하고 무관은 병조(兵曹)에서 관장하는 까닭에 등용 방법에는 두 가지가 있었다.

첫째는 3품 이상의 고관(高官)이 개별적으로 그 자격을 사사(私事)로이 시험(試驗)을 해서 3인씩 추천하는 것이다.

둘째는 이조와 병조에서 자격을 전형(銓衡)하여 선정(選定)하는 것이었다. 관리는 20세 이상의 남자로 한정되었다.

누구든지 그 직책에 취임할 때에는 단지 추천자나 전형(銓衡) 주관 기관의 판단(判斷)만 신뢰(信賴)하는 데에서 그치지 않고 그보다 더 엄격(嚴格)한 시험(試驗)을 거쳐야 했다. 군왕의 재가(裁可)를 받고 그 직책에 취임할 때는 반드시 이력서(履歷書)를 대성(臺省)에 제출하여 그 승인(承認)을 받아야 했는데 이를 '고신(告身)'549)이라고 했다. 즉 첩지(牒紙: 대한제국 때, 판임관의 임명서-역주자주)를 수여하는 것이다. 또한 신임 관리는 직접 대성 및 주요 관리를 대면하고 절을 올렸는데 이를 '서경(署經)'550)이라고 했다.

이 '고신'과 '서경'의 절차를 거쳐 직·간접적으로 당사자의 신언서판(身言書判) 상의 자격을 점검하고 나야 정식으로 벼슬길에 오를 수 있었으며, 아무리 추천자(推薦者)의 신뢰를 얻고 군주의 재가를 얻었다 하더라도 대성이 불허(不許)하면 관리로 임용(任用)되는 것이 불가능하였다.

성종 때에도 왕이 홍담(洪曇, 1509~1576)551)에게 병조판서를 제수(除授)했으나 대사헌(大司憲)의 조사수(趙士秀, 1502~1558)552)가 사헌부 회의를 열고 그의 자격이 합당(合當)치 않음을 논하여 결국 교체하고 만 일이 있었다. 훗날 관리 임면(任免) 과정의 폐단이 정치적으로 큰 폐해(弊害)를 야기(惹起)한 것은 별개(別個)의 문제로 치더라도, 원래 국법상(國法上)으로는 그 규정이 이와 같아 사소(些少)한 개인감정(個人感情)도 끼어들게 할 수가 없었다.

제97절 관리(官吏) 2

관리의 작위는 전 왕조에 비하면 5작(爵)을 폐지했으나 품계는 대동소이(大同小異)
하였다. 이를 예시(例示)하면 다음과 같다.

품 계		문 반	무 반
1품	정	대광보국숭록대부匡輔國崇祿大夫)553) 상보국숭록대부(上輔國崇祿大夫)554) 보국숭록대부(輔國崇祿大夫)555)	좌동(左同)
	종	숭록대부(崇祿大夫)556) 숭정대부(崇政大夫)557)	
2품	정	정헌대부(正憲大夫)558) 자헌대부(資憲大夫)559)	좌동(左同)
	종	가의대부(嘉義大夫)560) 가선대부(嘉善大夫)561)	
3품	정	통정대부(通政大夫)562) 통훈대부(通訓大夫)563)	절충장군(折衝將軍)584) 어모장군(禦侮將軍)585)
	종	중직대부(中直大夫)564) 중훈대부(中訓大夫)565)	건공장군(建功將軍)586) 보공장군(保功將軍)587)
4품	정	봉정대부(奉正大夫)566) 봉렬대부(奉列大夫)567)	진위장군(振威將軍)588) 소위장군(昭威將軍)589)
	종	조산대부(朝散大夫)568) 조봉대부(朝奉大夫)569)	정략장군(定略將軍)590) 선략장군(宣略將軍)591)
5품	정	통덕랑(通德郎)570) 통선랑(通善郎)571)	과의교위(果毅校尉)592) 충의교위(忠毅校尉)593)
	종	봉직랑(奉直郎)572) 봉훈랑(奉訓郎)573)	현신교위(顯信校尉)594) 창신교위(彰信校尉)595)
6품	정	승의랑(承議郎)574) 승훈랑(承訓郎)575)	의용교위(毅勇校尉)596) 진용교위(進勇校尉)597)
	종	선교랑(宣教郎)576) 선무랑(宣務郎)577)	여절교위(勵節校尉)598) 병절교위(秉節校尉)599)
7품	정	무공랑(務功郎)578)	적순부위(迪順副尉)600)
	종	계공랑(啓功郎)579)	분순부위(奮順副尉)601)
8품	정	통사랑(通仕郎)580)	승의부위(承義副尉)602)
	종	승사랑(承仕郎)581)	수의부위(修義副尉)603)
9품	정	종사랑(從仕郎)582)	효력부위(效力副尉)604)
	종	장사랑(將仕郎)583)	전력부위(展力副尉)605)

이 밖에 국척(國戚)이나 종친(宗親)에 대해서도 특별한 명칭이 있으니, 현록대부 (顯祿大夫),606) 통직랑(通直郎)607) 등이 그것이다. 그 품계는 이상과 같이 총 31품이 었으나 추후에는 처음 벼슬길에 올랐을 때에는 등급을 뛰어 넘어서 6품으로 올리고, 6품인 경우에는 정3품으로 올리고, 그 위로는 차석(次席)을 밟아서 사실상 12품을 적용하였다.

제98절 관리(官吏) 3

관리 임면(任免)이 이루어지는 시기는 일 년 중에서 상반기와 하반기, 즉 6월 15일과 12월 15일이었는데 이를 '도목(都目: 대목)'이라고 했다. 이때가 되면 관리들에 대한 포폄(襃貶), 승차(升差), 기한(期限) 및 과만(瓜滿: 벼슬의 임기가 참-역주자주), 즉 사한(仕限) 등에 대한 비준(批准)과 관련하여 세밀(細密)한 통칙(通則)이 있었다. 그러나 이에 대해서는 일일이 예거(例擧)하기 어려우므로 편의상 생략하기로 한다. 다만, 관리의 인격과 신분에 관한 제도는 근대 정치에 있어 중요한 문제이기도 하므로 이 부분에 대해서만 잠시 언급하기로 하겠다.

관리의 인격 문제는 법률보다 도덕을 기준으로 삼는 것을 중요하게 여겼다. 직책에 부합되는 자격을 갖춘 자가 있으면 이를 등용하는 과정에서 해당자의 품계나 집안 배경을 불문하고 하루아침에 수령(守令)의 벼슬을 제수(除授)하거나 하루아침에 정경(正卿)으로 임용한 전례도 있었다. 그렇다 보니 '백두정승(白頭政丞)'이니 '남대장령(南臺掌令)'이니 하는 말이 학자나 사림에서의 유행어가 되기도 했다.

이와 같이 재능이나 도를 품은 인사들에 대해서는 품계나 문벌(門閥)을 불문하고 등용하여 중요한 직책에 임용(任用)했기 때문에 '백두징용(白頭徵用)'은 고사하고라도 대성(臺省)의 관리나 전랑(銓郎), 한림(翰林), 옥당(玉堂) 같은 경우도 자격 요건을 상당히 중요시하였다. 해당자는 평소 행위에 사소한 부정을 저질렀더라도 임용할 수 없었으니, 상중에 있는 몸으로 자식을 낳은 경우에도 옥당(玉堂= 홍문관弘文館-역주자주)에 임용할 수 없었으니, "두건동(頭巾童: 부모나 조부모의 상중喪中에 배어 낳은 아이-역주자주) 이는 옥당이 될 수 없다"라는 말은 지금까지도 늘 하는 말이다. 조선에서는 당쟁의 원인 역시 전랑(銓郎) 문제가 빌미가 된 것이었다. 만약한 사람의 청백리(淸白吏)가 입조(入朝)할 경우에는 왕은 물론 정부조차 전체가 그 아래에 굴종(屈從)하지 않을 수 없다. 인조(仁祖)가 반정(反正)할 때에도 역모를 일으키는 데에 무슨 거리낌인들 있었겠는가마는 유독 한 사람 오리(梧里) 이정승[李政丞= 이원익李元翼, 1547~1634)]은 꺼려서 대사를 주저한 예도 있었다.

그 자격에 있어서의 덕의(德義)를 볼 때에는 지나쳐서 신분 관념의 경우 평소의 가정 및 사교상의 관계를 중요시했는데, 이는 국법에서만 그런 것이 아니라 사회적 통념이나 인민들이 인식 역시 그러했다. 즉, 직업을 자유롭게 선택하지 않고 조상으로부터 전래되어 온 관습을 위주로 하여 그것을 평생의 직분으로 삼았기 때문에 계약보다는 인정(人情)을 더 크게 숭상한 셈이었다. 그렇다 보니 국법 또한 도덕을 위주로 하는 한편 신분 관념을 상당히 중시하였다. 따라서 관리의 이력서에도 4대(代) 조상까지 등록하여 혈족상의 신분 관계가 어떠한지 점검하는가 하면 친척 또는 인척의 관계가 있는 자가 동일한 관청에서 업무를 담당하고 있는 경우에는 서로 피하여 그중 한 사람을 다른 관직으로 전보(轉補)하기도 하였다. 고급 관리의 경우, 상인(常人)이나 천한 아전(衙前)의 자손(子孫)과 서얼(庶孽) 또는 변경(邊境) 출신자들은 채용하지 않았는데, 이는 도덕적으로 원만한 자격을 갖춘 자를 등용한 것이자 사회사정(社會事情)의 일반적인 관습을 따른 것이라고 할 수 있다.

사람이란 가정에서 듣고 보거나 주위의 사정(事情)이나 습관(習慣) 등에 따라서 그 심성(心性)이 갖추어지기 마련이다. 군인이 전쟁의 목적을 망각(妄覺)한 채 그저 싸움에서 이길 것만 생각하고 변호사가 권리의 신장은 망각하고 고작 죄인을 보호하는 데에만 몰두(沒頭)하였다. 상인은 정치 방면의 지식이 부족할 뿐만 아니라 이익을 도모하거나 개인주의에 치우치기 쉬우며, 천한 아전의 자손은 인민들의 재물을 가로채는 유전적(遺傳的)인 탐욕(貪慾)이 자신의 가정에서 듣고 보아 온 것에서 물들기 쉬우며, 서얼 또한 그 친모의 바르지 못한 유전성 또는 본인이 듣고 본 것을 통해 물들기 쉬운 법이다.

또, 변경 출신자는 다른 인종과의 교류로 말미암아 그 언어나 습관이 비국수적(非國粹的)으로 흐르기 쉽고, 또 때로는 지리적 경제생활로 말미암아 심성(心性)이 원만하지 못하게 되기 쉬우며, 남의 은혜(恩惠)를 받아 길러진 자는 야심(野心)과 비루(鄙陋)한 심성을 가지고 있기 쉽다. 이 같은 우려들 때문에 관리 채용(採用)에 있어 인격 문제는 항상 해당자의 신분(身分)에 입각해서 점검되곤 했던 것이다.

그런데 관리 채용 과정에서 신분을 보는 것은 국가가 새로운 법률을 창조해 낸 것이 아니라 당시의 사회적 습관이 신분을 위주로 했기 때문에 법률은 그 습관을 따라서 이루어진 것이다. 근래에 어떤 인사들은 법률이 먼저 만들어진 것으로 생각하여 계급제도(階級制度)를 원수(怨讐)로 여기는 경우가 있다. 그러나 그 시대가 그 법률을 만든 것이지 절대로 그 시대와 무관한 법률을 만들어 낸 것은 아니다. 그 부당한 영향이 있는 것으로 여기는 사람은 채용하지 않는 관념은 모두 반비례(反比例)를 취하여, 정당한 영향이 있는 것으로 여기는 사람은 직접 그 자격의 여하를 불문(不問)하고 채용(採用)하기에 이르니, 음직법(蔭職法)608)이나 증직법(贈職法)609)이 그것이다.

청백리의 자손과 공신의 자손은 관례를 좇아 관리로 제수했으며, 그 자손뿐만 아니라 당사자의 사망한 조부 또한 추증한 관직[贈職증직]을 하사(下賜)했는데, 보통 2품 이상의 고관도 관직을 추증(追贈)하고 일반 관리의 아내도 남편의 관직에 따라 직품(職品)을 하사하였다.

관리의 부인에게 내려지던 직품

1품 정경부인(貞敬夫人)610)	2품 정부인(貞夫人)611)
3품 숙부인(淑夫人)612)	4품 영인(令人)613)
5품 공인(恭人)614)	6품 의인(宜人)615)
7품 안인(安人)616)	8품 단인(端人)617)
9품 유인(孺人)618)	

그런데 그 신분법은 극단으로 치달은 결과 도로 원시적인 제도를 택하는 것에 가깝다. 그렇다 보니 말기에 이르러 계급 타파 사상이 유행할 때조차 신분법을 고집한 것은 시대착오적인 발상일 뿐 아니라, 도리어 인격은 완전히 무시한 채 고급 관리는 양반가로만 제한하여 등용하니, 이것이 사실은 쇠퇴와 반란을 초래하고 만 것이다. 오늘날 문명국가에서도 신분을 중시하여 고아원 출신과 입양된 신국민(新國民)에게는 고위 관직을 불허(不許)하고 있다.

제99절 서리(書吏)

경향(京鄕)을 막론하고 각 관청에는 관리 이외의 관리가 있었는데 '서리(胥吏)' 또는 '서리(書吏)'로 불렸다. 서리는 녹사(錄事), 서리, 서원(書員)의 세 가지가 있었는데, 녹사는 참판(參判) 이상의 고관의 수행원으로서 해당 관청 사무제도의 고문(顧問)이고, 서리는 해당 관청의 사무를 집행하는 실무 요원이며, 서원은 하급 관리를 일컬었다. 그중에서 '서리'는 사실상 행정부의 주인 격으로 서리가 제반 사무를 전담하였다. 그러나 정작 관리라는 것은 일종의 나그네에 불과하여 행정 실무에 대해서는 아는 것이 없다고 해도 과언이 아니었다.

서리(書吏)의 인원수

의정부(議政府) 15인.	이조(吏曹) 25인.
호조(戶曹) 60인.	예조(禮曹) 30인.
병조(兵曹) 100인.	형조(刑曹) 70인
공조(工曹) 30인.	승정원(承政院) 25인.

이 밖에도 각 관청에 배속된 서리는 총인원이 4,000명이나 되었다. 이 서리들의 수령은 '집리(執吏)'라고 불렀다. 영문(營門)에서는 행수집사(行首執事)나 집사(執事)라고 하고, 각 지방에서는 아전(衙前)이라고 했다. 그런데 서리는 관리의 경우처럼 같은 아문(衙門)에서 봉직(奉職)하기는 하지만 그 계통은 완전히 달랐다. 따라서 그 임명하고 파면하는 조항은 일종의 비즈니스의 성격을 지니고 있어서 매매가 있을 경우 그 매매대금을 '전수전(傳授錢)'이라고 했다.

청나라의 『통고(通考)』619를 보면 중국의 서리들은 악종(惡種)으로 변질되어 정무를 문란하게 만들었다. 조선의 서리는 사실상 아문의 주체이자 정무의 이목(耳目)이었으며, 정작 양반 관리는 시체자리(직책을 다하지 못하면서 한갓 자리만 차지하고 녹祿만 받는 일. 시위소찬尸位素餐-역주자주)에 불과하다는 시각도 없지는 않다. 그러나 훗날 서리나 아전의 행패가 어지러운 정치를 초래한 점도 없지는 않았다.

제100절 왕실의 직사(直司)

독재정치(獨裁政治)는 군권(軍權)이 크게 발달함에 따라 나타나는 현상이다. 그렇기 때문에 민정(民政)에 있어서는 관부(官府) 역시 군주 1인의 종사관(從事官)에 불과하다는 시각도 있다. 특히 왕실을 위하여 마련한 직사(直司)는 군주의 영역을 제한하여 국가와 군주를 분립시킨 측면도 있었다.

시신궁노(侍臣宮奴)620)

내시부(內侍府)- 궁내에서의 전명(傳命), 수문(守門), 소제(掃除) 등의 업무를 관장.
액정서(掖庭署)621)- 전알(展謁), 필연(筆硯), 궐문(闕門), 자물쇠[약쇄鑰鎖] 등의
　　　　　　　　　　업무를 관장.

예관(禮官)

봉상시(奉常寺)622)- 제사(祭祀)와 시호(諡號)에 관한 논의를 관장.
종묘서(宗廟署)623)- 왕실 조상신의 묘당을 수위(守衛)하는 업무를 관장.
사직서(社稷署)624)- 왕실의 주신당(主神堂)을 관장.
능묘(陵墓)- 왕가(王家)의 분묘(墳墓)를 관장.

학사관(學事官)

규장각(奎章閣)625)- 어제(御製), 어필(御筆), 어진(御眞: 임금의 초상화), 고명(顧命: 임
　　　　　　　　　　금의 유언), 유조(遺詔: 임금의 유언), 밀교(密敎: 임금의 비밀교서)
　　　　　　　　　　를 관장.
경연관(經筵館)- 왕의 강독실(講讀室).
시강원(侍講院)626)- 왕자(王子)의 서당.
강서원(講書院)627)- 왕손(王孫)의 서당.

친척관(親戚官)

종친부(宗親府)628)- 왕족을 관할.
의빈부(議賓府)629)- 왕녀의 혼사(婚事)를 관할.
돈녕부(敦寧府)630)- 왕의 외척(外戚)을 관할.

공양관(供養官)

사옹원(司饔院)631)- 궁내의 어선(魚膳), 공궤(供饋: 음식을 올림)를 관장.
상의원(尙衣院)632)- 어의(御衣)나 재보(財寶)를 관장.
사도시(司䆃寺)633)- 궁내의 미곡(米穀), 장유(醬油: 장과 식용유)를 공급.
사재감(司宰監)634)- 궁내의 어육(魚肉), 땔나무[燒木소목], 횃불[炬火거화] 등을 공급.
내수사(內需司)635)- 궁내의 쌀과 베, 잡화, 노비 등을 관장.
제용감(濟用監)636)- 인삼(人蔘), 포물(布物), 직물(織物) 등을 진헌(進獻).
내자시(內資寺)637)- 궁내에 쌀, 국수, 술[酒], 장(醬), 기름, 꿀, 채소 등을 공급.
전설사(典設司)638)- 장막(帳幕)을 공급.
의영고(義盈庫)639)- 기름[油], 꿀[蜜], 황랍(黃蠟: 벌집), 과일[果物과물], 후추[胡椒
　　　　　　　　　호초] 등을 관장.
장흥고(長興庫)640)- 돗자리[席子석자], 유둔(油芚),641) 종이 등을 관장.
사포서(司圃署)642)- 원포(園圃) 채소[蔬菜소채] 등을 관장.
장원서(掌苑署)643)- 원포(苑圃) 화과(花果) 등을 관장.

이상 여러 관부(官府)는 왕의 사사로운 일이나 용도에 해당하는 것들을 분배(分配) 처리하는 곳이었다. 어떤 사람은 이를 근거로 당시의 관제(官制)가 번잡(煩雜)했다고 보기도 한다. 그러나 왕사(王事)와 국사(國事)를 분간하여 왕 개인의 일에 대한 것은 일 하나 물건 하나로도 일정한 제한(制限)을 두어, 왕이 권력을 남용(濫用)하는 것을 예방(禮訪)하였다.

선조가 황랍(黃蠟) 수백 근(斤)을 궁중으로 들여와 쓰려고 했다가 동부승지(同副承旨) 신응시(辛應時, 1532~1585)644)와 대간(臺諫) 이이(李珥, 1536~1584)가 정해진 액수의 왕실 비용(費用) 외에는 추가로 보태어 사용할 수 없다면서 거절하고 받아들이지 않았다. 또, 숙종이 장인 김주신(金柱臣, 1661~1721)645)에게 떡[餠]을 부탁하자 승정원을 개입시켜 들이게 할 뿐 사사로운 출입을 막기도 하였다. 이러한 사실들은 일종의 일화(逸話)에 불과하지만 대체로 왕의 일거수일투족(一擧手一投足)이 절대로 우발적으로 이뤄지지 않게 했던 셈이다.

제101절 지방정치 = 구역(區域)

지방정치(地方政治)는 전대(前代)보다 크게 발달하였다. 그 구역은 팔도(八道)로 나누고, 각 도 아래로는 읍(邑)을 두었으며, 읍 아래로는 각 촌(村)의 자치기관이 있었다. 이를 정치구역으로 비유하자면 도는 제1차 지방정청(地方政廳)이고, 읍은 제2차 지방정청(地方政廳)인 셈이다. 이때 읍의 구역을 크기에 따라 정한 것은 전대(前代)와 같이 역사적 기초 위에 둔 것이기 때문이다(제61절, 162~163쪽 참조).

도 (道)	감사 (監司)	부윤 (府尹)	대도호부 (大都護府)	목사 (牧使)	부사 (府使)	군수 (郡守)	판관 (判官)	현령 (縣令)	현감 (縣監)
경기	1	1	0	3	8	10	4	4	8
충청	1	0	0	4	1	14	1	1	34
경상	1	1	2	3	14	13	1	5	33
전라	1	1	0	4	7	13	3	5	26
황해	1	0	0	2	6	7	1	2	6
강원	1	0	1	1	7	6	1	3	8
함경	1	1	1	1	18	2	2	0	2
평안	1	2	1	2	14	12	0	6	5

읍의 수는 정종 2년(1400)에 감축하여 36여 읍을 두었다가 추후에 개정을 통하여 전대(前代)보다 2도 200읍이 감소되었다. 그 수가 최초에 360개로 정해진 것은 1년의 날수에 맞춘 것으로, 군주의 1년 생활비를 각 읍이 1일씩 부담한다는 의미에서 그렇게 한 것이다.

제102절 도(道)의 감사(監司 = 방백方伯)

전국을 도(道)로 나누고 도를 읍(邑)으로 나누었으니 도가 큰 행정구역이라면 읍은 작은 행정구역인 셈이다. 읍의 장관(長官)은 '원'646)이고, 도의 장관은 감사이니 읍의 상급기관은 도였다. 그러나 도는 그 성격상 정치구역으로서의 가치(價値)가 완전하다고 할 수는 없었다. 도는 행정적인 시찰의 구역으로서의 위상(位相)을 벗어나지 못했기 때문이다. 권근(權近, 1352~1409)647)은 『감사요략(監司要略)』648)의 발문(跋文)에서, "감사의 설치는 상덕(上德)을 널리 펼치고 하정(下情)을 전달하며 호활(豪猾: 세력이 있고 교활한 사람)을 징계(懲戒)하고, 곤궁(困窮)함에 혜택(惠澤)을 베풀기 위한 것이다"라고 했으며, 세조(世祖, 1417~1468) 역시, "감사(監司)는 1개 도(道)를 출척(黜陟: 못된 사람을 내쫓고 착한 이를 올려 씀-역주자주)함으로써 그 임무가 가장 중하니 감사가 사찰(查察)하여 적발할 수 없으면 책임의 뜻이 어디에 있는가? 감사는 수령을 질책(叱責)하고, 짐은 감사를 질책하면 체통이 서로 유지되니, 이는 국가의 대정(大政)이다"라고 교지(敎旨)를 내린 바 있는 것이다. 프로이센의 감사는 오직 조언(助言)을 할 수 있는 직권(職權)만 있을 뿐 그 집행권(執行權)은 없었다. 마찬가지로, 우리의 도의 장관인 감사는 왕과 국무(國務)의 각 부의 이목(耳目)으로서 왕과 각 부의 시설을 필요로 하는 사건들에 관하여 건의 및 보고를 하는 기관에 불과하였다. 그 성격이 이렇다 보니 그 제도 역시 다양하고도 변화가 많은 역사를 지닌 것이다. 그 명칭 역시 관찰사(觀察使), 순찰사(巡察使), 출척사(黜陟使), 체찰사(體察使) 등으로 혼용(混用)하다가 중간에 송나라 방식의 명칭을 모방한 것이었다. 마찬가지로 그 수도 정해진 것이 없고 연한(年限)도 그러하며 그 권한(權限)도 약하였다. 그렇다 보니 숙종 때 전라감사 박태순(朴泰淳, 1653~1704)649)이 올린 장계(狀啓)에 의하면 당시까지 감사의 권한에 정해진 양식이 없는 탓에 병졸(兵卒)이나 기타 수령(守令)들이 그 명령에 복종(服從)하지 않았다고 한다.

숙종 이후에 비로소 도정(道政)의 법규가 완전히 정비되었다. 각 도마다 1인으로, 임기 만료는 2년이고, 관례에 비추어 절도사(節度使)를 겸하여 지방의 군권(軍權)을 장악하는 한편 재무, 경찰, 사법, 교육 등 일반 정치까지 모두 살피게 되니, 이로부터 감사는 중앙 정부의 주요한 대리기관 또는 왕의 대리자(代理者)로서 지방에 대한 일체의 정무를 처리하는 임무를 담당하기 시작하였다. 그렇지만 집행에 있어서는 직무가 오히려 약하고 감시에 있어서의 책임은 막중하여 중앙 정부와 왕의 정령(政令)이 각 수령에게 직접 하달되는가 하면 수령들 역시 중앙 정부와 직접 교섭하는 일이 가능하게 되었다.

도의 정청(政廳)은 감영(監營)이라고 했으며 감사의 직무는 보통은 행정보다 군무(軍務)에 대한 책임이 더 막중하였다. 감사에는 도사(都事),650) 검률(檢律)651) 각 1인이 있고, 그 외에 막우(幕友)652)로서 자신이 임의로 임명한 6비장(裨將)653)이 있었다. 이들 비장(裨將) 등은 중앙 정부의 각 조(曹)를 본 따서 집무하게 해서 이 · 호 · 예 · 병 · 형 · 공의 '6방(房)으로 정하고, 그 아래에 약간의 일꾼 즉 아전(衙前)을 두어 각종 사무를 분담하게 하였다. 그런데 감사의 책임은 일체의 정무를 전담하여 각 수령들에 대해 지휘, 명령을 하고 상부에 보고하는 등의 일은 물론이요, 제일 중요한 일은 1년에 두 차례씩 각 수령의 정치 성적을 조사하여 포폄(襃貶)하는 것이었다. 이때 포폄은 오직 자기 도내(道內)에만 한정된 것이 아니었으며, 관련된 공무가 있을 때는 타도(他道)의 수령에 대해서도 파면(罷免)을 명할 권한이 있었다.

제103절 읍의 원(수령守令)

도(道)를 나누어 읍(邑)을 이루었고 여러 읍들은 다시 주·부·군·현(州府郡縣)으로 4등분 하여 정하였다. 이 3분법은 행정적인 등급에 따른 것이 아니라 품계에 따라 나눈 것뿐이었다. 그렇다 보니 각 지방의 장관들은 관작(官爵)이나 품급(品級)이 서로 달랐다. 읍은 하급 행정구역이라고는 하나 실질적인 정치상의 단위는 읍이었다. 읍의 행정장관인 '원'은 왕의 대리자(代理者)로서, 그 읍의 군주가 되어 일체의 정무를 집행했으므로 '성주(城主)' 또는 '사토'라고 했는데 고대의 봉건적 의미를 지닌 것이었다.

읍의 정청(政廳)은 1인의 관리, 즉 원과 약간 명의 아전(衙前)이 있고, 그 외에도 원의 막우(幕友)인 종사관(從事官)을 자체적으로 임명해서 두었는데, 이것이 소위 '책방(冊房)'이라는 것이다. 아전은 이·호·예·병·형·공의 6방(房)에 배속(配屬)된 관속(官屬)이며, 이 밖에도 통인(通引)654)은 원의 입장에서 볼 때 왕의 승지(承旨)와도 동일한 직무를 수행한 자였다. 그 아래로는 장교(將校), 군노(軍奴), 사령(使令), 솔정(率丁) 등이 있었다.

대개 아전은 행리(行吏)와 가리(假吏)가 있었는데, 행리가 정무(政務)에 종사하는 자이고 가리는 현직 행리들의 후보자(候補者)들이었다. 이 아전들은 전원이 해당 읍 사람으로, 원이 직접 임명하고 자리를 주었다. 이 지방의 행정기관은 중앙정부 제도를 축소하여 설치한 것으로, 번듯한 소규모의 조정(朝廷)을 이루었다. 그러나 원은 행정상으로 절대 자유의 권한이 있는 것이 아니었다.

제한된 법규가(뒤의 행정론 부분을 참조할 것) 있을 뿐만 아니라 첫째, 감사(監司)와 둘째, 중앙정부 등의 감독이 있어서 1년에 두 차례의 포상(褒賞)과 징계(懲戒)를 실시했다. 이 밖에도 프로이센에 스타인(Stein)이 창설(創設)한 자치기관(自治機關)과 동일한 유향소(留鄕所)655)가 있었다. 이는 행정상으로는 전혀 하등의 관계가 없이 그저 민간에서 자치(自治)를 관장한 곳이지만, 원의 행정을 감독하는 임무가 있는 동시에 지방정치의 고문기관이기도 하였다(105절, 241~242쪽 참조).

수령에 서임(敍任)된 뒤에는 각 장관에게 서경(署經)을 돌았으며, 해당 읍으로 출발할 때는 입궐(入闕)하여 숙배(肅拜)656)하고 승정원으로 가서 수령이 준수(遵守)

해야 할 7가지 사항과 왕의 상유(上諭: 임금의 말씀-역주자주)를 경청(傾聽)했다. 수령이 준수해야 할 7가지 사항이란 농업의 융성[農業盛농업성], 호구의 증가[戶口增호구증], 학교의 부흥[學校興학교흥], 군정의 연수[軍政修군정수], 부역의 균등[賦均役부균역], 송사의 간소화[詞訟簡사송간], 간교함의 종식[姦猾息간활식] 등의 지침이었는데, 이는 지방행정에서 지켜야 할 조목인 동시에 왕을 대표하는 전권(全權)의 책임이기도 하였다.

제104절 어사(御史)

지방정치에 대해서는 보통감독과 특별감독 등의 기관이 있어서 엄격한 절제(節制)를 가했다. 그럼에도 불구하고 지방의 원심력(遠心力)의 뿌리는 완벽하게 다스리지 못했기 때문에 이를 임시로 살피는 관리를 파견하는 법이 있었다. '어사(御史)'657)라고 하는 이 제도는 멀리 신라시대 때부터 사자(使者)라는 명칭으로 존재하고 있었고, 고려시대 때에도 심찰사(審察使), 안문사(按問使), 감찰어사(監察御使), 염문사(廉問使) 등의 명칭이 있었으며, 근세에 이르러서는 출척사(黜陟使), 순무사(巡撫使), 안집(安集), 균전(均田), 시재(詩才), 감진(監賑), 안핵(按覈), 감시(監市), 독운(督運), 행대감찰(行臺監察) 등의 명칭으로 파견되기도 하였다.

이들은 주·군(州郡)을 안무하며 다니고 이려(里閭: 마을 어귀에 세운 문)를 드나들며 수령의 행정과 인민들의 고충을 살펴서 처리하기도 하였다. 그럼에도 불구하고 관련 법규는 완전하게 제정된 적이 없고, 그저 각 도마다 겸찰방(兼察訪) 1, 2명을 두어 여러 지방 관리들의 불법(不法)을 규찰(糾察)한 후 직접 보고하도록 하였다. 인조가 반정(反正)한 후 제반 쇄신책(刷新策)을 시행할 때 완전한 절목(節目)을 정했고, 숙종 때(1674~1720)에는 새로운 조목(條目)을 추가해 정하니 이로부터 겸찰방은 폐지되고 어사 제도가 실시되기에 이르렀다.

어사의 직무

① 감사(監司), 수령(守令), 아전(衙前) 등의 행정 및 사적(事績)을 살펴 조정에 보고한다.
② 선정(善政)을 베푸는 자는 포상 장려하고, 악정(惡政)을 자행한 자는 즉각 파직(罷職)하되, 감사는 조정에 장계를 올려 왕의 결정에 맡긴다.
③ 숨은 인재(人材)들을 추천 등용(登用)한다.
④ 풍속(風俗)의 선악(善惡)을 살펴서 바로잡는다.
⑤ 빈곤(貧困)한 인민은 직접 탐방(探訪)하고 위로(慰勞)와 도움을 준다.
⑥ 군사(軍事), 재정(財政), 사법(司法) 등 일반 정무(政務)를 간섭, 정리한다.
⑦ 현직(現職) 관리뿐만 아니라 이미 임기(任期)를 마치고 죽거나 정승(政丞)이

된 자의 사적이라도 간섭한다.

⑧ 임기는 지정한 사목(事目: 공사公事에 관하여 정한 규칙-역주자주)을 마감할 때까지로 한다.

어사는 왕이 직접 제수했는데 시종관(侍從官) 중에서 신진(新進)의 나이가 적은 청렴(淸廉)하고 충직(忠直)한 자를 골라 비밀리에 임명했다. 따라서 어사 본인에게도 그 사실을 알리지 않고, 단지 사목(事目), 유척(鍮尺: 검시檢屍에 쓰던 놋쇠로 만든 자-역주자주), 수의(繡衣: 수를 놓은 옷, 암행어사의 별칭-역주자주), 마패(馬牌)658) 등 네 가지 물건을 동봉하고 "남대문 밖에서 열어 보라!"고 적힌 밀봉(密封)한 서한(書翰)을 직접 전해 주었을 뿐이었다. 어사는 시각을 지체하지 않고 청파역(靑坡驛)으로 달려가 서한 속의 사목에 기재된 지방을 향하여 출발했기 때문에 그 길을 떠날 채비는 역소(驛所)에서 거행되었다. 그 겉으로 드러난 차림이나 모습은 탐정(探偵)의 임무를 수행하는 까닭에 대나무 지팡이, 짚신, 해진 옷, 째진 삿갓 차림으로 옛날의 화랑과는 완전히 상반된 방식을 택하여 걸식(乞食)하면서 각지를 다니게 했다. 그 권한이 미치는 곳은 사목(事目)에 기재(記載)된 지역으로 한정되었으나, 도중에 거치는 각처에서는 모두 그 권한을 행사하였으니, 대개 어사는 왕이 직접 출동하거나 천사가 출현한 것과도 같이 신비하고 장쾌하였다. 어사가 역졸(驛卒)을 거느리고자 하는 읍으로 들어가서 "출도(出到)"를 선언하면 산천초목(山川草木)이 벌벌 떨고, 개조차 감히 짖지 못했다고 하는데, 그 행동거지의 양상은 『춘향전(春香傳)』659)에도 잘 묘사되어 있다.

제105절 유향소(留鄕所)

자치제는 상고시대(上古時代)부터 발달되어 온 것이다. 서양의 경우 그리스에서 먼저 시행(施行)된 바 있다. 그러나 이는 가족을 보호한 것일 뿐 사회를 기준으로 삼은 것은 아니었다. 또, 중고시대(中古時代)의 로마 때부터 그 제도가 약간 발달되었다고는 하나 이 역시 상업 집단을 위한 것일 뿐이었다. 근세에서 자치라는 것은 150년 전 프로이센의 스타인이 시작한 것이었다. 중국은 한대(漢代)부터 시작되어 명나라 때에 향약(鄕約)660)을 설치하기는 했으나 관선주의(官選主義)와 다를 것이 없었다. 우리 조선에서는 예로부터 자치제도가 발달하는 과정에서 그 직원이 모두 민선(民選)에 속했고 관선을 따르지는 않았다.

예로부터, 예(濊)에 읍군(邑君), 삼로(三老), 통주(統主), 하호(下戶) 등의 관리들이 있었다고는 하지만 '삼로'는 한나라 때 자치집단의 직원에 대한 칭호이다. 이 경우는 옛 관직명을 제대로 알지 못해서 한자 명칭으로 옮겨 적은 것이 아닌가 싶다(40절, 116쪽 참조).

자치제와 관련하여 가장 먼저 언급해야 할 것은 유향소(留鄕所)이다. 유향소는 고려 충숙왕(忠肅王) 때(1339)까지 있었던 사심관(事審官) 제도(59절, 160쪽 참조)를 성종 20년(1489)에 개편하고 그 명칭을 '향정(鄕正)'으로 고치고 그 사무소를 '유향소' 또는 '향청(鄕廳)'이라고 한 것이다. 향정을 선정할 때에는 민선(民選)으로 천거(薦擧)된 사람을 관가(官家)에서 추인(追認)하는 방식을 취했다. 이때 주·부(州府)에는 5원(員), 군(郡)에는 4원(員), 현(縣)에는 3원(員) 등으로 조직해서 그 수장을 '좌수(座首)'라고 하고, 그 나머지는 '별감(別監)'이라고 불렀다. 그 직권에 대해서는 권오복(權五福, 1467~1498)661)의 『향사당기(鄕社堂紀)』, 『향헌(鄕憲)』, 『향약조목(鄕約條目)』 등의 책에 의거하여 다음과 같이 열거하였다.

1. 향소의 직원은 본향(本鄕) 중에 나이와 덕망(德望)이 높고 문학(文學)과 재행(才行)을 두루 갖춘 자를 민선(民選)했다.
2. 패륜(悖倫)을 저지르거나 부도(不道)한 자를 관가(官家)에 고발하여 처벌했다.
3. 지방 서리(胥吏)의 불법 행위를 규찰하여 관가에 고발했다.

이 규정은 유향소의 헌장(憲章)이다. 유향소의 향원(鄕員)이 매사(每事)를 처리할
때에는 본소(本所)에 모여 토의(討議)를 한 후 결정했는데, 이에는 인물(人物) 비평
(批評)을 하고 그 행적(行蹟)을 살피는 한편 수령의 행정도 규찰하여 감사에게 교
섭(交涉)하는 경우도 있었다. 좌수(座首)662)의 직책은 본래 이와 같아서 행정관과는
관계가 없다.

그러나 만일 군수가 부재할 때에는 좌수가 수령의 대리역이 되기도 했고, 직접
행정에 간섭하는 일도 있어서 '아관(亞官)'이라는 명칭으로 불리기도 했다. 여기서
부언할 것은 좌수는 읍에는 있어도 도에는 없었는데, 이는 프로이센의 지방제도
들 중에서 특히 정치구역에는 어떠한 자치기관도 두지 않았던 경우와도 유사(類
似)하다는 점이다.

제106절 향회(鄕會)

향회(鄕會)는 자치단체로서 인민이 서로 모여서 행정상의 부정(不正)을 탄핵(彈劾)하거나 사무와 그 생활에 대해 의논하는 곳으로, 중앙정부와 상대적인 개념인 유회(儒會)와 같은 것이다. 향회는 좌수가 보통 고을 주민의 대표를 소집하여 향청(鄕廳)에서 개최하는 것이요, 향교(鄕校)에서 해당 고을 내에서 유적(儒籍)에 가입한 유림(儒林)들을 모아놓은 것을 '유회'라고 한다.

유회에는 도유사(都有司)가 있고, 그 아래에 약간의 유사(有司)가 있는데, 그 성격은 민회(民會)가 아닌 귀족의 성격을 띤 것으로 다른 군(郡)의 유림(儒林)과 연락을 취하거나 경성에서 대회를 개최할 권한이 있으며, 향청회(鄕廳會)는 본 읍에 한정된다. 그런즉 향회는 2종으로 이루어진 지금의 상원(上院), 하원(下院)과 유사한 점이 있다고 하겠다. 지방행정의 감독과 일반 자치 사업은 이 두 회에서 회의하여 처리하기는 하나 서로 간에 연락을 취하는 일은 없다.

이 향회의 조직은 형식을 오늘날의 회의 단체들에 비하면 못한 점이 없지 않으나, 서양에서 그리스의 정회(政會)보다는 대단히 발달된 경우인 셈이다. 또한, 이 향회는 동양 여러 나라에는 보이지 않는 것으로, 오직 우리 조선에서만 정치의 발달이 구현된 것이다. 그런 까닭에 근세 정치의 원기(元氣)는 이 향회에 있었다고 할 수 있겠다.

최근에 정치가 쇠퇴한 것은 향회에 원기가 없기 때문이다. 향회가 있을 때는 군주독재정치(君主獨裁政治)이기는 해도 입헌군주제(立憲君主制)나 공화제(共和制)와 다름이 없이 나라가 태평(太平)하고, 인민이 안락(安樂)함을 이룩하였다. 이 제도가 만일 점차 발달하여 향청회와 유회를 통합한 완전한 조직체를 이루었더라면 어찌 오늘날의 문명국(文明國)의 정치제도를 부러워할 이유가 있겠는가?

제107절 향헌(鄕憲)과 촌자치(村自治)

촌제(村制)는 자치의 기초로서 더욱 기묘한 조직을 이루었다. 본래 태조는 『향헌 (鄕憲)』 41개 조를 만들어 함경도에 먼저 시행한 바 있다. 이는 예로부터 정치적 관습에 근거하되 명나라의 향약을 참작, 개정한 것이다. 세종 10년(1428)에는 이를 보편적으로 쓰기 위하여 유향소 절목(節目) 12조를 만들어 향약에 관한 윤음 (綸音:임금이 신하나 백성에게 내리는 말-역주자주)을 내려 전국적으로 시행하게 했으며, 성종 때에 드디어 완전히 실시하기에 이르렀다.

    자치기관 향청(鄕廳) 좌수(座首) 1인.
                    유사별감(有司別監) 각 약간 명.
            면(面) 풍헌(風憲) 1인.
            유사(有司) 2인.
            리(里) 존위(尊位)(별칭으로는) 집강(執綱) 1인.
            소임(所任) 2인.

본래 하나의 읍(邑)의 경우 그 촌락을 면(面)으로 나누고, 면(面)을 리(里)로 나누고, 리(里)를 동(洞)으로 나눈다. 이때 관선 직원은 권농관(勸農官),663) 이정(里正), 통주(統主) 등 세 소임(所任)이 있으며, 그 밖에도 순전히 평등한 민선으로 조직한 자치기관으로는 위에 예시한 것과 같은 직원들이 아래와 같은 사무들을 처리한다.

1. 경제평등: 하나의 면(面)이 부담하는 세공(歲貢)을 나누어 정하고 각자의 전곡(錢穀)을 수납 저축하여 흉년에 대비함.
2. 교육: 서당을 설립하여 자제를 훈육하고 인민들의 풍속을 교정(矯正)함.
3. 경찰: 오가작통(五家作統)664)의 순경대(巡警隊)를 조직하여 도박과 도적 및 기타 죄인을 금지함.
4. 사법:면(面) 내의 소송은 가급적 관아까지 들이지 않고 처리 판결하되

태형의 집행이 가능함.

5. 정부와의 연락: 국세(國稅)를 징수 납입하며 정령(政令)을 성실히 지키게 함.

6. 종교: 신당(神堂)을 설치하여 천신(天神)의 덕(德)을 받들어 칭송하게 함.

7. 직원(職員): 촌회(村會)에서 공선(公選).

자치기관은 이상의 사무들을 집행하되 대소사는 모든 촌회를 개최하고 전체 동민(洞民)의 의결(議決)로 시행한다. 자치기관 이외에도 사회적 활동으로 다른 고을 사람과 연결되어 맺어지기도 했는데, 이를 '계(契)'라고 하였다. 계는 어떤 지방, 어떤 직업을 가진 자이든 간에 모두가 단체를 만들고 서로 돕는 일을 실천했기 때문에 일반 자치기관보다 이 계라는 것이 훨씬 훌륭한 조직이라 할 수 있었다.

이처럼 훌륭한 제도는 명나라의 향약보다 우수하여 국가생활을 이처럼 자위(自衛)에 기초를 두었으니, 이것이야말로 조선 정치 사례(事例)에 있어 대단히 중요한 정신이었다고 할 수 있겠다.

제108절 촌회(村會)

촌회를 진행하는 방법은 태고시대 역사정신의 결정체로서, 그 제도는 관습에 바탕을 두고 있어 엄격한 좌석과 정연(整然)한 질서는 사실상 오늘날의 회의 단체들보다도 더 크게 발달하였다. 고을 주민을 소집하는 방법은 맡은 이가 동네 어귀에 서서 고을의 어른 되는 이의 명령을 큰 소리로 공표하였다. 회의장에서 회의를 진행할 때는 프로이센의 연초(煙草) 국회와 그리스의 연향(宴饗) 국회의 경우처럼 술과 음식을 준비하기도 했는데, 회식장(會食場)은 곧 의사당(議事堂)이라는 뜻인 셈이다. 그 의결 방법은 충분한 상의(相議)를 통한 변론(辯論)을 필요로 했기 때문에 한 가지 사안을 논의하는 데에 수십 일이 걸리더라도 상세하게 의논하여 개인의 응낙(應諾)에 따라 결정을 보았다.

따라서 스파르타의 민회(民會)에서 큰 소리로 찬성 여부를 외치던 구두직결법(口頭直結法)보다는 상당히 원만(圓滿)하여 이를 재론(再論)하는 일이 일어나지 않도록 처리하였다. 그 논지를 피력(披瀝)하는 과정에서도 간단한 몇 구절에 끼워 넣는 것이 아니라 확실한 양해(諒解)를 필요로 했기 때문에 충실한 충정(衷情)을 다했다. 그렇다 보니 근래의 회의법(回議法)과 같이 무정신(無精神)한 번안(翻案: 안건을 뒤집음-역주자주)과 요령부득의 토대에서 의견을 발동하고 이를 다시 청구하는 재청(再請) 방식만 취하는 것이 아니었다. 이와 같은 회의에서 민중(民衆)의 소리는 사회와 국가 행위의 방향을 결정하는 잠재적(潛在的)인 세력이었던 셈이었다.

제109절 경찰행정 1

정치의 형태가 독재에 있으므로 보통은 분화적인 것이라기보다는 혼합적이면서 동시에 내무행정이 그저 소극적으로 공공의 치안을 유지하고 질서를 유지하는 수준에서 그친 것 같다. 그런 까닭에 위에서 여러 가지로 소개한 것처럼 인민의 참정권이 얼마간 주어지는 입헌적 성격을 띠지만 경찰은 여전히 경찰국가 시대를 탈피하지 못한 모습을 보였다. 그렇기 때문에 국가의 행정은 경찰의 모습을 가진 순전히 권력적인 압제(壓制)였다고 해도 무방하다.

그러나 내무행정은 전대(前代)보다 점차 확장되어 단순한 소극적 작용뿐만 아니라 적극적으로 국민의 행복을 증진하는 일도 내무행정의 일부로서 이를 시행하기에 이르니, 그 소극적 작용으로서의 경찰은 내무행정의 범위 내에서 분립하여 논할 수 있다. 그 경찰권의 기초는 법률상의 위임에 기초를 둔 서양 각국의 경우와는 다르나 순전히 국가의 존립(存立)을 유지할 필요에 있다고 할 수는 없는 바, 그 기초는 곧 법률이나 왕의 명령에 있다고 보아서 그 제도를 다음과 같이 언급하기로 한다.

의금부(義禁府)665)는 고등경찰관청(高等警察官廳)이다. 국가 및 그 기관에 대해서 위험을 끼칠 수 있는 행위들을 방지하는 것을 목적으로 삼았다. 이를테면 큰 옥사(獄事)와 내외로 오랫동안 지체되어 해결하기 어려운 사안들도 처리했으며, 특별히 당직청(當直廳)을 부설하여 사대부와 서민이 하소연하거나 소송하는 바를 맡아 처리하였다. 어떤 사람은 '왕옥(王獄)'이라 하여 역모자(逆謀者) 또는 관리의 신분으로 범죄(犯罪)를 저지른 경우는 전부 여기서 단속하였다. 이는 때로는 집금오(執金吾), 순군부(巡軍府), 의용순군사(義勇巡軍司) 등으로 개칭되었고, 원래 군문(軍門)에 속해 있었으나 태종 14년(1414)에 병병(兵柄)을 폐지하고 서사(庶司: 중앙 관청의 여러 관사官司, 또는 아문衙門-역주자주)로 만들었다.

판사(判事), 지사(知事), 동지사(同知事) 각 1인.
도사(都事) 10인, 서리(胥吏) 10인. 나장(羅將) 90인.
군사(軍士) 10인. 하속(下屬) 2인.

포도청(捕盜廳)은 좌우 2개소를 설치했는데, 보통경찰관청이었다. 각 개인에 대한 위험을 방비하는 것을 목적으로 삼았으며, 군대로 조직하여 도적과 간첩을 방지했는데, 순경(巡警)이나 기찰(譏察: 넌지시 탐사함-역주자주)의 임무를 전담하였다.

대장(大將) 1인. 종사관(從事官) 3인.
부장(部將) 42인. 서리(書吏) 4인.
기찰군사(譏察軍士) 수백 인.

그 외에도 형조, 대성 역시 경찰의 책임이 있었고, 각 부의 행정 작용에 수반하는 경찰은 각 관청도 그 권리를 가지니, 이는 행정 관청에 권한을 정하는 데에 필요한 바, 오늘날 여러 나라에도 있는 것이다. 그러므로 일반 주요 관리는 패(牌), 즉 구인증(拘引證)을 사용하여 구금을 명령하였다. 지방의 경찰은 그 행정관청에 직속(直屬)되어 있었는데, 경찰 관리로는 도사(都事), 부장(部將)이 있었고, 나졸(拿卒), 사령(使令), 산군(山軍), 군노(軍奴) 등은 오늘날의 순사(巡査: 일제 강점기 때 경찰관의 최하위 계급. 순경巡警-역주자주)와 같았다.

제110절 경찰행정 2

공공치안(公共治安)을 담당한 경찰의 경우는 관련 조문(條文)이나 법규(法規)가 분명하지 못한 까닭에 증거 삼아 보안(保安)을 논하는 것이 불가능하다. 그러나 『대명률(大明律)』,666) 『대전통편(大典通編)』 등을 참조하고 오늘날의 경찰학(警察學)에 비추어 본다면 이를 미루어 짐작할 수 있는데, 공공의 치안을 유지하고 자유를 보호하는 데 있어 훌륭한 제도로 조직하였다 하겠다.

(1) 결사(結社)에 관한 단속

다수의 인민이 자신의 의사에 따라 특정한 공동의 목적을 이루고자 영속적인 단체를 만든 사례는 그 수가 밤하늘의 별이나 바둑판의 알 만큼이나 많다. 그 종류는 상사(商社) 도가(都家: 같은 장사를 하는 상인들이 모여 계(契)나 그 밖의 장사에 대해 의논을 하는 집-역주자주)나 도덕에 입각한 구락부(俱樂部), 즉 계(契)나 자치(自治)를 목적으로 하는 구제기관 등이 있고, 그 밖에도 정당이 있음에 따라 정치집회도 있었다.

이러한 결사에 대해서는 상당히 장려(獎勵)하는 편이어서 무한한 자유를 허용했기 때문에 집회의 절차를 관청에 보고하는 일도 없었다. 풍속을 해치는 결사는 당연히 금지되었으며 정치혁명을 목적으로 한 비밀결사(秘密結社)는 대역죄(大逆罪)로 간주하였다. 대역(大逆)을 범한 자들을 체포(逮捕)할 때 관리가 임의로 단속(團束)할 수는 없었으며 반드시 왕에게 품계를 올려 왕명에 따라 집행하였다.

(2) 집회에 관한 단속

집회는 안녕(安寧)과 질서를 방해하지 않는다고 인정되는 경우에 한하여 무한한 자유를 허용했으나 만일 유해(有害)하다고 인정되는 경우는 금지하거나 중단시켰다. 따라서 3인 이상이 모여서 술을 마시는 경우에는 이를 해산시키고 그 주도한 자는 형률(刑律)에 따라 처분(處分)을 내렸다.

(3) 출판에 관한 단속

출판업(出版業)은 많은 노력을 필요로 하는 까닭에 관영(官營)이 대부분이며 사영(私營)은 많지 않았다. 그러나 이 역시 유해한 경우가 아닌 이상 검열(檢閱)이나 보고하는 법이 없이 자유로운 출판이 가능하였다.

(4) 사람에 관한 단속

행정집행법(行政執行法)에 의거하여 만취했거나 미친 사람, 거친 행동을 하거나 싸우는 사람의 경우 행정적인 처분으로 1일 이상의 구류(拘留), 감치(監置) 등으로 그 신체를 구속하였다. 그러나 소위 '예계명령(預戒命令)' 즉 위험인물의 자유를 속박하는 조치는 취하지 않았는데, 그 권한은 관치경찰(官治警察)에 있지 않고, 자치경찰(自治警察)의 책임으로 간주되었기 때문이다.

이상에서 논의한 바를 감안할 때 우리 조선에서 경찰세도가 발달하지 못한 사정이 있다 하겠으나, 현행범을 체포하는 경우를 제외하면 구인증(拘引證) 없이 인민들을 체포하는 것이 불가능했으니, 그런 점에서는 인민들의 자유가 상당히 존중되었다고 할 수 있겠다.

제111절 경찰행정 3

경찰의 처분과 관련하여 반드시 알아야 할 것은 죄수(罪囚)를 감금(監禁)하는 수금(囚禁)과 고문인 고신(拷訊)에 대한 법규이다. 이를 『대전통편(大典通編)』에 의거(依據)하여 발췌 소개하면 다음과 같다.

(1) 사형죄(死刑罪)를 범한 경우가 아닐 경우 관리(官吏), 사족(士族), 부인(婦人), 승려[僧人승인]를 구금(拘禁)하고자 하면 왕에게 품계를 올린 후 행한다.

(2) 나이가 70세 이상, 15세 이하인 자는 강도, 살인죄(殺人罪)가 아니면 구금할 수 없다.

(3) 혹형(酷刑)이 가해지는 신문(訊問)은 왕의 교지(教旨)를 받은 후 행한다.

(4) 부녀자(婦女子)는 대역죄(大逆罪)를 범하거나 음계(陰計)를 주동(主動)하거나 역초(逆招)를 적극적으로 지원한 자 이외에는 고문을 가할 수 없다.

(5) 중죄(重罪)를 범한 자는 비록 상민(常民)이나 천민(賤民) 출신이라도 형조(刑曹)에 품계를 올린 후 형벌을 가해야 한다.

(6) 죄인을 추국(推鞫)함에 있어 형벌[刑], 체포[拿], 조사[査]를 요청할 때는 국청(鞫廳)에서 회의를 거쳐 품계를 올리되, 추국(推鞫)에 참석한 관리가 단독으로 품계를 올릴 수 없다.

이 중에서 신문(訊問)을 진행하는 과정에서 형벌을 가할 때라고 하더라도 상당히 주의를 기울여 인도주의를 대단히 중시했다. 만일 못된 관리가 비인도적(非人道的)인 악행(惡行)을 가했을 때에는 그에 상응하는 범죄자로 간주하여 처분한다. 인조 25년(1647) 7월 나주 목사(羅州牧使) 이갱생(李更生, 1585~1646)667)이 적당(賊黨)인 양한룡(梁漢龍) 등을 고문하여 죽음에 이르게 만들자 왕은 이갱생을 처벌하고, 경차관(敬差官)668)인 장응일(張應一, 1599~1676)669)을 파견하여 수습하였다.

효종 9년(1658) 수진궁(壽進宮)670)의 노비들을 형벌을 가하며 고문(拷問)하다가 죽게 만들자 그 관리를 죄로 다스린 일도 있다. 이러한 일들은 역사적으로도 매우 분명한 사실이다.

이상에서 보았듯이 법규와 역사적으로 반형(反刑: 형 집행이 너무 과도 했을 때 반대급부로 내리는 징벌-역주자주)을 가한 일들을 보면 그 과정에서 인도(人道)와 정의(正義)를 법률의 기초(基礎)로 삼았던 것을 알 수 있다.

제112절 종교행정 1

종교에 대한 행정은 상고시대(上古時代)로부터 전해져 내려온 공인교주의(公認教主義)를 고수하였다. 즉, 독일과 오스트리아의 경우와 같이, 다수의 종교를 보호한 것이다. 그러나 그 종교의 종류는 전대(前代)와 달랐다. 즉, 유교(儒教)와 대종교(大倧教)는 보호했으나 불교(佛教)와 기타 종교는 억제(抑制)하였다.

　(1) 유교는 과학상으로 종교라 하기 어렵다. 그러나 유교의 시조인 공자(孔子)를 신격화(神格化)하여 각 지방에서 그 경전을 읽음으로써 이를 인생관(人生觀)의 근본(根本)으로 삼았으므로 종교가 아니라고 할 수도 없다. 경성에는 성균관(成均館)이 있고 각 지방에는 향교가 있으니, 이는 모두가 유교의 성전(聖殿)인 셈이었다. 이와 동시에 다음과 같이 관리를 두어 관련 정무를 보게 하였다.

　　성균관(成均館): 지사(知事),671) 동지사(同知事),672) 대사성(大司成),673) 좨주(祭酒),674) 사성(司成)675) 각 1인. 사예(司藝)676) 각 2인. 사업(司業)677) 각 1인. 직강(直講)678) 4인. 전적(典籍)679) 13인. 박사(博士),680) 학정(學正),681) 학유(學諭)682) 각 3인.

　　향교(鄕校): 장의(掌儀)683) 1인. 재임(齋任),684) 색장(色掌)685) 각 2인.

　(2) 대종교(大倧教)는 그 뒤로 다신교(多神教)로 변화하여 여러 신(神)을 신봉(信奉)하는 동시에 유교에서 받드는 신을 혼용(混用)하기도 하였다. 이는 대종(大倧)이라고 하기보다는 신도(神道)라고 하는 것이 옳은 셈이다. 그러나 자세히 살펴보면 '종(倧)'의 변화된 형태라고 할 수 있다. 대종교의 신은 종류가 상당히 많다.

　　삼성사(三聖祠):686) 환인(桓因), 환웅(桓雄), 단군(檀君)
　　숭령전(崇靈殿):687) 단군(檀君), 동명성왕(東明聖王)
　　숭덕전(崇德殿):688) 신라(新羅) 시조(始祖: 박혁거세朴赫居世-역주자주)
　　숭혜전(崇惠殿):689) 경순왕(敬順王)

숭선전(崇善殿):690) 가락국왕(駕洛國王: 수로왕首露王과 허왕후許王后-역주자주)

동명왕묘(東明王廟):691) 동명성왕(東明聖王)

숭렬전(崇烈殿):692) 온조(溫祚)

숭의전(崇義殿):693) 천수대왕(天授大王=高麗 太祖 王建)

불양(祓禳): 해곡신(害穀神)

나(儺): 조수(鳥獸), 곤충의 신

산천단(山川壇): 풍운우뢰(風雲雨雷)의 신

천신(天神): 천지일월성신(天地日月星辰)의 신

성황(城隍): 산천(山川) 또는 팽우(彭虞)694)의 신이라 함

선농단(先農壇): 농신(農神)

선잠단(先蠶壇): 잠신(蠶神)

사한단(司寒壇): 한신(寒神)

마조단(馬祖壇): 마신(馬神)

우려제단(禑厲祭壇): 악병신(惡病神)

독(纛): 전신(戰神)

신당(神堂): 각 관청의 토신(土神)

성조(成造): 각 집안의 토신

부루(夫婁) 단지: 재신(財神)

이상의 신들에 대한 제사는 소격서(昭格署)695)와 봉상시(奉常寺) 및 각 묘당(廟堂)이나 신전에 소속된 관장(管長)이 올리고 그 담당 관청은 이조(吏曹)와 예조(禮曹)에 구분, 귀속되었다.

(3) 불교는 보호받지 못한 종교로서, 속박을 가하여 점차 멸절(滅絶)시키려 하였다. 이 종교는 조선과 예조에서 관여했는데, 그 행정은 다음과 같았다.

1. 각 사찰에 주지를 두고 사찰 행정을 관리했는데, 주지로는 해당 사찰 승려의 투표로 몇 사람을 추천하여 예조에 보고하면 예조는 이조로 공문을 보내 마감했다. 주지의 임기는 30개월로 정하였다.
2. 교파는 선종(禪宗)과 교종(敎宗)의 두 파로 제한하였다.

3. 사찰은 새로 창건(創建)할 수 없었으며, 옛터에서 중건할 때에는 예조에 보고하여 허가(許可)를 받았다.

4. 승려가 되는 자는 예조에 보고해야 하며, 정전(丁錢)으로 정포(正布) 30필(疋)을 납입하고 도첩(度牒), 즉 승려가 되는 허가증을 구입하였다.

5. 군역 등록기간에 승려가 되는 자는 그 일족을 가두고 빨리 출두(出頭)하여 나타날 것을 독촉(督促)하였다.

6. 승려는 그 주거를 제한하여 도회지(都會地)에 출입할 수 없게 하였다.

(4) 음사(淫祠)

이상에 소개된 유교, 대종교, 불교 이외의 신들은 모두 '음사(淫祠)'라 하여 금지시켰다. 태조 원년(1392)에 공조판서 이민도(李敏道, 1336~1395)696)는, "전 왕조에서는 음사를 숭상하여, 한 신을 여러 곳에 나누어 제사를 나누어 제사를 지내기도 하고 하루 동안 여러 가지 제사를 연거푸 지내 제사의 전례가 신성(神聖) 모독적(冒瀆的)이고 문란한 탓에 망국(亡國)에 이르렀나이다. 바야흐로 지금 하늘에 호응하고 그 명령을 받들어 왕조의 통치를 새로 시작하는 시점에 즈음하여 또다시 전 왕조의 폐해(弊害)를 답습(踏襲)한다는 것은 가당(可當)치 않나이다. 예조로 하여금 관련 규정을 상세하게 정한 후 시행하게 하소서"라고 상소를 올린 바 있다. 태종 17년(1417)에는 박신(朴信, 1362~1444)697)의 소청(所請)으로 서운관(書雲觀)698)에 소장한 각종 신서(神書)와 이적(異籍)을 모두 소각하고, 도성 밖에서 개인적으로 소장하고 있던 요서(妖書)들을 압수(押收)하여 모조리 소각(燒却)하도록 명하되, 만일 이를 위반하는 자는 요언율(妖言律)에 따라 처벌하였다. 또, 영조 34년(1758) 5월에는 해주(海州)에서 요녀(妖女)가 출현하여 인민들을 홀리자 어사 이경옥(李敬玉, 1718~?)699)을 파견하여 요녀를 참수(斬首)한 후 그 머리를 본보기로 황해도 전역(全域)에 돌렸다.

정조 때에는 서학(西學), 즉 '야소교(耶蘇教)'를 금지하고 프랑스인 신부를 참수(斬首)하는 한편, 남학(南學)700)이 성행하는 일이 발생하자 이 역시 엄격하게 금지하였다. 그 후로는 음사(淫祠)는 모조리 엄격하게 금지하여 여기에 미혹된 자들을 일소했는데, 그 음사의 관장(管長)인 맹인(盲人)과 무녀(巫女)는 활인서(活人署)701)를 배속시켜 생활비를 지급하게 했고, 특히 지방의 무녀에 대해서는 사람마다 세목

(稅木: 무명) 1필씩을 납부하게 하였다.

이상에서 열거한 것은 근대 종교행정의 대략이다. 유교와 신도(神道)는 크게 흥하고, 불교(佛敎)와 음사(淫祠)는 큰 타격을 받았다. 그중에서도 음사(淫祠)의 참화(慘禍)는 무한한 비운(悲運)을 맞아 급기야 그 재앙이 대종교에까지 미치기도 했는데, 결국 중종 14년(1519)에 소격서(昭格署)를 철폐하고, 신서(神書)들을 태워 버리는 바람에 대종교의 경전(經典)까지 멸절(滅絶)의 환란을 당하고 말았던 것이다.

제113절 종교행정 2

국가가 자기의 문화적 사명을 자각하면서 군왕은 교회를 지도하고 스스로 진정한 신앙을 존중하여 받들지 않을 수 없었다. 신앙의 통일은 국가 정치에서 자연스럽게 만사의 목적이 되기에 이르렀다. 다시 말하면 그 자각적 사명은 한쪽으로 치우친 것이다. 즉 그 과도한 자각이 큰 주력을 유교에 집중시켜 이를 정신사상의 통일로 삼은 것이다. 어떤 측면에서 보자면 유교 역시 조선인 고유의 산물은 아니다.

그러므로 공자의 사당은 일종의 객관(客館)이라는 생각도 없지 않았다. 그러나 신인(神人)의 이법(理法)을 옹호하고, 신(神)의 바른 가르침 및 신에 관한 일체의 진리를 보호하는 데에 전념하지 않을 수 없었다. 그리하여 유교만 오로지 믿는 경향은 자신이 미로(迷路)에 빠져 버린 것조차 깨닫지 못하는 지경에 이르고 말았다.

(1) 사대(事大)

유교의 근본을 이루는 이념으로서의 운수(運數) 사상은 자각적인 활기를 억압했다. 따라서 청년은 얌전하다는 식의 무기력(無氣力) 속에서 죽을 곳을 살 곳으로 믿는 동시에 사대주의(事大主義)를 철저하게 신봉(信奉)하면서 의타심(依他心)을 키웠다.

(2) 보수(保守)

이 역시 유교의 근본을 이루는 이념으로서, 진보(進步)나 발달(發達)은 상당히 기피(忌避)되고, 옛 전적(典籍)이나 과거(過去)의 사례(事例)들만 착실하게 받들어 따라서, 보수는 퇴보(退步)요, 퇴보는 멸망(滅亡)을 의미했다. 예로부터의 문명 사업은 점차 쇠멸 일로로 치달았고, 그 결과 인민들의 사상은 결국 만신창이(滿身瘡痍)로 변하고 말았다.

(3) 계급(階級)

이 역시 그 근본을 이루는 이념이다. 천도(天道)를 근본으로 삼아 상하의 계급을 엄격하게 확립하고 소위 '명분(名分)'이나 '춘추(春秋)'의 의의(意義)를 진실로 실천하니, 당초의 신분법은 절정으로 치달았다.

(4) 인심(人心)의 불안

유교도를 적극적으로 보호하는 반면 다른 종교들은 배척한 결과, 정신적인 자유에 엄청난 속박이 가해진 것은 물론이고 국민의 양심에는 불안감이 자신을 스스로 어지럽히기에 이르렀다.

논하자면 물론 유교로 인하여 질서가 잡히고 행복(幸福)을 이루어 낸 일도 많이 있다고 할 수 있다. 그러나 그 같은 이로움은 그 해악(害惡)에 비해서는 너무도 작은 것으로 온갖 폐해(弊害)들을 다 빚어냈던 것이다.

제114절 교육행정 1

국민이 그 도덕적, 육체적 발달을 추구할 때에는 반드시 아래에서 위로 시대정신 (時代精神)에 걸맞은 혁명(革命)을 하고, 진정한 문화는 이와는 반대로 위에서 아래로 이루어지는 것이 예사(例事)이다. 이는 세계적으로 공통된 사실이다.

조선 근세의 교육행정 역시 연역적인 성격을 지녀서 최상급의 교육을 강조하는 반면 하급, 즉 기본 교육에는 상대적으로 관심이 적었다. 『문헌비고(文獻備考)』 「학교(學校)편」의 서문에서는, "길러서 인재를 만드는 일은 위로부터 이루어져야 한다. 윗사람을 길러내기만 하면 아랫사람은 저절로 길러낼 수 있게 되기 때문이다"라고 하였다. 그러므로 서양 아테네의 경우처럼, 소학(小學)은 사교육의 영역으로 남겨두고 고등교육만 정부가 직접 관할하는 것으로 하였다. 따라서 '의무교육'이라는 제도는 없었다.

(1) 초등교육

정부의 관여를 떠나 자치단체 또는 사설기관의 교육 범주에 속하였다. 어린 학동(學童)을 가르치는 서당(書堂)의 수는 전국적으로 2만으로 추산되는데, 그 유형은 세 가지였다.

첫째는 개인의 집에서 유생(儒生)을 초빙(招聘)하여 자기 집 및 한 동네의 아동 (兒童)들을 가르치는 경우요, 둘째는 유생 자신이 서재를 두고 아동들을 모집하여 가르치는 경우요, 셋째는 각 동네에서 조합을 만들고 서재를 두어 한 동네의 아동들을 가르치는 경우였다. 여기서 배우는 교과목(敎科目)은 모두 독서(讀書), 습자 (習字), 작문(作文) 등 네다섯 가지를 벗어나지 않았다.

(2) 고등교육

관립(官立)과 사립(私立)의 두 유형이 있었다. 관립으로는 각 읍의 향교와 경성 (京城)의 동학(東學), 서학(西學), 남학(南學), 중학(中學) 등 사학(四學)을 들 수 있다. 이 고등교육의 경우 학관(學官)을 파견하여 순회고시(巡廻考試)를 시행했다.

서원(書院)은 일종의 사설(私設) 도서관(圖書館)으로, 각종 서적을 비치해 놓아서 유생들이 모여 연구하는 곳이었다. 서원은 종종 36년(1541)에 풍기(豊基)군수 주세붕(周世鵬, 1495~1554)702)이 성리학을 도입(導入)한 고려 때의 학자 안향(安珦, 1243~1306)의 옛 지역에서 가장 먼저 설립했으며, 그 후로 각 읍마다 선현(先賢)의 자손들이 저마다 자신의 조상을 빛내기 위하여 설립하였다.703)

생도(生徒) 정수(定數)
사학(學)- 각 100인.
향교(鄕校)- 주(州) 90인, 부(府) 70인, 군(郡) 50인, 현(縣) 30인.
서원(書院)수(數)- 경기 41, 충청 42, 전라 43, 경상 47, 강원 31, 황해 21,
함경 16, 평안 21 합계 263.

사학(學), 향교, 서원에는 간혹 초등과(初等科)를 설치한 경우도 있었다. 즉, 13세 이하의 아동도 있어 초등교육을 아울러 시행한 것이다.

(3) 문과대학(文科大學)

경성(京城)의 성균관(成均館)에 설치한 태학(太學)으로, 모두 세 등급으로 정하였다.
태학의 3급: 상재(上齋): 생원- 126인, 하재(下齋): 진사- 106인, 기재(寄齋): 학생
- 20인.
태학(太學)은 국가 교육에 있어서 가장 중요한 기관으로, 왕이 행차(行次)하여 제생(諸生)과 함께 강론(講論)에 참여하였다. '생원(生員)'은 사학과 향교 등 재생(齋生)의 학력(學力)을 시험(試驗)한 결과 그 논문이 우수(優秀)한 자의 경우, 각 도 및 사학에서 3인 이상 10인 이하를 선발하여 주는 학위(學位)였다. '진사(進士)'는 과거제도(科擧制度)에 의하여 시부(詩賦)에 우수한 자를 선발(選拔)하여 주는 학위(學位)였다. 이러한 학위를 취득(取得)한 자가 다시 두 차례의 시험에 차례로 합격하면 '급제(及第)'라 하여 문관(文官)으로 채용(採用)하였다.

(4) 전문학교

당시에는 실업(實業)에 대한 교육은 없었으나 실무(實務)나 예술(藝術)에 관한 것들은 많이 설치되었는데 이 역시 관립(官立)이었다.

어학(語學): 한어(漢語)-45인, 몽골어(蒙古語)-35인, 여진어(女眞語)-20인, 청어(淸語)-34인, 일어(日語)-40인.

이상은 사역원(司譯院)704)에 개설(開設).

의학(醫學): 116인- 전의감(典醫監),705) 혜민서(惠民署)
천문학(天文學): 40인- 관상감(觀象監)706)
지리학(地理學): 10인- 관상감(觀象監)
도학(道學): 10인- 소격서(昭格署)
법률학(法律學): 80인- 형조(刑曹)
수학(數學): 61인- 호조(戶曹)
화학(畵學): 30인- 도화서(圖畵署)707)
음학(音學): 195인- 장악원(掌樂院)708)

이상의 학교들은 경성에 설치된 것들이며, 각 지방에도 이러한 학교가 설립된 경우가 있었다. 그러나 지방에는 어학, 법률, 의학의 세 과목만 있었다.

과(科)/지(地)	주(州)	부(府)	군(郡)	현(縣)
법률	14인	12인	10인	8인
의학	14인	12인	10인	8인

학생 수
한어(漢語): 평양(平壤), 황주(黃州), 의주(義州) 각 30인, 제주(濟州) 15인.
여진어(女眞語): 창성(昌城), 의주(義州) 각 5인, 북청(北靑) 10인.
　　　　　　초산(楚山), 벽동(碧潼), 위원(渭源), 만포(滿浦) 각 5인.
일어(日語): 부산 10인, 염포 6인, 제주 15인, 거제 5인.

(5) 여자교육
초등교육과 마찬가지로 정규 교육기관이 없이 사설기관을 통해 이루어졌다. 그 과목으로는 한글[諺文언문709]과 삼강행실(三綱行實) 두 가지였으며, 상식보다는 도덕적 교훈(敎訓)을 위주로 하였다. 교수(敎授)로는 가장(家長), 부로(父老), 지방교수 및 훈도(訓導) 등이 있었는데, 대의(大義)에 통달하고 품행(品行)이 탁월(卓越)하게 남다른 자는 서울에서는 한성부(漢城府), 지방에서는 감사가 보고를 올리면 상을 내렸다.

(6) 사범교육

특별한 양성기관이 없이 학력이 우수한 자를 선정하여 임명하였다. 학생들에 대한 평가는 학관(學官)이 일과(日課)나 월강(月講)의 성적에 따라 처리했는데, 서울에서는 3품 이하의 문관, 지방에서는 교수와 훈도(訓導: 생원, 진사로 선정)가 있어서 이를 진행하였다.

	경기	충청	경상	전라	황해	강원	함경	평안
교수(敎授)	11	4	12	8	6	7	13	11
훈도(訓導)	26	50	58	55	21	19	10	37

제115절 교육행정 2

교육행정은 미적(美的) 정신생활의 범주에서 창조적 활동을 이루는 경우가 매우 적으며, 오직 이를 보호하고 여기에 외적인 조력 수단을 시행하는 것이 분명하다. 독일에서 베를린대학을 창립할 즈음에 빌헬름 황제가 친서를 내려, "나는 이에 유능한 인사들을 규합하고 점진적으로 전체를 결과가 나타나도록 인재로 육성할 것이다"라고 말하기도 하였다. 이 경우와 마찬가지로, 세조는 교지(敎旨)를 내려, "인재의 양성(養成)은 하루아침에 이루지 못하니, 재능이 있는 자라도 힘써 가르치지 않으면 인재가 될 수 없고, 인재가 있더라도 미리 시험해 보지 않고는 등용하기 어렵다. 마땅히 항상 부축하고 독려(督勵)하여 수시로 시험하여 등용에 대비(對備)하라!"고 명하기도 하였다. 이를 통하여 볼 때, 국가의 활동은 창조가 아니라 단지 고무하고 장려하는 데에 있는 바, 과학 정신은 약동(躍動)하는 인물의 발탁(拔擢)을 통하여 구현되는 셈이다.

그 내용을 살펴보면, 유교는 필연적으로 모든 국민에 대한 교육의 담당자로서 종교와 교육을 조화시켰다. 교사는 모두가 유생을 통하여 각 촌락의 학교를 관장하면서 스스로 교장이 되거나 교사가 되어 성경(聖經: 유교경전-역주자주)의 담론(談論)과 신앙(信仰) 문제를 독서(讀書), 습자(習字)를 통해 습득(習得)하게 할 뿐만 아니라, 중국의 통감(通鑑)·사략(史略)과 유교의 경전들을 교과서로 삼았다.

이렇게 해서 종교적 교육과 독서(讀書), 습자(習字)의 교육은 서로가 보완적으로 연결되면서 불가분의 관계를 맺기에 이르렀다. 아동은 뼈가 여릴 때부터 공자(孔子)를 숭배(崇拜)하면서 도덕정신(道德精神)을 배양(培養)하고, 이와 동시에 중국 역사에서 터득한 쟁탈, 공격의 사례들을 통하여 제2의 천성(天性)으로 습관(習慣)이 되며, 중학교 수준(水準)부터는 고전교육(古典敎育)을 중심으로 옛것들을 받들어 지킴으로써 이념(理念)을 개진(開陳)하기에 이르렀다.

그러나 이러한 고전교육은 사상적 오류가 없이 정서(情緒)와 이지(理智)를 닦는 동시에, 훈련(訓練)을 통하여 청년의 정신을 확고부동(確固不動)하게 만들 수 있는 준거(準據)를 필요로 하였다. 살펴보면 오늘날 신교육(新敎育)은 과학을 기계적 또는 백과전서식(百科全書式)으로 주입하는 동시에, 그 정신력은 자연과학의 단편적,

형식적 지식의 압박으로 도리어 약하게 되는 경향을 보이는 바, 이를 서로 비교하면 과거의 옛 전적 교육의 효과가 대단히 훌륭한 인격(人格)을 양성(養成)하는 것이라 할 수 있는 셈이다.

원래 교육의 원리는 정신력에 대한 정식(正式) 훈련을 위주로 하는 것이 가능한 동시에, 독립적인 사색(思索)을 하는 데에 있어서도 충분한 정신적 탄력을 양성하는 것이 가능하다. 근세의 신교육은 정식적인 측면의 정신력에 있어서는 뛰어나지만 독립적인 정신력에는 도리어 큰 해를 주어 다방면의 인물과 전문가들이 배출되지 않음에 따라 학문이 진보하지 못하는 지경에 이르렀다.

예술의 영역에서는 부진한 모습을 보여, 서양의 17세기와 근사하여 전반적으로 말살주의(抹殺主義)를 행하니, 국가적 활동력(活動力)이 점차 퇴보(退步)하고 미약(微弱)해지는 지경에 이르렀다. 이렇게 된 것은 바로 유교가 예술을 천대(賤待)한 데서 기인한 것이다. 그래서 유화(儒畵)의 태두(泰斗)인 인재(仁齋) 강희안(姜希顔, 1419~1464)710)의 행장(行狀: 사람이 죽은 뒤 그 평생에 지낸 일을 기록한 글-역주자주)에서는, "자제들 가운데 서화를 배우려 하는 자가 있었다. 공이 말하기를, '서화는 천한 기예일 뿐이니 전해지기라도 하면 그저 이름을 욕되게 할 뿐이다[子弟有求者제유구 書畵者서화자, 公曰공왈, 書畵賤技서화천기, 流傳後世유전후세, 祇以辱名耳지이욕명이]'라고 했다"라고 적기도 하였다.

제116절 구제행정(救濟行政)

인민을 다스리는 도(道)는 생명을 다스리는 '생생(生生)'을 근본으로 삼았기 때문에 인민들을 구제하는 행정은 상당히 발달되어 있었다. 그 제도는 빈곤 구제와 빈곤 예방의 두 가지로 이루어진다.

(1) 혜휼(惠恤)

진휼청(賑恤廳)은 빈곤을 구제하고 은혜를 베푸는 정무를 관장하고, 예조(禮曹)는 이를 조사, 처분을 내리는 정무를 담당했다. 일가붙이가 없이 구걸하는 자, 보호자가 없는 노인 등은 토우(土宇), 즉 움집을 지어 여기에 거주하게 하고, 옷감과 식량을 제공하였다.

또 잃어버리거나 버려진 어린이는 한성부와 각 읍에서 양육을 원하는 사람을 골라 양육(養育)하게 하되, 7세까지는 그 양육비를 지급하며 양육을 원하는 사람이 없으면 움집에 머물게 하고 유모 1인에 아이 둘을 맡겨 보호, 양육하게 하였다. 역질(疫疾)이 돌 때에는 온 가족이 다 죽은 자 및 화재(火災)나 수해(水害)를 당한 자는 한 집밖에 되지 않더라도 왕에게 보고하여 구제(救濟)했으며, 흉년(凶年)에도 마찬가지로 그렇게 했다. 이와 관련하여 지방관들 중에서 이 같은 진휼에 노력하지 않는 자가 있으면 즉시 파직(罷職)하였다.

진휼미(賑恤米) 영조 때
경기도- 17,423석(石, 약 144킬로그램)
충청도- 38,988석(石)
강원도- 33,347석(石)
황해도(원문에 황해도의 내용이 없다-역주자주)
전라도- 8,979석(石)
경상도- 52,974석(石)
함경도- 5,536석(石)

(2) 비황(備荒)

빈궁(貧窮)에 빠지지 않도록 배려하는 예방책으로 신라 때부터 전해 내려온 적조법(糴糶法)이 있었다. 고려 때에 전국 14개소에 의창(義倉)711)을 설치하고, 여기에서 진휼(賑恤)과 흉년(凶年)을 대비하는 정치를 베풀었다. 근세에 와서는 읍마다 상평창(常平倉)712)을 설치하여 빈궁한 자가 생기는 것을 방지하였다. 이때 봄에 미곡(米穀)을 빈민에게 빌려주었다가 가을에 돌려받았는데, 이자를 1/10로 정하고 '취모(吹毛)'라고 불렀다. 또한 곡물의 가격이 저렴할 때에 매입했다가 값이 비쌀 때 되팔아서 빈곤을 구제하였다. 이러한 제도는 송나라 주자(朱子, 1130~1200)가 주장한 사창(社倉)713)과도 동일하다.

그러나 사창은 100호(戶)마다 1사(社)를 설치한 데다 가장 최근에 제정되었다. 이에 비하여 우리 조선의 상평창법(常平倉法)은 이미 1,000년 전 신라시대부터 전해 내려온 것이었다. 빈민 보호에는 프랑스이 제도와 마찬가지로 낮은 이자율의 관영 전당포(典當鋪)가 필요하다. 그러나 조선은 농업을 근본으로 삼은 까닭에 이 제도는 설치되지 않고 민간에서 사영(私營)으로 '일수(日收)', '월수(月收)'라는 것이 있는데, 이자가 아주 높기는 하지만 빈민(貧民)에게는 필요한 것이었다.

(3) 의료 구제

박애사업(博愛事業)은 서양보다 앞서 있었다. 관련 병무(病務)를 담당한 관청은 혜민서(惠民署)와 활인서(活人署)인데, 전 왕조에 시행되던 대비원(大悲院)의 이름을 고친 것이었다. 가난하여 병을 치료할 길이 없는 자는 이 두 관청에서 무보수(無報酬)로 치료해주었으며, 지방에서는 현지 정청(政廳)의 직영(直營)으로 치료를 베풀었다. 의금부(義禁府), 성균관(成均館), 전옥서(典獄署)에는 달마다 정기적으로 의원을 파견하여 학생과 죄수들을 진찰하고 약제(藥劑)를 처방해 주었다.

또한, 온천(溫泉)을 이용한 것은 옛날에 깨달은 바로서, 온천이 있는 지역에는 병실을 지어 인민들을 무료로 입원하게 하였다. 온천뿐만 아니라 전염병 환자를 치료할 때에는 특별히 문 밖의 노는 양지에 피병원(避病院), 즉 병막(病幕)을 설치하고 무료로 입원하게 하였다. 활인서에는 여의사 70인과 산파(産婆: 그 인원수는 미상)가 있었는데, 이는 각 지방에서 선발(選拔)하여 견습(見習)하게 한 것으로 인재(人材)가 육성(育成)되면 각지로 파견(派遣)하여 관련 업무를 보게 하였다.

대체로 구제행정은 각국이 대부분 최선의 노력을 기울이는 일이다. 조선은 과거에는 이 같은 제도가 사실 크게 발달하여 인민의 생활이 풍족하였다. 그렇기 때문에 국민 전체를 가리켜 빈궁하다고 할 수는 있어도 그 정도 내에서는 딱히 빈민(貧民)이라고 할 정도의 사람들은 오히려 그 수가 적었다.

스위스 산속에는 걸식(乞食)하는 큰 부락이 있는데, 추장(酋長)은 물론이고 노비, 종까지 있을 정도였으며, 독일 게튼 시(市)에는 4만의 인구 중 1만 2,000명은 걸식자(乞食者)였다고 한다. 프랑스의 분만원(分娩院)은 임산부와 버려진 아이들을 보살피는 곳인데, 여자의 정조(貞操)가 이렇게 해서 파괴되는 현상이 크게 나타났다. 이들 국가의 행정은 무료로 구제정책을 시행한 탓에 빈민이 갈수록 늘어나서 결국 악풍악덕(惡風惡德)이 유행(流行)하게 되었다. 우리 조선 역시 무료로 빈민(貧民)을 구제(救濟)하는 것은 같으나, 빈민의 수가 많지 않아 오히려 해마다 감소하는 양상을 보이는 바, 이것이 평균적(平均的)인 생활이었다.

그 이유는 조선은 족제(族制)가 발달하여 곤란(困難)에 처한 자는 그 집안이 구제해주었고, 타인(他人)이나 정부(政府)의 보호(保護)를 받는 것을 대단히 슬퍼하고 상당히 수치스럽게 여겼기 때문이다. 이는 사실상 발달된 자치제도(自治制度)의 하나의 증거라고 할 수 있겠다.

제117절 경제행정(經濟行政) = 농업

국민경제에 있어서는 농업을 근간으로 삼는 전통적인 이념을 따라서 이를 크게 장려했고, 게다가 태조 이성계의 역성혁명 때 농업 개혁으로 인민들로부터 지지를 받았던 바, 그 완비(完備)된 제도는 부를 분배함에 있어 상하에 균등하게 하는 것을 대원칙으로 삼았다. 당시 농정(農政)의 도(道)로 여섯 가지 항목이 있었다.

첫째, 농사철을 빼앗지 않는다. 둘째, 인민을 머물러 살게 한다[奠居전거]. 셋째, 농민들의 식량을 살피고 돕는다. 넷째, 쟁기와 소를 갖추고 제공해준다. 다섯째, 관개(灌漑) 및 제방(堤防) 시설을 갖춘다. 여섯째, 나태(懶怠)함을 경계(警戒)하는 것 등이 그것이다.

(1) 각 면(面)과 리(里)에 권농(勸農)을 담당 관리에 맡겨 매번 농사철에 즈음하여 종자(種子)를 마을 주민들에게 지급하고, 때때로 현장을 순회(巡廻)하면서 작업을 독려(督勵)하였다. 이때 종자는 각 고을 수령이 상평창에 장만해 두었던 것으로, 인민들의 요청에 따라 권농 담당관리가 나누어 주게 하였다. 군주는 백관(百官)을 인솔(引率)하고 도성 밖으로 나가 인민의 모내기를 시찰(視察)할 뿐만 아니라 적전(籍田)714)을 따로 설치하고, 왕이 직접 밭을 갈아 농사를 각별히 중시해야 한다는 교훈을 주었다. 만일 제때에 비가 오지 않으면 하늘에 제사를 올려 비를 내려 주시기를 기원(祈願)했는데, 오랜 가뭄 끝에 비가 내리면 행인(行人)들이 비옷을 착용(着用)하지 못하게 함으로써 천지신명(天地神明)의 은덕(恩德)을 고맙게 여기게 했던 바, 이를 통하여 당시 농사(農事)를 중시(重視)하는 인식(認識)이 컸다는 것을 알 수 있는 셈이다.

(2) 국유지와 사유지를 막론하고 사람들의 청원(請願)에 따라 집을 짓게 하였다. 다만 사유지의 원 주인이 집 짓는 것을 먹거나 저항할 때에는 법률에 의거하여 처벌하였다. 노는 땅의 경우 경작(耕作)이나 개간(開墾)을 요청하는 자가 있으면 즉시 허락하되 그 소유권(所有權)까지 부여하였다. 촌마다 농우(農牛)를 사육(飼育)하여 읍(邑)마다 50마리를 지급하여 인민들이 사용하게 되니, 조선의 소[牛]가 세

계에서 제일이라는 것은 소를 농사 기계로 사용한 까닭에 그 수가 많을 뿐 아니라 그 등급까지 상품(上品)이 된 것은 오로지 품종(品種)을 개량(改良)하여 종자(種子)를 취하는 데 전념했기 때문이다.

(3) 의정부의 분파인 제언사(堤堰司)715)는 관개와 수리 등의 정무를 전담하는 관청이었다. 각 읍의 수령들로 하여금 매년 봄과 가을에 수리 상황을 감사에게 보고하여 정부에 품계를 올리게 했다. 만일 새로 건설할 보(洑)와 제방(堤防) 및 저수지(貯水池)를 만들 곳이 있는 경우 인민들의 청원(請願)에 따라 이를 허가(許可)하되, 수령(守令)이 직접 현장으로 나가 조사(調査)를 마친 후 국고금(國庫金)과 인민들의 부역(賦役)을 통해 이를 조성(造成)하였다.

농업과 같은 반열에 두고 중요하게 다스린 것은 잠업(蠶業)이었다. 조정에서는 도마다 양잠(養蠶) 담당을 두고 각 읍의 잠사(蠶絲) 생산에 주력하니, 이를 '도회잠실(都會蠶室)'이라고 불렀다. 이는 의정부의 분파인 비변사(備邊司)에서 통합 관리했는데, 뽕나무 묘목(苗木)을 인민들에게 무료로 나누어 주되 대호(大戶)에 50대, 중호(中戶)에 40대, 소호(小戶)에 30대를 분배해 주었다. 도마다 도회잠실에는 이웃 읍의 여자나 조수(助手)의 인원을 정하고 순차적(順次的)으로 돌아가면서 품앗이를 했는데, 마지막 단계에서 성적을 볼 때에는 감사가 현장에서 직접 감독(監督)하여 상벌(賞罰)을 내리고, 그 성적표(成績表)를 호조(戶曹)에 보고하여 보관(保管)하게 하였다.

제118절 경제행정(經濟行政) = 상업

상업의 경우에는 대규모의 제도를 갖추었다. 이는 신라 때부터 발달해 온 것이었으나 근세에 이르러서는 더욱 크게 정리하여 보다 완전한 정책을 집행하였다. 정종(定宗, 태종의 잘못-역주자주) 때에 개천도감(開川都監)716)을 설치하고, 경성 중앙대도의 양측에 시전(市廛) 800여 간을 설치하여 일반 상업을 업종별로 구분하여 개점하게 하니, 어떤 종류의 영업이든지 전문적으로 이루어졌으며, 상인들 역시 각자 그 영업과목에 따라 집단적으로 자치를 시행하게 하는 한편, 일반 상업 관련 정치는 평시서(平市署)717)가 전담하게 하였다.

(1) 도량형

도량형(度量衡)은 상업상(商業上)의 거래(去來)의 편의(便宜)를 도모하고, 또 거래 과정의 사기(詐欺)를 방지(防止)하기 위하여 정확하게 하는 것으로, 공조(工曹)에서 개조(改造)하여 나누어 주었으며, 그 제도는 구리로 원형(原型)을 제작하였다. 오늘날 각국에서 사용하는 백금(白金) 원형(原型)에 비하면 도수(度數)의 형태 변화가 용이하였다. 그런데 일반적으로 도량형 용기에는 낙인(烙印)을 찍어 나누어 주고 해마다 춘분(春分)에 경성(京城)의 경우는 호조에서, 지방은 각 진영(鎭營)에서 민간의 도량형 용기를 수거하여 검사하는데, 관청에서 제작한 낙인(烙印) 표시가 없거나 사사로이 위조(僞造)한 경우에는 처벌(處罰)하였다.

(2) 화폐

화폐는 법률에 따라 제작해 사용한 것은 물론이고, 그 제작법도에도 변화가 많았다. 태종 때에는 지폐를 널리 사용했는데 그 가치는 1장에 쌀 1되, 20장에 포(布) 1필(疋)을 기준으로 삼았다. 도중에는 전폐(箭幣)718)를 사용하기도 했지만 곧 폐지하고, 인조 11년(1633)에 호조판서 김기종(金起宗, 1585~1635)719)의 건의(建議)로 상평통보(常平通寶),720) 즉 엽전(葉錢, 2돈 5푼)을 주조(鑄造)해서 사용하기 시작하였다.

이는 보조화폐로 사용하고 본위(本位)화폐는 은(銀, 1냥)으로 정했는데, 화폐를 주조하던 장소는 일정한 곳이 없이 왕의 명령에 따라 호조, 공조, 군영 및 지방 등에서 임의에 따라 이루어졌다. 엽전(葉錢)의 원 재료는 놋쇠, 구리, 납석 등 세 가지 정철(精鐵)의 화합물(化合物)이었다.

(3) 도매상[都家도가]

상업은 한결같이 호조나 평시서에서 전담하여 간여했다. 그러나 일반 비즈니스를 정부의 간섭(干涉)에 일임하면 영업에 큰 곤란이 발생하게 된다. 그렇기 때문에 각종 영업자들은 저마다 동업인들 간에 모임을 조직하여 매매조합(賣買組合), 상업회의소(商業會議所) 등의 성격을 가진 자치적 영업기관을 설립했는데, 이를 '도가(都家)'라고 하였다. 이러한 도가들에 대해 정부에서는 대금(貸金)을 주어 상업(商業)을 키웠는데, 이 때문에 상업계에 간혹 일시적인 손해가 발생하더라도 앞날에는 양호(良好)한 희망이 있는 동시에 발전의 방책이 생기게 되었다. 이때 정부에서는 대부금(貸付金)으로 은이나 포목(布木)을 주고 무이자(無利子)로 1년에 1번 갚게 하였다. 이것은 조선의 상업정신이요, 활로였다.

(4) 향시(鄕市)와 임방(任房)

지방 상업의 경우 각 촌의 편리에 따라 5일 간격의 정기시장(定期市場)을 열었는데, 이를 '장(場)'이라고 하였다. 여기에는 약간의 행상(行商)들이 집합하여 물산(物産)을 교역(交易)하는데, 아무리 궁벽한 지역의 마을이라도 대부분 생계(生計)의 방도를 얻었다.

이 행상의 경우 역시 집단을 조직하고 도가(都家)의 업무를 스스로 다스렸는데, 이를 '임방(任房)'이라고 하였다. 임방은 팔도(八道)에 모두 있었으며 상당히 의협적(義俠的)인 집단을 이루고 있었다. 그 통합 기구도 경성에 있었고 그 수장(首長)은 '통령(統領)'이라고 불렀다.

(5) 외국무역

전통적으로 '호시(互市)'라고 불리던 것이다. 경원(慶源), 경성(鏡城), 회령(會寧), 중강(中江: 의주),721) 부산(釜山) 등 5곳에 무역 장소를 설치하고 관리를 머물게 하여 해관세(海關稅)를 징수하고 금지 물품의 밀수입(密輸入)을 엄단(嚴斷)하였다. 이에 금단(禁斷)이 엄격하여 내외국인을 막론하고 국법(國法)에 저촉되는 행위를 한 자는 참형(斬刑)에 처하는 한편 현지의 지방관까지 파직(罷職)하였다. 외국인이 조선에 체류(滯留)할 수 있는 기간은 20일에 불과하였으며, 내외국인을 막론하고 국경을 통행하는 자는 행장(行狀), 즉 여행권(旅行券)을 발급해 사용하게 하였다.

이 호시 때문에 중국 및 일본과 교섭하고 조약을 체결한 것이 세종 때부터였다. 또한, 이 호시의 영향으로 말미암아 본국(本國)의 상업 구도가 좌우되는 데 대한 논란도 많았다. 호시를 상업적으로 중요시하고 이에 상응하는 정책을 시행한 것은 신라시대부터였다. 근래에 어떤 인사들은 고대 정치에는 '무역(貿易)'이라는 용어 자체부터가 존재하지 않았다고 하는 주장(主張)을 펴는 경우가 많으니 딱한 일이 아닐 수 없다.

이상의 상업 정책은 전통적인 이념, 즉 국가와 사회를 위주로 하는 이념을 고수한 까닭에 일반 물가도 정부에서 평준(平準)하여 상업가(商業家)에 피해가 있을 경우에는 정부에서 도와서 부양(扶養)하는 식으로 구제(救濟)하였다.

제119절 경제행정(經濟行政) = 공업

공업(工業)은 고려시대보다 발달하였다. 그러나 조선에서 공업은 각 개인에게 맡겨지는 일이 적고 전적으로 각 관청과 연계시켜 정부 관할 하에 두었다. 경성의 경우 관립 공장은 공조(工曹), 상의원(尙衣院), 군기시(軍器寺), 교서관(校書館), 조지서(造紙署) 등 11개 소(所)가 있었다. 각 관청에서 필요로 하는 물품(物品)들 역시 각 관청에서 제조했는데, 특히 사립이든 간에 대형 공장(工匠)이 존재하지 않았던 것은 사실이다. 이는 가내 공업(家內工業) 수준을 면하지 못한 것이다. 각 업종의 노동자는 개별 문건을 작성하여 공조에서 보관했으며 그 업종은 세습(世襲)해서 전수(傳授)하게 하였다.

경성의 각 관청 및 공장들과 연계된 공업 및 노동자는 다음과 같이 구분할 수 있다.

철공(鐵工): 야장(冶匠), 유장(鍮匠), 나전장(螺鈿匠) 등 15과(科) 663인.
목공(木工): 죽(竹), 목(木), 칠(漆) 등과 148인.
가죽공[皮工피공]: 신발[靴], 안장[鞍子], 가공가죽[熟皮숙피], 양탄자[氈전] 등 15과 122인.
사기공(沙器工): 사기(沙器), 석탄(石炭), 와(瓦) 등 9과 674인.
방직공(紡織工): 능라(綾羅), 포목(布木), 염색(染色) 등 10과 443인.
군기공(軍器工): 활[弓], 화살[矢], 갑옷[甲], 선박과 수레[舟車] 등과 10과 392인.
옥공(玉工): 3과 52인.
잡공(雜工): 우산[傘], 조각(彫刻), 발[簾], 빗[梳], 부채[扇] 등 57과 523인

이상 합계 125와 3,012인이다.

각 외방(外方)에 소재한 공장적(工匠籍)에 기입된 노동자 수는 다음과 같았다.

경기도- 153인.   충청도- 614인.

경상도- 1,129인.	전라도- 771인.
강원도- 224인.	황해도- 221인.
함경도- 176인.	평안도- 214인.

　대구의 경우 나무자루의 패도(佩刀) 1개를 제조하더라도 18곳에서 나누어 제작했다고 하니 당시의 분업적(分業的) 가공업(加工業)의 제도 조직은 정말 놀라운 일이다. 대단한 발명은 없었기 때문에 전매특권(轉買特權), 의장권(意匠權) 등의 법규는 보이지 않으나 실제 업무 진행에 있어서는 큰 규모를 이루고 있었다. 그런데 노동자의 일은 노예에게 맡겼고 다른 계급에 속한 사람은 여기에 종사하지 않았을 뿐만 아니라 거기다 시대(時代)의 기운(氣運)이 기울었을 때에는 지방 관리들의 탐욕(貪慾)과 침탈(侵奪)로 인하여 공업(工業)이 크게 쇠락하고 말았으니, 아! 쇠락(衰落)한 때의 정치에 대해서는 차마 말조차 할 수가 없도다.

제120절 경제행정(經濟行政) = 어염(魚鹽), 삼림(森林), 목축(牧畜)

우리들이 오늘날에 앉아서 가파르고 높은 산을 올려다보면 사방에 수풀이 우거져 있지 않고 모두 민둥산을 이루고 있다. 그렇게 된 데에는 근래에 세운(世運)이 쇠(衰)하면서 탐관오리(貪官汚吏)가 국법(國法)을 어기는 바람에 '중머리 산[僧山승산]'을 만든 것이다. 본래의 제도나 정치는 결코 그렇지 않아서 삼림(森林)에 관한 행정에 각별(格別)한 주의(注意)를 기울였다.

군영(軍營)에는 산군(山軍)을 특설하고 여러 산을 순찰하면서 벌목(伐木)을 금하는가 하면, 산지(山地)를 마을 주민들에게 나누어 주고 자치를 통하여 벌목을 금하게 하였으며, 동시에 인민들은 식목(植木)의 의무가 있어, 해마다 2월 10일에는 반드시 산에 나무를 심게 하였는데 그 종자(種子)와 묘목(苗木)은 비변사(備邊司)에서 나누어 주었다.722)

나무를 심은 뒤에는 그 나무의 수(數)와 지명(地名)을 장부에 기재(記載)한 후 공조(工曹)와 해당 읍(邑)에서 보관하였다. 이와 함께 때때로 점검을 나와 산허리 위로는 밭을 경작(耕作)하는 것을 허용(許容)하지 않았으며, 만일 벌목하는 자가 있으면 곤장(棍杖) 90대에 처하고, 도벌(盜伐)한 개수에 맞추어 나무를 심게 하였다.

산림뿐만 아니라 관사(官司)와 민가의 경우에도 옻나무, 뽕나무, 과일나무 등을 심은 후 장부를 작성(作成)하여 보관하게 하고, 각 관청은 뽕나무[桑木상목] 10묘를 심고, 공조와 감사는 이를 점검하여 살피게 하였다.

어염(魚鹽)은 각 관사(官司)의 소유물로 인민이 세금 납부에 이용하는데, 어업의 경우 물고기를 잡는 과정에서 더 많이 잡거나 정해진 시기에 앞서 잡는 것을 허용하지 않았다. 만일 이를 어기면 3년의 금고형(禁錮刑)에 처하였다.

기타 목축업은 사축서(司畜署),723) 사복시(司僕寺),724) 병조(兵曹) 등에서 주관했는데, 팔도에 목장은 119곳이 있었고, 목장마다 군두(群頭), 두군(頭羣), 목자(牧子) 등의 관리가 이를 관장하였다. 근래에는 닭, 개, 소, 말, 양, 돼지 등을 모두 농가(農家)의 부업(副業)으로 개인이 직접 사육할 뿐이지만 원래는 위에서 언급한 100여 곳의 목장(牧場)에서 대규모 관리하였다.

이상의 경제행정을 일괄하여 논하면, 현재 각국의 제도에 비해서 큰 차이가 있을 것이다. 그러나 시대 상황에 비추어 보면 조선의 정치가 서양보다 크게 발달해 있었으니, 역사를 보는 눈이 있는 자는 나의 말을 인정(認定)하기를 주저하지 않을 것이다. 그런데 경제의 큰 주안점(主眼點)은 위에서도 언급한 것처럼 국가와 사회를 위주로 하는 데 있어서 토지재산은 모두 국가의 소유물로 인식했으며 인민들 역시 그렇게 인정하고 있었던 바, 그 같은 정책은 곧 생활의 평균(平均)을 주로 하면서 부(富)의 분배(分配)를 공평(公平)하게 간섭(干涉)하고자 한 것이었다. 민심(民心)도 마찬가지여서 부자가 늙어 죽을 즈음에는 그 재산을 한 사람에게만 세습을 남겨 주지 않고, 여러 아들, 조카, 사위와 문중 사람들에게 골고루 나누어 분배해주는 것을 위주로 하였다. 그러나 다른 도덕의 측면에서는 평등(平等)을 버리고 계급제도를 두어 상중 허가(許可) 병존(竝存)할 필요성을 고수하기도 하였다. 그 상층사회에서는 도덕을 위주로 하여 "재물이 모이면 인민이 흩어진다[則聚則民散즉취즉민산]"고 여겨 안빈낙도(安貧樂道)의 사상을 천명(闡明)하고 빈곤(貧困)을 스스로 만드는 풍조(風潮)까지 있었다. 하층사회에서는 이와 반대로 도덕보다 경제관념이 강해서 이익을 도모하는 생각을 고수했으니, "나룻[수염]이 석자라도 먹어야 샌님이다"라는 말은 정말 탁월(卓越)한 명언(名言)이 아닐 수 없다.

정조 이후로는 상류사회(上流社會)가 이윤추구(利潤追求)를 지향(志向)하면서 경제관념(經濟觀念)이 크게 진보하였다. 그들이 재물을 취하는 방법은 상공업(商工業)에 종사하지 않고 오직 인민의 재물을 빼앗고 국가 재산을 나누어 가지는 지경에 이르렀다. 이리하여 탐관오리(貪官汚吏)의 작폐(作弊)는 인민의 사정을 어렵게 만들었다. 이 세태(世態)를 살펴보면 관리가 나쁘게 변한 것이 아니라 경제가 발달하는 과정에서 도덕(道德)과 경제(經濟)가 서로 조화(調和)를 이루지 못한 데서 기인(起因)한 현상이다. 부(富)는 사람을 가리지 않고 세운(世運)을 옳고 그름을 따지지 않는 법이다.

그 경제와 도덕의 관계상에 있어서의 원리로 인하여 진보된 경제관념이 제도와 관리의 생활을 개조하지 못하다 보니 자연히 탐관오리(貪官汚吏)들이 생기게 된 것이다. 이 같은 상황은 지금도 경험할 수 있다. 부자(富者)의 심리도덕(心理道德)과 재산(財産)이 없는 자의 심리도덕은 서로 대척점(對蹠點)에 서게 되었으니, 부자치고 선행(善行)을 하는 자가 많지 않은 것도 바로 이 같은 이유 때문이다.

제121절 토목행정(土木行政)

현재 각국에는 사유지(私有地)가 많고 국유지(國有地)가 적으며 또 개인주의(個人主義)가 발달(發達)하였다. 그렇기 때문에 토목행정에 대해서는 그 제도가 정부(政府)와 인민(人民)을 별개의 문제로 보는 견해가 있다. 그러나 조선의 국법(國法)에서는 사유지가 적고 국유지가 많으며 사유지라 할지라도 역시 국유물(國有物)로 인정하였다. 동시에 도덕적(道德的)인 표준(標準)을 공공(公共)의 이익(利益)에 따라 국민의 의무(義務)가 곧 개인(個人)의 책임(責任)인 것으로 알았다. 따라서 개인의 소유물이라도 공용(公用)을 위한 징수(徵收)에 대해서는 그 의무를 착실히 이행하였다. 그러나 토목공사의 경우 하층계급만 부역(賦役)의 의무를 지고 양반은 그 같은 책임이 없었던 바, 이는 계급제도(階級制度) 하에서는 불가피한 현상(現象)이었다.

(1) 관청

공조(工曹), 준천사(濬川司),725) 균역청(均役廳)이 모든 부역과 토목 관련 정무를 관장하였다. 경성(京城)에서는 5곳의 영선소(營繕所)가 인부들을 관할했고, 외방(外方)에서는 지방 정청(政廳), 즉 읍(邑)에서 관련 정무를 집행하였다.

(2) 인부

각 사(司)와 각 읍의 관노(官奴), 역노(驛奴) 등을 부렸다. 특히 여러 읍의 향리(鄕吏)들 중에서 경성 90인, 강원도 황해도 각 70인, 경상도 전라도 충청도 각 50인 등, 총 380인을 경성으로 선발해 올려 각 사의 부역을 지게 하였다. 이 같은 선발(選拔) 관련법은 훗날 변경되어 세금(稅金)으로 대신 납부(納付)하게 하였는데, 그 세금은 각 사의 땔감 등의 용도로 제공되었다.

(3) 토목공사

도로는 공조와 각 행정관청에서 주관하여 수리했고, 도량과 개량은 각 군영(軍營)에서 수리했으며, 각 원우(院宇), 신당(神堂), 도로 및 하천 교량은 모두 인근 지역의 인민들에게 자치적인 관리의 의무를 담당하도록 했는데, 해당 관리를 맡는 인호(人戶)에 대해서는 장부(帳簿)를 만들어 관청에 보관하였다.

일반적으로 토목공사나 수리가 필요한 곳이 있거나 토지나 모래천[沙川사천]의 붕괴를 방지(防止)하거나 홍수(洪水)의 피해를 예방하기 위한 사방(砂防) 설비와 수선(修繕)에 대해서는 본청의 관원과 부역을 담당한 관원이 함께 점검하고 충분한 조사를 거쳤으며, 그 공사비용은 각 사(司)와 각 지방에서 부담하되 상당한 공사비용이 필요할 때에는 군주에게 품계를 올려 호조의 관리 하에 시행하였다.

제122절 교통행정

교통은 예로부터 발달했는데 이에 대한 정책은 6개 조항이 있는 것으로 생각한다. 첫째, 자금(資金)을 유효(有效)하게 하는 것이다. 각처에 수참(水站)726)과 창고를 설치하여 상업과 공물(貢物)을 운반을 편리하게 했다. 조운(漕運)의 경우만 해도 적합한 항만(港灣)에 제반시설을 마련했다. 세종 10년(1428)부터 각 처에 포(浦)를 준설(浚渫)하고 창고(倉庫)를 건설(建設)하였다.

첫째, 보급(普及)을 필요로 하는 것이다. 각지에 고르게[평등] 교통(交通)을 편리하게 했다. 조운(漕運)의 경우만 해도 적합한 항만에 제반시설을 마련했다. 세종 10년(1464)부터 각 처에 포(浦)를 준설하고 창고를 건설하였다.

둘째, 보급을 필요로 하는 것이다. 각지에 고르게[平等평등] 교통을 편리하게 함으로써 통신(通信) 및 상호보고를 신속하게 하였다. 세조 3년(1458)에는 "역로(驛路)는 국가의 대맥(大脈)이다"라는 교지(敎旨)를 내려 역규(驛規)의 준수(遵守)를 엄하게 하였다.

셋째, 경쟁으로 인하여 지방(地方)의 수요(需要)와 공급(供給)이 조화(調和)되지 않는 것을 보호(保護)하는 것이다. 고용(雇傭) 가격과 비용을 저렴하게 해서 경쟁이 일어날 때에는 파산(破産)하거나 폐업(閉業)하는 자가 많을 것이다. 따라서 『대전회통(大典會通)』727)에서 정한 뱃삯을 줄이지 못하게 하였다. 또, 선박(船舶)의 선적량(船積量) 역시 규정(規定)에 따르도록 했는데, 만일 과중(過重)한 적재(摘載)를 하면 3년 이상 10년 이하의 금고형(禁錮刑)에 처하였다.

넷째, 국내 각 지역을 연계하여 완전한 연락체계를 확보하였다.

다섯째, 사회 경제정책의 조화이다. 내외의 물품의 출입과 인민들의 생활은 그 관계가 중대(重大)하다. 따라서 이를 조화시키는 것이야말로 교통정책의 제일 중요한 관건(關鍵)이라 할 수 있다.

인조 12년(1634) 외국의 소값[牛價우가]을 시찰(視察)하기 위하여 관리를 몽골과 심양(瀋陽) 등지에 파견한 일, 영조 24년(1748) 당모자(唐帽子) 50여 개를 구입함으로써 의주(義州) 시장의 본국의 모자 가격이 지극히 낮아지자 이를 계기로 개시(開市)에서 거래되는 물건들을 제외한 기타 물품의 수입을 엄금(嚴禁)한 일, 효종 3년

(1652)에 6진(鎭) 여러 읍의 산업 발전을 위하여 회령에 외국무역소를 개설하였는데, 그 후 외국인이 다수 유입(流入)되어 거꾸로 본국의 물품이 소진되기에 이르자, 북경 당국과의 교섭을 통하여 청나라 사람들 중 국내로 와서 거주하는 자들을 축출(逐出)하고, 판매하는 물품을 줄여 확실한 원칙을 정한 일, 중종 7년(1512)에 일본과 조역을 개정하고, 해마다 20척의 배만 진입할 수 있도록 허락한 일 등이 그것이다.

여섯째, 이용을 완전하게 하는 것이다. 역마(驛馬), 선박, 수레 등은 군영(軍營)에서 관리해서 전시가 되면 비밀 사용을 위해 공급하고 평시에는 행정명령(行政命令)이나 영보(令報)의 송달(送達)과 관찰(觀察) 관리의 파견 등에 상당한 편의(便宜)를 누리게 했다. 또한 인민들 간에도 손쉽게 이를 이용하는 동시에 세금(稅金)을 수납(受納)하여 국가의 사용을 위하여 보충하였다. 이 같은 정책들에 따라 제도시설에 관하여 말하면 대략 다음과 같다.

(1) 도로(道路)

영조 36년(1760)에 준천사(濬川司)를 설치하고 경성의 도로를 수리할 때, 인부 20만과 비용 3만 5,000여 민(緡), 쌀[米] 2,200여 포(包)를 써서 57일 만에 완성하였다. 나폴레옹 3세는 도로 축성가(築城家)로 유명한 자였으니, 영조는 근세의 도로왕(道路王)이라고 할 수 있는 셈이다. 그러나 지방도로는 당시 손을 대지 못해서 아직도 기존의 토로(吐露)에 의존하고 있다. 전국(全國)의 도로 규정은 다음과 같다.

대로(大路)- 너비 53척(尺).
중로(中路)- 너비 16척(尺).
소로(小路)- 너비 11척(尺).

도로 양편으로는 너비 각 2척의 도랑이 있고, 10리마다 작은 장소에 작은 장승[小堠소후] 즉 이정표를 세우는 한편 30리마다 큰 장승[大堠대후]을 세우고 역(驛)을 설치하였다. 도정(道程)은 6척은 1보(步), 360보(步)는 1리(里), 30리는 1식(息)으로 정했다.

도로의 미술 장식품은 서양과 비교할 수는 없겠지만, 도덕적 장식물은 크게 발달하여 무수한 선정비(善政碑: 선정을 베푼 관원의 덕을 길이 기념하기 위해 세운 비석-역주자주)와 중간 중간에 성황당(城隍堂)728)이 세워졌는데, 영국의 넬슨(Horato Nelson, 1758~1805)이나 미국의 로빈슨(James Harvey Robinson, 1863~1936) 등의 동상의 개념과 비교하더라도 조금도 손색(遜色)이 없을 정도이다.

(2) 선박과 수레[舟車주차]

배는 공물(公物)과 사물(私物)이 있는데, 사선(私船)은 개인이 소유한 상선(商船)이요, 공선(公船)은 병선(兵船), 조운선(漕運船) 및 관청이 소유한 배 등이 그것이다. 어떤 선박이든 불문하고 글자와 낙인을 찍어서 선적(船籍)에 기재하고 나루를 관리하는 진관(津官)이 이를 관리하였다. 선박이 나루에 들어오면 진관(鎭管)의 점검을 받았으며, 정해진 연한(年限)이 차면 개조(改造), 수리(修理)하여 선적(船籍)에 등록(登錄)하였다.

선체 관련 규정(規定)
해선(海船): 대선(大船)- 길이 42척 너비 18척 9촌 이상.
　　　　　　중선(中船)- 길이 35척 너비 13척 6촌 이상.
　　　　　　소선(小船)- 길이 18척 9촌 너비 6척 3촌 이상.
강선(江船): 대선(大船)- 길이 50척 너비 10척 3촌 이상.
　　　　　　중선(中船)- 길이 46척 너비 9척 이상.
　　　　　　소선(小船)- 길이 41척 너비 8척 이상.

수레는 대차(大車), 편차(便車), 곡차(曲車)의 세 가지로 각 사(司), 각 읍(邑), 여러 역(驛)에 속해 있는 것으로, 마찬가지로 낙인(烙印)과 글자를 정하여 차적(車籍)에 등록하였다. 이 수레들은 모두 화물 수송에만 사용되었으며, 사람이 탈 목적으로 사용하지는 않았다.

(3) 역체(驛遞)

역체는 통상사무와 운수사무를 관장하였다. 30리마다 역을 하나씩 두었는데, 전국의 역로(驛路)는 길 하나로 구성된 것이 아니라, 대중소의 세 길로 개통(開通)

되었다. 역소(驛所)에는 승(丞)과 일수(日守: 대로 20인, 중로 15인, 소로 10인)라는 일꾼과 약간의 역졸(驛卒), 역마(驛馬)가 있었고, 그 사무원은 역과 통신사무를 관장했으며, 말은 관리와 인민의 여행(旅行)과 화물(貨物) 운송(運送)에 제공되었다. 역구(驛區)는 행정구역과는 달리 각 도마다 찰방(察訪)729)이 있어서 각기 소속 역을 총괄하였다. 전국의 찰방 수는 다음과 같았다.

경기도- 6	충청도- 5
경상도- 11	전라도- 6
황해도- 3	강원도- 4
함경도- 3	평안도- 2

육지의 역 이외에도 나루[津]에는 수참(水站)을 두었는데 바닷길 교통에 있어서의 역소(驛所)인 셈이었다.

이상의 교통 행정은 외연(外延)상으로든지 내용상으로든지 전대(前代)보다 상당히 발달하였으나, 지금 각국의 철도(鐵道), 전신(電信), 비행기 등의 설비(設備)와 비교해 본다면 대등하다고 보기가 어렵다. 그러나 과학이 발달하기 전의 수준으로 비교해 본다면 우리의 제도와 정책은 사실상 체계적으로도 우월한 상태를 유지하였다.

제123절 외무행정

외교(外交)에 대한 역사적 고찰(考察)은 매우 흥미(興味)로운 연구이다. 그 사적(事蹟)에 관해서는 장장(長長) 거론하기가 불가능하겠지만 개항, 무역 및 역원(譯院)과 외국어 연구 등의 활동을 한 역사를 보더라도 충분히 미루어 알 수 있는 바이다. 따라서 외무행정 역시 크게 발달하여 동양정치사(東洋政治史)에 있어 이채(異彩)를 띠었다. 그런데 외무행정이라 하면 외국에 있는 본국인(本國人)을 보호하고 도우며, 외국 상공업을 조사 보고하는 한편, 본국 상공업을 보호하고 장려(奬勵)하는 등의 일을 처리하는 데에 있다.

그렇지만 동양 여러 나라는 그동안 쇄국정책(鎖國政策)을 고수(固守)해 온 데다 조선 역시 외국에 거류(居留)하는 인민들에 관한 제도가 없었고, 상설된 사절도 없었다. 따라서 본 절의 문제는 외무(外務)라고 하기보다는 외교행정이라고 하는 것이 훨씬 적절(適切)할 것이며, 넓은 의미에서 생각하면 이 역시 외교 업무라고 할 수 있기 때문에 그 제도 행정을 다음과 같이 소개해 보이겠다.

외교 관련 관청

예조(禮曹)- 외교 행정을 총괄.

승문원(承文院)- 국서(國書)를 관장 처리하되 사헌부(司憲府)에서 검사(檢查).

사역원(司譯院)- 각국의 언어를 연구하고 통역.

예빈시(禮賓寺)730)- 외빈(外賓)의 연회를 관장.

관(館)731)- 외교사절이 머무는 숙소.

(1) 상설 사절이 없이 국제문제가 발생함에 따라 사절(使節)을 특파(特派)하거나 정기(定期)적으로 사절을 파견하기도 했음.

(2) 외국의 상공업 상황을 조사하는 데에도 특사를 파견함.

(3) 사절의 왕래와 통상, 무역은 조약에 의거하여 시행함.

(4) 외국인이 변경 지역에 들어오거나 본국인이 외지로 갈 때에는 여행권을 검사하되, 사절이 아닌 개인이 여행권을 소지하지 않았을 때에는

일률적으로 참형(斬刑)에 처함.

(5) 외국인에 대해 법을 적용할 때에는 1등급을 감해 줌.

(6) 외국인이 귀화하거나 입적(入籍)을 원하는 경우에는 다음의 5조항에 따라 처리함.

① 출신거주지를 지정하고, 그 이력서를 장부에 기록함.

② 달마다 6차례 관부(官府)로 들어가 자신의 이름이 기재된 명부에 날인(捺印)함.

③ 조하(朝賀: 경축일에 신하들이 조정에 나아가 임금에게 하례하던 일-역주자주)나 조참(朝參: 다달이 네 번 임금이 정전에 나와, 백관이 인사드리고 할 말을 아뢰던 일-역주자주)에는 참여할 수 없고, 관문을 지키는 일이나 기타 주요한 직책에는 임명할 수 없음.

④ 국가에서 제공한 토지(土地)는 임의(任意)에 따라 판매할 수 없으며 자손(子孫)에게 전한 후에나 매매(賣買)를 허가(許可)함.

⑤ 3년간 납세(納稅)의 의무(義務)가 없음.

사신 행차의 절차와 기타 법규는 번다(繁多, 번잡<煩雜>-역주자주)하기 때문에 생략하기로 하고 외교에 대한 정책을 잠깐 덧붙이고자 한다. 전대(前代) 이전은 잠시 접어 두고 근세의 외교정책에 대해서만 이야기해 보자면 어떤 사람은 굴복주의(屈服主義)를 고수(固守)했다고 하는데 살펴보면 그 동안 외교가 때로 굴종주의(屈從主義)를 고수한 일이 없다고 할 수는 없을 것이다. 그러나 다른 측면에서 보자면 호혜주의(互惠主義)를 고수했다는 느낌이 강하다.

본래 외교는 물질적 권력만 떨치면 결국은 남의 강박을 모면(謀免)하지 못하는 법이다. 그렇다고 해서 벨기에나 네덜란드같이 공격을 두려워하여 전적으로 국제법을 보수적으로 주해(註解)하기는 불가능한 일이거니와, 원시시대 로마의 정복정책 또는 자연주의(自然主義)로 국제법(國際法)을 무시한 채 강경한 입장만 취하다가 도리어 자국민(自國民)들에게 해(害)를 끼치게 될 것이다.

따라서 국제문제는 자국의 권리를 해치지 않는 동시에 자타(自他)의 이해(利害)를 상쇄(相殺)하여 정의(正義)의 호혜주의(互惠主義)를 고수하는 것이 본원적(本源的)인 국제적 사교(社交)의 도리(道理)인 것이다. 우리 조선은 일찍이 이 같은 진리 또는 실제의 효능을 깨닫고 외교정책을 상당히 호혜주의를 두어 인도(人道)와 정의(正義)를 지향하는 편이 두드러졌다.

그래서 세종 25년(1443)에 신숙주(申叔舟, 1417~1475)732)가 일본에 사신으로 가서 내왕하는 상선(商船)의 수를 조약 내용으로 명시한 것은 호혜주의(互惠主義)에서 나온 것이었다. 또 숙종 19년(1693) 안용복(安龍福, ?~?)733)이 일개 노예의 신분으로 정부의 불허(不許)에도 불구하고, 자신을 '감세관(監稅官)'이라고 속이고 일본 백주(伯州)의 태수(太守)와 담판(談判)하여 울릉도(鬱陵島)를 안전하게 지킨 일(『문헌비고(文獻備考)』권31 참조), 숙종 38년(1712) 북간도(北間島) 경계비(境界碑)를 조정이 양보적(讓步的)으로 정립(定立)한 것이 결과적으로 뜻있는 선비들의 의분을 일으킨 일(「경성원수대비각기(鏡城元帥坮碑閣記)」 참조) 등은 국가주의에서 촉발되어 나타난 것이다.

그런즉 그 동안의 외교사를 고찰해보면 상고시대에는 자국을 특별한 선민(選民)이라 여기고 다른 나라는 야만 또는 적국(敵國)이라고 여기는 동시에 정복정책(征服政策)을 고집하였다. 또, 중세시대에는 국제사회에 대한 사상에 변화가 발생하여 복잡하고 다양한 종류의 국민적 요소를 정치적으로 융화(融和)시키는 동시에 국가는 국제생활을 우주(宇宙)의 보편적인 섭리(攝理) 속에서 떠날 수 없는 것으로 생각하여 자신의 이익(利益)을 추구하는 데에는 다소 불리(不利)한 점이 있을지라도 만족할 수 있는 식견(識見)이 있었다.

그러다가 근세에 이르러 그 같은 합리적(合理的) 타산(打算)의 생각이 갈수록 명확(明確)한 법률적(法律的) 감정(感情)을 유발(誘發)하여 호혜주의(互惠主義)를 고수하기에 이른 것이다. 16세기 유럽 여러 국가의 사절회의(使節會議)가 각국(各國)의 경계(境界)를 조약(條約)으로 획정(劃定)하고 각국 국민들 사이에 새롭고 놀라운 국제사상을 일으켰던 것처럼, 숙종 때 울릉도, 간도(間島)의 국경 문제는 외교사(外交史)의 신기원(新紀元)을 이루었다.

그런데 사절회의(使節會議)는 천하(天下)를 하나의 거대한 종족(宗族)으로 생각하여 때로는 참으로 가소(可笑)로운 방법을 동원하는 일까지 있었다. 그러나 조선 근세의 외교는 이와 달라서 법률적 개념에 따른 주권(主權)을 옹호(擁護)하는 동시에 호혜주의(互惠主義)를 견지하여 권력(權力)과 도리(道理)를 동시에 추구하는 평화정책(平和政策)을 발휘한 것이다.

제124절 군무행정(軍務行政)

근세에 우리 조선에서는 무(武)를 소홀히 하고 문(文)을 위주로 하는 정책을 주로 구사했으나 그 제도는 전적으로 옛 제도에 의거하여 군사 국가를 이루었다. 독재 정치 하에서는 국왕이 군대의 당연한 원수(元帥)로서 국가 통일의 사상을 이 군제 (軍制)를 통하여 가장 분명하게 표현하였다. 따라서 군대는 한갓 외교가 목적으로 삼은 방편일 뿐 아니라 국가 헌법의 안정을 이 군대에 일임하기도 하였다. 경찰의 경우 역시 한편으로는 군부에서 관장하면서 국고금의 출납도 군정(軍政)에 속했고, 각 관사 및 성문(城門)의 초병(哨兵)들도 모두 군사들의 책임이었으며, 문관 (文官)도 현재 직책이 없는 자는 모두 군직(軍職)에 부쳤다.

중추부(中樞府)734)- 문무당상관(文武堂上官) 중 맡은 관직이 없는 자를 관리 처우.

선혜청(宣惠廳)735)- 국고(國庫)를 관장.

오위도총부(五衛都總府)736)- 육해군의 정무(政務)를 관장.

　　　　　　　도총관(都摠管),737) 부총관(副總管)738) 각 5인.

　　　　　　　경력(經歷), 도사(都事) 각 6인.

오위무관(五衛武官)- 장(將) 15, 상호군(上護軍) 8, 대호군(大護軍) 12, 호군(護軍) 4. 부호군(副護軍) 69, 사직(司直) 11, 부사직(副司直) 102, 사과(司果) 21, 부장(部長) 25, 부사과(副司果) 183, 사정 (司正) 20, 부사정(副司正) 250, 사맹(司猛) 15, 부사맹 (副司猛) 208, 사용(司勇) 24, 부사용(副司勇) 460.

훈련원(訓練院)739)- 시재연예(詩才鍊藝), 무경습독(武經習讀), 조련(操練) 등의 일을 관장.

선전관청(宣傳官廳)740)- 사령부(司令部), 즉 무반(武班)의 승정원(承政院).

경성영문(京城營門)- 훈련도감(訓練都監), 금위영(禁衛營), 어영청(御營廳), 수어청(守禦廳), 총융청(摠戎廳).741)

훈련원은 그 후 훈련도감으로 변했고 오위(五衛)742)는 영문(營門)으로 변했으며 훈련도감 내에는 양향청(糧餉廳)이 부속되었다. 지방의 군정은 아래와 같았다.

	육 군				해 군				
	병마절도사/방어사	절도사/첨사	동첨사/만호	도위	통어사	절도사/방어사	첨사/동첨사	만호/진장	감목관/별장
경기	1/1	1/10	-/6	12	1	2/1	3/3	1/4	5/8
충청	2/-	-/3	15/-	36	-	2/-	4/-	1/5	1/1
경상	3/-	1/7	24/-	39	1	3/-	4/2	15/6	3/8
전라	2/-	2/4	19/-	33	-	3/3	7/3	15/5	5/7
황해	2/-	-/1	16/3	9	-	2/-	2/4	1/5	3/5
강원	1/1	-/3	11/-	12	-	1/-	1/-	1/3	-/-
함경	3/1	-/25	7/12	4	-	3/-	-/-	1/16	3/2
평안	1/2	1/26	20/10	11	-	1/2	6/-	-/9	1/7

위의 표에 예시한 사(使)와 장(將)들은 지방에 있는 여러 군대 구역을 분담 처리하였다. 이 군관(軍官)은 감사(監司), 수령(守令) 및 부사(府使)가 겸임(兼任)하는 경우도 있었다. 그런데 일반 군제는 지방분권제여서 무거운 병역(兵役) 의무의 부담이 이 분권제(分權制)에 의하여 경감(輕減)되기도 했다. 즉, 개인을 해당 향리(鄕里)에 복무(服務)하게 하고, 특히 선발 군대를 경성(京城)의 5영(營)에 나누어 배치하여 왕도(王都)에서 복무하게 했는데, 이는 중앙집권을 통하여 지방군을 견제(牽制)할 수 있는 요소를 위한 것이었다.

제125절 군무행정(軍務行政) = 징발(徵發)

군용(軍用) 자금(資金)은 군자감(軍資監)과 양향청(糧餉廳)에 평소 30만 석(石)을 저축(貯蓄)하고 일반 조세에서 일부를 나누어서 군비로 사용하는 것은 관련 절차와 법규가 있다. 그런데 이 같은 경상비(經常費) 이외에도 임시로 군수(軍需)에서 필요로 하는 비용이 많았다. 실상 군비는 많은 공급을 요하는 것으로 독일 격언에도, "전쟁은 첫째도 자금(資金), 둘째도 자금, 셋째도 자금"이라는 말이 있고, 동양의 옛 병서(兵書)에서도, "천리의 식량 수송, 안팎의 비용, 손님 대접 비용, 장비 갑옷 수리, 수레 병기 공급 등의 용도로 하루에 천금을 써야만 십만의 군대를 움직일 수 있다[千里饋糧천리궤량, 內外之費내외지비, 賓客之用빈객지용, 膠膝之材교슬지재, 車用之奉차용지봉, 日費千金일비천금, 然後十萬之師擧矣연후십만지사거의]"라고 한 바 있었다. 이수광(李睟光, 1563~1628)743)이 말하기를, "국가에서 6년간 저축해 둔 것이 있더라도 군비는 그래도 급한 것이다[國有六年之畜軍費猶爲急]"라고 말하였다. 대개 군비도 뜻밖에 불시(不時)의 요구가 많으므로 예산(豫算) 외에도 징발령(徵發令)을 내려 강제적으로 재산을 징수(徵收)하는 일도 있다. 이는 일반 조세 이외에도 특별히 부담하는 의무가 있다는 뜻이다. 이러한 징발은 일반 조세의 경우처럼 일반 인민이 전부 납부하는 것이 아니라 특정인에게 명령하여 징수하는 것이다. 효종(孝宗) 원년(1650)에 승려에게는 미곡(米穀) 3석(石), 공경(公卿) 이하 서얼(庶孽)까지 군역(軍役)의 의무가 없는 이에게는 포(布) 1필을 징수하여 양병(養兵)의 군비(軍費)로 충당했던 그것이다.

외국의 제도와 같이 징발 구역이 있어서 징발서(徵發書)를 징발 구역 대표자에게 공포(公布)하는 것이 아니라 왕의 뜻에 따라 관리면 관리, 상민이면 상민, 때로는 일부 때로는 집단 전체를 대상으로 임시로 지정하기도 하였다. 요새(要塞)지대나 전시 행군 중에도 건축물 또는 토지나 물건을 제한하거나 몰수(沒收)해 사용하는 법이 있었다. 이러한 제한이나 몰수 사용은 국가에 의한 강제집행(强制執行)이고 또한 인민으로서의 의무이기 때문에 인민들은 이에 대한 배상청구권(賠償請求權)이 없는 것이 원칙이다.

제126절 군무행정(軍務行政) = 병역(兵役) 1

병제(兵制)의 개량은 태조(太祖) 이성계(李成桂, 1335~1408) 역성혁명(易姓革命)의 첫 번째 과제였다. 고려시대에 사병제(私兵制: 패기牌記라 불리던)를 철폐하고 병역을 예로부터 전해져 내려온 국민개병제도(國民皆兵制度)를 그대로 답습(踏襲)하여 국가의 근본적 성격으로 결정했는데, 그 법규 제도는 지극히 새로운 범주(範疇)로 성립(成立)하였다.

(1) 군적(軍籍)

지방관은 6년마다 징병(徵兵) 해당자들을 조사하고 명부를 작성해 병조에 보관하고, 각 진(鎭)의 상비병(常備兵)들은 변방의 징수가 해마다 한 차례 해당자 명부를 작성하여 절도사(節度使)744)에게 보고하였다.

(2) 병역(兵役)

육군과 해군을 막론하고 남자는 15세부터 병역의 의무를 가진다.

(3) 면역(免役)

나이가 60세를 넘기거나 독질(篤疾), 폐질(廢疾)이 있는 자는 병역을 면제(免除)하였다. 그 외에도 양반은 관례에 따라 면제하고 평민과 천인(賤人)만 병역의 의무가 있었다. 이는 동양뿐 아니라 옛날에는 천하가 모두 그러했다. 일본의 경우에도 명치(明治) 5년(1872)까지 이 같은 법을 그대로 시행하였다. 4부자(父子)가 병역 해당자일 경우에는 그중 1인의 병역을 면제하여 가사(家事)를 돌보게 하였다.

(4) 휴가 지급[給暇급가]

현역병(現役兵) 중에서 병(病)이 있는 자나 사유가 있는 자는 휴가(休暇)를 주되 노인(路引)745) 즉 여행증서(旅行證書)를 발급(發給)하였다.

(5) 병역의 종류

병역에는 세 가지다.

① 상비병(常備兵)- 각 진(鎭), 관(關) 및 도성(都城)에는 이를 위수(衛戍: 군대가 장기 체류하며 경비함-역주자주)하는 군인을 항시로 배치하고 당사자들에게는 상당한 급료(給料)를 주었다. 병역 복무기간은 3년으로 정하고, 위수에 참여하지 않는 자는 세금(稅金)을 납부하였다.

② 후비병(後備兵)- 위수(衛戍)의 의무를 마친 자는 다시 평시(平時)와 전시(戰時)에 소집에 응할 의무를 졌다.

③ 보충대(補充隊)- 노예나 천인은 남녀를 불문하고 필요한 시기가 되면 병역에 충당될 의무가 있었다.

서양에서는 고대에 이미 국민개병제(國民皆兵制)746)를 채용했으나 중세에 이를 폐지하였다. 근대에 이르러서는 프랑스 루이 14세(Louis XIV, 1638~1715)747) 때 (1638~1715)에 마키아벨리(Machiavelli, 1469~1527)748)의 전술론(戰術論)과 축성가 (築城家) 보뱅(Vauban, 1633~1715)749) 원수(元帥)의 제창으로 옛 제도를 다시 사용하였다. 독일 경우의 경우에도 근대의 빌헬름 1세(Wilhelm Ⅰ, 1861~1888)750) 때에 "프로이센의 각 신민(臣民)은 무기를 들기 위하여 태어났다"라고 하면서 국민개병제를 채택하였다.

조선은 고대부터 이 제도의 필요성을 인정하여 5천 년 동안 대대로 답습(踏襲)해서 사용해 왔다. 군대는 국민의 물질적 세력을 모두 합친 것으로, 국가통일 사상과도 밀접한 관계를 지닌 것이 분명하다. 그런즉 이 제도는 국가통일 관념을 실현함으로써 일반 인민들로 하여금 국가 전체가 예속되었다는 것을 직접적으로 자각하게 하려는 의도에 따른 것이었다.

제127절 군무행정(軍務行政) = 병역(兵役) 2

그 병력(兵力)에 대해 논하면, 양반은 병역의 의무가 없을 뿐만 아니라 가옥세(家屋稅), 즉 호포(戶布)도 부담하지 않았다. 이는 마치 공납(貢納)하는 인민이 따로 있었던 스파르타의 경우와도 같은 경우여서 이에 대한 불평은 언제나 그치지 않았다. 그러나 한번 시대를 초월(超越)해서 생각해 보면 계급적 특권은 그 시대에는 동서양이 다를 것이 없었으니, 상급의 노동은 양반에게 있고, 하급의 노동은 상인(常人)에게 있었다.

또한 그렇게 생각할 것이 아니라 역사 속의 진실을 살펴보면, 국법은 결코 분명히 불공평한 제도를 이루지 않았고, 양반이라도 모두 병역의 의무를 지던 것이 쇠퇴기로 접어들면서 퇴행적(退行的)인 자취를 남기면서 그렇게 되어 버린 것이다.

또한 다른 한 가지 사항을 살펴보면 조선의 군대는 소위 하층민으로 조직하는 동시에 군사를 절대적인 압제(壓制)로 다스린 것도 불공평을 따지는 하나의 요소였다고 할 수 있다. 그러나 군대의 사명은 절대복종으로 국가 원수의 뜻을 수행하는 데에 있다. 무릇 인간의 의무에는 반드시 최후의 제한(制限)이 있으니 양심(良心)의 제한이 바로 그것이다. 물론 이성(理性)을 지닌 자라면 어느 누가 양심(良心)을 희생(犧牲)시키겠는가마는 결혼(結婚)을 하는 마당에 훗날 이혼(離婚)하게 될 것이라고 분명히 말하기 어려운 것과 마찬가지로, 병사(兵士)에 대하여 만일 복종(服從)하기 불가능(不可能)한 경우가 있을 것이라고 미리부터 예정하기는 불가능하다.

그렇기 때문에 병사의 명예는 복종의 정력(精力)과 확실함에 존재하는 셈이다. 국민의 정치적 자유는 이 같은 기초 위에 있는 것이다. 만일 군대가 자신의 의사를 가진다면 정치적 안전은 모두가 무(無: 烏有오유)로 돌아가고 말 것이다.

중국의 현상과 스페인의 운명은 이를 통하여 증명 가능하지 않겠는가? 따라서 이전의 조선 군대의 절대적 복종은 정녕 조선 병사들의 명예(名譽)라고 하지 않을 수 없을 것이다. 마지막으로 양반에게 병역의 의무는 없었다고 하더라도 실제로는 반상(班常)이 모두 동일한 책임을 가지고 있었다. 선비라도 현임(現任)이 없으면 군직에 나서고 전시(戰時)가 되면 양반이라도 무관이 되어 다 같이 출전하였다.

그런 의미에서 본다면 양반과 문신(文臣)은 모두가 사적으로 익힌 무관학도(武官學徒)로 간주된다. 그래서 나는 모든 정치제도 중에서 인민과 인민을 결속(結束)시킨 것은 오로지 국민 조직(國民組織)인 군대(軍隊)였다고 생각한다.

제128절 재무행정(財務行政) 1

재무행정이라는 것은 국가 유지에 필요한 수입(收入), 지출(支出) 및 국유재산(國有財産)의 관리(管理)를 담당하는 행정사무를 말한다. 그리스 로마의 전제시대에는 왕실의 경비(經費)로 국가 비용(費用)을 유지하였다. 그러나 조선 근세에는 정치가 군주독재라고는 해도 국비를 왕의 사유재산으로 간주하지 않았으며, 군주경제와 국가경제를 분할하여 왕실(王室) 비용을 전적으로 별도로 수립하였다. 이것은 정치가 발달했다는 또 하나의 단서(端緒)라고 할 수 있다. 그런데 재원(財源)은 국세조사에 따라 전제(田制)와 호구(戶口)를 표준(標準)으로 삼고 기타 행위들은 그 다음 문제로 보았다.

(1) 양전(量田)

태종 때(1400~1418)부터 경차관(敬差官)751)을 팔도(八道)에 보내어 전지(田地)를 측량하였는데, 그 계산법은 중국의 제도를 수용하여 보(步), 무(畝), 경(頃), 자(字)를 기준으로 삼았다. 세조 때(1455~1468)에 이를 개량하여 사방 1척(尺)을 '파(把)', 10파를 '속(束)', 10속을 '부(負)', 100부를 '결(結)'로 정하고, 전답(田畓)의 등급은 6등으로 정한 후 그렇게 작성된 장부를 호조, 본도(本道), 본읍(本邑)에 각각 보관하였다.

또, 각 도에 균전사(均田使)752)를 2인씩 두어서 20년마다 한 번씩 개량(改良)하게 하였다. 이렇게 해서 선조 전에는 팔조 전지의 결수(結數)가 151만 5,509여 결이었고, 숙종 때(1674~1720)에는 139만 5,333결이었고, 광무(光武)753) 8년(1904)에는 99만 2,444결 48부 5속으로 되었다. 전지의 결수는 해마다 점차 감소(減少)되었는데, 이는 서리(胥吏)가 은닉(隱匿)한 것에서 나온 것인지 알 수가 없으나 상공업 기타 산업의 영향이거나 또는 인가(人家)가 급격하게 증가하여 따라 농업이 감퇴(減退)하고, 토지가 다른 용도로 수용(需用)되었기 때문이 아닌가 싶다.

(2) 호적(戶籍)

3년마다 한 번씩 전국의 가구수[人戶인호]를 조사하고 장부로 작성하여 호조(戶

曹), 한성부(漢城府), 본도(本都), 본읍(本邑)에 보관하였다. 그 호구조사는 자치(自治)에 맡겼는데, 5호(戶)로 1통(統)을 만들고, 통주(統主)가 있으며 5통을 리(里)라 하며 이정(里正)을 두었다. 한편으로는 권농관(勸農官)이 있고, 장부를 작성할 때에는 특히 사대부를 감관(監官)754)에서 차출하여 감독하게 하였다. 경상에는 '방(坊)'이라 하여 관령(管領)을 행하였다. 관련 장부를 작성한 결과, 남정(男丁) 16세부터는 호패(號牌)755)를 항상 차고 다니게 하였다. 이는 공민(公民), 즉 국민으로서의 권리와 의무를 이행하게 하는 표적(標蹟)이다. 그 호패는 관서(官庶)의 계급에 따라서 아패(牙牌), 각패(角牌), 황양목패(黃楊木牌), 소목방패(小木方牌), 대목방패(大木方牌) 등 5종(種)이 있었다.

논하면 이 양전과 호적을 기준으로 삼는 것은 먼저 수입을 기준으로 삼아 정하는 것과도 같은 것이다. 대개 국가는 세계에서 어떠한 지위를 점유하고 있으면, 그것을 유지하는 데 필요한 경비를 충당[充塡충전]하는 데에는 먼저 계산한 후에 수입을 정하는 것이 국용(國用)의 원칙이다. 그런데 국용을 개인경제와 동일시하여 수입을 놓고 지출을 정하였으니, 이것은 소극적 재무정책(財務政策)이라고 하지 않을 수 없다.

종종 필요성을 위하여 그 필요 이상의 재액(災厄)에 빠지는 우려를 감안하는 동시에 국민의 경제적 평등을 손상하지 않기 위하여 어떤 때에는 국가 경비(經費)를 경감(輕減)하고 어떨 때에는 증세(增稅)하여 거두는 경우도 있다. 그러나 항상 절약(節約)을 위하여 재물(財物)을 지키기를 도모하는 것은 불가피한 사실이었다.

제129절 재무행정(財務行政) 2 = 세입(歲入)

국용(國用)을 위한 세입(歲入) 관련 행정은 아래와 같다.

1. 수입(收入)

수입은 주권(主權)의 발동으로 정부가 인민들에게 강제적으로 납부하게 한 것과 순전히 수입을 목적으로 정부가 특정한 개인과 영리(營利) 활동을 하여 수입을 얻는 것, 즉 사경제적(私經濟的) 수입의 두 가지가 있다.

강제적(强制的) 수입

1) 3세(三稅)

국민이 된 의무에 따라 세금을 국가에 납입하는 경우이다. 당나라 제도인 조용조(租庸調)756)를 채용하여 지세(地稅), 공물(貢物), 부역(賦役)의 세 가지로 정한 것이다.

① 지세

전답(田畓)의 등급을 정하고 곡물(穀物)로 징수하는 것으로, 초엽(初葉)에는 풍년(豊年)에 상전(上田) 1결(結)당 쌀 20두(斗) 9분(分)으로 2두 1분을 조금씩 덜다가 중엽(中葉)에 약간의 변경이 있었으며 후엽(後葉)에 이르러서는 1결당 조(租) 4두를 표준으로 하였다.

② 공물

각 지방에서 생산되는 특산물을 진상(進上)하여 특히 왕실 비용으로 제공하는 것으로, 처음에는 특산물 현물(現物)을 직접 진상했으나 폐해가 발생하고 물건이 상하는 일이 생기자 인조 때부터는 미포(米布)로 대납하게 하고 이를 '대동법(大同法)'757)이라고 했다. 대동법은 처음에는 이이(李珥, 1536~1584), 류성룡(柳成龍, 1542~1607)758)이 제안했으며, 나중에 이원익(李元翼), 김육(金堉, 1580~1658)759)의 동의로 우선 경기(京畿) 지역에서 먼저 시행하여 그 성과를 살핀 뒤 점차 각읍에까지 모두 시행(施行)하기에 이르렀다.760)

③ 부역

병역과 각 공사 관련 부역 등을 대신하여 포(布)를 납부하는 것이다. 처음에는 호(戶)당 2필로 정하니, 숙종 초에 모두 30만 필에 이르렀다. 나중에는 '호포(戶布)'라고 하여 가옥세(家屋稅)로 바뀌었다.

2) 속전(贖錢)

고려시대의 제도를 인습(因襲)한 것으로, 장형(杖刑)이나 태형(笞刑) 등에 처해진 자는 속전을 대납(代納)함으로써 해당 형벌을 면제받았다.

태(笞) 10대-면포(綿布) 7척(尺), 엽전으로 대신할 경우 7전(錢) 푼[文].

장(杖) 60대-면포 1필 7척. 엽전으로 대신할 경우 4냥(兩) 2전 푼.

도(徒) 1년-면포 2필. 엽전으로 대신할 경우 7냥 푼.

유배(流配) 2,000리(里)-면포 8필. 엽전으로 대신할 경우 28냥 푼.

기타 법률을 위반하는 자에 대해서는 형벌 대신으로 벌금을 징수(徵收)하거나 그 소장물(所藏物)을 공공에 귀속시키는 등의 방법을 사용하였다.

3) 영업세

영업(營業)의 이윤(利潤)을 세원(稅源)으로 하여 부과하는 조세이다. 행상(行商), 목상(木商), 삼상(蔘商) 등에게는 사금(私金)을 거두는 수세소(收稅所)를 설치하고 직접 징수(徵收)하였다.

4) 간접세

오늘날 재정학상(財政學上)으로 납세의 부담이 실제의 소비자에게 이전되는 경우를 말한다. 중강(中江) 외국무역소의 경우 '북화(北貨)' 즉 외국 물품의 수입과 '책화(柵貨)' 즉 내국 물품의 수출 등에서 세금을 거두는 것인데, 내지의 생산물에도 품목에 따라서 세금을 징수하기도 하였다.

사경제적 수입

5) 국업(國業)

국가에서 영업하는 것은 많지 않아서 인삼(人蔘), 은동광(銀銅鑛), 삼림(森林), 관유지(官有地) 대부(貸付) 정도였다. 이런 경우에는 정부에서 직접 전매하기도 했지만, 때로는 개인에게 중세(重稅)를 납부토록 하고 면허 공문을 발급하여 영업하게 하였다. 또 각 시장마다 공랑(公廊)761)을 설치하고 임대료를 받거나 강나루마다 선박을 공설(公設)하고 세금을 받는 것과 같은 경우였다. 어떤 측면에서 보자면 농사와 수공업을 제외하고는 모두가 국가의 영업이었다고 할 수 있는 셈이다.

2. 징수(徵收)방법

징세(徵稅) 방법에는 두 가지가 있었는데 하나는 직접 수세(收稅)였다. 즉, 관리 및 기타 기관이 세금을 징수하는 방법인 것이다. 또 하나는, 면, 리, 통에서 징세의 의무를 지니는 것이다. 전답(田畓)은 해마다 9월에 수령(守令)이 그해 농사의 풍흉(豊凶, 年分연분) 정도를 현장 조사하여 등급을 결정한 뒤 감사(監司)에게 보고하면 감사는 정부에 장계(狀啓)를 올려 군주에게 상달[聞達문달]하였다. 대동법(大同法)이 시행된 뒤로는 각지에서 세금으로 납부한 미포(米布)를 각 수참(水站)에 모아서 이듬해 6월 내로 시한을 정해 이를 차사원(差使員)762)이나 만호(萬戶)763)가 수령하여 경성의 선혜청(宣惠廳)에 납부하였다.

3. 면세(免稅)

상납이 끝난 후에는 호조에서 척문(尺文), 즉 영수증을 교부(交付)하였다. 납세자의 의무는 각 읍에 상납[進納진납]하는 시일(時日)이 되면 소멸되었으나 수령은 척문을 받고 나서야 마감된다. 만일 그것을 도중에 분실한 경우에는 수령을 파직(罷職)하고, 수송(輸送) 담당자는 그 일족 일반에게서 징수하되 체납자(滯納者)의 정상을 살펴 용서[恕宥서유]할 때에는 왕명(王命)으로 이를 면제(免除)하거나 탕감(蕩減)해 주었다.

이상에서 소개한 각 항의 조항과 세입에 관한 역사상의 통계표는 일일이 예로 들기조차 어려울 지경이다. 그중 한 가지 언급해야 할 것은 국세(國稅)보다는 왕실(王室)에서 사용한 공물의 액수가 더 많았다는 점이다. 따라서 해마다 경제가(經濟家)는 공물액(公物額)을 삭감(削減)하자는 의안(議案)을 제출하는 경우가 많았다.

세종 32년(1450) 호조에서 전 현직 관리에게 공법(貢法) 가부론(可否論)을 제출했는데, 찬성(贊成)이 702인이요, 반대(反對)가 510인으로 마침내 가결(可決)되어 전 왕조의 제도를 그대로 인습(因襲)하였다. 그러나 해마다 그 제도상의 폐해가 거론되는 경우가 많아서 모두 군비(軍費)로 충당하고 공물 징수 방식도 변경하여 대동법을 창설(創設)하였다.

제130절 재무행정(財務行政) 3 = 지출

세출(歲出)에 대한 관념은 절약(節約)에 힘쓰는 동시에 저축하게 하는 것이 유일한 정책이었고, 경비의 기준 역시 화폐(貨幣)와 현물(現物), 즉 쌀과 포를 같이 지급하는 식이었다. 또한 마찬가지여서 물물교환시대(物物交換時代)를 완전히 벗어나지 못한 데다 화폐제도 역시 완전히 발달하지 못한 과도기(過渡期)에 있은 까닭이다. 그 지출의 종류와 방법 및 회계(會計)에 관한 행정(行政)을 아래에 논한다.

1. 지출의 종류
1) 왕실비(王室費)
'공법(貢法)'은 왕실에서 사용하는 비용이다. 1820년 프로이센이 왕실비(王室費)를 특별 제정한 것처럼 국비(國費)와 구분하는 동시에 그 존엄(尊嚴)한 권능(權能)을 보전(保全)하기 위하여 무기한으로 그 액수를 규정하였다.

2) 은급(恩給)
왕실비를 헌법으로 정한 의무에 근거한 지출이라고 한다면 관리에 대한 은급은 법률에 근거한 지출이라 할 수 있다. 이는 '직전(職田)'764)이라고 하여 해마다 10월 안에 10결(結) 이상 225결 이하를 이전에 관리를 지낸 자에게 나누어 지급(支給)하였다. 그러나 이 '직전'이라는 은급은 중기에 전부 폐지하고, 간혹 공신(功臣)에게는 '사패지(賜牌地)'를 주어서 그 자손(子孫)에게까지 전하게 하였다.

3) 행정비
간혹 각 부에 기금이 있어서 각기 명목을 지닌 전지(田地), 삼림, 선박이나 수레 등에서 세금을 징수하는 경우로써, 각기 기관비(機關費) 또는 사업비(事業費)로 독점적으로 사용[獨用독용]했지만 보통 일반 규례(規例)는 호조의 명령(命令)에 따라 선혜청(宣惠廳)에서 지출(支出)하였다.

4) 녹과(祿科)
각 관리의 봉급은 명령에 기초한 지출이었다. 처음에는 해마다 사맹삭(孟朔)765)에 나누어 하사(下賜)하다가 여러 차례 가감(加減)되는 변동이 발생하여 마지막에는 매월 말일에 나누어 하사하되 직원에 따라서 쌀 10말, 황두(黃豆) 5말 이상,

쌀 2석(石) 8말, 황두 1석 5말 이하를 배급하였다. 관리의 경우 각 사(司)의 기관 비용 중에서는 요식(料食: 지난날, 벼슬아치에게 주던 잡급雜給-역주자주)하는 것이 있었는데, 오늘날의 '수당금(手當金)'이라는 것과 같은 것이었다.

2. 지출의 방법

왕의 명령으로 일정한 액수를 호조의 지휘에 따라 선혜청, 즉 국고(國庫)에서 지출하는데, 해마다 새 예산을 정하지 않고, 일정하며 변동이 없는 액수의 수입이 있어서 국고에서 직접 각부로 지급하였다. 그런데 각 기관 비용은 용달회사(用達會社:물건 따위를 전문적으로 배달하는 일을 업으로 삼는 회사-역주자주)를 두고 입용(入用) 후 지출하게 했는데 이를 '공방(貢房)'이라고 하였다. 공방은 계(契)로 조직하며 물품에 따라 전문공방이 많았는데 선불제(先拂制), 후불제(後拂制)가 그것이다. 각 지방비는 세납(稅納)을 상납(上納)할 때에 미리 그 비용을 앞서 정리하고 경성(京城)의 창고에 추가로 납입(納入)했는데, 각 읍은 각자 기금을 보유하고 호방(戶房)의 전담(專擔) 하에 출납(出納)이 이루어졌다.

3. 회계

회계감사원(會計監査院)이 따로 있는 것이 아니라 호조에서 총괄하였다. 경사(京師:서울)에서는 4맹삭망일(孟朔望日: 봄, 여름, 가을, 겨울의 네 계절이 각각 시작하는 달의 1일과 15일-역주자주)에 마감하고, 외방(外方)은 해마다 2월에 회계를 진행하는데 각 장부들을 호조로 올려 보내면 호조는 연도별로 대조한 후 군주에게 보고하였다. 각 사의 임시비에 대해서는 호조에서 해당 단자(單子)를 군주에게 보고한 뒤에 잉여금, 저축액에서 회감(會減: 서로 주고받을 것을 맞비기고 남은 것을 셈함-역주자주)하여 지출하였다.

대개 일반 세출을 살펴보면 개인 사상이 발달하지 못한 반면 국가 권력이 강대했기 때문에 비교적 큰 액수에 이르렀다. 그러나 군주의 본의에 따른 까닭에 증가하거나 발달하는 양상은 보이지 않았다.

제131절 재무행정(財務行政) 4

근세 재무행정에 있어서는 정치적으로 제일 중요한 것으로 인식되어져 이에 대한 논의를 다른 정치 문제보다 중대한 연구로 거론되어 왔다. 그런데 유일한 정책은, 서양 케네(Quesnay, 1694~1774)766)가 토지단일세주의(土地單一稅主義)를 극단적으로 실행하려 했던 것과 같이, 농업을 세원(稅源)으로 삼는 동시에 검약(儉約)을 강조하였다.

성종 3년(1472)의 교지(敎旨)를 살펴보면 이 같은 생각을 확실하게 알 수가 있다.

"재물(財物)을 불리는 것은 근본(根本)에 힘쓰는 데 있는 것이요, 재물을 넉넉하게 하는 것은 절약(節約)해서 쓰는 데 있는 것이니, 너희 인민들은 농업(農業)에 진력(盡力)하라! 또한 가정(家庭)과 국가(國家)는 크기에서 차이가 있는 것이지 그 몸은 하나이다. 절약에 마음을 둔다면 국가를 부유(富裕)하게 만드는 데에 무슨 어려움이 있겠는가?" 이는 바로 산업이 부진하고 대외 무역이 발달하지 못한 데다 고대의 중농주의적(重農主義的) 관념이 여전히 존재하고 있기 때문이다. 아울러, 현대 각국의 제도에서 보듯이, 국회에서 국가재정에 대한 감독권을 장악하여, 인민의 부담을 그 대표자가 의결하는 것이 아니라 군주가 독재적으로 제정하며, 절약은 인민의 원성(怨聲)을 의식하여 신중(愼重)하고 조심스럽게 삼가는 마음을 쓴 결과(結果)이다. 이렇게 해서 재무행정상의 정리는 의외(意外)로 발전(發展)했던 것이다.

제132절 사법행정(司法行政)

국가의 행정 작용에서 두 번째로 중요한 기능은 사법(司法)이다. 그 사법권은, 제86절(<정부政府>, 211쪽)에서 논한 것과 같이, 본래 정치제도가 행정과 사법을 조화시킴으로써 법률 시행권을 행정관리가 겸해서 지니게 되었다. 그렇다 보니 소송은 특정한 재판소가 없이 어떠한 행정 부서에도 다 제출할 수 있었다. 그러나 재판소의 구성법은 그렇게 혼란스러워도 소송을 처리하는 관청은 특별히 정해져 있었다.

재판소는 두 가지가 있었다. 하나는 보통재판소로서, 각 지방관과 형조(刑曹)가 그것이요, 또 하나는 오직 관리에 한하여 처리하는 재판소로서 의금부가 그것이었다.

보통재판소: 촌(村)- 읍(邑)- 감영(監營)- 형조(刑曹)
특별재판소: 의금부(義禁府)
　　　　　 사헌부(司憲府)

최하급 재판은 촌(村) 즉 자치단체에서 받아서 처리하였다. 촌이 아니면 도로를 가로막고 행인(行人)을 모아 공개 판결(公開判決)로 처리하는 경우도 있었다. 이는 고대의 방식이 오랜 기간 동안 전해져 온 것으로 "길을 막고 물어보라!"는 어투는 여전히 지금도 사용되고 있는 것이다.

사헌부는 검사(檢査)의 직무를 지니고 있어서 억울함을 하소연할 수 있으며, 왕에게 직접 호소할 경우에는 의금부(義禁府) 당직청(當職廳)에 있는 신문고(申聞鼓)767)를 울리거나 차비문(差備門)768)에서 징을 두드려 의금부 관원(官員)을 통해 왕에게 품계(品階)를 올렸다. 그러나 사헌부와 왕에게 상소하는 경우는 형륙(刑戮: 죄인을 형벌에 의해 죽임-역주자주), 부자(父子), 적첩(嫡妾), 양천(良賤) 등 네 가지 내용에 관한 사안으로만 제한(制限)되어 있었다.

1. 재판의 감독

상급기관이 하급기관의 재판을 감찰하는 방식으로 이루어졌다. 예컨대 형조는 감사, 감사는 읍, 읍은 촌 등으로 순차적으로 이루어지는데, 최고 감독기관은 대성(臺省), 즉 사헌부 훈련원에 있었다. 이에 관해서는 제95절(222~223쪽)을 참조하기 바란다.

2. 형벌의 집행

형조와 개성부와 각 감사는 유배형(流配刑) 이하의 형벌에 대해서는 자체적으로 판결(判決)을 내리되 사형(死刑)의 경우에는 왕에게 보고한 후 집행(執行)하였다. 또, 수령이 장형(杖刑)을 진행할 경우에는 감사에게 자문(諮問)을 보내서 미루어 판결을 내렸다. 그 판결 등의 공무(公務)는 열흘마다 1번씩 형조로 기록해 보고했는데, 특별한 사유가 있을 경우에는 5일을 연기(延期)할 수 있었다.

3. 전옥서(典獄署)769)

제조(提調), 주부(主簿) 각 1인, 봉사(奉事) 각 1인 등, 해당 관리가 옥정(獄政)을 다스렸지만, 징역(懲役)의 형벌이 없었기 때문에 관련 업무가 번잡(煩雜)하지 않았으며, 경성과 각 도(道) 외에는 감옥(監獄)이 없고 관청(官廳) 내에 옥간(玉間)이 갖추어져 있었다.

4. 법률

명말(明末) 홍무(洪武) 18년(1385, 고려 우왕 11)에 제작한 『대명률(大明律)』을 태조 때에 고사경(高士褧, ?~?),770) 김지(金祉) 등이 풀이한 것을 사용했는데, 모두 30권 460조였다.771)

각 예률(各例律) - 형벌 총칙에 해당
이율(吏律) - 직제(職制), 공식(公式)
호율(戶律) - 호역(戶役), 전택(田宅), 혼인(婚姻), 창고(倉庫), 과정(課程), 전채(錢債), 시전(市廛)
예률(禮律) - 제사(祭祀), 의제(儀制)

병률(兵律)- 관아(官衙), 군정(軍政), 관진(關津), 구목(廐牧: 소나 말을 먹여 기르는 곳
　　　　-역주자주), 우역(郵驛)
형률(刑律)- 도적(盜賊), 인명(人命), 투구(鬪毆: 싸우며 때림-역주자주), 이매(罵罵: 욕
　　　　하며 꾸짖음-역주자주), 소송(訴訟), 수장(受贓: 훔친 물건을 받음-역주자주),
　　　　사위(詐僞), 간범(姦犯), 잡범(雜犯), 포망(捕亡: 도망한 사람을 잡음-역주
　　　　자주), 단옥(斷獄)
공률(工律)- 영조(營造), 하방(河防)

그러나 대명률은 조선의 정치 실정에 맞지 않는 부분이 많아서 특별히 제정한
법도 있었는데, 이는 정조 8년(1784)에 간행한 『대전통편(大典通編)』에 수록하여
보여준다.

이상과 같이 사법행정을 살펴보면 경찰국가시대(警察國家時代)를 면하지 못한 동
시에 독재정치(獨裁政治)의 정신(精神)이 완연(完然)하게 드러나 있는 것을 알 수 있
다. 그렇다 보니 서민(庶民)이 관리(官吏)를 상대로 소송(訴訟)을 제기하지 못한다는
조항이 들어가 있는 것은 말할 것도 없고, 양반(兩班)도 자기 마음대로 상민(常民)
을 집으로 잡아와 태형(笞刑)을 가하는 일도 벌어졌다(제63절<형법刑法의 정신>,
165~166쪽 참조).

제133절 가족제도

근세(近世)의 가족제도는 정치에서 결정적인 요소로 인식되어 크게 발달하였다. 가족제도는 세계 어느 민족을 막론하고 공통적인 성격을 띠는데, 유럽에서도 고대 로마 같은 경우는 그 두드러진 사례이다. 그러나 그 후의 양상(樣相)을 보면 항구불변(恒久不變)의 상태(狀態)로 머물러 있지 않고 벌써 변화(變化)를 거쳐 쇠퇴(衰頹)하는 과정(過程)을 보여주었다. 조선은 이와 반대로, 그 제도가 뚜렷하게 존재할 뿐 아니라, 크게 발달하여 국민 도덕에서 중요한 근거를 이루고 있다. 그 이유를 알면 유럽 국가와 조선의 역대 정치에 있어서의 차이점(差異點)을 이해(理解)할 수 있을 것이다.

로마에서는 부권(父權)의 범위가 절대적이었다. 그러나 자식(子息)을 매매(賣買)하는 일이 3회(回)에 이르고, 혼인(婚姻)도 일반적으로는 매매혼(賣買婚)의 형식에서 나왔으므로 부녀자(婦女子)의 지위(地位)가 전혀 중요(重要)하게 여겨지지 않았다. 조선은 하층(下層)의 빈민(貧民)이라 해도 부모가 자식이 서로를 온정(溫情)으로 대했고 혼인(婚姻) 역시 성대(盛大)하게 예절(禮節)을 갖추었다. 이 문제에 있어서는 아무리 빈천(貧賤)한 사람이라도 끝까지 받들어 바꾸지 않는 법전(法典)처럼 간주되었다. 이처럼 로마와 조선은 그 가족제도의 근본(根本)이 서로 상이(相異)했으며, 그 제도가 로마에서는 쇠퇴한 반면 조선에서는 발달한 데에는 대략 세 가지 원인이 있었다.

첫째로는 기독교의 가르침에서는 남녀노소(男女老少)가 모두 신(神)의 자식이라고 주장하지만, 신이 행하는 도(道)를 방해하면 친자식이라도 버리고 무시하지 않을 수 없다고 하니 그들은 가족제도(家族制度)를 파괴한 셈이다. 반면에 조선은 본래(本來)의 가족 관념(家族觀念)에 유교(儒敎)를 보태서 윤리 강상(倫理綱常)을 멸(滅)하고 무너뜨리게 한 자는 세상(世上)에서 용납(容納)하지 못하게 하였다.

둘째로는 국가적(國家的) 원인(原因)도 있었다. 서양의 경우 국가의 발달이 자녀(子女)를 친권(親權)으로 해방(解放)시켜 양친(養親)에 대한 존경심(尊敬心)을 감퇴(減退)하게 만들었는데, 영국이나 미국의 과거가 이를 증명한다. 그러나 조선의 경우에는 '충(忠)과 효(孝)는 매한가지'라고 여기고 효치주의(孝治主義)772)를 위정(爲政)의 본의(本義)로 삼았고, 민족 관계(民族關係)를 대체(人體)로 여겨 공신(功臣)의 자손은 아무리 우매(愚昧)하다고 해도 발탁(拔擢)해 썼고, 누가 죄(罪)를 저지르면 삼족(三族)을 멸(滅)하는가 하면 '족징(族徵)'773)의 법까지 있었다.

셋째는 산업(産業) 변화의 원인이다. 서양 사회에서는 상공업(商工業)이 발달(發達)함에 따라 가족이 엄청난 영향을 받는 바람에 가족이 동거생활(同居生活)을 하지 못하였다. 반면에 조선의 경우에는 경제(經濟)가 부진(不振)한 것은 물론이나 농업을 위주로 한 까닭에 그 가족이 안정(安定)된 생활(生活)을 하는 한편 자손들이 한 집에 모여 사는 것을 행복(幸福)으로 여겼으며, 묘지(墓地)를 조성(造成)하는 땅역시 철저하게 지키면서 조상이 물려준 기업(企業)의 혜택을 받으면서 서로 친애(親愛)하는 정(情)을 두텁게 해왔다.

그렇다 보니 법률상으로 친족법을 정하는 과정에서도 그 제도가 엄밀(嚴密)하고 광범(廣範)할 수밖에 없었다. 예컨대 5대(代) 사이에서는 당내(堂內), 8촌, 4종(從)이라 하고, 한 집안 한 식구처럼 절친하였다. 이와 동시에 복제(服制)774)가 있어서, 6세(世)부터는 '족인(族人)'이라 하여 대종(大宗)을 조직할 때, 적손(嫡孫)을 '종가(宗家)'라 하고 기타는 '지파(支派)'라 하여 변치 않는 백세불천(百世不遷)의 관계로 인식하고 서로 간에 결혼하는 것을 허용하지 않았으며, 한 종중(宗中)을 모아서 족보(族譜)를 펴내고 조상의 역사를 기재(記載)함으로써 같은 혈족의 친분(親分)을 영구적(永久的)으로 이어나갔다.

이하에 예시한 표는 『대전회통(大典會通)』에 있는 복도(服圖)에 의거(依據)한 것으로 지금도 운용(運用)되는 가족제도이다. 촌수(寸數)는 한(漢)나라 제도에서의 9족과는 다른 것으로, 조선 특유(特有)의 명칭(名稱)과 계등법(計等法)이며 로마 민법에서의 '족산법(族算法)'과 같은 것이다. 여기서 'Ⅰ, Ⅱ, Ⅲ' 같은 등수는 로마법이고, '1, 2, 3' 같은 일반 숫자는 캐논법에서의 친등수(親等數)인데, 이를 서로 상대적으로 비교하였다.

				高祖父母4 齊縗 三月Ⅳ				
			五寸 大母 緦	曾祖父母三 齊縗 五月Ⅲ	五寸4 大父母 緦 Ⅴ			
		六寸 大母	四寸 大母 緦	祖父母二 期縗 不杖期 Ⅱ	四寸三 大父母 小功Ⅳ	六寸四 大父母 緦 Ⅵ		
	七寸 姑母	五寸 小姊妹 功功	姑母 期年	父母1 斬縗 三年 齊縗 三年	三寸二 父母 期年Ⅲ	五寸三 叔父母 小功 Ⅴ	七寸四 叔父母 嬰 Ⅶ	
八寸 姊妹	六寸 姊妹 小功	四寸 姊姊 大功	姊妹 期年	自己 妻 齊縗 暮杖	兄弟一 期年 妻 小功 Ⅱ	四寸 兄弟2 妻 大功Ⅳ	六寸三 兄弟 小功 Ⅵ	八寸 兄弟 妻 緦弟Ⅷ
	七寸 姪女	五寸 姪女 小功	姪女 期年	衆長 婦子 女婦子 三期一 大功 年年 一	姪妻二 期年 大功Ⅲ	五寸三 姪 妻 小功 Ⅴ	七寸四 姪 Ⅶ	
		六寸 姪女 六寸 姪女	四寸 孫女 四寸 孫女 小功	衆嫡 婦子女 婦孫 二一Ⅰ Ⅱ 大功 小功 期年	四寸孫 三 四寸 孫女 小功Ⅳ	六寸四 孫 緦Ⅵ		
			五寸 曾孫女	曾孫女 二 小功Ⅲ	五寸四 姪女 小功Ⅳ			
				玄孫女四 杖期Ⅳ				

		外祖父母 小功 II		
	姨母 小功	丈人 丈母 緦 II	外叔父 小功 外叔母 緦 III	
姨從 四寸 緦	內四寸 緦	己 身	2 VI	內 四 2 寸 IV
	甥女 小功	婿 緦	甥婦 緦 小功 III	
		外孫及婦 緦		

제134절 계급

일반 종족(種族)은 3층의 계급의 차별이 있는데, 그 계급은 동족 내에서도 구분하였다.

<종족의 계급>
사색 양반: 북인(北人) 남인(南人) 노론(老論) 소론(少論)
중등평민(中等平民): 중인(中人)
7반천인(七班賤人): 아전(衙前), 서얼(庶孽), 무당(巫堂), 승니(僧尼), 노예(奴隸),
　　　　　　　　　 역노(驛奴), 재인백정(才人白丁)

중인은 서얼(庶孽)의 일종인데, 정2품 이상 관리의 서얼을 특히 중인이라 하였다. 이는 벼슬길에 들어간다 하더라도 정해진 과(課)가 있어서 사역원(司譯院), 관상감(觀象監) 등 하급관리만 맡을 수 있었다. 그중에서 아전, 중인, 승니는 모두 평민의 반열이 되어 국민의 중추 계급이었다(제29절<국민의 계급>, 95~97쪽 참조).

이 밖에 변경(邊境) 지역의 인민들은 태조 이성계(太祖 李成桂, 1335~1408) 때부터 요직(要職)에 진입(進入)하는 것을 허용(許容)하지 않고 일반 천인(賤人)의 대우(待遇)하니, 그 원인은 상무적(尙武的)인 풍습이 여전히 많은 반면 문화적 교화의 영향이 상당히 적었기 때문이다(제98절<관리 3>, 228~230쪽 참조).

변경 지역 인민들보다 더욱 천대(賤待)받은 것은 서얼이었다. 서얼은 같은 혈족 사이에서도 지극히 천한 대우를 받아 아버지를 아버지라 부르지 못하고 형을 형이라 부르지 못했다. 또, 제사 자리에 참여하게 되더라도 뜰아래 절을 해야 하고 일가족으로 치지 않아 가계(家系)를 이어받는 것을 절대로 허락(許諾)하지 않았다.

서얼들은 세 가지 부류로 나뉘었는데, 어떤 경우는 천반(賤班)에 들기도 했지만 어떤 경우는 중인으로서 약업(藥業)이나 역관(譯官)으로 생활했고, 또 어떤 경우에는 그 혈통(血統)을 지키기 위하여 반명(班名)을 유지하기도 했는데, 일명(逸名), 좌족(左族), 부천(副遷) 등으로 일컬어졌다.

그런데 예로부터 변경 지역 인민과 서얼들에 대한 해방론(解放論)은 여러 차례 제기되어 평등을 허락하자고 한 일이 많았다. 예컨대, 이이, 남구만(南九萬, 1629~1711),775) 윤지선(尹趾善, 1627~1704)776) 등의 주청(奏請)과 인조, 효종, 숙종 등 여러 왕의 교지가 그것이다. 그러나 논의와 교지는 그저 공상에 불과할 뿐 실제로는 허락하지 않았다.

여기서 주의할 것은 반종(班種)과 천종(賤種)이다. 양반에는 네 가지가 있었다. 첫째는 예로부터 고등한 부류로 '삼한(三韓)의 갑족(甲族)'777)으로 일컬어졌는데, 벼슬살이를 표준으로 삼는 권자양반(圈子兩班)이다. 둘째는 상인(常人)이면서도 양반과 혼인(婚姻)한 결과 양반의 반열로 격상(格上)되는 초마양반778)이다. 셋째는 상인이면서도 학문과 도덕이 고상하면 양반의 반열로 들어가는 책상양반(冊床兩班)이다. 넷째는 향촌에서 무색(無色)으로 있는 토반(土班)이다.

천인은 '7반(七班)'이라고 했으나, 실제로는 아전과 서얼을 제외하면 5반(五班)이 전부였다. 본래의 천종(賤種)이 있고, 또 양반이라도 3대 동안 현직(現職)에 나온 관리가 없거나 사화(士禍)를 피해 천업(賤業)에 종사하다가 스스로 상민(常民)이 된 것이다. 이처럼 반상(班常)의 구별은 예로부터 여러 갈래가 있었으나 종족(宗族)을 엄격하게 세워서 계급이 고정된 것도 아니어서 서로 간에 올라가거나 내려갈 자유도 있었던 것이다. 이것이 전대(前代)의 가족제도(家族制度)와 엄연(嚴然)히 다르며 동시에 민권(民權)의 발달된 것이다.

제135절 족내(族內)의 도덕과 그 영향

특정(特定)한 종족(種族)의 일단(一端)이라는 것을 나타낼 때에는 안(安), 김(金), 최(崔), 이(李), 정(鄭), 박(朴) 등과 같은 성씨를 기준으로 삼았다. 전국의 성씨는 그 수가 매우 많다. 문간공(文簡公) 이의현(李宜顯, 1669~1745)779)의 문집을 보면 모두 298성씨가 있다. 그러나 하나의 성씨 속에서도 본(本= 본관本貫, 관향貫鄕-역주자주)이 서로 다르고 파가 서로 다를 수가 있다. 따라서 그 각각의 문중(門中)들까지 계산하면 실제로는 1,000여 가(家)에 이를 것이다.

우리 민족은 전부 1,000여 가의 종파(宗派)로 일컬어지며, 국민의 단위도 이 개개의 문중(門中)들로 이루어진다. 서양 사회는 개인이 단위이지만 조선은 이 개개의 가족들이 사회의 단위를 이루었다. 사람들은 자신의 성씨를 서로 높여서 그 과장된 관념이 일종의 애족적인 공덕심(功德心)을 만들어 내었다.

숙종(肅宗, 1661~1720)이 이인재(李仁才)에게 그 가문에서 이름이 높은 인물이 있는지 물었다.780) 그러자 이인재는 둘째손가락을 먼저 굽혀서, 제일은 소신의 집이고, 제이(第二)와 제삼(第三)은 누구누구라고 하고, 최종적으로 첫째 손가락을 들어서 폐하의 전주 이씨(全州李氏)라고 대답하였다. 이것이 무슨 의미인가 하면 왕실은 그 차례가 가장 마지막의 끝자리를 면하지 못하나 대우는 첫째라는 말이다. 이처럼 각 문중에는 강대한 탄력성(彈力性)으로 국가의 본위적(本位的)사상을 이루며, 그 가족제도의 도덕적 발달이 사회와 국가를 유지하는 것이다.

1. 국민관념

각 문중은 제사를 도덕의 커다란 근본으로 삼았다. 제사는 곧 족내(族內)의 도덕이 되는 동시에 국가의 도덕이기도 하다. 각 문중에는 조상을 빛낸다는 '현조(顯祖: 이름이 드러난 조상-역주자주)'라는 것이 있는 바,

...[원문 생략] 중국의 경우 역시 가족제도가 발달한 동시에 족내(族內) 도덕 또한 진보되었으나, "효자는 국가를 잊을지언정 집안을 편안하게 하는 법이다[孝子忘國而安家효자망국이안가]"라는 사상이 국가 관념을 약하게 만들어 오직 가족만 국가는 그 다음 제2위(位)로 놓았다.

...[원문 생략]

2. 관료 도덕

중국의 관료는 소위 '중포(中飽)'라 칭하여 공금(公金)을 갈취하는 폐해가 있었다. 그래서 청대 말기에 헌정편사관(憲政編查官)의 한 사람은 "탐관오리(貪官汚吏)는 그 집안의 효자이다"라고 말하기도 하였다. 조선의 족내(族內) 도덕은 그렇게 편중(偏重)된 발달을 보이지 않아 온갖 일에 고르게 영향을 미쳤다. 그렇기 때문에 탐관오리(貪官汚吏)의 자손은 벼슬길에 오르지 못하는 법규가 있고, 청백리(淸白吏)의 자손은 비록 우둔(愚鈍)한 자라도 등용(登用)했으며, 만일 관리가 잘못을 범하면 삼족(三族)을 멸(滅)하는 법도 있었다.

그런즉 관리된 자는 가능하면 관리로서의 책무를 잘 수행하여 자손(子孫)과 문중(門中)에까지 누를 끼치지 않도록 몸을 삼갔으며, 마찬가지로 조상을 빛내기를 바랐기 때문에 청백(淸白)하게 벼슬살이를 하는 것을 위주로 하였다. 근래에는 탐관오리가 없지 않으나 이는 모두 말세(末世)의 쇠퇴(衰退)함에 그 원인이 있는 것이다.

3. 사회도덕

족인(族人)의 재산은 사실상 공동으로 생산하여 사용하며 그 족내 관념은 일반 사회에까지 보급되어 궁핍한 벗이나 가난한 친척을 구휼(救恤)한다는 것은 재산가의 상투어(常套語)였다. 할아버지와 아버지의 친구의 자손은 서로 대(代)를 이어 사귀는 세교(世交)라 하여 언제까지라도 서로 아끼고 화목(和睦)한 사이로 지냈으며, 친구 사이면서도 경조사(慶弔事)에 서로 문안(問安)이 없으면 절교(絶交)를 하기 마련이었다. 동성동족(同姓同族)이 아니더라도 동족과 같은 관계를 나누는 법도(法度)가 있었으니, '위친계(爲親契)', '돈목계(敦睦契)'라는 구락부(俱樂部) 성격의 조직이 그것이다. 또 서로 의기(義氣)가 투합(投合)하면 다른 성씨 간이라도 의형제(義兄弟)를 맺고 서로에게 도움을 주었다. 이러한 것은 족(族) 내 도덕(道德)의 발달에서 비롯된 것이다.

그렇게 국가든 사회든 그 도덕적 작용은 모두가 가족제도를 기초로 한 것이어서, 반상의 계급은 물론이고 친척 간에 소원[疎忽소홀]한 것을 인간생활에서의 하나의 큰 비운(悲運)으로 알았다. 또한 성씨를 크게 존경하여 비록 천한 노비들이라고 하더라도 맹세(盟誓)를 하거나 욕설 따위를 할 적에 "내가 성씨(姓氏)를 바꾼다"라고 하거나 "족보(族譜)에서 내 성씨를 제거하라"고 하는 식으로 성씨를 중요한 기준으로 인식하였다.

제136절 독재정치의 말기 1

흥망과 성쇠의 순환은 역사상 외형적인 요소이다. 그 완비(完備)한 훌륭한 정치제도도 해를 거듭할수록 진보(進步)할 기미(幾微)는 보이지 않고 쇠퇴하는 지경에 이른다. 조선이 퇴폐의 시기로 접어들기 시작한 것은 정조 때로부터였는데 그 원인은 첫째, 세도(勢道)가 발생했기 때문이다.

처음에는 본래 왕명(王命)을 반포(頒布)하고 신하(臣下)가 상소(上訴)를 올릴 때 반드시 승정원(承政院)을 거쳐야만 가능했다. 그러나 이 법의 폐지 문제를 인조 때 최명길(崔鳴吉, 1586~1647)이 최초로 제기하더니, 이때에 이르러 이 법을 전부 폐지하고 6조의 장관(長官)을 임시로 문밖에서 대령하게 하면서 군신(君臣) 간의 국사(國事) 논의(論議)가 전적으로 불규칙(不規則)하게 이루어지고, 정치적 명령은 흑막(黑幕)을 만들었다.

더욱이 '별입시(別入侍)'라는 것이 생겼다. '별입시'란 정식 관직을 가지지 않은 관리는 말할 것도 없고 입궐하여 왕에게 아첨(阿諂)을 하는 자들이었는데, 광무연간(1897~1906)만 해도 별입시가 무려 700명에 달하였다. 이는 일종의 참소당(讒訴黨)으로 거기에 우두머리가 있어서 일반 권세(權勢)를 독점(獨占)하기에 이르니 이것이 바로 세도이다.

그 세도의 시초는 홍국영(洪國榮, 1748~1780)781)으로부터 비롯되었다. 본래 영조가 붕어(崩御: 천자가 세상을 떠남-역주자주)할 때 그 9녀(女)인 화완옹주(和緩翁主, 1738~1808)782)가 국상(國喪)을 반포하기 전 옥새(玉璽)를 훔쳐서 그 아들 정후겸(鄭厚謙, 1749~1776)783)에게 주고 왕통(王統)을 빼앗고자 하였다.784) 이때 홍국영이 옥새를 도로 빼앗아 세손(世孫)에게 바쳐 왕위에 오르니 그가 바로 정조이다. 그렇다 보니 정조 때의 권세가 홍국영 한 사람에게만 집중된 것은 당연한 결과이다. 정조 때에는 그렇게 격렬(激烈)하던 당의(黨議)가 시벽론(時僻論)785)을 계기(契機)로 막(幕)을 내리고, 거기다가 당파의 열기라는 것도 멸절(滅絶)되기에 이르렀다.

이렇듯 당의(黨議)가 끊어지면서 그 뒤를 이어 세도가 이루어지니 세도가 생긴 뒤로는 조정의 공사(公事)가 모두 그 사람에게 전적으로 위임(委任)되었는데, 고려 귀족시대(貴族時代)와 같은 분위기가 제한되어 왕은 오직 허울만 있고 실속이 없는 시위소찬(尸位素餐)이나 할 뿐, 일반 정무(政務)는 일개 권세가(權勢家)의 손에서 좌우되었던 것이다. 그 뒤로도 이름 좀 있다 하는 씨족들이 차례로 입조(入朝)하여 왕을 끼고 권력을 휘둘러 희롱(戱弄)함에, 결국에는 국가가 세도가(勢道家)들의 손에 농락(籠絡)되는 지경에까지 이르렀다.

제137절 독재정치의 말기 2 = 관리의 악화

세도가 발생한 이후로는 관리가 전적으로 악한 종자(種子)로 바뀌어 버렸다. 조정의 공사와 별입시에 의한 아첨(阿諂)과 청탁(請託)은 모두 엽관(獵官)에만 전력한 것이었다. 그래서 정사(政事)는 오직 관리의 퇴출 승진[黜升출승] 이외에는 다른 일이 없을 정도였고, 관보(官報)에 나는 기사 역시 "어떤 관리의 교체를 윤허(允許)하고, 물망(物望)에 오른 후보자의 명단을 넣어 아무개를 낙점(落點)하다"라는 식의 문구(文句)들뿐이었다. 이로부터 이 제도는 문란(紊亂)해지게 되고 관리들은 범용(汎用)하거나 어리석은 자들뿐이었다. 정조의 과거제도에 대한 윤음(綸音)을 읽어 보면, "시험관(試驗管)의 경우에는 인재 감별[藻鑑조감]이 분명하지 않아서 고루(固陋)하고 진부(陳腐)한 기운을 초래하여 관리의 승진(陞進)과 퇴출(退出)이 공정(公正)하지 않고, 혹은 어린 자제(子弟)를 과거(科擧)에 대거 합격(合格)시키는 홍분방(紅粉榜)의 경우에는 형설(螢雪)의 고초를 겪은 선비로 하여금 작별의 눈물을 짓게 하고[渡灞도패의 淚루], 어(魚) 자와 노(魯) 자도 제대로 구분하지 못하는 부류가 도리어 등용되는 기쁨을 누리며, 사치한 옷을 입은 자제들의 경우에는 요행(僥倖)히도 한 번 급제하면 재능(才能)과 학문(學問)의 여하(如何)는 불문(不問)하고 화려한 벼슬길을 얻었다"라고 하였다. 그 당시 이조판서 심환지(沈煥之, 1730~1802)[786]가 올린 보고에서도 벼슬길이 엄정(嚴正)하지도 투명(透明)하지도 못한 점과 과거장(科擧場)이 복잡하고 어수선했던 점은 그 폐해를 일일이 거론하기 어려울 정도라 했으니, 이는 모두가 당시 관리들이 쇠락하고 폐해를 끼치던 실정을 스스로 자백(自白)한 셈이다.

정조도 이 윤음을 내릴 때에는 그 같은 폐해를 해결하고자 한 것이었으나 오히려 가면 갈수록 더욱 심해져서 인물(人物)을 심사(審査)하여 배척(排斥)하는 인사업무[銓注전주]가 대혼란(大昏亂)에 빠지게 이르렀다. 예컨대 정해진 단계를 버리고 품계를 뛰어넘어 처음 벼슬을 시작한 후 6품으로 승진하고, 6품으로 승진(陞進)한 후에는 한달음에 날아오르듯 정3품까지 이르는 방법이 이때 생겼다.

소위 '돌님참판[돌님參判]'이라는 것도 이때에 비롯된 것이었다. 정당이 잦아들고 [休息휴식] 세도가 생기자 세도가(勢道家)는 인심을 수습하고 사색(四色)을 균일(均一)

하게 채용(採用)한다는 것이 관작(官爵)을 무조건 순차대로 서임(敍任)하는 바람에 참판이 그만 회피적인 입막음 용(用)인 '돌림직함'으로 전락하고 말았다. 오직 참판뿐만 아니라 일반 관리를 모두 이러한 방법으로 서임(敍任)하니, 행정 관청은 양반 족당(族黨)의 소굴이 되고 관리는 오직 국고나 축내는 기생충으로 전락해버린 격이었다. 프랑스의 나폴레옹 때 탈리앵, 장 랑베르(Tallien, Jean-Lambert, 1767~1820) 787)은 당시 궁중을 공격하면서 지금의 궁중은 고귀한 거지들의 집회소(集會所)라고 했는데, 나는 정조 이후의 정부를 이 경우에 빗대어 볼 만하다고 본다. 문을 나서면 쓴 담배 한 대 주는 사람이 없고, 집에 들어가면 서발 막대 거칠 것이 없어도 한번 벼슬길로 들어가면 순식간에 높고 거대한 누각[高樓巨閣고루거각]에 누워서 고기가 산처럼 쌓이는[肉山脯林육산포림] 즐거운 생활을 누렸다. 그것이 모두 무엇에서 생기는 것인가 하고 물으면 국고(國庫)를 가로채고 인민들의 재물을 강탈한 것으로 말하자면 나라와 인민을 빨아먹는[吮食연식] 셈이었다.

엽관(獵官)을 하면서 뇌물(賂物)과 아첨(阿諂)을 바친 셈이니 한 번 관직(官職)을 도모(圖謀)해 얻은 이상 그 과정에서 바친 자금을 충당하려면 나랏돈 가로채서 먹어야[割食할식] 하는 것은 물론이며, 인민들의 재물을 가혹(苛酷)하게 강탈(强奪)하기 위하여 벌이지 않는 짓이 없을 지경까지 이르렀다. 무고(誣告)한 양민을 잡아 가두고 무조건 재물을 빼앗는 것은 예사였으며, 그 외에도 괴악(怪惡)하고 무도(無道)한 짓들은 말로 표현조차 못할 정도였다. 모(某) 씨는 평양감사가 되었을 때는 18세(歲)의 시집도 안 간 처녀(處女)의 순유(純乳)를 짜 먹으면 자신의 양기(陽氣)가 채워진다 하여 평안도 내의 규중(閨中)의 처녀들을 모두 붙잡아 왔다. 그 부모들은 이 잔악(殘惡)한 행위를 차마 보지 못하나 자기 자식을 풀어오는 것이 급선무(急先務)였다. 그래서 밭과 집을 팔아 다수의 금전(金錢)을 감영(監營)에 납부(納付)했다. 이 말이 참말[實談실담]인지 거짓[虛事허사]인지는 알 수가 없으나 하여간 사람의 입에는 차마 담지 못할 일을 벌이는 꼴은 나도 직접 많이 보았다. 인민이 재산을 빼앗기는 것은 관리에게 뿐만 아니었다. 시골에 사는 양반이나 아전 등에게 빼앗기는 경우도 실로 그 수를 셀 수가 없다.

이렇게 해서 경제는 말하지 않아도 알 수 있을 정도로 지극히 궁핍(窮乏)하고 어지러워 거의 망할 지경에 이르렀고, 정치는 관료들의 고압적인 정책으로 몽롱(朦朧)한 가운데서 이루어졌다. 그런 작태(作態)를 벌이면서도 망하지 않는 나라가 어디 있겠는가? 살펴보면 근래에 문명의 계발(啓發)을 자임(自任)한 경우도 오히려 그 유전성(遺傳性)을 발휘하는 경우가 상당히 많으니, 김윤식(金允植, 1841~1920)788) 의 사회장(社會葬) 문제 같은 것은 그 적절한 예(例)라 할 수 있다.

제138절 독재정치의 말기 3 = 민의의 타락

국가 쇠망의 세 번째 원인 문약(文弱)이었다. 무(武)를 천시하고 문(文)을 중시하는 [偃武修文언무수문: 무기를 창고에 넣어두고 학문을 닦아 나라를 태평하게 함-역주자주] 정책은 근세정치의 정신인지라 무인을 경멸하게 되면서 사대부가 절대로 무과에 응시하기[赴擧부거]를 원하지 않았다. 숙종 초기만 해도 무과(武科) 응시자가 1만 9,000명에 이르렀으나 정조 때에는 겨우 10여 명에 불과(不過)하였다. 이는 무사를 천시할 뿐 아니라 무관이 수륙(水陸)의 인민들을 극심하게 토색(討索: 금전이나 물품을 강청함)을 하는 바람에 수군(水軍) 한 사람이 1년에 거둬들이는 군포[徵布징포]가 50필에 이르렀으니 어느 누가 군인이 되기를 기꺼워했겠는가? 그렇다 보니 군인은 모두 무너져 흩어지고 군적(軍籍)은 그저 명의(名義)만 존재할 뿐 실질적인 숫자는 그 10분의 1에 불과했다.

문(文)을 숭상(崇尙)하더라도 철학과 예술을 장려(獎勵)하였다면 인생관(人生觀)에 있어 진리(眞理)를 발견하는 동시에 인민과 국가의 진보를 발전시킬 이치라도 있었을 것이다. 그런데 그 문이라는 것이 옛 사람이 남긴 찌꺼기[糟粕조박]나 찾고, 헛된 글월과 번다(繁多)한 예법[虛文縟禮허문욕례]으로 겉치레를 꾸미기에만 바빴다. 쇠퇴기에 이르러 정치는 물론이요, 일반 인민의 기력은 정치 이상으로 크게 고갈되었다.

기(氣)는 절로 부패하고, 혈(血)은 절로 죽으니 나약(懦弱)하고 열등(劣等)한 상태(狀態)는 한마디로 다 설명하기조차 어려울 지경이었다. 신설(神說)은 어찌 그렇게 많으며 사술(邪術)은 또 어찌 그렇게 잡다한지, 찾아 구하는 것은 공허한 인덕[空德之物공덕지물]이고 바라는 것은 운수(運數)니 신비(神秘)니 하는 것들뿐이었다.

땅을 쓸면 황금이 나오기만 바라고 문을 열면 만복(萬福)이 저절로 들어오기만을 탐할 뿐이었다. 말기의 정치는 사실상 정부나 관리보다도 국민 일반의 원기(元氣)가 쇠락(衰落)한 상황(狀況)과 가장 큰 관련이 있으니, 로마 말기에 인민의 바라는 뜻[民志민지]이 쇠락[墮落타락]했던 상황을 조선 반도에 그대로 옮겨 놓은 것과도 같은 격이었다.

오호라! 정조가 "천하에 큰 변화[大變대변]가 있으면 큰 이익[大益대익]이 있고,

작은 변화[小變소변]가 있으면 작은 이익[小益소익]이 있다"라고 하였는데, 근세 말기에 민지(民智)가 쇠락한 것은 장차 새로운 이상정치(理想政治)에 새로 유익(有益)한 일이 생길 징조(徵兆)라도 되는 것인가?

제139절 독재정치의 말기 4

근세사(近世史)에 있어서 정변(政變)에는 왕실(王室) 문제, 당의(黨議) 문제, 난리(亂離) 문제의 세 가지가 있었다. 첫째, 왕실 문제의 경우, 태조 즉위 때부터 4대(代)를 연거푸 내려오는 동안 왕위(王位)를 쟁탈(爭奪)하는 알력(軋轢)이 거듭 벌어지다가 겨우 세종 때에 이르러 비로소 제도(制度)를 개혁(改革)하기 시작하였다.

세종에 대해 말하자면 양녕대군(讓寧大君, 1394~1462)789)을 떠올리지 않을 수 없다. 양녕은 본래 태자(太子)였으나 셋째아우가 현량(賢良)한 것을 보고 왕위(王位)를 양보(讓位)하고 자기는 미친 척하다가 승려가 되었다. 양녕이 즉위(卽位)했다면 세종 이상의 정치를 펼칠 수 있었을지 알 수가 없다. 그러나 야심(野心)이 없이 청절(淸節)한 아량(雅量)으로 왕위를 헌신짝과도 같이 내버린 것이다.

그 후 세조가 조카 단종(端宗)을 귀양 보내고 즉위하면서 정치상의 대규모 개정은 이때에 기반(基盤)이 닦였다. 훗날 충절(忠節)의 선비는 당시의 사육신(死六臣)790)을 본보기로 삼았다. 숙종, 경종, 영조, 정조의 4세(世) 100년 동안은 건저(建儲)791)로 인하여 큰 변고(變故)가 발생했는데, 정당 간의 쟁의(爭議)는 사실상 이 기간에 많아서 파란만장(波瀾萬丈)한 일들이 거듭해서 나타났다. 정당들이 쟁탈(爭奪)한 단서(端緒)는 민정(民政)에 관한 일이 적었고, 영국의 장미전쟁(薔薇戰爭)792) 경우처럼 왕실 문제에 전적으로 달린 것이라고 해도 과언이 아니었다. 그 밖에도 인조, 철종, 광무의 왕위 계승 역시 정변(政變)의 단서(端緒)가 되었다.

난리의 경우, 세종 때의 야인(野人) 및 대마도 정벌(對馬島征伐),793) 효종 때의 나선정벌(羅禪征伐),794) 임진(壬辰)과 병자(丙子)의 난 등은 외전(外戰)이요, 이시애(李施愛, ?~1647),795) 이괄(李适, 1587~1624),796) 이인좌(李麟佐, 1695~1728),797) 홍경래(洪景來, 1780~1812),798) 동학당(東學黨),799) 의병(義兵)800) 등은 내란(內亂)에 해당한다. 이 전역(戰役)들 중에서 임진왜란과 병자호란 및 동학란은 대외적으로도 상당한 관계가 있었으며, 홍경래의 난은 사실상 민권(民權)을 표방(標榜)한 일종의 혁명 운동이었다고 할 수 있다.

살펴보면 근대정치의 변천은 세종 때(1418~1450)에 개혁을 시작하고 세조 때(1455~1468)에 그 개혁한 제도들을 완비(完備)했으며, 인조 때에는 재무(財務)의 정돈(整頓)이 있었고 그 사이에 전쟁(戰爭)이 많았으나 정치적으로는 큰 영향(影響)을 미치지 않았다.

논하면 사실 독재정치라는 것은 오랜 기간 동안 지속(持續)되는 것은 불가능(不可能)하며 신속(迅速)한 활동(活動)으로 변화(變化)가 일어나는 것이 원칙(原則)이다. 그런데 우리 근세 정치에서는 그 기간이 많이 소요되어 500년 동안 지속되었음에도 그 사이에 조금도 반동(反動)조차 발생하지 않았으니 이는 무슨 까닭인가. 하고 물어본다면 나는 정당(政黨)이 발생했기 때문이라고 대답할 것이다. 군권(君權)이 무한히 발전하였으나 서양의 전제시대(專制時代)와는 달라서 어느 정도 민권(民權)이 존재했을 뿐만 아니라, 정당의 쟁의(爭議)를 제기(提起)하는 기풍(氣風) 때문에 군권(君權)이 함부로 무한정(無限定) 신장(伸張)될 수도 없었다.

그래서 반동(反動)이 발생하는 일이 없었으며 정조 때부터는 정당이 멸절(滅絶)하고 독재정치(獨裁政治)의 본색(本色)이 되는 계급(階級) 작용이 극심(極甚)해지니, 이때부터 반동이 일어나기 시작했는데 홍경래가 일으킨 난이 그 첫 번째 운동(運動)이었다. 그렇게 해서 정조 이후로 120년 동안은 사실상 독재정치의 극성기(極盛期)였던 동시에 국운(國運)이 쇠퇴(衰退)하기 시작하여 새로운 시대(時代)를 갈망(渴望)하는 사조(思潮)가 암암리에 흐르고 있었다.

제140절 독재정치의 사명

우리는 역사 속에서 한 번 흥(興)하고 한 번 쇠(衰)하는 것[一盛一衰일성일쇠]은 진화(進化)의 형식이요, 내용상으로 볼 때 정치 자체는 흥망(興亡)의 순환(循環)을 통하여 진보(進步) 발달(發達)하는 것이라는 정치(政治)의 진리(眞理)를 발견하게 된다. 따라서 근세 말엽(末葉) 정치가 쇠퇴(衰頹)하고 민의(民意)가 쇠락(衰落)했다는 것은 옛 정치의 폐해(弊害)를 깨달아 새로운 시대, 훌륭한 정치를 움직이게 하는 작용이었던 셈이다. 자세히 말하자면, 미처 새로운 세계[新世界신세계]에 발을 딛지는 못하였고, 그 요구에 따라 촉발(觸發)된 심정(心情)이 새로운 기준[新票準신표준]을 만들지 못한 까닭에 일반적인 세태(世態)와 인정(人情)이 자연히 어지럽고 복잡(複雜)한 양상(樣相)을 스스로 띠게 된 것이다.

이 때문에 500년 전제정치(專制政治)라는 것도 태조(太祖) 이성계(李成桂) 한 사람이 만들어낸 것이 아니라 조선 사람 전체가 만들어낸 바, 정치진화사(政治進化史)의 한 과정이었던 셈이다. 그런즉 근세의 전제정치는 발전할 능력이 있는 우리 민족 우리 인민에게 있어서 다른 정치체제[政体정체]로 변화해가는 과도적(過渡的)인 단계였으며, 여기서 정치의 진리를 발견하게 되나니, 이를 다시 고상(高尙)한 표현으로 풀어보면 '계몽적 정치(啓蒙的政治)'라고 할 수 있겠다.

광무, 융희(隆熙)801) 연간(1907~1910)에 변천(變遷)된 정치는 흑막(黑幕)이 많고, 비밀(秘密)이 지극히 많아서 한두 항목으로 논하기 어렵기 때문에 이에 대해서는 나중에 속편(續篇)을 쓰고자 하여 다만 여기에서 그치는 바이다.

자산 안확 연보와 논저802)

1886년(1세) 고종 23년(丙戌) 한성부 북부 준수방(俊秀坊) 구사포서계(舊司圃署契) 옥동(玉洞) 우대마을(현재 서울특별시 누상동樓上洞<속칭 우대마을>)에서 2월 28일 흥선대원군(興宣大院君)의 심복 '천하장안(千河張安)'의 한 사람인 안필주(安必周)803)의 후손으로 아버지 안윤기(安胤基)와 어머니 김모겸(金慕謙) 사이의 무녀독남(無女獨男)으로 태어났다. 이후 큰아버지 안순기(安舜基)에 입양(入養)되었다.

1895년(10세) 최초의 근대식 소학교 수하동소학교(水下洞小學校)에 입학.

1897년(12세) 소학교 학생으로 독립문 낙성식(落成式) 행사 참석. 소학생 연설.

1898년(13세) 수하동소학교 심상과 3년 수료.

1901년(16세) 수하동소학교 고등과 3년 수료.

1902년(17세) 경성관립중학교 입학.

1905년(20세) 10월 22일 기독교학교 교사가 되기 위하여 진주로 내려감.

1907년(22세) 진주 안동학교 교사. 나중에 광림학교로 개칭.

1911년(26세) 마산 창신학교 교사.

1914년(29세) 일본 유학, 정치학 공부.
『學之光』3(12월)에 논설 「偉人의 片影」 발표.

1915년(30세) 『學之光』4(2월)에 「朝鮮語의 價值」 발표. 『學之光』5(5월)에 「朝鮮의 美術」 발표. 『學之光』5(5월)에 「二千年來 留學의 缺點과 今日의 覺語」, 『學之光』6(7월)에 「朝鮮의 文學」 발표.

1916년(31세) 일본에서 귀국. 창신학교 교사. 조선국권회복단 마산지부장.

1917년(32세) 『朝鮮文法』 유일서관(唯一書館) 간행. 운송업(不禹社: 曹達商)을 가장 독립운동 전개.

1918년(33세) 이회영(李會榮)의 고종의 해외 망명 계획 참여.

1919년(34세) 마산(창원)지역 3.1운동 관여.

1920년(35세) 『自覺論』 회동서관(匯東書館) 간행.
9월 『共濟』1호에 「人民의 種類」, 10월에는 2호에 「獨逸民族의 氣

質」, 「有識階級에 對하야」 등을 기고.

1921년(36세) 『改造論』 조선청년연합회 간행. 『我聲』1(3월)에 「朝鮮文學史」 발표. 『我聲』2(5월)에 「世界文學觀」 발표. 『共濟』8(6월)에 「朝鮮奴隷史」 발표. 조선청년연합회 기관지 『我聲』 편집인 활동.

1922년(37세) 『朝鮮文學史』 한일서점 간행. 『新天地』7(11월)에 「朝鮮哲學思想槪論」 발표. 『新天地』8(12월)에 「朝鮮의 音樂」 발표. 『新天地』 편집인 활동.

1923년(38세) 『世界文明史』(一名 朝鮮政治史), 『修正朝鮮文法』 匯東書館 간행.

1925년(40세) 『啓明』8(5월)에 「諺文에 관한 參考」, 「辭書의 類」 발표.

1926년(41세) 이왕직 아악부(李王職雅樂部)에 음악사 편집 촉탁으로 만 4년 근무.
1월 『朝鮮史學』1에 「諺文의 淵源」, 2월 『藝文』(17-2)에 「朝鮮諺文の淵源」, 3월 『朝鮮史學』3에 「朝鮮雅樂就」, 5월 『朝鮮史學』4·5에 「檀君說話就管見 上·下」, 『新民』13호에 「諺文發生前後의 記錄法」, 6월 『朝鮮史學』6에 「朝鮮語の本質より見たる朝鮮文化」, 10월 『東光』6호에 「諺文의 出處」, 11월 『東光』7호에 「古朝鮮民族의 二大別」, 12월에 『東光』8호에 「朝鮮語硏究의 實際」 발표.

1927년(42세) 『東光』10(2월)에 「根母音變化의 組織」, 『東光』11(3월)에 「竝書 不可論」 발표. 『現代評論』(1-4)에 「東洋文字의 種種」, 「麗朝時代의 가요」 발표. 『現代評論』(1-6)에 「時調作法」, 『東光』14(6월)에 「呑棗나 構說이냐」, 『中外日報』(11.13~14) 「言語의 古今」 발표.

1928년(43세) 『中外日報』(1.20~28)에 「鄕歌의 解」(1-9), (4.18~21)에 「言語와 音樂」 발표. 3월 『別乾坤』에 「世界人이 欽歎하는 朝鮮의 雅樂」 발표.
5월 『別乾坤』에 「世界人이 欽歎하는 朝鮮의 雅樂」, 『中外日報』(6.11~14)에 「新羅의 武士魂」(1-4) 발표.
『佛敎』(52-54)에 「梵語와 朝鮮語와의 關係」 발표.

1929년(44세) 『朝鮮日報』(3.3~8)에 「平民文學을 復興한 張混先生」(1-5) 발표.
『佛敎』64(10월)에 「朝鮮樂과 龜玆國樂」 발표. 『別乾坤』4-7(12월)에 「朝鮮歌詩의 苗脈」 발표.

1930년(45세) 『朝鮮日報』(1.22~26)에 「朝鮮古來歌曲의 內脈과 歌法」, 『佛敎』

67-71(1~5월)에 「朝鮮音樂과 佛敎」 발표. 『朝鮮』147(1월)에 「各國의 綴字法과 한글 問題」, 「千年前의 朝鮮軍樂」, 『新生』16호에 「朝鮮古代의 舞樂」, 『朝鮮』148(2월)에 「各國의 綴字論과 한글 問題」 발표. 『新生』17(2월)에 「綴字法 論難의 階梯」, 「朝鮮의 音聲」을, 『新生』18(3월)에 「處容歌에 就하여」 발표.

『朝鮮』178(3)에 「朝鮮現存樂器考」, 『朝鮮』178(5)에 「朝鮮雅樂曲解題」 발표. 『東亞日報』(4.2~11)에 「奇絶壯絶하든 朝鮮古代의 體育」, 『東亞日報』(4.16, 10.2)에 「朝鮮詩歌의 條理」 발표. 『新生』20(5월)에 「高麗時代의 社會運動」 발표. 『新生』22(7월)에 「朝鮮民族의 根本」, 『朝鮮』153(7월)에 「조선어의 성질」, 『新生』23(9월)에 「端午와 朝鮮民粹」, 『東亞日報』(9.24~30)에 「時調의 淵源」1~5, 『東亞日報』(10.1~2)에 「詩歌와 民族性」1~2, 『新生』24(10월)에 「朝鮮民族史」, 『新生』25호(11월)에 「詩歌考의 二三」, 『東亞日報』(12.13)에 「時調 4篇」, 『東亞日報』(12.24)에 「歲暮 4詠」, 『新生』26호(12월)에 「朝鮮의 音聲」을 발표.

1931년(46세) 『朝鮮日報』(1.10~18)에 「三國時代의 文學」, 『朝鮮』159(1월)에 「朝鮮語의 起源과 그 價値」, 「諺文의 起源과 其 價値」 발표. 『朝鮮』160(1월)에 「朝鮮語의 硏究」 『朝鮮』161(3월)에, 「朝鮮詩歌의 硏究」, 「朝鮮兵艦考」 발표. 『朝鮮』163(5월)에 고려시대의 시가, 『東亞日報』(5.21)에 「雨夜遇成」, 『東亞日報』(5.29)에 「初夏隨泳」, 『東亞日報』(6.6)에 「閑居雜詠」 발표. 『朝鮮』164~166(6~8월)에 시조의 연구, 『朝鮮』167, 168(9, 10월)에 「朝鮮商業史小考」 발표. 『朝鮮』169(11월) 「朝鮮文學史總說」 발표. 『朝鮮』170, 171(1931.12~1932.1월)에 「朝鮮音樂史」 발표.

만주사변(滿洲事變) 발발.

1932년(47세) 『朝鮮』172(2월)에 「處容考」, 「李朝時代의 歌詩」 발표.

『朝鮮』173(3월)에 「朝鮮文學의 起源」, 「模範의 古時調」

『朝鮮』180(3월)에 「朝鮮の音樂に就て」

『朝鮮』174(4월)에 「安梅軒의 史蹟」

『朝鮮』175(5월)에 「朝鮮文學史의 變遷」, 「漢詩法의 硏究」 발표.

『朝鮮』176(6월)에 「朝鮮史의 槪觀」, 「漢文詞曲의 小考」 발표.

『朝鮮』177(7월)에 「安子의 道學과 後儒」 발표.

『朝鮮』177(8월)에 「漢文小說의 槪觀」, 「儒敎의 進化와 新儒」 발표.

『朝鮮』180~182(10~12월)에 「三國時代의 文學」 발표.

1933년(48세) 『朝鮮』177(7월)에 「李朝時代의 文學」 발표. 『朝鮮語文學會報』(10월) 「時調作法」 발표.

1936년(49세) 『朝鮮』196(2월)에 「朝鮮貨幣考」 발표.

『朝鮮名人傳』(朝光社 출간)에 「朴堧」 수록.

1938년(53세) 『正音』24(5월) 「諺文과 文化及民族性」, 『正音』25(7월)에 「諺文과 文化及民族性 附·諺文史」, 『正音』26(9월)에 「諺文名稱論」 발표.

『正音』28(11월)에 「朝鮮語의 性質」 발표.

1939년(54세) 『朝光』5-7(7월)에 「高句麗의 文學」, 『批判』113호에 「曉鐘」·「秋光」 (詩), 『東亞日報』(10.4)에 「尹崑崗 '動物詩集'」, 『東亞日報』(10.5~12) 에 「時調詩學-固有한 文學形式」, 『朝鮮日報』(10.6)에 「時調詩學-時調의 語義와 起源」, 『朝鮮日報』(10.7)에 「時調詩學-唱曲과 歌曲의 區別」, 『朝鮮日報』(10.10~11)에 「時調詩學-數韻과 音樂의 關係」, 『朝鮮日報』(10.12)에 「時調詩學-詩歌史의 四時期」, 『朝光』(5-11)(11월)에 「古文硏究의 態度-立場性과 速斷的의 危險-」, 『文章』 (1-10)(11월)에 「鄕歌와 武士」, 『東亞日報』(12.27)에 「雪日卽事」 발표.

1940년(55세) 『東亞日報』(1.14)에 「深冬」, 『東亞日報』(1.20)에 「冬日吟」, 『東亞日報』 (1.25~2.3)에 「時調의 世界的 價値」 발표. 『朝鮮日報』(5.1~29, 6.1~11)에 「朝鮮美術史要」 발표.

『時調詩學』(朝光社, 1949년 敎文社 재출간), 『朝鮮武士英雄傳』(명성출판사) 출간.

1942년(57세) 『半島史話と樂土滿洲』(1월)에 「半島 武士道의 由來와 發展」 발표.

1946년(61세) 11월 8일 作故.

원 문

原 文

朝鮮文明史(5) 一名朝鮮政治史 安自山著
述例

一, 余는十九年前브터歷史硏究에着味하더니中路에政治學을講究한後다시政治史를硏究
함에立한지라 本書는卽其考究의結果庚申夏期브터壬戌正月에至하기까지記錄한것이라

一, 朝鮮에旣往政治學又는政治史의記錄이업슴으로本書의體裁는前書를效則함이업시全
혀著書의自意에依하야新模型을作하다

一, 引用書는 頗多하야 一一히 記載치못하니 書院又古家의 藏書며 日本上野圖書館北
京官立藏書閣上海天主敎書樓等에 周遊耽讀한바 本史로는 大典通編百憲總要銀坮條例
東略及諸歷史諸文集等과漢書로는九通各種法典古今治平略淵鑑類等과西洋書로는獨逸法
制史奴馬法制史各種政治史政治學等統合八千五百冊이되다

一, 오직書籍으로만參考에供한것이안이라舊官吏에生活하든大官胥吏商前等老人에게問
議한것이多하며더욱親友金炳穆趙南益李丙胄吳尙殷金恒圭諸氏에게는多大한指導를蒙하
니라

一, 本書內容에就하야節目과條例는法制史에關한者라고로列擧치안코오직公法上意義에
當한者를摘發記載하되種々著者의管見에任하야萬國政治史를比較하며坐한己意를添付하
야論評을加하다

一, 本書를著함에는少하야도一千頁지以上의大冊을製코자하얏더니今에多少事情에依하
야通俗的大綱을取함에止하니先輩諸氏는予의微志를諒하야後日의光明의編纂을發布하기
까지恕宥하기望하노라

著者識

目 錄

第 一 章 緖 言

第 一 節 槪 說

洋々[1]大觀[2]의朝鮮五千年의歷史　天地가開闢하야世界가現成[3]된後　亞細亞東便의大陸及半島의全部　東西는六七十里가되고南北은萬餘里가되는廣闊한地盤이라　此神州의主人公인我朝鮮民族이　至今五千年을經來할새　自民族을保護함에는外賊의侵入함을防하야血戰苦鬪를試驗하고　自民族을發達함에는燦爛한制度를施할새　或은外文化를吸收하고或은自發的文化를吐하야改善進化를經由하다　或時는軍國主義를行하며或時는文化主義를執한바　其彰著한文明生活은　五千年許久한歲月에多變多革한政治史에表顯되지안임이업나니라

朝鮮政治史를知할진대朝鮮民族의生活史를知할지오　朝鮮族의生活史를窺코쟈할진대其政治史를　先究치안이치못할지라　故로曰..

古來로朝鮮史의出한바其數가凡數百에達한지라　然이나政治史의論評은濛濃함을不拘하고其著書에記錄한文意를察하면朝鮮族의生命이寄生的又는模擬的으로言함이多하고獨立又持殊的文明을發揮하야生命을生命으로保치안이한것으로裝置함이多하다　近來種々學者의論한바를見할지라도亦然하야朝鮮人으로써第二中國族으로써二中國族으로推付하야曲見謬說을喋함이만흔지라　이는無他라　爾來政治가宮廷一角에偏重함으로貴族的歷史家의眼光이隱伏한事實에屆及치못하야其裏面의政治事實을素出치못함이오　又는爾來政治가外交手段을揮한假面이政治內容을遮隱한바이만흠을因하여舊科學의力이不足한手筆에서分折한歷史를著치못한弊라쏘한近來人士는或말하되高麗로브터李朝에至한바凡千年間의政治及文明은三國時代보다退步된자쵝로誤認한者가有하니　이는近來時勢에見敗하야史詩的觀念으로慕古하는念慮애서生한것이니라

---

1) 양양(洋洋)하다: 1) 바다가 한없이 넓다. 예) 양양한 태평양.
　　　　　　　　 2) 사람의 앞길이 한없이 넓어 발전할 여지가 매우 많고 크다.
　　　　　　　　　 예) 전도가 양양한 젊은이.
2) 洋洋大觀: 장관이다. 웅장하다. 웅대하다. 방대하다.
　　　　　　 예) 創造發明眞是洋洋大觀: 창조와 발명이 실로 방대하다.
3) 현성(現成): 조작된 것이 아니고 자연 그대로 이루어짐. 견성(見成).

實相朝鮮政治史를窺하면其誤謬의觀察을訂正하기艱難치안이하다　這間十餘次外賊이來侵한일이잇스되五千年의王位繼承表를窺할진대決코外族으로서朝鮮宮을占하야帝王이된일이暫時라도업섯고中國唐宋의法制를採用하며外來文明을輸入함이多하얏스되詛嚼과活用을善히하야本來의法制와文明을混合調和한바進步發達의參考利用을呈함에不外한것이라　더욱朝鮮自治制는檀君建國時代로브터有한바希臘政治와同한者로東洋에先進又獨特한生活이라坐한法制文化로말할지라도스파르타의憲法과갓티固定性이잇다할지언덩殘落하다할수업스며　羅馬政治갓티絢하기를遲々하다할지언덩退步라하기不可하니라

舊誤謬를排除하고新見地下에서正當한歷史를觀察하며　文明의要諦로써生活史의根本을尋하야政治史를建設함은　實相今日刻下에最急한要求라안이치못할지니라　政治史에對하야最重要한것은時代區別이라　近世科學的으로社會組織, 經濟, 文化及地理上의諸問題에依하야其範을取하면朝鮮政治史의區分을左와如히別立하노라

一, 上古小分立政治時代

右는　檀君建國브터列國卽三韓末까지二千二百年間

二, 中古大分立政治時代

右는　三國初브터南北朝까지凡一千年間

三, 近古貴族政治時代

右는　麗朝凡五百年間

四, 近世君主獨裁政治時代

右는李朝凡五百年間

右區分으로西洋政治史에比見하면封建時代가업는지라　朝鮮은本來封建制가薄弱하야天子諸侯의制度가희미하고希臘과갓티部族自治와各王分立의政治로上古及中古의史를作하니라

第 二 章　太古部落生活時代

第 二 節　朝鮮族의定住及生活

太初에　我朝鮮種族은東洋大陸卽滿洲地方에據居한者라　環境의事情과經濟發達의階梯를因하야漸次南下로半島全部에繁殖하니　이는推測을依치안이하야도歷史에依하야可히想得키非難한일이라　檀君以前에는顯著한統治者가잇서서諸人民을統率한跟跡을尋知치못하나　夫婦와子女가或合或分으로處々에流離하야生活의條件을外界의自然物에置하얏슬지라　이는檀君의立國初의事를記한處에見하면可知니　古書에東方에君長이初無하다人民이草를依하고木實을食하고夏에는巢에居하고冬에는穴에處라하다　太古에無定地로穴居生活하던것은有形한書字記錄에傳할뿐안이라無形한言語上에도傳함이잇스니　穴을(골)이라하며郡도亦(골)又(시골)이라하며奧房을(골방)이라하니　此卽原始居處의名詞를移하야都會及州縣에因用한것이라　穴에서居生할뿐안이라坐한密々한樹木間에서그森林을斫伐하고其間에居生하

던跡도잇스니 此亦言語上에서搜索하기能하다 野를(벌)이라하며 村及州域도(벌)이라하니 三國史記에所夫里本夫餘郡,古河夫里本古阜郡,河伐本尙州,推火本密城이라하얏스며夫里, 伐, 火等語는 卽(벌)의語인바郡州域의古語가(벌)이라함이無疑이오 밝다 바란다 붉다함도 亦(벌)의同語根일새 古代民族이森林을開拓하고四方을望見하야得한語로原野及域州의名을 作한것이니라

朝鮮族의流布가北의滿洲로브터南의半島에下殖함은古史에明書한處가업스나 古代部落 의位置와夫餘에漸下하야高句麗又百濟를建設함을察할지라도相得[4]키容易한事오 坐한言 語에依하야 可知라 南川을前川이라하며北山을後山이라하고 高句麗五部中에南部를前 部라하고北部를後部라하니此가卽北을背하고南을面한바南으로下來한跡이口碑에留한것 이라 大盖此等方位의命名을民族移動에基한것은外國에도可證이니 語에東East는煇의意 오西West는住의意라..................梵語에東Perva는前의意오西Apara는後의意라 此와如 하太古無文의事跡은累累堆積한口碑의裡面에隱하고 又或法律習慣에도殘在함을 記憶할 지니라

朝鮮族의起源은確信할信憑을存키難하나余의意見은我族의源地가黑龍江邊에在함을想定 하노라(後節에參照)我族의發現地에就하야는滿洲長白山松化江附近에在함은疑心을入치 안할事實이라그런데古書에는民族의起源을確信한것이업스니이는無文時代의自然한勢라 하기도可하고坐한他一方으로思하면古代人의遊逐漁獵하던生活을不言中에 包含한것이어 니와我朝鮮이滿洲及半島의廣闊且肥沃한神州를占據하야我子孫萬代에遺傳함을思하면古 代朝鮮族의定住地가何에在함을可知니라 然而神州에完全히定住하기는漁獵生活時代를經 由하고農業時代에入하야白山及豆滿江鴨綠江附近에完全한地帶를作한줄로思하노라

古代原始的生活은漁獵에在한지라 民族이豆滿江海岸을西向하야鴨綠江黃海岸을左右한 一帶地에 週遊하면서山谷樹林에轉移하야禽獸를田獵하고川邊江干에轉하야魚族을釣魚 하면서生計를此에求하야流轉生活을作하얏나니 此時는共同生活의團體를 見치못하고오 직個人이各其小力으로써天然食物을取할뿐이라 이는滿洲及半島에無數한山谷과許多한 山流가原始人類生活에級足한資料를供與함에在함이러라 盖人類生活은原始漁獵生活을 營함이例事라 然이나人口가漸次增殖함을隨하야天然한生活資料는其供給이不足한지라 고로一定한時도업고一定한收獲도업는漁獵은그 生活의不安을與함을免치못한지라 고로 一定한收獲도업는漁獵은그生活의不安을與함을免치못한지라 고로社會의進步를隨하야 그 生活은一轉하야農業生活에入하나라

西洋리스트는漁獵時代牧畜時代農業時代로次序를定하야此로써世界經濟發達의正則 秩序를定한지라 然이나朝鮮은本來牧畜生活이업시漁獵生活이直變하야農業生活時代를

---

4) 상득(相得)하다: 사람이 서로 마음이 맞아 잘 통하는 상태에 있다.

作하니라 本來農業보다至難한牧畜生業이先發達하얏다함은不可信의學說로思하니 이는 西洋各國에比證하야可知니라

農業生活時代에至하야는稍原始的家族制度의樣式의發端을現함에至하야一定時一定한處所 에就하야集合的生活의狀態가起하니라   然이나幾群의獨立的家族이相集하야共同生活團體 를成함에 至하기는遲々且徐々로習慣上及環境上의幾多의變化影響을受한後에在하니라 쏘 한農業의制度도檀君時에高矢氏가田事를治하얏다는時代前까지는民族이散布하야漁業生活 을完히免치 못한줄로思하노라

其間交通의發達은意外로進就되얏나니 其証憑을尋하기는習慣에多在라 在來里程의表를 立함은東洋에서第一發達한것이니 (장승)이라한것理卽此라 此장승이라하는것은神을尊 奉한目的物에不過하나里程標를記刻하야道路交通의標準을作한것이니라   쏘한古代朝鮮 族의地理의智識은森林에關한事에多有하니   現時라도山中人은磁石又日光이안이라도森 林中에서其方位와山의上下를能히分揀하나니라

　　第 三 節 朝鮮族以外의諸種族及其關係

朝鮮族이旣爲植民地를廣漠한地域에定하매 其生活은애오라지安穩할수업는지라 於是乎武 力을要求하다 第一은外族의侵略에對하야防禦를施하니 此事情은朝鮮族의居住地가美沃함 이오 第二는 朝鮮의自身發展을伴하야積極的施設이라 此는多時農業生活을隨하야土地 를要求함이多할새   朝鮮族의鋤犁는旣爲外族의間에投하니其收獲土地를保護키爲하야相當 한武力을必要로삼은것이라 此等事情이如何한施設을張하얏나하면 大弓長矛가튼壯凜한軍 器를發明使用하고 金璧鐵壘가튼城郭을建築하야此로써保障의必要品을삼으니라

古代에在하야朝鮮族의號令을受한者는第一아이누族이라 此族은東海邊에出沒하얏다가一 號令下에被逐되야東海島中에退去하니「아이누」語에東 Moshiripa는地頭의意오西 Moshiripesh 는 地尻의意라 아이누는其歷史가업슬지라도驅逐을當한事實이其言語에隱하얏나니라 第 二葷粥이니   此族은黑龍江岸에住한强悍의人이라彼族은畢竟我族에게被逐이되야漢人과爭 할새 其酋吳將軍이高辛氏及黃帝로하야곰大困難을當케하며其後에周時에는大侵伐을加하 야周國으로하야금靡室不遑啓居의歌를明케하니라   當時我族의祖先이此族을擊退치안하얏 스면其慘禍를朝鮮에移及함을不免하얏슬지니라 第二漢人이니 此族은則今中華人이라 此 族과는年來로大戰을不息하얏나니 이는歷史에昭然[5]한것이라 黃帝가九黎의君蚩尤와交戰 하야大困難을經한傳說이有하니 九黎는卽九夷를謂함이오 歸藏易에黃帝가殺蚩尤於靑邱라 하얏스니 靑邱는天文類抄에言함과갓티朝鮮이 分明한지라 蚩尤의事는本史에得見치못할 지나太古九夷의一派로서漢族과激戰은試한것이分明하고   星湖僿說에見하면舜이諸馮에生 하야東夷之人이라稱하얏다하니舜도亦朝鮮人으로堯를放逐하고中國의天子가된것이라 (舜

---

5) 昭然=昭昭: 1) 밝은 모양. 2) 빛나는 모양.

의堯를放逐함은劉知幾가著한史通莊子李太白詩等書에在하니堯禪舜이라함은儒家의詭言之事) 蒼海力士黎道令이張良과合하야秦始皇을擊한事 朝鮮族의一派鮮卑遼金滿人等이中國全土를倂呑한事 此等의事實을觀察하면太古에在하야는朝鮮族이漢族에對하야號令을下함이大하얏던것을推測할지니라

그리하고아이누凶奴漢人以外에朝鮮版圖內에割據하던種族은其數가頗多한듯하니後漢書論語風俗通等書에見하면東夷에九種이잇다하고 古史에 據하면 太古에自黑水로至漢南히有九小國하야各保其一方하니畎族于族方族黃族白族赤族玄族風族陽族이라是謂九夷니檀君이以神敎化之라하고 쏘한肅愼이니沃沮니濊貊이니하는族이잇다한지라 然이나此는다朝鮮族의一派로言語가相等한同族이니라(後章에參照)

大抵獨逸人이日耳曼森林中에서出하야歐洲各處를征服住居할갓티 朝鮮族이滿洲森林에居生하야深嚴한性質이잇고 쏘朝鮮虎는東洋에有名한者인바此等猛虎惡狼을抵抗하던武藝가잇는지라 此多方面으로習慣된能力을持하고到處諸侯를征服하야神州全幅으로써子孫萬世의基業[6]을作한지라 漢人이東方人을指하야東夷라하니夷는說文에據하면大弓人이라한지라 孔子가矢楛石砮를肅愼氏之矢라하고 後漢書에濊能步戰作矛長三丈或數人其持云云이라하니 朝鮮人이本來宏壯한兵器를用하야東方의諸侯를驅逐號令하던遺跡을此等諸說에依하야推測하기非難의事라하노라

　　第 四 節 統治者를渴望함에 至한 徑路
太古社會組織은何處를勿論하고各個의社會群이其生計의資를得하는土地와漸次密接의連絡關係를有함에至한傾向은不可掩의事實이라 朝鮮人이이믜漂浪生活의終止를告하고定住한傾向을有한農業에依하야人々이其耕作하는土地의上에不變의居住를置함에及하야는人類의政治的生活은諸多의社會的活動과同히各其共同團體가其定着한土地와直接聯想함에至한지라 於是乎農事를始作하던當初에家族의一團을構成하야社會組織의原始的單位를現한지라 其家族內에家父되는者는恒常同族間의頭領이되는地位를有하고一族은其權力의下에强固한團體를成하다 各獨立한 家族間에其家族的規模가增長廣大를加하야羣衆의家族이相集한單一의共同生活團體를成함에至하니 此部落이라

部落時代에處하야는部落의組織쑨으로써團體生活의要求를滿함에充分하고 他의强固한組織을成함이업섯는지라

그리하더니外族과戰鬪를試한後로는民族頭內에新思想을起한지라 更言하면運命과戰하면서四方에放浪하다가最後鄕土에到達하기까지는多少程度에對하야希臘과同樣의經驗을有한지라 卽環境의變化와生活의新樣式을伴하야諸般의必要가民族의性情을陶冶할쑨안이라移轉生活上必至的現象되는征服其物도徐々民族精神에大變化를하다征服事業은被征

6) 基業: 1) 기초가 되는 사업. 2) 대대로 전하여 오는 사업과 재산.

服民族自身의上에만 變化를 及할샏안이라征服民族自身惹起의上에도亦變化를及하니優
勝者「노르맨」民族이劣敗者「색손」族의思想과血液을攝取할갓티朝鮮民族은「아이누」犬戎
漢人等族을征服驅逐한同時에其外族의影響을直接으로受하얏고 又對抗的思想에依하야
는同族의血族의觀念이 더욱强固하며 坒한異族人을血族團體以外에置할샏안이라仇敵으
로看做하니 今日오랑캐라하는語는高麗時代에生한것이안이라멀리太古브터流行하던語
이며 至今이라도外國人을對하야는同族과갓티神聖하게는思惟치안하는지라 此觀念이政
治社會의基礎的觀念을供給한 것이라

外族의大部分은外地에驅逐을當하얏스나其一部分은朝鮮地域內에處하매 此族에對하야
는血族的觀念이同等으로待遇치안이하니 是以로奴隷制度가成하다 奴隷制는東洋에서朝
鮮의先始하고坒한第一發達하얏나니 高麗忠烈王이曰此賤流는昔我始祖로브터別置하야
愼使之云々하니라

太古奴隷制度에編入한아이누犬戎漢族들을漸次로 (猶太民族中外來族이其武力에屈服하
야自己本來의神祇를放棄하고이스라엘神에게歸依할갓티) 아이누犬戎漢族等自己의本來
習慣을放棄하고朝鮮의良習慣好風俗을尊奉且同化하야 自己種族의酋長에歸함을期치안
코朝鮮人과더브러共同의祖先을推戴하는觀念이生하니라

然則朝鮮族은外來族을受容할샏안이라民族이漸次增長하며坒外로는寇賊의來侵이不息하
매消極的又積極的 對內整頓 對外政策等여러가지政治的觀念이一般思想을變化한中 外
來族의同化된又其倫理的觀念을合하야共同血族의統治者를渴仰依歸함에至하니歷史首頭
에國人이檀君을立하야君長을삼앗다함이 以上諸政治的觀念으로生한것이러라

第 三 章 上古小分立政治時代

第 五 節 建國의 基礎

太初라 全人民의一致意思로써檀君을立하야君長을삼으니 是朝鮮의建國初라國初는或震
檀이라혹 檀이라又或桓이라傳하야其名이不一하나朝鮮이라함은統稱하는國號러라

朝鮮族이旣爲放浪生活을脫却하야土地에定住한後幾多의經歷을過하야다시其宗族及部落
이一層强固한基礎의上에立한組織을要求함에至하매 於是乎國家가建設하고統一的政治
가成하니 然則國家는家門及部落을取하야其代身으로其職掌을執行함에至하니 國家가最
初部落及家門을基礎하야立치안코直接社會組織의最初單位되는家族의上에立脚함을見하
다 國家가旣爲建設한後에는以來部落及大家族되는家門은宗敎上集團이나或國家行爲에
對한代表上의便利한單位로存續함에不過하니라

그리하면朝鮮最初의建設及其立法은何의力으로써體現되얏는가 吾人은此問題를先次講
究할것이라此에對한論議는自來二說이잇는지라 (一)最初에偉大한人物一人卽檀君이卽位
하야政治制度를創設하얏다하니(恰似猶太의모세, 아덴의솔논, 羅馬의누마와갓티歷史의
背後에偉人이立하야政治史의發端을始한것이라함이라 (二)檀君이造物者의直接命令에依

하야神化的으로立法立國의大業을成就하얏다하는지라 今에此二說을論하면다不當타안이치못하도다 第一說은政治家의創造的能力으로써社會의政治的諸勢力이統一上의決定的要素로된바朝鮮人의政治思想이成就發達치안코意識的爲作의結果라함에歸한것이오第二說은檀君을一種迷信의化物로見做하고又는政治의技能으로써如何한方法에依하야神을人間固有性質中에注入한것은見做한것이니 觀컨대前者는人間의自由選擇의效果를過重視함이오後者는人類固有한本能의效果를過重視함이니라

按컨대朝鮮人의建國은決코偉大한人物의威服을被하거나神權에盲從屈服하거나한것이안이라 家族的政治의思想이漸次發達한바全民族의一致的意思로써國을建하고統治者를選擇한것이니 依賴는最初브터잇는것이안이 最後에在한지라故로歷史에檀君을立하야君長을삼앗다하얏나니 詳言하면朝鮮의建國은朝鮮人의打算의行爲의缺課인대 其打算의行爲는朝鮮人의性格及其活動範圍되는外界의中에自然으로植付한諸條件에應하야作用된것이니라

以上의理由로써太古建國의力이何에在한것을尋하면 二大强力이라할지라 一은 血族的卽同民族의觀念이니 同血族의家族이人間固有한社會性의結果로發生하야漸次改良進步를求하는同時에너옥外的刺戟의影向이血族觀念을促進하야同族結合을生한것이라 二는宗敎니 朝鮮人의同血族은各地에散在하야沒交涉함에至할지라도天을崇拜尊敬하는習慣은同一하얏나니 그拜天의宗敎心이人人結合에對하야强固한力을供給한것이라 그런데宗敎의拜天이라함은造物主則天神에限함이안이라共同祖先을崇拜함이니 朝鮮人의共同祖先이則天이라하는觀念이라 고로桓國의子桓雄桓雄의子檀君이라하기도하고 桓因은天이오神이오檀君은人神이라하기도하얏나니라 然而宗敎와 血族關係는不可離의交涉이잇스니 當時에在하야는血族은本體오宗敎는其觀念이라함이無妨한지라 詳言하면宗敎는實相共同血族의表象이니라

家族이던지部落이던지祭壇에跪拜하야同心의感懷가起하는同時에彼此共同祖先에歸依渴仰하는意를表하고그先祖로부터阿護敎導를受하는所願을祝하다 그宗敎心이血族關係를附隨하야最嚴格한義務를負擔하고又最神聖한特權을取得할새 此全民族을通하야一新되는意思라 此가無限한强力이되야朝鮮最初建設의基礎를作한지라 고로朝鮮最初의建國은一人의强力으로作成한것이아니오全民族이共同一致한最多數又最大强力으로基礎를作한것이라思惟하노라

　　　第 六 節　檀君의憲法及行政

血族觀念과宗敎의關係로써國을建하고政府를立한以上은其政治生活의精神이오로지前例尊重에在한지라 何者오 祖先을崇拜하고血族을愛好하는思想이그根底가된고로前例는絶代한權力을有한이니 此가現今英米人이習慣法을成文法보다더置重함과相等한것이라 當時前例尊重의觀察은歷史를參考치안이할지라도推想으로可히判斷할수잇스니 現今이라도新朝의君主가前朝臣民의間에行한舊來法律을卒變키不態하며 勝戰者가亡國人民의僻

說謬見의中에伏在7)한勢力을干涉키不敢하거던 而況保守的精神이强한條件下에서行政하는時代에야다시말할것이잇슬가

고로 檀君은斬新의意見을立하야絶代自家의獨創의法律로써支配치안이하고 쏘한人民도其制度에就하야自然의因襲的으로承認奉行하다 고로當時立法及行政은創作함이적고原始的制度를因襲又調和的補修의道에出한지라 是故로當時政治는一般人民의興論을尊重한政治오 政府는一個의有機體인社會의其一機關이러라

史에據하면檀君이彭吳로써山川을治하야民居를奠하며神誌로써書契를掌하며 高矢로써田事를治라하고又曰神으로써說敎하니主治人間三百六十六事라하고 又曰檀君이立敎할새主穀主命主刑主病主善惡하고男女父子君臣衣服飲食宮室編髮盖首之制로써化之라한지라 彼古代튜톤人이公開의評議로써法律을宣言하고人民이스々로法律을決하고且適用을定함은都是習慣法에因함이라 그後브터이繁多한法律行政은原來制度를順應하야日常行爲를細大8)업시習慣으로써嚴重한律을定하야統一的制度를作함에不過한것으로思하노라 又觀컨대檀君當時의立法及行政이道德宗敎及政治를混同하야區別이업스니 此가習慣法律을襲用함의証據어니와 其法制가羅馬古代法律보다는大發達을呈하얏나니羅馬의十二銅表를公布하기前의法律은오직一個의宗敎法에不過하얏지라 檀君의憲法은宗敎法에置重함이비록만흘지라도社會法의 條件이쏘한多하니라 然而祭政을一致하야宗敎政治를混同함은雖馬나古朝鮮이나다相同하니 이는無記라宗敎는習慣의源泉됨을失치안이함이出한쑨안이라 其生活의總規則은宗敎法이나習慣法이나不問하고다同一한效力을有한것이니라

第 七 節 封建政治及其性質

當時政治는即多數者의意思에依한君主政體라立法과行政을分揀키難하나人民의同意로써君主를推戴하야一次國勢를委任한以上에는君主가民意를代表한同時에쏘한廣汎한勢力이不可無함은自然의勢라 고로人民이其君主의命令에屈服치안이키不可하고 檀君도 神聖한 權能으로써人民을 統率치안이키不可한지라 고로檀君이踐祚9)한後에神功聖德으로天下를導率할새 精神은政敎一致에置하야民意를拒逆치안는同時에神性한政事를平和上에說行한지라 然而廣大한土地에在하야王權이直接傳遞에及키不能이오 쏘한人民의政論物議도一時同所에執中키不可能이라 於是乎其行政制度의方法은封建의制를行함에在하니 史에檀君이裸天生으로南海上長을封하얏다 又는余守己로써濊君長을삼고其子九人으로諸郡을分掌이라 又支子를扶餘에封이라한歷史上記錄은卽封建制를謂함이오 又三千人을率하고太白山에降하얏다하고 又全國을三千團部로分實하얏다하니 其率三千人이라함은

---

7) 복재(伏在): 몰래 숨겨져 있음.

8) 세대(細大): 1) 가는 것과 굵은 것 2) 작은 일과 큰 일.

9) 천조(踐祚=踐極): 임금의 자리에 오름. 등극(登極).

希臘古代山上元老院갓티各部長의會議인지又는第一敎化者의長老인지不分明하나三千人과三千團部는封建的關係가有한줄로思할새 其封建數는佛蘭西古代에잇든三千封土와同하니라

그런데朝鮮封建制의性質은 日耳曼王國이羅馬를征服하고臣民으로써國家的服從을補充키爲하야成立한封建과도不同하고 英國노르맨王朝가人民으로하야곰敵意를反懷케한封建과도不同하며 坐人民及土地를宮中大官의俸給으로用하던周의封建과도亦不同이라 卽朝鮮封建制는民意를順應하는便利又는國務를統一하는政策으로出한바輿論에基礎한軍主政體를完全히成立한것이라 고로西洋은他族이侵入하야封建制로立하고 漢族은堯舜禹湯等君主制가先立한後에封建制로立하고 朝鮮의封建制는血族觀念으로부터自治의政治에其하야國家를建設하던當初에成한것으로思하노라

小分立時代

第 八 節 政治上分裂

그自治의小團部가組織되는同時에檀君直領의疆土及人民도別有한모양이니 此가恰似佛蘭西封土時代其軍主의領地가特有함갓티된지라 고로人民의繁殖及經濟上關係로因하야民住地의移動이生할時는檀君은其民住地의變動을따라國都를移轉함에至하니 其進化變動의度數는極히迅速하야檀君當世에其都를太白山平壤唐莊京等으로三遷하얏더라 斯와如히檀君의直領地가別有하고坐한三千의團部가各有하매 그統一을爲한法制가幾百年未經하야反히散漫의狀을呈하야一國中에許多한小邦國을生함에至하니 恒常封建制度의結果가國家統一의意를表現할가쟝微弱且散漫하게됨은東西萬國을勿論하고同一한狀態에歸하니라

是故로國家行爲에對한代表上의便利의單位로된各封建地方은檀君以後로漸次分離割據함에至하니恰似튜톤族의封建制와同樣이라 國家全體로行動하는일이업서各部는獨立의姿로써活動함에至하다 卽國家全體를通하야均히各個人을直接으로支配하는權力을다시보기不能일새檀君子孫關係의領土도一團部를未免하니라 고로一般人民은普通共同의法律에共同의服從을하지안코各團部制度에服從하니 基法律은習慣의形式을取한當時에發生함이업지안이하나諸國이各習慣을異하야不同한狀態를呈하니라 그런데그三千團部는各其境遇따라彼此聯合하야數箇大邦으로分屬하니 扶餘三韓等諸國이是라 更言하면其源因그團部가君主에對하야西洋古例와갓티敵對視함에出한것이안이라地理卽山水의相隔과習慣及經濟의相異를따라自然으로成한것이니 比컨대老父가其財産을諸子에分賜커던其諸子는其깃분遺産을受하야獨立生活을各成함과가트니라

各團部의年代에就하야는諸說이粉粉하야 或은檀君後一千二百十二年或은一千五百年或은一〇四八年이라하는지라 余는思호니檀君後二百年傾의外에不爲라 史에檀君曆年을一千二百十二年이라하고其歷代의王名을不記하얏나니이는君主制만知하고共和制나族長制

의國家는認定치안한舊史家가國部中一國인箕子의歷代補充하기爲하야曰幾年이라한것이라 今에余는檀君의太子夫婁朝의末年으로써各團部의獨立情致의施行됨을推想하매 其間時月의過를大約二百年으로憶斷하며 그團部獨立政治의歷年은長久하야三國의併立하기前凡二千一百年間이라하노니 然則檀君의直領도小邦에不過하야其歷代가諸邦國과同할것은不問可知일새 此時代를曰小分立政治時代라하노라

第 九 節 北諸邦의政治

各團部가獨立政治를行한後卽小分立政治時代에在하야大陸方面에서聯合하야强權을有한者는三邦이잇스며 南半島方面에强權者는五邦이잇스니本節에는北諸邦의政治制度를言하노라

北大陸에散在한諸小邦을兼聯하야가장强大한權威를持한者는 夫餘肅愼及句麗等三邦인대其中에도夫餘가最强하얏는지라 夫餘는(夫餘,符婁,不與,鳧臾等으로書傳한것이라)方二千里를有하고戶口가八萬에達한大國이라政府는君主制로王이全邦을統治하나其王은폴랜드의選[10]擧王과갓티人民의選擧에依하야立하니三國誌에 (夫餘俗水旱不調五穀不熟輒歸咎于王或言當易[11]或言當殺)이라하니王位의變易은人民의俗權에在함을可知니라) 이는檀君時의 立法을 因襲한것이라 王의下에는四大臣이잇스니이는人民의選擧에出치안코王의直權으로貴族中에서擇出한듯하다其四大臣의官名은馬加,牛加,豬加,狗加等인대(大抵古代에는東西를勿論하고智識의薄弱을因하야動物의名으로써人事關係의稱號를擬作함이多하니漢族古代에鳥名으로써官名을作하야五鳩五稚等이잇섯고西洋太古에는人의始祖가鳥獸에서化出이라하고坙部落의名을鳥獸의名으로作함이多함이多하얏는지라 我夫餘時代에도六畜으로써名함은其時에牧畜業이發達하매三國誌에其俗善養牲이라함이是라每樣人事와動物의事를聯想함으로牛骨로서吉凶을占하는일도잇섯는지라 고로責任觀念을六畜에譬하야官職을聯想함으로서作함이안인가하노라) 此四大加는아댄의九아콘과如히行政權裁判權及軍權을兼有한지라 地方制는四道로分하매 諸加가스스로軍士를率하고出征하니 四道는卽自治의軍營과同하더라 (此四加外에는大使者使者二官이有한대此의職務는未詳하니라) 法律은極히峻嚴하야死刑이多하야 殺人者男女姦淫者女子妬忌者를다死刑에處하다 大抵刑法은完備하고坙監獄의制도發達하며裁判制는單審直決이러라

人民의階級은三等이잇스니 貴族平民奴隸라 奴隸는最下級에處한者인대其源이二로出하니一은戰時孚虜오二는死刑에處한家族으로써作한것이라 奴隸는다富豪家의僕婢에充하거나各官司의僕婢에充하거나하고其外는다下戶라하야農業又工業에從事하니社會의最下等勞働은다奴隸외專務에任하다 고로戰時에處할지라도奴隸는輜重隊로編成할뿐이오直接軍伍에編入키不可하더라 此身分階級은當時國民生活의結果思想習慣及名譽心으로브

---

10) 이후 選 자를 撰 자로 오식(誤植)한 것은 모두 選 자로 고쳤다.
11) 이후 易 자를 易 자로 오식(誤植)한 것은 모두 易 자로 고쳤다.

터 自生할뿐안이라 宗族關係가前立하야血脈이生活을造하매 그身分組織은當時社會의重
要한紀綱이라 고로家族制度를極嚴하야此로써民族의道德的存在의基本을삼으니 玆에兩
性問題는共同生活의大本이될새 國家와人民의關係를夫婦關係에比較하니 고로姦淫을行
한者는男이던지女이던지何使을不問하고反逆罪又는殺人犯과同法에拘하야死刑에處하니
라
夫餘東便에肅愼國이잇스니이는息愼,稷愼,挹婁,勿吉,靺鞨의諸國名으로現한者라其版圖가
粟末,伯咄,安車骨,拂涅,號室,黑水,白山,七部로成하니 君長이잇고各部에는大人이라하는
執政官이잇스나 恒常夫餘에租賦를貢하고其節制의受함을免치못하얏나니라 夫餘南方
에는句麗,眞番,兩國이有하니 眞番은特히漢人族이混居하야國際市場의開設이有한지라
然이나此兩國도다夫餘에服屬한者라 其外眞番以南으로브터漢江에至하기까지沃沮以內
에는十三의小國이잇섯는대 此는다他에統禦를受치안코無所屬으로古代團部의生活을存
續하니라

第 十 節 南諸邦의政治

漢江과小白山以南卽京畿及三南地方은土地기肥沃히고物産이豊富하야古로브터多數한宗
族이來去함은勿論이고海陸兩方으로漢族倭族의許多異人種이入居하매 더욱地形이南北
橫裁의天然的塹壕를自成하야强族의來侵이少한고로여러가지患難과不平을避하야歸托하
는者도代々로不絶한지라 各團部는此等血族團體以外의者를其團體의內에受容하야所屬
으로써一員을삼으니 其來附한異族人도漸次同化하야恰似其血管을開하고同族의血을攝
取함갓티完全한一員으로其內에編入하다 이外來分子를混入한團部는各其規模를擴大하
야政治團體를廣張且鞏固함에至하니 此團部는統稱曰韓國이라하다 韓國內에잇는小邦은
七十八國인대 그七十八國 三國으로組織하니曰馬韓曰辰韓曰弁韓이라

馬韓　　　五十四國-約十五萬家

辰韓　　　各十二國-約五萬家

弁韓　　　各十二國-約五萬家

馬韓은三韓中가장大强한邦이라 聯邦國의君主가튼大權勢를持하야辰韓及弁韓兩邦의君
主를恒常其貴族中으로差定하니라 其王은代々로世襲制가안이오亦是選擧制며 其王都는
月支國에在하니月支國은實權三韓의摠部되는價値가有하다 各小邦에는大侯[12]와次侯가
잇서各部를治制하니 其官名은當時語로臣智와邑借라稱하니라 馬韓은北方諸部보다商業
이進步된지라 고로邑落이雜居하고遠方及異國人의來往이繁多하야社會生活이極히多端
할새 於是에發生하는法律問題及訴訟決判은매우自由를相執하는傾向이有하니此는古羅
馬外務奉行官을說한源因과相似한지라 各邦에서來住하는人은彼此間其地에屬한觀念이

---

12) 원문에는 候로 되어 있다. 侯 자의 오식(誤植)으로 이후 候 자는 侯 자로 고쳤다.

少하고人에屬한觀念이大하야各其自己邦의習慣으로써法律解決의標準을立코쟈하니　그 自治自由를爲主하는馬韓의法官은內外人間의訴件에對하야純粹한馬韓法律及習慣으로適 用키不能하야制御키困難한問題가往往發生하다　玆에는補充的新設의官職及法律이有하 얏슬지나史가傳치안함으로想像不及이로라

辰韓과弁韓은다獨逸聯邦의皇位를普魯西王으로踐케할터이다馬韓人으로其王을삼는고로 其行政制度는馬韓과相似한지라　其中辰韓은外來人이多함인지各邦에臣智儉則樊祇,教爰 邑借의五等官職이有하야其制가頗히周密하고　特히小邦外에別邑의制가有하니　이는想컨 대都市가안이면外國人의租借地인가하노라弁韓의法律은他二韓보다規模가詳密하고制令 이嚴峻하야馬韓과갓티處分에延拖하는弊가少하니라

三韓의東北方에沃沮（今咸鏡）과濊貊（今江原）二邦이잇스니　沃沮는檀君以後政法의變 動이別無하오직古封建制遺法으로大君主가업시各團部가自治할새　其人家는稀少하야 僅五千에不過하니라　然이나濊貊은古封建制를多少變革하야自己團部의習慣及境遇에相 當한制度를設함이有하다　諸邦을統治함에는大君主가有하고各小邦에는邑君이有하야其 邦政治를掌하며　各邦에　쏘한渠帥或云三老라하는것이잇스니이는鄕中長老로서鄕의自治 를主하는者인듯하더라　濊貊은山國인대三萬戶大衆으로体力이强한者가多한지라　經濟上 結果로因하야各邦과邑落의相侵이多生할새　由是로難을治하고生을救하는方針을講究치 안이키不能이라　玆에希臘의아케이아同盟又는튜톤族의村際政治갓티　各小邦이會議하야 新法制를立하니名曰責禍라　基法은邑落의相侵이有할時는生口牛馬로써賠償을論하며盜 罪에犯한者는死刑에處하니　從此로自他의自由를維持하고地方의居民이平安하더라

以上에論한全局의政治를槪觀하면　北諸邦은外族과赤血의競爭이多함으로武力을崇尙하 야處々에城郭을多設하며　南諸邦은外人과白血의戰爭이多함으로文化에主重하야貿易市 場의經濟生活이發達할새　貨幣를鑄造하고租稅法이行하니以是觀之하면南北諸邦의政策 을可知라　其政策의手段이式을成하야其施政의方法이遠히三國末葉까지傳하니라

第十一節　常時의都市

南北各邦에는村落以外에都市가別有하니　其都市의制度及政治는何知오　今日의意味이에 對한都市는夥多의人口의中心이되고同時에又産業의中心되는것을謂하나古朝鮮의都市는 크게其趣를異하다　古都市에는勿論王及其補助祭祀官幷其從者及宗族은其中에住居하나 此等以外의人々은玆에住居함이少하니라　此都市는다丘陵에位한一個의城岩으로서一旦 外寇가有하거나或잇슬幾微가보일時는其周圍의諸地方에住居하는各家族及部落의人員이 來하야亂離를避하는處니　市內에는種種의神殿이잇고賣買所잇서地方商業의中心이되고 쏘한國家의祭典犧牲會議法廷又武裝한兵員도다市內에잇는지라　然이나一般人民의日常 生活은部落에分居하야獨特의團體的生活을營하니라　都市의官職은업스나祭祀禮拜를掌 한祭司長이잇스니　神聖한一種의品格을有하고最高의權威及會는者러라　都市의政治的生

活은宗敎와서로關聯치안이함이업슬새   此神殿에는人民이不絶히來臨하야其神祇에食物을供하며 坐宴會와音樂會도開하고又人民德行의譽責及會議가튼것도其神殿에行하니 或方面으로보면當時政治의事는卽宗敎의事에外치안한모양이러라

　　第 十二 節　各邦政治의一貫

以上에言한바는全局을南北으로分하야觀察한것이라   다시全局을東西로分하야見하면東部卽肅愼沃沮辰韓濊貊等諸國은人民도少하고坐檀君立法時代보다其政治의大變動도少하다   然이나西部卽夫餘句麗馬韓其他無所屬의小邦은外部事情을因하야檀君立法時代보다新制度도有하고人口도多한便이니라

當初檀君이地方의小區域을分하야封建의制를立함은統治上方法에서出한지라   卽山國人과海邊人과平地人等은其境遇의差異를싸라各其利害를相計하는時는政治上防遏이大할지라 고로各其地方의生活의異함을隨하야自治의政事를施한것으로思하노라 世界各國의封建制는二種이有하야或個人的服從의關係로成하며或은領土上의關係로生한지라   然이나朝鮮은此等關係가업시特히自治의關係로生한듯하니라

此自治的憲法이設하면서는各團部는漸次半獨立의姿를有하야司配하는中央權力가튼것은다시보기不能이라 於是乎各自治體가變하야無數小獨立國이生하다 此小獨立國이生함은檀君以前部落時代를再現함과가튼지라   然이나其小獨立國이小團體로잇는것이안이라隣近各邦을統合聯立한것이니   卽夫餘馬韓沃沮等五六個의大團國을合成하니 此는卽廣大한檀君國을分하야五六의小檀君國을設置함이라 고로小國大國又個人을勿論하고檀君의憲法을各守한大本은彼此同一하얏나니 其一貫된政事及精神은以下二條에在하니라

(一)何邦은勿論하고人民의習慣輿論을主張하야自治로써大本을삼으니 制度變革의原動力은人民의發動力에存할새 其變革의方法은愼重한立法的方法으로社會一般의思想을調合한分積의構成法에不外라할지라   고로諸小邦을統治하는王이라도其統率한各邦의習慣法을違背키不能하니 恰似其人民의가쟝卑賤한者가此를違背不能함과無異한지라 其政體의性質은勿論民主인대近世代議制갓티人民間接의叅政이안이오人民直接의叅政인듯하다 然이나當時民主라하는것은一種階級政治로寬廣한貴族政體에不過하니 其參政은가쟝廣闊하다할지라도奴隷及下戶를除한或小數者에限한것이러라 그參政의方針에就하야는希臘의食場國會나羅馬의部落大會가튼것이잇섯겟고 決議法에는아덴의蠣殼成法이나스파르타의口頭直決法가튼것이잇섯겟스나文獻이不足하야討尋키不及이로다 그런데各邦의第一貫通의精神은地方自治의制가國民의政治慣行의根本됨에在함은臆斷키容易하다하노라

(二)如此諸小邦이各其自治를爲主하나無形한中에統一된精神이有하니此宗敎라 其宗敎는原始時代의拜天的이던自然敎로서檀君이다시倧이라는것을設하야一致의信仰을더욱深刻케하니 檀君은卽大君主되는同時에大敎主가된지라 그威化로因하야宗敎的觀念은一層進

步되매何處를勿論하고十月이到하면祭天大會 開設하다 各邦人이此宗敎的其同精神에對
하야萬事는信仰者의良心에 存한主觀의確信에在할새此理想이自治制를應生한것이니 勿
論當時의自治는今日制度보다劣한것이라할지나祭政의一致는於是乎臻矣라 此祭政一致
는羅馬에比하면또한異色이잇스니 羅馬人의禮拜는契約의履行되는臭味를帶하야其間慈
悲忍辱歸依渴仰가튼情操를含치안하얏스나 朝鮮서는禮拜日을當하야는刑獄을斷하고團
結을解放하야道德과政治를一致로看做케하는同時에精神上統一을成하니라
大抵星羅碁布한小邦의其政治上方法은相異한지라도精神인즉以上二條에依하야統一이되
얏고또한政治의本主義는다理論을置重치안코全혀着實을旨하야調和로써方法을삼고適合
으로써通則을삼아此로써國家行爲의方向을決定하야政治의能率을確保하니 此同一한精
神과主義가有한으로外形은各邦이割據함가트나其實은同一한大本下에서政權을分配함에
不外하니라

第 十三 節 漢土에對한植民及其變動

朝鮮族이興安嶺以東半島及諸島의東西南北에繁殖分布함은이믜第二章에記述한바이라
그러나人種移動의運動은決코此에만止치안하다 各邦國이獨立政治를立한後에는 遼西及
北京의上下卽漢土의北京一番地에植民地를創設하고海陸兩方으로移住한일이歲々로不絶
하다 當時漢土의勢는아직도部落政治를免치못한夏殷時代라 各異種族이其東北境上으로
侵入하는中일새 其時大弓의威武를宣揚하고大地를占領한者는오직朝鮮人이라 周國이建
하고數千의諸侯封土가起하면서는我朝鮮人의植民運動은더욱크게振作하야漸次南下로山
東半島附近에深入하야都部를創設함에至하니 此가恰似希臘人이西海에深入하야맛실리
아海市를創建한바今日佛蘭西마르세이유港의基를開이함과無異하니라 爾來植民制度는
何知오 政治의根本的精神에出하야母國의干涉이업시自治로써成하니 同一民族의植民한
都市로되各各獨立하야決코政治의機關을同치안할새 所在에各別한組織을有하야自治의
植民地를作한지라 故로古代朝鮮植民은近代所謂植民과는其性質이크게다르고 古羅馬人
의植民과도其趣가異常하다卽朝鮮植民은母國이一次植民地의成立을見한時는爾後決코此
를干涉함이업고다른茫漠한宗敎的情操에依하야相通할쑨으로思한지라 然이나此宗敎上
의關係로動 하면小事細故를爲하야破却함에至하더라
그런데植民地가現生한自主自治의社會를作하매其紀綱組織은母國의制度를因襲한듯하니
此가 卽政治의大本되는根本的精神을固守함일새 恰似樹木의一枝를折하야漢土에移植함
가튼것으로思하노라 故로其組織은團部로建設할새 其團部의名稱은蒲姑,奄,弁,策,介,莒,
綠,涯 (今山東省地域) 八個處라 此各團部의生活은農業이大하나또한商業도크게發達하
니 母國에서輸出하는物品은皮物,布木,金銀,珠玉,鐵物,玩物品等이라 幾多의都市에碁布
한商店 勇敢한氣力, 秩序의政治, 精透한思想, 大膽한企業心 此等一般朝鮮文物의品位
狀態는漢土人民에게驚異의念을與하고 다시周圍의異人種上에卓立[13]하야傲然히朝鮮族

本來의面目을發揮하더라

第 十四 節 承前

그 植民地의政治的生活은漸次發達하여新組織을成함에至하다 卽其諸部落은內地의聯邦的獨立政治의制度를模倣하야其八團部를統合하야一大國을成하니 其中統合의權을執한者는曰徐國이라한지라 徐가八團을聯結함에及하야偃王이라한者가出하니 此王은神德과異才가兼有한人物이라 八團部를率하고大活躍을試할새 (周穆王十三年) 브터大軍을揮動하여周의都城을攻迫하니라 此時周는其勢를能當치못하야이에城下盟을結하고其東方의諸地를割讓하니 此時植民地의彊域은廣大를致하야三十六國을屬領하니라

其後에王은文事의政治를務하고武政에는置重함이少하더니 周國이荊楚라하는蠻强과聯合하야來侵하다 偃王은此聯合軍의鋒戟을當하야戰하기盡力하다가畢竟敗亡하니라 然이나地의諸團部는獨立的活動으로一百年間政略을行하얏고 周宣王後六百年間에는더욱武力的活動이大하야宗周를侵凌하고小邦을倂呑하다가秦始皇時로自하야는其消息이絶하니라

第 十五 節 新設部落과其變動

夫餘의國境遼의東西되는一地帶는自來로漢人의移住者가頗多하고商業이興旺하든一互市場이라 此地는物貨가複雜하고人種이混同한大都市의區域이로되自來如何한政治的團結이보이지안터라 그리하더니檀君後一千二百年傾이라漢族의股末周初를한亡命客이多來하니 其亡命客中殷의國族箕子라하는者가잇서自稱王이라하고其帶地를結하야一團部를完成하니 所謂箕子朝鮮이라함이此新設團部를指한것이러라當此新設團部卽箕子朝鮮의制度는世襲君主制오其法律은所謂八條之敎라하는데今에可考키難하며 其歷代事蹟도八百年間無聞에屬하니라 然이나其版圖를漸張하야全朝鮮中部의一帶를占하더니 其末에至하야其西方으로隣接한燕國(春秋戰國時代)의强盛함을遭하야其地二千里를割與하고 退하야滿潘汗(卽今鴨綠江下流)로國界를定한지라 自此로政府官吏에燕人의政治上勢力이大하더니 博士衛滿(燕人)에게其王位를奪한바이되니라

其王室이變革된後八十七年에至하야漢族劉室의來侵을受하매至此하야箕子朝鮮은滅亡에歸하고 其地는全部漢의所領이되야四郡으로分定하더니 其後高句麗가起하면서漢을伐하야其地를다回復하니라

第 四 章 中古大分立政治時代

小分立時代後凡千年間은그小區域의諸政團을合하야大政團으로組織하다 然而其前期에는 三國으로成하고後期에는二國으로成하니此時代를大分立政治時代라하노라

第十六節 民族의 大移動

---

13) 탁립(卓立): 1)여럿 중에서 우뚝 섬. 2) 특별히 뛰어난 것.

三國이建設되기前史一百年間은全朝鮮民族의大移動時代라   其初는夫餘의遷都와王位의
世襲으로自하니   解夫婁라하는이가王位에卽하야는政治의氣運이專制에서出하는色彩가
現하더니   大臣阿蘭弗의獻策을納하야國都를東方加葉原卽寧古塔境에移轉하고(二二七
五年)一般制度를改革할새   王位問題에至하야는古來選擧制가廢止되고一姓世襲制로되니
라 其舊都를在하야는   解慕漱라하는이가王位에就하야自稱天帝子라又는檀君이라號하야
其威勢를人民에게示하면서坐한世襲으로執政하니   玆에夫餘는二로分裂되매先者는東夫餘
라하고後者는北夫餘라하다

北夫餘가分裂되는時를際하야夫餘人의一派는西으로브터東海濱에移動된지라   此時箕子
朝鮮의君主準이라는이는其王位를衛滿에게奪하고南으로奔하야馬韓一部에據하얏다가漸
次勢를張하야馬韓王이됨에至하니   當時箕子朝鮮의人口는約一百萬口에達하매其數의大
部分은馬韓地方移動된지라   其數를受한本馬韓人은衝動의勢를作하야弁韓及辰韓地方에
移住함에及하다 箕子朝鮮의人民이南移함에止할뿐안이라   又其一派는東方卽沃沮濊貊等
地에移動되니 此地方에移動되는者는其數가實相南移한者보다大多數를成하니라 其人民
이二派로分하야東又南으로移轉하는同時에其本土에在하야는坐한漢人의來往者가多하니
其地는自來로漢人種의新陳代謝하는舞臺가되니라

南方人民의根據가動擾하야波瀾이重疊하자北方夫餘의縱笛이다시大移動을驅起하야天子
의形勢를變함에至하니   此의主動者는東夫餘第二世金蛙王의義子高朱蒙其人이라 朱蒙의
母柳花가本是北夫餘王解慕漱의後宮이러니   賤妾의習慣이本家生活을容치못하게함으로
柳花는其身을流離에棄하야東夫餘에轉住하다가金蛙王의後宮이되더니未幾에朱蒙을生한
지라 朱蒙이生할時에奇兆異狀의證跡을帶하며武藝와才智가絶等하더니 年二十傾에金蛙
王諸子에게對하야亦是賤庶의習慣으로其身을容치못함에至하다   이에因하야從者를率하
고南下하야卒本夫餘라하는小國에至하야王이되나니이것이高句麗의建設이라   其後朱蒙의
第二后의子溫祚兄弟는其父親의行跡과同한事勢로써南下하야漢水附近에國을建하니兄은
沸流國王이오弟溫祚는百濟國王이라   高句麗가建設한後其附近諸小國을征服하야畢竟北
方을統一함에至하고 百濟도坐馬韓及諸小國을併呑하야大國을成하다 玆에至하야夫餘人
의一派가西南方一帶地에移住하야新制度의帝國을建할새   此를從하야辰韓人은辰韓을改
革하고亦是帝國을作함에至하니此新羅國이러라

此全民族의大移動은畢竟三王國建設의幕을開하고新政治의進化와新文明生活의機運을闢
함에至하니   此恰似햌넨民族이大移動을作하야스파타와아덴을設하여西洋文明의源泉을
啓蒙함과갓더라

　　　第 十七 節　思想의一變
內에는民族의大移動이生하고外로는漢人侵入의刺激이甚하매   此를因하야思想이一變하
야진지라

(一)對外的衝動으로民族觀念이自覺되며同時에國家生活의變動이起하야在來의舊組織을 破壞하고新形式의組織을改造코자하며 (二)移動의形勢를因하야羣과羣의中間에極한作用 이生하고坐한個人間에도激烈한作用 生하야精力及才幹이絕倫한徒에在하야는立身의機 會가極多한지라 (微賤한庶子朱蒙溫祚가튼이가國을建하고王이되다) 此思想이卽三國時 代와其前時代間에鴻溝[14)를作한바新時代의表象이니라 此大功業樹立의時代에際하야偉 才傑器는將帥의立地를獲取하고從하야新邦土에對한嚮導者[15)가될새多少程度에嚴極한習 慣에서解放함을得하다 換言하면因襲의을破하고個人的才能을充分히發揮함을得하며 坐 한新標型을國民生活中에認容하니 夫餘高句麗百濟等이新設되며同時에前日選擧王制를 排却하고自主하야王이되며坐한世襲的王位를占하게된지라

斯와如히次第로個人的獨創力은드대여太古로브터傳來하는習慣에對立하야漸次其地步를 占함에至함을見하니 辰韓에도其六部人이赫居世를推戴하야居西干(王의稱號)을삼은以後 에는因하야其制를世襲王制로變作함에至하니 其思想變化의力이縱橫으로作用됨은此를 政治體系를動함에至한始末을看할지라도容易히알것이러라

既述함과如히前日의團部의生活과族長主義의政治의關係는其痕迹이漸次消滅에歸하고個 人의獨創力의尊重이變化의情勢를促進하다 故로門長이나年長者를當然選任함이안이라 至實하고坐至勇者를選하야其任에卽케하니 新羅王赫居世는年纔十三이로되人民의推 戴를奉하고 高朱蒙及溫祚가튼이도다二十餘歲의少年으로서王이되니라故로 徹頭徹尾其 父에服從하든子도宗族外에在하야는職任에依하야國家의重職을占한結果公生活에對하야 其父의支配者가되는現像도屢生하더라

大分立時代의 前期(三國時代)

第 十八 節 三王朝建設의 性質

高朱蒙王은北方을征服하야高句麗를建하고 高溫祚는半島西南部에據하야馬韓을倂呑하 야百濟를 建하며 朴赫居世는辰韓을改革하야新制의國을作하니 此三國의建設이라 自此 로外에西北의諸外族東海外의島夷를鎭壓하고 內에在하야는移動된人民이三境으로安定 되야法制를改革하야新政을開進함에至하니 此三國時代의政治及文明은歷史上新面目을 作하야民族萬年의前道를鞏固한것이러라

此體現된三國의政治狀態를觀察하면前代의無數小邦國의一進하야三團으로集成하야中央 集權의完全을作하는同時에其小邦國은郡縣이됨에至한新組織을生한지라 前代에는封建 制가分裂하야小區域內에서長者를推戴하는選擧王制로組織되고 今新組織된三國의政治

---

14) 鴻溝(홍구): 1) 변수(汴水)(지금의 고로하(賈魯河)의 고칭. 초(楚)나라의 항우(項羽)와 한고조(漢高祖)가
   상약(相約)하여 이 강으로 경계를 삼아 천하를 중분(中分)하였으므로 전(轉)하여 2)양자(兩者)의 경계(境
   界)를 이름.
15) 원문에는 嚮導者로 되어 있는데 嚮導者의 오식이다.

는그選擧王制가變하야一王의子孫이君位를相續하는世襲君主制로組織하니 前代에는多少習慣을主張하는自治的精神으로組織된政體오此代에는實際의效力으로브터和平한發展의下에서完成한政體니라

此世襲君主制의發生은夫餘에서先起하야三國이此를模效한것이라 夫餘는何故로選擧制를變하야世襲制를行하얏나뇨 이는解慕漱나解夫婁의野心으로本한바人民은無條件으로其威壓에屈服한것이안이라夫餘는檀君의直系의朝로豊富한經驗과多大한政治的鍛鍊을過한結果其弊害를自覺하고改造를先行함에勇斷이有한것이라(設令解氏가獨斷的으로專制한것이라하야도解氏가外人이안이요亦是解族으로當時代表自안즉其王一人의思想으로써全人民의思想을推測키可하니라近代歐州의植民地는政治的傳說이缺함으로共和制를求함이普通이라 朝鮮古代에도人民의定住가久치안코 兼하야地理的及習慣의의影響으로小々의自治制를實現한지라 然而其自治의精神에基하야政治의大本을삼음은朝鮮人의特性이오坯大體라할지나其制度의末流는弊가自生하야無數小王國이建設되니 統治는自己의利益을計키爲함에多出함으로衆愚政治애墮落한듯하며 坯한公正 得키甚難하야事가漫朦에埋함이多할새 前代歷史의記述이희미한것도此의條件이其一이되지안타할수읶도다 고로此弊端을發覺하야新制度의施政을追求하는運動이起하니 此政治進化의一階級이라卽夫餘로爲始하야三國이다世襲君主制를施함은前代政治의多大한弊端을救함에서出한것이니世襲制에就하는選擧制보다特異하야王族은長時間의歷史의經驗으로브터一種의人生觀을懷한바習慣의又遺傳으로政治上專門의才能이有하야選擧王보다弊端이少하고 (當時思想의標準) 個個의臣民보다生活의全局又는世界一般의現狀에就하야精細한判斷을得하며社會의勢力關係를正當하게鑑識키能한資格이有한지라 坯한스스로補充하며스스로改革하는能力이有하야外國의文化를輸入採用하야써自己完成에資키易할지라 兼하야民族이大移動하고漢勢가西侵하는極粉極擾의時代에際하야政治上의權力과國民의統一을有形的으로表現하기는他의如何한政治라도企及할바이안이라 大盖三國時代의世襲君主制의新政體는以上에言述한政治의槪念을實現한것이니라

一班의舊歷史家는三國史로써漢制의模倣[16]이라하며佛敎의促進이라하야神聖한民族의政治로써外國의附庸者를삼는지라 然이나歷史事實의正面은舊制度의弊를較正하야自覺的自發的文明을進化한것이오決코無意識的無自主的外效가안이니 이는時代의變遷과制度改革의肯綮[17]을視察하면自然發覺되나니라

然則朝鮮人의品性에는自然한한忠義의特質이其根底에存한지라其結果最初에不完한制度를스스로發展하야新時代의新政體를開設함에至하니 前代에는習慣을爲主함으로王의權威를重視치안하얏스나此代에來하야는國民의大多數가强度의信念으로써國王의正義에依賴하는

---

16) 원문에는 模彷으로 되어 있는데 模倣의 오식이다.
17) 肯綮: 힘줄이 살에 붙어 있는 곳. 전(轉)하여 사물의 가장 중요로운 곳.

現像이生함으로君王은其權威를伸張함이大하야君王一身에集한權利는國家主權의大部分을 占한지라   彼日耳曼의王權의其民族의大移動으로브터擴大하야진것은實相我三國時代에相 照할것이라   按컨재此三大國을組織한大規模의發展은前代多數小國을組織한小規模에對한 經驗이니 그發達된君權은立法及行政을다總攬하야一般政治現像의主格을作하니라

第 十九 節 高句麗의 政治

吾人이高句麗史를究할時는一種의特色을與치안할수업는지라   其建國初로브터特異한歷 史를有하니 此는無他라軍國의政治라 朱蒙王卒本에至하야荇人國松讓國等을征服하야其 版圖를占領할새   一戰하면一步를進하고再戰하면二步를轉하야其末葉에至하기까지凡數 十回의苦戰을試하면서國勢를擴張한지라   其人戶는初次三萬戶에不過하더니中葉에至하 여는三倍에達하며   國土는中葉의勢가南北千里東西二千里에不過하얏스나末葉에到하야 는其四倍에過하얏나니라   全國을六十州百七十六城에分하매州에는官名褥薩[18]이라는長 官이잇고城에는官名處閭近支라는長官이有하야各其將軍의職務를兼帶하고自郡을治理하 니 恰似各地方制는軍營를排置함갓고 東北으로西南에至하기凡千餘里의長城을築하야外 國에對한威勢를자못境外에漲達하니   國民은戰勝의守兵갓티家々에弓矢矛盾을各藏하야 國權을擁護함에盡力한지라 此와갓티軍國主義로政治의方針을立할새 個人이던지政府던 지다武風을崇尙하고威勢를勇揚함은高句麗의國婚이라   비록土薄의所致로穀物의供給이 不充分하나家屋의制度는極히莊嚴하고起居儀表라도다活發함을極하니彼宏壯有名한水晶 宮은君王의所居라

王이此宮에御臨하야朝會를開할時는滿朝百官旗幟槍劒[19]의反射하는光景은實上天下의無雙 인壯觀이니   彼耳目曼시네시우쓰가其皇帝出御의偉大한光景을豫想함과는天讓의別이自有 하다   教育에就하야도國家的尙武的으로爲主하니大學과文學博士의制度는建國한지四百年 後에始置하얏스나普通文武를習하는制度는初葉브터잇섯고   國內大街의側에는到處마다學 校를設하니號曰局堂이라하야未婚의子弟는此處에集合하야武藝와經書를常習하니   彼스파 티에서七歲브터六十歲꺼지尙武教育을實施하는制度와갓티그러케甚酷치안하얏스나普通刑 法에出戰法을立하야戰에臨하야敗北한者와城을守하다가敵에降하는者는다死刑에處하얏나 니 其軍國主義가如是하고尙武政策이如是함으로强敵을能禦하야國權을發展하얏나니라

第 二十 節 其大臣

一般刑法은夫餘制를因襲하야極히峻嚴하고   司法事務는希臘스파타의大宰갓티諸加가詳 議하야制決하며   或所在의有司가審理裁判하기도하나特히死刑에就하야는諸大加의相議 에專在하니라   其諸加라하는것은夫餘官名을因한者니或古雛大加라도稱하는바最高級의 官職이니라   此大加는其職務가重하야機密과政事를掌謀하는外에兵馬를徵發하는權과官

---

18) 원문에는 傉薩로 되어 있는데 褥薩의 오식이다.
19) 원문에는 創劒으로 되어 있는데 槍劒의 오식이다.

爵을 選擇하는 權과 訴訟을 審理裁判하는 權까지 有한지라　大加는 此와 如히 其職務가 重大하야 一人의 力으로는 繁多한 事務를 行키 難堪함으로 其下에 使者라하는 官吏를 辟置하매 此使者는 奏任의 級으로 其名을 王에 稟達하는지라　然이나 其使者는 國의 使者와 畢하야 大加의 私人으로 官祿을 受치 안하나니 漢의 宋明時代에 在하던 幕友와 同한것이니라

一般 爵位의 制는 十二等級이 有할새　或官位가 無하고 爵位만 有한者라 政治를 掌하다　그런데 大加는 最高官이라 할지라 大加以上에 大臣 卽 大對盧라 稱하는 官이 有하야 國事를 聰知하니 高句麗 憲法에 在하야 가장 有力하고 또 顯著한 官爵아 如何하냐 問하면 吾人은 此大對盧의 職이라 答함을 得할지라　大對盧는 最初 大輔 左輔 右輔의 三大臣으로 設한者라 國王을 輔弼하야 軍國政務를 謀議하며 諸有司를 監視할새　其權이 國王의 下에 在하야 諸大加와 同等인者러니 新大王이 君位에 卽하면서브터는 三輔의 制를 單輔로 改하야 國相 卽 大對盧를 設定하다　其國相은 世運의 暗遷默移함을 짜라 其性質이 其職權의 上에 重大한 變化를 惹起함에 至하니　其原因을 말하면 吾人아 만히 知悉키 不能이나 本來 國相을 初任한 明臨答夫가 次大王을 弑하고 新大王을 立한後 國相이 되매 內外兵馬의 權이 다 國相에 게 歸하더니　答夫가 卒後 賢相 乙巴素 高優貴 明明臨於漱等이 繼續하야 國相이 된後로는 其權이 漸大하야 內外兵馬의 政權이 永々 大對盧에 掌하니라　其任期는 無制限이 안이라 三年의 一代로 定한지라　然이나 無答할時는 此限에 不在함을 不拘하고 其交替之日에 新舊對盧가 互相抵服치 안하야 兵으로써 戰을 開함에 至하니　此有名한 交相戰이라

國相의 椅子는 畢竟 戰勝者가 占領하니　此時 國王은 制禦키 不能하야 閉宮自守하고　戰勝의 國相은 王의 置署를 不問하고 就任하는지라　此 스파타 太宰에 比하면 其權이 强大하니 其太宰는 一年에 不過하고 滿期가 된時는 昨日 君主以上의 權이 有한者가 今朝엔 忽然 野人의 下에서 一百姓이 되는지라　然則 高句麗 大臣의 權은 世界歷史上의 復無한 例事러라

　　第 二十一 節 百濟의 官制

百濟始祖는 溫祚王이라　初에 高朱蒙의 庶子로 嫡庶 分干[20]의 墳을 不勝하야 臣下 十八人과 數多한 百姓을 率하고 河南慰禮城에 來據하다　初에는 臣下 十人과 其謀하야 建國함으로 其版圖가 狹小함을 未免하더니　漸次 馬韓 五十四國을 征伐하야 其地를 取하얏는지라　國初로브터 末曷及樂浪의 强敵이 來侵하야 外製의 策이 困難하더니　漸次 版圖를 擴張하고 國力을 養成하야 産業과 文化가 發達에 到한지라　其强盛時의 地方制를 究하면 全國을 五方에 分하고 方을 다시 三十七郡 二百城으로 定하다　方에는 方領이라하는 長官이 잇스니 이는 二品官이오　郡에는 郡將이 잇스니 이는 四品官이라　都城은 高句麗를 模倣[21]하야 五部로 分定하니　都의 戶數는 萬家오 全國의 戶數는 七十六萬일새 版圖가 東西四百五十里오 南北九百里러라

五部 上部　五方 中方-古沙城

---

20) 원문에는 分干으로 되어 있는데 분간(分揀)의 통용.
21) 원문에는 模彷으로 되어 있는데 模倣의 오식이다.

下部　　　東方-得安城

中部　　　南方-久知下城

前部　　　西方-刀先城

後部　　　北方-熊津城

그 地方組織이如此鞏固함은一般國務에對한官制가크게發達함에出한것이라　其官制의定은第八世古爾王時에頒布한것이니　中央政府最上에는官名上佐平一人이有하야軍國政務를總攬하고其下六佐平이有하야國務를分察하니라

六佐平　一, 內臣佐平…………宣納事를掌

二, 內頭佐平…………庫藏事를掌

三, 內法佐平…………禮義事를掌

四, 衛士佐平…………宿衛兵事를掌

五, 朝廷佐平…………刑獄事를掌

六, 兵官佐平…………在外兵馬를 掌

政務를分掌하야處理하는行政部는內官十二部外官十部合二十二部로組織하다

內官十二部		外官十二部	
一, 萬　部		一, 司軍部	
二, 穀　部		二, 司徒部	
三, 肉　部		三, 司空部	
四, 內掠部		四, 司寇部	
五, 外掠部		五, 點口部	
六, 馬　部		六, 客　部	
七, 刀　部		七, 外舍部	
八, 功德部		八, 綢部	
九, 藥　部		九, 日官部	
十, 木　部		十, 都市部	
十一, 法部			
十二, 後官部			

其行政部의各官吏는十六品의爵位로敍任하니라

品數　　　　　　名稱

一品………………………佐平

二品………………………達率

三品……………………恩率

四品……………………德率

五品……………………扞率

六品……………………奈率

七品……………………將德

八品……………………施德

九品……………………固德

十品……………………季德[22]

十一品…………………對德

十二品…………………文督

十三品…………………武督

十四品…………………佐軍

十五品…………………振武

十六品…………………克虞

右行政上組織은前代의古習을脱却하고新制度로組織한것이라　現今英國中央政府의各部는其裏面에千百의紛糾가伏在하야容易히明解키不能이라　此百濟制度의發達도其間進化에서積生한史端이多할지라　然이나文獻이不多하야其發達된來歷을考察키難하도다　唐虞夏殷周及漢等의制度에比觀할지라도二三의名稱外에는同한것이업스니　思컨대高句麗制度를効함이多한듯하나高句麗의制度史亦未詳하니恨哉로다

　　　第 二十二 節 其海外政策

百濟의自來의政治主義는高句麗와갓티勇武를重視하얏스나그武力보다오히려文化發達에置重하야産業을奬勵하고文學을崇尚한지라　其中物質文明과航海術은案外에發達하매人類精神의優長한点은西洋埃及픠늬시아等에도不見할바이라　恒常海外諸邦을巡探하야民을植하고貿易을發達하니　當時西南으로十五의大島는다百濟의領地일새其各島에는城邑을各置하고守將을派駐하니라　東南으로大聯島가有하야百餘國이有한대其中大島方面에使譯을通한者는凡三十餘國이라　此를曰倭라하는것이라　此와는三韓時代브터相通이有하야互相移住의跡이잇고互市의事가見하다　百濟의海外思想은高句麗의大陸政策과同하야恒常國交를不絶하야새文明을播傳함에在하더니라

○○○○○○○○○○○○○○○○○○○○○○○○○○○○○○○○○○○

○○○○○○○○○○○○○○○○○○○○○○○○○○○○○○○○○○○

○○○○○○○○○○○○○○○○○○○○○○○○○○○○○○○○○○○

---

22) 원문에는 李德로 되어 있으나 季德의 오식(誤植)이다.

○○
○○
○○○○○○○○○○○○○○○○⊙○○○○○○○○○○○○○○○○○○○○○○○○
○○
○○○○○

第 二十三 節 新羅王繼承法의特色

新羅에서朴赫居世를推戴하야王을삼기는高句麗의建設되기前二十年이라　此時朴王이卽位한性質은純然한世襲制로立한것이안이라三韓時代古選擧王制에依하야六部가推戴한것이니　王號를定하고新羅國이라稱하기는實相高句麗建國後五百四十年의事라　然則王權發達도徐々히秩序잇게來하야其充實을得함에至한지라　고로王位繼承의問題도羅濟二國보다特異한色彩를滯하니라

新羅王朝는凡五千年間에在한대　其間王室의系統은三家가相交하야傳承할새　朴家가十王이오昔家가八王이오金家가三十八王이라　新羅의政治에在하야는爲先王統의硏究가興味잇는問題라　三國時代는王權이發達한時代라고로羅濟二國은一姓이世襲을取하얏거늘惟獨新羅는三姓의替承을許함은何由를因함인가　此問題를解明치못하면新羅의政治的性質을知得키不能이라　西洋스파티에는二王制度가잇는것이異常한問題러니我新羅에는三姓의交承함이奇異한事實이라　此의類例를各國歷史에尋察하면오직羅馬에在하다　羅馬人의口碑로傳하는바를據하면其古代에는數多의王家가其位를交承하얏다한지라　그러나羅馬의理由는族長時代에在하야氏族의長者가國民의祭司長이오又將軍이된바此를謂하야王이라한것이라　고로別로異常타안할지나我新羅에는王權이充實할時代에在하야如斯한制度를生함은實로異常한現像이라

新羅는旣述함과갓티其發達이徐々한고로三國以前時代의選擧王制를速變치못한源因이라함도或可하나千年後其末年에至하야도朴金二姓이交承한것을보면純然한習慣에因襲한것이라하기도不可하다　按컨대此三姓交替論은自來史說이多出하나余의考察로말하면新羅人의政治思想이他보다더發達된程度에서出한것이니　此의理由는三이라　第一은王의憂國愚民이라　昔金二人은本是王이捨得하야取養한人으로駙馬를삼은者이니　王은遺訓을下하야其直系子孫과　此婿郞의年長且德高한者가後位를相繼하라하매　이는오직血族觀念으로王位를傳한것이안이라國務大政의可堪할才器를擢發하야傳任한바私를捨하고公을爲함이라　第二는國命의一新이라　王의繼承이家族相續의恒久制가될時는單調와凝滯의危險에陷하기易하니　彼英國쓰지라하는諸王은獨創의力이업는王族이오西班牙필닙二世以後에는善王이업섯는지라　新羅는此等危險을先覺하야三族王家를并設하고其中善人格을獨立케하야政治의進步를計하니라

第三은自治의爲主라　아모리神聖한資格이라도實地上聞見이不足하면本才器를發揮함에

對하야어색함이잇슬지라   新羅王의繼承者는王太子以外에大臣卽上大等이나副君이되야
平素에政治的知識이豊富하고事物을正確히判斷할能力을養한後에卽位한者가多한지라
觀컨대君主制에在하야는義務에忠實하고有力한君主는其後嗣에對하야嫉妬의念을抱하기
널新羅는此의道德的謎惑을覺悟하야더욱善人格을養하야써後嗣를任케하다   또한古來에
不見한女王이新羅에는三代式이나重立한것을볼지라도一般人民의愛衆協同의精神이豊富
함을可知니 고로新羅王位의繼承은王의專裁가안이오共立이러라
以上에言한바新羅政治의發達은몬저王位繼承法에在하야特色을有하다   其次行政官制의
發達은言하노라
       第 二十四 節 其制度의發達
行政의制度는其政治의發達을짜라完全한組織을成하다   그變革은決코急激함을要한것이
안이라初에는臨機應變의新慣例를施하야愼思熟廬로漸을追하얏나니라   法律의制定은
二十三世法興王時에頒布한것으로其後一百四十年太宗王이다시改定하니   其理方府의格
六十餘條는當時理方府令의官職을帶한法官良首의修正한者러라
官制는크게完備하야後世王朝及李朝의制度는다此에서因襲함이多하니今日大監이라하는
稱號는此時의武職이러라
上大等 一人…………(總 理 大 臣)
令 二十五人…………(行政各部長官)
卿 三十八人…………(次   官)
大 舍
舍 知   若干人…………(屬 官)
史
右官名은各官吏의普通名稱이오行政官廳의組織은如左하다
   (一) 執事省 國政의機密事務를掌管
   (二) 位和府 官吏를選定하며國內事를掌管
   (三) 兵 部 武選과軍務와儀衛와郵驛의政을掌管
   (四) 調 府 戶口貢賦錢糧의政을掌管 財務를掌한官廳은調府外에賞賜署司祿司가別有
하니라
   (五) 倉 府 穀物及財物等을出納
   (六) 理方府 律令을掌理하니此에는左右兩府가有하다
   (七) 禮 部 學事禮節藝術等의政을治理하다 此文事의政을管함에는祥文司, 元鳳省, 國
       學, 大道署, 音聲署, 典範署, 漏刻典, 彩典等이別有하니라
   (八) 例作府 工業의政을掌管하다 此外에工匠府, 周作典, 瓦器典其他數十部가別有하다
   (九) 船 府 舟楫軍艦의政을掌

(十) 乘　府　橋梁車乘의政을掌

(十一) 領客府　國交賓客燕享等의政을掌

右各府의官吏는令二人, 卿三人, 大舍二人, 舍知一人, 史若干人이各有하야府務을治理하다

右十一府는全國政務를掌理하는行政組織이라　　上大等은或兵府調府의令은兼任히되高句麗의大對盧와는其權利가大치안하니라　　然이나上大等은王位에卽하는資格이有하니上節에參考하라　　行政의組織이如是完備할지라도上大等以下各官職의越權違法及不正의行爲가有할時는此를監督치안이키不可하다　　此의制度는司正府라하는官廳이有하야百官을糾察하고又彈劾하며時政을論議하고風俗을矯正하는任을掌하니

後世司憲府의制는此를因襲안것이라　　行政官外에王族及王室에對하야는圱其行爲를監察치안이키不可하다　　此는內司正典이라하는特立官廳이라　王室에對한內廷職司는其數가頗多하야宮典二十雜典八十이有하니　　歐洲各國이規範한彼伊太利콘스단지帝의宮廷職司보다도더完備함이百倍나되나니라

一般行政의大權은王의一身에在할새　　上大等은諸官의意見을綜合稟達하야裁可를得한後施行하나니　고로上大等은或曰稟主라도稱하다

此의制度를觀하면今日各國의立憲君主制度에比하야도遜色이無하니라

官吏의品格은十七等이有하니如左하이라

一等………………伊伐湌(或云角干)

二等………………伊尸湌

三等………………迎湌

四等………………波珍湌

五等………………大阿湌

六等………………阿湌

七等………………一吉湌

八等………………沙湌

九等………………級伐湌

十等………………大奈麻

十一等………………奈麻

十二等………………大舍

十三等………………舍知

十四等………………吉士

十五等………………大烏

十六等………………小烏

十七等………………造位

第 二十五 節 官吏의 選擧法

行政上主義는王이各官吏에게權力을分配하야國家機關의運用을敏活케함에在한지라　其
官吏도　各其服務規律에依하야其職務를忠實히遂行할지라　然이나官吏에게生하는弊端은
東西各國을勿論하고極히多有한例事라　此弊에陷함을防하는制度에就하야는特別히監督
官廳卽司正部를設하야恒常巡按檢閱을行하니　近日各國의官吏에對한詳細規定과無異한
지라　官吏任期는上大等은三年에在하나普通冠履는此限에不在라　官吏의黜免에關한權利
는勿論司正府에在하나官吏를任命함에就하야는古希臘에서는市民會의抽籤으로行하얏지
만은新羅에서는一種特別한方法을設하니卽官民俱樂部의推薦이라　此俱樂部에人民이相
聚하야羣遊할時에人의行儀를探察하야賢良才를拔擢薦擧하니　此薦擧의權을有한者는
名曰花郞이라　此花郞은容貌의美妙者를選定하야博粉粧飾을備하고羣人과相遊할새　或道
義로相摩하야人의意志를試하며或音樂唱歌를開演하야人의美感情緒를視察하다　如斯히
百方으로試取한成績을以하야　其人을揀擇하나니其人은大官에만限함이안이라上官末職
과上將下卒을다此의方式에依하야擧用하니라　그런데此俱樂部는一定한處所에常設한것
이안이라中外로巡廻하야臨時로設定하니　山中水邊을勿論하고無遠不至할새　或은當日에
薦擧하기도하며　或은同行을誘하야長時間의試를要하기도하더라
此花郞의制는眞興王三十七年에實施한것인대　初에는美女二人 (南毛俊貞) 을任命하얏더
니相妬의不道德的弊가生함으로女子를廢止하고男子를採用하니　第一次男子花郞의名은
薛原郞이러라　自此로官吏의擧는完全함에至하야良材大人이朝廷에不絶하니　고로金大問
의花郞世記에曰賢佐忠臣이從此而秀하고良將勇卒이由此而生이라하니라

第 二十六 節 其地方政治

新羅初에는辰韓六部에各部長이有하야自治의舊制를因襲하더니　朴王以後로는代々로諸
國을討伐하야版圖를擴張할새　第十三世法興王時에弁韓(當時는五駕洛國)의全地를倂吞하
고또한 北沃沮까지兼倂한지라　其次代眞興王이其十六의時八月로브터五個月을費하면서
親히西北方에巡狩하야國境을定하니　西는智異山에限하고北은咸興으로브터北漢山에界
線을作하고東南은海에　濱한지라　自是로版圖가完定하야他國과鼎峙의勢를成하니　眞興
王咸興定界碑文에曰(朕이太祖의基를紹하야王統을纂承하야競身自新이라)하고　又曰(四
方에境을托하고널니民土를獲하니隣國은信을誓하야和使가交通이라)하니라

版圖가鞏固한後에는各地를州郡縣으로分하야各其長官을置할새　州에는軍主오郡에는郡主
오縣에는縣令이有하야地方의政을掌治하다　王은親이國內에巡撫하며或使者를派遣하야百
姓의疾苦를訪하고賑恤을施하며　또한地方長官의行政을按撫하며人民의控訴를修理하니　然
則地方의人民이其地方政治에對한不平又는不服의訴訟이잇다는者는다이使者의按撫時又王
의巡撫時를乘하야控訴함을得하다　觀컨대今日彼佛國의地方人民이法廷에對한其越權의行
爲를訴키不能하며또政治的意思를表키不得하는制度를此新羅地方行政制에比하라　新羅의

361

人權保護의政治가얼마나善美한지!弁韓은自來로九干卽我刀, 彼刀, 五刀, 留水, 留天, 神天, 神鬼, 五天等이全國을分掌하야政治하더니 三國初에九干이合議한結果金首露王을推戴하야世襲王制로改하고國號를駕洛이라하다　然이나代々로新羅의干涉을未免하더니其王仇亥時에新羅에永爲合倂하니傳世十六王歷年五百二十七年이러라

第 二十七 節 三國憲法의通性

三國의憲法은別로업시通性이有흔者라　其憲法은欽定의不文法인바君主가其任意로制定하다　고로國家의意思가一體로確定되고且發達된所以의全制度卽法制의成立階級의組織官職의配置等이다君主의意志에在하고直接人民의意志에는關係가업는지라　其國家의意思를實現하는行爲卽行政法도다君主總攬에在하다　오직政事의要時를當하야는御前會議와官僚會議로써處判하니歷史에其有大事則聚羣官詳議而定이라함이是니라　王位는이미世襲으로된고로王權이次第로擴大를加할새　地方長官及大官을다王族及貴族으로選任하는風이잇슴으로그王族貴族은다王에服從하고輔佐함을以하야王權이더욱擴大하니라

東洋漢唐의法制와西曆一八一四年佛國루이스十八世의憲法과一八五〇年普國王폴레데릭윌니암四世의憲法等은다三國時代의憲法과갓티欽定法으로國家의主權이君主에在함을表한者라　坯한現在西洋에三權分立이라함도形式이오其實地에在하야는獨立됨이업나니라

君權은如是發達하야國家의大權이君主의大權이君主一身에集하얏스나니貴族一派는政治를指導하는特權이잇슴으로其權力이漸長하야政治機關의重要한權利를執하니　王位가無嗣할時는貴族의　會議를經하야後王을推戴하며　坯한暴君이出하야政治의不幸이生할時는坯貴族의會議를因하야廢位하는일이잇더니라

	高句麗	百濟	新羅
王位의 繼承數	二八	三〇	五八
奉位數	四		一八
承位數	八	二二	三五
弑君數	五	七	五

其中新羅王의變亂은統一後에多在하니라　各貴族의勢는强大하얏스나王位를簒奪한者는無하얏나니　高句麗末葉에蘇文의勢道가頗大하얏스나漢의王莽,吳楚七國亂, 宦官等의兒戲의廢立等가튼事는업섯나니라　行政官及軍帥는國家의代表者卽化身으로人民及兵卒에게服從의義務를當케하다　此時人民의倫理思想은個人의自由를認치안코團體로써標準하니 人은國家에服從함으로써大本으로알매國家와는無形의團體中에其身을融化하야國家는父母로人民은其子라認知하니라

第 二十八 節 氏族[23]制度의 發達

王族과貴族이生하야權利의制限이立하매此를隨하야族別의表證이업지못할지라
族別의源因은오직政治上쌔丁안이라民族의大移動을싸라血族觀念이衝動함으로브터起하
니此族別의證은氏姓을作하야一族의表를示함이라　그姓을有함에는王이賜下하기도하고
宗族이自作하기도하며　其姓을作하는方法에對하는地名을採用하거나自己生時의事蹟을
擬하거나又先祖의名을因用하기도하니라

　　新羅王의姓은朴昔金이오高句麗百濟의王은다高氏라　新羅六部族은其王에受한바李
崔鄭裴薛六姓이오　高句麗建國功臣도亦其王에受하니克氏仲室氏少室氏가是라　檀君時余
守己의子孫은衆民의게功이有하다하야衆人邊에余字를合하야徐氏라하고安氏는祖上이亂
을平하야民國을安케함으로써하니라

此姓氏의制가立한同時에結婚도完全함을得하니　同姓間에는相婚치안하며　各階級은其階
級의血을維持기爲하여通婚을許치안하며　王族은더욱其血統을爲하야同姓同族內에서相
婚하나니라　그런데貴族의階級은各家門이嚴然한團體를成하야政治의權勢를執한지라　普
通庶民에在하야는姓을 有한者가不多하고産業及學問藝術로써一門地를立하니라

　　第 二十九 節 國民의階級

人民의階級은前代브터貴族平民奴隷의三層으로來한지라　此代에至하야는世襲君主制가
成하야各般組織의整然한秩序를要하매其階級制度는더욱完全함에至하니　近代에는平民
無差別의風이流하나古代에在하야는實相階級이有함으로國家를保全하고社會의秩序를安
定한지라　觀컨대國家는治者와被治者의區別이업시存立키不能할갓티當時社會도亦種々
의階級으로組織함이업스면成立키 不能할새　此代에는政治와社會가前代보다發達함을因
하야共通의思想及名譽心으로브터自然으로生하는諸種의集團은完全한組織體를成하야國
家及社會生活의不可無한要素가된지라　今에其旣存한階級의發達한狀態를暫言코자하노
라

(一)貴族 은前代旣存者도잇고建國初에有功한者又는王의支派로된者니　國家의政治를指
導하는世襲의特權을有한階級이라　初에는武器를持함으로本務를삼앗스나後世漸次平和
의職을兼함에至하야國務大臣地方長官의싸지其高貴한地位를獨占한지라　佛蘭西貴族은
宮中에在하야王과더브러宴樂에從하고 伊太利貴族은都市에在하야役員이될뿐이라　我三
國時代貴族은外로는他民族과競爭하는國民의藩屛이되고內로는國務를掌理하야國民生活
의安寧을圖할새祖先傳來의名譽心及道德心을有한宗族으로當然政治의不可缺한要素가된
지라　當時人民은君主國體의觀念이有하야事實上又形式上國家의官吏잇슴을尊重하고 坯
한治者에就하야는其要件이單智識에存치안코政務의能力이잇슴에存할새　그父祖遺傳한

---

23) 원문에는 民旅制度로 되어 있으나 氏族制度의 오식이다.

政治的能力이有한階級은自然人民의崇敬하는者이되니라彼貴族制의分揀이업슴을因하야死境에서伸欠하는土耳其와波蘭[24]의事情을察하건대 三國時代의制度는上下一致의政治的思想이發達하야彼此間公을爲하고私를不顧하는獻身的思想을可히推測할지라 고로貴族制度가峻嚴하야血族에對한風俗도極히井々하니 第一骨즉王族은第二骨卽貴族과通婚치안하며第二骨도自己階級外에는結婚을不許하니 高句麗五部라한것은此觀念下에서設立한制度라 職業과宗族은因하야部를別한것이니 其消奴部又桂奴部에는王族에屬하고五部外에椽那部에는東夫餘人의來投를居케하고蚕支部漢祇部에는歸化한漢人을居케하니라新羅의六部도初에는自治를基礎한것이라後에姓을賜하야族別을區分한것이은此를爲한것이러라

(二)平民 固有의民族的勢力은專혀此階級에存在하다 民族의政治的天才는特히貴族中에實現하나此와反하야理想의意義를有한文化的生活은스々로平民階級中에實現하니 고로物質及勢力을要하는偉業이던지國民으로健全한社會를成케함은此階級에系한지라 露國은市民階級이업슴으로文學이貴族에서多出하얏스나一般東西各國의참國民的文學은一般人民의心情에서發치안임이업는지라 我三國時代는學者及詩人藝術家가貴族의人이有하니本來文學及藝術의擁護者는此階級에專在한지라 崔致遠도平民이오于勒도平民이오金生과率居도其所出이微하야歷史에는其族系를記치안하다 李朝時代에文藝의事를賤業이라하야兩班의耆好[25]치안이한것도亦是平民 專有物됨을 因한것이라 此階級은實相國民中最貴한者라고로自己로써國民全體라自信할새或時는政治에對하야自己意見만偏信하는者가잇스나國民이라稱함은大抵此階級을指하고또한自信하니라

(三)奴隷 最下階級의人民으로看做하는者라 彼等은自己의業務에從事함을得하면卽滿足하야恒常人의最下等生活을營한다는者니 古史에見하면高句麗國中의大家는耕作치안하고坐食할새基數萬餘口라下戶는米量魚鹽을擔遠하야供給한다한지라 然而吾人의眼目으로此階級을察하면一方으로社會의最惡分子를包含한同時에民族의스々로更新하고復活하는精力을含畜한지라 何時何國을勿論하고上層에屬키不能하야落下한것을다包容키可한것은最下層이잇는것은必然의事라 고로頹廢한分子는上에서下으로沈落하고少壯氣銳한分子는下으로上에昇進할새 此의事實은高麗時代奴隷의革命을起한其頭領萬積의宣言에依하야可知니 彼는北山에奴隷大會를開하고演說하야曰(我國에古來로朱紫顯官이賤隷에多起하니將相無種이어일엇지勞筋苦骨로□楚의下에서困窮을自求할가)云々 觀하면實相歷史上大人은다下層階級에서起하니 近時傳說에兩班의先은三奴八吏라함이此라 彼等은簡易한生活相態에在하야自然的氣力과純潔한情操를養成하니 其理想力은二方面으로發現할새 一은深厚한宗敎的感情이오一은尙武的精神이라 고로自來英雄的活動과宗敎的天

24) 波瀾의 오식.
25) 嗜好의 오식.

才는彼卑賤한社會에서出現하니라

以上三階級은當時社會를組織한要素라 其上에王族一派가잇스나上節에言하얏기玆에는 略하노라

第 三十 節 經濟의狀況

此時代에在하야三國財政의制度及行政을觀察하면國家社會主義를實施로執하얏는지라 고로人民도國有오土地도國有오權利도國有라 人民의自由는公衆을標準하고個人을標準 치안는 時에吾人生活의根本을다國家의行爲로看做하다 國家及法律의保證업스면商業은 全혀實在되기不可하며國家가업스면所有權及財産制度는到底想像키不可한것이라 納稅 의義務는法律로知한것이안이라이믜道德上으로覺知하다 其租稅制度는穀物及布物로서 納入할새各其能率에依하야差等이有한지라 其明細한條文은不知하나隋書에見하면高句 麗에는富豪者最一等은每年布五匹租五石이오遊人은三年一稅오其他는租一石次七年次五 斗러라 新羅에서는田一負(卽百尺一負)에租三升을稅하다 此納稅의義務는國家生活의第 一條件이라고로無恒産不生産하는遊民이라도다國費를負擔하다 然而遊民에對하야는土 地를頒給하야農業에從게하니此頒給하는土地를丁田이라하다 農業은國家經濟의第一要 素로삼은고로土地로써民本을삼을새 官吏의俸祿도다租稅를賜與差하니此를曰僚田이라하 다 特히勳勞라잇는臣下에게對하야其功을賞함에도他의金錢이나物品으로與치안코租나 食邑卽田地를賜下하니 이는封建의觀念이尙存한것이나其實은農業을重要視함이니라

土地所有權은以前時代로브터國有物로制定하니 彼西洋古代와갓티貴族이土地를自由로 占有하야國民의貧富를越數케함이안이라全國土地를다國有物로定한바人民에게對하야는 公土를借與함에不外한지라 고로人民은小作人이오國家는大地主됨에不過하다 然이나食 邑은世襲으로相續하고私相賣買하는土地는또한私有物이되나其土地의元主人은國家오個 人이안인줄認識하니라

政府가國民生活을保護함에는四法이잇는지라 (一)免稅라 或地方에水害나蟲害或非常의 患이잇스면一年以上三年以下의租稅를免除하며 또한或地方人民이亂을防禦한事잇스면 一年以上七年以下의租稅를免除하니라 (二)賑貸法이라 一年耕作에對하야粮道가不及한 境遇가生할時는官穀을出하야家日多少에對한等差級數로貸與할새每春三月에施하얏다가 冬十月에還納하니 此는高句麗故國川王十六年브터始作된者러라 (三)賑恤이라 王이親히 國內에巡幸하야民間經濟의情況을御察한後貧民에게對하야는穀物布物을賑給하니라 (四) 禁遊法이라 國內一般遊民을調查하야强制로農業及他業에從事케하니 이는積極的救護法 이라此制로因하야社會經濟生活은進步發達을呈하니라 此等四法은國家經濟의重要함行 政이라 國家가民을愛護하고人民이國家를自家로看做하야上下의助力으로써生活을作하 니 이國家가업스면人民이生存치못한다는것이라 國家가잇슬지라도生存키不能한事이엿 스니無職業閑遊者가多하야도不顧하고共同의患難을當하야도不顧하고오직十四兩格으로

人民에게過重한賦稅를强擔하야此를督促함에苛酷한手段만揮하면何生生生生生ｘｘｘｘ
(下略)

第 三十一 節 承前

當時一般産業에對하야는政府의保護政策이極且盡하야此로브터文化活動이大進步를致한
지라　農業은前代브터本業으로視하야國家生産의第一業으로삼으니稻田과牛耕과灌漑等
諸新發明이行하며　織物의産品은크게獎勵하니新羅는每八月十五日에女子織物品評會를
開할새　此의恒式은國의年中行事가되야今日까지傳하니嘉俳節又嘉優라云함이此니라　新
羅는더욱商業에注力할새　三市典이有하야各市廛를監督하니　物價의調節과姦商의制裁와
金融의活用等을干涉하며　더욱外國貿易을大進하야亞羅比亞斯印度漢及日本等과互市來
往이連絡한지라　新羅寶庫에는亞羅比亞波斯及印度의奇珍什器를聚積하고　高句麗國庫에
는漢地의貨幣를藏置함이大量에至하니라　新羅文化活動의經濟政策은三國中第一位뿐안
이라東洋의第一이라　고로炤智王時에在하야는郵驛을廣設하며官道를修築하야交通의利
를設하고舟楫과車乘의輸搬이大備하니라　貨幣는金錢鉛錢又銕의三種이잇는대其形은다
無文이러라　當時賣買上錢貨를通用하나大槪는物之交換의習慣이尙有하야布一疋의價를
租三十碩或五十碩으로하고細布一疋에는米五升에　至하니라

當時外國輸出品은如左

黃金　銀　銅　銕

石油　赤玉　人蔘　兎絲子

白附子　五味子　牛黃　虎皮

熊皮　狗　穀物　魚物

布　木棉26)　霞紬　魚牙紬

白紙　玩好品　酒

此三國時代의經濟商況을論함에對하야西洋古代文明의發達史의追憶을喚起하다
彼此比較를試하면我三國時代의文明은所謂世界文明先進古國보다優勝한点이一二가안이
니라　然而其社會의活動에서國家의外部意思를發揮한자최는大且壯하나其制度에就하야
細密한規模는知得키難하니　噫라古史의殘簡이筆者의腦를悶然27)케하도다

第 三十二 節 宗敎

三國時代에文化的活動의第一考察할바는宗敎라　其宗敎는初期에在하야는固有의信仰인
大倧을因襲하야此를擴張하다가後期에異敎가侵入한後로는精神界의大變動이生하니라
最初民族이移動되고思想의一變을作할當時에在하야種々의傳說이流行하고史詩的思想이
惹起할새　畢竟國民은最後의權威를重望한바公平無私한人格的權力에集中한지라　其公平

26) 원문에는 木線으로 되어 있는데 木棉의 오식이다.
27) 憫然의 오식.

無私한人格이라함은壯絶한才能과信仰的傳說의合한者를謂함이니　朱蒙王은卵生으로骨表가英奇하고魚鼈의異助가有하다하는同時에天帝子라自稱하며　溫祖王은卵生人卽朱蒙王의親子이며朴赫居世도卵生人으로聖德이有한者라　此等資格은다大才能도잇거니와奇兆異徵의神明所感이라는傳說이有함은無他라一般國民이神祖의裔로써君主를推戴하는傾向이有할새　三國의新朝廷이立함은舊來信仰인祖國及民族의觀念을具體的으로表現한것이라　於是乎國家的品性은是等傳說을因襲하고君王은信仰統一을永續한바王權을永久持續함에至하니　宗敎에對한行政態度의如何는於斯에可見이라　自此君王以下一般人民의宗敎的觀念은根本思想의發達한判局을現할새倧은大略三派로分하다　夫餘는代天敎라하고新羅는崇天敎라하고高句麗는敬天敎라하다　然而其宗敎는一國內에서分裂된것만이안이라國家分立한狀態에依하야各々其名稱을制作함이오敎義에就하야는各別한分揀이업섯나니라　고로宗敎本體는變動이업고坐한國敎間에如何한層節이生한것이업시오直前代古例에依하야祭政一致의政策을行하매　倧의勢는政府와一致에依하야漸次發達하니　露西亞에宗敎大臣이有함갓티國仙이라하는宗官을設하야敎會及祭祀에關한政務를統轄케한지라　當時政敎의關係를考察하면　墺地理의例갓티敎權의下에國家權利를服屬케한것도안이오白耳義의制度와갓티政敎가互相對立한것도안이오　露國의帝國의法主制와도不同이라　專혀國民의宗敎로君主는同時에何等形式에對하야大敎主가됨에當하니　國家와敎會는가장親密한關係를有하야二者가合한結局人類敎化를爲한制度로되니라

中世에來하야儒佛의異敎가侵入한後로브터政治及敎化에對하야大影響이生하매此時宗敎上行政은信敎自由를許할새皆宗敎中何者를特護함이안이라一般으로愛護하는바卽公認敎主義를行하다　同時에彼以外異敎의卽儒佛은다學術과智識으로看做하야利用厚生의材料에資한지라　고로儒佛뿐안이라道敎亦輸入하야三敎의鼎立을致하다　高句麗의蘇文이王에奏請하야道敎를求入할時其目的을陳述한것을見하면當時宗敎政策을可知라　曰(三敎譬如鼎足闕一不可今儒佛幷興而道敎未盛非所謂備天下之道術者與伏請遣使於唐求道以訓國人)이라하니라　萬一異敎로써學術에置치안하면諸敎는西班牙의基督敎가勝利를得하기前의形勢와갓티國家는各敎信徒의割據에任하야一國民되기不能하얏슬지라　當時國家는文化的使命을自覺한同時에各敎의拔扈를預防함에努力하다　그　結果哲學이發達하고固有한大倧은仙敎의參考를得하야其眞理를發展함에至하니　昔에崔致遠이말하되　國有玄妙之道하니風流設敎之源은備詳仙史라實乃包含三敎하야接化群生이라)하다　由此觀之하면宗敎로써人類文化의敎科를삼은것이니　朝鮮宗敎行政史는世界他國에比하야一種特色을帶하니라

　　　第三十三　節　三國의關係

三國이鼎立한以來로彼此交際上關係는强弱에依하야事端이多할뿐안이라政治上文化上影響이非常한지라　本來高句麗는其勢의强함을恃하야百濟를攻侵함이甚하얏고百濟亦最初

브터新羅를侵寇한지라 然이나新羅는其弱勢를因하야麗濟와和를結하는同時에內로는實力을養成하야國力을增長함에 置重하니라

新羅의訥祇王時브터는高句麗와和好를罷하고百濟와聯合하야高句麗로더브러干戈를交하기始한지라 然而未幾에百濟와도다시相戰함에至하매三國의戰爭은갈사록大張하다 此三國戰爭이頻繁함으로브터는軍事의制度가크게發達하니 騎兵隊와步兵隊의編制는實相大規模의觀이잇고 羅濟兩國은特히海軍制를創設하야海夷의防禦를備하니라

坐한弱者는第一强者의抑壓을避키爲하야第二强者의救援을要함은國情上人情上自然의勢라 고로百濟는高句麗를伐키爲하야其助力을魏에求한일이잇스며 新羅는坐한麗濟兩國의强壓을忍耐치못하야其救援을隋唐에請한일이잇는지라 此를因하야高句麗의强敵이四方에起함에至하니 玆에國際問題는漸漸大强하야滿洲野風雲이東洋地의活舞臺를開하니라

第 三十四 節 高句麗의强敵과外交

高句麗의政治는實相軍國主義라文化的의生活보다武藝의活動이盛하니 그張勢는오직南으로羅濟二方面에만對하야振作할뿐안이라東西兩方에向하야는더욱其勢가大張이라 東北에在한夫餘와는最初로브터十戈를父함이甚하얏고東方에在한古肅愼氏는古部落的의態度下에挹婁靺鞨[28]의名으로變形하야다도邊境을侵하매其國境方面의人民은居接을安치못한지라 然이나西川王七年에此를征服하야永爲附庸을삼은後其兵을徵發하야新羅及遼西의戰爭에利用하다 夫餘는最後의强敵이되더니漸次其勢가弱하야畢竟文咨王三年에其地를服屬하얏나니라 普魯西가墺地利의邊에서蹶起함갓티高句麗西方邊境에崛起한鮮卑는侮蔑키不能한强敵이라 此鮮卑는太祖王六十九年에夫芬努의 往征으로因하야一屛藩이되얏다가烽上王時에其酋長慕容氏가起하야燕國을建하면서부터는其來侵의氣勢가强하게되니라 然이나高句麗의王族高雲이라하는이가燕王의繼承者가된以後에至하야其釁隙이小休하니라 鮮卑族以外에大强敵은漢族이니 此漢族은其國朝가屢次變革됨을不問하고年來로我國을苦勞함에至하야大戰爭이不絶하얏나니 漢族은亞細亞中部의尨大한版圖를有하야數十次王家를變革하면서獨特한文明을發揮한者라 其漢時에는其邊將의來侵이數數하나其邊地北平漁陽上谷及遼東의六縣은다我의占領地가되얏섯나니라 漢末三國時代魏에當하야는反히高句麗의都城이彼의陷落을當한일이잇섯스며 其後隋唐에至하야는彼此間大規模의戰爭이累起한지라 然이나隋唐이비록數百萬의銳驍를動하야我境을犯來하얏스나高句麗銳鋒에能當치못하야隋朝는因亡하고唐朝는恥辱을免치못하얏나니라 如此兩部의國際는險惡의勢를作하얏스나其間에오히려緩和의結交가업지안하얏나니 五胡十六國時代에最强力을有하야江北을統一코자한前秦符氏와는文化的의交涉이有하야佛敎의傳來를此國에受하얏스며 其南北朝時에北朝後魏와는交分이더욱親密하얏나니이는北魏를高句麗王族

---

28) 靺鞨의 오식.

이建設하야王家의血族的關係가有한까닭인듯하더라

第 三十五 節 外交로 生한 自然的 影響

三國關係와漢唐戰爭等複雜한國際로브터發生한政治的生活은民族全體의改善進步함을表明한지라 三國이互相關係를結한時에는軍制發達과國際的社會生活이一層發達하고 漢人卽漢隋唐과接觸을生한時는國民的名譽心의勃勃히興起함을見함에至하니라 此間에自然的으로相及한感化는彼此多有한지라 더욱新羅는漢人과接觸함으로브터生한一切의效果를自家의掌裡에收하야進步發達의利用을삼으니 그唐의文物制度를輸入하는風潮가盛行한時는其二十七八世의兩女主時代라女子는本性이多感하야新的外의의文物을歡迎하는性質이잇슬뿐안이라唐과高句麗의戰爭이有하매新羅는唐을與하야高句麗에對한宿怨을報코쟈하는政策이有한時期라 此二源因을以하야唐의文化를漸次新羅에輸入하는傾向이生하니라

大分立時代의 後斯[29](南北朝時代)

第 三十六 節 文武王의統一

新羅가唐과修好하야其文化를採用하는同時에唐을爲하여年來宿怨인百濟를滅코자한政略이有할새 此時新羅第一의英雄金春秋가出現하다 春秋는當時名將金庾信과男妹間으로同心協力하야大政方針을定한지라 春秋는因하야高句麗及日本에巡遊하야人國의勢를探知한後唐에使하야巧妙敏活한外交로唐과同盟을締結한지라 歸하야王位에卽한後旣定한政略을施行하야百濟를攻하다 先此라 高句麗는新羅의方針을知하고百濟와合하야新羅의地三十餘城을攻取한지라 新羅는其時期를乘하야唐兵과함게百濟를征伐키始作하다 畢竟百濟가滅亡하야新羅에合併된지라 然이나高句麗도有名한英雄泉蘇文이生存함으로不得하고春秋王은崩하니라 其後蘇文이死去하고春秋王의子文武王이出하니또한英傑의主로父王의政略을繼承하야大軍을取하야 高句麗를滅함의功을成하니라

當時高句麗에는泉蘇文이잇고新羅에는金春秋金庾信等이잇고唐에는李世民이잇스니 此時는三方英雄의活動을試하야東洋空前의大活劇을開한時라 同時에羅濟는悲慘의境에落하니 百濟는新羅에併合되고高句麗는一時無政府赤地가되야羅兵唐兵의屯營地됨에至하다 觀컨대新羅가唐을依하야統一의業을成함에至함은恰似西의佛蘭西(旣革命時代)의援助兵을依하야獨立된諸輩를統一함과방불하다 此에對하야或史家는新羅를責하야外國의兵으로同族을滅함을討論하는지라 然이나此同族을標榜함은今日民族觀念이熾盛한時代에偏照함이니 當時는麗濟가新羅를攻擊한바同族間의怨讐를結하매民族觀念은猶無하고國民的意識이惹起한時代라 엇지時代的思想의相異함을不顧하고自己偏見에依하야評論을執함이오 오히려新羅의政治上非常한大手段됨을贊嘆치안이키不可하니初에는遠交近攻

---

29) 後期의 오식으로 보임.

策으로唐兵을合하야其讐國麗濟를擊取하얏스나 後日唐의野心이反히麗濟의舊地를奪取코쟈함에至하야는其初次政策을忽變하야近交政策으로高句麗地에渤海建設함을助力하고其力과合하야唐을擊退하얏나니라

　　第 三十七 節 後高句麗와大祚榮

高句麗가滅亡한後三十年間이라　初三年間은人民의散亡함이極多하야或은靺鞨에依하고或은契丹에附하며又或은唐의山南京西諸州에移한지라　此時唐의野心은高句麗全地를占領하야屬地를삼고쟈하야兵으로써駐屯하니　新羅는唐의政略을憤하야大兵을起하야唐을攻略할새　時에高句麗大兄劍牟岑이其末世藏王外孫安勝을擁立하야王을삼고唐을拒코쟈한지라　新羅는此高句麗의復興을助하고其兵을合하야唐을伐하니　此의戰爭이七個年에至하다　畢竟唐이敗北하야撤兵退却한지라然이나後高句麗에對한干涉은絶치안하야藏王의孫寶元의安勝王後位를踐함에對한暗助가有하니라

此時新羅는政略을回하야緩和策을執하는氣色이現할새　唐은後高句麗에對한干涉이去甚함에至한지라　此時大祚榮이出하야唐을擊退하고新帝國을建設하니　大祚榮의出現은此羅唐人干涉間에介在하야困難에陷한高句麗人을拯濟함에在하니라

本來大祚榮은高句麗의舊將으로靺鞨及契丹에來往하야雄略을算하고體力을養하던터이라其勢力이漸强할時에際하야唐이大兵으로써祚榮을來擊하니祚榮이至此하야唐을大破하고因하야高句麗全地를統一回復함에至하니라

　　第 三十八 節 大祚榮의渤海國

大祚榮이北方을統一하야高句麗를代하고號曰渤海라하니　玆에朝鮮은南北二國으로分立되매北朝는渤海오南朝는新羅러라

北朝渤海는高句麗를擴張發達한것이라　고로其版圖는高句麗의倍에達하야十五府六十二州를置할새　高句麗時의藩屛이던末曷肅愼夫餘等은다渤海의郡縣이되니府에都督이잇고州에刺史가 잇서全地方의政을掌管하니라　中央官制에就하야도高句麗보다크게發達하니其組織은三省十二部로成하다

三省 …………宣詔省

　　…………中堂省

　　…………政堂省

第一省宣詔省에는左相과左平章事와侍中과左常侍와諫議等官吏가잇고　第二省에는右相과右平章事와內侍와詔誥와舍人잇고　第三省에는大內相과左右의司政其他屬官이잇스니司政은其品位가左右相의上에居하니라

十二部　左六司…………忠部

　　…………仁部　………… 正司

　　…………義部

```
                    ……………爵部
                    …………倉部      …………支司
                    …………膳部
        右六司…………智部
                    …………禮部      …………正司
                    …………信部


                    …………戎部
                    …………計部      …………支司
                    …………水部
```

十二部外에殿中寺大農寺等이別有하고　軍官制度에는左右猛奮과熊衛가잇스니熊衛南左
右衛와北左右衛가잇스매大將軍과將軍이各有하니라　此等行政과官制의法은다高句麗의
舊制에根底함이多有하나大綱領은唐에서參考함이만흘새　年號亦獨作하야天統仁安大興
等의稱이有한지라　其他一般文化生活도거진唐에模擬함이만흐니　大祚榮以來로唐京大學
에派送하야其古今의制度를硏究하얏스매　其結果高句麗舊制를만히改革發達한지라　於是
乎文化에對한行政이有力하야商業과貿易이자못盛旺한지라　이는接境되는漢人에限하야
通商이頻繁할뿐안이라멀니日本에來往하는同時에國際生活이크게進步하니라　武力에至
하야는高句麗時와갓티　純尙武主義를執치안하얏스나軍事에對한設備는大하야常備兵이
四十萬에達할새　國威가四方에振한고로資治通鑑에말하되(渤海自大祚榮立國開元之間其
子武藝立盖以彊土[30]盛東北諸夷皆畏而臣之改元仁安更五代以于宋耶律雖頻數加兵不能服
也)云々하니라

　　第 三十九 節 大新羅의行政

春秋王父子가力을盡하야半島를統一함에達하매自此로國勢가　크게富强한지라今에其統
一의業을 成한源因을考하건대或은唐의借力이리하며或은麗濟의自衰라하는지라　然이나
余輩의觀察에在하야는二大基因에在하다하노니　一曰政治의發達이오　二曰地利의感化라
本來新羅는自治的生活이豊富하야自助의思想이進步할새政治는基本性을짜라敎化에對한
行政이他二國에逈異한지라　君王은代々로賢哲하야民을愛하고人民은國에忠하야節義를
尊崇할새　臨戰에進死를榮으로알고敗退를辱으로알은지라　고로自來麗濟와戰을開한後有
名한烈士의死者가輩出하야大業을成한지라　또한地利의感化로論하면新羅의四方國境은
山岳이重疊하고海波가巨壑을作하야人民의精神力이敏活하게發達된지라　此二大源因이
有함으로三國中最小한者가實力을充分養成하고外交를巧妙히籠絡하야畢竟大業을成함에

---

30) 彊土의 오식.

至하니라

統一後에在하야一般政治制度를一新할새地方分權의行政區域을定함에는九州를設하고各
郡縣으로써州에管轄케하니　其長官은州의都督과州助와長史가잇고郡의郡太守又小守가
잇고縣의縣令과又外司正이잇고京에는仕臣과仕舍가잇더라

新州名 小京 郡數 縣數 舊名

新州名	小京	郡數	縣數	舊名
尙州		一〇	三〇	沙伐州
良州	一	一二	三四	歃良州
康州		一一	二七	菁 州
漢州	一	二七	四六	漢山州
朔州	一	一一	二七	首若州
溟州		九	二五	西 州
熊川	一	一三	二九	熊川州
全州	一	一〇	三一	完山州
武州		一四	四四	武珍州

中央政府에就하야는行政事務의複雜發達함과社會境域의擴張함을짜라鞏固한政府를組織
함에及하다　從하야統하는多數의官吏를要함에就하야는服務規定을嚴重히고責任義務를
分明히함으로써重大한注意를加하니　即政治道德이發達한지라　그官吏로生하는弊端과危
害를防함에는從來司定府의巡檢으로만은足치못하야特히偵察을設하야百官을糾正케하고
又加하야百官箴卽官吏의注意件을製하야羣臣으로하야곰此를服膺하다　官吏任命에對하
야其人의適否를擇함에는從來의制度를廢止하고讀書出身科를設하야漢學에精通한者를選
擇하니　最初才德으로標準하던花郞制가中年戰爭時代에來하야純武藝로써標準하다가至
是하야(元聖王三年)武科를廢止하고文科로써爲主하다　이는唐國의文明을採用함에對하야
漢制를硏究함에因함이러라

　　　第四十節　地方自治

新羅는本是政治의性質이自治에在한지라　고로各地方에는官治組織以外에自治組織이잇
스니　此今日面洞長制의根本이라　一村에在하야는村主가잇고또한村徒典이잇스니　다民
間有望者로選任하는者라民風과敎育과小裁判과警察等의事를自立하야治理하다　其制度
는每事를鄕民이나村民이會議한結果로써行하되其會議는曰和白이라한지라　一鄕一村의
大小事는此和白會에서議決하야施行할새　敵이有할새敵이有할時라도戶長이나村主가民
兵을自募하야防禦하니　고로官廳에서도行政을每樣和白會에依함이多하니라　此自治制를
現代歐洲各國에比하면　佛蘭西式의對抗主義도안이오獨逸式의欽定主義도안이오　英國式
의保護主義도안이라　純實한自治主義로政治思想이發達한바獨立自營에出하야民官이互
相扶助하는精神을發揮한表象이니　이것이朝鮮政治史의또한特色이니라

第 四十一 節 唐制採用

新羅가統一한後로는唐制를擬仿하야採用함이多하다　第一次官吏의禮服婦人의衣裳法醫學曆法音樂等을다唐制에依하야一新改良함에至하고官吏의名稱까지도變更하얏나니　是以로留學生을唐에遣하야唐의法制文物을硏究하는風이大起한지라　더욱孔子及弟子의像을太學에設置하고儒敎의禮義를硏究하야一般政治에利用하니　元聖王五年에發布한二十餘條의公式은實相政治上社會上等에對한禮儀를다包含한것이러라

希臘은피늬시아文明을効하고歐洲各國은羅馬法을採用한지라　我新羅及渤海時代에서外國制度를採用함도亦文明國의進化하는狀態라할지라　然而南北朝가唐制를利用함에對하야如何한狀態를取하얏는가問할진대決코希臘이나他國의例와는相異한色彩가잇는지라　希臘은外文化를利用할時에其天才에依하야粉飾하고助長하야自己의物을作하얏고　彼獨逸은羅馬法을採用하되裁判節次法의範圍契約의範圍等에限할뿐이라　我南北朝時代에唐의文化를受容함에는種々의事情及勢力에起因하얏스나南北朝法制가貧弱或不完함에起因되지만안한것은事實이라　本來三國時代로브터傳來하는法制는內容의發達이極히豊富且充實하야或諸占에對하야는其時代의要求及情況에對한適應力上오히려漢唐에優한것이라할지라　고로漢唐의法制그것이新羅法의發達을促進한資料로採用한것이라하야도亦事實은反한것이니라　是以로景德王時에唐制에依하야作한官號를不過三年의惠恭王十一年에至하야一切舊號로回復하고　文字도吏讀文을特製하야用하고　音樂도唐制를變更하야獨特한旋律及樂器를製用하고　官吏服裝에及하야도紫緋綠靑을用함은百濟는中國보다三百五十年前이오新羅는中國보다九十年前에先服한것이러라

第 四十二 節 佛敎와貴族

佛敎는中國符秦으로브터高句麗(小獸林王時)에侵入한者라　其十一年後百濟에弘布되고坐其二十一年後新羅에侵流하다　佛敎가非常한速度로天下에流布됨은本來高句麗가羅濟에對한政策에不過한일이라　然而新羅統一後에는佛의　勢力이大作함에至하니　今에基源을考하면四條의便利가잇더니라　第一新羅에는本是大倧의流派로多神을祭하는事이잇스며其祭長은曰慈充이라하고祭日은曰忉怛이라한지라　一般人民이慈充을尊敬함이王과同位로認知하매王을或曰次次雄(慈充)이라하다　此祈福의風俗이佛敎를迎함의便利가된것이오　第二君王은外國藝術를酷信하야王命으로써寺刹를多建하며坐한王及王后가髮을削하고僧이된일이多하니此勢力으로因하야佛의弘布가容易하게되고　第三貴族은王과同等됨을要할뿐안이라其私有土地를佛舍에依하야租稅를免코자하는心理가生하야官을棄하고僧이된일이多出하며　第四一般下民은役을避하고租稅를免하며坐한貴族과平等되기를企하는要望으로佛을多信하니　佛敎는此四大便利를得하야浸々히全國에侵入하니라

佛敎가大張한後그勢力이政治에波及함이大한지라　人民은納稅와國役을佛에依하야同避하매國家와佛敎는葛藤을生하니　고로或時는王이佛舍의新創을禁하며無端히僧侶되는者

를禁한지라 平下民의百姓은一次僧이되면貴族과同班에列하야貴族及王으로하야곰其下
에屈坐하고自己講說을俯聽하케하며 他貴族은私奴婢를率하고僧籍에入하야王과平等을
作코자한지라 此로因하야重大한事實의起함은弓裔의出이라 弓裔는王의庶族으로自稱彌
勒佛이라하고頭에金冠을戴하고身에方袍을披할새出立에童男女로幡盖香火를奉하며數百
從者를命하야梵을唄하며又佛經二十餘卷31)을述하다 弓裔가漸次其威勢를推하야亂을起
할새全國의三分之二를占領하고泰封王이라함에至하니 畢竟大新羅朝의滅亡은此弓裔로
因하야 王建의起함에至한지라 王建이高麗新朝를建設함에도佛敎의弊를旣知하얏스나其
勢力을敢히엇지하지못하야崔凝의排佛을反斥하고더욱佛을擴張하니라

　　　第 四十三 節 大新羅의 衰退
大新羅의千年舊朝가衰廢하고王家의新朝가革立함에至함은其源因이第一佛의害毒이라하
지안할수업거니와其外에도二項의源因이有하다 第二로말하면文弱이라漢學에浸醉하야
代々로留學生을唐에遣하매其學生이歸朝하야는本精神은外文化에賣하고純全한漢精神을
輸入하야消極의思想과安逸의風을發揮하며音樂의演奏를大開할새宮中은一音樂會堂이되
니政治는自然解弛를極한시라 崔致遠의避世와景哀王의鮑石亭遊樂이其好例라 第三으로
말하면官吏及貴族의拔扈라 其王位繼承法은新羅政治의特點이되야國家振興의良法이되
얏더니 此法의末流에至하야反히弊害가生한지라그王位選擧는王族의虛榮心을誘發하야
統一後奪位謀叛者가頗多하니 王을弑하고卽位한者와謀叛타가不成功한者의數爻는爾來
三十人을算出한지라 同時에官僚派는政權을私弄하야人民의自由를害하는事實이疊出하
니 憲德王時上大等忠恭이內外官을擬注타가請託이沓至하야請病不出함에至한事는貴族
等의獗官한事가甚함을可知라高官은王의愛友로同等에列코자하야漸漸王을尊敬치 안할
새 恰似英國王쬬지三世佛國王챠레스十世의內閣이自稱王의朋友라함과又빅토리아女王
時 오곤네氏가女王의朋友라稱하는一黨派를造함과갓티 眞聖女王時에는大官高爵이만히
女王의私幸愛友가되야國政을私行한일이多生하니라
右三源因을由하여眞聖女王以後로는綱紀가塊弛하고革命黨이四起함에至하니畢竟大新羅
는分裂하야三에立할새 全羅道에는平民首領甄萱이據하고咸鏡道江原道의大地에는僧侶
首領弓裔가據한지라 此의擾亂이四十年에至하야비로소鎭定하니 其鎭定은弓裔의系統으
로來하야王建이高麗新朝를建함에至할새高麗朝의政治는弓裔의制度를改革함에在하니라

　　　第 五 章 近古貴族政治時代(麗朝)
　　　第 四十四 節 近古史의 意義
朝鮮歷史의大段落은二로成立하니 太初로부터高麗朝樹立前까지凡三千二百餘年이其一

---

31) 원문에는 又佛經二十餘쭝으로 되어 있으나 又佛經二十餘卷의 오식이다.

段이오 高麗朝로부터其以後凡千年間이又其一段이라 前段最初二百年間은封建制度로組織하야一大王下에諸王이衆立하얏고 其後三千年間은複體의政治組織으로來할새 初에는無數한小政治團體가在하다가此가다시共合하야五六個의政治團體로成하고 其五六個 政治團體가變更하야三朝幷立으로되고其三朝의政團이兩朝對立으로되얏는지라 然而高麗朝로브터는政治의組織이團體로되야歷史가單式으로作하다 其政治發達의内容을論하면또한自然의階段이잇스니 三國時代以前에는精神이習慣에잇고主權이民衆에在하야完然한共和制를成하고 三國時代로兩朝時代에至하기까지前後千年間은君權이發達하고階級制度가序立하며舊來의制度와外國의制度를混用하는色彩가現하다 或方面으로觀察하면高麗朝의前代에도貴族政治라할수있는지라 然이나前代政治의性質은普國政府의形體와갓티君主貴族人民의混合體로된지라 고로其分立時代에在하야는貴族이잇스나其權이甚大치안하며또한人民의參政權이업스나大事를다民意에從하야行하얏나니라 高麗朝가樹立한以後로는主權이貴族에在하야一般政務가貴族의管轄에在하얏나니 고로近古史는純全한貴族의舞臺를作하얏나니라

此貴族政治時代에入하야政府가團體로組織하는同時에歷史도또한單純한要素로裝飾하니 이는無他라北方大陸이歷史의要素에除外함이된것이니獨逸聯邦에서墺太利가分立함갓티後勃海의歷史的位置는고만朝鮮史와分割을作하니라

　　第 四十五 節 麗朝樹立의次第

大新羅의衰退는眞聖女王時에來하야極度를加하다 其前에도王位簒奪者가有하나内訌의範圍가오직叛逆이라하는小動搖에不過하더니 그小數人의野心的波動은문듯人民의力을强함에至하야多少徒黨의發生을促하니 卽眞聖女王時代브터는王位承繼하는運動의時代가發展하야破壞의内訌의時代가新到한지라 그判旗를揚한徒黨이四面邊地로브터起하매結局大新羅는三分의天下를形出하니 卽弓裔와甄萱이西北二邊地에割據하야嚴然한國家의體形을作하다 本來弓裔二人이高句麗舊邊地와百濟舊邊地에各據하야其遺民의回顧의思想을煽動하야其勢力을樹立할새 甄萱은完山州에 起하야人民을嘯聚하고曰 (新羅가來攻하야百濟를滅하얏스니只今余가엇지敢히完山에都하야써義慈王의宿憤을雪차언울아오) 하고自稱後百濟라하다 弓裔도亦時代人心을應用하야北邊에據하야曰 (往者新羅가高句麗를破한고로平壤舊都는茂草가된지라吾其讎를必報라) 하고國號를泰封이라하고年號를武泰라하니라 此와如히紀綱의解弛함을際하야其心亂한人心이回顧的思想의煽動으로受한者는實相感發의力이强하야輩衆의活動이大勢의變態를作하기易한時代러라

　　此回顧的思想을煽動하야國家를分裂케함은恰似近日地方熱을鼓吹하야勢力을獲得코쟈하는 某某와同한지라此의擧操가如何한方面에就하야設或便利한듯思料할지나然이나利는少하고害는多하니每樣煽動家는自己野心을振作함에만爲力하고他는不顧함으로도리혀惡意的行動을發揮하기易하니라

此時에際하야新羅의情態만擾亂한것이안이라勃海亦外賊과戰端이屢開하야不安의勢를致한지라　渤海史는本是其傳이迷迷함으로其內容을窺察함에躊躇를生하다然이나立朝後二百年頃브터階段의來侵이酷한일이잇는지라　契丹은本是渤海의藩屛이되얏든者러니西北境土에서(中國直隷省承德府及內蒙古東北)蹶起하매精力이絶倫하고冒險心이富함으로年來境土를不斷히擴張하야何時인지尨大한版圖를有한지라　然이나渤海가大兵을出하야其勢를抑하매終是契丹과渤海는一大仇讐가되야互相交戰하기말지안하니라

遼史에曰天贊四年十二月乙亥詔曰所謂兩事一事已畢惟渤海世讐未雪豈宜安駐乃擧兵親征渤海大諲譔皇後皇太子大元帥堯骨皆從閏月壬辰祠木葉山壬寅以靑牛白馬祭天之於烏山己酉次撒葛山謝歸箭丁巳次商岺夜圍夫餘府

於是乎南北朝를勿論하고天下는大亂을作하야衰亂이日로甚한지라　此時에坐하야民心이團合되고政令이充實하며또한時騷를鎭撫하야大勢를挽回코쟈하는者는高句麗를標榜하고起動한泰封이라　泰封은新羅版圖의三分之二를占領하고民心으로稍稍此에對한歸向이强함에至할새　天下의才士偉人은다泰封의武泰王傘下에集中하니高麗新朝를樹立한天授大王王建은當時泰封의第一等人物이되야民國拯救의大使命을負擔하니라

　　第 四十六 節　天授大王의革命

天授大王의父王隆이新羅의一地方官으로잇다가泰封에投歸하야其子를薦하야松岳城主를삼은지라　大王이松岳城主로잇다가精騎大監으로昇次하야戰功이잇더니다시陸海軍總大將이되니라　泰封의國勢가强함은專혀大王의力일새　邊地의諸賊을鎭撫하고後百濟와戰하야甄萱의勢力을抑壓하며一班政務의機密을總管하니　實相武泰王은王位에居할뿐이오軍國大政은다大將의政略에서出하니라

時에武泰王弓裔는新羅를仇讐로看做하고期於新羅朝를滅絶코자하는主義를執하니時騷를救濟하고天下를統一하는政策보다오히려新羅王室에對한感情이發動하매實相民國大事에就하야는反히弊가生함이有하며또한一班功臣에게對하야猜忌의念을抱하니　泰封羣臣은王의不誠實한政治와不合當한擧動을責하야將次革命을起코쟈하는氣色이振作한지라　此時에位가百僚에冠하고才가萬人에上하야第一의功勳을有한王建은諸政客의視線을集中하며人民의衆望을戴하야大事의處決이　오직其一人에在한지라　이에王建이革命黨首領이되야事를擧할새洪儒裵玄慶卜智謙等으로브터一夜之間에武泰王을放殺하고王位에卽하니此擧措가비록泰封의革命에不過한일이나實相天下大改革의氣運이러라

王建이武泰王을代하야王位에卽하매朝號를開하야高麗라하고年號를又改하야天授라하다革命以後로브터는其偉才大略을發揮하야新羅를合倂하고甄萱을討滅하야大新羅의政治系統을承受함에至하니　玆에高麗朝樹立의功을完成하니라　天授大王이이믜南朝를鎭定하고轉하야北朝의衰亂을整頓코쟈할새　時에渤海는階段의合倂한바이되고其太子大光顯과數十萬의遺民은繼續하야來付하는同時에其救援을乞請하는지라　大王이더욱此에有心하야

渤海를回復하고天下를統一코쟈하야其道를講究함에力을盡한지라　然이나契丹의勢로能히禦가不及하고內情收拾에餘暇가無하야終乃其志를遂치못하다　自此로滿洲一版은最初朝鮮의國風됨을不拘하고而今은卽非朝鮮的의國家를成함에至하야朝鮮의歷史上要素로브터全혀削除함에至하니라　按컨대大王의絕對한雄略으로도對北의志를遂치못하고오직政治의決定的要素를半島一幅에退縮케되얏는지라　此는無他라大新羅衰期에在하야羣雄의蜂起가百濟라高句麗하는回顧的思想을煽動하야天下를分裂케함으로天授大王은其力을其分裂된內情을統治함에專置안이키不能일새對北의抱負를밋처始作치못함이니라

第 四十七 節　新政의四大綱領

天授大王의革命은泰封王의姦暴함을을改造함에在한지라　然이나其新政治의精神은오직泰封을革新함에止함이안이라時弊의源을察하야널리天下大勢의弊端을較正함에在하니新羅의衰退한政治를刷新함은實相大王의使命이라　고로新制度는泰封의制와新羅의制를折衷하는同時에制度文物의一新을刷하야政治史上一新紀元을作하니其精神은四大綱領이러라

第一宗敎問題　自來佛敎로出한弊端은政情의大害를加하야思想及風俗을크게紊亂케한지라然이나佛의精神이이믜人民腦髓에深入함으로卒地에此를掃滌하면도리혀反側이生할지라고로此에對한政策은因性에出할새佛을極力尊崇하야民心을順導하는同時에엇더한制限을設하야前弊를救하고後弊를防하니　其制限은先次各寺院에住持를差遣하야其業을各治케하고坒上王公后妃朝臣等의願堂의創造를禁하며自來天神에祭하는制度는多少定限하야國忌를不犯하고祭祀를敬行하니所謂八關會가是라卽祭天의種類를五嶽[32]名山大川龍神에限하고其他의加減을不得하다 享佛은燃燈會를設하야定期로此를行하니　此燃燈八關會日은同時에開하야君臣이同樂케하니라

第二王位繼承法　前代新羅의三姓交承의王位는도리혀後弊를生하야逆謀가多生하니　此法을改定함에는一姓世襲으로立法하야王位를嫡子에게傳할새萬一元子가不肖하면次子의或兄弟의衆을推戴하야大統을承케하니라

第三官僚의戒　前代에는國祿을虛給하며救處의官爵이多하얏스매由是로政務가不整頓하고讒言이多行이라此問題에對하야는國力의大小를視하야官吏俸祿을定하되增感을行치말며 親戚私昵에天祿을허수치안하며 特히大王은政誡一卷과誡百僚書八篇을親製하야中外에頒布하다 坒下州郡人과奴隷津驛雜尺은一切朝廷에參與치못하게할새 下級人民은오직國政을秉치못하게할뿐안이라貴族과通婚을禁하니라　이는弄權亂政을防하며國民義務에對하야投勢移免을禁止케함이니 然이나貴族政治는玆에서始하니라

第四法制의參酌　國家의根本과政務의進行은無虞를徹戒함에在하니이는經史를博觀하야

---

32) 五嶽의 오식.

古를鑑하고今을戒할지라　殊方異土는風俗이各異하야不必苟同이니契丹가튼나라는實相
禽獸之國이라風俗과言語가不同하니其衣冠制度를效則치말것이오　然而唐風의文物禮樂
은自舊로模遵함이多하니此의制度는參酌에加하야採用하기可하니라

以上四大綱領은新施政方針의大本이니　同時에近古政治의憲法이되야行政의主義를此에
根本케하니라

　　　第 四十八 節　新官制

泰封時에는新羅의官制稱號를野鄙타하야新語로改한지라　大王革命以後에는民이習知치
못하야或亂을生할名稱은改하고唐制와新羅制를折衷하야制定하다　然이나大王의改革도
草創時에當하야完備치못하더니百三十年后第十一世文宗時에及하야完備하니라

新羅制	泰封制	高麗太祖	成宗	穆宗	顯宗	文宗
執事省	內奉省	內議省	內史門下省	仝	仝	中書
		廣評省	尙書都省	仝	仝	門下省
	調位部	三司	仝	仝	仝	
			中樞院	仝	仝	
位和府	兵部	選官	吏部	仝	仝	
兵府		兵官	兵部	仝	仝	
調府	義刑臺	民官	戶部	仝	仝	
理方府		刑官	刑部	仝	仝	
禮府	壽春部	禮官	禮部	仝	仝	
例作府		工官	工部	仝	仝	
司正府	元鳳省	司憲臺	御史臺	仝		仝
元鳳省		學士院	同	仝	翰林院	
		史館	仝	仝	仝	仝
			國子監	仝	仝	
	禁書省	內書省	秋書省	仝	仝	
				閣門	仝	
				太常府	仝	仝
				殿中省	仝	
乘府	內軍卿		衛尉寺	仝	仝	仝
	省飛龍			仝	仝	太僕寺
領客府	奉賓部	禮賓省	仝	仝	仝	仝
	納貨省					大府寺
	物藏省	仝	仝	仝	仝	仝
	南廂壇			將作監	仝	
				軍器監	仝	司宰寺
						仝

(以下略)

泰封制에 大龍部水壇植貨府障府珠陶省等이 又有한대　此代에 來하야는 水壇을 司水寺라하고 其外四部는 都監에 付하니라　官職의 品階는 大王時에는 新羅及泰封制를 合用하더니　此亦文宗時에 至하야 大改定을 施하니 左表에 示하노라

太祖時

太舒發韓 舒發韓又大匡 夷粲又正匡 蘇判又大丞 波珍粲又大相 韓粲 閼粲 一吉粲 級粲
以上 新羅制

大宰相 重副 台司訓 補佐相 注書令 光祿丞 奉朝判 奉進位 佐眞仕 以上 泰封制

文宗時

從一品 開府儀同三司 正二品 特進 從二品 金紫光祿大夫

正三品 銀靑光祿大夫 從三品 光祿大夫

正四品上正議大夫 正四品下通議大夫

正五品上中散大夫 正五品下朝議大夫

從五品上朝請大夫 從五品下 朝散大夫

正六品上調議郎 正六品上承議郎

從六品上奉議郎 從六品下通直郎

正七品上朝請郎 正七品下宣德郎

正八品上給事郎 正八品下徵仕郎

從八品上承奉郎 從八品下承務郎

正九品上儒林郎 正九品下等仕郎

從九品上文林郎 從九品下將仕郎

爵位에 就하야는 公侯伯子男의 五位로 定하니라

　　　第 四十九 節　承前

各政廳에서 國家事務를 處理함에는 其法制가 如左하니라

(一) 門下省 百揆庶務와 諫論封駁과 帝命出納을 掌

　　　三公……………太師 太傅 太保 三人

　　　三師……………大衛 司徒 司寇 三人

　　　中書令一人 門下侍中後政丞으로 改一人 侍郎二人 平章事二人

　　　參知政事一人 政堂文學一人 政堂文學一人 知門下省事一人 常時二人 直門下一人
　　　　　　諫議大夫二人 中事一人 中書一人 起居注一人 起居郎一人 正言二人 門下
錄事一人 注事一人 典務令一人 丞二人 錄事 二人

　　　吏屬………… 主事六人 令史六人 書令史六人 注寶三人 待詔二人 書藝二人 試書
藝　　二人 記官二十人 書手二十六人 直省八人 電吏百八十人門僕 十人

(二) 尙書都省　百官을總領하니라

　　尙書令一人　左右僕射各一人　知省事一人　左右丞各一人　左右司郞中各一人　左右司
員　　　外郞各一人　都事二人　吏屬三十九人

(三) 三司　中外錢穀과出納會計務를總掌

　　判事一人宰臣兼之　使二人　知司事一人　副使二人　判官四人　吏屬五十二人

(四) 中樞院　政事의令報出納하고宿衛와軍機의政을掌

　　判院事一人　院使二人　知院事一人　同知院事一人　副使二人　添書院事一人　直學士
一人　知奏事一人　左右承宣各一人　左右副承宣各一人　堂後官二人　吏屬三十六人

(五) 吏部　文官의選擧及勳封政을掌

　　判事一人　宰臣兼之　尙書一人　知部事一人　侍郞一人　郞中一人　員外郞一人　吏屬十
二人

　　屬官考功司가잇스니이는官吏의功過考覈하나니라

(六) 兵部　武官選擧의軍務威儀郵驛政을掌

　　判事一人　上仝　尙書一人　知府事一人　侍郞一人　侍中二人　員外郞二人　吏屬二十人

(七) 戶部　戶口貢賦錢糧의政을掌

　　職員上仝　吏屬五十人

(八) 刑部　法律詞訟詳讞의政을掌

　　職員上仝　律學博士一人　助敎二人을別置하다　吏屬五十三人

(九) 禮部　禮義祭享朝會交聘學校科學의政을掌

　　職員上仝　吏屬十八人

(十) 工部　山澤工匠營造의事를掌

　　職員上仝　吏屬十九人

(十一) 御史臺時政을論執함과風俗을矯正함과糾察彈劾의任을掌

　　判事一人　大夫一人　知事一人　中丞一人　雜端一人　侍御使二人　殿中侍御使二人
監察御使十人　吏屬八十三人

　　以外는後章에參照

以上諸種官制를現代政治學上職務에分配하면大略如左하니라

○立法部……………………………………………門下省

○行政官

內務行政

　敎育行政……………國子監　秘書省　典樂署

　宗敎行政……………宗簿寺
　　　　　　　　　　　典儀寺

經濟行政……………………戶　部

大府寺

工務行政……………………工　部

物帳省

將作監

掌冶署

都校署

警察行政……………………軍　營

巡軍府

營業行政……………………大府寺

京市署

交通行政……………………兵　部

供驛署

司宰寺

衛生行政……………………太醫監

司宰寺

救恤行政……………………大府寺

大悲院

惠民局

外務行政……………………禮　部 文書監進色

衛尉寺

軍器監

司水寺

財務行政……………………戶　部

大府寺

物藏省

司農寺

〇司　法　官……………………刑　部

御史臺

第 五十 節 軍制

軍職은武班又西班이라하야獨立의官制를設하니　重房과二軍六衛로軍政의中心을組織하고上將軍大將軍將軍二下諸將校가有하야軍士를統制하니라

〇重　　房………………………上將軍의會議卽元帥府

○軍　　　門⋯⋯⋯⋯⋯⋯ 二軍 六衛

二軍-鷹揚軍⋯⋯⋯⋯⋯⋯一領

　　　龍虎軍⋯⋯⋯⋯⋯⋯二領

六衛-左右衛⋯⋯⋯⋯⋯十三領

　　　神號衛⋯⋯⋯⋯⋯⋯七 領

　　　興威衛⋯⋯⋯⋯⋯⋯十二領

　　　金吾衛⋯⋯⋯⋯⋯⋯七 領

　　　千牛衛⋯⋯⋯⋯⋯⋯二 領

　　　監門衛⋯⋯⋯⋯⋯⋯一 領

每一領에는上將軍大將軍將軍各一人이잇고中郎將二人郎將別將散員各五人衛二十人隊正
四十人이잇나니라　六衛에는特히長史一人錄事二人人史三人記官二人이各有하야衛中諸
務掌하니라

一斑武職의品位는二十九等으로分定하니

　　從一品驃騎大將軍 正二品輔國大將軍 從二品鎭國大將軍 正三品冠軍大將軍

　　從三品雲麾大將軍 正四品上中武將軍 正四品下將軍將軍 從四品上宣威將軍

　　其下 明衛將軍 正五品上定遠將軍 其下 寧遠將軍 從五品上遊騎將軍

　　其下 遊擊將軍 正六品上耀武將軍 其下 耀武副衛

　　從六品上振衛校尉 其下振武副尉 正七品上致果校尉 其下 到果副尉

　　從七品上翊威校尉 其下 翊麾副尉 正八品上宣折校尉 其下 宣折副尉

　　從八品上禦侮校尉 其下 禦侮副尉 正九品上仁勇校尉 其下 仁勇副尉

　　從九品上陪戎校尉 其下 陪戎副尉

軍事上諸職務를處理함에는都府外儀仗府堅銳府弩府等이有하야分擔하고地方에在하야는
全國皆兵의制인바兵馬使及府州使가統御한지라　然而地方官은特히地方行政官을兼任하야
軍政과民政을分치안하니라　毅宗明宗以後로는軍政이一體權家에歸하야將은私家의將이
오兵도亦私家의兵이되니라

　　　第 五十一 節 貴族政治의發生

新羅後期에貴族等이政權을奪取코자하야亂을起하며繼續하야元宗梁吉等山賊이蜂起하야
政局紛擾케하고　或은一個僧으로起立하야國을立한弓裔도잇고又或은草野에서起하야國
을建코자한甄萱도잇는지라　如斯히人才가多出하야政權을執을코바하는氣運이麗朝樹立
을促進하며 王建이王位에登한其資格도亦是一種의平民이라하기可하다 新羅末期에는陳
勝吳廣의徒가鋤를隴上에投하고王侯將相에寧有種乎아함가튼豪語가流行하야誰던지才能
이잇스면能히一版을立할期會일새 時勢는神聖한中에도더神聖한人物을求하게된지라 弓

裔가生에 長虹가튼 素光이 屋上에 잇고 生하면서 齒가 잇다하는 傳說 甄萱이 生에 虎가 來乳하고 體貌가 雄奇하다는 傳說 王建이 生에 神光紫氣가 耀室光庭하고 容貌가 龍頭目角이라하는 傳說 此等奇異한 傳說은 當時에 風潮가 前時代의 帝王思想과 同一하야 非常한 人格을 要求함일새 王建이 王位에 昇하매 君王의 色彩는 이믜 如此하야 前代의 色彩를 脫치안하나 王建이 本來側微에서 出하야 高位에 居함으로 自己賤祚의 德을 羣臣의 推戴에 讓하얏나니 (大王曰朕出自側微才識庸下誠資羣望克踐洪基云々 又曰朕目羣公推戴之心登九五統臨之極移風易俗咸與維新宜遵改轍之規云々) 此가 第一次 貴族政治發生의 兆徵이라 大王이 其臨終時에 政治方針을 傳하되 此를 太子에게 直授치안코 重臣인 朴述希에게 傳授하매 朴은 遺詔를 奉하고 惠宗을 立한 後 政權을 專執함에 至한지라 此時 外戚王規가 其甥姪廣州院君卽太祖第十八妃의 子로써 王位를 奪占케하고자 하매 朴王兩人은 政敵이되야 互相爭討가 生한지라 朴은 其勢力이 增長하야 私兵百餘人을 自率하고 挾令이 日甚함에 至하니라 大王遺訓第八條에는 國民階級를 嚴定하야 貴族以外 普通人民으로는 朝廷에 參與치못하게하다 太祖崩御後 六年에 至하야는 讒訴가 行하야 忠良이 誣陷에 被戮한者가 多生하매 人이 偶言을 發할수업더니 景宗時에 被讒의 子孫으로하여곰 復讐케함을 許하매 自此로 殺戮이 大行하여 王子王孫도 被害한 事가 잇는지라 此等事는 實際로 貴族政治를 發生한것이니 此가 第二의 源因이러라

더욱 一般制度를 漢唐에 依함이 多하니 漢唐은 즉 貴族政治라고로 貴族의 思想은 크게 振作하야 스스로 國家의 柱石을 任한지라 또한 前代의 氏族制[33]는 此代에 來하야 크게 發하야 家族制度가 자못 盛繁함에 至하니 고로 此代民法의 性質은 民族[34]에 關한것이 最多하니 大王의 革命初에 善히 投化하는 者는 新姓賜하야 貴族의 班에 入케하니 王權車劉孫文等의 姓이 是오 또한 革命初에 屢々反對한 人民이 居한 地方에는 嫉하야 畜獸로써 賜姓하야 賤에 下케하니 牛象豚獐等姓이 是일새 今日에 有한于尙頓張의 姓은 其賤姓을 取音改作한것이라 如斯한 民族制[35]로 因하야 世族의 發生은 自然으로 成하니 世族의 地位는 實相王의 權勢로도 敢히 抑制치못하고 特別한 待遇를 與하얏나니 고로 名族은 階級思想이 發達했을뿐만안이라 同階級間에서도 相妬함을 起하니 文獻通考에 말하되(高麗士人은 族望으로써 相高)라하니라

　　第 五十二 節 貴族政治의 要素-其一
麗朝의 政情이 이믜 貴族의 地排에 屬하면 一般庶民의 政權關與는 極히 微弱한 形勢에 在하니 今에 其政權을 執한者의 要素를 設코자하노라

第一次 羅馬敎會와 羅馬帝國은 密接한 關係가 有함갓티 佛徒와 麗朝는 分離치못한 關係가잇섯는지라 大王이 革命하야 新政의 方針을 施할時에 舊來로 流染된 佛敎를 猝地에 排斥치못하야 엇더한 制度를 定하얏다함은 以上에 示한바이라 이믜 國法으로써 佛敎를 崇尙하매 佛은 國敎

─────────────────

33) 원문에는 民族制라고 되어 있으나 氏族制의 오식이다.
34) 氏族의 오식
35) 氏族制의 오식

의性質帶하다   是以로僧侶의位格은漸次尊敬을受하게되니第一世天授時브터高名한道僧을擇하야王師와國師를삼고王及王后가其下에跪하야說法을俯聽하니라   僧侶가宮廷에出入하는路를得하야는自然王室과近接되는事情이發生하며   ṇ한王子王孫이僧이되야佛經을著하고布敎에熱心하는者이踵出한지라   如斯히僧侶가宮中에出入하고王及王子가直接僧이되는以上은僧의政治上干與를得함은自然의勢라   穆宗時千秋太后가攝政을行할時는僧金致陽이閤門通事舍人의職을帶하고國政을秉할새   中에居하야事를用하고親黨을并植하야權이一國에動한지라   太后를通하야子息을生産한일도잇고兼하야其子息으로써王位를承케하고자한일도잇섯나니라妙淸은術法을托하야王과朝廷大臣을自己揮下에使하고國都를西京에遷케하고ṇ한渤海舊地에勃興하는金國을攻取하야國을中興코자한지라   然이나其計劃이行치못하매畢竟叛旗를揚하야政治의弱點을攻擊하니라   後世史家는妙淸으로서逆賊이라하나其人格은政治의大策에서國土를擴張코자한雄略이잇섯든者니一時王及以下諸大臣은服從ㅎ야聖人으로待遇하얏나니라   此後王은宮中에佛壇을設ㅎ고屢々三萬의衆僧을供養ㅎ며ṇ한王이親히寺院에外幸하야遊悠逸樂을行하니間接直接僧으로因하야政治上變動을多生함은不言可知오   毅宗高宗恭愍王時代는僧侶의國家가되얏고麗朝末葉에至하야는僧의政治上干涉이尤甚하야其勢力이아王公以上에出하얏스며   辛旽이라하는僧은最後에出하야一班政權을掌上에弄한지라   비록 儒派의排佛論은極端에出함이잇섯스나國王은終乃此를從치안하니라

　　第 五十三 節 其二

僧侶보다政權을專執하야號令을施行한者는武臣이라(武臣은 外戚을 兼)武臣의地位는貴族政治의中樞가되야麗朝五百年과運命을同伴할새末境武臣李成桂의革命을致한것이라初에僧金致陽이其私子로써王位에卽코자하매西北面都巡檢使康兆가穆宗王을弑하고顯宗을立하며致陽父子를斬하며其與黨을盡鋤한지라   自此로政權은康兆에게轉集하니國家는康兆의國家가되고王은虛位에在할쑌이라   康兆가執政한後로는契丹과女眞의入寇가不絶하야外亂이紛紛하매此等危機를當한時勢는武臣의勢力을漸次鞏固함에至한지라   外亂이消息되자外戚李資謙이執政하야王을其私第에幽하고動靜飮息에自由를업게하며   宰樞百僚를其第에會하야政治一班을論議케하니李資謙의私家는王宮及朝廷이되고資謙은嚴然한王位를代하니   一班要職은다其族屬으로布列하고當時名臣은其下에諂附치안한者가업더라   際에一吏屬으로戰功을屢成하야宰相에立한者가잇스니 拓俊京이其人이라   俊京이資謙에黨하야宰相이된後反히資謙을猜忌하더니畢竟李는其手下에掛하야流死의魂을未免이오天下는도리혀拓의天下가되니라拓以後는政權이妙淸에專有하다가毅宗王時로自하야다시武臣의天下가되야兩班의執政이凡百年에運하니라

初에毅宗王이武臣을却하고文臣을寵嬖하야日로遊樂을事하니武臣等이크게憤慨하야事를擧할새大將軍鄭仲夫等이兵을率하고王의遊樂處를襲하야王을致弑하고王의弟明宗을迎立

하며　一邊으로文臣을鋤戮하니當時文官을戴한者는大小를勿論하고다遇害를受하야死屍
가山과如히堆積하더라　自此로三京四都護八牧으로브터郡縣舘驛의任싸지并武臣을用함
에至하니　政局은鄭仲夫의獨版이라其家僮門客이라도其勢에依하야橫恣를極하니라　鄭의
拔扈가極端에至하야亂을致하니將軍慶大升이鄭의父子를捕殺하고其勢를代하니　大升은
仲夫보다尤甚하야賄賂가公行하고奔競이風을成함에至하다　大升이卒後에李義旼이代하
야權을執한지라　義旼은本是玉靈寺의婢子로膂力이過人하야仲夫의扈從이되야屢次功이
잇더니後에는大將軍이되얏다가至是하야政權을執하니　義旼은本是奴種이라고로奴黨을
만히携引하야政權을弄하매貪虐이日甚하고橫暴가益振일새　玆에武臣貴族의心思는一步
를進하야逆感을促하니라

是時에絶代勢家崔忠獻이出現하다　忠獻은將軍이라義旼을誅하고明宗을昌樂宮에幽하고
神宗을迎立하며　將相의印을佩하고政權을專執할새賄賂를招納하고官爵을賣하니一時名
流琴儀李奎報崔滋等이다靡然從之라　不測의變이生할가恐하야文人과武士와私兵을置하
고名曰都房이라하야出入時에合番擁護하니恰似戰陣에赴함과갓더라　王과羣臣을其私第
에宴하며官吏를任意로升黜하고王은一分自由가업슴에至하니　朝紳을殺戮하고生靈을痛
毒하야其殘忍暴虐을行함은鄭仲夫李義旼보다尤甚한지라　忠獻이卒하고其子瑀가代立하
야坐한政權을襲占하니　瑀는政房을私宅에置하고百般政事를政房에서處決하다　瑀가死後
其子沆과其孫竩가遞襲하야政權을專擅하니崔家의襲勢가凡四代八十年에至하니라

其後金俊이崔竩를誅하고林衍은金俊을誅하고洪文景은林惟茂를誅하야次第로政權을遞奪
하더니　裵仲孫等이三別抄軍을率하고叛旗를揚함에至한지라此時金方慶이出하야蒙古兵
과合하야裵黨을討伐하니玆에비로소武臣의權勢가墮落함에至하니라

　　第 五十四 節 其三

貴族政治의第三要素는嬖臣이라　本來官制에宮中內職을設함에就하야內侍府 掖廷府諸妃
主府의三官이잇스니　內侍府는睪丸이업는者로組織하야傳命守門掃除의任을掌하고　掖廷
府는傳謁及筆硯의供御闕鎖鑰禁庭鋪設의任을掌하고　諸妃主府는一王의妃가數十에達할
새其諸妃의侍從給事의務를掌케한것이라　此等職員은本是政事에無關이오오직宮中에近
侍한奴僕에不過한것이러니　各武臣等이事를執事하고王은政權이업서지매王의情은別로
其腹心을近侍에求할지라　고로貴族에게勢를得치못한者는其官吏의職을門丁衙役에紹하
야王에私接請要하는일이生한것이러라

宦官은無陽의人이라고로王의閤門에出入하는近侍에適當한者라　朝鮮은中國古制와如히
腐刑을쓰지안함으로或時緦裖에在할時狗子의唅함을因하야된者라　彼等은宮中王妃又王
의嫉妬上行動을監視함이되매由는로王은彼等을愛用하는同時에武臣及外戚에對한憤說을
彼等과談話케된지라　是以로宦官等이王의寵愛를得하야權을執할새毅宗時에鄭誠白善淵
等이비로소用事하야位가宰相에達하며光榮이世上에獨步를振하니　殘忍僥倖의徒가轉相

效慕하야父는其子를害하며兄은其弟를害하며又强暴한者는小怨이有하면문듯其勢를自割하야不數年에刀鋸의輩가甚多함에至하다　鄭誠等의權寵이日盛하야는親黨과官奴를多樹하야羽翼을삼고王의耳目을扶하야讒訴를交構하며朝臣을陵轢하니宰相臺諫이其威를畏懼하야反히其勢를脅하니　權在內竪四字는當時流行語러라　忠烈王時에武臣의專政이絶함으로브터宦者가得勢하야一班官職이라宦者에게出치안임이업스며　代々로宦者는府院君의職任을帶하니方臣祐, 李大順, 禹山節, 高龍普等이是라　宦者가得勢한後王位를廢立한일은업스나然이나財權官權等을專擅하야無所不爲함에至하고　忠烈王以後는蒙古와國際上交涉이繁切한時라　宦者는만히蒙古王과親昵하야君王을其手下에置하고任意로用事하니國際上關係에對하야大影響은彼等으로介作함이多하니　高麗歷史에宦者를論하야曰　(列於經邦論道之位坐廟堂護國政而麗之社稷亦不久) 云々이라하니라

內侍以外掖庭宮奴等所屬으로政權을執한者가亦多하니이는聲色과田獵과聚斂土木과技術等으로嬖幸을得하다　最初는穆宗時라庾行簡은容貌가美麗한男子로龍陽으로寵을得할새官이閤門舍人에遷하야王이一班宣旨를自己에先問한然後에發布하게하다　行簡이如此莫大한權勢를有하더니金致陽과謀하야王을廢立코자하다가康兆에게被殺하니라　卜者榮儀와風水白勝賢과碁手曹允通과獵手李貞과醫者王三錫과蒙古語通事姜允紹等은다歷代嬖臣이라　權이一國에傾하야官員의升黜을任意로하고空然한工事와過重한調租로民情을弱케할뿐안이라官爵을賣하고民家人士를强奪하야橫姿가極함에至하니　恭愍王은畢竟嬖幸의弑한바이되니라　如此宦者嬖幸이武臣代에國政을專執한고로高麗史에嬖幸傳과宦者傳을特設하야歷史上一要素를現한지라　麗朝政治는此等貴族이替番하야專執할새毅宗以前은以上三派가交執하고毅宗以後元宗時까지는武臣이專執하고忠烈王브터는嬖臣이執政하고恭愍王以後는僧의一派가出動하여政權을執하다가終에는武臣에게歸하야畢竟李成桂革命을現하니라

　　　第 五十五 節 地方政治
地方政治의區域은屢々變改하야恒久한規則으로來치안한지라　初에는政事가草創에多出함으로經理가未遑하야그대로前代制度를因襲한同時에오직區域의名稱만改하얏더니　成宗時에至하야全國을十道로分하고諸州縣을定할새　緣邊地方重要地에는特히軍制로定하야十二州의節度使를置하다

十道	開城府	赤縣	六		畿縣	七		陽州	左神策軍
	關內道	州	二九		八一			廣州	奉國軍
	中原道		一三		四二			忠州	昌化軍
	河南道		一一		三四	十		清州	全節軍
	江南道		九		四三			公州	安節軍
	嶺南道		一二		四八	二		晉州	定海軍

嶺東道	九	三五		尙州	歸德軍
山南道	一〇	三七	州	全州	順義軍
海陽道	一四	六二		羅州	鎭海軍
朔方道	七	六二		鼎州	衰海軍
浿西道	一·四	四		海州	右神策軍
	一三四	四五五		黃州	天德軍

顯宗時에十二節度使를改하야四都護八牧으로置하더니　其後에全國區域을更改하야五道
兩界四京八牧十五府百二十九郡三百三十五縣二十九鎭으로定하니라

　　第 五十六 節 承前

地方區域에就하야行政官吏를置함에는其定員과官名도소한屢改하니　大略言之하면如左
하니라

(一)道　觀察使가有하야州縣을按擧하야各地方間의行政과民事의情을巡察할새各地方官을
黜陟하는權이잇나니라其下에勸農使와經歷이有함

(二)界　兵馬使라王이斧鉞을親授하야闌外를專制할새使를行하고節을立하니其下에知兵馬
使, 兵馬副使, 兵馬判官, 錄事가有하니라

(三)京　留守라留守의名은王이遷都後其舊京에重臣을置하야守直케함에서出한것이라其下에
參左, 副留守, 判官, 司錄, 參軍事, 書記, 法曹, 醫師, 文師等이有함

(四)州　牧使라諸藩을鎭慰하고外寇를安하고敵情을察하야此를征伐하는事를掌하니其下에
副牧使, 判官, 司錄, 書記, 法曹, 醫師, 文師가有함

(五)府　府使라牧使의下級官이니其職員及職務는州와同함

(六)郡　知郡事라敎化財務司法等一般政務를處理하니其下에 尉, 醫師가有함

(七)縣　令이라郡의下級官이니監務, 醫師가有함

(八)鎭　防禦使라鎭에關한軍門事務卽防守의事를將하니其下에將, 副將, 副防禦使, 判官,
法曹, 文師, 醫師가有하니라

　　地方官名稱의變更됨을前代에對照하면如左하니라

新	羅		高	麗
都	督		留守, 留守使	
使	者		轉運使, 按廉使, 巡撫使, 按撫使, 按察使, 黜陟使, 觀察使	
總	管		大都護府使	
州	主		牧使	
郡	主		都護府使	
郡	太	守	知郡事	
縣	令		縣令	

州助, 長史　　　經歷, 經歷使, 都事

仕宦, 大尹　　　府尹

仕　大　舍　　　判官, 小尹

外　司　正　　　判官

第 五十七 節 西京

地方行政에就하야第一重要한注意를置한者는西京이라　　西京은平壤이니卽高句麗舊都라
同時에女眞契丹等의外賊을防禦하는大要塞地方이된것이오　　坐한革命初에王都가此地에
在하얏다가開城에遷移한것이라　天授大王遺訓第五條에曰(朕賴三韓山川陰佑以成大業西
京水德調順爲我國地脉之根本大業萬代之地宜當四仲留過百日以致安寧)이라하다　西京地
方을如此重要視함으로其官制를設함에就하야도特別한制度를立하니　曹設과豪幕이라함
은方言에官號官名을稱한바西京特立官制의精神이라其制는天授初에置하다

○曹設(廊官) 侍中一人 侍郎二人 郎中二人 上舍一人 史 十人

○豪幕(衙官) 具壇一人 卿 二人 監 一人 粲 一人 理決一人 評察, 史各 一人

○兵部 具壇, 卿, 大舍各一人 史二人

○納貨部 卿, 大舍各一人 史二人

○珍閣省 卿一人 大舍, 史各二人

○內泉府 具壇一人 卿, 大舍, 史 各二人

○國泉府 具壇一人 卿, 大舍各二人 史 四人

○官宅司 卿, 大舍, 史各二人

○都航司 卿, 大舍, 各史一人

○大馭府 卿, 大舍, 史各一人

此等官制는西京留守以外에別置한것이니　　其留守는中央政府의重臣으로派遣할새이는西
京大臣의職이라　　此制는恰似英國의特設法制와同하야大政府下에小政府가別立한바西京
은西北方自治的政治의大機關이라　　西京은其政治機關이如此特立한바一大重要視한地方
일새　爾來煽動家又는叛亂輩가多少其意를此에垂한일이만흐니　妙淸趙位寵等의反旗가다
此地에揚하얏고　　○○○○○○○○○○○○○○○○○○○○○○○○○○○○○○○○○○
○○○○○○○○○○○○○○○○○○○

京이라함은大槪新羅舊制에本하야因襲한것이니　　西京以外南京東京及王京의三京이有한
지라　　然이나王京以外東西二京의制度는特別한重視를加치안하고오직小規模的留守의治
下에政務를執行하니라

第 五十八 節 鄕吏

各州府郡縣의官吏는二種으로組織하니　　一은以上에論述한바政府의選任하는官吏가是오
二는　地方長官의自辟官吏이니이는民中의長者를選擇하야鄕務를分擔處理케하는者卽鄕

吏가是라 鄕吏는成宗時에定한바司正, 司倉, 堂大等, 大等, 戶正, 副戶正, 史, 兵正, 副
兵正, 兵, 史, 倉正의名稱이잇더니 顯宗時에此를改定하야完全組織을立하다 戶長, 副戶
長, 兵正, 副兵正, 倉正, 副倉正, 史, 兵史, 後壇史, 公須, 食錄史, 客舍, 藥店, 司獄
等名稱이잇고 其吏員의數爻는邑의居하는人口의多少에依하야定하니라

千 丁以上의邑　　　八十四人
五百丁以上의邑　　六十一人
三百丁以上의邑　　五十 一人
百 丁以上의邑　　三十一人

但防禦使及鎭將縣에는最少邑即三百丁以上邑의吏員數와同하니라
此等鄕吏는本來民中의長者로選擇한者이라　然이나貴族制度를짜라吏族이別有하야鄕吏
의職을獨占하니라

第 五十九 節 事審官과其人

事審官은地方自治의職員이니現代各國地方制의參事官과同한者라　各州郡에二人以上四
人以下의事審官을置하야本鄕內의人民風俗을矯正하고善惡을褒貶하며　또한地方政務에
就하야地方官과鄕吏等의行事도糾察하야上府에報告하는權이잇스며　鄕事에對하야處理
의方法은事審官會議에依하야決定하니 此近代地方評價會와無異한것이라 事審官을任命
함에는一般鄕民의普通選擧에依하야一郡內第一名望者를擇定하면王이此를親任하나니
其資格에就하야는頗히嚴正한法規가잇는지라　相當한學問品行이잇는것은勿論이오 犯罪
의事가有하야刑法上處分을當한者　又는鄕吏와親戚關係가잇는者는被選擧權이無하니 朝
政顯達또는累代門閥者라도資格이相當하면選擧하나니라　此職은本是革命初에新羅王金
傅로써差任한것이더니 其後諸功臣이라도또한擢用하니라

其人이라하는것은鄕事顧問官이라 各州郡의鄕吏子弟又는富者 又는品行正直者를選擧하
야京城에有케하나니 萬一其人의相當한資格者가업스면事審官이代理함도得하나니라

第 六十 節 村政治

村의政治는前代보다多少異狀이잇스니 即貴族的이라 村의政令을掌한者는村民의選擧에
依치안코 君王이差任할새 一村官은鄕官의下級에處한지라 各官名은前代에는村主又村
徒典이라하던者를此期에來하야는最初村大監, 村小監이라하다가成宗時에變改하야村長
과村正이라謂하고 長과正下에分職의屬僚가잇스니 其職은其人이加함을得하다 然則村
政은鄕官에依한自治制가되니 村의吏員의資格은地方自治上吏員이되는同時에國家의吏
員이러라

第 六十一 節 地方政治의性質

玆에以上地方制度의政治上性質을一括하야論코쟈하노라 地方政治의制度는古來習慣의
頑固한歷史上基礎에本하야此를立하고更加하야一種官僚的色彩를帶하다 區域에就하야

見하면古代自治制度의經濟的關係를合하야折衷으로定하니　卽州府郡縣의大小之別을立함은古代自治의區域에本하야丁田의大小로써此를等差한것이라　고로地圖를一見하면長短不均한斷布片帛으로써縫合한조각보와同一하다　彼雜駁不規則한英國地方制度에比하면同一의觀이잇는지라　然이나英國은其政治組織이不規則하나朝鮮地方制의不規則이라함은오직地圖上區域에限할쑨이오其政治는實相層々相積하야秩序整頓한完全의成典法律을基礎하야生長된바一定한規則下에組織된것이라

觀컨대地方政治는軍政과民政을分揀치안코此를混同하되軍事를爲重하야行政하는地方이잇고　文化를重視하는地方이잇스니　고로地方行政長官을任定함에도文武官으로分任하다地域은大小가不均하나其政治의主張은文武二班으로組織을作하니　恰似全國은龍虎가相交하야絶代의造化를發揮함과가트니라

各地方의行政上關係를論하면道州府郡縣村의六等級이有하나　州府郡縣의四區는官吏의等級과又는文武의差別이잇슬쑨이오　互相服屬의關係를立치안코同等의地位가잇스니　恰似普魯西地方制와同觀이라　고로余輩의觀察로는邑村의二級으로分하기可하니　邑은州郡縣을勿論하고皆有한바一地方自治政務의政廳所在地라　一邑이所管內의各村을治할새村은邑에對한服屬의關係가잇스니　고로邑은全國의支部로서全國政治의單位가되니　玆에邑의長官즉守令은二重資格이잇스매卽中央政府의代理者인同時에地方自治政治의立法者니라　道라하는것은各邑의上에在하야各其所管各邑을統轄하는것이안이오各邑의政治를糾察하는監督機關이니　고로各道使卽　觀察使라하는것이巡廻하기前에는京城에留在하야멀니此를領監할새　軍務를治하고人民의疾苦를訪하고守令의殿最를察할쑨이니　或은他官으로兼任하기도하야州顯에恒駐치안하니라

然則此代에는凶牙利制갓티道가업시全國의政治單位는邑이오　邑下에村이잇고道는地方政治의監督機關이될쑨이라　然而漸次貴族이得勢하야는道使가各邑의政治를干涉하며　또한兩班名族이居住하는鄕貫은縣을郡으로升하고　郡을府로升하고府를州로升하야高級官吏의治政을受하니　이것이貴族의官僚的의組織에因한것이니라

　　第 六十二 節 司法制度

自來로司法官은獨立으로되지만안코行政官이兼하야司法事務를處理하니裁判을行하는者가地方行政官이되야民事刑事의區別이업시다掌職의一部가된지라　是以로裁判所의構成이라할것은地方에在하야는卽最下級되는邑의地方長官卽州郡郡縣의長官이오　上級은道의觀察使라　京師에在하야는刑部御史臺에서聽理하나니　萬一各道에不服하는者가잇스면京師에上告하나니라　然而中央政府에서는此等上告로因하야越訟의弊가生함으로御史臺의一員과主掌官一員을各道에派送하여巡廻裁判所卽辨正都監推判都監又考察司等을設하고積置의未決한民事를處理하나니라　또한村長도民事에대한裁判權이잇슴으로些少한訴訟은此自治機關에서處理하고　此에서不服한者又는刑事의重한者는다邑에서處理하니라

或同一事件을將하고官長의遞任을쌰라屢提爭訟하는일이잇스니如此한境遇는五決에三을從하고三決에이를從하며又都官이已決한者는陳告를不許하니라　裁判期日은小事엔五日이오中事엔十日이오大事엔二十日이오徒罪에는三十日이라　犯罪를訊問함에는三人의官吏가合坐하며　刑을執行함에就하야는笞는守令이直決하고杖은觀察使의處分을對한後　行하고大辟及死刑은王에奏하야君臣의合議決定을待하니라

第六十三節 刑法

刑法에就하야는唐의制를採用할새　刪煩取簡하야時宜와國風을參酌하야行하니　고로唐의律五百條를絶長補短하야共六十九條와獄官令二條를新制하야合七十一條로成章하다

	唐	麗朝
名例	五七	一二
衛禁	三三	四
職制	五八	一四
戶婚	四六	四
廐庫	二八	三
擅興	二四	三
盜賊	五四	六
鬪訟	五九	七
訴僞	二七	二
雜律	六二	二
捕亡	一八	八
斷獄	三四	四

刑은加減업시笞杖徒流死五個條項을全部體用하니

笞刑	十으로五十	贖은銅一斤으로五斤
杖刑	六十으로百	仝 六斤으로十斤
徒刑	一年으로三年	仝 二十斤으로六十斤
流刑	二千里로三千里	仝 八十斤으로百斤
死刑	絞, 斬	仝 各一百二十斤

笞杖死의三刑은다身體刑이라　此身體刑은何時何國을勿論하고一樣으로多用하든바罪人에直接苦痛을與하야가쟝效力을有한것이라　今日은精神上苦痛例컨대名譽刑又自由刑을用하고身體刑은用할必要는보지못할지라　然이나古代日耳曼羅馬人은肢體를傷하는刑罰을用하다　가쟝多用한者는日耳曼「프랭크」時代니　其時體刑은大凡二라一은手足切斷의刑이오一은皮毛의刑이라　前者는單獨으로用치안코死刑의準備로도亦用하고　單獨의刑罰은宮刑手足切斷或兩手兩足切斷耵劓斷舌斷唇[36]斷又는目을抉出하는刑이오　皮膚에는鞭笞,

毛髮을 除去, 皮膚를除去又燒印을捺하는 等이라 唐時에도 往々黥, 斷舌, 斷脣等刑[37]을
用한지라 然이나我麗朝時代에는決斷코如彼히慘酷한刑은加치안하니 刑法의精神은오직
慈悲를本하야惡을寬하고暴를惠하는大旨를主張한것이라 이는佛敎를崇尙함에基함인지
不知하나本來新羅時브터日耳曼이나漢制갓티慘酷한刑罰을用치안하얏나니라

第 六十四 節 官吏任用과政房

官吏의任用問題는貴族時代의重要한事件이되고且政治上微妙한內容을示한것이라何者오
行政의權利와政務의責任이專혀貴族에在하매此時代의政治上重要한關係는此官吏를標準
치안이키不能인것이라 然而官吏의被選舉權은貴族中에專在함은勿論이오才器를拔擇하
야政務를任함에는貴族中에도또한相當한資格을要치안이키不可하다其制度는大略三法이
有하니 才能을標準하는者, 德行을 標準하는 者, 功勞를標準하는者等이是니라

第一科舉 才能에就ᄒ야는各種學科에依하야其能力을試驗함으로써官吏를採用하니 此는
光宗時에後周의人으로來化入朝한雙冀라하는者의建議에依하야施行한것이라 其考課의
科目은入科니

製述業	經義, 詩, 連卷으로 試取
經明業	尙書周易毛詩大小經春秋로試取
明法業	法律로
名算業	數學으로
明書業	說文五經字撰
醫 業	醫學으로
地理業	地理에當한書籍으로
何論業	禮度의書로

右等各科에就하야及第한者는直接該當한政務에就任하는대 年令二十歲以上의男子로써
許하고 地方에在하얀該地方官이初試를選擇하야京師에赴케한후國子監에서此를更試하
나니라 그런데그學力을養함에는中外各學校에서三年間修業케하나니라

京城의學校

國子監生 三百人 文武官三品以上의子孫

太學生 三百人 文武官 五品以上의子孫

四門學生 二百人 勳官三品以上文武官七品以上의 子孫

各地方에서鄕校가잇서學業을修養케하되何處를勿論하고此等官立學校에는商工業各等賤事
에從한者又는犯罪가有한者는入學을不許하다

第二銓注 奇才異能을懷抱하고丘園岩谷에遁居한者는現在官職이有한者로하야곰薦擧케

---

36) 원문에는 斷舌斷唇으로 되어 있으나 斷舌斷脣의 오식이다. 속(俗)에 唇과 통용함은 잘못임.
37) 원문에는 斷唇等刑로 되어 있으나 斷脣等刑의 오식으로 보인다.

하는 者오 또한 現今在職者는 其執務上勤慢及成績을 監察하야 其官을 升黜하는 것이라 此는 明宗時에 始作되얏는대此問題가 發生時에는 議論이 紛紛하야 後世作弊가 有함을 考慮한지라 然이나 權門勢家의 主唱이 勝利를 得하야 畢竟銓注의 法이 起한지라 基法은 文官은 吏部에서 主張하고 武官은 兵部에서 行하는 制度로삼아 作되다 隱士를 擧함에는 淸白守節者와 才器隱逸者를 選擇하고 職務上成績에 對하야 升黜함에는 第一守令을 最重하게 監察하다 各守令의 成績을 考하는 標準은 六事에 在하니 田野闢 戶口增 賦役均 詞訟簡 盜賊息 學校興 等이是오 方鎭에는 號令嚴 器械精 兵卒練 屯田修 海寇息 等五事가是라 地方官은 距離遠隔한 外方에 在하야 行政이 自由에 在함으로 銓注上重要視한 것이니 明宗十一年에 銓注上地方官吏의 坐贓落職者가 一時에 九百九十餘人의 多數에 達하니라 此銓注를 行함은 己示함과如히 吏兵兩部에 在한 것이러니 追後에는 貴族의 手中에 專掌되야 百官升黜이 任意로된지라 崔氏時代에는 銓注機關을 自己舍廊에 設하니 曰政房이라할새 官吏의 功過才否를 書하야 曰政案이라 하야 王에 一奏施行할뿐이러라

第三 蔭敍 才器德行을 不顧하고이믜 國家에 功勞한 有한 者의 子孫은 依例히 官爵을 除授하니 有功者의 子孫뿐안이라 其妻나 其死亡한 父祖에 게도 封贈法이 有하야 兩代追贈 三代追贈이 行하다 然이나 有功者뿐안이라 兩班職事의 三品以上의 子姪은 蔭職을 與하되 直子가업스면 養子又孫이라도 許하며 王의 苗裔는 直孫이안이라도 外孫에 게도 授爵할새 特히 爵에 就하야는 子與孫이 世襲하더라

以上과如히 官吏任用法은 三種에 在한대 初에는 一定한 法規로는 出한 것이나 後來勢家의 擅專이 行함으로 自하야는 濫用이 起하야 正當을 執치못함에 至하니 自此로 獵官者流는 權門勢家에 出入하야 知己를 求함에 醜態를 發作하매 唐의 韓愈가 布衣嘆을 叫함과 羅馬中世에 獵官競爭이 生함을 此時代에 對照할만한 일이라 勢家의 權利濫用은 오직 銓注專掌에 在할뿐안이라 官制를 數變하야 吏數增減을 任意로 行하니 當時里巷에는 (皇國實無寺省中置七齋七齋今未[38]了八齋後入來) 라하는 諷歌가 流行하더니라

　　第 六十五 節 俸祿과 田制
官吏의 地位는 相當의 生活을 作하야 一意專心으로 其職을 行케하며 官吏가 俸祿을 受함은 公法上權利라 其制度는 二로定하니 一은 田地를 與함이오 一은 米穀을 與함이라 田地를 與함에는 曰田柴科라하야 文武百官으로브터 府兵閑人에 至하기까지 墾田과樵採의 地를 給할새 上은 二百二十結로브터하는 七八結에 止하다 米穀을 與함에는 上은 三四百石하는 四五百石으로 定하다 然이나 中葉에 來하야 穀의 不足을 生함으로 田地로代與함을 作하니 曰祿科出이라 하니 本來田柴科의 結을 與한다함도 亦是 穀物을 代與하더니 至是하야 完全한田地를 代與하니라 現在官吏의 職을 帶치안한 者라도 功蔭田柴의 口分田이라하는 制度를 定하야 其生活을

---
38) 原文에는 夫 字로 되여 있으나 未 字의 誤植이다.

營케하니 功蔭田은功臣에게興與하야世襲으로傳享케하고 口分田은退官者의生活資料를 作하다가死後還納케하는것이러라

案컨대當時貨幣의制가업슴이안이로되特히田地와米穀으로써俸祿을與함은無他라農業으로써國家의大本을作하야來한것이라 是以로各官廳各學校의經費도다田地를基本하야此로써其費用에供케하니 於是乎田地制度는俸祿과公廨田으로써組織함에不外한지라 當時全國田數는實田과荒遠田을合하여百萬結以上에達하는대 (方六百步一結) 此를公田과私田의二種으로別한지라 私田은人民의私有物로租稅를納치안하는것이오公田은人民이借作하야其幾部分을國庫에納上하는것이라 然而公田은全部俸祿公廨田及功蔭田等에分屬한것이니라

大槪此田制는中國後魏의李文帝가唱題한均田制度를唐朝에至하야全國에適用한바를採用한것이라 然이나唐의均田은私田이업고全部公田으로作하야此를全國人民에게口分하야小作케한것이오   麗朝의制는多少其趣를異하야小數의私田과多數의公田으로制定하니公田은口分耕作케함도잇스나 大部分은 功蔭田과 俸祿과 公廨에 關한 것이라 然則 田制는 官吏官舍를 爲하야 制定한 것이라하야도 過言이 안이러라

　　第 六十六 節 戰爭과官吏
年來로內亂外寇가連生하고貴族專政의更秩[39]이頻々함으로因하야國用의不足을生함에至하다 兼하야朦瞽와交涉이起함으로브터는外交上費用이例外로出함이多하며 坓貴族의財政을專擅함은더욱國家經濟의貧弱을致한지라 此經費의不足을補充하는方策은役官을設함에在하니 役官은貨幣를納하고官職을得한後其私財로該官廳의經費를補用케하는것이라 然이나役官을避하야辭職又는逃避者가多生하매次第의効力이無하게된지라是以로一般官吏와商人과富豪에게臨時科斂을施하야不足額을補充한지라 然이나此亦不及함으로忠烈王時브터는賣官의制를頒布하야無功次次者가求官할時는定額의銀布를納하고坓한何如한人民이라도得官時에는반드시銀布를納하는義務를設할새 或地方의官吏에就하야는其納粟으로써軍需에充케하니 此恰似佛國에十字軍戰爭時政府가人民의公權을賣與함과同一의觀이有하니라

　　第 六十七 節 奴隷의運動
前時代로브터奴隷의制度는社會秩序를整頓함에對하야한要素가되야온지라 貴族政治時代에至하야는階級制度가더욱嚴密히될새 賤隷의徒가朝廷官吏에參與치못함은天授時新政綱中의一條가된것이라 是以로文武兩班의貴族以外는官吏被選權을許치안한지라 或貴族以外라도三韓功臣의子孫又는八世戶籍에對하야奴隷에無干한者는特히南班이라하야官吏됨을許한일이잇는지라 然而其外의人은決코兩班에게列치못하니設或下隷의人이國家

_____
39) 更迭의 오식.

에 大功이잇슬지라도 錢帛으로써 賞하고 官爵을 授치안하니라   大盖階級時代에 在하야 契約보다 身分을 爲重하고 才能보다 血統을 標榜함은 自然의 勢라 然이나 下賤人에 對하야 其倫理上 待遇를 酷케함은 人道라하기 不可하다   此時代에 貴族이 政을 秉하매 奴隷法도 크게 發達한지라 其發達된 制度는 오히려 人道上 不可함이 多하다 (一)奴隷를 賣買함에는 其代價가 布二十匹로브터 五十匹까지되얏스며 奴와 馬를 相換함에는 奴二十三口로 馬一頭를 當하니라 (二)奴隷가 家를 有하되 正門이 업스며 禮服과 正冠을 不着하며 (三)奴主가 觸怒할時는 刑罰을 任意로하얏스며 (四)病에 罹하되 醫治를 加치안하고 死하면 埋葬하는 일이 少하얏더라   此와 如히 奴隷는 貴族의 使役으로 牛馬가튼 勞役을 專任하다   貴族의 勢가 擴張될스록 奴隷의 數는 漸次增加하니   一記錄에 擧하면 當時 全國奴隷數는 公賤 六十萬九四千二十六萬口의 多數에 至한지라 此와 如히 奴隷의 數率이 增加하야 大數를 成하는 同時에 貴族의 壓迫을 反抗하는 風潮가 起함은 亦自然한 人情이라   是以로 奴隷의 反抗運動이 稍稍惹起하야 社會行政의 重要한 問題를 作하니라

　　第 六十八 節 承前
奴隷의 第一次反抗運動은 訴訟을 提起하야 法으로써 其無理한 壓迫을 免코자하니   此는 京外富豪가 負債貧人을 刦占하야 奴隷를 삼음이라   此奴主問題의 紛爭을 解決함에는 都監을 設하고 (光宗時)裁判에 依하야 處決케하니 此時功臣派의 反論이 大하얏스나 王命이 讚成하야 奴主裁判의 法이 確立함에 至하니라   然이나 權門의 勢家는 更히 巧令을 致하야 裁判上 判決을 恒常 主人을 爲함에 出할쑨안이라 壓迫이 甚於前日하야 奴隷의 哀狀은 極度에 達한지라   由是로 奴隷는 或 機會를 乘하야 叛逆者에 投하야 亂을 助하는 일도 잇고 㤀는 世를 避하야 僧이되는 者도 多生한지라   그리하더니 神宗元年에 至하야는 大擧하야 根本的으로 奴隷制度를 解決코자하니 이것이 第二反抗運動이라   奴黨首領 萬積이라하는 者以外 五人이 北山에 就하야 奴隷大會를 設하고 激烈한 演說을 開한 後 黃紙數千을 剪하야 黨章을 表하다   崔忠獻以下 各其主人을 鋤除하고 賤籍을 焚却하면 三韓에 賤人이 更無함에 至하고 㤀한 政府組織을 吾人奴黨으로 樹立하자하다 約을 定하고 大擧하야 爲先 崔忠獻家를 討하더니   崔는 其事를 先知하고 家兵을 出ᄒᆞ야 相戰ᄒᆞ니 畢竟 奴黨은 烏合之卒이라 勢不能當하야 失敗에 歸하니라   然이나 奴黨은 第二運動失敗를 憤하야 積怨中에서 다시 機會를 待하더니 其後 三十三年(高宗十八年)에 期하야 大運動을 擧하야 맛참내 功을 成함에 至한지라 初에 蒙古兵이 忠州에 入寇할격이라 兩班이 領率한 軍隊는 다 城을 棄하고 逃走하얏스나 奴軍의 一隊는 力을 盡하야 此를 擊退한지라   奴黨이 此機를 乘하야 貴族階級을 拍滅[40]새   富强한者와 勢家로 素怨이 有한者는 老少와 男女를 勿論하고 다 搜殺하여 遺漏가 無함에 至하니   此는 前日 武官이 文官을 除汰[41]함보다 더옥 慘酷한 狀을 呈하니라

---

40) 撲滅.
41) 조선 때, 칠반천역(七班賤役)에 종사하는 사람의 구실을 떼어 그만두게 하던 일.

第 六十九 節 官路開放과南班

第三次奴隷의運動이暴發한結果賤隷의階級이官路에等하야參與함을得하니　高宗四十五年二月에李公柱는郞將崔良伯金仁俊은別將聶長壽는校尉等으로始하야漸次豊官高爵에達하다　然이나微賤階級의出身으로官에通한者는名曰南班이라하야東西卽文武兩班以外에置하니於是乎官吏는東西南三班으로組織하니라

第七十節 新組織의行政

武臣의權이摧하고奴隷의反抗運動이其功을成한後로政權이微賤出身卽南班에게專執한바이된지라　卽忠烈王時에는宮奴金自廷賤人李貞金文庇李玭又多少宦者等이大政을秉하다然而南班은賤人이라政治上常識이不足하야制度典禮에對한責任이不及한고로行政制度를一變코자하는思想이生한지라　그變改코자하는行政法은會議制度라　더욱當時蒙古와國際上外交問題로因하야政事가倉卒에出함이多할새　此等의事情은會議政治로新組織치안니키不能이라　於是乎三公三師를廢止하고中書門下省과廣評省을合하야一省을作하고名曰僉議府라하며　中樞院은密直司라하고　各部는曹라하고尙書는曰判書라하며　品階도卅品을十五品으로縮小하며　其他官衙諸司及州郡等官廳三百五十八處를多少減數又改名한것이잇고　大小官吏合四千三百五十五員의數爻도減削除汰함이　有하야簡略을爲主하고合議制를立한지라　以來政事는一二勢權者의單獨處理하든것을廢止하고密直司와僉議府가合席會議함에의하며　軍事도亦合議制로決할새兵馬使는都評議使라改하야僉議府密直司와合坐會議를作케하니　고로合坐의名이此로브터始作한것이라　當時會議에參席하는人員은七十人에至하니　一班政事는此七十人會議에서出할새　貴族政治의形式은玆에至하야完成을作이라可謂로다

今番此會議政治를組織한後面에는南班의多大한運動力이有한줄로憶斷[42]하노니　南班이如何한運動을振하얏느냐問하면外交를利用하야自階級의勢力을堅固히樹立한것이라　當時半島의北部는元의領地가되야東寧府를置하고國人은만히元都에往하야彼此外交問題를直接間接으로進涉할새　元은積極的外交를執하고我는消極的外交를執한形勢에在한지라其時我의外交人은南班의出身이多하다　南班이自己勢力을元王에依하야國際的으로써鞏固코자하니　元王이忠烈王에勸告하야奴隷法及世祿을改革하라하기數次에至한일이잇섯스니此問題提出도亦是南班의運動속이오　官吏를減殺하라勸告함도亦是南班의周旋성이오　胡服을着하고頭髮을剃하며蒙古語를學하는風潮가生함도南班의依勢의活動의風氣라고로南班이今此政治改革을施함도其機會를乘하야大運動으로實行함을得한것이니라　고로元王의積極的外交를執함은모름직이南班의手段에出함이多하다　是以로依勢의活動은南班政客의弱點이니라

---

42) 臆斷의 오식.

第 七十一 節 儒教徒

南班이得勢하고僧徒가嬖幸하걱兼하야外交問題는國情의大關係를惹起한지라　此時를當하야社會情態는一大衝動을生할새　名分을正하고道德을鼓吹코자하는志士가出하야世道를廓淸함에新手段을運하다　此는儒敎徒의活動이라　此時(忠烈王時)의代表者는安裕니僉議府에建議하야學校를興할새學校의基本金을官吏各品에依하야出케하고王도亦內庫의錢穀을出하야此를助하다　此時武臣等은學校義捐金의出함을不肯하야反對하니　安은大號曰(夫子의道는萬世에垂憲이라며臣忠於君하고子孝於父하고弟恭於兄함이是誰敎인가萬一吾人이出錢을苦하야生徒를養치안하면이는孔子를無함이니其可乎아)하야强梗한言論으로其反對派를抑壓하니라　安은孔子로써人道의大王으로推尊하야家國의護衛神을삼는同時에學校를興하고人才를此에養出할새自己家奴의全部를太學에納付하야南班의勢力威壓을暗示하고　金文鼎李傎李瑱等을携手하야孔子及七十弟子의寫眞과祭器樂器六經諸子史等을貿來하야大成殿을擴張하고其威勢를天下에大張하다　自此로學者가輩出하고生徒가大興이라　前日分裂微微한中에在하던七管十二徒는意를合하고志를同하야大團体를結하고將次濟世의策을講究하야大活動을作코쟈하니　安이卒에其葬日을當하야各學校生徒七管十二徒及儒者等은一齊素服을着하고盛大한路祭를行하니　此儒敎徒가社會에對한示威運動이러라

繼此하야白頤正李齊賢禹倬李穡等의學者가踵起하야性理의學을弘布하고人民의家廟를立하야祖先崇拜의風을獎勵하며　忠義大節의訓으로써國民敎育의主義를作하다儒敎徒가勃興하야如此活動을作하는同時에激烈한排佛論을提唱하야政治上又社會上의新風氣를惹起함에至하니　此近代獨裁政治의狀態를作함의一要素가되더라

第 七十二 節 貴族政治의破壞

君主獨裁政治時代가來하기前에貴族政治가破壞됨에對하야其源因을考察하면三四의條가有하니라

(一)外國關係　武臣執政의最末期에在하야將軍裵仲孫盧永禧等이三別抄軍을率하고亂을起하매金方慶等이蒙古兵을合하야此를鎭壓한지라　本來蒙古는高宗王十八年에入侵하야二十五年間前後五回의交戰을試하다　畢竟蒙古의勢力이盛함에當하야已爲權勢를失한貴族은蒙古를抗敵치못하고　賤階에出한勢를執하매蒙古의外交를利用하야自己權利를樹立하다　〇〇〇

(二)南班의得勢　仁宗時에宦者卽宮奴鄭諴으로써官帶를著하고朝官列에登케하얏더니臺官이伏閣을開한다又杜門不出한다하야論議를沸騰하얏고　忠烈王時에도內竪로써參官케하매左丞旨安戩이極力爭諫하야削除한일이잇섯는지라　然이나軍功이有한자와又는嬖幸을得한者가參拜에昇함은勿論이오神宗時에奴隷黨의革命運動이大起한後로브터는稍稍官路

를通함을得하는同時에政을秉하기始作하니　忠烈王以後는國政이專혀南班의弄物이되고 貴族은其權을失한지라最後恭愍王은宦者崔萬生幸臣洪倫等의弑한바이되고　彼等은다시 辛禑라하는異姓人을立하야王을삼으니라

(三)儒敎徒의活動　上節에言함과如히儒敎徒는復興의運動을作하야　忠孝主義를高唱하고 一邊으론佛敎를排斥하다　儒敎에도諸學派가有하나特히程朱學派를輸入하야此를弘布하 니　此로有하야變生한思想이君主專制主義의政治에遷徙하니라

(四)家族制의紊亂　麗朝王系는三十四王共四百五十六年이라　忠烈王브터恭愍王까지七世 는元의宗室과相婚하니其六世의王은다胡女의所生이라　王家의血統이純全치못함으로因 하야王室에對한信仰이自然薄弱한同時에貴族及庶民의愛國性이조차堅固치못함에至하다 末葉에到하야恭愍王後二世는辛氏를迎立하매此에對하야는愛國心이離反하야畢竟李太祖 가兩王을廢立한지라　此는後世史論이多端하야適實한王氏를僧辛旽의子라稱함은李太祖 의野心所爲에出한것이라하나　其正否에對하야는今에提論할바안이나何如間王室血族의 不正이革命의氣運의一條件이됨은於是에証明하기可한일이라　쏘한兩班의門閥에도血族 의破壞가生하야南班과相婚하며勢力을爭하야兄弟親子가殺戮을相生하얏스며　僧侶가되 야家族上因緣을絶하며　쏘한妖僧이用事할時婦女을劫奪行淫한事이多한지라　此로因하야 家族의觀念은크게混亂함에至하니此家族制의紊亂은貴族政治破壞의一大要素라되나니라 以上四條件外에國民經濟上衰退한일은枚擧키迷徨하고大體上으로言하면以上四條가貴族 政治의幕을閉함에至하니라

第六章 近世君主獨裁政治時代(李朝)

第 七十三 節 李太祖革命과獨裁政治의由來

麗朝末葉에當하야國政과民情이衰亂의境에濱하니　靑年界에는慷慨의思想이充溢하고政 界에는改革黨이蹶起하야議論이紛々하니　當時事情은歷史의內容이隱秘를裝함으로함으 로眞面을察키難하나牧隱의詩ㅣ近來後進輕先進 只見新愁替舊愁 一節을讀할지라도그時 勢의如何히擾動됨을可知하니라 其新要求의結果가李太祖(成桂)를生하니 李太祖는實相時 弊를救하고亂政을整頓하야新政의基礎를樹立한恩人이라　太祖는改革黨의首領으로政治 改革에熱心하야二王을替立함에至한지라　然而그激烈한手段下에서도오히려守舊黨의興 論이自家의經綸을碍滯함이有하야畢竟王位를奪하고革命의事를作하야大權을執한後一般 改革을實施함에至하니라

革命當時에李太祖가明을征치안코(威化島回軍)一時的消極의外交를執한지라 고로其外交 는臭氣가有하다하야近來文字輩는此로써李太祖의愆過를作하는同時에近世歷史까지侮蔑 에付하는傾向을做하는者가多한지라 論컨대此議論은過度의責이라안이치못할지라 何者 오李太祖가한갓王位를占領코자한野心만專有한것이안이오當時號哭이參天하는民情을救

濟코자하는經綸이大하야外交보다內情整頓을先決問題로삼은지라   고로李太祖는國家의
大本이오民業의生命인田制를改革코자하야(恭讓王元年)三年間爭論으로强硬한議論을固
執하야公私田籍을市街에焚却하고人民生活을平等에均하얏는지라   萬一田制改革도오직
奪位의野心으로人心을收拾한手段이라하면革命의一班政治는다惡意所出이라하기可하고
또한吾人祖先은五百年來惡化의人民이라하기可하다   余는太祖의辯護士가안이오李朝의
忠奴가안이라政治史의眞情을闡明코자함으로如是言之함이니   其奪位의野心이有함은余
도推知하는바이나其行爲의百事를一端野心에推付함은正論이안이니라   觀하면李太祖의
威化島回軍이라함도自意가안이라政府命令에서出한것이니라李太祖가登極後에는크게征
明論을提唱하야鄭道傳과共히征明의議論을開하기數次오또한八道民間에揭榜하야征明準
備를大作하얏나니라(太祖實錄)
革命前에이믜呈券이李太祖一身에集하야政治改革을能히自由로用事할수잇섯스나多少反
對派가有하야自家經綸을振作키不能함으로王位를奪치안코는不能하며또는化家爲國의欲
望도抱負한지라   是以로革命黨의運動을因하야王位에卽하니   그欲望과그君權을擁치안하
면改造키不能이라하는方針이君主獨裁政治를誕生함에至한것이라兼하야功臣은다儒學出
身으로政治는無上一位에在한君主에有하다는主義를執하고또한此時革命은天授時代와異
하야分裂된政府를統合한것이   안이오一部人士의力으로革命을成한것이라   고로改革政治
의精神이單純하야前日의時弊를改定함에對한觀察力이專一하게되니   於是乎貴族政治를
打破하고獨裁政治를建設함이改革上方針의第一精神이되니라   然이나革命後六十五年間
에在하야는時弊改定과又는功臣等의權利를因하야獨裁的行政을能施치못하고大小政務를
다前日과如히政府大官의會議處決함에付하더니   世祖時브터完全한法制를行함에至한지
라
本來世祖는端宗時宰相이되야治政의能力을修練한바이有하더니及其端宗을放하고自己가
王位를占하야政府의權을收攬하야君主一身에集合하니   自是로貴族的會議政治가廢止
하고獨裁政治가完成하니經國大典도此時에製하고諸般典章도此時에到하야一新을呈하니
라
　三公題名記에曰惟我太祖康獻大王이受命開國할時에門下右侍中裵克廉이前朝相臣으로
써實翊啓運하야省制를變革치안코二府를始創할새麗季에倣하야都評議司를設하고國政을
掌理케하며   三軍府를立하야써戎務를治케하더니恭淸朝에改하야議政府를삼고太宗朝에
河崙成石璘으로써   左右政丞을삼으니於是에軍國大政及六官庶務가다政府에歸하고典制
가始定하다至今에三公이   坐堂하면六曹의屬이各執其任하고朝房에來會라凡啓下公事를
遇하면舍人　下가分房評理하야써   相君의專決을取한後該官이敢行其事라然則其委任責成
의重함을槪想할지라光廟朝錄에六曹決事를廢止하고오직大政을司祿에屬케하며四館兼官
錄事以下를照舊裁授함에至하니政府의權이   由是輕少하니라

蛟山許筠曰我朝政府의權은文廟以上에는其隆重을極하야每朝三公이坐堂하면六曹以下該官이各 執其務하야參謁來侯하다凡公事가政院으로啓下하면政府에至할새大臣이東西壁으로더브러會議하야一國大小事務를料理하야大臣은與知參決치안한거시업는고로相權이非常히尊重하더니光廟承統以來로其事를亟罷하매由是로政府가드대여小樺에至하니라 其後仁祖가反正하야諸功臣等이政府決事의權利를回復코쟈하야論議를提起하얏스나首相李元翼이國의大權을人臣이更擅키不可하다하야反對하얏스며 肅宗時에도首相朴世采가上疏하야尊體統得事理하기는政府會議法을回復함에하다하야中書堂을設코쟈하얏스나此亦不得하니라 此에對한議論은至今도尙有하야或者는曰李朝政治는世祖가議政府權利를縮少하야會議를廢止함으로브터欸하얏다하는지라 然이나李太祖의本意는世祖時에는完成하얏고坐한古代政治의君權發生도此時代에至하야完全을告한同時에政治는大發達을作하니라

　第 七十四 節 獨裁政治의發達

王室이替秩하야李氏가世襲으로王位를占領한近世時代에在하야는君主神聖의意義가一般으로承認하게되매 其地位는萬民의上에超越함에至하다然則貴族政治의衰亡은君主에게無限한便利를與한것이라 그同時에庶民의發達에도便利를與하야其地位를昂上하얏나니고로此時代에는階級制度가前代보다一層發達하야班常의區別이嚴峻한觀이有하되何人이던지固有의閥閱이업시何人이던지自由로兩班됨을獲하며坐한班種이라도墮落하야常民이됨에극하다 （八二節參照） 然이나그與奪의權은君主의手中에在함으로一般臣民은王에게忠勤을爲함에至하니 此가獨裁政治發達의一原因이니라 第二次君權發達의原因은儒學普及에在하다 李太祖革命時에前代政治가佛敎로因하야衰退함에至한것을觀察하야此로써政治改革의第一條을삼을쑌안이라革命黨은모도儒敎派出身인고로더욱排斥하고其代에儒敎를專崇하게되다 그쑌안이라化家爲國한李太祖의政策은人民으로써新王에게代代服從케하고쟈한意思는儒敎로써國敎를삼은것이自然의勢가된것이라 此儒敎가發達을成한後로는這般景象은遽然一變을呈하니三家村里의民이라도孔孟의義理를備함에至할새上下臣民이忠孝二字로써人類道德의大本을삼으니君主의權利가發達한것은此에在하매 吾人祖上이다儒道의敎訓을行하얏스며吾人도亦孔孟忠義之敎에成長하니라

是以로君主는臣民의上에專制權을行하고坐한法律上에專制權을有하며 君主는스々로其法律에服從하는義務가업고綸音을一出하면其法律을廢하기可하고又此를再行함을得하는지라 然이나君主가絶代權能을行하고人民은無制限의服從을行함이안이라多少制限이有하야君主던지人民이던지相當한權責의度가有하다

君主는國家를自己所有物로知하나命을天에受하야民國을治하는主權을有하고更히人民은天民公人으로認知하야正當한政治로天民을安寧케하는責任이有하다 臣民은天命을受한國家主權者에게服從하는義務가有하고同時에天民公人의自信力이有하야君主가萬一不正

當한政令을 行할時는 言及疏로써 抗拒하는 權利가 有하다(第八十一節參照)此가 近代人民의 國家的觀念이오此가 近代政治의性質이라 是以로 君主가 能히 法律을 變更함을 得하되 恒常 古法古例를 依하고 國民의 生活을 容易히 變改치못하니 即國民의 傳統國民의性質又地方的 習慣及産業上習慣가튼것은 君主를 羈束하야 國民과 其生活을 共同하는 同時 冥々之中에 上下 一致를 作하다 然則君主를 制限함은 現代歐美各國의 國會가튼것이업스나 精神上習慣上又 行政上大本에 就하야 臣民의 無限勢力이 潜在하얏나니라 近來或者는 오직 衰亂의末季만察 하고 李朝五百年의 政治를 君主一人의 橫委壓制에 專付하야 君主를 嫉視하는 同時에 國家其物 까지 不愛하는 客氣를 有한者이多하니 이는 政史의內容을 不知하고 한갓 感情發動에 醉한것 에 不過하니 그生覺들이 個人主義로 墮落한것이니라

　　第 七十五 節 立法

이믜政治가 專制로成立하매 爲政의大權은 總히 君主一身에 收攬하니 立法權即法律을制定하 는權과 行政權即法律을 實行하는權이 統히 君主에 專在한지라 고로王의命令이곳法律이오 王의意思가곳 政의源泉일새 政治機關의組織도 亦立法部와行政部를 分立치안코 混合하야 搆成한지라 然이나 立法에對하야 君主一人의意思로써 裁斷함은勿論이로되 他의意見을加 치안코 오직 王의自意獨斷으로만 行치안하얏나니 即宮廷會議가튼것이라宮廷會議는即政治會 議인바 立法과 行政은 다同會議에서 決定할새 君主는 會長이되야 그議案을 裁可하는지라 (以 下節參照) 이것이 西洋各國 專制政治時代의 爲政性質과 異한点이오同時에 朝鮮政治의發達 된것이니라

　　第 七十六 節 定期會議

君主가 政事를 裁定함에 政治會議를經한다함은 上節에示한지라然而 其會議를 開함에는 第一 定期로 施함이잇스니 其定期會議는 三種이有하다 (一)次對라하는것은 每月六次로開하는 것이니 이는 大臣과 政府堂上三品以上과 諸行政長官等即最高官僚로써 組織하다 此時中等階 級의官吏도 入參할수잇스나 長官의所禀이有하야 王의許可를得하면不能이오 又六次中 三次는 原任大臣即曾經大臣이一體로 入侍하나니라 (二)輪對 라하는것은 每月初一日十一 日二十一日等三次開會라 此輪對에는 純全한中等官吏即堂下官으로組織하니 (此中等官 吏會는名啣의提出을要) 次對에就하야는 政府最高官의意見을取하야 立法及行政上의問題 를 議論하고 輪對에就하야는 特히中等官吏中의意見을納하야 高等官의意見과對照參考하 나니라 (三)常參 이라하는것은 本來每日朝會로行하든것으로後에 不定期로變한것이니 此 에는官等의上下를勿論하고 百官이擧皆進參하야 總討論을開할새 其所懷를陳述함에는 極한 自由를有하니 正祖十年常參에는一時에 陳述이凡三百五十人에達하니라 以上政治會議 의組織은 其制度가實相今日各國에서行하는 上下議院의制度보다 一層整然하야 秩序가完峻 한同時에 立法行政에對한可否를 裁定하기簡單하고 쏘圓滿無缺한制度러라

　　第 七十七 節 臨時會議

定期會議以外에臨時會議가잇스니이는緊急한公事가生하면定期會議를待치안코臨時로行
하는것이라(一)賓廳會議 라하는것은王의特旨로써臨時大臣中二品以上을召集하야闕內賓
廳에開하는것이니 이는王이出席치안코其議決한바를入監함에 止하나니라(二)大輪次라하
는것은王이召集한官員과同席하야議決을行하는것이니此의進參人은時原任大臣各堂上官
及四學敎授라 開會時에는占名을先行하니卽應參人의進不進을單子末端에一體書人하야
檢査하나니라

　　會議던지無常時던지王이臣下를命招하면반드시王命을表示한名牌를用하니名牌라하
는것은鋳版으로作한바上端에命字를刻하고其下에被訴人의姓名을書한것이라此名牌는王
의侍臣이傳하야當者에게授及하나니라

　　　第 七十八 節　會議의性質

以上에示한諸種의政治會는以前政府會議의後身으로生한것이안이라本來特立으로組織한
것이니　其性質은政事의如何를隨하야成立한것이안이오諸種政事를一束하야大小官吏의
各意見을綜合討議함을爲主한것이라　고로立法과行政을分立치안코實際政治上의責任을
一般官吏에게　專擔케한것이라　卽政治會議는普國의大臣會議가佛國의內閣會議大臣會議
와高等會議에屬한職掌을倂行함갓티前日政府會議를兼倂한것이니　立法과行政을統一한
同時에政治上紛議를抵觸치안하야行政의統一及活氣에對하야는今日分立制度에比하면頗
히優한点이잇는지라　然而此로由하야批難이生하니卽國政의樞密命脉　專혀國家의首長에
歸하고一般人民은其政治의生活에對하야萎靡凋褪할바를免치못함이是라　그러나立憲國
中獨逸갓튼나라에는其君主의意思가國家行政에對하야統率의意思가되는例를見하고　坯
한大革命前의露國과土耳其兩國도無制限君主政體오(西一六六五年)丁抹의欽定法典에도
君主大權에何等制限을置치안하니라　現今立憲各國 는立法部를分立한것으로써文明政治
라하나實相은行政部와立法部間에는意思가疏通치못하야不統一의政情이有하다　英國은
行政部가立法部에對하야指導者의任務와責任을充分히有하고　佛은半指導者의任務로서
充分한責任을有하고　普國과瑞西는責任을負치안코指導의任에在하며　米國은專혀立法部
와離하야孤居한지라　大體朝鮮의政治는演繹的으로發達이되고　西洋은歸納的으로發達이
됨으로彼此의比較는其基礎가各異함에置하야解識할지라　고로立法會議卽國會의設立을
不可한줄로論함이안이나政治의發達程度問題에就하야觀察하면朝鮮은立法部를獨立치안
한制度로서政治統一이如是完全하게組織된것을稱함이라　然而政治會議는他局外人이안
이오乃是行政官吏로組織함으로立法과行政을分揀치못하는同時에會議의問題가繁多複雜
하야瑞西行政部의複雜한職權과同感이有하다　由是로會議는自行을自責하며自由를自壓
하는矛盾의議論이多生한지라　고로一般官吏는自己의新法을抛棄하고會議의標準을오직
古典舊例에依하고坯한王言을抗拒함으로써主張하니　於是乎會議席上에는王을抗拒하는
淸白吏와典例를憑藉하는所謂事知人의發言이中心을作하더니라

第 七十九 節 決議

一般會議를經한結果其處斷方法은王의決定如何에專在하다　然이나萬一其議決의事를採用하야裁可하면已어니와其議決事를全緣否決하야不正當한處分이有할時는斑布官卽承旨가　頒布[43]를行티안코抗拒를提起하는지라　此事를觀하면君主가專制的行動을取한것이안이오行政官吏의權利가優하다할지라　然이나王의意思가期於히臣僚를排斥하고自意를行코쟈할時는頒布官을併許遞하고闕內南所에入直하는下級武官五衛將으로써假承旨를新任하야頒布케하니　此에셔獨裁政治의性質이發見하다　如此强壓的裁決은王室私事上에關한事에多有하얏나니肅宗이王妃를廢位할時와純祖가王母葬禮에關한事에處理한例가이니라反面으로此等例事에由하야觀察할時는臣僚의權利가오직政事大體에만限할뿐안이라王室私事에까지及함을可知니　以此言之하면政權이官僚에在하다可謂니라　然이나王이던지官僚던지國政上違格의事를行할時는國民代表가起하야抗拒하며　甚하면靖國黨이起하여王을廢位하기까지至하니　近代政治는君主獨裁라하나何程度까지는民權도發達하야前代貴族政治를얼마쯤脫却함에至하니라

第 八十 節 朝紙와民論

專制國에는每樣其政事를秘密에附하는일이多하다　然이나我朝鮮近代에在하야는政事를公布하야人民에게廣報하는일이잇스니이것이左한政治의發達한特質이라　其政事發布[44]의機關은官報니名曰朝紙라하는것일새卽政事新聞紙라　此朝紙는承政院에서發表하면各行政府의書吏가謄抄하야世에頒布할새在朝在野의人은다此를讀하고每日政事의如何를通知하게되다　當時朝紙의體裁는活字가이믜使用되나印刊이不速함으로謄寫하야써頒布하니或曰記別이라하다（謄寫는女子의手로出함이오）朝紙는政治發達의新要素니王命의權力을開張하는同時에政治上敏活과勢力을朝野에與하는機關이라　朝野의人을勿論하고此朝紙의消息을一接하면輿論이惹起하고公論이發生하야人民의生活이社會及國家와衝突치안코倂存함을得코쟈함에至하다　고로朝紙는몬저社會人衆의各自意見卽輿論의發生을促흥는지라[45]　其輿論은或時大誤가有하야人으로하야곰誤謬無知恐怖激昂自負迷信等에陷키易함이多하니　每年初春에當하야는依例訛言이飛出하야何事가生한다하는지라　이는오직文學上考察에付할것이안이라實相政治上民意의衝動의影響으로硏究할것이라　專制國은壓制와秘密이多함으로其人民은側面觀察卽(눈치)로看做하는일이多하매訛言의做出은自然의勢라　고로文獻備考訛言志를閱하면其訛言의種類가專혀政治關係의問題러라　一體人衆으로出하는意見卽輿論이後에至하야는討議論難을經한結果로生한社會全體의意見卽公論이起하다(下節參照)其公論은民衆의勸力이되야立法及行政에對한交涉을起함에至

---

43) 원문에는 頌布으로 되어 있으나 頒布의 오식이다.
44) 원문에는 其政事發佈으로 되어 있으나 其政事發布의 오식이다.
45) 원문에는 促 는지라로 되어 있으나 促흥는지라의 오식이다.

하니고로形式은雖曰專制이나其實은人民에게參政의權利를許與한바立憲的氣運을帶하다 然則朝紙로써彼찰스十世의國務大臣이 (一八三〇年) 이定期出版物로써爭擾의機關이라 하야禁止하든政治에比하면我朝鮮政治가얼마나發達한程度를有한것인지 朝紙의頒布事 는制限이有하나遷穀이나邊情이나將臣捕將의去就等事는國民及外國人에對한重大關係가 됨으로此等事는秘密에付하고頒布치안하나니라

　　第 八十一 節 國民代表의發案
民間에在하야政治思想은크게發達되다 人生의 最大目的은治國平天下로根本을삼으니이 는儒敎普及에서生한것이라　西洋基督敎가其政治上一大要素가됨갓티近代我政治에는儒 敎가不可離한關係가有하매儒生은政治에干涉하는權利가잇는지라同時에儒生은國民代表 의資格을帶하니 고로王及政府는儒生에게高等한待遇를加하다 더욱山林學者에게對하야 는政治의指導者로認하야非常히尊敬한지라　在昔奴馬皇帝가法學者를尊崇하야其人을四 方으로招聘하얏고　現今普魯西王은制度에通한學者를信任하야政治組織을學者의工夫로 成하다 此와如히國王은初也에在한學者를徵召하야政治發達을圖하니 그尊敬의道理는王 의嚴父兄과同等의體禮일새　山林이萬 一私事를因하야京城에入할지라도承政院은王에게 此를稟知하며 坐故山林의祀版을京城에通運할지라도亦然이라　然則學者의勢力은國家 의政治政策에對한그發案權이國會制度보다尤大하니라　然而此等儒生의持說은保守의性 質을帶하야恒常歷史上의事態에據하니라

　　第 八十二 節 承前
그發案을提出할時에는代表者를召集하는法은二라 (一)太學에서修業하는進士들이通文을 八道에宣傳하며 (二)儒生中名望이有한者가儒道를國中에播하는것이라 各地에居한儒生 은其鄕校에서鄕會를開하고代表者를選定하야京城에集中하니 其數爻는無定限이오代表 者의資格은班常의階級을勿論하고學行과德望이有한者에限하니라 京城에集中한代表者 는公議를定하야國王에게提呈하니此를曰儒疏라하는것이라 그儒疏를提出한後에는一般 代表者는闕門外에守集하야批答을待하니此를 曰 伏閣이라하다 萬一王이納廳치안하는 同時에는解散을當하는지라 然이라王의擧動時를乘하야代表者는其輦下에馳集하야是非 可否를辯論함에至하니 如此한境遇는王과政府가此에屈치안이키不可하니라 或時는疏本 은永爲退却하고儒生等을永々逐出하야王及政府가다士論을反抗함이잇스니[46]此는卽專制 政治의權利라할지라 然이나現今立憲國에서議員이政府를反對하다가解散을當한後新選 議員은다시行政部를贊成함에至하는것을見하면오히려公議를至死固執하는우리士論이公 正한것이라안할수업나니라 斯와如히士論이政府에對하야非常한勢力이잇슴으로世宗이 嘗曰朝廷之氣는可折이언뎡諸生之氣는不可折이라하니라

---

46) 원문에는 士論을反抗함이잇스니라고 되어 있으나 士論을反抗의 오식이다.

或者는말하되門閥의制가甚하야班常의差別이甚함으로下級人民은士論에參與치못한다한지라 然이나此時代에는班閥과儒生에世襲的制限이업섯는지라비록下級人이라도學行과志槪가잇스면士論에參與하고또班閥을得하기易하니 宋龜峯(奴)徐孤青(奴)鄭錦南(吏)朴靈城(平)洪慕堂(平)徐藥峰(平)이是오 또한閥族이라도五代無顯官이면常人列에自落하나니라

第 八十三 節 政黨의發生

이믜國民의代表로認定키可한儒生等이國政에對하야公論을提出하고王及政府의爲政을改良하고또修正하야써公安을擔保함에至하야는政治의自由가얼마큼잇든것을可히諒解할것이라 然이나政治에對한意見을發함에는반드시可否善惡邪正의議論이起生치안할수업스니 此로由하야雙方의黨派的討爭이發生하다 그黨派發生의由來를言하면其源이자못簡明하게示키難한지라近來李建昌의言에依하면

李建昌의黨議由來說

一‥‥‥‥‥道學의太重

二‥‥‥‥‥名義의太嚴

三‥‥‥‥‥文詞의太繁

四‥‥‥‥‥刑獄의太密

五‥‥‥‥‥臺閣의太峻

六‥‥‥‥‥官職의太淸

七‥‥‥‥‥閥閱의太盛

八‥‥‥‥‥承平의太久

八條로別하야近視的又消極的으로過度한制度와解弛한制度와解弛한政弊에根據한바其始를宣朝初에由한지라 然이나余는案컨대黨派의發生은積極的政治의發達로因한바二大源因으로出한줄로觀察하노라 (一)前代政治의弊端은李朝時代에來하야얼마큼改良하야新局面의政體를作할새 一般人民은政治에對한自由를得하니 고로儒生은政案을提出하야王及政府를反抗하기能한지라政治上討議가얼마큼自由의權利를取하야는可否를相持하야論端이兩方으로流함은自然의勢니 於是乎政黨의發生이作하다

萬一君權이無上하야純全한壓制로治政의地盤을立하면政令은오직急激嚴酷에流하야官吏나人民이能히王命을左右키不能하고官民은共히君主下의奴僕이될뿐이니라 (二)政黨發生의完全한始初는宣朝時에出한것이안이라其實은燕山王時에始한것이라 燕山主로브터明宗에至하기까지凡五十年間에當하야慘酷한士禍가四回에至할새金宗直金宏弼趙光祖柳灌等有名한節義士가多殺하다 此의事變을驗하야政客이自然二로分하니一은忠義節槪를積極的으로固執한者一은名利身分의保全之策을權威에依하야求하는者 於是乎士論은二로分한觀이有하니 李東皐는其機微를先知함으로其終에豫言的遺箚를提함이잇서는지라 宣

405

朝時에至하야銓郎問題가起함으로브터는完然한二個黨派가樹立하니　本來銓郎의官職은 年少儒臣의介潔한[47]人으로選擧하는者인대勢力家에出入한嫌疑가有하다는金孝元이當選 하매外戚長老沈義謙이其人의平素不潔한品行으로써不同意하다　金이　及其銓郎이된後更 히再次銓郎을選擧함에當하야沈의弟忠謙의望이有하매金이其人의外戚됨을憚하야天官을 外戚私物로作키不當하다함으로써不同意한지라於是乎全國公論은兩派로分立하니　其兩 派가私情又執權의野心이有함은不拘하고其形式上標榜은淸官의選擧問題에基하야分黨이 되니　大槪當時는議會가업슴으로立法及豫算보다官吏適任이政治上重要關係가되매　그政 黨分立의主成이此適任問題에起因됨은自然의勢니라黨派는

靑年家………國民黨………義士派………東人

老長家………官僚派………外戚派………西人

東西兩派라　其名稱의東西로써爲名함은其首領의居住地의方位를擬作한것이러라

　　　第 八十四 節 政黨의發生

그黨派의形勢가勃々하야互相攻擊이熾盛함에至하니　此時에際하야盧守愼成渾李珥等은 保合調停을周旋하야誠心을盡힐새　其中栗谷李珥는政勢를憂하야和合斡旋에其力을極하 다　然이나余는思호니黨派의勢는反히栗谷을因하야强盛致하을에至하매栗谷은調停함이 안이오黨派를發達케하얏다하노라　何者오栗谷이黨을黨으로調停치안코是非를是非로妥 協치안하야其周旋의策을兩黨以上의勢力이有한王에介하야手段을揮힐새　沈金兩首領을 逐出하야外任에除하다　此時를當하야兩派는無形의中立派되는栗谷의王力을依하야除함 을當하고其得勝의策을一轉하야王에依코쟈하는力量이突發하니　栗谷은黨爭의得勝策을 敎授함에不過하다　栗谷이兩黨을逐出함에도勇斷함威力을加치안코金孝元의其外任地不 好함을避하야其所願地로轉任케하는弱點을示함에至하다　此가黨派調停의一大欠點인同 時에兩派로하야곰後日再戰의勇을挑發케하는機會를興한것이라　其後戰端은果然去益함 에至하니　栗谷은此時를當하야도黨派의嫉色을促케함이有한지라　自此로黨戰이去々益深 하야政府는一大開戰場을成한지라王도亦黨派의成立을承認하고栗谷의黨이되는同時(史 에말하되王下敎崇獎李珥成渾曰珥苟君子也不患有黨唯患黨之少予亦用朱熹之說願入珥渾 之黨)和協策을下하야銓郎薦代之法을廢止함에至하니此의弱點이兩黨首領을逐出하는策 과無異라　是以로政黨의眼目에는王權도亦絶代하게生覺치안하매政戰이갈스록擴張하는 고黨派는갈스록多數로分割함에至하야數十派가生하매政事는다黨議에出하니라

東　　　人………南人………二　派

　　　　　　　北人………十二派

西　　　人………老論………四　派

---

47) 원문에는 年少儒臣의槪潔한이라고 되어 있으나　年少儒臣의介潔한의 오식이다.

少論………二 派

黨派가如是多數로組成하나最後에는或合或滅로오직四派만存立하니卽南北老少의四色이
라 各政黨에總務一人이有하니名曰監主오其事務室은監主의私家로定하니 이것은決코危
險을造出하든希臘과佛蘭西革命時의俱樂部와는不同하다 內侍宮女를勿論하고政黨에分
派치안한者가업스니 이는英國勞働者라도攘臂하야我는某黨이라公言함과無異하더라 宣
朝八年으로正祖時까지凡二百二十年間은각政派가互相遞秩하야勢力을擁護하매人命의殺
傷도多하고政治의波瀾도多한지라 或時는米國政府와如히一黨이全官吏를占領하고或時
는佛[48]七月革命時의三色旗黨과保守黨이聯立함갓티各政黨이共立함도잇섯는지라 然이
나正朝中年以後는길이老論이勢를占하니 이는無他라內로國婚을結하며外로學者를用함
이니 老論의此兩策은仁祖反正時에이믜無失國婚崇用山林이라는黨策을立하야會盟을約
함이러라

第 八十五 節 黨派와政治發達

以來黨派가生한後로政治上舞臺는大活劇을演하야別別層節이多作한지라 由是로政治는
黨派因로하야衰退하얏다는者이多하니 李東皐預言에도 (今人高談大言結爲黨比終必爲
國家難拔之患) 이라하고 栗谷도亦黨爭을調和하야無黨主義를唱하얏고李白沙도子孫에
게遺言하야黨에參加치말나하얏스며 通黨議略을[49]著한李建昌도亦黨의弊端을說하며近
來人士도亦然이라 然이나予는思호니近代政治는黨派로因하야發達을成하고오히려黨派
가進步치못하고杜絶함으로因하야政治가衰하얏다斷言함을躊躇치안노라 (一)世祖가議政
府權利를減削하고各行政長官이王에게直啓施行케하매 此에由하야壓制獨裁의手段은無
限히擴大한것이라 萬一其壓制의施政이黨派의討議로制限함이업셧드면政治는一偏으로流
하야燕山主의行色이不絶할뿐안이라官吏及人民은君主革命下에盲目的奴隷를作하고餘地
업는暴力이有하얏슬지라 黨派가生하기前의狀態를察하면四大士禍에名節之士가얼마나
慘殺을當하얏나뇨勿論黨派가生한후에在하야도殺傷이多生하얏스나前後의性質이各異하
니 前者는君主의獨裁오後者는自由討議의結果라 고로第一黨派로因하야政治가發達한것
은君權이減하고政客의權利가振作하야얼마의政治上自由가生한것이니라 (二)黨派로因하
야政府의更秩은頻繁한度數를免치못한缺點이生한지라 然이나一般人士는政治의個性發
揮에一層多大한餘地가有하야靑年의活氣가政治舞臺를裝飾한지라 各黨派는各其主義主
張을爲하야權利를占取코쟈하는同時에其主義를實行하기可堪의人物을要求ᄒ야此를草野
人中에拔擢登用함에至하니 於是乎人材는多數히出世活動함을得하다 萬一君權이減치안
코一般行政을專制에固着하얏드면官僚의嚴格한昇進制度는人材의出世를障碍하얏슬지라

---

48) 원문에는 佛으로 되어 있으나 佛의 오식이다.

49) 원문에는 通黨議略을으로 되어 있으나 黨議通略의 오식이다.

勿論黨派後에도昇進制가破壞함이업섯스나期限의拘束을脫하고最速度로登用함을得하얏
나니　고로第二의黨派로因하야政治가發達한것은人材의登用이前日보다大進步를作함이
니고로學者와文集의數爻는前代보다百倍가되며常人階級에서도進仕의道를得함이多하니
라(三)黨派가相爭相奪함을因하야政治는無限한波瀾을起動하야擾亂이多하다　然이나政治
의運行은弊를救하고害를濟하야可否를相討하는中에서中正의道를得하야結局超越的進步
를行하다　宣朝英宗正祖가튼王이다各黨의中正을尋하고調和를救함에勢力하야아못조록
偏避함을免코쟈하얏나니　第三政黨을因하야政治가發達하다함은多數輿論과黨議가起하
는中에서折衷으로進行한것이니라　以上三項의事實이卽予의觀察한바政黨을因하야政
治가進步한理由라하는것이라　그런데黨派라하는것은主義가업스면徒黨이오政黨이안이
라爾來四色을完全한政黨이라하면各其主義가잇섯드냐하는것이쏘한問題라　此亦消極的
觀察者의眼目으로察하면無主義한徒黨이라할지라　然이나조곰超越한觀察力을張하야査
考하면各其主義가업섯다하기不可하니　今에主義를前提하야四色을論評하면二大主義로
分立함을索出할지라　卽老論과北人은變通的自由方針及手段이잇섯고南人과少論은節義
的固執의의手段及方針이잇섯는지라

自由黨………………………老論　北人

保守黨………………………少論　南人

고로老北派는活潑하고時機를善察하며改進을務圖하는여러가지變通的手段下에서勢力的
歷史를作하얏고　少南派는自負心과獨善主義와權威의絶義의여러가지保守的手段下에서
勢力의歷史를作한지라　政治는此四派가對立하야相爭하는潮流中에서進步를取하얏나니
世人은皆曰無主義라하나予는홀로此主義가잇섯든것을發見할새　그四色黨派는決斷코彼
英國의正統黨庶系黨과갓티政權을掌握함에만務한者　又는彼아덴스國솔논時代에山林黨
海邊黨平地黨이各地方의利益을相爭하든政黨과同一치안하야正當한心持主義가잇섯든자
니라　勿論四色이權勢에熱狂하고嫉妬에出入하는歷史的醜態는予도認知하는바이라　然이
나政黨은何時를勿論하고各其主張을論함으로由하야反逆과擾亂에陷하기를易함은自然의
勢니라

是以로四色黨은私利를去하고正道를取하는卽黨派的論理가進步치못함이缺點이니宣朝가
닐직이黨派其者를患치안코正當한黨派의少數됨을惟患이라한것이卽이것이니라　고로後
人은黨派의道德을講究치안코오직黨派의滅絶함을希望하야各派의調和를策하니　正朝中
葉에至하야는永々黨議가絶하고無言으로爲主하매所謂勢道라하는것이生하고班閥의제가
甚酷하야畢竟國政이大衰함에至하니라

論컨대自由國이라야政黨이잇고政治가發達되여야黨派가生하는것이라　朝鮮의四色黨爭
은얼마큼不美의行色도現한듯하나他面으로觀察하면그것이反히有利함도되얏나니　故로
東洋諸國中朝鮮政治가發達함은此黨派의有함이一條가된듯하다하노라

第 八十六 節 政府

近代의政府는歷史的基礎의上에組織卽麗朝政治를改造한것이라고로大多한變動이업슴은 勿論이오　立法行政司法의三部를分立치안코統一混合함은以上에累累한說明한바其組織 體를十分區別키 不能하니　卽生理學者가心臟如何의問題를解決치못함과갓티그複雜히組 織된施設을一括하야卽座에此를闡明하기不能이라　土耳其政治는現今에在하야도亦是無 制限의君主政體라朝鮮近代政治가그와갓티는無制限的이안이로되三部의機關이混和하야 크게複雜한狀態를呈한지라 現代立憲各國에도三部不分의關係가有한者이多하다 佛은立 法行政二部間에意思가疏通치안흠으로財政上政府는非常히微弱함을免치못하니卽其國會 의歲計案에關하야內閣大臣의言에寸毫도信任을置치안하다　獨逸은立法行政의兩職權은 圓滿하다하되四法에至하야는混同의狀을作하다　더욱瑞西의制는三部가全혀不可分의職 權으로組織한지라　朝鮮은三部가全혀分立치안한同時에政治行爲는通히朦朧性을帶하니 고로政府의組織上行政各部의職權은極히複雜하다　行政各部는反面에對하야協同的組織 을取하고他半面에對하야其反對의分掌의組織을取하니　卽各曹長官은會議에參加하며意見 을提出하야一般政治의責任을負擔하는同時에各其諸部間에行政事務를分割處理하니　然 則政府는國務를統括하야政治의活動을一包하다　或方面으로此를觀察하면政治를統一한 것이라할지나一層進하야其裏面을觀察하면政府는政治上自由의性을失한것이니　이것이 君主獨裁政治의一要素니라

第 八十七 節 行政各部

行政各部의組織과名稱은貴族時代最後期의所立과大同小異하니 此를以下에示라노라

議政府 百官을總하고庶務를平하고陰陽을理하며邦國을經

領議政, 左右議政, 左右贊成, 左右參贊各一人, 舍人二人, 檢詳一人, 公事官十一人, 司 祿一人

　分　課 堤 堰 司…………各道堤堰水利의 修築을 句管

　　　　　備 邊 司…………中外軍國機務를 總領

吏　曹 文選, 勳封, 考課의 政을 掌

　判書, 參判, 參議各一人, 正郎二人, 佐郎二人

　分　課 文 選 司

　　　　考 勳 司

　　　　考 功 司

兵　曹 武選, 軍務, 儀衛, 郵驛, 兵甲, 器仗, 守門의政을掌

　判書, 參判, 參議, 參知各一人, 正左郎各四人.

　分　課 武 選 司

　　　　乘 輿 司

武 備 司
戶　曹 戶口, 貢賦, 錢糧, 食貨의政을掌

　判書, 參判, 參議各一人, 正左郎 各三人, 算學敎授二人, 別提, 算士, 計士 算學訓導,
會士各一人

　　分　課 版 籍 司
　　　　　會 計 司
　　　　　經 費 司
　　　　　別 例 房 , 辦別房, 前例房
　　　　　別 營 色, 銀色, 別庫色, 歲幣色, 歲辦色
禮　曹 禮樂, 祭祀, 宴享, 交聘, 學校, 科學의政을掌

　判書, 參判, 參議各一人, 正左郎各四人

　　分　課 稽 制 司
　　　　　典 享 司
　　　　　典 客 司
刑　曹- 法律, 上讞, 詞訟, 奴隷의政을掌

　判書, 參判, 參議各一人, 正左郎各三人, 律學敎授, 別提各二人, 明律,
審律, 律學訓導, 檢律各一人

　　分　課 詳 覆 司
　　　　　考 律 司
　　　　　掌 禁 司
　　　　　掌 隷 司
工　曹- 山澤, 工匠, 營繕, 陶冶의政을掌

　判書, 參判, 參議 各一人, 正左郎 各三人

　　分　課 營 造 司
　　　　　攻 冶 司
　　　　　山 澤 司

以上의六曹와議政府는行政府의原廳이라革命初에新組織하야遷歲因便結果屢次改成最後
의制度를例示함이라官吏以外에胥吏가別有하니第九十九節에參照하라

　　　　第 八十八 節 大臣

各種政治機關이有한中議政府는行政府의最本夫라　其長官卽大臣은直接間接으로가장重
大한國家의政務를行하야各地方政務에對하야監督의重任을帶한首長이니　大臣은卽政治
의中樞가되고政府의首長이라　그런데大臣은首席大臣卽領議政과次席大臣卽左右議政이
잇고其外曾經大臣으로議政에參與하는權利義務가有한原任大臣이엿는지라　時任大臣中

次席大臣은獨逸의副大臣과同形이나彼副大臣의職務는總大臣이自由로回收키能한지라
然이나我三政丞은三角의柱礎가되야行政上不可缺한長官이니라

大臣은君主의責任잇는代理者로王의任命에出하고王의好惡에依하야進退하는者이나其職
에在한間에는實際의頭領으로百官의庶政을總平하며時事國策을經理하다　中國明朝의制
度는大臣이업고六部尙書를天子에直隸하야天子가스스로六部에命하고天子의秘書官의性
質을對한內閣大學士라稱하는것이形式上大臣과類似하니라　我의制度는世祖時에六曹長
官의行政會를廢止하고王과直接決處를作한지라　然이나一般政事에對하야大臣이監督하
는것은變치안하니라

　　　第 八十九 節　承前
六曹判書가直啓함을因하야議政府의權利가薄弱할지라도大臣이庶務를監督하는最高權利
가有함은無他라備邊司가議政府에屬하고또他의重大官職卽弘文館長藝文官長太子師傅春
秋館長承文院長等을兼攝한까닭이니라

弘文館 內部經籍과文翰制度의顧問을擔當

領事, 大提學, 提學, 副提學, 直提學, 典翰, 應敎, 副應敎各一人, 校理, 副校理, 修選,
副修選各一人, 博士, 著作各一人, 正字二人, 三品官을玉堂이라하나니라

藝文館 辭命의製選을掌

領事, 大提學, 提學, 直提學, 應敎各一人, 奉敎, 待敎各二人, 檢閱四人, 奉敎以下는 翰
林이라稱하나니라

春秋館 時政의記事를掌

領事一人, 監事, 知事, 同知事各二人, 修選官, 編修官, 記注官各一人

承文院 外交文書를掌

都提調三人 其外屬官이有함

以上官吏는議政府大臣以下諸官의例兼하는것이多함으로議政府官員은다王의秘書館資格
을兼攝하니라

　　　第 九十 節　承前
大臣의候補者는時任大臣의選擧에依하여王의裁可로任命하니此들曰卜相이라하다時任大
臣이다一時에遞任되는同時엔原任大臣의卜相으로써任命하나니　然이나何者던지被選擧
人이共히王意에不合하면王意에合當한者로써候補者에加入하야添寫落點하는지라그런데
三大臣間에親戚姻婭의關係가잇스면被任치못하니曰相避라하나니라

　　　第 九十一 節　行政長官과及其大臣에對한關係
六曹判書가各其行政事務에對하야處理上諸般問題의決定은議政大臣과會議함을要치안코
直接으로王에取稟하며王도亦六曹에게直接으로命下한다함은以上에言한것이라行政의制
度가이믜王의統率下에組織한以上은王이卽行政首長이라　고로王의意思가國家行政에對

한統率的意思니 卽王의意思가總히政策의源泉이오政機의中心일새六曹長官은其意思를 執行하는大臣이라此恰似獨逸皇帝의權利와同觀이有하다 然則議政大臣은名義上으로行 政長官을統率함이오其實地에就하야는庶政을監督할쑨이오行政事務를分配키不能이라 고로行政上에對한議政府의監督은實際政治上에對한議政府의責任으로自然히生한結果特 히司法의의節次에依하야行政諸般의事務를監督하는機關으로搆成되다 彼英佛은君主及 大統領이名義上行政首長이나其實은總理大臣이行政首長이오 米와獨逸은朝鮮과如히君 主及大統領이直接行政首長이되나니라 然則六曹의行政問題는議政府의總管을受치안코各 曹에對하야其隨意의行爲를取하나니라 更言하면通常政府全體의上에一致의監督卽 政府의 會議가업고特히議政府監督下에서政府統一을成하니라

　　　第 九十二 節　承政院
政務의運用에對하야第一重要한바制度發達의表象으로되機關은承政院이是라 此는王命 의出納을掌하야王과政府間에介在한喉舌의職責을有한者니 本來前朝에는中樞院의一官 職이든바此朝時에分立하야獨立의機關을成한것이라 其事務의組織은行政各部卽六曹에 依하야六係로施設한지라

承政院의 分房

都 承 旨……………吏房
左 承 旨……………戶房
右 丞 旨……………禮房
左副丞旨……………兵房
右副丞旨……………刑房
同副丞旨……………工房

六丞旨外에注書二人事變假注書一人이有하니다文書를掌理하는者인대後者는特히重大犯 罪가發見할時其文書를管掌하는者니라 房은卽各行政府와君主間의交涉되는政務들을分 掌한것이오 王名을頒布하든지各處의稟啓가有한大小事를勿論하고承政院에經由하며 大 臣又曹長이直接稟啓할時는丞旨注書가同伴入侍할새其君臣間의交涉은丞旨를知及치안이 치못하니 고로國政의事는다承政院이參加치안임이업나니라

承政院과君主間에는傳命司謁이라는者와承傳色이라는二侍臣이別有하야命啓를通하니라

　　　第 九十三 節　承前
承政院의職掌은但政務의接受發送에不過할지나他官의兼攝이有함으로政務의要任이되니 都丞旨는三館直提學과尙瑞院(聖寶符牌節鉞을掌)正을例兼하고注書는翰林卽史官을兼任 하니 文翰及制度의顧問官을兼帶할쑨안이라注書의史官을兼任이라함은더욱其任이重하 다 本來史官은國務의一動一靜을記事하야史冊을修選하는公正의職을有한者라 고로王及 大臣以下가다尊重하고特別한保護를加할새 史官의後에는捕校가從하야行路上에도史官

蹤跡의五間距離에는行人의接近禁을하니　이는即史官이路上에서도事를記하는바其記錄이或是路上聞落됨을看做하는것이라　坐한史官이新任하면戶曹에서大形의櫃匣一件을與하야何事든지記錄하는者를聚合케하나니라고로政治會議를開할時와王과他官吏와接對酬應을行할時에注書二人이入侍하야事를記할새一人은王及官吏의動靜形容을記하고一人은其交涉의言事를記하다　承政院은如此重任卽春秋正筆의任을對한것이잇슴으로第二의議政府의權利가有할새　其職掌을詳言하면四條로分하기可하다　(一)王命의出納과政府의啓禀을掌　(二)國法의不當한者는王命이라도拒絶하야頒布치안하는同時에半司諫的務義로王의過失을陳述하는　事　(三)政務實事의顧問을應酬하는同時에政務를推促하는事　(四)守令邊將의拜辭時에其職任上注意件을宣喩하는事　此等重職이政院의責任이라　고로丞旨는他官吏와親戚關係가잇스면相避하나니卽各房專務丞旨와六曹判書間에族戚의關係가잇슬째는換房又는遞任을行하니라　丞旨의責任이如是重하매王도亦忌畏하얏고坐各大官도忌畏한지라　고로仁祖時崔鳴吉이丞旨史官의同伴入侍함을廢止하쟈하다가敎理尹集이亡國의擧라하야大責을論한일이잇나니라

　　　　第 九十四 節　官制의三大部
近世政治는國家活動의形式을三으로分하야立法行政司法의名으로各其獨立의機關을設하야事務를處理하다　朝鮮은此區別이判然치못하야立法은主張君主의掌한바라然이나行政行爲와裁判은往往混同하야行政官이裁判事務를執行하다　是故로被三分主義로써朝鮮已往官制를分하기不能이라　然이나朝鮮에對하야는特別한自國의三分主義로써官制를大別함이잇스니所謂文武糾察의三官이是니라

官制의 三分　一………文官
　　　　　　二………武官
　　　　　　三………糾察官
文官은卽行政兼司法官으로政府六曹三館等이是오　武官은軍事警察을掌한班列로武藝出身이是오　糾察官은文武官을監督하야其非法行爲를彈劾하는者卽司憲府司諫院이是니라

　　　　第 九十五 節　臺省
臺省은司憲府와司諫院의總稱이니其制가如左하니라
司憲府　時政을論執하고百官을糾察하고風俗을正하고冤抑을伸하고濫僞를禁하는等이其職掌
大司憲, 執義各一人, 掌令, 持平各二人, 監察十三人
司諫院　特히君王의政事行動을視察하야諫諍論駁함이其職掌
大司諫, 司諫, 獻納 各一人, 正言 二人
各國々會에서其政府에向하야質責權이有함갓티臺省은王及政府에對하야質問을行할새其中司諫院은王에對하야오直其違格의事를諫諍함에止할뿐이라　然이나司憲府는百官의

行政行爲와個人行爲를勿論하고此를糾察하야質責하니　實相半檢查半警察의節次로써政府를監檢할새　大司憲이司憲府에坐起하면領議政以下政府一體가戰慄惶惻하야戒嚴令을下한戰爭準備의判局과如한形을作하는지라　此時領議政이라도捕來訊問하는權을發揮하기能하더니　萬一有罪하면禁府에越送하야推考를行케하니其推考를行할時는王에게取稟한後擧行하나니라　그런데佛蘭西國會의質責과如히無思慮로過激한言論을弄하야反히信用을傷함에至하는것이안이라　司憲府는相當한時間相當한探偵을經한後其擧措를行하나니　其職務는監察에專在하니라　監察이百官의行爲를檢察하야調査　探偵한後有罪로判明할時는其有罪官吏의家門에黑色을塗하나니此는其職權으로有罪者를禁府官吏에게告發함이라　禁府官吏는此門漆을看하고其人을捕來하니太宗時駙馬趙大臨의漆門은至今도恒言하는바이라　御前會議又朝會의時를當하야는直接警察의權을行使하니百官이御前에至하야文武二班으로分伏커던監察二人은班後에立하야（王威之下라도敢立）儀法을視察하며此時臺省官도會席每列에東西로相向分立하야行儀規律을監視하다가班을退하야는勤政門外永濟橋에退立하야百官의進出을待하나니라

　　　第 九十六 節 官吏

官吏는國家의公器로人主라도自專키不可하다하야國務執行과政事經理에對하야適任의官吏를選定함이大問題라　고로中宗曰保國之道莫先於得人이라하고肅宗曰國家之治亂系於得人之賢否進退之權在於銓曹라하고　又曰治不治惟在於其人之賢否如何라하니라　官吏의種類는文蔭武三種으로　區定하니

官吏의 出身 文官……………文科에 昇格者

　　　　　　　蔭官……………文科未經者

　　　　　　　武官……………武科出身

文官은最上等으로認하고武職은最下等으로認하니　이는前時代의武臣拔扈하든弊端을改革함에서出한것이라　武官을賤卑에置함으로軍事上政情은크게衰退하다　然이나文官으로서現務에就치안한者를다武職에付하야祿俸을食케하니이는實로奇異한制度라안이키不可하다　蔭官은或曰南行이라하니武官보다稍重하게認하나正卿과判書에至하면足한줄로認定하니　大盖文事를修하고武事를偃함은近代政治의缺點이니라

官吏를登用함에는文官은吏曹에서主張하고武官은兵曹에서主張할새　其法은二가잇스니一은三品以上官이個人으로서其資格을私試하야三人式薦하는것이오　二는吏兵曹에서資格을詮議하야選定하는것이라（官吏는二十世以上男子에限）何者던지該職에就任함에當하야는오직薦主나銓典의意思에信託함에止하는것이안이라　更一層嚴重한試驗을經함이잇스니　君王의裁可를承한後其職에就任할時는반드시履歷書를臺省에提出하야其承認을得하나니此를曰告身이라하는것이다（卽牒紙의授與）또한新任官吏는直接으로臺省及重要官吏에面拜를行하니此를曰署經이라하는것이라　此告身과署經을試하야直接間接으로

其身言書判의資格을取才한後其仕에進하나마오리薦主를信하고君主의裁可를得할지라도
臺省이不許하면行公기不能이라　成宗時에王이洪曇으로兵判을除授한대大司憲趙士秀가
憲府會議를開하고其資格의不合을論하야드대여啓遞함에至한사이잇는지라　後日官吏任
免의弊는政治上大害를生함에至하믄別問題오原來國憲의公法은其規가如是하야些少도私
를挾하기不能하니라

　　　第 九十七 節　承前

官吏의爵位는前期에比하면五爵을廢止하고品階는大同小異하니 此를以下에示하노라

文班		武班
正一品	大匡輔國崇祿大夫	
	上輔國崇祿大夫…………………………	同
	輔國崇祿大夫	
從一品	崇祿大夫…………………………………	同
	崇政大夫…………………………………	同
正二品	正憲大夫…………………………………	同
	資憲大夫	
從二品	嘉義大夫…………………………………	同
	嘉善大夫	
正三品	通政大夫…………………………………	折衝將軍
	通訓大夫…………………………………	禦侮將軍
從三品	中直大夫…………………………………	建功將軍
	中訓大夫…………………………………	保功將軍
正四品	奉正大夫…………………………………	振威將軍
	奉列大夫…………………………………	昭威將軍
從四品	朝散大夫…………………………………	定略將軍
	朝奉大夫…………………………………	宣略將軍
正五品	通德郞…………………………………	果毅校尉
	通善郞…………………………………	忠毅校尉
從五品	奉直郞…………………………………	顯信校尉
	奉訓郞…………………………………	彰信校尉
正六品	承義郞…………………………………	毅勇校尉
	承訓郞…………………………………	進勇校尉
從六品	宣敎郞…………………………………	勵節校尉
	宣務郞…………………………………	秉節校尉

正七品 務功郎……………………………迪順副尉
從七品 啓功郎……………………………奮順副尉
正八品 通仕郎……………………………承義副尉
從八品 承仕郎……………………………修義副尉
正九品 從仕郎……………………………効力副尉
從九品 將仕郎……………………………展力副尉

此外에國戚宗親에對하야는特別한名稱이잇스니 顯祿大夫, 通直郎等이是니라 그品階는
以上과如히定數가三十一이나追後에至하야初仕後六品에越等하고 六品이正三品越等하
고其上은次席을踏하야實相十一品을行하니라

　　第 九十八 節 承前

官吏任免의定期는一年中上半期下半期卽六月十五日十二月十五日이니此를曰都目(대목)
이라하다 此時褒貶升差期限, 瓜滿卽仕限等凡節에對하야其批准法은密々密々한通則이잇
스나此는枚擧키迷徨하야除煩하고人格과身分에對한制度는近代政治의重要한問題라고로
此를誓言코쟈하노라

官吏의人格問題는法律보다道德을標準함이爲重하다 相當한資格者가잇스면此를登用함
에對하야關係와族系의如何를勿論하고一朝에守領을除授하며一朝에正卿에任하는前例가
잇스니 고로白頭政丞南臺掌令이라하는것은學者山林界의流行語라 此와如히懷才抱道의
人士에對하야는官階門閥을不顧하고登用하야重職에任하나니 白頭徵用은姑捨하고臺省
官吏와銓郎翰林玉堂가튼것도其資格을크게選擇하다 其人은平素行爲에些少의不正한作
止가有할지라도不能이라 喪身으로子息을生하면玉堂에任치못하니頭巾童이玉堂못한다
함은只今도常言하는바이오 黨爭의原因도銓郎問題가基礎된것이라 萬若一人의淸白吏가
入朝한時는王及政府一局에其下에屈從치안할수업섯나니 仁祖가反正할時도逆謀를行함
에何等忌憚이有할이오만은梧里李政丞의一人을忌하야躊躇를致하니라

그資格上德義를觀함에는濫하야身分的觀念에及하야平素의家庭及社交上關係를重要視할
새 이는 國法뿐안이라社會人民의思想도亦然하다 卽職業을自由로選擇치안코父祖傳來
의慣習을爲主로하야그것으로써生涯職分을作하매契約보다人情을크게崇尙한지라 고로
國法도亦道德을爲主하는同時에身分的觀念을크게重視하다由是하야官吏의履歷書에도四
祖를登錄하야血族上其身分의關係如何를点하며 親戚姻婭의關係가有한者가同一한官廳
에業務를司할時는相避하야其一人을他官에換任하다 高等官吏에對하야常人과賤吏子孫
과庶孼과國境邊人等은採用치안하니 이는道德上資格을圓滿히取함이오또한社會事情의
普通習慣을從한것으로思함이라 凡人은家庭聞見이나周圍事情이나習慣等을隨하야其心
性이養成되나니 軍人은戰爭의目的을忘하고오직勝捷을恩하며辯護士는權利의伸張을忘
하고한갓罪人을保護함에努하다常人은政治的常識이薄弱할뿐안이라謀利個人主義에接近

416 조선문명사

키易하며 庶孽도亦其母의不正한遺傳性又其聞見에染키易하며 國境邊地의人은他人種交通을因하야其言語習慣이非國粹的으로流키易하며 又或地理的經濟生活을因하야心性이圓滿치못함에流키易하며 他人의恩惠로養成한者는野心과鄙陋心이流하기易하다 此等念慮가有함으로人格問題를恒常臣分에依함이되니 그런데官吏採用에臣分을觀함은國歌가新法律을創作한것이안이라當時社會習慣이身分을爲主함으로法律은그習慣을從하야立한것이라 近來人事는法律이先立한줄로生覺하야階級制度를讐仇로致意하나 그時代가그法律을作한것이오決코非時代的法律로創造한것은안이니라 그不正當한影響이有한줄로看做하는人은採用치안하는觀念은다反比例를取하야正堂한影響잇는줄로看做하는人은直接其資格의如何를勿論하고採用함에至하니 即蔭職法贈職法이是라 淸白吏子孫과功臣子孫은依例히官吏를除授하며其子孫쑌안이라其死去한祖父도贈職을賜하며普通二品以上官吏도贈職하고一般官吏의妻人도其夫官을싸라職品을賜하니라

婦人의 職品

一品…貞敬夫人	二品…貞夫人	三品…淑夫人
四品…令 人	五品…恭 人	六品…宜 人
七品…安 人	八品…端 人	九品…孺 人

그런데그身分法은極端으로走하야다시原始的制度를取함에近하다 고로末葉에至하야階級打破의思想이流할時도亦身分法을固執함은時代에不適할쑌안이라反히人格을全然不顧하고高等官吏는班族에限하야登用하니 이것이實相衰退反亂을招한것이니라(現今文明國도身分을重視하야孤兒院出身과과入籍한新國民엔大官을不許)

第九十九 節 胥吏

京鄕을勿論하고各官廳에는官吏以外의官吏가有하니名曰胥吏又書吏라하는것이라 此胥吏의種類는錄事書吏書員三種이잇스니錄事는參判以上의陪從人으로該司事務制度의顧問이오 書吏는該司事務를執行하는實務役員이오 書員은下級書吏를謂함이라其中書吏라하는것은實相行政府의主人으로諸般事務를專治하나니 정작官吏라하는것은一旅客에不遇하야行政實務에對하야는不知者라하야도過言이안이니라

書吏數 議政府	十五人	吏 曹	二十五人
戶 曹	六十人	禮 曹	三 十人
兵 曹	百 人	刑 曹	七 十人
工 曹	三十人	承政院	二十五人

其他各官廳에在한書吏數의統合은四千名의多에達하다 此書吏의首領은執吏라하니 (營門에는行首執事, 執事라稱하고各地方에는衙前이라함) 그런데書吏는官吏오如히一衙門內에在한것이니其系統은全혀異色일새 其任免의條는一種商事的性質을有하야賣買하나니其賣買의代金을曰傳授錢이라하다 淸國通考에見하면中國書吏는惡種으로化하야政務

를紊亂케한지라「朝鮮의書吏는實相衙門의主人이되고政務의耳目이되얏나니　정작兩班官吏는尸位에不過한觀도不無한지라」然이나後日에至하야書吏, 衙前의行悖는亂政을作한点도不無하다하노라

　　第百節 王室의職司

獨裁政治는君權이大發達함에在한고로民情에對한官府도亦君主一人의從官에不遇한觀이잇다할지나特히王室을爲하야施設한直司는君主의境界를制限하야國與君을分立한觀이잇나니라

侍臣宮奴	內侍府	宮內傳命守門掃除의任掌
	掖庭署	展謁筆硯闕門鑰鎖 를 掌
禮　　官	奉常寺	祭祀 와 議謚 를 掌
	宗廟署	王祖神廟의守衛를掌
	社稷署	王室의 主神堂을 掌
	陵　墓	王 家의 墳 墓를 掌
學 事 官	奎章閣	御製御筆御眞顧命遺詔密敎를奉
	經筵館	王　　의　　講　　讀　　室
	侍講院	王　子　의　書　堂
	講書院	王　孫　의　書　堂
親 戚 官	宗親府	王 族 을 管 轄
	議賓府	王의女婚를管轄
	敦寧府	王의外戚을管轄
供 養 官	司饔院	宮內御膳供饌를掌
	尙衣院	御 衣 財 寶 掌
	司導書50)	宮內米穀醬油를供
	司宰監	宮內魚肉燒木炬火等을供
	內需司	內用米布及雜物奴婢等을掌
	濟用監	人蔘布物織物等을進獻
	內資寺	內供米麵酒醬蜜蔬菜等
	典設寺51)	帳　幕　의　供
	義盈庫	油蜜黃蠟果物胡椒等
	長興庫	席子油芚紙地等物
	司圃署	園圃蔬菜等

---

50) 사도시(司䆃寺)의 잘못.
51) 典設司의 잘못.

以上마을卽官府는王의私事私用에關한者를分配處理하는데라 或者는此로官制의冗雜을論할지라 然이나王事와國事를分揀하야王에私事에對한것은一事一物이라도一定한制限을設하고王의濫用的權利를防한것이니 宣朝가黃蠟數百斤을入用코자하다가同副承旨辛應時오大諫李琯가定額의王費外에는不可加用이라하야拒絶不納하얏스며 肅宗이丈人金柱臣에게餠을請하얏더니 政院을介하야入納하고私出入을防케하얏나니 此等事實은一種逸話에不過한것이나大體上王의一動一靜은決코脫線的으로行치못하게하니라

第 百一 節 地方政治=區域

地方政治는前代보다大發達하다 其區域은八道로分하고道下에邑을置하며邑下에는各村의自治機關이잇스니 政區로말하면道는第一次地方政廳이오邑은第二次地方政廳이라 其邑의區域을大小로定함은前代와如히歷史的基礎上에置하니라

(第六十一節參照)

道	監司	府尹	大都護府	府使	牧使	郡守	判官	縣令	縣監
京畿	一	一	○	三	八	十	四	四	八
忠淸	一	○	○	四	一	十四	一	一	三四
慶尙	一	一	二	三	十四	十三	一	五	三三
全羅	一	一		四	七	十三	三	五	二六
黃海	一	○	○	二	六	七	一	二	六
江原	一	○	○		七	六	一	三	八
咸鏡	一	一	一	一	十八	二	二	○	二
平安	一	二	一	二	十四	十二	○	六	五

邑의數爻는定宗二年에並合減削하야三百六十餘邑을立하얏다가追後다시改定하니前代보다二道二百邑이滅한바此數를最初三百六十에分區함은一年의日數로比準한것이니 이는君王의一年生活費를各邑의一食負擔支供이라한意味로作한것이니라

第 百二 節 道監司(方伯)

全國을道로分하고道를邑으로分하니道는大行政區오邑은小行政區라邑의長官은(원)이오道에長官은監司니邑의上級官廳은卽道니라 然이나道의性質은政區의價値가完全타하기不能하니道는行政上視察의區域을免치못하다 權近의監司要略跋에曰 (監司의設은上德을宣하고下情을達하며豪猾을懲하고困窮을惠라) 云々하고 世祖下敎日(監司는一道를黜陟함으로써其任이最重하니監司의糾擧가不能이면責任之意가安在오監司는守令을責하고予는監司를責하면體統이相維하니此國家之大政이라)하다 普魯西의監司는오직加言的의職權이잇슬뿐이오執行上의權은업나니 그와갓티我의道長官監司는王及國務諸部의耳目으로서王及各部의施設을要하는一切의事件에關하야建議報告를行하는機關에不過하니라

其性質이그러함으로其制度는多樣多變의歷史를有하니 其名稱도觀察使巡察使黜陟使體察使等으로混稱하다가中間에宋나라名號를擬作한것이오 其數爻도定한것이업고年限도亦然이며其權利도薄弱하얏나니 肅宗時全羅監司朴泰淳의啓에據하면當時까지監司權利의定式이업슴으로兵卒其他守令이其令을順從치안한다하니라

肅宗以後에비로소道政의法規가完立하니 各道一人으로瓜滿은二週年이오節度使를例兼하야地方軍權을掌握하며坐한財務警察司法敎育等一般政治를總察케되니 自此로監司는中央政府의主要한代理機關又는王의代理者로서地方에對한一切政務를辦理함으로써任務를擔하니라 그러하되執行上職務가猶弱하고監視上責任이重하야中央政府及王의政令이各守令에게直到라는일이잇스며各守令도亦是中央政府에게直接交渉하는일이有하니라道의政廳은號曰監營이라하니監司의職은普通行政보다軍務의任이重하니라 監司에는都事檢律各一人이잇고其外莫友로서自辟選任한六裨將이有하니 此裨將等은中央政府의各曹에擬하야執務케할새吏戶禮兵刑工房으로分定하고其下에幾多의役人卽衙前이잇서諸務를分掌하니라 그런데監司의責任은一切政務를專管하야各守令에指揮命令을行하고上部에報告하는等事는勿論이오第一重要한事는第二次로各守令의政治成績을調査하야褒貶하는것이니 褒貶은오직自己道內에限함이안이오關係公事有할時는他道守令도罷免을命하는權利가잇나니라

第 百三 節 邑원(守令)

道를分하야邑을成하니諸邑은州郡府郡縣의四等分으로定하다 此四登盆은行政上級次가안이오品位上等分뿐이니由是로各地方長官은品爵이相異하야同一치안하니라 邑은下級行政區라하나實相政治單位는邑이니 邑의行政長官卽(원)은王의代理者로서其邑의君主가되야一切政務를執行할새 或曰城主又(사토)라하야古代封建의意味를帶하니라

邑의政廳을組織함은一人의官吏卽원과幾多의衙前이有하고其外원의幕友로써從事官을自辟하야置하니此所謂冊房이라衙前은吏戶禮兵刑工六房官屬이오其外通引이잇스니 이는원에對한王의丞旨와同一한職務를對한者이며下級으로는將校軍奴使令率丁等이잇나니라大盖衙前은行吏와假吏가잇스니行吏는政務에從事하는者오假吏는現職의候補者라 此等衙前은다本邑人으로서원이自辟敍任하나니라 此地方行政의機關은中央政府制度를縮小하야排設한바儼然한小朝廷을作한지라 然이나원은行政上絶代自由의權이잇는것이안이니 制限의法規가(以下行政論에參照)잇슬뿐안이라第一監司와第二中央政府等監督이有하야一年二次의褒貶을行하니라 此外에普魯西에스타인이創設한自治機關과同一한留鄕所가잇스니 此는全혀行政上何等關係가업시오직民間風氣의自治를掌理한者이나 원의行政을監督하는任務가잇는同時에地方政治의顧問機關이되니라(百五節參照)

守令이敍任을受한後에는各長官에署經을돌며本邑으로出發할時는入闕하야宿拜하고政院에赴하야守令七事와王諭를聽受하다 守令七律이라하는것은農業盛, 戶口增, 學校興, 軍

政修, 賦役均, 詞訟簡, 姦猾息이니 이는地方行政의條目이同時에王을代表하는全權의責任이니라

　　第 百四 節 御使
地方政治에對하야普通監督과特別監督等이有하야嚴格한節制를加하되地方의遠心力의根은오히려完治치못하야臨時視察을派送하는法이잇는지라 此를御使라하다 此制는遠히新羅時부터使者의名이잇고高麗時에도審察使按問使監察御使廉問使等名이잇섯고 近世에來하야는黜陟使, 巡撫使, 按集, 均田, 詩才, 監賑, 按覈, 監市, 督運 行臺監察等名의派送이有하야州郡에按行하고里閭에出入하야政令의行績과人民의疾苦를査探處理한일이잇섯는지라 그리하되其法規는婉轉한制定이업고오직各道에兼察訪一二人을置하야諸官의不法을糾察直啓케하다 仁祖가反正하야諸般刷新을試함에及하야完全한節目을定하고肅宗時에條目을加定하니 此時로兼察訪은自廢하고御使의制가實施되니라

御使의職掌
一, 監司守令及衙前等의行政事績을廉察探報
一, 善政者는褒獎하고惡政者는直刻罷職하되監司는書啓하야王의任意에付
一, 隱逸의人才를薦用
一, 風俗의善惡을探査하야矯正
一, 貧困의人民은親訪하야慰藉를與
一, 軍事財政司法一般政務를干涉整理
一, 時任官吏섄안이라이믜遞任하야死又政丞이된者의事績이라도干涉
一, 任期는指定事目을磨勘할時까지
御使를除授함에는王의親任으로侍從官中新進少年의淸直한者를定하야秘密히任命할세御使其者에게도此을言知치안코오직事目, 鍮尺, 繡衣, 馬牌四件을同封하야南大門外開坼이라는封書를親授할섄이라 御使는不留時刻하고靑坡驛에赴하야其事目에指定한地方에向하야發程할새其治行은各驛所에서擧行하다 其行色은探摘이라竹杖芒鞋敝衣破笠으로古花郞과는正反對의자최를取하야乞食하면서周行하니라 其權利所及處는事目에在한境界에限하나歷路各處에는다其權利를行使하니 大盖御使는王의直接出動과天使의出現갓티神秘하고壯快하다 御使가驛卒을率하고處理코자하는邑에入하야出到를宣하면山川草木이벌々썰고犬이라도不敢吠한다는것이니 그行止의情態는春香傳에畫出하니라

　　第 百五 節 留鄕所
自治制는上古로브터發達한것이라 彼西洋은希臘에서몬저行함이잇다하나이는家族保護에不外한것이오社會를標準한것은안이며 中古奴馬時로브터는其制가稍發達하얏다하나이는坯한商業團體를爲한것이오 近世自治라함은一百五十年前普魯西스타인이始作한것이라 中國은漢代브터始하야明時에鄕約을設함에至하나이는官選主義에不外하다 朝鮮은

421

古來로自治制가發達한中其職員은다民選에啓하고官選에在치안하니　古來濊에邑君三老統主下戶等官이잇다하나(三老는漢時自治團體職員의稱號니)이는古職名을不知하야漢名으로譯書한것이안인가하노라(四十節參照)

自治制에第一言할바는留鄕所라　留鄕所는高麗忠肅王時까지잇섯든事審官(五十九節參照)制를成宗二十年에變說하야其名稱을改하야鄕正이라하고其事務所를留鄕所又鄕廳이라하다　鄕正을擇定함에는民選에依하야官認하는것이니　州府에는五員郡에는四員縣에는三員等으로組織할새　其第一人을座首라하고其餘는別監이라하니라其職權은權五福鄕祠堂紀와鄕憲과鄕約條目等書에依하야左에列擧하노라

一, 鄕所職員은本鄕中年德이高하고文學才行이具備한者로民選

一, 悖倫不道의人을擧하야告官處罰

一, 地方胥吏의不法行政을糾察하야有司에告白

此規定은留鄕所의憲章이라　그鄕員이每事를處理함에는本所에集合하야討議決定하니此에는人物批評을行하야其行跡을察하며또한守令의行政도糾察하야監司에게交涉함도잇나니라　座首의職責은本是如此하야行政官과關係가업스니　萬一郡守가不在할時는座首가守令代理官이됨도잇고　直接行政上干涉이有하야亞官의稱이有하니라　玆에加言할것은座首가邑에는잇서도道에는업나니恰似普魯西地方制中特히政區(Regiernugsbezirx)에는何等自治機關을設置안함과同하니라

第 百六 節 鄕會

鄕會는自治로서人民이相集하야行政上不正을彈劾하며又는自治事務及其生活에對하야討論을開하는것인졔此는中央政府에對한儒會와同한것이라　然而鄕會는座首가普通村民의代表를召集하야鄕廳에開하는것이오　鄕校에서一鄕中儒籍에入한儒林을會集하는것이잇스니此는曰儒會라하다　儒會에는都有司가잇고其下에幾多의有司가잇스니其性質은民會가안이오貴族의性質을對한것으로他郡儒林과連絡을作하고또한京城大會를開하는權이잇스며　鄕廳會는오직本邑內에限하니라　然則鄕會는二種으로成한時上院下院의觀이잇스니地方行政의監督과一般自治의事業은此兩會에서會議進行하되兩會가互相連絡은업나니라此鄕會의組織的形式을今日會體에比하면劣하다할지라　然이나西洋希臘의政會보다는大發達한것이오또한此鄕會는東洋諸國에不見하는者로오직我朝鮮政治의發達됨의體現된것이니　故로近世政治의元氣는此鄕會에잇섯나니라　最近에在하야政治가衰退한것은此鄕會의無氣로因한것이니　鄕會가잇슬째는비록君主獨裁政治로되立憲君主制나共和制와無異하야國泰平民安樂을報하얏는지라　此制度가萬一漸次發達하야鄕廳會와儒會를統合하야完全한組織體를成하얏드면엇지今日 文明國의制를歆羨함이오

第 百七 節 鄕憲과村自治

村制는自治의基礎로서더욱奇妙한組織을成하다　本來太祖가鄕憲四十一條를製하야咸鏡

道에서先施한것이잇는지라   한이는古來自治的習慣을根據하야明나라鄕約을參酌한改定한
것이니   世宗十年에此를普遍에用코자하야留鄕所節目十二條를作하야鄕約綸音을下하고
全國에行케하더니 成宗時에完全實施한것이라

自治機關 鄕廳………………座   首 一   人
　　　　　　　　　　有司別監 名若干人
　　　　面…………風   憲 一   人
　　　　　　　　　　有   司 二   人
　　　　里…………尊位(或云)執綱 一人
　　　　　　　　　　所   任   二人

本來一邑의村落을面으로分하고面을里로分하고里를洞으로分하니 官選職員은勸農官, 里
正, 統主等三所任이잇고 其外純全한平等의民選으로組織한自治機關에는右에示함과如한
職員이有하야如左한事務를處理하니라

一, 經濟平等 一面內에負擔한歲貢을分定하고各人의錢穀을收納貯蓄하야凶荒을豫備함
一, 敎　　育 書堂을設立하야子弟를訓育하고民風을矯正함
一, 警　　察 五家作統의巡警隊를組織하야賭博과盜賊과其他罪人을禁止함
一, 司　　法 面內의訴訟은아못조록官衙에入치안토록處理判決하되笞罰의執行함을得함
一, 政府連絡 國稅를徵收納入하며政令을信守케함
一, 宗　　敎 神堂을設하야天神의德을崇頌케함
一, 職　　員 村會에서公選

自治機關은以上事務를執行하되大小事는다村會를開하고洞民의總決로行하다   自治機關
以外에在하야社會的活動으로他里의人을連絡함이잇스니曰契라하는것이라   此契는如何
한地方何如한職業者間에던지擧皆結社하야互相扶助의事를行하니   自治機關보다此契라
하는것이더욱美妙한組織이라   此等良美한制度는明나라鄕約以上에優하야國家生活을此
等自衛에서基本하니此가政治史의重要한精神이러라

　　　第百八節 村會

開會方法은太古歷史的精神으로決定한바其制度는習慣에基하니峻嚴한座席과整然한秩序
는實相現代會體보다더發達이라   洞民을召集하는方法은所任이洞口에立하야尊位의命令
을高聲으로써發布하다   議場에就하야開會할時는普魯西의烟草國會와希臘의宴饗國會갓
티酒食을設함에及하니會食場이卽議事堂이라   其議決法은亂商辯論을要하야一事의議가
數十日에亘할지라도詳論하야個人의應諾으로써落着하니彼스파라民會에서大聲으로贊否
를呼하든口頭直決法에比하면매우圓滿하야再論이起치안케處理하다   그論旨를說함에도
簡明한數句中에挾하는것이안이라確實諒解를要하야써忠實한哀情을盡하니   近日會議法
과如히無精神한黐案과不得要領의土臺에서動議再請만取하는것이안이니라   如斯한會議

에對한民衆의聲이社會國家行爲의方向을決定하는潛勢力이러라

第 百九 節 警察行政

政治의形體가獨裁에在함으로一般은分化的이안이오混和的인同時에內務行政이單消極的
으로公安을維持하고公度의秩序를維持함에至한것가튼지라　고로以上에種種論示함갓티
人民의參政權이多少自在한立憲的性質이現帶하나警察은아즉警察時代를脫化하지못한모
양이라　고로國家의行政이警察의으로된純全한權力의壓制이라하기可하다　然이나內務行
政은前代보다漸次擴張을致하야單消極的作用쑨안이라積極的으로國民의幸福을增進하는
일도內務行政의一部로서此를行함에及하니　그消極의作用되는警察은內務行政의範圍內
에서分立하야論하기能할새　其警察權의基礎는비록法律의委任에基한彼西洋各國의例와
는不同이나純全한國家의存立을維持하는必要에在하다하기는不可하니　其基礎는卽法律
王命에在한줄로思하매其制度를以下에言하노라

義禁府　는高等警察官廳이라國家又其機關에대한危險을及하기可한行爲를防함을目的하
니　卽大獄事及中外久滯로難決한事도修理하며　特히常直廳이라하는것을附設하야士庶의
申訴告牒을掌理하다　或曰王獄이라하야逆謀者又官史로써犯罪한全部는此에서取締하니
라　此는或時執金吾又巡軍府又義勇巡軍司로改稱하야軍門에屬하든바太宗十四年에兵柄
을廢止하고庶司로作하니라

判事, 知事, 同知事各一人, 都事十人, 書吏十人

羅將九十人 軍士十人 下屬二人

捕盜廳은　左右二個所를設立하니普通警察官廳이라　各個人에對한危險을防함으로目的하
니　이는軍隊로組織하야盜賊과奸細를禁할새巡警譏察의務를專掌하다

大將一人 從事官三人　部將四十二人

書吏四人 譏察軍士數百人

其外刑曹臺省亦警察의責任이잇고쏘한各部의行政作用에伴한바의警察은各官廳도其權利
를有하니　이는行政官廳에權限을定함에必要한바現今各國도亦有한것이라　고로一班重要
官吏는牌卽　拘引證을使用하야囚禁을命하니라　地方의警察은其行政官廳에直轄에屬하니
警察官吏는都事部將이잇고拿卒使令山軍軍奴等은今日巡査와同하니라

第 百十 節 承前

公安警察에就하야는엇더한條文과法規가分明치못함으로證憑的으로保安이라함을論키不
能하나　大明律, 大典通編等을閱하야現今警察學上에比準하면此를推想키可할새　公安을
維持하고自由를保護함에對하야훌능한制度로組織하엿다하노라

(一)結社에關한取締　多數의人民이自己의意思로써一定한共同의目的을爲하야永續의團體
를作함은其數가極多하야星羅碁布의像을成하니　其種類는商社都家와道德을標準한俱樂
部卽契와自治를目的한救濟機關等이잇고其外政黨이有함으로政會도有하니라　此等結社

에 對하야는 極히 獎勵하는 것으로 無限한 自由를 許하매 集會의 節次는 官廳에 取報하는 일도 無하다 風俗을 害하는 結社는 勿論禁止하며 政治革命의 目的으로 秘密結社를 作함에는 大逆으로 搆罪한지라 此大逆을 掌捕함에는 官吏가 任意로 取締치못하고 반드시 王에 品階하야 王命으로써 執行하니라

(二)集會에 關한取締 集會에 對하야는 安寧秩序를 妨害치안하다 認定하는 限에 在하야는 無限한 自由를 許하고 萬一 有害하다 認定한者는 禁斷하니 고로 三人以上이 飮食할時는 此를 解散하고 其辨主者는 照律處分하니라

(三)出版에 關한取締 出版의業은 多力을 要함으로 官營에 在하고 私營은 不多하나 然이나 此亦 有害한者가안인 以上은 檢閱 又 取報의 法이업시 自由로 版行하니라

(四)人에 關한取締 行政執行法에 依하야 泥醉者狂人暴行者鬪爭코자하는者에 對하야 行政處分으로써 一日以上 幽囚監置等으로 其身體의 拘束을 加하다 然이나 所謂預戒命令卽危險人物에 對한 自由束縛이라하는 것은 行치안하니 此는 官治警察에 在치안코 自治警察의 責任으로 看做하니라

以上歷論에 依하면 警察의制度가 發達치못한 事情도잇다할지라 然이나 現犯을 捕捉하는 外에는 拘引證이업스면 人民을 掌捕키 不能하엿나니 此로써 論하면 人民의自由를 極히 尊重한 것이라可謂니라

　　第 百十一 節 承前

警察處分에 對하야 더욱 不可不知할것은 囚禁과 栲訊에 對한法規니 此를 大典通編에 依하야 以下에 摘發하노라

(一)死罪外에 官吏士族婦人僧人을 囚禁코자하면 王에 稟啓後行

(二)年七十以上十五以下는 强盜殺人罪가안이면 囚치못함

(三)苦刑訊問은 王旨를 取한後行

(四)凡婦女는 大逆을 犯하거나 陰計를 自主하거나 逆招를 繫援한者外에는 拷問[52)치못함

(五)重罪干犯에는 비록 常賤出身이라도 刑曹에 稟啓後 刑推함

(六)推鞫罪人에 對하야 刑과 拿와 査를 請할時는 鞫廳의 會議로써 啓하되 參鞫官이 獨啓함을 不得함

其中訊問을 行함에 對하야 刑을 行할지라도 大注意를 加하야 크게 人道를 主하엿나니 萬一惡吏가잇서 非人道의 惡行을 加할時는 相當한 犯罪者로 處分하다 仁祖二十五年七月에 羅州牧使李更生이 賊黨梁漢龍等을 拷問[53)하야 死에 至한대 王이 更生을 處罰하고 敬差官張應一을 派送하야 處理하다 孝宗九年에 壽進宮奴를 刑訊하야 死에 至하매 其吏를 處罪하다 此等의事는 歷史上 昭然한 事實이라 以上法規와 歷史上 反刑을 行한 事를 見하면 그 人道正義로써 法律의

---

52) 원문에는 栲問으로 되어 있으나 拷問의 오식으로 보인다.
53) 원문에는 苦問으로 되어 있으나 拷問의 오식이다.

基礎를作함을可知이라

第 百十二 節 宗敎行政

宗敎에對한行政은上古로傳來하든公認敎主義를執하다　卽獨逸과墺太利와如히數個宗敎를保護하는것이라　然이나其宗敎의種類에對하야는前代와異하니卽儒敎大倧을保護하고佛敎와其他는다抑制하다

(一)儒敎　는科學上宗敎라稱하기不可하다　然이나儒祖卽孔子의神을各地方에尊奉하고其經典을讀하야此로써人生觀의大本을삼으니고로宗敎라안이키不可하다　京城에는成均館이잇고各地方에는鄕校가잇스니　此는다儒敎의聖殿이라同時에官吏를置하야其政을行하니라

　　　　　成均館　知事, 同知事, 大司成, 祭酒, 司成各一人, 司藝各二人, 司業各一人 直講四人, 　　　　典籍十三人, 博士, 學正, 學諭各三人

　　　　鄕校 掌儀 一人, 齋任, 色掌 各 二人

大倧敎는　以來多神敎로化하야諸種神을崇奉하는同時에儒敎의奉神하는바를混成하다　此는大倧이라하기보다神道라하기可하나詳察하면倧의變體로看做할지니其神의種類는極多하니라

三聖祠 桓因 桓雄 檀君

崇靈殿 檀君 東明聖王

崇德殿 新羅 始祖

崇惠殿 敬順王

崇善殿 駕洛國王

東明王廟

崇烈殿 溫祚

崇義殿 天授大王

祓 禳 害穀神

儺 　鳥獸昆蟲의神

山川壇 風雲雨雷의神

天 神 天地日月星辰의神

城 隍 山川又云彭吳의神

先農壇 農神

先蠶壇 蠶神

司寒壇 寒神

馬祖壇 馬神

禡厲祭壇 惡病神

纛　　　　戰神

神　　堂 各官廳의土神

成　　造 各家의土神

夫婁단지 財神

以上神을祭함에는昭格署와奉常寺及各廟殿等에管長이잇서此를行하고其司는吏曹及禮曹에分屬하니라

(三)佛敎는 非保護의宗敎로束縛을加하야漸次滅絶을圖하니此는吏曹와禮曹에서關係할새其行政은如左하니라

一, 各寺에住持를置하야寺政을管할새 此住持는該寺僧侶의投票로數人을薦하야禮曹에報하면禮曹는吏曹에移文하야磨堪54)하고 住持의任期는三十朔으로定하다

二, 敎派는禪宗과敎宗의二에限함

三, 寺社를新創치못하고古基를重修함에는禮曹에啓聞하야許可를得함

四, 僧이되는者는禮曹에啓聞할새 丁錢正布三十疋을納하고度牒卽爲僧의許證을買함

五, 軍額登錄時期에爲僧者는其一族을囚하야督現함

六, 僧侶는其居住를制限하야都會地에出入치못함

(四)淫祠 以上儒佛外의神은다淫祠라하야禁斷하니 太祖元年에工曹判書李敏道가上書하야曰前朝는淫祠를尙하매或一神을數處에分祠하며或一日에數祭를再行하야祀典이瀆亂함으로써亡에至한지라 方今天을應하고命을受하야서一代의治를新하매다시前朝의弊를蹈키不可하니禮曹로하야곰詳定施行케하라하다 太宗十七年에朴信의請으로書雲觀에藏한神書異蹟을다燒却하고京外私藏의妖書를押收消盡케하되萬一違者는妖言律에處하니라 英祖三十四年五月에海州에妖女가出하야人民을惑케하니御使李敬玉을遣하야其女를斬하고其首를一道에傳하다 正祖時에는(西學)耶蘇敎를禁하야其神父佛人을斬하고 또한南學이盛한事이잇섯는대此亦嚴禁하니라 此後로淫祠는一切嚴禁하야迷惑을掃淸케할새 其淫祠의管長盲人과巫女는活人署에屬하야其生活費를給케하고特히外方巫女에對하야는每人에게稅木一疋을納케하니라

以上에列擧한者는近代宗敎行政의大略이라 儒와神道는大興하고佛과淫祠는大打擊을受하니 其中淫祠의慘禍는無限한悲運에罹하매 其禍가佛에까지及하니畢竟中宗十四年에昭格署를罷하고神書를焚燒함에當하야佛의經典까지滅絶의患을當하얏나니라

　　　第 百十三 節 承前

國家는自己의文化的使命을自覺하매君王은敎會를指導하고스스로眞正의信仰을尊奉치안이키不可하니信仰의統一은國家의政治에對한自然한萬事의目的되는結果를生하다更言하

---

54) 원문에는 磨堪으로 되어 있으나 磨勘의 오식이다.

면其自覺的使命은一方에偏한지라 　或方面으로觀하면儒敎亦朝鮮人自己의産物이안이라
고로孔子의廟는一種客館으로思함이잇섯는지라然이나神人二法을擁護하고神의正敎及神
에關한一切의眞理를保護함에는專力치안이키不可하니 　於是乎儒敎의專信의傾向은迷路
에自陷함을覺悟치못한地境에人한지라
(一)事大 儒敎의根本主義되는運數의思想은自覺的活氣를殺하야靑年은얌전타하는無氣力
으로死地를生地로信하는同時에事大主義는徹底하게奉守하야依賴性을生하다
(二)保守 此亦儒敎의根本主義로進步發達은極忌諱하고故典舊例를實히遵行하니 保守는
退步오退步는滅亡이라 　古來文明事業은점차衰滅를日加할새此로因하야人民의思想은末
境百孔千瘡의形을成하다 (三)階級 此亦其根本主義라天道를本하야上下階級을嚴立하고
所謂名分春秋의意義를眞實히行하니本來의身分法은極度에達하다 (四)人心의不安 儒敎
徒를極護하고他敎는排斥한結果精神의自由는大束縛을加한同時에國民의良心에는不安의
思를起하야自家를自亂함에至하니라
論하면勿論儒敎로因하야秩序를整頓하고幸福을造한事도多有하다할지나其利는其害보다
極小하야百弊를釀造하니라
　　　第百十四節 敎育行政
國民이其道德的又肉體的發達을爲함에當하야는반드시下으로上에向하야時代의革命을作
하고 　眞正한文化는此에逆行하야上으로下來함이例事가되는것이라 　此는世界의共通事實
이라 　朝鮮近世의敎育行政도亦演繹의性質을對하야最上級의敎育을主張하고下級卽基本
敎育에對하야는其用力이少하얏나니 　文獻備考學校編의序文에曰養하야成才함은由上이
라上을能養하면自能養於下라 하다 고로西洋아덴쓰와갓티小學은私敎에在하고오직高等
敎育만政府의直轄을作하다 是以로義務敎育이라하는制度는업섯나니라
(一)初等敎育 은政府의關係를離하야自治團體又私設에屬하니童蒙을敎訓하는書堂의數는
全國內二萬을算出할지라 其種은三이니 一은個人의家에서儒生을招聘하야自家兒童及洞
里兒童을敎訓하는것이오 二는儒生自己가書齋를私設하고兒童을募集하야敎授하는것이
오 三은各洞里에서組合을成하야書齋를設하고一洞의兒童을敎授라는것이니 其敎科는다
讀書, 習字, 作文等四五科에不外하니라
(二)高等敎育은 官設과私立의二種이라 官設은各邑鄕校와京城內東學西學南學中學等四
學이是라 此高等敎育에對하야는學官을派送하야巡廻考試를行하다 書院은私設圖書館이
라各種書籍을備置한바儒生이會集하야硏究하는데니 　書院은中宗三十六年에豊基郡守周
世鵬이安裕舊基에此를先設한者러니其後各邑先賢의子孫된者는다其顯祖를爲하야設立하
니라
生徒定數 四學⋯⋯⋯⋯⋯⋯⋯⋯ 各一百人
　　　　鄕校 州⋯⋯⋯⋯⋯⋯⋯九十人

府……………………七十人
郡……………………五十人
縣……………………三十人

書院數　京畿……………………四一
忠淸……………………四二
全羅……………………四三
慶尙……………………四七　　合二六三
江原……………………三一
黃海……………………二一
咸鏡……………………一六
安[55]……………………二一

四學鄕校書院에는或初等敎科를設함도잇스니卽十三歲以下의兒童도잇서初等敎育을兼行하니라

(三)文科大學 은京城成均館內에設한太學이니此에는三級으로定하다

太學의三級　上齋……………生員……………百二十六人
下齋……………進士……………百六人
寄齋……………學生……………二十人

太學은國家敎育의最重한機關이니王이御臨하야諸生으로더브러講論을試하다　生員은四學과鄕校等諸生의學力을試한結果其論文의優等者各道及四學中三人以上十人以下를擇하야與한學位오　進士는科擧에依하야詩賦의優等된者를擇하야與한學位라此等學位를有한者가다시兩次試驗에登第하면曰及第라하야卽時文官에採用하니라

(四)專門學校 는實業에對한敎育은업스나實務及藝術에對한者는多設하니此亦官立이니라

語 學 漢　語………四十五人
蒙古語………三十五人
女眞語………二 十 人…………司譯院에在
淸　語………三十四人
日　語………四 十 人

醫　學………………百十六人…………典醫監 惠民署
天文學………………四 十 人
地理學………………十　　人…………觀象監
命課學………………十　　人

55) 平安

道　學…………十　　人………昭格署
法律學…………八　十人………刑　曹
數　學…………六十一人………戶　曹
畵　學…………三　十　人………圖畵署
音　學…………百九十五人………掌樂院

右諸學校는京城의所設한者오各地方에在하야도此의設立이有한지라　然이나地方에는語學法律醫學의三科學이잇더니라

科/地	州	府	郡	縣
法律	十四人	十二人	十人	八人
醫學	十四人	十二人	十人	八人

漢語學生　平壤, 黃州, 義州各三十人, 濟州十五人
女　眞　語　昌盛, 義州各五人, 北靑十人, 楚山, 碧潼, 渭源, 滿浦各五人
日　　語　釜山十人, 鹽浦六人, 濟州十五人, 巨濟五人

(五)女子敎育　은初等敎育과如히定規가업시私設로써行하는대其科目은諺文과三綱行實二種으로서常識보다道德의敎訓을爲主한지라　其敎授는家長이나父老나地方敎授及訓導等에在할새　大義를能通하고操行이卓異한者는(京에는漢城府外方은監司가)啓聞하야行賞하니라

(六)師範敎育　은特別한養成이업고學力의優等者를擇하야定任하다　考課에就하야는學官이有하야日課月講한成績을依準하니　京에는三品以下의文官이오地方에는敎授와訓導(生員進士로擇定)가잇서此를行하니라

	京	忠	慶	全	黃	江	咸	平
敎授	十一	四	十二	八	六	七	十三	十一
訓導	二六	五〇	五八	五五	二一	十九	一〇	三七

第 百十五 節　承前

敎育政策은美的精神生活의範圍에對하야創造的活動을成得함이甚少하고오직此를保護하고此에外部的助長手段을施함이明白하다　彼伯林大學을創立할際에월늬암帝가特書를下하야曰(吾人은玆에有能의人士를糾合하야써漸次로全體를結晶케하노라)한지라　斯와如히世祖는敎曰(人才의養育은一朝에成치못하니有才者라도不勤敎事면不成이오有人이라도不豫試事면難用이라宜常誘掖勤勵하고數數試하야登用에備하라)云々하다　由是觀之하면

國家의活動은創造가안이오單只[56]鼓舞獎勵함에在할새科學의精神은躍動하는人物을拔擢함으로써主張한것이라

그內容에趁하야觀察하면儒敎는必然的으로一切國民敎育의負擔者가되야宗敎와敎育을混淆함에至하다 教師는盡皆儒生으로써各村落學校를主張하야스々로校長이되고스々로教師가되야聖經의談瑣와信仰問題를讀書習字에依하야習得케할뿐안이라中國의通鑑史略과儒敎의聖經으로써敎科書를삼으니 玆에宗敎의敎育과讀書習字의敎育은互相充補連結하야不可離한關係를結한지라 兒童은軟骨의브터孔子를崇拜하야道德의精神을培養하는同時에中國歷史에서得한爭奪攻擊하는事로써第二天性을慣하며 中學程度로브터는古典敎育으로中心을作하야守舊로써主義함에及하다 然이나此古典敎育은思想의錯誤가업시情操及理智를修한同時에訓練하야써靑年의精神이確然不動하는準據를要케함이라 觀컨대今日新敎育은科學을機械的又는百科全書的으로注入하는同時에其精神力은自然科學의斷片的及形式的되는智識에壓迫되야反히薄弱에流하니 此를互相比較하면前日故典敎育의效果가多大한好人格을養하는것이라可謂할지라 原來敎育의原理는精神力의正式의訓練을主하기可한同時에또한獨立의思索을成함에充分한精神的彈力을養成함이可하다 近世新敎育은正式의精神力은能하나獨立精神力은反히大害를加하야多方面의人物과專門家의人物이産出치안하야學問이進步치못함에至하니라 藝術에至하야는不進의態를現하니西洋第十七世紀와近似하야全혀抹殺生主義를行하매國家의活動力이漸次退靜微弱에至하다이는無他라儒敎의藝術을賤待함에서生하니 儒畵의泰斗되는仁齋姜希顔의行狀에말하되(子弟有求書畵者公曰書畵賤技流傳後世祗以辱名耳) 라하니라

　　第 百十六 節 救濟行政
治民의道는生々으로大本을作하매救濟의行政은極히發達하다 其制度를言하면救貧과防貧의二條로成하니라

(一)惠恤 賑恤廳은救貧惠施의政을掌하고禮曹는此를調査處分하다 族親이업시丐乞하는者扶護者가업는老人等은土宇卽(움)을構造하야此에居接케하고衣料와量食을恤與하며 遺失小兒와遺棄小兒等은漢城府及各邑에서 願育人을擇定하야養育케하되七歲까지其養育費를差給하며 願育人이업스면土宇에居接케하고乳母一人에二兒를分授하야保養케하니라 疾疫時全家合沒者와火災水害를當한者는雖一家라도王에啓聞하야救濟하며 또한凶年도亦然이라 此에在하야地方官의此等賑恤에不勤하는者잇스면卽時罷職하는法이러라
賑恤費(米) 英祖時
　　京畿道……………………一七四二三,石
　　忠淸道……………………三八九八八

---

56) 單只는 但只의 오식.

江原道……………………三三三四七

黃海道…………………

全羅道…………………八九九七

慶尙道…………………五二九七四

咸鏡道…………………五五三六

(二)備荒　貧窮에陷치안함을預防함에는新羅時브터傳來하는糴糶法이有하다　高麗時代에全國十四處에義倉을設하고此에서賑恤과備荒의政을行하더니　近世에來하야는各邑에常平倉을開設하고此로써防貧에用하니　春에米穀을貧民에貸付하얏다가秋에還上할새利子를什一로定하니此를曰取耗라하는것이라　坐한穀價가廉할時에買入하얏다가高할時에賣出하야貧을救濟하는지라　此等은宋나라朱子의社倉과同하다然이나社倉은百家에一社를設하는바最新近世에制定한것이오　朝鮮의常平倉法은千年前新羅時代에브터傳來한것이니라　貧民保護에는佛蘭西制度와如히官營의低利典當鋪가必要한것이나朝鮮에는農으로爲本한고로此制는設함이업섯고오직民間私營으로日收月收라하는것이잇스니　이는利子가極高한것이나貧民에對하야는必要한것이되니라

(三)救療　博愛事業은西洋보다先進이라　其政廳은惠民署와活人署니　前期의大悲院의名이改한것이라　貧乏하야治療方針인無한者는此兩署에서無報酬로治療하며地方에는政廳의直營으로施治하니라　義禁府成均館典獄署에는每月定期로議員을派送하야學生과罪囚를診察하고藥劑를題給하며　坐한溫井을利用함은古詩에覺得한바라溫井이잇는地方에는病室을構造하야人民으로無料入院케하다　溫井쏀안이라傳染病人을治療함에는特히門外開陽地에避病院卽病幕을設하고無料入院케하니라　活人署에는女醫七十人과産婆(其數未詳)가잇섯는지라이는各地方에서選上하야見習케한것이니成才後에는各地方에派送하야視務케하니라

大抵救濟行政은各國이擧皆盡力하는것이라　朝鮮以往은此의制度가實相大發達하야人民의生活이　豊足하얏나니　고로國民全體를指하야貧窮이라하기可하나其程度內에서는特히貧民이라할것은其數가猶少한지라　瑞西山中에는乞食의大部落이有하야其中酋長도잇고俳僕도잇스며獨逸게튼市에는四萬의人口中一萬二千人은乞食者이며　佛蘭西分娩院은妊婦와棄兒를養育하는곳인대女子의節操는此로써破하는大傾向이出하다　此等國의行政은無料로써救濟를施함으로貧民이去々益增하야畢竟惡風惡德이流行하게된지라　朝鮮도亦無料救濟함은一班이나貧民의數가不多하야오히려年々減少의狀을呈하니이것이生活의平均이라其理由는無他라　朝鮮은族制가發達하야困難한者는其宗族이救濟하고他人이나政府의保護를受함을極哀極恥로知함이니　此實相發達된自治制의一徵이니라

　　　第 百十七 節 經濟行政=農業

國民經濟에對하야는農業으로本務를作하는古來主義를引襲하야此를크게奬勵할새더욱李

太祖革命時에農業改定으로써人民의同情을受하든바그完備한制度는富의分配를上下均一케하야此로써大政策을삼은지라　農政의道는六條가잇스니　一曰農時를不奪　二曰民을奠居　三曰農糧을顧助　四曰犁牛를備給　五曰灌漑堤堰　六曰懶惰를警飭等이니라

(一)各面各里에勸農有司를差定하야每農時에際하면種子를村民에게給與하며時々로巡廻하야作業을課督하니　그種子는各守令이常平倉에貯置한者로써民의請求에依하야勸農으로하야곰分給케하다　君主는百官을率하고門外에出하야人民의移秧을視察할뿐안이라籍田을別置하고王이親耕하야써重農의事를敎하니라　萬一時雨가不來하면天에祭하야下雨를祈할새　多旱의餘에雨가賜하면行人의雨具를着치못하게하야惠德을謝케하는일이잇섯스니　此에重農의觀念이大하든바를可知니라

(二)國有地及民有地를勿論하고人의請願을以하야造家케하되私有地의本主가造家를防塞抵毁할時는律에處하다　閑曠地에對하야起耕開墾을請求하는者가잇스면直접許諾하되其所有權싸지許與하다　各屯에農牛를飼蓄하야每邑에五十頭를移給하야人民에게私用케하니　朝鮮의牛가世界의第一이라함은牛로써農事機械로使用하는結果其數가多할뿐안이라其種類도亦上品이됨은其改良取種함에專力한것이니라

(三)議政府의分課되는堤堰司는灌漑水利의政을句管하는데라　各邑守令으로하야곰每歲春秋에水利狀況을監司에報告하야政府에啓聞하다　萬一新築의洑堰處及貯水池를作키能한處는人民의請願에依하야許可하되守令의親臨調査를經한後國庫金과人民의賦役으로써此를開設하니라

農業과同列에置하야重要히治理함은蠶業이라　每道에養蠶取締를設定하고各邑의蠶絲를主治하니此를曰都會蠶室이라하다　此는議政府의分課되는備邊司에서統管할새　桑苗는人民에無料로分給하되大戶에五十條中戶에四十條小戶에는三十條를分給하다　每道都會蠶室에는隣邑女子及助役의人을約定하야輪次均役할새　最後成績을見함에는監司가親監하야賞罰을行하고其成績表를戶曹에報하야保管케하니라

　　　第　百十八　節　承前=商業

商業에就하야는大規模의制度를成하니　이는新羅時브터發達하야오든바近世에至하야는크게整理하야더욱完全한政策을執한지라　定宗時에開川都監을設하고京城中央大道의兩側에市廛八百餘間을設하야一班商業을分業的으로開店케하니　何種營業이던지專門으로行하며또各商은其營業科目을싸라團體의自治行爲를作케하고　一班商業의政治는平市署가掌治하니라

(一)度量衡　은商業上去來의便宜를爲하여又去來의詐欺를防키위하야此를正確히할새此는工曹에서製造分給하니其制는銅으로써原形을作하다　今日各國의白金原型에比하면度數의變態가易할지라　그런데一般度器에는烙印을表하야分給하고每年春分日에(京城은戶曹外方은各鎭營에서)民間度器를收入檢査할새　烙印의官制가無하고又는私僞의製가有할時

433

는罰에處하니라

(二)貨幣는 法律로製用함은勿論이오其制度는多變하다 太宗時에紙幣를行用하니其値는
一張에米一升二十張에布一疋을準하니라 中間에箭幣를使用하는일이잇더니廢止하고 仁
祖十一年에戶判金起宗의建議오常平通寶卽葉錢(二錢五分)을鑄用하기始作하다 이는補助
貨로用하고元位貨는銀(一兩)으로써定하니 其鑄錢所는一定의處所가업시王의指令에依하
야戶曹工曹軍營及地方等에서隨意로行하니라(葉錢의原料는鍮, 銅, 鑞石, 等三 精鐵의化
合物)

(三)都家 商業은一從戶曹나平市署에서句管干涉하나一班商事를政府의干涉에一任하면營
業上大困難이自生할지라 故로各種營業者는各其同業者間에會를組織하야賣買組合, 商業
會議所等의性質로自治의營業機關을立하니 此를謂하되都家라하니라 此等各都家에對하
야는政府에서貸金을下하야商業을助長하니 由是로商業界가或一時의損害가生할지라도
前途는良好한希望이잇는同時에發展의策이自在하니 其貸付金은銀이나布木으로써下與
하야無利子年賦로報上케한지라 此가朝鮮商業의精神이오活路러라

(四)鄕市及任房 地方商業에는各村의便利를짜라間五日의定期市場을開하니曰場이라하다
此行商에도坾한團體를組織하야都家의政을自治하니 此를曰任房이라하는것이라 任房은
八道에皆有하야極히義俠의團體로成하다 其統一機關도京城에在하고其首長은統領이라
하니라

(五)外國貿易은 互市라云하는것이라 慶源鏡城會寧中江(卽義州)釜山五處에貿易所를置
하고官吏를駐하야海關稅를受納하며禁物의潛商을嚴斷하니 玆에禁斷은嚴峻하야內外人
을勿論하고法에抵하는者는斬刑에處하고同時에其地方官까지罷職하며 外國人來留者는
二十口에不過하며坾內外人을勿論하고國境에通行하는者는行狀卽旅行券을發用한지라
此互市로因하야中國及日本과交涉하고條約을締結한것이世宗時브터起하얏스며 坾한此
互市의影響으로因하야本國商業上情形의左右됨을論難한것이多하얏나니 互市로써商業
上主要視한바此에相當한政策을加한것은新羅時브터点究하든바라近來人士는古代政治에
貿易二字브터업섯다하는者이多하니噫라

以上商業政策은舊來主義卽國家社會主義를執한고로一般物價도政府에서平準하며商業家
의害가을슬時는政府에서坾한扶助하야興旺의道를濟하니라

　　　　第 百十九 節 承前=工業

工業은麗朝보다發達한지라 然而工業은各私人에任함이少하고全혀各官廳에系하야政府
管轄下에在하니 京城官立工匠은工曹, 尙衣院, 軍器寺, 校書館, 司饗院, 繕工監, 濟用
監, 典艦司, 造紙署等十一所가잇고 各司需用之物은坾한各司에서製造하고特히私立이나
官立이나大工場이잇지안함은事實이니此는家工業時代를免치못한것이라 各種工人은案
을立하야工曹에保管하고其業은世襲으로傳케하니라

京城各司各工場에 系한 工業及工人의 別은 如左

　　鐵工　冶匠, 鑠匠, 螺鈿匠等十五科六六三人

　　木工　竹, 木, 漆等科一四八人

　　皮工　靴, 鞍子, 熟皮, 氈等十五科一二二人

　　沙器工　沙器, 石炭, 瓦等九科六七四人

　　紡織工　綾羅, 布木, 染色等十科四四三人

　　軍器工　弓, 矢, 甲, 舟車 等과十科三九二人

　　玉工　三科五二人

　　雜工　傘, 彫刻, 簾, 梳, 扇等五七科五二三人

　　　以上 合計 百二十五科三千十二人

各外方에 在한 工匠籍入된 工人數는 如左

　　　京畿道……………………一五三人

　　　忠淸道……………………六一四人

　　　慶尙道……………………一一二九人

　　　全羅道……………………七七一人

　　　江原道……………………二二四人

　　　黃海道……………………二二一人

　　　咸鏡道……………………一七六人

　　　平安道……………………二一四人

大邱에서 木柄佩刀一個를製造할지라도十八處에　分製하얏다하니　當時分業的工業의製度
組織은實相可驚의事라　　大發明이업슴으로轉買特權意匠權等의法規는不見이나現狀業務
進行에 對하야는大規模를成하니라　然而工人은奴隷로써任하고他級人은不爲하며　坐한世
運이衰退함을黨하야는地方官吏의貪奪로因하여工業이大賤하니　　噫라衰時의政治는忍言
치못하노라

　　第 百二十 節　承前=魚鹽, 森林, 牧畜

吾人이今日에坐하야山嶂을仰察하면四面에樹林이立치안코다童濯을成한지라이는近來衰
運에入하야貪官汚吏의違法이僧山을作한것이오本來의制度政治는決코不然하야森林에對
한行政을크게注意한지라　軍營에山軍을特設하야諸山에巡察하야伐木을禁하고　各山界를
村民에게分授하야自治로서禁伐하는同時에人民은栽植의義務가有하야每年二月十日에는
반드시山麓에植木케하되其種子와苗木은備邊司에서分給하다　栽植後에는其木數及地名
을立案하야工曹와本邑에保管하고　時々로檢察하되山腰以上은耕田을不許하며萬一取伐
者가잇스면杖九十에處하고其伐取한數爻에依하야栽植케하니라　山林쑌안이라官司人家

에도 漆木桑木果木等을 植하야 成籍保管하며   各司에 相木十條各邑官廳에는 三十條를 植하고 工曹와 監司가 此를 檢察하니라

魚鹽은 各官司의 所有物로 人民이 納稅에 利用하되 漁業은 採取時에 加採預採를 不得하니 萬一違法하면 三年禁錮에 處하다   其他牧蓄業은 司蓄署司僕寺兵曹等에 主張할새 八道牧場은 百九十所가잇고 每場에는 群頭와 頭軍及牧子等 官吏가잇서 掌管하다   近來에는 雞犬牛馬羊豚等을 다 農家副業으로 自養함에 不過한지라   然이나 原來의 政治는 上示한 百餘所의 牧場을 設하고 大規模로써 治理하얏나니라

以上 經濟行政을 一括하야 論하면 現今各國制度에 比할진대 大差가잇슬지라   然이나 時代的程度에 對照하면 朝鮮政治가 西洋보다 大發達하니   史眼이잇는者는 予言을 承認하기 躊躇치 안할줄로 思하노라   그런데 經濟의 大主眼은 已上에도 言한바와 如히 國家社會主義에 在하매 土地財産을 모다 國有物로알며 人民도 亦 國有物로 認定할새   그 政策은 卽 生活의 平均을 主하야 富의 分配를 公平하게 干涉코자한것이라   民心도 亦然하야 富者가 老死에 際하야는 其財産을 一人에게 世襲으로 遺傳치 안코 諸子姪婿及族人에게 分與散棄 爲主한지라   然이나 他道德方面에 就하야는 平等을 舍하고 階級制度를 設하야 上中下併存의 必要를 執한지라   그 上級社會에 在하야는 道德을 爲主하야 財聚則民散이라하고 安貧樂道라하는 主義를 立하야 貧困을 自成하는 風이잇는지라   그 下級社會에 在하야는 是와 反하야 道德보다 經濟觀念이 盛하야 謀利主義를 執하니 (나릇이석자라도 먹어야 샌님이라) 함은 實相奇絶한 名談이라 正祖以後로는 上流社會가 謀利의으로 化하야 經濟觀念이 大進步함에 至하니   그 聚財方法은 商工業을 作치 안코 오직 民財를 勒奪하고 國財를 割取함에 至하다   於是乎 貪官汚吏의 作弊는 民情을 困케한지라   此世態를 觀察하면 官吏가 惡化한것이안이라 經濟가 發達한中 道德과 經濟가 調和치못함이라   富는 人을 選치안코 世運은 正邪를 不問하다 其經濟와 道德의 關係上 原理를 因하야 進步되는 經濟的 觀念이 制度와 官吏生活을 改造치안함에 依하야 自然으로 貪官汚吏를 生한것이라   此의 情態는 只今도 可驗이니 富者의 心理道德과 無産者의 心理道德은 互相反對로 立하야 夫子처노코 善行을 取하는 者가 不多한것이 是니라

第 百二十一 節 土木行政

現今各國에는 私有地가 多하고 國有地가 少하며 且 個人主義가 發達한지라   고로 土木行政에 對하야는 其制度가 政府와 人民을 別個問題로 立한觀이잇는지라   然이나 朝鮮의 國法은 民有地가 少하고 國有地가 多하며 民有地라도 亦 國有物로 認定하다   同時에 道德上標準을 公共에 依하매 國民의 義務가 則 個人의 責任으로 알앗는지라   是以로 個人의 所有物이라도 公用徵收에 對하야 其義務를 着實히 準行하다   然이나 營繕에 對하야는 下級人만 役賦의 義務가잇고 兩班은 此의 責任이업섯나니 이는 階級制度下에서 不可避한 行政이니라 (一)役所 工曹와 濬川司와 均役廳이 잇서 全役吐木의 政을 掌하니   京城에 五所의 營繕所가잇서 各役夫를 管轄하고 外方에는 地方政廳 卽邑에서 此의 所務를 行하니라 (二)役夫 各司各邑의 官奴驛奴等을 使하

되特히諸邑鄕吏中京九十人江原黃海各七十人慶尙全羅忠淸各五十人總三百八十人을京城에選上하야各司의工役을負擔케하다   此選上의法은後日에變更하야稅金을代納케할새其稅金은各司의炭燒木等의用이오供하니라 (三)營繕 道路는工曹及各行政官廳에서主管하야修理하며 溝渠橋梁은各軍營에서修理하며 各院宇神堂又道路川橋는다附近人民에게自治的看守의義務를擔케할새其看守人戶를置簿하야官司에保管하다   一般營繕修理處가잇든지又는土地沙川의崩壞를防止하며洪水의危害를預防키爲하야砂防設備及修繕함에對하야는本司官員及役掌官員이一同으로檢擧하야充分한調査를經하며 其工費는各司各地方에서負擔하되大工費를要할時는君主에稟啓하야戶曹의官吏下에서施行하니라

第 百二十二 節 交通行政

交通은古來로發達한바此에對한政策은六條에在한줄로思하노라   其一資金을有効히費하는것이니各處에水站과倉庫를設하야商業及貢物의運搬을便케하매漕運가튼것으로말하야도相當한港灣에諸施設을備하니   世宗十年브터各處에浦를堀하고倉을建하다其二普及을要한것이니   各地에平等으로交通을便케하야通信相報를敏活케하니世祖三年에는敎를下하야曰驛路는國家의大脉이라하야驛規의遵守를嚴飭하다   其三競爭으로因하야地方의需要供給이不相當함을保護하는것이니   雇價와費用을廉케하야競爭이惹起할時는破産廢業者가多할지라   고로大典會通에定한船價를減치못하며坐한船의載量도定規에依할지니萬一加載하면三年以上十年以下의禁錮에處하다其四國內各地를聯格하야完全한連絡系統을保하다 其五社會及經濟政策의調和라內外物品의出入과人民生活의關係는重大한事라 고로此를調和함에는交通政策이第一要點이라   仁祖十二年外國의牛價를視察키爲하야官吏를蒙古及瀋陽等地에派遣한일英祖二十四年唐帽子五十餘隻를購入함으로義州市場의本國帽子價가至賤하매此를因하야開市物種外에는其他物品의輸入을嚴禁한일   孝宗三年에六鎭諸邑에産業發展을爲하야會寧에外國貿易場所를開設하얏더니   其後外國人多數流入한結果反히本國物品이耗渴에至하매北京에交涉하야淸人의來住者逐出하고發賣物品을減하야恒式을定한일 中宗七年에日本과條約을更定하고每歲二十船만許入한일 其六利用을完全함이라   驛馬舟車等을軍營에管하야戰時를當하면秘密使用에供하고平時에는行政令報의送達과觀察官吏의派遣等에十分便宜케하며   坐한人民間에도簡易히此를利用하는同時에稅를受納하야國用에充補하다 此等政策에依하야制度施設을言하면大略如左하니라

(一)道路 英祖三十六年에濬川司를設하고京城道路를修理할새 役夫二十萬과費用錢三萬五千餘緡米二千二百餘包를費하야共五十七日에竣成하다   나팔레온三世는道路製造家로有名한者라 英祖는近世道路王이라하기可하니라 然이나地方道路는其着手가未及하야직舊道路에依하니라

全國道路 規則은 如左

大路……………………廣五十三尺

中路……………………………十六尺

小路……………………………十一尺

道兩傍에廣各二尺의溝가有하고 每十里에小堠(장승)卽里程標를立하되每三十里에는大堠
를立하고驛을說하다 道程은六尺이一步오三百六十五步가一里오三十里를一息이라하니
라

道路의美術的裝飾物은西洋에比치못하나道德的裝飾物은大發達을呈하니 無數한善政碑
와間々의城隍堂은英國넬손과米國로빈손等의銅像의觀念에比하면조곰도遜色이업나니라

(二)舟車 船은公物과私物이잇스니私船은個人所有物의商船이오公船은兵船運漕船及官廳所
有物等이是라 何船을勿論하고字號와烙印을捺하야船籍에記入하고津官이此를管理하다 船
이津에入하면津官의點檢을受하매 一定한年限에改造修理를作하야船籍에登錄하니라

船體의 規定 海船 大船…………長四十二尺廣十八尺九寸以上

中船…………長三十五尺廣十三尺六寸以上

小船…………長十八尺九寸廣六尺三寸以上

江船 大船…………長五尺廣十尺三寸以上

中船…………長四十六尺廣九尺以上

小船…………長四十一尺廣八尺以上

車는大車便車曲車의三種으로各司各邑諸驛의所屬이니 此亦烙印字號를定하야軍籍에登
錄하나니이는다貨物의運輸에用하고人乘은안이니라

(三)驛遞 는通信事務와運輸事務를掌한데니 每三十里에一驛을置할새全國의驛路는一路
가안이오大中小三路로開通하다 驛所에는丞과日守(大路二十人中路十五人小路十人)라는
役人과若干의驛卒役馬가有하니 其事務員은驛과通信事務를掌理하고馬는官吏及人民의
旅行及運物에供하다 驛區는行政區域과異하야各道에察訪이有하야各其屬驛을總管하니
全國察訪數는如左하니라

京畿…………六 忠淸…………五

慶尙…………十一 全羅…………六

黃海…………三 江原…………四

咸鏡…………三 平安…………二

陸驛外에는各津에는水站이잇스니이는海路交通의驛所이러라

以上交通의行政은外延上이던지內容上이던지前代보다大發達을呈하니只今各國의鐵道電
信飛行機等設備에比하면對等키不能이라 然이나科學의發達키前의程度로相比하면我의
制度及政策은實相世界에對하야優勝한狀態를持하니라

第 百二十三 節 外務行政

外交의史的考察은매우興味잇는硏究라 그事蹟은卒地[57]에擧論키不能이나開港貿易과驛

院及外國語研究의活動한歷史를觀할지라도可히推知할바이라　고로外務行政에도크게發達하야東洋政治史上異色을發한지라　그런데外務行政이라하면外國에在한本國人을保護扶助하며外國商工業을調査報告하며　또한本國商工業을保護獎勵한等事에在하다　雖然이나東洋諸國은爾來鎖國政策을執함으로因하야朝鮮亦外國에居留하는人民에關한制度가업섯고隨하야常設의使節도업섯나니　고로本節의問題를外務라함보다外交行政이라함이더욱緊着할지로되廣義의方面으로思하면此亦外務라하기도可하니　其制度行政을以下에論示하노라

交聘에關한政廳　禮　曹…………外政의總管
　　　　　　　　承文院…………國書를掌理하되司憲府에서檢査
　　　　　　　　司譯院…………各國語의硏究와通譯
　　　　　　　　禮賓司…………賓客의燕享58)을掌
　　　　　　　　館……………外使의留宿處

(一)常設의使節이업시國際問題의生함을隨하야使를特派하고又或定期送使함도有함

(二)外國商工業을調査함에도特使를派送함

(三)使의往來와通商貿易은條約에依하야行함

(四)外國人이邊地에入할時나本國人이外地에住할時는다旅行券을檢査하되使外의私人으로써旅行券을不帶한者는幷斬刑에處

(五)外國人에對한行法은一等을減함

(六)外國人으로向化卽來化入籍을願하는者는左의五條가有함

　　　　1 根脚居處를指定하고其履歷書를置함

　　　　2 每月六次로官府에進하야其名稱에捺印함

　　　　3 朝賀朝參에勿參하고守門其他要職을勿任함

　　　　4 許給한土地는擅賣치못하고子孫에傳한後許賣하다

　　　　5 三年間納稅의義務가無함

使臣行次의節目과其他法規는多繁하야中略하고外交에對한政策을暫時付言코자하노라前代以前은姑捨勿論하고近世의外交政策을말하면或者는말하되屈服主義를執하얏다하는지라　觀하면爾來外交가或時屈從主義를執함이업다할수업는듯한지라　然이나他面으로觀察하면互惠主義를執함이大하다　本來外交는物質的權力만振하면畢竟他의强迫을免치못하나니　그러타고白義耳와和蘭갓티攻擊을恐하야全혀國際法을保守的으로主解키는不可할일이어니와原始時代奴馬의征服政策又는自然主義로國際法을無視하야强勢만取하야서는反히自國人民에害를遺할지라　是以로國際問題는自國의權利를害치안하는同時에自他

---

57) 猝地의 오식.

58) 본문에는 燕亨으로 되어 있는데 燕享의 오식이다.

의 利害를 相殺하야 正義的 互惠主義를 執함이 原元한 國際的 社交의 道理라   我朝鮮은 닐즉이 此의 眞理又 實地의 效能을 覺悟하야 外交政策을 만히 互惠主義에 置하야 人道와 正義를 執하는 便이 現하야 온지라   고로 世宗二十五年에 申叔舟가 日本에 使하야 商船往來의 定數를 條約함은 互惠主義에서 出한것이오   肅宗十九年 安龍福이 一奴隷로서 政府의 不允을 不拘하고 假稱 監稅官이라하야 伯州太守에 交涉하야 鬱陵島를 安全한일(文獻備考卷三十一條參照)同三十八年 北間島境界碑를 讓步한으로 定立한 結果 志士의 慷慨心을 起한것(鏡城元帥垰碑閣記參照)은 國家主義를 威發한것이라   然則爾來 外交史를 究考하면 上世에는 自國으로 特殊의 選民이라 思하고 他國으로써 野蠻又 敵國이라하는 同時에 征服政策을 固執하다   中世에는 國際的 社會에 對한 思想이 一變하야 雜駁異種의 國民의 諸要素를 政治의 으로 融和하는 同時에 國家는 國際的 生活을 宇宙公理中에서 不可離함으로 思하야 自利를 計함에 多少 害惡이 잇슬지라도 滿足키 可한 見識이 有하다   近世에 及하야는 其合理的 打算의 生覺이 益々 明確한 法律의 感情을 發生하야 互惠主義를 執함에 至하니   彼十六世紀 歐洲諸國의 使節會議가 各國의 境界를 約定하야 各國民民間에 新奇觀인 國際的 思想을 起함갓티   肅宗時 鬱陵島間島의 國境問題는 外交史의 新紀元을 作한지라   그런데 彼使節會議는 天下를 一大宗族으로 思하야 或時 可笑의 方法을 取함이 有하얏스나   朝鮮近世의 外交는 此와 異하야 法律의 觀念으로 主權을 擁護하는 同時에 互惠主義를 堅執하야 權力과 道理를 幷行하는 平和政策을 揮發한것이러라

　　　第百二十四節 軍務行政

近世에 武를 偃하고 文을 修한 政策을 主하얏스나 制度는 全혀 古制에 依하야 軍制國을 成하니 獨裁政治下에는 國王이 軍隊의 自然的 元首가 되야 國家統一의 思想을 此 軍制로써가 장 明白히 表現한지라   고로 軍隊는 한갓 外交의 目的을 삼은 方便뿐안이라 國家憲法의 安定을 此 軍隊에 一任하니   警察도 一方은 軍門에서 掌하며 國庫金出納도 軍政에 屬하며 各官司城門의 守直도 다 軍士의 責任이며 文官으로 現任이 無한者는 다 軍職에 付하니라

中　樞　府　文武堂上官의 無所任者를 掌待함

宣　惠　廳　國庫를 掌

五衛都總府　陸海軍의 政務를 掌

都　摠　管　副總管各五人, 經歷, 都事各六人

五　衛　武　官……………將十五, 上護軍八, 大護軍十二, 護軍四

副　護　軍六九, 司直十一, 副司直一〇二, 司果二十一, 部長二五

副　司　果　一八三, 司正二〇, 副司正二五〇, 司猛十五, 副司猛二〇八

司　　　勇　二四, 副司勇　四六〇

訓　練　院　詩才鍊藝武經習讀操練等의 事掌

宣　傳　官　廳　司令部卽武班의 承政院

京　城　營　門…………訓練都監, 禁衛營, 御營廳, 守禦廳, 摠戎廳

訓練院은其後訓練都監으로變하고五衛는營門으로變하며訓練都監內에는糧餉廳이付屬하
다地方軍政은 如左

	陸軍				海軍				
	兵馬節度使防禦使	節度使/僉使	同僉使/萬戶	都尉	統御使	節度使/防禦使	僉使/同僉使	萬戶/鎭將	監牧官/別將
京	一 一	一 一〇	六	十二	一	二 一	三 三	一 四	五 八
忠	二	三	一五	三六		二	四	一 五	一 一
慶	三	一 七	二四	三九	一	三	四 二	一五 六	三 八
全	二	二 四	一九	三三		三 三	七 三	一五 五	五 七
黃	二 一		一六 三	九		二	二 四	一 五	三 五
江	一 一	三	十一	十二		一	一	一 三	
咸	三 一	二五	七 十二	四		三		一 一六	三 二
平	一 二	一 二六	二〇 一〇	十一		一 二	六	九	一 七

右表에示한使及將은地方에잇는諸軍隊區域을分掌處理하니此軍營은每監司守令及府使가
兼任함도有하니라　그런데一般軍制는地方分權制라兵役義務의重한負擔은此分權制에依
하야輕蔑함을得하니 卽各人으로써其鄕里에服役케하고 特히選拔軍隊로써京城五營에分
置하야王都에服役케하니 이는中央集權으로서地方軍을牽制키可한要素를爲한것이러라
　　　第 百二十五 節　承前＝徵發
軍資는軍資監과糧餉廳에서平時三十萬石을貯하고普通租稅에서一部를割하야軍費에用함
은節目法規가잇는지라　然而此經常費以外에臨時로軍需에要하는費金이多하니實相軍費
는多大한供給을要하는것일새　獨逸格言에도戰爭은第一資金第二資金第三資金이라하고
東洋古兵書에도(千里饋糧內外之費賓客之用膠膝之材車用之奉日費千金然後十萬之師擧
矣)라하고　李晬光日國有六年之畜이라도軍費猶爲急이라하다　大盖軍費도不意不時의要
求가多함으로預算外에未發令을下하야强制的으로財産을徵收함이잇스니이는普通租稅以

外에特別히負擔하는義務가잇는것이라   此徵發은普通租稅와如히一般人民이全部納付함이안이라特定人에게 令하야 徵收하는 것이니 孝宗元年에僧尼에게는米穀三石公卿以下庶孽까지無役者에게는布一疋을徵收하야養兵의資에充함가튼것이是라   外國制와如히徵發區가잇서徵發書를徵發區代表者에게公布하는것이안이라   王의御意에依하여官吏면官吏오商民이면商民或一部或聯合體에對하야臨時로指定하니라   要塞地帶나或戰時行軍中에在하야其建築物又土地物件을制限或收用하는法이잇스니   此等制限又收用에對하야는國家의强制執行이오또한人民의義務라   고로人民은此에對한賠償請求權이無함은正則이니라

　　第 百二十六 節 承前=兵役
兵制改良은李太祖革命의第一問題라 麗朝時에私兵制(號曰牌記)를罷하고兵役은古來遺傳하는國民皆兵制를襲用하야國家의根本的性格으로決定할새   其法規制度는極히新範疇로成立하니라
(1)軍籍 地方官은每六年徵兵適年者를調査하야써名簿를作하야兵曹에入置各鎭의常備兵은邊將이每年一次로其名簿를作하야節度使에게告
(2)兵役 陸海軍을勿論하고男子十五歲로브터其義務를有함
(3)免役 年滿六十歲와篤疾廢疾이잇는자는免役 其外兩班은依例免役하고平民及賤人만兵力의義務가잇스니 이는東洋쏀안이라古時에는天下가皆然이니 日本도明治五年까지此法을依施하니라 四父子가應役할時는其一人을免除하야家事를監督게하다
(4)給暇59)   現役兵으로病이有한者나緣故가有한者는休暇를給하되路引卽旅行証書를與하다
(5)兵役의種類 는三種이라
一, 常備兵 各鎭關及都城에衛戍軍人을常置하되此에는相當한料祿을與하니其役期는三年으로定하고衛戍에不參者는稅金을納하니라
二, 後備兵 衛戍의役을從한者는다시平時戰時에在하야召集에應하는義務가有하니라
三, 補充隊 奴隸賤人은男女를勿論하고必要한時에當하야兵에充하는義務가有하니라
西洋서는古代에이믜國民皆兵의制를採用하얏스나中世에此를廢止하더니近代에至하야는佛은   루이十四世時에「마키아베리」의戰術論과「위반」築城家元首의提唱으로다시古制를復用하고 獨逸도近代「웰늬암」一世時에曰(普魯西의各臣民은武器를取키爲하야生)이라하고國民皆兵制를用하다 朝鮮은古代부터此制를必要로因하야五千年引襲으로採用하니 軍隊는國民의物質的勢力을總合한것으로國家統一의思想과密接한關係를有한것이明白하다 然則此制度는國家統一의觀念을實現하야庶人으로國家全體의隸屬함을直接으로自覺케함

---

59) 원문에는 給假로 되어 있으나 給暇의 오식이다.

이니라

第 百二十七 節 承前

其兵力에 就하야 論하면 兩班은 兵役의 義務가업고 또한 家屋稅 卽 戶布를 負擔치안하얏나니 恰似「스파타」에 貢民이 따로잇는 것 가튼지라 此에 對한 不平은 何時라도 止息치안하다 然이나 一次超越的으로 思하면 階級의 其時代에 在하야는 東西洋이 一般이니 上級의 勞働은 兩班에 在하고 下級의 勞働은 常人에 在한지라 또한 그러케 生覺할 것이안이라 歷史上 眞面에 進하야 觀察하면 國法은 決코 截然한 不平의 制度로 成치안코 兩班이라도 다 兵役의 義務가 잇서든 것으로 衰期에 至하야 退殘的 자최가 그리 되얏나니라

또 他一條로 觀하면 朝鮮軍隊는 所謂 下等人으로 組織한 同時에 軍士를 絶對的 壓制로 治理한 것이 不平的 評論의 一材料라 할지라 然이나 軍隊의 使命은 絶對服從으로써 國家元首의 意思를 遂行함에 在하다 凡人間의 義務는 반드시 最後의 制限이 잇스니 良心의 制限이 卽是라 勿論理性을 有한 者로 누가 良心을 犧牲시키리오만은 婚姻에 際한 後 日 離婚이 잇슬 것이라고 明言키는 不可함 갓티 兵士에 對하야 萬一 服從키 不能한 境遇가 잇겟다 預定하기는 不可하나니 고로 兵士의 名譽는 服從의 精力 及 確實에 存在한지라 國民의 政治的 自由는 此基礎의 上에 잇스니 萬一 軍隊가 自己의 意思를 有할진대 政治的 安全은 一切 烏有에 歸할지라 中國의 現像과 西班牙의 運命은 此에 依하야 可証할 것이 안인가 是以로 前朝鮮軍隊의 絶對的 服從은 實相 朝鮮兵士의 名譽라 안이 치 못할 것이니라 最後 兩班은 兵役의 義務가업섯다 할지라도 實相은 班常이다 同一한 責任을 有하니 文士이라도 現任이 업스면 軍職에 付하고 戰時가 되면 兩班이라도 武班이 되야 갓티 出戰하나니 然則 兩班과 文臣은 다 私習의 武官學徒로 看做할지라 於是乎 余는 一切 政治의 制度 中의 人民과 人民을 結合케 한 것은 오직 國民組織인 軍隊에 在하얏든줄로 思하노라

第 百二十八 節 財務行政

財務行政이라함은 國家維持에 必要한 收入支出 及 國有財産의 管理를 掌하는 行政事務를 爲함인대 希臘及奴馬의 專制時代에는 王室의 經費로 國費를 維持하얏스나 朝鮮近世에는 政治가 君主獨裁라 하되 國費를 王의 私財로 看做치안코 君主經濟와 國家經濟를 分割하야 王室費를 專혀 別立하얏나니 이것이 政治發達의 又一條라 그런데 財源은 國勢調査에 依하야 田制와 戶口로써 標準하고 其他行爲는 第二問題로 置하니라

(一)量田 太宗時부터 敬差官을 八道에 送하야 田地를 測量할새 其計算法은 中國制를 用하야 步와 畝와 頃과 字로써 準하더니 世祖時에 此를 改良하야 方一尺을 把, 十把를 束, 十束을 負, 百負를 結이라 하고 田畓의 等級을 定함에는 六等으로 定하야 其成籍을 戶曹本道本邑에 保管하다 또 各道에 均田使 二人式 設置하야 每二年에 一次式 改良케 하니 宣朝前에는 八道 田結數가 一百五十一萬五千五百餘結이오 肅宗時에는 一百三十九萬五千三百三十三結이오 光武八年에는 九十九萬二千四百四十四結四十八負五束이되다 年來 田數는 漸次減額에 至하니 이는 胥吏의 隱匿함에 出한 것인지 不知하나 商工業 其他産業의 影響 又는 人家激增을 因

443

하야農業이減退하고土地가他의需用이된까닭인가하노라

(二)戶籍　每三年一式으로全國人戶를調査成籍하야戶曹漢城府本道本邑에保管하다 그戶口調査는自治에任하니五戶로一統을作하고統主가잇스며五統을里라하야里正을置하 며一面에는勸農官이有하고成籍時에는特히士夫로監官을差出하야監督케하다(京에는坊 이라하야管領을行)成籍을行한結果男丁十六歲로부터는號牌를常牌케하니이는公民卽國 民된權利及義務를履行케하는表蹟이라　其號牌는官庶의階級을隨하야牙牌, 角牌, 黃楊木 牌, 小木方牌, 大木方牌等五種이잇더라

論하면此量田과戶籍을標準함은몬저收入을標準하야支出을定함가튼지라　大盖國家는世 界何地位에占하야其維持上必要한經費를塡充함에幾何를要하는가하는問題가前提됨으로 支出을先算後에收入을定하는것이國用의原則이어늘國用을個人經濟와同時하야入을置하 야써出을定하얏나니이것이消極的財務政策이라안이키不可하다

種種必要를爲하야그必要以上의災厄에陷하는憂慮를顧하는同時에國民의經濟的平等을損 傷치안이키爲하야或時는國用을輕蔑하고或時는增收하는일이잇스나恒常節約을爲하야保 守를籌策을不可道의事實이러라

　　第 百二十九 節 承前=歲入

國用을爲한歲入에對한行政은以下와如하니라

(一)收入 은主權의發動으로政府가人民으로하야곰强制的으로納付케한者와純全한收入의 目的으로써政府가一個人과갓티營利하야收入하는者卽私經濟的收入의二種이有하니라

　　强制的收入

　　1 三稅 國民된義務로써稅金을國家에納入하는者니　唐制의租庸調를採用한바地稅 와貢物과賦役의三種으로定한것이라

　　　　(地稅)　田畓의等分을定하야穀物로써徵收하는바初葉에는豐年에上田每一結米 二十斗九分으로二斗一分을遞減하더니中葉에多少變更이有하다가後葉에至하야는一結租 四斗를標準하니라

　　　　(貢物)　各鄕土의所産物을進上하야特히王室費에供하니　初에는特産物其者를直 接進上하다가弊가生하고傷이有함으로因하야仁祖時부터는米布로써代納케하니曰大同法 이라하다　大同法은初에李珥柳成龍의提案이러니後李元翼金堉의同意로初次京畿에先行 하야其成蹟을察한後漸次各邑에共行하니라

　　　　(賦役)　兵役과各工事賦役等의代로布를納하는것이라이는每戶二疋로定하니肅 宗初에는統合[60]三十萬疋에至하다後에는戶布라하야家屋稅로變하니라

　　3 贖錢 麗朝의制를因하야杖笞等에處刑者는贖錢을代納하고其刑을免케하니

––––––––––––––––––––––––––––––––––––

60) 본문에는 通合으로 되어 있으나 統合의 오식이다.

笞 十 度⋯⋯⋯⋯綿布七尺代錢文七錢

杖六十度⋯⋯⋯⋯綿布一匹七尺代錢文四兩二錢

徒 一 年⋯⋯⋯⋯綿布二匹代錢文七兩

流二千里⋯⋯⋯⋯綿布八匹代錢文二十八兩

其他法律에背反하는者에게는刑罰의目的으로罰金을徵收하거나其所藏物을屬公하거나하는것이有하니라

3 營業稅 營業의利潤을稅源으로하야賦課하는租稅니 行商木商蔘商等에게는免許稅를賣給하고銀鑛工匠市場에는收稅所를設하고直接徵收하나니라

4 間接稅는今日財政學上納稅의負擔이實際消費者에게移轉되는것을謂한것이니 中江外國貿易所에就하야北貨卽外物輸入과柵貨卽內物輸出等에收稅하는것이니內地産物에도種種稅徵이잇섯나니라

私經濟的收入

5 國業 國家에서營業하는것은多數가안되니 人蔘銀銅礦森林 官有地貸付等이라 此等은直接政府에서專賣하기도하고或私人에게重稅를納하고免許公文을給하야營爲케하다又各市場에公廊을設하고貰金을受함과各江津에船隻을公設하고收稅함가튼것이니 或方面으로思하면農事及手工業外에는다國家의營業이라하기可하니라

(二)徵收方法 은二種이잇스니 一은直接收稅官吏及其他機關이徵收하고他一은面里統에서徵稅義務를負한것이라 田畓은每九月에守令이年分을踏驗하야等級을審定後監司에게報하면監司는政府에啓하야君主에聞達하다 大同法이施行後로는各地稅納米布를各水站에集合하야限翌年六月內로此를差使員又萬戶가押領하고京城宣惠廳에 付하니라

(三)免除 上納을濟한後에는戶曹에서尺文卽領收證을下付하나니 納稅者의義務는各邑에進納하는時日에當하야消滅하나 守令은尺文을受한後라야磨勘되는것이라 萬一中間口失이有할時는守令은罷職하고押領者는其族人一般에게徵收하되代納키不能할時는當者는死刑에處하다 年凶하거나又는滯納者의事情을恕宥할時는王命으로써此를免除蕩滅하나니라

以上各項目과稅入의歷史的統計는枚擧키迷徨하다 其中一論할것은國稅보다王室에用한貢物額이多함이라 故로年來經濟家는貢物額을減削하자는議案을提出한것이多하니 世宗三十二年戶曹에서時原任官吏에게貢法可否論을提出하매可便이七百二人이오否便이五百十人라 畢竟可決되야前朝의制를因用한지라 然이나年來其弊를多論하야削減과免除를行하기二十餘次에至할새其減額은다軍費에充하고貢物徵收方式도變改하야大同法을創設하니라

第 百三十 節 承前=支出

歲出의觀念은節約을努하는同時에貯蓄을有케함이惟一의政策이오經費의標準은貨幣와失物卽米布를兼하야支給하니 收入도亦然인바物物交換時代를完全히脫化치못하고貨幣制

가完全히發達치못한過渡期에在한고라其支出의種類와方法及會計의行政을以下에論하노라

(一)支出의種類

가 王室費 卽貢法은王室의費用이라一八二〇年普魯西가王室를特定함갓티國費와區分하는同時에旣存嚴한權能을保全기爲하야無制限으로其費額을一定하니라

나 恩給 王室費를憲法上義務에基한支出이라하면官吏의恩給은法律에基한支出이라할지라 此는號曰職田이라하야每十月內로十結以上二百二十五結以下를曾經官吏에게分給한지라 然이나此職田卽恩給은中年에全部廢止하고或功臣에게는賜牌地를與하야其子孫에게傳케하니라

다 行政費 或各部에基金이有하야各其名目을有한田地森林舟車等에서收稅하는바로써各其機關費又는事業費에獨用하나普通一班規例는戶曹의命令으로宣惠廳에서支出하나니라

라 祿科 各官吏의祿俸은命令에基한支出이라 初에는四孟朔에分賜하더니屢次加減의變遷이有하야最後에는每月末日에分賜하되直員을隨하야米十斗黃斗五斗以上米二石八斗黃斗一石五斗以下를配給하니라 官吏는各司의機關費中에서料食하는것이잇스니이는今日所謂手當金과同한것이러라

(二)支出의方法 王의命令으로一定不額數를戶曹의指揮에依하야宣惠廳卽國庫에서支出하니年々新預算을定함이업고一定不變하는額數가有함으로國庫에서直接各部에分送하나니라 그런데各機關費는用達會社를設하고入用後支出케하니此를貢房이라하다그貢房은契로組織한바各物品을짜라專業의貢房이多有하니先進排後差下가是라 各地方費는稅納을上納할時에預히其費를先改하고京庫에追納하매各邑은各其金庫가有하야戶房의專掌으로出納을하나니라

(三)會計는 會計檢查員이別有한것이안이라 戶曹에서總管할새京師[61]에는四孟朔望日에磨勘하고外方은每年二月에會計하되 名文簿를戶曹에進及하면各年別比較하야君主에啓稟하다 各司臨時費에對하야는戶曹가其單子를君主에게啓下後剩餘金貯蓄中에서會滅支出하나니라

大盖一般歲出을觀하면個人的思想이發達치못하고國家의勸力의强大함을因하야比較的大數에至한지라 然이나君主의本意에依함으로增價發達의狀은업섯나니라

　　　第百三十一節 承前

近世財務行政에就하야政治上第一重要한者갓로置之하야此에對한論議를他政治問題보다莫大한硏究로提하야온지라 그런데唯一의政策은西洋게데가土地單稅主義를極端으로實行코자함과갓티農業으로써稅源을作한同時에儉約을크게主張하니 成宗三年의敎旨를觀

---

61) 원문에는 京司로 되어 있으나 京師의 오식이다.

하면此의主義를完然自知할지라日 （生財는務本이오裕財하니爾人民들은農業에盡力하라
坚한家와國은大小有差하나其體는一이니存心省約時는裕國에何難之有哉아） 하다 此는
無他라産業이不振하고外國貿易이發達치못하며더욱古代重農的觀念이尙存한까닭이라兼
하야現代各國制와갓티國會에서財政監督을掌握하야人民의負擔을其代表者가議定하는것
이안이라 君主가獨裁가獨裁的으로制定하며節約은人民의怨尤를愼하야小心이翼翼한結
果니라 由是로財政整理는意外로進步되니라

　　　第 百三十二 節 司法行政
國家의行政作用의第二로重要한機能은司法이라 그런데其司法權은第八六節에論함과如
히本來政治制度가政法을混成함으로써法律施行權은行政管理가兼有한지라고로訴訟은特
別한裁判所가업시何如한行政府에던지提出한것으로되다 然이나裁判所의搆成法은그갓
티混雜할지라도訴訟處理의官家는特定한것이잇나니라
裁判所 는二種이잇스니一은普通裁判所니各地方官과刑曹가是오 一은오직官吏에限하야
處理하는裁判所니卽義禁府가是라

　　　普通裁判所…………村…………邑…………監營…………刑曹
　　　特別裁判所…………義禁府
　　　　　　　　　司憲府

最下級裁判은村卽自治제에서受理하다 村이안이면道路를遮하고行人을集合하야公決을
求하는일도잇스니 이는古代式을遠히傳來하든바 （길을막고물어보라） 라는語套는尙今도
잇나니라 司憲府는檢査의職務를帶함으로訴冤할수잇는것이오 王에直訴하는것은義禁府
當直廳에在한申聞鼓를鳴하거나差備門에서錚을擊하거나하야禁府官員으로하야곰王에啓
聞케하는것이라 然이나司憲府와王에게上訴함은刑戮, 父子, 嫡妾, 良賤等事件에關한事
에限하니라
（裁判監督）은上級이下級의裁判을監察하는바刑曹는監司, 監司는邑, 邑은村等으로次傳
하는데最高監督은臺省卽司憲府訓練院에在하니第九五節에參照하라
（刑의執行）刑曹와開城府와各監司는流以下를直斷하고死刑은王에啓下後執行하며守令이
杖刑을執行함에는監司에게移文推斷케하며笞刑은各衙門에서다直斷하나니其決等公事는
每十日에刑曹로錄啓하되有故면五日을延期하나니라
（典獄署）는提調主簿 各一人奉事各一人等官吏가有하야獄署를治하는대徵役의刑이無함
으로獄政을煩雜치안하며京城及各道外에는獄이無하고官廳內에獄間을設有하니라
（法律）은明나라洪武十八年에著한大明律을太祖時에高士褧金祇等의解한者를用하니三十
卷四百六十餘條라
名例律…………刑法總則에 相當
吏　律…………職制, 公式

戶　律…………戶役, 田宅, 婚姻, 倉庫, 課程, 錢債, 市廛

禮　律…………祭祀, 儀制

兵　律…………官衙, 軍政, 關津, 廐牧, 郵驛

刑　律…………盜賊, 人命, 鬪歐, 罵詈, 捕亡, 斷獄

工　律…………營造, 河防

그러나 大明律은 朝鮮政情에 不合함이 多하야 特制의 法을 設함이 有하니　이는 正祖八年에 刊行한 大典通編에 載示하니라

以上 司法行政을 觀하면 警察國時代를 免치못하는 同時에 獨裁政治의 精神이 完然 自在하다 고로 庶民이 官吏를 相對하야 訴訟을 提起치못하는 法律이잇고 또 한 自己任意로 常놈을 私家에 促來하야 笞刑을 私行하엿나니라

　　第 百三十三 節 族制

近世의 家族制度는 政治의 決定的要素가되야 大發達을 定하얏는지라　此家族制度는 世界何民族을 勿論하고 共通의 性質을帶하니 歐洲古代 奴馬가튼데는 顯著한 것이라　然이나 爾後의 經過를視하면 恒久不變의 狀態에잇지안코 벌서 變態를作하야 衰退의 歷史를作하다　朝鮮은 此와反하야 其制가 昭然히 存在할뿐안이라 크게 發達하야 國民道德의 大根據를造하니　此經由를知하면 歐洲國家와 朝鮮來政治의 異點을 可히 諒解할이라하노라

奴馬에서는 父權의 範圍가 總代的이나 其子를 賣買하기 三回에 及하며 婚姻도 一般은 賣買의 形式에出하야 婦人의 地位가 何等重할것이업는지라　朝鮮은 下級의 貧困者라도 親子之間은 溫情으로 相對하며 婚姻도 亦 隆崇한 禮節을 完備하니　이는 貧賤이라하는 者라도 一遵不易의 法典이되니라　此와如히 그 根本이 彼此間 相異하고 또 한 彼의 衰退와 我의 發達은 大略 三大原因이잇는지라　基督敎의 敎訓은 男女長幼가 神의 子라할새 神의 行하는 道를 妨하면 親子라도 棄하야 無視치안이키 不可라하니 此가 彼의 家族制를 破壞한 것이라　朝鮮은 本來의 家族觀念에 儒敎를 加하야 滅倫敗常한 者는 世에 容納지못하게　하니라 第二는 國家的原因이라 彼는 國家의 發達이 子女로써 親權의下에 脫出케하야 兩親에 對한 爲敬心을 滅退케하니 英米의 過去는 此를可히 證明할지라　然이나 朝鮮은 忠孝一班이라하야 孝治主義로써 爲政의 本義를삼고 民族의 關係를 大體라하야 功臣子孫은 비록 愚昧할지라도 擧用하고 罪가잇스면 三族을 滅하고 또 族徵의法이잇섯나니라　第三은 産業變化의原因이라 彼의 社會는 商工業이 發達함으로 家族은 激烈한 影響을受하야 家族이 同居生活을 作치못하다　朝鮮은 經濟가 不振함은 勿論이나 農業으로 主張하야 其家族으로써 安定의 生活을하는 同時에 諸子諸孫이 同居하는 것으로써 幸福을 作하고 또 한 墳墓의 地를 固守하며 祖業의 餘惠를 受하야 互相親愛하는 情을 敦厚케하니라

此의 事實을 因하야 法律上 親族法을 定함에도 其制가 嚴密 又 浩繁함에 至하니　五世間에는 堂內라 八寸이라하고 一家의 同口와 갓티 親切한 同時에 服制가 有하며　六世브터는 族人이라하야 大宗을 組織할새　嫡孫을 宗家라하고 其他는 支派라하야 百世不遷의 關係로 互相結婚함을

許치안코　一宗中을聚族하야族譜를修하고祖上의歷史를記載하야써同血族의親分을永久的으로結托하니라

以上에示한族表는大典會通에在한服圖에據한바現行하는族制니寸數는漢制의九族과相異하야朝鮮特有의名稱及計等法이라老馬民法의族算法과同하니(一二三)等數는老馬法이오普通(123)數字는(캐논)法의親等數니此를相對比較하노라

				高祖 父母4 齊縗 三月 IV				
			五寸 大母 緦	曾祖 父母三 齊縗 五月 III	五寸 4 大父母 緦　V			
		六寸 大母	四寸 大母 緦	祖 父母二 期縗 不杖期 II	四寸三 大父母 小功IV	六寸四 大父母 緦　VI		
	七寸 姑母	五寸 小姊 功妹	姑母 期年	父母1 斬縗 三年 齊縗 三年	三寸二 父母 期年III	五寸三 叔父母 小　功 V	七寸四 叔父母 緦　VII	
八寸 姊妹	六寸 姊妹 小功	四寸 姊姊 大功	姊妹 期年	自己 妻 齊縗 朞杖	兄弟一 期年 妻 小功 II	四寸 兄弟2 妻 大功IV	六寸三 兄弟 妻 小功 VI	八寸 兄弟 妻 緦弟 VIII
	七寸 姪女	五寸 姪女 小功	姪女 期年	衆長 婦子 女婦子 三期一 大功 年年 一	姪妻二 期年 妻 大功III	五寸三 姪 妻 小功　V	七寸四 姪 VII	
		六寸 姪女 六寸 姪女	四寸 孫女 四寸 孫女 小功	衆嫡 婦子女 婦孫 二　一 I II 大功	四寸孫 三 四寸 孫女 小功IV	六寸四 孫 緦VI		

				小功 期年				
			五寸 曾孫女	曾孫女 二 小功Ⅲ	五寸四 姪女 小功Ⅳ			
				玄 孫女四 杖期Ⅳ				

		外祖父母 小功 Ⅱ	
	姨母 小功	丈人 丈母 緦 Ⅱ	外叔父 小功 外叔母 緦 Ⅲ	
姨從 四寸 緦	內四寸 緦	己 身	2 Ⅵ	內 四 2 寸 Ⅳ
	甥女 小功	婿 緦	甥婦 緦 小功 Ⅲ	
		外孫及婦 緦		

　　第 百三十四 節　階級

一般種族은三層의階級의別이有하매其階級은同族內에도區分하니라

種族의階級　四色兩班　北人

　　　　　　　　　　南人

　　　　　　　　　　老論

　　　　　　　　　　少論

　　　　中等階級………中人

　　　七班賤人　衙前

　　　　　　　　庶孼

　　　　　　　　巫堂

　　　　　　　　僧尼

　　　　　　　　奴隸

　　　　　　　　驛奴

　　　　　　　　才人白丁

中人은庶孼의一種으로正二品以上官吏의庶孼을特히中人이라하나　이는仕路에入할지라도定한課가有하야司譯院觀象監等下官에專任하니　其中衙前과中人과僧尼는다平民의列이되야國民의中樞階級이되다(第二十九節參照)此外에邊地人民은李太祖브터要職에入함을許치안코一般賤人의待遇를與하니其原因은武習이尙多하고文武가弱한故라하니라(第九八節參照)邊地人보다더욱賤待를加한것은庶孼이니庶孼은同血族間에서도至賤의待遇를行하야父를父라稱하지못하고兄을兄이라號치못하야祭席에參與할지라도庭下에서納拜하며一家族以外에置하야族系의承統을絕代로許치안하니　庶派는三流로分하야或은賤班에入하며或은中人이되야藥業又譯官의生活을作하며又或은其骨精을守키爲하야班名을維持할새逸名이라도左族이라又副遷이라稱하니라　그런데自來邊地人과庶孼에對한解放論은提出이數數하야平等을許하자한일이多하얏나니　李珥南九萬尹趾善等의奏請과仁祖孝宗肅宗諸王의敎旨가是라　然이나議論과敎旨는空想에不過하고實地에就하야는許諾치안하니라

玆에注意할바는班種과賤種이라　兩班은四種이잇스니　一은古來의高等種으로三韓甲族이라하는바仕宦을票準하는圈子兩班이오이는常人이라도婚姻을兩班으로結託한結果兩班列에昇하는초마兩班이오　三은常人이라도學問道德이高尙하면兩班列入하는冊床兩班이오四는鄕村에서無色으로잇는土班이니라　賤人은七班이라하나實相은衙前庶孼을除하고五班에不過한데　本來의賤種이고又兩班이라도三代의現官이無하던지又는避禍族으로賤業을從事하야常人을自作한것이라　此와如히班常의區別은自在多岐하나種族을嚴立하야固着한階級을作한것이안이라互相昇降하기自由에在하니此가前代族制와異한同時에民權이發達된것이니라

　　第 百三十五 節 族內道德과其影響

그種族의一黨을表함에는何者에據하느냐하면安金崔李鄭朴等의姓으로써準하는지라　全國의姓數는甚多하니文簡公李宜顯[62]集에閱하면共二百九十八哥라　然이나一姓中에도本이各異하고派가相殊함을따라各門中을計算하면實相千餘家가될지라　全民族은此千餘家의宗派로말하ㅁ·ᅵ國民의單位는此門中으로成하다　西洋社會는個人으로單位가되얏스나朝鮮은此家族이社會의單位를作한지라　各人은自己의姓으로써相高하야其誇張的觀念이一種愛族的公德心을生하니　肅宗이李仁才에게對하야家門의名高한者를問한대李가答하되第二指를先屈하야第一은小臣의家오第二三四는誰某라하고最終에第一指를擧하야啓下의全州李氏라한지라　此가何意냐하면王室은其次例가最終末位를不免이나待遇는第一됨에不過하다함이라　此와如히各門中에는强大한强力性이有하야이로써國家의本位的思想을作하니其族制의道德發達이社會及國家를維持하니라

---

62) 본문에는 李宜顯으로 되어 있으나 李宜顯의 오식이다.

(一)國民觀念 各門中은祭祀로서大道德의根本을삼으니祭祀는卽族內道德이되는同時에國家的道德이되다各門中은祖上의顯祖라는것이잇스니「○○○○○○○○○○○○○○○○○
○○○○○○○○○○○○○○○○○○○○○○○○○○○○○○○○○○○
○○○○○○○○○○○○○○○○○○○○○○○○○○○○○○○○○○○
○○○○○○○○○○○○○○○○○○○○○○○○○○○○○○○○○○○
○○○○○○○○○○○○○○○○○○○○○○○○○○○○○○○○○○○
○○○○○○○○○○○○○○○○○○○○○○○○○○○○○○○○○○○
○○○○○○○○彼中國도族制가發達한同時에族內道德이亦進步되얏스나孝子忘國而安家라하는思想은國家的觀念을薄弱케하야오직家族만爲하고國家는第二位에置한지라「○○○○○○○○○○○○○○○○○○○○○○
○○○○○○○○○○○○○○○○○○○○○○○○○○○○○○○○○○○
○○○○○○○○○○○○○○○○○○○○○○○○○○○○○○○○○○○
○○○○○○○○○○○○○○○

(二)官僚道德 中國官僚는所謂中飽라稱하는公金割取하는弊가잇슴으로淸末憲政編査官의一人은言하되貪官汚吏가家의孝子라하다 朝鮮의族內道德은그러케偏重의發達한것이안이안이라百般事爲에다普及하얏는지라 고로貪官汚吏의子孫은仕路에入치못하는法規가잇고또한淸白吏의子孫은雖愚才라도登用하고잘못하면三族을滅하는法이잇는지라 然則官吏된者는아못조록官務를善服하야陋가子孫及門中에遺치안토록하며또한顯祖되기를希望함으로淸白하기를爲主하나니라 近來에至하야貪官汚吏가업시안하나이는다末世衰退를作함에在한것이니라

(三)社會道德 族人의財産은實相共産的으로使用하며그族內의觀念은一般社會에普及하야窮交貧族을救恤한다함은財産家의語套라 祖與父의親友之子孫은互相世交라하야하시싸지던지親愛敦睦하며親友로써慶弔相問이업스면絶交를하는法이오 同姓同族안이라도種族의關係를結하는法이 잇스니이는 爲親契敦睦契라하는俱樂部의組織이是오志氣가相合하면異姓間이라도義兄弟를結托하야互相扶助를作하나니 이것이族內道德의發達로서出한것이라
그러케國家던지社會던지그道德의作用은다族制에서基礎된것일새 班常階級을勿論하고親戚의踈忽한것을人間生活의一大悲運으로알며 또한姓은크게尊敬함으로雖下隷之輩라도盟誓又辱說에就하야變姓하거나敗倫하거나하는것을큰標準으로認知하나니라
　第 百三十六 節 獨裁政治의末期
盛衰의循環은歷史上外形의要素라 그完備하고善美한政治制度도歲를經하여는進步의色이顯치안코衰退의境에到하다 그頹廢의時期를作하기는正祖의時로부터作하나其原因은第一勢道가生함이라 初에本來王命의頒布와臣奏의入稟이政院을介紹치안이키不可하더니 此法의廢止問題가仁祖時崔鳴吉이先起하다가至是하야此法을全然廢止하고六曹長官

을臨時로戶外待令케하며君臣間議事가全然不規則에서出하고政令은黑幕을作한지라   더욱別入侍라하는것이生하니所謂別入侍는無職現官을勿論하고入闕하야王께納詔하는者니光武時에別入侍가凡七百名에達하다   此別入侍는一種讒訴黨으로거긔頭領이作하야一般執權을專執함에至하니此卽世道러라   그世道의始初는洪國榮으로自하니   本是英祖가崩御할時其九女和緩翁主가國喪을頒布하기前玉璽를盜取하야其子鄭原謙[63]에게與하야王統을爭奪코자한지라   此洪國榮이玉璽를反奪하야世孫에게呈하고位에卽하니是正祖라   고로正祖時에在하야權勢가洪一身에執中함은自然의勢러라   正祖時에는그갓티激烈하든黨論이時闔論(世祖[64]의父莊獻世子의王位推尊問題)으로써幕을閉하고다시黨派의熱이라하는것은滅絶에至하다

그黨論이滅絶하면서其後를繼하야勢道가起하니勢道가生한後로는廟堂公事가다其人에專任할새   高麗貴族時代의色彩가再現하야王은오직尸位素餐이오一般政務는一個國家의掌中에서左右하니   爾來某某의氏族은次例의步로써立朝하야挾號의權柄을弄할새   畢竟그國家는勢道그들의手에籠絡한바이되니라

第百三十七節 承前=官吏의惡化

勢道가生한以後는官吏가專혀惡種으로轉化하다   廟堂公事와別入侍의詔請은다獵官事務에全力한것이니   고로政事는오직官吏黜陟의外에는他事가無할새朝紙의記事는오직(某官許遞하고前望單子入之하야아모개落點하다)라는文句쑨이다   自此로制度는紊亂을致하고官吏는庸才愚物에不外라   正祖의科制綸音을讀하면 (試官에至하야는藻鑑이不明하야冬烘의譏를謾招라黜陟이不公하고或은紅粉의榜에涉하야螢雪喫苦의土로하야곰渡灞의淚를免치못함에至하고魚魯莫卞의類가反히等龍의喜를有하고紈綺子弟에至하야는僥倖一第하면才學의如何는不問하고華官顯職을得이라)   하며其時吏判沈煥之의啓言中에도仕路의不嚴不淸과科場雜沓紛亂함은其弊를擧키未遑이라하니   이는다當時官吏衰弊의事情을自白한것이라   正祖도此綸音을下할時는弊를救코저한것이나反히去々益甚으로銓注가大亂함에至하니階梯를舍하고越等하야初仕後昇六하고昇六後一足飛로正三品에達하는法에此時에生하며所謂(돌님參判)이라하는것도此時에是하니政黨이休息하고勢道가生하매其勢道者는人心을收拾하고四色을均一히採用한다는것이官爵을無條件巡次로敍任하야參判이고만回避의防口의돌님職卿이된지라   오직參判쑨안이라一般官吏를다此와如와方法으로敍任하매이에行政官廳은兩班族黨의窠窟이오官吏는오직國庫金의寄生虫이러라

佛國나파레온時에타탄케當時宮中을公格하되今宮中은高貴한乞食의集會所라하얏나니余는正祖以後의政府를此에比肩하기可하다   門에出하면쓴담배한대주는이업고家에入하면세발막대거칠것업서도한번仕에入하면별안間高樓巨閣에臥하야肉山脯林의樂生活을得

---

63) 鄭厚謙의 오식.
64) 正祖의 오식.

하는지라 그것이다何에서生하는것이냐問하면國金을割取하고民財를剝奪한바國與民을
吮食한것이라 官을獵得함에는貨賂와諂言을納付한것이니一次官職을圖得한以上其入資
金을充함에는國費를割食함은勿論이오民財를虐奪한手段은無所不爲함에至하다 無故良
民을捉囚하고無條件的으로財物을奪함은例事오其外怪惡無道한手段은不可形言이니 某
가平壤監司가되얏슬時에十八歲未嫁處女의純乳를窄食하면自己의陽氣가充實이라하야平
安道內閨中處女를沒數捕來하니其父母는此虐行을忍見치못하나己子를解放함이第一策일
새 이에賣田賣家하야多數한金錢을監營에納付한지라 此言은實談인지虛事인지不知이나
何如間人口로能히忍言치못할事를行함은予도直接多見하얏노라 人民이財産을被奪함은
오직官吏뿐안이라鄕村에私居한兩班衙前等에게見奪함은實로數를見치못할지니라
於是乎經濟는不言可知로極窮亂亡에至하고政事는官僚高壓으로朦朧에出하니 然而不亡
者가어데잇슬가 觀컨대近日文明啓發을自任한 者도오히려그遺傳性을發揮함이자못만으
니金允植社會葬問題가튼것은其適例라하노라

　　　第 百三十八 節 承前＝民志墮落
衰退의第三問題는文弱이라 偃武修义의策은近世政治의精神이라武人을輕侮에付하야士
大夫가絶代로武科에赴擧하기를肯定치안하니 肅宗初年에도武科에應試者가一萬九千人
에達하더니正祖時에는近十餘人에不遇한지라 武士를卑視할뿐안이라武官이水陸人民에
對하야討索이甚酷하야水軍一人이一年에徵布가五十疋에至하니누가軍人되기를樂할것이
오 於是乎軍人은다潰散하매軍籍은一名의뿐이오其實數는其十分之一에不外하니라 文을
崇尙할지라도哲學과藝術을獎勵하얏더면人生觀의眞理를發見하는同時에民國의進步를發
展할道理가猶有할지어늘其文이라함은古人의糟粕을尋하고虛文褥禮로外形을作함에專務
하다 衰期에至하야政治는勿論이오一般人民의精力은政治以上의大沽渴을作하다 氣가自
腐하고血에自死하야懦弱한劣態는一口難說이라神說은何其多也며邪術은何其雜也오 尋
求하는것은空德之物이오希望하는것은運數神秘라 地를掃커던黃金의出을期하며門을開
커던萬福의自來를圖하다 末期의政治는實相政府又는官吏보다도國民一般의元氣가墮落
한事情이最大한關係니彼奴馬末期의民志墮落한狀態를朝鮮半島에移植하얏더라
噫라正祖曰天下에大變이잇스면大益이잇고小變이잇스면小益이잇다하더니 近世末期에
在하야民志가墮落함은將次新理想政治의新有益이잇슬兆徵인가

　　　第 百三十九 節 承前
近世史에在하야政變이라하는것은王室問題, 亂雜問題等 三種이라 第一王問題는太祖卽
位時부터四世를連系하야王位爭奪의軋轢이疊出하다가겨우世宗時에至하야制度를改革하
기始作하다
　　　世宗을言할時는 讓寧大君을聯想치안이키不可하니 讓寧이本是太子로서其三弟의
賢良을늘見하고讓位하야自己는佯狂하는僧이되니讓寧이卽位하얏드면世宗以上의政治를

能作하얏슬지不知이나野心이업시淸節한雅量으로王位를弊履와如히棄하니라

其後世祖는足下端宗을放하고卽位하매政治上大改定은此時에基하니後日忠節의士는當時
死六臣의模範이러라 肅景英正四世百年間은建儲問題로因하야大變을生하매政黨의議爭
은實相此期間의活動이多하야波瀾의起覆이重疊하얏나니 政黨의爭奪한端緒는民政에關
한事가少하고英國의薔薇戰爭갓티王室問題에全系한것이라하야도過言이안이니라 其他
仁祖哲宗光武의承位도亦政變의一事가되다 亂離는世宗의野人及對馬島征伐과孝宗의露
人討伐과壬辰亂丙子難等은外의이오 李施愛[65]李适李麟佐洪景來東學黨義兵은內亂이니
此等戰役中壬丙及東學亂은對外關係上大關係가잇섯고洪景來亂은實相民權을標榜한革命
運動이라하기可하니라

觀컨대近代政治의變遷은世宗時에改革하야世祖時에그改革한制度를完備하얏고仁祖時에
는財務의整頓이잇섯스며 其間戰爭이多하얏스나政治上大影響이及치안하얏나니라 論컨
대獨裁政治라하는것은長時間을亘하기不能하야迅速한活動으로變化가生함이原則이어늘
我近世政治는其時間이長費하야五百年에亘하되其間毫末도反動의生함이업섯나니 此는
何故이냐問하면予는答하되政黨의發生한理由라할지라 君權이無限히發展하얏스나西洋
專制時代와異하야多少民權이잇슬뿐안이라政黨이爭議를起하는風氣에君權이敢히無制限
으로伸張치못하얏는지라고로反動의起가업섯스며 正祖時로부터는政黨이滅絶하고獨裁
政治의本色되는階級作用이甚함에至하매 自此로反動이起하기始作하니洪景來의起兵이
第一出의運動이라 고로正祖以後百二十年間은實相獨裁政治의極盛同時에衰退를作하야
新時代를渴仰하는思潮가暗流하니라

第 百四十 節 獨裁政治의使命

吾人은歷史에就하야政治의眞理를發見하니 卽一盛一衰는進化의形式이오內容上政治其
物은盛衰의循環을以하야進步發達을作하는것이라 고로近世末葉에在하야政治가衰退하
고民志가廢落하얏다함은舊政의弊害를發覺하야新時代善政治를運動하는作俑이니 詳言
하면밋처新世界에立脚치못하고其要求로起한推動된心情이新標準을自作치못함으로因하
야一般世態人情이亂雜한形式을自帶한것이라 由是로五百年專制政治라함도李太祖一人
이作出한것이안이오朝鮮人全体가作成한바政治進化史의一段階에過하다 然則近世專制
政治는發達能力이잇는吾族人民間에在하야他의政体에推進하는바過渡의階段이니 다시
高尙한意義로解釋하면啓蒙의政治라하노라

...　　　　...　　　　...　　　　...

　　...　　　　...　　　　...

光武隆熙間의變遷된政治는黑幕이多하고秘密이極하야一條로能히論시키未及일새此는他

---

65) 원문에는 李施逈로 되어 있는데 李施愛의 오식이다.

日續編에 書코쟈하야오직玆에 止하노라

미주

『조선문명사』 해제

1) 자산(自山): 자산이란 호가 바로 그 자유(自由)·자주(自主)·자치(自治)의 사상을 표시하는 것(李泰鎭, 「安廓의 生涯와 國學世界」, 『自山安廓國學論著集 六』(第三部 硏究論著集), 여강출판사, 1994, 17쪽).

2) 수하동 소학교(水河洞小學校): 와타나베 미나부(渡部學)에 의하면(『조선교육사』, 講談社, 1975, p.234) 수하동관립소학교(水河洞官立小學校)는 1895년 서울 중부 수하동 오경선(吳慶善) 집에 만들어진 을미의숙(乙未義塾:또는 낙영의숙樂英義塾)이 1895년 7월 소학교령 발포 후 수하동소학교로 되었다고 한다. 이 학교는 우리나라 최초의 소학교이다. 당시 소학교는 심상과 3년, 고등과 3년, 모두 6년이며 만 8세에서 만 15세까지를 학령(學齡)으로 하였다(崔元植, 「安自山의 國學－朝鮮文學史를 중심으로－」, 『自山安廓國學論著集六』(第三部 硏究論文篇), 여강출판사, 1994, 61쪽).

3) 독립협회(獨立協會): 독립협회(獨立協會): 1896년 서울에서 조직되었다가 1898년 해산된 사회 정치 단체.

독립협회는 1896년 서울에서 조직되었다가 1898년 해산된 사회 정치 단체이다. 한국 최초의 근대적 사회 정치 단체로 독립문 건립 기구를 표방하여 창립된 후, 다양한 활동을 전개하다가 해산되었다. 자강을 통한 자주 독립을 주장하며, 내부에 황제권을 중심으로 한 점진적 개혁 노선과 관료에 의한 권력 독점을 지향한 노선이 병존하였다. 「헌의6조」를 제출하여 중추원관제 개편이라는 성과를 얻었으나, 구제(舊制) 복구를 주장하는 보수 세력의 반발을 받았고, 급진파의 과격한 활동을 황제권 강화에 대한 도전으로 간주한 고종에 의해 해산되었다.

설립목적: 을미사변(乙未事變)과 단발령(斷髮令) 공포로 일본의 내정 간섭이 심화되고, 일본에 대한 반감이 고조되는 가운데 1896년(고종 33) 2월 11일 고종은 아관파천(俄館播遷)을 단행하였다. 아관파천은 일본의 내정 간섭에서 벗어나려는 데 동기가 있었지만, 국가 독립의 상징적 존재인 국왕의 러시아공사관 피신은 독립국가의 체면을 손상시켰을 뿐 아니라 조선에 대한 러시아의 영향력 증대를 초래하였다. 따라서 국가의 자주권 회복, 정치적 혼란 수습, 국민 통합이 당면 과제였다.

이러한 상황에서 삼국 간섭(三國干涉: 1895년에 러시아, 프랑스, 독일이 간섭하여, 일본이 청일 전쟁의 결과로 얻은 랴오둥반도를 청나라에 돌려주게 한 일) 이후 왕실과의 관련 하에 반일적 입장을 취하던 정동파(貞洞派: 미국, 러시아, 영국 등과 가까웠던 정부 관료들의 무리)를 중심으로 한 내각은 정부 시책을 국민에게 알릴 수단으로 민간지의 필요성을 느꼈다. 따라서 이들은 서재필(徐載弼)의 『독립신문(獨立新聞)』의 창간[1896년 4월 7일] 및 그 배포를 적극 지원하였다.

1896년 3월 서재필을 신문 담당 부서인 농상공부의 임시고문관으로 취임하게 한 것도 적극적 지원의 한 가지 예로 꼽힌다. 이어서 독립협회가 창립되었다. 독립협회는 당초 독립문(獨立門: 서울특별시 서대문구 현저동에 있는 돌문. 서재필을 중심으로 한 독립 협회가 우리나라의 영구 독립을 선언하기 위하여 국민의 헌금으로 영은문을 헐고 그 자리에 세운 것으로 광무 2년(1898)에 완공하였고 1979년 지금의 위치로 옮겼다. 사적 정식 명칭은 '서울 독립문'이다)과 독립공원(獨立公園) 건립을 추진하기 위한 기구를 표방하였다.

고종은 아관파천으로 손상된 군주 및 왕실 권위를 회복하려는 조치의 일환으로 독립문을 세워 세계 만국에 조선이 독립국임을 보여주려는 독립협회의 창립을 허가하였다.

변천 및 현황: 독립협회는 1896년 7월 2일 외부(外部)에서 창립 총회를 개최하였다. 이날 전문 21조의 독립협회 규칙을 심의·제정하여 공포하고 임원을 선출하였다. 이때 선출된 임원진은 고문에 서재필, 회장 겸 회계장에 안경수(安駉壽), 위원장에 이완용(李完用), 위원에 김가진(金嘉鎭)·김종한(金宗漢)·민상호(閔商鎬)·이채연(李采淵)·권재형(權在衡)·현흥택(玄興澤)·이상재(李商在)·이근호(李根澔) 등 8명, 간사원에는 송헌빈(宋憲斌: 대한제국의 관료 출신으로, 일제 강점기에 조선총독부 중추원 부찬의(副贊議)를 지냈다. 독립협회에 가담하기도 하였다)·남궁억(南宮檍) 등 10명이었다. 이들은 시범적으로 도합 510원을 헌납하였다. 1896년 10월 19일에는 다시 한 번 간사원과 위원을 확충시켰다.

창립 초기 임원진은 서재필 외 이완용, 민상호, 이채연, 현흥택, 이상재 등 정동파라고도 불렸던 친미파 인사들이 주축을 이뤘다. 한편 이들과 더불어 갑오개혁(甲午改革)에 참여하였던 세력 중 아관파천 후에도 처벌 대상이 되지 않았고 일본과의 연관성을 유지하였던 자들로서 안경수, 김가진, 김종한, 권재형 등이 결합하였다.

창립 초기 독립협회 구성원 대부분은 1880~1890년대 외교·문화 사절단 일원 내지 유학생으로 외국을 시찰하거나 광무국(鑛務局: 대한 제국 때에, 농상공부에 속하여 광산에 관한 사무를 맡아보던 관청) 등 신식 기구와 개항장 등지에서 실무에 종사하였던 경력이 있었고, 대체로 현직 관료였다. 신분상으로는 전통적 양반 가문 출신이라 보기 어려운 자들이 많았고, 유교 교육 외에 특별한 교육을 받은 경험이 없는 인물들도 많았다. 이 시기 『독립신문』의 사장 겸 주필이었던 서재필은 독립협회 인사들과 그들의 정치적 후원자였던 미국, 러시아에 대해 호의적 논조를 펼쳤다.

1897년 2월 20일 고종이 아관파천 1년 만에 경운궁(慶運宮, 지금의 덕수궁)으로 환궁하였다.

한편 독립협회 내에 정부 내 고위 관료들이 대부분 가담하고 다양한 정파가 혼재하게 되자, 독립협회가 관료들의 사교 모임으로 변질될지 모른다는 우려가 확산되었다. 이에 서재필·윤치호(尹致昊)는 토론회 개최를 발의하고 결정하는 동시에 집행부 권한을 강화하는 직제 개편을 추진하였다.

윤치호는 독립협회를 강의실, 독서실, 박물관을 갖춘 계몽단체로 변모시킬 것을 제안하였다. 그 결과 1897년 8월 29일부터 독립협회의 정기 집회는 토론회 방식으로 전환되었고, 이전의 위원장·위원제가 폐지되고 대신 회장·부회장·서기·회계·사서로 변경되었다. 이때의 임원진을 살펴보면 회장은 안경수, 부회장은 이윤용(李允用), 서기에 윤치호·이상재, 회계 권재형·이근영(李根永), 사서 이채연, 부사서 이계필(李啓弼)·이종하(李鍾夏) 등을 선출하였다. 이후 토론회는 1897년 8월 29일부터 76명의 회원이 참가하면서 시작되어 매주 독립관에서 개최되었다.

1898년 2월 27일 독립협회는 또 한 차례 회칙 개정과 임원 개편을 단행하였다. 회장 이완용, 부회장 윤치호, 서기 남궁억, 회계 이상재 · 윤효정(尹孝定), 제의(提議) 정교(鄭喬) · 양홍묵(梁鴻默) · 이건호(李建浩), 사법위원에 안영수(安寧洙), 강화석(姜華錫), 홍긍섭(洪肯燮) 등이 선출되었다.

이윽고 1898년 3월 러시아가 물러난 후 독립협회는 국내 문제로 관심을 돌리기 시작하였고, 협회 내부에서도 주도 세력 변동이 일어났다. 먼저 이완용이 전라북도관찰사로 부임하면서 부회장이었던 윤치호가 회장 대리로서 독립협회를 지도하게 되었다. 더욱이 5월 27일 서재필은 미국으로 귀국하였다.

아울러 이 시기 독립협회에서는 고위직 관료 상당수가 퇴진하는 대신, 갑오개혁 이후 설립되었던 신식 학교와 외국 유학생 비중이 높아졌다. 정부 하급 실무 관료와 언론인 및 교사들이 대거 가입하였고, 연령층도 창립 초기에 비해 젊어져 세대교체 현상이 나타났다. 이로써 협회 성격은 정치 운동 단체로 변모되었다.

안경수 쿠데타 음모(1898년 7월 일부 대신들과 연합하여 황태자 대리 청정과 내각 교체를 기도한 사건. 사전에 발각되어 안경수는 일본으로 망명하였다) 발각 후 1898년 8월 이뤄진 임원 개편에서는 회장 윤치호, 부회장 이상재, 서기 박치훈(朴治勳) · 한만용(韓晩容), 회계 이일상(李一相), 사법위원 이채연 · 남궁억 · 정교와 더불어 평의원(評議員) 20명을 선출하였다. 이들 평의원들은 회원들이 서면으로 제출한 현안 중 주요 안건을 선정, 정리하여 협회에 보고하고 황제와 정부 대신에게 건의하는 역할을 맡았다.

이 시점 독립협회 회원은 4,173명에 달했다. 그런데 이때의 개편을 통해 새로 임원으로 선출된 인물들은 독립협회 지도자 구속 당시 명단에서 제외되었고, 총대위원(摠代委員)이 되거나 제소위원(製疏委員)이 되는 경우도 없었다. 이들은 실무적인 역할을 담당했던 것으로 보인다.

1898년 11월 4일 조병식(趙秉式) 등의 공화정(共和政: 공화 정치를 하는 정치 체제) 수립 무고(誣告: 사실이 아닌 일을 거짓으로 꾸미어 해당 기관에 고소하거나 고발하는 일)로 인해 해산되었다가 복설된 독립협회는 12월 3일 정기총회를 갖고 토론회를 개최하였다. 이때 총회원 4173명 중 참석 271명, 유고(有故: 특별한 사정이나 사고가 있음) 불참(不參) 112명, 무고(無故: 아무런 까닭이 없음) 불참이 3,800명으로 실제 독립협회의 운영에 대해 관심을 갖고 있던 사람은 400명이 조금 못 되는 숫자였다고 할 수 있다. 그러나 1898년 12월 6일 이후 재개된 만민공동회(萬民共同會)에서 급진파 인사들이 대정부 공세를 강화하고, 박영효(朴泳孝) 소환 운동을 벌이자 불안감을 느낀 고종은 12월 23일 군대와 보부상(褓負商)을 동원해 만민공동회를 강제 해산시켰고, 독립협회와 지도부를 체포하였다. 12월 25일에는 만민공동회를 불법화한다는 조칙을 발표하여 독립협회는 실질적으로 해산되었다.

주요 활동: 독립협회는 창립 직후 독립문 건립을 위한 모금을 전개하였다. 이때 왕실은 왕태자(王太子: 자주국에서, 임금의 자리를 이을 임금의 아들) 명의로 1,000원을 하사하기도 하였다. 보조금을 납부한 사람은 모두 독립협회 회원이 될 수 있었다.

독립협회는 매주 토요일 회의를 열어 독립문 · 독립공원 계획을 논의하였고, 1896년 11월 21일에는 독립문 정초식(定礎式: 건축 공사에서 기초 공사를 마쳤을 때에 기초의 모퉁이에 머릿돌을 설치하여 공사 착수를 기념하는 서양식 의식)을 성대하게 개최하였다. 1896년 11월 30일에는 협회의 기관지로『대조선독립협회회보(大朝鮮獨立協會會報)』(1896년 11월 30일에 창간된 독립협회의 '회보'로서 국내에서 발행된 최초의 잡지이다. 대조선독립협회회보에는 근대 문명과 과학 지식이 폭넓게 소개되었고, 계몽적 성격이 두드러졌으며, 1897년 8월 폐간될 때까지 매월 15일과 말일에 통권 제18호까지 발행되었다)를 간행하였다.

1897년 5월 23일에는 왕태자가 국문으로 친서하여 하사한 '독립관' 현판식을 가졌다. 이어 8월 13일 개국 기원절 기념행사를 개최하였고, 같은 달 23일에는 고종의 탄신 경축회를 거행하여 충군애국(忠君愛國) 사상을 고취시키는 데 앞장 섰다. 1897년 10월 고종을 황제로 즉위시키려는 움직임에 대해서도 독립협회는 긍정적인 태도를 취했다. 1898년 말에는 독립문이 완공되었다.

1898년에 들어서면서 러시아의 내정 간섭이 노골화되었다. 러시아는 자국 군사교관이 지휘하는 군대로 하여금 왕궁을 호위하게 하고, 광산·석탄 채굴권을 요구하는 한편, 군사교관 증파(增派), 재정고문 알렉세예프(K.A. Alexeiev)의 파견을 강력히 추진하는 등 조선의 내정에 대하여 적극적으로 간섭하기 시작하였다. 이로써 러시아는 조선의 독립을 돕던 나라에서 독립을 위협하는 최대의 적으로 부상하였다. 이에 독립협회는 본격적으로 반러 운동을 전개하였다. 이때 러시아는 목포(木浦)와 진남포(鎭南浦: 평안남도 서남부에 있는 항구 도시. 농업·어업·광업·공업 생산물의 집산지이다. 제련소가 있으며 광석, 시멘트, 과실, 쌀, 밀 따위를 수출한다. 우산장(牛山莊), 보림사(寶林寺), 용강 온천 따위의 명승지가 있다. 면적은 413㎢. 북한에서는 1979년 12월 행정 구역 개편 때 직할시로 승격되면서 평안남도에서 갈라져 나왔다)에서 토지를 매입하고, 부산 절영도(絶影島: '영도'의 옛 이름) 석탄고 기지조차(租借: 다른 나라에서 일시적으로 영토의 일부를 빌리는 일)를 요구하는 한편, 한러은행(韓露銀行) 설립 등을 적극 추진하였다.

독립협회는 국가 독립 문제를 토론회 주제로 상정하여 러시아의 국권 침탈을 비판하였고, 2월 21일에는 안경수 등 135명 회원이 연명 상소를 올렸다. 이 상소는 "자립(自立)하여 타국(他國)에 의뢰(依賴)하지 않고 자수(自修)하여 일국(一國)에 정법(政法)을 행(行)하는 것"이 국가의 요체임에도 불구하고 재정, 군사, 인사권을 상실했을 뿐 아니라 전장(典章: 제도와 문물을 아울러 이르는 말)과 법도(法度)를 실현하지 못하고 있는 현실을 개탄하면서 "안으로는 장정(章程: 여러 조목으로 나누어 마련한 규정)을 실천하고 밖으로는 타국에 의뢰함이 없게 하여 우리의 황권을 자주하고 국권을 자립할 것"을 촉구하는 내용을 담고 있었다. 2월 27일에도 독립협회는 러시아의 절영도 석탄고 기지조차 요구를 성토하고 외부대신(外部大臣)에 전말을 묻는 공한을 발송하였다. 이러한 독립협회의 활동은 반러 운동을 더욱 고조시켰고, 러시아 측은 만일 한국 측이 군사교관과 재정고문이 불필요하다고 여긴다면 철수하겠다며 24시간 내에 회답하라는 통첩을 정부에 보냈다. 이에 이완용과 서재필은 정부의 러시아 군사교관, 재정고문 철수 결정을 유도하기 위한 민중집회 개최를 결정하였다.

3월 10일 종로에서 열린 이 집회는 각계각층의 사람들이 모여 개최하였다는 의미에서 만민공동회라고 한다. 이때 독립협회는 만민공동회를 주도한다는 인상을 피하고자 상인을 의장으로 뽑고, 배재학당·경성학당(1896년 4월 15일 경성에 설립된 일본 대일본해외교육회大日本海外教育會에서 경영하는 학교) 학생들로 하여금 연설하게 하고, 러시아의 군사교관과 재정고문 철수 결의안을 채택해 정부에 제출하게 하였다. 마침내 3월 11일 고종은 주한러시아공사에게 재정고문과 군사교관의 철수를 요구하는 회답을 보내도록 정부에 지시하였다. 그 결과 러시아 군사교관과 재정고문은 해임되었고 한러은행도 폐쇄되었다.

1898년 3월 이후 러시아의 내정 간섭이 약화됨에 따라 독립협회는 국내 문제로 관심을 돌렸다. 내정 개혁을 충실히 진행하여 독립의 내실을 기하는 것이 급선무라 파악하였기 때문이다. 이때 독립협회의 운동 방식은 집회에서 주제를 정해 토론하고 결과를 편지로 써서 총대위원 편에 보내는 것이었고, 이 활동은 만민공동회를 동반하였다.

정부도 독립협회의 요구에 답변을 성실히 보내고 긍정적으로 수용하였다. 독립협회는 국민의 생명과 재산권 수호, 노륙법(孥戮法: 죄인의 아내, 아들 등을 함께 사형하는 법) 및 연좌법(連坐法)의 부활 저지, 언론과 집회의 보장, 탐관 및 수구파 관료의 규탄 내지 축출, 의회 개설 등을 위한 활동을 본격적으로 펼쳐 나갔다.

이 무렵 고종은 「의정부차대규칙(議政府次對規則)」(의정(議政) 이하 각 부 대신들이 매주 1회 모여 황제의 자문에 응하는 입대(入對, 궁중에 들어가 임금을 알현하던 일)가 실시되고, 매일 2명씩 돌아가면서 입대하는 전통적인 차대(次對, 임금 앞에 나아가 국가 행정에 관계된 일을 보고하던 일)가 부활되었다)을 부활시키고 각국의 사례에 따라 황제가 육해군을 통솔하겠다는 조칙을 반포하는 등 황제권 강화에 박차를 가하였다. 이와 관련하여 독립협회 내부에서는 황제권에 대하여 서로 다른 견해를 가졌던 두 노선 간의 갈등이 표면화되기 시작하였다.

하나는 대내적 관민 통합과 대외적 자주 독립을 위한 국권의 상징으로서 황제권을 인정하되 교육, 계몽을 통해 점진적 제도 개혁을 실현시키려 했던 계열이었다(윤치호, 이상재, 남궁억 계열). 다른 하나는 황제 중심의 권력 구조 자체를 부정하고, 자신들이 권력을 장악하여 급진적 체제 변혁을 도모하였던 계열로, 이들은 일본 망명 중이었던 박영효와 밀접한 관계를 갖고 있었다(안경수, 정교 계열).

이들 중 안경수, 정교 계열은 7월 3일과 12일 두 차례에 걸쳐 고종에 상소를 올려 홍범(洪範: 모범이 되는 큰 규범)의 준수와 민의(民意) 수렴 등을 요구하는 한편, 의정부 대신의 부정, 부패, 무능을 비판하고 교체를 주장하였다. 윤치호는 이들이 제기한 강경한 내용에 동의하지 않았으나 회장으로서 배척할 수도 없는 입장이었다. 그런데 7월 5일 안경수, 윤효정 등이 박영효의 사주를 받아 독립협회 회원 50명을 입궐시켜 고종에 양위를 강요하고 황태자로 대리하게 하려 했던 쿠데타 음모가 발각되었다.

이때 안경수 등은 고종을 폐위한 후 표면상 황태자를 추대하였다가 그후 다시 의화군(義和君)이나 이준용(李埈鎔)을 옹립하고자 하였다. 음모가 발각된 후 안경수, 윤효정은 일본 공사관의 비호로 피신하였다가 일본으로 망명하였다.

고종은 이 사건을 계기로 독립협회에 반감을 갖고 혐의자로서 박정양(朴定陽), 민영준(閔泳駿), 김재풍(金在豊), 이충구(李忠求) 등을 체포하였고 아울러 민영기(閔泳綺), 심상훈(沈相薰), 이재순(李載純), 조병식(趙秉式) 등을 대거 내각에 기용하였다.

조병식, 이종건(李鍾健) 등 수구파 관료들은 '안경수 쿠데타 음모 사건'을 빌미로 독립협회 회원 전체를 안경수와 한 패로 무고하여 독립협회를 해산시키고 정계 주도권을 장악하려 하였다. 그에 따라 이들은 '대한청년애국회(大韓靑年愛國會)'라는 단체 명의로 황태자의 대리를 요구하는 전단을 날조하여 독립협회 탄압을 유도하였다.

독립협회는 이에 맞서 종로에서 황국협회(皇國協會), 만민공동회와 합동 집회를 개최하여 대한청년애국회를 색출하여 없애자고 호소하고 조병식을 탄핵하는 서한을 보냈다. 안경수 쿠데타 음모와 조병식 탄핵 문제에 대한 갈등이 이어지는 가운데 고종은 윤치호를 면담하였고, 그 결과 조병식을 면직시키고 박정양과 민영준을 방면하여 독립협회와의 화해를 모색하였다.

1898년 9월 11일 전 러시아 공사관 통역 김홍륙(金鴻陸) 등이 고종의 커피잔에 아편을 넣었다고 하는 김홍륙 독차사건(金鴻陸毒茶事件)이 발생하자, 독립협회는 황국협회와 함께 만민공동회를 열고 진상 규명과 철저한 조사를 요구하였다. 그러나 김홍륙은 재판도 받지 않고 종신 유배에 처해졌고, 그 연루자는 고문을 당하였다. 이와 아울러 신기선(申箕善) 등 수구파는 김홍륙 반역사건이 일어난 것은 형법이 너그럽기 때문이라며 갑오개혁 때 폐지되었던 노륙법과 연좌법의 부활을 주장하였다.

독립협회는 노륙법, 연좌법의 부활을 격렬히 반대하며 이를 저지하였다. 독립협회는 10월 7일부터 10일까지 3차례에 걸쳐 홍범14조의 준행(遵行: 전례나 명령 따위를 그대로 좇아서 행함)을 주장하고 김홍륙 독차사건 발생과 관련자 고문의 책임을 물어 신기선, 이유인(李裕寅), 심순택(沈舜澤), 윤용선(尹容善), 이재순, 민영기, 심상훈 등 7대신 파면과 노륙법 폐지를 요구하는 상소를 고종에 올리며 농성하였다. 이에 10월 11일 고종은 독립협회의 요구를 수용하여 7대신을 해임하고 박정양을 서리의정사무에, 민영환(閔泳煥)을 군부대신으로 각각 임명하였다. 이로써 박정양을 수반으로 하는 정부가 수립되었다.

10월 15일 정부 대신들과 독립협회 대표들이 만나 협상하였는데, 여기에서 대표들은 잡세(雜稅)의 혁파와 중추원 재조직을 요구하였다. 이들이 제시한 중추원 개편안의 내용은 중추원을 의회로 재편하고, 그 의원의 절반은 관선(官選), 나머지 절반은 민선(民選), 즉 독립협회에서 선발한다는 내용이었다. 이와 같은 요구에 대하여 정부 대신들은 긍정적 태도를 취했으나, 위기의식을 느낀 고종은 독립협회의 비판을 받고 있던 조병식과 윤용선을 재기용하였고, 10월 20일에는 독립협회의 토론과 집회를 제한하는 조칙을 내렸다. 독립협회는 이에 반발하여 시위함으로써 고종으로 하여금 조칙(詔勅)을 번복, 철회하게 하는 데 성공하였다.

10월 28일 관민공동회(官民共同會) 대회장으로 선출된 독립협회 회장 윤치호는 황제권을 인정하는 가운데 정부와 협력하여 점진적 내정 개혁을 추진한다는 원칙을 천명하였다. 이 조건을 선언한 것은 정부와 황제, 외국인의 의구심을 풀고 관민공동회를 성공시키기 위함이었던 것으로 보인다. 이튿날 10월 29일 오후 2시 종로에서 관민공동회가 개최되었다. 전·현직 정부 관료와 각종 단체, 학생, 시민이 합석한 가운데 「헌의6조(獻議六條)」를 채택하였다. 「헌의6조」의 내용은 다음과 같다.

① 외국인에게 의부(依附)하지 아니하고 동심 합력하여 전제황권(專制皇權)을 견고케 할 사. ② 광산·철도·매탄(煤炭)[석탄]·삼림 및 차관(借款)·차병(借兵: 병사를 빌려 옴)과 모든 정부와 외국인과의 조약(條約)의 일을 만일 외부대신과 중추원의장이 합동으로 서명 날인한 것이 아니면 시행하지 못할 사. ③ 전국 재정은 어떠한 세(稅)를 물론하고 모두 탁지부(度支部)에서 구관(句管: 맡아서 다스림)하되 다른 부(府)·부(部)와 사회사(私會社)는 간섭할 수 없고, 예산과 결산은 인민에게 공표할 사. ④ 지금으로부터 시작해서 모든 중죄범은 공개재판을 행하

되 피고가 충분히 설명하여 마침내 자복한 후에야 시행할 사. ⑤ 칙임관(勅任官)은 대황제폐하께서 정부에 자순(諮詢: 윗사람이 아랫사람에게 의견을 물어 의논함)하여 그 과반사를 따라서 임명할 사. ⑥ 장정(章程)을 실천할 사.

10월 31일 고종은 「헌의6조」에 대한 답변으로 「조칙5조」(① 간관諫官 폐지 후 언로言路가 막히어 상하가 권면경려의 뜻이 없기로 중추원장정中樞院章程을 개정하여 실시할 사)를 내렸다. 그런데 「헌의6조」에서 제1조에 명시된 '전제황권'의 범위를 어디까지 인정할 것인가의 문제에서 독립협회와 고종의 입장에는 차이가 있었다. 독립협회 주도층으로서는 황제가 인민에 대한 전제권을 갖고 국정 운영을 하는 것을 전제하면서도 그것은 무제한적인 전제권이 아니라 자신들을 통한 '민의'의 수렴과 동의 하에서 행사되는 권력이어야 하였다.

아울러 제6조의 '장정을 실천할 것'에서 장정이란 갑오개혁 이후 제정 공포한 각종 의안들과 「홍범14조」 및 신식 법령들을 의미하였고, 대체로 국왕 권력의 자의적 사용을 제한하는 것들이었다. 요컨대 독립협회가 건의한 「헌의6조」는 자주권의 상징 및 국민 통합의 구심점으로서 황제권의 강화를 인정하면서도, 국가의 중대사를 중추원과 협의하도록 규정하여 황제나 정부의 독단이나 전횡을 제도적으로 견제하고 방지하는 데 목적이 있었다.

11월 2일 관민공동회는 총대위원 3명을 선정해 정부에 공한(公翰: 공적인 편지)을 보내 독립협회가 제의했던 중추원 개편안에 대한 황제의 재가를 요청하였다. 이틀 후 11월 4일 독립협회의 개편안을 수용한 중추원관제(中樞院官制)[전문 17조, 의관(議官) 50인 중 관선 25명, 민선 25명을 규정]를 고종으로부터 재가를 받아 공포하는 동시에 독립협회에 25명의 의관 명단을 통보해 달라고 요청하였다. 그러나 독립협회가 개편된 중추원을 기반으로 국정 전반에 걸쳐 영향력을 확대하게 될 것을 우려한 조병식, 유기환(兪箕煥), 이기동(李基東) 등 수구파 관료들은 중추원 관제가 반포된 같은 날 11월 4일 익명서(匿名書) 사건을 일으켰다. 그 내용은 독립협회가 왕정을 폐지하고 박정양을 대통령, 윤치호를 부통령으로 삼아 공화정을 수립하려 한다고 모함하는 것이었다. 이에 고종은 독립협회를 비롯한 모든 협회를 해산하라는 조칙을 발표하고, 이상재, 남궁억, 정교 등 독립협회 지도부 20명에 대한 체포령을 내려 그중 17명을 체포하였다.

이때 체포된 자들은 이상재, 방한덕(方漢德), 유맹(劉猛), 정항모(鄭恒謨), 현제창(玄濟昶), 홍정후(洪正厚), 이건호(李建鎬), 변하진(卞河璡), 조한우(趙漢禹), 염중모(廉仲謨), 한치유(韓致愈), 남궁억, 정교, 김두현(金斗鉉), 김귀현(金龜鉉), 유학주(兪鶴柱), 윤하영(尹夏榮) 등이었다. 윤치호, 최정덕(崔廷德), 안영수(安寧洙) 세 사람은 은신하여 구속을 피하였다. 또한, 「헌의6조」에 서명한 박정양, 서정순(徐正淳), 이종건, 김명규(金明圭), 고영희(高永喜), 권재형 등 대신들을 모두 파면하고 대신 조병세(趙秉世), 조병식, 민종묵(閔種默), 심상훈 등을 등용하였다.

지도부 체포를 피해 외국인 선교사 아펜젤러(H. G. Appenzeller)의 집으로 피신한 윤치호는 양홍묵, 이승만(李承晩) 등을 통해 대중 시위를 조직하였다. 이때 독립협회의 활동 간부가 아닌 윤시병(尹始炳), 임병길(林炳吉) 등이 만민공동회 활동에 적극 개입하였다.

서울 시내 학생들과 시민들은 경무청 앞에서 만민공동회를 개최하여 구속자들의 석방을 요구하였다. 이에 대하여 조병식 등은 병력을 동원해 만민공동회를 강제 해산하려 했으나 미국, 영국 공사는 정부 측 무력 행사에 반대 입장을 표명하였다. 결국 11월 10일 고종은 조병식 등을 해임하고 구속자 전원을 석방하여 독립협회의 요구에 굴복하였다. 그러나 만민공동회는 종로로 장소를 옮겨 11월 11일부터 22일까지 5차례 상소를 통해 「헌의6조」와 「조칙5조」의 실시, 조병식·민종묵 등의 처벌, 독립협회의 복설(復設)을 주장하였다. 이에 고종은 중추원 관제를 개정하고, 역둔토(驛屯土: 역토驛土와 둔토屯土를 아울러 이르는 말)를 탁지부 관할 아래로 옮기는 등 「헌의6조」에 대한 부분적 이행을 제시하였다. 그러면서도 한편으로는 11월 21일 보부상을 동원해 만민공동회 습격을 꾀했는데, 이것은 시민들의 대대적 반발을 촉발하였다. 이들은 보부상에 반격을 가하고 이기동 등 수구파 관료들의 집을 파괴하는 한편, 고종의 조칙을 전달하기 위해 파견된 관료들에게 돌을 던지고 폭행을 가하였다.

고종은 한성 주재 외국 공사들에게 병력을 동원하여 만민공동회를 진압하는 방법을 문의하였다. 이들의 반응이 좋지 않자 고종은 결국 조병식, 민종묵 등 수구파 대신들을 경질하고 윤치호를 중추원 부의장에 임명하는 등 친미파 관료들을 대거 기용하고 독립협회의 복설을 명하여 민심 수습에 나섰다. 윤치호는 집회가 과격화됨으로써 외국 공사들의 지지를 잃고 정부에 탄압 구실을 제공할 것을 염려하여 만민공동회에 자진 해산을 설득하였고, 11월 24일부터 2일간 해산하는 결정을 끌어냈다.

고종은 표면적으로는 만민공동회의 제안을 수용하면서 실질적으로는 보부상 해산 불응을 방조하였고, 조병식 등에 대한 체포를 늦추는 소극적 태도를 취하였다. 약속된 조치 이행이 미흡하다 여겨지자 11월 26일 만민공동회가 재개되었다.

영국, 미국 공사들은 독립협회에 대해 정부와 타협해 계몽단체로 돌아갈 것을 종용하였고, 고종에게도 독립협회와 타협할 것을 충고하였다. 이에 고종은 직접 나서 설득하는 친유(親諭: 임금이나 군주가 몸소 가르쳐 타이름)를 행하였다. 윤치호, 이상재, 만민공동회 회장 고영근(高永根) 등은 독립협회의 복설, 대신의 택임(擇任: 사람을 골라서 일을 맡김), 보부상 혁파, 법령을 규정대로 실시할 것, 조병식·민종묵·유기환·이기동·김정근(金禎根)·홍종우(洪鍾宇)·길영수(吉永洙)·박유진(朴有鎭)의 처형 등 5개 조건을 재차 요구하였다. 고종은 5번째를 제외한 나머지를 수용하였고, 이로써 독립협회는 복설되었다.

11월 29일, 고종은 만민공동회에 대한 약속을 이행하는 뜻으로 중추원 관제를 실시하기 위하여 중추원 의관 50명을 선임하였다. 독립협회 및 만민공동회 소속 회원으로 의관에 임명된 자는 17인에 불과하였다. 이에 앞서 12일 수구파 관료들은 중추원 관제를 재개정해 공포하였다. 인민협회에 의한 민선 의관 선출제도의 삭제, 중추원의 자문권을 제외한 입법권 등 모든 의회 기능의 폐지, 독립협회의 의관 선출 삭제 등을 골자로 하였다. 아울러 고종과 수구파 관료들은 중추원 의관 2/3를 임명하여 중추원을 의회가 아니라 정부의 자문기관으로 만들고자 하였다. 12월 4일에는 민영환, 박정양뿐만 아니라 심상훈, 민영기, 박제순(朴齊純) 등을 내각에 등용하였다. 그러나 12월 6일 독립협회 내의 급진파 정교, 고영근, 최정덕(崔廷德), 이승만 등은 윤치호의 만류에도 불구하고 만민공동회를 개최하여 5개 조건의 즉각 실천을 요구하였고, 이로부터 20여 일 간 만민공동회를 계속하였다.

해당 기간 동안 이들은 무력 진압에 대응하고자 빈민 1,200여 명을 고용해 무장 경비를 맡겼고, 총대위원 100인을 뽑아 철야로 지키게 하였다. 경비 조달을 위해 서울의 대상인들에게 반강제적으로 모금을 하였다. 또한, 이들은 각 부(部) 문 앞에서 관리들의 출근을 방해하며 이들에게 만민공동회 참여를 강요하기도 하였다. 이렇게 운동이 격화하면서 남궁억은 만민공동회에 불참하였다.

『독립신문』이나 『황성신문』 등 언론은 관민협조론(官民協助論)을 강조하였다. 윤치호는 회장으로서 자신의 의사와는 무관하게 끌려 다녔다. 나중에는 독립협회 대표로서 만민공동회 대표 고영근과 회담하여 부채 정리를 비롯해 사후 수습을 해야 하였다.

12월 15일부터 중추원 활동이 개시되어 부의장으로 윤치호를 선출하였다. 이튿날 12월 16일 개최된 중추원 회의에서는 정부 대신으로 적합한 인재를 투표로 선출하였는데, 민영준·민영환·이중하(李重夏)·박정양·한규설(韓圭卨)·윤치호·김종한·박영효·서재필·최익현(崔益鉉)·윤용구(尹用求) 등 11명이 선정되었다. 이때 역모 죄인으로서 일본에 망명 중이었던 박영효를 추천한 것이 문제가 되었다. 중추원의 11명 추천 속에 박영효가 들어있다는 사실은 고종에게 경계심을 불러일으켰다.

이처럼 급진파의 과격한 활동은 고종과 정부 측은 물론 한성 주재 외국 공사들에게 경계심을 불러일으켰고, 독립협회 내에서도 윤치호 등 온건파와 일반 시민의 공감을 잃었다. 당시 언론 또한 만민공동회가 정부와 타협할 것을 촉구하고 있었다. 각국 공사들이 만민공동회 해산에 대하여 묵인 혹은 지지 입장을 표명하자, 고종은 12월 23일 군대와 보부상을 동원해 만민공동회를 강제 해산시켰고, 이어서 독립협회와 지도부를 체포·구속하였다.

이틀 후인 12월 25일 고종은 민회를 불법화한다는 11개 조의 조칙을 발포하였다. 이때 해산 당시 공격 대상이 되었던 것은 독립협회 전체가 아니라 황제권을 위협하던 박영효-안경수 계열의 권력 장악 운동 노선에 해당하였지만, 두 노선을 분리해서 받아들이는 것은 어려운 일이었다. 이로써 독립협회는 실질적으로 해산되었다.

이후 독립협회 지도자들 대부분이 일본인과 미국인의 집에 피신해 있는 가운데, 회장 윤치호는 덕원감리(德源監理) 직책을 수락하였다. 1899년 1월 18일 중추원에서 모든 회를 일체 없앤다는 의견서가 통과되어 독립협회는 법적으로 해산되었다.

의의 및 평가: 독립협회의 활동은 갑오개혁을 이어 근대적 제도 개혁 운동을 계승했다고 할 수 있다. 독립협회 주도 세력은 갑오개혁을 총체적으로 부정하기보다는 그 개혁 성과 중 상당 부분을 계승하는 입장에 있었다. 다만 갑오개혁기에 내각이 모든 실권을 장악했던 것과는 달리 황제권을 국가 통합의 구심적 존재로 설정했다는 점에서 차이가 있었다.

조선의 현실에 기반을 두지 못하고 급진적으로 진행되었던 기존 개혁론과 개혁 운동에 대한 반성으로서, 독립협회는 대내외적 자주 독립의 상징으로 황제를 내세우고, 황제권을 중심으로 한 관민의 통합과 그를 통한 개혁의 추진을 꾀했던 것이다. 이들이 주장했던 「헌의6조」의 1조나 중추원 개편안은 모두 그러한 맥락에서 이해될 수 있다. 따라서 독립협회와 대한제국은 상호 협조하고 보완할 여지가 있었다. 그러나 독립협회 내에는 현존 권력 구조를 인정하는 가운데 정부와 협력해 내정 개혁을 달성하는 노선과 관료 중심 권력 구조 확보를 목표로 하여 쿠데타식 권력 탈취 방식을 답습했던 노선이 병존하고 있었다. 윤치호, 남궁억 등

점진적으로 개혁을 추구하려던 세력은 권력 장악을 꾀하며 과격한대정부 활동과 박영효 소환을 시도한 안경수, 정교 등 급진파의 행동을 통제하지 못하였다. 이들 급진파의 과격한 행동은 시민의 반발, 독립협회를 암묵적으로 보호·지원하던 외국 공사들의 지지 상실을 초래하였고, 정부가 병력을 동원하여 탄압할 명분을 제공하였다.

특히 황제권 강화를 도모하였던 고종은 자신을 폐위하고 권력을 장악하려 하였던 박영효 지지 세력에 대하여 위기의식을 느꼈고 결국 독립협회를 해산하였다. 이후 국가 체제의 방향을 둘러싼 갈등은 전제군주제(專制君主制: 군주가 주권을 가지고 통치권을 독점하는 제도)로 귀결되었다. 1899년 8월 입법, 사법, 행정 3권을 모두 군주에게 집중시켜 전제군주권을 확립한다는 내용을 명문화한 대한국국제(大韓國國制)가 반포되었다.

독립협회는 국가 독립의 위기 속에 애국심 고취를 위해 충군애국을 내세웠다. 독립협회가 제정하고 『독립신문』에 실린 각종 애국가 가사는 충군애국을 강조하였고, 독립협회는 독립경축일<獨立慶祝日: 1895년 조선 정부가 자주 독립 국가임을 대외적으로 알리기 위해 제정한 국경일. 독립경일獨立慶日>이라고 함), 만수절(萬壽節: 대한 제국 때에, 황제의 생일을 기념하던 날. 광무 원년<1897>에 제정하였다) 등 국가 의례를 이용해 국기와 애국가를 보급해 나갔다. 독립협회가 개최하는 각종 행사에서는 황제에 대한 축수(祝壽)와 만세가 행해졌다.

독립협회가 주도한 만민공동회에서도 충군애국 사상은 강조되었다. 이들이 독립의 상징으로서 독립문과 독립관을 건립한 점은 긍정적으로 평가되어 왔다. 아울러 독립협회가 강연회와 신문 등을 통해 새로운 지식과 교양을 보급하여 민중을 계몽한 것은 이후 항일 독립운동과 국민국가(민족을 단위로 하여 형성된 국가) 수립 운동의 내적 추진력이 되었다는 평가를 받기도 한다.

독립협회는 역사와 언어를 강조하였다. 정교, 최경환(崔景煥) 등 독립협회 회원들이 중심이 되어 『대동역사(大東歷史)』를 출간하고자 하였는데, 당시 학부대신(學部大臣) 신기선이 출간을 금지시켜 1905년에야 출간될 수 있었다.

아울러 독립협회는 『독립신문』을 한글 전용으로 발행하였다. '조선의 글자가 세계에서 가장 우수한 문자'라는 주장까지 나오면서 한글은 언문(諺文)에서 국문(國文)으로 격상되었다. 한편 『독립신문』은 조선시대에 국왕과 관인, 유생 등 지배층에 한정되어 사용되던 동포(同胞)라는 용어를 '한 나라 인민', 즉 '국민'과 같은 개념으로 확대 적용하기도 하였다.

결국 독립협회가 지향한 것은 『만국공법(萬國公法)』 체제 아래 근대 국민 국가로 존립해 나가기 위하여 국민을 형성해야 한다는 점이었다. 그 과정에서 신분적 차별의 철폐, 노비제 폐지, 봉건적 악습 척결, 여성 교육의 필요성 등을 주장한 점도 긍정적 평가를 받는다.

독립협회는 조선이 청의 속방(屬邦: 법적으로는 독립국이지만, 실제로는 정치나 경제·군사 면에서 다른 나라에 지배되고 있는 나라)에서 벗어나 독립국이 되었음을 강조하였다. 당시를 생존 경쟁의 시대로 파악하면서 독립 유지를 위한 자강(自强)의 필요성을 역설하였다. 아울러 대외 정세에 있어서는 열강 간의 세력 균형 유지를 통해서만 한국 독립이 유지된다고 판단하였고, 세력 균형에 바탕을 둔 중립외교(中立外交: 한 나라에 치우치지 아니하고 각 나라에 같은 비중을 두면서 중립을 지향하는 외교)를 제시하였다.

따라서 독립협회는 세력 균형의 파괴를 초래하는 적극화된 러시아의 대한 정책을 한국 주권에 대한 심각한 위협으로 간주하고, 러시아 및 그 동맹국 프랑스의 이권 강요에 직면하여 민간 차원의 반대 운동을 전개함으로써 정부에게 반대할 수 있는 명분을 제공하였다. 이처럼 외세의 내정 개입을 비판하며 러시아에 대한 각종 이권 양여를 반대한 점을 가리켜 독립협회가 국권 수호 운동을 펼쳤다고 평가하기도 한다. 그런데 독립협회가 러시아의 압력이 강하다는 판단 하에 반(反)러시아, 친(親) 영·미·일 노선을 취함으로써 본인들 의사와 관계없이 일본 세력을 다시 강화하는 결과를 가져오기도 하였다.

  아울러 독립협회는 러시아나 프랑스에 대한 이권 양여에 극력 반대했던 것과는 달리 미국이나 영국, 독일 등 다른 열강들에 대한 이권 양여에 대해서는 별다른 문제 제기를 하지 않았다. 오히려 미국에 대한 경인철도(京仁鐵道) 부설권 허가의 경우 문명화할 기회이며 외자 유치를 유도할 수 있다고 주장하면서 환영하기도 하였다.

  이와 관련하여 독립협회 회원들은 열강에게 빼앗긴 이권을 조사해 대책을 강구하자는 제안을 하기도 하였고, 전(前) 회장 이완용이 외부대신 재직 중 열강에 이권을 허가하였던 책임을 물어 제명하기도 하였다. 하지만 각종 이권 조사를 마친 후, 보고[1898년 9월 4일]는 있었으나 실질적 대처는 없었다. 윤치호 등 지도부는 소명 기회를 주지도 않고 이완용을 제명한 것에 동의하지 않았다.

  한편 『독립신문』은 동양 담론을 받아들여 한, 청, 일 삼국의 연대를 주장하기도 하였다. 일본이 조선 독립의 은인이며, 동양 문명화의 선두라고 하여 서세동점(西勢東漸: 서양 세력이 동양의 세력 범위에 점차 침투하여 정치·경제·문화 따위의 여러 부문을 지배함. 또는 그러한 시대적 흐름이나 경향) 상황에 대해 동양 삼국이 공동으로 대응해야 한다고 주장하기도 하였다. 인종, 글자, 풍속의 동질성을 가진 한, 청, 일 삼국이 서양의 침략에 공동으로 대응해야 한다는 주장이었다.

  독립협회는 개혁을 통한 부국(富國)으로의 발전을 목표로 하였다. 회장이었던 윤치호는 정부가 주도하는 국민 계몽을 통한 문명화의 길이 조선이 취할 수 있는 방향이라 보았다. 동시에 인민을 개화의 주체가 아닌 객체로 여기고 있었고, 계몽의 대상으로 여겼다. 인민 주권은 이들이 계몽을 완료했을 때에만 가능하다고 여겼다. 이를 대표적으로 보여주는 것이 『독립신문』의 논설 "하의원은 급지 안타"이다.

  이 논설은 무식한 인민에게는 정치 참여를 허락할 수 없다는 독립협회의 우민관(愚民觀)을 보여준다. 독립협회가 구상한 의회 제도의 구체적인 내용을 살펴보면, 의원이란 하나의 관원(官員)으로서 임명권자는 황제였고, 논의된 사항은 반드시 황제에 상주하여 재가를 얻어야 시행될 수 있었다. 이러한 성격의 의회는 결코 인민 주권론에 입각한 대의 기구라고 할 수는 없다. 하지만 의회와 내각의 엄격한 분리를 이뤄내고 모든 국가 정책의 의결권을 행사하는 기관으로 사실상 의회원(議會院)을 상정했다는 점에서 황제권에 대하여 일정한 제한을 기도했다고 볼 수 있다.

  한편 안경수 계열은 군민공치론(君民共治論: 군주와 백성의 대표인 의회가 공동으로 정치나 국가 행정에 관계된 사무에 참여하는 일)에 입각해 군주권을 제한하고 관료들의 권력 장악을 꾀하는 이전 개화과 개혁론의 연장선에 있었다. 이들은 독립협회가 단지 의회원 차원의 권력 분점을 할 것이 아니라 중추원과 더불어 내각까지도 장악하는 형태로 권력을 관료층이 독점하는 권력 개편으로 나아가려고 하였다.

양쪽 계열 모두 군권(君權)과 민권(民權)의 관계를 제도적으로 확정하고자 하였지만, 헌법에 대한 구체적 구상이나 방안을 제시하지 않은 점은 한계로 지적된다. 이와 같이 독립협회의 근대 국가 구상은 국가 중심적 입장에서 전개되었다. 신분제 철폐나 민권에 대한 논의가 등장하기는 하였으나, 이들에게 있어서 민권이란 국가 권력에 비해 부차적이었다.

독립협회가 구상한 경제체제는 자본주의 경제 수립을 위해 산업 진흥과 개방 경제를 꾀했다는 특징이 있다. 이들은 지주제를 유지, 강화하는 것을 전제로 하는 상업적 농업을 통한 농업 생산력의 발전을 꾀하였다. 이들은 거의 유일한 외화 획득 수단이자 해관(海關) 수입의 중요한 원천이 된다고 하여 미곡 수출에 대해 적극적인 자세를 가졌던 반면, 양전론(量田論)에 대해서는 반대 입장을 나타냈다. 아울러 상업과 무역을 통한 부국으로의 발전을 꾀하면서 특권 상업 체제의 자유 상업 체제로의 전환을 모색하기도 하였으나, 외국 상인에 의한 상권 침탈 문제에 대해서는 대안을 제시하지 않았다.

독립협회는 공장과 회사 설립에도 관심을 가졌다. 하지만 공업 육성은 한국의 자본, 기술 부족으로 시기상조라고 여겼고 서양의 기술 도입과 교육을 위한 정부의 개입을 요구하였다. 안경수, 서재필 등 독립협회 주도층의 경우 스스로 회사 설립과 운영에 참가하기도 하였다.

이처럼 독립협회는 세계 자본주의 체제에 적극 편입을 강조하면서 통상 확대를 주장하였다. 경제 개발의 차원뿐 아니라 국권 수호의 방안으로까지 인식하였다. 따라서 이들은 개항장(開港場)이 증가되어야 한다고 인식하였고, 추가 개항을 반대하는 정부의 태도가 공정하지 못하다고 비난하였다. 불리한 조약이라 하더라도 이미 맺은 조약은 신의를 지켜 준수해야 한다는 입장을 보였다. 또한, 조약 개정을 위해서는 한국이 힘을 축적하는 것이 선결 과제이며 그때까지는 참을 수밖에 없다는 입장을 보이기도 하였다.

한편 독립협회는 『만국공법』체제하에서 근대 민족국가로서의 존립을 지향하였다. 이를 위해 신분제 및 봉건적 악습의 철폐를 제시하였고, 역사와 언어에 대한 관심도 고양하였다. 그런데 독립협회가 신분 차별을 두는 데 비판을 가하기는 하였으나 사대부의 사회적 주도권을 부정하지는 않았다는 점, 노비제의 폐지에 대해서는 인신매매를 금지하자는 주장으로 읽을 수 있다는 점, 봉건적 악습의 철폐를 주장하는 가운데 전통적 가치를 전적으로 무시할 가능성이 있었다는 점도 지적되고 있다.

무엇보다도 독립협회는 기본적으로 민중을 정치의식과 정권 담당 능력이 결여되어 있는 존재로 간주하였고, 자신들이 주체가 되어 추진하는 개혁의 묵시적 동조자, 추종자로서의 가능성만 기대하였다. 이를 위해 교육이 필요하지만, 근대적 교육을 받더라도 현 권력 체제에 저항하는 세력이 되어서는 안 된다고 판단하였다. 따라서 1894년 농민 전쟁으로 표출된 민중의 변혁 의지나 의병(義兵)에 대해서 부정적으로 평가하기도 하였다([출처:독립협회(독립협회-한국민족문화대백과사전]).

4) 만민공동회(萬民共同會): 1898년 열강의 이권 침탈에 대항하여 자주 독립의 수호와 자유 민권의 신장을 위해 조직, 개최되었던 민중 대회.

역사적 배경: 19세기 말 한국에 들어온 열강은 한국의 광산·철도·전선·삼림·어장 등의 이권을 침탈하고 한국을 식민지 종속국으로 만들려고 획책하였다. 1896년 2월 11일의 아관파천(俄館播遷) 이후에 국왕이 러시아 공사관에 머무르는 동안 여러 가지 폐해가 나타났다. 정권을 장악한 친러파들은 갑오개혁 당시의 내각 제도를 의정부 제도로 복구시켜 국왕의 전제권 제한 조치를 풀어 전제 군주제를 부활시켰으며, 러시아를 비롯한 구미 열강에게 광산·철도·삼림·어장 등의 각종 이권을 양여하였다. 특히 열강의 이권 침탈과 깊숙한 내정 간섭으로 한국의 자주 독립은 심각하게 위협받는 지경에 이르렀다. 한편 러시아는 극동에서 남하 정책을 추진하여 부동항과 군사 기지를 설치하려 하였다. 그런데 러시아의 정책이 단순한 이권 침탈이 아니라 궁극적으로 식민지화를 노린 침략 간섭 정책이었으므로 일본과 정면으로 충돌하여 첨예하게 대립하게 되었다. 이때 영국과 미국은 이권 획득에 힘쓰면서 러시아의 남하 정책을 저지하기 위해 일본을 은근히 후원하였다. 프랑스와 독일은 이권 획득에 열중하며 영국의 견제를 목적으로 러시아에 밀착되어 있었다. 당시 한국인들은 삼국 간섭(1895년에 러시아, 프랑스, 독일이 간섭하여, 일본이 청일 전쟁의 결과로 얻은 랴오둥반도를 청나라에 돌려주게 한 일)을 통해 일본의 침략을 일단 견제하는 데 성공했으나 새로이 강화된 러시아의 침략 시도를 막고 열강들의 이권 침탈을 긴급히 저지시켜야 할 처지에 당면하게 되었다. 우선 고종이 하루 속히 러시아 공사관에서 환궁하여 자위력을 갖추고 자주 독립권을 확고히 세우며, 적극적인 개혁 정책을 국민은 원하고 있었다. 비로소 1897년 2월 20일 밤 1년 만에 개혁파와 자주적 수구파의 연합 세력의 노력에 의해 고종은 경운궁(慶雲宮)으로 환궁하였다. 8월에 연호를 광무(光武)로 고치고, 10월 고종을 대군주로부터 황제로 승격, 국호를 대한제국(大韓帝國)으로 바꾸며 대외적으로 완전 자주 독립을 재선언하였다. 대한제국의 성립은 한국이 전통적으로 자주 독립국이며 임오군란 이후의 청국의 간섭, 청일전쟁 이후의 일본의 간섭, 아관파천 이후의 러시아의 간섭과 같은 것을 더 이상 받지 않겠다는 것을 상징적으로 선언한 것이었다. 그러나 대한제국의 성립을 전후로 러시아는 1897년 9월 주한러시아공사를 종래의 베베르(Veber, K. I)로부터 적극적 침략 간섭 정책을 주장해 오던 스페이에르(Speyer, A)로 교체하였다. 본격적인 식민지 속국화의 침략 간섭 정책을 강화하기 위한 조처였다. 베베르에서 스페이에르로 주한러시아공사가 교체된 시기를 전후하여 당시 러시아는 다음과 같은 세 가지 정책을 시행하려 하였다. 첫째, 군사 기지 설치의 제1차 작업으로 부산 절영도(絶影島: 지금의 영도)의 석탄고기지 조차(租借)를 요구하여 왔다. 그들은 부산·진해·마산포 일대에 겨울에도 얼지 않는 군항을 건설할 준비를 시작한 것이었다. 둘째, 대한제국의 군사권을 장악하기 위해 황실 호위를 담당하던 시위대(侍衛隊)에 러시아 사관들을 파견하여 러시아 군사 편제에 따라 편성하고 훈련시켜 러시아의 장악 하에 두려고 하였다. 러시아는 1897년 8월 3일부터 13명의 사관과 다수의 사병을 불러들였으며, 11월에는 레미노프(Reminoff)를 기기창(機器廠: 병기창) 고문으로서 임명하였다. 또한 러시아는 서울에 1,000명의 러시아 육군을 상주시키고 러시아 공사관에 300명의 코작기병을 주둔시켜서 모두 1,300명의 러시아군을 대한제국의 수도에 주둔시킬 계획을 추진하였다. 셋째, 대한제국의 재정권을 장악하기 위해 러시아 전 재무대신서리 알렉세이에프(Alexeiev, K)를 한국 재정 고문으로 임명하였다. 또한 1897년 12월에는 재정권을 장악하기 위한 반관

반민의 한러은행(The Russ·Korean Bank)을 창설하도록 하였다. 제정러시아의 이러한 침략 정책은 자주 독립의 기초를 강화하려고 하던 한국인들과 직접적인 충돌이 발생하게 되었다. 당시 한국의 개혁 세력은 독립협회(獨立協會)에 결집되어 가고 있었다. 독립협회는 1896년 7월 2일 창립되어 독립문·독립공원·독립관의 건립 운동과 토론회 등의 계몽 운동을 전개하면서 개혁파의 세력을 확대시켜 나가고, 우선 독립협회와 «독립신문»이 러시아의 침략 정책에 대한 예리한 비판을 가하기 시작하자, 러시아와 친러 수구파들은 «독립신문»을 폐간시키려 하였다.

경과 및 결과: 1898년으로 접어들면서 대한제국에 대한 러시아의 식민지 속국화 침략 정책이 본격화되면서 사태는 더욱 악화되었다. 제정러시아는 1월초부터 부산 절영도 조차의 인준을 다시 강력히 요구하였고, 이를 실현시키기 위해 1898년 1월 21일 군함을 부산에 입항시키고 수병들을 절영도에 상륙시켰다. 대한제국을 공공연히 위협하면서 그들의 결의를 과시하려고 했던 것이다. 그러나 열강은 서로 견제하면서도 러시아의 침략 정책에 편승하여 이권 침탈에 더욱 혈안이 되었다. 일본은 1895년에 약속한 경부 철도 부설권의 인준을 공식적으로 요구해 오면서 무력시위를 벌였으며, 미국·영국·프랑스 등도 이에 편승하여 이권을 얻어보려고 하였다. 대한제국은 밖으로는 제정러시아의 본격적인 식민지 속국화 침략 정책의 강화와 열강의 경쟁적인 이권 침탈 요구가 자행되고 있었으며, 안으로는 친러 수구파 내각이 수립되어 이에 야합하는 상황에 처하게 되었다. 그러므로 1898년부터는 대한제국의 모든 부원(富源)과 자주 독립의 정신 등을 모두 잃고 반식민지 상태에 떨어질 위험에 직면하게 되었다. 이에 서재필(徐載弼)·윤치호(尹致昊) 등을 비롯한 독립협회 간부들은 2월 7일 기존 방식은 계몽 운동으로부터 민족 독립을 지키기 위한 정치 운동으로 전환시킬 것을 결정하였다. 독립협회의 이상재(李商在)·이건호(李建鎬) 등은 1898년 2월 21일 구국 정치 운동을 선언하는 강경한 상소문을 고종에게 올렸다. 독립협회는 외국의 군사권과 재정권 간섭을 규탄하고, 대외적으로 완전한 자주 독립을 주장하였으며, 대내적으로 입헌 정치를 주장하면서 탐관오리의 제거와 대대적 내정 개혁을 요구하고, 이를 위해 적극적인 민족 운동을 전개할 것을 선언하였다. 이에 한국의 개혁 세력과 러시아 등 외세의 충돌이 불가피하게 되었다. 독립협회가 국권 수호와 내정 개혁의 정치 운동을 결의하였지만, 러시아 공사 스페이에르는 부산의 절영도 조차를 거듭 요구하여 왔다. 이것은 당시 정권을 장악하고 있던 친러파의 내락을 얻은 것으로 외부대신 서리 민종묵(閔種默)이 이를 허용하려고 하였다. 이에 격분한 독립협회는 1898년 2월 27일 독립관에서 통상회(通常會)를 개최하고 러시아의 절영도 조차 요구를 반대하는 격렬한 성토대회를 개최하고, 외부(外部)에 강경한 항의문을 발송하였다. 이에 당황한 민종묵은 사임을 청원하였으나 러시아 공사관과 친러파 정부는 오히려 민종묵을 외부대신 정임(正任)으로 승진 발령하였을 뿐 아니라, 절영도 조차를 인허해주려 하였다. 이에 격분한 독립협회는 러시아의 절영도 조차 요구를 실력으로 저지하기로 하고 준비에 착수하였다. 러시아 측은 이외에도 1898년 3월 1일 한국 재정권을 장악하기 위해 한러은행을 서울에 개설, 업무를 시작하였다. 독립협회는 3월 6일 독립관에서 회의를 개최하여 한러은행의 철거 요구를 결의하였다. 그리고 3월 7일 한러은행이 한국의 재정권을 장악하려 하며 자주 독립을 침해하고 있다고 규탄하는 항의문을 탁지부에 발송하였다. 그러나

수구파 정부는 러시아 공사관의 후원만 믿고 확실한 답변을 회피할 뿐이었다. 따라서 한러은행 문제도 역시 독립협회와 민중의 더욱 적극적인 대책이 있어야 해결되리라는 전망이 뚜렷해졌다. 독립협회는 러시아뿐만 아니라 일본에 조차된 석탄고기지도 회수할 것을 결의하고, 3월 7일 회수를 요구하는 공한을 외부(外部)에 발송하였다. 러시아는 대한제국에 대한 침략 정책이 독립협회의 민족 운동에 의해 전면적인 저항에 부닥치게 되자, 3월 7일 오후 장문의 협박 외교 문서를 대한제국 외부에 보냈다. 외교문서에서 러시아는, 무뢰배들(독립협회 회원들)이 러시아를 배반하는 것을 러시아 대황제는 괴이하게 여기고 있는데, 러시아 사관과 고문관을 보낸 것은 한국 고종의 요청에 응한 것이므로 만일 한국 고종이나 한국 정부가 러시아의 원조를 불필요하다고 인정하거나 사관 및 고문관이 불필요하다고 보면 러시아는 이에 대한 필요한 조치를 할 것이니, 이에 대한 회답을 24시간 내에 보내달라는 최후통첩을 보내왔던 것이다. 최후통첩을 받은 고종과 대한제국 정부는 매우 당황하였다. 고종은 각 대신들과 외국공사들에게 자문을 청하는 한편, 우선 24시간의 회답 시한을 3일간 연기해 줄 것을 요청하는 서한을 러시아공사에게 발송하게 하였다. 독립협회는 러시아의 침략 간섭 정책을 완전히 배제할 기회가 왔다 판단하고, 즉각 정부가 러시아 사관과 고문이 불필요하다는 회답을 보내고 그들을 철수시켜 자주 독립을 확립해야 한다고 주장하였다. 독립협회는 3월 10일 종로에서 만민공동회를 개최하여 국민의 힘으로 제정러시아의 침략 정책을 배제하고 자주 독립을 공고히 하기로 하였다. 독립협회가 개최한 3월 10일의 만민공동회에는 서울 시민의 약 17분의 1인 1만여 명의 시민이 자발적으로 운집하여 러시아의 침략 정책을 규탄하였다. 민중 대회에서 시민들은 쌀장수 현덕호를 회장으로 선출하고 백목전(白木廛) 다락 위에서 다수의 시민들이 성토 연설을 하였다. 그들은 러시아의 침략 정책을 규탄하고, 대한제국 정부가 나라의 자주 독립을 지키기 위해 러시아의 군사 교관과 재정 고문 철수를 열망한다는 전문(電文)을 러시아 공사와 러시아 외부대신에게 발송할 것을 요구하는 결의문을 통과시키자고 주장하였다. 연사들의 연설을 들은 만민공동회에 참가한 1만여 명의 민중들은 러시아의 군사교관과 재정 고문의 철환을 만민공동회의 의사로서 결의하였다. 만민공동회라는 독립협회의 새로운 민중 대회는 큰 성공을 거두었다. 1만여 명의 시민이 자발적으로 참석한 가운데 열린 '만민공동회'라는 민중 집회는 한국 사상 처음으로, 민중과 연사가 자주 독립권 수호를 위한 확고한 결의를 내외에 과시한 것이다. 만민공동회에는 러시아 공사는 물론 다수의 외국 공사들과 외국인들이 관람하였다. 그들은 한국 민중의 성장에 모두 큰 충격을 받고 놀라움을 표시하였다. 고종과 정부는 만민공동회의 압력과 러시아 측의 압력 사이에서 고심하면서 연일 대신회의를 열고 대책 수립에 부심하였다. 결국 정부는 3월 11일 밤 만민공동회의 결의에 따르기로 결정하고 러시아 공사에게 재정 고문과 군사 교관의 철수를 요구하는 외교 문서를 발송하였다. 이에 놀란 러시아 공사는 고종에게 이러한 회답을 보내면 큰 일이 일어나므로 종전과 같이 러시아에 의뢰하기를 바란다는 회답을 보내야 한다고 주장하였으나, 고종은 취침 중이라고 만나 주지 않았다. 그런데 3월 12일 개최된 만민공동회는 독립협회가 주도한 것이 아니라 서울 남촌(南村)에 거주하는 평민들의 자발적인 참여로 이뤄졌다. 수만 명이 운집한 가운데 열린 만민공동회에서 자발적으로 등단한 연사들은 러시아와 모든 외국의 간섭을 배제, 자주 독립의 기초를 견고히 하자고 연설하였으며, 군중들이 일제히 손뼉을 치며 '가(可)'라고 환호하였다. 이것은 민중의 거대한 힘과 시민의 성장을 나타낸 것으로 정부 관료들뿐만 아니라, 독립협회 회원들과 외국인들에게도 깊은 인상과 놀라움을 주었다. 러시아 측은 두 차례의 만민공동회의 결의와 각국의 반응을 고려하여 후퇴하지 않을 수 없게 되자, 주한 러시아 공사에게 회답 전문을 보내어 재정 고문과 군사 교관의 철수를 훈령하였다. 대한제국 정부는 1898년 3월 19일 러시아의 재정 고문과 군사 교관을 정식으로 해고하였고, 뒤이어 한러은행도 철폐되었다. 러시아 정부는 한국에 대한 침략 간섭 정책 실행에 실패한 스페이에르를 4월 12일자로 해임하고 마튜닌(Matunine, N)을 임명함과 동시에 그들의 군사 기지를 랴오둥반도[遼東半島]에 설치하도록 계획을 변경하였다. 이에 따라 일본도 할 수 없이 그들의 월미도 석탄고기지를 한국 정부에 돌려보내 왔다. 이로부터 한국 시위대의 군사 훈련은 한국인 장교들에 의해 현대식으로 진행되었고 황실 호위와 지방의 치안을 위한 군사 훈련이 독자적으로 시행되었다. 또한 전국의 재정도 대한제국의 탁지부대신의 관장 하에 놓이게 되었다. 재정권과 군사권이 완전히 대한제국 정부에 복귀된 것이었다. 이것은 극동을 하나의 지역단위로 보는 제정러시아로서는 부산에 군항을 설치하는 것이나 랴오둥반도에 군항을 설치하는 것이 작은 차이밖에 없는 것이었지만, 대한제국으로서는 외세를 물리치고 자주 독립을 강화한 중요한 사건이었다. 한반도가 완전한 힘의 진공상태로 되자 제정러시아와 일본은 상호 견제를 위해 1898년 4월 25일 로젠·니시협정(Rosen·Nish Agreement)을 맺어, 양국이 대한제국의 주권과 완전한 독립을 확인하고 내정에 간섭하지 않기로 하고 동시에 대한제국이 군사 교관이나 재정 고문의 초빙을 요청하는 경우에도 양국의 사전 동의 없이는 응낙할 수 없도록 협약하였다. 로젠·니시협정에 의해 종래 러시아에 일방적으로 유리하게 맺어진 웨버·고무라 각서와 로바노프·야마가다 협정 등은 사라지게 되어 비로소 완전한 국제 세력 균형이 이뤄지게 되었다. 세력 균형은 러일전쟁이 발발한 1904년 2월까지 만 6년간 지속된 것이었다. 대한제국기의 국제세력균형을 가져온 것은 바로 이 만민공동회의 운동에 의한 결실이었다. 대한제국의 개혁파들은 제정러시아세력 철수 운동에 성공하자 곧 승세를 타고 친러 수구파 정부를 규탄하면서 치열한 자주 민권 자강 운동을 전개하였다. 독립협회가 전개한 주요 운동으로, ① 서재필 추방 반대운동 ② 생명과 재산의 자유권 수호 운동 ③ 탐관오리의 규탄 ④ 러시아의 목포·진남포 항구 매도 요구 저지 ⑤ 독일 등 외국의 이권 요구 반대 ⑥ 프랑스의 광산 이권 요구 반대 ⑦ 이권양여의 조사 ⑧ 무관학교 학생선발 부정 비판 ⑨ 의학교 설립 요구 ⑩ 의병에 피살된 일본인에 대한 일본의 배상 요구 저지와 이권 요구 반대 ⑪ 황실 호위 외인부대 창설 저지 ⑫ 노륙법(孥戮法) 및 연좌법 부활 저지 ⑬ 7대신 규탄과 개혁 정부 수립 요구 ⑭ 민족상권수호운동고조 ⑮ 언론과 집회의 자유권 수호운동 의회설립운동 등을 전개하였다. 특히 정치 운동에서 주목되는 것은 의회 설립을 요구하고 친러 수구파의 퇴진과 개혁파 정부의 수립 요구하여, 마침내 1898년 10월 12일 박정양(朴定陽)·민영환(閔泳煥)의 개혁파 정부를 세우는 데 성공하였다는 점이다. 그런데 독립협회의 운동이 성공할 수 있었고 심지어 그들의 공한이나 상소가 큰 효력을 발휘할 수 있었던 것은 그 뒤에 숨어 있는 만민공동회와 민중의 힘이 뒷받침되었기 때문에 가능했다. 독립협회 주도로 열린 제1차 만민공동회 이후에는 민중들 스스로의 새로운 운동 형태를 만들어 냈다. 예컨대, 4월 30일 숭례문 앞에서 열린 서재필 재류를 요청하는 만민공동회, 6월 20일 종로에서 열린 무관학교 학생 선발 부정을 비판하는 만민공동회, 7월 1일과 2일 종로에서 열린 독일 등 외국의 이권 침탈을 반대하는 만민공동회, 7월 16일 종로에서 열린 의병에 피살된 일본인의 배상금 요구를 반대하고 경부 철도 부설권 침탈을 반대하는 만민공동회 등은 독립협회와는 직접 관련 없이 민중들이 자발적으로 개최한 민중 대회였다. 그러나 만민공동회는 상설 기구가 아니었고, 따라서 상임 간부가 따로 없이 만민공동회가 개최될 때마다 수시로 임시 회장과 총대위원을 선출하여 민중의 결의 사항을 집행하도록 하였다. 독립협회의 운동이 1898년 10월 12일 박정양·민영환을 중심으로 한 개혁파 정부를 수립하는 데 성공하자, 개혁파들은 신정부를 지지하고 신정부와의 협의 하에 중추원(中樞院)을 개편하여 의회(上院)를 설립하기로 합의한 뒤 의회 설립안을 정부에 제출하였다. 개혁파 정부도 이를 받아들여 11월 5일 한국 사상 최초의 의회를 개원(開院)하기로 하고 중추원 신관제(中樞院新官制: 의회설립법)를 공포하였다. 또한 개혁파들은 그들의 체제를 굳히기 위해 10월 28일~11월 2일까지 6일간 종로에서 관민공동회(官民共同會)를 개최하여 개혁파 정부와 독립협회 등 애국적 시민들이 다함께 모인 자리에서 새로 개설될 '의회'를 통해 자주적 개혁 정책을 실현해 나갈 것을 다짐하였다. 그러나 개혁파 정부는 의회 설립 하루 전인 11월 4일 밤에 붕괴되었다. 친러 수구파들은 의회가 설립되어 개혁파 정부와 연합하면 그들은 영원히 정권에서 배제되는 것이라고 판단하였다. 그래서 그들은 독립협회 등이 의회를 설립하여 전제군주제(專制君主制: 군주가 주권을 가지고 통치권을 독점하는 제도)를 입헌대의군주제(立憲代議君主制)로 개혁하려는 것이 아니라 박정양을 대통령, 윤치호를 부통령, 이상재를 내무대신 등으로 한 공화정(共和政)으로 국체(國體)를 바꾸려는 것이라는 내용의 익명서(匿名書: 비밀 전단)를 뿌렸다. 고종 자신이 폐위된다는 모략 보고에 놀라 11월 4일 밤부터 5일 새벽에 걸쳐 독립협회 간부들을 기습적으로 체포하고 독립협회 해산령을 내림과 동시에 개혁파 정부를 붕괴시켰다. 그리고 다시 조병식(趙秉式)을 내각 수반으로 하는 친러 수구파 정부를 조직하였다. 물론 친러 수구파 정부는 독립협회와 개혁파 정부의 의회설립령을 취소하였다. 1898년 11월 5일, 서울 시민들은 한국 사상 최초의 국회의원 선거를 관람하기 위해 독립관으로 갈 채비를 차리고 있었다. 이때 이상재 등 17명의 지도자들이 경무청에 체포되었으며, 개혁파 정부가 붕괴되고 친러 수구파 정부가 수립되었다는 충격적인 소식을 들은 서울 시민들과 독립협회 회원들은 동요하기 시작하였다. 서울 시민들은 삽시간에 수천 명이 경무청 문앞에 모여 자발적으로 만민공동회를 조직하고 회장에 처음에는 임병길(林炳吉), 나중에는 고영근(高永根)을 선출하여 지도자의 체포에 항의하고 사건 해명을 요구하였다. 그런데 이번의 만민공동회는 이전과는 달리 상설기구로 성립된 것이 큰 특징이었다. 만민공동회는 17명의 지도자 석방을 요구하면서 만 6일간 경무청 문앞에서 철야 시위하였다. 고종은 병력을 사용하여 만민공동회를 해산하려고 시도해 보았으나 모두 실패하자, 대신 친러 수구파들의 반대에도 불구하고 독립협회 지도자 17명을 11월 10일 오후 석방하기에 이르렀다. 독립협회 지도자 17명의 석방은 만민공동회의 6일간의 철야 시위의 간고한 투쟁 끝에 획득한 시민의 대승리였다. 그러나 서울 시민들은 해산하지 않고 만민공동회를 종로로 옮겨 철야 시위를 계속하면서 ① 독립협회 복설(復設), ② 모략배의 재판, ③ 헌의6조 등의 실시를 요구하였다. 고종이 그들의 요구 조건을 승낙하지 않자 11월 15일 만민공동회를 인화문(仁化門) 앞으로 옮겨 압력을 가중시켰다. 만민공동회 개최 13일째인 11월 18일에는 국내의 대표적 신진 지식인들이 모두 자발적으로 만민공동회의 13개 부서의 간부직을 담당하여 만민공동회는 더욱 크게 강화되었다. 독립협회를 복설시키려는 운동지 저변으로 확대되어 가자, 고종과 수구파들은 만민공동회를 해산시키기 위해서 황국협회(皇國協會) 아래에 조직되어 있는 지방 보부상들을 서울로 불러 들였다. 약 2,000명의 보부상들은 길영수(吉泳洙)·홍종우(洪鍾宇)의 지휘 아래 몽둥이로 무장을 하고 군사 대오를 편성하여 11월 21일 만민공동회를 기습하였다. 만민공동회의 시민들은 연 17일째 철야 시위를 하여 지쳐 있는 상태에 있었기 때문에 보부상들의 갑작스러운 기습에 도저히 대항할 수가 없었다. 보부상들의 몽둥이에 난타당한 시민들은 부상자가 부지기수로 나왔으며, 만민공동회장은 삽시간에 참담한 수라장이 되고 만민공동회는 패퇴하였다. 이에 수구파와 고종은 만민공동회가 해산된 것으로 판단하였지만, 이튿날 분노한 시민들이 들고 일어나 마포에까지 밀려가서 보부상들을 공격하였다. 시민들은 종로에서 만민공동회를 개최하고 수구파와 황국협회를 격렬히 규탄하였다. 서울 시내는 혁명 전야와 같이 들끓고 있었으므로 지도자들이 나와 시민을 조직하고 선동하면 시민혁명이 폭발할 형편이었다. 만민공동회는 해산의 조건으로, ① 황국협회계 인물 8명의 처벌 ② 보부상의 혁파 ③ 시민이 원하는 인재의 등용(개혁정부수립)이라는 3개 요구조건을 제시하였다. 고종과 수구파정부는 만민공동회의 기세와 압력에 굴복하여 3개 조건을 모두 수락하고 보부상의 혁파를 명령하였다. 그후 11월 23일 만민공동회는 2일간 휴회하며 실천 여부를 지켜보기로 하였다. 그러나 고종과 정부가 실천하기로 약속한 3개조의 요구 사항 실시가 진전이 없자 서울 시민들은 2일 뒤인 26일 종로에서 다시 만민공동회를 개최하였다. 이에 놀란 고종은 돈례문(敦禮門)까지 나와 만민공동회 대표와 황국협회 대표에게 그들의 요구 사항을 들어 줄 것을 친유하였다. 고종과 수구파는 만민공동회에 대한 약속을 이행하는 뜻으로, 독립협회의 복설을 허락하고 50명의 중추원 의관을 임명하였다. 중추원 의관 중 독립협회 및 만민공동회 회원은 17명으로, 고영근·윤시병(尹始炳)·남궁억(南宮檍)·유맹(劉猛)·현제창(玄濟昶)·윤하영(尹夏榮)·홍재기(洪在箕)·양홍묵(梁弘默)·정항모(鄭恒謨)·최정덕(崔廷德)·신해영(申海永)·이승만(李承晩)·어용선(魚瑢善)·홍정후(洪正厚)·조한우(趙漢禹)·변하진(卞河進)·손승용(孫承鏞) 등이었다. 비록 수구파의 지지 세력이 33명이고 만민공동회 지지 세력이 17명으로 중추원 의관수의 3분의 1에 불과하였으나 중추원을 이끌고 갈 자신이 있었으므로 만민공동회와 독립협회는 이를 받아들였다. 만민공동회와 독립협회는 12월 1일 황국협회와의 쟁투 때 죽은 신기료 장수 김덕구(金德九)의 만민장을 성대하게 개최하고 시위행렬을 벌였다. 이것은 만민공동회의 세력을 강화하고 시민의 지지를 높이기 위한 것이었다. 이 시기에 만민공동회에는 전국 각지로부터 의연금이 쇄도하고, 평양에서도 만민공동회가 개최되었으며, 독립협회의 지회들이 전국 각지에서 연이어 설립되었다. 그들은 고종이 12월 2일 개각 때 친러 수구파를 진출시키자 12월 6일부터 만민공동회를 재개하여 상소 운동을 전개하면서 ① 헌의6조 실시 ② 황국협회계 5명의 재판과 처벌 ③ 보부상의 혁파 등을 요구하고, 연일 국정전반을 개혁할 것을 강경히 요구하였다.이에 고종은 만민공동회를 무마하기 위해 중추원의 개원을 허락하였다. 그런데 중추원은 친러 수구파에 의해 관제가 다시 바뀌어 의회의 성격은 빼고 자문기관의 성격만 남은 것이었다.

중추원이 개원하는 12월 16일 개원하는 날 만민공동회계의 의관들이 앞장서서 국정을 담당할 인물(개혁정부의 대신 후보) 11명을 무기명 투표로 선출하여 고종에게 천거하기로 결의하였다. 이때 무기명 투표로 선출된 11명은 민영준(閔泳駿)·민영환·이중하(李重夏)·박정양·한규설(韓奎卨)·윤치호·김종한(金宗漢)·박영효(朴泳孝)·서재필·최익현(崔益鉉)·윤용구(尹用求) 등이었다. 만민공동회와 독립협회는 11명으로 강력하고 유능한 새 개혁정부를 수립하고, 불만족스러운 대로 중추원을 의회로 활용하여 사실상 전제군주제를 입헌군주제로 전환시키면서 대대적 개혁정치를 단행하여 독립의 기초를 확고하게 만들려고 하였다. 만민공동회의 운동과 중추원의 대신급 인물 11명의 천거에 의한 개혁 정부 수립 요구에 직면한 고종은 대책 수립에 부심하였다. 고종은 이때 독립협회와 만민공동회를 탄압하고 개혁정책에 반대하여 온 데 대한 후회하는 마음이 있어서 장차 박영효를 소환하여 우선 만민공동회를 무마하고 정치의 개혁을 도모하려고 하였다. 그러나 민영기(閔泳綺) 등 수구파들이 고종을 오도하여 군대로 만민공동회를 해산시킬 것을 권고하고 주장하였다. 종로에서 계속되는 만민공동회는 중추원의 11명 천거를 인준하고 과단성 있는 박영효의 소환 기용을 결의하였다. 그러나 일반 시민들 중에는 박영효가 역적이라고 믿는 사람들이 있어서 박영효의 천거는 시민의 만민공동회에 대한 열정적 지지를 크게 감소시켰다. 이에 고종은 군대를 동원해서 만민공동회를 해산할 경우의 각국의 반응을 타진하였다. 러시아만 군대 사용을 권하였고 다른 공사들은 언급을 회피하였다. 이때 일본공사 가토[加藤增雄]가 일본도 명치유신 초기에 군대로써 민회를 해산시킨 전례가 있음을 들면서 군대를 동원하여 만민공동회를 일거에 탄압할 것을 적극 주장하였다. 일본공사가 노린 것은 만민공동회와 독립협회 세력의 붕괴였다. 일본 측은 그들의 한국 침략 정책에 대한 한국 내의 저항 세력이 궁극적으로 만민공동회와 독립협회 세력이라고 보고 이를 없애버리려고 한 것이었다. 고종은 마침내 군대동원의 결단을 내려 12월 23일 시위대에 의한 만민공동회의 해산을 명하였다. 수구파들은 시위대에 술을 먹이고 만민공동회를 향하여 진격하게 하였다. 보부상까지 군대 뒤를 따라 공격하여 왔다. 만민공동회 회민은 시위대의 총검과 보부상의 몽둥이에 쫓기어 해산하였다. 12월 24일 서울시내는 한때 계엄상태하에 들어갔다. 12월 25일, 마침내 고종은 열한 가지 죄목을 들어서 만민공동회와 독립협회를 불법화시키고 해체령을 포고하였으며, 430여 명의 만민공동회와 독립협회 지도자들을 일거에 체포, 구금하였다. 1898년 11월 5일부터 12월 23일까지 고종친유 이후의 6일간을 제외하고는 한국 사상 최장기일인 42일간 철야 시위로 전개된 만민공동회는 러시아와 일본의 외세를 업은 고종과 친러 수구파의 무력 탄압 앞에 마침내 해산당하고 말았다.

  ＊ 의의와 평가: 비록 만민공동회운동은 실패하였지만 다음과 같은 몇 가지 점에서 중요한 영향을 남겼다. 첫째, 1898년의 가장 위험한 시기에 한반도까지 진출한 제정러시아를 랴오둥반도로 후퇴시키고 국제 세력 균형을 형성하여 유지시켰다. 이때 획득된 세력 균형이 1904년 2월 러일전쟁 발발 때까지 만 6년간 지속된 것이었다. 둘째, 열강의 이권 침탈과 침략 간섭 정책을 물리침으로써 일시적이지만 한국의 자주독립을 굳건히 지키고 열강의 침략을 일단 저지시키는 데 성공하였다. 셋째, 수많은 애국적 인사들을 근대적으로 배양하였다. 이것은 두 가지 면에서 특히 그러하였다. 하나는 만민공동회운동에 참가하였던 청소년들을 그 뒤

의 민족 운동의 지도자로 길러낸 사실이요, 다른 하나는 주자학과 위정척사 사상에 젖어 있던 낡은 애국적 인사들을 근대적 자주 민권 자강 사상을 가진 애국적 인사로 전환시킨 사실이다. 대표적인 사례가 박은식(朴殷植)·장지연(張志淵)·신채호(申采浩) 등과 같은 애국계몽운동가의 경우이다. 넷째, 자유민권사상, 즉 민주주의사상을 시민들 사이에 보급시키는 데 큰 역할을 하였다. 다섯째, 민중들 사이에서 민중에 의한 애국운동의 새로운 형태를 정립하였다. 여섯째, 그 뒤의 민중에 의한 독립운동의 원동력을 양성 공급하였다. 대표적인 경우가 3·1운동인데, 우리는 한국근대사에서 그 최초의 원형을 만민공동회의 운동에서 찾아볼 수 있는 것이다([출처:만민공동회(萬民共同會)-한국민족문화대백과사전]).

5) 유대치(劉大致=유홍기劉鴻基, 1831~?): 조선후기 박규수, 오경석과 함께 정치적 당파로서의 초기 개화파를 형성한 개화사상가. 학자, 정치인. 본관은 한양(漢陽). 자는 성규(聖逵), 호는 대치(大致, 大癡)·여여(如如). 서울 출신이다.

중인인 역관의 집안에 태어나 한의업(漢醫業)에 종사하였다. 불교를 깊이 신앙했고, 사학에 조예가 깊어 역사에 통달하였다. 신체가 장대하고 변설이 유창하였다. 이웃에 살고 있던 친우 오경석(吳慶錫)이 중국에서 가져온 『해국도지(海國圖志)』·『영환지략(瀛環志略)』·『박물신편(博物新編)』 등 다수의 신서들을 연구하여 국제 정세의 변화와 서양의 제도·문화를 알게 되어 오경석에 이어 1860년대에 일찍이 개화사상을 가지게 되었다. 병인양요와 제너럴셔먼호 사건(General Sherman호 사건)을 겪은 뒤에 서세동점의 위기가 중국뿐만 아니라 조선에도 급박해졌다고 판단하였다. 오경석과 상의해 서울 북촌의 영민한 양반자제들을 뽑아 그들의 개화사상과 오경석이 중국으로부터 구입해 온 신서들을 교육시켜 개화파를 형성해서 나라에 일대 혁신을 일으키는 정치를 실행하게 하자고 합의하였다. 1869년(고종 6) 박규수(朴珪壽)가 평안도관찰사로부터 한성판윤으로 전임되어 상경하자, 유홍기와 오경석은 박규수에게 이 방안을 제안해 합의를 보았다. 이에 1869년 말 개화사상의 세 비조인 오경석·유홍기·박규수는 개화사상의 동지로 완전히 결합하였다. 1870년 초부터는 박규수의 사랑방에서 박영교(朴泳敎)·김윤식(金允植)·김옥균(金玉均)·박영효(朴泳孝)·홍영식(洪英植)·유길준(兪吉濬)·서광범(徐光範) 등 다수의 영민한 양반자제들에게 개화사상을 교육하였다. 1874년부터는 이들을 중심으로 정치적 당파로서의 초기 개화파(개화당)가 형성되었다. 유홍기는 박규수·오경석과 더불어 초기 개화파의 스승이며 지도자가 되었다. 강화도조약 이듬해인 1877년에 박규수가 죽고, 또 1876년 4월에 오경석이 병석에 누웠다가 1879년에 죽었다. 개화사상의 세 비조(鼻祖) 중에서 유홍기만이 남아 청년 개화당들을 지도하였다. 유홍기의 직접적 지도를 받은 인물은 김옥균·박영효·홍영식·서광범·백춘배(白春培)·정병하(鄭秉夏)·이종원(李淙遠)·이정환(李鼎煥)·박제경(朴齊絅)·이동인(李東仁)·탁정식(卓挺植) 등이었다. 김옥균은 유홍기의 지도와 영향으로 불교를 신앙하게까지 되었다. 유홍기가 당대의 최고 선각자이고, 당대의 뛰어난 청년 개화당들이 모두 유홍기의 영향력 아래에 있었기 때문에 세간에서는 유홍기를 '백의정승(白衣政丞)'이라고 불렀다. 개항 후 초기 개화파들이 점차 정계에 진출하고 정부에서도 개화정책을 실시하기 시작하였다. 이때 행정기구를 개편하고 정리하기 위한 임시 기관으로 1882년 감생청(減省廳)을 설치해 어윤중(魚允中)이 책임자로 임명되었다. 유홍기는 중인 출신이었지만 이 기관의 부사용(副司勇, 五衛의 종9품직)에 임명되었다가 곧 사용(司勇, 정9품직)으로 승진되었다. 그러나 이러한 미관말직은 유홍기의 경륜과 능력에 비추어 보면 너무 보잘 것 없는 직책이었다. 그나마도 감생청은 수구파의 반대로 1년 만에 폐지되어 유홍기는 관직에서 완전히 떠나게 되었다. 임오군란 후 청나라는 조선에 군대를 파견해 서울에 상주시키고, 이를 배경으로 조선의 자주개화정책을 반대하고 내정 간섭을 자행하면서 조선을 실질적인 속방으로 만들려 하였다. 또 새로이 러시아가 북방으로부터 압력을 가해 왔다. 이렇게 되자 유홍기는 자주독립과 개화자강을 위한 방책을 김옥균·박영효·서광범·윤치호(尹致昊) 등 청년 개화당들을 통해 국왕에게 여러 차례 건의하였다. 그러나 친청수구파들의 방해로 개화혁신 정책은 채택되지 않았다. 나라는 날로 청나라의 지배하에 들어가고 있었다. 마침 안남문제로 청불전쟁의 전운이 감돌아 서울에 주둔한 청군이 반으로 감축되었다. 1884년 9월에는 청불전쟁이 일어나자 이를 기회로 포착해, 정변을 일으켜 정권을 장악하여 개혁정치를 단행하고자 하였다. 또 마침 주조선 일본공사가 1884년 10월 30일 귀임한 뒤 정책을 바꾸어 개화당에 접근해오면서 정변을 위한 자금과 일본공사관 호위병을 빌려줄 의사를 보였다. 유홍기는 일본의 힘을 이용해서 개화당의 부족한 힘을 보충해 정변을 일으킬 것을 개화당 제자들에게 권고하였다. 유홍기의 지도를 받은 김옥균 등 개화당은 1884년 12월 4일 마침내 갑신정변을 일으켰다. 개화당은 수구파 지도자들을 처단하고 신정부를 수립하여 대경장개혁(大更張改革) 실시를 위한 혁신정강(革新政綱)을 공포하고 대대적인 혁신정치를 시작하려 하였다. 그러나 갑신정변은 청군의 개입과, 정변에 개입한 일본군의 배신, 그리고 국민의 지지 결여로 12월 6일 실패함으로써 개화당의 신정부는 '3일천하'로 끝나고 말았다. 김옥균·박영효·서광범·서재필 등은 일본으로 망명하고, 홍영식·박영교 등을 비롯한 수많은 개화당 인사들이 청군과 수구파에게 참살당하였다. 유홍기는 갑신정변의 실패를 알고 12월 6일 밤 집을 나가 행방불명이 되었다. 그 뒤 유홍기의 행방에 대해 온갖 이야기가 떠돌았다. 10년 후 갑오경장 때 유홍기의 제자들이 집권해 김옥균·홍영식·박영효·서광범·서재필 등 갑신정변의 지도자들을 모두 복권시켰을 때에도 끝내 나타나지 않았다. 1908년 개화파 인사들이 애국사사추도회(愛國死士追悼會)를 열었을 때에 유홍기를 순국한 애국자로 추도한 것을 보면, 유홍기는 갑신정변 실패 직후 수구파들이 재판절차 없이 개화당 인사들을 닥치는 대로 참살할 때 사망한 것으로 추정된다([출처:유홍기(劉鴻基)-한국민족문화대백과사전]).

6) 유길준(俞吉濬, 1856~1914): 개항기 『대한문전』, 『서유견문』, 『구당시초』 등을 저술한 개화사상가. 정치인. 본관은 기계(杞溪). 자는 성무(聖武), 호는 구당(矩堂). 서울 출신. 아버지는 진사 유진수(俞鎭壽)이다.

어려서부터 아버지와 외할아버지 이경직(李敬稙) 등에게 한학을 배웠다. 1870년(고종 7) 박규수(朴珪壽)의 문하에서 김옥균(金玉均)·박영효(朴泳孝)·서광범(徐光範)·김윤식(金允植) 등 개화 청년들과 실학사상을 배우면서, 위원(魏源)의 『해국도지(海國圖志)』와 같은 서적을 통해 해외 문물을 습득하였다. 1881년 박규수의 권유로 어윤중(魚允中)의 수행원으로 조사시찰단(朝士視察團, 이칭별칭: 신사유람단)에 참가, 우리나라 최초의 일본 유학생이 되었다. 이때 일본의 문명개화론자인 후쿠자와 유키치[福澤諭吉]가 경영하는 게이오의숙[慶應義塾]에서 유정수(柳定秀)와 함께 수학하였다. 유길준은 한국·중국·일본 등 동양 삼국의 단결을 목적으로 조직된 흥아회(興亞會)에도 참가해 일본의 학자 및 정치가들과 교유하였다. 1882년 임오군란이 일어나자 민영익(閔泳翊)의 권유로 학업을 중단하고, 1883년 1월에 귀국하였다. 통리교섭통상사무아문(統理交涉通商事務衙門)의 주사(主事)에 임명되어 한성판윤 박영효가 계획한 『한성순보』 발간 사업의 실무 책임을 맡았다. 그러나 민 씨 척족 세력의 견제로 신문 발간사업이 여의치 않자 주사직을 사임하였다. 그해 7월 보빙사(報聘使) 민영익의 수행원으로 미국으로 건너갔다. 그곳에서 일본 유학 때에 알게 된 생물학자이며 다윈(Darwin, C)의 진화론을 처음으로 일본에 소개한 매사추세츠 주 세일럼시의 피바디박물관장인 모스(Morse, E. S)의 개인지도를 받았다. 1884년 가을 담머[대학예비]고등학교(Governor Dummer Academy)에서 수학, 우리나라 최초의 미국 유학생이 되었다. 1884년 갑신정변이 실패했다는 소식을 듣자, 12월에 학업을 중단하고 유럽 각국을 순방한 뒤 1885년 12월 귀국하였다. 그러나 갑신정변의 주모자인 김옥균·박영효 등과 친분관계가 있었다 하여 개화파의 일당으로 간주되어 체포되었다. 한규설(韓圭卨)의 도움으로 극형을 면하고 1892년까지 그의 집과 취운정에서 연금생활을 하면서 『서유견문(西遊見聞)』을 집필, 1895년에 출판하였다. 국한문혼용체로 서술된 이 책에서 서양의 근대 문명을 한국에 본격적으로 소개하는 한편, 한국의 실정에 맞는 자주적인 개화, 즉 '실상개화(實狀開化)'를 주장하였다. 개화를 인간사회가 '지선극미(至善極美)'한 상태에 도달하는 것이라고 정의하였다. 또한 역사는 미개화·반개화·개화의 단계를 거쳐 진보한다는 문명진보 사관(文明進步史觀)을 제시하였다. 유길준의 문명진보 사관은 종래의 상고주의 사관(尙古主義史觀)을 비판해 문명의 진보를 주장했다는 점에서 커다란 의의를 지닌다. 유길준의 개화사상은 실학의 통상개국론(通商開國論), 중국의 양무(洋務) 및 변법론(變法論), 일본의 문명개화론, 서구의 천부인권론(天賦人權論) 및 사회계약론(社會契約論) 등의 영향을 받아 형성되었다. 구체적 내용으로는 '군민공치(君民共治),' 즉 입헌군주제의 도입, 상공업 및 무역의 진흥, 근대적인 화폐 및 조세제도의 수립, 근대적인 교육제도의 실시 등을 들수 있다. 유길준의 개화사상에 나타난 이러한 개혁론은 갑오개혁의 이론적 배경이 되었다. 유길준은 1894년 동학농민운동을 계기로 한 청일전쟁의 발발과 동시에 수립된 친일내각에 참여, 외아문참의겸군국기무처회의원(外衙門參議兼軍國機務處會議員)·의정부도헌(議政府都憲)·내각총서(內閣總書)·내무협판(內務協辦) 등의 요직을 지내면서 갑오개혁의 이론적 기초를 제공하였다. 1895년 10월에 을미사변 후 이 사건의 뒷수습을 위해 일본 공사 이노우에[井上馨]와 접촉하였다. 내부대신이 되어 단발령을 강행하여 보수적인 유림과 국민들로부터 반감을 사기도 하였다. 1896년 2월 아관파천(俄館播遷)으로 친일내각이 붕괴되고 친러 내각이 수립되자, 일본으로 망명하였다. 일본육군사관학교 출신의 한국인 청년장교들이 조직한 일심회(一心會)와 연결, 쿠데타를 기도했으나 실패하였다. 이 음모가 양국 간의 외교 분규로 비화되자 일본 정부에 의해 오가사와라섬[小笠原島]에 유폐되었다. 1907년 고종이 폐위된 뒤 귀국해 흥사단 부단장, 한성부민회(漢成府民會) 회장을 역임하였다. 계산학교(桂山學校)·노동야학회(勞動夜學會) 등을 설립해 국민 계몽에 주력하는 한편, 국민경제회(國民經濟會)·호남철도회사·한성직물주식회사 등을 조직해 민족산업의 발전에도 힘을 쏟았다. 1909년에는 국어문법서인 『대한문전(大韓文典)』을 저술, 간행하였다. 1910년에 훈일등태극대수장(勳一等太極大綬章)을 받았다. 일진회의 한일합방론에 정면으로 반대했으며, 국권상실 후 일제가 수여한 남작의 작위를 거부하였다. 『서유견문(西遊見聞)』·『구당시초(矩堂詩

抄)』·『대한문전』·『노동야학독본(勞動夜學讀本)』 등이 있으며, 1971년에 유길준
전서 편찬위원회가 구성되어 『유길준전서』 전 5권이 간행되었다([출처:유길준(俞
吉濬)-한국민족문화대백과사전]).

7) 『서유견문(西遊見聞)』: 조선후기부터 일제강점기까지 생존한 개화사상가, 정치인
유길준이 서양 견문 후 1889년 완성한 국한문 혼용체의 역사서.

이 책은 제목에서 느껴지는 것과 같은 단순한 서구기행문이 아니라, 서구의 '근
대' 모습을 보고 우리의 근대를 어떻게 건설할 것인가를 정치·경제·법률·교육
·문화 등 각 부문의 구체적인 내용과 그 방법론을 체계적으로 제시한 '근대화
방략서'이라고 할 수 있다. 1888년 박영효가 지은 <조선국 내정에 관한 건백서>
(『일본외교문서』21권, 292~311면)에서 국정개혁 구상을 밝히고 있지만 그 분량
과 내용의 심도에서 『서유견문』에 미치지 못하고 있다. 따라서 『서유견문』은 한
국 최초의 체계적인 근대화서적이라고 할 수 있다.

국한문혼용체로 556면. 갑오경장 기간 중인 1895년 일본의 교순사(交詢社)에서
간행. 현재 유길준전서편찬위원회에서 펴낸 『유길준전서』(일조각, 1971) 전 5권
중 제1권으로 전해지고 있다.

이 책은 서문에서 밝히고 있듯이 1882년 여름 한국 최초의 일본 유학생으로
일본에 체류하던 중 구상되기 시작하였다. 당시 그는 일본이 30년 만에 부강을
이룬 원인이 서구의 제도와 법규를 모방한 것이 십중팔구라는 사실을 알게 되었
다. 이에 서구의 진상을 알아야 되겠다고 생각하던 차에 조선정부가 구미제국과
조약을 맺기로 했다는 소식을 듣고 구미 각국 등 바깥 세상에 대한 견식을 넓힐
목적으로 책을 쓰기로 작정하였다. 또한 당시 일본에서 그의 스승 후쿠자와 유키
치[福澤諭吉]가 지은 『서양사정』이 베스트셀러가 되어 일본국민의 개화 계몽에
절대적인 영향을 미치고 있는 것을 보고 자신도 그와 같은 책을 써보기로 결심하
였다. 그러나 임오군란 발발을 계기로 서둘러 귀국, 작업이 일시 중단되었다가 실
제 집필은 미국 유학 후 연금 기간 중인 1887년부터 본격적으로 진행되었다. 한
미수호통상조약 체결 후 1883년 7월 미국에 파견된 보빙사(報聘使)의 정사 민영
익(閔泳翊)의 수행원으로 동행해 미국에 유학한 유길준은 1884년 갑신정변의 소
식을 듣고 원래 계획했던 대학 진학을 포기한 채 1885년 6월 귀국하였다. 그러
나 귀국하자마자 포도청에 감금되고 두 달 만에 우포대장 한규설(韓奎卨)의 집에
유폐된다. 이는 갑신정변 후 청국이 적극적으로 조선의 내정에 간섭하고 개화파
를 탄압하고 있던 상황에서 그의 재능을 아낀 고종과 한규설 등이 그를 보호 활
용하기 위해 내린 특단의 조치였다. 1887년 가을, 민영익의 배려로 그의 별장인
취운정(지금의 가회동에 위치)으로 옮긴 유길준은 심적인 안정을 찾고 시간적 여
유를 얻게 되자 원고를 재정리 집필하기 시작하였다. 이 과정에서 그는 틈틈이
써 둔 원고 외에 각종 외국서적을 번역해 인용 또는 참고하였다. 특히 『서양사정
』과 제목과 내용이 일치하거나 비슷한 점이 많은 점으로 미루어 이를 가장 많이
활용했음을 알 수 있다. 이 외에도 포셋(Henry Fawcett)의 『부국책』과 휘튼
(Henry Wheaton)의 『만국공법』 등도 인용한 흔적이 보인다. 『서유견문』의 원고
는 1889년 늦봄에 완성되었으나 여전히 연금 상태라 출판을 하지 못하고 있다가,
1894년 갑오경장 기간 중 일본에 보빙사의 일원으로 가면서 원고를 가져가 후쿠
자와가 설립한 교순사에서 발간하였다(1895년 4월25일). 그는 1,000부의 책을
찍어 판매하지 않고 정부고관을 비롯한 당시의 유력자들에게 기증함으로써 자신

이 주도하던 갑오개혁의 필요성과 정당성을 홍보하는데 주력하였다. 전 20편으로 이루어진 『서유견문』은 크게 서론, 본론, 결론, 그리고 보론의 네 부분으로 구분될 수 있다. 서론은 제1~2편으로 세계의 지리를 기술하고 있다. 세계의 산·강·바다의 높이나 깊이 등을 포함해 지나치게 상세하리만큼 세계의 지리를 다루고 있는 이유는 한마디로 "세계는 넓다. 중국이 세계의 중심이 아니다"라는 웅변으로 읽혀진다. 개화 또는 근대화의 출발은 전통의 중국 중심 세계관에서 벗어나는 것에서부터 시작되어야 한다고 믿었기 때문이다. 본론은 제3편 〈방국의 권리〉부터 14편 〈상고의 대도〉까지이다. 여기에서는 국제관계·정치체제·인민의 권리·법률·교육·상업·조세·화폐·군대·종교·학술 등 각 분야의 근대적 개혁의 내용을 상술하고 있다. 결론은 제14편 뒷부분 〈개화의 등급〉이다. 여기에서는 개화의 개념과 그 방법론을 논하고 있다. 이 글은 당초에는 없었는데, 출판 직전, 갑오경장을 주도하는 시점에서 개혁의 구체적인 방법과 의지를 담아 삽입한 것으로 보인다. 제15편부터 제20편까지는 보론으로, 서양의 풍물을 소개하는 기행문이다. 혼례·장례·의복과 음식·오락·병원·교도소·박람회·증기차 등과 서양 대도시의 모습을 묘사하고 있다. 이 부분은 거의 전부 후쿠자와의 『서양사정』을 그대로 옮기고 있다.

　　* 의의와 평가: 『서유견문』에 나타난 유길준의 '근대화론'의 특징은 전통의 장점을 살리고 전통의 단점을 서구의 장점의 도입으로 보완하는 '취장보단(取長補短)'과 전통과 근대의 중용적 입장을 견지하고 있다. 하지만 유교의 오륜에 바탕한 윤리 외에는 모두 변혁의 대상으로 간주함으로써 '동도서기론'과 구분된다. 1896년 국왕 고종의 아관파천으로 유길준이 일본에 망명함에 따라 『서유견문』역시 출간된 지 10개월도 채 안되어 자유롭게 유포되지 못하는 불운을 겪게 된다. 그럼에도 불구하고 『서유견문』은 시의에 합당해 쓰일만한 서적으로 인식되어 공립소학교 혹은 사립학교의 교과서로 활용되기도 하였다. 또한 『독립신문』·『황성신문』등에 원문 그대로 인용되거나 그 논지가 실리기도 했으며, 이승만, 안창호를 비롯한 지식인 정치가 계몽운동가들에게도 탐독됨으로써 개화사상을 보급하고 개화운동을 발전시켜 나가는데 크게 기여하였다. 이 책의 또 하나의 특징은 국한문혼용체를 사용해 한국의 문자생활에 중대한 변화를 가져왔다는 것이다. 기존의 한문 위주의 문자생활이 일반인들에게 어려울 뿐만 아니라 중국 중심의 종속관계를 유지시키는 한 원인이라고 보았다. 그리하여 우리글인 한글 사용을 장려함으로써 국민 모두가 쉽게 이해할 수 있게 하는 한편 중국으로부터의 자주자립을 실천하고자 하였다. 그러한 맥락에서 『서유견문』에는 중국의 연호가 아닌 조선의 개국연호를 쓰고 있다. 한글 보급을 확대하려는 그의 의지는 나중에 최초의 국어문법책인 『조선문전(朝鮮文典)』·『대한문전(大韓文典)』(1909)의 출판으로 이어졌다(출처:서유견문(西遊見聞)-한국민족문화대백과사전]).

8) 양계초(梁啓超, 1873~1929): 청말, 중화민국의 근대 사상가이자, 정치가, 언론가, 개혁가, 철학가, 문학가, 사학가, 교육가이다.
　　근대 지식인 캉유웨이의 뛰어난 제자였고, 그에게서 또한 역시 자신의 힘으로 근대 중국 개혁의 사상과 서양의 근대 지식을 익혔다. 청말 캉유웨이와 함께 광서제에게 보내는 상서를 함께 작성하였으며, 이것이 광서제의 눈에 들어 결국 무술변법으로 이어진다. 그러나 서태후 등 반개혁 세력의 반동으로 이 혁명은 100일 만에 실패로 돌아간다.

무술변법이 실패한 후, 그는 일본으로 망명을 떠나 언론 활동을 시작한다. 그는 중화민국 초기의 입헌파 연구계의 지도자로서, 자산계급 개량주의와 입헌 공화제도를 지지하였으며, 공화당과 민주당, 통일당을 통합시킨 진보당을 창당하여, 위안스카이와 쑨원과 경합하기도 하였다. 위안스카이가 중화민국을 배신하고 황제의 자리에 오르자 그에 대한 반대 투쟁을 전개하였다.

캉유웨이는 뒷날 선통제를 복위시켜 옛 청나라를 복원시키려고 하는 데 노력하였는데, 양계초는 이와 달리, 세계 질서 진입을 위하여 당시 정권을 잡고 있던 돤치루이에게 제1차 대전에 참전할 것을 적극 주장하였다. 당시 세력 있던 정치가인 돤치루이와 펑궈장을 자기편으로 끌어들이는 데 실패한 이후는 정치계를 떠났다. 그 후는 그의 학문적 배경이었던 연구계에 기반하여, 중국에서 신문과 강연, 교육과 학교 창설, 사상 사업 등에 주력하였다. 양계초는 20세기 초 '걸어 다니는 백과사전'이라 불렸을 만큼 중국에서 동양과 서양 사상에 대해 모두 해박했던 학자 중 하나였다.

양계초는 1920년대에는 『중국의 사회주의 논전』(1920), 『인생관의 논전』(1923) 등에서 자신의 왼팔과 오른팔이었던 전 연구계, 전 청화대 지도자였던 장둥쑨과 장쥔마이를 지지하였다.

양계초는 20세기 초 소설과 시학과 사학 혁명에서 문체와 사상혁신을 주도하며 신문화 운동을 창도한 주요 학인이었으며, 한국인들의 삼일 운동 이후로 베이징, 상하이 등 중국 주요 도시에서 오사 신학문 운동이 일어나는 데 사상적이고 문화적인 영향을 주기도 하였다. 그는 정치계와 언론계, 사상계, 문학계, 사학계에서 주로 활동하였으며, 생전에 많은 저술을 남겼다.

양계초는 청말의 황실 정원과 개신교 배경이 있는 칭화학교, 개신교 사립 옌칭대학 등을 비롯한 당시 중국의 주요 대학에 그 자신뿐 아니라, 후학들을 통한 그의 학술 문화 풍격이 영향을 주지 않은 곳이 드물 정도로 당대 중국 학술의 전통적 대가로 인정되었다. 그가 남긴 <중국근삼백년학술사>, <중국역사연구법>, <신민설> 등은 그의 호를 딴 『음빙실합집(飮氷室合集)』에 수록되어 있다.

양계초는 1914년에 칭화학교(清華學校)를 찾아 가진 '군자(君子)'를 주제로 한 연설에서 『주역』에서 따온 '자강불식(自强不息), 후덕재물(厚德載物)'을 언급하며 학생들과 학자들의 진취적인 기상과 면학의 정신을 격려하였는데, 1917년부터 청화(清華)학교의 정식 교훈(校訓)이 되었다. 그 후 칭화학교에서 중국 역사 연구 등에 관한 과목을 강의하였고, 1923년부터는 칭화학교의 초빙 교수가 되어 학생들을 지도하였다.

양계초는 1925년~1927년 왕궈웨이(王國維, 1877~1927), 자오위안런(趙元任, 1892~1982), 천인커(陳寅恪, 1890~1969)와 함께 칭화 국학 연구원(清華國學研究院)의 '네 명의 석학 지도교수'로서, 철학, 문학, 역사 등을 가르쳤다. 양계초는 1929년 1월, 베이핑의 협화의원(協和醫院)에서 신장병으로 사망하였다(위키백과).

9) 『음빙실문집(飮氷室文集)』: 무술변법의 주인공 양계초. 그의 계몽사상과 학술·문학계의 혁신 노력은 중국뿐 아니라 조선의 지식인들에게도 큰 영향을 미쳤다. 그의 사상을 잘 드러낸 글들을 뽑아 옮겼다. 서구 문명 수용을 제창하고 애국 계몽사상을 고취하는 글에서 열강의 유린에 직면한 조국을 지키려는 동아시아 지식인의 고뇌를 느낄 수 있다(최형욱 옮김, 2015, <지식을만드는지식>의 책소개 글에서).

．．．．．．．．．．．．．．．．．．．

獨立協會 해산 후 1900년대의 新聞, 雜誌가 梁啓超의 『음빙실문집』으로부터 지대한 영향을 받았음을 거듭 밝히고 있다. 당시의 논설류들은 대개가 『음빙실문집』의 글들을 번역한 것이라고 하면서 "문단에 大有助한 先生이러라"고까지 표현하였다(李泰鎭, 「安廓의 生涯와 國學世界」, 『自山安廓國學論著集 六』(第三部 硏究論著集), 여강출판사, 1994, 16쪽, 원출처: 『朝鮮文學史』, 121~124쪽).

10) 이은상(李殷相, 1903~1982): 해방 이후 『노산시조선집』·『푸른 하늘의 뜻은』 등을 저술한 작가. 시조작가·사학자. 본관은 전주(全州). 호는 노산(鷺山), 필명은 남천(南川)·강산유인(江山遊人)·두우성(斗牛星). 경상남도 마산 출신. 이승규(李承奎)의 둘째아들이다.

1918년 아버지가 설립한 마산 창신학교(昌信學校) 고등과를 졸업하고, 1923년 연희전문학교 문과에서 수업하다가 1925~1927년에 일본 와세다대학[早稻田大學] 사학부에서 청강하였다. 1931년, 1932년 이화여자전문학교 교수를 비롯하여, 동아일보사 기자, 『신가정(新家庭)』 편집인, 조선일보사 출판국 주간 등을 역임하였다. 1942년 조선어학회사건에 연루되어 홍원 경찰서와 함흥 형무소에 구금되었다가 이듬해 기소유예로 석방되었다. 1945년 사상범 예비검속으로 광양 경찰서에 유치 중에 광복과 함께 풀려났다. 광복 후 이충무공기념사업회 이사장, 안중근의사숭모회장, 민족문화협회장, 독립운동사 편찬위원장, 세종대왕기념사업회 이사, 문화보호협회 이사 등을 역임하였다. 1921년 두우성이라는 필명으로 ≪아성(我聲)≫(4호)에 <혈조(血潮)>라는 시를 발표한 바 있으나, 본격적인 문학 활동은 1924년 ≪조선문단≫의 창간 무렵부터였다. 그는 이 잡지를 통하여 평론·수필·시 들을 다수 발표하였는데, 그의 본령이라 할 수 있는 국학이나 시조는 거의 등한시하고, 서구의 자유시 쪽에 기울어 있었다. 이 무렵에 발표한 자유시는 30편을 헤아리고 있는 데 비하여 시조는 단 한편에 불과하였다. 또, 평론부문에서도 1925년 ≪조선문단≫에 게재된 <시인 휘트만론>·<테니슨의 사세시>·<영시사강좌(英詩史講座)>·<예술적 이념의 본연성>(1926.6)이나 ≪동아일보≫에 발표한 <아관남구문학(我觀南歐文學)>(1925.1.30.~2.23) 등의 제목들이 그간의 사정을 말해준다. 그러다가 1926년 후반에 이르러 시조부흥 논의가 본격화되면서 시조를 비롯한 전통문학과 국학 쪽으로 기울기 시작하였다. 시가 분야에서는 1929~1930년에 민요조의 리듬을 살린 <새타령>, <매화동(賣花童)>, <조선의 꽃>, <말몰이>, <님 향한 생각이야>, <남산에 올라>, <말노래> 등을 발표하였다. 평론분야에서도 같은 시기에 <청상(靑孀)민요 소고>, <이언(俚諺)의 의의 및 그 형식에 관하여>, <특수 이언과 공통 이언>, <풍수(風水)를 믿던 이들>, <문학상으로 본 조선의 어희(語戱)>, <황진이의 일생과 예술> 등을 발표하였다. 그는 시조는 문학이 아니라고 낮추어 생각하였다가 시조 논의가 일어나자 비로소 시조를 문학 시 하게 되었다고 술회한 바 있으나, 한동안 자유시와 시조의 창작을 병행하다가 1930년대 후반부터 시조인으로서의 자리를 굳혔다. 그는 시조를 쓰는 한편, 당시(唐詩)를 시조형식으로 번역하기도 하고 시조에 관한 이론을 전개하기도 하였다. ≪동아일보≫에 발표한 <시조 문제>(1927.4.30.~5.4), <시조 단형추의(短型芻議)>(1928.4.18.~25), <시조 창작문제>(1932.3.30.~4.9) 등의 논고를 통하여 자수로써가 아니라 음수율로써 시조의 정형성을 구명하려 시도하였다. 1932년에 나온 그의 첫 개인 시조집인 『노산시조집(鷺山時調集)』은 향수·감상·무상·자연예찬 등의 특질로 집약된다. 이 중 <고향생각>·<가고파>·<성불사의 밤> 등은 시조의 평이하고 감미로운 서정성이 가곡에 걸맞아 노래로서 인구에 회자되고 있다. 광복 후 그의 시조는 국토예찬, 조국분단의 아픔, 통일에 대한 염원, 우국지사들에 대한 추모 등 개인적 정서보다는 사회성을 보다 강조하는 방향으로 기울어갔다. 이러한 작품들은 시조집 『노산시조선집』(1958)을 비롯하여, 특히 『푸른 하늘의 뜻은』(1970)과 마지막 작품집인 『기원(祈願)』에서 절정을 이루었다. 그의 시조는 대체로 평이하고 기발한 표현으로 독자에게 친근감을 주고 있다. 그는 한때 주요한(朱耀翰)에 이어 두 번째로 양장시조(兩章時調)를 시험하여, 시조의 단형화를 시도한 바도 있으나 말기에 이르러서는 오히려 음수가 많이 늘어나는 경향을 띠었다. 사학가이자 수필가이기도 한 그는 해박한 역사적 지식과 유려한 문장으로 국토순례기행문과 선열의 전기를 많이 써서 애국사상을 고취하는 데 힘썼다. 광복 후에 문학보다는 사회사업에 더 많이 진력하였다. 그 밖에 저서로는 시문집으로 『노산문선(鷺山文選)』·『노산시문선』 등과 수필집으로 『무상(無常)』, 사화집으로 『조선사화집(朝鮮史話集)』과 기행문집 등이 있고, 전기로는 『탐라기행한라산(耽羅紀行漢拏山)』·『피어린 육백리』·『이충무공일대기(李忠武公一代記)』 등 100여 권의 저서를 남겼다.

상훈과 추모: 장례는 사회장으로 치러져 국립묘지에 안장되었다. 마산에 그의 시조를 새긴 '가고파 노래비'가 세워졌다. 1990년 건국훈장 애국장이 추서되었다([출처: 이은상(李殷相)-한국민족문화대백과사전]).

11) 창신학교(昌信學校): 1906년 경상남도 마산에 설립되었던 초·중등 과정의 사립학교.

1906년(광무 10) 5월 17일에 기독교 장로인 이승규(李承奎)가 현 마산 문창교회 자리에서 독서숙(讀書塾)을 설치하였고, 2년 후인 1908년(융희 2)에서야 학부대신의 인가를 받아 마산시 상남동에 사립 창신학교가 정식으로 설립되었다. 당시 경남 일대에 호주(濠洲)에서 온 선교사들은 창신학교를 육성하는 데에 물심양면으로 협조하여 고등과를 병설하였다. 이것이 창신중학교와 창신고등학교가 설립하게 된 기반이 되었다. 교육목적은 교육을 통하여 국권회복을 위한 실력을 배양하고, 민족의식의 고취를 함양하는 데에 있었다. 따라서 교과서는 애국심과 관련된 내용이었고, 교정에 태극기를 달았으며 모든 모임에서 애국가를 불렀다. 1912년에 고등과를 설치하였고, 1913년 4월에 남녀공학을 포기하고 창신의 여학생 26명으로 '의신여학교'를 설립하였다. 1915년 3월 22일에는 고등과 제1회 졸업생이 배출되었는데, 이들 대부분은 인근 지역의 교원으로 임용되었다. 이로써 창신학교와 의신여학교의 교사와 학생들은 1919년에 마산에서 발생한 '기미만세의거(己未萬歲義擧)'에서 그 중심적 역할을 담당하였다. 그 후 선교사들은 1924년 마산시 회원동(현 창신중·고등학교 자리)에 본격적으로 신축교사를 마련하여 정규 중등교육을 시작하였다. 그러나 일제 탄압 등의 여러 가지 이유로 창신중학교는 1931년에, 창신초등학교는 1939년에 폐교 되었다. 1948년 5월 재단법인 경남노회 기독교 교육학원이 설립되어 중학교 인가를 받기까지 창신학교는 정규 학교로서는 중단상태에 빠져있게 되었으나, 그 시설은 여러 가지 모양으로 교회 산하에서 이용되었다. 1948년 창신학교가 재건된 이후 초등과는 재건하지 않고, 정부의 학제에 따라 중·고등학교 만을 재건 운영하고 있다. 일제강점기 민족 교육의 실시로 일제로부터 감시와 탄압의 대상이 되었고, 신사참배 거부로 폐교를 당한 바 있는 시대적 상황만큼이나 수많은 질곡을 겪은 학교였다. 마산지역의 민족학교로서 지역민의 후원과 사랑을 받고 있으며, 창신고등학교의 모태가 된 학교이다([출처: 창신학교(昌信學校)-한국민족문화대백과사전]).

12) 조선국권회복단(朝鮮國權恢復團): 1915년 경상북도 달성(지금의 대구광역시 달성군)에서 조직된 독립운동단체. 박상진(朴尙鎭)이 1915년 1월 동지들과 함께 국

권회복운동과 단군봉사(檀君奉祀)를 목적으로 조직하였다.

임원은 중앙총부통령(中央總部統領) 윤상태(尹相泰), 외교부장 서상일(徐相日), 문서부장 서병룡(徐丙龍)·이영국(李永局), 유세부장 정순영(鄭舜永, 또는 舜泳), 교통부장 이시영(李始榮)·박영모(朴永模), 기밀부장 홍주일(洪宙一), 권유부장 김규(金圭), 결사대장(決死隊長) 황병기(黃炳基)였으며, 마산에 설치된 경상남도지부 지부장은 안확(安廓)이었다. 단원은 혁신 유림들이 중심을 이루었다. 중요한 활동 거점은 대구박상진의 상덕태상회(尚德泰商會), 서상일의 태궁상회(太弓商會), 경상북도 칠곡윤한병(尹翰炳)의 향산상회(香山商會), 부산안희제(安熙濟)의 백산상회(白山商會) 등으로서 모두 곡물상회였다. 단원들이 대부분 부호이거나 중류 이상의 경제력을 지니고 있어, 이들로부터 많은 군자금을 거둬들여 만주의 무장독립군에 제공하였다. 그런데 1915년 7월 이 같은 방식의 항일운동에 한계를 느낀 박상진이 이미 1913년에 조직되어 활동 중인 풍기광복단(豊基光復團)과 함께 대한광복회를 조직, 총사령이 되었다. 이들은 본부를 대구의 상덕태상회에 두었다. 무장 독립군을 양성, 일본인 고위 관리 및 친일 반역자를 처단하고 최종적으로는 일제의 섬멸을 목표로 하였다. 국권회복단원 중 이시영·정순영·홍주일·김재열(金在烈)·정운일(鄭雲馹)·최준(崔浚)이 여기에 참여하였다. 그러나 국권회복단은 별도의 조직체로 활동을 계속, 1919년 3·1운동이 일어나자 경상남도 창원에서 만세시위를 주도하고 진동헌병수재소를 습격하였다. 또한 유림이 파리강화회의에 독립청원서를 보낸 파리장서의거를 추진하기도 하였다. 그 뒤 조직이 노출되어 단원들이 모두 일본 경찰에 붙잡혔다.

＊ 의의와 평가: 이 단체는 국내 항일민족운동이 상대적으로 침체하였던 1910년대에 조직, 활동하여 항일민족운동의 역량을 3·1운동을 거쳐 1920년대로 연결시켜 주었다는 점에 커다란 의의가 있다(강진갑(1995), [출처:조선국권회복단(朝鮮國權恢復團)-한국민족문화대백과사전]).

13) 달성친목회(達城親睦會): 1910년대 경상북도 달성군 수성면 대명동 안일암에서 독립운동을 위해 비밀리에 조직된 달성친목회 결사 운동. 달성친목회는 1908년 대구에서 계몽운동 단체로 결성되었다가 한일병합으로 활동이 중지된 것을 1913년에 독립운동을 위해 비밀리에 재건된 비밀결사였다. 대한광복회[대한광복단]와 함께 1910년대 국내 대표적 비밀결사이다.

1908년 달성친목회는 교육 운동을 중점적으로 전개하는 계몽 운동 단체의 성격을 갖고 결성되었으나, 1910년 한 일 병합으로 활동을 전개할 수 없게 되었다. 이를 관망하던 달성친목회 회원과 새로이 확보된 인사들은 1913년 정월대보름 안일암에서 시회를 가장하여 독립운동을 목적으로 한 달성친목회를 재건하였다.

달성친목회는 안일암 시회의 단군 영전 앞에서 조선의 독립을 쟁취할 것을 결의하고, 형제의 의를 맺으며 서약하였다. 이로써 달성친목회는 계몽 운동에서 민족 독립운동을 위한 단체로 거듭났으며, 경제적 실력 양성 운동론에 입각해 조직을 운영한 것으로 보인다. 1910년대 중반 달성친목회는 국외 독립운동 세력과의 연계를 추구하였으며, 독립운동 자금을 마련하기 위해 태궁 상회를 운영하였다. 1915년 9월 달성 친목회는 일제 관헌으로부터 강제 해산 명을 받았다. 이후 활동이 잠정 중지되었다가 1919년 3·1 운동이 전국적으로 확산되자 만세 독립운동을 확산시키기 위해 노력하는가 하면 국외 독립운동 세력을 국내 부호들에게 연결시켜 독립운동 자금을 마련하는 활동을 지원하였다.

달성친목회는 1919년 3·1 운동 시기 독립운동을 전개하다 일제 관헌에 발각되어 관련자들이 대구 지방 법원과 대구 복심 법원에서 재판을 받았다.

달성친목회는 한·일 병합 이후 계몽 운동 단체에서 독립운동 단체로 전환하여 경제적 실력 양성 운동론을 전개하며 1910년대 민족 운동을 심화시켰다(한국학중앙연구원-향토문화전자대전).

14) 이시영(李始榮, 1868~1953): 일제강점기 대한민국임시정부 국무위원, 한국독립당 감찰위원장 등을 역임한 독립운동가. 정치인. 본관은 경주(慶州). 자는 성흡(聖翕), 호는 성재(省齋)·시림산인(始林山人). 서울 출신. 아버지는 이조판서 이유승(李裕承)이며, 어머니는 동래 정씨(東萊鄭氏)이다. 첫 부인 경주 김씨(慶州金氏)는 영의정 김홍집(金弘集)의 딸이며, 두 번째 부인 반남 박씨(潘南朴氏)는 박승문(朴勝文)의 딸이다.

1885년(고종 22) 관직에 나아가 10여 년간 형조좌랑·홍문관교리·승정원부승지·궁내부수석참의 등을 역임하였다. 1895년 관직을 물러난 뒤로는 중형 이회영(李會榮)·이상설(李相卨) 등과 근대학문탐구에 몰두하였다. 1905년 외부 교섭국장에 임명되었으나 을사조약의 강제체결을 계기로 사직하였다. 그러나 1906년 재차 평안남도 관찰사에 등용되었고, 근대학교설립 및 애국계몽운동에 종사하였다. 그 뒤 1907년 중추원칙임의관, 1908년 한성재판소장·법부 민사국장·고등법원판사 등을 역임하였다. 한편, 안창호(安昌浩)·전덕기(全德基)·이동녕(李東寧)·이회영 등과 함께 비밀결사 신민회(新民會)를 조직하여 국권회복운동을 전개하였다. 국권피탈 후 신민회의 국외 독립운동기지 건설 계획에 의거하여 6형제의 가재(家財)를 재원으로 삼아, 1910년 말 서간도(西間島) 유하현(柳河縣) 삼원보(三源堡) 추가가(鄒家街)로 가족을 거느리고 망명하였다. 1911년 4월 유하현 삼원보 대고산(大孤山)에서 노천군중대회를 개최하여, 교육진흥 및 독립군양성을 표방한 경학사(耕學社)와 신흥강습소(新興講習所) 설립을 주도하였다. 경학사 초대 사장에는 이상룡(李相龍)이, 신흥강습소 초대교장에는 이동녕이 추대되었다. 1912년 통화현 합니하(通化縣 哈泥河)에 토지를 매입하여 신흥강습소를 신흥무관학교(新興武官學校)로 확대 발전시켰다. 그 뒤 신흥무관학교는 유하현 고산자로 이전하였고, 합니하의 교사는 분교역할을 하는 등 1910년대 서간도지역 독립군양성의 총본산이 되었다. 특히 신흥무관학교는 1920년 폐교 때까지 재만항일독립군의 핵심 간부로 양성된 독립군들은, 청산리대첩의 주역으로 활동하는 등 1920년대 국외독립전쟁의 골간으로 성장하였다. 1913년 9월 북경에서 위안스카이[袁世凱]정부와 한·중연합전선의 결성을 도모하였으나 위안스카이의 사망으로 중단되기도 하였다. 1919년 1월 고종황제의 죽음을 계기로 북경에서 이동녕·조성환(曺成煥)·이광(李光)·이회영 등과 국내 3·1운동에 호응하여 항일운동을 전개하였다. 이 무렵 상해(上海)로부터 북경에 온 여운형(呂運亨)·현순(玄楯)과 논의하고, 이회영·이동녕·이광 등과 상해로 가서 대한민국임시정부수립에 참여하여, 임시정부 초대법무총장에 선임되었다. 같은 해 9월 재무총장을 거쳐 1926년 무렵까지 임시정부국무위원으로 재임하였다. 그 뒤 1930년에는 한국독립당(韓國獨立黨) 창당에 참여, 감찰위원장을 역임하였다. 1931년 4월 윤봉길(尹奉吉)의거 때에는 미리 항저우[抗州]로 가서 임시정부요인들의 피신처를 마련하였다. 1933년 중엽 자싱[嘉興]에서 김구(金九)·이동녕·송병조(宋秉祚)·차리석(車利錫)·조완구(趙琬九)·김붕준(金朋濬) 등과 함께 임시정부 활동을 재건하고 국무위원 겸 법무위원이 되었다. 1934년 『감시만어(感時漫語)』를 저술하여 한국사의 주체성과 독자성을 강조하였다. 1935년 10월 김구 등과 함께 임시정부 지원정당인 한국국민당(韓國國民黨)을 창당하여 감사를 맡았다. 1938년 중일전쟁 발발로 임시정부가 충칭[重慶]으로 이동한 이후 임시정부 국무위원·재무부장·의정원의원 등을 역임하며, 광복 직전 임정활동의 핵심적 역할을 수행하였다. 1945년 8월 15일 조국광복과 함께 11월 임시정부 국무위원 자격으로 환국한 이래 1946년 봄 성균관 총재와 대한독립촉성국민회(大韓獨立促成國民會) 위원장에 선출되기도 하였다. 그리고 대종교(大倧敎) 활동에 진력하여 사교교질(司敎敎秩)·원로원장·사교(司敎)·도형(道兄) 등의 주요 직책을 역임하였다. 또한, 환국 직후부터 신흥무관학교부활위원회를 조직하여, 신흥무관학교의 건학이념 계승과 인재양성에 착수하였다. 그 결과 1947년 2월 재단법인 성재학원(省齋學園)을 설립하고, 이후 신흥전문학관(新興專門學館)으로 발전시켜 1·2회 졸업생을 배출하였다. 그 뒤 한국전쟁으로 일시 침체국면에 처하기도 하였으나, 현재의 경희대학교로 계승되었다. 한편, 1947년 9월 공직사퇴 성명을 발표하고, 임시정부 국무위원직을 사퇴하였다. 그러나 1948년 7월 20일 제헌국회에서 실시된 정·부통령선거에서 대한민국 초대부통령에 당선되었다. 그러나 대통령 이승만(李承晩)의 전횡에 반대하여 1951년 5월 9일 국회에 부통령직 사임서를 제출함과 동시에 국정혼란과 사회부패상에 대한 책임을 통감한다는 요지의 대국민성명서를 발표하고 이승만 정부를 떠났다. 이어 1952년 8월 5일 시행된 제2대 대통령선거 때에는 야당인 민주국민당(民主國民黨)후보로 출마하였으나 낙선하였다. 그 뒤 국민의 정신적 지주역할을 하다가 사망하였다.

상훈과 추모: 장례는 9일간의 국민장으로 거행되었으며, 서울 정릉묘소에 안장되었다가 1964년 수유리 현 묘소로 이장하였다. 1949년 건국훈장 대한민국장이 수여되었다[출처:(이시영(李始榮)-한국민족문화대백과사전]).

....

* 자는 성옹(聖翁), 아버지 이유승은 시호가 효정공(孝貞公)이고 과거에 급제해 삼사를 두루 거쳐 평안남도 안렴사, 좌부승지, 부제학 등을 거쳐 외직인 영변군수로 나가싸다가 이조참의, 가선대부, 시강원보덕, 가의, 장헌대부 등을 거쳐 숭정대부, 이·예·형·공조판서를 거쳐 의정부 좌찬성 숭록대부에 이르렀다. 1953년 4월 17일 부산에서 노병(老病)으로 죽었다(위키백과).

15) 이회영(李會榮, 1867~1932): 일제강점기 신민회 중앙위원, 항일구국연맹 의장 등을 역임한 독립운동가. 본관은 경주(慶州). 호는 우당(友堂). 서울 출신. 아버지는 판서를 지낸 이유승(李裕承)이다.

을사조약이 강제 체결되었다는 소식을 듣고 1907년 2월 귀국한 안창호(安昌浩)를 중심으로 4월경 이갑(李甲)·전덕기(全德基)·양기탁(梁起鐸)·이동녕(李東寧)·신채호(申采浩) 등과 같이 비밀결사 신민회(新民會)를 조직하고 중앙위원으로 정치·경제·교육·문화 등 각 방면에 걸쳐 활약하였다. 한편, 만주에 독립운동 근거지를 마련할 것을 협의하여 간도 용정촌(龍井村)에 서전서숙(瑞甸書塾)을 설립하고 이상설(李相卨)을 책임자로 하여금 교포 교육에 주력하도록 하였다. 1907년 네덜란드 헤이그에서 열릴 만국평화회의에 이상설이 특사로 파견되자 서전서숙의 경영을 위해 여준(呂準)을 만주로 파견하였다. 그 뒤 1908년 헤이그에서 돌아 온 이상설을 만나기 위해 만주로 찾아가서 앞으로의 진로를 협의한 끝에 국외

활동은 이상설이, 국내활동은 자신이 담당하기로 협의하고 귀국하였다. 우선 교육진흥운동이 무엇보다 시급하다고 판단, 동지들을 각 학교에 파견하여 교육에 진력하도록 하고, 자신도 상동청년학원(尙洞靑年學院)의 학감으로 취임, 교육사업에 진력하였다. 1909년 봄 양기탁의 집에서 김구(金九)·이동녕·주진수(朱鎭洙)·안태국(安泰國)·이승훈(李昇薰) 등과 비밀리에 신민회간부회의를 소집하고 만주에 독립운동기지를 건설할 것을 결의, 유하현 삼원보(柳河縣三源堡)를 후보지로 결정하였다. 1910년 국권이 일제에 의해 강탈당하자 전 가족이 만주로 건너가 황무지를 개간하며 독립운동기지 건설에 매진하였다. 1911년 교민자치기관으로 경학사(耕學社)를 조직하고, 1912년 독립군지도자 양성을 목적으로 신흥강습소(新興講習所:뒤의 新興武官學校)를 설립하였다. 1918년 미국대통령 윌슨(Wilson, W)의 민족자결주의 제창에 자극되어 국내외에서 독립기운이 활발해지자 오세창(吳世昌)·한용운(韓龍雲)·이상재(李商在) 등과 밀의한 뒤, 고종의 국외망명을 계획하고, 시종 이교영(李喬永)을 통해 고종에게 상주하여 쾌락을 얻었으나, 고종의 갑작스런 죽음으로 뜻을 이루지 못하였다. 1919년 대한민국 임시정부가 상해(上海)에 수립되었으나 의견 차이로 분란이 끊이지 않자 상해보다는 북경(北京)에 체류하며 활동을 계속하였다. 1924년 재중국조선무정부주의자연맹(在中國朝鮮無政府主義者聯盟)을 조직하여 활동하였다. 1931년 만주사변이 발발하자 중국에 있던 동지들이 상해로 집결하여 조직한 항일구국연맹의 의장에 추대되었다. 1932년 상해사변이 일어나자 행동강령으로 일본군기관 및 수송기관 파괴, 일본요인 및 친일파 숙청, 일본외교기관 폭파 등을 결정하고, 중국국민당과 교섭하여 자금과 무기지원을 확약받았다. 그해 11월 만주에 연락근거지를 확보하고 지하공작망을 조직하여, 주만일본군사령관 암살을 목적으로 상해에서 대련(大連)으로 향하던 도중, 대련의 일본수상경찰에 잡혀 악독한 고문 끝에 옥사하였다.

1962년 건국훈장 독립장이 추서되었다[출처:이회영(李會榮)-한국민족문화대백과사전]).

....

* 자는 성원(聖元), 1896년(고종 32년) 항일 의병의 자금조달을 위하여 경기도 개성부 인근 풍덕(豊德) 지방에 삼포농장(蔘圃農場)을 경영하기 시작했다. 이후 농장의 수익금으로 의병들의 자금을 후원하였다. 그 뒤 이회영은 결혼식을 교회에서 신식으로 올렸고, 여성의 재가를 꺼리는 당시 분위기에도 불구하고 남편을 잃은 자신의 누이동생은 거짓으로 부고를 낸 뒤 다시 결혼시켰다. 그 뒤 1906년 아버지 이유승이 사망하자 그는 집안의 노비들을 모두 면천, 해방시켰다.

양반가의 자제로 유년기에 한학을 배웠지만 개화사상을 접하면서 그는 본래의 유교사상에서 기독교사상(감리교)으로 개종한다(위키백과).

16) 이승훈(李昇薰, 1864~1930): 일제강점기 오산학교 교장, 민족대표 33인 기독교 대표, 동아일보사 사장 등을 역임한 독립운동가. 교육가. 본관은 여주(驪州). 아명은 승일(昇日), 본명은 인환(寅煥). 호는 남강(南岡). 평안북도 정주 출신. 아버지는 이석주(李碩柱)이며, 어머니는 홍주 김씨(洪州金氏)이다.

빈한한 서민 집안에서 태어나 2세 때 어머니를 여의고, 6세 때에는 고향인 정주를 떠나 납청정(納淸亭)으로 이사해 아버지가 죽을 때까지 3, 4년간 서당에서 한문을 익혔다. 1874년 학업을 중단하고 그곳의 이름난 유기상(鍮器商)인 임권일상점(林權逸商店)의 사환으로 들어가 3년 뒤에는 외교원 겸 수금원이 되었다. 근면성과 성실성이 인근에까지 알려져 1878년 이도제(李道濟)의 딸 이경선(李敬善)과 결혼하게 되고, 이때부터 점원을 그만두고 본격적으로 상인의 길을 밟았다. 보부상으로 평안도 및 황해도 각 지역 장시를 전전하면서 자본을 모아 납청정에 유기점을 차리고 평양에 지점을 설치하였다. 여기에 만족하지 않고 1887년 유기공장을 세워 민족기업가로서의 면모를 보여주었다. 공장경영방법을 개선해, 첫째 노동환경을 일신했고, 둘째 근로조건개선에 힘썼으며, 셋째 근로자의 신분이나 계급에 구애됨이 없이 평등하게 그들을 대접하였다. 이와 같이, 근로자들의 작업의욕을 북돋아 생산능률이 향상되고 품질도 좋아져 사업은 날로 번창하였다. 그러나 1894년 동학농민운동이 일어나고, 이어 청일전쟁이 발발해 한반도가 전장화되자 납청정의 이승훈의 상점과 공장은 전화(戰禍)를 입어 잿더미가 되었다. 덕천으로 가족과 함께 피란 갔다 돌아와 철산의 오희순(吳熙淳)의 자본을 얻어 상점과 공장을 재건하였다. 1901년 평양에 진출, 본격적으로 무역업에 손을 대 진남포에 지점을 설치하고, 서울·인천을 왕래하며 사업에 성공해 국내 굴지의 부호가 되었다. 1904년 러일전쟁으로 다시 사업에 실패하자 고향으로 낙향하였다. 1907년 7월 평양에서 안창호(安昌浩)의 <교육진흥론> 강연을 들은 후 개인의 영달보다는 민족을 구해야겠다는 굳은 결심 아래 금연·금주와 단발을 결행하고, 안창호가 조직한 비밀결사 신민회에 가담하였다. 평양에서 용동으로 돌아와 서당을 개편해 신식교육을 가르치기 위한 강명의숙(講明義塾)을 설립하였다. 이어서 이해 11월 24일 중등교육기관으로 민족운동의 요람인 오산학교(五山學校)를 개교해 교장이 되었다. 이 학교는 이승훈의 열성과 성의을 바탕으로, 이종성(李鍾聲)·이광수(李光洙)·조만식(曺晚植) 등의 노력으로 많은 인재를 배출해 민족교육사상 금자탑을 이루어 놓았다. 교육사업에 헌신하면서 민족운동에 가담하던 중 일제의 간악한 탄압으로 1911년 2월 안악사건(安岳事件)에 연루되어 제주도에서 유배생활을 하였다. 이해 가을에 105인 사건이 일어나 유동열(柳東說)·윤치호(尹致昊)·양기탁(梁起鐸)·안태국(安泰國)·임치정(林蚩正) 등 신민회 간부와 600여 명의 애국지사가 잡혔을 때, 이승훈도 주모자로 인정되어 제주도에서 서울로 압송되었다. 1912년 10월 윤치호 등과 함께 징역 10년을 선고받고 1915년 가출옥하였다. 오산학교로 돌아와 학교와 교회 일에 정성을 다하였다. 출옥 즉시 세례를 받고 장로가 되었다가 신학을 공부하기 위해 평양신학교에 입학하였다. 1919년 3·1운동 때에는 민족대표 33인의 한 사람으로 이 운동의 기독교대표로 참가하였다. 3·1운동으로 종로서에 구속되어 다른 47인과 함께 1920년 경성지방법원에서 징역 3년형을 선고받고 마포형무소에서 복역하다가 1922년 가출옥해 오산학교로 돌아왔다. 이해 일본 시찰로 견문을 넓히고 오산학교 경영에 심혈을 기울이던 중 1924년 김성수(金性洙)의 간청으로 동아일보사 사장에 취임, 1년 동안 경영을 맡기도 하였다. 이때 물산장려운동·민립대학설립운동 등에 가담했으며, 조선교육협회에도 관여하는 등 활동 범위가 매우 넓었다. 동아일보 사장에서 물러난 뒤 다시 오산학교로 돌아와 학교 운영에 심혈을 기울였다. 죽기 직전 자기의 유골을 해부해 생리학 표본으로 만들어 학생들의 학습에 이용하라는 유언을 남겼으나 일제의 금지로 실행되지 못하고 오산에 안장되었다.

　　1962년 건국훈장 대한민국장이 추서되었다([출처:이승훈(李昇薰)-한국민족문화대백과사전]).

17) 오세창(吳世昌, 1864~1953): 일제강점기 『근역서휘』, 『근역인수』 등을 편찬한

서예가. 언론인, 독립운동가. 본관은 해주(海州). 자는 중명(仲銘), 호는 위창(葦滄・韙傖). 서울 출생. 조선 말기 중국어 역관이며 서화가・수집가였던 오경석(吳慶錫)의 장남이다.

20세에 역관이 되었다가, 1886년 박문국 주사로서 《한성순보》 기자를 겸하였다. 1894년에 군국기무처 총재비서관이 되었고, 이어 농상공부 참서관, 통신원 국장 등을 역임하였다. 1897년 일본 문부성의 초청으로 동경외국어학교에서 조선어교사로 1년간 체류하였다. 1902년 개화당사건으로 일본에 망명하던 중에 손병희(孫秉熙)의 권유로 천도교에 입교하였다. 1906년 귀국 후 《만세보》・《대한민보》 사장을 역임하였고, 3・1운동 때에는 민족대표 33인의 한 사람으로 활약하다 3년간 옥고를 치렀다. 1918년에 근대적 미술가 단체의 효시인 서화협회가 결성될 때 13인의 발기인으로 참가하였으며, 민족서화계의 정신적 지도자로 활약하였다. 광복 후 서울신문사명예사장・민주의원・대한민국촉성국민회장・전국애국단체총연합회장 등을 역임하였다. 6・25전쟁 중 피난지 대구에서 사망하여 사회장(社會葬)이 거행되었다. 한편, 일제강점기에는 주로 한묵생활(翰墨生活)로 은거하며 오경석과 자신이 수집한 풍부한 문헌과 고서화를 토대로『근역서화징(槿域書畵徵)』을 편술하였다. 이 책은 삼국시대부터 근대에 이르는 한국서화가에 관한 기록을 총정리한 사전이다. 그 밖에도 조선 초기부터 근대에 걸친 서화가・문인학자들의 인장자료를 모아『근역인수(槿域印藪)』를 집성하였으며, 수집한 소품 고서화들을 화첩으로 묶은『근역서휘(槿域書彙)』・『근역화휘(槿域畵彙)』등 한국 서화사 연구에 귀중한 자료를 남겼다. 글씨는 전서와 예서를 고격(高格: 옛 격식)하게 즐겨 썼다. 특히 전서와 예서를 혼합한 글씨나 와당(瓦當), 고전(古錢), 갑골문형태의 구성적인 작품도 시도하여 독특한 경지를 이루었다. 또한 고서화의 감식과 전각(篆刻)에 있어서도 당대의 일인자였다. 합천 해인사의 <자통홍제존자사명대사비(慈通弘濟尊者四溟大師碑)>의 두전(頭篆: 빗몸의 머리에 돌려가며 쓴 전자)을 비롯한 기념비 글씨도 전국 곳곳에 많이 남겼다.

1962년 건국훈장 대통령장이 추서되었다([출처:오세창(吳世昌)-한국민족문화대백과사전]).

....

* 천도교 도호(道號)는 한암(閒菴), 서예가로도 전서, 예서, 초서에 능하고 조각도 하였으며, 둥그스름한 형태의 독특한 서체를 창안하여 위창체(葦滄體), 오세창체(吳世昌體)라 부른다(위키백과).

18)《신천지(新天地)》: 1946년 서울신문사에서 《매일신보》 후속으로 발행한 시사적인 성격의 잡지. 월간종합잡지.

서울신문사에서 발간하였다. 1946년 1월 조선총독부의 기관지이던 《매일신보(每日申報)》가 《서울신문》으로 바뀌면서 《매일신보》의 허물을 조금이라도 더 씻기 위하여 이 잡지를 발간하기 시작하였다. 크기는 A5판, 면수는 창간호만 148면이었으며, 평균 220면을 웃돌았고, 때로는 300면이 더 될 때도 있었다. 일반 월간 잡지들은 창간되었다가는 몇 호 만에 폐간된 경우도 많았으나 《신천지》만은 서울신문사의 힘으로 꾸준히 발행되어 한국문화계에 큰 영향을 끼치며, 지식층의 호응을 많이 받았다. 그러나 6・25전쟁이 일어나 부득이 휴간하였다가 1951년 1월에 한 권을 내고, 다시 휴간하였다. 1951년 12월 속간하였다가 일시 휴간을 한 후 1954년 12월부터 다시 속간하여 1954년 말까지 발행을 계속하였다. 더욱이

《신천지》는 서울신문사의 중역들과 편집국장·문화부장까지 참석하는 편집회의를 열어 그 회의의 결정을 서울신문사의 출판국장이 실행에 옮기도록 되어 있어서, 시사적인 감각과 국제적인 감각이 고루 반영된 균형 있는 내용으로 짜여 있다는 평을 받았다.

창간호에는 그 시대의 시대상이 그대로 반영되어 있었는데, 인물 소묘에 안재홍(安在鴻)·송진우(宋鎭禹)·여운형(呂運亨)과 함께 좌익작가인 임화(林和)의 「박헌영론(朴憲永論)」이 실려 있었다. 그리고 좌익극럴 학생단체였던 학병동맹(學兵同盟) 맹원들의 귀환보고좌담회 내용이 그대로 실려 있었으며, 「어떠한 형태의 정부를 원하나」·「한자폐지의 가부, 국문횡서의 가부」의 설문응답자 중에 임화·이원조(李源朝)·이태준(李泰俊) 등 좌익계열의 이름이 등장하였다. 1946년 8월호에는 「3상회의(三相會議)를 어찌하여 지지하는가」라는 공산당원 이강국(李康國)의 신탁통치 지지이론까지 실려 있을 정도였다. 이때의 서울신문사 사장에는 하경덕(河敬德), 편집국장에는 윤희순(尹喜諄), 출판국장 겸 편집인 명의는 정현웅(鄭玄雄)으로 되어 있었다. 그해 10월에는 편집국장에 김무삼(金武森), 1947년 9월에는 정우홍(鄭宇洪), 1948년 3월에는 이건혁(李健赫), 1948년 10월에는 전홍진(全弘鎭)으로 바뀌었고, 1949년 8월에는 사장 겸 발행인이 박종화(朴鍾和)로, 편집인 겸 출판국장은 김진섭(金晉燮)으로 바뀌었다. 1951년 12월에는 출판국차장에 김동리(金東里), 1952년 5월에는 발행인에 전무이사 박현욱(朴玄煜), 출판국장도 장만영(張萬榮)으로 바뀌었다. 이같이 편집인이 바뀌는 동안 사회상도 달라졌고, 또 6·25전쟁을 겪는 동안에 편집진과 서울신문사 사시(社是)의 변화와 함께 잡지 『신천지』의 내용도 차차 변해 오다가, 6·25전쟁을 기해서 크게 우선회하여 정부와 여당을 뒷받침하는 선전성이 농후해졌다. 이와 함께 변한 것이 책값이었다. 이는 당시의 물가상승을 말해 주는 것이기도 하다. 즉, 1946년 1월의 창간호는 6원, 2호(3월 발행)는 부피가 커서 15원, 1947년 1월호는 80원, 1948년 송년호는 250원, 1950년에는 300원, 1952년에 들어서는 7,000원까지 하였다가, 1953년 4월 다시 속간하였을 때는 150환이었다. 비록, 광복 직후의 극럴 좌익인사들의 글을 싣기는 하였어도 10년 가까이 발행되어 우리나라의 민주주의 발전에 적지 않게 이바지한 월간 잡지였다([출처:신천지(新天地)-한국민족문화대백과사전]).

19) 『조선무사영웅전(朝鮮武士英雄傳)』: 序言에서 "政治生活은 말할 것도 없고 學問을 修習하든지 상업을 經營하든지 事事件件에 이 인내·근면·용감·단결·예의 등의 武士的 德性이 없고서는 반드시 실패를 당하고 말게 되는 것이니, 오늘날 우리가 어찌 이 武士精神을 강구하고 想得하지 않을 수 있겠는가(李泰鎭, 「安廓의 生涯와 國學世界」, 『自山安廓國學論著集 六』(第三部 硏究論著集), 여강출판사, 1994, 22쪽).

20) 이왕직 아악부(李王職雅樂部): 1897년(광무 원년)에 종래의 장악원(掌樂院)을 교방사(敎坊司)로 개칭하고 제조(提調) 이하 772인의 인원을 두었으며, 1907년(융희 원년)에는 교방사를 장악과(掌樂課)로 고쳐서 궁내부(宮內部) 예식과(禮式課)에 부속시키고, 국악사장(國樂師長) 이하 305인의 인원을 두고, 김종남(金宗南)이 초대 국악사장이 되었다. 한일합방 이후 장악과는 아악대(雅樂隊)로 바뀌고 아악사장 이하 189인의 인원으로 줄었다. 이 중에는 양악군악대에 밀려서 시종원(侍從院) 부속 구 군악수(軍樂手)인 취고수(吹鼓手)들이 일부 편입되어 있었다. 그 뒤 인원을 84명으로 줄이고, 다시 57명으로 줄였다. 1917년에는 아악생(雅樂生) 양성소를 두어 제1기생 9명(뒤에 18명)을 모집하여 수업연한을 3년(뒤에 5년)으로

하고 음악실기·음악이론·일반학과를 수업하였다. 1920년 일본 음악학자 다나베 [田邊尙雄]의 건의로 1922년에는 당국의 보다 나은 지원을 받게 되었다. 1925년 에는 아악대에서 아악부(雅樂部)로 명칭을 고치고 당주동(唐珠洞) 청사에서 운니 동(雲泥洞)으로 옮겼으며, 광복 직전까지 종묘·문묘 제향에 제례악을 연주하고, 아악생 양성·아악 방송·악서 및 악보 편찬·악기 제작 등의 활동을 계속하였 다. 이왕직 아악부의 전통은 현 국립국악원이 이어받고 있다(위키백과).

21) «조선사학(朝鮮史學)»: 3·1운동 후 文化政治의 표방 아래 京城帝大의 교수진으로 몰려온 일인학자들이 그들만의 學會인 朝鮮史編修會의 會誌이다(재인용:李泰鎭, 「安廓의 生涯와 國學世界」, 『自山安廓國學論著集 六』(第三部 硏究論著集), 여강출판사, 1994, 30쪽, 원출 처:朝鮮史學同攷會規則, 『朝鮮史學』 4호).

22) 日側 雜誌에의 잦은 寄稿는 『조선사학』의 경우처럼 오해의 소지가 없지 않다. 그러나 이 경우도 내용적으로 친일적인 관계의 所産이라고는 말할 수 없다. 李王職이란 것이 朝鮮總 督府와 관련을 가지지 않을 수 없는 것이 새로운 조건이기는 하나, 그의 雅樂部에서의 從 事는 나름대로의 뜻에서 자청하다시피 한 것이었다(李泰鎭, 「安廓의 生涯와 國學世界」, 『自山安廓國學論著集 六』(第三部 硏究論著集), 여강출판사, 1994, 39쪽).

23) 정인보(鄭寅普, 1892~?): 해방 이후 『조선사연구』, 『양명학연론』 등을 저술한 학자. 한학자, 교육자, 역사가. 본관은 동래(東萊). 유명(幼名)은 정경시(鄭景施). 자는 경업(經業), 호는 담원(舊園)·미소산인(薇蘇山人). 아호는 위당(爲堂). 서울 출신. 조선 명종의 대제학 정유길(鄭惟吉)의 후손으로, 철종대의 영상 정원용(鄭 元容)의 증손인 장례원부경(掌禮院副卿)·호조참판을 역임한 정은조(鄭誾朝)의 아 들이다.

어려서 아버지로부터 한문을 배웠고, 13세 때부터 이건방(李建芳)을 사사하였 다. 정인보의 문명은 이미 10대 때부터 널리 알려졌다. 을사조약이 체결되어 국 가의 주권이 손상받고 이에 대한 국권회복투쟁이 활발히 전개되며 세상이 시끄러 워지던 한말, 관계의 뜻을 버리고 부모와 더불어 진천(鎭川)·목천(木川) 등지에 은거하며 학문에 전념하였다. 1910년 일제가 무력으로 한반도를 강점하여 조선조 가 종언을 고하자 중국 상해(上海)로 망명, 국제 정세를 살폈다. 얼마 후 귀국하 였다가 1912년 다시 상해로 건너가 신채호(申采浩)·박은식(朴殷植)·신규식(申 圭植)·김규식(金奎植) 등과 함께 동제사(同濟社)를 조직, 교포의 정치적·문화적 계몽활동을 주도하며 광복운동에 종사하였다. 그러나 부인 성 씨(成氏)의 갑작스 러운 죽음과 노모의 비애를 위로하고자 귀국하였다. 귀국 후 국내에서 비밀리에 독립운동을 펴다 여러 차례 일본 경찰에 붙잡혀 옥고를 치렀다. 서울로 이사한 뒤 연희전문학교·협성학교(協成學校)·불교중앙학림(佛敎中央學林) 등에서 한학 과 역사학을 강의하였다. 후배들을 가르쳐 민족의 역량을 키우는 교수 생활에 힘 쓰는 한편, «동아일보»·«시대일보»의 논설위원으로 민족의 정기를 고무하는 논 설을 펴며 민족계몽운동을 주도하였다. 1926년 순종이 죽었을 때는 유릉지문(裕 陵誌文) 찬술의 일을 맡아보았다. 다음 해 불교전문학교·이화여자전문학교에도 출강하였다. 1931년에는 민족문화의 유산인 고전을 민족사회에 알리고자 다수의 고전을 소개하는 <조선고전해제>를 «동아일보»에 연재하였다. 1935년 조선 후기 실학 집대성자인 정약용(丁若鏞) 사후 100주년을 맞아 조선 후기의 실학을 소개 하기 위한 학문행사를 주도, 실학연구를 주도하였다. 실학이라는 역사적 용어는 이때부터 사용되었다. 한편, 이 무렵부터 조선 양명학에 관심을 가지고 일련의 양명학자들의 학문을 추적하였고, 1933년 66회에 걸쳐 《동아일보》에 <양명학연론(陽明學演論)>을 연재해 많은 호응을 얻었다. 양명학이나 실학에 대한 학문적 관심으로 볼 때, 단순한 한학자가 아니라 성리학과 더불어 유학의 또 다른 유파(流派)나 성리학 내에 자생적으로 일어선 새로운 실(實)의 유학풍을 밝혀, 조선 유학의 폭넓은 이해를 시도해 보고자 하는 진취적 학풍을 가진 학문 활동으로 이해된다. 1936년 연희전문학교 교수가 되어 한문학·국사학·국문학 등 국학 전반에 걸친 강좌를 담당하였다. 그러나 태평양전쟁이 일어난 뒤 국학에 대한 일제의 탄압이 거세지자 1943년 가솔을 이끌고 전라북도 익산군 황화면 중기리 산중에 은거하였다. 광복이 되자 곧 서울로 상경, 일제의 포악한 민족말살정책으로 가려졌던 국학을 일으켜 세우고 교육에 힘을 쏟아 민족사를 모르는 국민에게 바른 국사를 알리고자 1946년 9월 『조선사연구(朝鮮史硏究)』를 간행하였다. 정인보의 역사의식은 신채호의 민족주의 사학의 전통을 잇는 것이기는 하나 독립투쟁의 방도로서 민족사 연구를 지향하던 신채호의 민족사학과 달리, 엄밀한 사료적 추적에 의한 사실 인식과 그에 대한 민족사적 의미의 부각을 의도하는 신민족주의 사학의 입장에 서는 것이었다. 1947년 국학의 최고학부를 표방하고 설립된 국학대학(國學大學) 학장에 취임, 일제의 광폭한 식민정책으로 일시 단절된 듯하던 국학을 일으켜 세우고, 발전시키려는 새로운 각오로 다시금 육영사업에 투신하였다. 1948년 대한민국이 수립되자 초대 대통령인 이승만(李承晩)의 간곡한 청으로 신생 조국의 관기(官紀)와 사정(司正)의 중책을 지닌 감찰위원장이 되었다. 그러나 1년 후 정부의 간섭으로 의지를 펼 수 없다고 판단, 미련 없이 자리를 사임하였다. 이후 한때나마 학문과 교육을 떠났던 심정을 달래고자 남산동에 은거하며 오로지 국학연구에 몰두하였다. 1950년 6·25가 일어났던 그해 7월 31일 서울에서 공산군에 의해 납북되었다. 시문·사장(詞章)의 대가로 광복 후 전 조선문필가협회의 회장으로 선출되기도 하였으며, 서예에 있어서도 일가를 이루었고, 인각(印刻)에도 능하였다.

학문 및 저술활동: 30여 년을 두고 대학 강단에서 국고(國故)·절의(節義)·실학·양명학과 역사학으로 후학들을 지도하였고, 국혼(國魂)·경세(警世)·효민(曉民)의 덕이 높았던 학자이며 교육자였다. 저서로는 『조선사연구』와 『양명학연론』이 있고, 시문과 국학 논고의 글은 『담원시조집(薝園時調集)』·『담원문록(薝園文錄)』·『담원국학산고(薝園國學散藁)』에 수록되어 있다.

1990년 건국훈장 독립장이 추서되었다([출처:정인보(鄭寅普)-한국민족문화대백과사전]).

....

* 호는 수파(守坡). 이홍직 편, 『증보 새국사사전』, 교학사, 2004, 202쪽.
24) 황의돈(黃義敦, 1887~1964): 일제강점기 『대동청사』, 『조선신사』, 『중등조선역사』 등을 저술한 학자. 역사학자.

호는 해원(海圓). 충청남도 서천 출생. 아버지는 황기주(黃麒周)이며, 한말의 문인 황현(黃玹)과는 족친 간이다. 전통적인 유학 가문에서 태어나 1894년 할아버지 황태현(黃泰顯)으로부터 한학을 공부해 17세 되는 1906년까지 한서 수십 권을 통독할 정도로 한학에 대한 해박한 지식을 쌓았다.

1907년 신학문을 배우기 위해 근대식 학교인 군산공립보통학교 보습과(補習科)에 입학해 1년 만에 수료하고 그 뒤 2년간은 서울과 일본의 동경(東京)을 내왕하며 근대 학문을 섭렵하였다. 1909년 일제의 침략으로 국운이 존망의 위기에 놓였음을 직시하고 구국운동을 전개하기 위해 북간도 중영촌(中營村)으로 이주, 명동학교(明東學校)를 창설하고 국사교육 등을 통한 애국사상을 고취하는 데 힘썼다. 1910년 일제의 강압으로 국권이 상실되자 귀국, 항일독립운동을 전개하고자 했으나 뜻을 이루지 못하고 중국 방면으로 다시 망명할 생각이었다. 그러나 이승훈(李昇薰) 등의 만류로 망명을 포기하고, 안주·가산·정주 등지에서 국사교육을 맡아 후진들에게 민족의식을 고취하였다. 1911년 안창호(安昌浩)가 설립한 대성학교(大成學校)에서 국사교육을 맡았으며, 1913년에는 향리에 돌아와 청년들에게 국사를 강의하기도 하였다. 1916년 YMCA강당에서 국사 강연을 한 것이 문제가 되어 일본 경찰에 붙잡혔으며, 재직하고 있던 휘문의숙의 교사직에서 파면되기도 하였다. 1920년 이후 약 20여 년간 보성고등보통학교에서 국사와 한문을 강의하였고, 휘문고등보통학교와 중동학교의 교원도 겸임하였다. 1938년 이후 일제의 침략전쟁인 중일전쟁이 확대됨에 따라 학교에서의 국사·국어교육이 금지되자 보성고등보통학교 교사직을 사임하고 조선일보사 기자가 되었다. 조선일보사 기자 재직 시에는 고적조사를 담당했으며, 오지영(吳知泳)의 『동학사(東學史)』 서문을 쓰기도 하였다. 1940년 «조선일보»가 폐간되자 기자직에서 물러나 향리에 은거하였으며, 52세 때인 1942년에는 불교에 귀의하여 오대산에 입산, 방한암(方漢巖) 선사에게 사사하였다. 그 이후 말년에는 주로 국사와 불교의 선과의 결합을 시도하였다. 1945년 광복이 되자 동국대학교 교수로 재직하며 후진 교육에 진력하다 75세로 죽었다. 그의 생애는 자신이 술회하였듯이 초년에는 한문학, 중년에는 사학(史學), 말년에는 선학(禪學)에 종사하는 등 세 번이나 배움의 길을 바꾸었으며, 이는 국권상실 시대에 국사교육을 통해 민족의식과 독립사상을 고취하는 데 그 주된 뜻이 있었다. 저술로는 『대동청사(大東靑史)』·『조선신사(朝鮮新史)』·『중등조선역사(中等朝鮮歷史)』 등의 사서와 『화담 서경덕전』·『이목은전』·『안의사(중근)전』·『손의암(병희)전』 등 전기 다수, 그리고 <갑오혁신운동과 전봉준> 등 여러 편의 논문이 있다([출처:황의돈(黃義敦)-한국민족문화대백과사전]).

25) 장도빈(張道斌, 1888~1963): 해방 이후 «민중일보»를 창간한 언론인. 국사학자. 본관은 결성(結城). 호는 산운(汕耘). 평안남도 중화 출신. 봉구(鳳九)의 둘째아들이다. 할아버지 제국(濟國)의 훈도로 5세에 사서삼경을 통독하여 신동으로 이름이 났다. 1902년 대한제국의 학부가 관장하던 한성사범학교(漢城師範學校)에 평양감사의 천거로 입학, 1906년 졸업하였다.

한성사범에서 교편생활을 하였던 «황성신문(皇城新聞)»의 주필 박은식(朴殷植)의 소개로 1908년 봄 «대한매일신보(大韓每日申報)»에 들어갔다. 21세에 논설위원이 되어, 8세 위이며 역시 신동으로 알려진 신채호(申采浩) 및 양기탁(梁起鐸)과 함께 논진(필진)으로 일하였다. 입사 몇 개월 후 신병을 앓던 신채호의 후임으로 논설주필이라는 막중한 책임을 맡아, 당시 친일 내각과 친일 단체인 일진회(一進會)와 맞서 투쟁을 벌였으며, 한편으로 안창호(安昌浩)의 신민회(新民會) 비밀회원으로 가담하여 국권회복운동의 선봉에 섰다. 1910년 일제강점으로 신문사가 문을 닫을 때까지 보성전문학교(普成專門學校)를 다니면서(4회 졸업) 국사연구에도 몰두하였다. 1910~1912년 서울의 오성학교(五星學校) 학감으로 있다가, 1913년 노령(露領) 블라디보스토크로 망명하여 가까운 신한촌(新韓村)에서 다시 신채호를 만나고, 최재형(崔在亨)·홍범도(洪範圖)·이동휘(李東輝)·이상설(李相卨) 등 독립투사들과 교류하며, 보성전문학교 교수이던 이종호(李鍾浩)의 『근업신문(勤業新聞)』에서 논설을 썼다. 1916~1918년 병고의 몸으로 귀국하여 평안북도 영변의 서운사(棲雲寺)에서 요양한 뒤 처음으로 민족혼을 일깨우는 『국사』를 발간하였고, 이를 계기로 평안북도 정주의 오산학교(五山學校) 조만식(曺晩植) 교장의 초청을 받아 약 1년간 교사 생활을 하였다. 1919년 «동아일보»의 발간을 출원하여 허가를 받았으나 운영을 양도하고, 이어 한성도서주식회사를 허가 내어 1926년까지 잡지 «서울»·«학생계»·«조선지광(朝鮮之光)»을 발간하였다. 한편으로는 출판사 고려관(高麗館)을 설립하고 『조선사요령(朝鮮史要領)』·『조선위인전(朝鮮偉人傳)』·『조선역사록(朝鮮歷史錄)』 등 많은 책자를 편찬하였다. 1927~1945년 고적답사를 통한 역사연구에 전념하였으며, 일제 말에는 총독부의 끈질긴 중추원참의 제의를 거부하고 심산에 은둔하였다. 1928년 발간한 『조선역사대전(朝鮮歷史大全)』은 식민사가들에게 경종을 울렸고, 『대한역사(大韓歷史)』를 통한 기자조선설(箕子朝鮮說)의 반론은 유명하다. 광복 직후 월남하여 9월 19일 서울 종로구 견지동 동덕초등학교 뒷자리의 방 3칸에서 『민중일보(民衆日報)』를 창간, 공산언론과 대항하였으며, 같은 해 조선신문주간회(朝鮮新聞主幹會)를 조직해 대표가 되었다. 1949년 «민중일보»가 화재를 만나 재건이 어렵게 되자, 윤보선(尹潽善)에게 판권을 무상으로 양도하였다. 그동안 언론활동과 병행하여 1947년 한국대학(韓國大學)을 설립하였고, 1948년 단국대학(檀國大學)을 설립하여 초대 학장을 지내고 1949년 육군사관학교 국사학 교수로 봉직하였다. 노후에는 서울시사편찬위원과 고등고시위원을 지냈다.

1990년 건국훈장 독립장이 추서되었다([출처:장도빈(張道斌)-한국민족문화대백과사전]).

26) 권덕규(權悳奎, 1890~1950): 일제강점기 <한글맞춤법통일안>의 원안을 작성한 학자. 국어학자. 호는 애류(崖溜). 경기도 김포 출신.

1913년 서울 휘문의숙(徽文義塾)을 졸업하고 모교와 중앙학교·중동학교에서 국어 및 국사를 가르쳤다. 주시경(周時經)의 뒤를 잇는 몇 학자들 가운데 한 사람으로서 1921년 12월 3일 조선어연구회(朝鮮語研究會) 창립에 참여하였다. 그 뒤 조선어학회의 역사적인 사업이라 할 수 있는 『조선어큰사전』 편찬에 참여하였으며, 1932년 12월 <한글마춤법통일안>의 원안을 작성하였다. 또한, «한글»에 <정음(正音) 이전의 조선글>을 비롯하여 신문·잡지 등에 수많은 논문·논술·수상 등을 발표하였으며, 한글순회강습 등에 온 힘을 기울였다. 권덕규는 호주가(好酒家)로도 유명하여 많은 일화를 남기기도 했다. 저서로는 『조선어문경위(朝鮮語文經緯)』(1923), 『조선유기(朝鮮留記)』(1945) 및 『을지문덕(乙支文德)』(1948) 등이 있다.

2019년 건국훈장 애국장이 추서되었다(출처:권덕규(權悳奎)-한국민족문화대백과사전]).

27) 이능화(李能和, 1869~1943): 일제강점기 『조선불교통사』·『조선해어화사』·『조선무속고』 등을 저술한 학자. 친일반민족행위자.

1869년 1월 19일 충청도 괴산에서 출생했다. 본관은 전주(全州), 자는 자현(子賢)이다. 호는 간정(侃亭)·상현(尙玄)·무능거사(無能居士)·상현거사(尙玄居士) 등을 썼다. 아버지는 이원긍(李源兢)이다. 대한제국기에 한성법어학교 교장을 지냈으며, 일제강점기에 능인보통학교 교장, 조선불교회 상무이사, 조선사편수회 위원 등으로 활동하였다. 1943년 4월 12일 사망했다.

어려서 한문을 수학하였고 1887년 영어학교, 1892년 한어(漢語)학교, 1895년 관립한성법어(法語: 프랑스어)학교를 차례로 입학하여 졸업하였다. 1895년 11월 농상공부 주사(主事)가 되었다. 1897년 11월 한성법어학교 교관으로 프랑스어를 가르치면서 1902 칭경예식(稱慶禮式)사무소 위원과 1903년 2월 해서사핵(海西査覈) 위원으로 위촉되었다. 1906년 6월 국문일정법(國文一定法) 의견서를 학부에 제출하였고, 10월 한성법어학교 교장으로 승진했다. 1907년 2월 일본에 농상무성 사무를 시찰하기 위해 파견되었으며, 7월 국문연구소 위원으로 위촉되었다. 통감부의 학제개편에 따라 1908년 1월 관립한성외국어학교 학감으로 취임해 한일병합 후인 1911년 학교가 폐쇄될 때까지 학감으로 재임했다. 1912년 사립능인보통학교 교장으로 취임했으며, 1912년 8월 한국병합기념장을 받았다. 1915년 불교진흥회 간사와 이사에 위촉되었고 그해 3월 «불교진흥회월보» 편집인 겸 발행인을 맡았다. 1915년 11월 다이쇼[大正] 천황 즉위기념 대례기념장을 받았다. 1916년 «불교진흥회월보»를 개칭한 «조선불교계» 편집인 겸 발행인, 1917년 3월 «조선불교총보» 편집인 겸 발행인, 같은 해 10월 불교옹호회 이사를 맡았다. 1918년 『조선불교통사(朝鮮佛敎通史)』를 출판했다. 1918년 2월부터 10월까지 조선총독부 임시토지조사위원회 촉탁에 위촉되어 일제의 토지조사사업에 협력했다. 같은 해 12월부터 중추원 조사과 촉탁, 1920년 7월부터 1923년 12월까지 중추원 편집과 촉탁으로 재직하면서 조선의 옛 관습 및 제도를 조사했다. 1920년 12월 조선불교회 상무이사를 맡았고, 1921년 11월 조선총독부 학무국 편수관에 임명되었다. 1922년 11월 조선총독부 교과서 조사위원으로 위촉되었고, 12월 식민사관에 입각해 『조선사』를 편찬하는 조선사편찬위원회 위원에 임명되었다. 1923년 조선사편찬위원회 석상에서 한국사 속에 발해사를 포함시키고 건국신화를 실어야한다고 주장한 바 있다. 1925년 7월 조선사편수회 위원이 되어 1943년 사망할 때까지 종사하였는데, 『조선사』 편찬을 비롯하여 한국 민족문화와 관련한 각 자료를 정리·연구한 책들을 집필하였다. 1928년 6월 조선총독부 임시교과서조사위원회 위원, 1929년 8월 조선박람회 사무위원, 1930년 8월 청구학회 평의원으로 활동했다. 1928년 11월 쇼와[昭和] 천황 즉위기념 대례기념장, 1929년 1월 훈6등 서보장을 받았다. 1931년 박승빈(朴勝彬)·오세창(吳世昌) 등과 더불어 계명구락부(啓明俱樂部) 설립에 참여했다. 1932년 5월 이왕직 실록편찬사료 수집위원, 1933년 12월 조선총독부 보물고적명승천연기념물보존회 위원 겸 제2부원, 1934년 고적조사위원회 위원, 1935년 2월 임시역사교과용도서조사위원회 위원을 역임했다. 1936년 1월 심전(心田)개발위원회에 참석했고, 12월 조선총독부 학무국장이 사회교화 진흥공작을 도모하는 간담회에 출석했다. 1939년 일본기원 2600년을 기념하는 한시 <황화만년지곡(皇化萬年之曲)>을 지었고, 이 시에 김기수(金琪洙)가 곡을 붙여 아악창작곡 공모전에 출품해 당선되었다. 이 곡은 1940년 11월 부민관에서 일본기원 2600년 기념 봉축연주회에서 연주되었다. 1940년 4월 천황이 『조선사』 편찬의 공로로 은배를 주었다. <숭검출사(崇儉黜奢) 존본취리(存本取利)>(«매일신보» 1940.12.15)와 <이조 초의 권농윤음(勸農綸音)>(«매일신보»1941.9.26)과 같이 친일협력을 독려하는 글을 발표했다. 1941년 1월 국민총력조선연맹 산하 문화부 문화위원, 4월 국민연극연구소 일본사 강사, 10월 조선임전보국단 발기인으로 활동했다. 이능화의 이상과 같은 활동은 <일제강점하반민족행위 진상규명에 관한 특별법> 제2조 제19·20호에 해당하는 친일반민족

행위로 규정되어 『친일반민족행위진상규명 보고서』 Ⅳ-12:친일반민족행위자 결정
이유서(257~295쪽)에 관련 행적이 상세하게 채록되었다.

저술활동:이능화의 한국학 저술은 선구적이고 학술적으로 가치가 뛰어난데,
1918년 자비로 출판한 『조선불교통사』가 가장 두드러진다. 1923~24년에 조선사
학회에서 간행한 『조선사 강좌 특별강의』 중에서 〈조선불교사〉를 집필하였다. 주
요 저서로 『조선신교원류고(朝鮮神敎源流考)』, 『조선상제예속사(朝鮮喪祭禮俗史)』,
『조선유교지양명학(朝鮮儒敎之陽明學)』, 『이조시대경성시제(李朝時代京城市制)』,
『조선여속고(朝鮮女俗考)』, 『조선해어화사(朝鮮解語花史)』, 『조선무속고(朝鮮巫俗
考)』, 『조선기독교급외교사(朝鮮基督敎及外交史)』 등이 있다. 『조선해어화사』는
기생을 주제로 하여 그들의 생활 모습과 주변에 관한 자료를 집대성한 것이다.
통혼·가족·수과(守寡)·복장·교육·연중행사 등을 중심으로 정리한 『조선여속
고』와 함께 우리나라 여성사의 개척적인 저서로 『조선불교통사』와 함께 1968년
에 재판 영인되었다. 『조선기독교급외교사』는 능통한 프랑스어를 바탕으로 달레
(Claude Charles Dallet)의 『조선교회사』를 이해한 뒤 조선시대 문헌을 통해 기
독교사의 체계를 정리한 이 분야 최초의 저작이다. 또 『춘향전』을 한시(漢詩)로
풀이한 『춘몽록(春夢錄)』을 비롯하여 『조선유학급유학사상사(朝鮮儒學及儒學思想
史)』, 『조선신화고(朝鮮神話考)』, 『조선십란록(朝鮮十亂錄)』, 『조선의약발달사』,
『조선사회사』, 『조선도교사』 등도 저술하였다. 이들 유고는 1959년 동국대학교에
서 영인·간행한 바 있는 『조선도교사』를 제외하고 모두 한국전쟁으로 산일(散
逸)되었다([출처:이능화(李能和)-한국민족문화대백과사전]).

28) 李泰鎭, 「安廓의 生涯와 國學世界」, 『自山安廓國學論著集 六』(第三部 硏究論著集), 여강출
판사, 1994, 56쪽.
안확이 역사의 주체로서 민중을 인식하는 민중 중심의 역사관을 가질 수 있었던
것은 1) 이들의 민족의 절대 다수를 차지하고 있고 2) 역사적으로 볼 때 역사상
의 변혁운동을 담당한 주체이며 3) 3·1운동 이후 확인되었듯이 민족해방의 실질
적 주체로서 인식되고 있었다는 데 있다. 그러나 이보다 더 주목해야 할 사실은
안확 자신이 중인 출신이라는 점이다. 안확이 전통적인 한학 교육을 받지 않고
최초의 관립소학교인 수하동소학교에서 근대식 교육을 받은 인물로서 근대 사회
에서 중심적 위치를 점하는 시민계급에 속하면서 민족해방의 정면에서 감당하려
하였다는 매우 중요한 의미를 가지는 것이다(柳浚弼, 「自山 安廓의 國學思想과 文學
史觀」, 『自山安廓國學論著集 六』(第三部 硏究論著集), 여강출판사, 1994, 138쪽).

29) 유득공(柳得恭, 1748~1807): 조선후기 『경도잡지』, 『영재집』, 『고운당필기』 등
을 저술한 실학자. 본관은 문화(文化). 자는 혜보(惠甫)·혜풍(惠風), 호는 영재(泠
齋)·영암(泠庵)·고운당(古芸堂). 아버지는 사인(士人) 유춘(柳瑃)이다.
1774년(영조 50) 사마시에 합격해 생원이 되고, 시문에 뛰어난 재질이 인정
되어 1779년(정조 3) 규장각검서(奎章閣檢書)로 들어가 활약이 컸다. 그 뒤 제
천·포천·양근 등의 군수를 거쳐 말년에는 풍천부사를 지냈다. 저서로는 『경
도잡지(京都雜志)』·『영재집(泠齋集)』·『고운당필기(古芸堂筆記)』·『앙엽기(盎葉
記)』·『사군지(四郡志)』·『발해고(渤海考)』·『이십일도회고시(二十一都懷古詩)』
등이 있다. 특히 『경도잡지』는 조선시대 시민 생활과 풍속을 연구하는 데 귀중
한 서적이며, 『발해고』는 유득공의 학문의 깊이와 사상을 규명하는 데 있어서
중요한 저서이다. 규장각검서로 있으면서 궁중에 비장된 우리나라를 비롯한 중

국·일본의 사료까지도 읽을 기회가 많아, 이러한 바탕에서 나온 대표작이라 할 수 있다. 내용은 오늘날의 학문 수준으로 보아 높이 평가할 수는 없으나, 서문에서 "고려시대의 역사가들이 통일신라를 남조로, 발해를 북조로 하는 국사 체계를 세우지 않았던 것이 영원히 옛 땅을 되찾는 명분을 잃게 하였다"고 주장해 민족주체의식의 일면을 보여주고 있다. 중국 중심의 세계관에서 벗어나 민족주체의식의 확립에 노력한 모습은 『이십일도회고시』에서도 잘 보여준다. 단군조선에서 고려에 이르기까지 4,000년에 걸쳐 우리 민족이 세운 나라의 21개 도읍지의 전도(奠都) 및 번영을 읊은 43편의 회고시에는, 거듭되는 역사의 수레바퀴 속에서 민족의 주체 의식을 되새겨보려는 역사의식이 잘 나타나 있다. 또한 시는 청나라의 이조원(李調元)·반정균(潘庭均)으로부터 재기종횡(才氣縱橫: 재주와 기백이 활발함), 재정부유(才情富有:재주가 많음)하다는 평가를 받았을 정도였다(출처:유득공(柳得恭)-한국민족문화대백과사전]).

....

* 호는 가상루(歌商樓)·고운거사(古芸居士)·은휘당(恩暉堂)

어머니는 홍이석(洪以錫, 1687~1742)의 딸.

이덕무(李德懋, 1741~1793)·박제가(朴齊家, 1750~1815)·서이수(徐理修, 1749~1802) 등과 함께 사검서(四檢書), 박제가·이덕무·이서구(李書九, 1749~1825)와 함께 한학사가(漢學四家)라고 불림. 또한 이덕무·박제가·이서구·서이구·정약용(丁若鏞, 1762~1836) 등과 함께 조선 정조시대 중기의 6대 문장가(六大 文章家)로도 일컬어진다.

일러두기

30) 일러두기: 원문에는 술례(述例)라고 되어 있는데, 범례(凡例)라고도 쓴다.

31) 일본 동경의 일본(日本)대학 정치학과에서 수학(修學)한 일이 있었다.

32) 『대전통편(大典通編)』: 1785년 『경국대전』과 『속대전』 및 그 뒤의 법령을 통합하여 편찬한 법제서. 6권 5책. 목판본.

조선시대 법전은 『경국대전』과 『속대전』 두 책으로 되었으나, 그 밖에도 『오례의(五禮儀)』 등 법전과 같은 효력이 있는 전서들이 나뉘어져 있어 법제 운용에 불편이 많았다. 1781년 2월 당시의 법전을 통합하기로 결정하고, 1784년 찬집청을 설치하였다. 이어서 김노진(金魯鎭)·엄숙(嚴璹)·정창순(鄭昌順)을 찬집당상(纂輯堂上), 이가환(李家煥)을 찬집낭청(纂輯郎廳)으로 임명, 편찬에 착수하였다. 찬집당상들은 업무를 분담하고 각자의 작업분을 대신들과 상의해 초고를 완성한 뒤, 각 전(典)별로 모두 정조의 결재를 거쳤다. 정조는 이를 다시 전임과 현임의 대신들에게 재검토하게 하였다. 또, 각 전마다 당해 판서에게 축조 교정(逐條校正)하도록 하였다. 이 일의 총재(總裁)로는 일찍이 『속대전』 편찬을 주관한 김재로(金在魯)의 아들 김치인(金致仁)을 임명하였다. 교정 실무자로 이가환·신대계(申大季)를 임명해 교정을 마친 뒤, 이복원(李福源)의 서문, 김치인의 전문(箋文)을 첨부하였다. 1785년 6월 15일 목판본 인쇄에 들어가 그해 9월 6일 220부의 인쇄를 마쳤다. 이때 감인관(監印官)으로는 정창성(鄭昌聖)·이가환·이덕무(李德懋)·유득공(柳得恭)·박제가(朴齊家) 등 규장각검서관들이 맡았다. 또한, 지방 관아에 보낼 것은 각 감영에서 별도로 번각(翻刻), 배포하도록 하여 1786년 1월

1일부터 시행되었다.

6전(六典)의 조문은 『경국대전』을 맨 앞에, 『속대전』을 그 다음에, 그리고 그 뒤의 법령 순으로 수록하고 각각 '원(原)'·'속(續)'·'증(增)'자로 표시하였다. 또한 종래 횡조로 되었던 것을 모두 종조로 바꾸었다. 특히, 조종성헌존중(祖宗成憲尊重)의 대원칙에 따라 『경국대전』이나 『속대전』의 조문 중에서 공식적으로 폐지된 조문은 '금폐(今廢)'라고 표시하였다. 그리고 숫자나 명칭이 뒤바뀌거나 오류가 명백한 것만 바로잡는 것 외에 『경국대전』과 『속대전』의 조문은 그대로 수록하였다. 『대전통편』에는 이전(吏典) 212개조, 호전(戶典) 73개조, 예전(禮典) 101개조, 병전(兵典) 265개조, 형전(刑典) 60개조, 공전(工典) 12개조 등 도합 723개 조문이 그 전의 법전에 추가되었다. 『대전통편』의 편찬으로 『경국대전』 이후 300년 만에 새로운 통일 법전이 이룩되었다. 1865년(고종 2) 9월의 조선시대 최후의 법전인 『대전회통』은 『대전통편』을 약간 증보한 것에 지나지 않았다[출처: 대전통편(大典通編)-한국민족문화대백과사전]).

33) 『백헌총요(百憲總要)』: 조선후기 육조에 관계된 법례를 수록한 법제서. 2책. 인본(印本).

제1책에는 이조·호조·예조·병조, 제2책에는 형조·공조에 관계된 것이 각각 기술되어 있다. 이 책은 본래 '백헌총요'라는 제목의 인본과 '국전(國典)'이라는 제목의 필사본이 하나로 된 것이다. 그런데 본서에 분류된 항목은 시대에 따른 변화인지 또는 필사 시의 착오인지는 분명하지 않지만 인쇄본의 호전(戶典)에 수록된 상납(上納)과 작전(作錢)의 2항목이 필사본에는 상납작지(上納作紙)의 1항목으로 합해져 있다.

전(錢)이 지(紙)로 바뀌어 있음을 볼 때 인쇄본이 보다 정확한 것으로 생각된다. 따라서 인쇄본에 수록된 항목을 보면 다음과 같다. 이조는 내외품질(內外品秩)·돈녕(敦寧: 왕실의 친척관계)·의친(議親)·상피(相避)·급가(給假)·포폄(褒貶)·염피(厭避)·수령(守令)·공신(功臣) 등 9항목을 수록하였다. 호조는 호적(戶籍)·해유(解由: 물품을 관리하던 관원이 교체될 때 후임자에게 물품과 서식을 인계하고 호조에 보고한 뒤 그 책임을 해제받던 제도)·녹과(祿科)·환자(還上)·저치미(儲置米: 각 지방에서 새로 거둬들인 쌀을 관수물자로 사용하기 위해 저축해 둔 쌀)·양전(量田)·수세(收稅)·일한(日限: 제도의 운영이나 매매 등의 계약에서 여러 가지 권리의 보증이 필요한 유효한 최종시일)·간폐(奸弊)·면세(免稅) 등을 수록하였다. 이외에 제전(諸田)·복호(復戶)·재상잡범(災傷雜犯)·사점세(私占稅)·제언(堤堰)·요역(徭役)·조운(漕運)·패선(敗船: 배의 파선)·상납(上納)·작전(作錢)·역가(役價)·귀제(歸除: 구귀제법의 준말로 산가지나 珠算으로 九歸歌를 응용해 셈하는 제법)·구수(九數: 九章算術의 준말로 중국 가장 오랜 계산법으로 논밭의 측량법, 미전·교역·매매 등의 계산법, 貴賤혼합법, 평방·立方의 산법, 工力·工程의 산법, 배·수레·인마의 운임 계산법, 按分比例, 방정식, 삼각법 등을 일컬음) 등 총 23항목을 싣고 있다. 예조는 연기(年紀)·국기(國忌)·탄일(誕日)·북도능침(北道陵寢)·국조진전(國朝眞殿)·국휼(國恤)·복제(服制)·원릉(園陵)·봉심(奉審)·사전(祀典)·재계(齋戒)·사단(祀壇)·문묘위차(文廟位次)·교생(校生)·서원(書院)·생사(生祠: 감사나 수령의 선정을 찬양하기 위해 그 사람의 생전에 받들어 제사드리던 사당)·기제의(祈祭儀)·과거(科擧)·취재(取才)·권장(勸獎)·혜휼(惠恤)·가취(嫁娶)·입후(立後)·봉사(奉祀)·각복도(各服圖)·상장(喪葬)·추증(追贈)·증시(贈諡)·사대(事大)·대외사(待外使) 등을 수록하였다. 이외에 부경(赴京)·정지탄요하의(正至誕遙賀儀)·삭망요하의(朔望遙賀儀)·배전의(拜箋儀)·영교서의(迎敎書儀)·수유서의(受諭書儀)·영내향의(迎內香儀)·선온선로의(宣醞宣勞儀)·향음주의(鄕飮酒儀)·향사의(鄕射儀)·양로의(養老儀)·용문자식(用文字式)·문자식(文字式: 33條)·경외관영송(京外官迎送)·상견(相見)·회좌(會坐: 관원이 중요한 일을 논의하기 위해 한 곳에 모이는 일)·영관찰사의(迎觀察使儀)·봉명상우(奉命相遇: 임금의 명을 받들고 서로 만나던 일)·문서(文書) 등 총 49항목을 싣고 있다. 병조는 충의위(忠義衛)·충익위(忠翊衛)·충찬위(忠贊衛)·충순위(忠順衛)·충장위(忠壯衛)·족친위(族親衛)·경점(更點)·행순(幸巡)·부신(符信)·군율(軍律)·군정(軍政)·면역(免役)·성보(城堡)·역속(驛屬)·역마(驛馬)·초료(草料)·역로대소(驛路大小)·역분로(驛分路)·분양마(分養馬)·목장(牧場)·봉수(烽燧)·병선(兵船)·쇄환(刷還) 등 23항목을 싣고 있다. 형조는 오형도(五刑圖)·옥구도(獄具圖)·강상(綱常)·십악(十惡)·전가연좌(全家緣坐)·수속(收贖)·단죄상준(斷罪相準: 죄를 처단함에 있어서 그 처벌이 적절한지 서로 맞추어 봄)·수금(囚禁)·재죄도망(在罪逃亡)·용형(用刑)·남형(濫刑)·추단(推斷)·결옥일한(決獄日限)·결송일한(決訟日限) 등을 수록하였다. 이어 휼수(恤囚)·금형일(禁刑日)·사유(赦宥: 국가에 특별한 일이 있을 때 죄를 사면하던 일)·팔의(八議: 서로 의견을 교환해 죄인의 처벌에 대해 감면해 주는 8가지 조건)·사소불원(赦所不原)·장법(贓法)·도적(盜賊)·논상(論賞)·관가작변(官家作變)·구살(毆殺)·낙태(落胎)·고한(辜限)·복수(復讐)·검험(檢驗)·살옥검장식(殺獄檢狀式)·이매(詈罵: 나무라고 꾸짖음)·범간(犯奸)·청송식(聽訟式)·원정식(原情式) 등을 싣고 있다. 이외에도 청송(聽訟)·지친상송(至親相訟)·친착상송(親着相訟)·환면상송(換面相訟)·독송득결(獨訟得決)·상송연한(相訟年限)·도수(度數)·정송(停訟)·산송(山訟)·발사총(發私塚)·매매(買賣)·매매일한(買賣日限)·징채(徵債)·고소(告訴)·문기(文記)·전답(田畓)·공천(公賤)·진고(陳告)·사천(私賤)·속신(贖身)·속공(屬公)·분재(分財)·위조(僞造)·기사(欺詐)·금도(禁屠)·실화(失火)·작목(作木)·원악향리(元惡鄕吏)·호강품관(豪强品官:지방의 納粟·壽職 등을 받은 권세가 강한 관원) 등 총 63항목을 수록하였다. 공조는 척식(尺式)·형(衡)·곡(斛)·장명(匠名)·지품(紙品)·면주현(綿紬縣)·포품(布品)·탄(炭)·선교(船橋)·부방명(部坊名)·의복척수(衣服尺數)·하절농노비의자(夏節農奴婢衣資) 등 11항목을 수록하였다. 이 책에는 모두 178항목을 실었다([출처:백헌총요(百憲總要)-한국민족문화대백과사전]).

34) 『은대조례(銀臺條例)』: 1870년 흥선대원군의 명을 받아 승정원에서 정무를 전달, 집행하는 과정을 기록한 역사서.

전사자(全史字)의 활자를 써서 간행하였다. 본래 승정원에 관한 여러 사례를 적은 책으로는 2종의 『은대편고(銀臺便攷)』가 있다. 하나는 헌종까지, 또 하나는 철종까지의 내용을 적은 것으로 각각 11권 10책, 4권 3책이다. 이것이 번잡하여 간편하게 임금과 승지들의 요람(要覽)에 참고하고자 간추려 엮은 것이 이 『은대조례』이다.

서문·목록·고사(故事)·이고(吏攷)·호고(戶攷)·예고(禮攷)·병고(兵攷)·형고(刑攷)·공고(工攷)·부록으로 편차(編次)되어 있다. 서문은 흥선대원군이 썼으며, 고사는 승정원의 연혁과 직무 수행에 관련된 각종 규례의 유래를 순조 때까지 밝히고 있다. 이고는 승지 등 22조, 호고는 권농윤음(勸農綸音) 등 4조, 예고는 입학·책례정명(冊禮定名) 등 69조, 병고는 조참(朝參)·행행(幸行) 등 38조, 형고는 친국(親鞫) 등 9조, 공고는 상소 등 3조로 되어 있는데, 각 왕의 의식이나 행사 때 승지들이 해야 할 일이 고사와 함께 적혀 있다. 이 중 이고는 승지에 대한 규례가 적혀 있고, 나머지는 왕과 궁중에 관한 것이 대부분이다. 부록은 통례·제품(提稟)·판부규식(判付規式) 등 3항목으로 나누어져 있는데, 임금에게 상소 등의 글을 올리거나 아뢰는 일과, 그 뒤 임금의 조회와 결정에 대한 규식을 적고 있다. 문제가 간략하고, 내용 중 난해한 구절이나 용어에는 일일이 두 줄로 주해를 달았다. 흥선대원군은 섭정한 이래 많은 제도와 문물을 개편하였는데, 그 중에서도 1865년과 1867년에 『대전회통』·『육전조례(六典條例)』를 편찬하여 법전의 정비를 맨 먼저 이룩하였다. 법전 정비 과정에서 왕명의 출납과 왕의 모든 의식과 조처를 개편된 법체계에 맞출 필요성이 있었고, 이에 따라 이 책이 편찬되었다.

* 의의와 평가: 『은대편고』를 정리, 보충한 것이므로 그 분량이 『은대편고』보다는 적지만 그 전에 왕의 편람에 제공하기 위해 만든 『은대활요(銀臺撮要)』보다는 조리가 정연하고 내용도 다양하다. 조선시대 승정원의 기능과 임무를 잘 알려 주는 책이다. 또한, 『육전조례』와 함께 당시의 행정 관행을 살피는 데 좋은 참고 자료가 된다. 장서각도서에 있다([출처:은대조례(銀臺條例)-한국민족문화대백과사전]).

35) 『동국사략(東國史略)』: 조선후기부터 일제강점기까지 생존한 학자 현채(玄采, 1856~1925)가 근대적인 역사 서술 방법에 의하여 저술한 역사서.

4권 4책. 1906년 6월에 초판이 발간된 이래, 1907년 10월 재판, 1908년 7월 3판이 간행되었으나, 1909년 5월 5일자로 발간이 금지되었다. 원래의 이름이 『중등교과 동국사략』인 점으로 미루어 처음에는 중등학교의 교과서로서 편찬된 듯하다. 그 뒤에 삭제, 증보해 현채 원저(原著)로 1924년에 『동국제강(東國提綱)』이라는 제목으로 발간하였고, 1928년에는 『반만년 조선역사』로 제목을 바꾸어 발간하였다.

개화기를 맞아 전통적인 편년체적 역사 인식을 탈피하고 근대적인 역사 서술 방법에 의해 저술된 이 책은, 하야시(林泰輔)의 『조선사』를 편역한 것은 사실이지만, 현채가 『만국사기(萬國史記)』의 편찬 중 근대적인 역사 이해와 서술·체재 등을 경험한 데서 가능한 것이었다. 『조선사』의 영향을 많이 받았다고는 하나 내용에 있어서 몇 가지 다른 점이 있다. 하야시는 단군신화를 부정하였으나 현채는 이를 인정해 책 서두에 서술하였다. 그리고 하야시는 위만조선 및 한사군 문제를 중요시해 시대구분의 계기로 삼았으나, 현채는 이를 삭제하고 삼한정통설(三韓正統說)을 주장하였다. 그리고 하야시는 임진왜란에서 일본을 주로 다루었으나, 현채는 우리나라의 의병 활동을 자세히 다루었다. 특히, 역사상 위인·명장과 외적과의 전쟁 등을 크게 취급해 외침에 대한 자주 독립심을 고취하고 있다. 그렇다고 『동국사략』이 『조선사』의 그릇된 한국사관을 완전히 극복한 것은 아니다. 가야 여러 나라가 일본에 속해 조공(朝貢)하였다든가, 신공황후(神功皇后)의 조선 침범을 그대로 인정하고 있는 것 등은 대표적인 예라고 하겠다. 이 책은 태고사·상고사·중고사·근세사로 시대 구분해 태고사는 단군에서 삼한까지를, 상고사는 삼국 분립에서 후삼국과 발해의 멸망까지를, 중고사는 고려의 건국과 멸망을, 근세사는 조선의 건국에서 한말 광무(光武)·융희(隆熙) 연간까지를 각각 다루고 있다. 하야시의 『조선사』가 목차에서 장명(章名)까지만 제시하고 중요 내용은 두기(頭記)하고 있으나, 현채의 『동국사략』은 『조선사』에서 두기한 내용까지를 목차에서 다루고 있다. 또 과거의 역사 서술의 소재가 왕의 치적·외교·전쟁 등에 관한 정치사 중심이었으나, 이 책에서는 제도·문학·기예·산업·풍속 등의 장을 설정해 종래의 역사 인식에서 가리어졌던 일반 대중의 생활사를 자세히 서술하였다.

* 의의와 평가: 이 책은 비록 『조선사』를 편역한 것이어서 독창성이 문제가 되기는 해도, 역사를 보는 안목에 있어서나 역사 서술 방법에 있어서 근대로 넘어가는 과도기적 역사 서술이라고 할 것이다. 따라서 최초의 근대적인 우리나라 역사 개설서라고 할 수 있다([출처:동국사략(東國史略)-한국민족문화대백과사전]).

36) 『구통(九通)』: 『통전(通典)』, 『통지(通志)』, 『문헌통고(文獻通考)』, 『속문헌통고(續文獻通考)』, 『황조문헌통고(皇朝文獻通考)』, 『속통전(續通典)』, 『황조통전(皇朝通典)』, 『속통지(續通志)』 『황조통지(皇朝通志)』의 9종(種)의 책을 말한다.

37) 『고금치평략(古今治平略)』: 757권, 朱健, 上海古籍出版社, 1995 2006.11.2 디지털화했다고 한다.

38) 신주(神洲): 중국 전국시대에 추연(鄒衍)이라는 학자가 중국을 '적현신주(赤縣新洲)'라고
했는데, 이로 인하여 후세 사람들이 중국을 신주(神洲)라 했다.
　　'적현신주설(赤縣神洲說)'은 우주 전체는 81주(洲)로 이루어져 있는데 그 중의 9분의 1
인 9주(洲)를 점거하고 있는 것이 적현신주(赤縣神洲) 또는 간단히 신주(神洲)인데, 이것
이 바로 중국이라는 주장이다. 일종의 신비적인 우주철학이다. 9주설(九洲說)은 『서경(書
經)』「우공편(禹貢篇)에 쓰인 것이다. 9(九)는 궁(窮)으로 통한다. 적현신주설은 그 9
(九)와 9(九)를 곱하여 우주를 설명하려는 단순한 관념론이다. 그러나 그 말하는 바는 역
시 신비적 주설(呪說)이다.
　　일본에서는 신국(神國) 또는 신주(神州)는 '신들의 나라'라는 뜻으로 주로 일본이 자국을
일컫는 데 사용해 왔다. 대표적인 표현으로는 신주불멸(神州不滅→'신의 나라인 일본은 절
대로 멸망하지 않는다')로 일본 제국 당시에 침략 전쟁의 정당화를 위한 정치적 선동구호
로 사용되었다. 여기에서는 우리나라를 신주라 한 것이다(위키백과).
39) 남북조(南北朝): 통일신라시대를 신라와 발해가 양립한 남북조시대(南北朝時代)로 보았는
데 유득공(柳得恭, 1748~?)의 영향을 받은 것으로 보인다. 일반적으로 남북국시대(南北國
時代)라고 한다.

제2장 태고 부락생활시대

40) 우리의 선조가 아프리카를 떠나 바이칼 호 부근에서 원-몽골리안으로 새롭게 태어나고
빙하기가 끝날 즈음 남쪽으로 내려와 남방께 사람들과 섞이면서 요하문명을 만들었고, 이
는 고조선, 고구려, 동북아시아의 여러 선사시대, 역사시대의 흔적과 어떤 형태로든지 연
결될 것이다(이홍규 지음, 『한국인의 기원』, 우리역사연구재단, 2010, 259쪽).
41) 게오르크 프리드리히 리스트(List Georg Friedrich, 1789~1846): 독일의 역사학과 경제
학의 창시자. 독학으로 관리 등용시험에 합격하였으며, 후일 튀빙겐 대학의 행정학 교수가
되었다. 독일의 관세 통일을 기하기 위해 상공업 동맹을 결성하였으며(1819), 독일 연방
내에 있어서의 관세 철폐 및 적당한 정도의 보호 관세 설치를 위해 투쟁하였기 때문에, 뷔
르템베르크 정부와 대립되어 면직(免職)되었다. 미국으로 건너가 저널리스트로서 보호 관
세의 필요를 역설하였으며, 애담 스미스의 만인의 경제학을 비판하여 독자적인 국가주의적
경제 이론의 수립에 노력하였다. 라이프찌히 주재 미국 영사(領事)로서 귀국하여(1830) 독
일의 통일·보호 관세·철도 건설 등의 실현을 목적으로 한 정치 활동에 종사하였으며, 독
일 관세 동맹이 성립하자 뷔르템베르크 의회에 들어갔으며, 관료주의를 공격하였기 때문에
박해를 받았다. 파리, 아우스부르크에서 저작에 종사하다가 불면증(不眠症)에 걸려 권총으
로 자살했다. 그는 자유무역론(自由貿易論)을 배격하였으며, 국가주의 경제학과 보호관세
론(保護關稅論)을 제창하였으며, 경제학에 역사적 방법을 도입하여 독일 역사학파의 선구
자가 되었다. 주저로 '정치 경제학의 국민적 체계' 등이 있다(조의설 편, 『세계사대사전』,
민중서관, 1976, 281~282쪽).
42) 고시씨(高矢氏): 고수레는 한민족의 전래 풍습이다. 민간신앙에서 산이나 들에서 음식을
먹거나 이바지가 왔을 때 또는 무당이 굿을 할 때, 먼저 자연신에게 예를 갖추어 바치는

의미로 음식물을 조금 떼어 특정 장소 주변에 놓거나 던지면서 행운 혹은 풍년을 기원하는 말이다.

고수레의 유래를 설명하는 이야기는 여러 가지가 있다. 먼저 숙종 때의 『규원사화(揆園史話)』에 의하면 옛날 사람들에게 불을 얻는 방법과 함께 농사짓고 수확하는 법을 가르치는 고시씨(高矢氏)가 있었는데 후대에 들에서 농사짓고 나물캐던 사람들이 고시씨의 은혜를 잊지 못하여 밥을 먹을 때 '고시네'라고 했던 것에서 유래하였다는 설명이다. 이로부터 '고시네'가 '고시레', '고수레'로 변형되었다는 것이다. 또 다른 설은 곡식의 신(神)인 고 씨(高氏)에서 비롯되었다는 이야기이다. 음식을 먹기 전에 먼저 곡식을 담당하는 고 씨에게 예를 차린다는 데서 '고씨례(高氏禮)'라 하였으며, 이것이 고수레가 되었다는 것이다. 이외에도, 고씨네라는 여인이 죽어 들판에 묻혔는데, 새참을 먹던 사람들이 "고씨네도 먹어라"고 하면서 음식을 떼어주었더니 풍년이 들게 되었고, 이후 사람들이 음식을 먹을 때마다 "고씨네"라고 하였던 것이 고수레가 되었다는 설명이다.

고수레는 강원도, 경상남도 지방에서는 '고시레', 평안북도에서는 '쉐', 제주도에서는 '걸명', 강화도 지역에서는 '퇴기시레'라고 한다. 충청도에서는 고수레, 고시레, 고시례, 꼬수레 등 발음으로 쓰인다(위키백과).

43) 장승은 동제(洞祭)의 주신(主神) 또는 하위신으로 솟대, 신목(神木), 서낭당, 입석, 돌무더기 등과 함께 신역(神域)의 대상이 되어 왔다.

장승은 목상 또는 석상의 형태로 이정표(里程標)의 구실을 하며, 전국적으로 분포되어 있다. 나무 기둥, 돌기둥의 윗부분에 사람의 얼굴 형태를 소박하게 그러나 조각하고, 아랫부분에는 '천하 대장군(天下大將軍)', '지하 여장군(地下女將軍)'이라 새긴다. 여기에 이수(里數) 표시를 해서 동리 입구에 마주 세우거나 길가에 좌우로 나란히 세운다. 주로 문무관형(文武官形)이며, 머리에 관을 쓰고, 부릅뜬 눈에 덧니와 수염이 난 형상이다. 더러는 몸체에 붉은 흙칠을 하기도 한다(한국문화상징사전편찬위원회, 『한국문화상징사전』, 동아출판사, 1992, 518~519쪽).

44) 아이누족: 아이누(アイヌ)는 오늘날의 일본 홋카이도와 혼슈의 도호쿠 지방(東北地方), 러시아의 쿠릴 열도, 사할린섬, 캄차카반도에 정착해 살던 선주민이다. 일본의 주를 이루는 야마토 민족과는 다른 북방계의 민족으로, 역사적으로 개별적인 부족 국가 형태를 지녀왔으며, 독자적 고립어인 아이누어를 사용하였다. 이들 대부분은 류큐 민족과 함께 일본의 근대화 이후 일본민족으로 편입되었다. 일본 내 아이누족은 대부분 일본에 동화되어 일본어를 쓰지만, 홋카이도에 살고 있는 고령자들 중 일부는 여전히 아이누어를 사용하고 있다. 현재, 공식적으로 인정된 일본 내의 아이누족은 약 2만 5천 명이다. 러시아의 아이누족 역시 러시아로 동화되어 대부분 러시아어를 말한다. 종교로는 샤머니즘이 대다수이고, 러시아에는 러시아 정교회로 개종한 아이누족도 있다.

공식적으로 인정된 일본 내의 아이누족은 약 2만 5천 명이다. 그러나 혈통적 또는 문화적으로 동화된 경우까지 합치면 비공식적으로는 20만 명까지 추산되기도 한다. 러시아에는 109명이 살고 있다고 확인되었으며 비공식적으로는 약 1,000명 정도가 살고 있을 거라 추정된다.

현대에 들어 아이누의 민족적 정체성과 언어를 부흥시키는 운동이 행하여지기도 하나, 2007년 기준 아이누어의 모어 화자 수가 10명까지 떨어진 것으로 조사되는 등 그 정체성이 거의 소멸에 임박해 있다고 분석된다(위키백과).

45) 훈죽(葷粥)은 흉노(匈奴)의 다른 명칭이다.

B.C. 4세기말부터 약 500년 동안 몽골에서 번영한 유목 기마 민족. 전국 시대에 흉노는 오르도스 지방에 거주하면서 중국(燕·趙·秦)의 북변을 공격했으나, 진대(秦代)에 몽염(蒙恬)에게 격파되어 인산(陰山) 북쪽으로 퇴거했다. 진말에 흉노의 두만선우(頭曼單于)가 다시 오르도스를 점유(B.C. 209), 그 아들 묵돌선우(冒頓單于) 때에 동호(東胡) 월지(月氏) 등의 족속을 병합하고 전 몽골을 지배, 이어 중국(漢)을 공격하였다. 한의 고조(高祖)는 이를 친정했으나, 백등산(白登山: 산서성 대동)에서 대패하여 화의를 청했다(B.C. 200). 이후 한은 선우에게 공주를 보내어 통혼(通婚)하고, 흉노는 창끝을 돌려 동부르키스탄의 제국을 정복, 이들로부터 재화(財貨)를 징수하여 국력을 증대시켰다. 한(漢)은 무제 때에 대군을 보내어, 흉노를 토벌하였으나 굴복시킬 수 없었고 양측 모두 패배할 뿐이었다. B.C. 60년경 흉노에 내분이 일어나 5선우(單于)가 병립하였으나, 뒤에 질지선우(郅支單于)·호한야선우(呼韓邪單于)가 대립되고, 호한야는 남하하여 한의 장성 부근에 머물면서 한의 보호를 받았다. 질지선우는 한과 호한야의 연합이 두려워 서쪽으로 옮겨, 강거(康居)를 정복하여 탈라스 강 상류에 자리 잡았으나, B.C. 36년 한의 장군 진탕(陳湯)·감연수(甘延壽)의 공격으로 피살되었다. 호한야는 오르콘 강 부근의 선우정(單于庭)으로 돌아가 다시 흉노를 통일하여, 이후 한과의 화목(和睦)이 계속되었다. 후한의 초기인 48년에 흉노의 내분이 재발하자 일축왕비(日逐王比)는 자립하고, 또한 호한야선우라 일컫고 남변의 부족을 이끌고 후한 광무제(光武帝)에 항복함으로써, 흉노는 남북으로 분열하였다. 호한야나 그의 자손 남흉노(南匈奴)는 후한의 사급(賜給)을 받고, 남선우정(南單于庭)을 미직(美稷: 오르도스 좌변)에 설치, 배하(配下)의 부족을 간수[甘肅]·싼시[陝西]·산시[山西]·차할에 분주시켜 후한의 북방의 방어를 맡았다. 위(魏)曹氏)는 남선우를 뤄양(洛陽)에 억류하고, 남흉노를 5부로 분할, 각부를 흉노인의 도위(都尉)와 한인(漢人)의 사마(司馬)에게 공동으로 통할하게 하였으며, 진(晉)도 이 방식을 따랐다. 5호 16국(五胡十六國)의 난 때의 전조(前趙)의 유(劉) 씨, 북량(北凉)의 저거(沮渠) 씨, 후조(後趙)의 석(石) 씨 등은 남흉노의 출신인데, 이들은 북위(北魏)의 화북(華北) 통일 후에 모두 한족(漢族)과 융합 동화되었다. 한편 몽골의 북흉노는 선비족(鮮卑族)·남흉노의 공격을 받고, 또 후한의 정벌군에게 패하여 91년 오르콘 강 서쪽의 근거지를 버리고, 일리(伊犁) 지방으로 옮겨, 약 반 세기 동안 타림의 키르키즈 초원으로 이주, 이후 중국의 역사로부터 종적을 감추었다. 4세기에 유럽 일대를 휩쓴 훈족이 이 북흉노의 후손이라는 것은, 북흉노의 몽골 퇴거와 유럽 출현 시기의 일치, 양자의 습속의 동일성, 유물이 유사하다는 점, 흉노(匈奴)와 Hun의 발음이 유사하다는 점, 그밖의 문헌이나 고고학적 사료로 거의 확실한 것으로 추측된다. 그러나 이설(異說)도 있다. 이들의 생활 양식은 기마(騎馬) 유목(遊牧)하며, 수초를 따라 이동했는데, 물질생활은 중국 타림 제국으로부터의 공물(貢物) 등으로 농경권 산물(農耕圈 産物)도 풍족했다. 전국 한초(戰國漢初)의 흉노는 청동제의 기구를 사용했으나, 한말경부터 청동시대를 벗어나 철기를 사용했다. 수원(綏遠)·장성(長城) 지대, 북몽골 등지에서 발견된 흉노의 유물은 그들이 스키토 시베리아계(系) 문화 외에, 한(漢) 문화, 이란 문화 등을 다량으로 받아들이고 있었다는 것을 나타내고 있다. 국가 형태는 부족 연합체로서 연제(攣鞮: 虛連題)·호연(呼衍)·수복(須卜)·난(蘭)·구림(丘林) 등의 귀성(貴姓)이 있고, 선우(單于)는 언제나 연제 씨 출신에서 나오며, 연 3회의 부족장 회의는 선우 주재하에 제례(祭禮)를 갖고, 정치를 의논했다. 처음에 문자의 사용을 몰랐으나 후에 한인(漢人) 중항열(中行說) 등으로부터 약간의 필기법을 습득한 듯하다(조의설 편, 『세계사대사전』, 민중서관, 1976, 1413~1414쪽).

46) 제곡 고신씨(帝嚳高辛氏)는 중국 고대의 신화상의 제왕이다. 상(商)나라 시조 탕

(湯)의 조상으로 알려져 있으며, 전욱(顓頊)의 뒤를 이어 제위에 올랐다. 아버지는 교극(蟜極)이다. 교극의 아버지는 황제의 아들인 현효(玄囂)이므로 제곡은 황제의 증손이 된다. 아내인 희화(羲和)와의 사이에서 남자 자식인 해 10개가 있고, 상희(常羲)와의 사이에서 여자 자식인 달 12개가 있다. 경도(慶都)와의 사이에 자식으로 요(堯)가 있다. 또 추 씨의 딸과의 사이에 자식으로 제지(帝摯)가 있다. 제곡은 다른 전설상의 천자처럼 고결한 인간으로 묘사되어 있다.『사기』에는 태어날 때부터 자신의 이름을 말할 수 있는 명석한 사람이었다고 기록되어 있다(위키백과).

47) 황제(黃帝): 황제 헌원씨(黃帝軒轅氏)는 중국의 신화에 등장하는 제왕(帝王)으로, 삼황(三皇)에 이어 중국을 다스린 오제(五帝)의 첫 번째 왕이다. '황제(黃帝)'라는 명칭은 재위 기간 중 황룡이 나타나 토덕(土德)의 상서로운 징조가 있다고 하여 붙여졌다. 사실상 신화로 여겨졌던 삼황과 달리 황제를 필두로 한 오제는 실존한 제왕들로서 추앙되었으며 황제는 중국 문명의 시조로 여겨졌다. 도교의 시조로 추앙되기도 한다. 왕망이 그를 태초조(太初祖)로 추존하였다.

황제는 중국 문명의 시조로서 오제(五帝)와 하·상·주 3대 왕실의 공통 시조로 알려져 있다.『사기』에 의하면, 소전(少典)의 아들로 이름을 헌원이라 하며, 치우(蚩尤)를 물리치고 신농(神農)에 이어 제왕이 되었다. 의복, 수레를 비롯한 수많은 발명품과 문자, 60갑자, 한의학 등의 학문과 기예를 창시하였다고 하며, 100년 동안 재위하였다. 현존하는 중국의 가상 오랜 의학서인『황제내경소문(黃帝內經素問)』,『황제내경령추(黃帝內經靈樞)』을 비롯하여 방중술에 대한 저작인『소녀경』등 다양한 서적 역시 황제가 저술한 것으로 되어 있다.

청나라 말기 강유위, 고힐강 등의 의고학파(疑古學派)는 황제 신화를 비롯한 삼황오제의 신화를 비판적으로 분석하여 역사성을 부인하고 전국시대에서 위진남북조시대에 걸쳐 종교적 영향으로 꾸며진 신화로 판정하였다. 이와 함께 일본에서도 시라토리 구라키치[白鳥庫吉], 이치무라 산지로[市村瓚次郎], 이이지마 타다오[飯島忠夫] 등이 황제의 실존을 부정하는 논문을 저술하였다. 황제의 저작으로 알려져 있는『황제내경』역시 황제를 저자로 내세워 권위를 얻으려 했을 뿐 실제 저작은 한나라 시기로 추측되며 다른 황제 저작의 서적들 역시 황제를 저자로 내세운 위서이다.

1990년대 이후 중국의 학계가 국가의 개입 아래 한족 중심의 민족주의적인 영향으로 황제신화를 한족의 국조 설화로 중요시 여기면서, 황제나 치우를 역사적 실존인물로 구축하는 작업을 진행하고 있다는 지적이 있다(위키백과).

48) 『시경(詩經)』「소아(小雅)」 <녹명지십(鹿鳴之什)> 제7편 '채미(采薇)' 6장 "고사리를 뜯고 고사리를 뜯음이여, 고사리가 또한 싹터 나왔도다. 돌아감이여. 해가 또한 저물리로다. 처자도 없고 가정도 없음이 오랑캐 때문이며, 편안히 거처할 겨를 없음이 오랑캐 때문이니라(采薇采薇, 薇亦作止. 曰歸曰歸. 歲亦莫止. 靡室靡家. 玁狁之故. 不遑啓居. 玁狁之故)"

49) 구려(九黎) 또는 여(黎)는 중국의 신화 속에 등장하는 종족이다. 양쯔 강 일대에 거주하였으며 이들의 수장인 치우가 황제와 전쟁을 벌였으나 패배하였다고 한다.

50) 치우(蚩尤)천왕은 중국의 여러 기록과 전설에서 헌원(軒轅)과 함께 탁록(涿鹿)의 전투에서 싸웠다고 전해지는 전쟁의 신 또는 옛 부족(구려句麗)의 지도자로, 현재의 묘족(苗族)의 조상신이다.

치우에 대한 기록은 사마천의『사기』「오제본기」를 비롯한 중국의 기록으로 전해지고 있다. 치우는 신농(神農)의 후예로 황제 헌원과 탁록지전 등 여러 차례 전쟁을 벌였다. 신농의 치세 말기에 세상이 혼란스러워지자 헌원이 신농을 대신하여 세상을 안정시켰는데, 이때 치우가 가장 포악하여 염제(炎帝)도 손을 대지 못하였다. 헌원이 신농을 대신하여 제후들을 다스리고 세상을 평정하였을 때 치우가 다시 난을 일으키자 헌원은 군대를 일으켜 치우를 탁록(涿鹿)에서 잡아 죽였다고 한다. 중국의 일부 신화에는 치우에게 81명(또는 72명)의 형제가 있었으며, 여섯 개의 팔과 네 개의 눈, 소의 뿔과 발굽이 있고 머리는 구리와 쇠로 되어 있었다고 한다. 처음으로 창과 방패 등의 무기를 사용하였다고 설명되기도 한다. 치우의 부족은 일부가 헌원에 협조했고, 일부는 여족(黎族), 일부는 요족(瑤族)이 되었다고 한다.

중국, 베트남, 태국 등에 흩어져 사는 묘족(苗族), 흐몽족 등은 구려족의 후예를 자처하며 치우를 민족의 조상으로 추앙한다. 한국의 일부 야사에서는 치우씨(蚩尤氏), 치우천왕(蚩尤天王) 등으로 부르며 치우 또는 그 부족이 한민족에 속했다고 주장한다. 하지만 이러한 기록들은 위서(偽書)로 판명되었기 때문에 역사학계에서는 이러한 주장을 인정하지 않는다.

중국의 역사서 및 신화의 내용과 반대로 『환단고기(桓檀古記)』의 치우는 헌원(軒轅)에게 승리하였다고 한다. 또한 2002년 FIFA 월드컵 때 유명해진 붉은악마의 트레이드마크 도안이 치우라는 주장되었는데, 해당 도안은 신라 귀면와(鬼面瓦)를 토대로 한 것으로 일반적으로 귀면와의 형상은 치우와 관련짓지 않는다. 그러나 붉은악마 측에서는 이 그림이 치우의 형상이라 주장하고 있다(위키백과).

51) 『귀장역(歸藏易)』: 귀장(歸藏) 또는 귀장(龜藏)은 현재 중국지역 고대의 점복 방법 중 하나이다. 고대 점복의 방법 중 『주역(周易)』, 『연산(連山)』과 더불어 삼역(三易)으로 주례에 언급되어 알려져 있다. 이러한 고대의 역술 중에 현존하는 것은 주역뿐이나 1993년 현 형주시 영성진(荊州市郢城鎮)에서 귀장(歸藏)에 대한 자료가 출토된 바 있다. 『주역』에 대하여 귀장을 귀장역(歸藏易)으로 부른다(위키백과).

52) 『천문유초(天文類抄)』: 조선전기 세종 연간에 간행된 천체·천문·기상현상을 국가의 안위와 만생의 재변과 연관시키는 점성술에 대한 천문서.

2권 1책. 목판본. 상권은 53장으로 되어 있는데, 『보천가(步天歌)』나 『성경(星鏡)』과 비슷한 형식으로 별자리[星宿]를 이십팔수(二十八宿)의 순서에 따라 하나씩 제시하고, 그다음 그 수의 별들을 설명하고 있다. 그 차례는 위의 두 책과는 달리 다음과 같이 되어 있다. ① 동방(東方)·서방(西方)·남방(南方)·북방칠사(北方七舍), ② 이십팔수, ③ 태미원(太微垣)·자미원(紫微垣)·천시원(天市垣)이다. 하권은 24장으로 되어 있는데, 천체·천문·기상현상을 국가의 안위와 만생의 재변과 연관시키는 점성술을 기술하고 있다. 하권에서 다루고 있는 천체의 천문·기상현상들은 ① 천지·일월·성신, ② 서성(瑞星)·유성(流星)·비성(飛星)·요성(妖星), ③ 성잡변(星雜變), ④ 객성(客星), ⑤ 서기(瑞氣)·요기(妖氣)·십휘(十輝), ⑥ 기상현상 등이다. 국립중앙도서관과 규장각도서 등에 소장되어 있다[출처:천문유초(天文類抄)-한국민족문화대백과사전]).

53) 『성호사설(星湖僿說)』: 조선후기 실학자 이익의 저술을 천지문·만물문·인사문·경사문·시문문 등의 5문으로 분류하여 3,007항목의 글을 수록한 실학서.

성호(星湖)는 이익의 호이며, 사설은 '세쇄(細碎: 매우 가늘고 작음)한 논설'이라는 뜻으로 이는 저자가 겸사로 붙인 서명이다. 저자가 40세 전후부터 책을 읽다가 느낀 점이 있거나 흥미 있는 사실이 있으면 그때그때 기록해 둔 것들을 그의 나이 80에 이르렀을 때에 집안 조카들이 정리한 책이다. 여기에는 제자들의 질문에 답변한 내용을 기록해 둔 것도 포함되었다. 이를 그의 제자 안정복(安鼎福)이 다시 정리한 것이 『성호사설유선(星湖僿說類選)』이다. 조선시대에는 여러 필사본이 있었으나 인쇄되지 못하다가 1915년 조선고서간행회에서 안정복의 정리본인 『성호사설유선』을 상·하 2책으로 인쇄하였다(조선군서대계속 제19·20집). 이 책을 다시 1929년에는 문광서림(文光書林)에서 정인보(鄭寅普)가 교열해 선장본(5책)과 양장본(상·하 2책)으로 동시에 출판했는데, 이 대본도 『성호사설유선』이었다. 문광서림본에는 저자의 자서, 변영만(卞榮晚)의 서문과 정인보의 서문이 더 붙여졌다. 그리고 부록으로 『곽우록(藿憂錄)』이 추가되었다. 그 뒤 1967년에 이익의 조카 병휴(秉休)의 후손인 돈형(暾衡)이 소장한 30책 원본의 『성호사설』을 경희출판사(慶熙出版社)에서 상·하 2책으로 영인, 출판함으로써 학계에 널리 보급되었다. 조선시대의 필사본으로는 국립중앙도서관본·재산루(在山樓) 소장본·규장각본, 일본의 도요문고본·와세다대학소장본 등이 있다. 이 중 국립중앙도서관본은 내용의 일부가 다른 본과 약간 다르며, 일부만이 전하는 영본인데 국립중앙도서관 측의 해제에 의하면 이를 이익 자신의 자필 원고로 추정하고 있다. 번역본에는 이익성(李翼成)이 부분적으로 번역한 『성호사설』(한국사상대전집 제24권, 동화출판공사, 1977)이 있다. 이 번역본은 삼성출판사에서 『성호사설』로 재출판되었다(1981). 전문을 번역한 『국역성호사설』(11권, 민족문화추진회, 1977~1979)이 간행되었다. 『성호사설』은 〈천지문(天地門)〉·〈만물문(萬物門)〉·〈인사문(人事門)〉·〈경사문(經史門)〉·〈시문문(詩文門)〉의 다섯 가지 문(門)으로 크게 분류해 총 3,007편의 항목에 관한 글이 실려 있다. 그러나 분류가 엄정하게 되지 못하였다. 따라서 저자가 생존 시에 그의 제자 안정복이 이의 재분류와 정리를 자청해 『성호사설유선』을 편찬하였다. 여기에는 중복되는 것은 합치고 그다지 중요하지 않다고 생각되는 것은 빼서 총 1,332편의 글을 수록하였다. 이에서는 '문'을 '편'으로 바꾸고 '편' 아래의 구분으로 문을 설정했으며, 〈만물문〉을 〈경사문〉 다음에 두었다. 『성호사설』의 〈천지문〉에는 223항목의 글이 실려 있다. 이는 천문과 지리에 관한 서술로서 해와 달, 별들, 바람과 비, 이슬과 서리, 조수, 역법과 산맥 및 옛 국가의 강역에 관한 글들이다. 〈만물문〉에는 생활에 직접·간접으로 관련이 있는 368항목에 대한 서술로서 복식·음식·농상·가축·화초·화폐와 도량형·병기와 서양 기기 등에 관한 것들이 실려 있다. 〈인사문〉에는 정치와 제도, 사회와 경제, 학문과 사상, 인물과 사건 등을 서술한 990항목의 글이 실려 있다. 그 예를 들면, 비변사를 폐지하고 정무를 의정부로 돌려야 한다는 설, 서얼 차별 제도의 폐지, 과거 제도의 문제점과 개선안, 지방 통치 제도의 개혁안, 토지 소유의 제한, 고리대의 근원인 화폐 제도의 폐지, 환곡 제도의 폐지와 상평창 제도의 부활, 노비 제도의 개혁안, 불교·도교·귀신 사상에 대한 견해, 음악에 대한 논의, 혼인·상제에 대한 습속의 비판 등이다. 〈경사문〉에는 육경사서(六經四書)와 중국·우리나라의 역사서를 읽으면서 잘못 해석된 구체적인 내용과 그에 대한 자신의 견해를 실은 논설, 그리고 역사 사실에 대한 자신의 해석을 붙인 1,048항목의 글이 실려 있다. 특히 이에는 역사에서 정치적 사건에 도덕적 평가를 앞세우는 것을 비판하고 당시의 시세 파악이 중요함을 주장하였다. 또한 신화의 기술은 믿을 수 없다고 하여 역사서술에서 이의 배제를 논해 그의 역사학적 방법론과 역사관이 반영되어 있다. 마지막의 <시문문>에는 시와 문장에 대한 평으로서 378항목의 글이 실려 있다. 여기에서는 중국 문인과 우리나라의 역대 문인의 시문(詩文)이 비평되어 있다. 이 책은 기록을 내용별로 구분해 싣는 유서학(類書學)의 저술 또는 백과전서적인 책으로 보기도 한다. 이러한 선례는 이수광(李睟光)의 『지봉유설(芝峰類說)』을 들 수 있다. 그러나 『지봉유설』이 서양에 대한 기록이나 광범위한 분야를 다룬 점에서는 『성호사설』과 유사성이 있다. 그러나 현실의 개혁의식에 있어서는 『성호사설』이 훨씬 강렬한 편이다. 이 책은 서양의 새로운 지식을 적극적으로 수용했으며, 사물과 당시의 세태 및 학문의 태도에 대해 개방적인 자세로 파악하고 있다. 그는 학문을 현실에 이용하려는 관점을 가지고 있으며, 묵수(墨守)적인 태도가 아니라 비판(批判)적인 태도를 견지하였다. 또한 우리나라의 국토와 국민에 대한 애정을 가지고 살피는 자아의식이 뚜렷한 점 등에서 실학적인 저술이라 할 것이다. 이 책에 쓰여진 모든 항목의 서술에 그의 뚜렷한 의식이 반영된 것은 아니나 현실 문제를 다룬 항목에 있어서는 그의 사상이 분명하게 표현되어 있다. 그 중 중요한 몇 가지 특징적인 것을 들어보면 다음과 같다. 지구가 둥글고 달보다 크며 해보다 작다는 인식, 서양의 기술이 대단히 정교하다는 인식, 지도 작성에 정간목법(井間目法)을 쓰면 정확하게 그릴 수 있다는 인식, 단군과 기자조선의 강역이 요서지방에까지 미쳤다는 주장, 과거제도에 국사(國史)를 시험보도록 하자는 것 등을 들 수 있다. 이 밖에 학문에서 문학보다 실용적인 현실 구제책이 중요하다는 것, 당시 유교 이외의 다른 사상의 의미를 인정한 점, 생존이 어려운 하층민의 생활 보장을 적극 주장한 점, 붕당의 원인에 대한 현실적인 분석 등도 그 한 예라 할 수 있다. 저자가 조선시대의 실무를 잘 아는 사람으로 이이(李珥)와 유형원(柳馨遠)을 들었는바, 그는 유형원의 학문 태도를 계승해 차원을 한 단계 더 넓고 깊게 발전시켰다. 이후의 안정복·정약용(丁若鏞)·이중환(李重煥)·박제가(朴齊家)·박지원(朴趾源)의 학문에 깊은 영향을 주었다. 『성호사설』에 담긴 사상은 하나의 호수에 비겨 말하기도 한다. 즉 유형원 이래 발전되어 온 실학이 그의 저술에 이르러 모두 통합되었다가 그 뒤 각 분야의 전문학자에 의해 더욱 분화되어 심층적으로 연구된 것을 뜻한다. 『성호사설』은 이익의 사회개혁안인 『곽우록』의 내용과 깊은 관련을 가진다. 『성호사설』에 담긴 내용을 현실개혁안 중심으로 다시 체계적으로 정리한 것이 『곽우록』이다. 그러므로 이익의 사상을 이해하는 데에는 『성호사설』이 『곽우록』보다 더 중요한 기본 자료이다([출처:성호사설(星湖僿說)-한국민족문화대백과사전]).

54) 『맹자』「이루(離婁)」장구(章句) 하에 "순은 저풍(諸馮)에서 나고 부하(負夏)로 옮겼으며 명조(鳴條)에서 죽었으니, 동이(東夷)의 사람이다(舜生於諸馮, 遷於負夏 卒於鳴條, 東夷之人也)"라는 말이 나온다.
   『성호사설』제1권 「천지문(天地門)」47 <단기강역(檀箕疆域)>에 "순도 본시는 동방 민족이었으니, 저풍(諸馮)과 부하(負夏)는 모두 동방 9개 종족 중에 들어 있었을 것이다(舜本東夷之人則諸馮負夏亦必九夷之中也)"

55) 유지기(劉知幾, 661~721)는 자가 자현(子玄)이고 팽성(彭城: 강소성 서주西州) 사람이다. 680년 진사가 되었고 당나라 때 사관(史官)을 지냈고 벼슬이 좌산기상시(左散騎常侍)에까지 이른 역사학자이다. 유지기는 『사통(史通)』을 통해 인간의 활동을 기록을 남기고(Recording), 기록을 보존하고(Archiving), 그것을 통해 역사를 서술하고 이야기하는

(Historiography), 역사에 대한 이야기를 들려주고 있다. 우리가 아는 실록은 당나라 태종 때 처음 편찬되었는데, 유지기는 그때 사관으로 『측천무후실록』 편찬에 참여했다. 그러나 그는 실력 없고 무책임한 관원들의 실록 편찬에 실망하고, 그 실록 편찬에 대한 문제의식에서 역사비평서를 집필했는데, 그것이 바로 『사통』이었다. 『서경(書經)』, 『춘추(春秋)』 같은 경서(經書)는 물론, 『사기(史記)』, 『한서(漢書)』 같은 뛰어난 역사서도 그의 비판 대상에서 예외일 수 없었다. 그러므로 역설적이게도 『사통』은 역사 탐구의 절망에서 길어 올린 역사학의 정화라고 할 수 있다(https://www.krpia.co.kr/product/main?plctId=PLCT00005174 참고).

56) 『사통』은 우리가 흔히 알고 있는 중국의 역사 편찬 체재인 편년체(연·월·일 순으로 기록하는 역사 서술 체제)나 기전체(본기·열전·표·지로 구성하는 역사 서술 체제)로 쓰여진 역사서가 아니다. 편년체의 대표라고 일컬어지는 공자의 『춘추』나 좌구명의 『좌전』, 왕조실록, 또는 기전체의 원류로 꼽히는 사마천의 『사기』나 그 밖의 중국 역대 왕조의 정사(正史)가 아니라는 뜻이다. 이 책의 성격을 규정한다면 인류 최초의 '역사학개론서', '역사비평서', '역사이론서'라고 할 수 있다. 이 책의 저자 유지기는 실록을 편찬하는 사관(史官)으로서 궁궐에 들어갔다가 문제의식을 절감하고 나와 버렸는데, 당시의 시대적 상황이 그로 하여금 제대로 된 역사학적 양식으로 역사를 서술할 수 없게 만들었다. 결국 그는 역사 서술의 작업을 버리고, 역사를 기록하는 원칙이나 방법을 탐구하고 정리해서 역사학개론서 『사통』을 저술했다. 중국 5천 년 역사는 그 긴 세월만큼 수많은 사서를 양산해냈다. 하지만 그 많은 사서가 있었음에도 『사통』 이전에는 사서의 비평과 연구 자체가 주된 관심사였던 저술은 없었다. 역사에 대한 안목과 심사숙고, 그리고 여러 방면에 걸친 폭넓은 지식 없이는 불가능한 작업이 바로 사서 비평이기 때문이다. 유지기의 『사통』이 나온 이래 많은 역사가가 사서를 편찬할 때 이 책에서 서술한 역사 편찬의 형식과 구성 등을 따랐으며, 이 책을 모범으로 삼아 사평서(史評書)도 저술하기 시작했다. 그러나 사평서의 거의 대부분이 한 저서나 한 시대를 대상으로 했을 뿐이고, 『사통』처럼 사학 이론 전반에 걸친 저서는 나오지 않았다. 마땅히 『사통』은 중국 5천 년 역사에서 최고의 지위를 갖는 역사서라고 부를 만하다(오항녕 옮김, 역사비평사, 2014 책소개 글에서).

57) 창해역사설화(滄海力士說話): 중국의 진시황(秦始皇)을 박랑사(朴浪沙)에서 습격하였던 창해역사에 관한 설화.

주로 강원도 지역에서 전승되는 설화로서 「창해역사의 탄생담」·「장량(張良)과 창해역사」 등이 채록되었다. 설화에 의하면, 창해역사는 고향이 강원도 강릉이다.

강릉 남대천에 큰 두레박이 떠내려가는 것을 발견하고 그것을 건져다가 열어 보니 얼굴이 검은 한 아이가 있었는데, 그 아이가 곧 창해역사라는 것이다. 창해역사는 힘이 천하장사였는데, 장자방(張子房)이 진시황(秦始皇)을 제거하려고 천하를 두루 다니며 힘센 사람을 찾다가, 강릉에 이르러 창해역사를 만나 진시황을 없애 달라고 당부를 하였다는 것이다.

창해역사는 천 근(斤)짜리 철퇴를 들고 진시황이 행차하는 길목에 숨어 있다가 진시황이 탄 가장 화려한 수레를 공격하였는데, 진시황은 다른 수레에 타고 있었기에 죽음을 모면하였다는 것이다. 창해역사는 즉시 모래밭을 뚫고 삼십 리를 달아나 사라졌다고 한다. 또는 열흘 동안 붙잡히지 않았는데 결국 잡혔을 것이라고도 한다. 창해역사는 성이 여 씨로도 나타나고 박 씨로도 나타난다. 창해역사가 검게 보이므로 '검을 여(黎)'가 성씨라고도 하고, 예국(濊國)의 평민이라고도 한다. 한편, 아산시에서 채록된 자료에는 강원도 박 가의 아들 삼 형제 중 맏이라고 하여 성이 박 씨임을 주장하고 있다. 이처럼 설화에서는 창해역사를 우리나라 인물로 설정하고 그 고향과 성씨를 구체화하고 있다. 이 같은 설화의 형성은 '창해(滄海)'라는 말이 본래 우리나라를 가리키는 말이고, 창해역사의 신원이 역사에서 분명히 밝혀져 있지 않은 데에서 기인한다.

또한, 폭군 진시황을 공격한 장쾌한 창해역사의 행위는 설화 향유층(享有層)의 공감을 확보할 수 있기 때문에, 이러한 인물을 우리나라 사람으로 만듦으로써 민족적 긍지를 살릴 수 있었다고 볼 수 있다([출처:창해역사설화(滄海力士說話)-한국민족문화대백과사전]).

58) 여도령(黎道令, ?~?): 창해국(滄海國)의 여도령(黎道令)이 500근 철퇴(鐵槌)로 진시황(秦始皇)을 박랑사(朴浪沙) 중에서 맵시 있게 저격한 것은 만고의 쾌사(快事)라 아니할 수 없다(차돌이,「上下半萬年의 우리 歷史-縱으로 본 朝鮮의 자랑」『別乾坤』제12~13호, 1928.5).

59) 장량(張良, ?~B.C.186)은 중국 한나라의 정치가이자, 건국 공신이다. 자는 자방(子房). 영천군 성보현 사람이다. 시호는 문성(文成)이다. 소하(蕭何), 한신(韓信)과 함께 한나라 건국의 3걸로 불린다. 전략적인 지혜를 잘 써서 유방(劉邦)이 한을 세우고 천하를 통일하도록 하는 데 기여하였고 유방으로부터 "군막에서 계책을 세워 천리 밖에서 벌어진 전쟁을 승리로 이끈 것이 장자방이다"라는 극찬을 받았다(위키백과).

60) 『후한서(後漢書)』: 120권 중국 후한의 정사(正史). 남북조 시대 송나라 범엽(范曄)이 지음. 후한의 13제(帝) 196년간의 사실(史實)을 기록한 것으로「기(紀)」10·「지(志)」30·「열전(列傳)」80으로 되어 있다. 다만 지 30권은 진(晋)나라 사마표(司馬彪)가 지은 것이다.「기」·「전」에는 당나라 장회태자(章懷太子) 이현(李賢)의 주(注)가 붙어 있으며, 지에는 양(梁)나라 유소(劉昭)의 주보(注補)가 붙어 있다. 범엽은 죄를 짓고 사형을 당하였으므로「지(志)」을 완성할 수 없었다. 후에 송나라 진종(眞宗) 건흥(建興) 1년(1022) 손석(孫奭)의 건의에 따라서 범엽의 저서와 사마표의 저서를 합쳐서 현행본의 체재로 되었다. 후한 1대의 역사는 범엽 이전에 이미『동관한기(東觀漢紀)』를 비롯하여 사승(謝承)·설영(薛瑩)·화교(華嶠)·사침(謝沈)·애산송(哀山松)·장번(張璠)·사마표 등의『후한서』가 있었다. 범엽은 이들의 저서에 만족하지 않고 여러 책을 줄이어 독자적인 견해를 서술했다. 단대사(斷代史: 한 왕조에 한정하여 쓴 역사)의 형식은『한서』와 같으나 순리(循吏)·혹리(酷吏)·환자(宦者)·유림(儒林) 등의 여러 전(傳)에는 서문을 붙여 시대의 풍조를 개관했다. 또 기(紀)·전(傳)의 최후에는 반드시 <논(論)> <찬(贊)>을 붙여 전 중의 인물에 평론을 가했으므로 그의 사관의 특이성을 이 속에서 엿볼 수 있다. 사마표의 지 30권 중에 예악(禮樂)·제사(祭祀)·여복(輿服) 등의 국가의 예제(禮制)에 관한 부분은 상세하나「예문지(藝文志)」·「식화지(食貨志)」·「형법지(刑法志)」등은 아주 없고, 또 표도 존재하지 않으므로 청나라 전대소(錢大昭)는「보속한서예문지(補續漢書藝文志)」「후한군국영장고(後漢郡國令長攷)」「후한서보표(後漢書補表)」를, 후강(侯康)은「보후한서예문지(補後漢書藝文志)」를, 화담은(華湛恩)은「후한삼공연표(後漢三公年表)」등을 지어 그 모자람을 채웠다. 장회태자·유소의 주(注) 및 그 인용서는 본문과 동등한 가치가 있고 특히 인용서 중에는 현재 이미 없어진 전기(前記) 7가(七家)의 후한서를 비롯하여「정현주논어(鄭玄注論語)」「위략(魏略)」「헌제기거주(獻帝起居注)」이하 다수의 서(書)가 들어 있고, 전대흔(錢大昕)의「풍속통의(風俗通義)」일문(逸文)은 이 책들의 주를 뽑아 실은 것이다. 연구서로는 왕선겸(王先謙)의『후한서집해(後漢書集解)』, 혜동(惠棟)의『후한서보주(後漢書補注)』, 주수창(周壽昌)의『후한서보정(後漢書補正)』, 심흠한(沈欽韓)의『후한서소증(後漢書疏證)』, 전대소(錢大昭)의『후한서변의(後漢書辨疑)』, 유함흔(劉咸炘)의『후한서지의(後漢書知意)』등이 있다. 이 책의 <동이전>에는 부여·읍루·고구려·동옥저·예·한(韓) 및 왜(倭)의 전이 있어, 이것이『삼국지』「위지(魏志)」다음의 고전(古傳)이다. 그러나 이문(異聞)이 더러 있어 위지와 대조하여 고찰해야 한다(위키백과).

61) 『풍속통의(風俗通義)』: 후한 말의 응소(應劭, 151<153>~204)가 저술한 책. 본래는 31권
으로 구성되어 있었지만 현재는 10권과 일문만이 남아 있으며, 당시의 풍속을 바로잡기
위한 목적으로 저술되었다. 『풍속통의』에서 풍은 자연환경, 속은 인간이 이뤄낸 언어, 소
리, 선악 등을 말한다.
　　지리, 종교, 민속, 명물, 전례, 악기 등 다양한 분야를 기술했고 저술 당시에는 유행하지
못하다가 지괴소설류에 인용되면서 가치를 인정받았으며, 『태평어람』에서 『풍속통의』의
문장을 대량으로 필요한 부분을 뽑아서 수록한 것으로 볼 때 북송 초기까지는 완전한 형
태로 존재하다가 북송 말기에 책의 절반이 사라져 현존하는 10권만이 남게 되었다. 소송
이 전해진 풍속통의의 판본들을 교정하면서 『교풍속통의제서』를 편찬했으며, 현존하는 풍
속통의의 최초 판본은 원대의 대덕본으로 1218년에 정보가 적은 발문에 따르면 다른 사
람에게 『풍속통의』를 빌려 읽어보았다가 잘못되고 어그러진 부분이 너무 많아 거의 읽을
수 없었다고 한다. 이로 인해 정보가 서로 다른 두 판본을 참고하고 교감해서 읽을 수 있
게 되자 이를 판각해 세상에 내놓았다고 하는데, 이 판본도 원대에서 희귀본이 되었다.
　　현존하는 대덕본은 대덕본의 부록으로 있던 이과, 사거인의 제사, 희귀본인 정보의 『풍속
통의』의 판각본 등을 합쳐 무석의 학관에서 간행한 것이라고 하며, 명, 청대에 이르러 여
러 판본이 나왔지만 모두 대덕본을 저본으로 한 것으로 현대까지 전해 내려온 판본은 10
여 종이다. 풍속통의 상권과 하권으로 번역되어 2015년에 소명출판에서 출간되었다(위키
백과).
62) 황족: 黄族是一个汉语词语, 拼音是huáng zú, 意思是指黄种人(바이두).
63) 백족: 白族是中国第15大少数民族, 主要分布在云南, 贵州, 湖南等省, 其中以云南省的白族
人口最多, 主要聚居在云南省大理白族自治州. 此外四川省, 重庆市等地也有分布(바이두).
64) 적족: 赤族, 读音为chì zú, 汉语词语, 意思是诛灭全族, 出自『汉书·扬雄传下』(바이두).
65) 풍족: 风族（WindClan）是猫武士四大族群之一, 生活在荒原, 主食兔子. 大多数风
族猫都很瘦, 并且跑的很快, 但是 战斗力不强. 他们喜欢开阔地, 讨厌在树林或丛林
中(바이두).
66) 구이(九夷): 중국인이 동이족에게 붙인 9가지의 종족 명칭.
　　이른바 중국 본토 사방의 이민족인 동이(東夷)·서융(西戎)·남만(南蠻)·북적(北
狄) 중에서 동이(東夷)에 있는 많은 이민족 혹은 대표적인 아홉 이족(夷族)을 의
미한다.
　　구이(九夷)는 흔히 아홉 가지 이족(夷族)을 의미하는 말로 알려져 있다. 『후한서
(後漢書)』 「동이전(東夷傳)」에 구이의 구체적 명칭으로 견이(畎夷)·우이(于夷)·
방이(方夷)·황이(黃夷)·백이(白夷)·적이(赤夷)·현이(玄夷)·풍이(風夷)·양이
(陽夷)가 나온다. 그런데 『논어(論語)』 「자한편(子罕篇)」의 "자욕거구이(子欲居九
夷)", 『국어(國語)』 「노어하(魯語下)」의 "통도우구이백만(通道于九夷百蠻)", 『상서
(尙書)』와 『이아(爾雅)』 등에 나오는 구이는 반드시 동이족의 9종족만을 의미하는
것은 아니다. 구(九)는 고대 중국인들이 많다는 것을 표현할 때 주로 사용했던 용
어로, 구이의 구는 실제 아홉을 나타낸다기보다는 '많다'는 의미를 갖는 형용사로
보는 것이 타당하다. 『논어정의(論語正義)』 등에는 구이의 명칭이 현토(玄菟)·낙
랑(樂浪)·고려(高麗)·만식(滿飾)·부유(鳧臾)·소가(素家)·동도(東屠)·왜인(倭
人)·천비(天鄙) 등으로 표현되어 있다. 한편 동이와는 별도의 표현으로 이해되는
범칭(凡稱)으로서의 '이(夷)'를 사용한 우이(嵎夷)·화이(和夷)·도이(島夷)·회이
(淮夷)·서이(徐夷)·주이(邾夷)·개이(介夷)·거이(莒夷)·기이(杞夷)·내이(萊夷)

·패이(稗夷)·여이(黎夷)·관이(串夷) 등의 표현이 있는 것으로 볼 때, 구이는 중국 고대에 존재했던 동이 집단들을 전체적으로 일컫는 명칭으로 더 많이 사용된 것으로 보인다. 또한, 구이의 명칭이 문헌에 따라 서로 다르게 나타나는 것은 시간의 추이에 따라 구이에 대한 중국인들의 관념이 변화되었음을 보여준다. 따라서 실제로 이의 종족이 단지 아홉 개만 있었던 것은 아니며 적어도 이 집단 중 대표적인 것이 아홉 개 정도 있었다고 생각해 볼 수 있다. 우리나라에는 구이에 대응되는 개념으로 '구한(九韓)'이라는 표현이 있었음이 『삼국유사(三國遺事)』에 나타나 있다. 즉, 황룡사구층목탑(皇龍寺九層木塔)의 각층에 대응되어 신라가 극복의 대상으로 삼은 것으로, 「해동안홍기(海東安弘記)」에 일본(日本)·중화(中華)·오월(吳越)·탁라(托羅)·응유(鷹遊)·말갈(靺鞨)·단국(丹國)·여적(女狄)·예맥(濊貊)이 있다[출처:구이(九夷)-한국민족문화대백과사전]).

67) 옥저(沃沮): 지금의 함경남도 해안지대에서 두만강 유역일대에 걸쳐 존재했던 고대의 종족. 동옥저·북옥저·치구루.

함흥 일대를 중심으로 거주하던 집단을 '동옥저(東沃沮)'라 하고, 두만강 유역의 집단을 '북옥저(北沃沮)'라 하였다. 『삼국지(三國志)』「위서(魏書)」<동이전(東夷傳)>에 의하면, 3세기 전반 동옥저의 가구 수는 5천여 호(戶)였으며, 해안을 따라 동북 방향으로 길게 뻗친 거주 지역은 1천여 리에 달하였다고 했다. 주업은 농업으로 기름진 바닷가 평야에서 오곡을 생산했고 해산물도 풍부하였다. 언어는 고구려와 거의 같았으며, 음식과 의복·가옥·예절 등도 고구려와 비슷하였다.

옥저는 대국들 사이에 존재해 계속 그들의 지배를 받았다. 처음에는 위만조선(衛滿朝鮮)에 예속되어 있었다. 서기전 2세기 말 중국 한(漢)나라에 의해 위만조선이 멸망되고 한군현이 설치되는 과정에서, 서기전 107년 현도군(玄菟郡)의 일부가 되었다. 현도군은 요동(遼東)에서 개마고원을 넘어 동해안으로 이르는 동서를 잇는 공도상(孔道上)에 설치되었는데, 동쪽 끝이 바로 옥저였다. 이어 고구려의 저항에 의해 서기전 75년 현도군이 요동의 흥경·노성방면으로 쫓겨 감에 따라, 동옥저 지방은 현도군에서 분리되어 동예와 함께 낙랑군(樂浪郡) 동부도위(東部都尉)에 귀속되었다. 이어 30년 동부도위가 폐지됨에 따라 동옥저의 읍락들은 낙랑군 예하의 현(縣)이 되었다. 그 뒤 고구려의 세력이 개마고원을 넘어 진출해오자 그 지배하에 귀속되었다. 244년 관구검(毌丘儉)이 이끄는 위(魏)의 군대가 고구려 동천왕(東天王, 227~248)을 쫓아 옥저까지 진격해 그곳의 읍락들을 유린하자 일시적인 격동을 겪기도 하였다. 그러나 고구려의 반격으로 위나라 군대가 격퇴되어 고구려의 옥저에 대한 지배는 지속되었다[출처:옥저(沃沮)-한국민족문화대백과사전]).

68) 예맥(濊貊): 고대 만주지역에 거주한 한국의 종족 명칭을 가리키는 역사 용어. 예맥족.

예(濊)와 맥(貊)으로 나누어 파악하기도 한다. 예·맥·예맥의 상호관계와 그 종족적 계통에 관해서는 일찍부터 논란이 되풀이되어 왔다. 예맥에 대해서는 예와 맥으로 나누어 보거나, 예맥을 하나의 범칭(汎稱)으로 보는 견해, 예맥은 맥의 일종이며, 예는 예맥의 약칭이라는 등 다양한 견해가 제시되었다.

일찍이 정약용(丁若鏞)은 맥은 종족 명칭이고, 예는 지역 또는 강의 이름이라고 보아, 예맥은 맥족의 아홉 갈래(九貊) 중의 하나를 지칭한 것이라고 하였다. 능순성(凌純聲)도 예는 예수(濊水)지역에 거주했던 맥족이라고 하여 동일하게 이해하였다. 삼품창영(三品彰英)은 선진(先秦) 문헌에 보이는 맥은 북방족에 대한 범칭이며, 예는 진대(秦代)의 문헌에서 처음 보이는데, 한대(漢代)에 범칭되는 예는 고구려·부여·동예를 포괄하는 민족명이라고

511

보았다. 예맥이라는 호칭은 현실적인 민족명과 고전적인 북방족에 대한 범칭인 맥을 결합시킨 편의적으로 쓰여진 것이라고 하면서, 고구려를 지칭한 맥은 민족명인 예족 내의 특정한 부족명이라 하였다. 곧 한대 이후의 맥은 예와 동일한 계통의 실체라 하였다. 윤무병(尹武炳)은 예맥이라는 명칭은 『사기(史記)』에서부터 사용되었는데, 예족과 맥족을 합친 범칭이 아니라 맥족인 고구려를 지칭하는 것이었고, 한대 이후의 예와 (예)맥은 동일계통 내에서 각각 구분되어졌던 실체였다고 보았다. 한편, 예일부(芮逸夫)는 한민족을 예맥과 한(韓)의 양계로 구성되었다고 하면서, 예맥족 중 예족은 한반도 중북부와 송화강·길림·눈강(嫩江) 지역 등에 살았고, 맥족은 산동·요동·발해만 연안 등에 거주해, 거주지역의 분포에 따라 예와 맥이 구분되었다고 보았다. 김정배(金貞培)도 예·맥·한은 동일계 족속으로서 그 분포지역의 차이에 따라 각각 구분되어졌다고 보았다. 이종설(異種說)의 대표적인 주장자는 삼상차남(三上次男)인데, 그는 예족은 유문토기문화(有文土器文化)를 영위했고, 생활방식에 있어서 수렵·어로의 비중이 컸던 고아시아족(古Asia族) 계통이고, 맥족은 무문토기문화(無文土器文化)를 남긴 퉁구스족계통으로 파악하였다. 삼상차남의 주장은 빗살문토기문화와 무문토기문화가 같은 시기의 것이 아니라 시대를 선후하는 문화였다는 사실이 확실해짐에 따라 부정되어졌다. 한편, 이옥(李玉)은 맥족과 예족은 원래 중국의 산시성·허베이성 방면에 각각 거주하다가 점차 동으로 이동해왔는데, 서기전 3세기 무렵 장춘·농안 방면에 먼저 정착해 있던 예족은 이어 이동해온 맥족에게 밀려 남으로 왔다가 고조선에 쫓겨 요동군(遼東郡)에 예속하게 된 것이 예군(濊君) 남려(南閭)의 집단이었고, 이 예의 일부가 맥족에 흡수되어 서기전 2세기경 새로운 종족인 예맥이 성립했으니 이것이 고구려족(高句麗族)이라고 주장하였다. 이렇듯 백가쟁명(百家爭鳴) 식으로 다양한 견해들이 제기되어 왔다. 현재 학계에서는 예맥이 예와 맥으로 구분되지만, 서로 다른 계통이 아닌 하나의 계통이더라도 다른 갈래로 보는 견해가 일반적으로 받아들여지고 있다. 즉, 예와 맥은 사회적·정치적으로 서로 구분이 되지만 종족상으로는 큰 차이가 없는 것으로 이해되고 있다. 예맥 내부의 여러 집단 중에 우세한 집단이 등장하여 주변 세력을 병합하면서 점차 세력을 키워나갔다. 예맥이 고조선(古朝鮮)을 구성하는 종족집단을 이루었고, 한반도 중남부에 거주했던 한족(韓族)과 더불어 한민족 형성의 근간을 이루게 되었다. 한편 고구려의 종족기원과 관련하여 예·맥·예맥이 많이 주목되었다. 이들의 관계에 대해서는 다양한 견해가 제기되어 현재로서는 정설이 없다. 고구려의 종족 기원에 대해서는 예족설, 맥족설, 예맥족설, 예맥족에서의 분화설, 원래는 예족인데 명칭상 맥족이라는 설 등 상정할 수 있는 가능성은 모두 제시되었다. 어느 하나로 단정지을 수는 없고 고구려 종족은 지역에 따라 대수맥(大水貊)·소수맥(小水貊) 등 조금씩 다른 것으로 보인다. 기원전 3~2세기 요동(遼東)에서 청천강에 이르는 지역에서 세형동검(細形銅劍)과 주조철부(鑄造鐵斧) 등 초기 철기문화를 사용하는 집단이 거주했다. 이들은 늦어도 기원전 3세기 말에는 철기문화를 받아들이고 적석묘(積石墓)를 축조하면서 주변지역과 구별되는 문화적 전통을 수립하였다고 추정된다. 철제 농기구의 보급은 농경기술의 발달과 생산력의 증대를 가져왔을 것이다. 나아가 인구의 증가와 사회분화를 촉진시켜 혼강(渾江)과 압록강 중류 지역 각지에서 점차 새로운 정치체의 형성으로 나아가는 움직임을 태동시켰다. 고구려 발흥지인 혼강과 독로강(禿魯江) 유역을 포괄한 압록상 중류 유역에 거주하던 주민은 기원 전후의 시기부터 점차 맥족이라고 불렸다. 부여 방면에서 이주해 온 일부 예족이 이에 융합되었다. 이어 고구려의 성장과 함께 인근의 여러 족속들이 흡수되어 고구려가 확대되었다. 고구려는 주어진 환경의 열악성과 경제적 기반의 취약성을 극복하기 위해 대외적으로 팽창정책을 구사했다. 이 과정에서 예맥계 종족이 주민의 상당수를 차지했던 두만강·대동강·요하·송화강 유역을 차례차례 제압해 나가면서 이들 주민들을 고구려 국가지배구조 내로 편입시켰다. 고구려는 동질성을 인정할 수 있는 주민들이 사는 지역을 우선적으로 확보하여 전략거점화하고, 이들을 고구려인으로 동화·통합시키는 정책을 수행해나갔다([출처:예맥(濊貊)-한국민족문화대백과사전]).

69) 『설문해자(說文解字)』는 중국의 가장 오랜 자전(字典)으로, 중국 후한의 경학자(經學者)로 알려진 허신(許愼, 58~148)이 필생의 노력을 기울여 저술한 책으로 알려져 있다. 허신은 유가의 고전에 정통하였다고 전해지면서 고전학자 가규(賈逵, 174~228)가 사사했다는 과거에 주목하기도 한다. 내용을 보면 무려 1만여 자에 달하는 한자 하나하나에 대해, 본래의 글자 모양과 뜻, 발음을 종합적으로 해설한 책이다.

한자를 처음 만들어질 때의 뜻과 모양 그리고 독음(讀音)에 대해 종합적으로 해설한 중국 최초의 자전(字典)으로 널리 알려져 있기 때문에 이 책은 한자의 자형(字形)을 연구하는 문자학(文字學), 자음(字音)을 연구하는 성운학(聲韻學), 자의(字義)를 연구하는 훈고학(訓詁學), 그리고 유가(儒家)의 경전(經傳)을 연구하는 경학(經學) 등의 분야에서 필독서로 손꼽히고 있다(위키백과).

70) 호시석노(楛矢石砮): 우리나라 활의 역사는 고조선의 단궁(檀弓)에서 비롯되는데, 단궁은 목궁(木弓)으로서 삼국시대에 이르러 비로소 나타나는 신식무기 각궁의 전신이라 할 수 있다. 단궁에 관한 기록으로 『삼국지』「위지」<동이전>을 들 수 있는데, "예(濊)는 창[矛]을 만드니 길이가 3장(丈)이나 되어 몇 사람이 이를 들어야 한다고 하며, 또 보전(步戰)에도 능하고 낙랑단궁(樂浪檀弓)이 이 나라에서 나온다"는 기사가 보인다. 이 단궁은 부여·동옥저 등 여러 나라에서 모두 사용된 활이며 삼한(三韓)에서도 사용한 것으로 추정된다. 낙랑단궁이란 조선단궁을 말하는 것으로서, 중국과 다른 우리 고유의 활, 즉 각궁(角弓)의 원조라 할 수 있다. 유득공(柳得恭, 1748~?)의 『사군지(四郡志)』에 보면 "속(俗)에 단(檀)을 일컬어 박달(朴達)이라 하는데 박달나무로 활을 만든다"고 말하고 있다. 그러나 단궁의 궁재(弓材)가 과연 박달나무였는지는 확실하지 않다. 『진서(晉書)』「숙신전(肅愼傳)」에 "석노(石砮)와 피골(皮骨)로 만든 갑옷이 있는데, 단궁은 3척 5촌이요 그 화살인 호시(楛矢)는 길이가 1척 8촌이다"라는 기록이 보인다. 이 단궁이 단궁(短弓)이었던 것을 알 수 있다. 그러나 그 힘[弓力]은 위력적이어서 능히 국방의 주무기 구실을 하였던 것으로 추측된다. 즉, 단궁의 성능을 알기 위해서는 단궁의 맥을 이은 숙신의 호시에 관한 기록을 살펴보아야 하며 그럼으로써 비로소 그 실체를 유추, 파악할 수 있다. 중국 문헌에 보면 숙신의 호시석노(楛矢石砮), 예의 단궁, 고구려의 맥궁(貊弓)에 관한 기록이 눈에 띈다. 이익(李瀷)이 쓴 『성호사설』에는 "숙신의 호노(楛砮)는 천하가 보배로 삼는다"고 칭찬하고 있다. 이것은 호시가 쇠를 뚫는 위력을 가졌기 때문이며 그 비결이 후세에 전수되었기 때문이라 할 수 있다. 호(楛)란 광대싸리나무를 말하며 그 주산지가 두만강구의 서수라(西水羅)였으므로 일명 서수라목이라고도 하였다. 서수라(함경북도 경흥군 노서면 서수라동)에는 진(鎭)이 있어 국경을 수비하는 군대가 상주하고 있었으며 그 주무기는 활이었다. 활 잘 쏘기로 유명하였던 조선 태조도 이 호시를 사용하였던 것으로 추측되는데, <용비어천가> 27장에 "태조께서 대소명적(大哨鳴鏑)을 쏘기를 좋아하시어 대나무를 쓰지 아니하시고 광대싸리로 화살을 삼으셨다"고 하였으며, 『성호사설』에도 "우리 태조께서는 늘 대우전(大羽箭)을 쓰시어 화살로 삼았다"고 하였다. 이로 미루어 숙신의 호시는 고구려를 거쳐 고려와 조선으로 이어져왔을 뿐 아니라 여진(女眞)이 이를 계승, 천하를 통일하는 무기로 삼았던 것이다[출처: 호시석노(楛矢石砮)-한국민족문화대백과사전]).

71) 『국어(國語)』「노어(魯語)」에 "공자가 말하기를, 이것은 숙신씨의 화살이다"라는 기록이

보인다.

72) 견융(犬戎)은 중국 주나라 때 활동한 부락이다. 주나라의 서부(현재의 간쑤성 동부와 닝샤 일대)에 위치했으며, 서융으로 분류된다. 기원전 771년에 신후(申侯)와 연합해 서주를 공격해 주 유왕을 죽였다.

고대 중국에서는 서방의 이종족(異種族)을 융(戎)이라고 일컬었으며, 견융은 그 한 종족이다. 주(周)의 의왕(懿王) 이후 주에 침입한 험윤(獫狁, 玁狁)은 딴 이름이며, 혹은 견융(犬戎)·곤이(昆夷)라고 불렸다. 그들이 많은 사냥개를 사육하였거나 아니면 개를 토템으로 했기 때문에 붙여진 이름이라고 한다. 주의 목왕(穆王)은 견융을 정복하여 이를 태원(太原)에 이주하게 하였으나, 이후 융(戎)의 화가 격심해졌다고 한다. 그리하여 B.C. 771년에 주의 유왕(幽王)은 신후(申侯)에게 편든 견융·서이(西夷)들의 침입을 받아 살해되었고, 이로 인하여 주실(周室) 동천(東遷)의 원인이 되었다(조의설 편, 『세계사대사전』, 민중서관, 1976, 21쪽).

제3장 상고 소분립 정치시대

73) 모세(Mose): 고대 이스라엘의 지도자 이집트에서 박해를 당하던 이스라엘 민족을 이끌고 이집트를 탈출하였다. 이와 관련된 기록이 『구약성경』 「출애굽기(Exodus)」에 나온다.

74) 솔론(Solon, B.C. 640~B.C. 560?)은 고대 그리스 아테나이의 정치가, 입법자, 시인이다. 그리스의 일곱 현인 가운데 한 사람이기도 하다. 특히 고졸기 아테나이의 정치, 경제, 도덕이 쇠퇴하는 가운데 이에 맞서 새로운 법을 세운 노력으로 유명하다. B.C. 594년에 아테나이 시민들이 합의하여 솔론은 정치 개혁을 위한 집행 조정자로 뽑혔다. 솔론은 토지 생산물의 많고 적음에 따라 시민을 4등급으로 나누고, 각 등급에 따라 참정권과 군사 의무를 정하였다. 솔론의 개혁은 단기적으로 실패하였으나 아테나이 민주정의 기초를 세웠다는 평가를 받는다(위키백과).

75) 누마 폼필리우스(Numa Pompilus, B.C. 753~673, 재위 B.C. 715~B.C. 673) 로마 제2 대왕. 로물루스(Romulus, ?~B.C. 717)의 사후(死後) 왕으로 선출되었다. 지성과 경건함으로 유명하게 되었으며, 로마의 종교상의 여러 제도를 확립하고, 대신관(大神官)·신탁관(信託官) 등의 관직을 새로이 두었다. 또한 야누스의 신전(神殿)을 건립하였으나 평화를 위해 그 문은 항상 닫혀져 있었다고 한다. 그러나 왕의 실재(實在) 여부는 의문이다(조의설 편, 『세계사대사전』, 민중서관, 1976, 133쪽).

76) 환인(桓因): 환인(桓因)은 한국 신화의 천공신으로 환웅의 아버지이자 단군왕검의 할아버지로 전해진다. '단인(檀因)'이라고도 한다. 한민족의 건국신화인 단군신화에 등장하며 환웅이 인간세상으로 내려가 세상을 다스릴 것을 허락하고 천부인 3개를 주었다고 한다.

『삼국유사』, 『제왕운기』, 『조선왕조실록』 등에 환인에 대한 짧은 기록이 전해지며, 일반적으로 『삼국유사』의 기록이 널리 알려져 있다.

『삼국유사』의 기록에 따르면 환인은 하늘의 신(帝釋天)이라고 한다. 서자인 환웅이 땅을 내려다보면서 인간세상에 뜻을 두는 것을 알게 된 환인은 땅의 삼위태백(三危太伯)을 내려다보았고, 그곳이 '널리 인간을 이롭게 할 수 있다(홍익인간)'고 여겼다. 이에 환웅에게 천부인 3개를 내려주며 땅으로 내려가도록 허락하였다.

한편 『제왕운기』, 『조선왕조실록』의 기록에는 환인이 상제환인(上帝桓因)이라

한다. 환웅이 삼위태백으로 내려가 널리 인간을 이롭게 하겠다고 말하자 환인은 이를 허락하고 천부인 3개를 내려주었다고 한다.

조선시대에는 환인, 환웅, 단군의 신주를 모신 삼성당(三聖堂) 또는 삼성사가 황해도 문화현 구월산에 있었다. 그 외에도 고조선의 역사를 기술한 『동국여지승람(東國興地勝覽)』과 『응제시주(應制詩注)』및 기타 사서에 보인다.

환인의 의미: 『삼국유사』의 제석(帝釋)이라는 표현은 불교에서 말하는 제석환인(帝釋桓因, 인드라)에서 차용된 것으로 보이며, 승려인 저자 일연이 원래의 신화에 불교적 세계관을 가미한 것으로 보는 것이 일반적이다. 한편 원래의 신화에서도 환인(桓因)이라는 명칭은 존재하였던 것으로 보아 이를 천신(天神, 하늘님)이나 태양신(환님)으로 해석하기도 하며 하느님이라는 우리말 소리값의 이두식 표기로 보기도 한다.

불교 용어로서의 환인(桓因)은 불교 우주론에서 6욕천 중 제2천인 도리천(33천)의 왕인 제석천(帝釋天)의 다른 이름이다. 제석천의 산스크리트어 원명은 샤크라 데바남 인드라(산스크리트어: Śakra Devānām-indra, 팔리어: Sakka devānam indo)인데 '데바들의 왕, 샤크라(Śakra, lord of the devas)'를 뜻한다. 음역하여 석가제환인다라(釋迦提桓因陀羅)라고도 하며, 이것을 줄여서 석제환인(釋提桓因) 또는 석가제바(釋迦提婆)라고도 한다.

석가제환인다라(釋迦提桓因陀羅)에서 석가는 샤크라(Śakra)의 음역어인데, 샤크라는 힌두교의 신 인드라(Indra)의 여러 다른 이름들 가운데 하나이다. 제환은 데바남(Devānām)의 음역어인데 '데바들의(of devas, of gods, of demigods)'를 뜻하며, 제바(提婆)라고도 음역하며 보통 의역하여 천(天)이라고 한다. 인다라는 인드라(indra)의 음역어인데 우두머리(chief) 또는 왕(king)을 뜻한다. 따라서 석가제환인다라는 "데바들의 왕, 샤크라" 또는 "신[天]들의 제왕, 샤크라"를 뜻한다. 환인(桓因)은 석가제환인다라(釋迦提桓因陀羅)에서 '환인'을 추출하여 약어로 삼은 것으로, 따라서 환인이라는 명칭은 당연히 원래의 명칭이 뜻하는 바인 데바들의 왕 또는 신들의 제왕을 의미한다.

한편 제석(帝釋)의 한자어 문자 그대로의 뜻은 '천제(天帝) 샤크라(Sovereign Śakra)' 즉 '신[天]들의 제왕[帝], 샤크라[釋](king of the gods, Śakra)'이며, 산스크리트어 샤크라 데바남 인드라(Śakra Devānām-indra, 釋迦提桓因陀羅)의 의역어라 할 수 있다. 즉, 환인은 산스크리트어 원명의 음역어의 줄임말이고, 이에 비해 제석 또는 제석천은 의역어이다. 또한 제석천은 간단히 천주(天主)라고도 하는데, 이것도 역시 '데바[天]들의 왕[主]'을 뜻하는 산스크리트어 인드라(Indra)를 의역한 것이다.

위서 속의 환인: 『환단고기』에는 환인이 신격과 인격을 동시에 가지는 존재로 그려진다. 신에 가까운 면모를 보이지만 동시에 환국이라는 나라의 군주로도 나타나며, 7대에 이르는 역대 환인이 기록되어 있다. 『환단고기』는 환인의 표기를 일반적인 역사서와 달리 하고 있는데, 桓因과 桓仁의 두 가지로 사용하고 있다. 한편 『규원사화』의 「조판기」에도 환인이 등장하는데, 그 모습을 나타내지 않고 가장 높은 곳에 있으면서 다수의 작은 신(小神)을 거느리고, 환웅에게 명을 내리는 존재로서 기술되어 있다. 여기에서, '환(桓)'은 밝은 빛으로 그 모양을 본떴다고 하며, '인(因)'은 만물이 그로부터 생겨났음을 의미한다고 설명되어 있다. 또한 조선 중기 조여적이 지은 선가서(仙家書) 『청학집(靑鶴集)』에는 신라인들이 환인

(桓仁)을 동방 최초의 선도(仙道)의 조사(祖師)이며 진인(眞人)이라 여겼다고 기록하고 있다. 그러나 일반적으로『청학집』과 같이 후대에 찬술된 도가의 문헌은 선대의 유명인을 견강부회하여 서술하는 경향이 많아 신뢰하기 어렵다고 보고 있으며『환단고기』나『규원사화』등의 서적 역시 후대에 조작된 것으로 보기 때문에 이러한 기록을 그대로 믿기는 어렵다.

『삼국유사』판본 가운데 조선 중종때 나온「정덕임신본」에는, 환인(桓因)이 환국(桓国)으로 표기되어 있다. 이로 인해 조선 중기 이후의 사찬 역사서들 중 일부에 단군신화의 해당 구절이 '환국(桓國)'으로 표기되는 경우가 있었다. 또한 단재 신채호의『조선상고사』에서 불승들이 환국을 환인이라 조작하였다는 주장이 등장하고, 1965년 문정창이라는 재야사학자에 의해 재조명받으며 '일제 식민사학자들이 날조한 것'이라 주장되었다. 하지만「정덕임신본」의 환국(桓国) 표기는 오각(목판을 만드는 사람이 실수로 잘못 판 것)임이 확인되어 현재는 환국의 존재를 인정하는 국사학자는 없다. 일부 재야사학자들은 아직도 조작설을 주장하고 있다(위키백과).

....

환인(桓因): 초기국가시대 단군신화에 나오는 하늘의 신. 신화인물.

생애 및 활동사항:『삼국유사(三國遺事)』고조선조에 인용된『고기(古記)』및 후대에 이 두 사서의 영향을 받아 고조선의 역사를 기술한『동국여지승람(東國輿地勝覽)』과『응제시주(應制詩注)』및 기타 사서에 보인다. 이들에 의하면, 환인은 환웅(桓雄)의 아버지이며, 단군(檀君)의 할아버지로 하늘나라의 신(釋帝·天神·上帝)이다. 환인의 의미와 성격은 한자(漢字)의 차용과 불교문화의 융성이라는 시대적 배경 속에서 찾을 수 있다.

먼저 글자 자체의 의미로, 환인은 제석환인(帝釋桓因)의 약자로서 석가제바인제(釋迦提婆因提)·석가인다라(釋迦因陀羅)·석가라인다라(釋迦羅因陀羅)·석가제환인다라(釋迦提桓因陀羅)·석가제바인다라(釋迦提婆因陀羅)·석제(釋帝)·제석(帝釋) 등으로 불린다.

한편, 환인은 베다신화(Veda神話)에서 제일 유력한 신으로서 인드라신(Indra神)을 말한다. 인드라신은 불교가 성립된 뒤, 범천(梵天)과 함께 불법의 수호신으로 그 기능이 변모되었으며, 동방(東方)을 지키는 신, 즉 수미산(須彌山, Sumeru) 정상에 거주하며 도리천(忉利天, Trayastrimsa)을 주재하는 임금이다.

따라서 환인 인드라는 천신이며 상제로서 광명신의 성격을 가지고 있다. 이처럼 환인은 불교용어로서 제석을 뜻한다. 또한 환인은 음(音) 자체가 가진 일정한 의미가 있다. 한민족문화에서 보편적으로 사용되는 지고(至高)의 개념 또는 천제·상제의 의미를 가지고 있는 '한님'과 음이 비슷하다. 즉, '桓'은 '한'의 전음(轉音)이고, '因'은 '임(님)'이다. 한은 고대음에 있어 신의 이름, 사람의 칭호, 족의 칭호, 위호(位號), 나라이름, 땅이름, 산 이름 등에 사용되어 지고·최고·진리·완전·광명(태양)의 뜻을 가지고 있다.

그리고 임(님)은 가장 구원(久遠)의 존재, 지고의 존재, 숭배의 대상을 나타내는 우리말이다. 그러므로 환인의 말뜻은 한님 또는 하늘님이다. 특히, '환하다[光明]'에 의미를 많이 둘 경우, 환인-한님-햇님은 자연현상에서는 태양이며, 동시에 왕이며 또 신을 뜻한다.

결국, 환인은 단군신화가 처음 완성될 당시에는 자체의 음과 뜻을 가지고 있었으나, 언어를 매개로 전승되는 과정에서 원모습[原形]이 변화[變形]되면서 불교식으로 선택, 윤색된 용어이다. 그러나 빛을 숭배하는 절대적인 이념 또는 그 대상인 실존재(實存在)로서 태양신이 되어 하늘숭배사상의 대상이다.

천신, 하늘님, 하늘나라의 임금인 환인은 단군신화에서 하늘세계에서 이루어내는 모든 중요하고 시원적인 행위를 담당하였다. 일반적으로 문화영웅신화에서는 아버지[父]와 아들[子]이 대립적이고 반역적(叛逆的)인 관계로 나타나는데 비해, 단군신화에서 환인과 환웅의 관계는 상호협조, 즉 조화로운 관계로 나타난다.

첫 번째 작업으로, 환인은 아들 환웅이 하늘 아래의 인간세상에 뜻을 두고 있음을 알고, 그 의지를 승낙해줌으로써 환웅의 행위에 대한 정당성을 인정해 주었다. 두 번째 작업으로, 환인은 하늘에서 아래를 내려다보고 환웅의 의지가 구현될 장소를 선택하는데 직접 참여했으며, 나아가 홍익인간(弘益人間)이라는 지도이념을 환웅에게 부여하였다.

세 번째 작업으로, 환인은 천부인(天符印) 3개를 주어, 인간세계를 다스리기 위해 하강하는 환웅에게 정통성을 부여하였다. 이처럼 환인은 단군신화의 전반부에서 승낙과 협조를 통해 환웅의 행위를 도왔으며, 능동적으로 행위에 참여하였다.

이와 같은 환인의 성격과 기능은 단군신화와 그로 대표되는 한민족문화가 태양을 숭배하는 광명사상을 가지고 있으며, 그 집단의 구체적 의지와 적극적인 실천에 의해 성립된 역사적 사실을 상징한다([출처명-환인(桓因) 한국민족문화대백과사전]).

77) 환웅(桓雄): 환웅(桓雄)은 환인의 아들이자, 단군의 아버지로 전해지는 신화상의 인물로, 단웅(檀雄) 또는 신웅(神雄)이라고도 한다. 고조선이 세워지기 전에 홍익인간(弘益人間)의 뜻을 펴려 하늘에서 내려와 신시를 세우고(혹은 열고) 단군을 낳았다고 한다.

『삼국유사』, 『제왕운기』 등에 환웅 및 단군에 대한 기록이 전해지며, 일반적으로 『삼국유사』의 기록이 널리 알려져 있다.

『삼국유사』에 따르면 환웅은 환인의 서자(庶子)로 하늘에서 땅을 내려다보면서 인간 세상에 뜻을 두었다고 한다. 환인은 아들의 뜻을 알고 환웅에게 천부인 3개를 주고 인간 세상에 내려가 다스리도록 하였다. 환웅은 풍백(風伯), 우사(雨師), 운사(雲師)와 3천의 무리를 거느리고 태백산 정상의 신단수(神壇樹: 단군신화에서 환웅이 무리를 이끌고 하늘에서 내려왔던 곳의 신성한 신목(神木)) 아래로 내려와 곡식, 수명, 질병, 형벌, 선악 등 인간의 360여 가지 일을 주관하며 세상을 다스렸다. 이때 동굴에서 함께 살던 곰과 호랑이가 항상 사람이 되고 싶다고 환웅에게 빌었고, 환웅은 쑥과 마늘을 내려 그들의 소원을 들어주고자 하였다. 호랑이는 견디지 못하고 도망쳤으며, 곰은 환웅이 시킨대로 쑥과 마늘만 먹으면서 동굴 속에서 삼칠일(三七日: 21일) 동안 수도한 끝에 여자가 되었다. 웅녀(熊女)는 아이를 낳고자 하였으나 아무도 결혼해주지 않자 다시 환웅에게 빌었고, 환웅은 사람으로 변신하여 웅녀와 결혼하여 아이를 낳았으니 이가 단군왕검이라고 한다.

한편 『제왕운기』에는 조금 다른 기록이 전하고 있다. 상제 환인(上帝桓因)의 서자였던 웅(雄)은 세상에 내려가서 사람이 되고자 하였다고 한다. 천부인 3개를 받아 태백산 신단수 아래에 강림하여 단웅천왕(檀雄天王)이라 불렸다. 단웅은 자신의 손녀에게 약을 먹여 사람이 되게 한 뒤 신단수의 신과 결혼하게 하였으며, 이렇게 태어난 것이 단군이라고 한다.

환웅은 일반적으로 우수한 기술과 무력을 가지고 외부로부터 이주하여 토착 부족을 복속시킨 부족을 의미한다고 본다. 환웅과 곰의 결합은 천신(天神)과 지모신(地母神)의 결합을 상징하며 이는 곧 이주 선진 집단과 토착 집단의 결합을 의미하는 것으로 해석된다.

종교 속의 환웅: 환인, 환웅, 단군의 신주를 모신 삼성당(三聖堂) 또는 삼성사가 황해도 문화현 구월산에 있어 제사를 지냈다.

대종교에서는 환인, 환웅, 환검(단군왕검)을 신앙의 대상으로 삼고 있다. 또한 일반적인 개천절과 달리 대종교에서는 환웅이 백두산 신단수에 내려와 신시를 열었던 날짜를 개천절로 이해하고 기념한다. 대종교에 따르면 개천절은 상원갑자년(上元甲子年기원전 2457년) 음력 10월 3일이라고 한다. 또한 이를 기점으로 삼는 신시개천력(神市開天曆)을 사용하기도 한다. 신시개천력은 단군기원보다 124년이 빠르다.

위서 속의 환웅: 위서 중의 하나인 『환단고기』에는 환웅이 신화적인 인물이 아닌 신시배달국(神市倍達國)의 역대 군주로 나타난다. 한편 『규원사화』에도 환웅이 등장하는데, 신화적인 인물인 점은 대체로 같으나 관련 행적이 조금 더 구체적이며 신시씨(神市氏)로 불린다. 『부도지』에도 신화적 존재로서의 환웅이 등장한다.

대한민국 사학계에서는 이들 서적을 위서로 보아 사료(史料)로 이용하지 않는다(위키백과).

....

환웅(桓雄): 초기국가시대 고조선 건국신화에 등장하는 단군의 아버지인 신. 신화인물.

환웅은 초기국가시대 고조선 건국신화에 등장하는 단군의 아버지인 신이다. 하느님인 환인의 서자로서 잠시 사람으로 변해 웅녀와 혼인하여 단군을 낳은 신이다. 환웅의 '환' 자의 어의와 의미는 하늘 또는 빛으로, 태양신 내지 천신·천왕을 뜻한다. '웅'자는 글자 자체가 수컷을 나타내며 웅녀와 결혼한 것을 보아도 남신임을 알 수 있다. 환웅은 유목문화집단을 상징하고 곰은 농경문화집단을 상징하여 환웅의 하강설화는 환웅으로 대표되는 하늘숭배사상의 문화집단과 곰으로 상징되는 지모신신앙의 문화집단이 결합하는 것을 나타낸다고 해석되기도 한다.

『삼국유사(三國遺事)』에는 환웅(桓雄)·천왕(天王)·신웅(神雄) 등으로, 『제왕운기(帝王韻紀)』에는 웅(雄)·단웅천왕(檀雄天王) 등으로 기록되어 있다.

『삼국유사』에 인용된 『고기(古記)』에 의하면, 하느님 환인(桓因)의 서자(庶子: 여러 아들 중의 하나라는 뜻)로서 자주 천하(天下)를 차지할 뜻을 가지고 사람이 사는 세상을 탐내 구하고자 하였다고 한다.

그 뜻을 알아차린 아버지로부터 천부인(天符印:국조 단군왕검이 한웅천왕桓雄天王으로부터 받아서 세상을 통치하였다는 세 개의 인印을 가리키는 대종교용어) 3개를 받고 무리 3,000명을 거느리고 태백산(太伯山) 꼭대기에 있는 신단수(神壇樹) 밑에 내려와, 이곳에 신시(神市: 고조선 건국 이전의 도읍지)를 열었다. 그리고 풍백(風伯)·우사(雨師)·운사(雲師)를 거느리고 곡식과 수명·질병·형벌·선악 등을 주관하여 세상을 다스리며 교화하였다.

이때 사람이 되기를 원하는 호랑이와 곰 한 마리에게 쑥 한줌과 마늘 20개를 주었다. 그 결과, 곰이 변한 여자(熊女)와 잠시 사람으로 변해 혼인하여 단군(檀君)을 낳았다고 한다.

한편, 이와는 달리 『제왕운기(帝王韻紀)』에서는 환웅이 손녀에게 약을 먹여 사람의 몸으로 변하게 한 다음 단수신(檀樹神)과 혼인하게 하여 단군을 낳았다고 한다.

의의와 평가: 단군신화(檀君神話)를 고려 후기에 만들어진 것으로 보는 견해가 있다. 특히 단군신화 중 불교적 표현이라고 생각되는 환인(桓因)이나, 도교적 표현이라고 생각되는 풍백·우사·운사 등의 사용이 후대적인 표현이기 때문에 단군신화가 후대에 만들어진 것이라는 주장이 제기되었다.

『제왕운기』에서도 환인을 상제(上帝)와 함께 석제(釋帝: 수미산 꼭대기에 있는 도리천의 임금. 사천왕과 삼십이천을 통솔하면서 불법과 불법에 귀의하는 사람을 보호하고 아수라의 군대를 정벌한다고 한다)라고 표현하고 있어 불교의 산스크리트어인 'Sakrodevanam Indrah'라는 말을 한자로 음역한 '석제환인(釋帝桓因)'에서 나온 말임을 알 수 있다. 그러나 이러한 용어를 사용했다고 해서 단군신화가 불교나 도교가 수용된 이후에 만들어진 것으로 보기는 어렵다. 다만, 신화 생성 후 구전(口傳)되어 오던 것이 문자화되면서 후대적 표현으로 나타나게 된 것이다. 따라서 환인이라는 단어는 하늘님 · 천신(天神)이라는 뜻을 문자화하던 시기에 불교 혹은 도교의 용어를 사용하여 표현한 것으로 파악하는 것이 타당하다.

내용에 있어서 환웅의 하강은 기존질서에서 일정한 자기위치의 확보가 어려운 존재가 낡은 질서를 탈피하여 새로운 세상을 건설하는 이주자의 모습으로 해석된다. 또한 상대적으로 하늘의 능동적인 위치에 의해 삼위태백(三危太伯: 삼위산三危山과 태백산太伯山을 아울러 이르는 말. 삼위산은 중국 간쑤성 둔황현敦煌縣 남쪽에 있으며 태백산은 백두산白頭山이라고도 한다)이라는 하나의 공간이 선택받는 과정으로 볼 수도 있다. 즉, 하늘로부터 하강한 수직적 이주자로서 인간세상을 구하겠다는 행위의 방향과 목적을 설정하여 자기 확인 작업을 완료하고, 다시 환인으로부터 자기행위의 정통성을 부여받아 신시를 건설하고, 곰과 호랑이에게 통과의례를 부과하여 기존질서·토착문화집단으로 하여금 환웅 자신의 질서에 적응하게 한 뒤에, 단군을 탄생시켜 질적 변화를 꾀하였다.

환웅의 구체적인 성격은 일차적으로 '桓' 자의 어의와 의미가 하늘 또는 빛(光明)으로 태양신(太陽神) 내지 천신 또는 천왕을 뜻한다. 그리고 '雄'은 글자 자체가 수컷을 나타내며, 웅녀와 혼인한 것으로 보아서도 남신(男神)임을 뜻한다.

이처럼 환웅은 하늘[天]·빛·남성·부신(父神)의 성격을 가진 존재인데 비해, 곰은 땅[地]·암흑·여성·모신의 성격을 가지고 있다. 나아가 환웅은 유목문화집단(遊牧文化集團)을 상징하고, 곰은 농경문화집단(農耕文化集團)을 상징한다.

따라서 환웅의 하강설화(下降說話)는 환웅으로 대표되는 하늘숭배사상의 문화집단과 곰으로 상징되는 지모신신앙(地母神信仰)의 문화집단이 결합하는 것을 나타낸다.

결국, 환웅은 단군신화 속에서 실질적인 주체자로서 자기의지와 실천력을 바탕으로 새 질서를 창조하였다. 이는 환웅으로 상징되는 문화집단의 정착이라는 역사적 사실을 반영함과 동시에 정착과정에서 발생한 문화의 성격을 나타낸 것이다.

78) 단군(檀君, 壇君) 또는 단군왕검(檀君王儉)은 한민족의 신화적인 시조이자 고조선의 창건자로 전해지는 전설적인 인물이다.
한민족의 역사에서 시조로 추앙받았으며 대종교 등의 종교에서는 신앙의 대상이기도 하다. 단군은 직책으로 보이며 왕검, 왕험(王儉) 등으로도 알려져 있다. 한국의 역사서 중에 하나인『삼국유사』,『제왕운기』,『세종실록』,『동국통감 외기』 등에서 한민족의 시조로 전해지고 있으며, 오늘날 대한민국과 조선민주주의인민공화국에서도 그를 한민족의 조상으로 인정하며 역사서에도 등장하고 있다. 그와 별개로 오늘날 단군의 실존 여부에 대해 여러 논쟁이 있는데, 주류 학계에서는 단군을 신화상의 인물로 간주하거나 고조선의 통치자를 일컫는 역사적 칭호로 보고 있지만, 조선민주주의인민공화국과 기타 비주류 학계에서는 단군이 역사적으로 실존했던 인물로 보고 있다.

단군의 생애에 대한 기록은『삼국유사』,『제왕운기』,『세종실록』,『동국통감 외기』 등에 간략하게 기록되어 있다. 일반적으로 기원전 2333년경에 아사달(阿斯達) 또는 평양에 도읍을 두고 조선을 건국하여 1000여 년 동안 다스렸다고 전해지며, 단군의 뒤를 이어 기자가 조선을 다스렸다고 한다. 단군은 고조선의 왕위에서 물러난 이후 아사달의 산신이 되었다고 한다. 1000여 년 동안 고조선을 다스렸다고 하는 기록은 현실성이 없기 때문에 조선시대부터 이미 단군은 한 사람을 의미하는 것이 아니라 고조선의 누대에 걸친 국왕을 가리키는 것이라고 해석하였다.

『고려사』와『세종실록 지리지』,『응제시주』,『신증동국여지승람』에서는 단군이 세 아들을 시켜 삼랑성(三朗城)을 쌓고 태자 부루(夫婁)를 파견해 하나라 우임금의 도산회맹(塗山會盟)에 참석시켰다고 한다.

문헌 기록: 단군에 대한 기록이 있는 문헌으로는 고려 때의 기록인『삼국유사』와『제왕운기』가 있다. 그 이전 기록에는 단군에 대한 언급이 보이지 않는다.『삼국사기』에서는 단군이란 글자는 없지만 "선인 왕검"이란 글자가 보인다.

단군의 출생과 생애에 대해『삼국유사』는 환웅이 웅녀와 결혼하여 낳은 아들이 단군왕검이라고 기록한다. 그는 평양성에 도읍을 정하고 조선이라 하였다. 그는 다시 도읍을 백악산 아사달로 옮겼다. 그는 여기서 1천5백 년 동안 나라를 다스렸다. 기원전 1122년(주 무왕 13년, 기묘년)에 무왕이 기자(箕子)를 조선에 봉(封)하니, 단군은 이에 장당경(藏唐京)으로 옮겨갔다가, 후에 돌아와 아사달에 숨어서 산신(山神)이 되었는데, 이때 나이가 1908세였다. 한편,『제왕운기』는 약간 다른 기록을 전하고 있다.『제왕운기』는『본기(本記)』를 인용하여 하늘에서 내려온 환웅의 손녀와 신단수(神檀樹)의 신이 결혼하여 단군을 낳았다고 한다. 단군은 고조선을 건국하고 1028년 또는 1038년 또는 1048년 동안 다스리다가 아사달의 산신이 되었다고 한다.『제왕운기』의 단군은 '박달나무 단(檀)'으로 표기되어 있다.

한편, 왕검(王儉)이란 글자가 최초로 등장하는 기록은『삼국사기』의 고구려 동천왕 21년(247년)조이다. 동천왕이 평양으로 천도하였을 때의 기록에 세주로 '평양은 본래 선인(仙人) 왕검이 살던 곳(원문, 平壤者本仙人王儉之宅也 或云王之都王險)'으로 등장한다. 인명(人名)으로 왕검이 등장하는 것은 이 기록이 최초이다. 인명이 아닌 경우 위만이 도읍하였던 고조선의 수도에 왕검 또는 왕험(王險)이 나타나기도 한다.『삼국사기』에는 선인 왕검에 대한 기록과 함께 선인 왕검이 왕이 되어 도읍한 곳이 왕험이라 기록하고 있기도 하다.

그 외에『규원사화』,『단기고사』,『환단고기』 등 근대에 이르러 등장한 단군에 대한 상세한 기록이 있으나, 이들 기록은 학계에서 위서로 판단하여 인정되지 않고 있다. 일부 재야사학자들만이 이러한 기록이 위서가 아닌 진실이라 주장하고 있다.

단군에 대한 인식: 단군은 고려 말, 대몽항쟁 시기에 주목받기 시작하여 조선시대부터 본격적으로 국조(國祖)로 추앙되었다. 세종 때에는 평양에 단군과 동명왕을 모신 사당을 지어 국가적으로 제사를 올렸으며 환인, 환웅, 단군의 신주를 모신 삼성당(三聖堂) 또는 삼성사가 황해도 문화현 구월산에 만들어지기도 했다.

구한말에는 외세의 각축에 대항하는 한민족의 구심점으로 대폭 강조되어 단군교(檀君敎)와 같은 종교로까지 발전하기도 하였다. 이렇게 민족주의의 구심점으로 부각된 단군은 일제강점기 동안 독립운동의 정신적 토대로 큰 역할을 하였다. 또한 대종교 및 독립운동 세력에 의해 단군 시대의 역사를 민족주의적 관점에서 부풀린 『대동사강』, 『규원사화』 등의 위서들이 편찬되기도 했다. 한편으로는 일제 혹은 친일파들이 단군을 종교적·학문적으로 이용하여 민심을 무마하려 하거나 일선동조론 등의 황국신민화 정책에 악용하기도 하였다.

광복 이후 남한의 단군에 대한 연구는 고조선 사회에서 가지는 역사적 의미에 중점을 두었다. 단군왕검은 고조선 사회의 제주이자 군장으로, 단군은 대제사장적인 성격을 많이 담고 있으며 왕검은 국가를 통치하는 대군주의 의미를 띠고 있다고 해석한다. 즉 제정일치의 지도자이다. 방언의 분포와 비교언어학적으로 살펴볼 때에도 제사장과 정치적 지도자를 함께 이르는 것으로 파악하고 있다. 최남선은 무당이 '단골'로 불리는 것을 주목하여 단군을 제사장의 의미로 해석하였으며, 단(檀)을 제터(壇)의 다른 표현이라 하여 단군을 '壇君(단군)'으로 표기할 것을 주장하기도 하였다. 최남선의 지적에 대해 무녀를 당골네라고 부르는 것은 무녀가 서낭당이 있는 고을에 산다고 하여 '당골네'로 부르는 것일 뿐, 단군과는 관련이 없다는 지적이 있다.

북한에서는 광복 이후 단군 및 단군신화를 고조선에서 정치권력이 성립하는 과정을 정당화하기 위해 꾸며진 건국신화로 보는 것이 기존의 입장이었다. 그러나 1994년에 단군릉을 발굴할 무렵부터 입장을 바꾸어 단군 신화는 역사적 사실을 반영하고 있고 단군이 실존인물이라고 주장하였다. 또한 단군은 한민족이 세운 국가인 고조선의 최초의 왕으로서 출생·건국·무덤이 모두 평양에 있다고 주장한다. 평양시 근처에는 북한이 발굴하여 재건한 단군릉이 있으나, 그 사실 여부에 대해서 남한 학계는 비판적인 입장이다. 특히 1990년대 이후 갑작스러운 입장 변화에 대하여 남한의 역사학계는 주체사상이 북한의 역사관으로 강조되게 된 정치적 요인에 의한 것이라고 보고 있다.

세간의 인식: 1980년대 이후 『환단고기』와 같은 위서가 유행하면서 세간에는 단군의 역대 왕계보가 퍼지기도 하였다. 한편 2007년에 청동기 시대의 연대를 기존보다 더 오랜 것으로 파악할 수 있는 고고학 발굴 결과에 발맞추어 국사교과서의 고조선 관련 부분의 서술에서 고조선의 편년을 조금 더 확정적으로 서술하는 형태로 지침이 변경되었다. 그러나 언론에서는 이를 "단군·고조선을 신화에서 역사로 수정"한다는 자극적인 보도를 하여 세간의 오해를 불러일으켰다. 역사학계와 국사편찬위원회는 이러한 언론의 보도가 사실이 아니라는 우려를 표명하기도 하였다.

종교 속의 단군: 단군은 조선시대부터 환인, 환웅과 함께 국조로 민간에서 숭상되었으며 국가적으로도 사당을 지어 제사하였다. 특히 황해도 지역에서 단군 관

런 신앙이 활발하게 전개되었던 것으로 보인다. 구한말 외세의 침탈이 격화되면서 단군에 대한 숭상은 점차 강화되어 환인, 환웅, 단군을 신앙의 대상으로 삼는 대종교로 발전하기도 하였다. 그 외에도 단군을 신앙하는 여러 소수 종교가 나타나기도 한다.

사료 속의 단군: 『위서(魏書)』-『삼국유사』에서 인용된 『위서(魏書)』에는 단군왕검이 아사달에 개국한 국가로 기록되어 있다. 그러나 실제 『위서(魏書)』에는 관련 기록이 없다.

『고기(古記)』-『고기(古記)』는 현재 전해지지 않으며,『삼국유사』에서 인용되었다. 당고 즉위 50년에 단군이 평양성을 수도로 삼고 고조선을 세운 뒤 아사달로 도읍을 옮기고 1500년간 다스렸다.

『단군고기(檀君古記)』-『단군고기(檀君古記)』는 현재 전해지지 않으며, 『세종실록』「지리지」에서 인용되었다. 고조선의 임금은 단군(檀君), 부루(夫婁), 금와(金蛙)의 3대만 기록되어 있다.

『부도지(符都志)』*- 고조선의 임금은 임검씨(壬儉氏), 부루씨(夫婁氏), 읍루씨(浥婁氏)의 3대만 기록되어 있다.

··················

*『부도지(符都志)』: 삼국시대 신라학자 박제상이 저술한 것으로 전하는 1만 1천여 년 전의 한민족 상고사를 기록한 역사서. 비사.

신라 때 영해 박씨의 선조인 박제상(朴堤上, 363~419)의 저술로 알려진 『징심록(澄心錄)』의 15지(誌) 가운데 맨 처음에 실린 지(誌)의 이름으로, 파미르고원(중앙아시아 동남쪽에 있는 고원. 타지크Tadzhik를 비롯하여 중국, 인도, 아프가니스탄 등에 걸쳐 있다. 티베트고원과 히말라야, 카라코람, 쿤룬崑崙, 톈산天山 따위의 산맥이 모여 이룬 것으로, '세계의 지붕'이라고 한다. 평균 높이는 6,100미터 이상이나 고원 밑바닥에서 잰 상대적인 높이는 대개 1,000~1,800미터를 넘지 않는다. 면적은 8,400㎢으로 추정되는 마고성의 황궁씨로부터 시작한 1만 1천여 년 전의 한민족(한반도와 그에 딸린 섬에서 예로부터 살아온, 우리나라의 중심이 되는 민족. 한국어를 쓰며 한반도와 남만주에 모여 살고 있다) 상고사를 기록한 문헌이다.

서지적 사항: 필사본. 오늘날 전하는 박금의 『부도지』는 1953년에 그가 필사하여 복원한 것으로 모두 33장으로 되어있다. 김은수는 1986년 이를 번역하여 출판할 때, 1장부터 26장까지를 『부도지』, 27장부터 33장까지를 『소부도지』라 하고, 여기에 김시습의 『징심록추기』와 박금의 『요정징심록연의후기』 등을 보태어 4편으로 편집하였다.

『부도지』에 따르면, 마고성(麻姑城)은 마고가 사는 성으로 지상에서 가장 높은 성이며, 천부(天符)를 받들어 선천을 계승하였다고 한다. 성의 가운데는 천부단(天符壇)이, 사방에는 각각 보단(堡壇)이 있다. 천부는 천리를 숫자로 표현하여 우주 법칙을 설명한 것이며, 천부삼인(天符三印)이란 천지 본음(本音)을 본 뜬 것이다.

이 마고성에서 출발한 한민족은 마고·궁희·황궁·유인·환인·환웅·단군에 이르는 동안 천산·태백산과 청구를 거쳐 만주로 들어 왔으며, 이렇게 시작한 한국의 상고역사는 하늘과 함께해 온 천도적(天道的) 의미를 지닌다.

부도(符都)란 하늘의 뜻에 부합하는 나라라는 뜻으로 해석된다. 1장부터 26장까지의 『부도지』는 황궁에서 단군을 거쳐 읍루(또는 단군가특)까지의 7세(世) 동안 천부(天符)가 전해온 역사를 7천년이라고 서술하고 있다. 여기서 7천년의 역년이란 단군 가륵으로부터 소급하면 서기전 9,100여 년으로, 이는 황궁씨가 출발한 때이다. 그리고 27장부터 33장까지의 『소부도지』는 후삼한과 삼국의 이야기로부터 부도의 재건과 복본(復本)의 회복으로 끝을 맺고 있다.

의의와 평가: 『환단고기』에 비유되는 것처럼 아직도 전수과정의 의문점이 남아 있다. 하지만 사라져 버린 인류 시원문화의 한 모습을 간직하고 있으며, 한민족의 국통(國統: 임금의 혈통)이 어떻게 전수되어 왔는지를 보여주고 있다는 면에서 일정한 의의를 발견할 수 있다(출처:부도지(符都志)-한국민족문화대백과사전).

『위서』 속의 단군:

역사학계에서 위서로 판단하고 있는 『규원사화』, 『단기고사』, 『환단고기』 등의 기록에는 고조선을 지배하였던 역대 단군 47대의 역년과 상세한 치세 내용이 기록되어 있다. 이들 사서는 47대의 단군 인명은 거의 모두 일치하지만 역년과 상세한 치세 내용은 큰 차이를 보인다. 특히 세상에 공개된 연도가 가장 늦은 『환단고기』에는 『규원사화』와 『단기고사』에 각각 등장하는 치세 내용이 함께 기록되어 있어 두 책을 베꼈을 가능성이 높다.

공통된 47대 단군의 왕호는 다음과 같다.

대수	한자	이름	대수	한자	이름
1	王儉	왕검	25	率那	솔나
2	夫婁	부루	26	鄒魯	추로
3	嘉勒	가륵	27	豆密	두밀
4	烏斯	오사/오사구	28	奚牟	해모
5	丘乙	구을	29	摩休	마휴
6	達文	달문	30	奈休	나휴
7	翰栗	한율	31	登兀	등올
8	于西翰	우서한	32	鄒密	추밀
9	阿述	아술	33	甘勿	감물
10	魯乙	노을	34	奧婁門	오루문
11	道奚	도해	35	沙伐	사벌
12	阿漢	아한	36	買勒	매륵
13	屹達	흘달	37	麻勿	마물
14	古弗	고불	38	多勿	다물
15	伐音	벌음/후흘달	39	豆忽	두홀
16	尉那	위나	40	達音	달음
17	余乙	여을	41	音次	음차
18	冬奄	동엄	42	乙于支	을우지
19	緰牟蘇	구모소	43	勿理	물리
20	固忽	고홀	44	丘忽	구홀
21	蘇台	소태	45	余婁	여루
22	索弗婁	색불루	46	普乙	보을
23	阿勿	아물	47	古列加	고열가

『조선상고사』- 기원전 2333년부터 기원전 1285년까지 1048년간 지속되었다.
『규원사화』- 기원전 2333년부터 기원전 1128년까지 1205년간 지속되었으며 이
　　　　후는 기자조선으로 이어진다.
『단기고사』- 기원전 2512년부터 기원전 416년까지 2096년간 지속되었다.
『환단고기』- 기원전 2333년부터 기원전 238년까지 2096년간 지속되었다.

....

단군(檀君): 초기국가시대 고조선의 제1대(재위, B.C. 2333~BC.1122) 왕.
단군은 초기국가시대 고조선의 제1대 왕이다. 재위 기간은 B.C. 2333년부터
B.C.1122년까지이며 단군왕검 · 단웅천왕이라고도 한다. 천제인 환인의 손자이며,
환웅의 아들로, 서기전 2333년 아사달에 도읍을 정하고 단군조선을 개국하였다.
이후 나라를 다스리다 1908세에 신선이 되었다고 한다. 단군에 관한 최초의 기록
은 고려시대의 스님 일연이 쓴 『삼국유사』이다. 조선시대 세종대왕이 단군을 고
조선의 시조로 이해하여 평양에 사당을 짓고 고구려 시조 동명왕과 함께 모신 이
후로 단군은 한민족의 명실상부한 시조가 되었다.
　　단군(檀君)은 단군왕검(檀君王儉) · 단웅천왕(檀雄天王)이라고도 한다. 천제(天帝)
인 환인(桓因)의 손자이며, 환웅(桓雄)의 아들로 서기전 2333년 아사달(阿斯達)에
도읍을 정하고 단군조선을 개국하였다.
　　고조선과 단군에 관한 최초의 기록은 중국의 『위서(魏書)』와 우리나라의 『고기
(古記)』를 인용한 『삼국유사』 기이편(紀異篇)을 들 수 있다. 반면에 정사인 『삼국
사기』에는 이와 같은 내용이 기록되어 있지 않아 대비된다. 한편, 고려시대의 기
록으로 이승휴(李承休)의 『제왕운기(帝王韻紀)』가 있으며, 이와 비슷한 내용이 조
선 초기의 기록인 권람(權擥)의 『응제시주(應製詩註)』와 『세종실록』지리지 등에
나타나고 있다.
　　생애 및 활동 사항:
　　일반적으로 단군의 탄생과 고조선 건국에 관한 문제를 논급할 때 일차적으로
인용하는 기록은 『삼국유사』이다. 먼저 『삼국유사』의 내용을 보면 다음과 같다.
　　"옛날 환인의 서자(庶子: 장남이 아닌 차남 이하의 아들) 환웅이 자주 세상에
내려가 인간 세상을 구하고자 하므로 아버지가 환웅의 뜻을 헤아려 천부인(天符
印) 3개를 주어 세상에 내려가 사람을 다스리게 하였다. 환웅이 무리 3,000을 거
느리고 태백산(太伯山) 꼭대기의 신단수(神壇樹) 밑에 내려와 그곳을 신시(神市)
라 이르니 그가 곧 환웅천왕이다. 그는 풍백(風伯) · 우사(雨師) · 운사(雲師)를 거
느리고 곡(穀) · 명(命) · 병(病) · 형(刑) · 선(善) · 악(惡) 등 무릇 인간의 360여 가
지 일을 맡아서 세상을 다스렸다. 이 때 곰 한 마리와 범 한 마리가 있어 같은
굴속에 살면서 환웅에게 사람이 되게 해달라고 빌었다. 환웅은 이들에게 신령스
러운 쑥 한 줌과 마늘 20쪽을 주면서 이것을 먹고 100일 동안 햇빛을 보지 않으
면 사람이 된다고 일렀다. 곰과 범이 이것을 받아서 먹고 근신하였는데 3 · 7일
(21일) 만에 곰은 여자의 몸이 되었으나 범은 이것을 못 참아서 사람이 되지 못
하였다. 웅녀(熊女)는 그와 혼인해주는 이가 없으므로 신단수 아래에서 아이를 가
지게 해 달라고 기원하였다. 이에 환웅이 잠시 변해 혼인하여 아이를 낳으니 그
가 곧 단군왕검(檀君王儉)이다. 왕검이 당고(唐高 : 중국의 성군인 三皇五帝 가운

데 堯임금을 말함. 당시 고려의 3대 왕인 定宗의 이름이 堯인 까닭에 이를 피하여 비슷한 의미인 高자로 대신 쓴 것임) 즉위 후 50년인 경인(庚寅: 당고의 즉위년은 戊辰이므로 50년은 丁巳요 경인이 아니니 틀린 듯함)에 평양성(平壤城)에 도읍을 정하고 비로소 조선이라 일컬었다. 이어서 도읍을 백악산(白岳山)의 아사달로 옮겼는데 그 곳을 궁홀산(弓忽山: 弓 대신 方 자로도 씀) 또는 금미달(今彌達)이라고도 하였다. 단군은 1,500년 동안 나라를 다스리고 주(周)나라 호왕(虎王: 주나라의 武王을 말함. 고려 2대왕 惠宗의 이름 武를 피한 것임)이 즉위한 기묘년에 기자(箕子)를 조선의 임금으로 봉하였다. 단군은 장당경(藏唐京)으로 옮겼다가 뒤에 아사달에 돌아와 숨어서 산신이 되니 나이가 1,908세였다"

한편, 『제왕운기』에서는 『본기(本紀)』(본기는 '단군본기'인 듯함)를 인용하여 다음과 같은 내용을 보여 주고 있다.

"상제(上帝)인 환인에게 서자인 웅(雄)이 있었다. (…) (아버지가) 일러 말하기를 내려가 삼위태백(三危太白)에 이르러 널리 사람에게 도움을 주라 하여 웅이 천부인 3개를 받아 귀신〔鬼〕 3,000을 이끌고 태백산 꼭대기 신단수 아래 내려오니 이가 바로 단웅천왕이다. (…) 손녀로 하여금 약을 마셔 사람이 되게 하고 단수신(檀樹神)과 혼인하여 단군을 낳았다. 조선 지역에 근거하여 왕이 되었다. 그런 까닭에 시라(尸羅: 신라)·고례(高禮: 고구려)·남북(南北) 옥저(沃沮)·동북(東北) 부여(扶餘)·예(濊)·맥(貊)이 모두 단군의 후계이다. 1,038년 동안 다스리다가 아사달산(阿斯達山)에 들어가 신이 되었으니 죽지 않은 까닭이다"

이상에서 볼 수 있듯이, 단군에 관한 내용을 전하고 있는 고려시대의 두 기록은 기본적인 내용에서는 비슷하나 세부적인 부분에서는 차이를 나타내고 있다. 먼저 단군을 표현함에 있어 『삼국유사』에서는 '제단 단(壇)' 자로 단군을 기록하고 있고 『제왕운기』에서는 '박달나무 단(檀)' 자를 사용하여 그 의미를 각기 다르게 나타내고 있다. 일반적으로 학계에서는 후자로써 단군을 나타낸다.

한편, 『삼국유사』에서는 고조선조에서 단군조선과 기자조선을 함께 기록하고 있으나, 『제왕운기』에서는 전조선(前朝鮮)이라는 항목에서 단군에 의한 조선을 기술하고, 후조선(後朝鮮) 항목에서 기자에 의한 조선을 언급하여 후속하는 위만조선과 함께 삼조선(三朝鮮)으로 구분하여 파악하고 있다.

단군신화에 대한 견해:

단군신화 관련 내용은 단군 연구에 있어 기본적인 자료로서 활용되었으나, 중심적인 내용은 『삼국유사』의 것을 근간으로 하여 다음과 같은 여러 견해가 제시되었다.

첫째, 단군신화는 고조선의 한 종족 신화이던 것인데, 대몽항쟁(對蒙抗爭) 등 민족의 단합이 요구되는 시대에 민족의 시조로 받들게 되었다고 보는 견해가 있다. 단군에 관한 기사가 실려 있는 『삼국유사』의 편찬 시기가 위에서 언급한 시대와 거의 같다는 점도 유의할 만하다. 이는 앞서 『제왕운기』에서 구월산(九月山)을 아사달산으로 보고 거기에 사당이 존재한다는 내용과도 연결된다.

한편, 조선시대 세종대왕이 평양에 사당을 지어 단군과 고구려 시조 동명왕을 함께 모신 이후로 단군은 명실상부한 국조(國祖)가 되었다. 또, 구월산에 삼성사(三聖祠: 환인·환웅·단군을 배향)가 있고 강동(江東)에는 단군의 무덤이 있다는 주장까지 등장하였다.

둘째, 단군과 관련하여 '불함문화론(不咸文化論)'이라는 견해가 전개되었다. 즉,

중앙아시아로부터 한반도·일본 등을 포함하는 지역에 '붉사상' 중심의 신앙과 사회조직을 가지는 민족이 분포하는데, 종족적 관계는 차치하더라도 문화적으로 일련의 관계가 있다는 견해이다. 여기서 백산(白山)은 그 중심이고 이 문화가 우리 역사에서 구체적 실체로 나타난 것이 단군과 부루(夫婁)라는 것이다.

셋째, 단군신화에 대한 고고학적 견해도 제기되었다. 즉, 산둥성〔山東省〕에 있는 무씨사당(武氏祠堂) 돌방〔石室〕 내의 화상석(畵像石: 중국 후한시대 산둥성 山東省 자상현嘉祥縣 무씨사당 석실 내에서 발견된 화상석으로 내용이 단군신화와 유사하다고 전함) 그림이 문헌에 보이는 단군 신화의 내용과 일치한다는 것이다. 따라서 단군신화의 내용은 북방계의 샤머니즘과 관련되며, 이들 특성은 종족 이동에 의한 것으로 이해되었다. 그러나 최근 이 견해의 근간이었던 무씨사당 화상석의 내용이 단군신화의 내용과는 관련이 없다는 비판도 제기되었다.

넷째, 단군신화에 관한 문헌 위주의 해석이 아닌 역사적 입장에서 결론을 내린 견해도 있다. 즉, 이 신화가 삼신사상의 표현이고, 구체적으로는 태양신화와 토테미즘이라는 두 계통의 신화가 혼재된 것으로 이해하는 것이다. 따라서 단군신화는 신화를 달리하는 두 종족이 정치·사회적으로 통합되면서 이들 두 종족의 시조신화가 혼재된 것이며, 이것이 고조선의 일부족적 시조설화였던 것인데 삼국통일과 고려시대에 민족의식이 고조되면서 한민족의 시조신화로 변한 것이라고 이해하는 것이다.

다섯째, 단군신화는 천신족(天神族)인 환웅이 지신족(地神族)인 고마족의 여성과 혼인하여 단군이 출생하였다는 것을 설화화한 것이라고 보고, '단군'이라는 호칭은 무군(巫君), 즉 제주적(祭主的) 의의가 많고 '왕검'이라는 호칭은 정치적 군장(君長)의 의의가 강하므로, 종교적 기능과 정치적 기능이 명칭상에서 구분된다고 파악하는 견해도 제시되었다.

여섯째, 단군신화를 단순한 신화나 토테미즘이라는 관점에서 해석하려는 태도를 벗어나 우리 민족 태고의 의식을 보여주는 것이라고 파악하는 견해도 있다. 이 견해는 원시 부족들의 원시 신앙에 관한 내용을 『삼국유사』의 기록과 비교하여, 농경관계 기사를 곡물 재배 민족의 제의(祭儀)로 파악하고 환웅과 웅녀를 쌍분체제(雙分體制, dual organization)로 간주하며, 곰과 범이 한 굴에서 살았다는 내용을 일광금기(日光禁忌)와 탈피(脫皮) 동기에 초점을 맞추어 이해한다.

일곱째, 단군신화의 신화 자체에 나타난 사회상을 강조하고, 또 이를 신봉한 집단이 어떠한 사회집단이었는가를 강조하는 견해도 있다. 이 견해는 고조선의 계보가 한족(漢族)의 기자전설이 개입되어 혼란이 있음을 지적하고, 위만조선을 단군조선에서 교체되는 것으로 이해하여 고조선에 단군조선과 종래의 기자조선을 포함시킨다.

이상의 여러 견해들을 감안할 때 단군신화에 대한 이해는 문헌과 고고학적 방법을 연결시켜 분석하는 것이 합리적일 것이다. 즉, 단군신화가 포용하고 있는 역사의 시대가 과연 고고학적으로 어떠한 문화를 내포한 시대인가에 대한 문제를 제기하는 것이다.

한편, 단군을 중심으로 볼 때 웅녀의 존재는 곰의 자손이라는 사상이 중심이 됨을 보여주고 있다. 이 신화 내용을 동북아시아 지역과 연결시켜 고려할 때 고아시아족(古亞細亞族, Paleo Asiatic)의 존재에 주목하게 된다. 이들의 시조신화에는 곰 숭배사상이 나타나며 그들은 자신들이 곰의 자손이라고 믿고 있다. 또한,

고아시아족이 곰 숭배와 함께 갖고 있는 샤머니즘에서의 종교적 요소와 단군신화를 비교해 보면, 최고의 샤먼을 지칭하는 탱그리(tengri)와 단군신화의 '단군', 그 기능과 관련된 세계목(世界木) 관념과 단군신화의 신단수 등은 단군신화의 내용을 고아시아족과 연결시켜 파악할 수도 있음을 보여준다.

더욱이, 우리의 신석기문화가 시베리아 지역과 관련되며, 시베리아 신석기문화의 담당자가 고아시아족이라는 사실에서, 단군신화의 시대적 성격이 신석기문화와 연결되고 있음을 알 수 있다. 이와 같은 사실은 신석기시대의 대표적인 빗살무늬토기[櫛文土器]가 청동기시대의 민무늬토기[無文土器]로 변화한 것이 종족과 문화 변화의 결과라는 것을 염두에 둘 때, 우리의 청동기문화를 담당한 종족이 알타이 계통의 예맥족이며, 그 출현 시기는 이른바 기자조선으로의 변화 시기와 부합한다는 것에서 그 전환점을 주목해야 한다.

이와 함께 단군의 개국 연대가 중국의 요임금과 연결되어 있으나 이 점은 더 연구를 필요로 한다. 최근 이 시기의 문제와 관련하여 요령(遼寧)지역의 풍하문화(豊下文化: 夏家店下層文化)가 청동기문화로서 단군의 개국연대와 연결된다는 견해가 있으나 이 문화와 우리와의 직접적인 관련성은 약한 것으로 보인다.

한편, 단군신화를 시대적 변화를 계기적으로 반영한 것으로 이해하는 견해도 있다. 즉, 첫째 단계에서는 씨족 사회에서의 단순한 씨족 토템이 생겼고, 둘째 단계에서는 '군사 민주주의 단계'로 이행하는 시기에 '군사수장'으로서의 단군이 등장한 것이며, 셋째 단계에서는 계급국가 형성 후 고조선 국왕으로서의 단군이 등장한 것으로 보는 것인데, 이에는 보다 철저한 검증이 요구된다.

또, 단군 관계 문헌에 대하여, 『삼국유사』를 불가(佛家) 계통의 사서로, 『제왕운기』 등은 유가(儒家) 계통의 사서로, 『규원사화(揆園史話)』·『환단고기(桓檀古記)』 등을 도가(道家) 계통의 사서로 보아 단군조선의 역사가 47대 마지막 왕에 이르기까지 실사(實史)였음을 강조하는 견해가 제시되기도 하였다.

단군의 민족사적 의의: 역대 단군 인식의 변화를 시기에 따라 네 단계로 구분해 보기도 한다. 제1단계는 고조선 당시의 단군 인식으로, 고조선 시조신으로서의 단군이며, 제2단계는 고조선 멸망 이후부터 고려 중엽(13세기)까지로, 단군을 한반도 서북지역에서 지역신으로 인식되던 시기라고 한다. 제3단계는 고려 중엽에서 한말(20세기 초)까지이며, 이 시기는 단군이 한국의 국조, 즉 나라를 처음 있게 한 시조로 숭배되던 시기이며, 제4단계는 한말부터 현재까지로 단군이 민족의 시조로 인식되는 시기라고 본다.

원래 신화는 역사적인 사실 바로 그 자체는 아니라고 하더라도, 그 속에 내재된 역사성을 중시해야 하며, 어떤 맥락에서든 신화의 의미는 풀려야 한다. 그러나 단군의 개국신화를 그대로 왕조사인 것처럼 해석하는 것에는 무리가 있다. 어쨌든, 단군신화는 우리 민족이 수난을 당하고 위기에 처할 때마다 민족이 단합하는 구심체 구실을 해왔고, 앞으로도 그런 의미와 가치를 유지할 것이다.

단군을 신앙의 대상으로 삼아 종교로 발전한 것이 대종교(大倧敎)다. 개천절은 이 종교에서 행하던 의식이었으나 광복 후에는 정부에서 정식으로 개국에 관한 국경일로 정하게 되었다. 한동안 우리나라에서 사용한 단기(檀紀)는 고려 말 우왕의 사부였던 백문보(白文寶)가 처음 사용했으며, 단기 원년을 서기전 2333년으로 보는 근거는, 조선시대의 사서인 『동국통감』에서 고조선의 건국을 요임금 즉위 25년 무진으로 본 것에 있다. 단기의 사용은 1962년 1월 1일부터 중지되고 서기로만 쓰게 되었다([출처-단군(壇君) 한국민족문화대백과사전]).

79) 팽우(彭虞 ?~?)는 단군의 신하로, 전국의 산과 강을 정리해서 사람이 살기 좋게 만들고, 사람들이 살 마을 지역을 정해서 잡아 준 공이 있고 특히 길을 뚫는 일에서 활약을 펼쳤다는 전설이 있습니다. 보통 팽우가 활약하던 시대는 아주 큰 홍수가 일어나서 사람들이 혼란에 빠진 시기를 전후로 하는 것으로 되어 있습니다(출처=http://egloos.zum.com/gerecter/v/5136884).

80) 신지(神誌): 고대 문자를 주관한 것으로 추정되는 벼슬로 '신지선인(神誌仙人)'이라고도 한다. 『태백일사(太白逸史)』, 「신시본기(神市本紀)」에 따르면, 환웅시대의 신지 혁덕(赫德)이라는 사람이 고대 문자를 만들었다고 하며[桓雄天皇 又復命神誌赫德 作書契], 「소도경전본훈(蘇塗經典本訓)」에서는 신지 혁덕이 구전으로 전해지던 『천부경(天符經)』을 녹도문(鹿圖文)으로 기록하였다고 한다[桓雄大聖尊 天降後 命神誌赫德 以鹿圖文記之]. 또한 단군시대의 신지 발리(發理)가 『신지비사(神誌祕詞)』를 지었다고 하며, 옛 삼신 제사의 서원문을 기록한 것이라고 한다[神誌祕詞 檀君達門時人 神誌發理所作也 本三神古祭誓願之文也]. 이와 유사한 내용이 북애자(北崖子)의 『규원사화(揆園史話)』, 「태시기(太始記)」에서 "환웅이 신지에게 글자를 만들도록 명하였고, … 신지는 사냥 나갔다가 … 사슴 발자국을 보고 문자를 만들었다[又使神誌氏作書契 … 一日出行狩獵 忽驚起一隻牝鹿 彎弓欲射 旋失其蹤 … 始見足印亂鑽 向方自明 乃俯首沈吟旋復猛省曰 記在之法 惟始斯而已夫 如斯而已夫]"라고 기록하고 있다([출처:신지(神誌)-한국민족문화대백과사전]).

81) 튜턴족(Teutones, Teutoni)은 로마 삭가들이 언급한 고내 부족이다. 튜틴족은 일반적으로 게르만족이라고 분류되며, 기원전 2세기 말 로마 공화정의 전쟁인 킴브리 전쟁에 참여한 것으로 잘 알려져 있다. 튜턴족들은 일반적으로 게르만족 부족이라 분류된다.

82) 12동표(銅表): 로마의 가장 오랜 성문법(成文法). 동판(銅版)에 새겨졌다는 전설도 있어서, 일명 십이 동판법(十二 銅版法)으로 부르기도 한다. 로마 공화정(共和政) 초기의 법률은 아직 관습법(慣習法)이어서 귀족만이 알고 그들만이 마음대로 해석하여 평민은 불리하였으므로 호민관(護民官) 테렌틸리우스의 제안에 의해 법을 성문화하게 되고, B.C. 451년 압피우스 클라디우스 이하 10명의 입법관이 선출되어 법률 10표(表)를 제정하였으나 평민은 여전히 불평이었으므로, 다시 10명의 입법관을 선정, 2표를 추가하여 완성하였다. 원문은 전하지 않으나, 지금 있는 것은 17세기경부터 시작한 일문 집성(逸文集成)이다. 그 내용의 개략은 1표=민사소송 수속(訴訟手續), 2표=경쟁금 소송 금액(競爭金訴訟金額), 4표=가장권(家長權), 5표=유산(遺産) 및 후견(後見), 6표=소유권 취득의 제법(諸法), 8표=불법 행위, 9표=시민권의 박탈, 11표=귀족과 평민의 경혼 금지 등으로 되어 있다(조의설 편, 『세계사대사전』, 민중서관, 1976, 659쪽).

83) 여수기(余守己): 초기국가시대 서 씨 성을 하사받은 예국의 군장. 9명의 아들이 여러 군을 나누어 다스려 인민들에게 공이 있고, 인민들이 따르자 서 씨(徐氏) 성을 하사받았다[출처:여수기(余守己)-한국민족문화대백과사전]).

84) 원로원(元老院): 고대 로마 정치 기구의 한 기관. 공화정 시대의 실질적인 지배 기관으로 왕정 시대부터 존재하였다. 정원은 최초에는 1백 명 많을 때는 9백 명이었다. 원로원 의원 사이에도 권한의 차가 있는데, 상급 의원에 비하여 걷는 의원(Senatorres pedarii)이라 불리는 하급 의원은 발언권이 없고, 투표권만 있을 뿐이었다. 원로원의 직무는 그 권위로써 민회(民會)의 의결을 비준하였는데, 이 비준 없이는 민회의 결의는 법적 효력을 가질 수 없었다(조의설 편, 『세계사대사전』, 민중서관, 1976, 860쪽).

85) 장당경(藏唐京): 단군(檀君)이 기자(箕子)가 조선에 봉하게 된 뒤에 일시 옮겨 있었다는 지명. 고기록에는 당장경(唐藏京)이라고도 하며, 장장평(庄庄坪)에 비정하여 오고 있다.

『삼국유사(三國遺事)』 「기이(紀異)」 제1 <고조선조>에는 『고기(古記)』를 인용하여 "요(堯) 임금이 즉위한 지 50년인 경인에 평양성에 도읍하고 비로소 조선이라 칭하였다. 또, 도읍을 백악산 아사달에 옮겼는데 그곳을 궁홀산 또는 금미달이라고도 한다. 나라를 다스리기를 1,500년이 되어 주(周)의 무왕(武王)이 즉위한 기묘년에 기자를 조선에 봉함에, 단군은 곧 장당경으로 옮겼다. 뒤에 아사달로 돌아와 은거하다가 산신이 되었는데, 나이 1,908세였다(以唐高卽位五十年庚寅都平壤城 始稱朝鮮 又移都於白岳山阿斯達又名弓忽山 又今彌達 御國一千五百年 周虎王卽位己卯 封箕子於朝鮮 檀君乃移藏唐京 後還隱於阿斯達 爲山神 壽一千九百八歲)"고 기록되어 있다. 이 기록에 의하면, 단군이 최초로 정한 도읍은 평양성이고 뒤에 아사달로 옮겨 약 1,500년간 지속되었다. 그러나 주의 무왕이 즉위하여 기자를 조선에 봉함으로써 단군은 도읍을 장당경으로 옮겼다. 그러므로 장당경은 세 번째 도읍이다. 장당경으로의 천도는 단군을 수장(首長)으로 하는 고조선 내에 큰 역사적 사건이 일어났음을 알려준다.

장당경의 위치는 정확하지 않다. 다만, 역사지리서에 단편적으로 기록되어 있으며, '당장경(唐藏京)'으로도 표기되어 있다. 『고려사』 지리지에는 유주(儒州) 장장평(庄庄坪)은 "세상에서 전하기를 단군이 도읍한 곳이다. 즉, 당장경의 잘못이다[世傳檀君所都 卽唐藏京之訛]"라고 하였다.

또, 『세종실록』 지리지 황해도 <문화현조(文化縣條)>에는 "장장평은 현 동쪽에 있고 세상에서 전하기를 단군이 도읍한 곳으로서, 즉 당장경이 잘못 전해진 것이다[庄庄坪在縣東 世傳檀君所都 卽唐藏京之訛]"라고 기록되어 있다. 또, 『신증동국여지승람(新增東國輿地勝覽)』 권42 <문화현조>에도 "장장평은 현 동쪽 15리에 있으며, 세상에서 전하기를 단군이 도읍한 곳으로서 그 터가 아직 남아 있다. 『고려사』에 장장평이라 하였는데, 이것은 당장경이 잘못 전해진 것이다[莊莊坪在縣東十五里 世傳檀君所都 其址尙存 高麗史以爲莊莊坪 乃唐藏京之訛]"라고 하였다. 이들 기록에 의하면 장당경의 위치는 황해도 문화현(文化縣)이 된다. 그러나 위의 기록들은 단편적이고 구체성이 결여되어 있으며 논리적 연관성도 부족하므로 사실성이 희박하다. 설령, 문화현이 도읍지였다 하더라도 『삼국유사』에 기록된 당시의 수도라고 단정지을 수는 없다([출처:장당경(藏唐京)-한국민족문화대백과사전]).

86) 이암(李嵒, 1297~1364)이 찬술했다고 하는 『단군세기(檀君世紀)』에 단군의 역대 왕명이 상세하게 기술되어 있지만, 이 책이 위서(僞書)라는 인식보다는(대종교 신자였으므로) 저자인 안확은 이 책을 접하지 못했던 것으로 보인다.

....

* 이암(李嵒, 1297~1364): 고려후기 찬성사, 좌정승, 수문하시중 등을 역임한 관리. 문신.

본관은 고성(固城). 초명은 이군해(李君侅). 자는 고운(古雲)·익지(翼之), 호는 행촌(杏村). 판밀직사사 감찰대부 세자원빈(判密直司事監察大夫世子元賓)인 이존비(李尊庇)의 손자이며, 철원군 이우(鐵原君 李瑀)의 아들이다.

1313년(충숙 즉위년) 8월 과거에 급제하였으며, 충숙왕이 이암의 재주를 아껴 부인(符印)을 맡겨서 비성교감(祕省校勘)에 임명된 뒤 여러 번 자리를 옮겨 도관정랑(都官正郎)이 되었다. 충혜왕 초 밀직대언 겸 감찰집의(密直代言兼監察執義)에 올랐으며, 1331년(충혜 1) 4월 우대언(右代言)으로 밀직제학 한종유(韓宗愈)와 더불어 과거를 주관하였다. 1332년(충숙 복위 1) 2월 충숙왕이 복위해 충혜왕의 총애를 받았다는 이유로 섬으로 유배되었다. 1340년(충혜 복위 1) 지신사(知申

事)로 복직하였으며 이후 동지추밀원사(同知樞密院事)·정당문학(政堂文學)·첨의평리(僉議評理) 등을 역임하였다. 이듬해 7월 밀직부사로서 판전의시사(判典儀寺事) 김광재(金光載)와 함께 과거를 주관하였으며, 충혜왕이 전교부령(典校副令)에 무인 한용규(韓用規)를 임명하려하자 이를 반대했으나 왕이 듣지 않았다. 충목왕이 즉위하면서 찬성사가 되었고, 좌정승 김영돈(金永旽) 제학(提學) 정사도(鄭思度)와 함께 정방(政房)의 제조(提調)가 유배되었다가 곧 사면되었다. 그러나 환관 고용보(高龍普)가 인사행정을 공평하지 않게 처리한다고 왕에게 진언하여, 이로 인해 밀성(密城)에 유배되었다. 충목왕이 죽자 서자 왕저(王胝: 뒤의 충정왕)를 왕으로 세우기 위해 원나라에 다녀온 뒤, 1349년(충정 1) 윤7월 여흥군(驪興君) 민사평(閔思平)과 함께 정방의 제조에 임명되었고, 7월 추성수의동덕찬화공신 도첨의찬성사(都僉議贊成事)가 되었고, 10월 좌정승에 올랐다. 공민왕 초 철원군(鐵原君)에 봉해졌으나 1353년(공민 2) 청평산(淸平山)에 들어갔다가, 1358년(공민 7) 8월 수문하시중(守門下侍中)에 제수되었다. 1359년(공민왕 8) 홍건적이 침입했을 때 수문하시중으로서 서북면도원수가 되었으나 얼마 뒤 겁이 많아 도원수로서 군사를 잘 다스리지 못했다는 이유로 12월 평장사(平章事) 이승경(李承慶)으로 교체되었다. 1361년 11월 홍건적이 개경에 쳐들어오자 왕을 따라 남행(南行)했고, 이듬해 3월 좌정승에서 사퇴하였다. 1363년 윤3월 왕이 안동으로 피난할 때 호종한 공로로 1등공신으로 철성부원군(鐵城府院君)에 봉해지고 추성수의동덕찬화익조공신(推誠守義同德贊化翊祚功臣)이라는 호가 하사되었다. 이듬해 5월 세상을 떠났다. 글씨에 뛰어나 동국(東國)의 조자앙(趙子昻)으로 불렸으며, 특히 예서와 초서에 능했다. 필법은 조맹부(趙孟頫)와 대적할 만하며, 지금도 문수원장경비(文殊院藏經碑)에 글씨가 남아 있다. 그림으로는 묵죽에 뛰어났다. 우왕 때 충정왕(忠定王)의 묘정에 배향되었다. 시호는 문정(文貞)이다([출처:이암(李嵒)-한국민족문화대백과사전]).

87) 대가(大加): 부여와 고구려시대의 부족장(部族長).
원래는 독립된 소국(小國)의 지배자였으나 맹주국에 통합됨에 따라 부족장의 신분에 머무르게 되었다. 부여의 경우 마가(馬加)·우가(牛加)·저가(猪加)·구가(狗加) 등을 들 수 있다. 고구려의 경우 연맹왕국을 형성한 오부족(五部族)의 족장 후예들과 전왕족(前王族)이나 왕비족 집단의 우두머리가 해당된다. 부여나 고구려 사회는 연맹체적인 유대가 강했으므로, 부족장들은 정치적인 자치권을 어느 정도 유지하고 있었다. 그리하여 지배기반의 차이에 따라 수만 명 이상의 주민을 지배하거나, 왕과 마찬가지로 사자(使者)·조의(皂衣)·선인(仙人) 등과 같은 관료조직을 갖추기도 하였다. 아울러 읍락(邑落)의 군사 지휘권도 독자적으로 장악하였다. 이러한 군사 지휘권은 읍락 내 병력 동원권과 연계되어 있던 것이며, 병력 동원권은 역역(力役) 동원권과도 밀접하게 연결되어 있는 것이었다. 그리고 이러한 권리가 대가들의 자치권을 구성하는 주요 부분이었다. 그 밖에 호민(豪民)을 통해 촌락의 농민들로부터 거두어들인 재물을 우선적으로 장악하기도 하였다. 그 결과 비단옷과 값비싼 털옷을 입었으며, 금·은으로 꾸민 책(幘: 모자)과 조두(俎豆: 고급 식기)를 사용할 수 있었다. 그리고 많은 인원을 순장(殉葬)할 수 있는 세력을 가지고 있었다. 이외에 대가는 재판권도 가지고 있었는데, 형률을 담당하는 관서가 없을 때에는 관습법에 따라 대가들이 재판을 처결하였으며, 수도에서는 여러 명의 대가들이 함께 재판에 관여하였다. 이렇듯 대가는 정치적 권력의 소유자일 뿐만 아니라, 경제적인 부의 소유자이기도 하였다. 그리고 이러한 정치적 권력이나 경제적인 부는 세습이 가능했다. 따라서 연맹왕국에서의 정치적 실권은 왕보다는 오히려 대가들에게 있다고 보이기도 한다. 그러나 다른 한편에서 볼 때 대가들은 그들이 지배하고 있는 읍락의 저항이나 이탈 등을 제어하는 데 있어 왕실의 지원을 기대할 수 있었고, 특히 외세의 침공에 따른 지배기반의 근본적인 파탄을 막는데 있어 국가의 역할은 절대적인 것이었다. 이 때문에 각 대가들은 왕실을 중심으로 결집하게 되었다. 이에 대가들은 자신들의 자치권을 일정부분 왕에게 통제받고 있었다. 대표적으로 무역권과 대외교섭권을 박탈당한 상태이며, 거느린 가신(家臣)의 명단을 왕에게 보고해야만 하였다. 이들 가신 역시 왕 직속의 같은 관리들과는 차등이 있었다. 이러한 점을 감안할 때 대가는 왕권질서 체계 내의 범위를 크게 벗어나지 못한 위치에 있었으며, 결국 중앙의 귀족적 정치세력으로 성장하게 되었다([출처:대가(大加)-한국민족문화대백과사전]).

88) 아르콘(Archontes)은 지배자 또는 로드(主)를 의미하는 그리스어 낱말이다. 흔히 고대 그리스의 특정한 고위 공직을 지칭하는 용도로 사용되며, 이 경우 집정관(執政官)이라 번역된다. 이때는 고대 로마의 관직으로서의 집정관(Consul)과는 구분하여야 한다. 고대 그리스에서 집정관이란 관직은 폴리스의 성립과 더불어 생겨나서 민주정 시대까지 이어졌으며 고대 아테네의 민주정 시대에서는 9명의 집정관이 있었다(위키백과).

89) 하호(下戸): 전근대기에 촌락을 구성하던 농민층을 가리키는 역사용어.
　중국에서는 여러 시대에 걸쳐 널리 사용되어 왔으며, 조선시대에도 간혹 쓰였다.『삼국지』「동이전」에서 당시 동방 사회의 하층민을 지칭하던 하호는, 2~3세기 무렵 한국 고대 사회의 사회 구성을 이해하는 데 중요한 사료가 된다. 한국사에서 역사적 학술어로서의 하호는 사실상『삼국지』「동이전」및 이와 같은 시대의 저술인『위략(魏略)』의 것에 한정된다.『삼국지』「동이전」에서 하호가 쓰인 용례를 살펴보면, 부여조에서 "邑落有豪民民下戸皆爲奴僕(읍락유호민민하호개위노복)"(宋本)이라 해 3세기 무렵 부여의 읍락을 구성하는 계층으로서 하호의 존재를 기술하고 있다. 이 기사에서 먼저 문제가 되는 것은 호민, 민, 하호의 세 계층으로볼 것인지 아니면 호민, 민=하호의 두 계층으로 볼 것인지이다. 이를 위해서는『삼국지』<동이전>에서 하호가 쓰인 다른 용례를 살펴볼 필요가 있다. 예조(濊條)에는 "대군장은 없으며, 한(漢) 이후 그 관에는 후(侯)·읍군(邑君)·삼로(三老)가 있어 하호를 통솔하였다"라고 해 동예의 읍락 구성을 후·읍군·삼로와 하호의 두 집단으로 파악했음을 보여 준다.「왜인조(倭人條)」에는 "그 풍속에 대인은 4, 5명의 아내를, 하호는 혹 2, 3명의 아내를 거느렸다. 하호가 길에서 대인을 만나면 곧 길 옆의 풀밭으로 피한다"라고 해 대인과 하호를 대비해 기술하고 있다. 또 고구려조에는 발기(拔奇, 發岐)가 이이모(伊夷模, 산상왕)와의 왕위 계승 분쟁에서 패배하자, 소노부(消奴部)의 장과 함께 각 3만 명의 하호를 거느리고 요동의 공손강(公孫康)에게 투항했다고 하였다. 이때의 하호 3만 명도 민(民) 아래의 어떤 다른 계층을 표현한 것으로 보기는 어렵다. 발기를 지지하는 집단과 소노가(消奴加) 휘하의 소노부의 일반 민이다. 여기에서도 역시 발기와 소노가로 대표되는 지배 세력과 하호를 대비시켜 구분하면서 기술하고 있다. 또한 '좌식자(坐食者)'와 '그들에게 식량을 공급하는 하호'라는 표현도 두 집단을 대비시켜 서술한 방법이다. 곧 중국인이 당시 동방 사회에서 제가(諸加)나 호민·대인 등으로 표현했던 지배층과 대비되는 피지배민을 일률적으로 하호라 했고, 하호는 신분상으로 노예는 아니었음을 알 수 있다. 따라서 위 부여조의 기사는 '읍락에 호민이 있고, 민은 하호로서 모두 노복과 같은 처지에 있다'라고 해석해야 할 것이다(한편 波古閣本에서는 民下戶를 名下戶라 해 차이를 보이고 있다. 그러나 그에 따르더라도 '하호라고 하는 것은'의 뜻이니, 부여의 읍락 구성을 호민과 하호의 두 집단으로 나누어 파악한 것으로 다른 의미가 포함되어 있는 것은 아니다). 하호라는 용어는 중국에서 한대(漢代) 이후 계속 사용되어 왔는데, 각 시대마다 뜻이 달랐다. 『삼국지』나 『위략』이 편찬된 시기와 가장 가까운 시대인 한대에 하호는, 부강한 호족으로서의 상가(上家)와 대비되는 무력하고 빈한한, 그러나 독자적인 자신의 가계(家計)를 가지며 자유로운 신체를 보유한 소작농을 가리키는 용어로 쓰였다. 이러한 뜻의 하호는 뒤이은 시기에 전호(佃戶)·전객(佃客)이라는 용어로 대치되었고, 후대의 하호는 3·5·9등으로 나누는 호등제에서 하등호를 가리키는 것이 되었다. 아무튼 한대에 사용된 하호의 개념은 『위략』이나 『삼국지』에 나오는 하호의 의미와 깊은 연관이 있음을 알 수 있다. 즉 당시 동방 사회의 하층민의 처지가 중국 소작농과 유사하다고 느껴, 그들을 표현하는 데 동일한 용어로서 하호라고 기술했을 개연성을 추측할 수 있다. 그러나 일률적으로 하호라고 표현된 당대 동방 사회의 피지배민의 처지가 한대의 하호와 사회 구조적인 면에서 동일하다고 보기는 어렵다. 이는 당시 중국인이 동방 사회를 살펴보았을 때 외형상으로 빈한하고 열세한 일반 민의 존재를, 당시 자기들 사회의 빈한한 민을 가리키는 하호라는 용어로 기술한 것뿐이다. 따라서 하호의 사회적 성격은 당대 동방 사회의 역사적 성격에 의해 규정지어질 수밖에 없다. 또한 동일한 용어로서 하호라고 기술했지만, 각 종족 집단의 정치적 상황과 사회 분화의 정도에 따라 현실적으로 그 성격에 차이가 있으므로 이를 일률적으로 정의하기는 어렵다. 구체적으로 그 용례와 각 종족의 상황에 대한 검토가 필요하다. 먼저 동예의 경우를 살펴보면, 하호를 통주(統主)했다는 후·읍군·삼로라는 존재는 한군현 시대 이후 중국인이 내린 칭호를 그대로 사용하고 있던 읍락의 거수(渠帥)들이다. 그들은 대군장의 지배 세력이 아직 성립되지 않은 상태에서 각 읍락별로 자치를 영위하고 있었다. 각 읍락은 산천을 경계로 한 일정한 구역을 가지고 있었으며, 그 구역 내의 산림과 하천 등을 공유지로 보유하였고, 호랑이를 신으로 섬기는 산신 신앙을 가지고 있었다. 당시 사회에서는 남의 읍락에 침범했을 때에는 생구(生口)나 우마(牛馬)를 배상으로 지불해야 하였다. 이 생구의 존재로 보아 노예도 있었으나, 전체적으로 볼 때 사회 분화가 별로 심하지 않았던 것으로 여겨진다. 부내예왕(不耐濊王)까지도 민간과 섞여 함께 거주했다고 함은 이를 말해 준다. 이러한 상황에서 하호들이란 곧 이 읍락 공동체의 일반 구성원들이었다. 그리고 하호의 처지는 일차적으로 공동체적 유대 관계의 제약하에서 거수와 읍락 구성원의 관계로 규정지어졌으며, 이차적으로는 읍락별로 고구려에 의해 지배, 수탈되었다. 이러한 상태는 옥저도 마찬가지였다. 옥저를 복속시킨 고구려는 거수들로 하여금 읍락을 자치하게 하고, 그들 중 대인(大人)에게 사자(使者)의 벼슬을 주어 고구려 통치 조직의 말단에 귀속시킴으로써 읍락들을 통괄 조정하였다. 그리고 대가(大加)에게는 거수를 통해 거두어들인 조세와 포·물고기·소금 등의 공납물을 본국에 수송하게 하는 책무를 맡겼다. 아울러 미녀도 징발해 갔다. 동예나 옥저의 경우, 읍락의 하호는 일종의 집단 예민과 같은 처지였다. 고구려의 하호는 『삼국지』〈동이전〉에 나타나는 용례에서 볼 때 두 가지 의미가 있다. 첫째는 발기와 소노가가 각 3만 명의 하호를 이끌고 공손씨(公孫氏)에게 투항했다는 기사에 나오는 하호로서, 발기나 소노가 같은 대가(大加)들에 의해 통솔되던 소노부의 부원과 같은 일반 민을 의미한다. 여기에서는 하호가 구체적으로 지배층에게 수탈당하는 계층을 의미하지는 않는다. 두 번째 용례는『삼국지』「위서」<동이전>의 “대가(大家)는 농사를 짓지 않으며 좌식자가 1만여 명이고, 하호는 물고기, 소금, 식량을 날라 와 공급한다”라고 한 것과『태평어람』에 인용된『위략』의 “대가는 농사를 짓지 않으며, 하호는 부세를 바치는데 노객(奴客)과 같은 처지이다”라고 한 것에서 볼 수 있다. 부여의 경우에도 “적이 있으면 제가(諸加)들이 스스로 싸우고 하호는 식량을 운반한다”라고 하였다. 이때 전투에 참가한 것이 족장층일 수만은 없다. 제가들을 위시해 ‘집집마다 무기를 갖추고 있던’ 스스로 무장할 수 있는 상당수의 읍락 민들이 있었을 것이다. 그리고 무장을 갖추지 못하는 빈약한 읍락 민들은 하호로서 보급품의 운반을 맡았던 것이다. ‘부여의 읍락에 호민과 하호가 있고, 하호는 노복과 같은 처지’라고 했을 때의 하호는 이러한 빈약한 읍락 민을 말하는 것이다. 『삼국지』<동이전>과 『위략』에 나오는 하호는 이상에서 살펴본 용례에 따르면 대략 다음과 같이 설명될 수 있다. 첫째, 하호는 2~3세기 무렵 중국인들이 동방 사회를 살펴보았을 때, 제가나 읍락의 거수와 그들이 통솔하던 일반 민, 그리고 대가·좌식자·호민 등으로 표현된 부강한 세력에 예속되었던 빈한한 민을 일률적으로 가리켰던 것이다. 둘째, 이들 동방 사회의 하호는, 당대의 중국 사회에서 자신의 가계를 가지며 자유로운 신체를 보유한 가난한 소작농을 말하는 하호와 동일한 사회적·역사적 성격을 지닌 존재로 볼 수 없다. 중국인이 보았을 때 외형상 중국의 하호와 비슷한 빈한하고 무력한 민을 하호라고 지칭했을 뿐이다. 셋째, 동방 사회의 피지배민 및 빈한한 민을 일률적으로 하호라 지칭했지만, 각 종족과 집단의 정치적 상황과 사회 분화의 정도에 따라 그 성격에 차이가 있었다. 즉, 하호 자체가 어떤 일정한 성격을 띤 사회 계층을 의미했던 것은 아니다. 가령 동예나 옥저의 하호는 읍락 공동체의 구성원으로서, 일종의 집단 예민적인 존재였다. 그러나 고구려에서 사회적 계층을 나타내는 의미로 쓰인 하호는 빈농·용작농 및 귀족의 예속 농민 등으로 보인다. 1930년대 이후 현재까지 제기된 하호의 사회적 성격에 관한 여러 가지 설은 크게 세 가지로 분류할 수 있다. 첫째는 노예론이다. 이는 다시 하호를 고전적 노예로 보는 견해와, 노예의 아시아적 변형인 고대 동방의 총체적 노예로 보는 설로 나누어진다. 둘째는 봉건론자들의 견해이다. 이 역시 하호를 농노로 보는 견해와, 봉건 관료제 국가의 일반 민 또는 봉건국가와 그 봉건적 지배 세력에 예속된 가난한, 그러나 농노는 아닌 민에 대한 범칭(汎稱)으로 보는 견해로 나누어진다. 셋째는 공동체적 질서하에서 상가(相加)나 거수 등의 족장에게 지배되었던 읍락의 일반 구성원으로 보는 견해이다([출처: 하호(下戶)-한국민족문화대백과사전]).

90) 숙신(肅愼)은 주대(周代)에 중국의 동북 지방에 살던 동이인 퉁구스계 민족을 일컫던 말이다. 식신(息愼), 직신(稷愼), 주신(朱申)이라고도 불렸다. 북쪽에 살던 퉁구스족의 일부는 연해주나 만주 같은 지역으로 남하하기도 했는데, 이들은 주로 목축이나 농업 등에 종사했다. 부족국가의 형태를 하고 있었기에 문자나 도시가 없었고, 이에 따라 그 언어의 문자기록이나 도시의 흔적은 찾을 수 없다. 이후 만주족, 여진족 등의 조상이 되었다고 추정된다. 주대(周代)의 숙신 이래 역사에 쓰

이던 명칭을 정리하면 다음과 같다.

숙신(肅愼)- 주대(周代)

주신(朱申)- 전한대(前漢代)

읍루(挹婁)- 후한(後漢)·삼국시대(三國時代)

철아적(徹兒赤)- 당대(唐代)

주리진(朱里眞)- 송대(宋代)·원대(元代)

여진(女眞)- 명대(明代)

여직(女直)- 명대(明代)

노아진(奴兒眞)- 청대(淸代) (위키백과)

91) 말갈(靺鞨)은 6~7세기경 중국의 지린 성, 헤이룽장 성과 한국의 함경도, 러시아의 연해주, 하바롭스크 지방에 살던 퉁구스계 민족으로, 주나라 때에는 주로 숙신, 한나라 때에는 읍루라 불렸다. 본래 쑹화강(松花江) 유역의 물길이 지배하였으나 6세기 중엽 물길의 세력이 약화되자 각 부족들이 자립하였는데, 이들을 총칭하여 말갈이라 부른다. 이후 말갈 몇몇 부족은 고구려에 복속되거나 통제를 받았으며, 속말말갈은 발해를 세우는데 큰 기여를 하기도 했다.

말갈의 최초 조상은 진시황의 진나라 이전 기록에 나오는 숙신이다. 숙신은 진시황의 진나라 이전의 종족이고 이들이 한나라 시대에는 읍루였고 남북조 후위 시대에는 물길 그리고 수, 당나라 시대에는 말갈이다. 이 말갈은 발해가 멸망하고 송나라부터는 여진이 되었다는 것이 일반적인 견해이다. 이들 종족명의 공통점은 모두 기록자 중심으로, 스스로 부른 종족명이 아니었다는 것이다. 스스로 말갈임을 인지했을 가능성도 배제할 수 없다.

『삼국사기』에는 1세기 무렵부터 말갈이 신라, 백제와 교전(交戰)한 기록이 있는데, 이에 대해 다산(茶山) 정약용(丁若鏞, 1762~1856)은 이들 국가와 교전한 '말갈'은 예(濊, 동예)에 해당하는 것으로 보았다. 이들은 위치상 강원도의 영동, 영서에 있어서 영동말갈, 영서말갈로도 표기하나 퉁구스/숙신계통이 아니었기 때문에 '위(僞)말갈(혹은 가짜말갈)'로 표기한다. 『삼국사기』의 이런 기록 때문에 강원도나 중부지방 내륙 등 한반도에도 말갈이 내려왔을 가능성도 있다고 주장하는 사람들도 있으나, 언급했듯이 동예 등 예맥계 주민이었거나 혹은 말갈이라고 불렸던 가짜말갈이며, 한반도로 내려온 말갈족들은 소수에다가, 거의 대부분 한반도의 한민족에 동화되었다. 퉁구스계 말갈이 읍루, 숙신 등으로 불려왔던 것을 볼 때 말갈이라는 명칭이 옮겨갔을 것을 보기도 한다. 말갈이라는 것이 평안북도나 함경도 거의 대부분의 경우는 고려, 조선 초기까지 말갈의 후손인 여진족들이 존재했으나 4군 6진 개척이후 이곳의 말갈, 여진족들은 한민족에 동화되거나 압록강, 두만강 북쪽으로 도망쳐서 그곳에 살게 되었다(위키백과).

92) 원문에는 '가(家)'라고 되어 있으나 호(戶)의 표기가 적절하다.

93) 월지국(月支國): 삼한시대 마한(馬韓) 54개 소국(小國) 중의 하나.

『삼국지(三國志)』 「위지 동이전(魏志 東夷傳)」에는 '월지국(月支國)'으로 기록되어 있다. 목지국(目支國)은 초기 철기시대 이래 충청남도와 전라남·북도 지역에서 형성, 발전되어온 토착 정치 집단의 하나로, 백제국(伯濟國)이 마한의 주도 세력으로 성장하기 전까지 마한 소국 연맹체(小國聯盟體)의 중심 세력이었다.

목지국의 위치는 인천, 한강 유역의 위례성(慰禮城), 충청남도 직산(稷山), 예산(禮山), 아산만 일대 등지에 비정되기도 하고, 한반도 중남부 지역에서 청동기 유물이 비교적 풍부하게 발견되는 전라북도 익산(益山), 금강 유역, 나주를 중심으로 한 영산강(榮山江) 유역 등지에 비정되기도 한다. 또한 사료상 목지국이 웅천(熊川) 이남에 위치한다는 점, 그리고 대체로 북에서 남으로 나열된 마한 50여 국 중에서 백제국의 여섯 번째에 기록되어 있다는 점에 주목하여 그 위치가 아산만 이남으로 크게 벗어나지 않았을 것이라 보기도 한다. 이는 고조선 준왕(準王)의 남주(南走) 기록이나 청동기 유물 및 고분군의 분포 상태 등을 서로 다른 기준으로 상호 결합하여 제시된 견해들이다.

목지국의 신지(臣智: 삼한 소국의 정치적 지배자)인 진왕(辰王)은 마한 소국 연맹체의 맹주로서 진한(辰韓)·변한(弁韓) 소국의 일부에 대하여 지배권을 행사하기도 하였다. 그러나 진왕은 스스로의 의사에 의해 마한 소국 연맹체의 연맹장이될 수는 없는, 정치권력이 아직 미약한 지배자였다. 그럼에도 불구하고 진왕은 삼한 소국에 대한 통제권을 기반으로 한군현(漢郡縣)과의 교섭을 주도하고 있음을 알 수 있다. 이러한 진왕의 역할은 마한 소국들에 대해 상징적 대표권과 실질적 통제권 양자 모두를 지닌 것이었다. 이로 보아 진왕의 성격을 연맹체적인 지배권을 동반한 교섭 주도권, 조정권, 상업·무역을 둘러싼 진왕국연합체(辰王國聯合體)의 주도권, 교역주도권 등으로 파악한다. 목지국의 존속 시기 및 진왕의 지배영역과 지배 성격에 대해서도 해석이 다양하다. 목지국 진왕은 삼한 전체를 통솔한 지배자라는 해석과 부족 연맹장(部族聯盟長)으로서 상징적인 의미가 강한 존재라는 해석, 3세기경의 백제 고이왕(古爾王)과 동일 인물이라는 주장들이 그것이다. 목지국 왕의 진한·변한 소국 지배에 관한 기록에 대해서도, 이를 중국 군현(郡縣)에 근접한 한(韓)소국과 멀리 떨어진 소국 사이에 형성된 공납 관계로 해석하는 견해가 있는가 하면, 중국 군현과의 교역 과정에서 경상도 방면의 일부 정치 집단들에 대하여 확립된, 마한 소국의 우월한 위치가 반영된 것으로 보는 견해도 있다. 이처럼 목지국과 관련해서는 진왕 문제와 함께 그 중심 연대, 지배 영역, 지배 성격 등을 둘러싸고 아직 많은 쟁점이 남아 있다[출처:월지국(月支國)-한국민족문화대백과사전]).

94) 프로이센(Prussia)이란 지명은 이 지역에서 중세 초부터 살기 시작한 발트어계 (系) 프루스(Pruss)인에서 유래했다. 프로이센은 1947년까지 독일 북부에 있었던 주로서 1918년까지는 베를린을 수도로 한 호엔촐레른 가의 왕국이었다. 발트족의 일파인 프루사(고대 프로이센어: Prūsa)에서 이름을 땄다.

95) 신지(臣智): 삼한시대 소국의 지배자 칭호. 삼한 78개 나라의 정치적 지배자들 중에서 가장 세력이 강한 자를 가리킨다.

때로는 삼한 소국 자체를 구성하는 여러 족장들 중에서 가장 격이 높고 세력이 우세한 수장(首長)이라는 의미에서 소국의 지배자에 대한 일반적인 호칭으로 사용되기도 하였다. 삼한의 신지는 국읍(國邑: 소국의 중심이 되는 대읍락)에 거주하면서 군현과의 교역을 주관하고 다수의 소규모집 단들을 통합하는 정치적 지배권을 가진 존재이다. 신(臣)은 진(秦, 辰)과 공통되는 음(音)이며, 지(智)는 치(鑡)·지(支)와 마찬가지로 수장 또는 족장을 뜻하는 '치'라는 토착어를 한자로 옮겨 쓴 것이다. 그러므로 신지는 진지(秦支)·척지(踧支) 또는 견지(遣支) 등으로 호칭되거나 기록되기도 하였다[출처:신지(臣智)-한국민족문화대백과사전]).

··················
읍차(邑借): 삼한시대 소국(小國) 지배자의 칭호.

당시 지배자들 중에서 신지(臣智)보다 격이 낮은 하급지배자를 가리킨다. 신라 17관등의 하나인 대오지(大烏知, 15등)·소오지(小烏知, 16등)의 '오지'와 같은 말로서, 촌락단위의 공동체조직인 '두레'의 최고책임자에 대한 칭호, 또는 소규모 군현의 촌장이라는 뜻을 가진 용어로 풀이되기도 한다. 삼한사회에서 각 소국의 정치권력이 강화됨에 따라 소규모 집단들은 우세한 집단들에게 통합되고 그 족장들도 신지와 같은 유력한 수장(首長)의 지배하에 들어가게 되었다. 따라서 독자적이고 대등한 위치에 있던 신지와 읍차도 점차 상하 지배·복속의 관계로 발전하고, 신지는 국읍(國邑: 소국의 중심이 되는 대읍락)의 지배자로서 소국 전체를 통할하고, 읍차는 소별읍(小別邑: 국읍 세력에 통합된 소규모 집단의 중심읍락)의 족장으로서 소국의 일부로 편제되어갔다([출처:신지(臣智)-한국민족문화대백과사전]).

96) 아카이아동맹(Achaean League, B.C. 280~B.C. 146): 그리스의 동맹. 펠로폰네소스가 마케도니아의 안티고노스 고나타스 지배에서 독립한 후 아카이아 4시(四時)에 의하여 창립되었으며, 그 후 아카이아 각 시가 가맹하였다. 각 시에서 인구 비례에 따라 선출된 대표가 동맹 회의를 구성하여 통치했는데 그리스 사상(史上) 연방 조직을 가진 것으로 주목된다. 두 사람, 후에는 한 사람의 장군직이 최고관이며 그 밑에 10인의 데미우르고이(Demiurgoi: 관직명) 단(團)이 있어 정치를 분담했고, 임시로 소집되는 최고 민회(각 시는 규모에 따라 표수가 다름)가 화전(和戰)을 결정하였다. B.C. 3세기 후반 시키온의 아라토스가 장군직에 있을 때에 발전하여 펠로폰네소스 반도에 세력을 떨쳤으며 그 후 종종 스파르타와 싸우다가 B.C. 2세기에 들어가 로마의 압박을 받고 B.C. 146년에 해산되었다(조의설 편, 『세계사대사전』, 민중서관, 1976, 702~703쪽).

97) 책화(責禍): 고대 동예(東穢)의 법속.

당시 동예 사회에는 각 씨족마다 생활권이 정하여져 있어 함부로 다른 지역에 들어가 경제활동 등을 할 수 없었는데, 만약 한 읍락이 다른 읍락의 경계를 침범하였을 때 침범자 측이 생구(生口)와 우마(牛馬)로 이를 변상하는 법속이다. 이처럼 당시 씨족은 대체로 산과 강을 경계로 하는 일정한 활동영역을 지니고 있고, 그 안에서 자급자족하는 것을 원칙으로 삼는 경제적 독립체여서, 그들의 주된 경제활동인 사냥·고기잡이·농경 등은 모두 이 영역 안에서 행하여지고 있었다. 그래서 이 영역을 벗어난 지역, 즉 다른 씨족의 영역 안에서 경제적인 활동을 하는 것은 허락되지 않았다([출처:책화(責禍)-한국민족문화대백과사전]).

98) 패각[蠣殼]투표법: 도편 추방은 고대 아테나이 민주정(民主政)에서 참주(僭主)가 될 위험이 있는 인물의 이름을 도자기 조각에 적는 방법의 투표로 국외로 10년간 추방하는 제도이다. 아테나이 시민들은 도자기 조각에 체제에 위협이 될 만한 사람이나 독재자가 될 위험이 있는 인물의 이름을 쓰고 그 인물을 추방했다. 이 제도는 정치가들이 정적을 끌어내는 수단이기도 하였다. 기소나 변론할 기회가 없었고, 추방하는 것도 사실은 벌이 아니라 아테나이 시민들의 명령일 뿐이었다.

이 용어는 도자기 깨진 조각을 뜻하는 오스트라콘(ὄστρακον)에서 유래했다. 주변에서 흔히 구할 수 있는 도자기 조각은 마구 갈겨 적을 수 있는 종이의 역할을 했다. 이는 이집트에서 수입되던 고급 매체인 파피루스와 대비된다.

99) 구두직결법(口頭直決法): 스파르타에서 군중들이 지르는 환호성의 크기에 따라 대표자를 뽑는 것을 말한다.

100) 맛실리아(Massilia): 남프랑스에 있던 고대의 항구(港口)로 현재의 마르세이유. B.C. 600년경 포카에이아의 그리스인에 의하여 식민(植民)되었는데, 갈리아에의 그리스 문화 전파의 중심이 되었다. 맛실리아는 B.C. 5세기 이래 프랑스의 남안(南岸)에서 에스파니아의 동

안(東岸)에 걸쳐 식민지를 건설(니케아, 모노이코스)하였고, B.C. 4세기에는 맛실리아의 피테아스가 대서양을 지나 브리타니아까지 주항(周航)하였다. 로마와는 일찍부터 우호 관계를 맺었으며, 제2차 포에니 전쟁 때에는, 맛실리아의 선원들이 크게 로마에 협력하였다. 주변의 민족이 침입하자, 로마는 원군을 보내어, 속주(屬州) 갈리아 나르보넨시스를 설치함으로써, 맛실리아는 명목상으로만 독립하였다. B.C. 49년 케사르에 대항했다가 영토를 잃고, 정치도, 번영을 이루던 상업도 쇠퇴했으나, 서방에 있어서의 헬레니즘 문화의 중심지로 알려졌다. 476년에는 고트족(族)의 지배를 받았다. 5세기 이래 동방 무역에 의하여 번영을 유지하였으나, 9, 10세기 사라센인, 노르만인의 해상 약탈과 이탈리아 도시와의 경쟁으로 쇠퇴하였다. 십자군 운동 때, 다시 부활하고, 16세기까지 번영을 이루었으나, 16세기경부터 지리상의 발견 때문에 쇠퇴하였다. 17세기 말에는 정부의 보호를 받아 동방 무역을 독점했으며, 현재는 해상 무역과 관계있는 가공 제조업이 성행되고 있다(조의설 편, 『세계사대사전』, 민중서관, 1976, 317쪽).

101) 서나라[徐國]: 단군조선 23대 아홀(阿忽) 천왕 때인 서기전 1236년 을유년(乙酉年)에 남국군(藍國君) 금달(今達)이 청구군(靑邱君)과 구려군(句麗君)과 주개(周愷)라는 곳에서 모여서 몽골리(蒙古里)의 군사와 함께, 은(殷)나라를 정벌하며 깊숙이 들어가 회대(淮岱)의 땅을 평정하고, 포고씨(蒲古氏)를 엄(淹), 영고씨(盈古氏)를 서(徐), 방고씨(邦古氏)를 회(淮) 땅에 각각 봉하였다(「단군세기檀君世紀」 참조).

102) 회맹(會盟): 임금이 공신들과 산짐승을 잡아 하늘에 제사지내고, 피를 서로 나누어 빨며 단결을 맹세하던 일.

103) 형초(荊楚): 우한[武漢]과 주변 후베이[湖北] 일대. 춘추시대 중원 사람들은 남만(南蠻)이라 불렀다. 『삼국지(三國志)』의 큰 무대이기도 했던 형주(荊州)를 강조한 이름이다.

104) 기자(箕子, ?~?)는 중국 상나라 문정(文丁)의 아들, 왕족이자 기자조선의 시조로 알려져 있는 전설상의 인물이다. 성은 자(子), 이름은 서여(胥餘) 또는 수유(須臾)이며, 기자는 작위명(爵位名)인 동시에 별칭(別稱)이다. 상나라 말기에 왕족으로 태어나 주왕 재신 시기를 살았으며, 상나라가 주나라에게 멸망당하자 조선으로 망명(亡命)하였다고 전해진다. 조선으로 망명한 후에는 조선의 군주가 되어 그의 후손이 1천여 년 동안 고조선을 다스렸다고 전해지나, 사실 여부는 논란이 많다.

이덕무(李德懋, 1741~1793)의 『앙엽기(盎葉記)』, 이만운(李萬運, 1723~1797)의 『기년아람(紀年兒覽)』, 안정복(安鼎福, 1736~1820)의 『동사강목(東史綱目)』에 따르면 기자조선의 제1대 군주인 기자는 기원전 1126년부터 기원전 1082년까지 재위했다고 한다. 또한 그의 휘(諱)는 서여(胥餘) 또는 수유(須臾)였고 시호(諡號)는 태조문성왕(太祖文聖王)이라고 한다. 그의 왕위는 장혜왕(松松)이 승계 받았다고 한다. 기자에 대한 전설은 '상나라의 왕족 기자'와 '기자동래설'의 두 가지로 나눌 수 있다.

기자는 상나라의 왕족으로 폭군 주왕의 친척이었다. 상나라의 태사(太師)로 관직에 있을 무렵 주왕이 폭정을 행하는 것을 보고 이를 그만둘 것을 간언하였다가 감옥에 갇혔다. 이에 기자는 거짓으로 미친 척하여 주왕은 그를 노비로 삼았다고 한다. 기원전 1122년에 상나라가 주나라 무왕에게 멸망당하고 기자를 석방하여 신하로 삼고자 하였으나 기자는 이를 거부하고 은둔하였다. 기자는 주나라의 무왕이 천도(天道)를 묻자 <홍범구주(洪範九疇)>를 진술하기도 하였다고 하며 기원전 1119년에 주나라 왕실에 조빙(朝聘)하였다고 한다.

한편, 기자동래설(箕子東來說)은 위의 기자 전설과 약간 다르다. 상나라가 멸망하자 기자는 주나라의 신하가 되는 것을 거부하고 조선으로 망명하였으며 이에 주나라 무왕은 기자를 조선에 봉하였다고 한다. 기자는 5천여 명의 무리와 함께 조선으로 와서 조선의 백성들에게 문명을 가르쳤다고 한다. 일부 기록에서는 기자가 건너오자 원래 조선의 군주였던 단군이 기자를 피해 장당경으로 옮겨 갔다고 나타난다. 기자는 평양에 도읍을 두고 8조의 법금을 베풀어 나라를 다스렸다. 또한 정전제(井田制)를 실시하고 농사짓는 법과 누에치는 법을 가르쳐 백성들이 기뻐했다고 한다. 기자의 사망한 시기는 정확하게 알 수 없으나 홍만종(洪萬宗)의 『동국역대총목(東國歷代總目)』에는 『진조통기(震朝通紀)』라는 작자 미상의 서적을 인용하여 기원전 1083년(무오년)에 93세로 사망하였다고 기록하고 있다(위키백과).

105) 기자조선(箕子朝鮮)은 고조선의 왕조 중 하나인 고대 국가이다. 조선시대에는 일반적으로 고조선을 셋으로 구분하였는데 기자가 세웠다고 하는 기자조선은 이 중 두 번째 시기에 해당된다. 명칭은 단군조선과 같은 '조선'이지만, 구분을 위해 후조선(後朝鮮) 또는 기씨조선(箕氏朝鮮)이라 부르기도 하였다. 기자조선은 실재 여부를 비롯하여 건국 과정, 성격에 대한 인식이 시대에 따라 논란이 있다. 현재 대한민국과 조선민주주의인민공화국의 사학계는 일반적으로 기자조선에 대한 고전적인 인식(기자동래설, 단군조선-기자조선-위만조선의 승계 등)을 부정하며, 실재하지 않았다고 여기고 있다. 기원전 1122년부터 기원전 195년경까지 존속하였다고 한다.

기자조선이 나타나는 최초의 문헌은 『상서대전(尙書大全)』과 『사기(史記)』이다. 『상서대전』은 중국 최초의 역사서로 평가되는 『상서』에 주석과 본문을 추가한 유교 경전으로 한나라 이전의 『상서』에는 나타나지 않는 기자동래설이 추가되어 있다. 『상서대전』에 따르면 기자는 주나라의 지배를 거부하고 조선으로 망명하였다고 하며 주나라 무왕은 이를 듣고 기자를 조선에 봉하였다고 한다. 한편 『사기』〈송미자세가〉에도 기자가 조선의 군주가 되었다고 기록되어 있는데 『상서대전』과 반대로 무왕이 기자를 조선에 봉하여 기자가 조선에 가서 나라를 일으켰다고 한다. 이러한 두 문헌의 차이는 이후 기자가 스스로의 힘으로 조선을 세웠는지, 아니면 주나라의 제후국으로 조선을 세웠는지를 놓고 논쟁이 벌어지는 원인이 되었다. 이후 『위략(魏略)』, 『한서』, 『삼국지』 등에서 기자동래설(箕子東來說)을 계속 기록하는 한편 기자 이후의 고조선 역사에 대해서도 기자와 연관시켜 부왕과 준왕은 기자의 40여 세손 기부(箕否), 기준(箕準)으로 기록되었다.

이러한 기자동래설에 대한 기본 문헌들이 등장한 이후부터 기자동래설의 사실 여부와 관계없이 기자를 조선의 군주로 숭상하는 경향이 많아졌다. 삼국시대에도 고구려가 기자에게 제사를 지냈다고 하며 신라의 최치원(崔致遠, 857~900)도 기자동래설을 긍정하였다. 고려시대에는 유교가 통치 이념으로 점차 굳어져 가면서 한국 유교문화의 시원적 존재로 기자에 대한 숭배가 강화되었다. 그 결과 1102년(숙종 7)에는 평양에 기자사당이 세워져 국가의 제사를 받았으며 기자의 묘까지 만들어졌다. 이후 조선 초기에는 단군과 기자가 나란히 국조(國祖)로 숭상되었으며 『동국사략』에서 단군조선·기자조선·위만조선의 삼조선으로 이어지는 체계를 정립하면서 기자조선이라는 왕조가 확고하게 자리 잡았다. 성리학이 발달하면서 사림에 의해 기자 존숭 의식은 더욱 발전하였고, 이이(李珥, 1536~1584)의 『기자실기(箕子實記)』와 같은 기자에 대한 전기적 서적이 편찬되었다. 조선 후기에는 이종휘(李鍾徽, 1731~1797)의 『기자세가』, 정인기(鄭璘基)의 『기자지(箕子志)』 등에서 역대 왕의 명칭과 재위 연도 등 구체적인 내용이 등장하기도 한다.

이병도(李丙燾, 1896~1989)는, 기자조선을 부정하고 왕부(王符)의 『잠부론(潛夫論)』을 인용하여 한씨조선설(韓氏朝鮮說)을 주장하였다. 천관우(千寬宇, 1925~1991)는, 기자가 이끄는 집단이 고조선과 주나라의 접경지대인 요서 지역에 정착하여 청동기 문화를 발전시켰고, 연나라의 확장에 밀려 요동을 거쳐 대동강 유역까지 이동했다고 주장하였다. 서영

수(徐榮洙, 1949~)는, 기자 일족이 대릉하 유역에 거주하다가 춘추 말기 이전에 소멸되었으나, 고조선을 대체했다고는 할 수 없다고 주장하였다. 윤내현(尹乃鉉, 1939~)은, 기자조선이 주나라의 동북 지방인 하북성 연산, 난하의 주변에 자리 잡아 고조선과 병존했다고 주장하였다. 이기백(李基白, 1924~2004)은, 기자조선은 요서 지방에 있었으며, 춘추시대 말기에 소멸되었다고 주장하였다. 송호정(1964~)은, 요서 지방에서 발굴된 청동 그릇은 상나라 유민들이 요서 지방에 살았다는 것만을 의미한다고 주장하였다. 이상시(1952~)는, 기자는 한족(漢族)이 아닌 동이족[환족桓族]이라고 주장하였다(위키백과).

106) 팔조지교(八條之敎): 고조선에는 일찍부터 금법(禁法) 8조(八個條)가 있어 각종 범죄를 처벌하였는데 그중 3개조만이 전하고 나머지는 전하지 않는다. ① 살인자는 사형에 처하고, ② 남을 상한 자는 곡물(穀物)로써 보상(報償)하며, ③ 남의 물건을 도둑질하면 그 주인의 노예가 되는 것이 원칙이나 속죄(贖罪)하고자 하면 매인(每人)당 50만전(萬錢)을 내놓아야 한다는 것 등인데, 이것으로 당시의 국속(國俗)과 생활상을 엿볼 수 있다. 살인자를 사형에 처함은 오늘날과 마찬가지로 살인자를 가장 큰 죄인으로 생각하였던 것이며, 상해자(傷害者)가 곡물(穀物)로써 보상(報償)함은 일종의 위자료(慰藉料)를 주는 것으로 자본축적(資本蓄積)을 의미하며, 노예를 면키 위해서 50만 전을 낸다는 것은 중국 풍속(風俗)이 가미(加味)된 느낌이 든다. 범금 8조에 이어 부녀(婦女)들의 정신(貞信) 문제가 기록되었는데, 아마 8조 중에는 금간(禁姦)의 조목(條目)이 있었던 것 같다. 후에 여기에 한사군(漢四郡)이 설치되면서 중국인들이 이민하여 풍속이 나빠지고 도둑이 생기며 여러 가지 범죄가 일어나 범금은 60여 조로 늘어났다(위키백과).

107) 만번한(滿汗潘)의 위치에 대해 심백강(민족문화연구원) 원장은 허베이성 친황다오시 루룽현 서남쪽으로, 이후석 박사(숭실대)는 랴오닝성 첸산[千山]산맥 일대라고 보았는데(2016.9.29, '고조선과 연의 경계, 만번한은 어디인가', 서울 중구 프레스센터), 본서 저자인 안확은 압록강 일대로 인식하였다.

제4장 중고 대분립 정치시대

108) 해부루(解夫婁 ?~?): 초기국가시대 부여의 제3대(재위:?~B.C. 60) 왕.
'해부루(解扶婁)'로 표기되기도 하였다. 북부여의 시조 해모수(解慕漱)의 아들이라는 설도 있고, 단군과 서하하백녀(西河河伯女) 사이에서 태어난 아들이라는 설도 있다. 단군의 태자라고 한 문헌 중에는 태자시절 단군의 명령에 따라 중국 우왕이 소집한 제후회의에 참석하였다고 한 것도 있다. 천제(天帝)의 계시를 받은 재상 아란불(阿蘭弗)의 권유에 따라 도읍을 동해 바닷가의 가섭원(迦葉原)이라는 곳으로 옮기고, 나라 이름을 동부여라 하였다고 한다. 또한, 늙도록 아들이 없어서 곤연(鯤淵) 부근의 큰돌 밑에서 한 아이를 얻어 금와(金蛙)라 이름 짓고 태자로 삼았는데, 이 금와의 재위 시 고구려의 시조인 주몽(朱蒙)이 태어났고, 주몽은 그의 말을 맡아 키우기도 하였다고 한다. 또한, 백제 비류왕의 아버지인 우태(優台)가 그의 서손(庶孫)이라는 설도 있다([출처:해부루(解夫婁)-한국민족문화대백과사전]).

109) 아란불(阿蘭弗 ?~?): 삼국시대 고구려 건국신화에 나오는 북부여의 관리.
하늘 혹은 천제(天帝)의 계시를 받고, 북부여왕 해부루(解夫婁)에게 동해바닷가의 가섭원(迦葉原)이라는 곳으로 천도할 것을 권유하여 이를 실행하게 하였다 한다. 이와 같은 신화상의 내용을 통해서 보면 그는 마치 강신무(降神巫)와 같이 동명왕의 장래 일을 예언하는 소임을 수행한 것으로 보인다([출처:아란불(阿蘭弗)-한국민족문화대백과사전]).

110) 영고탑(寧古塔, Ningguta)은 청 제국 만주의 지명으로, 중화인민공화국 헤이룽장성(黑龍江省) 무단장시 닝안[寧安]시에 위치하였다. 영고탑은 발해 시대에 상경 용천부가 설치되어 있었던 지역으로, 청대에서 1930년대 초까지 만주 동부의 무단장(牡丹江) 중류 지역에 위치해 있었다. 영고탑은 건주여진의 탈알령(脫斡伶) 부족의 올적합(兀狄哈)이 근거하던 지역이었다. 청 초기에는 헤이룽장성에 영고탑앙방장경(寧古塔昂邦章京)이 설치되었다가 후에 현재의 지린성(吉林省)으로 옮긴 후 지린 장군으로 개칭하였다(위키백과).

111) 해모수(解慕漱 ?~?): 초기국가시대 고구려 건국신화에 등장하는 시조부. 신화 인물.

『구삼국사』와 『삼국사기』 「고구려본기」 <건국신화 조>에 의하면, 천제(天帝)의 아들로서 천제의 명령에 따라 서기전 58년 오룡거(五龍車)를 타고 지상으로 내려와 인간세상을 다스렸는데, 세상에서는 그를 천왕랑(天王郎)이라 하였다고 한다. 하루는 웅심산(熊心山) 부근으로 사냥을 나왔다가 하백(河伯)의 맏딸 유화(柳花)를 발견하고 유인하여 관계를 맺었고, 이어 하백을 찾아가 자신이 천제의 아들임을 입증함으로써 정식으로 유화와 혼인하였다. 그러나 딸을 버릴까 두려워한 나머지 옳지 못한 행동을 한 하백의 처사에 분개하여 유화를 버리고 하늘로 올라가 버렸다. 그 뒤 유화는 고구려의 시조 주몽을 낳았다고 한다. 한편, 그는 천제로서 직접 흘승골성(紇升骨城)이라는 곳으로 내려와 북부여를 세웠으며 부루(扶婁)를 낳았다는 전승도 있다. 그런데 고구려 건국신화를 전하는 가장 오래된 자료인 광개토왕릉비나 『위서(魏書)』에는 해모수가 등장하지 않는다. 이는 원래 북부여의 시조로 전승되어 오던 것을 5세기경 고구려가 부여를 병합한 뒤 부여인을 무마하기 위하여 고구려의 건국신화와 결합, 재구성한 것으로 보인다([출처:해모수(解慕漱)-한국민족문화대백과사전]).

112) 준왕(準王 ?~?): 초기국가시대 기자조선의 마지막 왕. 기자의 40여 세손인 비왕(否王)의 아들이다. 왕위를 계승한 지 얼마 안 되어, 중국 대륙에서 내란이 일어났는데, 이를 피해 연(燕)·제(齊)·조(趙)나라 등의 백성들이 기자조선으로 도망해 오자 준왕은 이들을 서쪽지방에 살게 하였다. 그 뒤 한나라가 중국을 통일하자 노관(盧綰)을 연나라 왕으로 삼았다. 그러나 노관이 반란을 일으켜 흉노(匈奴)로 들어가자, 노관의 부하였던 연나라 사람 위만(衛滿)은 호복(胡服)을 입고 기자조선으로 건너와 준왕에게 복속하였다. 준왕은 위만을 박사(博士)로 삼고 서쪽 변경(邊境)을 지키게 하였으나, 서기전 194~180년 사이에 서쪽 방면의 유이민을 규합해 모반하였다. 준왕은 위만에게 쫓겨 측근 신하만을 거느리고 뱃길로 남하해 한지(韓地)에 와서 스스로 한왕(韓王)이라 칭하였다. 『사기』 「조선전(朝鮮傳)」에 따르면 준왕이 위만에게 쫓겨 남쪽으로 온 시기는 효혜고후(孝惠高后) 때(서기전 195~180)이다. 준왕이 남쪽으로 옮겨온 지역에 관해서는 아직 분명하게 밝혀지지 않았다. 종래 『제왕운기』·『고려사』·『세종실록지리지』·『신증동국여지승람』 등에서는 준왕의 도읍지를 전라북도 익산으로 지목하였다. 특히 조선시대의 실학자들은 한결같이 익산 지역을 준왕의 남쪽 이주지역으로 간주하였다. 그러나 이와는 달리 경기도 광주 경안(京安)이나 충청남도 직산으로 비정하기도 한다. 준왕은 남쪽으로 옮겨와 진국(辰國)을 중심으로 세력 기반을 형성했으나, 마한의 진왕(辰王)에게 격파당해 소멸된 것으로 추정되고 있다. 천여 년의 사직을 누려온

기자조선의 마지막 왕으로, 비록 위만에게 쫓겨 남쪽으로 내려오기는 했지만, 그가 마한사회에 끼친 문화적 영향력은 여러 면에서 의미가 깊다([출처:준왕(準王)-한국민족문화대백과사전]).

113) 금와(金蛙 ?~?): 초기국가시대 부여의 제4대(재위:B.C. 60~B.C. 20) 왕.

서기전 1세기에 활동한 것으로 보이며, 그의 행적은 고구려 시조인 동명성왕의 신화를 전하고 있는 『삼국사기』·『삼국유사』, 그리고 이규보(李奎報)의 「동명왕편(東明王篇)」에 전해지고 있다. 부여왕 해부루(解夫婁)는 늙도록 아들이 없어 산천에 후사를 구하러 다녔다. 그러던 중 곤연(鯤淵)이라는 연못가의 이상한 돌 밑에서 금빛 나는 개구리(또는 달팽이) 모양의 아이를 발견하고 그를 하늘이 준 자식이라 생각하여 데리고 가서 키웠다. 금와라는 이름은 바로 금빛 나는 개구리 모양을 한 데서 비롯된 것이다. 그 뒤 태자로 책봉되어 해부루를 이어서 부여의 왕이 되었다. 그리고 태백산 남쪽의 우발수(優渤水)에서 하백(河伯)에게서 쫓겨난 하백의 딸 유화(柳花)를 발견하고 궁중으로 데려왔다. 그런데 유화가 이상하게도 알을 낳자 이를 버리게 하였다. 그러나 곧 알의 신비함을 인정하고 유화에게 돌려주었는데, 이 알에서 주몽이 탄생하였다. 그의 일곱 아들들이 주몽을 시기하여 그를 처치할 것을 건의하였지만 금와는 듣지 않고 주몽으로 하여금 말을 기르게 하여 그 뜻을 시험하고자 하였다. 그 뒤 주몽이 달아나자 그를 추격하는 군대를 파견하였지만 잡지는 못하였다. 주몽이 고구려 건국을 위하여 남쪽으로 떠난 후에 유화가 24년에 죽자 태후(太后)의 예로서 장사를 치러주었다. 그의 사후 왕위는 아들인 대소(帶素)에 의하여 계승되었다([출처:금와(金蛙)-한국민족문화대백과사전]).

114) 유화(柳花, ?~B.C. 24): 삼국시대 고구려의 시조인 동명왕 주몽의 어머니인 왕족. 시조모.

전설에 의하면 수신(水神)인 하백(河伯)의 장녀인 유화는 동생 위화(葦花)·훤화(萱花)와 함께 압록강가에서 놀다가 천제(天帝)의 아들 해모수(解慕漱)를 만나 크기가 닷되들이 만한 알을 낳게 되었는데, 그 속에서 주몽이 나왔다고 한다.

또, 이규보(李奎報)의 서기시 「동명왕편(東明王篇)」에서는 주몽이 부여에서 남쪽으로 이주할 때에 신모(神母: 柳花夫人)가 오곡(五穀)의 종자를 가지고 가라고 싸주었으나 이별하는 슬픔에 보리종자[麥子]를 빠뜨렸는데 신모가 사자(使者)인 비둘기를 시켜 주몽에게 보냈다는 기록이 있다.

이 사실은 유화부인, 즉 주몽의 신모가 맥류경작(麥類耕作)과 관련된 농업신의 성격을 지니고 있음을 보여준다. 유화부인은 서기전 24년(동명왕 14) 8월 동부여에서 죽었는데, 그 왕 금와(金蛙)는 태후(太后)의 예(禮)로써 장례를 지내고 신묘(神廟)를 세워주었다.

한편, 뒤에 고구려에서는 주몽과 더불어 그 어머니인 하백녀(河伯女)가 국가적인 치제(致祭)의 대상으로 섬겨졌다([출처:유화부인(柳花夫人)-한국민족문화대백과사전]).

115) 헬렌(Hellen)은 그리스 신화에 등장하는 인물로 프티아의 왕이다. 데우칼리온과 피라의 아들이며 고대 그리스인의 시조이다.

황금시대와 은의 시대, 청동시대를 거쳐 철의 시대에 이르자 인간의 사악함이 극에 달하였다. 이에 제우스는 큰 홍수를 일으켜 인류를 멸망시켰는데, 이때 프로메테우스의 아들 데우칼리온과 그의 아내 피라만이 살아남았다. 헬렌은 그 데우칼리온과 피라 사이에서 태어난 맏아들로 프로메테우스의 손자이다. 헬렌은 산의 님프 오르세이스와 결혼하여 아이올로스, 크수토스, 도로스 3형제를 낳았다. 아이올로스는 아이올리스인의 시조가 되었고, 크수토스의 아들 이온과 아카이오스는 각각 이오니아인과 아카이아인의 시조가 되었으며, 도로스는 도리스인의 시조가 되었다. 이들은 고대 그리스를 이룩한 주요 부족으로서 헬렌의 후손이라는 뜻에서 자신들을 헬레네스라고 일컬었고, 이는 뒤에 그리스인을 통틀어 이르는 말이 되었다. 헤브라이즘과 함께 유럽 문화의 원류가 된 헬레니즘도 헬렌에서 유래한 말이다(위키백과).

116) 박혁거세(朴赫居世, B.C. 69~A.D. 4): 신라의 시조 재위 B.C. 57~A.D. 4) 성은 박(朴). 휘는 혁거세(赫居世). 왕호는 거서간(居西干). 국호는 서라벌(徐羅伐). 비(妃)는 알영(閼英)부인. 경주지방(慶州地方)에 6촌이 있었는데 고허촌장(高墟村長) 소벌공(蘇伐公)이 양산(楊山) 중턱에 있는 나정(蘿井) 곁 숲속에서 말울음 소리를 듣고 찾아가니 말은 없고 큰 알이 있어 그 속에서 한 아이가 나왔다. 이를 양육하니 십여 세에 기골이 준수하고 대인(大人)의 풍이 있으므로 6부 사람들이 임금으로 추대하였다. B.C. 28년 낙랑(樂浪)이 침범하였으나 국경(國境)에 있는 인민들이 밤에 문을 잠그지 않으며 곡식더미가 들에 즐비한 것을 보고 도덕(道德)의 나라라 하여 스스로 물러갔고, 뒤에 B.C. 20년 일본의 귀화인 호공(瓠公)을 마한(馬韓)으로 보내어 조하(朝賀)하였다. 수도를 금성(金城)이라 하고 계속하여 궁성(宮城)을 축조하고 국기(國基)를 공고히 하였다 한다. 신라의 개국 신화에 속하는 전설적인 왕인 듯싶다. 능은 사릉(蛇陵)이다(이홍직 편, 『새국사사전』, 교학사, 2004, 478쪽).

....

* 박혁거세신화: 신라의 시조 박혁거세에 관한 신화.

상고대 왕국에 관한 건국신화의 하나이다. 이 신화가 수록되어 있는 문헌은 『삼국유사』와 『삼국사기』이다. 『제왕운기』에는 조금 언급되어 있을 뿐이다.

『삼국사기』는 합리주의 사관에 터전을 두고 있기 때문에 이 신화에 관한 가장 중요한 문헌은 아무래도 『삼국유사』를 으뜸으로 칠 수 있다. 이 신화의 내용을 요약하면 다음과 같다.

진한(辰韓) 땅의 여섯 마을 우두머리들이 알천 상류에 모였다. 군왕을 정하여 받들고자 하여 높은 곳에 올라 멀리 남쪽을 바라보았다. 그러자 양산 기슭에 있는 나정이라는 우물가에 번개와 같은 이상한 기운이 드리워진 흰말이 엎드려 절하고 있었다. 찾아가서 그곳을 살폈더니 자줏빛 알이 있었고 말은 사람들을 보자 길게 울고는 하늘로 올라갔다.

그 알을 깨뜨리자 사내아이가 나오매, 경이롭게 여기면서 동천 샘에 목욕시키니 온몸에서 빛살을 뿜는 것이었다. 이때 새와 짐승이 더불어 춤추고 하늘과 땅이 흔들리고 해와 달이 청명하였다. 이로 말미암아 혁거세왕이라 이름을 짓고 위호(位號: 벼슬의 등급 및 그 이름)는 거슬한(居瑟邯)이라고 하였다.

그즈음에 사람들은 다투어 치하 드리며 배필을 구하라고 하였다. 같은 날에 사량리 알영 우물가에 계룡이 나타나 그 왼쪽 겨드랑이로 딸아이를 낳으니 그 용모가 수려하였으나 입술이 꼭 닭의 부리와 같았다.

이내 월성의 북천에서 미역을 감기자 입부리가 떨어졌다. 궁실을 남산 서쪽 기슭에 세우고 두 신성스러운 아이를 봉양하였다. 사내아이는 알에서 태어났으되, 알이 박과 같으므로 그 성을 박 씨로 삼았다.

딸아이는 그녀가 태어난 우물 이름을 따서 이름으로 삼았다. 그들 나이 열셋이 되매 각기 왕과 왕후로 삼고 나라 이름을 서라벌·서벌·사라 혹은 사로라고 일컬었다. 왕이 계정(鷄井)에서 태어났으므로 더러 계림국이라고도 하였으나 뒤에 신라로 고쳐서 전하였다.

박혁거세왕은 예순한 해 동안 나라를 다스리다 하늘에 올랐는데 칠 일 뒤에 그 주검이 땅에 떨어져 흩어졌다. 왕후 또한 죽으매, 나라 사람들이 합쳐서 묻고자 하였으나 큰 뱀이 나타나 사람들을 쫓으면서 방해하였다. 따라서 5체(五體)를 다섯 능에 묻고 사릉(蛇陵)이라고 이름을 지었다.

이상은 『삼국유사』에 따른 것이지만 『삼국사기』의 기록은 이보다 훨씬 간략하다. 그러나 줄거리 자체에는 큰 차이가 없다. 『삼국유사』와 『삼국사기』의 두드러진 차이라면 전자가 알영을 계룡의 왼쪽 겨드랑이에서 탄생하였다고 하고 있는 것과는 달리, 후자에서는 겨드랑이 바른쪽으로 되어 있는 정도이다.

이 같은 겨드랑이 밑 애기 탄생은 불교설화를 연상시키고 있으나 다만 왼쪽과 바른쪽의 차이가 결정적으로 중요한 의미를 가졌는지 여부를 판별하기는 힘들다. 「박혁거세신화」도 다른 건국신화 내지 건국시조신화와 마찬가지로 '천신(天神)이 강림하여 나라의 첫 기틀을 잡았다'는 것을 기본적인 줄거리로 하고 있다.

이야기의 주체는 하늘에서 내려온 천신이고, 그 주체가 성취하는 객체는 건국이란 점에서 다른 건국신화와 다르지 않다. 그 밖에 그 주체가 탄생 내지 출현하기 이전에 전형적인 신비 체험의 징후들, 예컨대, 하늘이 내리뻗은 번갯불 같은 이상한 기운, 백마, 자줏빛, 천지의 진동, 일월의 청명 등이 나타나고 있다든지 혹은 그 주체가 알에서 부화한다든지 하는 모티프에 있어서도 다른 건국신화와 마찬가지이다.

그 중에서도 전자의 모티프는 신라 왕권을 신성화하는 데 결정적인 구실을 하고 있다. 이 점은 혁거세라는 이름 자체가 '불거내(弗矩內)' 곧 '세상 밝힘'을 의미하였다는 데서 잘 알 수 있다. 역시 하늘에서 내려온 고조선의 시조가 홍익인간의 이념으로 설명되고 있는 것과 같은 맥락의 것으로 보인다.

「박혁거세신화」 자체의 특색으로는 다음 몇 가지를 지적할 수 있다.

첫째, 이 신화는 씨족 사회가 연합되어 하나의 왕국으로 뭉쳐져 가는 과정을 반영하고 있다. 「박혁거세신화」는 이미 하늘에서 강림한 여섯 촌장 위에 새로이 군림하기 위해 하늘에서 내려온 통치자를 부각시키고 있다.

둘째, 천신이 강림하되 다른 신화와 같이 멧부리가 아닌 우물에 강림한 점이 특이하다. 신라 시조 탄생의 성역이 산기슭의 우물이란 것은 신라의 종교에 있어 우물이 성역이었음을 뜻하고 있다.

셋째, 동명왕이나 수로왕과 마찬가지로 다 같은 난생(卵生)인데, 박혁거세의 알이 박에 견주어져 있는 점이 이 신화의 특색으로 지적될 수 있다.

이 같은 알과 박 사이의 뒤섞임은 혁거세가 '불거내' 내지 '붉내'로 읽혀지면서 그 불 또는 붉이 박(朴)과 비슷한 소리였다는 데서 생겨났을 것이다. 그렇다고 박이 알과 마찬가지로 '신령의 집' 또는 '넋의 그릇'이 될 수 있음을 무시해서는 안될 것이다.

넷째, 두 거룩한 아이가 같은 날에 신비롭게 태어나 배필로서 짝지어졌다는 점도 「박혁거세신화」의 특색이다. 이것은 후대의 별신굿의 원류가 상고대 신화임을 생각할 때, 별신굿에서 남녀 신령의 강림과 그 짝지어짐이 일어나는 사례를 연상시켜 주고 있다.

별신굿의 짝지어줌이 이른바 신성혼(神聖婚) 또는 신들의 혼례라면, 가장 오래된 선례를 「박혁거세신화」에서 찾게 되는 것이다. 오늘날에까지 전해진 별신굿에서도 신내림에 수반된 신들의 혼례가 굿의 진행에 있어 중요한 몫을 차지하고 있다.

다섯째, 알영이 탄생할 때 입술이 닭의 부리처럼 길었다가 뒤늦게 떨어진다는 모티프는 「동명왕신화」에 등장하는 유화를 연상시키고 있어 매우 흥미롭고, 그만큼 이 신화의 특색 있는 부분을 이루고 있다.

알영의 경우는 계룡 탄생의 모티프와 대응되는 것이지만, 「동명왕신화」에서도 비슷한 이야기가 있는 것으로 보아 '여성의 입사식(入社式)' 절차를 반영하는 것으로 생각된다.

끝으로, 박혁거세 주검의 산락(散落: 사방으로 흩어져 떨어짐)은 괴기하다고 할 만큼, 다른 건국신화에서는 유례를 찾아볼 수 없는 이 신화의 특색이다.

해석하기 대단히 어려우나, 이 부분은 시베리아 샤머니즘의 성무식(成巫式)에서 찾아볼 수 있는 시체 분리의 모티프와 대응된다고 생각해볼 수도 있겠는데, 이에 대해서는 좀 더 자세한 고증이 요망된다([출처:금와(金蛙)-한국민족문화대백과사전]).

....

'신하개국공신이십대가(臣下開國功臣二十大家)'라 하여 백선장(白善長), 조공흠(趙公欽), 고령시(高靈是), 조익관(趙益寬), 양지백(梁之伯), 임의신(任儀信), 조대정(趙大正), 추자평(秋子平), 김관령(金寬齡), 임동방(林彤芳), 정선엽(丁善燁), 강이태(康二太), 정지석(鄭之碩), 신초시(申初是), 양선봉(梁善奉), 이충익(李忠翊) 등 16명을 열거하고 하기도 한다(『朴氏璿源世系譜』, 2019.4, 朴氏璿源世系譜編纂會).

117) 졸본(卒本): 고구려의 시조 동명성왕이 도읍을 정한 곳. 광개토왕 비문(碑文)에 나타난 홀본(忽本)과 같은 말로서 고구려 5부족(部族) 중 계루부(桂婁部)가 위치한 곳이며, 2대 유리왕 22년(A.D. 3)에 도읍을 국내성으로 옮겼다. 지금 현재의 중화인민공화국 랴오닝[遼寧省]성 번시[本溪]시 환런[桓仁]현 오로산성으로 비정된다(이홍직 편, 『새국사사전』, 교학사, 2004, 1270쪽).

118) 행인국(荇人國): 고구려에 복속된 태백산 동남에 있었던 나라. 서기전 32년(동명성왕 6) 10월 고구려 시조 동명성왕이 오이(烏伊)·부분노(扶芬奴)에게 명하여 태백산 동남에 있는 이 나라를 치고 그 땅을 성읍으로 삼았다. 태백산은 지금의 백두산인데, 행인국이라는 나라 이름은 아마 그 나라 사람들이 압록강변의 마름풀[荇草]을 즐겨 먹고 사는 데에서 붙여진 이름이 아닌가 한다. 송양국(松讓國)을 알게 된 것도 비류수(沸流水)에 채엽(菜葉)을 보고 안 것처럼, 맑은 물가의 마름풀을 이 지역 사람들은 즐겨먹은 듯하다([출처:행인국(荇人國)-한국민족문화대백과사전]).

119) 송양국(松讓國): 고구려 초기 압록강 중부지방에 있던 부족국가. 일명 비류국(沸流國). 비류국왕 송양이 B.C. 36년(동명왕 2)에 고구려에 항복함으로써 비류국은 고구려에 병합되었다. 송양국은 비류국왕 송양의 이름을 따서 부른 것이라 하지만 단지 왕의 이름만이 아니라 그 부족명인 것 같고, 비류란 지명 즉 비류수(沸流水-지금의 渾江) 유역을 가리킨 말로 생각된다. 송양은 소노(消奴-5부족의 1)와 음(音)이 비슷하므로 같은 지명(地名)의 이사(異寫)로 봄이 마땅하다. 그러므로 송양국이 고구려에 항복한 것은 즉 소노부에서 잡고 오던 패권을 계루부(桂婁部)에게서 빼앗겼음을 말해준다(이홍직 편 『새국사사전』, 교학사, 2004, 682~683쪽).

120) 욕살(褥薩): 고구려는 지방통치 조직을 대성(大城)·성(城)·소성(小城)의 3단계로 구획하고, 여기에 중앙관리를 파견하였는데, 이 중 대성의 장관을 욕살(褥薩·耨薩·辱薩)이라고 하였다. 고구려의 대성은 군(郡) 규모의 여러 성(城)을 통합하는 커다란 행정구역인데, 동·서·남·북·내(內)의 5부(部)가 있었으며, 각 부에 욕살이 파견되었다. 욕살의 임무는 행정과 군사의 양면을 관장하는 군정적(軍政的) 책임을 지니고 있었으며, 중국의 도독(都督)에 비정된다. 욕살 이외의 고구려의 지방관으로는 성을 다스리는 처려근지(處閭近支, 혹은 道使)와 소성을 다스리는 가라달(可邏達)이 있었다[출처:욕살(褥薩)-한국민족문화대백과사전]).

121) 처려근지(處閭近支): 고구려 후기의 지방관직.

처려근지는 대성·중성·소성의 3등급으로 구성된 고구려 후기 지방통치 구조에서 두 번째인 중성에 파견된 지방관이다. 도사(道使)라고도 불렸으며, 중국의 주 장관인 자사(刺史)에 비견될 만한 위치였다. 위로는 욕살(褥薩)이 임명된 대성에 속하고 아래로는 가라달(可邏達)과 누초(婁肖)가 책임지고 있는 소성들을 통할하는 허리와 같은 기능을 하였다.

고구려의 지방 제도는 3세기까지는 부와 속민체제를 근간으로 한 간접 지배 방식이었고, 4~5세기는 성(城)과 곡(谷)을 중심으로 직접적 영역지배를 확대해 가다가 6세기에 이르러 대-중-소 3등급의 성을 단위로 한 일원적 체제를 마련하였다. 고구려 멸망기 사료를 보면 당시 고구려에는 176개의 성이 있었다고 전한다. 고구려의 지방 행정 조직은 이들 성을 단위로 중층적으로 편제되었다.『한원(翰苑)』에 인용된 「고려기(高麗記)」에 의하면 7세기 무렵 고구려 지방 통치 구조는 성의 크기를 기준으로 대-중-소 3단계로 나뉘고, 그 등급에 따라 대성에는 당의 도독(都督)에 비견되는 욕살이, 중성에는 자사에 비견되는 처려근지가, 소성에는 현령(縣令)에 비견되는 누초가 있었다고 한다. 그리고 이들은 상하 간 영속관계였던 것으로 보인다. 그리고『신당서(新唐書)』「고려전」에는 당시 고구려에 60주현이 있었다고 기록되어 있는데, 이것은 처려근지급 이상의 성들만 추린 것이라 이해하기도 한다. 처려근지는 3단계의 지방 행정 단위 중 중성에 파견된 지방관이다. 그리고 5세기의 지방관인 수사(守事)를 계승한 것으로 여겨진다. 그리고 중국의 자사에 비견된다는 것으로 보아 처려근지는 중간급 이상의 지방관으로 고구려 후기 지방 제도에서 허리와 같은 역할을 하였음을 알 수 있다. 휘하에는 소성들을 거느렸고, 처려근지의 치소는 '비(備)'라고 불렸다. 처려근지에 취임할 수 있는 관등에 대해서는 정확히 알 수는 없다. 7세기 무렵 고구려 정치 체제에 관한 기록이 있는『한원』에는 당시 고구려의 지방 관제를 소개하고 이어서 무관직에 대해 서술하면서 대모달(大模達)의 다음으로 두 번째 고위 무관인 말약(末若)이 대형(大兄) 이상으로 임명되었다고 전한다. 고대 국가 관제의 특성상 관직에 따라 담당할 수 있는 관등이 정해져 있었고, 고구려 역시 중앙 관직과 무관직에 그러한 기준이 있었다. 지방관도 이에 준하여 임명되었을 것이 분명하므로, 지방관 중 두 번째 고위직인 처려근지는 무관과 마찬가지로 제7위 대형 이상 관등의 소지자가 보임되었을 것으로 보인다. 이것은 무관의 최고위직인 대모달에 제5위 조의두대형(皂衣頭大兄) 이상으로 임명케 한 규정이나, 지방관 최고위직 욕살에 조의두대형 이상 관등의 소지자가 임명된 사례를 통해서도 유추할 수가 있다. 『한원』에는 처려근지는 일명 도사라고 한다고 기록되어 있다. 이를 통해 고구려 고유어 처려근지가 한문식 표현인 도사로도 불리었음을 알 수 있다.『삼국사기』

「고구려본기」에는 처려근지나 도사라는 관명이 보이지 않는다. 다만 지방 행정
단위인 성의 책임자로 '성주'라는 호칭이 자주 보이는데, 이 중 일부를 성의 규모
와 중요도 등을 고려해서 처려근지로 해석하기도 한다. 그 근거는 『한원』「번이
부」 <백제조>에 성주를 도사라고도 불렀다는 기록이 있기 때문이다([출처:처려근
지(處閭近支)-한국민족문화대백과사전]).

122) 시네시우스(Synesius, 370?~414): 키레네(Cyrene) 태생의 주교. 알렉산드리아에서 명성
있는 신플라톤 학파 철학자 히파티아(Hypatia)를 사사하였다. 저서로는 『섭리(De
Providentia)』(콘스탄티노폴리스 생활을 중심으로 한 정신적 서적), 『디온(Dion)』(학문하는
생활을 변론하고 극도의 금욕주의를 비판하며 합리적이고 경쾌한 인생을 즐기라는 권고를
쓴 책), 『꿈에 대하여(De Insomniis)』(꿈의 원인과 의미를 밝힌 책) 등이 있다.

123) 경당(扃堂): 삼국시대 고구려의 미성년 학교.

고구려의 미성년 학교이다. 경전(經典)을 독서하고 활쏘기를 연습하였다고 한다.
신라의 화랑도와 같이 청소년 연령집단에서 기원하였다고 이해된다.

고구려 경당에 관한 기록은 『구당서』와 『신당서』에 보인다. "습속은 서적을 아
낀다. 형문(衡門)·시양(廝養)의 집안에 이르기까지 큰길[街衢]에 각기 커다란 집
[大屋]을 짓고 이를 경당이라고 하였다. 혼인하기 전의 자제(子弟)는 이곳에서 밤
낮으로 책을 읽고 활쏘기를 익혔다"(『구당서』 고려) "고구려인은 학문을 좋아하
였다. 궁리(窮里)의 시가(廝家)에 이르기까지 또한 서로 학문을 힘써 권하며 큰길
가(衢側)에 모두 장엄한 집[嚴屋]을 짓고 경당이라고 이름하였다. 미혼의 자제가
무리지어 거처하며 경전을 읽고 활쏘기를 익혔다"(『신당서』 고려) 경당의 학생은
미혼이었다고 하였는데, 그 연령은 대체로 청소년이었다고 생각된다. 이 점에서
고구려의 경당은 신라의 화랑도와 마찬가지로 청소년 연령집단에서 기원하였다고
이해된다. 경당의 학생은 형문·시양과 같은 미천한 집안 출신을 포함하였다고
하였다. 이에 흔히 경당은 평민을 위한 교육기관이었다고 본다. 하지만 형문·시
양과 같은 표현이 찬자의 과장이었다고 보고, 적어도 상층민 이상이 수학하였을
것으로 보기도 한다. 경당의 학생 중에는 궁리 즉 구석진 마을 출신도 있었다고
하였다. 이를 중시하여 경당이 지방 촌락에 소재하였다고 보는 것이 통설이었다.
그런데 경당은 큰길[衢]에 세워졌다고 하였다. 이를 주목하여 경당의 소재지가
일정 규모 이상의 도시였다고 보기도 한다. 왕도(王都)는 물론이고 대성급(大城
級) 규모의 지방 주요 도시에도 소재하였다고 파악한 것이다. 경당에서는 책을 읽
었다고 하였다. 책은 경전이라고도 하였는데, 이때 경전은 유교 경전을 가리킨다
고 파악된다. 유교를 교육했던 것이다. 또한 활쏘기를 익혔다고 하였는데, 이는
군사훈련을 의미할 것이다. 따라서 경당에서는 유교 교육과 더불어 군사훈련이
실시되었다고 이해된다.

* 변천과 현황: 경당이 언제부터 건립되었는지는 분명치 않다. 다만 유교를 교
육했다는 점에서 태학이 설립된 372년(소수림왕 2) 이후부터 세워졌다고 보는 데
큰 이견은 없다. 대부분 427년 평양 천도 이후부터 건립되었다고 생각한다. 경당
은 고구려의 멸망 이후 찾아볼 수 없다. 다만 통일신라와 발해의 지방 학교가 상
정되는 만큼 이를 경당과 연관하여 생각하기도 한다.

* 의의와 평가: 경당이 지방 촌락에 소재했고 평민을 위한 학교였다고 보는
견해에서는 경당의 건립이 전국적인 군사동원체계 즉 국민개병제의 정비를 반영
한다고 해석한다. 지방 촌락의 평민까지 군사로 동원하기 위해 기존의 청소년 연

령집단을 재편해 활쏘기와 같은 군사훈련을 실시했다고 본 것이다. 이와 달리 왕도와 지방의 주요 도시에 소재했고 상층민 이상을 위한 학교였다고 보는 견해에서는 지배층의 정치·사회적 역할이 분화한 결과를 반영한다고 해석한다. 이 견해에서는 경당의 학생이 하급의 실무관원 내지 무관으로 진출하였다고 보고, 지배층 내부에서 상층과 하층이 분화하면서 하층의 지배층을 위한 교육기관으로 경당이 세워졌다고 이해한다[출처:경당(扃堂)-한국민족문화대백과사전]).

124) 사자(使者): 고구려 시대의 관직.
　『삼국지』「고구려전」에는 고구려 10관등 중 제8위이며, 왕뿐만이 아니라 여러 대가(大加)들도 사자와 아울러 조의(皂衣)·선인(先人)을 둘 수 있다고 하였다. 또, 『후한서』「동옥저전」에 의하면 사자가 조부(租賦)를 통책(統責)하였다고 되어 있다. 사자는 원래 족장층(族長層)의 가신집단(家臣集團)으로 수취(收取)를 담당하는 관리였으며, 고구려가 중앙집권적 귀족국가로 전환하는 과정에서 행정적 관료로 성장해간 것 같다. 6세기 이후 그 지위의 높고 낮음에 따라 태대사자(太大使者)·대사자(大使者)·수위사자(收位使者)·상위사자(上位使者)·소사자(小使者)로 분화·개편되었다. 고구려의 관등조직 중에서 사자와 대비되는 것으로 형(兄)의 명칭이 붙은 태대형(太大兄)·조의두대형(皂衣頭大兄)·대형(大兄) 등의 관직을 들 수 있다. '형'은 연장자의 뜻으로 지난날 족장적 성격을 지니고 있는 것이다. 사자는 중국식 용어이나, 부여에도 대사자·사자 등 사자계 관명이 있어 고구려에 영향을 준 듯하다[출처:사자(使者)-한국민족문화대백과사전]).

125) 주임(奏任): 대신(大臣)의 주천(奏薦)으로 임명되던 관원.

126) 막우(幕友): 청대의 경우로 보면 위는 독무(督撫)로부터 아래로는 지현(知縣)에 이르기까지 모다 막우(莫友)를 연청(延請)하여 서리(胥吏)와는 다른 입장에서 행정실무를 관장케 하였다(閔斗基, 「淸代의 幕友에 對하여-特히 乾隆朝를 前後한」, 『역사학보』제17·18합집, 111쪽, 역사학회, 1962).

127) 대대로(大對盧): 초기의 대로(對盧)가 대대로, 태대대로(太大對盧) 등의 관위(官位)로 계속된 것 같다(이홍직 편, 『새국사사전』, 교학사, 2004, 337쪽).
　태대대로(太大對盧):고구려시대의 관직.
　　귀족들에 의하여 선출되는 고구려 말기의 수상직으로서 제1관등인 대대로에서 분화, 발전된 것이다. 천남생묘지명(泉男生墓誌銘)에 의하면 대막리지(大莫離支) 연개소문(淵蓋蘇文)은 이 관직을 역임한 바 있다. 『당대해동번벌지존(唐代海東蕃閥志存)』에서는 천남생·천남산(泉男産) 고자묘지명(高慈墓誌銘)에 근거하여 고구려의 13관등체제를 설정한 바 있는데, 여기에서 태대대로는 제1관등으로 나타나고 있다. 그러나 이 관직은 상설직이라기보다는 고구려 말기에 국사(國事)와 군사권을 장악한 연개소문이 자신의 정치적 입지를 강화하기 위한 목적에서 신설한 것으로 보인다([출처:태대대로(太大對盧)-한국민족문화대백과사전]).

128) 대보(大輔): 고구려·신라 초기의 관직.
　국정을 총괄하는 재상의 기능을 수행하였다. 대보라는 관직명은 중국에서는 찾아볼 수 없고, 고구려·신라에서만 찾아진다. 이것은 삼국시대 초기에 존재했던 고유의 관직을 후세에 한식(漢式)으로 표기한 것이다. 고구려의 경우 서기 3년(유리왕 22) 왕이 사냥을 나가 5일이 지나도록 돌아오지 않자, 정사에 힘쓸 것을 간하다가 파직당한 협보(陜父)가 대보의 관직에 있었다. 그런데 협보는 주몽(朱蒙)과 함께 부여에서 도망 나온 왕실 측근 세력이었다. 대보는 그 뒤 좌보(左輔)·우보(右輔)로 분리되어 군국정사(軍國政事)를 맡았고, 다시 국상(國相)의 명칭으로 변화하였다. 한편, 신라에서 대보에 오른 인물로는 남해차차웅(南解次次雄) 때의 탈해(脫解)와 탈해이사금(脫解尼師今) 때의 호공(瓠公)이 있다. 탈해의 대보 임명은 박 씨(朴氏) 부족과 김 씨(金氏) 부족의 결합체였던 사로국(斯盧國) 왕실이 해양적 성격(海洋的性格)을 지니고 철기문화를 소유한 석 씨(昔氏) 부족을 받아들이면서 나온 것이라 볼 수 있다. 그리고 호공의 활동도 호공 세력과 석씨 부족과의 결합에서 생각할 수 있다. 탈해는 대보에 임명된 뒤 군국정사를 맡았는데, 이로써 대보는 부족장 또는 부족회의의 주재자로서의 성격을 지닌 채 여러 부족을 총괄하면서 군국(軍國)의 현실적 권력을 행사하였다. 그러나 대보의 명칭은 탈해이사금 이후 보이지 않고, 대신 이벌찬(伊伐湌)·이찬(伊湌) 등이 대보의 임무를 계승하였다. 이것은 점차 정복과정과 사회발전에 따라 족장층의 관료화와 관직분화가 진행됨에 따라 정치·행정·군사권의 분리가 이룩되기 시작했음을 나타낸다. 그 뒤 정치·행정권은 상대등(上大等)으로, 군사권은 병부령(兵部令)으로 분리되었다([출처:대보(大輔)-한국민족문화대백과사전]).

129) 좌보(左輔): 고구려 초기의 최고 관직.
본디 여러 나(那) 집단들의 통합에 의하여 구성된 고구려는 계루부(桂婁部)가 중심이 되어, 서력 기원 전후한 시기에는 주위의 '나'들을 복속시켜 나갔다. 또, 그러한 과정에서 고구려는 중앙집권적 통치권이 확대될 수 있었다. 그 결과, 서기 1세기 초에는 점점 확대되어가는 통치기구를 효과적으로 통치하기 위한 목적에서 좌우보제(左右輔制)를 설치하였다. 좌보는 대보(大輔)의 하위관직이며, 우보의 상위관직이었다. 처음에는 계루부왕실 출신이 좌우보에 임명되었으나, 2세기 초엽후반에는 '나' 출신 인물들이 좌우보에 임명되었다. 좌보는 우보와 더불어 왕 밑에 구성된 최고의 정책회의체라고 할 수 있는 군신집단(群臣集團)의 우두머리였으리라 생각된다. 각 지역의 수장층인 대가(大加)들에 해당하는 인물들이 임명되었으며, 지방통치도 담당하였다. 아울러 왕과 정치적으로 운명을 같이하는 존재들이었다. 그러나 좌보의 중앙통치권력은 강력하지 못하였다([출처:좌보(左輔)-한국민족문화대백과사전]).

....

* 좌보(左輔): 백제 초기의 최고 관직.
우보와 함께 병마관계의 업무를 관장하였다. 서기 37년(다루왕 10)에 우보(右輔) 흘우(屹于)가 좌보에 임명되는『삼국사기(三國史記)』기사에 보인다. 지방의 유력세력들이 임명된 것으로 간주되는데, 이는 독립적인 지방 세력들이 백제연맹 내로 편입된 것을 반영하여 준다. 특히,『삼국사기(三國史記)』에 보이는 이 관직과 우보의 임명 순차는 이들 지방 세력들이 백제연맹 내에 편입되는 시차와 관계되는 것으로 보인다([출처:좌보(左輔)-한국민족문화대백과사전]).

130) 우보(右輔): 삼국시대 고구려의 관직.
'우상(右相)'이라고도 한다.『삼국사기』에는 25년(대무신왕 8)에 을두지(乙豆智)를 우보로 삼은 것이 처음이며, 166년(신대왕 2)에 좌보·우보를 합하여 국상(國相)이라 하였다. 관직체계로 보면, 우보에서 좌보로 승진하는 것으로 되어 있어서 서열상 좌보의 다음이 된다. 맡은 일은 대개 군국지사(軍國之事) 혹은 병마지사(兵馬之事)를 맡았다. 좌보가 국내문제를 다룬 것과 구분된다. 처음에는 한번 임명되면 좌보로 승진하거나 사망에 의하여 교체되는 양상을 띠었으나, 왕권이 강화되면서 사망과 관계없이 교체되는 현상을 보이고 있다. 이 관직은 중국 측 사서에는 나타나지 않으며, 고구려 『고기(古記)』를 인용하여 『삼국사기』 직관 지에 수록하고 있다.

....
* 우보(右輔): 백제 초기의 관직.
'우상(右相)'이라고도 한다. 『삼국사기』에는 서기전 17년(온조왕 2)에 족부(族父) 인 을음(乙音)을 우보로 삼은 것이 처음이며, 247년(고이왕 14)에 진충(眞忠)을 우보로 삼은 내용까지 나온다. 관직체계로 보면, 우보에서 좌보(左輔)로 승진하는 것으로 되어 있어서 서열상 좌보의 다음이 된다. 주로 군국지사(軍國之事) 또는 병마지사(兵馬之事)를 맡았으며, 좌보가 주로 국내 정사를 다룬 것과 구분된다. 처음에는 한번 임명되면 좌보로 승진하거나 사망에 의하여 교체되는 양상을 띠었 으나, 왕권이 강화되면서 사망과 관계없이 교체되는 현상을 보이고 있다. 이 관직 명은 중국 측 사서에는 나타나지 않으며, 백제의 『고기(古記)』를 인용하여 『삼국 사기』 권9 직관지에 수록되어 있다([출처:우보(右輔)-한국민족문화대백과사전]).

131) 신대왕(新大王, 89~179): 삼국시대 고구려 제8대(재위:165~179) 왕.
　　신대왕은 삼국시대 고구려 제8대 왕이다. 재위 기간은 165~179년이다. 형인 차 대왕이 신하와 백성들에게 지지를 받지 못하자 화가 미칠 것을 우려해 산속에 은 둔해 있다가, 차대왕이 명림답부에게 살해된 뒤 좌보 어지류 등의 추대로 즉위했 다. 최고의 관직이던 좌보와 우보를 통합해 국상이라는 관직을 설치하고 명림답 부를 임명함으로써 왕을 중심으로 한 중앙집권적 지배체제 정비에 박차를 가했 다. 왕자 남무를 태자로 책봉하여 왕위 부자상속제의 기틀을 마련했고, 재위 기간 동안 후한과 지속적으로 충돌했다. 91세로 죽자 고국곡에 장사했다.
　　이름은 백고(伯固) 또는 백구(伯句). 태조왕의 동생이라고도 하고, 태조왕의 아 들 또는 차대왕의 아들이라는 이설도 있다. 영특하며 성품이 인자했다고 한다. 형 인 차대왕이 신하와 백성들에게 지지를 받지 못하자 장차 변란이 발생해 화가 자 신에게까지 미칠까 두려워 산 속에 은둔해 있다가, 차대왕이 명림답부(明臨答夫) 에게 살해된 뒤 좌보(左輔) 어지류(菸支留) 등의 추대를 받아 즉위하였다. 그러나 『삼국유사』에는 신대왕이 태조왕과 차대왕을 살해하고 왕위를 찬탈한 것처럼 서 술되어 있다. 즉위한 이듬해인 166년(신대왕 2)에 대사령(大赦令: 사면하라는 국 가 원수의 명령)을 내리고, 차대왕의 태자 추안(鄒安)을 양국군(讓國君)에 봉하면 서 토지를 하사하는 등 반대 세력을 무마하는 데 힘썼다. 또 한편으로는 당시까 지 고구려의 최고위직이었던 좌보(左輔)와 우보를 단일화해 국상(國相)이라는 관 직을 설치하고, 명림답부를 이에 임명함으로써 귀족 세력들의 조정·통제를 도모 하는 등 왕을 중심으로 한 중앙 집권적 지배 체재 정비에 박차를 가하였다. 그리 고 176년 왕자 남무(男武)를 태자로 책봉함으로써 왕위 부자 상속제의 기틀을 마 련하였다. 재위 기간 동안 후한(後漢)과 충돌을 거듭하였다. 그러한 과정에서 169 년과 172년에 후한의 현도태수(玄菟太守) 경림(耿臨)의 침공을 받기도 했지만, 여 러 차례 요동군을 공격해 후한의 압박을 분쇄하고자 했을 뿐만 아니라, 나아가 서방으로의 진출을 계속 추진하였다. 또 169년에는 대가(大加) 우거(優居)와 주부 (主簿) 연인(然人)을 파견해, 당시 요동·요서 지역에서 신흥 세력으로 등장한 공 손탁(公孫度)을 도와 부산적(富山賊)을 치게 했다고 한다. 그런데 공손탁이 독립 세력으로서 등장한 것은 190년 이후이므로, 이것은 후대의 사실이 신대왕 때의 사건으로 잘못 전해진 것으로 여겨진다. 91세로 죽자 고국곡(故國谷)에 장사했다고 한다([출처:신대왕(新大王)-한국민족문화대백과사전]).

132) 명림답부(明臨答夫, 67~179): 삼국시대 고구려 제8대 신대왕을 추대하여 최초의 국상을 역임한 관리.

고구려의 국상(國相). 연나부(椽那部) 명림씨 출신. 165년(차대왕 20) 조의(皂衣)로 있으면서 포악한 차대왕을 시해하여 왕제(王弟)인 백고(伯固), 즉 신대왕이 즉위하는 계기를 만들었고, 166년(신대왕 2)에는 패자(沛者)로 승진하였다.

동시에 이때 최초로 설치된 고구려 지배세력의 회의체의 의장직인 국상에 취임하였다. 172년에는 후한(後漢) 현도태수(玄菟太守) 경림(耿臨)의 침입을 지구전을 펴 물리쳤을 뿐만 아니라 퇴각하는 군대를 좌원(坐原)에서 대파하기도 했는데 그 공으로 좌원 및 질산(質山)을 식읍으로 하사받았다. 179년 9월에 113세로 죽었다.

왕은 크게 슬퍼하여 7일 동안 조회를 파하였으며, 예를 다하여 질산에 장사지냈다. 이와 같은 신대왕대의 고구려 지배세력 내에서의 명림답부의 부상(浮上)은 그의 출신부인 연나부(중국 측 문헌에 의하면 絶奴部)가 왕족의 출신부인 계루부와 밀착되어 왕비족으로 성장하는 계기를 만들었던 것으로 추측되고 있다([출처: 명림답부(明臨答夫)-한국민족문화대백과사전]).

....

* 명림답부(明臨答夫, 67~179) 고구려 신대왕 때의 재상. 165년 차대왕이 무도·포학(暴虐)하여 인민이 따르지 않으므로 드디어 왕을 죽이고 왕의 아우 백고(伯固)를 왕위에 앉히었으니 이를 신대왕이라 한다. 166년(신대왕 2) 국상이 되고 벼슬이 패자(沛者)에 올랐으며 내외 병마권(兵馬權)을 장악, 동시에 양맥(梁貊) 부락을 다스렸다. 173년(신대왕 9)에 한나라의 현도태수(玄菟太守) 경림(耿臨)이 대병을 이끌고 쳐들어왔을 때 농성작전(籠城作戰)을 써서 적병을 좌원(坐原)에서 전멸시켰으므로 왕은 좌원 밀 질산(質山)을 하사하여 다스리게 하였다. 113세로 죽었을 때 왕이 친히 조상(弔喪), 통곡(痛哭)하였으며 조정을 7일간이나 쉬었고 질산의 묘소에 묘지기 20호를 두었다(이홍직 편 『새국사사전』, 교학사, 2004, 414쪽).

133) 차대왕(次大王, 71~165, 재위:146~165)은 고구려의 제7대 군주이다. 휘는 수성(遂成)이다. 『삼국사기』에선 태조왕(太祖王)의 동모제(同母弟)로, 『후한서』에서는 태조왕의 장자(長子)로 기록되어 있다. 태조왕 때에는 장군으로 활약하고 또한 대리청정으로써 국정을 대신 살폈다.

146년 선양(禪讓)을 받아 76세의 나이로 왕위(王位)에 올랐다. 폭정(暴政)으로 인해 명림답부(明臨答夫)에게 살해되었다. 신채호(申采浩, 1880~1936)에 의하면 차대왕, 신대왕, 인고(仁固) 3형제는 태조왕의 이복동생이 아니라 서자라고 한다. 중국의 『후한서』나 『위서』에는 그는 태조왕의 아들이라 한다.

그는 태조왕 치세 후반부터 장군으로 활약하였고 정치에도 간여하였다. 121년 후한(後漢)의 침입에 대항하여 출전한 수성은 거짓 항복으로 적군을 속여 안심하게 하고 험한 곳을 차지하고 막았으며 몰래 현도(玄菟)·요동(遼東)을 공격하여 크게 승리하였다.

이해부터 태조왕을 대신하여 국정과 군사를 통괄하였다. 132년(태조왕 80), 양신 등의 측근들에게 왕위 찬탈을 권유받은 뒤, 차기 왕위를 넘보는 언동을 보이기 시작했다. 146년(태조왕 94), 수성은 측근들의 부추김을 받아 쿠데타를 모의하였으나 실행하기 전에 태조대왕이 먼저 선위하고 물러났다.

147년(차대왕 2) 차대왕은 자신의 왕위 계승을 반대한 우보(右輔) 고복장(高福章)을 처형하였으며 좌보 목도루(穆度婁)도 은퇴하였다. 이에 차대왕은 국가의 주요 요직에 자신의 측근을 임명하였다.

148년(차대왕 3)에는 태조왕의 맏아들 고막근(高莫勤)을 죽였으며 둘째아들 고막덕(高莫德)은 화가 미칠 것을 두려워하여 자살하였다.

165년에 연나부(椽那部) 조의(皂衣) 명림답부에게 살해되었다(이홍직 편, 『새국사사전』, 교학사, 2004, 1322쪽).

134) 을파소(乙巴素, ?~203) 고구려의 재상. 압록곡(鴨綠谷) 사람. 유리왕 때의 대신 을소(乙素)의 손자. 191년(고국천왕 13) 왕이 각 부(部)로 하여금 유능한 인사를 천거케 하니 4부에서 함께 안유(晏留)를 천거한 바 안유는 다시 왕에게 을파소를 천거했다. 왕은 을파소를 불러 중외대부(中畏大夫)의 벼슬과 우태(于台)의 작위를 주었으나 을파소가 사양하매 왕은 마음속을 알아채고 국상(國相)에 임명했다. 이때 대신들과 왕의 척족들이 매우 시기하고 반대했으나 왕의 강력한 만류로 진정되었다. 을파소는 지성으로써 나라를 받들며, 정교(政敎)를 명백히 하고 상벌(賞罰)을 신중히 하여 천하가 태평세대를 이룩하였다. 농부에서 일약 국상이 되어 13년 동안 나라를 다스리다가 죽으니 전 국민이 슬퍼했다(이홍직 편, 『새국사사전』, 교학사, 2004, 957쪽).

135) 고우루(高優婁, ?~230)는 고구려 산상왕, 동천왕 때의 국상(國相)이다. 203년, 고구려 제3대 국상 을파소(乙巴素)가 죽자 그의 뒤를 이어 국상에 오르게 되었다. 그러나 지금까지 재임기간이 밝혀진 국상들 중에서 국상직에 가장 오래 재임했음에도 불구하고 그의 행적이나 업적은 찾아 볼 수 없으며, 그가 죽었다는 기사도 따로 나오지 않아 고우루의 죽음은 명림어수(明臨於漱)가 230년(동천왕 4)에 국상에 오른 것으로 추측할 수 있을 뿐이다(위키백과).

136) 명림어수(明臨於漱, ?~254)는 고구려 동천왕, 중천왕 때의 국상(國相)이다. 초대 국상인 명림답부(明臨答夫)와 성씨가 같은 것을 보아 연나부(椽那部)의 명림(明臨) 씨 출신으로 추정된다. 230년(중천왕 7) 국상이었던 고우루(高優婁)가 죽자, 그의 뒤를 이어 국상에 임명되었다. 중천왕(中川王)인 250년(중천왕 3)에는 왕명을 받아 군사 문제에도 관여했고, 254년(중천왕 7) 사망하여 음우(陰友)가 국상의 자리를 승계했다(위키백과).

137) 전섭(全聶:전 씨의 시조)·오간(烏干)·마려(馬藜:목천 마씨의 시조)·을음(乙音)·해루(解婁)·흘우(屹于)·곽충(郭忠)·한세기(韓世奇) 등의 십제공신(十濟功臣)이다.

138) 위례성(慰禮城): 서울특별시 한강 북쪽과 남쪽에 있었던 삼국시대 백제의 건국 초기 성곽. 도성.

위례라는 명칭은 한성시대 백제의 도성이었던 위례성을 의미한다. 그 명칭의 유래에 대해서는 여러 설이 있다. 한강을 가리키는 아리수(阿利水)·욱리하(郁利河)의 '아리'·'욱리'에서 기원하였다. 여기서 '아리'·'욱리'는 모두 크다[大]는 뜻을 지니고 있는 만큼, 대성(大城)의 뜻이다. 그리고 백제에서 왕을 가리키는 '어라하(於羅瑕)'의 '어라'에서 기원하였다는 설이 있다. 곧 왕성(王城)의 뜻이다. 그 밖에 '우리', 즉 울타리에서 기원하였다는 설이 있다. 그 뜻은 성곽을 의미한다. 위례성을 한강을 기준으로 하북위례성(河北慰禮城)과 하남위례성(河南慰禮城)으로 나누기도 하고 별개의 도성이 아닌 하나의 도성(都城)으로 보기도 한다.

『삼국사기(三國史記)』에 의하면, 부여계(夫餘系)인 비류(沸流)와 온조(溫祚)의 집단이 남쪽으로 내려와서 건국한 근거지가 위례성이라고 한다. 그 위치에 대해서는 "하남의 땅은 북쪽은 한수(漢水)가 흐르고, 동쪽은 고악(高岳)을 의지하고 있으며, 남쪽은 기름진 옥토를 바라보고, 서쪽은 큰 바다로 막혀 있다"고 기록되어 있다. 이들은 건국한 지 13년 만에 하남위례성으로 도읍을 옮겼다고 하므로 처음에 정착한 위례성의 위치는 하북, 즉 한강 북쪽에 있었을 것이다. 그 위치는 서울 북한산 동쪽 산기슭이나, 북한산을 배경으로 한 세검동·평창동계곡 일대 또는 상계동·중랑천 방면을 비정(比定)하고 있으나 확실하지 않다. 하북 위례성에서 한강 남쪽으로 천도한 곳이 하남 위례성이다. 천도 시기는『삼국사기』에 따르면, 서기전 6년(온조왕 13)이지만, 실제는 그보다 훨씬 후대의 일로 보인다.

위례성의 위치에 대해서는 지금까지 다양한 견해가 제기되었다. 가장 오래된 설은『삼국유사(三國遺事)』기록에 근거한 '직산설(稷山說)'이고, 그 외에 '삼각산동록설(三角山東麓說)', '세검동계곡설(洗劍洞溪谷說)', '고양부근설(高陽附近說)', '북한산성설(北漢山城說)', '중랑천유역설(中浪川流域說)', '이성산성설(二聖山城說)', '몽촌토성설(夢村土城說)', '풍납리토성설(風納里土城說)' 등이 있다. 이처럼 여러 견해가 제기되었지만 백제초기의 도성과 연관된 유적·유물의 조사가 빈약하므로 아직 그 정확한 위치에 대해서는 명쾌한 해답을 내놓지는 못하고 있다. 지금까지 많은 학자들은 백제 초기 고분밀집지대인 서울시 송파구 석촌동·가락동과 가까운 거리에 있는 몽촌토성을 하남위례성으로 비정하였다. 몽촌토성은 남북 길이 750m, 동서 길이 500m, 전체 둘레 2,285m, 넓이 약 44만㎡에 이르는 토성이다. 성은 본성(本城)과 이보다 작은 외성(外城)으로 되어 있다. 성 외곽 둘레에는 방어용 하천인 해자(垓字)시설과 성의 방비를 위한 목책(木柵) 구조물이 있음이 밝혀졌고, 내부에는 백제 초기의 움집터와 기와 및 토기를 비롯한 각종 생활도구들이 출토되었다. 그 동안 하남위례성의 위치가 지금의 경기도 하남시 춘궁동(春宮洞)과 남한산성(南漢山城)을 포함하는 일대라고 주장하는 학설이 있었다. 그러나 춘궁동의 지형은 동·서·남 세 방면이 막히고 북쪽만이 트여 있다. 따라서 위에서 인용한 백제 초기 하남위례성의 지형과 다르며, 왕궁터의 기본형이 되는 남향도 아니다. 이곳은『삼국사기』에 기록된 369년(근초고왕 24)에 백제왕이 고구려 평양성까지 쳐들어가 고국원왕(故國原王)을 살해하고 돌아온 뒤, 고구려의 남침이 두려워 한산(漢山)으로 천도하였다고 하는 내용으로 미뤄볼 때, 한때 도성이었던 곳으로 추정된다. 한편, 위례성의 위치에 대해서『삼국유사』에서는 지금의 충청남도 천안시 직산읍으로 비정하였다. 직산이 위례성으로 지목된 근거는 확실하지 않으나, 475년 한성함락 후 남쪽으로 피란하던 문주왕이 일시 머물렀던 데서 기인한 것으로 생각되기도 한다. 또한 웅진천도 후, 한성시대의 지명이 이동한 데 기인한 현상으로 풀이하기도 한다([출처:위례성(慰禮城)-한국민족문화대백과사전]).

139) 백제오방(百濟五方): 백제시대의 지방행정구역. 백제는 사비(泗沘)에 도읍한 뒤 관제를 정비, 지방을 5개의 방(方)으로 편제하였다. 방위에 따라 동방 득안성(得安城), 서방 도선성(刀先城, 혹은 力光城), 남방 구지하성(久知下城 혹은 卞城), 북방 웅진성(熊津城), 중방 고사성(古沙城)이다. 5방의 치소(治所)는 북방 웅진성은 지금의 공주(公州)를 말하며, 동방 득안성은 논산 근처로 추청되고, 중방은 고부로 비정된다. 서방·남방의 위치는 정확하게 밝혀지지 않은 실정이다([출처:백제오방(百濟五方)-한국민족문화대백과사전]).

140) 방령(方領): 백제시대의 지방장관직으로서 지방행정조직인 방(方)의 행정 및 군사최고책임자. 백제의 지방지배는 한성시대(漢城時代) 이래 시행되어온 담로제(擔

魯制)가 웅진시대(熊津時代) 후기에 와서 점차 오방제(五方制)의 형태로 바뀌게 되었다. 그리하여 사비천도(泗沘遷都) 후에는 전국을 크게 다섯 구역으로 나누어 통치하는 정연한 형태의 지방지배 방식인 오방제가 정착되었다.

방성(方城)은 모두 산의 험한 곳에 의지한 산성의 부류에 해당하며 석축(石築)된 것도 있다고 하였다. 또, 방에는 많으면 1천 명, 적으면 7백~8백 명의 병력이 있고, 성 안의 사람 수는 많은 곳은 1천 명이며, 적은 곳은 7백~8백 명이 되며, 성 안의 호수가 많은 곳은 5백 가(家)에 이른다고 하였다. 5방을 구체적으로 살펴보면, 중방 고사성(古沙城), 동방 득안성(得安城), 남방 구지하성(久知下城, 또는 卞城: 지금의 전라남도 구례 또는 장성), 서방 도선성(刀先城, 일명 九光城: 위치 미상), 북방 웅진성(熊津城)이다. 오방에는 각기 10개 내지는 6, 7개의 군이 소속되어 있었다.

『주서(周書)』「백제전」에는 5방(五方)의 명칭과 조직에 대해 기록하고 있다. 5방에는 각각 방령(方領) 1명이 있는데 달솔(達率)의 관등을 가진 자가 맡고 보좌관으로 방좌(方佐) 2명을 두었다. 방령은 지방통치의 행정적 책임자인 동시에 군사적 지휘자로서의 구실도 함께 하였다. 방령이 '중국의 도독(都督)에 비견된다'고 하고 '방령이 병사 700명 이상에서 1200명 이하를 통솔했다'는 표현을 통해 군사적 책임자로서의 중요성이 강조되었음을 알 수 있다(출처:방령(方領)-한국민족문화대백과사전]).

141) 정읍고사부리성(井邑古沙夫里城): 전라북도 정읍시 고부면에 있는 삼국시대 포곡식으로 축조된 백제의 석축 성곽. 산성. 사적.

정읍고사부리성(古沙夫里城)은 정읍시 고부면 고부리에 있는 해발 132m의 성황산에 자리하며, 성황산과 그 서쪽에 위치한 해발 126m의 봉우리를 감싸고 있는 삼국시대에 축성된 포곡식산성이다. 고사부리성은 '고부산성(古阜山城)'이라고도 하며, 전체적인 형태는 북동-남서방향으로 길게 축조된 장타원형을 이루고 있다. 둘레는 1,050m, 서-동 장축길이는 400m, 북-남 단축길이는 180m이며, 성 내부의 면적은 63,484㎡이다. 동문지에서 북문지까지의 동서변 길이는 327m, 성벽의 높이는 10m 내외이며, 안쪽 둘레로 토루를 쌓고 폭 10m 내외의 회랑도가 있다. 북문지에서 수구문(水口門)까지의 길이는 273m이며, 남서단에 서문지가 있는데 수구문에서 서문까지 길이는 173m이다. 북서변의 성벽 길이는 446m이고, 북문지에서 남문까지의 길이는 244m이다. 현재 사적 제494호로 지정되었다.

정읍고사부리성은 삼국시대의 신라에 의해 축조되었거나 아니면 고려시대 현종대 축성된 것으로 알려져 왔다. 그러나 발굴조사 결과 백제시대에 처음 축조되었고, 백제의 오방(五方) 중에서 중방성(中方城)으로 확인되었다. 이후 1765년(영조 41)에 지금의 고부초등학교 자리로 이전하기 전까지 이 지역의 치소(治所) 역할을 담당하였다. 현재 고부초등학교에는 전라북도 기념물 제122호로 지정된 '고부관아터'가 위치하고 있다.

고부구읍성은 2000년에 지표조사를 실시한 이후 현재까지 모두 5차에 걸쳐서 발굴조사가 실시되었다. 1차 발굴조사에서 13동의 건물지와 담장열, 초석 등이 확인되었고, 2차 발굴조사는 성곽의 초축과 관련하여 성문과 성벽조사를 중심으로 이루어졌으며, 3차 발굴조사는 문지(門址), 수구(水口), 성벽 등의 성곽시설과 식수원에 대하여 실시되었다. 성벽은 협축법에 의해 축조하였는데, 석재는 외면을 장방형으로 정교하게 다듬은 성돌을 이용하여 줄쌓기 방식으로 축조하였으며, 성돌의 크기도 거의 일정하다. 외벽은 그랭이 기법을 사용하여 성석들 사이에 틈새가 거의 확인되지 않을 만큼 정연하게 쌓았다. 문지는 남·북·서문지 등 3개소가 확인되었다. 특히 남문지는 성 내부로의 진입이 가장 용이한 곳에 위치하고 있으며, 성내의 주요시설과도 멀지 않은 곳에 있어 정문의 역할을 하였을 것으로 판단하고 있다. 북문지는 두세 차례의 개·보수가 이루어졌으며, 백제시대에 축조한 문지는 어긋문 형식으로 확인되었다. 집수정은 추정 수구지로부터 남동쪽 8m 지점에 위치하고 있는데, 이곳은 성 내에서 지형이 가장 낮은 지역으로 우수가 집중되는 곳이다. 초축 집수정의 평면 형태는 방형으로 추정되고 백제시대에 축조되었을 가능성이 높다. 집수정의 북벽·동벽 바닥과 서벽의 안쪽 면에서 삿자리가 확인되었다. 이는 축조 시 풍화암반층을 일부 파내고 삿자리를 바닥과 벽면에 깐 다음 회갈색의 점토를 붙이고 석축을 했던 것으로 추정되는데, 이러한 공법은 현재까지 확인된 예가 없다. 2차 집수정은 동서로 긴 장방형으로 초축 집수정 위에 축조되었으며, 통일신라시대에 조성된 것으로 추정하고 있다. 고사부리성에서는 백제의 지방통치체제를 파악할 수 있는 명문와가 출토되었다. 즉 1차 발굴조사에서는 '홍치(弘治)'명 암막새와 1734년(영조 10)에 해당되는 '옹정(擁正) 12년' 암막새 등이 출토되었다. 그리고 2차 발굴조사에서는 북문지에서 '상부상항(上 阝上巷)'명이 새겨진 인장와(印章瓦)가 출토되었으며, 3차 발굴조사에서는 집수정에서 기마병 선각와(線刻瓦), 신라 왕경의 6부 조직과 관련된 것으로 추정되는 '본피관(本彼官)'명 기와가 다량으로 출토되었다. 이러한 명문와(銘文瓦)를 바탕으로 고사부리성이 백제의 중방성이라는 사실을 확인하였다.

정읍고사부리성은 전라북도 기념물 제53호였던 '고부구읍성(古阜舊邑城)'에서 2008년 5월에 국가사적으로 승격되어 새롭게 지정되었다.

정읍고사부리성은 백제의 지방통치체제에서 중방성으로서 지방행정의 중심지 역할을 수행하였다. 그리고 삼국통일 이후에도 이 지역의 정치·경제·행정·문화의 중심지 역할을 지속적으로 담당하였다. 또한 3차 발굴에서는 기마무사의 모습이 음각으로 새겨진 백제시대의 기와편이 출토되었다. 여기에는 양 깃이 있는 투구와 경갑, 그리고 몸에 입은 갑옷 등 무사의 모습이 새겨져 있고, 깃꽂이와 마갑 등이 확인되었다. 이러한 기와는 우리나라에서 처음 확인된 것으로 고대 군사사와 복식사 연구에 중요한 자료가 될 것으로 기대된다([출처:정읍고사부리성(井邑古沙夫里城)-한국민족문화대백과사전]).

142) 득안성(得安城): 충청남도 은진(恩津)의 옛 이름. 당(唐)이 백제를 멸하고 이곳에 득안도독부(得安都督府)를 두었다(이홍직 편, 『새국사사전』, 교학사, 2004, 395쪽).

143) 구지하성(久知下城): 전라남도 장성군 부근에 있는 삼국시대 백제의 5방성 중 하나인 성곽. 성터.

백제가 사비성으로 천도한 뒤 도성 안은 5부(五部), 지방에는 5방제(五方制)를 실시할 때 지금의 전라남도 장성군 부근에 두었다. 5방은 중방의 고사성(古沙城), 동방의 득안성(得安城), 서방의 도선성(刀先城), 북방의 웅진성과 남방의 구지하성이다. 방에는 방령(方領)이 있어 그 밑에 700~1,200인의 군사가 주둔하였다. 고구려의 5부제(五部制)가 당초의 5부족 제도에서 비롯된 것인 반면, 백제의 5방제는 주로 방위적 개념에서 비롯된 행정·군사상의 관할구역이며, 이 성은 지금의 광주를 포함한 전라남도 일대를 통할한 것으로 보인다. 구지하성은 신라 때의 이름인 갑성(岬城), 고려 때 이후의 이름인 장성(長城)이 뜻하듯이 험준한 노령산맥과 긴 성을 나타내는 이름이며, 장성읍 내에 구진성(丘珍城) 터가 남아 있다([출처:구지하성(久知下城)-한국민족문화대백과사전]).

144) 도선성(刀先城): 백제 5방의 하나. 서방(西方)에 둔 것으로, 사비성 서쪽이라 하나 확실치 않음.

* 서방성(西方城): 사비 시기(538~660) 백제는 효율적인 통치를 위해 지방 통치 제도를 개편하였다. 수도인 사비 지역을 중심으로 전국을 5방으로 나누고, 중심 성인 방성에 군과 현급의 성을 예속 관계로 설정하였다. 기록에 따르면 서방에는 도선성(刀先城: 역광성力光城)이 설치되었으며, 그 거리는 대략 도읍으로부터 서쪽으로 350리가량 떨어졌다고 한다. 서방성(西方城)의 위치에 대해서는 연구자들 간에 이견(異見)이 있으나 서산 지역도 그중의 하나로 비정된다. 사비 시기 서산 지역은 대고구려·신라전의 해양 전진 기지이자 대중국 교통의 중심지로서 상당한 위상을 갖고 있었다고 여겨진다. 서산 마애삼존불상, 서산 보원사지 등의 불교 유적은 당시 서산 지역이 전략적으로 매우 중요한 위치에 있었음을 잘 보여준다.

　『괄지지(括地志)』*에 따르면 서방성은 '나라 서쪽으로 350리에 있으며, 성의 둘레가 200보'임을 전한다. 그러나 사비 시대 백제의 수도였던 부여 지역으로부터 서쪽 350리를 가면 서해 가운데에 해당하여 기록에 모순이 발생한다. 따라서 서방성의 위치를 충청남도 서산 혹은 예산·대흥 일대, 구체적으로 임존성(任存城)에 비정하거나, 홍성·보령 등으로 추정하기도 한다. 서산 지역으로 파악한 견해는 서방은 정서쪽 방향이 아닌 서북 방면을 지칭한 것에서 출발한다. 당시 수도였던 사비 지역의 서북방에 위치한 임존성을 서부로 파악한 중국 측 사료가 있어 수도 서북 방면에 서방성이 위치할 수 있다고 보았다. 임존성 또한 그 후보지로 볼 수 있으나 거리가 맞지 않는다. 반면 서산은 해로상으로 『괄지지』의 거리와 대략 일치하며, 당시 이 지역이 백제의 해상 교통의 중심지였다는 점에 주목하였다. 서방이 설치된 이유는 신라 당항성(黨項城)의 대척점으로 대중국 항로인 덕적도를 확보하고자 한 것과 관련이 있다고 본다. 서방성의 관할 범위는 홍성·보령·서천 등의 서해안 지역과 당진 지역을 관할하였다고 추정된다(집필 정재윤 한국학중앙연구원-향토문화전자대전).

*『괄지지(括地志)』:당 태종의 아들인 위왕(魏王) 태(泰)의 주도로 편찬된 관찬(官撰) 지지(地志)로서 641년 완성되었다. 상고로부터 남북조시대에 이르는 지명이나 행정단위 명칭의 변화를 고증하여 정리한 책으로 그 잔문(殘文)이 『사기정의(史記定義)』, 『통전(通典)』, 『태평어람(太平御覽)』, 『태평환우기(太平寰宇記)』, 『옥해(玉海)』 등에 인용되어 전해지고 있다(李文基,「泗沘時代 百濟 前內部體制의 運營과 變化」, 『百濟研究』42, 2005, 67~68쪽, 김강훈,「요동지역의 고구려부흥운동과 검모잠」, 『군사』제99호, 2016, 22쪽에서 재인용).

145) 웅진성(熊津城): 충청남도 공주시 산성동에 있는 공주 공산성의 백제시대 명칭.
　475년(문주왕 1) 고구려의 침입으로 수도였던 한성이 함락되자, 백제 문주왕은 웅진으로 천도하였다. 이후 538년(성왕 16) 백제 성왕은 사비로 천도를 단행하였다. 따라서 웅진에 도읍한 시기는 63년간이었음을 알 수 있다. 웅진으로 도읍한 이유로는 여러 가지를 들 수 있겠지만, 고구려와의 전쟁에서 패한 것에서 비롯되었음은 부인할 수 없다. 따라서 고구려의 공격을 막아낼 수 있는 지형적 요인이 중요한 고려 사항이 되었을 것이며, 차령산맥(車嶺山脈)과 금강이 막아 주는 웅진의 지리적 여건과 상통한다. 이러할 경우 도성은 방어적 속성을 지닐 수밖에 없으며, 웅진성을 백제의 유력한 추정 왕궁지로 보는 이유도 이 때문이다. 웅진성은 천도하기 이전에 이미 축성된 것으로 보기도 하나 천도 과정에서 축조되었을 가능성도 있다. 웅진성은 63년간 백제의 중흥을 이끈 도읍의 기능을 하였으며, 사비시대에는 북방의 중심성으로 자리하면서 백제시대의 군사·행정면에서 중요한 역할을 담당하였다. 백제 멸망 후에도 이러한 지리적 중요성 때문에 웅진도독부(熊津都督府)가 설치되었다.

『삼국사기(三國史記)』에 의하면, '웅진'이라는 명칭은 한성 함락에 이은 백제의 천도에 대한 설명에서 처음 보인다. 웅진에 도읍이 정해지면서 웅진성에 왕궁이 위치하였음을 유추할 수 있다. 이후 478년(삼근왕 2) 모반한 해구(解仇)의 식솔을 '웅진시(熊津市)'에서 처형하였다는 기록이 있다. 웅진시는 웅진의 저잣거리임을 나타내주기 때문에 이 무렵 웅진이 임시 수도로서의 기능을 넘어서 도읍지로서 점차 자리 잡고 있었음을 알 수 있다. '웅진성'이라는 명칭은 『삼국사기』「백제본기」의 526년(성왕 4) 성곽 수즙(修葺) 기록과 관련하여 처음 등장한다. 이때의 기록이 성곽을 수리하는 내용이므로 적어도 그 이전 시기부터 웅진성으로 불렸을 가능성이 크다 하겠다. 이후 백제가 나당연합군에 멸망하면서 웅진부성이라는 명칭도 보이며, 이곳에는 웅진도독부가 설치되어 당의 한반도 정책의 전진 기지 역할을 하였다. 통일신라시대에는 웅천주(熊川州)가 설치되면서 웅천성으로 불리기도 하였으나 여전히 웅진성이라는 명칭이 병기되고 있다. 고려 초에 이르러 웅천 또는 웅주의 지역명이 '공주'로 개칭되면서 공주산성 또는 공산성으로 불리게 되었다. 조선 인조는 1624년(인조 2) 이괄의 난 때 공주 공산성에 피난하기도 하였으며, 이후 쌍수산성(雙樹山城)으로 불리기도 하였다. 현재 남아 있는 성의 구조는 석축 약 1,810m, 토축 약 735m로 추정되며, 퇴뫼식 산성과 포곡식 산성이 결합된 복합식 산성이다.

웅진성과 관련된 기록은 『삼국사기』에 웅진 천도와 함께 등장하고 있다. 475년인 문주왕 원년조에 "겨울 10월에 웅진으로 도읍을 옮겼다(冬十月移都於熊津)"라고 기록되어 있으며, 사비 천도 이전의 웅진에 대한 기록은 대체로 웅진성이 아닌 웅진으로 표현되고 있다. 사비 천도 이후 526년(성왕 4) "겨울 10월 웅진성을 수즙하였다(冬十月修葺熊津城)"라는 기록에서 알 수 있듯이 웅진성이라 기술하고 있는 것이다(정재윤, 한국학중앙연구원-향토문화전자대전).

146) 상좌평(上佐平): 백제시대의 최고관직.

408년(전지왕 4)에 설치되었다. 상좌평은 좌평이 분화, 확대되는 과정에서 설치된 것으로서 수석좌평이었다. 따라서 좌평으로 구성된 백제 최고귀족회의체인 좌평회의의 의장이었다. 그 직무는 군국정사를 관장하는 것으로서 고려시대의 총재(冢宰)와 비슷하였다. 상좌평에 임명된 자는 왕족·왕비족 및 대성팔족(大性八族) 중의 유력한 가문의 출신자들이었다. 이 상좌평을 6좌평과는 별도로 설치된 상위의 좌평으로 보는 견해도 있으나, 왕명출납을 담당했다고 하는 내신좌평(內臣佐平)과 동일한 것으로 볼 수 있다([출처:상좌평(上佐平)-한국민족문화대백과사전]).

147) 내신좌평(內臣佐平): 백제시대의 관직.

6좌평 중의 하나로, 품은 1품이었다. 수석좌평으로서 좌평회의의 의장이었고 왕명의 출납을 담당하였다. 복색은 자색(紫色)이었으며, 은화(銀花)로 관을 장식하였다. 주로 왕족이나 왕비족 출신의 인물이 임명되었다. 『삼국사기』에는 내신좌평의 설치시기를 260년(고이왕 27)으로 기록하고 있지만, 실제에 있어서는 사비시대에 와서 완비된 것으로 보인다([출처:내신좌평(內臣佐平)-한국민족문화대백과사전]).

148) 내두좌평(內頭佐平): 백제시대의 관직.
　　6좌평 중 하나로, 품은 1품이었다. 재정관계의 업무를 담당하였고, 옷은 자복(紫服)이었으며, 은화(銀花)로 관을 장식하였다. 『삼국사기』에는 내두좌평의 설치시기를 고이왕 27년(260)으로 기록하고 있으나, 그것의 완비는 사비시대에 와서 이루어진 것으로 보인다([출처:내두좌평(內頭佐平)-한국민족문화대백과사전]).
149) 내법좌평(內法佐平): 백제시대의 관직.
　　6좌평 중의 하나이며, 품은 1품이다. 예의와 외교 관계의 관장하였고, 옷은 자복(紫服)이었으며, 은화(銀花)로써 관을 장식하였다. 『삼국사기』에는 내법좌평의 설치를 고이왕 27년(260)으로 기록하고 있지만, 그것의 완비(完備)는 사비시대에 와서야 이루어진 것으로 보인다([출처:내법좌평(內法佐平)-한국민족문화대백과사전]).
150) 위사좌평(衛士佐平): 백제시대의 관직.
　　6좌평 중의 하나로서 품은 1품이다. 숙위병사(宿衛兵事) 관계의 업무를 관장하였으며, 복(服)은 자복(紫服)이며 은화(銀花)로 관(冠)을 장식하였다. 『삼국사기(三國史記)』에는 위사좌평의 설치시기를 260년(고이왕 27)으로 기록하고 있으나, 완비는 사비시대에 와서 이루어진 것으로 보인다([출처:위사좌평(衛士佐平)-한국민족문화대백과사전]).
151) 조정좌평(朝廷佐平): 백제시대의 관직.
　　6좌평 가운데 하나로서 품은 1품이다. 형옥관계(刑獄關係)의 업무를 관장하였다. 복(服)은 자복(紫服)이었고, 은화(銀花)로 관(冠)을 장식하였다. 『삼국사기』에는 조정좌평의 설치를 260년(고이왕 27)으로 기록하고 있으나, 그것의 완비는 사비시대에 와서 이루어진 것으로 보인다([출처:조정좌평(朝廷佐平)-한국민족문화대백과사전]).
152) 병관좌평(兵官佐平): 백제시대의 관직.
　　6좌평 중의 하나로서 제1품이다. 재외병마사(在外兵馬事)관계의 일을 관장하였으며 복색은 자복(紫服)이고 은화(銀花)로 관(冠)을 장식하였다. 병권을 장악하였기 때문에 정치적 군사적 비중이 큰 관직이었다. 『삼국사기』에는 병관좌평의 설치시기를 260년(고이왕 27)으로 기록하고 있지만 좌평의 분화는 전지왕(腆支王) 이후부터이며 그것의 완비는 사비시대에 와서 이루어진 것으로 보인다([출처:병관좌평(兵官佐平)-한국민족문화대백과사전]).
153) 호시(互市): 역사상 중국과 주변 민족 간이나, 중국과 외국 간의 무역왕래를 가리키는 말로, 중국과 외국의 무역은 통상(通商) 또는 통시(通市)라고도 부른다. 송, 요, 금, 원(宋遼金元) 시기에는 변경지역에 각장(榷場)을 설치하여 고려를 비롯한 외국 또는 다른 부족과 무역왕래(互市)를 했다(송재웅, 한국콘텐츠진흥원).
154) 부마도위(駙馬都尉): 임금의 사위에게 주던 칭호. 이는 한대(漢代)에 설치된 직책으로 처음에는 단순히 황제가 타던 부마(駙馬-副車의 馬)를 맡아보던 직책에 불과하였는데, 위(魏)·진(晉) 이후에는 임금의 딸과 결혼한 사람만 부마도위로 임명하였기 때문에 임금의 사위를 부마라고 부르게 되었다 한다. 국사상에서는 256년(고구려 중천왕 9) 11월에 중천왕이 명림홀도(明臨笏覩)를 사위로 삼아 그에게 부마도위라는 칭호를 준 것이 기록으로는 처음이다. 고려에서는 한때 고려왕이 원(元) 황실의 부마가 되기도 했다. 조선에 들어와서, 문종 때에 부마의 호칭은 봉작은 받은 주(州)·현(縣)의 호칭을 앞에 붙여 ○○위(尉)라고 부르게 하였다. 그리고 초기에는 부마에 대한 사무관원으로서 부마부(駙馬府)를 두었는데,

1466년(세조 12)에 이를 의빈부(儀賓府)로 개칭함에 따라 부마는 모두 품계(品階)의 구별 없이 의빈(儀賓)이라 칭하게 되었다. 그리고 자연히 신분의 높고 낮음을 분별하기 어려운 폐단도 있어서, 1484년(성종 15) 3월에는 의빈 홍상(洪常)의 청을 받아들여 의빈 2품 이 상을 위(尉), 3품 당상(堂上)을 부위(副尉), 3품 당하(堂下)에서 4품까지를 첨위(僉尉)라고 부르게 되었는데, 이 조항은 그대로 『경국대전(經國大典)』에 기재하여 고정되었다(이홍직 편, 『새국사사전』, 교학사, 2004, 537쪽).

155) 필립 2세(Philippe II, 1165~1223)는 카페 왕조 출신으로는 프랑스 왕국의 일곱 번째 국왕이다(재위 1180~1223). 교묘하고도 정략적인 술수로 강력한 왕권을 확립함과 동시에 대대적으로 국가체제를 정비하여 오랫동안 약화되었던 프랑스의 국력을 단번에 신장시켰 으며, 십자군 원정에도 참가하였다. 프랑스 국왕으로서는 최초로 위대한 왕이라고 평가되 어 '존엄왕(Auguste)'이라는 별명이 붙었다. 1179년에 아버지 루이 7세로부터 공동 국왕 으로 선포되고, 1180년 부왕의 사망으로 단독 통치자가 되었다. 1190년까지만 해도 프랑 스의 군주들은 프랑크인의 왕(Rex Francorum)이라는 칭호를 사용했지만, 1190년 1월부 로 그는 프랑스 국왕(Roi de France)이라는 칭호를 처음 사용하였다(위키백과).

156) 상대등(上大等): 531년(법흥왕 18)에 이찬(伊飡) 철부(哲夫)를 상대등으로 삼아 국사(國 事)를 총리하게 한 것이 시초였다. 상대등은 귀족의 대변자로 17관등을 초월하여 임명되 던 최고 관직으로서 나라의 정사를 맡아 다스리는 한편, 화백(和白)과 같은 귀족회의를 주 재하는 의장(議長)이 되기도 하였다. 이 관직은 골품제도(骨品制度)에 바탕을 둔 귀족 연합 의 사회적 전통에 의하여 필연적으로 설치된 것이지만 왕권이 점점 강화됨에 따라 질적 (質的)인 변화를 일으키게 되었다. 즉 651년(진덕여왕 5)에 최고의 행정기관으로서 왕권의 지배를 받는 집사부(執事部)가 설치되고 수상(首相)의 직위에 해당하는 중시(中侍- 뒤의 侍中)가 임명된 이후로는 상대등이 차지하던 정치·사회상의 권한이 점차 무력해지게 되 었다(이홍직 편, 『새국사사전』, 교학사, 2004, 603쪽).

157) 법흥왕(法興王, ?~540): 삼국시대 신라의 제23대(재위:514~540) 왕.
성은 김 씨(金氏), 이름은 원종(原宗). 이칭은 법공(法空), 법운(法雲), 법흥(法 興), 모즉지매금왕. 지증왕의 원자이며, 어머니는 연제부인(延帝夫人) 박 씨(朴氏) 이고, 왕비는 보도부인(保刀夫人) 박 씨이다. 키가 7척이나 되고 도량이 넓으며 남을 사랑하였다. 지증왕 때의 일련의 개혁 정치를 계승해 중앙 집권적인 고대 국가로서의 통치 체제를 완비(完備)하였다. 이 같은 점에서 우선 주목되는 것은 517년(법흥왕 4)에 설치한 중앙 관부로서 병부(兵部)의 존재이다. 신라에서 중앙 관부로는 병부가 제일 먼저 설치되었는데, 이것은 중앙 집권적 고대 국가 체제를 수립하는 과정에서 가장 중요한 군사권을 왕이 직접 장악함으로써 왕권을 강화할 수 있었던 것으로 이해된다. 즉, 517년(법흥왕 4)에 비로소 설치된 병부는, 눌지 왕 이후에 등장해 왕의 직속 하에 있으면서 군사권을 장악했던 장군과 같은 직책 을 중앙 관부로 흡수해 재편성한 것이다. 520년(법흥왕 7)에는 율령을 반포하고 백관 공복을 제정했는데, 이때 반포된 율령의 구체적인 내용에 대해서는 자세히 알 수 없으나 17관등과 골품제도 등에 관한 규정이 포함되었을 것으로 추측된다. 율령 제정의 역사적 의의는 매우 크다. 왜냐하면 율령에 의해 신라에 통합된 이 질적 요소들이 파악됨으로써 통치가 보다 쉽게 이루어질 수 있었으며, 법에 의한 이질적 요소의 강제적 해소로 상대적으로 왕을 정점으로 하는 국가 권력의 강화 를 꾀할 수 있었기 때문이다. 그리고 이러한 국가 권력, 즉 왕권의 강화를 단적으 로 나타낸 제도가 바로 법흥왕 대에 비로소 설치된 상대등이다. 상대등은 수상과 같은 존재로서 531년(법흥왕 18)에 이찬(伊湌) 철부(哲夫)가 최초로 상대등에 임명되었다. 상대등은 신라의 최고 관직으로서 대등으로 구성되는 귀족회의의 주재자였다. 이러한 상대등이 설치된 배경은, 왕권이 점차 강화되어 왕이 귀족회의 주재자로서의 성격을 탈피하게 되자 왕 밑에서 귀족들을 장악할 새로운 관직이 필요해졌기 때문이다. 법흥왕은 이와 같이 대내적으로 체제를 정비해 왕권을 강화하는 한편, 대외적으로는 영역 확장을 적극적으로 추진하였다. 522년(법흥왕 9)에 백제의 적극적인 진출에 반발한 대가야가 법흥왕에게 사신을 보내 결혼을 요청했는데, 왕은 이 제의를 받아들여 이찬 비조부(比助夫)의 누이동생을 보내 동맹을 맺었다. 그 뒤 법흥왕은 적극적인 남진 정책을 추진해 524년(법흥왕 11)에는 남쪽의 국경 지방을 순수(巡狩)하고 영토를 개척하였다. 이때 본가야의 왕이 와서 법흥왕과 회견했는데, 아마도 투항 조건을 타진한 것으로 짐작된다. 이 본가야는 532년(법흥왕 19)에 금관국주(金官國主) 김구해(金仇亥)가 세 아들과 함께 신라에 항복해 옴으로써 정식으로 합병(合倂)되었다. 본가야의 투항(投降)은 신라로 하여금 낙동강과 남해안의 교통상의 요지인 김해를 발판으로 가야의 여러 나라를 정복할 수 있는 계기를 만들어 주었다. 이 밖에 대아찬 이등(伊登)을 사벌주군주(沙伐州軍主)로 임명해 서북 방면의 점령지를 관리하게 하였다. 왕권 강화와 영역 확장 등에 힘입어 국력이 신장된 신라는 536년(법흥왕 23)에 비로소 독자적 연호인 건원(建元)을 사용하였다. 이로써 법흥왕 이후 신라 중고(中古) 왕실의 거의 모든 왕들은 자기의 독자적인 연호(年號)를 가지게 되었다. 동아시아의 전통 사회에서 중국의 주변 국가가 중국 연호를 사용하지 않고 자기 연호를 사용했다는 것은, 일단 중국과 대등한 입장에서의 국가임을 자각한 자주 의식의 표현이라는 데 역사적 의미가 있다. 또한 521년(법흥왕 8)에는 종래의 외교 노선에서 탈피해 위진남북조시대(魏晉南北朝時代)의 북조 대신에 남조인 양(梁)에 사신을 파견했는데, 이것은 백제의 안내를 받고 실현된 것으로 보인다. 그리고 이때 신라에 사신으로 온 양나라의 승려 원표(元表)가 불교를 신라 왕실에 전해 준 것이 불교 수용의 직접적인 계기가 되었다. 불교가 신라에 처음 들어온 것은 5세기 초 아마도 눌지왕(訥祗王) 때(417~458)이거나 또는 그보다 조금 이른 시기일 것으로 보인다. 불교 전래의 경로는 고구려를 통한 것이었다. 초기의 전도자(傳道者), 즉 신라 불교 개척자로서의 명예를 지니게 된 것은 아도(阿道)였다. 그는 인도의 승려로서 묵호자(墨胡子)라는 별명을 가지고 있었으며, 고구려로부터 일선군(一善郡) 모례(毛禮)의 집에 숨어 민간의 전도에 힘썼다. 민간에 전파된 불교는 신라 귀족으로부터 동두이복(童頭異服)·의론기궤(議論奇詭)의 사교로 비난받았으나, 신라와 중국의 외교적 교섭이 열림에 따라 마침내 신라 왕실에까지 알려지게 되었다. 법흥왕은 불교를 크게 일으키려 했으나 귀족들의 반대로 고민하던 중 527년(법흥왕 14)에 이차돈(異次頓)의 순교(殉敎)를 계기(契機)로 국가적 공인(公認)이 이루어졌다. 법흥왕에 의해 국가 종교로 수용(受容)된 불교는 왕권을 중심으로 한 중앙 집권적 고대 국가 형성에서 이념적 기초를 제공해, 왕실과 매우 밀접한 관계에 놓이게 되었다. 이러한 관계는 법흥왕이 말년에 승려가 되어 법호를 법공(法空, 또는 法雲)이라 한 데에서 잘 나타난다. 재위 27년 만에 죽자 시호를 법흥(法興)이라 하고, 애공사(哀公寺)에 장사 지냈다([출처:법흥왕(法興王)-한국민족문화대백과사전]).

158) 대감(大監): 신라시대의 무관직. 이칭:시랑(侍郎).

병부(兵部)·시위부(侍衛府)·패강진전(浿江鎭典)의 차관직이다. 6정과 9서당의 대관대감(大官大監), 일부 군단의 차관직을 '대감(大監)'이라고 부르는 경우도 있었다. 병부대감은 623년(진평왕 45)에 설치되어 처음은 정원이 2인이었으나, 그 뒤 1인을 늘려 3인으로 하였다. 경덕왕 때 일시 시랑(侍郎)으로 고친 일이 있다. 아찬(阿湌) 이하의 관등을 가진 사람으로 임명하였다. 시위부대감은 정원이 6인으로 나마(奈麻) 이상 아찬까지 임명하였다. 패강진전 대감은 정원이 7인으로 사지(舍知) 이상 중아찬(重阿湌)까지 임명하였다([출처:대감(大監)-한국민족문화대백과사전]).

159) 집사부(執事部): 신라 때의 관청. 651년(진덕여왕 5)에 품주(稟主)를 개칭(改稱)한 것으로, 국가의 기밀(機密)과 서정(庶政)을 맡아 보던 최고의 행정기관이었다. 장관은 중시(中侍-뒤에 侍中으로 고침) 1명이며, 그 아래로 전대등(典大等)·대사(大舍)·사지(舍知) 각 1명, 사(史) 14명이 있었다. 왕권(王權)의 직접적인 지배를 받는 집사부의 설치는 곧 신라사회가 귀족 연합적인 전통에서 왕권 중심의 정치체제로 바뀌고 있었음을 나타내고 있다. 829년(흥덕왕 4)에 집사성(執事省)으로 고쳤다(이홍직 편, 『새국사사전』, 교학사, 2004, 1320쪽).

160) 위화부(位和府): 신라 때 관리들의 신분에 관한 직무를 맡아보던 중앙관청. 581년(진평왕 3)에 최초로 설치. 경덕왕 때 사위부(司位府)로 고쳤다가 혜공왕(惠恭王) 때(765~780) 다시 원명으로 환원했다. 관원은 682년(신문왕 2)에 금하신(衿荷臣) 2인을 두었는데, 685년(신문왕 5)에 1인을 더 두고, 805년(애장왕 6)에 영(令)으로 고쳤으며 이찬(伊湌)에서부터 대각간(大角干)이 이에 임명되었다. 신문왕 때 상당(上堂) 2인을 두었으며, 703년(성덕왕 2)에 1인을 두었는데 애장왕이 경(卿)으로 고쳤고 급찬(級湌)에서 아찬(阿湌)이 이에 임명되었다. 대사(大舍)는 2인이 있었는데 경덕왕이 주부(主簿)로 고쳤다가 다시 대사라 고치고 사지(舍知)로부터 내마(奈麻)가 이에 임명되었으며, 사(史) 8인을 두었다(이홍직 편, 『새국사사전』, 교학사, 2004, 895쪽).

161) 전량(錢粮): 전곡(錢穀) 돈과 곡식 즉 재정(財政).

162) 창부(倉部): 신라 때의 중앙관청. 최초에는 집사성(執事省)의 일부분이었으나, 651년(진덕왕 5)에 독립되었는데 재정에 관한 일을 맡아보았다. 관원으로는 영(令-大阿湌~大角干) 2명, 경(卿-?-阿湌) 3명, 대사(大舍-舍知~奈麻) 2명, 조사지(租舍知-舍知~大舍) 1명, 사(史) 30명이 있었다(이홍직 편, 『새국사사전』, 교학사, 2004, 1328쪽).

163) 이방부(理方府): 신라 때의 관청. 형률(刑律)에 관한 사무를 맡아 보았으며, 좌이방부(左理方部)와 우이방부(右理方部)로 나누어져 있었다. 좌이방부는 651년(진덕왕 5)에 설치, 영(令)·경(卿)·좌(佐)·대사(大舍) 각 2명, 사(史) 15명 등의 관원을 두었다. 우이방부는 667년(문무왕 7)에 설치, 영·경·좌·대사 각 2명, 사 10명의 관원이 있었다. 우이방부가 설치되기 전까지는 좌이방부만이 다만 이방부라고 일컬어지다가, 우이방부의 설치 후에 좌·우로 나누어졌다. 그것은 654년(무열왕 1)에 이방부령(理方府令) 양수(良首) 등에게 명하여 종래의 율령(律令)을 자세히 살펴 이방부격(理方府格) 60여 조를 수정케 한 일로도 알 수 있다. 이 이방부격 60여 조는 지금 그 내용이 전하지는 않지만 520년(법흥왕 7)에 공포된 최초의 율령 이래의 것과 수(隋)·당(唐)의 율령 등을 참작해서 만든 것으로 추측된다(이홍직 편, 『새국사사전』, 교학사, 2004, 1000쪽).

164) 상문사(詳文師): 상문사(詳文司)에 소속되어 외교문서를 작성하였는데, 설치 연대는 확실하지 않다. 714년(성덕왕 13) 2월 통문박사(通文博士)로 고쳤다. 경덕왕 때 다시 한림(翰林)으로 고쳤다고 하는데, 771년(혜공왕 7)에 만들어진 성덕대왕신종(聖德大王神鐘)의 명

문(銘文)에 의하면, 당시 한림대(翰林臺)가 설치되어 소속관원으로 낭(郎)·대조(待詔)·서생(書生) 등이 있었던 것을 알 수 있다. 따라서 한림의 정확한 명칭은 한림랑(翰林郎)이 아니었을까 추측된다. 그 뒤 헌강왕 무렵 한림대를 서서원(瑞書院)으로 개편한 듯한데, 이때 학사직(學士職)을 두었다. 신라통일기의 대표적인 학자·문인들은 대개 이 직책을 역임하였다([출처:상문사(詳文師)-한국민족문화대백과사전]).

165) 원봉성(元鳳省): 태봉국(泰封國)의 관청. 895년(신라 진성왕 9) 궁예(弓裔)가 나라를 세우고, 내외관직(內外官職)을 창설·정비할 때 설치한 기관으로 임금의 칙서(勅書)를 맡아보던 곳이다. 고려 때의 한림원(翰林院)에 해당한다(이홍직 편, 『새국사사전』, 교학사, 2004, 877쪽).

166) 국학(國學): 신라시대의 교육 기관.

682년(신문왕 2)에 설치하였다. 당시에는 국학이라 했다가 경덕왕 때 태학감(太學監)이라 했고, 혜공왕 때 다시 국학으로 고쳐 불렀다. 예부(禮部)에 속하였다.

국학에는 경(卿)·박사(博士)·조교(助敎)·대사(大舍)·사(史) 등이 있었다. 이 가운데 651년(진덕여왕 5)에 서무직에 해당하는 대사가 가장 먼저 설치되었다. 그해에는 집사부(執事部)가 설치되는 등 신라 관제 정비의 기본 방향이 정해졌는데, 여기에는 당시의 정치 실권자였던 김춘추(金春秋)의 의견이 반영된 것으로 보인다. 김춘추는 앞서 648년에 당나라에 갔을 때 그곳 국학의 석전(釋奠)과 강론(講論)을 참관하고 돌아왔다. 그러므로 이 국학 설치의 준비 작업으로서 대사라는 관직이 먼저 설치된 것은 그의 건의에 따른 것으로 볼 수 있다. 그러나 국학이 정식으로 설치되어 제도적으로 완비된 것은 682년에 국학의 최고 책임자인 경이 설치되면서부터이다. 이것은 고구려에서 372년(소수림왕 2)에 태학(太學)이 설치된 지 310여 년 뒤의 일이다. 신문왕 대는 정무(政務)의 분담적인 성격을 가진 기관들이 그런대로 성립된 시기였다. 이리하여 고대국가의 정치 체제의 정비가 일단락되고 그 정치사상의 규모가 보다 확대되자, 지배 체제를 원활하게 운영하기 위해서는 유교 정치 이념의 수립이 요구되지 않을 수 없었다. 바로 이러한 시대적인 요구에 따라 유교 교육을 전담하는 교육 기관으로 설치된 것이 국학이었다. 국학에 설치된 관직 가운데 최고 책임자로서 학장급인 경은 정원이 1명이었으며, 경덕왕 때 사업(司業)으로 고쳤다가 혜공왕 때 다시 경이라 불렀다. 경의 관등은 다른 부서의 경과 마찬가지로 11등계인 나마(奈麻)부터 6등계인 아찬(阿湌)까지였다. 국학의 경에 어떤 인물이 취임했는지는 잘 알 수 없으나, 아찬 이하인 자가 임명되었으므로 육두품 출신도 임명될 수 있었다. 또 최초에는 당시 생존하고 있던 강수(强首)나 설총(薛聰) 같은 인물이 임명된 것으로도 볼 수 있다. 특히 설총이 "방언(方言)으로 구경(九經)을 읽어 후생(後生)을 훈도하였다"라고 한 말에서 후생이 국학의 학생이었으리라는 점에서 더욱 그러하다. 그렇다면 결국 국학의 설치는 왕권과 육두품의 결합에 의해 이루어진 것이었다. 한편 국학에서 실제 교수를 담당한 관직은 박사와 조교였는데, 박사와 조교직은 전공별로 나누어졌으며 그 인원수는 일정하지 않았다. 경덕왕 때는 각 분야의 전문적인 박사와 조교를 두었다고 하는데, 이 시기는 중국의 제도를 받아들여 관제 개편을 광범위하게 시행한 때로서 국학도 이때 크게 강화되었던 것 같다. 서무직인 대사는 정원이 2명으로 651년에 설치되었는데, 경덕왕 때 주부(主簿)로 고쳤고 혜공왕 때 다시 대사로 불렀다. 관등은 사지(舍知)에서 나마까지였다. 그 밖에 사는 정원이 2명이었는데, 765년(혜공왕 1)에 2명을 증원하였다. 신라 하대에 이르면 국학은 그 중요성이 점차 감소하였다. 진골 귀족들의 족적(族的) 전통에 대한 강한 고집으로 제대로 운영상의 어려움이 있었고, 귀족들의 외면으로 더 이상의 발전을 이루지 못했다. 이는 당나라에 유학하는 학생의 수가 점차 증가했다는 데서 확인할 수 있다. 국학이 쇠퇴하는 반면에 당나라 유학생의 중요성이 커졌다는 것은, 그것이 국비에 의한 것이든 사비에 의한 것이든 간에 국가의 교육에 대한 통제가 무너져 가고 있음을 의미하는 것이었다. 이와 같이 신라 하대에 들어와 국학이 유명무실하게 되어 가자, 이에 대한 강화책을 모색하지 않을 수 없었다. 그리하여 788년(원성왕 4) 국학의 졸업 시험 제도와 같은 성격을 가진 독서삼품과를 설치했고, 11년 뒤인 799년(소성왕 1)에는 청주(菁州:지금의 경상남도 진주) 지방의 노거현(老居縣)을 학생의 녹읍(祿邑)으로 삼아 국학에 입학한 학생들의 학업과 생활의 경제적 기반을 마련해 주고자 하였다. 그러나 이러한 조처에도 불구하고 후기로 갈수록 당나라에 유학하는 사람이 점점 증가해, 신라 말기에는 이들이 국학 출신을 완전히 압도하고 새로 대두하는 지식층의 주류를 이루었다.

유교 교육 기관인 국학은 크게는 삼국통일 이후보다 확대된 정치 제도의 운영에 따른 유교 정치 이념에 대한 이해의 필요성에서, 그리고 구체적으로는 관리의 양성을 목적으로 한 것이었다. 그러나 관리라고는 하지만 그것은 모든 관직을 위한 것이 아니라 특정한 관직을 위한 것이라는 제약이 있었다. 그럼에도 이 사실은 역시 중요한 의미를 가진다. 그것은 골품제에 토대를 둔 것이 아니라 학문에 기준을 둔 관리가 일부에서나마 탄생했다는 것을 뜻하는 것이기 때문이다. 그리고 이러한 관료층은 국학의 입학생이 주로 육두품이었던 것의 당연한 결과로서 육두품이 중심을 이루었다. 이와 같은 관료층의 발생은 651년에 집사부가 설치된 이후 성립된 전제왕권을 중심으로 하는 정치 제도의 정비 과정과 연관되는 것이었다. 즉, 화백회의를 중심으로 하는 진골 중심의 귀족정치에서가 아니라, 국왕 중심의 행정 기구에서 국학 출신의 유학자들이 중요한 기능을 담당했다고 볼 수 있다([출처:국학(國學)-한국민족문화대백과사전]).

167) 대도서(大道署): 신라시대의 지방행정 관서.
신라시대의 관서. '사전(寺典)' 또는 '내도감(內道監)'이라고도 하였다. 예부에 속한 관서이다. 624년(진평왕 46)에 설치되었으며, 소관 업무가 무엇이었는지에 대해서는 전하는 바가 없다. 소속관원으로는 대정(大正) 1인, 대사(大舍: 경덕왕 때 大正으로 개칭) 2인, 주서(主書: 경덕왕 때 主書로 개칭) 2인, 사(史) 8인을 두었다. 대정은 급찬(級飡)에서 아찬(阿飡)의 관등에 있는 자를, 주서는 사지(舍知)에서 나마(奈麻)의 관등에 있는 자를 각각 임명하였다([출처:대도서(大道署)-한국민족문화대백과사전]).

168) 음성서(音聲署): 예부(禮部)에 속해 있어 음악(音樂)에 관한 사무를 담당하였다. 경덕왕(景德王)이 대악감(大樂監)이라 고쳤고, 혜공왕(惠恭王)이 다시 음성서(音聲署)라 하였다. 관원으로는 장(長) 2명, 대사(大舍) 2명, 사(史) 4명을 두었다. 이 중에서 장(長)은 687년(신문왕 7)에 경(卿), 경덕왕 때 사악(司樂)이라 고쳤는데, 혜공왕이 다시 경으로 개칭하였다. 대사(大舍)는 651년(진덕왕 5)에 두었는데 경덕왕이 주부(主簿)라 고쳤다가 다시 대사로 개칭하였다(이홍직 편, 『새국사사전』, 교학사, 2004, 957쪽).

169) 사범서(司範署): 신라시대의 관서.
예부(禮部)에 소속된 관청이다. 설치연대와 기능은 잘 알 수 없다. 소속관원으로는 대사(大舍)와 사(史)가 있었다. 대사는 정원이 2인인데 주서(主書)라고도 하며, 경덕왕대에 주사(主事)로 개칭되었다가 혜공왕대에 대사로 복구되었다. 대사에 임명될 수 있는 관등은 사지(舍知)에서 대사까지였다. 한편 사는 정원이 4인이었다([출처:사범서(司範署)-한국민족문화대백과사전]).

170) 전범서(典範署): 각종 행사(行事)와 의식(儀式)을 주관하던 부서로 조선시대 통례원(通禮院)의 전신이 아닐까 한다.

171) 누각전(漏刻典): 신라 때 물시계(水時計)의 관측을 맡아보던 관청. 718년(성덕왕 18)때 중앙관서(官署)와는 별도로, 제소관서(諸小官署)의 하나로 설치하였다. 박사(博士-日官博士) 6인, 사(史) 1인을 두었다(이홍직 편, 『새국사사전』, 교학사, 2004, 318쪽).

172) 채전(彩典): 신라 때 도화(圖畵)에 관한 일을 맡아보던 관청. 경덕왕 때 전채서(典彩署)로 고쳤다가 후에 본 이름으로 환원하였다. 관원으로는 감(監-奈麻~大奈麻) 1명, 주서(主書-舍知~奈麻) 2명, 사(史) 3명을 두었다(이홍직 편, 『새국사사전』, 교학사, 2004, 1331쪽).

173) 예작부(例作府):신라 때의 관청. 일명 예작전(例作典). 영선(營繕)에 관한 일을 맡아 보던 기관으로 경덕왕 때 수례부(修例府)라 하였다가 혜공왕이 다시 본명으로 환원하였다. 686년(신문왕 6)에 영(令:大阿湌~角干) 1명을 두어 장관(長官)으로 하고, 경(卿:?~阿湌) 2명으로 그를 보좌하게 하였다. 이 밖에 805년(애장왕 6)에는 대사(大舍:舍知~奈麻) 4명, 경덕왕 때는 사지(舍知:大舍~舍知) 2명, 사(史) 8명을 두었다(이홍직 편, 『새국사사전』, 교학사, 2004, 829쪽).

174) 공장부(工匠府): 신라 때의 관청. 공장(工匠)의 일을 맡았던 곳으로 경덕왕 때 전사서(典祀署)로 개칭, 후에 다시 원명으로 환원했으며 관원에는 감(監) 1명, 주서(主書) 2명, 사(史) 4명이 있었다(이홍직 편, 『새국사사전』, 교학사, 2004, 123쪽).

175) 경성주작전(京城周作典): 신라시대의 관서. 설치 연대는 분명하지 않으나, 그 장관직이 732년(성덕왕 31), 차관직이 그 이듬해에 각기 설치된 것으로 보아 이때쯤으로 짐작된다. 759년(경덕왕 18)에 수성부(修城府)로 개칭되었다가, 776년(혜공왕 12)에 다시 본래의 이름으로 바뀌었다. 왕경(王京)인 경주 주위의 성곽 수리를 담당하였는데, 진골 출신의 장관인 5인의 영(令)을 비롯하여, 그 아래 경(卿) 6인, 대사(大舍:경덕왕 때 主簿로 개칭) 6인, 사지(舍知: 경덕왕 때 사공司功으로 개칭) 1인, 그리고 사(史) 8인 등의 관원이 있었다([출처:경성주작전(京城周作典)-한국민족문화대백과사전]).
　　한편, 전읍서는 경덕왕대에 전경부(전경부)로 고쳐진 적이 있는 사실로 미루어 왕경 전체를 관리하는 기관이었음이 분명하다(주보돈 지음, 「신라 왕경의 형성과 전개」, 『신라 왕경의 이해』, 주류성, 2020, 38쪽).

176) 와기전(瓦器典): 신라시대의 관서. 경덕왕 때 잠시 도등국(陶登局)으로 고친 일이 있다. 내성(內省)에 소속되어 도기류(陶器類)의 생산을 담당하였다. 소속 관원으로는 간(干) 1인, 사(史) 6인을 두었다([출처:와기전(瓦器典)-한국민족문화대백과사전]).

177) 선부(船府): 신라 때 배[船]에 관한 사무를 담당하던 관청. 678년(문무왕 18)에 처음으로 창설되고, 경덕왕 때 이제부(利濟府)로 개칭, 혜공왕 때 다시 본명으로 환원하였다(이홍직 편, 『새국사사전』, 교학사, 2004, 641쪽).

178) 승부(乘府): 신라의 중앙관청. 경덕왕 때 사어부(司馭府)라 개칭. 혜공왕 때 다시 승부라 고쳤다. 마필(馬匹)과 거승(車乘)에 관한 사무를 관장하였는데, 영(令-大阿湌에서 角干까지) 2인, 경(卿) 2인(문무왕 때 1명 더함), 대사(大舍) 2인, 사지(舍知- 일시 司牧이라 개칭) 1인, 사(史) 9인(문무왕 때 3인을 더함) 등 관원을 두었다(이홍직 편, 『새국사사전』, 교학사, 2004, 704쪽).

179) 영객부(領客府): 신라의 관청. 외국 사신의 접대를 맡아 보았다. 진평왕(眞平王)이라 하다
가 621년(진평왕 43)에 영객전(典)으로, 경덕왕(景德王) 때는 사빈부(司賓府)로 고쳤다가
후에 영객부로 고쳤다. 영(令-大阿湌에서 角干까지) 2명, 경(卿-舍知에서 大舍까지) 2명,
사지(舍知-舍知에서 大舍까지) 1명, 사(史) 8명을 두었다(이홍직 편, 『새국사사전』, 교
학사, 2004, 817쪽).

180) 연향(燕享): 천자가 군신과 동석하는 연회를 말한다.

181) 사정부(司正府): 신라 때 백관(百官)을 감찰(監察)하는 직무를 맡아보던 관청. 659년(태
종무열왕 6)에 처음으로 설치, 경덕왕 때 숙정대(肅正臺)로 개칭했다가 혜공왕 때 다시 사
정부로 환원하였다. 관원은 영(令-대아찬 혹은 각간이나 아찬) 1명, 경(卿) 2명, 좌(佐) 2
명, 대사(大舍-舍知・내마) 2명, 사(史) 15명을 두었고, 경과 좌는 내마(奈麻)나 대내마(大
奈麻)가 보임되었다(이홍직 편, 『새국사사전』, 교학사, 2004, 578쪽).

182) 품주(稟主): 신라 때의 관청. 651년(진덕왕 5)에 개칭한 집사부(執事部)의 전신으로 왕정
(王政)의 중추인 기밀사무(機密事務)를 장악하였다. 829년(흥덕왕 4)에 집사성(執事省)으로
고치었다. <稟> 자는 <稟>의 속자(俗字)로 <稟> 자와 통하니, <稟主> 즉 창주(倉主)의 뜻
으로 곡창(穀倉)을 관리 담당하는 직무를 가진 기관과 사람을 표시한다고도 한다(이홍직
편, 『새국사사전』, 교학사, 2004, 1431쪽).

183) 이벌찬(伊伐湌): 17등 관계(官階) 중에서 제1급인 최고 직책이다. 관급은 지증왕 때까
지는 8관급이 있었고 520년(법흥왕 7) 이후 17관급으로 분리하였다. 『삼국사기(三國史
記)』에는 유리왕(儒理王) 때에 제정된 것으로 되어 있고 이벌간(伊罰干)・우벌찬(于伐湌)
・간벌찬(干伐湌)・각간(角干)・각찬(角粲)・서불감(舒弗邯)・서발한(舒發翰)・서불한(舒
弗邯) 등으로 불렸는데 모두 동의어로 진골(眞骨) 만이 임명되었다(이홍직 편, 『새국사사
전』, 교학사, 2004, 1000~1001쪽).

184) 이시찬(伊尸湌): 관직의 임무, 관장(管掌)의 내용을 자세히 알 수는 없으나 이벌찬(伊伐
湌)의 보좌 역할이 아닌가 한다.

185) 잡찬(迊湌): 일명 잡판(迊判)・소판(蘇判)이라 하였다. 17등 관계 중의 제3등 관계이다.
『삼국사기(三國史記)』에는 유리이사금 때 제정되었다고 하였다. 그러나 520년(법흥왕 7)
의 율령(律令) 공포 때에 제정된 것으로 생각된다. 진골(眞骨)만이 받을 수 있는 관등으
로, 공복(公服)의 빛깔은 자색(紫色)이었다[출처:잡찬(迊湌)-한국민족문화대백과사전]).

186) 파진찬(波珍湌): 17등 관계 중의 제4등 관계로서, 일명 해찬(海湌)・해간(海干)・파미간
(破彌干)이라 하였다. 『삼국사기(三國史記)』에는 유리이사금 때에 제정되었다고 하였으나,
520년(법흥왕 7)의 율령공포 때에 제정된 것으로 생각된다. 그 명칭으로 미루어 본디 바
다와 관계 깊은 관직이름에서 전용(轉用)된 것이 아닌가 하며, 따라서 이를 일종의 해관
혹은 수군 사령관으로 보는 설도 있다. 진골만이 받을 수 있는 관등으로, 공복(公服)의 빛
깔은 자색이었다[출처:파진찬(波珍湌)-한국민족문화대백과사전]).

187) 대아찬(大阿湌): 17등 관계(官階) 중의 제5등으로서, 일명 '대아간(大阿干)'이라 하였다.
한편 성주사낭혜화상탑비(聖住寺朗慧和尚塔碑)에서 한찬(韓粲), 최치원이 지은 「사불허북국
거상표(謝不許北國居上表)」에서 대아찬(大阿餐)이라고 표기한 사례를 발견할 수 있다. 『삼
국사기』에는 유리이사금 때 제정되었다고 하였으나, 520년(법흥왕 7)의 율령(律令) 공포
때 제정된 것으로 생각된다. 진골만이 받을 수 있는 관등으로, 공복(公服)의 빛깔은 자색
(紫色)이었다. 집사부(執事部)의 장관직인 중시(中侍)나 그 밖에 중앙의 제1급 중앙행정관
서의 장관직인 영(令)에 취임하기 위해서는 대아찬 이상의 관등을 가져야 하였으므로, 바
로 아래 관등인 아찬(阿湌)과는 큰 차이가 있었다([출처:대아찬(大阿湌)-한국민족문화대백

과사전]).

188) 아찬(阿湌): 17등 관계(官階) 중의 제6등 관계로서, 일명 아척간(阿尺干)·아찬(阿粲)이라
고도 하였다. 『삼국사기』에는 유리이사금 때 제정되었다고 하였으나, 520년(법흥왕 7)의
율령 공포 때에 제정된 것으로 생각된다. 아찬은 진골 이외에 육두품도 받을 수 있었으나,
동시에 육두품이 받을 수 있는 최고의 관등이었다. 그런데 신라의 관직제도에 있어서는 대
아찬(大阿湌) 이상만이 중앙의 제1급 행정관부의 장관이 될 수 있었으며, 아찬은 차관직에
오를 수 있는 최고의 관등이었다. 그러므로 육두품 출신의 아찬 관등 소지자에게는 이른바
중위제도(重位制度)라고 하는 특진제도(特進制度)를 설정하기도 하였다. 즉 중아찬(重阿湌)
·삼중아찬(三重阿湌)·사중아찬(四重阿湌) 등이 그것이다. 그러나 이 중위제도는 어디까지
나 아찬관등 안에서의 제한된 승진제도였을 뿐이며, 그 자체가 아찬의 범주를 뛰어넘을 수
없도록 되어 있었다. 공복(公服) 빛깔은 비색(緋色)이었다[출처:아찬(阿湌)-한국민족문화
대백과사전]).

189) 일길찬(一吉湌): 17등 관계(官階) 가운데 제7 관등으로서, 일명 일길간(一吉干) 을길간
(乙吉干)이라 하였다. 『삼국사기(三國史記)』에는 유리이사금 때 제정되었다고 하였으나,
520년(법흥왕 7)의 율령(律令) 공포 때에 제정된 것으로 생각된다. 공복(公服)의 빛깔은
비색(緋色)이었다[출처:일길찬(一吉湌)-한국민족문화대백과사전]).

190) 사찬(沙湌): 17등 관계(官階) 중의 제8등 관계로서, 일명 '살찬(薩湌)'·'사돌간(沙咄干)'
·'사간(沙干)'이라 하였다. 『삼국사기』에는 유리이사금 때 제정되었다고 하였으나, 520년
(법흥왕 7)의 율령공포 때에 제정된 것으로 생각된다. 진골 이외에 육두품도 받을 수 있었
으며, 흔히 제1급 행정관부의 차관직에 보임되었다. 공복(公服)의 빛깔은 비색(緋色)이었
다. 그런데 금석유문(金石遺文)으로서 저명한 규흥사종명(竅興寺鐘銘, 856)에 "상촌주 삼
중사간 요왕(上村主三重沙干堯王)"이 보여, 사찬 관등에도 이른바 특진제도로서의 중위제
도(重位制度)가 설치되었던 것이 아닌가 하는 견해도 있다[출처:사찬(沙湌)-한국민족문화
대백과사전]).

191) 급벌찬(級伐湌): 경위(京位) 17등 관계 가운데서 제9위 관계로서, 급찬(級湌)·급벌간(及
伐干)이라고도 하였다. 『삼국사기(三國史記)』에는 유리이사금(儒理尼師今) 때 제정되었다고
하였으나, 520년(법흥왕 7)의 율령 공포 때에 제정된 것으로 생각된다. 비록 찬·간 계열
관등의 최하위에 위치하였으나, 진골을 제외하고는 육두품만이 받을 수 있는 관등으로, 바
로 아래 관등인 대나마(大奈麻)와는 큰 차이가 있었다. 흔히 제1급 행정관부의 차관직에
보임되었으며, 공복(公服)의 빛깔은 비색(緋色)이었다[출처:급벌찬(級伐湌)-한국민족문화
대백과사전]).

192) 대나마(大奈麻): 신라시대의 관등. 17등 관등(官等) 중의 제10등으로서, 일명 '대나말(大
奈末)'·'한나마(韓奈麻)'라고도 하였다. 『삼국사기』에는 유리이사금 때 제정되었다고 하였
으나, 520년(법흥왕 7)의 율령(律令) 공포 때 제정된 것으로 생각된다. 대나마는 진골·6
두품 이외 5두품도 받을 수 있었으나, 동시에 5두품이 받을 수 있는 최고의 관등이었다.
따라서 5두품 출신의 대나마 관등 소지자에게는 이른바 특진제도로서 중위제도(重位制度)
를 설정하기도 하였다. 즉, 중대나마(重大奈麻)에서 9중대나마(九重大奈麻)까지가 그것이
다. 그러나 이 중위제도는 어디까지나 대나마 관등 안에서의 제한된 승진제도였을 뿐이며,
그 자체 대나마의 범주를 뛰어넘을 수 없도록 되어 있었다. 공복(公服)의 빛깔은 청색(靑
色)이었다. 한편 대나마는 영흥사성전(永興寺成典)과 육부소감전(六部少監典)이란 관청의
관직 명칭이기도 하였다[출처:대나마(大奈麻)-한국민족문화대백과사전]).
....

＊ 육부소감전은 왕경의 행정 단위인 6부를 관리 감독하는 기관이다. 감랑(監郞) 이하 여러 층위의 관리가 6부별로 각각 두어졌다(주보돈 지음, 「신라 왕경의 형성과 전개」, 『신라왕경의 이해』, 주류성, 2020, 38쪽).

193) 나마(奈麻): 신라시대의 17등 관계(官階) 중의 제11등 관계. 일명 나말(奈末), 내말(乃末)이라고도 한다. 『삼국사기』에는 유리이사금(儒理尼師今) 때 제정되었다고 하였으나, 520년(법흥왕 7)의 율령(律令) 공포 때에 제정된 것으로 보고 있다. 나마는 이사금 시기의 대세력에 부속된 가신(家臣)들 중에서 실무를 관리하는 기능을 맡은 자의 명칭에서 연원하는 것으로 보인다. 『삼국사기』「직관지(職官志)」을 통해 살펴 볼 때, 중앙 관부 대부분에 배치된 중간 관인층(官人層) 및 전문지식인 혹은 기술전문직을 대변하는 관등으로 분석되며, 신라의 관직체제 중에서 대사(大舍), 주서(主書), 좌(佐) 등과 같은 실무행정을 담당하던 계층의 관등으로 나타난다. 금석문 상에서 나마는 <울진봉평리신라비(蔚珍鳳坪里新羅碑)>에서 교사(敎事) 주체로 참여한 관리의 하한(下限)이며, 또한 <영일냉수리신라비(迎日冷水里新羅碑)>에도 경위(京位)의 하한으로 나타난다. 즉 상고기(上古期) 때 나마가 국가의 중요한 일을 의논하는 화백회의 구성원의 하한으로 6부의 지배세력에 포함되었으나 이후 관등의 분화에 따라 중간 실무층(實務層)으로 고정되었던 것으로 추측된다. 대나마(大奈麻)는 나마에서 분화된 것이다. 나마는 진골(眞骨)·육두품 이외의 오두품도 받을 수 있었으며, 바로 아래 관등인 대사(大舍)와는 큰 차이가 있었다. 이른바 특진제도로서 중위제도(重位制度)가 설치되어 중나마(重奈麻)에서 칠중나마(七重奈麻)까지 있었다고 하나, 그 실재(實在)에 대하여는 이를 의심하는 견해도 있다. 즉, 오두품 출신에 대한 중위는 제10등 관계인 대나마에 설치되어 있었으므로, 나마에 이를 설치하는 것은 불합리하다는 것이다. 그러나 나마의 중위는 사두품 출신의 국학(國學) 수학자에 대한 특전으로서 설치된 것이라 하여, 그 실재를 긍정하는 견해도 있다([출처:나마(奈麻)-한국민족문화대백과사전]).

194) 대사(大舍): '대사지(大舍知)'의 약칭일 것으로 생각된다. 중앙의 제1급 행정관부의 경우, 685년(신문왕 5)에 제정된 5등관 조직에 있어 제3등관으로서, 위로는 차관을 보좌하고 아래로는 사지(舍知)·사(史) 등을 지휘하였다. 정원은 관청에 따라 일정하지 않았으나, 대체로 2인을 기준으로 하였다. 경덕왕 때 일시 낭중(郞中) 혹은 주부(主簿)로 바꾸었다가 혜공왕 때 본래대로 고쳤다. 그러나 제2급 관청에서는 차관직이었으며, 제3급 관청인 경우 장관직이기도 하였다([출처:대사(大舍)-한국민족문화대백과사전).

195) 사지(舍知): 중앙의 제1급 행정관부의 경우, 685년(신문왕 5)에 제정된 5등관 조직에서 제4등관으로서 사(史)를 거느리고 행정의 실무를 통제하였을 것으로 짐작된다. 정원은 관청에 따라 일정하지 않았으나 대체로 1인을 기준으로 하였다. 경덕왕 때 여러 사지 중에서 집사성(執事省)의 사지는 원외랑(員外郞), 조부(調府)는 사고(司庫), 경성주작전(京城周作典)은 사공(司功), 예부(禮部)는 사례(司禮), 승부(乘府)는 사목(司牧), 예작부(禮作府)는 사례(司例), 선부(船府)는 사주(司舟), 영객부(領客府)는 사의(司儀) 등으로 바꾸었다가 혜공왕 때 다시 본래대로 고쳤다([출처:사지(舍知)-한국민족문화대백과사전]).

196) 길사(吉士): 경위(京位)의 17관등 가운데 제14관등으로 '계지(稽知)'·'길차(吉次)'·'당(幢)'이라고도 하였다. 사두품 이상의 신분이면 받을 수 있으며 공복(公服)의 빛깔은 황색이었다([출처:길사(吉士)-한국민족문화대백과사전]).

197) 대오(大烏): 일명 대오지(大烏知)라 하였다. 경위 17관등 중의 제15등이다. 4두품(四頭品) 이상이면 받을 수 있는 관등으로, 공복(公服)의 빛깔은 황색이었다([출처:대오(大烏)-한국민족문화대백과사전]).

198) 소오(小烏): 경위의 17등 관계(官階) 중의 제16등 관계로서, 일명 소오지(小烏知)라고도

하였다. 사두품(四頭品) 이상이면 받을 수 있는 관등으로, 공복(公服)의 빛깔은 황색이었다([출처:소오(小鳥)-한국민족문화대백과사전]).

199) 조위(造位): 일명 선저지(先沮知)라고 하였다. 17등 관계(官階) 중의 제17등 관계이다. 사두품(四頭品) 이상이면 받을 수 있는 관등으로, 공복(公服)의 빛깔은 황색이었다[[출처: 조위(造位)-한국민족문화대백과사전]).

200) 준정(俊貞, ?~?): 신라 진흥왕 때의 원화(源花). 576년(진흥왕 37)에 미녀 두 명을 뽑아서 원화로 하였으니 그 하나는 남모(南毛) 또 하나는 준정(俊貞)이었다. 원화도 3백여 명의 우두머리로서 서로 사랑과 미모를 다투고 시기하던 끝에 준정을 남모를 꾀어 자기 집에 가서 술을 먹여 취하게 하고 강에 던져 죽였다. 이 일이 발각되어 사형되었고 원화도 폐지되었다(이홍직 편, 『새국사사전』, 교학사, 2004, 1286쪽).

201) 설원랑(薛原郞, ?~?): 최초의 화랑이다. 『삼국유사』에 의하면 진흥왕 때 화랑도를 제정하고 최초의 화랑으로 받든 인물이 설원랑이라 하며, 그 비석을 명주(溟州:지금의 강원도 강릉)에 세웠다 한다. 현재 강릉에서 가까운 한송정(寒松亭)은 예부터 화랑의 고적지로 유명하여 혹 이곳에 세워진 것이 아닐까 추측된다. 설원랑의 성씨로 짐작되는 '설(薛)'이 신라 통일기에 일반적으로 쓰인 점으로 미루어 후대에 만들어진 가공의 인물이 아닐까 하여 설원랑의 실재를 부인하는 견해도 있으나, 『삼국사기』 악지에 실려 있는 가곡 가운데 <사내기물악(思內奇物樂)>이 원랑도(原郞徒)가 지은 것으로 되어 있고, 이 원랑은 설원랑일 것으로 추정되므로 그 실재에 대하여는 의심할 바 없다고 생각된다[[출처:설원랑(薛原郞)-한국민족문화대백과사전]).

202) 김대문(金大問, ?~?): 삼국시대 신라의 『계림잡전』, 『화랑세기』, 『고승전』 등을 저술한 학자. 문장가, 지방관.

김대문은 삼국시대 『계림잡전』, 『화랑세기』, 『고승전』 등을 저술한 신라의 학자·문장가·지방관이다. 진골 출신의 귀족으로 생몰년은 미상이다. 704년(성덕왕 3)에 한산주도독에 임명되었다는 기록 외에는 관직에 대해 알려진 것이 없다. 『한산기』·『악본』도 그의 저술이다. 김부식이 『삼국사기』를 편찬할 때 그의 저술들이 남아 있었다고 하는데 현재는 『화랑세기』 필사본만 전해진다. 『삼국사기』 열전에서는 김대문이 신라의 다른 유학자들과 함께 실려 있어 『삼국사기』 편찬 당시 고려 유학자들은 김대문을 유학자로 파악했음을 알 수 있다.

김대문(金大問)은 진골(眞骨) 출신의 귀족이었다. 『삼국사기(三國史記)』에 따르면, 704년(성덕왕 3)에 한산주도독(漢山州都督)에 임명되었다고 한다. 그런데 『삼국사기』 「직관지(職官志)」에 "도독은 주(州)의 장관으로 원성왕(元聖王) 원년(785)에 종래 총관(摠管)이라 부르던 것을 도독이라 고쳤다"라고 기록되어 있어서 704년 당시 김대문은 한산주총관이었다고 보는 것이 타당하다. 한산주총관이 그에게 최고 관직이었는지, 그 밖에 또 다른 관직 경력이 있었는지에 대해서는 알려진 것이 없다. 저술로는 『계림잡전(鷄林雜傳)』·『화랑세기(花郞世記)』·『고승전(高僧傳)』·『한산기(漢山記)』·『악본(樂本)』등이 있었는데, 김부식(金富軾)이 『삼국사기』를 편찬할 당시에도 남아 있었다고 한다. 『계림잡전』의 내용은 구체적으로 알 수 없지만, 『삼국사기』의 편찬자는 신라의 불교 수용에 관한 사실을 이 책에서 인용했으며, 신라 초기의 왕호(王號)에 대한 김부식의 설명도 역시 이 책에서 인용했을 가능성이 있기 때문에, 『계림잡전』은 신라 역사상 중요한 사건들을 다룬 저술이었다고 볼 수 있다. 『화랑세기』는 화랑들의 전기서(傳記書)로서, 『삼국사기』에 기록된 화랑과 낭도(郞徒)의 전기는 이 책에 근거한 것이 확실하다고 볼 수 있다. 『화랑세기』는 그동안 전해지지 않는 것으로 알려졌는데, 1989년에 필사본 『화랑세기』가 발견되었다. 여기에는 32명의 풍월주(風月主)의 계보와 그 구체적인 삶의 모습이 기술되어 있는데, 그 진위(眞僞) 여부를 둘러싸고 논란이 계속되고 있다. 『고승전』은 서명으로 미루어 보아 고승들의 전기서로 보이지만 현재는 그 일문(逸文)마저도 남아 있지 않다. 『한산기』는 서명으로 보아 한산(漢山) 지방의 지리지(地理志)였을 것으로 짐작할 수 있다. 이것은 아마 김대문 자신이 한산주총관으로 있었던 것을 인연으로 해서 저술한 것으로 생각된다. 『악본』도 책의 제목으로 보아 음악에 관한 책으로 짐작되나 자세한 내용은 알 수 없다. 이 밖의 저술로서 '전기'가 몇 권 더 있었다고 하는데, 앞의 『고승전』이나 『화랑세기』 등을 가리키는 것인지 아니면 다른 전기서를 지칭하는지 알 수 없다. 이러한 저술들은 신라사(新羅史)에 특히 관심이 집중되어 있으며, 비교적 객관성을 띠고 사실의 단순한 서술에 그치는 것이 아니라 때로는 그것에 대한 자신의 해석이 포함되어 있다는 점 등에서 사학사적(史學史的) 의의를 찾을 수 있다.

    * 상훈과 추모: 김대문의 역사가로서의 평가는 유교사관(儒敎史觀) 이전의 반전제주의(反專制主義)의 입장에서 역사서를 서술했다고 보는 입장과 유교사관에 의한 것으로 전제주의(專制主義)를 지지한다고 보는 견해가 있다. 한편 『삼국사기』 열전에서는 김대문이 신라의 다른 유학자들과 함께 실려 있어 『삼국사기』 편찬 당시 고려 유학자들은 김대문을 유학자로 파악하였음을 알 수 있다. 생존 시기는 대체로 신문왕(神文王)·효소왕(孝昭王)·성덕왕(聖德王) 대에 걸쳐 있다. 이 시기는 신라 중대의 전제 왕권이 확립되어 그 절정에 있던 시대였다. 그는 이러한 시대적 상황 속에서 여러 저술을 통해 삼국시대 이후의 귀족적 전통을 계승·발전시키고자 노력한 인물이었다고 평가하는 학자도 있다〔[출처:김대문(金大問)-한국민족문화대백과사전]〕.

203) 『화랑세기(花郎世紀)』: 남북국시대 통일신라학자 김대문이 화랑들의 행적을 모아 엮은 전기. 화랑전기.

    『화랑세기(花郎世紀)』는 진골귀족(眞骨貴族) 출신으로 704년(성덕왕 3) 한산주(漢山州) 도독(都督)이 된 김대문(金大問)이 『고승전(高僧傳)』·『악본(樂本)』·『한산기(漢山記)』·『계림잡전(鷄林雜傳)』과 함께 저술하였는데, 오늘날에는 모두 전하지 않는다. 그러나 『삼국사기(三國史記)』에 "현명한 재상과 충성스런 신하가 여기서 솟아나오고, 훌륭한 장수와 용감한 병졸이 이로 말미암아 생겨났다"는 『화랑세기』의 한 구절이 인용되어 있는 것으로 보아, 적어도 『삼국사기』가 찬술되었던 고려 때까지는 남아 있었던 것이 틀림없다. 이 화랑들의 전기는 『고승전』과 함께 김대문의 가장 중요한 저술로 꼽는다. 이와 같은 화랑의 전기를 『삼국사기』 「김흠운전(金歆運傳)」의 사론(史論)에서는 '김대문의 세기'라 하였고, 최치원(崔致遠)의 『난랑비서(鸞郎碑序)』에서는 '선사(仙史)'라 하였으며, 각훈(覺訓)의 『해동고승전(海東高僧傳)』에서는 '세기(世記)'라고 하였다. 다만, 김대문은 8세기 초 사람이므로 이 전기에 소개된 화랑은 신라의 화랑 전체가 아니라, 그들의 활약이 가장 두드러졌던 진흥왕(眞興王)대로부터 통일을 완성한 문무왕(文武王)대까지의 화랑들이라고 할 수 있다. 이 전기를 참고했을 『삼국사기』 열전(列傳)에 대부분 삼국 및 통일기 초의 화랑들이 올라 있다는 사실이 이를 뒷받침해 준다. 따라서 이 전기는 화랑제도의 성격이 크게 달라졌을 것으로 짐작되는 신라 말에 최치원이 쓴 '선사'라든지, 고려 후기 각훈이 쓴 '세기'와는 달리 화랑의 본래 모습을 가장 잘 전해준 기록이라 할 수 있다.

　　★ 의의와 평가: 1989년에 필사본 『화랑세기』가 발견되고, 다시 1995년에는 이른바 그 모본(母本)이 알려졌는데, 여기에는 32명의 풍월주(風月主)의 계보와 그 구체적인 삶의 모습이 기술되어 있다. 그러나 그 진위 여부를 둘러싸고 박창화(朴昌和)에 의한 위작설(僞作說)이 제기되는 등 논란이 계속되고 있다. 박창화에 의해 위작되었다고 보는 경우, 모본 필사본 『화랑세기』를 보다 더 진본(眞本)으로 보이게 하기 위하여 초록본(抄錄本)을 따로 만들었다고 주장한다. 또한 박창화의 『화랑세기』외의 다른 저술들이 역사를 소재로 하면서 주요 모티프가 성관계라는 것이 필사본 『화랑세기』와 동일하다는 점에서 필사본 『화랑세기』를 위작으로 보고 있다. 그러나 필사본 『화랑세기』가 진본(眞本)이라고 주장하는 측에서는 수록된 향가인 「송사다함가(送斯多含歌)」의 향찰 표기, 또 『화랑세기』에서의 '노(奴)'와 '비(婢)'의 용례가 조선시대의 천민 개념이 아닌 고대의 왕족을 제외한 모든 신분층을 일컫는 개념으로 쓰였다는 점을 근거로 들고 있다. 이후에도 필사본 『화랑세기』를 둘러싼 진위 논쟁은 화랑의 계보, 색공(色供)의 역사적 접근, 인용고사에 대한 분석, 향가·향찰에 대한 고찰 등 구체적인 내용의 실증 작업을 토대로 계속되고 있다([출처:화랑세기(花郎世記)-한국민족문화대백과사전]).

　　⋯⋯⋯⋯⋯⋯

　　★ 화랑세기는 김대문(金大問)에 의해 저술된 신라시대 화랑도의 우두머리인 풍월주의 역사를 기록한 책이다. 신라 성덕왕의 재위 기간(702~737) 사이에 쓰였다. 『화랑세기』는 김부식이 『삼국사기』를 서술할 때까지 남아 있었으나, 이후 소실된 것으로 추정되어 왔다. 1989년 2월에 남당 박창화(朴昌和)가 일본 천황가의 보물 창고인 일본 궁내청 서릉부에서 필사했다고 주장하는 『화랑세기』 한문 필사본이 김해에서 발견되었다. 1995년에는 162쪽 분량의 또 다른 필사본(모본母本)이 발견되었다. 이 필사본에는 서기 540년부터 681년까지의 풍월주(風月主) 32명의 전기가 담겨 있다. 필사되었다고 주장되는 『화랑세기』는 유교적 가치관과 사뭇 다른 신라인에 대한 기록이라는 점에서 주목받고 있지만, 현재까지 박창화가 필사한 원본이 발견되지 않았기 때문에 위작(僞作) 시비(是非)가 끊이지 않고 있다. 『화랑세기』 필사본은 화랑도의 구체적인 구조 및 진골정통, 대원신통, 마복자 등 신라 사회에 대한 새로운 기록을 많이 전하고 있다. 문화방송 드라마 『선덕여왕』은 이 필사본을 소재로 삼고 있다(위키백과).

204) 가락국(駕洛國)을 제외하고 대부분의 가야국은 진흥왕 대(540~576)에 멸망했으므로 틀린 말이다. 『삼국유사』 참고의 결과로 보여진다(주 207) 참조).

205) 황초령신라진흥왕순수비(黃草嶺新羅眞興王巡狩碑): 북한 함경남도 함주군 하기천면 함흥역사박물관에 소장된 삼국시대 신라의 진흥왕이 건립한 순수비.
　　진흥왕순수비는 이 외에도 북한산비(北漢山碑)·창녕비(昌寧碑)·마운령비(磨雲嶺碑) 등이 있다. 이 비는 진흥왕순수비 가운데 가장 먼저 알려졌으며, 19세기 초 김정희(金正喜)가 본격적으로 연구하기 시작하였다.
　　위 부분과 왼쪽 아래 부분이 일부 마멸되었는데(광복 후 마멸된 부분이 발견되었다고 함), 현재 남아 있는 비는 높이 92.4㎝, 너비 45㎝, 두께 20㎝이다. 비문은 모두 12행이고 행마다 35자가 해서체(楷書體)로 새겨져 있다. 내용은 같은 시기에 세워진 마운령비와 거의 일치하는데, 유교적인 왕도정치(王道政治)를 지향하려는 의지가 잘 나타나 있다. 그 밖에 역수(曆數)의 관념을 비롯해 건원(建元)

·짐(朕)·순수(巡狩) 등의 용어를 사용한 것에서 제왕(帝王)으로서의 자부심이 나타나 있다. 또한 진흥왕의 변경 지역 순수에 수행된 신료(臣僚)들의 이름과 관등·관직은 신라의 정치 제도와 인물 연구에 많은 참고가 되고 있다. 이 비는 현재의 함경남도 함주군 하기천면 진흥리에서 발견되었는데, 1852년(철종 3)에 당시 함경도관찰사 윤정현(尹定鉉)이 비를 보호하기 위해 황초령 정상의 원 위치에서 고개 남쪽인 중령진(中嶺鎭) 부근, 즉 하기천면 진흥리로 옮겨 비각(碑閣)을 세운 것이다. 현재는 북한의 함흥역사박물관에 보관되어 있다. 일제강점기에 일본 학자들은 이 비와 마운령비가 실제로 신라의 동북 경계를 의미하는 것이 아니라고 주장한 적이 있다. 즉, 신라 때의 동북 경계를 안변의 남대천(南大川) 유역으로 보고, 어쩌면 황초령비는 그 부근인 철령쯤에 세웠을 터인데 고려 예종 때 윤관(尹瓘)이 함흥평야의 여진족을 정복한 뒤 9성(城)을 쌓을 때 그 점령을 역사적으로 뒷받침하기 위해 철령에 있던 비석을 함흥평야의 북쪽 경계 요충지에 해당하는 황초령으로 옮겼다고 주장하였다. 또 고려 고종 때의 승려인 천인(天因)이 지은 「고석정기(孤石亭記)」에 진흥왕의 한 비석이 철원 남쪽 30리쯤 되는 고석정 부근에 있다고 한 기록을 들어, 황초령비는 바로 고석정에 있던 비석을 조선 초기에 옮겨 놓은 것이라고도 주장하였다. 이처럼 황초령비와 마운령비는 위치 문제를 둘러싸고 많은 논란이 있는 것이 사실이지만, 처음부터 황초령에 있었다고 보는 것이 옳은 듯하다([출저:황초령신라신흥왕순수비(黃草嶺新羅眞興王巡狩碑)-한국민족문화대백과사전]).

206) 김수로왕(首露王, 42~199): 삼국시대 금관가야의 제1대(재위:42~199) 왕. 재위 42~199. 수릉(首陵)이라고도 한다. 김해 김씨의 시조이다.

탄생과 치적에 관해서는 『삼국유사』에 실린 「가락국기」에 전하는데, 내용은 다음과 같다. 아직 나라가 없던 시절에 가락 지역에서는 주민들이 각 촌락별로 나뉘어 생활하고 있었는데, 3월 어느 날 하늘의 명을 받아 9간(九干: 족장族長) 이하 수백 명이 구지봉(龜旨峰)에 올라갔다. 그곳에서 하늘에 제사 지내고 춤추고 노래하자 하늘에서 붉은 보자기로 싼 금빛 그릇이 내려왔는데, 그 속에는 태양처럼 둥근 황금색 알이 6개 있었다. 12일이 지난 뒤 이 알에서 남아가 차례로 태어났는데, 그 중 제일 먼저 나왔기 때문에 이름을 수로라 하였다. 주민들은 수로를 가락국의 왕으로 모셨고, 다른 남아들은 각각 5가야의 왕이 되었다. 이때가 42년(후한 건무 18)이었다고 한다. 수로는 즉위 후 관직을 정비하고 도읍을 정해 국가의 기틀을 확립하였다. 그리고 천신의 명을 받아 배를 타고 바다를 건너온 아유타국(阿踰陀國)의 왕녀 허황옥(許黃玉)을 왕비로 맞이하였다. 157년을 재위하다가 죽었는데, 아들이 그 뒤를 이어 거등왕(居登王, 재위 199~259)이 되었다.

그러나 이것은 신화적 내용이어서 사실로 보기는 어렵다. 그런데 이 신화는 구조상으로 볼 때, 신성한 왕권의 내력을 풀이한 천강난생(天降卵生) 신화로서 한국 고대 국가 성립기에 흔히 보이는 건국 시조 신화와 궤를 같이하고 있다. 이에 대해 학자들은 황금빛 천강(天降) 등으로 상징되는 북방(北方)으로부터 이주(移住)해 온 유이민(流移民) 집단이 낙동강 하구 유역의 토착 선주민들과 결합해 초기 국가를 형성했던 사실을 반영하는 것으로 풀이하기도 한다. 아울러 수로가 6개의 알 중에서 제일 먼저 나왔다는 표현은 가락국(금관가야)을 중심으로 가야 제국을 통합하려는 의식을 반영한 것이라고 생각된다. 또한 이 신화에서 3월에 목욕재계하고 잡스러움을 떨쳐 버리는 불계(祓禊) 의식을 거행한 뒤, 구지봉과 같은 성스러운 곳에 모여 하늘에 제사하고 춤과 노래로 의식을 베풀어 한 해의 풍요와 안녕을 기원하며, 그곳에서 집단의 수장(首長)을 선출하고, 이때 뽑힌 수장(首長)은 하늘로부터 권위(權威)를 부여받는 것으로 여겼던, 국가체(國家體) 형성 이전 단계의 소박한 사회 풍속과 정치 운영의 일면을 찾아볼 수 있다. 수로왕이란, 곧 이러한 단계에서 김해 지역에 존재했음직한 수장을 상징적으로 표현한 것이다. 수로왕은 금관가야가 신라에 합병된 후에도 가야의 시조로서 계속 봉사(奉祀)되었다. 문무왕은 수로왕릉의 위전(位田)을 설치해 후손에게 능묘의 제례를 계속하게 했으며, 그것은 고려시대에 와서도 계속되었다. 최치원의 「석이정전(釋利貞傳)」에서는 금관가야의 시조를 뇌질청예(惱窒靑裔)라고 해 서로 비교가 된다[[출처:김수로왕(首露王)-한국민족문화대백과사전]).

207) 구형왕(仇衡王, ?~?): 삼국시대 금관가야의 제10대(재위: 521~532) 마지막 왕. 시조인 수로왕의 9세손으로 성은 김 씨이다. 겸지왕(鉗知王)의 아들로 521년에 즉위하여 532년 신라 법흥왕에 항복했다. '구충왕(仇衝王)' 또는 '구해왕(仇亥王)', '구차휴(仇次休)'라고도 표기되었다. 『삼국사기』 「신라본기」 법흥왕 19년(532)조에 "금관국의 임금 김구해(金仇亥)가 왕비 및 세 아들인 장남 노종(奴宗), 중남 무덕(武德), 계남(季男) 무력(武力)과 함께 국고(國庫)의 보물을 가지고 신라에 항복하였다"고 하였다. 『삼국유사』 「가락국기」에 의하면 왕비는 분질수이질(分叱水爾叱)의 딸 계화(桂花)라고 하였다. 세 아들의 이름은 세종(世宗)・무도(茂刀)・무득(茂得)이라 하였는데, 『삼국사기』의 이름과 표기가 다를 뿐이다. 「가락국기」에 의하면 금관가야의 멸망연대를 562년(진흥왕 23)으로 잘못 기록하고 있다. 또한 「개황력(開皇曆)」을 인용하며 532년에 망한 사실을 아울러 제시하고 있다. 562년에 멸망했다는 것은 가야국 가운데 마지막으로 신라에 병합된 대가야의 멸망연대가 562년임으로 해서 생긴 착오로 보인다. 『삼국사기』에는 "금관가야가 멸망하자, 신라는 이들을 예로 대접하고, 왕에게 상등(上等)의 벼슬을 주고, 그 본국을 식읍(食邑)으로 삼게 하였다"고 하였다. 구형왕 때 금관가야는 멸망하였으나, 그 왕족은 신라 진골귀족으로 편입되어 신김씨(新金氏)라 칭하면서 신라의 왕족에 준하는 대우를 받았다. 특히 정치적으로는 신라 무열왕계와 결합하면서 삼국통일을 이룩하는데 크게 기여하였다. 구형왕의 셋째아들 무력은 많은 무공을 세우고 각간(角干)의 벼슬에까지 올랐다. 무력은 「단양신라적성비(丹陽新羅赤城碑)」에 고위 신료로 기록되어 있다. 이로 보아 당시 신라가 한강유역으로 진출할 때 지휘관으로 활약하였음을 알 수 있다. 그 후 553년에 아찬(阿湌)의 벼슬로서 신주(新州)의 군주(軍主)가 되었다. 다음해에는 관산성(管山城) 전투에서 백제군과 싸워 백제 성왕을 전사시키는 등 큰 전과를 올리기도 했다. 김유신은 무력의 손자이다. 한편, 현재의 경남 산청군 금서면 화계리에 구형왕릉(仇衡王陵)의 능으로 전해지는 방형의 석축이 있으나 그 사실성 여부는 확인할 수 없다[[출처:구형왕(仇衡王)-한국민족문화대백과사전]).

208) 프리드리히 빌헬름 4세(Friedrich Wilhelm IV, 1795~1861)는 제6대 프로이센의 국왕(재위:1840~1861)이다. 프리드리히 빌헬름 3세와 메클렌부르크슈트렐리츠의 루이제의 장남이자 후계자로 베를린에서 태어났다. 그는 바이에른의 공주 엘리자베트 루도비카를 왕비로 맞이했고, 1840년 프로이센 왕국의 군주에 올랐으며, 1858년 뇌졸중 발병 후유증을 사유로 아우 빌헬름의 대리청정 체제를 조치하였으며, 엘리자베트 루도비카 왕비 사이 아이가 태어나지 않았으므로 사후 왕위

는 대리청정을 지냈던 아우 빌헬름이 물려받았다. 그는 루터가 95개 논제를 붙였다는 유명한 비텐베르크 교회의 문을 새롭게 교체하였다.

1948년, 프랑크푸르트 국민의회가 독일 통일과 민족주의를 주창하며 그를 황제로 추대했다. 하지만 프리드리히 빌헬름 4세는 그들을 '폭도'와 폭도에게 미혹된 희생자라고 생각했다. 결국 그는 국민 의회의 궁극적 목표는 군주제와의 싸움이며, 그들에게 황제를 임명할 권한이 없다고 말하며 추대를 거부했다. 결국 베를린에서 프로이센 군대는 시위대에게 발포했고, 13시간에 걸친 시가전 끝에 시위는 끝났다. 빌헬름 4세는 3월 19일 사격 중지 명령을 내렸다. 이로서 1848년 독일 혁명은 실패로 끝났다(위키백과).

209) 연개소문(淵蓋蘇文, ?~665): 삼국시대 고구려 제28대 보장왕의 즉위와 관련된 장수. 관리.

개금(蓋金 또는 盖金)이라고도 하며, 『일본서기』에는 이리가수미(伊梨柯須彌)라고 기록되어 있다. 할아버지는 자유(子遊)이고, 아버지는 태조(太祚)이며, 모두 막리지(莫離支)의 지위에 올랐다고 천남생묘지(泉男生墓誌)에 기록되어 있다. 그의 성씨는 중국 측 기록에는 '천(泉)' 또는 '전(錢)'이라 되어 있는데, 이는 연(淵)이라는 글자가 당나라 고조(高祖)의 이름인 이연(李淵)과 같아 바뀐 것으로 보인다. 『삼국사기』에 그의 성이 천(泉)으로 나오는 것은 연개소문에 관한 기사의 전부가 중국 기록에 의거했기 때문으로 보인다. 그의 시조는 샘[井] 또는 물[水]에서 태어났다고 한다. 연(淵)이라는 성도 거기에서 유래된 것 같다. 샘이나 내[川], 또는 호수의 정령(精靈)을 두려워하고 공경해, 이를 자신들의 시조와 연결시키는 것은 고대 동북아시아 제 민족의 설화와 신화에서 일반적으로 보인다.

그는 성품이 호방하고 의표가 웅위했다고 한다. 동부 대인(大人)이었던 아버지가 죽은 뒤, 연개소문이 그 직을 계승하였다. 유력 귀족들이 그의 세력과 무단적인 기질을 두려워하여 이를 반대했으나 귀족들에게 호소해 간신히 승인을 받았다. 뒤에 그는 천리장성을 쌓을 때 최고 감독자가 되었다. 그의 세력이 커지자 이를 두려워한 여러 대신들과 영류왕이 그의 제거를 모의하였다. 이를 눈치 챈 그는 642년(보장왕 1) 평양성 남쪽 성 밖에서 부병(部兵)의 열병식을 구실로 귀족들을 부른 뒤, 정변을 일으켜 이들을 모두 죽이고 왕궁에 돌입해 왕을 시해하고 보장왕을 세웠다. 스스로는 막리지가 되어 대권을 장악한 뒤, 반대파에 대한 탄압과 제거를 감행하였다. 안시성(安市城)의 성주도 연개소문의 반대파였다. 이에 연개소문이 안시성을 공격하였다. 그러나 안시성의 공방전은 승패가 나지 않아 양자 간의 타협으로 일단락되었다. 결국 연개소문은 안시성주의 지위를 계속 인정했고, 그 대신 안시성주는 새로운 집권자인 연개소문에게 승복하였다. 안시성주와의 타협이 보여주듯이, 연개소문의 집권은 고구려 하대의 귀족 연립정권 체제를 근본적으로 타파했던 것으로는 보이지 않는다. 고구려 하대에는 실권자인 대대로(大對盧)를 5부(部) 귀족들이 선임하였다. 3년에 한 번씩 선임했고 연임도 가능하였다. 그런데 대대로 선임 때에 귀족 간에 의견일치를 보지 못할 경우 여의치 않으면 각기 무력을 동원하였다. 이때 왕은 이를 통제할 힘이 없어 방임(放任)하는 형편이었다. 중앙에서의 정변은 때로 지방으로 확산되었다. 연개소문의 집권과정에 보이는 유혈사태와 잇따른 안시성주와의 분쟁은 그러한 사정의 단면이었다. 그러나 그의 계속적 집권과 지위의 세습됨으로 보아, 연 씨 일가의 세력은 크게 강화되었다. 집권 후 그는 종교정책에도 깊은 관심을 보여, 당나라에 사신을 보내어 숙달(叔達) 등 8명의 도사를 맞아들이고 도교(道敎)를 육성하기도 하였다. 연개소문이 집권할 무렵 고구려는 대외적으로 긴박한 정세에 처해 있었다. 수나라와의 20여 년에 걸친 전쟁이 수나라의 멸망으로 종결된 뒤, 한때 중국세력과 평화로운 관계가 지속되었다. 622년(영류왕 5)에는 수나라와의 전쟁 때 발생한 양측의 포로와 유민의 상호교환협정이 체결되기도 하였다. 그러나 수나라 말기의 혼란과 분열을 통일하고 당나라 세력이 강화되어 감에 따라, 양국관계는 긴박해졌다. 서쪽으로 고창국(高昌國)을 멸하고, 북으로 돌궐(突厥)을 격파, 복속시킨 뒤, 중국 중심의 세계질서를 구축하려는 당의 팽창정책은 자연 동북아시아 방면으로 그 압력을 가중시켰다. 고구려는 이에 대한 대책에 부심하면서 부여성에서 발해만 입구에 이르는 서부국경에 천리장성을 쌓았다. 한편 남쪽에서는 백제와 신라 간의 충돌이 빈번했고, 신라가 당나라와 동맹을 맺음에 따라 한강유역을 둘러싼 6세기 후반 이래의 삼국 간의 분쟁은 더 격화되었다. 국제적인 긴박한 상황 속에서 연개소문은 강경일변도의 대외정책을 채택하였다. 이것은 격렬한 정변을 통해 집권한 그의 대내적인 정치적 처지와 관계가 있다. 그는 대외적인 위기상황은 정권의 안정화와 집권력의 강화를 도모하는 데 오히려 유리하다고 파악하였다. 그는 신라의 김춘추(金春秋)가 제안한 양국의 화평(和平)을 거부했고, 신라와의 관계를 개선하라는 당나라의 압력(壓力)을 거부하고 사신을 가두어버리기도 하였다. 이러한 대외정책은 당에 대해 단호한 대결자세를 굳힘으로써 항쟁의식을 고취시켰다. 또한 말갈족과 같은 휘하(麾下)의 복속민(服屬民)들의 이탈을 방지하고 전쟁 대비에 박차를 가한다는 의지의 표명이기도 했다. 이러한 의지는 645년 당태종의 침공 이후 계속된 당군과 신라군의 침공에 대한 고구려의 강력한 저항에서 구현되었다. 당시 고구려와 당나라의 사이는 전시대의 수나라와의 관계에서처럼 전쟁이 불가피하였다. 즉 5세기 이래 동아시아의 국제정세를 규정지었던 다원적인 세력 균형상태가 중국 대륙에서 강력한 통일제국이 출현함에 따라 깨어졌다. 중국 중심의 일원적인 세계질서를 구축하려 함에 따라 수·당제국과 동북아시아에서 독자적인 세력권을 구축하고 있던 고구려 사이에는 전쟁이 불가피했던 것이다. 다만 당나라 초기에는 중국의 내부사정과 당나라와 돌궐과의 관계로 때문에 고구려와 당나라 사이에 잠정적인 평화가 유지되었던 것이다. 따라서 그의 당나라에 대한 강경정책은 영양왕이 요서(遼西) 지방을 선제공격해 수나라와 싸움의 계기가 되었던 것과 같은 배경에서 나온다. 그는 수양제의 침공(侵攻)에 대비해 고구려가 돌궐과의 연결을 도모했듯이, 당 태종이 침공해 오자 당시 몽골고원에서 돌궐 대신 흥성했던 설연타(薛延陀)의 세력과 연결해 당의 후방을 견제하려 하였다. 나아가 지금의 중앙아시아 우즈베키스탄공화국의 사마르칸트 지역에 있던 강국(康國)에 사신을 보내어 동맹을 모색하기도 하였다. 그때 파견된 고구려 사신의 모습이 사마르칸트 시 교외에서 발굴된 아프라 시 앞 궁전 벽화에서 발견되었다. 이러한 정책은 당시 국제정세에 대한 폭넓은 인식 위에서 나온 것이다. 그러나 이를 수행함에 있어 탄력성을 결여한 경직성을 보였다. 당과의 대결을 앞두고 신라와의 관계를 악화시킴으로써 남북으로부터의 협공 가능성에 적절히 대응하지 못했고, 그것은 고구려에 치명적인 요인이 되었다. 나아가 당나라와의 전쟁에서도 경험이 풍부한 노장(老將)들의 주장과 달리 전통적인 성곽 중심의 방어전을 버리고, 평원에서의 대회전(大會戰)을 기도함에 따라 대패를 당하기도 하였다. 이는 상대와 자신의 실력에 대한 냉정한 평가와 그에 따른 대책을 제대로 세우지 못한 경직된 면모를 보여준다. 구체적으로 안시성 부근 평원에서 고연수(高延壽)·고혜진(高惠眞)이 이끈 고구려 중앙군이 안시성의 세력과 연결해 장기적 저항책을 구축하지 않고, 당군과의 정면 회전을 기도했던 것은 연개소문의 집권 과정에서 파생했던 문제와 결코 무관하지 않다. 젊은 장수를 기용해 한꺼번에 당군을 격파함으로써 새로운 집권세력의 위엄을 과시하려는 의도가 숨어 있었던 것이다. 그의 강경한 지도노선은 고구려의 존망이 걸린 전쟁 상황에서 강력한 통합력과 저항력의 구심점이 돼 힘을 발휘하였다. 660년 백제가 멸망한 뒤, 당군의 계속된 침공과 신라군의 협공 속에서 주된 방어선이 수도인 평양성으로까지 밀린 상황에서도 그는 고구려국의 최고 집권자로서 저항을 주도하였다. 665년 그가 죽자, 그의 맏아들 남생(男生)이 그의 직을 계승했고 남건(男建)·남산(男産) 등이 권력을 나누어가졌다. 곧이어 터진 형제간의 분쟁으로 남생이 당나라에 항복하고, 연개소문의 동생 연정토(淵淨土)는 신라로 투항하는 등 내분이 일어남으로써 신라와 당나라의 연합군에 의해 고구려는 멸망하고 만다([출처:연개소문(淵蓋蘇文)-한국민족문화대백과사전]).
210) 왕망(王莽)은 중국 전한 말기의 관료이자 신(新)나라의 황제로, 자는 거군(巨君)이며 위군(魏郡) 원성현(元城縣) 사람이다. 본관은 원성 왕씨(元城王氏)로서, 그 출신은 제북왕 전안(田安)의 6대손으로, 아버지는 왕만(王曼)이며, 어머니는 거 씨(渠氏)며, 형은 왕영(王永)이다.
황제 즉위 전의 작위는 안한공(安漢公)이며, 즉위전의 전체 칭호는 안한공·재형·섭황제(安漢公·宰衡·攝皇帝)다. 원제의 황후 효원황후(孝元皇后)의 조카로 성제(成帝)의 어머니쪽 사촌형제에 해당한다. 왕만(王曼)의 차남으로 왕우(王宇)·왕획(王獲)·왕안(王安)·왕림(王臨)·왕흥(王興)·왕광(王匡) 등의 아들을 두었다. 손자는 왕천(王千, 공륭공功隆公)·왕수(王壽, 공명공功明公)·왕길(王吉, 공성공功成公)·왕종(王宗, 공숭공功崇公)·왕세(王世, 공소공功昭公)·왕리(王利, 공저공功著公) 등이 있으며, 딸은 평제(平帝)의 황후가 된 왕 씨와 함께 왕엽(王曄, 목수임睦脩任), 왕첩(王捷, 목체임睦逮任) 등이 있었다. 본부인은 한의 승상을 지낸 왕흔(王訢)의 손자인 의춘후(宜春侯) 왕함(王咸)의 딸인 효목황후(孝睦皇后) 왕씨다(위키백과).
211) 오초칠국의 난(吳楚七國-亂)은 전한 경제 치세인 기원전 154년 전한의 제후국 오나라의 왕 유비가 주축이 되어 조·교서·초·교동·치천·제남 여섯 나라와 함께 전한 중앙 정부에 일으킨 반란이다. 경제는 어사대부 조조의 과격한 정책을 실행해 제후왕의 죄를 빌미로 조·교서·초나라의 봉토(封土)를 삭감(削減)했다. 마침내 오나라에도 봉토를 삭감하려 하자, 자신에게 화가 미칠 것을 두려워한 유비는 초·교서·조나라의 제후왕과 공모하여 황제 측근의 간신인 조조를 칠 것을 구실로 선수를 쳐서 군사를 일으켰다.
이 제후왕의 반란은 태위 주아부가 거느린 정부군의 교묘한 전략에 의해 오왕은 살해당하고, 오와 공모한 제후왕도 모두 살해당하여 전란은 불과 3개월 만에 평정되었다. 이 싸움에서 한의 조정이 승리를 거둔 것은 제후왕에 대한 조정의 우위를 결정지어 황제의 권력을 강화하게 되었다. 그런 점에서 전한 초기의 정치사상 오초칠국의 난의 평정이 지닌 의의는 크다고 할 수 있다(위키백과).
212) 이(李): 경주 이씨 시조 이알평(李謁平)은 진한 6촌장의 1인으로 B.C. 57년 다른 5촌장과 함께 박혁거세를 초대왕으로 추대하고 개국원훈(開國元勳)으로 아찬의 벼슬을 지내고

32년(유리왕 9) 양산촌(楊山村)을 급량부(及梁部)로 고치고 이 씨를 사성(賜姓)받아 이 씨의 연원을 이루었다.

213) 최(崔): 사로 6촌 중의 돌산고허촌(突山高墟村: 사량부沙梁部)의 촌장 소벌도리(蘇伐都利)로 최 씨의 시조가 되었다.

214) 손(孫): 사로 6촌 중의 무산 대수촌(茂山大樹村)의 촌장 구례마(俱禮馬)로 손 씨의 시조가 되었다.

215) 정(鄭): 사로 6촌 중의 취산 진지촌(觜山珍支村)의 촌장 지백호(智伯虎)로 정 씨의 시조가 되었다.

216) 배(裵): 사로 6촌 중의 금산가리촌(金山加利村)의 촌장 지타(祇沱)로 배 씨의 시조가 되었다.

217) 설(薛): 사로 6촌 중의 명활산(明活山) 고야촌습비부(高耶村習比部) 장(長)으로 전해진 호진(虎珍: 일명 거백居伯)으로 설 씨의 시조가 되었다.

218) 극(克) 씨는 본관이 하나로 그 출계는 미상이다(克氏有一本出系未考). 주나라 정왕 때에 극황(克黃)이라는 초나라 사람이 있었다(周定王時有克黃楚人). 고구려 초기에 극재사(克再思)가 있었다(高句麗初有克再思). 고구려 시조 주몽이 피난 시 금와의 여러 아들이 남으로 피신 모둔곡(毛屯谷)에 이르러 3명을 만났는데 그 중 마의를 입은 1인의 이름이 재사였다(高句麗始祖朱蒙避 金蛙諸子南奔至毛屯谷遇三人其一人衣着麻衣名再思). 기운 옷을 입은 무골, 수조의를 입은 묵거에게 그 성을 물으니 모두 말하지 않았다. 주몽이 이에 재사에게 극씨 성을 무골에게 중실씨를 묵거에게 소실씨를 주었다. 시조는 알 수 없고 단지 영천(永川)의 관향이 있다(윤창현,『조선씨족통보』, 한성도서주식회사, 1922).

....
* 재사(再思): 주몽이 부여를 탈출하여 모둔곡(毛屯谷)이라는 곳에 이르렀을 때 만난 현인 중의 한 사람이다. 주몽으로부터 극 씨(克氏)라는 성을 하사받았다. 이때 함께 주몽을 만난 무골(武骨)은 납의(衲衣)를, 묵거(默居)는 수조의(水藻衣)를 입고 있었는데 비하여 그는 마의(麻衣)를 입고 있었다. 졸본천(卒本川) 지역까지 주몽을 따라가 고구려의 건국을 도왔다[출처:재사(再思)-한국민족문화대백과사전]).

....
* 무골(武骨): 동명왕이 부여를 탈출, 모둔곡(毛屯谷 :『위서(魏書)』에서는 보술수普述水라고 하였음)이라는 곳에 이르렀을 때 만난 세 사람의 현인(賢人) 가운데 한 사람으로, 동명왕으로부터 중실 씨(仲室氏)라는 성을 하사받았다. 그런데 실 씨(室氏) 계통의 성은 대세력에 예속된 일반 읍락의 수장층에게 수여하는 것이라는 견해가 있어 그의 출신 세력기반의 정도를 가늠해보게 한다. 이때 함께 동명왕을 만났던 재사(再思)는 마의(麻衣)를, 묵거(默居)는 수조의(水藻衣)를 입고 있었던 데 비하여 그는 납의(衲衣)를 입고 있었으며, 졸본천(卒本川)지역까지 동명왕을 따라와 고구려창업을 도왔다[[출처:무골(武骨)-한국민족문화대백과사전]).

....
* 묵거(默居): 동명왕이 부여를 탈출하여 모둔곡(毛屯谷)이라는 곳에 이르렀을 때 만난 현인(賢人) 중의 한 사람으로, 동명왕으로부터 소실 씨(小室氏)라는 성을 하사받았다. 그런데 실 씨(室氏) 계통의 성은 대 세력에 예속된 일반 읍락의 수장층(首長層)에서 수여하는 것이라는 견해가 있다. 이로 인해 그의 세력 기반의 정도를 가늠해보게 하기도 한다. 이때 함께 동명왕을 만난 재사(再思)는 마의(麻衣)를, 무골(武骨)은 납의(衲衣)를 입고 있었던 데 비하여 그는 물풀로 만든 옷을 입고 있었다 하며, 졸본천(卒本川) 지역까지 동명왕을 따라

가 고구려 창업을 도왔다([출처:묵거(默居)-한국민족문화대백과사전]).

219) 안 씨(安氏): 806년(신라 애장왕 7)에 당나라에서 우리나라에 들어와 개성(開城)의 송악산(松嶽山) 아래에 정착한 이원(李瑗)의 아들 3형제가 864년(경문왕 4)에 왜구(倭寇)를 평정(平定)한 공으로 안 씨 성을 사성(賜姓)받았다. 큰아들 지춘(枝春)은 방준(邦俊)으로 개명, 죽산(竹山) 안씨의 시조가 되었고, 둘째아들 섭춘(葉春)은 방걸(邦傑)로 개명하고 광주(廣州) 안씨의 시조가 되었으며 셋째아들 화춘(花春)은 방협(邦俠)으로 개명하였다고 한다.

220) 오부(五部): 고구려시대 5개의 정치세력집단체.
고구려 초기 연맹체 형성에 중심이 된 다섯 집단으로서, 국가 체제가 성립된 뒤 독자성을 상실하고 수도의 행정 구역이 되었다. 연맹체시대에 고구려 5부(五部)의 명칭은, 중국 역사서 등에는 소노부(消奴部: 고구려조에는 涓奴部로 나옴)·절노부(絶奴部)·순노부(順奴部)·관노부(灌奴部)·계루부(桂婁部)로 표기되어 있고, 『삼국사기(三國史記)』에는 비류부(沸流部)·제나부(提那部)·환나부(桓那部)·관나부(貫那部) 등으로 표기되어 있다.
　　고구려 5부 명칭 속의 '노(奴)' 또는 '나(那)'는 고구려 고유어의 같은 음을 달리 표기한 것으로 내 [川], 냇가의 평야, 또는 그러한 어떤 지역의 집단을 의미한다. 『삼국사기』 「고구려본기」의 초기 기록에는 위의 다섯 집단 외에도 '조나(藻那)'·'주나(朱那)' 등 '-나(那)'로 지칭되는 집단들이 나타난다. 즉, 고구려 초기에는 이들 다섯 집단 이외에 '-나'로 지칭되는 여러 집단이 존재했는데, 이들 집단 간에 점차적으로 통합이 진행되었음을 보여준다. 『삼국지(三國志)』 「위서」 <동이전 고구려조(魏書 東夷傳 高句麗條)>에는 "본래 다섯 족이 있었다(本有五族)"라고 해, 고구려 사회가 5부로 구성된 것은 초기부터인 것으로 보인다. 다섯 집단에 의한 소연맹체는 가장 강한 세력 기반을 가진 집단이 전체 연맹체의 영도세력이 되었는데, 초기에는 소노부가 연맹 왕권을 차지했다가 이후 새롭게 성장한 계루부가 연맹체의 장이 되었다. 『삼국지』 기록에 연나부(椽那部)에서 계루부로의 왕권 교체 기사가 이것이다. 그러나 『삼국사기』에는 '-나'들의 통합이 태조왕(太祖王) 대까지도 진행된 것으로 나타나는데, 태조왕 20년(서기 72)과 22년의 관나부에 의한 주나의 통합이 바로 그 예이다. 고구려의 여러 '-나'들의 통합이 일단락되어 5개의 집단으로 정리된 것은 태조왕 대 무렵이다. 고구려 사회의 이러한 정치적 통합은 보다 강력한 지배 세력을 대두시켜, 계루부 왕족을 중심으로 5개의 집단이 정치적으로 조직화되었다. 그 조직이 5부 체제(五部體制)에 의한 고구려 연맹체이다. 다섯 집단은 연맹체의 구성단위로서 '부(部)'로 편제되었고, 각 부는 일정한 군사력을 바탕으로 한 자치권을 가졌다. 그러나 무역·외교·전쟁 등 연맹체 전체와 관련된 문제는 계루부 출신이 왕으로 대표되는 연맹체의 통제를 받은 것으로 보인다. 각각의 부는 서로 뚜렷이 구별되는 공간에 위치했으며, '부내부(部內部)'로 표현되는 여러 집단으로 구성되어 있었다고 본다. 이때의 5부 명칭은 다섯 집단으로 통합되는 과정에서 각각의 중심 세력이 된 '-나'의 명칭에서 기원했을 것이다. 다만 이러한 초기의 부체제에 의한 연맹체 단계의 사회 기반이 '-나' 단계의 사회기반과 구체적으로 어느 정도까지 다른 것인지에 대해서는 확실치 않다. 한편 5부에는 각기 부장이 있어 휘하의 대소 족장을 통솔하였다. 이러한 통솔 관계가 조직화되어 '부' 나름의 관원 조직이 존재하기도 하였다. 『삼국지』 「위서 동이전」 <고구려조>에서는 왕과 마찬가지로 여러 족장들도 사자(使者)·조의(皂衣)·선인(先人)을 두었다 했고, 『삼국사기』에서도 각 부 나름대로 그 같은 관명

(官名)들과 패자(沛者)·우태(于台) 등이 보인다. 『삼국지』에 의하면 산상왕(山上王) 즉위 당시 발기(拔奇)와 소노가(消奴加)가 각각 3만여 인을 거느리고 공손강과 제휴하여 산상왕에 대항하였다고 한다. 이를 통해 당시 부의 인구 규모를 추정할 수 있는데 소노부 외의 나머지 4부도 역시 비슷한 인구 규모였을 것이다. 이것은 같은 기록에 전하는 고구려 주민 수 3만호 즉, 15만여 인과 일치하는 것이다. 다만, 5부 내에서도 차이가 있었음을 감안할 때 계루부나 소노부의 규모는 평균 규모보다는 컸을 것이다.

연맹체 조직이 중앙 집권적인 국가 체제로 전환됨에 따라 자치권을 가지는 부의 존재도 변화되었다. 그리하여 왕권으로 상징되는 국가 권력은 각 부족의 내부 문제까지 간섭하게 되었고, 대소의 족장들도 독자적인 집단의 장으로서 존재하던 상태에서 국가 조직 안에서 지위와 역할을 갖게 되는 대소의 귀족으로 재편성되지 않을 수 없었다. 이에 따라 3세기 말경에는 부의 자치권이 소멸되고, 부는 왕경(王京)의 행정 구역화 되어 초기의 고유 명칭에서 동부(東部)·서부(西部)·남부(南部)·북부(北部)·중부(中部) 등 방위에 따른 명칭으로 바뀌었다. 방위부로 개칭한 뒤의 귀족들은 부의 귀족과는 달리 중앙귀족화 한 것으로 보인다([출처:오부(五部)-한국민족문화대백과사전]).

221) 소노부(消奴部): 고구려 시대의 정치 세력체. 오부(五部) 중 하나로, 계루부(桂婁部) 출신 왕족 이전의 왕족을 배출한 부(部)이다. 『삼국지』「동이전」에는 연노부(涓奴部)라고도 표기되어 있고, 『삼국사기』에는 비류부(沸流部)·비류국(沸流國)으로도 나타난다. 국가 체제 성립 후에는 서부(西部) 또는 우부(右部)라 불렀다. 『삼국지』에는 계루부에서 왕이 나오기 전에 소노부에서 왕이 나오던 때가 있었음이 전한다. 소노부와 계루부의 왕위 교체시기에 대해서는 몇 가지 학설이 있으나, 태조왕 대 무렵으로 추정함이 유력하다. 이렇게 보면 『삼국사기』에서 태조왕 전의 왕들은 실제로는 계루부의 군장(君長)을 고구려의 왕으로 해놓은 것이 되며, 이는 왕실의 유일성을 내세우려는 계루부 왕족의 역사 서술에서 비롯된 것으로 보인다. 그런데 소노부에서 왕을 배출한 것도 여러 대에 걸쳐 있었으리라 추정되지만, 현재 소노부 출신의 왕명으로 전해지는 것은 송양왕(松讓王)뿐이다. 계루부가 왕권을 차지한 뒤에도 소노부의 전 왕족은 계속 큰 세력으로 남아 계루부 왕족 및 절노부의 왕비족(王妃族)과 함께 고추가(古鄒加)라는 칭호를 사용할 수 있었다. 특히 국가 체제가 확립되기 전에는 소노부 전 왕족은 계루부 왕족과 대등하게 독자적인 종묘(宗廟)를 유지하고 영성(靈星: 농경을 주관하는 고구려의 토속적인 신)과 사직(社稷)에 대한 제의(祭儀)도 행하며, 전 왕족으로서의 권위를 공식적으로 과시할 수 있었다. 그러나 전제 왕권이 성립되고 국가 체제가 정비되는 소수림왕 대 무렵부터는 소노부의 전 왕족으로서의 권위가 격하되었다. 그리고 고국원왕 말년부터 광개토왕 대 초에 걸쳐 이루어진 제례법의 개혁을 계기로, 계루부의 종묘만이 고구려의 유일한 종묘로서 확립되고, 소노부는 전 왕족으로서의 공식적인 지위를 가질 수 없게 되었다([출처:소노부(消奴部)-한국민족문화대백과사전]).

222) 계루부 (桂婁部): 고구려 왕실소속의 단위 정치체.
부여에서 남하하여 고구려를 세운 주몽이 원고구려 지역에 정착하면서 자신을 추종하는 부여계 집단과 재지 세력과 결합하며 계루부의 모태가 성립되었다. 계루부는 고구려 5부(部) 중 왕실의 부로서 가장 힘을 갖고 있었다. 핵심 영역은 고구려 수도권으로 추정되며, 집권화의 진전과 함께 수도의 지역 구분인 방위명 5부의 바탕이 되었다.

한국 고대사에서 부(部)는 연맹 단계를 거쳐 소국의 수장이 중앙 귀족화하면서 편제된 지배자 공동체로서의 성격을 지닌다. 고구려의 5부 역시 이른 시기부터 핵심 정치 체제로 기능하였다. 고구려 5부에 대해 『삼국지(三國志)』와 『후한서(後 漢書)』에는 왕의 부인 계루부와 함께 소노부(消奴部), 절노부(絶奴部), 관노부(灌 奴部), 순노부(順奴部)가 있었다고 전한다. 『삼국사기』는 이들의 이름을 각각 계 루부, 비류나부(沸流那部), 연나부(椽那部), 관나부(貫那部), 환나부(桓那部)로 기록 하고 있다. 그리고 『후한서』에 보이는 5부의 명칭에 대해서 당의 장회태자 이현 이 주를 달아 계루부를 내부 또는 황부로, 절노부를 북부 또는 흑부·후부로, 순 노부를 동부 또는 청부·상부·좌부로, 관나부를 북부 또는 적부·전부로, 소노부 를 서부 또는 백부·하부·우부 등의 방위명 5부와 각각 대응시키고 있다.

그러나 이것은 7세기 당시 고구려의 수도 구획명으로 기능하였던 방위부와 고 구려 전기의 고유명 부[나부]의 차이를 제대로 이해하지 못하고 오해한 데서 기 인한 것이다. 고유명 5부와 방위명 5부는 그 성립 시기와 성격이 다르다. 고유명 5부가 고구려 전기에 자체 운동력을 가진 반자치적 성격의 정치체인 반면, 방위 명 5부는 고구려 중, 후기 왕권의 신장으로 집권화가 진전되며 성립한 수도의 지 역 구분이므로 양자는 전혀 다른 성격을 지닌다.

'계루부'라는 명칭에 포함된 '루' 자는 동부여를 비롯하여 백제 등 부여계 국가 들의 지명, 인명 등에서 자주 보이는 글자이다. 고구려의 시조이자 계루부 집단의 초대 수장으로 여겨지는 주몽이 부여 출신임을 고려할 때, '계루'는 주몽을 중심 으로 고구려를 세운 부여계 집단의 명칭으로 보는 것이 자연스럽다.

계루부가 부여계 유이민 집단만으로 구성된 것은 아니었다. 그 핵심이 부여계 인 것은 사실이나, 수적으로 열세인 만큼 토착 세력들도 흡수하였던 것으로 보인 다. 주몽이 고구려를 건국하는 과정에서 부여를 떠나 졸본 지역으로 들어오는 도 중에 만난 모둔곡(毛屯谷) 세력, 졸본의 원주 세력 등이 대표적이다. 즉 계루부는 부여계 유이민 집단 및 원고구려 지역 토착 세력의 혼성 집단인 것이다. 주몽과 마찬가지로 부여계 유이민 출신인 유리가 단행한 천도는 계루부가 정치적 결속력 을 강화하며 강력한 고구려 왕실의 부로 정립하게 된 계기가 된 것으로 보인다. 계루부의 핵심 영역은 새로운 수도인 지안[集安] 지역으로 상정할 수 있다.

계루부는 고구려 왕실의 부로, 고구려 초기의 5부 중 유일하게 『삼국사기』나 중국 문헌에서 동일한 이름으로 나와 있다. 고구려의 5부는 국내와 국외의 문헌 에 전해지는 구체적 명칭이 달라 그 대응에 있어 혼선을 빚을 여지가 있어 연구 자들마다 조금씩 이견이 있어 왔다. 하지만 계루부만큼은 발음과 해당 글자까지 완전히 일치하여 논란의 소지가 없다. 이는 계루부가 고구려 왕실의 부로서 그만 큼 강력하고 중심적 역할을 하였기에 외국인에게도 정확히 전달될 수 있었기 때 문이다([출처:계루부(桂婁部)-한국민족문화대백과사전]).

223) 연나부(椽那部): 고구려시대의 정치세력집단체. 오부의 하나이다.

『삼국사기』에 의하면 2세기 후반에서 3세기에 걸쳐 연나부 출신 귀족이 계루부 (桂婁部) 왕실과 대대로 혼인관계를 맺었다. 『삼국지』 「고구려전」에서 전하는 계 루부 왕실과 여러 대에 걸친 혼인관계를 맺어 왔다는 절노부(絶奴部)가 이 연나 부와 같은 실체로 여겨진다.

연나부의 장이 전(前) 왕실인 소노부(消奴部)의 장과 함께 고추가(古鄒加)라고 칭하는 등, 당시 연나부는 오부 중에서 유력한 세력을 형성하고 있었다. 계루부 왕실이 연나부의 귀족과 대대로 혼인관계를 맺었던 것은 연나부 세력과 연합하여 오부내의 여타 세력들을 억제하고 중앙집권력과 왕권의 강화를 도모하기 위해서였다.

연나부와 왕실과의 혼인관계는 3세기 말 이후는 확인되어지지 않는다([출처:연나부(椽那部)-한국민족문화대백과사전]).

224) 한기부(漢祇部): 신라 6부의 하나. 금산가리촌(金山加利村-배씨裵氏).

225) 최치원(崔致遠, 857~?): 남북국시대 통일신라의 『계원필경』, 『법장화상전』, 『사산비명』 등을 저술한 학자. 문장가.

본관은 경주(慶州). 자는 고운(孤雲) 또는 해운(海雲). 경주 사량부(沙梁部 또는 本彼部) 출신. 견일(肩逸)의 아들이다.

최치원은 남북국시대 통일신라의 『계원필경』, 『법장화상전』, 『사산비명』 등을 저술한 학자이자 문장가이다. 857년(헌안왕 1)에 태어났고 사망일은 미상이다. 12세에 당나라에 유학하여 18세에 과거에 합격한 뒤 관직생활을 하며 <토황소격문> 등 명문을 써서 문명을 떨쳤다. 29세에 귀국하여 진성여왕에게 시무책을 올리는 등 의욕적으로 시정개혁과 문란한 정치를 바로잡으려 했으나 진골귀족들의 배척을 받고 은거생활에 들어갔다. 스러져가는 신라를 직접 눈으로 확인하며 유교·불교·노장사상을 넘나드는 복합적 사상을 담은 많은 글을 남겼다.

신라 골품제에서 6두품(六頭品)으로 신라의 유교를 대표할 만한 많은 학자들을 배출한 최 씨 가문출신이다. 특히, 최 씨 가문 중에서도 이른바 '신라 말기 3최(崔)'의 한 사람으로서, 새로 성장하는 6두품 출신의 지식인 중 가장 대표적인 인물이었다. 세계(世系)는 자세히 알 수 없으나, 아버지 견일은 원성왕의 원찰인 숭복사(崇福寺)의 창건에 관계하였다. 최치원이 868년(경문왕 8)에 12세의 어린 나이로 중국 당나라에 유학을 떠나게 되었을 때, 아버지 견일은 그에게 "10년 동안에 과거에 합격하지 못하면 내 아들이 아니다"라고 격려하였다고 한다. 이러한 이야기는 뒷날 최치원 자신이 6두품을 '득난(得難)'이라고도 한다고 하여 자랑스럽게 말하고 있었던 점과 아울러 신흥가문출신의 기백을 잘 나타내주고 있다. 당나라에 유학한 지 7년만인 874년에 18세의 나이로 예부시랑(禮部侍郎) 배찬(裵瓚)이 주관한 빈공과(賓貢科)에 합격하였다. 그리고 2년간 낙양(洛陽)을 유랑하면서 시작(詩作)에 몰두하였다. 그때 지은 작품이 『금체시(今體詩)』 5수 1권, 『오언칠언금체시(五言七言今體詩)』 100수 1권, 『잡시부(雜詩賦)』 30수 1권 등이다. 그 뒤, 876년(헌강왕 2) 당나라의 선주(宣州) 율수현위(溧水縣尉)가 되었다. 이때 공사 간(公私間)에 지은 글들을 추려 모은 것이 『중산복궤집(中山覆簣集)』 1부(部) 5권이다. 그 뒤, 877년 겨울 율수현위를 사직하고 일시 경제적 곤란을 받게 되었으나, 양양(襄陽) 이위(李蔚)의 문객(門客)이 되었다. 곧 이어 회남절도사(淮南節度使) 고변(高騈)의 추천으로 관역순관(館驛巡官)이 되었다. 그러나 문명(文名)을 천하에 떨치게 된 것은 879년 황소(黃巢)가 반란을 일으키자 고변이 제도행영병마도통(諸道行營兵馬都統)이 되어 이를 칠 때 고변의 종사관(從事官)이 되어 서기의 책임을 맡으면서부터였다. 그 뒤, 4년간 고변의 군막(軍幕)에서 표(表)·장(狀)·서계(書啓)·격문(檄文) 등을 제작하는 일을 맡게 되었다. 그 공적으로 879년 승무랑 전중시어사 내공봉(承務郎殿中侍御史內供奉)으로 도통순관(都統巡官)에 승차되었으며, 겸하여 포장으로 비은어대(緋銀魚袋)를 하사받았다. 이어 882년에는 자금어대(紫金魚袋)를 하사받았다. 고변의 종사관으로 있을 때, 공사 간에 지은 글이 표·장·격(檄)·서(書)·위곡(委曲)·거첩(擧牒)·제문(祭文)·소계장(疏啓狀)·잡서(雜書)·시 등 1만여 수에 달하였으며, 귀국 후 정선하여 『계원필경(桂苑筆耕)』 20권을 이루게 되었다. 이 중 특히 <격황소서(擊黃巢書)> 일명 <토황소격문(討黃巢檄文)>은 명문으로 이름이 높다. 885년 귀국할 때까지 17년 동안 당나라에 머물러 있는 동안 고운(顧雲)·나은(羅隱) 등 당나라의 여러 문인들과 사귀어 그의 글재주는 더욱 빛나게 되었다. 이로 인해 『당서(唐書)』 「예문지(藝文志)」에도 그의 저서명이 수록되었다. 이규보(李奎報)는 『동국이상국집』 권22 「잡문(雜文)」의 당서에 「최치원전」을 세우지 않은 데 대한 논의(唐書不立崔致遠傳議)」에서 『당서』 열전(列傳)에 최치원의 전기가 들어 있지 않은 것은 중국인들이 그의 글재주를 시기한 때문일 것이라고까지 말하고 있다. 29세로 신라에 돌아오자, 헌강왕에 의해 시독 겸 한림학사 수병부시랑 지서서감사(侍讀兼翰林學士守兵部侍郎知瑞書監事)에 임명되었다. 그리고 국내에서도 문명을 떨쳐 귀국한 다음해에 왕명으로 <대숭복사비문(大崇福寺碑文)> 등의 명문을 남겼고, 당나라에서 지은 저작들을 정리해 국왕에게 진헌하였다. 그러나 당시의 신라사회는 이미 붕괴를 눈앞에 두고 있었다. 무엇보다도 지방에서 호족세력이 대두하면서 중앙정부는 주(州)·군(郡)의 공부(貢賦)도 제대로 거두지 못해 국가의 창고가 비고, 재정이 궁핍한 실정이었다. 889년(진성여왕 3)에는 마침내 주·군의 공부를 독촉하자 농민들이 사방에서 봉기해 전국적인 내란에 들어가게 되었다. 이에 최치원은 895년 전국적인 내란의 와중에서 사찰을 지키다가 전몰한 승병들을 위해 만든 해인사(海印寺) 경내의 한 공양탑(供養塔)의 기문(記文)에서 당시의 처참한 상황에 대해, "당토(唐土)에서 벌어진 병(兵)·흉(凶) 두 가지 재앙이 서쪽 당에서는 멈추었고, 동쪽 신라로 옮겨와 그 험악한 중에도 더욱 험악해 굶어서 죽고 전쟁으로 죽은 시체가 들판에 별처럼 흐트러져 있었다"고 적었다. 당나라에서 직접 황소의 반란을 체험한 바 있는 그에게는 고국에서 벌어지고 있던 전쟁과 재앙이 당나라의 그것이 파급, 연장된 것으로 느껴졌던 모양으로, 당대 제일의 국제통(國際通)다운 시대감각이라 아니할 수 없다. 귀국한 뒤, 처음에는 상당한 의욕을 가지고 당나라에서 배운 경륜을 펴보려 하였다. 그러나 진골 귀족 중심의 독점적인 신분체제의 한계와 국정의 문란함을 깨닫고 외직(外職)을 원해 890년에 대산군(大山郡)·천령군(天嶺郡)·부성군(富城郡) 등지의 태수(太守)를 역임하였다. 부성군 태수로 있던 893년 하정사(賀正使)에 임명되었으나 도둑들의 횡행으로 가지 못하고, 그 뒤에 다시 사신으로 당나라에 간 일이 있다. 894년에는 시무책(時務策) 10여 조를 진성여왕에게 올려서 문란한 정치를 바로잡으려고 노력하기도 하였다. 10여 년 동안 중앙의 관직과 지방관직을 역임하면서, 중앙 진골귀족의 부패와 지방세력의 반란 등의 사회모순을 직접적으로 목격한 결과, 그 구체적인 개혁안을 제시하기에 이른 것이다. 시무책은 진성여왕에게 받아들여져서 6두품의 신분으로서는 최고의 관등인 아찬(阿飡)에 올랐으나 그의 정치적인 개혁안은 실현될 수 없는 것이었다. 당시의 사회모순을 외면하고 있던 진골귀족들에게 그 개혁안이 받아들여질 리는 만무했던 것이다. 그리고 얼마 후, 실정을 거듭하던 진성여왕이 즉위한 지 11년만에 정치문란의 책임을 지고 효공왕에게 선양(禪讓)하기에 이르렀다. 최치원은 퇴위하고자 하는 진성여왕과 그 뒤를 이어 새로이 즉위한 효공왕을 위해 대리 작성한 각각의 상표문(上表文)에서 신라가 이미 돌이킬 수 없는 멸망의 길로 들어서고 있었던 것을 박진감 나게 묘사하였다. 이에 이르자 최치원은 신라왕실에 대한 실망과 좌절감을 느낀 나머지 40여 세 장년의 나이로 관직을 버리고 소요자방(逍遙自放)하다가 마침내 은거를 결심하였다. 당시의 사회적 현실과 자신의 정치적 이상과의 사이에서 빚어지는 심각한 고민을 해결하지 못하고 결국 은퇴의 길을 택하지 않을 수 없었던 것 같다. 즐겨 찾은 곳은 경주의 남산(南山), 강주(剛州)의 빙산(氷山), 합천(陜川)의 청량사(淸凉寺), 지리산의 쌍계사(雙磎寺), 합포현(合浦縣)의 별서(別墅) 등이었다고 한다. 이 밖에도 동래(東萊)의 해운대(海雲臺)를 비롯해 그의 발자취가 머물렀다고 전하는 곳이 여러 곳 있다. 만년에는 모형(母兄)인 승 현준(賢俊) 및 정현사(定玄師)와 도우(道友)를 맺고 가야산 해인사에 들어가 머물렀다. 해인사에서 언제 세상을 떠났는지 알 길이 없으나, 그가 지은 <신라수창군호국성팔각등루기(新羅壽昌郡護國城八角燈樓記)>에 의하면 908년(효공왕 12) 말까지 생존했던 것은 분명하다.그 뒤의 행적은 전혀 알 수 없으나, 물외인(物外人)으로 산수 간에서 방랑하다가 죽었다고도 하며 또는 신선이 되었다는 속설도 전해오고 있다. 그러나 자살한 것이 아닌가 하는 새로운 주장도 있다. 『삼국사기』 「최치원전」에 의하면, 고려 왕건(王建)에게 보낸 서한 중에는 "계림은 시들어가는 누런 잎이고, 개경의 곡령은 푸른 솔(鷄林黃葉 鵠嶺靑松)"이라는 구절이 들어 있어 신라가 망하고 고려가 새로 일어날 것을 미리 내다보고 있었다고 한다. 최치원이 실제 왕건에게 서신을 보낸 사실이 있었는지 확인할 길은 없다. 그러나 그가 송악(松岳)지방에서 새로 대두하고 있던 왕건세력에 주목하고 있었던 것은 사실인 것 같다. 은거하고 있던 해인사에는 희랑(希朗)과 관혜(觀惠) 등 두 사람의 화엄종장(華嚴宗匠)이 있어서 서로 정치적 견해를 달리하며 대립하고 있었다. 즉, 희랑은 왕건을 지지한 반면, 관혜는 견훤(甄萱)의 지지를 표방하고 있었다. 그때에 최치원이 희랑과 교분을 가지고 그를 위해 시 6수를 지어준 것이 오늘날까지 남아 있다. 이로 보아 최치원은 희랑을 통해서도 왕건의 소식을 듣고 있었고, 나아가 고려의 흥기에 기대를 걸었을 가능성을 생각할 수 있다. 그는 역사의 중심무대가 경주에서 송악지방으로 옮겨지고 또 그 주인공도 경주의 진골귀족이 몰락하는 대신에 지방의 호족세력이 새로 대두하고 있던 역사적 현실을 직접 눈으로 내다보면서 살다간 사람이었다. 비록 그 어느 편에도 적극적으로 가담해서 사회적인 전환과정에서 주동적인 역할을 하지 못하고 이미 잔존세력에 불과하던 신라인으로 남아서 은거생활로 일생을 마치고 말았으나, 역사적 현실에 대한 고민은 그의 후계자들에게 영향을 주었다. 따라서 문인(門人)들이 대거 고려정권에 참가해 새로운 성격의 지배층을 형성함으로써 신흥 고려의 새로운 정치질서·사회질서의 수립에 선구적인 역할을 담당하였다. 최치원이 살던 시대는 사회적 전환기일 뿐만 아니라 그에 상응하는 정신계의 변화도 활발하게 전개되고 있었다. 이러한 상황에서 그는 정신계의 변화면에 있어서도 중요한 위치를 점하고 있었다. 학문의 기본적 입장은 자신을 '부유(腐儒)'·'유문말학(儒門末學)' 등으로 표현했던 것으로 보아, 유학(儒學)이었던 것을 알 수 있다. 그는 유학을 단순히 불교의 부수적인 것으로 이해하거나, 왕자(王者)의 권위 수식에만 이용하던 단계를 지나 새로운 정치이념으로 내세우면서, 골품제도라는 신라사회의 족적 편제방법(族的編制方法)을 부정하는 방향으로까지 발전시켰다. 유교에 있어서의 선구적 업적은 뒷날 최승로(崔承老)로 이어져 고려국가의 정치이념으로 확립을 보기에 이르렀다. 그는 유교사관(儒敎史觀)에 입각해서 역사를 정리하였다. 그 중 가장 대표적인 것이 연표형식으로 정리한 『제왕연대력(帝王年代曆)』이다. 『제왕연대력』에서는 거서간(居西干)·차차웅(次次雄)·이사금(尼師今)·마립간(麻立干) 등 신라왕의 고유한 명칭은 모두 야비해 족히 칭할 만한 것이 못된다고 하면서 왕(王)으로 바꿨다. 그것은 유교사관에 입각해서 신라문화를 이해하려는 역사인식에서 비롯된 것이었다. 이러한 최치원의 유교사관은 유교에 대한 이해가 보다 깊어지는 김부식(金富軾)의 그것에 비해서 냉정한 면이 결여된 만큼 모방적인 성격이 강했음을 나타내주는 것이었다. 『제왕연대력』은 오늘날 남아 있지 않아 그 내용은 알 수 없으나 가야를 포함해 삼국, 통일신라, 중국의 연표가 들어 있을 것으로 보인다. 그러나 「사불허북국거상표(謝不許北國居上表)」나 「상태사시중장(上太師侍中狀)」 등에서 나타난 발해인에 대한 강한 적개심으로 보아 발해사(渤海史)는 제외되었을 것으로 추측된다. 그런데 「상태사시중장」에서는 마한은 고구려, 변한은 백제, 진한은 신라로 발전한 것으로 인식하고, 발해는 고구려의 후예들이 건국한 것으로 이해하고 있었다. 이로 보아 그가 인식한 한국고대사체계는 삼한-삼국-통일신라와 발해로 이어져오는 것이었다. 나아가 그 자신의 시대에 와서 통일신라 자체도 이미 붕괴되고 있었던 것으로 인식하고 있는 것 같다. 그리고 유교에 있어서의 선구적인 역할과 아울러 빼놓을 수 없는 것이 한문학사(漢文學史)에 있어서의 업적이다. 그의 한문학은 중국문학의 차용(借用)을 통해서 형성되었다. 신라의 문화적 전통 속에서 성립된 향가문학(鄕歌文學)과 대립되는 새로운 문학장르를 개척하였다. 문장은 문사를 아름답게 다듬고 형식미가 정제된 변려문체(騈儷文體)였다. 『동문선』과 『계원필경』에 상당수의 시문이 수록되어 전하고 있으며, 평이근아(平易近雅)하여 당시 만당시풍(晩唐詩風)과 구별되었다. 최치원은 그 자신 유학자로 자처하면서도 불교에도 깊은 관심을 가져 승려들과 교유하고, 불교관계의 글들을 많이 남기고 있었다. 불교 중에서도 특히 종래의 학문불교·체제불교인 화엄종의 한계와 모순에 대해서 비판하는 성격을 가진 선종(禪宗)의 대두를 주목하고 있었다. 지증(智證)·낭혜(朗慧)·진감(眞鑑) 등 선승들의 탑비문(塔碑文)을 찬술하였다. 그 중 특히, <지증대사비문(智證大師碑文)>에서는 신라선종사(新羅禪宗史)를 간명하게 기술한 것으로 유명하다. 여기서 신라의 불교사를 세 시기로 구분해 이해한 것은 말대사관(末代史觀)에 입각한 것으로서 주목된다. 그러나 불교 중에서 주목한 것은 선종만이 아니었다. 오히려 더욱 깊은 관심을 가진 것은 종래의 지배적 불교인 화엄종이었다. 화엄종 관계의 글을 많이 남기고 있어서 오늘날 확인되는 것만도 20여 종에 이르고 있다. 특히, 화엄종 사찰인 해인사에 은거한 뒤부터는 해인사관계의 글을 많이 남겼다. 화엄종 관계의 글 중에는 『법장화상전(法藏和尙傳)』·『부석존자전(浮石尊者傳)』·『석순응전(釋順應傳)』·『석이정전(釋利貞傳)』 등이 있었던 것이 확인된다. 이로 보아 신라화엄종사(新羅華嚴宗史)의 주류를 의상(義湘)-신림(神琳)-순응(順應)-이정(利貞)-희랑으로 이어지는 계통으로 이해하지 않았는가 한다. 그리고 화엄학 외에도 유식학자(唯識學者)인 원측(圓測)과 태현(太賢) 등에 대해서도 언급하고 있어, 화엄학과 함께 신라불교의 양대 조류를 이루었던 유식학(唯識學)도 이해하고 있었던 것으로 주목된다. 유교와 불교 외에 기타 사상으로서 지적할 수 있는 것은 도교(道敎)와 노장사상(老莊思想)·풍수지리설(風水地理說)이다. 당나라에 있을 때 도교의 신자였던 고변의 종사관으로 있으면서 도교에 관한 글을 남기고 있었던 것을 보아, 그 영향을 받았을 것을 짐작할 수 있다. 특히, 『계원필경』 권15에 수록된 <재사(齋詞)>에서 그의 도교에 대한 이해를 보여주고 있다. 그리고 귀국한 뒤 정치개혁을 주장하다가 진골귀족의 배척을 받아 관직을 떠난 뒤에는 현실적인 불운을 노장적(老莊的)인 분위기 속에서

자족하려고 하는 면이 시에 잘 나타나 있다. 이러한 현실도피적인 행동이 뒷날 도교의 인물로까지 잘못 전해지게 되었던 것이다. 또한 그가 찬술한 「대숭복사비문」에 의하면, 예언적인 도참신앙(圖讖信仰)과 결부되어 국토재계획안적인 성격을 가지고 사회적 전환의 추진력이 되고 있었던 풍수지리설에도 상당한 이해를 가지고 있었던 것을 알 수 있다. 그리고 그의 사회에 대한 인식이나 역사적인 위치가 선승(禪僧)이자 풍수지리설의 대가였던 도선(道詵)과 비슷한 점은 주목할 만하다. 이처럼 유학자라고 자처하면서 유교 외에 불교나 노장사상, 심지어는 풍수지리설까지도 아무 모순 없이 복합해 이해하고 있었던 것이다. 특히, 유교와 불교의 조화에 노력한 면이 「난랑비서문(鸞郎碑序文)」을 비롯한 그의 글 여러 곳에서 나타나고 있다. 이러한 사상적인 복합화가 중앙의 진골귀족들의 독점적인 지배체제와 그들의 고대적인 사유방식에 반발하던 6두품 출신의 최치원에 의해 추진되었다는 사실은 신라고대문화의 한계를 극복하려는 새로운 사상운동으로서의 성격을 가진다. 그러나 말년에 와서의 소극적이며 은둔적인 생활은 시대적인 제약성을 스스로 극복하지 못함으로써 신라 말 고려 초의 사회적인 전환기에서 중세적 지성의 선구자로 머물다간 아쉬움을 남겼다. 1020년(현종 11) 현종에 의해 내사령(內史令)에 추증, 다음해에 문창후(文昌侯)에 추시(追諡)되어 문묘에 배향되었다. 조선시대에 태인(泰仁)의 무성서원(武城書院), 경주의 서악서원(西嶽書院), 함양의 백연서원(柏淵書院), 영평(永平)의 고운영당(孤雲影堂), 대구 해안현(解顔縣)의 계림사(桂林祠) 등에 제향되었다. 저술로는 시문집으로 『계원필경』 20권, 『금체시』 5수 1권, 『오언칠언금체시』 100수 1권, 『잡시부』 30수 1권, 『중산복궤집』 1부 5권, 『사륙집(四六集)』 1권, 문집 30권 등이 있었다. 사서(史書)로는 『제왕연대력』이 있었다. 불교에 관계되는 저술로는 『부석존자전』 1권, 『법장화상전』 1권과 『석이정전』・『석순응전』・『사산비명(四山碑銘)』 등이 있었다. 오늘날 전하는 것은 『계원필경』・『법장화상전』・『사산비명』뿐이고, 그 외는 『동문선』에 시문 약간, 사기(寺記) 등에 기(記)・원문(願文)・찬(讚) 등 그 편린만이 전한다. 글씨도 잘 썼다. 오늘날 남아 있는 것으로는 쌍계사의 「진감선사비문」이 유명하다. 그리고 전해오는 많은 설화 중에서 가장 대표적인 것으로는 조선시대 김집(金集)의 『신독재전집(愼獨齋全集)』에 실린 「최문헌전(崔文獻傳)」이 있다([출처:최치원(崔致遠)-한국민족문화대백과사전]).

226) 우륵(于勒, ?~?): 가야의 가실왕 때 「하가라도」, 「상가라도」, 「보기」 등 12곡을 지었고, 진흥왕 12년(551)에 신라에 망명한 가야의 음악인.

가야국 성열현(省熱縣)에서 살았다고 한다. 우륵의 나라 가야는 6가야 중에서 대가야로 추정한다. 그 이유는 551년 이후 562년에 멸망한 가야가 대가야이기 때문이다. 한때 가실왕이 우륵에게 이르기를, "모든 나라의 방언도 각각 서로 다른데, 성음(聲音)이 어찌 하나일 수 있겠는가?"라고 하며 가얏고를 위해 악곡을 지으라고 하여 12곡을 지었다고 한다. 그 뒤 가야국이 어지러워지자 가야고를 들고 제자 이문(泥文)과 함께 신라 진흥왕에게 투항하였는데, 왕은 그를 맞아 국원(國原)에 안치시키고 계고(階古)・만덕(萬德)・법지(法知) 등을 보내어 그의 업(業)을 전습하게 하였다. 우륵은 이 세 사람의 재주를 헤아려 계고에게는 가얏고, 법지에게는 노래, 만덕에게는 춤을 각각 가르쳤다. 그 후 이들은 우륵이 만든 12곡을 듣고는 "이 곡들은 번잡하고 음란하여 우아하고 바르지 못하다"고 하며 5곡으로 줄여 버렸다. 우륵이 이 소식을 듣고 처음에는 매우 노하였으나 새로 줄인 5곡을 모두 듣고 난 뒤에는 눈물을 흘리며, "즐거우면서 음란하지 않고, 슬프면서도 비통하지 않으니 가히 아정하다(아담하고 곧바르다) 하겠다"라고 감탄하였다고 한다. 일찍이 우륵이 지은 12곡명은 「하가라도(下加羅都)」·「상가라도(上加羅都)」·「보기(寶伎)」·「달기(達己)」·「사물(思勿)」·「물혜(勿慧)」·「하기물(下奇物)」·「사자기(獅子伎)」·「거열(居烈)」·「사팔혜(沙八兮)」·「이사(爾赦)」·「상기물(上奇物)」이다. 이 중에서 「보기」·「사자기」·「이사」을 제외한 나머지 9곡은 당시의 군현명과 같아서 해당 지방 민요의 성격을 띤 것으로 추측되고 있다([출처: 우륵(于勒)-한국민족문화대백과사전]).

   * 우륵(于勒, ?~?): 신라 진흥왕 때의 악사. 우리나라 삼대악성(三大樂聖)의 한 사람. 본래 가야국(伽倻國) 사람으로 가실왕(嘉悉王) 때 12현금(絃琴)을 만들고, 12월의 율을 상징하는 상가야(上伽倻)·하가야(下伽倻) 등 12곡을 지어 가야금이라 하였다. 551년(진흥왕 12)경 가야금을 가지고 신라로 도망 왔다. 이때 왕이 낭성(娘城)에서 우륵의 소문을 듣고 우륵과 그의 제자 이문(尼文)을 하림궁(河臨宮)으로 불러 연주하게 하니 각각 하림조(河臨調)와 눈죽조(嫩竹調)를 새로 지어 연주했다. 이를 들은 왕은 즐거워하며 이들을 국원(國原-忠州)에 있게 하고 계고(階古)·주지(注知)·만덕(萬德)에게 가르치게 했다. 충주(忠州)의 대문산(大門山) 아래 금휴포(琴休浦)가 있고 위에 탄금대(彈琴臺)가 있는데 우륵이 가야금을 타던 곳이라 한다(이홍직 편, 『새국사사전』, 교학사, 2004, 862쪽).

227) 김생(金生, 711~?): 남북국시대 통일신라에서 「태자사낭공대사백월서운탑비」, 「여산폭포시」, 「창림사비」 등의 작품을 낸 서예가. 자는 지서(知瑞). 별명 구(玖).
   『삼국사기』권48 열전 제8 <김생조>에 의하면, "김생은 부모가 한미(寒微: 사람의 형편이 구차하고 신분이 변변하지 못함)하여 가계를 알 수 없다. 어려서부터 글씨를 잘 썼는데 나이 팔십이 넘도록 글씨에 몰두하여 예서·행서·초서가 모두 입신(入神)의 경지였다. 숙종 때 송나라에 사신으로 간 홍관(洪灌)이 한림대조(翰林待詔) 양구(楊球)와 이혁(李革)에게 김생의 행서와 초서 한 폭을 내보이자 왕희지(王羲之)의 글씨라고 하며 놀라워하였다"고 한다. 그의 행적 또한 알 수 없으나, 『동국여지승람』 충주목(忠州牧) 불우조(佛宇條) 김생사항(金生寺項)에 "김생이 두타행(頭陀行: 번뇌를 끊고 의식주에 대한 탐심이 없이 깨끗하게 불법을 닦는 일)을 닦으며 이곳에 머물렀기에 김생사라 이름하였다"는 기록이 있다. 김생의 글씨로 전해지는 작품들이 모두 사찰 또는 불교와 관련된 점으로 보아 '호불불취(好佛不娶: 부처를 좋아해 장가를 들지 않음)'하였다는 그의 생을 짐작할 뿐이다. 그는 특히 고려시대 문인들에 의하여 해동제일(海東第一)의 서예가로 평가받아 이규보(李奎報)의 『동국이상국집(東國李相國集)』에서는 그를 신품제일(神品第一)로 평하였다. 조선시대에는 이미 그의 진적(眞蹟: 실제의 유적)이 귀해져 이광사(李匡師)의 『원교서결(圓嶠書訣)』에서 그의 진적은 전혀 남아 있지 않다고 할 정도였다. 김생의 진면목을 살필 수 있는 필적으로 현재 경복궁에 있는 <태자사낭공대사백월서운탑비(太子寺朗空大師白月栖雲塔碑)>가 있다. 이 비의 비문 글씨는 고려 광종 5년(954)에 승려 단목(端目)이 김생의 행서를 집자(集字)한 것으로, 통일신라와 고려시대에 유행한 왕희지·구양순류의 단정하고 미려한 글씨와 달리 활동적인 운필(運筆: 붓 놀림)로 서가(書家)의 개성을 잘 표출시키고 있다. 또한, 짜임새나 획의 처리에 변화를 일으킴으로써 틀에 박힌 글씨에서 벗어나 운치를 살리고 있다. 그의 유일한 서첩으로 『전유암산가서(田遊巖山家序)』가 있으며, 『해동명적(海東名蹟)』·『대동서법(大東書法)』에 몇 점이 실려 있다. 특히, 「여산폭포시(廬山瀑布詩)」은 자유분방하면서 힘이 넘치는 필적이다. 이 밖에 「창림사비(昌林寺碑)」이 있는데 현재 원비는 물론 탁본조차 전하지 않는다. 단지 원나라의 조맹부(趙孟頫)가 『동서당집고첩발(東書堂集古帖跋)』에서 "창림사비는 신라김생의 글씨로 자획에 전형(典型)이 깊어 당인(唐人)의 명각(明刻: 뛰어난 조각가)이라도 이를 능가하지 못한다"는 품평이 전한다([출처:김생(金生)-한국민족문화대백과사전]).

....

* 김생(金生, 711~791):신라 후기의 명필. 어려서부터 서도에 정진, 일생을 바쳐 필법을 닦아 예서(隸書), 행·초서(行草書)를 따를 사람이 없었다. 고려 사신 홍관(洪灌)이 송나라에 갈 때 김생의 글씨를 가져다 보이자 송나라에서는 왕우군(王右軍, 왕희지王羲之, 303~361)에 비할 만한 천하의 명필이라고 격찬했다. 그 후부터 중국 사신은 김생의 필적을 보배로 알고 구득하여 갔다 하매, 해동서성(海東書聖)으로 불리웠다. 원나라의 조맹부(趙孟頫, 1254~1322)는 『동서당집고첩발(東書堂集古帖跋)』에서 "창림사비는 신라 김생의 글씨로 자획에 전형(典型)이 깊어 당인(唐人)의 명각(明刻)이라도 이를 능가하지 못한다"는 품평을 하였다.

그는 특히 고려시대 문인들에 의하여 해동제일(海東第一)의 서예가로 평가받아 이규보(李奎報, 1168~1241)의 『동국이상국집』에서는 그를 신품제일(神品第一)로 평가하였다. 조선시대에 이광사(李匡師, 1705~1777)는 "그의 진적(珍績)은 절무(絶無)하다"고 하였다. 이처럼 고려·조선의 문인들로부터 찬상을 받으면서 김생은 서예가로서의 대담한 독창성과 뛰어난 품격을 지니고 있다. 그리하여 마침내 우리나라 서예의 비조(鼻祖)격으로 자리 잡게 되었다. 필적으로 <백률사석당기(栢栗寺石幢記)>(국립박물관 경주분관 보관)·<백월서운탑비(白月栖雲塔碑)>(경북 영천군 소재)·<창림사비(昌林寺碑)>(경주소재)가 있다(이홍직 편, 『새국사사전』, 교학사, 2004, 241쪽).

228) 솔거(率居, ?~?): 남북국시대 통일신라의 「노송도」, 「분황사관음보살도」, 「단군초상」 등의 작품을 그린 화가.

출생·활동시기·족계(族系) 등은 잘 알려져 있지 않으나, 그가 뛰어난 화가였음을 전하는 기록과 일화를 남기고 있다. 농가 출신으로 어릴 때부터 그림에 뛰어났다고 하며, 그의 활약시기에 대해서는 논란이 있으나 그가 그렸다는 단속사(斷俗寺)·황룡사(黃龍寺)의 완공시기와, 백률사(柏栗寺)의 중수기 가운데 신문왕때 당(唐)나라 사람 승요(僧瑤)가 신라에 와서 솔거로 개명하였다. 물(物)·생(生)·영(靈)에 극진하여 많은 사람들이 신봉하였으며, 왕도 조서(詔書)를 내려 솔거로 명하였다는 기록으로 보아 고신라시대보다는 통일신라시대에 활동하였던 화가일 가능성이 짙다. 그가 그린 것으로 기록에 전해오는 작품 가운데 대표적인 것은 황룡사의 <노송도(老松圖)>이며, 이 벽화는 노송을 실감나게 잘 그려 새들이 착각하고 날아들다가 벽에 부딪혔다고 한다. 이밖에 불교회화로 분황사(芬皇寺)의 <관음보살도(觀音菩薩圖)>과 진주 단속사의 <유마상(維磨像)>·<단군초상(檀君肖像)>·<진흥왕대렵도팔폭(眞興王大獵圖八幅)>을 그렸다고 한다. 그리고 관음보살삼상(三像)을 조각하였다는 기록도 전하고 있다. 황룡사 <노송도>은 소나무의 그림이 생동감 넘치는 사실적인 채색화였을 것이다. 이 일화는 당시에 사실적인 묘사 중심의 회화가 발달하였음을 입증해주는 사례이며, 또 이는 당대의 불교 조각의 사실적 묘사수법의 발전에서도 확인된다([출처:솔거(率居)-한국민족문화대백과사전]).

229) 만적(萬積)의 난: 1198년(신종 1) 개경에서 만적(萬積) 등이 일으킨 노비 반란. 고려 사회는 엄격한 신분질서가 강조되는 가운데, 특히 노비의 경우는 그 사회적 처지가 가장 열악하였다. 그러나 고려 중기 이후 소수의 권신(權臣)들이 권력을 독점하는 현상이 나타나면서 그에 기생하여 노비의 정치적·사회적 지위가 향상되었다. 무신란 이후에는 이러한 현상이 더욱 현저해져 천민들의 신분해방운동이 일어날 수 있는 계기가 마련되었다.

무신집권기에 천민 출신의 인물이 관직에 오르고 출세하는 사례가 있었으므로 신분에 대한 전통적인 권위의식이 무너져갔다. 그리고 당시 농민들의 봉기 또한 빈발함으로써 천민들이 이에 합세하거나 독자적으로 향·소·부곡민이나 천민들이 신분해방을 위한 반란을 일으키게 되었다. 1176년(명종 6)에 신량역천(身良役賤)의 특수행정구역으로서 천시되었던 공주 명학소(鳴鶴所)에서 일어난 망이(亡伊)·망소이(亡所伊)의 난이나, 1182년(명종 12) 전주에서 일어난 관노(官奴)들의 봉기가 그것이었다. 1196년(명종 26)에는 최충헌(崔忠獻)의 집권에 반발해 상장군 길인(吉仁)이 군사를 일으켰을 때 노비들도 이에 참여한 사례가 있었다.

1198년(신종 1) 5월에 사동(私僮) 만적·미조이(味助伊)·연복(延福)·성복(成福)·소삼(小三)·효삼(孝三) 등 6명이 개경 북산(北山)에서 나무를 하다가 공·사노예들을 불러모아 "무신란 이후에 고관이 천한 노예에서 많이 나왔으니 장상(將相)이 어찌 종자(種子)가 있겠는가. 때가 오면 누구나 할 수 있는 것이다"라고 선동하면서 반란을 계획하였다. 이들은 갑인일(甲寅日)에 흥국사(興國寺)에서 모여 궁중으로 몰려가 난을 일으키고, 환관과 궁노들의 호응을 받아 먼저 최충헌을 죽인 다음 각기 자기 주인들을 죽이고 천적(賤籍)을 불사르기로 하였다. 그러나 약속한 날에 수백 명밖에 모이지 않았으므로 4일 후에 다시 보제사(普濟寺)에 모여 거사(擧事)하기로 약속하였다. 그때 율학박사(律學博士) 한충유(韓忠愈)의 종 순정(順貞)이 주인에게 고발함으로써 반란계획이 누설되어 실패로 끝났고, 만적 등 1백여 명은 죽임을 당하였다.

이 반란은 비록 실패로 끝났지만 무신집권기에 신분해방을 목표로 일어난 천민반란의 가장 대표적인 것이었다. 1200년(신종 3)에도 진주에서 또다시 공·사노예들의 반란이 일어나 합주(陜州)의 민란에 가세한 일이 있었다. 또한 밀성(密城)에서 관노 50여 명이 운문(雲門)의 민란에 합세하는 등 천민들의 반란이 계속되었다. 이러한 천민 반란은 당시의 농민반란과 마찬가지로 무인정권의 강경한 진압에 의해 모두 실패하였지만, 고려 전기의 엄격한 신분사회에서 탈피하는 원동력이 되었다는 점에서 고려사회의 발전에 커다란 소임을 하였던 것으로 평가된다([출처:만적(萬積)의 난]-한국민족문화대백과사전]).

230) 신종(神宗) 원년(1198), 사동(私僮) 만적(萬積) 등 6명이 북산(北山)에서 땔나무를 하다가, 공사(公私)의 노예(奴隷)들을 불러 모아서는 모의하며 말하기를, "국가에서 경인년(1170)과 계사년(1173) 이래로 높은 관직도 천예(賤隷)에서 많이 나왔으니, 장상(將相)에 어찌 타고난 씨가 있겠는가? 때가 되면 누구나 차지할 수 있는 것이다. 우리들이라고 어찌 뼈 빠지게 일만 하면서 채찍 아래에서 고통만 당하겠는가?"라고 하였다. 여러 노(奴)들이 모두 그렇다고 하였다. 누런 종이 수천 장을 잘라서 모두 정 자(丁字)를 새겨서 표지로 삼고, 약속하여 말하기를, "우리가 흥국사(興國寺) 회랑에서 구정(毬庭)까지 한꺼번에 집결하여 북을 치고 고함을 치면, 궁궐 안의 환관들이 모두 호응할 것이며, 관노(官奴)는 궁궐 안에서 나쁜 놈들을 죽일 것이다. 우리가 성 안에서 벌떼처럼 일어나, 먼저 최충헌을 죽인 뒤 각기 자신의 주인을 죽이고 천적(賤籍)을 불태워 그리하여 삼한(三韓)에서 천인을 없애

면, 공경장상(公卿將相)이라도 우리가 모두 할 수 있을 것이다"라고 하였다[神宗元年私僮萬積等六人, 樵北山, 招集公私奴隸謀曰, "國家自庚癸以來, 朱紫多起於賤隸, 將相寧有種乎? 時來則可爲也. 吾輩安能勞筋骨, 困於捶楚之下?" 諸奴皆然之. 剪黃紙數千, 皆鈒丁字爲識, 約曰, "吾輩自興國寺步廊, 至毬庭, 一時群集鼓噪, 則在內宦者必應之, 官奴等誅鋤於內. 吾徒蜂起城中, 先殺崔忠獻等, 仍各格殺其主, 焚賤籍, 使三韓無賤人, 則公卿將相, 吾輩皆得爲之矣]" 라는 기록이 보인다.

231) 삼노팔리(三奴八吏): 세 사람의 종과 여덟 사람의 아전의 뜻으로 정도전(鄭道傳), 서기(徐起), 송익필(宋翼弼)의 종 출신 세 성씨와 동래 정씨, 반남 박씨. 한산 이씨, 흥양 유씨, 진보 이씨, 여흥 이씨, 여산 송씨, 창녕 성씨의 아전 출신 여덟 성씨를 뛰어난 자손의 덕으로 양반이 된 성씨라고 일컫는 말.

232) 『수서(隋書)』 권46, 「동이열전(東夷列傳)」 〈고구려조〉 "人稅布五匹 , 穀五石, 遊人則三年一稅 十人共細布一匹, 租戶一石, 次一斗, 下五斗.

233) 왕토사상(王土思想)은 『시경』의 시구인 "하늘아래 왕의 땅이 아님이 없고, 온 땅 끝까지 왕의 신하가 아닌 이가 없도다[薄天之下보천지하 莫非王土막비왕토 率土之濱솔토지빈 莫非王臣막비왕신]"에 표현된 토지와 인민에 대한 왕의 절대적 지배권의 사상으로 이해되어 왔다. 왕토사상의 표현으로 이해되는 『시경』의 〈북산시(北山詩)〉는 중국의 주나라의 유왕(幽王)시대의 작품으로서 전쟁이 끊이지 아니하였을 때 출정하여 자기의 집으로 돌아오지 못함에 그 고통과 심탄(心嘆)을 시로 읊은 것이다.

대부(大夫)가 전쟁을 위해 출정(出征)을 하였으나 대우가 고르지 못하고, 국내에 있는 대부는 특별한 국무도 없이 한가하게 놀고 있는 데 반하여 전쟁터에서 고된 일을 치르는 환경에서 왕의 불공정함을 원망하는 뜻을 담고 있다. 왕토사상의 원의(原義)는 신하의 입장에서 불균(不均), 균배의 균평(均平)사상을 내포하고 있다. 즉 균등토지(均等土地) 배분의 사상이 내포되고 있고, 그것을 실현해야 한다는 실천적 내용을 담고 있다고 이해하여야 할 것이다.

여말선초에 정도전(鄭道傳, 1342~1398)이 이 왕토사상에 기초를 두고 토지개혁을 구상, 주장하였으며 실학파의 토지개혁방안으로 주장되었던 공전제(公田制), 정전제(井田制), 한전제(限田制) 역시 왕토사상을 기초로 한 파생적 표현이라 할 수 있다.

234) 토사자(兎絲子): 한해살이 덩굴식물의 새삼 또는 실새삼의 성숙한 종자를 토사자라고 한다. 『방약합편(方藥合編)』에 의하면 토사자는 맛이 달고, 몽정을 치료하며, 정력을 증강시키며, 근육을 강화시키며, 허리 요통과 무릎의 마비를 고친다고 되어있다(의약뉴스, http://www.newsmp.com).

235) 어아주(魚牙紬): 어아주는 723년(성덕왕 22)·748년(경덕왕 7)·773년(혜공왕 9)에 당나라에 토산품으로서 보낸 사실이 『삼국사기』·『책부원구(冊府元龜)』·『당회요(唐會要)』 등의 기록에 나타난다. 869년(경문왕 9)에는 소화어아금·대화어아금을 당나라에 보냈다. 이리하여 어아로 명명된 직물에는 주와 금의 종류가 있었음을 알 수 있다. 어아주와 어아금은 같은 직물이라는 견해도 있다. 어아주와 어아금은 문주(紋紬)이었을 가능성이 높다. 문주는 평지에 직문(織紋)되므로 주로 생각되기도 하고 문직으로 생각되기도 하기 때문이다. 어아주·어아금은 당나라의 태사(太糸)·후직(厚織)의 주와는 비교가 안 되는 고급 주였기 때문에 당나라 사람에게 선호되어 오랫동안 교역품이 되었다고 본다. 우리나라는 주를 선호하였던 것으로 나타난다. 통일신라시대에는 주가 표의(表衣)·내의(內衣)·반비(半臂)·고(袴)·대(帶)·버선 등의 재료로 이용되었다[출처:어아주(魚牙紬)-한국민족문화대백과사전]).

236) 원문에는 '고(固)' 자로 되어 있으나 국(國) 자의 오식(誤植)으로 보인다.
237) 나제동맹(羅濟同盟): 신라와 백제가 고구려를 견제하기 위해 맺은 동맹.

역사적 배경: 최초 나제동맹이 형성된 것은 낙랑군(樂浪郡)과 대방군(帶方郡)이 소멸된 뒤 삼국이 국경을 접하게 되면서 나타난 현상이라 할 수 있다. 4세기 초 전연(前燕)의 공격을 받아 요동(遼東) 방면으로의 진출이 좌절된 고구려는 한반도 쪽으로의 팽창을 꾀하였다. 그러나 고구려의 남하는 당시 북진정책을 전개하고 있던 백제와의 정면충돌을 피할 수 없게 하였다. 한편, 내물왕(奈勿王, 356~402)이 즉위해 강력한 정치세력을 형성하게 된 신라는 고구려의 간섭에서 벗어나 자주화하려는 움직임이 일기 시작하였다. 이러한 분위기 속에서 366년 백제의 근초고왕(近肖古王, 346~375)은 신라의 내물왕에게 사신을 파견해 화호(和好)를 도모하였다. 이리하여 양국의 관계는 형제관계처럼 긴밀해지기는 했지만 완전한 동맹관계를 이루지는 못했다. 그러나 이러한 관계를 배경으로 하여 근초고왕은 고구려에 대항하였고, 특히 371년 평양성 전투에서는 고구려의 고국원왕(故國原王, 331~371)을 전사시키는 등의 승리를 거둘 수 있었다. 그러나 신라와 백제의 동맹관계는 내물왕 말기에 이르면서 신라가 다시 고구려에 접근하게 되는 상황변화로 인해 깨지게 되었다. 그 결과 백제는 왜(倭)·가야 등과 연합해 신라를 공격했고, 신라는 고구려에 구원을 요청하였다. 광개토왕(廣開土王, 391~412)의 뒤를 이어 즉위한 장수왕(長壽王, 413~492)은 427년(장수왕 15) 평양으로 천도하면서 보다 적극적으로 남진정책(南進政策)을 추진하였다. 고구려 남진의 적극화는 백제뿐만 아니라 고구려의 군사적 보호 하에 있던 신라에게도 커다란 위협이었다. 백제는 신라 및 북위(北魏)에게 접근했는데, 북위와의 접촉은 이해관계가 맞지 않아 실패로 돌아갔지만 당시 고구려 주둔군의 내정간섭에서 벗어나려고 하고 있던 신라와의 접촉은 성공을 거두었다. 이렇게 하여 433년 백제의 비유왕(毗有王, 427~455)과 신라의 눌지왕(訥祗王, 417~458) 사이에 맺어진 것이 제2차 나제동맹이다. 이 동맹은 필요할 때 상호 원군을 파견하도록 한 군사적 공수동맹(攻守同盟)이었다.

백제와 신라의 공수동맹에도 불구하고 고구려의 남진정책은 계속되었다. 그 결과 475년에 백제는 고구려군의 공격을 받아 개로왕(蓋鹵王, 455~475)이 전사하고 수도 한성(漢城)도 함락되고 말았다. 이에 문주왕(文周王, 475~477)은 신라군의 도움을 받아 웅진(熊津: 지금의 충청남도 공주)으로 천도해 나라를 보존하였다. 제2차 나제동맹은 백제의 웅진천도 이후에도 계속되었는데, 특히 동성왕(東城王, 479~501)은 493년(동성왕 15)신라와의 관계를 보다 돈독히 하기 위해 신라의 왕녀를 맞이하는 혼인동맹까지 맺기도 하였다. 이리하여 신라·백제 양국은 고구려의 남진을 저지하는 데 성공하였다. 538년 웅진에서 사비(泗沘: 지금의 충청남도 부여)로 천도한 백제성왕(聖王, 523~554)은 내정개혁과 관제정비를 통해 중흥을 이룩할 수 있었다. 이에 고구려에게 빼앗긴 한강 유역에 회복을 추진하였다. 성왕은 고구려가 안팎으로 시련에 처해 있는 것을 이용, 나제동맹군에 더하여 가야까지 끌어들였다. 그리고 551년에 이르러 삼국연합군을 형성, 고구려에 대한 공격을 단행하였다.

나제동맹의 결과로 백제는 한강 하류의 6군(郡)을 회복하였고, 신라는 한강 상류의 10군을 차지하였다. 한강 유역 탈환은 나제동맹군의 최대 승리였지만 동시에 최후의 승리이기도 했다. 왜냐하면 신라가 553년(진흥왕 14) 군사를 돌이켜

백제의 수복지인 한강 하류지역을 점령하고 거기에 신주(新州)를 설치함으로써 양국의 실질적인 동맹관계가 깨져버렸기 때문이다. 이는 중국과의 직접적인 교통로를 구축하고 한강 유역의 인적·물적 자원을 획득하기 위한 신라의 전략에서 기인되었다. 이 같은 신라의 배신행위에 격분한 성왕은 비전파(非戰派) 귀족들의 반대에도 불구하고 554년 신라정벌군을 일으켰다. 처음에는 백제군이 우세하였으나 관산성(管山城: 현재 충청북도 옥천) 전투에서 신라의 신주군주(新州軍主) 김무력(金武力)에 의하여 크게 패하고 말았다. 이 전투에서 백제는 성왕과 4명의 좌평(佐平), 그리고 3만에 가까운 군사를 잃었다. 이로써 양국 사이의 동맹은 완전히 깨져버렸고 그 뒤 백제와 신라는 백제가 멸망하는 660년까지 1백여 년 동안 원수관계로 돌아서고 말았다.

　★ 의의와 평가: 앞서 제2차 나제동맹의 성립을 433년으로 보았는데, 이를 455년으로 보는 견해도 있다. 「중원고구려비(中原高句麗碑)」의 건립을 449년 혹은 450년으로 이해할 경우, 나제동맹의 성립시기를 433년으로 올리기에는 무리가 따른다. 이에 따라 새로운 시기를 추정해 보면, 공수동맹의 내용이 직접적으로 나타는 455년 상반기를 나제동맹을 위한 국왕들 간의 회합 혹은 동맹의 체결이라고 볼 수 있다. 454년 고구려가 신라를 침공한 사건은 양국 관계에 상당한 변화가 있는 것이고, 455년 고구려에 침공당한 백제를 신라가 구원하는 것도 역시 삼국의 역학관계에 변화가 생긴 것이라 할 수 있는 것이다. 따라서 455년을 전후해 나타나는 모습이 진정한 의미에서의 공수동맹이라 할 수 있고 이때를 제2차 나제동맹의 성립시기로 볼 수 있다는 것이다.

238) 부분노(夫芬奴): 삼국시대 고구려 오이(烏伊)와 함께 행인국과 선비족을 정벌한 장수. 동명왕의 초기 건국 과정에서 그는 비류국(沸流國)의 고각(鼓角)을 훔쳐옴으로써 고구려가 의식(儀式)을 갖추는 데 큰 공을 세웠다. B.C. 32년(동명왕 6)에는 오이와 함께 태백산(太伯山) 동남쪽의 행인국(荇人國)을 정벌하여 그 땅을 성읍으로 하였고, B.C. 9년(유리명왕 11)에는 고구려를 자주 침범하던 선비(鮮卑)를 계책으로 유인하여 크게 물리치고 속국(屬國)으로 만드는 공적을 세웠다. 왕이 상으로 식읍(食邑)을 주려 하였으나 사양하고 황금 30근과 말 10필을 받았다고 하는데, 지배층들의 경제적 기반을 엿볼 수 있다([출처:부분노(夫芬奴)-한국민족문화대백과사전]).

239) 모용 씨(慕容氏)는 삼국 시대와 진나라 시기의 선비족 지파인 모용선비의 성씨로서, 이들은 후에 전연(前燕)·서연(西燕)·후연(後燕)·남연(南燕)을 건립하였다. 또한 토욕혼(吐谷渾)이 모용 씨로부터 내려온 부족이라고 전해진다. 현대에도 존재하는 성씨이며, 일부 자손들은 모 씨(慕氏) 또는 용 씨(容氏)로 바꾸었다.

240) 고운(高雲, 374~409): 북연(北燕)의 초대 황제. 고국원왕 때 고구려가 후연(後燕)에 패배하여 붙잡혀 온 고구려의 지파(支派) 고화(高和)의 손자이고, 고발(高拔)의 아들이며 자(字)는 자우(子雨)이다. 모용보의 양자로서 모용운(慕容雲)이란 이름을 썼기 때문에 모용운이라고도 불린다.

241) 북평(北平): 베이징 시의 옛 이름. 과거 북평으로 불린 적이 있으며, 중화민국에서 화북을 차지한 후 베이핑(북평北平)으로 개칭하였다가, 중화인민공화국이 성립되어 베이징으로 환원되었다.

242) 어양(漁陽): 연나라 장군 진개(秦蓋)가 동호(東胡)를 무찌르고 얻은 땅에 설치된 다섯 군 중 하나로, 이름은 어수(漁水)의 북쪽[양(陽)]이라는 뜻이다. 어양현(漁陽縣)의 대략적 위

치는 베이징 시 화이러우 구 베이팡(北房) 진 리위안창(梨圓庄) 촌 어양고성고지(漁陽古城古址)이다.

243) 상곡군(上谷郡): 전한시대에 유주자사부(幽州刺史府)에 속했다. 2년(원시 2)의 인구조사에 따르면 36,008호 117,762명이 있었다. 속현은 15현으로 치소(治所)는 저양현(沮陽縣)이다.

244) 고구려의 소수림왕 때(372) 전진의 순도 화상으로부터 불교가 전래된 것을 말한다.

245) 북위(北魏, 386~534): 중국 위진시대(220~420)에 선비(鮮卑) 탁발부(拓跋部)에 의해 화북에 건국되어 남북조시대(439~589)까지 이어진 왕조이다. 국호가 위나라였기에 전국시대 위(魏)나라와 삼국시대 조조의 위(魏)나라와 구별하기 위해 북위라고 불리고 있다. 또 후위(後魏)라고도 하고 원(元) 씨가 지배하였다 하여 원위(元魏), 대위(代魏)라고도 한다(위키백과).

246) 김춘추(金春秋, 603~661): 삼국시대 신라의 제29대(재위: 654~661) 왕.
　　태종무열왕은 삼국시대 신라의 제29대 왕이다. 재위 기간은 654~661년이다. 이름은 김춘추로 진덕여왕 사후 신하들의 추대로 즉위하여 신라 중대왕실을 열었다. 즉위 전부터 고구려와 당나라 사이를 직접 오가며 탁월한 외교역량을 보여주었고, 김유신과 연합하여 신귀족세력을 형성하여 보다 강화된 왕권 중심의 집권체제를 확립했다. 이후 친당외교를 통해 당나라를 후원세력으로 삼고 고구려와 백제를 공략하여 백제를 멸망시켰다. 삼국통일이라는 대업의 토대를 마련한 후 재위한 지 8년 만에 사망했다. 시호는 무열이고 묘호는 태종이다.
　　성은 김씨. 이름은 춘추(春秋). 진지왕의 손자로 이찬(伊飡) 용춘(龍春) 또는 용수龍樹)의 아들이다. 어머니는 천명부인(天明夫人)으로 진평왕의 딸이다. 비는 문명부인(文明夫人)으로, 각찬(角飡, 角干) 김서현(金舒玄)의 딸, 즉 김유신(金庾信)의 누이동생 문희(文姬)이다.
　　김춘추는 의표(儀表)가 영특하고 어려서부터 제세(濟世)의 뜻을 가지고 있었다. 진덕여왕을 섬겨서 관등이 이찬에 이르렀다. 진덕여왕이 죽었을 때 여러 신하들이 처음에는 왕위계승자로서 상대등 알천(閼川)을 천거하였다. 그러나 알천이 자신의 늙음과 덕행의 부족함을 들어 사양하고 그 대신 제세의 영걸(英傑)로서 김춘추를 천거하였다. 이에 김춘추가 추대를 받아 즉위하여 신라 중대왕실(中代王室)의 첫 왕이 되니 당시 나이가 52세였다. 그의 즉위에는 오래전부터 상당히 복잡한 정치적 문제가 있었다. 김춘추는 김유신의 누이인 문희와 정략적인 측면에서 혼인함으로써, 왕위에서 폐위된 진지왕계와 신라에 항복해 새로이 진골귀족에 편입된 금관가야계 간의 정치적·군사적 결합이 이루어졌다. 즉, 진지왕계인 김용춘·김춘추는 김유신계의 군사적 능력이 그들의 배후세력으로 필요하였다. 또한 금관군주 김구해계(金仇亥系)인 김서현·김유신은 김춘추계의 정치적 위치가 그들의 출세에 절대적으로 필요하였다. 이러한 상호이익에 입각한 양파의 정치적 결탁은 신라 중고왕실(中古王室)의 진골 귀족 내에서 새로운 신귀족집단을 형성하게 되어 구귀족집단의 반발을 받았다. 선덕왕대 중반기까지는 적어도 신귀족과 구귀족의 세력균형이 이뤄진 듯하다. 그러나 642년(선덕여왕 11)에 신라의 서방요충인 대야성(大耶城)이 백제에게 함락되고 김춘추의 사위인 김품석(金品釋) 부처의 죽음은 김춘추계에게 충격을 주었다. 이 사건은 김춘추로 하여금 대외적인 외교활동을 전개하게 하는 직접적인 동기가 되었다. 그리하여 대야성에서의 원한을 갚기 위해 고구려에 원병을 청하러 갔다. 그러나 고구려와의 동맹관계 수립을 위한 이 외교는 진흥왕 때에 신라가 고구려로부터 공취한 한강 상류유역의 영토반환문제로 인해 결렬되고, 오히려 김춘추는 고구려에 억류당했다가 겨우 탈출하였다. 이와 같은 대야성에서의 패배와 고구려에 대한 외교의 실패 등은 김춘추와 김유신계의 정치적 결합을 더욱 공고히 하는 결과를 가져왔다. 이러한 결합을 바탕으로 김춘추는 647년에 일어난 구 귀족세력인 상대등 비담(毗曇)의 반란을 진압시킬 수 있었다. 이 사건은 구 귀족집단의 대표자인 비담이 선덕여왕을 옹립하고 있는 신귀족 집단을 제거하기 위해 일으킨 것으로, 오히려 김춘추·김유신계의 신귀족세력에 의해서 30여 명이 숙청당함으로써 분쇄되고 말았다. 이 정변의 와중에서 선덕여왕이 죽자, 신귀족은 구귀족과 일시적으로 제휴하여 진덕여왕을 즉위시키고, 구귀족세력의 대표인 알천을 상대등에 임명하였다. 비담의 반란 진압과 진덕여왕의 옹립 과정에서 김춘추·김유신계는 정치적 실권을 완전히 장악할 수 있었다. 그렇기 때문에 진덕여왕 대에는 김춘추에 의한 새로운 방향으로의 외교활동과 내정개혁이 이루어지게 되었다. 김춘추는 고구려와의 동맹관계 수립에 실패하자, 다시 당나라와의 관계강화를 위해 648년(진덕여왕 2)에 당나라에 파견되어 적극적인 친당정책을 추진하였다. 이에 당 태종으로부터 백제공격을 위한 군사지원을 약속받았다. 김춘추에 의한 친당정책은 650년에 신라가 중고시대 전 기간을 통해 계속 사용해오던 자주적인 연호를 버리고 당나라 연호인 영휘(永徽)를 신라의 연호로 채택한 데에서 단적으로 나타난다. 한편, 김춘추는 귀국 후에 왕권강화를 위한 일련의 내정개혁을 주도하였다. 649년 중조의관제(中朝衣冠制)의 채택, 651년 왕에 대한 정조하례제(正朝賀禮制)의 실시, 품주(稟主)의 집사부(執事部)로의 개편 등 한화정책(漢化政策)이 그것이다. 김춘추에 의해 주도된 내정개혁의 방향은 당나라를 후원세력으로 하고 왕권강화를 실제적 내용으로 하는 것이었다. 이것은 진덕여왕의 왕권을 강화하기 위한 것이라기보다는 오히려 김춘추 자신이 즉위할 경우에 대비한 정지작업으로서의 성격이 짙었다. 친당외교와 내정개혁을 통해 신장된 신귀족세력의 힘을 기반으로 김춘추는 진덕여왕이 죽은 뒤에 화백회의에서 섭정으로 추대되었다. 그리고 그와도 일시적으로 제휴했던 구귀족세력의 대표인 상대등 알천을 배제시키면서 왕위에 올랐다. 그리고 김춘추는 즉위에 있어서 그의 할아버지인 진지왕이 폐위되었던 만큼 화백회의에 의해 추대받는 형식을 취하였다. 이로써 구 귀족으로부터 신귀족으로의 권력이양과 왕위계승의 합법성 내지 정당성을 유지하려 했다. 무열왕은 즉위하던 해에 우선 아버지 용춘을 문흥대왕(文興大王)으로, 어머니 천명부인을 문정태후(文貞太后)로 추증하여 왕권의 정통성을 확립하였다. 그리고 이방부격(理方府格) 60여 조를 개정하는 등의 율령정치(律令政治)를 강화하였다. 655년(태종무열왕 2)에 원자(元子)인 법민(法敏)을 태자에 책봉함으로써 왕권의 안정을 꾀하였다. 한편, 아들 문왕(文王)을 이찬으로, 노차(老且 또는 老旦)를 해찬(海湌)으로, 인태(仁泰)를 각찬(角湌)으로, 지경(智鏡)과 개원(愷元)을 각각 이찬으로 관등을 올려줌으로써 자기의 권력기반을 강화시켰다. 656년에는 당나라로부터 귀국한 김인문(金仁問)을 군주(軍主)에, 658년에는 당나라로부터 귀국한 문왕을 집사부 중시(中侍)에 새로이 임명하여 직계 친족에 의한 지배체제를 구축하였다. 그리고 그의 즉위에 절대적인 기여를 한 김유신에 대해서는 660년에 상대등으로 임명해 왕권을 보다 전제화(專制化)할 수 있는 계기를 만들었다. 태종무열왕이 즉위하기 전인 중고시대의 상대등은 귀족회의의 대표자로서 왕권을 견제하는 존재이거나 왕위계승 경쟁자로서의 자격이 있었다. 이에 대해 태종무열왕이 즉위한 후 왕의 측근세력인 김유신이 상대등에 임명되었다는 사실은 상대등이 귀족세력의 대표라는 본래의 기능을 상실하고 전제왕권과 밀착되었음을 의미한다. 따라서 상대등 중심의 귀족세력은 약화될 수밖에 없었다. 반면에 신라 중대 사회에서는 전제왕권의 방파제 구실을 하는 행정책임자인 집사부 중시의 권한이 상대적으로 강화될 수 있는 기틀이 마련되었다. 이와 같이 친당외교를 통해 당나라를 후원세력으로 삼고 내정에서는 측근세력의 정치적 포석을 통해 왕권을 안정시킨 다음, 고구려·백제에 대한 전쟁을 수행하였다. 655년에 고구려가 백제·말갈(靺鞨)과 연합해 신라 북경지방의 33성을 공취하자 신라는 당나라에 구원병을 청하였다. 이에 당나라의 정명진(程名振)과 소정방(蘇定方)의 군사가 고구려를 공격하였다. 또한 659년에는 백제가 자주 신라의 변경지방을 침범하므로 당나라의 군사를 청해 660년부터 본격적인 백제정벌을 추진하였다. 3월에 소정방을 비롯한 수륙(水陸) 13만 명이 백제를 공격하여, 5월에 왕은 태자 법민과 유신·진주(眞珠)·천존(天存) 등과 더불어 친히 정병(精兵) 5만 명을 이끌고 당군의 백제공격을 응원하였다. 7월에는 김유신이 황산벌[黃山之原]전투에서 계백(階伯)이 이끄는 5,000명의 백제군을 격파하고 당군과 연합해 백제의 수도인 사비성(泗沘城)을 함락시켰다. 이어서 웅진성(熊津城)으로 피난했던 의자왕과 왕자 부여융(扶餘隆)의 항복을 받음으로써 마침내 백제를 멸망시킬 수 있었다. 이는 신라의 숙원이던 백제를 병합함으로써 반도통일(半島統一)의 계기를 만들었다는 점에서 의미를 가진다. 사비성 함락 후, 9월에 당나라는 유인원(劉仁願)의 1만 명과 김인태(金仁泰)의 7,000명의 군대로 하여금 머물러 지키게 하였다. 10월에 태종무열왕은 친히 백제지역에서 아직 정복되지 않은 이례성(尒禮城) 등 20여 성의 항복을 받았다. 11월에 백제로부터 귀환해 백제 정벌에서 전사한 자들과 전공을 세운 자들에게 상을 차등있게 내려주었다. 그리고 항복해온 백제의 관료들에게도 능력에 따라 신라의 관등을 주어 관직에 보임하는 회유책을 쓰기도 하였다. 신라가 백제를 정벌하는 동안 고구려는 660년에 신라의 칠중성(七重城)을 공격해왔다. 661년에는 고구려 장군 뇌음신(惱音信)이 말갈군과 연합해 술천성(述川城)을 공격하고 다시 북한산성을 공격하였다. 그러나 성주인 대사(大舍) 동타천(冬陁川)이 효과적으로 방어했으므로 대나마(大奈麻)로 관등을 높여주었다. 이해에 압독주(押督州)를 대야(大耶)로 다시 옮기고 아찬(阿湌) 종정(宗貞)을 도독에 임명함으로써 정복된 백제지역의 관리에 적극성을 보였다. 재위한 지 8년만에 죽으니 나이 59세였다. 영경사(永敬寺) 북쪽에 장사를 지냈다. 시호는 무열(武烈)이며, 묘호(廟號)는 태종(太宗)이다([출처:김춘추(金春秋)-한국민족문화대백과사전]).

247) 김유신(金庾信, 595~673): 삼국시대 신라의 삼국통일에 중추적인 역할을 담당한 장수.

김유신은 삼국시대 신라의 삼국통일에 중추적인 역할을 담당한 장수이다. 595년(진평왕 17)에 태어나 673년(문무왕 13)에 사망했다. 신라에 투항한 가야왕족의 후손으로, 진골 귀족 출신이다. 15세에 화랑이 되어 낭도를 이끌고 고구려·백제와의 전투와 귀족층의 반란 진압에서 공을 세워 중요 인물로 성장했다. 누이와 결혼한 김춘추가 태종무열왕에 즉위하면서 정치적 위상이 더 높아졌다. 660년 정월에 귀족회의의 수뇌인 상대등이 되었고, 삼국통일 전쟁 과정에서 신라를 이끄는 중추적 구실을 했다. 사후에 흥덕왕이 흥무대왕으로 추봉했다.

증조부는 532년(법흥왕 19) 신라에 투항한 금관가야의 구해왕이며, 할아버지는 무력(武力), 아버지는 서현(舒玄)이다. 어머니는 만명부인(萬明夫人)이다. 어머니의 증조부는 지증왕, 할아버지는 진흥왕의 아버지인 입종갈문왕(立宗葛文王), 아버지는 숙흘종(肅訖宗)이다. 숙흘종은 만명을 감금하면서까지 서현과의 혼인을 반대한 바 있다. 이는 신라에 투항한 가야 왕족이 당시에 비록 진골 귀족(眞骨貴族)으로 편입되어 있기는 했지만, 왕족 출신과 통혼할 만한 대귀족은 되지 못했기 때문이었던 것으로 보인다. 신라에서 금관가야 왕족의 후예들은 신라 왕족의 김씨(金氏)와 구별하여 신김씨(新金氏)라 칭하기도 하였다. 『삼국사기(三國史記)』는 서현과 만명이 야합(野合)했다고 기록하고 있다. 한편 숙흘종이 만명을 감금한 곳에 갑자기 벼락이 쳐서 만명이 탈출하여 서현과 다시 만나게 되었다는 설화도 전한다. 이러한 설화는 둘의 혼인이 파격적이고 극히 어려운 상황에서 이루어졌음을 보여 준다. 그리고 그 사이에서 태어난 김유신의 출신이 같은 진골 귀족이라 해도 당시 신라를 주도한 대귀족들과는 차이가 있었음도 암시해 준다. 이러한 상황은 그가 누이를 김춘추(金春秋: 태종무열왕)와 혼인시킬 때의 극적인 과정에서도 확인할 수 있다. 김춘추와 사통하여 임신한 누이를 화형(火刑)시키려고 하자, 그 사실을 안 선덕여왕이 나서서 극적으로 혼인을 성사시킨 것이다. 이는 이 무렵까지도 그의 가계가 왕실과 정상적인 방법으로는 혼인하기 어려운 처지였음을 보여 준다. 그런데 김춘추와 혼인한 누이는 바로 문무왕과 김인문(金仁問) 등을 낳은 문명왕후(文明王后)로서, 이 혼인의 결과는 그 뒤 그의 일족의 세력이 성장하는 데 큰 영향을 주었을 것이다. 아내 지소부인(智炤夫人)은 태종무열왕의 셋째 딸이었는데, 그와 태종의 이처럼 서로 얽힌 혼인 관계는 당시 신라 사회의 관습에 어긋나는 일은 아니었다. 지소부인과의 사이에는 삼광(三光)·원술(元述)·원정(元貞)·장이(長耳)·원망(元望) 등 다섯 아들과 네 딸을 두었다. 그리고 서자로서 군승(軍勝)이 있었다 한다. 손자로는 윤중(允中)·윤문(允文)이 있었고, 현손으로는 그의 『행록(行錄)』 10권을 지었다는 장청(長淸)의 이름이 전한다. 아우로는 삼국통일 전쟁기에 장군으로 활약한 흠순(欽純)이 있다. 윤중의 서손(庶孫) 암(巖)은 둔갑술과 병법에 능하였다 한다. 지금의 진천 길상산(吉祥山)은 고려 때 태령산(胎靈山)으로 불렸고, 김유신의 태(胎)를 안치했다 하여 신라 이래로 김유신사(金庾信祠)를 세워, 봄·가을로 국가에서 향(香)을 내려 제사하게 했음이 전해지고 있다. 감금에서 탈출한 만명은 만노군(萬弩郡)의 태수로 부임하는 서현을 따라갔고, 그곳에서 595년 김유신이 출생한 듯하다.

김유신은 15세에 화랑이 되어 용화향도(龍華香徒)라 불리던 자신의 낭도(郎徒)를 이끌었다. 그 무렵 화랑 수련 과정의 활동은 그에게 수련과 배움의 과정이 되기도 했지만, 이때 맺은 낭도들과의 유대 관계도 장성한 뒤의 활동에 중요한 토대가 되었을 것으로 보인다. 신라에 귀화한 가야 왕족인 그의 일족 중에는 전공(戰功)을 세워 두각을 나타낸 인물들을 여럿 찾아볼 수 있다. 신라의 토착 귀족들 틈에서 그들이 활로를 열기 위해서는 스스로 공을 세워 인정받아야 했는데, 그것은 그의 경우도 마찬가지였다. 그의 활동에서도 가장 눈에 띄는 것은 전투에서의 공로이다. 그가 세운 큰 전공으로 전하는 것 중 최초의 것은 629년 34세 때의 일이다. 당시 신라군은 고구려 낭비성(娘臂城)을 공격했는데, 1차 접전에서 패배하여 전의(戰意)를 상실한 상태였다. 이때 중당당주(中幢幢主)로 출전한 그는 단신으로 적진에 돌입하여 유린함으로써 신라군의 사기를 북돋워 크게 승리하는 데 공을 세웠다. 김춘추는 642년(선덕여왕 11) 백제의 침공을 막기 위하여 과거 적

대관계에 있기도 했던 고구려에 청병하러 갔는데, 이에 앞서 교섭 과정에서 일어날 위험에 대해 그와 상의하고 서로 목숨을 건 맹세를 했다. 그들은 당시 신라 조정에서 아직 최고 서열에는 들지 못했지만, 보수적인 신라 귀족 사회에서 큰 변화를 일으키게 될 그들의 정치적 결속이 이때 이미 뚜렷하게 나타난다. 이 무렵의 주(州)는 지방 행정 단위로서보다는 군사작전 구역으로서의 성격이 강하였고, 주에 파견된 군주도 지방 주둔군 사령관으로서의 성격이 컸다. 642년 김춘추가 고구려를 향해 떠날 때 김유신은 압량주(押梁州)의 군주가 되었는데, 이때부터 신라에서 중요한 군사 직책을 맡게 되었다. 이후 그의 활약은 뚜렷해진다. 644년에는 소판(蘇判)이 되었고, 그해 9월 상장군으로 백제 원정군의 최고 지휘관이 되어 전략상 요충인 가혜성(加兮城)·성열성(省熱城)·동화성(同火城) 등 7개 성을 점령하였다. 이듬해 정월에는 원정에서 돌아오자마자 백제가 매리포성(買利浦城)에 침입하였다는 급보를 받고, 가족도 만나지 않은 채 다시 출전하여 승리하였다. 그해 3월에도 귀환하기 전에 또 백제의 침입으로 출동하였는데, 이때의 유명한 일화가 전한다. 다시 전열을 정비하여 즉시 떠나게 되자, 문밖에 나와 기다리는 가족들을 돌아보지도 않고 50보쯤 지나쳐 말을 멈춘 뒤, 집에서 물을 가져오게 하여 마셨다. 그리고는 "우리 집 물이 아직도 예전 같은 맛이 있다"고 말하고 출발하였다. 이에 군사들이 모두 이르기를, "대장군도 이러하거늘 우리들이 어찌 가족과 떨어짐을 한스럽게 여기겠는가" 하고는 분발하여 나아가니, 백제군이 그 기세만 보고도 퇴각하였다고 한다. 또한 647년에는 귀족 내부의 반란 진압에 중요한 구실을 하였다. 특히, 그 반란의 결과는 그 뒤 신라 정계의 변화에 중요한 계기가 되었다. 반란 세력의 우두머리는 당시 귀족회의의 장인 상대등 비담(毗曇)이었다. 그들은 "여왕은 정치를 잘할 수 없다"고 주장하며 명활성(明活城)을 거점으로 월성(月城)의 왕족 세력을 공격하였다. 반란군과 대치한 지 8일 만에 선덕여왕이 죽는가 하면, 흉조라고 믿어지던 유성(流星)이 월성 쪽에 추락하여 왕실 측의 사기는 위축된 반면, 반란군의 사기는 충천해 있었다. 이때 그는 새로 등극한 진덕여왕과 귀족들을 이치로써 설득하는 한편, 종교적인 제전과 계략으로 왕실 쪽 군중의 사기를 북돋워 반란군과의 결전에서 승리하였다. 반란이 진압된 뒤 상대등이 된 알천(閼川)은 신라의 전통적 귀족이었다. 또한 반란의 진압에서 전통적인 귀족들의 힘이 컸음은 분명하다. 그러나 그 과정에서 김유신은 가야계 출신이면서도 신라 중앙 정부의 운명을 결정하는 데 큰 구실을 했고, 또 그로 인하여 그의 영향력도 커질 수 있었다. 『삼국사기(三國史記)』에는 비담의 반란 후 진덕여왕대에 치러진 세 차례의 대규모 전투가 기록되어 있는데, 그는 그 전투들에서 최고지휘관을 맡았다. 진덕여왕 1년(647)과 2년의 전투에서는 압량주군주로서 그 일대의 전투를 지휘했으나, 진덕여왕 3년의 전투 당시에는 백제의 대대적인 침입을 막기 위하여 중앙군으로 편성된 군단을 지휘하였다. 당시 백제의 지휘관급 100인과 군졸 8,900여 인을 죽이거나 사로잡고 전투용 말 1만 필을 노획했다는 전과를 고려할 때, 신라 쪽에서도 주력부대를 투입한 대규모 방어 군단을 편성했음을 알 수 있다. 지휘관 편성을 놓고 보아도 대장군에 김유신, 그 아래 장군들에 진춘(陳春)·죽지(竹旨)·천존(天存) 등이 임명되었는데, 이들은 당대의 명장들이자 정치적으로도 큰 비중을 가지는 인물들이었다. 654년에는 신라군대 통수부의 중심적 위치에 서서 새 왕의 추대에 중요한 구실을 한 것으로 보인다. 진덕여왕이 죽자 당시 귀족회의에서는 상대등이던 알천을 왕으로 추대하였다. 그러나 다

음 왕에 즉위한 것은 김춘추, 곧 태종무열왕이다. 귀족회의의 추대를 뒤엎고 태종
이 즉위하기까지의 과정에 대해, 「신라본기」에서는 왕에 추대된 알천이 굳이 사
양하고 대신 김춘추를 추천하여, 김춘추가 세 번 사양한 다음 부득이 즉위했다고
설명하고 있다. 그러나 귀족회의의 결정이 번복된 과정이 실제로 그처럼 평화적
이고 순탄했다 해도, 그 이면에는 당시 김춘추를 지지하는 세력이 존재했음을 생
각하지 않을 수 없으며, 그는 그 중요한 지지 세력의 하나였던 것으로 보인다. 태
종무열왕과는 젊어서부터 친분이 있었고 누이동생이 태종무열왕의 비였으니, 그
들의 개인적 유대는 대단히 깊었다. 또한 642년의 목숨을 건 맹세에서 알 수 있
듯 그들은 정치적으로도 밀착되어 있었다. 실제로 그가 태종무열왕의 즉위에 간
여하였음은 열전(列傳)에 나타나 있다. 「김유신전」에는 그가 알천과 상의하여 태
종무열왕을 즉위시켰다고 기록되어 있다. 그런데 귀족들에 의해 왕위에 추대된
알천이 그 문제를 전통적 귀족이 아닌 신흥 귀족 출신과 상의했다는 것을 이해하
려면 그 동기를 알아야 할 것이다. 『삼국유사(三國遺事)』에는 중요한 나라 일을
결정하던 4영지회의(四靈地會議)의 구성원으로서 알천·임종(林宗)·술종(述宗)·
호림(虎林)·염장(廉長)·유신이 열거되어 있다. 이 중 수석의 위치에 있었던 것
이 알천인데, 4영지회의 구성원들은 유신의 위엄에 복종하였다고 한다. 이는 귀
족회의의 공식적인 수뇌는 상대등인 알천이었으나, 비공식적인 실세는 그가 장악
하고 있었음을 나타내는 것이다. 이를 통해 알천이 전통적 귀족이 아닌 그와 상
의하여 왕위를 양보하게 된 동기를 이해할 수 있다. 또한, 왕위가 태종무열왕에게
돌아가게 된 데에도 태종무열왕에 대한 그의 긴밀한 지지가 크게 작용하였음을
알 수 있다. 태종무열왕의 즉위 후 그의 정치적 위상은 더욱 높아졌다. 「신라본기
」에는 태종무열왕의 즉위 다음 해 그의 관등이 대각간(大角干)으로도 나타난다.
그해 10월에는 태종무열왕의 셋째딸 지소와 혼인하였다. 이는 태종과의 결속이
더욱 긴밀해졌음을 반영하는 동시에, 종전과는 달리 가야계 출신으로서의 제약을
벗어나 왕실과도 통혼하게 되었음을 보여 준다. 660년 정월에는 귀족회의의 수뇌
인 상대등이 되어, 삼국통일 전쟁 과정에서 신라를 이끄는 중추적 구실을 하게
되었다. 그해 그는 신라군을 이끌고 당나라 군대와 함께 백제를 멸하였다. 태종무
열왕을 뒤이어 문무왕이 즉위한 뒤에도 그의 정치적 비중은 약화되지 않았다.
661년(문무왕 1) 6월에는 고구려를 원정하였다. 이 원정에서 그는 고구려 평양성
을 공격하다가 군량이 떨어져 곤경에 처한 당나라 군대를 지원하기 위해 고구려
중심부까지 왕복하는 결사적인 수송 작전을 펼쳤으며, 당나라 군대가 퇴각하자
이듬해 정월 고구려군의 매복과 추격을 물리치고 돌아왔다. 663년에는 백제 부흥
을 꾀하는 백제 유민과 그들을 지원하는 왜(倭)의 연합세력을 격파하였고, 664년
에도 백제 유민이 사비성에서 봉기하자 은밀한 계책을 일러 주어 평정하게 하였
다. 신라와 당나라 연합군이 고구려를 멸망시킨 668년 신라군의 총사령관 격인
대총관(大摠管)이 되었다. 그러나 늙고 병이 들어 원정에 참가하지는 못하고 왕경
(王京)에 남아 원정을 떠난 왕을 대신하여 신라 국내의 통치를 담당하였다. 문무
왕과 생구관계(甥舅關係)였을 뿐만 아니라, 고구려 원정군의 수뇌인 김인문과 김
흠순도 생질과 아우였던 만큼 국가의 원로로서 고문과 지도적 구실을 하여 신라
진영의 단결과 전략 수립에 기여했던 것으로 보인다. 고구려를 평정한 직후에는
다시 한 등급을 높인 '태대서발한(太大舒發翰)'이 제수되고, 여러 가지 특전을 포
상 받았다. 그 뒤 자신이 직접 일선에서 정치나 군사적 일을 수행하지는 않았던

것으로 보인다. 그러나 신라 지배층 원로로서의 자문역은 계속한 것으로 보이며, 고구려 멸망 후 본격화된 당나라와의 투쟁에서도 지도적인 구실을 한 것으로 보인다. 672년 석문(石門)벌판의 전투에서 신라군이 당나라에 참패했을 때 문무왕이 그에게 자문을 구한 사실이 기록에 나타난다. 그는 일찍부터 당나라의 대국주의 야욕을 간파하고 그에 대비하고 있었다. 660년에는 그가 백제군의 결사대를 격파하느라 당나라군과의 합류 지점에 늦게 도착하자, 당나라의 소정방(蘇定方)은 이를 빌미로 신라 장군의 참수(斬首)를 명하여 신라군의 통수권을 장악하려 하였다. 이때 그는 먼저 당나라군과 결전하겠노라며 단호히 맞서 소정방의 기도를 무산시켰다. 또한 백제가 정복된 해에 당나라는 그와 김인문에게 백제 지역을 분봉(分封)해 주겠다고 유혹함으로써 신라 지배층의 분열을 획책하며 신라를 침공할 기회를 노렸다. 그러나 이때 역시 이러한 유혹을 거절하여 신라 지배층의 결속을 굳힘으로써 당나라의 계략을 무산시켰다. 한편, 고구려가 엄존하는 상황에서 당나라와의 정면 대결을 피해 신라군을 백제 유민군으로 위장하여 당나라군의 행동에 군사적인 대처를 하였다. 당시 소정방은 신라는 상하가 군게 결속되어 작지만 쉽게 정복할 수 없다고 본국에 보고하였다 한다. 그 뒤에도 당나라는 665년에 그를 봉상정경 평양군 개국공 식읍 2,000호(奉常正卿平壤郡開國公食邑二千戶)로 봉하는 등 유혹의 손길을 뻗쳐 왔다. 그러나 그는 국제관계 속에서 당나라가 신라에 대해 무엇을 노리고 있는지를 간파하고 이에 대처함으로써 당나라의 침략 야욕을 분쇄할 수 있었다. 그 이면에는 스스로를 엄격히 단속하며, 신라 다중(多衆)의 결속과 사기를 북돋우려는 한결같은 노력이 있었다. 연속되는 출정 중에 가족들이 기다리는 집 앞을 돌아보지도 않고 지나친 일이나, 혹독한 추위 속의 행군에 군사들이 지치자 어깨를 드러낸 채 앞장섰다는 일화, 그리고 아들인 원술이 당나라군과의 전투에서 패배하고 도망해 오자 왕에게 참수형에 처하라고 건의하고 끝까지 용서하지 않은 일 등은 이러한 노력의 단면들이다. 그가 죽자 왕은 성대한 의장을 갖추어 금산원(金山原)에 장사 지내게 하고, 비를 세워 공적을 기록하게 했다 한다. 뒤에 흥덕왕(『삼국유사(三國遺事)』에는 경명왕 때라 함)은 그를 흥무대왕(興武大王)으로 추봉하였다([출처:김유신(金庾信)-한국민족문화대백과사전]).

248) 문무왕(文武王, ?~681): 남북국시대 통일신라의 제30대(재위:661~681) 왕.

문무왕은 남북국시대 통일신라의 제30대 왕이다. 재위 기간은 661~681년이며 태종무열왕의 원자이자 김유신의 누이인 문명왕후의 아들이다. 즉위 전부터 외교 활동과 백제와의 전투에서 큰 공을 세웠다. 즉위 초에는 백제 부흥세력 소탕에 주력했고 666년에는 당과 연합해 고구려를 멸망시켰다. 이후 삼국 전체를 자국 영토로 삼으려는 당의 노골적인 대규모 침공을 물리치고 삼국통일을 완수했다. 5소경제와 군사조직인 9서당의 단초를 마련하여 확장된 영역의 통치를 위한 기반을 다졌다. 감포 앞바다의 해중왕릉인 대왕암이 그의 무덤으로 알려져 있다.

성은 김씨(金氏), 이름은 법민(法敏). 태종무열왕의 원자이다. 어머니는 소판(蘇判) 김서현(金舒玄)의 작은딸이자, 김유신(金庾信)의 누이인 문명왕후(文明王后)이다. 비(妃)는 자의왕후(慈儀王后)로 파진찬(波珍飡) 선품(善品)의 딸이다.

법민은 영특하고 총명해 지략(智略)이 많았다. 진덕여왕 때 고구려와 백제의 압력에 대항하기 위해 당(唐)나라까지 가서 외교 활동을 하였다. 부왕 태종무열왕 때 파진찬으로서 병부령(兵部令)을 역임했으며 얼마 뒤 태자로 책봉되었다. 660년(태종무열왕 7) 태종무열왕과 당나라의 소정방(蘇定方)이 연합해 백제를 정벌할 때 법민도 종군해 큰 공을 세웠다. 661년 태종무열왕이 삼국을 미처 통일하지 못하고 죽자 법민이 왕위를 계승해 삼국통일의 과업을 완수하였다. 그러므로 문무왕이 재위한 21년 동안은 거의 백제 부흥군, 고구려 그리고 당나라와의 전쟁의 연속이었다. 문무왕은 즉위하던 해인 661년에 옹산성(甕山城)과 우술성(雨述城)에 웅거하던 백제 잔적(殘賊)을 공격해 항복을 받고 그곳에 웅현성(熊峴城)을 축조하였다. 그리고 663년(문무왕 3) 백제의 거열성(居列城)·거물성(居勿城)·사평성(沙平城)·덕안성(德安城)의 백제 잔적을 정벌하였다. 이때 각지에서 일어난 백제 부흥군의 중심인물은 백제의 옛 장군인 복신(福信)과 승려인 도침(道琛)이었다. 이들은 일본에 가 있던 왕자 부여풍(扶餘豊)을 왕으로 추대하고 주류성(周留城)에 근거를 두고 웅진성(熊津城)을 공격해 신라와 당나라의 주둔군을 괴롭혔다. 이에 문무왕은 김유신 등 28명의 장군과 함께 당나라에서 파견되어 온 손인사(孫仁師)의 증원병과 연합해 부흥군의 본거지인 주류성을 비롯해 여러 성을 함락하였다. 이어 지수신(遲受信)이 끝까지 항거하던 임존성(任存城)마저 정복함으로써 백제 부흥 운동을 종식시켰다. 그리고 665년 백제 왕자였으며 당나라의 지원을 받던 웅진도독(熊津都督) 부여 융(扶餘隆)과 화맹(和盟)을 맺었다. 한편, 당나라와 연합해 고구려를 정벌하는 데에도 게을리 하지 않았다. 즉위하던 해 당나라가 소정방으로 하여금 고구려를 침공하게 하는 한편, 김유신을 비롯한 김인문(金仁問)·진주(眞珠) 등의 장군을 이끌고 당군의 고구려 공격에 호응하였다. 대동강을 통해 고구려의 평양성(平壤城)을 공격하던 소정방의 당군이 연개소문(淵蓋蘇文)의 굳센 항전으로 고전하자, 662년 김유신을 비롯한 9명의 장군으로 하여금 당군에게 군량까지 보급하게 했으나 소정방은 물러가고 말았다. 문무왕은 666년 다시 고구려를 정벌하고자 한림(漢林)과 삼광(三光)을 당나라에 보내 군사를 청해 667년 이세적(李世勣)이 이끄는 당군과 연합해 평양성을 공격하려 했으나 미수에 그치고, 668년부터 본격적으로 고구려를 공격하였다. 당군이 신성(新城)·부여성(扶餘城) 등 여러 성을 차례로 공격해 쳐부수고 압록강을 건너 평양성을 포위, 공격하자 문무왕도 6월 김유신·김인문·김흠순(金欽純) 등이 이끄는 신라군을 당나라 진영에 파견해 당군과 함께 평양성을 공격하였다. 이리하여 9월 보장왕(寶臧王)으로부터 항복을 받았다. 문무왕은 고구려 멸망에 공을 세운 여러 장사(將士)에게 논공행상을 하고, 11월 백제와 고구려의 평정을 선조 묘에 고하였다. 당나라는 고구려를 멸망시킨 뒤, 점령지의 지배를 위해 평양의 안동도호부(安東都護府)를 중심으로 9도독부, 42주, 100현을 두고 통치하였다. 그러나 이러한 행정적 조처는 고구려 유민(遺民)의 항쟁으로 제대로 운영되지 못하였다. 고구려의 부흥 운동 중에서도 특히 수림성(水臨城) 사람으로 대형(大兄)인 검모잠(劍牟岑)의 활동이 가장 두드러졌는데, 그는 보장왕의 서자인 안승(安勝)을 왕으로 맞이해 부흥 운동을 전개하였다. 그러나 670년 안승은 검모잠을 죽인 다음 4,000호를 이끌고 신라로 망명하였다. 문무왕은 그를 금마저(金馬渚)에 머무르게 하고, 고구려왕(高句麗王: 뒤의 報德王)에 봉하였다. 이로써 고구려의 부흥 운동도 점차 세력이 약화되어 좌절하고 말았다. 당나라는 백제와 고구려를 멸망시킨 뒤 삼국 전체를 자기의 영토로 삼으려는 의도를 노골적으로 드러냈다. 이리하여 신라는 백제와 고구려의 옛 땅에 대한 지배권을 차지하기 위해 당나라와 새로운 전쟁을 치르지 않을 수 없었다. 문무왕이 옛 백제 땅인 금마저에 안승을 맞아들인 것도, 고구려 부흥 운동과 연결해 당나라 및 당나라와 결탁한 웅진도독 부여융의 백제군에 대항하려는 의도가 내포되어 있었다. 한편, 문무왕은 670년 품일(品日)·문충(文忠) 등이 이끄는 신라군으로 하여금 63성을 공격해 빼앗도록 했으며, 그곳의 인민을 신라의 영토로 옮기고, 천존(天存) 등은 7성을, 군관(軍官) 등은 12성을 함락시켰다. 또한 671년 죽지(竹旨) 등이 가림성(加林城)을 거쳐 석성(石城) 전투에서 당군 3,500명을 죽이는 큰 전과를 올렸다. 이때 당나라의 행군총관(行軍摠管) 설인귀(薛仁貴)가 신라를 나무라는 글을 보내오자, 문무왕은 이에 대해 신라의 행동이 정당함을 주장하는 글을 보냈다. 그리고 드디어 사비성(泗沘城)을 함락시키고 여기에 소부리주(所夫里州)를 설치해 아찬(阿飡) 진왕(眞王)을 도독에 임명함으로써 백제 고지에 대한 지배권을 장악하였다. 한편, 같은 해 바다에서는 당나라의 운송선 70여 척을 공격해 큰 전과를 올리기도 하였다. 고구려의 옛 땅에서도 신라와 당나라의 치열한 전투가 있었다. 특히 신라가 백제의 고지를 완전히 점령한 뒤에 침략해 온 당군과의 전투가 가장 치열하였다. 문무왕 672년 이후 당나라는 백제와 고구려를 멸망시킬 때와 마찬가지로 대군을 동원해 침략해 옴으로써 신라는 한강에서부터 대동강에 이르는 각지에서 당군과 여러 차례 싸워야만 하였다. 당나라는 674년 유인궤(劉仁軌)를 계림도대총관(鷄林道大摠管)으로 삼아 침략해 옴과 동시에, 문무왕의 동생 김인문을 일방적으로 신라왕(新羅王)에 봉해 문무왕에 대한 불신의 뜻을 보이기도 하였다. 신라의 당나라에 대한 항쟁은 675년에 절정에 이르렀다. 그해에 설인귀는 당나라에 숙위하고 있던 풍훈(風訓)을 안내자로 삼아 쳐들어왔으나, 신라 장군 문훈(文訓)이 이를 격파해 1,400명을 죽이고 병선 40척, 전마 1,000필을 얻는 전과를 올렸다.이어 이근행(李謹行)이 20만 명의 대군을 이끌고 침략해 왔는데, 신라군이 매초성(買肖城)에서 크게 격파해 이들을 물리쳤다. 이 매초성의 승리는 북쪽 육로를 통한 당군의 침략을 저지하는 효과를 가져왔다. 한편, 676년 해로로 계속 남하하던 설인귀의 군대를 사찬(沙飡) 시득(施得)이 지벌포(伎伐浦)에서 격파함으로써 신라는 서해의 해상권을 장악하게 되었다. 이리하여 당나라는 676년 안동도호부를 평양으로부터 요동성(遼東城)으로 옮기게 되었다. 그 결과 신라는 많은 한계성을 지니는 것이기는 하지만, 대체로 대동강에서 원산만에 이르는 이남의 영토에 대한 지배권을 장악함으로써 한반도를 통일할 수 있었던 것이다. 문무왕은 이와 같이 삼국통일을 완수하는 과정에서도 국가 체제의 정비를 위해 적지 않은 노력을 기울였다. 이것은 증가한 중앙 관부(官府)의 업무와 확장된 영역의 통치를 위해 불가피한 조처였다. 우선 문무왕이 재위한 21년 동안 잡찬(迊飡) 문왕(文王)을 비롯한 문훈·진복(眞福)·지경(智鏡)·예원(禮元)·천광(天光)·춘장(春長)·천존 등 8명의 인물이 행정 책임자로서 집사부 중시(中侍)를 역임하였다. 문무왕은 이 중에서 특히 문왕·지경·예원 등 자기 형제들을 중시에 임명함으로써 왕권의 안정을 꾀하였다. 이러한 정치적 안정을 바탕으로 적극적인 통일 전쟁을 수행할 수 있었던 것이다. 그리고 671년과 672년에 병부(兵部)·창부(倉部)·예부(禮部)·사정부(司正府) 같은 중앙 관부의 말단 행정 담당자인 사(史)의 인원 수를 증가시켜 업무 처리를 원활하게 하였다. 지방 통치를 위해서는 673년 진흥왕 대에 이미 소경(小京)을 설치한 중원(中原)에 성을 축조했으며, 통일 후인 678년에 북원소경(北原小京)을, 680년에 금관소경(金官小京)을 두어 왕경(王京)의 편재에서 오는 불편함을 극복하고, 신문왕 대에 완성되는 5소경제(小京制)의 기틀을 마련하였다. 또한 삼국통일 후 신라 군사 조직의 기간은 신라 민과 피정복 민으로 구성된 중앙의 9서당(誓幢)과 지방의

9주에 설치된 10정(停)이었다. 9서당은 대체로 신문왕 대에 완성되는 것이지만, 9서당 중에서 백금서당(白衿誓幢)은 문무왕이 백제 지역을 온전히 점령한 다음 해인 672년에 백제 민으로써 조직한 것이다. 또 같은 해에 장창당(長槍幢)을 두었는데 이것은 693년(효소왕 2)에 비금서당(緋衿誓幢)이 되었다. 이로써 9서당 편제의 기초는 이미 문무왕 대에 만들어졌던 것이다. 이 밖에 672년에 기병을 위주로 하는 지방군제의 하나인 5주서(州誓)가 설치되기도 하였다. 이와 같은 문무왕의 체제 정비 작업은 675년에 백사(百司)와 주군(州郡)의 동인(銅印)을 제작, 반포한 데서 잘 나타난다. 시호는 문무(文武)이며, 장지는 경상북도 경주시 감포(甘浦) 앞바다의 해중왕릉(海中王陵)인 대왕암(大王巖)이다([출처:문무왕(文武王)-한국민족문화대백과사전]).

249) 이세민(唐 太宗 李世民, 599~649, 재위:626~649)은 중국 당나라의 제2대 황제이며, 당 고조 이연의 두 번째 아들이다. 그는 실제로 뛰어난 장군이자 정치가, 전략가, 예술가이기도 했으며, 당의 전성기를 이끈 황제로 꼽힌다. 그가 다스린 시기를 정관의 치라고 일컫는다. 한국에서는 여당전쟁 당시 고구려를 침공한 황제로도 알려져 있다.

이세민은 황제에 오르고 나서 농민들에게 균등히 토지를 나누어 주어 조용조(租庸調) 제도로 세금을 걷었다. 이 제도는 토지를 받은 사람은 국가에 곡물을 바치고, 1년 중 20일을 국가를 위해 일하며, 직물 등을 바치게 하는 제도로써, 국가는 풍족해지고 민생은 안정되었다. 이세민은 형 이건성의 편에 있던 위징(魏徵, 580~643)을 자신의 편으로 만들었고, 위징은 명재상이 되어 중국을 안정시켰다. 또한 과거제도를 실시하여 인재를 양성했고, 군사 제도는 부병제인 징병제로 택하였다. 이렇게 많은 인재를 등용시킨 당나라는 나날이 번창해져 갔으며 백성들도 더더욱 이세민을 우러러 보았다. 또한 이세민은 아무리 적의 밑에서 일했던 장수라 할지라도, 능력이 뛰어나면 무슨 일을 해서라도 자신의 사람으로 만들었다. 또한 이세민은 아무리 신하들이 자기에게 독설을 퍼부어도 역정을 내지 않고, 그 간언(諫言)을 잘 받아들여 언제나 국가와 백성들을 위해 좋은 정책을 만들 수 있었다.

630년에 이세민은 동돌궐을 정벌하여 텡그리카간[天可汗], 즉 천하의 칸 중의 칸이라는 칭호를 얻었으며, 중앙아시아도 정복해 당의 영토를 이전 황조의 2배의 수치로 넓혔다.

당 태종(太宗)이 즉위하면서 고구려에 침입하려는 야심을 보이자, 고구려도 다롄(大連)과 부여성(눙안)을 연결하는 천리장성(千里長城)을 쌓기 시작하였다. 당나라는 고구려의 세력권 내에 있던 거란족을 꾀어 고구려를 배반하게 하는 등 침공 태세를 갖추었다.

645년, 당 태종은 이적(李勣:李世勣)·장량(張亮)을 앞세우고 30만 군으로 요하를 건너, 50만 석의 군량이 있는 요동성을 점령하여 전진기지로 삼고 안시성(安市城)을 공격하였다. 그러나 고구려는 안시성 전투에서 약 60일간 사투(死鬪)하여 당나라의 공격을 막아냈다. 그 뒤에도 당 태종은 2차·3차(647년·648년)에 걸쳐 이적(李勣:李世勣)·우진달(于進達)·설만철(薛萬徹) 등을 보내어 침입하였으나 실패하였다(위키백과).

250) 역사적으로 삼국통일에 대한 이해와 평가는 두 가지 시점으로 나누어진다. 첫째는 삼국통일을 고구려·백제·신라 3국 사이의 항쟁에서 신라가 승리하여 얻은

결과물로 이해하는 시점이고, 둘째는 동북아시아의 세력들을 대표하는 고구려와 중국의 통일세력인 수·당 사이의 각축전에서 고구려가 패망함으로써 수당 편에서 섰던 신라가 얻게 되는 부산물이 삼국통일이라고 이해하는 시점이다(최병헌, 삼국통일과정과 역사적 의의(중), 〈최병헌의 한국역사와 불교〉, 《법보신문》제1573호, 2021.2.10).

....

이병도는 신라가 반도의 유일한 주인공이 되고 반도의 민중이 비로소 한 정부 한 법속(法俗) 한 지역 내에 뭉치어 단일민족 단일국민으로서의 문화를 가지고 금일에 이른 것은 실로 이 통일에 기초를 가졌던 것이다(이병도, 『국사대관』, 동지사, 1949, 127쪽)

....

한편 이기백은 신라의 삼국통일은 만주의 넓은 지역이 그 영역에서 벗어났고, 거기에는 고구려의 유민이 발해를 건국하였기 때문이다.(..) 독립된 기반 위에서 한국민족의 형성을 위한 토대를 마련하였기 때문(..) 결국 신라의 영토와 주민 및 그들이 이루어 놓은 사회와 문화가 한국사의 주류를 형성하기에 이르렀다(이기백, 『한국사신론』, 1990, 102쪽).

251) 검모잠(劍牟岑, ?~670): 삼국시대 고구려 부흥운동을 전개한 지도자.
고구려 멸망 후인 670년 유민 등을 규합해 당나라에 대항해 부흥운동을 전개했으나 부흥운동의 구심점으로 세운 안승(安勝)과의 의견 대립으로 피살되었다.
고구려 수림성(水臨城) 출신으로 관등은 대형(大兄)이다. 수림성은 현재 경기도 파주시 군내면 임진성(臨津城)으로 비정하기도 하지만, 검모잠의 활동이 대동강을 중심으로 이루어졌다는 점에서 평양 이북의 어느 지점으로 추정하고 있다. 668년 고구려가 멸망 뒤인 670년 유민 등을 규합해서 당나라의 관리와 승려 법안(法安) 등을 죽이고 궁모성(窮牟城)에서 패수[浿水: 대동강] 남쪽으로 옮겨 부흥운동을 일으켰다. 검모잠의 거병 시기에 대해서는 중국 측 기록에는 670년 4월의 일이라고 하고, 『삼국사기』에는 6월의 일이라고 한다. 670년 4월 이전에 거병하고 6월에 남하해 한성을 거점으로 부흥세력을 결집시킨 것으로 보인다. 669년 당나라에서 고구려에 행한 대규모 사민(徙民)과 안동도호부(安東都護府)를 평양에서 신성으로 옮긴 것과 연결해서 거병시기를 669년으로 보는 설도 다수 존재하고 있다. 최초 활동 지역인 궁모성은 현재 경기도 연천시 연천읍 공목달현(功木達縣)으로 비정하기도 하나 대동강 북안의 평양 인근 지역으로 추정하기도 한다. 또한 궁모성을 서해의 수군 기지로 보고 고려시대에 궁구문(弓口門)이라 불리던 평안북도 의주로 비정하려는 견해도 있으며, 최근에는 고구려 부흥운동을 요동과 한반도를 연계해 파악하여 개모성(蓋牟城)으로 비정하는 견해가 새로이 제기되었다. 검모잠은 한성(漢城: 지금의 황해도 재령)에 자리를 잡고 서해 사야도(史冶島)에 가 있던 안승(安勝)을 맞아 왕으로 추대하는 한편, 소형(小兄) 다식(多式) 등을 신라로 보내어 구원을 요청하였다. 신라 문무왕은 사찬(沙湌) 수미산(須彌山)을 보내어 안승을 '고구려왕'으로 봉하였다. 고구려 유민의 계속된 항쟁이 이어지자 670년 4월 당나라에서는 좌감문대장군(左監門大將軍) 고간(高侃)을 동주도행군총관(東州道行軍總管)으로 삼고 우령군위대장군(右領軍衛大將軍) 이근행을 연산도행군총관(燕山道行軍總管)으로 삼아 병사를 보내 진압하게 하였다. 이에 대처하는 방안을 놓고 의견 대립으로 안승에게 피살되었다. 검모잠의 피살 시기에 대해서는 대체로 670년 7월 말로 보고 있다([출처:검모잠(劍牟岑)-한국민족문화대백과사전]).

....

* 검모잠은 여러 대에 걸쳐 요동지방의 특정지역을 다스리는 지방관 혹은 무관으로 활동한 중급 지방 귀족 가문 출신으로, 본인은 궁모성(窮牟城)의 처려근지(處閭近支)로서 궁모성의 민정과 더불어 군정을 담당했을 것으로 추정하기도 한다 (김강훈, 「요동지역의 고구려부흥운동과 검모잠」, 『군사』제99호, 2016, 20쪽).

252) 보장왕(寶臧王, ?~682): 삼국시대 고구려의 제28대(재위:642~668) 왕.

보장왕은 삼국시대 고구려의 제28대 왕이다. 재위 기간은 642~668년이고 고구려의 마지막 왕이다. 영류왕을 죽이고 권력을 장악한 연개소문에 의해 왕으로 옹립되나 그의 그늘에 가려 왕으로서 실권을 갖지 못했다. 도교 진흥책도 연개소문의 의지에 따른 것이었다. 초기에는 당의 침략을 저지하는 데 성공했지만 연개소문이 죽고 그 아들 형제 사이에 내분이 일어나면서 결국 나당연합군에 의해 평양성이 함락당했다. 당나라로 잡혀갔다가 요동도독으로 고구려 유민들과 돌아왔으나 고구려 부흥운동을 도모하다 발각되어 유배된 뒤 682년경에 사망했다.

이름은 장(臧, 藏) 또는 보장(寶臧, 寶藏). 고구려의 왕명은 대부분 시호이나 이 왕은 나라를 잃었기 때문에 시호가 없다. 영류왕의 동생인 태양왕(太陽王)의 아들이다. 정변을 일으켜 영류왕을 죽이고 권력을 장악한 연개소문(淵蓋蘇文)에 의해 왕으로 옹립되었기 때문에 비록 왕위에 있었지만 연개소문의 그늘에 가려 왕으로서의 실권을 갖지는 못했다. 재위 기간 중 국내적으로는 천재지변이 잦았고, 643년(보장왕 2)에는 연개소문의 주장에 따라 당나라에 요청해 도사(道士)를 초빙하는 등 도교 진흥책을 썼다. 이에 대해 고구려 종교계에서 기득권을 가진 불교 세력의 반발이 심했고, 보덕(寶德)과 같은 승려는 650년에 백제로 망명하기까지 하였다. 당시의 도교 진흥책에 대해서는 도교를 믿는 당나라와의 관계를 원활히 하기 위한 것이었다는 해석이 있는가 하면, 연개소문의 독재 권력을 뒷받침할 수 있는 사상적 기반을 마련하기 위한 것이었다는 해석도 있다. 한편, 재위 기간 중의 국제 관계는, 즉위 초에는 당나라와 표면상 평화적인 관계를 유지해 사절을 교환하고 당나라로부터 책봉을 받기도 하였다. 그러나 실제로는 당 태종의 팽창 정책으로 양국 간의 긴장이 고조되고 있었다. 또 신라와의 관계에서는 적대 관계가 계속되어 자주 신라를 공격했고, 나아가 백제와의 관계를 긴밀히 하고 바다 건너 왜와 관계를 재개해 신라를 더욱 궁지로 몰아넣었다. 이에 신라는 국제적 고립에서 벗어나기 위해 더욱 당나라와 밀착했고, 당나라는 신라를 두둔하면서 고구려에 대해 신라 침공을 중지할 것을 여러 차례 요구하였다. 그러나 고구려가 이를 단호히 거절함으로써 마침내 당나라와의 관계도 파국에 이르렀다. 당 태종은 치밀한 사전 준비 끝에 연개소문의 영류왕 시해를 성토한다는 구실을 내세워 645년 대규모 군대를 동원해 수륙 양면으로 고구려를 침공했고, 자신이 진두지휘까지 하였다. 그러나 당나라는 안시성싸움에서 참패하고, 이후 작전을 바꾸어 대규모 군대를 동원해 정면 대결을 벌이는 대신 소규모 군대로 고구려 각지를 수시로 침공해 고구려를 피폐하게 만들기로 하고, 647년과 648년에도 고구려를 침략해 왔다. 그런데 고구려 침공에 앞장섰던 당 태종이 649년에 죽음으로써 당나라와의 관계는 일시 소강상태를 맞이했지만, 당 태종의 뒤를 이은 고종도 고구려 정복 야욕을 버리지 않았다. 또 고구려는 고구려대로 654년 거란족을 공격하는가 하면 655년에는 백제와 더불어 신라를 공격하는 등 당나라와 우호 관계에 있던 세력들을 공격해 당나라를 자극했다. 이에 655년 당나라와의 싸움이 다시 시작되었고, 660년에는 백제를 멸망시킨 여세를 몰아 다시 대규모 군대를 동원해 평양성까지 침입해 온 당군을 물리친 적도 있었다. 그런데 백제 멸망 이후 백제 유민의 부흥 운동이 전개되자 신라와 당나라는 이를 저지하기 위해 총력을 기울였고, 이로 인해 당나라와의 직접 충돌은 일시 중단되기도 하였다. 그러나 663년 백제 부흥 운동을 이끌어 가던 부여 풍(扶餘豐: 豐璋이라고도 함)이 고구려로 망명함으로써 이 운동이 실패로 돌아간데다가, 665년 연개소문이 죽자 이듬해에 연개소문의 아들들인 남생 형제간에 내분이 일어나 남생이 당나라로 투항하고 연개소문의 동생인 연정토는 신라로 망명하는 등 고구려 지배층 내의 분열과 동요가 일어나자, 당나라는 신라와 연합해 다시 수륙 양면으로 고구려를 침략해 왔다. 당나라와 신라의 군대를 맞아 고구려는 각지에서 분전했지만 패배를 거듭했고, 마침내 668년 9월에는 평양성마저 함락당해 멸망하고 말았다. 고구려 멸망 후 보장왕은 당나라로 잡혀갔고, 정치의 책임이 왕에게 있지 않다고 해 당나라로부터 사평대상백원외동정(司平大常伯員外同正)에 임명되었다. 그리고 당나라가 고구려 유민과 신라의 치열한 반당 운동으로 말미암아 안동도호부(安東都護府)를 신성(新城)으로 옮기고 사실상 한반도 지배를 포기한 이듬해인 677년에는 요동 지방 전체를 지배하는 요동도독 조선군왕(遼東都督朝鮮郡王)에 임명되어 당나라에 잡혀간 많은 고구려인들을 데리고 요동으로 돌아왔다. 이것은 당나라가 한반도 포기에 따른 요동 지역의 동요를 막기 위해 취한 조처였으나, 요동으로 돌아온 보장왕은 오히려 고구려 유민을 규합하고 말갈과 내통해 고구려 부흥을 도모하였다. 그러나 이러한 사실이 발각되어 681년 공주(邛州: 四川省 邛峽)로 유배되었으며, 682년경 사망하였다. 죽은 뒤 당나라의 수도인 장안으로 운구되어, 돌궐 가한(可汗)으로 당나라에 투항한 힐리(頡利)의 무덤 옆에 장사하고 비를 세웠으며, 위위경(衛尉卿)으로 추증되었다. 아들로는 남복(男福, 또는 福男)·임무(任武)·덕무(德武)·안승(安勝) 등이 기록에 나타나 있다([출처:보장왕(寶藏王)-한국민족문화대백과사전]).

253) 안승(安勝): 삼국시대 고구려 제28대 보장왕의 외손자인 왕족.
보덕국왕(報德國王)·안순(安舜)이라고도 한다. 기록에 따라 연정토(淵淨土)의 아들, 또는 보장왕의 서자, 혹은 외손자라고 전한다. 아마도 연정토의 아들로서 보장왕의 외손자였던 것같다. 고구려 멸망 후 서해의 사야도(史冶島)에 피신하여 있었는데, 670년 고구려 부흥운동을 일으킨 검모잠(劒牟岑)에 의하여 추대되어 한성(漢城)에서 왕으로 즉위하였다. 소형(小兄) 다식(多式)을 신라에 보내어 구원을 요청하여 문무왕은 그를 고구려왕으로 봉하였다. 이어 당군의 압박을 받게 되자, 이에 대처하는 방안을 둘러싸고 검모잠과 대립하게 되어 그를 죽인 뒤 무리를 이끌고 신라로 투항하였다. 신라는 안승 집단을 금마저(金馬渚)에 안치하였다. 674년(문무왕 14) 보덕국왕에 봉해졌으며 680년에는 문무왕의 질녀를 아내로 맞이하게 되었다. 683년 경주로 초청되어 소판(蘇判)의 관등과 김 씨(金氏) 성을 부여받고, 수도에 거주하게 되었다. 그의 근거지인 보덕국과 격리된 채 신라 중앙귀족이 되었다. 보덕국은 684년 그 주민이 반란을 기도하다가 진압되어 소멸하였다([출처:안승(安勝)-한국민족문화대백과사전]).

254) 고왕(高王): 남북국시대 발해의 제1대(재위:698~719) 왕.
본명은 대조영(大祚榮)이다. 고구려 유민으로서 고구려 멸망 후 당나라의 영주(營

州) 지방에 그 일족과 함께 옮겨 와 거주하였다. 『구당서(舊唐書)』에 의하면 696년 이진충(李盡忠)·손만영(孫萬榮) 등이 이끄는 거란족의 반란으로 영주 지방이 혼란에 빠지자, 대조영은 말갈 추장 걸사비우(乞四比羽)와 함께 그 지역에 억류되어 있던 고구려 유민과 말갈족을 각각 이끌고 당나라의 지배에서 벗어나 동으로 이동하였다. 이에 당나라는 대조영에게 진국공(震國公)을, 걸사비우(乞四比羽)에게는 허국공(許國公)을 봉하고 회유해 당나라의 세력 아래 다시 복속시키고자 했으나 그들은 거부하였다. 당나라는 거란군을 격파한 뒤, 성력연간(聖曆年間, 698~699)에 추격군을 파견하였다. 당나라에 항복한 거란족 출신의 장군 이해고(李楷固)가 이끄는 당나라 군사가 공격해 오자, 걸사비우의 말갈족 집단이 먼저 교전했으나 대패하였다. 그러자 대조영은 휘하의 고구려 유민들을 이끌고 당나라 군사의 예봉을 피해 동으로 달아나면서, 한편으로 흩어진 걸사비우 예하의 말갈족 등을 규합하였다. 당나라 군사가 계속 추격해 오자, 대조영은 지금의 혼하(渾河)와 휘발하(輝發河)의 분수령인 장령자(長嶺子) 부근에 있는 천문령(天門嶺)에서 그들을 맞아 싸워 크게 격파하였다. 그 뒤 계속 동부 만주 쪽으로 이동해 지금의 길림성(吉林省) 돈화현(敦化縣)인 동모산(東牟山)에 성을 쌓고 도읍을 정하였다. 698년에 국호를 진(震), 연호를 천통(天統)이라 하였다. 그러나 『오대회요(五代會要)』에는 손만영의 반란 때 고려 별종인 걸걸중상(乞乞仲象)과 말갈인인 걸사비우가 요동으로 달아나 고구려 고지(故地)를 나누어 다스렸고, 이에 당나라는 걸걸중상에게는 진국공(震國公)을, 걸사비우에게는 허국공(許國公)을 봉하고 회유해 당나라의 세력 아래 다시 복속시키고자 했으나 걸사비우가 이를 거부하였다고 한다. 이에 당이 이해고를 출전시켜 걸사비우를 죽였는데, 이때 걸걸중상은 이미 죽고 그의 아들인 대조영이 걸사비우의 무리까지 병합한 것으로 나오고 있다. 이러한 『오대회요』의 기록은 835년 발해에서 사신으로 파견되었던 장건장(張建章)이 남긴 『발해국기(渤海國記)』에 의한 것으로 파악되고 있어 9세기의 발해인의 인식을 반영한 것으로 보아 그 가치가 인정되고 있다. 당시 대조영 휘하의 집단은 오랜 억류 생활과 계속된 이동 과정에서 겪은 시련으로, 강력한 결속력과 전투력을 가진 세력으로 성장하였다. 대조영은 무예와 지략이 뛰어나 그 집단을 기반으로 급속히 동부 만주 일대까지 세력을 확대하였다. 당시 그 지역은 별다른 유력한 토착 세력이 없었고, 국제적으로는 일종의 힘의 공백 지대로서 말갈족의 여러 부족들과 고구려 유민들이 각지에 산재해 있었다. 이러한 때 새로운 힘의 구심점으로 대조영 집단이 등장하자, 고구려 유민과 말갈족의 여러 부족들이 귀속해 들어왔다. 건국 후 곧이어 당나라와 대결하고 있던 몽골고원의 돌궐(突厥)과 국교를 맺고 신라와도 통교했으며, 당나라와는 중종 때 정식으로 통교하였다. 당나라는 713년 대조영을 발해군왕으로 책봉했는데, 그때부터 발해라는 국호가 사용되었다.

719년 고왕이 죽자, 그의 아들 대무예(大武藝, 무왕)가 왕위를 계승하였다. 고왕이 어느 민족 출신인지에 대해서는 『구당서』와 『신당서』의 기록이 서로 달라 견해가 분분했으나, 『구당서』에는 걸사비우를 말갈인으로 기록한 데 반해 대조영은 말갈인이라는 기록이 없다. 또한 『오대회요』나 『신당서』에서는 고려 별종으로 표현하고 있다. 이를 통해 볼 때 말갈과는 구분되며 고구려와 일정 부분 연관이 있었던 것을 알 수 있다. 그러므로 대조영은 고구려 유민으로 보는 것이 옳다. 또한 이미 발굴된 발해의 무덤들이 고구려식 천정 양식 및 장법을 채택하고 있다는 것이나, 걸걸중상이 영주를 벗어나 처음 정착한 곳이 고구려의 고지라는 것에서 이들이 말갈계 고구려인일지라도 고구려 귀속의식이 강했음을 알 수 있다. 당 역시 대조영의 아들인 대무예를 계루군왕(桂婁郡王)으로 봉한 사실에서 당시에는 이들을 고구려계로 인식했음을 알 수 있다([출처:고왕(高王)-한국민족문화대백과사전]).

255) 선조성(宣詔省): 발해의 관제는 대체로 중국 당나라의 제도를 그대로 본따 이름만 달리하였다. 선조성은 발해의 3대관청의 하나로, 중서성(中書省)에서 기초한 조서(詔書)를 심의하는 당의 문하성(門下省)과 같은 관청이다. 최고 책임자는 좌상(左相)이며 그 아래에는 좌평장사(左平章事)·시중(侍中)·좌상시(左常侍)·간의(諫議) 등의 관원이 있었다([출처:선조성(宣詔省)-한국민족문화대백과사전]).

256) 중대성(中臺省): 선조성(宣詔省)·정당성(政堂省)과 더불어 3성(省)의 하나이다. 당나라의 중서성(中書省)과 동일하게 조령(詔令)의 기초를 주관하는 정무를 맡았다. 장관은 우상(右相)이며, 당나라의 중서령(中書令)과 동일한 정무를 맡았다. 시행하고자 하는 정책의 구상은 중대성의 가장 중요한 정무였다([출처:중대성(中臺省)-한국민족문화대백과사전]).

257) 정당성(政堂省): 국정을 총괄하였다. 당나라의 상서성(尙書省)에 해당한다. 대내상이 정당성의 장관이었다.

258) 좌평장사(左平章事): 왕명의 출납(出納)을 관장하는 선조성(宣詔省)의 차관직이다. 장관인 좌상(左相)을 보좌하였으며, 성원은 1인이었다. 선조성은 당나라의 문하성(門下省)에 비견되며, 좌평장사는 중서문하평장사(中書門下平章事)에서 그 명칭이 비롯되었다([출처:좌평장사(左平章事)-한국민족문화대백과사전]).

259) 조고사인(詔誥舍人): 중대성(中臺省) 소속이었다. 행정명령을 작성하고 정책을 심의하는 일을 담당하던 중대성에는 장관인 우상(右相) 1인, 차관인 우평장사 1인이 있었다. 그 아래에 당나라의 중서시랑(中書侍郎)에 비견되는 내사(內史) 1인이 있고, 그 아래에 조고사인이 있었다. 정원이 몇 명인지는 알 수 없는데, 당나라의 중서사인(中書舍人)에 해당한다. 왕의 조고, 즉 조서(詔書)를 작성하고 왕의 언행을 기록하는 일을 수행하였다([출처:조고사인(詔誥舍人)-한국민족문화대백과사전]).

260) 사인(舍人): 조선시대 의정부 정4품의 관직. 정원은 2인이다. 하위의 검상(檢詳, 정5품)과 사록(司錄, 정8품)을 지휘하면서 실무를 총괄하였다. 그 밖에 중요 국사에 왕명을 받아 삼의정(三議政)의 의견을 수합하고 삼의정 또는 의정부당상의 뜻을 받들어 국왕에게 아뢰는 등 국왕과 의정부의 사이에서 중요한 임무를 담당하였다.
　1400년(정종 2) 4월도평의사사(都評議使司)를 의정부로 개편할 때 1390년(공양왕 2) 이래 도평의사사의 사무를 통할해온 도평의사사 경력사(經歷司)의 경력(經歷)과 도사(都事)를 의정부 경력사 경력과 도사로 계승하여 성립되었다.
　1403년(태종 3) "지금의 내서사인(內書舍人)은 옛날의 문하사인(門下舍人)이다. 지금은 이미 문하부를 의정부로 개칭하고 사간원(司諫院)을 따로 설치했는데도, 사인은 계속 사간원관의 칭호를 계승하여 명실이 같지 않으니 시정해야 된다"는 하륜(河崙)의 주장에 따라 경력사의 경력과 도사를 폐지하였다. 그리고 문하사인적인 성격을 지닌 사간원의 내서사인을 의정부에 이관하고 내서사인을 의정부사인으로 개칭, 확립된 이후, 근대식 관제로 개편되는 갑오경장 때까지 계속되었다.
　의정부 기능 및 국왕과 의정부대신 간의 구실이 중시되어 재직 기간이 만료되면 승천(陞遷)되었다. 춘추관의 수찬관(修撰官) 이하 직을 당연직으로 겸임했고, 상피(相避:친족 또는 서로 긴밀한 관계에 있는 사람이 같은 곳에서 벼슬하는 것을 피하게 함) 규정에 적용되었다. 또, 결원이 생기면 검상이 으레 승진되었다([출처:사인(舍人)-한국민족문화대백과사전]).

261) 중정대(中正臺): 발해시대의 중앙관부.
　　형법(刑法)·전장(典章)에 관한 일과 모든 관료의 비위를 감찰하였다. 장관은 대중정(大中正)이었다. 당나라의 어사대(御史臺)와 동일한 성격의 관서이며, 대중정은 당나라의 어사대부(御史大夫)와 같은 관직이었다. 대중정 아래에 소정(少正)이 있어 대중정을 보좌하여 정무를 집행하였다([출처:중정대(中正臺)-한국민족문화대백과사전]).

....

* 문적원(文籍院): 책과 문서 등을 관리하고, 비문·묘지·축문(祝文)·제문(祭文) 및 외교문서 등을 작성하는 업무를 담당하였다. 장은 감(監)이며 그 밑에 영(令)이 있었다. 그 밖에 술작랑(述作郎)이라는 직명도 보인다. 문적원에는 당시 학식 있고 문장이 뛰어난 이들이 복무하였다. 그래서 때로는 외국에 보내는 사절로 문적원 소속의 관인이 종종 파견되었다. 819년(건흥 2) 문적원 술작랑인 이승영(李承英)은 일본에 파견된 사절단의 대표였다. 배정(裵頲)은 882년(대현석 11) 문적원 소감(文籍院小監)으로, 그리고 894년(대위해 1) 문적원감(文籍院監)으로, 배구(裵璆)는 908년(대인전 2) 문적원소감으로 각각 사절단의 대표가 되어 일본에 갔다. 이들은 높은 학식과 문장으로 당시 일본의 관인들과 깊이 교유하였다. 그에 관한 시가 오늘날까지 남아 전한다. 문적원 소감은 영과 동일한 직으로 여겨진다([출처:문적원(文籍院)-한국민족문화대백과사전]).

....

* 주자감(胄子監): 장은 감(監)이고, 그 아래에 장(長)이 있었다. 유학훈도(儒學訓導)의 일과 국자(國子)·태학(太學)을 비롯한 율학(律學)·서(書)·산(算)에 이르기까지의 전국교육행정을 맡아 집행하는 관청이다. 당나라의 국자감(國子監)의 관제를 그대로 본뜬 것이다([출처:주자감(胄子監)-한국민족문화대백과사전]).

262) 충부(忠部): 육부의 하나이다. 발해의 삼성 중에서 행정관청인 정당성(政堂省)의 좌육사(左六司)에 소속된 부이며, 당나라의 이부(吏部)와 같은 정무를 맡아 처리하였다. 장은 경(卿)으로 1인이며, 차관으로 소경(少卿) 1인이 있다. 그 주된 정무는 문관선임(文官選任)·작위수여·관리등용시험 등에 관한 것이었다. 하부 관부로는 정사(正司)인 충부와 지사(支司)인 작부(爵部)가 있었다. 정사인 충부는 낭중(郎中) 1인이 책임을 맡고, 원외랑(員外郎) 약간 인을 두었다([출처:충부(忠部)-한국민족문화대백과사전]).

263) 인부(仁部): 행정을 집행하는 정당성의 좌사정(左司政)에 소속된 관청이다. 장은 경(卿)이며, 당나라의 호부(戶部)와 동일한 정무를 집행하던 관청으로 호구(戶口)·전토(田土)·부역(賦役) 등의 행정을 담당하였다([출처:인부(仁部)-한국민족문화대백과사전]).

264) 의부(義部): 발해의 3성 중 행정의 정무를 집행하는 정당성(政堂省)의 좌사정(左司政)에 소속된 관청이다. 장은 경(卿)이며 담당행정은 당나라의 상서성(尚書省)에 소속된 예부(禮部)와 동일하며, 예제(禮制)와 제사에 관한 일이었다([출처:의부(義部)-한국민족문화대백과사전]).

265) 작부(爵部): 충부(忠部)에 속하였다. 충부는 정당성(政堂省) 산하의 6부 중 수석
부서로서, 육전(六典) 조직에서의 이부(吏部)에 해당한다. 관리의 선발과 평가, 품
계의 승진과 훈작(勳爵)의 수여 등의 업무를 관장하였다. 충부의 예하부서로서 정
사(正司)인 충부와 지사(支司)인 작부가 있어 업무를 나누어 맡았는데, 작부는 훈
작제도에 관계된 일을 담당하였다. 낭중(郎中) 1인이 책임을 맡고 원외랑(員外郎)
약간 명을 두었다([출처:작부(爵部)-한국민족문화대백과사전]).
266) 창부(倉部): 신라시대의 관서.
국가 재정에 관한 사무를 관장하였던 중앙관청이다. 651년(진덕여왕 5) 집사부(執
事部)가 설치될 때 품주(稟主)에서 분리, 독립되었다. 소속관원으로는 영(令)·경
(卿)·대사(大舍)·사(史) 등이 있었다. 장관인 영은 2인으로 관등은 대아찬(大阿
湌)에서 대각간(大角干)까지로 하였다. 차관인 경은 경덕왕 때 시랑(侍郎)으로 고
쳤다가, 혜공왕 때 다시 환원하였으며, 정원은 3인인데, 651년 2인이 두어겼고
675년(문무왕 15) 1인을 더하였다. 관등은 아찬(阿湌)에서 □찬까지였다. 3등관인
대사는 진덕여왕이 설치하였으며, 경덕왕 때 낭중(郎中)으로 고쳤다가 혜공왕 때
환원하였다. 정원은 2인이고, 관등은 사지(舍知)에서 나마(奈麻)까지였다. 4등관인
조사지는 699년(효소왕 8)에 두어졌으며, 경덕왕 때 사창(司倉)으로 고쳤다가, 혜
공왕 때 환원하였다. 정원은 1인이고, 관등은 사지에서 대사까지였다. 그리고 5등
관인 사는 처음에 8인이었다가, 671년(문무왕 11)에 3인, 그 이듬해에 7인, 699
년(효소왕 8)에 1인, 752년(경덕왕 11)에 3인, 그리고 혜공왕 때 8인이 늘어나
정원이 30인이나 되었다. 이것으로 보아 통일신라시대에 들어와 재정사무가 매우
복잡하여겼음을 짐작할 수 있다([출처:창부(倉部)-한국민족문화대백과사전]).
267) 선부(膳部): 6부의 하나인 의부(義部)에 소속된 하위 관서이다. 의부는 당나라
의 육전(六典) 조직에서 예부(禮部)에 해당하는데, 외교·문교 및 각종 의례(儀禮)
행사에 관계된 일을 관장하였다. 그 장관으로 1인의 경(卿)이 있고, 차관으로 소
경(少卿)이 1인 있었다. 그 밑에 구체적으로 업무를 수행하는 두 부서가 있었는데
그 명칭은 의부와 선부이다. 이때 의부가 중심 부서(正司)이며, 선부는 하위 부서
(支司)였다. 각각 낭중(郎中) 1인과 원외랑(員外郎) 약간 명을 두었다. 선부의 업
무는 그 명칭으로 보아 각종 의례행사와 그에 관계된 기관에서 소요되는 식품을
조달하고 그것을 예법에 맞게 집행하는 일을 관장하였던 것으로 여겨진다([출처:
선부(膳部)-한국민족문화대백과사전]).
268) 지부(智部): 정당성(政堂省)에 소속된 관청이다. 정당성의 우육사(右六司)의 하
나로서 지부경(智部卿)을 장으로 하여, 당나라의 병부에서 담당하는 군사행정 전
반을 집행하였다([출처:지부(智部)-한국민족문화대백과사전]).
269) 예부(禮部): 남북국시대 발해의 관서.
예부경(禮部卿)을 장으로 하여 형법(刑法)·문금(門禁)·부세독촉(賦稅督促)을 담
당하던 관서로서 정당성(政堂省)의 우육사(右六司)의 하나이다. 발해의 정당성은
당나라의 상서성(尙書省)을 본뜬 행정을 집행하는 관청인데, 예부는 당나라의 형
부(刑部)에 해당한다([출처:예부(禮部)-한국민족문화대백과사전]).
270) 신부(信部): 남북국시대 발해의 관서.
6부의 하나이다. 발해의 3성(省) 중 집행을 전담하던 정당성(政堂省)에 소속된 관
청으로 우육사(右六司) 중의 하나로서 당나라의 공부(工部)와 같은 성격의 관청이
다. 국가의 산택(山澤)과 토목(土木)에 관한 행정을 담당하였으며, 속사(屬司)로는

정사(正司)인 신부와 지사(支司)인 수부(水部)가 있었다. 관원으로는 장관격인 경(卿) 1인과 신부낭중(信部郎中) 1인, 수부낭중(水部郎中) 1인, 그 밖에 정원을 알수 없는 원외랑(員外郎) 등이 있었다([출처:신부(信部)-한국민족문화대백과사전]).

271) 융부(戎部): 지부(智部)에 속하였다. 지부는 정당성(政堂省) 산하에 소속된 6부의 하나로서 육전(六典)조직에서의 병부(兵部)에 해당하며, 군사행정을 총괄하였다. 지부 아래의 부서로서 정사(正司)인 지부와 지사(支司)인 융부가 있었다. 융부의 소속관원은 낭중(郎中) 1인을 두어 업무를 관장하게 하였고, 원외랑(員外郎) 약간 명을 두었다([출처:융부(戎部)-한국민족문화대백과사전]).

272) 계부(計部): 정당성(政堂省) 소속 예부(禮部)의 지사(支司)이다. 발해의 예부는 육전조직(六典組織)에서 당나라의 형부(刑部)에 해당하며, 법률·형옥·재판 등을 관장하였다. 장관인 경(卿) 1인과 차관인 소경(少卿) 1인이 있었고, 그 아래에 정사(正司)인 예부와 지사인 계부가 있는데, 소속 관원으로는 각각 낭중(郎中)이 1인씩 있어 책임을 맡았으며, 원외랑(員外郎) 약간 명이 있어 이를 보조하였다([출처:계부(計部)-한국민족문화대백과사전]).

273) 수부(水部): 6부의 하나인 신부(信部)에 소속된 하위 관서이다. 신부는 교통·수리·건축·수공업·둔전(屯田) 등을 관장한 관서로서 공부(工部)에 해당한다. 장관에는 경(卿) 1인이 있고, 차관에 소경(少卿) 1인이 있었다. 그 밑에 실무 부서로서 신부와 수부가 있었다. 신부가 중심부서인 정사(正司)이며, 수부는 하위 부서인 지사(支司)였다. 각각 책임자로 낭중(郎中) 1인이 있었고, 약간 명의 원외랑(員外郎)을 두었다. 수부는 아마도 해운교통과 선박을 만들고 수리하는 일을 주관하였던 것으로 여겨진다([출처:수부(水部)-한국민족문화대백과사전]).

274) 천통(天統): 발해 고왕 대조영은 '천통(天統)'이라는 연호를 사용했다는 기록은 조선말~일제시기에 걸쳐 활동했던 학자 어윤적(魚允迪, 1868~1935)의 저술이다. 1915년경에 지었다는 『동사연표(東史年表)』에서 처음으로 '천통' 연호에 대한 언급이 나오는데, 여기서 어윤적이 어떤 기록을 근거로 천통이라는 연호를 연표에 삽입하였는지는 알 수 없다. 또 다른 기록은 『협계태씨족보(陜溪太氏族譜)』가 있다고 한다.

275) 『신당서』「북적열전」〈발해조〉에는 발해의 역대 국왕들이 연호를 사용했다는 사실을 전하고 있다. 그 내용에 따르면, 발해의 왕들은 '인안(仁安, 2대 무왕)'·'대흥(大興, 3대 문왕)'·'중흥(中興, 5대 성왕)'·'정력(正歷, 6대 강왕)'·'영덕(永德, 7대 정왕)'·'주작(朱雀, 8대 희왕)'·'태시(太始, 9대 간왕)'·'건흥(建興, 10대 선왕)'·'함화(咸和, 11대 대이진)' 등의 연호를 사용하였다. 그 외에 〈정혜공주묘지명〉에서 문왕 때에 '보력(寶曆)'이라는 또 다른 연호가 사용되었음이 확인된 바 있다.

276) 개원(開元): 당나라 현종(玄宗)의 치세 29년을 가리키며, 선정과 평화의 세기라 하여 개원(開元)의 치(治) 태종(太宗)의 정관(貞觀)의 치와 비교된다. 당대 가장 화려한 시대로서 서울 장안(長安)은 세계 굴지의 국제도시로서 동아시아 세계의 중심이었다(조의설 편, 『세계사대사전』, 민중서관, 1976, 12쪽).

277) 대무예(大武藝, ?~737): 발해 제2대왕. 재위 719~737. 발해국의 건국자 대조영(大祚榮)의 아들이다. 713년(고왕 15) 당나라가 고왕(高王)을 발해군왕(渤海郡王)으로 책봉할 때, 대무예도 같이 계루군왕(桂婁郡王)으로 봉하였다. 719년(무왕 1) 3월 고왕이 죽자 왕위를 계승하였다. 인안(仁安)으로 개원(改元)하고 일본과 국교를 열어 사신을 내왕케 하였다. 이들과 문물을 교환하는 한편 무력을 양성하여 당나라 등주(登州-산동성)을 공략하였다.

278) 도독(都督): 신라의 지방장관. 505년(지증왕 6) 이사부(異斯夫)를 실직주 군주(悉直州軍

主)로 삼은 것이 제도의 기원이며, 661년(문무왕 1)에 총관(總管)으로 개칭, 785년(원성왕 1)에 도독으로 고쳤다. 정원은 9명이며 위계는 급찬(級湌)에서 이찬(伊湌)까지였다(이홍직 편, 『새국사사전』, 교학사, 2004, 361쪽).

279) 주조(州助): 신라 때의 외관직. 일명 주보(州輔). 구주(九州)에 각 1명씩, 모두 9명으로써 위계는 나마(奈麻)에서 중아찬(重阿湌)까지였다(이홍직 편, 『새국사사전』, 교학사, 2004, 283쪽).

280) 태수(太守): 신라 때 지방 각 군(郡)의 으뜸 벼슬. 관품(官品)은 중아찬(重阿湌)에서 사지(舍知)까지였다(이홍직 편, 『새국사사전』, 교학사, 2004, 1402쪽).

281) 독서출신과(讀書出身科): 신라 때의 관리 등용방법. 신라는 태학(太學)을 설치하였으나 788년(원성왕 4) 시험 본위로 인재를 뽑기 위하여 독서출신과를 두었다. 3등으로 나누어 『좌전(左傳)』 『예기(禮記)』 『문선(文選)』을 읽어 그 뜻에 능통하고, 아울러 『논어(論語)』 『효경(孝經)』에 밝은 자를 상품(上品), 『곡례(曲禮)』 『논어』 『효경』을 읽은 자를 중품(中品), 『곡례』 『효경』을 읽은 자를 하품(下品)이라 하여 구별하였으며, 이 때문에 독서삼품과(讀書三品科)라고도 하였다(이홍직 편, 『새국사사전』, 교학사, 2004, 375쪽).

282) 원성왕(元聖王:?~798, 재위 785~798), 신라 제38대왕, 성은 김(金), 이름은 경신(敬信), 내물왕의 12세손. 효양(孝讓)의 아들. 어머니는 박창도(朴昌道)의 딸 계오부인(鷄烏夫人), 비는 각간 김신술(金神述)의 딸 연화부인(蓮花夫人-淑貞夫人). 김지정(金志貞)의 반란을 선덕왕(宣德王-良相)과 같이 평정한 공으로 선덕왕 즉위 후 상대등(上大等)이 되었다가 선덕왕이 후사(後嗣)없이 죽자 왕의 족자(族子) 주원(周元)을 세인들에 의해 물리치고 왕으로 추대되었다. 즉위하자 고조(高祖) 이하를 왕에 추봉하고 787년(원성왕 3)에 당나라에 조공하고 책봉을 청하였으며 788년(원성왕 4)에 독서출신과(讀書出身科)를 두어 인재를 선발했고 790년(원성왕 6)에는 벽골제(碧骨堤)를 증축하여 농사를 장려했다. 유명으로 유해를 봉덕사(奉德寺) 남쪽에서 화장하였다(이홍직 편, 『새국사사전』, 교학사, 2004, 878쪽).

283) 화백(和白): 신라 때의 일종 회의 제도. 독특한 씨족공동 사회의 유제(遺制)로서 『수서(隋書)』 「신라전(新羅傳)」에 "共有大事 則聚群官 詳議而完之", 『당서(唐書)』 「신라전」에 "事必與衆議 號和白 一人異則罷"라 한 것을 보면 화백회의는 중대사건(重大事件)이 있어야 계획된다는 것, 회의의 참석자는 보통 인민이 아니고 군관(群官) 즉 백관이라는 것, 또 여기서 한 사람의 반대가 있으면 회의의 결정을 갖지 못하였다는 것을 알 수 있다. 이러한 원칙에 의하여 회의를 할 때에는 신라 고유의 신앙과 결부된 경주(慶州) 주위의 4영산(靈山)인 청송산(青松山-東)·오지산(汚知山-南)·피전(皮田-西)·금강산(金剛山-北)에서 하였던 것이다. 이 화백의 원칙은 귀족뿐 아니라 신라 전 사회에 널리 행하였고, 각계(各階) 각층의 독재력의 발생을 억제하여 신라 국가의 완전성을 증가하는 요인(要因)이 되었다. 이것을 남당(南堂)회의로 보는 이도 있다(이홍직 편, 『새국사사전』, 교학사, 2004, 1552쪽).

284) 호장(戶長): 향직(鄕職)의 우두머리. 고려 태조 때 신라시대 이래로 지방에 세력을 펴고 있던 성주(城主)나 호족(豪族)을 그대로 포섭하여 호장·부호장(副戶長)의 향직을 준 데서부터 시작하였는데 지방자치(地方自治)면에 많은 실적(實績)을 거두었다. 983년(고려 고종 2)에 고려 태조 당시의 당대등(堂大等)을 호장, 장대등(長大等)을 부호장(副戶長)이라고 고쳤으며, 목종 초기(목종 1)에는 호장으로 70세를 지나면 안일(安逸)에 속하게 하였다. 1018년(현종 9) 각주(各州)의 정원(定員)을 정하여 1,000정(丁) 이상 주(州)는 8명, 500정 이상은 7명, 200정 이상은 5명, 100정 이하는 4명으로 하였다. 이들은 고려시대에 지방의 토호적(土豪的) 존재로서 상당한 세력을 가졌으나 조선으로 와서 중앙집권 체제의 발달로

수령(守令) 밑에 있는 아전으로 떨어졌다(이홍직 편, 『새국사사전』, 교학사, 2004, 1522~1523쪽).

285) 경덕왕(景德王, ?~765, 재위: 742~765)은 신라의 제35대왕이다. 성은 김(金)이고, 휘는 헌영(憲英). 효성왕의 이복동생이며, 아버지는 제33대왕 성덕왕. 어머니는 이찬 순원(順元)의 딸 소덕왕후(炤德王后)이며, 왕비는 서불감 김의충(金義忠)의 딸 만월부인(滿月夫人, 경수왕후景垂王后)이다. 효성왕에게 아들이 없었기 때문에 742년 5월에 효성왕이 사망하자 왕위에 올랐다. 경덕왕대는 신라가 극성기에 달하던 시기였다.
효성왕(孝成王)의 친동생으로 효성왕이 죽자 왕위를 계승하였다. 742년 10월 일본국 사신이 이르렀으나 받아들이지 않았다. 753년(경덕왕 12) 8월에도 일본국 사신이 이르렀는데, 오만하고 예의가 없었으므로 왕이 그들을 접견하지 않자 마침내 돌아갔다. 경덕왕 때는 신라가 극성기에 달한 때로 제반 제도·관직을 당 제도로 개편하는 한편, 757년(경덕왕 16)에 전국의 행정체제 및 행정단위의 명칭을 대개는 한자식으로 개혁하고, 행정구역을 9주 5소경으로 나누었다.
경덕왕은 불교 중흥에도 노력하여 황룡사(皇龍寺)의 종을 주조하였으며, 굴불사(堀佛寺)를 비롯하여 영흥(永興)·원연(元延)·불국(佛國) 등의 절을 세웠다. 그는 성덕왕의 명복을 빌기 위해 봉덕사종을 만들게 했는데, 완성을 보지 못하고 죽었으며 아들인 혜공왕이 완성하였다. 이 종의 소리는 맑고, 멀리까지 들리는 것으로 유명하다. 원래 이름은 '성덕대왕신종'으로 한국에서 가장 큰 종인 동시에 국보(29호)이며, 후에는 봉덕사종으로 불렸다. 경덕왕은 당과도 활발히 교역하는 등 산업 발전에 힘써 신라의 전성시대를 이루었다. 경덕왕 10년(751)에는 불국사가 완공되었으며, 757년(경덕왕 16) 3월에는 녹읍이 다시 지급되었다. 그리고 국학을 태학이라 고쳤다. 또한 집사부의 중시를 시중으로 고쳤다(위키백과).

286) 부견(符堅, 337~385, 재위:357~385), 중국 오호십륙국(五胡十六國)의 전진(前秦)의 제3대 황제. 저족(氐族) 추장 부홍(符洪)의 손자, 전진의 초대 황제 부건(符健)의 아우 부웅(符雄)의 아들. 자(字)는 영고(永固) 또는 문옥(文玉). 부홍은 후조(後趙)의 석호(石虎)를 섬기어 허난(河南)에 있었는데, 석호 사후의 난에 스스로 진왕(秦王)이라 일컫고 장안(長安)으로 들어가던 중 부하에게 피살되었다. 그 아들 부건은 부친의 유지(遺志)를 받들어 장안으로 들어가 351년 황제를 칭하고 전진국을 세웠다. 2대 황제인 부생(符生)은 폭군이었으므로 진(秦)의 숙장(宿將)이나 한인(漢人)으로부터 신뢰받고 있던 부견이 이를 죽이고 황제가 되었다. 견은 명신(名臣) 왕맹(王猛)의 보좌로 내정을 개혁하고, 왕맹을 장수로 하여 전연(前燕)을 멸하고, 이어서 376년 서북의 전량(前涼)도 멸하여 한때는 쓰촨[四川]으로부터 서역(西域)에까지 그 세력을 뻗쳤다. 그리하여 판도는 화북(華北) 전반에 미치고, 다시 천하 통일을 목적하여 몸소 동진(東晋)을 원정하였으나, 383년 비수(淝水) 싸움에서 패하고, 그 군대는 완전히 와해되어 화북은 다시 대혼란에 빠졌다. 그리고 견은 요장(姚萇)에게 잡히어 죽고, 그 일족은 계속 얼마간 깐쑤[甘肅]에서 활동하였으나, 394년 후진(後秦)에게 멸망당하였다(조의설 편, 『세계사대사전』, 민중서관, 1976, 458쪽).

287) 도달(忉怛): 달도일(怛忉日)이라고도 한다. 매년 정월 상진일(上辰日: 첫 용의 날)·상해일(上亥日: 첫 돼지의 날)·상자일(上子日: 첫 쥐의 날)·상오일(上午日: 첫 말의 날)에는 온갖 일을 조심하고 몸놀림을 함부로 하지 않아, 이 4일을 달도라 하였다[[출처:(忉怛)-한국민족문화대백과사전]).

288) 궁예(弓裔, ?~918): 남북국시대 태봉국의 제1대(재위: 901~918)왕. 901년 후삼국 중의 한 나라였던 후고구려(후에 마진摩震, 태봉泰封으로 개명)를 건국하였다. 광평성(廣評省)을 비롯한 여러 관부를 두어 국가체제를 정비하였고, 한때 전

국의 2/3 가량을 차지하는 등 세력을 떨쳤다. 말년에는 미륵(彌勒)신앙에 기반을 둔 신정적(神政的) 전제주의 정치를 추구하였는데, 918년 6월 이에 반발한 정변이 일어나 왕위에서 쫓겨나 죽음을 당했다([출처:궁예(弓裔)-한국민족문화대백과사전]).

289) 왕건(王建, 877~943): 고려전기 제1대(재위: 918~943) 왕. 성은 왕(王). 이름은 건(建). 자는 약천(若天). 송악(松岳) 출생. 아버지는 금성태수 왕융(王隆)이며, 어머니는 한 씨(韓氏)이다.

후삼국시대에 궁예(弓裔)가 한반도 중부지방을 석권, 철원(鐵圓: 지금의 강원도 철원鐵原)에 도읍을 정하자 궁예의 부하가 되었다. 900년에 궁예의 명령으로 광주(廣州)·충주·청주(靑州) 및 당성(唐城)·괴양(槐壤) 등의 군현을 쳐서 평정한 공으로 아찬(阿湌)이 되었다. 903년 3월에는 함대를 이끌고 서해를 거쳐 후백제의 금성군(錦城郡)을 공격, 함락시켰다. 그리고 부근 10여 개 군현을 빼앗아 군사를 나누어 지키게 하고 돌아왔다. 이때 궁예는 금성군을 나주(羅州)로 개명하였다. 또한 양주수(良州帥) 김인훈(金忍訓)이 위급함을 고하자, 궁예의 명을 받고 구해주었다. 그리하여 궁예와 주위의 신망을 얻게 되었으며, 그 동안의 전공으로 알찬(閼湌)으로 승진하였고, 913년에는 파진찬(波珍湌)에 올라 시중(侍中)이 되었다. 그 뒤 궁예의 실정(失政)이 거듭되자, 홍유(洪儒)·배현경(裵玄慶)·신숭겸(申崇謙)·복지겸(卜智謙) 등의 추대를 받아, 918년 6월 궁예를 내쫓고 새 왕조의 태조가 되었다. 철원의 포정전(布政殿)에서 즉위해 국호를 고려(高麗), 연호를 천수(天授)라고 하였다. 그러나 태조에게는 많은 난관이 가로놓여 있었다. 먼저, 안으로는 환선길(桓宣吉)·이흔암(伊昕巖) 등 왕권에 도전하는 적대세력에 대처해야 하였다. 또한 민심을 수습하고 호족세력을 회유(懷柔), 포섭(包攝)하는 대책을 강구할 필요가 있었다. 이와 함께 밖으로는 후백제 견훤(甄萱)의 세력에 맞서 싸워야 하였다. 태조가 즉위 초부터 가장 역점을 둔 국내 정책은 민심안정책이었다. 신라 말기 이래 문란해진 토지제도를 바로잡고, 궁예 이래의 가혹한 조세를 경감하는 조처를 취하였다. 취민유도(取民有度: 백성에게 조세를 수취할 때에 일정한 법도가 있어야 한다는 뜻)의 표방은 구체적인 예가 될 것이다. 이와 동시에, 새로운 정치세력으로 등장한 호족세력에 대해서는 유력한 호족들의 딸과 정략적으로 혼인했으며, 지방의 호족 및 그 자제들을 우대하는 정책을 펴나갔다. 태조는 궁예나 견훤에게서 볼 수 없는 새로운 시대적 요청에 부응하는 정치적 역량을 지니고 있었고, 짧은 기간 동안에 어느 정도 새 왕조의 왕권을 안정시킬 수 있었다. 그리하여 919년(태조 2) 1월에 개성으로 도읍을 옮겼다. 신라·후백제·고려의 후삼국 관계가 본격적으로 전개되는 것은 920년부터였다. 태조는 신라에 대해 친화정책(親和政策)을 썼다. 이해 10월 견훤이 신라를 침범하자, 신라에 구원병을 보냈는데, 후백제와의 싸움에서 이기기 위해서는 신라와의 친선이 필요했던 것이다. 후백제와는 초기에 화전(和戰) 양면정책을 썼다. 이처럼 신라·후백제와의 미묘한 관계 속에서 새 왕조의 안정과 국력신장을 위하여 노력하였다. 대체로 후백제와의 군사적 대결에서 고려는 열세(劣勢)를 면하지 못하였다. 후백제는 고려와 신라의 통로를 차단할 목적으로 지금의 경상북도 안동 일원을 군사적으로 압박하였다. 이 지역은 고려 역시 중요시했으므로 치열한 전투가 계속되었다. 930년 태조는 고창(古昌) 전투에서 견훤의 주력부대를 대파함으로써 비로소 군사적 우위를 차지하였다. 935년 왕실 내분으로 왕위에서 축출된 견훤을 개성으로 맞아들여 극진하게 대우했으며, 같은 해 10월 신라왕의 자진 항복을 받게 되었다. 이로써 후삼국통일의 주역이 될 가능성이 확실해졌다. 마침내, 936년 후백제와 일선군(一善郡)의 일리천(一利川)을 사이에 두고 최후 결전을 벌여 후백제를 멸하고 후삼국 통일의 위업을 달성하였다. 태조는 통일 직후 『정계(政誡)』 1권과 『계백료서(誡百僚書)』 8편을 저술, 중외에 반포하였다. 이 저술들은 새 통일왕조의 정치도의와 신하들이 지켜야 될 절의를 훈계하는 내용으로 생각되나 현재 전하지 않는다. 그리고 죽기 얼마 전에 대광(大匡) 박술희(朴述熙)를 내전으로 불러들여 「훈요십조(訓要十條)」를 친수(親授)해 후계자들이 귀감으로 삼도록 부탁하였다. 「훈요십조」은 태조의 정치사상을 엿보게 하는 귀중한 자료이다. 시호는 신성(神聖)이며, 능은 현릉(顯陵)이다([출처:왕건(王建)-한국민족문화대백과사전]).

290) 최응(崔凝, 898~932): 고려 전기 광평낭중, 내봉경, 광평시랑 등을 역임한 관리. 문신. 본관은 황주(黃州). 대상(大相) 최우달(崔祐達)의 아들이다.

　　어머니가 임신했을 때, 그 집 오이 줄기에 갑자기 참외가 맺혔다고 한다. 이웃 사람이 이를 궁예(弓裔)에게 고했더니, 궁예가 점을 쳐 생남(生男)하면 나라에 불리하니 기르지 말라고 해 부모가 숨겨 길렀다. 오경(五經)에 통하고 문장에 능했으며, 궁예가 "이른바 성인(聖人)을 얻는다 함은 이 사람을 얻는 게 아닌가!"라고 할 정도로 신임을 얻었다. 915년(신덕왕 4) 궁예가 왕건(王建)을 불러들여 이른바 관심법(觀心法)으로 모반의 누명을 씌울 때 이를 변명하자, 그 자리에 장주(掌奏)로 있던 최응이 일부러 붓을 뜰에 떨어뜨린 다음 주우려고 뜰에 내려가 왕건에게 "굽히지 않으면 위태롭다"라고 귀띔해 주어 화를 면하도록 하였다. 왕건이 고려를 세우자 지원봉성사(知元奉省事)가 되었다가 광평낭중(廣評郎中)・내봉경(內奉卿)・광평시랑(廣評侍郎)을 역임하며 태조의 총애를 받았다. 항상 재계(齋戒)하고 고기를 먹지 않는데, 병들어 누웠을 때 태조가 동궁(東宮)을 보내 병문안을 하고 육식을 권하며 "다만 손수 죽이지 않으면 될 것이지 고기를 먹는 것이야 무슨 해가 되리오"라고 하였다. 그러나 굳이 사양하고 먹지 않자 태조가 그 집에 행차해 이르기를 "경이 육식하지 않으면 두 가지 손실이 있으니, 그 몸을 보전하지 못해 끝까지 어머니를 봉양하지 못함이 불효요, 명(命)이 길지 못해 나로 하여금 일찍 좋은 보필을 잃게 함이 불충이라" 하니 이에 비로소 고기를 먹어 병이 나았다고 한다. 또 태조가 "옛날에 신라가 9층탑을 세워 삼국을 통일했는데 개경에 7층탑을 세우고 서경에 9층탑을 세워 삼한을 합해 일가를 삼고자 하니 경은 나를 위해 발원소(發願疏)를 지어 달라"라고 하자 이에 따랐다. 죽은 뒤 대광 태자태부(大匡太子太傅)가 증직되고 뒤에 다시 사도(司徒)가 증직되었다. 태조의 묘정에 배향되었다. 시호는 희개(熙愷)이다([출처:최응(崔凝)-한국민족문화대백과사전]).

291) 경애왕(景哀王, ?~927, 재위:924~927): 성은 박 씨(朴氏), 이름은 위응(魏膺). 아버지는 신덕왕(神德王)이며, 어머니는 헌강왕(憲康王)의 딸 의성왕후(義成王后 또는 資成・懿成・孝資王后)이다. 할아버지는 선성대왕(宣聖大王 또는 宣成大王)으로 추봉된 예겸(乂謙 또는 銳謙)이다. 일설에는 예겸이 신덕왕의 의부(義父)라 하여, 친할아버지는 흥렴대왕(興廉大王)으로 추봉된 각간 문원(文元)이며, 할머니는 성호대왕(成虎大王)으로 추봉된 순홍(順弘)의 딸 정화부인(貞花夫人)이라고도 한다.

　　경애왕 때 후삼국의 패권 다툼은 이미 왕건(王建) 쪽에 유리하게 전개되었다. 925년 고울부장군(高鬱府將軍) 능문(能文)이 항복하였고, 927년 강주(康州)의 왕봉규(王逢規)가 관할하는 돌산(突山) 등이 왕건에게 항복하였다. 이러한 상황 속에서 왕건과 견훤(甄萱)은 잠시 싸움을 그치고 강화하였는데, 견훤이 보낸 질자(質子)인 진호(眞虎)가 고려에서 죽자 견훤은 926년 다시 출병하여 고려를 공격하였다. 927년 견훤은 신라를 공격하여 포석정에서 놀고 있던 경애왕을 자살하게 하고, 궁궐을 노략질하면서 경순왕을 세우고 돌아갔다. 한편, 경애왕 때 황룡사에 백좌경설(百座經說)을 설치하고 선승(禪僧) 300여 명에게 음식을 대접하였는데, 이것을 백좌통설선교(百座通說禪敎)라 부르며, 대규모 선승 모임의 시초가 되었다([출처:경애왕(景哀王)-한국민족문화대백과사전]).

292) 포석정(鮑石亭): 경상북도 경주시에 있는 남북국시대 통일신라의 의례 및 연회 장소였던 누정 터. 의례시설. 사적 제1호. 조성 연대는 자세하지 않으나, 통일신라시대에 건립된 것으로 추정되며, 정자는 없어졌고, 포어(鮑魚)의 형태를 모방하여 만든 수구(水口)만 남아 있다. 1915년 유구(遺構)를 개축(改築)할 때 옛 석재(石材)들의 이동이 있었고, 또 새로 임의대로 돌들을 놓아 수로 곡석(曲石)의 원형을 잃게 되었다.

포석정지(鮑石亭址)는 경주 남산(南山) 서쪽 계곡의 포석계(鮑石溪)의 계류(溪流)가에 있다. 『삼국유사(三國遺事)』「처용랑(處容郎)」<망해사조(望海寺條)>에 보면 "헌강왕(憲康王)이 포석금(鮑石今)에 놀러나와 남산신(南山神)의 춤을 보고 왕이 따라 추었는데 이 춤을 어무상심(御舞祥審) 또는 어무산신(御舞山神)이라 했다" 한다. 『삼국사기(三國史記)』에는 경애왕(景哀王) 4년(927) 11월에 왕이 포석정에 나가서 잔치를 하고 놀다가 후백제 견훤(甄萱)의 기습을 받아 왕은 죽고 왕비와 신하들이 모두 함몰되는 비극의 기사가 실려 있다([출처:포석정(鮑石亭)-한국민족문화대백과사전]).

293) 헌덕왕(憲德王, ?~826, 재위:809~826), 남북국시대 통일신라의 제41대(재위: 809~826) 왕. 성은 김 씨(金氏), 이름은 언승(彦昇)이다. 소성왕(昭聖王)의 동생으로, 아버지는 원성왕(元聖王)의 큰아들인 혜충태자(惠忠太子) 인겸(仁謙)이며, 어머니는 성목태후(聖穆太后) 김씨이다. 할머니는 각간(角干) 신술(神述)의 딸 숙정부인(淑貞夫人) 김씨이며, 비는 숙부인 각간 예영(禮英)의 딸 귀승부인(貴勝夫人) 김씨이다. 헌덕왕은 관제개혁(官制改革)을 통해 왕권강화를 도모하였고, 불사(佛事)를 금하여 귀족세력을 억압하였으며, 일가를 통해 정치권력을 독점했으므로 구 귀족들의 반발을 낳아 김헌창(金憲昌)의 반란을 야기시켰다([출처:헌덕왕(憲德王)-한국민족문화대백과사전]).

294) 조지 3세(George William Frederick, 1738~1820)는 1760년 10월 25일부터 그레이트브리튼 왕국과 아일랜드의 국왕이었고, 1800년 연합법이 제정된 이후 1801년 1월 1일부터 1820년 사망할 때까지 그레이트브리튼 아일랜드 연합 왕국의 왕이 되었다. 영국의 왕으로 재임하는 동안 그는 신성 로마 제국에 속한 브라운슈바이크뤼네부르크 선제후국의 선제후이자 공작이었으며, 1814년 10월 12일 하노버 왕국이 수립되면서 하노버의 국왕을 겸임했다. 조지 3세는 하노버가의 3번째 영국 군주였지만, 이전의 국왕과는 달리 그는 제1언어로 영어를 썼으며, 영국에서 태어난 군주였고, 하노버를 한 번도 방문하지 않았다.

그의 일생과 재위 기간은 이전 영국 왕들에 비해 훨씬 길었으며, 그 대부분은 영국과 하노버가 개입된 분쟁으로 점철되었다. 초기에 그레이트브리튼 왕국은 프랑스를 7년 전쟁에서 격파해 북아메리카와 인도에서 우위를 점하는 유럽 국가가 되었다. 그러나 미국 독립 전쟁을 겪고 난 이후, 북아메리카 13개 식민지는 아메리카 합중국으로 독립했다. 이후 1793년부터 1815년까지 프랑스 혁명 전쟁과 나폴레옹 전쟁에 개입한 영국은 프랑스의 나폴레옹을 패배시켰다.

재위 말기 조지 3세는 정신질환을 앓게 되었고 양극성 장애 또는 포르피린증에 걸렸다고 주장하는 이들이 있으나, 그의 질병에 대한 원인은 여전히 알려지지 않았다.

조지 3세의 삶에 대한 역사적 분석은 그의 자서전을 쓴 이의 편견들이나 역사학자들이 이용 가능한 자료에 따라 크게 변화했다. 미국에서 그는 폭군 중 한 명으로 일컬어졌고, 영국에서 그는 '제국주의의 실패를 위한 희생양'이 되었지만, 20세기 후반부터 그는 재평가되었다(위키백과).

295) 샤를 10세(Charles X, 1757~1836, 재위: 1824~1830)는 루이 16세와 루이 18세의 남동생으로, 자녀가 없었던 루이 18세 사후 즉위하게 된다. 즉위 이전에는 아르투아 백작이라는 칭호로 불리었다. 본명은 샤를 필리프이다.

프랑스의 베르사유 궁전에서 루이 15세의 아들인 도팽 루이 페르디낭의 막내아들로 태어났으며, 루이 16세 치하에서 마리 앙투아네트의 총신 가운데 한 명으로 살았다. 마리 앙투아네트의 추문이나 왕가에 대한 민중의 불만이 높아지면서 제3신분이 궐기하자, 마리 앙트와네트와 함께 제3신분 박해에 동조하여, 국민들로부터 원망을 사고 만다. 제3신분이 중심이 된 테니스 코트의 서약이나 국민의회를 왕비와 함께 왕명을 빙자하여 박해, 탄압한 일로 프랑스 혁명이 일어나는 발단이 되었다.

1789년, 프랑스 혁명이 일어나자 영국으로 망명하여 반혁명파와 함께 전국 각지를 전전했다. 망명하는 동안 그는 반나폴레옹의 기수가 되어, 나폴레옹 실각을 위한 원조금과 자객을 프랑스에 보냈다. 그리하여 1800년 12월 24일에 왕당파에 의한 나폴레옹 암살 미수 사건이 일어나기에 이른다. 그러나 결국 나폴레옹을 실각하는 데 실패한데다가, 나폴레옹 전쟁에서도 큰 영향력을 행사할 수 없었다.

1814년 나폴레옹이 실각한 후 프랑스에 귀국하나, 나폴레옹이 되돌아와 백일천하가 시작되면서 다시 망명길에 오르게 된다. 이처럼 그를 비롯한 부르봉 왕가는 나폴레옹에 대해 무력하기만 했다. 이 때문에, 보르되에서 반나폴레옹 연설을 하여 군사를 일으키게 한 루이 16세의 딸 마리 테레즈는 나폴레옹으로부터 "부르봉 왕가의 유일한 남자"라는 야유를 듣기도 했다.

왕정이 복구된 후에도 1820년에 차남이자 제일 좋아했던 자식인 샤를 페르디낭 다르투아가 암살되는 비운의 사건을 겪는다.

샤를 10세의 즉위: 1824년, 형 루이 18세가 서거하면서 국왕으로 즉위하였는데, 그는 루이 18세와는 판이하게 달랐다. 루이 18세는 프랑스 혁명 시절의 자유 사상을 제한적이지만 어느 정도 인정해 주었던 반면, 샤를 10세는 혁명 전의 귀족들에게 특권을 다시 부여할 정도로 보수 반동적이었다. 그는 1825년 5월 29일 루이 14세의 전제 왕정의 방식으로 랭스에서 즉위식을 거행했다. 그는 치세동안 빌렐과 폴리냐크 등, 강경 왕정주의자(Ultraroyaliste)들을 내각의 수상 앉혔고, 귀족들과 성직자들에 친화적인 정치를 펼쳤다. 그는 정기 간행문의 검열의 감행했고, 프랑스 혁명시절 외국으로 피난을 갔던 귀족들에게 그들이 혁명 전에 소유했던 토지들을 반환해주었다.

1827년 첫 번째 수상이자 강경 왕정주의자였던 빌렐이 의원들의 압박으로 사임한 후, 샤를 10세는 중도파인 마르티냑이 수상으로 임명해 의원들의 반발심을 가라앉히려 한다. 마르티냑은 강경 왕당파들과 의회군주주의자들을 중재하며 적당한 타협점을 찾으려 한다. 하지만 그는 양측에서 비판받고, 샤를 10세마저 너무 자유주의적인 마르티냑을 지원해주지 않는다.

7월 혁명의 대두: 결국 마르티냑은 1829년에 사임하고, 극강경 왕정주의자이자 반동주의자인 폴리냐크가 수상으로 선임된다. 이에 다시 반발한 입헌군주주의자들이 하원을 장악하자, 샤를 10세는 이를 인정하지 않으며 새로운 선거를 요구했다. 입헌군주주의자 의원들은 221인의 청원서를 발표해 샤를 10세와 타협안을 모색하자 샤를 10세는 이를 묵살하고, 의회를 해산한다. 프랑스 국민들의 불만은 폭발하고 혁명이 일어나게 된다. 이른바 «7월 혁명»이다. 이 혁명으로 인해 퇴위 당한 샤를 10세는 일단 앙리 5세에게 왕위를 물려주었으나 시민들에 의해 루이 필리프가 왕이 되었다. 예전의 루이 16세와는 달리 체포되어 처형되지는 않고, 영국으로 망명하여 1836년까지 생존했다. 그는 북이탈리아의 고리치아에서 죽었다.

7월 혁명 이후, 부르봉 가는 이제 왕가가 아니게 되었고 루이 필리프가 국왕으로 옹립되면서 오를레앙 가가 1848년까지 프랑스를 통치하게 되었다. 그로 인해 트리콜로레를 국기로 다시 제정하기에 이르렀다(위키백과).

296) 진성여왕(眞聖女王, ?~897, 재위:887~897).

신라시대 3인의 여왕 중 마지막 여왕이다. 성은 김 씨(金氏). 이름은 만(曼). 할아버지는 희강왕(僖康王)의 아들로 의공대왕(懿恭大王)에 봉해진 김계명(金啓明)이며, 할머니는 광화부인(光和夫人)으로 광의왕태후(光義王太后)로 봉해졌다. 아버지는 경문왕(景文王)이고, 어머니는 헌안왕(憲安王)의 장녀로 뒤에 문의왕후(文懿王后)에 봉해진 영화부인(寧花夫人) 김씨이다. 형제로는 정(晸)·황(晃)·윤(胤) 등이 있다.

진성여왕은 즉위 직후 주(州)·군(郡)에 1년의 조세를 면제해 주고, 황룡사(皇龍寺)에 백좌강경(百座講經)을 설치하는 등 민심 수습에 노력하였다. 그러나 887년(진성여왕 2) 2월 숙부(叔父)이자 남편이던 상대등(上大等) 위홍(魏弘)이 죽자 정치 기강이 갑자기 문란해졌다. 이와 함께 대야주(大耶州)에 은거하던 왕거인(王巨人)이 국왕을 비판하는 일이 생기고, 888년(진성여왕 3)부터는 주·군으로부터 세금이 들어오지 않아서 국고가 비게 되었다. 이에 관리를 각지에 보내 세금을 독촉했고, 이를 계기로 사방에서 도적이 봉기하기 시작하였다. 이때 원종(元宗)과 애노(哀奴)가 사벌주(沙伐州)에서 난을 일으켰으나 이를 토벌하지 못하였다. 이 난을 계기로 계속해서 적당(賊黨)의 난이 일어났다. 891년(진성여왕 5)에 북원(北原)의 적수 양길(梁吉)이 부하인 궁예(弓裔)를 동쪽으로 원정시켜 명주(溟州)까지 함락시켰다. 그 다음 해에는 완산주(完山州)에서 견훤(甄萱)이 후백제를 건국하자 무주(武州) 동남쪽의 군현이 모두 그에게 항복하였다. 895년(진성여왕 9)에는 영주를 손에 넣은 궁예가 다시 저족(猪足)·생천(生川)을 거쳐 한주(漢州)·철원(鐵圓)까지 차지하게 되었다. 이로 인해 신라의 실질적인 통치영역은 경주를 중심으로 한 주변지역에 그치고, 전 국토는 대부분 적당이나 지방 호족세력의 휘하에 들어갔다. 또 896년(진성여왕 10)에는 이른바 적고적(赤袴賊)이 경주의 서부 모량리(牟梁里)까지 진출해 민가를 약탈하여 수도의 안위조차 불안해졌다. 이러한 상황 속에서 중국 당나라에 유학하고 돌아온 최치원(崔致遠)은 894년(진성여왕 8)에 <시무10조(時務十條)>를 제시하였다. 이 제의는 받아들여진 것으로 기록되어 있으나 실제로는 진골귀족의 반대로 시행되지는 않았다. 최치원의 개혁안은 육두품 중심의 유교적 정치이념을 강조함으로써 왕권을 강화시키고자 했으므로 진골 귀족의 이익과는 배치될 수밖에 없었다. 이 개혁안이 시대적 한계로 인해 시행되지 못함으로써 신라의 붕괴를 막을 수 없었고 후삼국이 정립하게 되었다. 897년(효공왕 1) 6월 조카인 헌강왕의 아들 요(嶢)에게 왕위를 물려주고 그해 12월에 죽었고 황산(黃山)에 장사지냈다. 한편 진성여왕 때의 거타지(居陀知) 설화

가 알려져 있는데, 그 내용은 고려 태조 왕건(王建)의 할아버지인 작제건(作帝建)
이 용녀(龍女)를 아내로 맞이하는 설화와 비슷하다([출처:진성여왕(眞聖女王)-한
국민족문화대백과사전]).

297) 견훤(甄萱, 867~936): 남북국시대 후백제를 건국한 시조.
　　재위 892~935. 본래 성은 이(李) 씨였으나, 뒤에 견 씨라 하였다. 아버지 아자
개(阿慈介)는 상주 가은현(加恩縣)의 농민 출신으로 뒤에 장군이 되었다. 『이비가
기(李碑家記)』에서는 진흥왕(眞興王)의 후손인 원선(元善)이 아자개(阿慈介)라 하
였는데 확인하기 어렵다. 어머니의 성씨는 확실하지 않다. 두 부인을 두었는데,
상원부인(上院夫人)과 남원부인(南院夫人)으로 전해질 뿐이다. 견훤은 장자이며,
동생으로 능애(能哀)·용개(龍蓋)·보개(寶蓋)·소개(小蓋)와 누이 대주도금(大主
刀金)이 있었다. 그런데 『고기(古記)』에는 광주(光州)의 북촌에 한 부자가 살았
는데 그 딸이 지렁이와 교혼(交婚)하여 견훤을 낳았다는 이야기가 실려 있다. 이는
어머니의 가문이 광주 지역의 호족이었을 것으로 추측하게 한다.
　　자랄수록 남달리 체모가 뛰어났으며, 뜻을 세워 종군하여 경주로 갔다가 서남해
안의 변방비장(邊方裨將)이 되었다. 당시 신라왕실의 권위는 떨어졌고, 지방은 호
족들에 의해 점거당하여 반독립적인 세력을 형성하고 있었다. 특히, 진성여왕이
즉위하면서 왕의 총애를 받는 몇몇 권신들의 횡포로 정치기강이 문란해졌고, 또
기근이 심해 백성들의 유망과 초적(草賊)의 봉기가 심하였다. 이때 경주의 서남
주현(州縣)을 공격하니, 이르는 곳마다 많은 사람들이 호응을 했다. 마침내 892년
(진성여왕 6)에 이르러 무진주(武珍州)를 점령하고 스스로 왕위에 올랐다. 또한
신라서면도통지휘병마제치지절도독 전무공등주군사 행전주자사 겸 어사중승상주
국 한남군개국공 식읍 2000호(新羅西面都統指揮兵馬制置持節都督全武等州軍事
行全州刺史兼御史中丞上柱國漢南郡 開國公食邑二千戶)라고 자칭하고, 북원(北原)
의 적수(賊首) 양길(梁吉)에게 비장(裨將)이라는 벼슬을 내리는 등 세력을 확장하
였다. 900년(효공왕 4) 완산주(完山州)에 순행하여 그곳에 도읍을 정하고 후백제
왕이라 칭했으며, 모든 관서와 관직을 정비하였다. 이듬해 대야성(大耶城)을 공격
했으나 함락시키지 못하였다. 910년(효공왕 14)에 왕건(王建)이 나주를 정벌함에
대해 노하여, 보기(步騎) 3,000인을 거느리고 이를 포위, 공격했지만 이기지 못하
였다. 그 뒤 왕건이 궁예(弓裔)를 축출하고 고려를 건국하자, 일길찬(一吉湌) 민극
(閔郤)을 파견하여 왕건의 즉위를 축하하기도 하였다. 그러나 사실 이때 고려와
후백제는 잦은 세력 다툼을 벌이고 있었다. 920년(경명왕 4) 보기 1만 인으로 대
야성을 쳐 함락시키고, 군사를 진례성(進禮城)으로 옮겼다. 이에 신라 경명왕은
김율(金律)을 고려에 파견하여 도움을 청하였다. 924년(경애왕 1) 견훤은 아들 수
미강(須彌强)을 보내 조물성(曹物城)을 공격했으나, 성중의 병사들이 굳게 지키므
로 이기지 못하였다. 이듬해 왕건과 화친하고 서로 인질을 교환하여 화해를 맺었
다. 그러나 볼모로 간 진호(眞虎)가 925년 고려에서 병으로 죽자, 왕건이 보낸 볼
모 왕신(王信)을 죽이고 군사를 내어 고려를 공격함으로써 일시적인 화해는 곧
깨지고 말았다. 견훤의 세력이 날로 강성해지자 신라는 왕건과 연합하여 대항하
고자 하였다. 이에 927년 근품성(近品城)을 공격하고, 고울부(高鬱府)를 습격하였
다. 이어 경주로 진격해 포석정에서 경애왕을 살해하고, 왕의 족제인 김부(金傅)
를 왕으로 세웠다. 이 소식을 듣고 달려온 왕건도 공산(公山) 싸움에서 크게 패하
였다. 이듬해 강주(康州)를 공격하여 300여 인을 죽이고, 또 부곡성(缶谷城: 지금

의 군위)을 공격해 1,000여 인을 참살하였다. 그러나 막강했던 세력은 929년(경순왕 3)의 고창군(古昌郡) 전투에서 8,000여 인의 사상자를 내며 패전하면서 점차 열세를 면하지 못하게 되었다. 특히 932년에는 충실한 신하였던 공직(龔直)이 고려에 투항해 버렸다. 그러나 이 무렵에도 예성강(禮成江) 어구에 침입하여 전함 100여 척을 불태우고 말 300여 필을 노획했다. 934년에는 운주(運州)를 공격했으나 오히려 대패하였다. 견훤은 많은 아내를 두어 아들 10여 인을 두었는데, 그 중 넷째아들인 금강(金剛)을 특별히 사랑하여 그에게 왕위를 물려주려고 하였다. 금강의 형인 신검(神劍)·양검(良劍)·용검(龍劍) 등은 이를 알고 근심하며 지냈다. 양검을 강주(康州)도독으로, 용검을 무주(武州)도독으로 삼고 신검을 홀로 그의 곁에 두자, 신검은 이찬(伊飡) 능환(能奐)을 시켜 사람을 강주·무주 등으로 보내 음모를 꾸몄다. 935년 3월 금강은 죽고 견훤은 신검에 의해 금산사에 유폐당했다. 금산사에 석 달 동안 있다가 그해 6월 막내아들 능예(能乂), 딸 쇠복(衰福), 첩 고비(姑比) 등과 함께 나주로 도망하여, 고려에 사람을 보내 의탁하기를 청하였다. 이에 왕건은 유금필(庾黔弼)을 보내 맞이한 뒤, 백관(百官)의 벼슬보다 높은 상보(尙父)의 지위와 식읍으로 양주를 주었다. 그 뒤 후백제는 점차 내분이 생겨 왕건에 의해 멸망하였다. 신검·양검·용검 등은 한때 목숨을 부지했으나, 얼마 뒤 모두 살해되었다. 견훤 또한 우울한 번민에 싸여 지내다가 드디어 창질이 나서 연산(連山) 불사(佛舍)에서 죽었다. 정치가로서 견훤의 특징은 일찍부터 외교에 눈을 돌렸다는 점이다. 스스로 만들어 사용한 상당히 긴 직함도 외교상의 필요에 의한 것이었고, 925년에는 후당(後唐)에 들어가 번병으로 칭함으로써 '백제왕'이라는 칭호를 받아 중국으로부터 외교적 승인을 얻어냈다. 이듬해에는 오월(吳越)과 통했으며, 927년에는 발해를 멸망시킨 거란의 사신 사고(娑姑)·마돌(麻咄) 등 35인이 당도하자 이들을 전송하기 위하여 장군 최견(崔堅)을 보냈다. 그들은 바다를 건너 북쪽으로 가다가 태풍을 만나 후당의 등주(登州)에 이르렀으나 모두 잡혀 죽었다. 그러나 거란(契丹)과의 연결은 고려를 배후에서 위협할 수 있게 하였다. 또 922년과 929년 2차례에 걸쳐 일본에도 사신을 파견하였다. 이처럼 국제관계의 변동에 큰 관심을 보인 것은 서남해안의 비장으로 있으면서 얻은 경험에 의한 것이었다. 이 지역은 이미 장보고에 의해 중국과의 무역이 크게 성행했고, 또 당시 지방호족들이 중국과 사무역(私貿易)을 빈번하게 행하던 곳이었다. 후삼국의 쟁패 과정에서 왕건에게 패한 것은 쇠망해 가는 신라의 관리로서 출발한 세력기반을 가지고 있었기 때문이다. 즉, 지방에 확실한 근거를 가진 것이 아니라, 군인으로서 변방에 파견되어 이미 해이해진 신라의 군사조직을 자신의 세력기반으로 흡수한 것이다. 또한 기성사회에서 권력을 잡고 난 뒤, 이를 유지하기 위해 오히려 신라와 똑같은 방식의 권력구조를 강화하려 했다. 그러나 당시의 사회는 지방호족이 중심이 되어 신라의 국가체제를 부정하면서 새로운 사회를 건설하는 방향으로 나아가고 있었다. 즉, 후백제를 건국한 뒤 이러한 시대적 상황에 역행했기 때문에 후삼국의 통일에 실패하고 말았다([출처:견훤(甄萱)-한국민족문화대백과사전]).

298) 무태(武泰): 궁예(弓裔)가 쓰던 연호(年號). 궁예는 904년(효공왕 8) 송악(松岳-개성)에서 마진(摩震)국을 세우고 연호를 무태라 정하였는데, 905년 7월까지 사용했다(이홍직 편,『새국사사전』, 교학사, 2004, 433쪽).

제5장 근고 귀족정치시대(고려)

299) 직례(直隷)는 14세기 명나라 시대부터 1928년 중화민국 시대까지 현재의 중국 북부에 있던 행정 구역이다. 직례는 '직접 통치한다'라는 뜻을 갖고 있다.

명나라 홍무제 시기에는 명나라 최초의 수도였던 응천부(應天府, 현재의 난징시) 주변을 직례라고 불렀다. 영락제 시기였던 1403년에 명나라의 수도가 순천부(順天府, 현재의 베이징시)로 이전되면서 순천부 주변 지역(현재의 베이징, 톈진시, 허베이성, 허난성, 산둥성)은 북직례(北直隷), 응천부 주변 지역(현재의 장쑤성, 안후이성, 상하이시)은 남직례(南直隷)라고 불렀다.

명나라 다음에 들어선 청나라는 베이징을 수도로 하고 북직례를 직례성(直隷省)으로 개편했다. 또한 직례성에 직례총독(直隷總督)을 임명했다. 한편 폐지된 남직례는 강남성(江南省, 현재의 장쑤 성, 안후이 성)으로 개편되었다. 1928년 중화민국이 수도를 베이징에서 난징으로 이전하면서 즈리 성이 허베이 성으로 개편되었다(위키백과).

300) 대인선(大諲譔, ?~? 재위:907~926). 남북국시대 발해의 제15대 왕.

대인선은 발해의 마지막 왕이다. 대인선은 원래 발해의 제13대왕인 대현석(大玄錫)의 뒤를 이은 제14대왕으로 알려졌다. 그러나 20세기 초 중국학자인 김육불(金毓黻)이 『당회요(唐會要)』에서 건녕(乾寧) 2년(895) 10월에 발해왕 대위해(大瑋瑎)에게 칙서를 내린 기사를 발견하면서, 대위해가 제14대 왕으로 밝혀졌다. 이에 따라 대인선은 1대가 내려간 발해의 제15대왕으로 인정되었다. 그의 정확한 즉위 연대는 알려져 있지 않다. 907년 5월 후량(後梁)에 왕자 대소순(大昭順)을 사신으로 파견하면서, 발해 국왕인 대인선의 이름이 처음 기록에 나온다. 따라서 대인선은 적어도 907년 초 또는 그 이전에 즉위한 것을 알 수 있다. 926년 1월 거란 태조 야율아보기에 의해 상경성이 함락되면서 발해의 마지막 왕이 되었다.

대인선이 즉위한 때는 마침 요서(遼西) 북부 시라무렌강 유역에서 성장한 거란이 부족 통일을 이루고, 발해를 크게 위협하던 시기이다. 거란의 태조 야율아보기(耶律阿保機)는 907년부터 거란의 대가한이 되었고, 916년에는 황제를 칭하면서 대외 정복 전쟁을 활발히 전개하였다. 북중국과 서방을 공격하는 한편, 요동과 발해 서북쪽의 여진, 실위, 오고부 등을 공략하여 발해와 긴장이 고조되었다. 『거란국지(契丹國志)』에 따르면 대인선은 야율아보기가 거란 8부를 통일하고 해(奚)마저 병탄하자 신라 등 여러 나라와 은밀히 결원을 맺었다고 한다. 신라와의 결원에 대해 구체적인 사실을 확인할 수 없으나, 거란이 해를 평정한 911년에서 머지 않은 시기에 이루어졌던 것으로 보인다. 그러나 당시 신라는 발해를 도와줄 수 있는 상황이 아니었고, 도리어 『요사(遼史)』에 발해 멸망 직후 행해졌던 논공행상에 신라가 포함되어 거란을 도와준 것으로 나온다. 이에 대해 후삼국으로 나뉘어 있던 상황에서 신라가 군대를 동원하여 발해 정벌에 나서기는 어려웠을 것으로 보는 견해가 많다. 신라가 직접적으로 거란을 돕지는 않았지만, 발해와의 결원을 지키지 않고 거란이 발해를 정벌하는 데 관망한 대가로 보기도 한다. 신라와의 결원은 큰 성과를 얻지 못했지만, 대인선은 발해가 멸망할 때까지 후량과 일본에 여러 차례 사신을 파견하였고, 여진 등과 긴밀하게 연계하여 거란의 팽창과 침략에 맞서 외교적인 노력을 기울였다. 그러나 920년대로 들어서며 발해와 거란의 군사 긴장은 더욱 고조되었다. 거란은 908년 발해와 국경이 가까운 요하(遼河)

하구로 추정되는 진동해구(鎭東海口)에 장성(長城)을 쌓고 요동으로 진출하기 시작했다. 919년에는 요양고성(遼陽故城)을 동평군(東平郡)으로 고쳐 방어사(防禦使)를 설치하고 발해 공격의 전방 기지로 삼았다. 이후 여러 차례 군사 충돌이 있었을 것으로 보이나, 거란의 세력 확장에 발해가 대응한 기록은 924년에 요주(遼州)를 공격하여 거란의 자사(刺史) 장수실(張秀實)을 죽이고 백성을 약탈한 기사가 유일하다. 그리고 마침내 서방원정을 마친 야율아보기가 925년 12월에 황후, 황태자 배(倍), 대원수 요골(堯骨) 등을 이끌고 친정을 감행한 뒤 한 달 만에 발해의 수도 상경성을 함락시키고 발해를 멸망시켰다. 그 사이 발해 노상(老相)이 이끄는 군대와 부딪쳤지만, 노상군은 거란에 곧바로 투항하였다. 이렇듯 남아 있는 기록에 따르면 발해는 제대로 된 전투를 한 번도 치르지 못하고 멸망한 것처럼 보인다. 해동성국(海東盛國)이라고 불렸던 발해가 역사상 유래가 없을 만큼 단시일에 멸망한 것을 두고, 그 원인에 대해 내분설, 지배층의 도덕적 해이와 사치, 문약(文弱)해진 사회분위기와 기강 해이 등이 제기되었다. 심지어 백두산 화산이 폭발하여 큰 재앙이 일어나 거란의 침공에 대처하지 못했다는 주장까지 나왔다. 그러나 최근 연구에서는 대인선이 일찍부터 거란에 대응하기 위해 많은 외교적 노력을 기울였고, 『요사』와 『요동행부지(遼東行部志)』 등을 통해 요동의 패권을 두고 수십 년 동안 치열하게 혈전(血戰)을 벌인 것이 밝혀졌다. 거란은 상경성을 함락시켰지만, 지방을 모두 정복하지는 못했다. 926년 8월까지 막힐부, 안변부, 현덕부, 정리부, 남해부, 장령부에 대한 공격과 반란 진압이 이어졌고, 그 후에도 정안국 등 발해 부흥운동이 계속되었다. 대인선은 같은 해 7월에 야율아보기가 거란으로 회군하면서 왕후와 함께 끌려가, 거란의 수도 상경임황부(上京臨潢府)의 서쪽에 성을 쌓고 살게 되었다. 야율아보기는 대인선에게 오로고(烏魯古)라는 이름을, 왕후는 아리지(阿里只)라는 이름을 주었다. 이 이름은 『요사』 「국어해(國語解)」에 야율아보기와 그의 황후가 대인선으로부터 항복받을 때 탔던 말의 이름이었다고 한다([출처:대인선(大諲譔)-한국민족문화대백과사전]).

301) 왕륭(王隆, ?~897): 남북국시대 통일신라의 금성태수를 역임한 호족. 고려 태조의 아버지이다. 초명은 왕용건(王龍建)이며, 자는 문명(文明)이다. 부인은 위숙왕후 한씨(威肅王后韓氏)로 몽부인(夢夫人)이라고도 한다. 용모가 뛰어나고 도량이 넓어서 삼한을 병탄하려는 뜻을 가지고 있었다고 한다.

877년(헌강왕 3) 동리산문(桐裏山門)의 선승 도선(道詵)의 예언으로 아들을 낳으니 곧 왕건이다. 통일신라의 정치가 쇠퇴하여 견훤(甄萱)과 궁예(弓裔)가 스스로 각각 태봉과 후백제를 세우고 일어섰을 때 송악군(松嶽郡)의 사찬(沙粲)으로 있었는데, 896년(진성여왕 10)에 자신의 군(郡)을 들어 궁예에게 귀부하여 금성태수(金城太守)가 되었다. 이때 궁예에게 "대왕께서 만일 조선·숙신·변한 땅의 왕이 되고자 하신다면 송악에 성을 쌓고, 먼저 나의 아들 왕건을 성주로 삼는 것이 좋을 것입니다" 하니, 궁예가 그 말을 따라 왕건으로 하여금 발어참성(勃禦塹城)을 쌓게 하고 성주로 임명하였다. 이듬해 금성군(金城郡)에서 죽으니 영안성(永安城) 강변의 석굴에 장사지내고 능호를 창릉(昌陵)이라 하였다. 후일 왕건이 임금이 되자 추존하여 세조위무대왕(世祖威武大王)이라 하였다. 1027년(현종 18)에 시호를 가상(加上)하여 원열(元烈)이라 하였으며, 1253년(고종 40)에 또 가하여 민혜(敏惠)라 하였다([출처:왕륭(王隆)-한국민족문화대백과사전]).

302) 정기대감(精騎大監): 태봉(泰封) 때에, 기마(騎馬)를 쓰던 무관 벼슬.

303) 홍유(洪儒, ?~936): 고려전기 개국1등공신에 책록된 공신. 무신. 의성부(義城府) 사람. 초명은 홍술(洪術, 洪述).

마군장군(馬軍將軍)으로 신숭겸(申崇謙)·복지겸(卜智謙)·배현경(裵玄慶)과 함께 혁명을 일으켜 궁예(弓裔)를 몰아내고 왕건(王建)을 추대하여 개국1등공신이 되었다. 918년(태조 원년) 청주(靑州)에서 변란이 일어날 것을 염려하여 유금필(庾黔弼)과 함께 병사 1,500명을 거느리고 진주(鎭州)에 주둔하며 대비하였다. 이 때문에 청주에서 반란이 일어나지 않아 대상(大相)에 올랐다. 이듬해인 919년(태조 2)에는 오산성(烏山城)을 고쳐 예산현으로 하자 대상(大相) 애선(哀宣)과 함께 유민(流民) 500여 호를 옮겨 안정시키기도 하였으며, 이어 대상에서 태사 삼중대광(太師三重大匡)으로 올랐다. 그의 딸이 태조의 제26비 의성부원부인(義城府院夫人)이 되어 의성부원대군을 낳으면서 태조와 밀접한 관계를 유지하였다. 936년 후백제와의 마지막 전투인 일리천 전투에 대상으로서 마군을 거느리고 우강(右綱)을 인솔하여 큰 공을 세웠다. 994년(성종 13) 태사가 추증되었으며, 태사개국충렬공(太師開國忠烈公)으로서 태조의 묘정에 배향되었다([출처:홍유(洪儒)-한국민족문화대백과사전]).

304) 배현경(裵玄慶, ?~936): 고려전기 고려개국공신 1등에 책록된 공신. 무신. 경주(慶州) 출신. 초명은 백옥삼(白玉衫, 白玉三). 아들로는 배은우(裵殷祐)를 두었다.

원래 군졸이었으나 담력이 있어 벼슬이 대광(大匡)에까지 이르렀다. 궁예(弓裔) 때부터 활약했던 인물이며, 특히 마군장군(馬軍將軍)으로 있을 때 신숭겸(申崇謙)·홍유(洪儒)·복지겸(卜智謙)과 함께 혁명을 일으켜 고려 건국에 큰 역할을 하였다. 그리하여 태조(太祖) 즉위 후 1등공신이 되었고, 태조를 도와 후삼국 통일에 많은 활약을 하였다. 918년(태조 1)에는 청주인(靑州人) 현율(玄律)을 순군낭중으로 임명하는 데 반대하여 병부낭중으로 삼게 한 적도 있다.

994년(성종 13) 태사(太師)로 추증되어 태조묘에 배향되었다. 그 뒤 마전(麻田)의 숭의전(崇義殿), 평산(平山)의 태사사(太師祠), 나주의 초동사(草洞祠) 등에 배향되었다. 시호는 무열(武烈)이다([출처:배현경(裵玄慶)-한국민족문화대백과사전]).

305) 복지겸(卜智謙, ?~?): 고려전기 고려개국공신 1등에 책록된 공신. 면천(沔川) 복씨(卜氏)의 시조. 초명은 복사귀(卜沙貴) 또는 복사괴(卜砂瑰).

태봉(泰封)의 마군장군(馬軍將軍)으로서 궁예(弓裔)가 민심을 잃자, 918년(태조 1)에 배현경(裵玄慶)·신숭겸(申崇謙)·홍유(洪儒)와 함께 왕건(王建)을 추대하여 고려를 개창하고 개국공신 1등에 녹훈되었다. 그 뒤 환선길(桓宣吉)이 난을 일으키자 태조에게 알려 진압하게 하였으며, 순군리(徇軍吏) 임춘길(林春吉)의 모반을 평정하는 등 공을 세웠다.

994년(성종 13)에 태사(太師)에 추증되고 태조의 묘정(廟廷)에 배향되었다. 묘는 경기도 광주(廣州)에 있다. 시호는 무공(武恭)이다([출처:복지겸(卜智謙)-한국민족문화대백과사전]).

306) 대광현(大光顯)은 발해의 마지막 태자다. 대한민국의 태 씨(太氏)와 대 씨(大氏)는 대광현을 시조(始祖)로 본다. 926년 발해가 거란에 의해 멸망할 즈음에, 발해국의 세자 대광현(大光顯)이 장군 신덕(申德), 예부경(禮部卿) 대화균(大和鈞), 균로사정(均老司政) 대원균(大元鈞), 공부경(工部卿) 대복예(大福譽), 좌우위장군(左右衛將軍) 대심리(大審理), 소장(小將) 모두간(冒豆干), 검교(檢校) 개국남(開國男) 박어(朴漁), 공부경(工部卿) 오흥(吳興)이 그 남은 사람을 거느리고 수만 호가 도망하여 고려로

귀부하였다. 태조 왕건은 후하게 대접하여, 대광현에게 왕 성과 계(繼)라는 이름을 하사하고, 종적(宗籍)의 반열에 들게 하였다. 또, 원보(元甫)의 벼슬을 받아 백주(白州: 배천白川의 옛이름)를 지키면서 집안 제사를 지내게 되었다.

협계(陜溪) 태씨, 영순(永順) 태씨의 족보에서는 태조가 그에게 태 씨(太氏) 성을 하사했다고 전한다. 남원 태씨, 나주 태씨, 밀양 대씨 모두 그에게서 분파된 후손이라고 주장한다(역주자).

307) 원당(願堂): 죽은 사람의 화상(畵像)이나 위패(位牌)를 모시고, 그 원주(願主)의 명복(冥福)을 빌던 법당(法堂). 삼국시대에도 원당이 있었는지 기록상으로는 확실치 않으나, 신라에 원당전(願堂典)이란 관청이 있었던 것으로 보아 이미 원당이 있었으리라 추측된다. 고려 때에는 크게 성행하였다. 예컨대 1175년(명종 5)에는 의종(毅宗)을 희릉(禧陵)에 장사지내고 그 화상(畵像)을 해인사(海印寺)에 봉안(奉安)하여 원당으로 삼은 일이 있었으며, 1311년(충선왕 3)에는 흥천사(興天寺)를 원(元)나라 진왕(晋王)의 원당으로 정한 일 등이 있었다. 고려에서는 왕족뿐만 아니라 일반 귀족들도 앞을 다투어 지방의 여러 곳에 원당을 세웠기 때문에 그 폐단이 몹시 심하여, 충선왕이 즉위하여서는 양반들의 원당 건립을 일절 금할 것을 하교(下敎)한 일도 있었다. 그러나 원당의 건립은 여전하여서 조선까지도 계승되었다. 태조의 계비(繼妃) 강 씨(康氏)가 죽자 태조는 서울 서부(西部) 황화방(皇華坊)의 정릉(貞陵)에 장사지내고 그 옆에 흥천사(興天寺)를 세워 그 원당으로 한 것을 필두로 그 뒤에도 역대의 왕이나 왕비의 능(陵) 근처에 대부분 원당이 세워졌다. 유교를 숭상하고 불교를 배척하는 국책(國策)에 따라 태종 같은 임금은 그의 비(妃)가 죽었을 때에 고습(古習)을 버리고 원당을 세우지 않았으나, 태종이 죽은 뒤에는 철저히 금지되지 못하였다. 1776년(정조 즉위)까지에도 각 도(道)에 있는 원당에서 생기는 폐단이 많았으므로 명령을 내려, 「경각사(京各司)·각궁방(各宮房)의 원당을 일절 없애고, 이미 건축한 것은 헐어버리며 건축하지 못한 것은 건축한 것을 엄금한다」은 것이 법전화(法典化)됨으로써 그 뒤로는 사실상 금해지게 되었다. 한편 대궐 안의 원당은 내원당(內願堂)이라 일컬었다(이홍직 편, 『새국사사전』, 교학사, 2004, 876~877쪽).

308) 투세이면(投勢移免): <훈요 8조>에 나온다. 차현(車峴) 이남, 공주강(公州江) 외(外)의 산형지세가 모두 본주(本主)를 배역(背逆)해 인심도 또한 그러하니, 저 아랫녘의 군민이 조정에 참여해 왕후(王后)·국척(國戚)과 혼인을 맺고 정권을 잡으면 혹 나라를 어지럽히거나, 혹 통합(후백제의 합병)의 원한을 품고 반역을 감행할 것이다. 또 일찍이 관노비(官奴婢)나 진·역(津驛)의 잡역(雜役)에 속했던 자가 혹 세력가에 투신하여 요역(徭役)을 면하거나, 혹 왕후·궁원(宮院)에 붙어서 간교한 말을 하며 권세를 잡고 정사를 문란하게 해 재변을 일으키는 자가 있을 것이니, 비록 양민이라도 벼슬자리에 있어 용사하지 못하게 하라([출처:투세이면(投勢移免)-한국민족문화대백과사전]).

309) 문종(文宗, 1019~1083): 고려전기 제11대 왕.
문종은 고려전기 제11대 왕이다. 재위 기간은 1046~1083년이며, 형인 제10대 왕 정종에게 아들이 있었지만 형제상속의 형태를 취해 왕위를 계승했다. 문종 재위기는 고려의 황금기라 할 정도로 문물제도가 크게 정비된 시기였다. 양반전시과가 다시 정비되고 관제가 개편되었으며, 백관의 서열과 녹과가 제정되는 등 지배체제 확립을 위한 정치·경제제도가 완비되었다. 형법 정비와 재면법 마련으로 백성들의 생활이 안정되었으며 문화 전반에 걸쳐 큰 발전이 있었다. 몇 차례 동여진의 침략도 모두 격퇴하고 여진과 대체로 평화로운 관계를 유지했다.

이름은 왕휘(王徽), 초명은 서(緖), 자는 촉유(燭幽). 고려 현종(顯宗)의 셋째 아들이며, 어머니는 원혜태후 김씨(元惠太后金氏)이다. 형인 제10대 왕 정종(靖宗)에게 아들이 있었지만, 형제상속의 형태를 취해 1046년(정종 12) 왕위를 계승하였다. 제1비(妃)는 고려 제8대 현종(顯宗)의 딸인 인평왕후 김씨(仁平王后 金氏)이다. 인평왕후의 어머니는 현종의 제3비인 원성태후 김씨(元成太后 金氏)로 문종의 어머니인 제4비 원혜태후와는 자매지간이었다. 따라서 문종과 인평왕후는 왕과 왕비의 관계 이전에 이복남매지간이 되는 것이다. 이것은 고려시대 근친혼의 전형적 사례를 보여주는 혼인관계이다. 또한 이자연(李子淵)의 딸들을 비(妃)로 맞아들였는데, 인예태후(仁睿太后)·인경현비(仁敬賢妃)·인절현비(仁節賢妃)가 그들이다. 이밖에 인목덕비 김씨(仁穆德妃 金氏)가 있다. 문종의 아들로는 인예태후와의 사이에서 태어난 순종(順宗: 고려 제12대 왕)과 선종(宣宗: 고려 제13대 왕), 그리고 천태종을 창시한 대각국사 의천(大覺國師 義天) 등이 있다.

1022년(현종 13) 낙랑군(樂浪君)에 봉해지고, 1037년(정종 3) 내사령(內史令)에 책봉되었다. 1047년(문종 1) 시중 최충(崔冲)에게 명해 법률가들을 모아 종래의 율령(律令)·서산(書算: 글을 읽을 때 번수를 세기 위해 쓰는 물건)의 분명치 않거나 의문 나는 점을 상세히 점검해 밝히도록 했다. 이 결과 고려의 형법(刑法)이 크게 정비되었다. 1049년(문종 3)에는 공음전시법(功蔭田柴法)을 정하였다. 이것은 5품 이상의 고급관료들에게 상속이 가능한 일정한 토지를 지급해, 양반의 신분 유지에 필요한 재정적 후원을 목적으로 한 것이었다. 1050년(문종 4) 재면법(災免法)을 마련하고, 답험손실법(踏驗損實法)을 보충하였다. 재면법은 농사의 피재액(被災額)에 따라서 피재액이 4분 이상일 경우 조(租)를 면하고, 6분일 경우 조·포(布)를 면하고, 7분일 경우 조·포·역(役)을 모두 면제해주는 제도였다. 답험손실법은 현지의 농사상황을 관(官)에서 잘 조사해서 피해의 정도에 따라 조세를 경감·조절해 주는 장치였다. 1062년(문종 16) 삼원신수법(三員訊囚法)을 마련하였다. 이는 죄수를 신문(訊問)할 때 반드시 형관(刑官) 3명 이상을 입회하게 하여 범죄의 조사가 공정히 이루어지도록 한 조치였다. 1063년(문종 17)에는 국자감에 고교법(考校法)을 제정해 학생의 재학연한을 제한하였다. 이에 따라 유생(儒生)의 재학기간은 9년, 율생(律生)은 6년으로 제한해서 자질이 부족해 재학 기간 중 학업의 성적을 올리지 못하는 자는 퇴학시켰다. 1069년(문종 23) 양전보수법(量田步數法)을 규정해 결(結)의 면적을 확정하였다. 이에 의하면 양전(量田)의 단위는 보(步)로써 정하되 6촌(寸)을 1분(分), 10분을 1척(尺), 6척을 1보로 하고, 방(方) 33보를 1결, 방 47보를 2결로 하여 이하 10결에 이르기까지 그 면적을 명시하였다. 양전척(量田尺)의 실체는 알 수 없으나 고주척(古周尺, 19.8㎝)은 아닌 듯하다. 이것에 의해 산정된 결의 면적은 약 1만 7,000평·6,800평·4,500평 등으로 추정하는 견해들이 서로 대립되어 있다. 이해에 또 종래 1결에 대해 5승(升)을 징수하던 전세(田稅)가 7승(升) 5홉(合)으로, 10부(負)에 대해서는 7홉 5작(勺)으로 각각 인상되었다. 고려의 전품(田品)에 관해서는 1054년(문종 8)에 3등급의 전품제(田品制)가 마련되었다. 해마다 경작하는 불역지지(不易之地)를 상전(上田), 1년 쉬고 1년 경작하는 일역지지(一易之地)를 중전(中田), 2년 쉬고 1년 경작하는 재역지지(再易之地)를 하전(下田)으로 하였다. 전품제가 산전(山田)에만 적용되는 것인지, 혹은 산전·평전(平田)에 고루 적용되는 것인지에 대해서는 학설이 분분하다. 가령 전품제가 산전에만 적용되고 평전에는 적용되지 않는 것이라면, 평전에서는 이미 세역휴경(歲易休耕)이 아닌 상경연작(常耕連作)의 농법이 시행되어 있었다는 매우 중요한 결론을 내릴 수 있다. 그러나 이 문제는 앞으로 더 깊은 연구를 거쳐 해결되어야 할 것이다. 따라서 1069년(문종 23)에 면적이 확정된 전결(田結)이 재래와 같은 동적이세(同績異稅)의 면적단위를 말하는 것인지, 혹은 조선시대와 같은 이적동세(異積同稅)의 수세단위를 말하는 것인지의 문제도 현재로서는 단정하기 어렵다. 이해에 경기(京畿)지역이 확대되었다. 경기지역은 종전의 13현에서 50여 현으로 팽창되었다. 이러한 팽창은 종래 양반전시과의 개편을 앞두고 양반의 전시지(田柴地)를 경기지역의 땅 안에서 확정ㆍ지급하기 위한 조처를 전제로 했던 것이라고 해석되어 왔다. 그러나 현재는 양반에 지급된 과전(科田)은 경기에 한정된 것이 아니라 하도(下道) 전역에 걸쳐 지급되었으리라는 견해가 유력시되어 있다. 따라서 경기지역 확대의 이유와 동기는 앞으로 다른 각도에서 재검토되어야 할 필요가 있다. 1076년(문종 30) 양반전시과가 다시 정해져 고려 전기의 토지법이 최종적으로 완비되었다. 또한 녹봉제도가 문무백관 및 유역인(有役人)들에게도 실시되었다. 이것은 모두 집권적 지배체제의 물질적 토대가 정비되어 감을 의미한다. 1077년(문종 31)에는 선상기인법(選上其人法)이 제정되었다. 향리(鄕吏)의 자제를 서울에 인질로 보내어 출신 지방의 계문(啓聞: 지방 관리들이 중앙에 상주하는 일)에 대비한 것인데, 이 제도 역시 집권적 지배체제의 강화ㆍ진전을 의미하는 것이다. 문종대에는 남반직(南班職: 문반과 무반에 들지 못하는 중류계급의 반열)의 최고위가 종래의 4품위(品位)에서 7품위로 떨어져 격하되었다. 이것은 문무 양반에 비해 남반이 천시된 결과이며 양반관료의 신분적 우월성이 정착된 것을 뜻하는 것으로 이해된다. 한편 대외관계는 1050년ㆍ1052년ㆍ1064년ㆍ1068년ㆍ1073년에 각각 동여진(東女眞)의 침략을 받았으나 모두 격퇴하였다. 여진과의 관계는 대체로 평온해 여진이 토산을 바쳐 내부(內附)할 정도였다. 훗날에 보이는 여진과의 갈등은 당시에는 예측되지 않았었다.

재위 37년 동안 문물제도는 크게 정비되어 흔히 이 시기를 고려의 황금기라고 한다. 불교ㆍ유교를 비롯해서 미술ㆍ공예에 이르기까지 문화 전반에 걸쳐 큰 발전을 이루었다. 이것은 신라 문화를 계승하는 동시에 송나라 문화를 수용, 창조적인 고려 문화를 형성했기에 가능한 일이었다. 양반전시과(兩班田柴科)가 다시 정비되고 관제가 개편되었으며, 백관의 서열과 녹과(祿科: 녹을 지급하기 위해 구분한 품등)가 제정되는 등 집권적 지배체제의 확립을 의미하는 여러 가지 정치ㆍ경제제도가 완비되었다. 제도의 정비 과정에서 송제(宋制)를 모방ㆍ수용한 흔적도 많이 보이기는 하지만 대체로 고려의 실정에 맞게끔 수정ㆍ실시되었다. 실제로 하부구조인 사회ㆍ경제의 상태가 송나라와 차이가 있었기 때문에 송나라의 제도를 그대로 수용하는 것이 불가능했고 따라서 전시과제도와 같은 고려 독자의 토지법이 여러 번 개편되어 실시되었던 것이다. 지방통치체제도 성종(成宗) 때 처음 외관(外官)이 설치된 이래, 현종(顯宗)을 거쳐 문종대에 이르러서는 양계(兩界)에 방어사(防禦使)ㆍ진사(進士)ㆍ진장(鎭將)의 수가 늘어났고, 남쪽의 여러 도에서는 지주부군사(知州府郡事)ㆍ현령(縣令)이 증설되어 수령의 관료제가 강화되었다. 이러한 일련의 제도 정비는 역시 집권적 지배체제의 확립과 깊은 관계가 있는 것이다. 능은 경릉(景陵), 시호는 인효(仁孝)이다([출처:문종(文宗)-한국민족문화대백과사전]).

310) 문하성(門下省): 고려 중앙 의정기관(中央議政機關)의 하나. 왕명(王命)의 출납(出納)과 중신(重臣)의 핵주(劾奏: 관리의 죄를 탄핵하여 임금께 아뢰는 일)에 관한 사무를 담당하였다. 그 장관은 시중(侍中)이라 하였다.

311) 봉박(封駁): 고려·조선시대 왕의 조지(詔旨) 내용이 합당하지 못할 경우 이를 봉함하여 되돌려 공박하는 제도.

고려 중서문하성(郎舍)의 직무이며 권한의 하나였다. 중서문하성은 상하 이중구조로 이루어져 상층의 재부(宰府)는 성재(省宰)·재신(宰臣)·재상(宰相)이라 호칭된 2품 이상관으로 구성된 데 비하여 하층의 낭사는 성랑(省郎)·간관(諫官)이라 불리는 3품 이하관으로 조직되어 있었다.

본래 고려에서는 군주의 언동과 처사가 나라에 절대적인 영향을 미치게 되므로 그것이 바람직한 방향에서 수행되도록 언론을 담당할 수 있는 관원을 두고 있었다. 이들이 바로 중서문하성의 하층부를 이루는 낭사 소속의 산기상시(散騎常侍) 이하 사간(司諫)·정언(正言) 등의 간관들이었다. 그러니까 봉박은 이처럼 군주에 대해 간언(諫言)을 담당하고 있던 간관들의 또 다른 직임의 하나임을 알 수 있다. 따라서 봉박이라는 말도 군왕의 부당한 처사나 조칙을 '봉환(封還)하여 박정(駁正)한다'는 의미를 가지는 것이다. 조서나 처사의 내용을 '봉함하여 되돌린다'는 뜻에서 봉환이라 하며, 거기에 덧붙여 '반박하는 의견을 신달(申達)하게' 될 때는 봉박이 된다. 이것은 말하자면 간관들의 권한 중 하나인 일종의 거부권과 같은 것이라 하겠다. 『경국대전』 「이전(吏典)」 〈사간원조(司諫院條)〉에 의하면, 조선시대 간관의 직임에 대해 논박이라 한 규정이 보이는데, 이 역시 표현은 좀 다르지만 그 내용에 있어서는 봉박과 비슷한 뜻을 가지는 말로 짐작된다. 고려시대와 조선시대에는 간관과 일체적 관계를 맺고 있으면서 함께 언론을 담당한 대관(臺官)들이 따로 있었다. 『고려사』 「백관지」와 『경국대전』에는 이들의 직무의 하나로 '시정(時政)의 논집(論執)'이라는 항목이 들어 있다. 이것은 말할 필요도 없이 당시의 정사(政事), 즉 현실의 시정·시책에 대한 집요한 언론제도를 일컫는다. 이 시정에 대한 집요한 언론 또한 봉박과 내용을 같이하는 것으로 짐작된다. 그 언론이 방법상으로 봉서(封書)의 형태를 취한다면 그것은 곧 봉박이 되기 때문이다. 요컨대, 봉박·논박·시정의 논집은 그 내용상 유사한 성질의 것으로서 모두 대간이 지니고 있던 권한의 하나였음을 살필 수 있는 것이다. 봉박하는 언론은 논사(論事)뿐 아니라 인사문제를 둘러싸고서도 자주 행해졌다. 이와 같은 사실은 세조 때 대사헌을 지낸 양성지(梁誠之)의 상소 가운데, "이조와 병조가 임명한 후 3품 이하는 모두 대성(臺省)에 보내는데 5품 이하는 반드시 가세(家世)의 흔구(痕咎) 유무와 본인 소행의 선악과, 무릇 전에 받은 자격 및 수직(授職)의 당부(當否) 등을 고찰하여 부당한 바가 있으면 반드시 봉박, 보고하도록 하여 그에 따라 즉시 개정하였으니, 서경법(署經法)은 이처럼 중한 것입니다"(『세조실록』 권39 세조 12년 8월 임자조)라고 한 것에서 직접적인 사례를 찾을 수 있다. 서경문제로 국왕과 대간의 의견이 대립되는 경우 봉박이 뒤따랐음을 말하고 있거니와 이에 앞서 태조 원년에 간관의 직장(職掌)으로 '간쟁의 헌납'과 함께 제정되고 있는 '차제(差除)의 박정'(『태조실록』 권1 태조 원년 추7월 정미조)이 바로 이와 연결되는 것임을 아울러 이해할 수 있다. 여기에 예로 든 것은 조선시대의 사실들이지만 고려시대에 있어서도 서경 관계로 대간들이 봉박한 사례는 오히려 더욱 자주 접할 수 있는 만큼 상황은 서로 비슷했던 것 같다. 결국, 고려와 조선에서 대간들은 봉박권을 통해 국가의 시책이나 인사문제에 대해 언론을 행사해 왔음을 확인할 수 있다. 그렇게 함으로써 국왕이 올바른 정사를 펼 수 있도록 돕는다는 것이었다. 그러나 한편, 이것은 실제적인 권력관계에서 왕권이 대간들에 의해 규제를 받았다는 의미도 내포하는 것이다. 이는 물론 왕조의 정치체제나 권력구조 등에 따라 강약의 차이가 있게 마련이었지만, 어떻든 대간들의 봉박권은 이처럼 국왕의 보좌와 그의 권력에 대한 규제라는 양면성을 가지고 있었다([출처:봉박(封 駁)-한국민족문화대백과사전]).

312) 삼공(三公): 고려시대의 태위(太尉)·사도(司徒)·사공(司空)의 총칭.

언제부터 주어졌는지는 확실하지 않으나 문종 때 각각 1인으로 하고 모두 정1품으로 정비하였다. 충렬왕 때 없어졌다가 1356년(공민왕 5) 다시 두었으며 1362년 다시 없앴다. 주된 직능은 삼사(三師)와 함께 임금의 고문 역할을 하는 최고의 관직이었다. 이러한 삼공·삼사직은 적격자가 없으면 임명하지 않고 비워 두었다. 대체로 왕족에게는 검교직(檢校職)이나 수직(守職)으로 수여되어 봉작을 대신하여 수여하는 명예직으로 사용되었다. 일반 신하의 경우에도 고위 관직작에게 명예를 더해주기 위한 수단으로 활용되었다. 고려시대는 봉작이 상속되지 않았는데, 모든 공(公)·후(侯)·백(伯)의 아들과 여서(女婿)에게는 봉작 대신 최고의 관직인 사도나 사공이 명예직으로 수여되었던 것이다. 일반 신하의 경우는 검교직의 실례를 통하여, 그리고 왕족의 경우는 봉작제(封爵制)의 실례를 통하여 삼공이나 삼사의 진급순위를 보면, 사공→ 사도→ 태위→ 태보→ 태부→ 태사의 순서였음이 확인된다. 따라서 삼공이나 삼사는 같은 정1품이었으나 삼공보다는 삼사가 상위에 있었음을 알 수 있다([출처:삼공(三公)-한국민족문화대백과사전]).

313) 삼사(三師): 고려시대 태사(太師)·태부(太傅)·태보(太保)의 총칭.

언제부터 주어졌는지는 확실하지 않으나, 문종 때 각각 1인으로 하고 모두 정1품으로 정하였다. 충렬왕 때 없어졌다가 1356년(공민왕 5) 다시 두었으며, 1362년에 없앴다. 주된 직능은 삼공(三公)과 함께 임금의 고문 구실을 하는 국가 최고의 명예직이었다. 이러한 삼사·삼공직은 적격자가 없으면 궐원(闕員)으로 두었다. 한편, 왕족에게 수여된 봉작제(封爵制)의 경우를 보면, 삼사의 직이 왕족에게도 검교직(檢校職)으로 수여되고 있었다. 일반 신하의 경우는 검교직의 실례를 통하여, 그리고 왕족의 경우는 봉작제의 실례를 통하여 삼공이나 삼사의 진급순위를 보면, 사공→ 사도→ 태위→ 태보→ 태부→ 태사의 순서였음이 확인된다. 따라서 삼공이나 삼사는 같은 정1품이었으나 삼공보다는 삼사가 상위에 있었음을 알 수 있다([출처:삼사(三師)-한국민족문화대백과사전]).

314) 평장사(平章事): 고려시대 중서문하성(中書門下省)의 정2품 관직.

문종 때에 문하시랑평장사(門下侍郎平章事)·중서시랑평장사(中書侍郎平章事)·문하평장사·중서평장사가 있었으며, 정원은 각 1인이었다.

실제 문하평장사·중서평장사는 두어져 있지 않았고, 대신 문하시랑동중서문하평장사(門下侍郎同中書門下平章事)·중서시랑동중서문하평장사(中書侍郎同中書門下平章事)가 설치되어 있었다. 또한, 정원도 1인으로 고정되지 않고, 대체로 중서시랑·문하시랑이 복수인 경우가 많았다. 평장사 내의 서열은 문하시랑이 중서시랑보다 위이고, 평장사보다 동중서문하평장사가 상위가 되었다. 따라서 평장사 중에서는 중서시랑평장사가 초직(初職)이고 문하시랑동중서문하평장사가 최상위직이었다. 이와 같이 평장사 사이에는 명칭상으로 중서·문하의 구별이 있었으나, 그 반차(班

次)는 상하관계였음을 알 수 있다. 한편, 고려에서는 중서성(中書省)과 문하성(門下省)이 구분되지 않고 중서문하성으로서 운영되었다는 견해(二省六部制說)가 정설이다. 이 견해는 양성의 평장사를 겸하는 동중서문하평장사를 가하는 일이 많았으므로, 평장사는 중서성과문하성의 구별을 초월해 같은 중서문하성의 재신(宰臣)으로서 함께 국사를 논의한 것으로 본다. 그러나 최근에는 중서성과 문하성이 구분되어 상서성(尙書省)과 더불어 운영되었다는 견해(三省六部制說)가 제시되었는데, 이에 따르면 중서성과 문하성에 각각 평장사가 두어진 것이 되어 차이가 있다. 고려에는 5재(五宰)의 재신직이 있었는데 문하시중(門下侍中)은 수상(首相), 평장사는 아상(亞相), 참지정사(參知政事)는 3상(相), 정당문학(政堂文學)은 4상(相), 지문하성사(知門下省事)는 5상(相)이었다. 평장사는 재신 중 문하시중 다음의 서열로서 재신의 중간정도의 지위에 위치하였다.

　　고려 후기에는 1274년(충렬왕 1)에 찬성사(贊成事)로 개칭되었다가 1356년(공민왕 5)에 다시 평장사로 환원되었다. 1362년에 또다시 찬성사로 되었다가 1369년에 평장사로 고쳐져 고려 말에 이르렀다. 고려시대의 평장사는 조선시대에 들어와 1392년(태조 1) 관제 신정(新定) 때에 문하부(門下府)의 종1품 관직인 찬성사로 개편되면서 소멸하였다. 이 찬성사가 뒤에 의정부(議政府)의 좌·우찬성(左右贊成) 및 좌·우참찬(左右參贊)으로 이어졌다([출처:평장사(平章事)-한국민족문화대백과사전]).

315) 국자감(國子監)은 992년(고려 성종 11)에 설립된 고려시대 국립 고등 교육 기관으로 수도 개경에 위치하였다. 국자감의 창설은 신라로부터 이어온 국학을 당·송의 제도를 참작하여 정식으로 개편한 것으로 보는 견해가 있다.

　　한편 고려의 교육기관으로 태조 때 경학(京學)이 있었으나, 성종은 모든 제도를 정비하면서 경학을 국자감으로 개편하였다는 견해도 있다. 유학부(儒學部)와 잡학부(雜學部)로 이루어졌으며, 국가가 필요로 하는 인력을 양성하였다(위키백과).

316) 전악서(典樂署): 고려 때 성률(聲律)의 교열(校閱)을 맡아보던 관청. 목종시대에 설치한 대악서(大樂署)를 1308년(충렬왕 34) 개칭한 기관으로 영(令-정7품)·장(長-종7품)·승(丞-종8품)·사(史-종8품)·직장(直長-종9품) 등 각 2명의 관원을 두고 자운방(紫雲坊)에 예속시켰다. 그 후 1356년(공민왕 5)에 대악서로 환원하여 독립관청으로 하였으며 1362년(공민왕 11)에 전악서, 1369년(공민왕 18)에는 대악서, 1372년(공민왕 21)에는 다시 전악서 등으로 명칭을 번복하다가 1391년(공양왕 3)에 종묘의 악가(樂歌)를 맡아보는 아악서(雅樂署)를 따로 설치하여 그 분야의 사무를 전악서에서 분리하였다(이홍직 편, 『새국사사전』, 교학사, 2004, 1169쪽).

317) 비서성(秘書省):고려 때 축문(祝文)과 경적(經籍)을 맡아보던 관청. 995년(성종 14)에 내서성(內書省)을 개칭한 것으로 1298년(충렬왕 24)에 비서감(秘書監)으로, 1308년(충렬왕 34)에 전교서(典校署)로 예문관(藝文館)에 예속되었다가 다시 전교시(典校寺)로 독립되었다. 1356년(공민왕 5)에 다시 비서감으로, 1362년에 전교시, 1369년에 비서감으로 다시 불리고 1372년에 또 전교시가 되었다(이홍직 편, 『새국사사전』, 교학사, 2004, 560쪽).

318) 종부시(宗簿寺): 고려 때 왕실의 보첩(譜牒)을 맡아보던 관청. 목종 때에 전중성(殿中省)이라고 하던 것을 뒤에 전중시(殿中寺)로, 1298년(충렬왕 24) 종정시(宗正寺)로, 다시 전

중감(殿中監)으로 바꾸었다가 1310년(충선왕 2)에 종부시로 개칭하였다. 1356년(공민왕 5)에 다시 종정시, 1362년(공민왕 11)에 종부시, 1369년(공민왕 18)에 종정시, 1372년(공민왕 21)에 종부시로 여러 번 개칭되었다. 관속의 명칭·품계·정원도 종부시의 명칭 변경에 따라 변동되었는데, 문종 때의 직제를 보면 아래와 같다. 판사(判事-정3품) 1인, 감(監-종3품) 1인, 소감(少監-종4품) 2인, 승(丞-종5품) 2인, 내급사(內給事-종6품) 1인이며 이속(吏屬)은 주사(主事) 4인, 영사(令史) 4인, 서령사(書令史) 4인, 기관(記官) 4인, 산사(散士) 4인이었다(이홍직 편, 『새국사사전』, 교학사, 2004, 1273쪽).

319) 전의시(典儀寺): 고려 때 제사(祭祀)와 증시(贈諡)를 맡아보던 관청. 원래 목종 때 태상(太常)이라는 명칭으로 설치한 것을 문종 때 태상부(太常府)라 하였다가 1298년(충렬왕 24)에 원(元)의 요구에 의하여 봉상시(奉常寺)로 개칭하였다. 1308년(공민왕 5)에 태상시(太常寺)로, 1362년(공민왕 11)에 전의시로 복구, 1369년(공민왕 18)에 다시 태상시로, 1372년(공민왕 21)에 전의시로 다시 개칭하였다. 속관(屬官)은 명칭의 변경에 따라 직명·품계·인원 등에 변동이 있었는데, 1308년(충렬왕 34)의 경우를 보면 다음과 같다. 영사(領事-兼官) 2명, 영(令 -정3품) 1명, 부령(副令-정4품) 2명, 승(丞 -정5품)·주부(主簿-정6품) 각 1명, 직장(直長-정7품)·녹사(錄事-정9품) 각 2명이었다(이홍직 편, 『새국사사전』, 교학사, 2004, 1171쪽).

320) 대부시(大府寺): 고려의 관청. 어의(御衣)의 원료인 여러 가지 면직물을 저장하고 이를 조달하던 기관으로 조선 내수사(內需司)의 모체가 되었다. 문종 때 대부시를 두었는데 1298년(충렬왕 24)에 외부시(外府寺), 1308년(충선왕 직위)에 내부사(內府司), 1356년(공민왕 5)에 대부감(大府監), 1362년(공민왕 11)에 내부시(內府寺), 1369년(공민왕 18)에 다시 대부시, 1372년(공민왕 21)에 도로 내부시로 되었다. 충선왕(忠宣王) 때부터 장흥고(長興庫)를 상고(上庫)로, 상만고(常滿庫)를 하고(下庫)로 삼았다. 관원도 변동이 많아 문종 이래의 대부시는 판사(判事-정3품)·경(卿-종3품) 각각 1인, 소경(小卿-종4품)·지사(知事)·승(丞) 각각 2인, 주부(主簿) 4인이었고, 외부시이었을 때는 경 2인, 소경 1인, 승 1인, 주부 2인이었으며, 공민왕 때의 대부시는 경은 윤(尹)으로 소경을 소윤(小尹)으로 바꾸었고, 내부시 때는 영(令-정3품) 2인, 부령(副令-정4품) 2인, 승 4인, 주부 4인이었다. 상고에는 사 1인, 부사 1인, 직장 1인이었다(이홍직 편, 『새국사사전』, 교학사, 2004, 343쪽).

321) 선공감(繕工監): 고려 때 토목(土木)·영선(營繕)을 맡아보던 관청. 원래 목종 때는 장작감(將作監)이라 칭하였고, 1298년(충렬왕 24)에 선공감(繕工監)으로 개칭, 곧 선공사(繕工司)로 고쳤다가 뒤에 선공시(繕工寺)로 고쳤다. 1356년(공민왕 5)에 장작감으로 복구, 1362년에 선공시, 1369년에 장작감, 1372년에는 다시 선공시로 고쳤다. 속관(屬官)의 인원·명칭·품계도 명칭의 변경에 따라 변했다. 충렬왕 말기에는 판사(判事-정3품)·영(令-종3품)·부령(副令-종4품)·승(丞-종6품)·주부(主簿-종7품) 등이며 모두 타관이 겸하였다(이홍직 편, 『새국사사전』, 교학사, 2004, 639쪽).

322) 장야서(掌冶署): 고려 때 철공(鐵工)과 야금(冶金)에 관한 일을 맡아보던 관청. 문종 때 설치, 영(令-종7품) 2명, 승(丞-정8품) 2명의 관원과 이속(吏屬)으로 사(史) 4명, 기관(記官) 4명, 산사(散士) 2명이 있었으나 1308년(충렬왕 34)에 영조국(營造局)으로 개칭, 사(使-종5품)·부사(副使-종6품)·직장(直長-종7품) 등의 관원을 두었다. 그 후 1310년(충선왕 2) 다시 장야서로 환원, 1391년(공양왕 3)에 공조(工曹)에 병합되었다(이홍직 편, 『새국사사전』, 교학사, 2004, 1150쪽).

323) 도교서(都校署):고려 때 세공(細工)을 맡아보던 관청. 특히 목업(木業)·석업(石業)·조각

장(彫刻匠)·석장(石匠)·장복장(粧覆匠)·이장(泥匠) 등의 전문적인 기술인이 여기에서 일하였다. 초기부터 있었으며 1308년(충선왕 즉위)에 잡작국(雜作局)으로 개칭되었다가 1310년(충선왕 2)에 복칭되었는데 1391년(공양왕 3)에 선공시(繕工寺)에 병합되었다. 문종(文宗) 때의 관원은 영(令-종8품) 2인, 승(丞-정9품) 4인이었고, 이속(吏屬)은 감작(監作) 4인, 서령사(書令史) 4인, 기관(記官) 2인이었다(이홍직 편, 『새국사사전』, 교학사, 2004, 360쪽).

324) 순군만호부(巡軍萬戶府): 고려시대의 관청. 포도(捕盜)·금란(禁亂)을 맡아보았다. 충렬왕 때 몽골 제도를 모방하여 순마소(巡馬所)를 설치, 개경(開京)의 야간 경비를 담당케 하였는데 처음에는 단순한 순라군(巡邏軍)에 불과하던 것이 나중에는 내료(內僚) 또는 문신(文臣)까지 편입한 1종의 금군(禁軍) 비슷한 임무도 겸하게 되었다. 출정군(出征軍)으로도 활동하였고, 형옥(刑獄)을 다스리는 임무도 띠게 되었다. 이 순마군으로부터 순군제(巡軍制)가 발달하여, 1316년(충숙왕 3)에는 지방의 주요한 곳에 33개의 순포(巡捕)를 설치, 순군만호부는 이들 순라군의 총본부로서의 역할을 하였다. 여기에 속한 관원은 도만호(都萬戶)·상만호(上萬戶)·만호(萬戶)·부만호(副萬戶)·진무(鎭撫)·천호(千戶)·제공(提控) 등이었다. 1369년(공민왕 18) 사평순위부(司平巡衛府)로 고쳐 제조(提調) 1, 판사(判事) 3, 참상관(叅詳官) 4, 순위관(巡衛官) 6. 평사관(評事官) 5명을 두었다가 우왕이 다시 순군만호부로 고쳤으며, 이 제도는 조선에 계승되어 의금부(義禁府)의 전신(前身)을 이루었다. 그 직능에 관하여는 『고려사』 「백관지(百官志)」에 <掌捕盜禁亂>이라 하였고, 또 「형법지(刑法志)」 <도적(盜賊)조>에 실린 충선왕의 전지(傳旨)에 <巡軍府, 本爲捕盜而設, 民間鬪鬩, 宰殺牛馬等事, 皆可理之, 其餘土田奴婢事並勿理, 以巡綽爲事>라 하여 토지나 노비의 소송사건을 다루지 않는다고 하였으나 실제에 있어서는 도적을 잡는 기능 이외에 끊임없이 재판기관으로서의 역할을 하였고, 덕흥군(德興君)을 중심으로 하여 공민왕을 폐하고자 한 친원파(親元派)를 소탕한 사실 등으로 보아 비상시에는 개경의 경비사령부로서의 성격도 띠고 있었다. 요컨대 순군만호부는 원래 몽골식 순라병의 중심 기관이며, 정치적·군사적으로 몽골화되는 과정에서는 시위(侍衛)·금란(禁亂)·포도(捕盜) 등의 여러 가지 임무를 수행했고, 몽골 세력이 물러가자 가장 신뢰할 수 있는 독자적인 권력기관으로 전환되었다. 위에 말한 바와 같이 이 기관은 몽골 세력의 성쇠, 고려 병권(兵權)의 소장(消長)과의 연관성을 잘 반영해주고 있다(이홍직 편, 『새국사사전』, 교학사, 2004, 697쪽).

‥‥‥‥‥‥‥‥
* 개경의 순군만호는 당시 개경에서 주요한 군사력을 이루고 있었던 순군의 최고지휘관으로서 방도금난(防盜禁亂)을 주임무로 하였으나 흔히 왕권을 둘러싸고 일어나는 정쟁(政爭)에 개입하곤 하였다(韓祐劤, 「麗末鮮初 巡軍硏究」, 『震檀學報』22, 1961, 30쪽, 邊東明, 「고려 충렬왕대의 만호」, 106쪽 『역사학보』제121집, 1989.3, 122쪽에서 재인용).

325) 경시서(京市署): 고려 때 개경(開京)의 시전(市廛)을 관장하던 관청. 문종 때 영(令-정7품) 1명, 승(丞-정8품) 2명을 두었고, 충렬왕 때에는 영을 권참(權參)으로 고쳤고 승을 3명으로 증가시키고 공민왕 때에는 승을 강등하여 종품으로 했다. 이속(吏屬)으로는 문종 때 사(史) 3명, 기관(記官) 2명을 두었다(이홍직 편, 『새국사사전』, 교학사, 2004, 63쪽).

326) 공역서(供驛署): 고려 때 군수품(軍需品)의 조달기관. 문종(文宗) 이후 전시과(田柴科)의 정비와 더불어 공역서의 기관도 정비되었는데 영(令-종7품) 2인, 승(丞-종8품) 2인 등 관원을 두었고 각도(各道)의 우역(郵驛)을 관리하여 명령의 전달, 역마(驛馬)의 동원 등 군사상의 중요한 임무를 맡았으며 1276년(충렬왕 2) 몽골이 설치한 포마차자색(鋪馬箚子色)도 공역서와 동일한 직무를 맡았다(이홍직 편, 『새국사사전』, 교학사, 2004, 121쪽).

327) 사재시(司宰寺): 고려 때의 관청. 어산물(漁山物)의 조달과 하천(河川)의 교통을 맡아보았다. 문종 때의 관원은, 판사(判事-정3품), 경(卿-종3품) 각 1명, 소경(小卿-종4품) 1명, 승(丞-종6품) 2명, 주부(主簿-종7품) 2명, 이속(吏屬)으로는 서사(書史) 6명, 기관(記官) 2명, 산사(散士) 2명을 두었다. 1298년(충렬왕 24)에 사진감(司津監)으로, 얼마 뒤에 사재시로 고쳤다가 1308년(충렬왕 34)에 도진사(都津司)로 개칭, 뒤에 다시 사재시로 고쳤다. 1369년(공민왕 18)에 사재감(司宰監)으로 고쳤으나, 1372년(공민왕 21)에 또 다시 사재시로 개칭하였다. 사재시의 간수군(看守軍)으로 잡직장교(雜織將校) 2명을 배치하였다(이홍직 편, 『새국사사전』, 교학사, 2004, 577~578쪽).

328) 전의시(典醫寺): 고려 때의 관청. 의약(醫藥)과 치료(治療)에 관한 일을 맡아보았다. 원래 목종 때부터 태의감(太醫監)이라 일컫었던 것을 1308년(충렬왕 34)에 사의서(司醫署)로 개칭, 뒤에 전의시(典醫寺)로 고쳤다. 1356년(공민왕 5)에 태의감(太醫監), 1362년(공민왕 11)에는 다시 전의시로, 1369년(공민왕 18)에는 또다시 태의감으로, 1372년(공민왕 21)에는 또다시 전의시로 개칭되었다. 관원도 관청명의 변동에 따라 여러 번 바뀌었는데 충렬왕 때의 것을 보면 다음과 같다. 제점(提點-정3품 兼官) 2명, 영(令-정3품)·정(正-종3품)·부정(副正-종4품)·승(丞-종5품)·낭(郎-종6품)·직장(直長-종7품) 각 1명, 박사(博士-종8품)·검약(檢藥)·조교(助敎) 각 2명이었다(이홍직 편, 『새국사사전』, 교학사, 2004, 1171쪽).

329) 대비원(大悲院): 고려시대의 구호기관. 대자대비(大慈大悲)의 불교정신에 입각하여 세워졌다. 개경(開京)에는 동쪽과 서쪽에 각각 하나씩 있어 동서대비원(東西大悲院)이라 하였으며, 서경(西京)에도 분사(分司) 1원이 있었다. 불교의 복전사상(福田思想)과 자비사상(慈悲思想)에 의하여 현약(賢藥)과 식량을 갖추어놓고 병자를 치료하였으며, 혹은 기아로 고통받는 이들에게 의복과 식량을 나누어주던 곳이었다. 설립연대는 미상이나, 1036년(정종 2) 11월 동대비원을 수리하고 기한과 질병으로 갈 곳이 없는 사람들을 수용하고 옷과 음식을 주었다는 기사가 있는 것으로 보아 그 전에 설립된 것임을 알 수 있다. 이곳에는 사(使)·부사(副使)·녹사(錄事) 등의 관원이 정식으로 임명, 배치되었다. 1131년(인종 9) 대비원을 수리하고 백성의 질병을 치료하게 하였으며, 1188년(명종 18) 8월 관동지방의 수재민을 위하여 사신을 그곳에 보내어 동서대비원에서 방출한 미곡으로 널리 구호에 나서기도 하였다. 1311년(충선왕 3) 전지(傳旨)를 내려 병자를 치료하고 기아자에게 식량을 나누어주었으며, 1371년(공민왕 20) 12월 의약을 갖추어 그 운영에 만전을 기하는 등, 고려 말까지 대비원은 자혜사업을 통한 불교의 귀의 및 친밀감을 깊게 해주는 기관으로서 그 구실을 다하였다. 이 대비원은 조선시대 초기에도 설치되었으나 1414년(태종 14) 활인원(活人院), 1466년(세조 12) 활인서(活人署)로 개칭되었다[출처:대비원(大悲院)-한국민족문화대백과사전]).

330) 혜민국(惠民局): 고려 때 인민의 질병을 고쳐주기 위하여 설치한 의료기관(醫療機關). 1112년(예종 7)에 두었으며 충선왕 때 사의서(司醫署)의 관할로 되었다가, 1391년(공양왕 3) 혜민전약국(惠民典藥局)으로 개칭하였다. 혜민국에는 판관(判官) 4명을 두었는데 본업(本業-醫官)과 산직(散職)을 교대로 보내어 일을 담당케 하였다(이홍직 편, 『새국사사전』, 교학사, 2004, 1517쪽).

331) 군기감(軍器監): 고려 때 병기(兵器)의 제조를 맡던 관청. 목종 때 설치한 것으로, 1308년(충렬왕 34)에 민부(民部)에 통합, 1356년(공민왕 5) 다시 설치, 후에 군기시(軍器寺)로 개칭하였다. 문종 때를 기준으로 보면, 속관(屬官)에 판사(判事) 종3품 1인, 감(監) 정4품 1인, 소감(小監) 종4품 1인, 승(丞) 정7품 2인, 주부(主簿) 정8품 4인 등이 있었고, 이속(吏屬)으로는 감사(監史) 8인, 기관(記官) 4인, 산사(散士) 2인이 있었다(이홍직 편, 『새국

사사전』, 교학사, 2004, 171쪽).

332) 사수시(司水寺): 고려 때 병선(兵船)과 수병(水兵)을 맡아보던 관청. 현종 때 여진(女眞) 과 일본의 해적(海賊)이 충돌하매 진명(鎭溟-現 永興灣)·원흥진(元興鎭-定平)·김해(金海) 등 요진(要津)에 선병도부서사(船兵都府署司)를 두어 방비케 한데서 시작되어 충선왕 때는 도부서(都府署)라 하였고, 1390년(공양왕 2)에 이를 사수서(司水署)라 했다가 곧 사수시로 개칭하였다. 관원으로는 판사(判事-정3품)·영(令-종3품)·부령(副令-종4품)·승(丞-종6 품)·주부(主簿-종7품) 등이 있었다(이홍직 편, 『새국사사전』, 교학사, 2004, 572쪽).

333) 소부시(小府寺): 고려 때 공기(工技)와 보장(寶藏)을 맡아보던 관청. 태조 때 물장성(物藏 省)이라 칭하던 것을, 960년(광종 11)에 보천(寶泉)으로 개칭, 곧 소부감(小府監)으로 고쳤 던 것을 1298년(충렬왕 24)에 내부감(內府監)으로 개칭, 1308년(충렬왕 34)에 선공사(繕 工司)에 병합되었다가 1356년(공민왕 5)에 다시 소부감이 설치되어 1362년(공민왕 11)에 소부시로 개칭, 1369년(공민왕 18)에 소부감으로 복구, 1372년(공민왕 21)에 이를 폐지하 고, 내부시(內府寺)에 그 직무(職務)를 위임(委任)하였다. 충혜왕 때의 관원으로는 판사(判 事-정3품)·윤(尹-종4품)·승(丞-종6품)·주부(主簿-종7품) 등이 있었으나 관청의 명칭이 바뀔 때마다 변동이 많았다(이홍직 편, 『새국사사전』, 교학사, 2004, 665~666쪽).

334) 사농시(司農寺): 고려의 관청. 제사에 사용하는 적전(籍田)에 관한 일을 맡아보던 관청으 로 목종(穆宗) 때 설치(設置)한 사농(司農)을 충선왕이 전농사(典農司)·저적창(儲積倉) 등 으로 고친 것을 1356년(공민왕 5) 사농시(司農寺)라 했다. 관원은 판사(判事-정3품)·경 (卿-종3품)·소경(少卿-종4품)·승(丞-종5품)·주부(主簿-종6품)·직장(直長) 등이 있었다. 1362년(공민왕 11) 전농사로 개칭, 1369년(공민왕 18)에 사농시로 복구하였다가 1372년 (공민왕 21) 다시 전농시로 개칭하였다(이홍직 편, 『새국사사전』, 교학사, 2004, 566쪽).

335) 어사대(御史臺): 고려시대 시정을 논하고 풍속을 교정하며, 백관을 규찰하고, 탄핵하는 일을 맡아보던 관청.
　　이와 같은 사정기관(司正機關)은 신라 진흥왕 9년(544)에 처음 설치되었다. 고려의 어사 대는 이러한 신라의 전통 위에 당나라·송나라의 영향을 받아 고려의 정치실정에 맞도록 재정비, 조직된 것이다. 고려 초에는 사헌대(司憲臺)라 하던 것을 995년(성종 14)에 어사 대로 바꾸었고, 1014년(현종 5)에는 금오대(金吾臺)로, 그 이듬해에는 다시 사헌대로 바뀌 는 등 명칭의 변경이 잦았다. 따라서 관직명이나 관원수의 변화도 잦았으나, 관제가 완비 된 문종 때를 기준으로 보면, 판사 1인, 대부(大夫) 1인, 지사(知事) 1인, 중승(中丞) 1인, 잡단(雜端) 1인, 시어사(侍御史) 1인, 전중시어사(殿中侍御史) 1인, 감찰어사(監察御史) 10 인이었다. 그리고 이속(吏屬)으로는 녹사(錄事) 3인, 영사(令史) 4인, 서령사(書令史) 6인, 계사(計史) 1인, 지반(知班) 2인, 기관(記官) 6인, 소유(所由) 50인 등이었다. 법제상 주된 기능은 『고려사』 「백관지(百官志)」에 "시정을 논하고 풍속을 교정해 백관의 부정과 비위를 규찰하고, 탄핵하는 일"로 되어 있다. 그러나 실제로는 어사대의 독자적인 활동보다는 중 서문하성의 간관(諫官)인 낭사(郎舍)와 상호불가분한 관계에서 직무가 수행되었다. 따라서 본래의 임무에 봉박(封駁)·간쟁(諫諍)·시정논집(時政論執)·서경(署經) 등의 간관 임무가 더해져 그 기능은 광범위하고 다양했다. 이러한 기능을 수행하기 위해 어사대의 관원에게 는 불체포·불가범(不加犯)·면계(面戒) 등의 특권과 여러 은전이 부여되었다. 또 청요직 (淸要職)으로서의 임무를 수행할 학식·출신성분·인품·외모 등의 여러 가지 자격과 조건 이 요구되었다. 즉 역임자(歷任者)들은 과거 출신자로서 인품이 청렴강직하고, 외모가 뛰 어난 문벌귀족 출신이 대부분이었다. 그러나 무신집권 시대에는 내료(內寮) 및 항오(行伍) 출신자나 천예(賤隸) 출신까지도 입사하는 등 자격요건이 완화되었으며, 충렬왕 이후 대내외적으로 정치·사회적 혼란과 변화를 겪으면서 그 기능과 권한 또한 약화된 듯하다. 그 뒤 1369년(공민왕 18)에 사헌부로 개칭되어 명칭과 기능이 조선으로 이어졌다. 고려의 어사대는 비록 중국의 영향으로 정비되었지만, 중국의 어사대가 관직에 따라 직무가 분화되고, 시정득실을 논하거나 풍속을 담당하는 일은 하지 않았던 데 반해, 고려에서는 감찰어사를 제외한 모든 어사대 관원이 공동으로 직임을 수행했을 뿐만 아니라, 시정논집 및 풍속교정의 기능까지 가진 것으로 보아, 중국보다 언관적 성격이 강했다고 볼 수 있다([출처:어사대(御史臺)-한국민족문화대백과사전]).

336) 양길(梁吉, ?~?): 신라 진성여왕 때의 반란자. 왕의 실정으로 국정이 문란하여지자 889년(진성여왕 3) 북원(北原-原州)에서 난을 일으켜 한 때 강원도 지방에서 세력을 떨쳤으나 부하로 있던 궁예(弓裔)에게 밀려 세력을 잃고 말았다. 899년(효공왕 3) 국원성주 등 10여 성주(城主)를 이끌고 궁예를 공격, 비뇌성(非惱城)에서 싸웠으나 역시 대패하여 도주했다(이홍직 편, 『새국사사전』, 교학사, 2004, 787쪽).

337) 진승(陳勝, ?~B.C.209)은 진(秦)나라의 반란 주모자로, 휘는 승(勝) 자는 섭(涉)이다. 양성(陽城) 사람이다. 중국 최초의 농민 반란인 진승·오광의 난을 일으켜 진나라에 맞서 장초(張楚)를 세우고 왕이 되어 진나라를 압박했으나, 장한이 거느린 진나라의 토벌군에 공격받아 전쟁에 패해서 죽었다. 후에, 한나라의 유방이 진승에게 은왕(隱王)이라는 시호를 내려주었다(위키백과).

338) 오광(吳廣, ?~B.C.209)은 중국 진(秦) 왕조 말기의 반란의 지도자로, 자는 숙(叔)이며 양가(陽夏: 현재 허난성 저우커우 시 타이캉 현) 사람이다. 진나라 2세 황제 호해(胡亥) 재위 때 진승(陳勝)과 함께 반란을 일으켰으나 실패해 살해되었다. 오광은 진승(陳勝)과 함께 농민 900명을 이끌고 반란을 일으켜 하남성 일대를 점령했고 곧 수많은 농민들이 가담하여 허난성의 중심지 진주성을 무혈로 함락시켰다. 그 뒤 진승이 장초(張楚)라는 나라를 세우고 제왕(帝王)이 되자 진승에 의해 부왕(副王)으로 임명되어 2만 군사를 이끌고 낙양을 공략하라는 명을 받고 낙양으로 진군하다가 뤄양 근처에서 진나라 장수 장한(章邯)과 싸우던 중 부하 전장에게 살해되었다(위키백과).

339) 박술희(朴述熙, ?~?): 고려 전기 대광, 태사삼중대광 등을 역임한 무신.
해성군(槥城郡) 사람. 면천 박씨(沔川朴氏)의 시조. 일명 박술희(朴述希). 대승(大丞) 박득의(朴得宜)의 아들이다.
성격이 용감하고, 고기 먹는 것을 좋아하여 두꺼비·청개구리·거미도 모두 먹었다. 18세에 궁예의 위사(衛士)가 되었으나, 뒤에 태조를 섬겨 여러 차례 군공(軍功)을 세워 대광이 되었다. 921년(태조 4) 태조가 장화왕후(莊和王后)의 소생인 맏아들 왕무(王武)를 태자로 세우려고 했으나, 그 어머니 집안의 세력이 미약해 태자 책봉이 염려되었다. 이에 태조는 오래된 상자에 자황포(柘黃袍)를 담아 오 씨에게 주었다. 오 씨가 이것을 박술희에게 보이니, 박술희는 태조의 뜻을 알고 왕무를 태자로 삼을 것을 청하여 그대로 되었다. 태조가 임종할 때, 박술희는 군국(軍國)의 일과 태자를 새 왕으로 옹립하여 보좌할 것을 유언받았으며, 또한 <훈요십조(訓要十條)>도 받았다. 그러나 박술희는 당시 광주(廣州) 지방의 강력한 호족출신이며 외척으로서 권력을 쥐고 있던 왕규(王規)와 적대관계에 있었으므로, 자기 자신의 신변보호마저 힘들 정도였다. 이에 항상 군사 100여 명으로 자신을 호위하게 하니, 정종(定宗)은 박술희가 딴 뜻이 있는 것으로 의심하여 갑곶(甲串)으로 귀양 보냈다. 『고려사(高麗史)』「박술희전」에 의하면, 왕규가 왕명이라고 속여 박술희를 죽였다고 되어 있다. 그러나 당시 왕규 자신도 갑곶에 유배되었다가 곧 살해되었으므로 그 기록을 그대로 믿기는 어렵다. 아마도 정종이 박술희를 죽이고, 그 살해의 책임을 왕규에게 전가한 것이 아닌가 생각된다. 뒤에 엄의(嚴毅)라는 시호를 받고, 태사삼중대광(太師三重大匡)에 추증되었으며, 혜종 묘정(廟庭)에 배향되었다. 아들로 박정원(朴精元)이 있다[출처:박술희(朴述熙)-한국민족문화대백과사전]).

340) 왕규(王規, ?~?): 광주(廣州) 지방의 호족 출신으로 태조 왕건(王建)을 받들어 대광(大匡)에 이르렀다. 두 딸은 태조의 제15비(妃) 광주원부인(廣州院夫人)과 광주원군(廣州院君)을 낳은 제16비 소광주원부인(小廣州院夫人)이 되어 왕실의 외척으로서, 광주의 강력한 지방세력을 기반으로 막강한 정치권력을 장악하였다.

염상(廉相)·박수문(朴守文)과 함께 태조의 임종을 곁에서 지킨 세 재신 중의 한 사람으로서, 태조가 죽자 유명(遺命)을 내외에 선포하는 중책을 맡기도 하였다. 이처럼 태조 때에는 태조의 두터운 신임을 받았으나, 혜종이 즉위한 뒤에는 왕권에 도전하는 가장 강력한 적대 세력의 하나가 되었다. 한편 혜종의 이복동생인 왕요(王堯, ?~949, 정종定宗)도 서경(西京)의 왕식렴(王式廉, 923~949) 세력과 결탁, 몰래 모반을 도모하였다. 그리하여 왕규와 왕요 사이에 암투가 벌어졌다. 이때 혜종은 왕권이 미약해 왕위쟁탈 음모에 강력하게 대응하지 못하고 자기자신의 신변보호에만 급급했다. 왕규는 자기의 외손자 광주원군을 왕위에 앉히려고 몇 차례 혜종을 죽이고자 하였다. 한 번은 혜종이 밤중에 잠든 틈을 타서 몰래 심복을 보내 암살을 시도했으나, 도리어 잠에서 깬 혜종의 주먹에 맞아 죽음으로써 실패하였다. 한번은 왕규가 직접 밤에 심복들을 거느리고 신덕전(神德殿)으로 쳐들어갔으나, 혜종이 이미 최지몽(崔知夢)의 건의에 따라 침소를 중광전(重光殿)으로 옮긴 뒤여서 역시 실패하였다. 이와 같이 정국이 어수선해지자, 왕요는 서경에 있던 왕식렴의 군대를 수도로 불러들여 왕위를 차지하였다. 그리고 이어 왕규를 붙잡아 갑곶(甲串)에 귀양을 보냈다가 사람을 보내어 죽이고, 아울러 그의 일당 300여 명도 처형하였다. 그 결과 왕규에 의한 왕위쟁탈음모는 종식되었으나, 그 사건에 대한 역사적 의미는 학자에 따라 해석이 다양하다[출처:왕규(王規)-한국민족문화대백과사전]).

341) 『문헌통고(文獻通考)』는, 원(元)대 마단림(馬端臨)이 찬한 책으로, 당대 두우(杜佑)의 『통전(通典)』을 본뜨면서 『통전』의 분류법인 8문(門)을 24고(考)로 늘려서 상고 시대에서 남송(南宋) 영종(寧宗) 가정(嘉定) 5년(1212)까지에 이르는 중국의 역대 전장 제도(典章制度), 즉 제도와 문물사를 수록하였다. 원 대덕(大德) 11년(1307)에 완성되었다. 전 348권. 훗날 『통전』이나 정초(鄭樵)의 『통지(通志)』와 함께 '삼통'(三通)이라 불렸다.

찬자 마단림은 『문헌통고』의 서문에서 "고금을 인용하는 것을 일러 문(文)이라 하고, 당송(唐宋) 이래 여러 신료들의 주소(奏疏), 여러 유학자들의 의론을 참고하는 것을 헌(獻)이라 하므로, 그 이름을 『문헌통고(文獻通考)』라고 하였다"(引古今謂之文, 參以唐宋以來諸臣之奏疏, 諸儒之議論謂之獻, 故名『文獻通考』)고 밝혔다. 『통전』의 내용을 기초로 사료를 광범위하게 수집하고, 상세하게 고증하여, 진위를 위조하고, 분류별로 분류하고, 시대에 따라 선후로 배열하여 비교하였다(위키백과).

342) 왕사(王師): 임금의 스승이 되었던 승려.
왕사제도는 고려 태조가 처음으로 채택하였으며, 조선 초기까지 계속되었다. 왕사를 두게된 까닭은 왕에 대한 불교의 가르침이라는 측면 외에도 백성의 대부분이 불교를 신앙하였으므로 그들을 정치에 직접 참여시키지 못하는 대신에 백성들을 정신적으로 지도할 수 있는 고승을 왕의 스승으로 책봉함으로써 고려의 정치이념을 구현하려는 데 있었다.
왕사의 책봉절차를 살펴보면, 먼저 왕사의 선정을 위하여 왕은 상부(相府)에 자문을 구하거나 왕이 직접 고승을 추천하였으며, 무신집권 때에는 실권자가 선정하기도 하였다. 책봉될 고승이 선정되면 먼저 칙서를 가진 대신을 사찰로 파견하여 책봉을 수락할 것을 청하는 서신지례(書紳之禮)를 가진다. 고승은 이를 세 번 사양한다. 이때 왕의 간곡한 뜻을 찬앙지정(讚仰之情)이라 하며, 세 번 사양하는 예를 삼반지례(三反之禮)라고 하였다. 여러 차례 사양하다가 고승은 사양표(謝讓表)를 그치게 되며, 왕은 곧 왕사의 의장(儀仗)에 해당하는 물품을 보내어 개경으로 모시도록 하였다. 고승은 하사받은 가사 및 장신구를 갖추고 하산례(下山禮)를 행하며, 개경에 있는 대사찰에 이르면 왕은 비로소 고승에게 제자의 예를 행하도록 되어 있었다. 즉, 왕은 태조의 영당(影堂)이 있는 봉은사(奉恩寺)에 행차하여 면복을 갖추고 고승을 상좌에 앉힌 뒤 그 아래에서 절하였다. 이때 고승이 상좌에 앉기를 사양하는 것을 피석지의(避席之儀)라고 한다. 왕은 또 책봉의 조서를 내리는데 이를 관고(官誥)라 하였다. 왕사는 대체로 최고의 법계를 가진 고승 가운데에서 책봉되었다. 왕사가 죽으면 왕은 크게 애도하면서 대신을 보내어 송사(送死)에 대한 모든 처리를 맡게 하였다. 조정에서는 비를 세워 그 덕을 추모하였으며, 3일 동안 모든 공무를 중단하고 조회를 폐함으로써 온 나라가 조의를 표하였다. 그리고 대부분의 왕사에게는 국사(國師)의 시호를 추정하는 것이 관례로 되어 있었다. 대체로 왕사는 시대에 따라 성행하였던 종파에서 책봉되었다. 태조 때부터 958년(광종 9)까지는 신종 출신의 왕사가 많이 배출되었고, 958년 이후에는 화엄종에서 주로 배출되었으며, 헌종 이후 예종 때까지는 유가종(瑜伽宗)과 화엄종의 고승들이 왕사가 되었다. 인종 이후 강종 때까지는 선종과 천태종에서 많이 배출되었으며, 그 뒤 고려 후기까지는 수선사(修禪社)와 백련사(白蓮社) 출신의 고승들이 왕사로 책봉되었다. 충선왕 이후에는 세력 있는 종파에서의 배출과는 달리 원나라와 결탁한 왕실에 의하여 좌우됨에 따라서 종파 간의 이해를 둘러싼 충돌이 일어나는 등 종파난립기의 양상이 왕사의 책봉에도 나타나게 되었다. 고려 말의 혼란기에 신진사류들은 불교계의 부패를 비판하기 시작하였고, 점차 불교교리의 비판이 확대되면서 국사 및 왕사의 제도를 폐지할 것을 주장하였다. 조선건국 뒤 성리학을 닦은 태종과 정치를 담당한 성리학자들에 의하여 이 제도는 완전히 폐지되었다. 사료에 보이는 최초의 왕사는 918년 태조의 고려 개국과 함께 책봉된 경유(慶猷)이며, 그 뒤 고려 말까지 27명의 왕사 이름이 보이고 있다. 1395년(태조 4) 무학대사(無學大師)가 마지막 왕사로 책봉되었다([출처:왕사(王師)-한국민족문화대백과사전]).

....
* 왕사(王師): 덕행(德行)이 높은 중에게 주던 영예직(榮譽職)의 하나. 968년(광종 19)에 중 탄문(坦文)을 왕사로 삼은 것이 그 시초였다. 국가적 사표(師表)의 지위인 국사(國師)보다는 아래지만, 왕사는 임금의 스승으로서 모든 중과 국민들의 존경을 받았다. 국사와 더불어 이 왕사의 제도는 고려 일대는 물론 무학(無學)이 이 태조의 왕사가 되는 등, 조선 초기까지 계속되었으나, 조선의 역대 임금이 불교를 탄압하면서부터는 폐지되고 말았다(이홍직 편, 『새국사사전』, 교학사, 2004, 849~850쪽).
343) 국사(國師): 신라·고려 시대에 있었던 승려의 최고 법계.
현존하는 사서를 정리한 결과에 의하면, 국통(國統)을 최초로 둔 나라는 신라였다. 신라는 불교계의 관할을 위한 제도로 국통을 책봉하기 시작하였으며, 진흥왕 때 고구려의 승려인 혜량(惠亮)을 맞이하여 최초의 국통으로 삼았고, 선덕왕 때에는 자장(慈藏)이 국통이 되었다. 통일 뒤 제도가 완비되었던 신문왕 때에는 백제의 웅천주(熊川州) 출신 경흥(憬興)을 국로(國老)로 대우하였다. 효소왕 때에는 혜통(惠通)이 국사로 책봉됨으로써, 최고의 승관(僧官)인 국통과 이념적인 국사가 분리되어 존립하였다. 그 뒤 국사의 책봉은 자주 나타나는데, 이 제도는 조선 초기까지 이어진다. 고려의 태조는 국사와 함께 왕사(王師)를 두어 자신의 불교에 대한 신심을 나타내었다. 이 왕사제도는 조선 초기까지 계속되었으나, 신라에서 통일을 전후한 시기에 자주 보이던 국통은 거의 나타나지 않고 있다. 이 국통은 국사와는 달리 군통(郡統)이나 주통(州統) 등을 거느리는 승관의 우두머리로 승정(僧政)을 관장하는 것이므로, 엄밀한 의미에서는 국사나 왕사와는 구별되었다. 고려시대에는 승계가 발달하여 이를 기준으로 주지의 임명이나 법계의 승급이 일반 관료와 같은 과정을 거쳤으므로, 승관은 축소되고 승록사(僧錄司)의 기능도 약화될 수밖에 없었다. 이로써 국통은 법계가 발달하기 시작한 광종 이후에는 나타나지 않고 있다. 몽골의 압제시기에는 국사와 왕사의 명칭에도 변화를 가져왔다. 즉, 국사를 국존(國尊)이라 불렀으며, 충렬왕 말기와 충선왕 때에는 국통을 두었는데, 이때 국통은 신라시대의 국통과 국사의 소임을 함께하고 있었다. 왕사와 국사는 생존 때 책봉된 경우와 사후에 추봉하는 두 가지로 나누어 볼 수 있다. 고려시대에는 왕사가 죽을 경우 국사로 추봉하는 것이 일반적인 경향이었다. 왕사는 국사와 함께 고려 태조 때부터 있어 왔지만, 확고한 제도로 정비되어 그 전형을 보인 때는 광종 이후였다. 그리고 호칭에서 시호 다음에 국사를 붙여 비문의 제액(題額)으로 쓴 최초의 예는 1025년(현종 16)에 세워진 원종국사(圓宗國師) 지종(智宗)의 비문이다. 이보다 앞서 977년(경종 2)에 건립된 법인국사(法印國師)의 비문에는 '고국사제증시법인삼중대사(故國師制贈諡法印三重大師)'라 하여, 광종 이후에 법계가 갖추어짐으로써 당시의 최고 법계인 삼중대사를 붙여서 표현한 과도기적인 형식이 나타나고 있다. 또한, 신라 말과 고려 초 고승의 경우에는 민심을 포섭하기 위한 정책으로 고승을 초치하여, 국사·왕사에 가까운 극진한 예우를 베푼 기록을 볼 수 있다. 그러나 이들을 모두 국사·왕사로 책봉하여 같은 시기에 2인 이상의 국사·왕사가 존재하였던 예는 볼 수 없으므로 이들을 모두 국사 또는 왕사로 포함시키기가 어려운 경우도 있다. 신라시대에는 복속된 지역의 고승을 폭넓게 국사로 책봉함으로써, 불교신앙이 보편화된 민심을 결합시키고 있었다. 고려 태조에 이르러서는 이와 같은 경향은 더욱 두드러졌으며, 그 뒤 고려는 유학을 닦은 지식인을 왕사로 맞이하지 않고, 고승을 국사나 왕사로 삼아 민심을 수습해 갔다. 즉, 불교가 많은 사람의 신앙으로 정착되어 있었으므로 민중을 정치에 직접 참가시키지는 못하는 대신, 그들을 도덕으로 교화할 수 있는 정신적 지도자인 고승을 국사로 책봉함으로써, 고려의 정치이념을 구현하는 데 큰 구실을 하게 되었다. 고려시대 국사와 왕사의 책봉의식은 금석문에 단편적으로 기록되어 있으나, 신라시대의 기록은 극히 드물다. 다만, 경문왕 때의 무염(無染)에게 왕의 친서를 가진 사신을 보내 국사가 되어 주기를 청하였고, 그를 궁궐로 맞이한 다음 왕족이 모인 가운데 왕이 면복(冕服)을 갖추고 예배하였음을 볼 수 있다. 당시의 선정방법이 어떠했는지는 확실하지 않으나, 왕족이 모인 가운데 책봉의례를 올린 점으로 보아, 왕실의 권한이 크게 작용하였을 것으로 추정된다. 고려 광종은 긍양(兢讓)을 왕사로 책봉할 때, 여러 사람의 찬성을 들은 다음에 비로소 정한 예가 있다. 국사·왕사를 선정하기 위해서 왕은 상부(相府)에 자문을 구하거나, 왕이 직접 고승을 정하여 추천한 경우도 있었으며, 무신집권 때에는 실권자가 선정하기도 하였다. 일반적으로 책봉될 국사·왕사가 선정되면, 5품 이상의 관직을 제수할 때의 경우와 같이 낭사(郎舍)의 서경(署經)을 거쳐야 하였다. 이와 같이 광종 이후 성종 때까지는 책봉에서 서경을 거치는 제도가 갖추어져 있었음을 알 수 있다. 책봉될 고승이 선정되면 먼저 칙서를 가진 대신을 고승이 있는 사찰로 파견하여 책봉에 수락할 것을 청하는데, 이것을 서신지례(書紳之禮)라 하였다. 고승은 칙서가 도착하면 세 번 사양을 하였다. 이때 왕의 간곡한 뜻을 찬앙지정(鑽仰之情)이라 하였으며, 세 번 사양하는 예를 삼반지례(三反之禮)라 하였다. 여러 차례 사양하다가 마지 못하는 양 사양표(謝讓表)를 그치게 되며, 왕은 곧 국사의 의장(儀仗)에 해당하는 물품을 보내 개경으로 모시도록 하였다. 고승은 하사받은 가사 및 장신구를 갖추고 하산하는데, 이것을 하산례(下山禮)라 한다. 하산례때는 통과하는 주군(州郡)에서 성인을 맞이하는 의식을 구경하기 위한 인파로 길이 메었다. 고승은 일단 개경에 있는 대찰에 머무르게 되는데, 왕은 이 때 고승에게 제자의 예를 행하였다. 신라시대에는 왕족과 왕이 모인 자리를 마련하였으나, 고려시대에는 문무양반과 승관이 모인 자리에서 행해졌다. 왕은 태조의 영당(影堂)이 있는 봉은사(奉恩寺)에 행차하여 면복을 갖추고 고승을 상좌에 앉힌 뒤 그 아래에서 절하였다. 이때 고승이 상좌에 앉기를 사양하는 것을 피석지의(避席之儀)라 한다. 왕은 또 책봉의 조서를 내리는데 이를 관고(官誥)라 하였으며, 이러한 관고는 『동문선』과 『동국이상국집』에서 볼 수 있고, 금석문에도 단편적으로 기록되어 있다. 그리고 의식 절차를 맡아서 주관하던 임시관청으로 봉숭도감(封崇都監)이 설치되기도 하였다. 이와 같은 의식을 통틀어 국사지례(國師之禮)라 하였으며, 왕의 국사에 대한 입장을 밝혀 '제자지례(弟子之禮)'라고 간단히 표시되는 경향은 중기 이후 더욱 많아진다. 국사와 왕사는 대체로 최고의 법계를 가진 고승가운데에서 책봉되었다. 법계를 가진 고승은 극소수의 왕사 이외에 모두 승과를 거쳤다. 무신집권 이후에 일반 과거급제자인 혜심(惠諶) 또는 충지(冲止) 등이 승과를 거치지 않고 국사로 책봉되었지만, 이들도 법계를 가지고 있었다. 출생 신분은 대체로 호장(戶長) 이상의 자손으로 과거에서 제술업(製述業)에 급제한 신분층과 일치하였으며, 승과에 합격한 신분층과도 같았다. 또한, 대덕(大德)에게 별사전(別賜田)이 주어졌던 점으로 미루어, 왕사나 국사에게는 충분한 경제적 대우가 있었던 것으로 짐작된다. 그러나 이들은 대체로 청정한 생활을 통한 정신적 존숭을 받았던 만큼, 경제적인 배경이나 사회적인 명성을 이용한 영향력은 거의 찾아볼 수 없었다. 왕사나 국사가 죽으면 왕은 크게 애도하면서, 대신을 보내어 송사(送死)에 대한 모든 처리를 맡게 하였다. 조정에서는 비를 세워 그 덕을 추모하고, 3일간은 모든 공무를 중단하고 조회를 폐함으로써 온 나라가 조의를 표하였다. 승정과 승과가 문란했던 충렬왕 이후의 후기와 원종 이전의 전기에는 그 기능이 현저하게 달랐다. 전기의 실례를 살펴보면, 906년(효공왕 10)에 국사였던 행적(行寂)은 효공왕에게 도를 높이는 데는 희헌(義軒)의 정치로, 나라를 다스리는 데는 요순(堯舜)의 교화로 할 것을 권하고 있다. 이는 중국의 삼황오제(三皇五帝)의 전설을 이상화한 도덕정치를 들어 민심을 얻어야 한다는 것이다. 이들은 왕에게 이상적인 도덕정치를 권고하였을 뿐, 직접적인 교화의 방법이나 구체적인 정치개혁에 참가하지는 않았다. 그들만이 특별히 주관한 종교의식도 찾아볼 수 없으며, 책봉의식 이외에는 일반 고승과 구분되는 아무런 기능도 찾아볼 수 없다. 다만, 국사·왕사가 기우의식(祈雨儀式)을 주관하거나 대선(大選)의 시관(試官)이 된 때도 있었고, 궐내에서 열린 강회(講會)에서 강주(講主)가 되기도 하였다. 그러나 대부분의 경우 이러한 행사마저도 일반 고승에 의하여 이루어지고 있었으며, 국사나 왕사의 전담 행사는 아니었다. 대체로 고려 전기에는 국사의 실질적인 기능보다는 이들에게 극진한 예우로 책봉의식을 거행함으로써, 모든 민중을 신자로 포용한 당시의 사회에서 민심을 받들어 왕정을 편다는 전통적인 동아시아의 정치사상을 불교와 결합시킨 것으로 볼 수 있다. 여기서 교권(敎圈)과 통치권과의 갈등을 피하고, 타협과 조화로써 불교의 교화를 통치에 이용할 수 있는 역량을 보인 것이다. 그러나 후기인 충렬왕 이후에는 승과도 별로 실시되지 않았고, 왕의 측근에서 뇌물을 써서 법계를 얻는 등 전기의 질서가 크게 무너짐에 따라, 승정이 낭사의 서경을 거치지 않고 이루어졌던 것으로 나타난다. 승정의 변화는 충숙왕 때의 자정국존(慈靜國尊) 미수(彌授)에 이르러서 뚜렷해진다. 충숙왕 때를 전후하여 국사·왕사의 대우도 크게 달라졌다. 왕은 즉위년에 국통으로 책봉한 정오(丁午)를 위해서 그의 고향인 순창현에 감무(監務) 대신 지군사(知郡事)를 두어 군으로 승격시켰는데, 이러한 사례는 견명(見明)·청공(淸恭)·보우(普愚)·천희(千凞)의 경우에도 마찬가지였다. 이와 같은 우대는 전기에는 볼 수 없었던 것으로, 몽골과 결탁한 왕실의 영향이 컸던 것을 나타낸다. 이러한 현상은 조선 초기까지 계속되어 조구(祖丘)의 경우에는 그의 출생지인 담양현(潭陽縣)을, 그리고 자초(自超)의 경우는 삼가현(三嘉縣)을 각각 군으로 승격시켰다. 또한, 국사의 부모를 추봉하는 사례도 그들의 고향을 승격시키는 때와 같이하여 나타난다. 고려 후기에는 왕사·국사로 하여금 독립된 관부(官府)를 형성하여 승정을 전담하게 되자, 유학자로서 과거를 통하여 진출한 일반 관료들의 권한은 점점 축소되었다. 이때 더욱 큰 충격을 준 계기는 신돈(辛旽)의 등장이다. 신돈은 1367년(공민왕 16) 자기의 지지를 받은 화엄종의 천희와 선현(禪顯)을 각각 국사와 왕사로 봉하였다. 그런데 여기서 특별히 주목되는 것은 아직도 보우가 왕사로 있었다는 점이다. 왕사나 국사가 죽기 전에 축출되고 다른 고승을 책봉한 사실은 전에 없었던 것으로, 제도상의 큰 변화가 아닐 수 없다. 이러한 불화는 불교계를 스스로 약화시키고 분열시켰으며, 이와 함께 승정은 물론, 일반 국정에까지 참가한 신돈은 조신들과도 충돌하였다. 이는 성리학을 닦은 유학자들의 강한 반발과 상소의 대상이 되었고, 마침내 1390년(공양왕 2)에 그들의 뜻대로 승려의 봉군(封君)을 폐지시켰다. 이와 같이 불교 세력의 약화는 왕사·국사 제도의 폐지와 때를 같이하였다. 조선 태조는 성리학적 사상 기반이 약했던 무인이었으며, 그를 옹립시킨 이방원(李芳遠)과 신진사류와는 달리 조구를 국사로, 자초를 왕사로 삼았으며, 이들은 태조를 중심으로 한 호불(護佛)의 최종 보루가 되었다. 그 뒤 대신 가운데서 연령이 높은 사람을 사부로 삼는 제도가 확립됨에 따라, 자초와 태조가 죽은 뒤의 불교계는 큰 사태(沙汰)를 이루어 불교와 관련된 경제적 기반까지 재편성하는 사회의 변혁이 시작되었다. 역대의 국사·왕사의 배출을 통하여 불교사의 시대 구분을 시도해 볼 수 있다. 대체로 신라통일기 이후 헌안왕 이전에는 교종의 여러 학파에서 국사가 배출되었고, 헌안왕 이후 958년(광종 8)까지는 무염을 효시로 모두 선종 출신의 국사·왕사가 배출되어 선종 극성기를 이루었다. 균여(均如)의 활동으로 화엄학의 세력이 회복된 958년 이후에는 화엄종에서 국사와 왕사가 주로 배출되었고, 현종 이후 예종 때까지는 유가업(瑜伽業)도 화엄종과 함께 교종의 중심을 이루어 국사·왕사를 배출하게 되었다. 이때, 선종은 법안종과 교류의 영향을 받아 그 성격의 변화를 가져왔기 때문에, 극히 적은 국사와 왕사를 배출하였다. 인종 이후 강종까지는 선종과 천태종에서 비슷한 배출을 보이면서 선종의 세력을 만회하였다. 그 뒤 사굴산(闍崛山)의 수선사(修禪社)를 중심으로 조계종으로 선종이 뭉치고, 뒤이어 백련사(白蓮社)를 중심으로 천태종이 확장되었는데, 이 시기에는 이들 종파의 출신들이 책봉되었다. 충선왕 이후에는 세력 있는 종파에서 배출된 것과는 달리, 몽골과 결탁한 왕실에 의해 좌우됨에 따라 종파 간의 이해를 둘러싼 충돌이 일어났다. 즉, 전기에 왕사와 국사를 배출하였던 화엄종과 유가종, 중기의 천태종과 조계종 등은 서로 국사와 왕사의 배출에 힘을 기울였는데, 이 시기를 종파 난립기라고 할 수 있다. 그 결과 이 틈에 신진사류들은 불교계의 부패를 비판하기 시작하였으며, 점점 불교교리를 비판하는 것으로 확대되면서 국사·왕사를 폐지할 것을 주장하였다. 조선 건국 이후 성리학을 닦은 태종과 정치를 담당한 성리학자들에 의해 왕사 및 국사 제도는 완전히 폐지되었다([출처:국사(國師)-한국민족문화대백과사전]).

....

* 국사(國師): 덕행(德行)이 높은 중에게 주던 영예직(榮譽職)의 하나. 고려 광종이 혜거(惠居)에게 국사의 칭호를 내린 것이 그 시초였다. 왕사(王師)가 국왕의 스승의 지위인데 비해 국사는 국가의 사표(師表)로서 왕사보다도 높은 최고의 승직(僧職)이었다. 974년(광종 25) 혜거가 죽자 탄문(坦文)이 다시 국사가 되었는데 이 제도는 고려시대와 조선 초기까지 줄곧 행하여지다가 배불(排佛) 정책을 쓰면서 폐지되었다(이홍직 편, 『새국사사전』, 교학사, 2004, 162쪽).

344) 천추태후(千秋太后, 964~1029): 고려 전기 제5대 경종의 제3 왕비. 헌애왕태후(獻哀王太后)는 태조 왕건의 손녀로, 아버지는 왕욱(王旭, 대종戴宗), 어머니는 선의왕후(宣義王后)이다. 부모가 모두 태조의 자녀로 이복 남매간에 혼인하였다. 태후는 사촌인 경종과 혼인하여 동성혼을 피하고자 할머니 신정왕태후(神靜王太后)의 성씨를 따 황주 황보씨(黃州皇甫氏)를 칭하였다.

태후는 혼인 뒤 숭덕궁에 거처하며 목종을 낳았다. 남편이 젊은 나이로 사망해 18세에 청상과부가 되자 외족인 김치양(金致陽)과 사통(私通)했다. 오라버니 성종의 뒤를 이어 아들 목종이 나이 18세로 즉위하자 '응천계성정덕왕태후(應天啓聖靜德王太后)'라는 존호(尊號)를 받고 섭정(攝政)을 했는데, 천추전에 거처했기 때문에 천추태후(千秋太后)라 불렸다. 왕이 성인인데도 모후가 섭정한 보기 드문 사례이다. 천추태후는 성종에 의해 유배되었던 연인 김치양을 불러들여 총애하며 함께 권력을 행사했다. 천추태후의 원찰로 개경에 화엄 진관사가 창건되었고, 그 안에 9층탑이 건립되었다. 태후는 김치양과 함께 1006년(목종 9)에 대장경을 금자(金字)로 사경(寫經)했는데, 그 일부인 『대보적경(大寶積經)』이 남아 있다. 태후는 김치양과의 사이에 아들이 태어나자 목종의 후계자로 만들려 하면서 조카인 대량원군(大良院君, 뒤의 현종)과 갈등했다. 사서에 의하면 대량원군을 꺼려 승려로 만들고, 누차 해를 끼치려 했다고 한다. 1009년(목종 12)에 천추전이 불타면서 정변이 발생했다. 『고려사』와 『고려사절요』에는 김치양이 난을 일으킨 것처럼 기술되어 있지만 수주(水州, 수원) 출신 최사위(崔士威)를 중심으로 한 대량원군 세력이 정변을 일으킨 것으로 보인다. 정변의 진행 중에 강조(康兆)가 서북면에서 군대를 이끌고 개경으로 진입해 권력을 장악하여 현종을 왕으로 옹립했다. 김치양은 죽임을 당했고, 목종은 폐위당해 유배 중에 시해당했다. 천추태후는 할머니의 고향인 황주로 추방되었다. 태후는 황주에 21년 동안 머물다가 병이 들자 개경으로 돌아왔다. 1029년(현종 20) 정월에 숭덕궁(崇德宮)에서 66세로 사망했으며, 유릉(幽陵)에 묻혔다. 시호는 '헌애왕태후(獻哀王太后)'이다[출처:천추태후(千秋太后)-한국민족문화대백과사전]).

345) 김치양(金致陽, ?~1009)은 고려의 문신(文臣), 무신(武臣), 권신(權臣), 정치가(政治家)이다. 본관은 서흥(瑞興)이며, 목종 모후 헌애황후 황보 씨의 외척이다. 『고려사』에 따르면 성격이 간교하여 승려를 사칭하였다 한다. 일찍이 승려가 되었다가 천추궁(千秋宮)에 드나들며, 당시 경종의 왕후이자 태후인 헌애왕후(천추태후)와 추문이 있어 성종이 그를 처형하려 했다가 멀리 장배(杖配)하였다. 목종이 즉위한 후 천추태후가 그를 다시 송도로 소환하여 합문통사사인 벼슬을 주었고, 이후 몇 해 안 되어 왕의 존중과 총애를 받다가 우복야 겸 삼사사로 승진했다. 태후와 왕이 총애하자 전횡하게 된다.

1003년경에 천추태후와의 사이에서 불의의 아들을 낳고 그를 책봉하고자 대량원군 왕순(훗날의 현종)을 살해할 모의를 하다가 실패했으며, 다시 유일한 혈통인 목종을 해하려다가 성공치 못하였다. 그러는 와중에 송도 근처의 사찰에 자신의 부하들을 승려로 위장하여 숨긴 뒤 그들을 사찰 안에서 병력으로 키워서 거병(擧兵)하기도 했다.

강조의 정변(康兆政變)으로 왕순(현종)이 즉위하자 김치양은 그의 아들과 함께 처형되고, 그의 일당과 천추태후의 친척 이주정(李周禎) 등은 해도에 유배되었다. 강조는 목종과 천추태후를 충주로 내쫓아 도중에 목종을 죽였고, 이후 천추태후는 유배에서 풀려나 황주(黃州)에서 살았다(위키백과).

346) 묘청(妙淸, ?~1135): 고려전기 정지상, 백수한 등의 지지로 서경천도론을 제기한 승려.

묘청은 고려전기 정지상, 백수한 등의 지지로 서경천도론을 제기한 승려이다. 출생일은 미상이며 1135년(인종 13)에 사망했다. 풍수지리와 도참사상을 익힌 후 이를 바탕으로 상경은 이미 기운이 쇠했고 서경에는 왕기가 있으니 그곳으로 천도하자고 주장했다. 이자겸의 난으로 왕궁이 불타고 민심이 동요하던 상황에서 인종의 호응을 얻어 천도 준비가 진행되었다. 그러나 문신들의 강한 반대에 부딪혀 실제 천도 가능성이 희박해지자 조광·유참 등과 함께 국호를 대위(大爲)라 하고 연호를 천개(天開)라 하여 난을 일으켰다가 부하들의 배신으로 죽임을 당했다.

서경(西京) 사람이나, 속성(俗姓)과 본관은 알 수 없다. 뒤에 이름을 정심(淨心)이라 고쳤다. 승려이면서도 도교(道敎)적인 요소를 함께 갖추었다. 풍수지리와 도참사상(圖讖思想)을 익힌 후 이를 바탕으로 서경천도(西京遷都)를 주장했으나 받아들여지지 않자 결국 반란을 일으켰다.

1128년(인종 6)에 같은 서경 사람인 정지상(鄭知常), 분사검교소감(分司檢校少監) 백수한(白壽翰), 근신(近臣) 김안(金安)·홍이서(洪彝敍)·이중부(李仲孚), 대신(大臣) 문공인(文公仁)·임경청(林景淸) 등의 지지를 받아 서경천도론을 처음 제기하였다. 상경(上京)은 이미 기운이 쇠했고 서경에는 왕기(王氣)가 있으니 그곳으로 천도하자고 했다. 서경의 임원역(林原驛)이 음양가에서 말하는 대화세(大華勢)이므로 이곳에 궁궐을 짓고 천도하면 가히 천하를 아우르게 되어 금(金)나라가 스스로 항복하고 36국이 모두 신하가 될 것이라 하였다. 묘청의 이러한 주장은 앞서 이자겸(李資謙)의 난으로 왕궁이 불타고 새로 등장한 금나라의 위협으로 점차 민심이 동요하던 상황과 결부되어 인종의 호응을 이끌어 낼 수 있었고 곧바로 천도를 위한 준비를 진행시킬 수 있었다. 인종은 묘청을 수가복전(隨駕福田)으로 삼고 친히 서경에 행차했으며, 곧 임원역에 궁궐을 짓기 시작해 다음 해 임원궁(林原宮)을 완성시켰다. 인종이 임원궁에 행차하자 이번에는 칭제건원(稱帝建元)과 금국정벌(金國征伐)을 주장하기도 하였다. 1131년에는 임원궁에 호국백두악태백선인 실덕문수사리보살(護國白頭嶽太白仙人實德文殊師利菩薩)·용원악육통존자 실덕석가불(龍園嶽六通尊者實德釋迦佛)·월성악천선 실덕대변천신(月城嶽天仙實德大辨天神)·구려평양선인 실덕연등불(駒麗平壤仙人實德燃燈佛)·구려목멱선인 실덕비바시불(駒麗木覓船人實德毗婆尸佛)·송악진주거사 실덕금강색보살(松嶽震主居士實德金剛索菩薩)·증성악신인 실덕늑차천왕(甑城嶽神人實德勒叉天王)·두악천녀 실덕부동우바이(頭嶽天女實德不動優婆夷) 등의 팔성당(八聖堂)을 지었다. 다음해에는 서경의 상서로움을 부각시키기 위해 일부러 기름을 넣은 큰 떡을 대동강에 담가두어 그 기름이 물 위로 떠오르면서 오색 빛을 내게 했으나 곧바로 발각당했다. 그럼에도 서경천도는 차질 없이 진행되어 1132년에는 대화궐(大華闕, 大花闕)이 창건되기에 이르렀다. 이때 대화궐에서 태일옥장보법(太一玉帳步法)이란 것을 펼쳐 보이며 이것이 도선(道詵)으로부터 강정화(康靖和)를 거쳐 자신에게 전수되었다고 주장하였다. 정지상·김안 등 지지자들에 의해 성인으로 받들어지면서 계속 서경천도를 강행했고, 1134년 삼중대통지누각원사(三重人通知漏刻院事)에 제수되고 자의(紫衣: 고승들에게 경의를 나타내며 내려주는 자줏빛 가사)를 하사받았다. 그러나 1132년부터는 임원애(任元敱)·이중(李仲)·문공유(文公裕)·임완(林完) 등 서경천도를 반대하는 문신들에 의한 탄핵이 끊이지 않았다. 더욱이 1134년 대화궐의 건룡전(乾龍殿)에 벼락이 치는 등 재이(災異)가 속출함에 따라 풍수도참에 기반을 둔 천도론이 점차 명분을 잃게 되었다.이러한 가운데 인종에게 서경 행차를 요청했다가 김부식(金富軾) 등의 반대로 거부되고 더욱이 서경천도의 가능성 또한 희박해지자, 1135년 서경에서 분사시랑(分司侍郎) 조광(趙匡), 병부상서(兵部尙書) 유참(柳旵) 등과 함께 국호를 대위(大爲), 연호를 천개(天開)라 하고 난을 일으켰다. 그러나 조광의 배신으로 부하들에 의해 죽임을 당함으로써 묘청의 서경천도계획은 좌절되었다([출처:묘청(妙淸)−한국민족문화대백과사전]).

347) 신돈(辛旽, ?~1371): 고려후기 국정자문을 맡아 개혁정책을 추진한 승려. 고려후기 국정자문을 맡아 개혁정책을 추진한 승려. 본관은 영산(靈山). 승명(僧名)은 편조(遍照), 자는 요공(耀空). 공민왕이 내린 법호(法號)로 청한거사(淸閑居士)가 있다. '신돈(辛旽)'은 집권 후에 정한 속명(俗名)이다. 아버지에 대해서는 구체적으로 알려진 것이 없고 영산에 무덤이 있었다는 것만이 확인될 뿐이며, 어머니는 계성현(桂城縣) 옥천사(玉川寺)의 비(婢)였다.

어려서 승려가 되었지만 모계의 천한 신분 때문에 주위의 용납을 받지 못하고 늘 산방(山房)에 거처하였다. 1358년(공민왕 7) 공민왕의 측근인 김원명(金元命)의 소개로 공민왕을 처음 만나게 되어 궁중에 드나들기 시작하였다. 공민왕 자신이 독실하게 불교를 받들었고, 신돈 또한 총명하여 왕에게 두터운 신망을 얻었다고 한다. 그러나 한편으로는 "나라를 어지럽힐 자는 반드시 이 중놈일 것이다"라는 비난도 있었고, 심지어 정세운(鄭世雲)은 신돈을 요승(妖僧)이라 하여 죽이려고까지 했으므로 왕이 피신시키기도 하였다. 따라서 신돈을 배척하던 인물들이 사라진 뒤에야 정치 표면에 나설 수 있게 되었다. 1364년(공민왕 13) 두타승(頭陀僧)이 되어 공민왕을 찾아뵙고 비로소 궁 안에 들어와 권세를 부리게 되었다. 이때 왕으로부터 청한거사라는 호를 받고 사부(師傅)가 되어 국정을 자문했는데, 왕이 따르지 않는 일이 없었으며 그로 인해 많은 추종자가 생기게 되었다. 마침내 1365년(공민왕 14) 5월 최영(崔瑩)을 비롯해 이인복(李仁復)·이구수(李龜壽) 등을 제거하면서 세력을 쌓았으며, 같은 해 7월에는 진평후(眞平侯)에 봉해진 뒤 수정이순논도섭리보세공신 벽상삼한삼중대광 영도첨의사사사 판중방감찰사사 취산부원군 제조승록사사 겸 판서운관사(守正履順論道燮理保世功臣壁上三韓三重大匡領都僉議使司事判重房監察司事鷲山府院君提調僧錄司事兼判書雲觀事)에 이르렀다. 신돈이 이렇게 등용된 배경은, 벌족(閥族) 세신(世臣)은 친당(親黨)의 뿌리가 서로 얽혀 있었고, 신진(新進)은 이름을 낚으며, 유생은 여리고 나약해 굳세고 용맹스러운 기질이 적은 데 비해, 신돈은 도(道)를 얻고 욕심이 적으며 미천해 친당이 없으므로 큰일을 맡겨도 소신껏 국정을 살필 수 있을 것이라는 개혁 지향적인 공민왕의 판단에서 찾을 수 있다. 그러므로 신돈의 등용을 공민왕이 노국대장공주(魯國大長公主)의 죽음으로 실의에 빠져 저지른 실정으로 보는 것은 타당하지 않다고 볼 수 있다. 신돈이 영도첨의사사(領都僉議使司)가 된 뒤 강력한 권력을 장악하게 되자, 중국에서는 권왕(權王)으로 알려졌고 백관들에게는 영공(令公)으로 불려졌다. 인사권을 포함한 광범위한 내외의 권력을 총관했을 뿐만 아니라 왕을 대신해 백관들의 조하(朝賀)를 받고, 출입할 때는 의위(儀威)가 왕의 승여(乘輿)와 비슷할 정도의 권위를 가졌다. 그러나 이러한 권력과 지위는 왕권의 의탁을 바탕으로 한 것이었을 뿐 신돈이 독자적인 세력 기반을 구축했던 것 같지는 않다. 또한 신분적 제약과 불확실한 수도 과정에 비추어 볼 때 불교계에도 지지 기반을 가질 수 없었던 것으로 보인다. 당시 영향력이 컸던 고승 보우(普愚)로부터는 사승(邪僧)으로 지목받기도 했다. 신돈의 집권 기간 동안 이루어진 시책으로는 전민변정도감(田民辨整都監)의 설치와 각종 활동을 통한 개혁적인 정책을 들 수 있다. 1366년(공민왕 15) 5월에 전민변정도감을 설치하게 하고 스스로 판사(判事)가 되어, 부당하게 빼앗긴 토지와 강압에 의해 노비가 된 인민들을 원래의 상태로 되돌려 놓는 과감한 개혁을 단행하였다. 그 결과 권문세가(權門勢家)들이 탈점했던 토지를 원래의 주인에게 돌려준 경우가 많아 "성인(聖人)이 나타났다"라는 찬양을 받기까지 하였다. 1367년(공민왕 16) 숭문관(崇文館) 옛 터에 성균관(成均館)을 지을 때, 직접 그 터를 살피고 "문선왕(文宣王)은 천하 만세의 스승이다"라고 하면서 문신들이 품질(品秩)에 따라 포(布)를 내 추진하는 이 사업에 적극성을 보여 마침내 성균관이 완성됨으로써 유술(儒術)을 중흥시키려는 공민왕의 의욕에 부응하였다. 그리고 같은 해에 『도선비기(道詵秘記)』를 근거로 왕에게 천도(遷都)할 것을 건의하고 스스로 평양에 가서 상지(相地)까지 했지만 실현되지는 않았다. 이 밖에도 신돈이 추진했던 것이 내재추(內宰樞)의 신설, 관리의 근무일수에 따른 순자격제(循資格制)의 실시, 과거(科擧) 운용에서의 친시(親試)와 관련된 것과 국방(國防)에 관련된 것 등이 있었다. 예컨대, 내재추는 선발된 일부 재신(宰臣)과 추밀(樞密)이 궁중에서 나라의 중대한 일을 처리하도록 한 변칙적인 제도였는데, 권문세족이 중심이 된 도평의사사(都評議使司)의 확대에 따른 왕권의 약화를 만회할 수 있는 기구라는 데 의의가 있었다. 순자격제는 품계 및 연한과 경력에 따라 관직을 승진시키는 인사 법규였다. 홍건적의 침입과 흥왕사(興王寺)의 난 이후 무장세력들이 군공(軍功)으로 급속히 성장하게 됨에 따라 관료체계 상의 불균형을 초래하고 정상적인 국왕 중심의 권력질서 확립을 저해하였다. 따라서 순자격제는 개인의 능력차를 인정하지 않고 단지 근무 일수를 진급 기준으로 삼는 군공 중심의 평가를 지양하면서 무장세력들을 견제하기 위한 것이었다. 신돈의 등용은 처음부터 많은 물의가 있었다. 일찍이 이제현(李齊賢)이 신돈의 골상(骨相)은 옛날 흉인(凶人)의 것과 같아 후환을 끼칠 것이라 해 왕에게 가까이 하지 말 것을 요청한 적이 있었으며, 1366년(공민왕 15)에 간관 정추(鄭樞)와 이존오(李存吾) 등이 탄핵을 하다가 도리어 폄축(貶逐)을 당하기도 하였다. 또 1367년(공민왕 16) 10월에는 오인택(吳仁澤)·경천흥(慶千興)·김원명 등이 그를 제거하려고 몰래 의논하다가 발각되어 장류(杖流)를 당했으며, 1368년(공민왕 17) 10월에도 김정(金精)·김흥조(金興祖)·김제안(金齊顔) 등이 신돈을 죽일 것을 모의하다가 계획이 누설되어 장류되던 도중에 살해당하였다. 이 시기 공민왕을 대신하여 정국을 주도하던 신돈에게 1369년(공민왕 18)경부터 전개된 국내외 정세의 변화는 정치적으로 불리한 상황에 놓이게 하였다. 국내적으로는 노국대장공주의 영전(影殿) 사업 강행으로 국가재정의 궁핍과 이때 발생한 기근은 일반민의 곤궁화(困窮化)를 초래하고 있었다. 한편, 거주하던 기현(奇顯)의 집에서 독립한 1367년(공민왕 16)부터는 처첩을 거느리며 아이를 낳고 주색(酒色)에 빠져 비난이 높아졌다. 이러한 가운데 1369년(공민왕 18) 스스로 5도의 도사심관(都事審官)이 되려고 사심관을 부활시키려다가 좌절되었다. 이는 그가 자신의 세력 기반을 확립시키려고 시도했던 일로 보인다. 1370년(공민왕 19) 10월에는 그 동안 정치 일선에서 물러나 있던 공민왕이 친정(親政)할 뜻을 밝히고, 1371년(공민왕 20) 7월 마침내 역모를 꾀한다는 혐의로 붙잡혀 수원에 유배되었다가 일당 기현·이춘부(李春富)·이운목(李云牧) 등과 함께 죽임을 당했다. 신돈의 집권은 공민왕 때의 복잡한 정치 상황에서 나타났던 특이한 현상이다. 집권 기간은 6년 정도에 불과하며, 정치적 지위도 전적으로 왕권의 비호 아래 얻어진 비정상적인 것이었고, 정치가로서의 자질이나 식견도 미약했던 것 같다. 그러나 집권 기간 중에 권문세가의 유력자들을 제거하면서 전민변정도감을 통해 개혁적인 시책을 전개했으며, 특히 성균관을 중건하고 학생들을 중용해 신진 문신세력이 성장할 수 있는 배경을 마련했다는 점은 중요한 의미를 지닌다. 정몽주(鄭夢周)·정도전(鄭道傳)·윤소종(尹紹宗) 등 조선 건국과 밀접한 관계를 가진 신진 문신세력이 이러한 분위기 속에서 정치 세력으로 성장할 수 있었다는 사실은 공민왕의 개혁정치 전반과 관련해 각별히 유의할 점이다. 또한 공민왕을 계승한 우왕과 그의 아들 창왕이 신돈의 자손이라 하여, 뒷날 이성계(李成桂)를 주축으로 한 급진개혁파가 '우창비왕설(禑昌非王說)'을 내세워 폐가입진(廢假立眞)의 명분 아래 창왕을 내쫓고 공양왕을 추대한 정변과도 간접적인 관련을 갖게 된다. 이로써 조선의 건국 과정을 통해 신돈의 집권은 부정적인 측면에서 많은 논란의 대상이 될 수밖에 없었다([출처:신돈(辛旽)-한국민족문화대백과사전]).

348) 강조(康兆, ?~1010): 고려전기 중대사, 이부상서참지정사, 행영도통사 등을 역임한 권신. 황해도 지방의 토성(土姓)으로 본관은 분명하지 않다.

목종(穆宗) 때 중추사우상시(中樞使右常侍)로서 서북면도순검사(西北面都巡檢使)가 되었다. 1009년(목종 12) 김치양(金致陽)이 목종의 어머니 천추태후(千秋太后)와 사통해 낳은 아들을 왕으로 세우려고 난을 일으켰을 때, 목종의 명을 받고 궁궐수비를 위해 개경으로 오게 되었다. 그러나 개경에 도착하기 전 동주(洞州)의 용천역(龍泉驛)에 이르렀을 때 내사주서(內史注書) 위종정(魏從正)과 최창회(崔昌會)가 거짓으로 전한 개경의 소식을 듣고, 자신이 천추태후의 함정에 빠졌다고 생각해 다시 본영(本營)으로 되돌아갔다. 한편 천추태후는 군사들이 오는 것을 꺼려 내신을 보내어 절령(岊嶺)을 막고 사람의 왕래를 차단하였다. 이러한 사태를 걱정한 강조의 아버지는 종을 승려로 변장시켜 죽장(竹杖) 속에 서신을 넣어 보내 아들로 하여금 군사를 거느리고 개경에 들어 와 국난을 평정하도록 하였다. 편지를 받자 강조는 목종이 죽은 것으로 인식하고 부사(副使)인 이부낭중(吏部郎中) 이현운(李鉉雲) 등과 함께 갑졸(甲卒) 5천인을 거느리고 황해도 평주(平州)로 진격하였다. 그러나 왕이 죽지 않았다는 사실을 듣고 즉시 군사이동을 멈추었다. 이때 여러 장수들이 이제 와서 주저할 수 없다고 강력히 주장하자 다시 군사를 일으켜 개경으로 들어갔다. 목종을 폐하고 새로운 왕을 세우기로 결심한 것이다. 궁궐을 점령한 뒤 황보유의(皇甫兪義)와 김응인(金應仁)을 시켜 김치양 일파에 의해 신혈사(神穴寺)로 쫓겨나 있던 대량원군(大良院君) 왕순(王詢)을 데려오게 하였다. 그리고 군사를 보내 도망간 김치양 부자와 유행간(庾行簡) 등 7인을 죽이고, 천추태후의 친속 30여 인을 귀양 보냈다. 또한 목종을 폐위시켜 태후와 함께 충주로 보냈는데 그 도중에 상약직장(尙藥直長)김광보(金光甫)를 시켜 살해함으로써 대권을 장악하였다. 그 뒤 새로운 국가기강을 확립하기 위해 관제개혁을 실시하였다. 은대(銀臺)와 중추(中樞) 남북원(南北院)을 일시에 혁파하고 대신 중대성(中臺省)을 설치해 세 관청의 기무를 모두 이곳에 소속시켰다. 은대와 중추원은 국왕의 측근 보좌기구임과 동시에 그 동안의 정치가 모두 이 기관을 통해 전개되었다는 점에서 그것의 혁파는 매우 중요한 의미를 갖고 있었다. 계속된 관직개편에서 자신은 중대사(中臺使)에 오르고 중대부사(中臺副使)에 이현운, 직중대(直中臺)에 채충순(蔡忠順), 상서우승 겸 직중대(尙書右丞兼直中臺)에 윤여(尹餘)를 임명하였다. 이러한 인사조처는 국왕 측근직의 단일화를 꾀한 것이었으나 실제로는 군사권을 배경으로 한 자신의 권력집중을 목적으로 한 것이었다. 더욱이 1009년(현종 즉위년) 3월에는 이부상서참지정사(吏部尙書參知政事)에까지 오름으로써 당시 제일의 실력자가 될 수 있었다. 그러나 이듬해 거란의 침입으로 강조의 대권은 제대로 행사되지도 못하고 좌절되었다. 1010년 11월, 거란의 성종(聖宗)은 목종을 죽인 죄를 묻겠다는 표면적인 이유를 내세워 쳐들어왔다. 그렇지만 근본적인 이유는 지난 993년(성종 12)의 제1차 침입 때 강동육주(江東六州)의 영유권을 고려에 넘겨주었다는 것과 고려가 송나라와 화친관계를 지속하고 있다는 데에 있었다. 이에 강조는 행영도통사(行營都統使)가 되어 거란군과 맞서 싸웠다. 거란군이 양규(楊規)와 이수화(李守和)의 분전으로 난항을 겪게 되자 흥화진(興化鎭)을 단념하고 통주(通州)로 내려가게 되었는데 강조가 이들을 맞아 대승을 거두었다. 강조는 통주성 남쪽까지 내려와 물을 사이에 두고 세 곳에 진을 치게 하였는데 거란군이 중앙을 찌르면 양쪽에서 호응하는 전략을 취함으로써 번번이 승리하였다. 뿐만 아니라 새로운 무기인 검차(劍車: 차체와 바퀴살에 단검을 빈틈없이 꽂아 적의 접근을 막는 2륜전차)를 만들어 거란군을 대파하였다. 그러나 계속되는 승리에 자만하여 거란군이 공격해 온다는 보고를 듣고도 경계를 하지 않다가 결국 대항할 겨를도 없이 패하고 말았다. 이때의 패전으로 많은 병사가 죽고, 부장(副將) 이현운, 도관원외랑(都官員外郎) 노전(盧戩), 감찰어사(監察御史) 노의(盧顗), 양경(楊景), 이성좌(李成佐) 등과 함께 포로가 되었다.이때 거란의 성종이 자신의 신하가 되어달라고 권유하자, "나는 고려 사람인데 어찌 너의 신하가 되겠는가?" 하며 단호히 거절해 고려인의 늠름한 자세를 보여주었다. 반면에 이현운이 성종의 신하가 되겠다고 뜻을 굽히자 발길로 걷어차면서 고려인의 긍지를 잃지 말라고 나무라면서 최후를 마쳤다고 한다([출처:강조(康兆)-한국민족문화대백과사전]).

．．．．．．．．．．．．．．．．．．

* 강 씨(康氏)는 신천(信川) 강씨 단본(單本)-역주자.

349) 이자겸(李資謙, ?~1126): 고려전기 상서좌복야, 협모안사공신 수태사 중서령 소성후 등을 역임한 관리. 문신.

이자겸은 고려전기 상서좌복야, 협모안사공신 수태사 중서령 소성후 등을 역임한 문신이다. 출생일은 미상이며 1126년(인종 4)에 사망했다. 왕실의 외척 가문으로 음서를 통해 관직에 진출했다. 예종·인종 때 딸을 왕비로 들여보냈고, 인종이 그의 보필로 즉위하자 전횡이 극에 달했다. 인종의 묵인 아래 이자겸과 척준경을 제거하려는 거사가 일어났으나 오히려 이들이 난을 일으켜 궁성에 불을 지르고 많은 사람을 살해했다. 그 뒤 왕을 자기 집으로 이어시키고 국사를 제멋대로 처리하면서 왕위 선위를 노렸다. 척준경에게 제거되어 유배지에서 죽었다.

본관은 경원(慶源). 아버지는 경원백(慶源伯) 이호(李顥)이고, 부인은 해주 최씨(海州崔氏)로 시중(侍中)을 역임한 최사추(崔思諏)의 딸이다. 경원 이씨는 나말여초(羅末麗初) 인주(仁州) 지방의 호족세력으로서, 이허겸(李許謙)의 외손녀가 현종(顯宗)의 비[妃: 원성태후(元成太后)]로 책봉되면서 두각을 나타내기 시작하였다. 그렇지만 귀속 가문으로 확고하게 자리 잡은 시기는 이자겸(李資謙)의 할아버지인 이자연(李子淵) 때부터였다. 이자연의 세 딸은 모두 문종(文宗)에게 시집을 갔는데 인예태후(仁睿太后)·인경현비(仁敬賢妃)·인절현비(仁節賢妃)가 그들이다. 그리고 이자겸의 누이 또한 순종(順宗)의 비 장경궁주(長慶宮主)가 되었다.

왕실과 밀접한 관계를 맺었던 가문의 배경을 바탕으로 이자겸은 음서(蔭敍)를 통해 관직에 진출하였다. 그리고 초직으로서는 매우 파격적으로 합문지후(閤門祗侯)라는 자리에 제수되었다. 이후 이자겸의 둘째딸이 1108년(예종 3) 정월 예종(睿宗)의 비가 되면서부터는 더욱 빠른 속도로 출세하게 되었다. 참지정사(參知政事)·상서좌복야(尙書左僕射)를 거쳐 개부의 동삼사 수사도 중서시랑 동중서문하평장사(開府儀同三司守司徒中書侍郎同中書門下平章事)로 진급했으며, 이어 소성군개국백(邵城郡開國伯)에 봉작되었고 동시에 여러 아들들도 함께 승진되었다. 그러나 당시까지만 해도 이자겸의 권력이 왕실을 위협한다거나 혹은 조정의 권력을 독점할 수는 없었다. 예종이 모든 정치세력들을 균형 있게 조절해 어느 한쪽의 일방적 독주가 일어나지 않도록 막았기 때문이다. 한안인(韓安仁) 일파가 세력을 쥐고 이자겸 일파와 대립, 암투를 벌였던 상황은 그와 같은 일면을 잘 보여주는 사례이다. 그러다 예종이 재위 17년 만에 죽고 인종(仁宗)이 이자겸의 보필에 힘입어 즉위하게 되면서부터 이자겸의 정치적 위상은 크게 향상되었다. 우선 협모안사공신 수태사 중서령 소성후(協謀安社功臣守太師中書令邵城侯)에 책봉되어 신하로서는 최고직에 오르게 되었다. 이어 12월에는 반대파 제거에 나서게 되는데 왕의 작은아버지인 대방공(帶方公) 왕보(王俌)와 한안인·문공인(文公仁) 등이 역모를 꾀했다고 하여 그 주모자와 일당 50여 명을 살해 또는 유배시켰다. 왕의 극진한 우대를 받으면서 양절익명공신 중서령 영문하상서도성사 판이병부 서경유수사 조선국공 식읍팔천호 식실봉이천호(亮節翼命功臣中書令領門下尙書都省事判吏兵部西京留守事朝鮮國公食邑八千戶食實封二千戶)에 제수된 이후, 사사로이 관부(官府)를 열어 관리들을 두기에까지 이른다. 동시에 부인은 진한국대부인(辰韓國

大夫人)에 봉해지고 여러 아들들도 함께 관직이 승급되면서 조정의 모든 권력은 이자겸에게 모아지게 되었다. 이자겸은 여기서 더 나아가 경원 이씨 이외의 성씨에서 왕비가 나오면 권세와 총애가 분산될 것을 우려해 강제로 셋째 딸을 인종의 왕비로 들여보내고 얼마 뒤에는 다시 넷째 딸 마저도 왕비로 들여보냈다. 한때 사사로이 자기 부(府)의 주부(注簿)인 소세청(蘇世淸)을 송나라에 보내 표(表)를 올리고 토산물을 바치며 스스로 지군국사(知軍國事)라 칭하기도 하였다. 여기에서 그치지 않고 실제로 지군국사가 되고자 왕이 자기 집에 와서 그 조칙을 내려줄 것을 요청하고 날짜까지 정하였다. 지군국사란 나라의 모든 일을 맡고 있다는 뜻으로 신하의 신분으로는 가질 수 없는 직함이었다. 이 같은 전횡 때문에 왕도 이자겸을 몹시 꺼려하였다. 이를 안 내시 김찬(金粲)과 안보린(安甫鱗)은 1126년(인종 4) 2월 동지추밀원사 지녹연(智祿延)과 공모해 왕에게 아뢰고, 상장군 최탁(崔卓)과 오탁(吳卓), 대장군 권수(權秀), 장군 고석(高碩)과 함께 이자겸과 일당인 척준경(拓俊京) 등을 제거하려는 거사에 나서게 되었다. 이들은 약속된 날 밤에 군사를 거느리고 궁궐로 들어가, 우선 척준경의 동생인 병부상서 척준신(拓俊臣)과 아들인 내시 척순(拓純) 등을 살해하였다. 이것이 이른바 '이자겸의 난'의 발단이었다. 변란을 알게 된 이자겸과 척준경은 남은 무리와 병졸들을 이끌고 궁성을 포위한 후 불을 지르고 많은 사람들을 살해하였다. 이에 놀란 왕은 글을 지어 이자겸에게 선위(禪位)하고자 하였다. 그러나 양부(兩府)의 의론을 두려워했고, 한편으로는 재종형제(再從兄弟) 간으로 왕의 발호를 못마땅하게 여기던 이수(李需)와 귀족관료인 김부식(金富軾) 등의 반대로 저지되었다. 그 뒤 이자겸은 왕을 자기 집으로 이어(移御)시키고 국사를 제멋대로 처리하였다. 같은 해 3월 군신관계를 요구해 온 금나라에 대해 모든 신료들의 반대를 무릅쓰고 받아들였다. 자신의 권력을 유지하기 위한 결정이었다. 더군다나 왕위에 대한 미련을 버리지 못해 인종을 여러 차례 독살하려 하였다. 그때마다 왕비의 기지로 왕은 겨우 화를 면할 수 있었다. 이와 같이 어려운 상황 속에서 인종의 밀명(密命)을 받은 내의(內醫) 최사전(崔思全)이 5월 이자겸과 척준경의 사이를 떼어놓는 데 성공하였다. 결국 이자겸은 척준경에 의해 제거되었고 유배지인 영광(靈光)에서 죽었다.

평가와 의의: 1123년(인종 1)에 송나라 사신을 따라왔던 서긍(徐兢)은 『고려도경(高麗圖經)』이라는 견문록에서 이자겸을 "풍채는 맑고 위의(威儀)는 온화(溫和)하며 어질고 착한 이들을 반겼다"라고 평하고 있다. 이때가 이자겸이 한창 득세하고 있던 시기인 만큼 서긍의 눈에 어떻게 비쳤는지는 잘 알 수 없지만, 어쨌든 이자겸에게서 군자풍의 태도와 행동의 일면을 엿볼 수는 있다. 그러나 이와 같은 모습과 행동에도 불구하고 이자겸은 재물과 권력을 지나치게 탐했던 것으로 보인다. 『고려사』「이자겸전(李資謙傳)」에 의하면, "남의 토전(土田)을 강탈하고, 복례(僕隸)들을 풀어 마차와 말을 약탈하여 자기의 물건을 날랐다"고 하는 등 권세를 남용하고 공공연히 뇌물을 받았다고 전하고 있다. 좀 과장된 표현이겠지만 집에는 썩어가는 고기가 항상 수만 근이나 되었다고 한다. 이와 비슷한 내용이 『고려도경』에도 전해지고 있다. 이자겸은 강력한 정치권력과 함께 당시 또 하나의 큰 세력이던 사원과의 긴밀한 유대를 통해 정계를 자기 마음대로 움직였을 뿐만 아니라 왕권에까지도 위협적인 존재가 되었다. 결과적으로 이자겸의 권력독점은 종전 귀족관료 간의 견제와 균형의 묘미를 깨뜨리게 되었고 아울러 고려의 왕권마저도 함께 약화시키는 결과를 초래하였던 것이다([출처:이자겸(李資謙)-한국

민족문화대백과사전]).

350) 척준경(拓俊京, ?~1144):고려전기 이부상서 참지정사, 문하시랑 판병부사 등을 역임한 관리. 무신. 곡산 척씨(谷山拓氏)의 시조. 아버지는 검교대장군(檢校大將軍) 척위공(拓謂恭)이다.

주리(州吏)의 집안으로 가난해서 학문을 닦지 못하고 서리(胥吏)가 되고자 했으나 이것도 여의치 않아 무뢰배들과 교유하였다. 이후 계림공(鷄林公)의 종자로 있다가 추밀원별가(樞密院別駕)가 되었다. 1104년(숙종 9) 평장사(平章事) 임간(林幹)을 따라 동여진(東女眞) 정벌에 공을 세워 천우위녹사 참군사(千牛衛錄事參軍事)에 제수되었다. 1107년(예종 2) 중군병마녹사(中軍兵馬錄事)로 윤관(尹瓘)을 따라 동여진 정벌에 종군해 석성(石城)·영주(英州) 전투에서 크게 이겼다. 그 공으로 합문지후(閤門祗候)에 제수되고, 다시 길주(吉州)전투에서 공을 세워 공부원외랑(工部員外郞)이 되었다. 1117년(예종 12) 급사중(給事中)으로 서북면병마부사(西北面兵馬副使)가 되고, 지어사대사(知御史臺事)를 역임하였다. 1119년(예종 14) 동북면병마사, 1122년(예종 17) 위위경 직문하성(衛尉卿直門下省)을 거쳐 1123년(인종 1) 이부상서 참지정사(吏部尙書參知政事), 이듬해 개부의동삼사 검교사도 수사공 중서시랑평장사(開府儀同三司檢校司徒守司空中書侍郞平章事)에 올랐다. 하지만 곧 관직에서 물러나 스스로 고향인 곡주로 돌아가자 인종이 이를 만류하며 문하시랑평장사(門下侍郞平章事)에 전보(轉補)하였다. 1126년(인종 4) 내시지후(內侍祗候) 김찬(金粲), 내시녹사(內侍錄事) 안보린(安甫鱗) 등의 거사를 계기로 이자겸(李資謙)과 함께 군사를 일으켜 궁궐에 침범하여 불사르고 이들을 살해하였다. 이어 문하시랑 판병부사(門下侍郞判兵部事)가 되었으나, 왕의 밀지를 받은 최사전(崔思全)의 설득으로 뜻을 바꾸어 이자겸을 잡아 귀양 보냈다. 그 공으로 추충정국협모동덕위사공신(推忠靖國協謀同德衛社功臣)에 삼중대광 개부의동삼사 검교태수태보 문하시랑 동중서문하평장사 판호부사 겸 서경유수사 상주국(三重大匡開府儀同三司檢校太守太保門下侍郞同中書門下平章事判戶部事兼西京留守使上柱國)이 되고, 처 황 씨(黃氏)는 제안군대부인(齊安郡大夫人)이 되었다. 이듬해 권세를 함부로 부려 인종의 미움을 받다가 1127년(인종 5)에 "이자겸을 제거한 일은 일시의 공(功)이나, 궁궐을 침범하고 불사른 것은 만세(萬世)의 죄다"라는 좌정언(左正言) 정지상(鄭知常)의 탄핵을 받아 암타도(巖墮島)에 유배되고, 이듬해 곡주로 이배되었다. 1130년(인종 8)에 "죄는 중하나 또한 공도 적지 않다" 하여 처자에게 직전(職田)을 돌려주었다. 1144년(인종 22)에 지난날의 공으로 조봉대부 검교호부상서(朝奉大夫檢校戶部尙書)에 기용되었으나 곧 별세하였다. 1146년(인종 24) 문하시랑평장사로 추복(追復)되었다([출처:척준경(拓俊京)-한국민족문화대백과사전]).

351) 정중부(鄭仲夫, 1106~1179): 고려시대 무신정변을 일으킨 주모자. 무신.

정중부는 고려시대 무신정변을 일으킨 주모자로 무신이다. 1106년(예종 1)에 태어나 1179년(명종 9)에 사망했다. 주의 군사였다가 개성에서 공학금군에 편입되면서 무관의 길을 걸었다. 문벌 귀족의 나라 고려에서 무관에 대한 차별이 심화되자 이고·이의방 등 무인들과 함께 대소 문신들을 죽이고 의종과 태자를 유배지로 보낸 뒤 명종을 옹립하여 무신정권을 수립했다. 김보당의 의종 복위운동과 조위총의 난을 평정하고 쿠데타 동조세력인 이의방 도당까지 제거한 후 탐학을 일삼는 무신독재 정치를 일삼다가 1175년 경대승에게 살해당했다.

본관은 해주(海州)이다. 주(州)의 군적(軍籍)에 올라 개성에서 공학금군(控鶴禁

軍)에 편입되었다. 그리고 인종 때 견룡대정(牽龍隊正)이 되었다. 이때 왕이 참석한 가운데 섣달 그믐날 밤의 나례(儺禮)가 베풀어졌다. 그 자리에서 나이 어린 내시 김돈중(金敦中)이 촛불로 정중부의 수염을 태우는 사건이 일어났다. 정중부는 크게 노해 김돈중을 묶어 놓고 욕보였다. 그래서 김돈중의 아버지 김부식(金富軾)의 노여움을 샀으나 왕의 중재로 무사하였다. 이 사건을 계기로 무신과 문신 간의 대립이 노골화되기 시작하였다. 인종의 신임을 받아 근시(近侍)했고, 의종 초에 교위(校尉)가 되었다. 당시 산원(散員) 사직재(史直哉)와 더불어 봉쇄된 수창궁(壽昌宮)의 북문을 함부로 출입하다가 어사대의 탄핵을 받았다. 그러나 다시 왕의 중재로 무사하였다. 그 뒤 상장군에 올랐다. 그런데 의종은 호색하고 정사를 돌보지 않았다. 그리고 주연을 베풀 때마다 문신은 함께 즐기고 무신들은 그 경비만을 맡아 허기와 추위에 떨도록 하였다. 자연히 무신들 사이에 불만이 쌓였다. 1170년(의종 24)에 의종이 화평재(和平齋)에 행차했을 때 견룡행수(牽龍行首)인 산원 이의방(李義方)·이고(李高) 등과 함께 반역을 결심하였다. 그 뒤 왕이 연복정(延福亭)에서 흥왕사(興王寺)를 거쳐 보현원(普賢院)에 이르자 수행하던 문신과 환자(宦者) 등을 살해하였다. 보현원에서 반란에 성공하자 곧바로 개성을 공략하였다. 궁궐과 태자궁을 휩쓸면서 대소의 문신 50여 명을 죽인 다음 왕을 거제현(巨濟縣)으로, 태자를 진도현(珍島縣)으로 추방하였다. 그리고 왕의 아우 익양공 왕호(翼陽公 王晧)를 명종(明宗)으로 옹립한 뒤 무신정권을 수립하였다. 정중부는 의종의 곽정동택(藿井洞宅)·관북택(館北宅)·천동택(泉洞宅) 등 세 사저와 거기에 축적했던 수많은 재물을 이의방·고 등과 나누어 차지하였다. 그리고 문관직인 참지정사(參知政事)와 뒤이어 중서시랑평장사(中書侍郎平章事)가 되었다. 또한, 훈(勳) 1등 벽상공신(壁上功臣)이 되었다. 그리고 1172년 서북면판사행영병마 겸 중군병마판사(西北面判事行營兵馬兼中軍兵馬判事)가 되었다. 이듬해 김보당(金甫當)이 무신정권을 타도하고, 의종을 복위시키려는 난을 일으켰다. 그러나 정중부는 이를 평정하고 김보당의 잔당 장순석(張純錫)·유인준(柳寅俊)을 따라 경주까지 왔던 의종을 이의민(李義旼)을 시켜 살해하였다. 또한, 모든 문신과 함께 꾀했다는 김보당의 거짓 진술을 듣고, 그 동안 화를 면했던 모든 문신을 죽이려 하였다. 그러나 이준의(李俊儀)·진준(陳俊) 등의 만류로 중지하였다. 1174년 서경유수 조위총(趙位寵)이 난을 일으키자 3년 만에 이를 평정하였다. 이때 정중부의 아들인 정균(鄭筠)이 승(僧)인 종참(宗旵) 등을 이용해 이의방을 죽이고 그 도당들을 잡아 죽였다. 조위총의 난이 일어나던 해에 문하시중이 되었다. 재물을 탐해 남의 토지를 빼앗아 광대한 농장(農莊)을 소유하였다. 또한, 집에서 부리던 종들과 문객(門客)들도 주인의 권세를 믿고 횡포를 일삼았다. 1175년 궤장(几杖)이 하사되고 1178년에 벼슬에서 물러났다. 1179년(명종 9) 경대승(慶大升)에게 아들 정균, 사위 송유인(宋有仁) 등과 함께 살해당하였다([출처:정중부(鄭仲夫)-한국민족문화대백과사전]).

352) 경대승(慶大升, 1154~1183):고려 명종 때의 장군. 본관은 청주(淸州), 중서시랑평장사(中書侍郎平章事) 경진(慶珍)의 아들이다.

　일찍이 큰 뜻을 품고 가산을 돌보지 않았으며, 아버지 경진(慶珍)이 불법으로 탈취한 토지의 전안(田案)을 선군(選軍)에 바치고 하나도 취하지 않아 청백(淸白)하다는 평판을 받았다. 15세에 음서(蔭敍)로 교위(校尉)에 임명된 뒤 차차 벼슬이 올라 장군이 되었다. 1178년(명종 8)에 개경에서 살다가 낙향한 청주 출신 사람들과 원래 청주인(원주민) 사이에 분쟁이 생겨 100여 명이 죽게 되자 박순필(朴純弼)과 함께 사심관(事審官)으로 파견되었으나, 그 일을 해결하지 못했다 하여 파면(罷免)되었다. 1179년(명종 9) 평소 불만이 많던 집권 무신 정중부(鄭仲夫) 일파를 제거하고자 결심하고, 견룡(牽龍) 허승(許升) 등과 모의하여 정중부와 그의 아들인 정균(鄭筠)과 송유인(宋有仁) 등을 죽이고 정권을 장악했다. 집권 무신이 된 뒤에는 종전의 최고권력기구 기능을 하던 중방(重房)의 존재를 무력화시키고 자신의 사적 집단인 도방(都房)을 두어 정권유지의 바탕을 마련하였다. 또한, 무력으로 정권을 탈취했으나 관리 등용에는 문무신을 고루 기용하려는 노력도 게을리 하지 않아 여러 무신들로부터 반감을 사기도 하여 잦은 충돌을 일으켰다. 경대승을 도와 정중부 일당을 제거하는 데 공이 컸던 허승과 김광립(金光立)을 제거하였으며, 1181년(명종 11)에는 대정(隊正)을 지낸 한신충(韓信忠)·채인정(蔡仁靖)·박돈순(朴敦純) 등이 반란을 일으키자 섬으로 귀양을 보내기도 하였다. 경대승은 유언비어라 할지라도 잡아가두고 국문(鞫問)하는 등 형벌이 무자비했다. 집권 동안 도방의 무리라 일컫는 도둑이 횡행하고, 잦은 민란이 발생하는 등 사회가 어지러웠으며, 1183년(명종 13) 집권 5년여 만에 30세로 죽었다([출처: 경대승(慶大升)-한국민족문화대백과사전]).

....

* 경진(慶珍): 청주 경씨의 시조로 고려 명종 때 벼슬이 중서시랑평장사(中書侍郞平章事)에 이르렀다.-역주자.

353) 이의민(李義旼, ?~1196): 고려후기 상장군, 동중서문하평장사 판병부사 등을 역임한 관리. 무신집권자.

이의민은 고려후기 상장군, 동중서문하평장사 판병부사 등을 역임한 무신 집권자이다. 출생일은 미상이며 1196년(명종 26)에 사망했다. 용력이 뛰어나 경군에 선발되었고 의종의 총애로 별장이 되었다. 1170년(의종 24) 무신정변에 행동파 무신으로 가담했고, 1173년 김보당의 의종복위운동 때에는 의종을 참혹하게 살해했다. 1174년 조위총의 난을 진압하고 상장군에 올랐다. 정중부를 제거하고 정권을 잡은 경대승이 1183년에 사망하자 무신집정의 자리에 올라 12년 동안 권력을 장악했다. 1196년 최충헌 형제에게 피살되었다.

본관은 경주(慶州). 아버지는 소금장수이며, 어머니는 옥령사(玉靈寺)의 비(婢)로서 천계(賤系) 출신이었다.

1170년 무신정변에 행동파 무신으로 가담하였고, 1174년 조위총(趙位寵)의 난을 진압하면서 급속히 출세하였다. 정중부를 제거하고 정권을 잡은 경대승이 사망하자 무신집정의 자리에 올라 1184년(명종 14) 정월부터 1196년(명종 26)까지 약 12년 동안 권력을 장악하였다. 이의민집권기는 무신정변에 참여했던 무신들과 천계 출신 무신들이 천하를 호령하던 시기였으며 전체 무신정권기(1170~1270) 가운데 전기의 말엽에 해당한다. 신장이 8척에 이를 정도로 장대했고, 용력이 뛰어나 경군(京軍)에 선발된 뒤 수박(手搏)을 잘해 의종의 총애를 받아 별장(別將)이 되었다. 1170년(의종 24) 무신정변에 가담해 중랑장(中郎將)이 되었다가 장군으로 승진하였다. 이의민의 빠른 진급에 대해 『고려사』에는 이의민이 무신정변 때 사람을 많이 죽였기 때문이라고 하였다. 1173년(명종 3) 동북면병마사(東北面兵馬使) 김보당(金甫當)이 정중부의 집권에 반발해 의종 복위를 꾀하자, 유배지인 거제에서 경주로 나와 있던 의종을 참혹하게 살해하였다. 그 공으로 대장군(大將軍)이 되었다. 1174년 서경유수(西京留守) 조위총의 난 때에는 정동대장군 지병마사(征東大將軍知兵馬事)가 되어 토벌했고, 그 공으로 무반의 최고직인 상장군

(上將軍)에 올랐다. 1179년(명종 9) 복고(復古)의 뜻을 표방한 장군 경대승이 정중부세력을 타도하고 실권을 장악하였다. 경대승이 의종을 살해한 이의민에 대한 적대감을 공개적으로 드러내자 이의민은 1181년 형부상서 상장군에 임명되었지만 고향인 경주로 내려갔다. 1183년(명종 13) 경대승이 병사하자 이의민은 명종의 부름을 받고 조정으로 돌아와 실권을 장악하였다. 수사공좌복야(守司空左僕射)가 더해진 뒤 1190년에는 동중서문하평장사 판병부사(同中書門下平章事判兵部事)가 되었다. 1194년에는 공신에 책록되었으며, 인사권을 비롯한 정치의 제반 사항을 장악하기에 이르렀다. 이의민은 무신들의 문반직 겸임을 확대하였으며, 문신 가운데서도 특별히 가문이 좋거나 학문이 뛰어난 사람들만 보임되던 내시(內侍)나 동수국사(同修國史)에도 무신을 임명하였다. 또한 막대한 권력을 기반으로 백성들의 토지를 함부로 수탈했으며, 가족들 역시 탐학을 자행했는데 두 아들은 항간에서 쌍도자(雙刀子)라고 불렸다. 정권을 장악한 이의민은 고참(古讖: 참언)의 "용손(龍孫)은 12대에서 끝나고, 다시 십팔자가 나온다(龍孫十二盡 更有十八子)"라는 말을 믿어, 십팔자(十八子)가 곧 '이(李)'의 파자(破字)이므로 자신이 왕이 될 생각까지 품게 되었다. 『고려사』에는 이의민이 경주 일대에서 난을 일으킨 효심(孝心)·사미(沙彌) 등과 내통하는 등 왕이 되기 위해 신라부흥운동을 지원했다고 기록하고 있다. 그러나 이것은 이의민을 제거하기 위한 최충헌 등 정적들의 조작인 것으로 보인다. 이의민은 1196년(명종 26) 아들 이지영(李至榮)이 최충헌(崔忠獻)의 동생인 최충수(崔忠粹)의 비둘기를 뺏은 것을 계기로 살해되었다. 최충헌은 상장군 최원호(崔元浩)의 아들이었지만 이의민의 정권 하에서 정치적 성장에 일정한 제약을 받았었다. 이렇게 정치적으로 소외되었으나 가문 출신이 좋은 무반들은 최충헌을 중심으로 세력을 모으고 있었다. 최충헌이 이의민을 살해하자 "여러 해를 막히고 뜻을 얻지 못한 많은 사람이 이로써 희망을 품었다"고 기록할 정도였다. 즉 이의민의 죽음은 이의민정권에서 소외된 세력들이 비둘기 쟁탈이라는 사건을 계기로 그 불만을 폭발시키는 과정에서 일어났던 것이다. 이의민 정권이 붕괴되자 최씨무신정권시대가 개막되어 4대 62년간 지속되었다([출처:이의민(李義旼)-한국민족문화대백과사전]).

354) 최충헌(崔忠獻, 1149~1219)은 고려 시대 중기~후기의 무신이자 군인, 정치가이다. 최씨 정권의 첫 번째 지도자이다. 본관은 우봉(牛峰)이며 초명은 최난(崔鸞)이고 시호는 경성(景成)이다.

1196년(명종 26)부터 1219년(고종 6)까지 23년 동안 고려 왕조의 실권을 맡았다. 이의민을 제거하고 집권한 다섯 번째 무인 집권자였으며, 무신 세습 정권을 구축하였다. 이후 경쟁자 두경승과 동생 최충수, 조카 박진재를 모두 제거한 뒤 일인 집권체제를 구축했고, 집권 기간 중 국왕인 명종과 희종을 폐위시켰다. 1209년(희종 5) 학자 이규보를 발탁, 무신정권으로 피폐해진 문운(文運)을 재흥시키려 힘썼는데, 청교역(靑郊驛)의 관리들의 자기네 부자살해 미수사건이 생기자 영은관에 교정도감(敎定都監)을 설치, 실질적인 무인정권의 중앙기관으로서 국정 전반을 감독케 했다. 본부인이 있는 상태에서 강종의 서녀인 왕씨와 결혼하여 부마의 직책까지 겸했다. 사후 조선에서 쓴 『고려사』, 『고려사절요』에 의해 반역자로 격하당했다. 강종의 서녀사위이자 고종의 서매부이고, 원종에게는 고모부이자 처외증조부가 된다. 정순왕후의 외증조부이자 충렬왕의 외고조부였다. 또한 수성택주 임씨와 사위 임효명(이칭 임효순)을 통해 의종, 명종, 신종의 모후 공예왕후와도 사돈이 된다.

1174년(명종 4) 무인 집권에 반발한 조위총의 난이 벌어지자, 조위총의 난을 진압하는

데 출정하여 큰 공로를 세워 그해 전봉별초(戰鋒別抄)를 설치할 때 별초도령(別抄都令)에 올랐으며, 뒤에 섭장군이 되었다. 이후 본위별장(本衛別將)이 되었다가, 1176년(명종 6) 지안동부사부사(知安東府事副使)로 나갔다 1180년(명종 10)에 응양부 섭낭장(鷹揚府 攝郎將)을 거쳐 1181년 응양부 낭장이 되었다.

1187년(명종 17) 용호군 섭중랑장(龍虎軍 攝中郎將), 1188년(명종 18) 용호군 중랑장이 되었다. 1193년(명종 23) 겨울 감문위중랑장 본위차장군(監門衛中郎將 本衛借將軍)을 거쳐 1194년(명종 24) 감문위 섭장군이 되었다. 1195년(명종 25) 여름 좌우위정용 섭장군이 되었다.

이어 명종의 측근을 몰아내고 추밀원좌승선(樞密院左承宣)과 어사대지사(御史臺知事)를 겸하였으며, 바로 감문위 섭대장군(監門衛攝大將軍)이 되었다가 다시 좌우위 섭대장을 거쳐 다시 추밀원좌승선이 되어 지예부사 겸 어사대지사 태자첨사(知禮部事兼御史臺知事太子詹事)를 겸하였다. 이듬해인 1197년(명종 27) 충성좌리공신(忠誠佐理功臣)에 봉해졌다. 그러나 왕이 봉사십조를 이행하지 않고 최충헌의 신변을 위협하게 되자 창락궁에 유폐시키고, 평량공(平涼公) 민(旼)을 옹립하니, 그가 신종이다. 이에 최충헌은 임금에게 말하여 다시 명종 때의 근신을 모두 내쫓아 정권은 완전히 최씨 일가에서 독차지하게 되었고, 정국공신 삼한대광대중대부 상장군주국에 책봉되었다.

최충수가 그의 딸을 태자(뒷날의 희종)의 비로 삼으려 임금에게 강요하고 태자의 본비를 내보내므로 그는 이에 반대하여, 드디어 무력 충돌에까지 이르러 최충수를 살해하였다. 이는 신종이 옹립된 다음 달의 일인데, 이로써 본래는 그의 아우 충수와 나누어 가졌던 군국(軍國)의 대권을 독점하기에 이르렀다. 그러나 거사일에 홍국사에 모인 노비는 수백 명밖에 되지 않았다. 어쩔 수 없이 만적이 거사일을 연기하자, 율학박사 한충유의 종 순정이 주인에게 거사 계획을 누설하고, 다시 한충유가 자신에게 밀고하면서 만적 등 100여 명을 붙잡아 강에 수장시켜버렸다. 이후 최충헌은 한충유에게 합문지후의 벼슬을 내렸고, 순정의 공로도 인정하여 그에게 백금 80냥을 주고 그를 면천(免賤)시켰다.

1199년(신종 2) 병부상서(兵部尚書)와 이부지사(吏部知事)를 겸해 군권과 조정인사권을 장악했다. 같은 해 다시 김준거의 난을 토벌하고, 1200년(신종 3) 그를 처치하려는 음모가 자주 발생하자 경대승이 두었던 도방을 다시 설치하여 신변을 보호하였다. 1202년(신종 5) 삼중대광(三重大匡) 수대위상주국(守大尉上柱國)이 되었다. 추밀원사·이병부상서·어사대부로서 경주 별초군(慶州別抄軍)의 반란을 진압했다.

1204년(신종 7) 신종에게 강제로 양위를 강요하여 태자(희종)에게 왕위를 양위케 하였고, 최충헌은 문하시랑동중서, 문하평장사, 상장군상주국, 병부어대판사, 태자태사 등에 책봉되었다. 희종은 그를 신하의 예로서 대하지 않고, 은문상국(恩門相國)이라 하였다. 얼마 뒤에 문하시중 진강후(晉康侯)가 되었으며, 진강군(晉康郡)을 식읍으로 받았다.

1209년(희종 5) 학자 이규보를 발탁하여 무신정권으로 피폐해진 문화를 중흥시키려고 힘썼다. 그해 4월 청교역(青郊驛)의 관리들의 최 씨 부자 살해 미수 사건이 생기자 영은관에 교정도감을 설치하여 혐의자를 색출하기도 하였는데, 실질적인 무인정권의 중앙기관으로서 국정 전반을 감독케 했다. 이 도감은 뒤에 최 씨 일문이 무단정치를 함에 한동안 일본의 막부와 같은 구실을 하였다

1211년(희종 7) 12월, 희종이 그의 권세에 눌려 항상 불안한 생활을 하자 내시 왕준명이 중심이 되어 참지정사 우승경(于承慶)·장군 왕익(王翊), 홍적 등과 함께 그를 꾀어 죽이려 했으나 실패하였다. 그 뒤, 희종과 태자를 폐하고, 명종의 아들인 한남공 정(貞)을 옹립하여 즉위시켰다. 1212년(강종 1) 그의 식읍(食邑)이 진강부로 변경됨과 동시에 공신에

책봉되고, 1213년(강종 2) 강종이 왕위에 즉위한 지 3년 만에 죽자, 태자 진(順)을 세우니 이가 곧 고종이다. 1217년(고종 4) 다시 자신을 암살하려는 홍왕사 승려들의 음모를 적발·처형하였다.

그는 이와 같이 일생 중에 신종·희종·강종·고종의 네 임금을 자기 마음대로 행함으로써 최 씨 무신정권의 기반을 확고히 하였다.

최충헌에게는 두 아들인 우와 향이 있었다. 만년에 병석에 누운 최충헌은 두 형제간에 권력 다툼이 일어날 것을 염려하여 자신의 곁에서 돌보던 아들 최이(최우)를 가까이 오지 못하게 하였다. 최이(최우) 역시 이후 병을 핑계로 아버지를 찾지 않았다. 차남인 최향의 벼슬이 장남인 최이보다 높았으나, 최우가 최향의 부하들을 죽이고, 뒤로 무신정권을 잡았다. 최충헌의 관직을 종합하면 벽상삼한삼중대광 개부의동삼사 수태사 문하시랑 동중서문하평장사 상장군 상주국 판병부어사대사 태자태사(壁上三韓三重大匡 開府儀同三司 守太師 門下侍郎 同中書門下平章事 上將軍 上柱國 判兵部御史臺事 太子太師)이다. 1219년(고종 6) 9월에 개성부 안흥리(安興里) 집에서 사망했는데, 『고려사』에 의하면 그는 죽기 전 연회(宴會)를 열다가 죽었다고 기록하고 있다(위키백과).

355) 신종(神宗, 1144~1204): 고려의 제20대왕. 재위 1197~1204. 이름은 탁(晫), 초명은 민(旼). 자는 지화(至華). 시호는 정효(靖孝), 경공(敬恭). 인종(仁宗)의 다섯째아들이며, 명종(明宗)의 동생이다. 비(妃)는 강릉공(江陵公) 김온(金溫)의 딸 선정왕후(宣靖王后)이다. 1154년(의종 8) 정월에 평량후(平涼侯)로 책봉되었다. 명종이 최충헌(崔忠獻)에게 폐위되자 왕으로 옹립(擁立)되었다. 즉위한 해 5월에 만적(萬積)의 난을 위시하여 이듬해에는 강원도 명주(溟州)의 난, 계속하여 진주(晋州)·금주(金州·金海)·합천(陜川)의 난, 경주(慶州)·광주(廣州)의 난 등 난이 해마다 접종(接踵)하는 중에 국권은 최충헌이 전단하였다. 1204년(신종 7) 병이 심하므로 태자(太子)에게 왕위(王位)를 물려주었다. 능은 양릉(陽陵)이다(이홍직 편, 『새국사사전』, 교학사, 2004, 744쪽).

356) 금의(琴儀, 1153~1230): 고려후기 수태위 중서시랑평장사, 수태보 문하시랑동중서문하평장사 판이부사 등을 역임한 문신. 시호는 영렬(英烈)이다.

본관은 봉화(奉化). 첫 이름은 금극의(琴克儀), 자는 절지(節之). 삼한공신(三韓功臣) 금용식(琴容式)의 후예이다. 고향은 원래 경상도 봉화현(奉化縣)인데, 나중에 계양(桂陽)의 김포현(金浦縣)으로 본적을 바꾸었다.

어려서부터 학문에 힘써 글짓기를 잘 하였으나 여러 번 과거에 낙방, 청도(淸道)의 감무로 나갔는데, 강직하여 굽히지 않으므로 백성들이 철태수(鐵太守)라고 하였다. 1184년(명종 14) 과거에 응시하여 장원으로 급제하고 내시(內侍)에 보직되었다. 최충헌(崔忠獻)이 문사를 구할 때 이종규(李宗揆)의 추천으로 발탁되자 요직을 거치고, 신종(神宗) 때에 상서우승 우간의대부 태자찬선대부가 되었으며, 한때 장작감(將作監)으로 좌천되기도 하였으나, 희종(熙宗) 때 지주사(知奏事)·지이부사(知吏部事) 등을 지냈다. 1211년(강종 즉위년) 왕의 즉위에 대한 책명사의 접대에 공을 세우고 첨서추밀원사 좌산기상시 한림학사승지(簽書樞密院事左散騎常侍翰林學士承旨)에 올랐다. 1215년(고종 2) 정당문학 수국사(政堂文學修國史), 수태위 중서시랑평장사(守太尉中書侍郎平章事)가 되고, 1220년 벽상공신(壁上功臣)이 되었으며, 수태보 문하시랑동중서문하평장사 판이부사(守太保門下侍郎同中書門下平章事判吏部事)로 벼슬에서 물러났다. 여러 번 지공거가 되어 명사(名士)가 많이 나왔으니, 세상에서는 이르기를 '금학사옥순문생(琴學士玉笋門生)'이라 하였다. 문장에도 뛰어나 『한림별곡(翰林別曲)』에는 금학사(琴學士)로 되어 있다([출

처:금의(琴儀)-한국민족문화대백과사전]).

....

* 금용식(琴容式)- 득황(得璜)- 탁영(卓英, 평장사)- 충립(忠立, 상호군)- 당취(唐就, 좌복야)- ○○- 의(儀) (역주자주)

357) 이규보(李奎報, 1169~1241):고려시대 동지공거, 수태보 문하시랑평장사 등을 역임한 관리. 학자, 문신.

이규보는 고려시대 동지공거, 수태보 문하시랑평장사 등을 역임한 문신이자 학자이다. 1168년(의종 22)에 태어나 1241년(고종 28)에 사망했다. 문재에 뛰어났으나 형식적인 과거시험 글을 멸시하여 국자시에 낙방하다가 네 번째 응시에서 수석합격을 했다. 급제 후에도 관직을 받지 못하고 사회 혼란 속에서『동명왕편』을 지었다. 무신집권자인 최충헌을 국가 대공로자로 칭송하는 시를 짓고서야 관직에 진출했고, 이후 최씨 정권에서 문필가로서 무인정권을 보좌하며 승승장구했다. 무인정권에 봉사한 입신출세주의자이자 보신주의자라는 평가를 받는다.

본관은 황려(黃驪). 초명은 이인저(李仁氐), 자는 춘경(春卿), 호는 백운거사(白雲居士). 만년(晩年)에는 시·거문고·술을 좋아해 삼혹호선생(三酷好先生)이라고 불렸다. 아버지는 호부시랑(戶部侍郎)을 지낸 이윤수(李允綏)이다. 시호는 문순(文順)이다.

9세 때부터 중국의 고전들을 두루 읽기 시작했고 문(文)에 대한 재능이 뛰어났다. 14세 때 사학(私學)의 하나인 성명재(誠明齋)의 하과(夏課: 과거시험을 준비하기 위해 여름철에 절을 빌려 학습하는 일)에서 시를 빨리 지어 선배 문사로부터 기재(奇才)라 불렸다. 이때 이규보는 문한직(文翰職)에서 벼슬해 명성을 얻고자 했던 것으로 보인다. 그래서 지엽적 형식주의에 젖은 과시의 글(科學之文) 등을 멸시하게 되었고 국자시(國子試)에 연속 낙방하는 요인이 되었다. 16세부터 4·5년간 자유분방하게 지내며 기성문인들인 강좌칠현(江左七賢: 이인로(李仁老)·오세재(吳世才)·임춘(林椿)·조통(趙通)·황보항(皇甫抗)·함순(咸淳)·이담지(李湛之)의 모임으로 죽림칠현·죽림고회·해좌칠현이라 불림)과 기맥이 상통해 그 시회(詩會)에 출입하였다. 이들 가운데서 오세재(吳世才)를 가장 존경해 그 인간성에 깊은 공감과 동정을 느꼈다고 한다. 1189년(명종 19) 5월 유공권(柳公權)이 좌수(座首)가 되어 실시한 국자시에 네 번째 응시해 수석으로 합격하였다. 이듬해 5월 지공거(知貢擧) 정당문학(政堂文學) 이지명(李知命), 동지공거(同知貢擧) 좌승선(左承宣) 임유(任濡) 등이 주관한 예부시(禮部試)에서 동진사(同進士)로 급제하였다. 그러나 관직을 받지 못하자, 25세 때 개경의 천마산(天磨山)에 들어가 시문을 짓는 등 세상을 관조하며 지냈다. 장자(莊子)의 무하유지향(無何有之鄕: 어떠한 인위도 없는 자연 그대로의 낙토)의 경지를 동경하기도 하였다. 백운거사라는 호는 이 시기에 지은 것이었다. 26세 때인 1193년(명종 23)에 개경으로 돌아왔으나 빈궁에 몹시 시달리면서 무관자(無官者)의 처지를 한탄하였다. 1197년(명종 27) 조영인(趙永仁)·임유·최선(崔詵) 등 최충헌(崔忠獻) 정권의 요직자들에게 관직을 구하는 편지를 썼다. 거기에서 그동안 진출이 막혔던 문사들이 적지 않게 등용된 반면, 자신은 어릴 때부터 문학에 조예를 쌓아왔음에도 30세까지 불우하게 있음을 통탄하고 일개 지방관리라도 취관 시켜줄 것을 진정하였다. 이 갈망은 32세 때 최충헌의 초청시회(招請詩會)에서 최충헌을 국가적인 대공로자로 칭송하는 시를 짓고 나서야 비로소 이루어졌다. 과거에 급제한 지 10년 만에 사록겸장

서기(司錄兼掌書記)로서 전주목(全州牧)에 부임하였다. 그러나 봉록 액수가 적었고 행정잡무가 번거로웠다. 상관과 부하는 태만하였으며 동료들이 중상(中傷)을 하는 등 관직생활은 고통스러웠다. 결국 동료의 비방을 받아 1년 4개월 만에 면직되었다. 처음에는 자조(自嘲)하다가 다음은 체념하고 결국 타율적으로 규제받는 것을 숙명적으로 생각하게 되었다. 1202년(신종 5) 동경(東京)과 청도 운문산(雲門山) 일대의 농민폭동진압군의 수제원(修製員)으로 자원하여 종군하였다. 현지에서 각종 재초제문(齋醮祭文)과 격문(檄文), 그리고 상관에의 건의문 등을 썼다. 1년 3개월 만에 귀경했을 때, 상(賞)이 내려질 것을 기대했으나 이루어지지 않았다. 이규보는 문필의 기능과 중요성에 대해 깊은 회의를 느꼈다. 1207년(희종 3) 이인로·이공로(李公老)·이윤보(李允甫)·김양경(金良鏡)·김군수(金君綏) 등과 겨루었던 「모정기(茅亭記)」가 최충헌을 만족시켜 직한림(直翰林)에 임명되었다. 그리하여 문필을 통한 양명과 관위 상의 현달이 함께할 수 있을 가능성에 대해 다시 자신감을 갖기 시작하였다. 215년(고종 2) 드디어 우정언(右正言) 지제고(知制誥)로서 참관(參官)이 되었다. 이때부터 출세에 있어서 동료 문사들과 보조를 같이 하면서 쾌적한 문관생활을 만끽하였다. 금의(琴儀)를 두수(頭首)로 하여 유승단(兪升旦)·이인로·진화(陳澕)·유충기(劉沖基)·민광균(閔光鈞), 그리고 김양경 등과 문풍(文風)의 성황을 구가하였다. 1217년(고종 4) 2월 우사간(右司諫)이 되었으나 가을에 최충헌의 한 논단(論壇)에 대해 비판적이었다고 하는 부하의 무고를 받아 정직당하고, 3개월 뒤에는 좌사간(左司諫)으로 좌천되었다. 이듬해 집무상 과오를 범한 것으로 단정, 좌사간마저 면직되었다. 이 같은 사태는 그때까지 전통적인 왕조규범으로 직무를 수행하고자 하였고, 그러한 태도를 관리의 당연한 것으로 생각했던 이규보에게 큰 충격과 교훈을 안겨주었다. 이러한 관념이 최충헌의 권력 앞에서 무의미한 것이 되고 파탄되어 버리자 또 다시 자신의 사고(思考)와 태도를 바꾸어 보신(保身)에 대한 특별히 마음을 두게 되었다. 1219년(고종 6) 최이(崔怡)의 각별한 후원 덕분으로 중벌은 면하게 되어 계양도호부부사 병마검할(桂陽都護府副使兵馬黔轄)로 부임하였다. 다음해 최충헌이 죽자 최이에 의해 귀경하게 되면서 최이와 절대적 공순관계(絕對的恭順關係)를 맺게 되었다. 일체의 주견 없이 다만 문필기예의 소유자로서 최씨가 요구하는 모든 것을 충실히 집행하는 것만이 살 길이라는 것을 확인하게 되었다. 그 뒤 10년간은 최씨정권의 흥륭기(興隆期)이기도 하거니와 이규보가 고관으로서 확고한 기반을 다진 시간이었다. 보문각대제지제고(寶文閣待制知制誥)·태복소경(太僕少卿)·장작감(將作監)·한림학사시강학사(翰林學士侍講學士)·국자좨주(國子祭酒) 등을 거치면서, 1225년(고종 12) 2월 국좌좨주(國子祭酒)로서 국자시를 주관하였다. 1228년(고종 15) 중산대부 판위위사(中散大夫判衛尉事)에 이르렀고, 3월 동지공거(同知貢擧)가 되어 과거를 주관하였다. 1234년 5월 지문하성사로서, 1236년 5월 참지정사로서 지공거가 되어 과거를 주관하기도 하였다. 1230년(고종 17) 한 사건에 휘말려 위도(猬島)에 유배되었다. 이규보는 이때까지 권력에 심신을 다 맡겨왔던 터였는데 자기를 배제하는 엄연한 별개의 힘이 존재한다는 사실에 새롭게 놀랐다. 보신을 잘못하는 자신이 부덕한 사람으로 통감되었다. 8개월 만에 위도에서 풀려나와 이해 9월부터 산관(散官)으로 있으면서 몽골에 대한 국서(國書) 작성을 전담하였다. 국서는 최씨의 정권보전책으로 강화를 위한 중요한 수단이었고, 이규보는 이 정책에 적극 참여한 셈이었다. 1232년(고종 19) 4월 판비서성사 보문각학사

경성부우첨사지제고(判秘書省事寶文閣學士慶成府右詹事知制誥)로 복직되었고, 이듬해 6월 추밀원부사 우산기상시, 12월 참지정사 수문전대학사 판호부사 태자태보가 되었고, 1236년 10월 퇴임을 청하였으며, 1237년(고종 24) 수태보 문하시랑평장사(守太保門下侍郞平章事)·수문전대학사 감수국사 판예부사 한림원사 태자대보(修文殿大學士監修國史判禮部事翰林院事太子大保)로서 치사(致仕)하였으며, 1241년(고종 28) 9월 세상을 떠났다.

학문세계와 학술활동: 왕정(王廷)에서의 부패와 무능, 관리들의 방탕함과 관기의 문란, 민의 피폐, 그리고 남부지방에서 10여 년 동안 일어난 농민폭동 등은 이규보의 사회·국가의식을 크게 촉발시켰다. 이때 지은 것이 바로 『동명왕편(東明王篇)』·『개원천보영사시(開元天寶詠史詩)』 등이었다. 그리고 문집으로 『동국이상국집(東國李相國集)』이 있다. 혜문(惠文)·총수좌(聰首座)·전이지(全履之)·박환고(朴還古)·윤세유(尹世儒) 등과 특별한 친분을 유지하였다. 71세 이후에는 하천단(河千旦)·이수(李需) 및 승통(僧統) 수기(守其) 등과 사귀었고, 최씨의 문객인 김창(金敞)·이인식(李仁植)·박훤(朴暄)과도 교제가 잦았다.

평가와 의의: 이규보는 이권(利權)에 개입하지 않은 순수하고 양심적인 관직자였으나 소심한 사람이었다. 학식은 풍부하였으나 작품들은 깊이 생각한 끝에 나타낸 자기표현이 아니라 그때그때 마다 떠오르는 바를 그대로 표출한 것이었다. 이규보는 본질적으로 입신출세주의자이며 보신주의자였다. 그렇게 된 근본이유는 가문을 일으키고, 고유의 문명을 크게 떨치고자 하는 명예심에서였다. 최이에게 바쳐진 이규보의 시들이 최이의 은의에 대해 감사를 나타내고 있는 것은 당연한 일이었다. 이규보는 최씨정권 아래에서 볼 수 있는 일반 문한직 관리층의 한 전형이었다고 할 수 있다([출처:이규보(李奎報)-한국민족문화대백과사전]).

358) 최자(崔滋, ?~?): 본관은 해주(海州). 초명은 종유(宗裕) 또는 안(安). 자는 수덕(樹德), 호는 동산수(東山叟). 명유(名儒)인 문헌공 최충(崔冲)의 6대손이다. 우복야 최민(崔敏)의 아들이다.

1212년(강종 1) 문과에 급제하여 상주사록(尙州司錄)이 되었다. 치적이 우수하여 국자감 학유(國子監學諭)에 이르렀다. 그 뒤에 10년간은 관운이 트이지 않다가 <우미인초가(虞美人草歌)>·<수정배시(水精盃詩)>로써 이규보(李奎報)에게 알려져 이것이 출세의 계기가 되었다. 최이(崔怡)가 문병(文柄)을 잡을 만한 후계자를 묻자, 이규보는 최자를 첫째로 추천하였다. 그래서 문재(文才)를 열 번 시험하였다. 다섯 번 1등을 하고 다섯 번은 2등을 하였다. 다시 이재(吏才)를 시험하려고 급전도감녹사(給田都監錄事)를 시키자 민첩하고 근면하여 인정을 받았다. 한때에 제주태수로 있었다. 고종 때에 정언을 거쳐서 상주목사가 되어 선정을 베풀었다. 내직으로 전중소감(殿中少監)·보문각대제(寶文閣待制)를 역임하였다. 1233년(고종 20)에 최린(崔璘)·권술(權述)과 함께 금나라로 문안사행을 갔다. 한 때에 충청·전라 안찰사가 되었다. 그 뒤에 국자감대사성·지어사대사(知御史臺事)·상서우복야·한림학사 승지를 역임하고, 추밀부사가 되어 1250년(고종 37) 2월 중서사인(中書舍人) 홍진(洪縉)과 함께 몽골에 들어갔다. 1256년(고종 43) 11월 중서평장사(中書平章事)가 되었다. 다시 수태사(守太師)·문하시랑·동중서문하평장사(同中書門下平章事)·판이부사(判吏部事)가 더해졌다. 1258년(고종 45) 유경(柳璥)·김준(金俊, 金仁俊) 등이 최의(崔竩)를 죽여서 4대째 내려오던 최씨정권이 무너졌다. 이때에 수상으로서 난국을 잘 타개하였다. 1259년 1월 몽골의 침입이 있자 고관들 사이에서는 항복과 항전을 두고 중론이 분분하였다. 추밀원사 김보정(金寶鼎)과 함께 강도(江都)는 땅이 넓고 사람이 적어 지키기 어렵다고 하면서 나아가 항복할 것을 주장하였다. 특히, 시문에 뛰어나서 당대에 크게 문명을 떨쳤다. 문학평론사상 최자는 이인로(李仁老)와 함께 중요한 자리를 차지한다. 이규보의 문학관을 잇고 있다. 문학비평을 본격적인 궤도에 올려놓았다는 평을 받고 있다. 또한, 학식과 행정력을 겸비하여 많은 치적을 쌓았다. 그러나 최충헌의 노속(奴屬)으로 있는 김준이 최이의 신임을 받는 것을 보고 김준의 아들들을 초청하여 잔치를 열어 웃음거리가 된 일도 있었다. 최자의 저서로 『최문충공가집(崔文忠公家集)』 10권이 있었으나 전하지 않는다. 『속파한집(續破閑集)』(『보한집(補閑集)』으로 고쳐 부름) 3권이 현전한다. 『삼한시귀감(三韓詩龜鑑)』에 시 1편이, 『동문선(東文選)』에 부(賦) 2편, 시 10편, 기타 작품이 수록되어 있다. 시호는 문청(文淸)이다([출처:최자(崔滋)-한국민족문화대백과사전]).

359) 도방(都房): 고려시대 무신정권의 사병집단이며 숙위기관(宿衛機關).
　　경대승(慶大升)에 의해 처음으로 설치되었다. 경대승이 1179년(명종 9) 정중부(鄭仲夫) 일파를 살해하자, 일부 무신들은 적의를 품게 되었다. 이에 경대승은 신변에 큰 위협을 느끼게 되어 스스로를 보호할 목적으로 결사대 100여 명을 자기 집에 머무르게 하고 그 이름을 도방이라 하였다.
　　도방은 일종의 사병집단제로서 원래 사병들의 숙소를 가리키는 말이었으나, 뒤에는 숙위대의 명칭으로도 사용되었다. 도방의 구성원들은 침식과 행동을 공동으로 하면서 불의의 사고에 대비하였다. 이렇게 처음에는 단순히 경대승의 신변보호를 목적으로 등장했으나, 뒤에는 비밀탐지, 반대세력의 숙청을 비롯해 주가(主家)의 권세를 배경으로 약탈·살상 등을 자행하여 그 폐단이 컸다. 1183년(명종 13) 경대승이 병사하자, 도방은 일시 해체되고 그 무리는 귀양을 가게 되었다. 대부분은 고문에 못 견뎌 중도에서 거의 죽고 생존자는 4, 5인에 불과했다고 한다. 그 뒤, 최충헌(崔忠獻)이 집권하자 다시 설치되어 그 기능이 크게 강화되었다. 최충헌은 불의의 변이 생길까 두려워 문무관·한량·군졸을 막론하고 힘이 센 자가 있으면 이를 불러들여 6번(番)으로 나누어 날마다 교대로 자기 집을 숙직하게 하고 그 이름을 도방이라 하였다. 그가 출입할 때는 6번이 모두 함께 호위(扈衛)하게 해 그 위세는 마치 전쟁에 나가는 것과 같았다고 한다. 이때의 6번도방은 다음 최우(崔瑀) 때 이르러 한층 더 강화되었다. 최우는 집권하기 전부터 이미 수많은 사병을 거느리고 있었으나, 집권 후에는 그의 사병과 6번도방을 병합·개편해 내외도방으로 확장, 강화하였다. 이 내외도방의 편성은 최우의 사병으로 내도방을 조직하고, 최충헌의 도방을 계승해 외도방을 조직한 것 같다. 그리하여 내도방은 최우와 그 사저(私邸)의 호위를 맡게 하고, 외도방은 그 친척과 외부의 호위를 맡게 한 것으로 짐작된다. 내외도방은 각각 6번으로 편성되었던 것으로 추측된다. 최우 때의 도방은 분번(分番)해 교대로 숙위(宿衛)하는 것 외에 반도의 토벌 및 외적의 방어, 토목공사에의 취역, 비상시의 비상경비 등에도 종사하였다. 이렇게 도방은 최 씨 정권의 숙위기관으로 중요한 일을 맡았기 때문에 그 훈련과 장비도 굉장하였다. 1229년(고종 16) 최우가 가병(家兵)을 사열할 때 도방의 안마(鞍馬)·의복·궁검·병갑 등이 아름답고 사치스럽기 이를 데가 없었다고 『고려사절요』는 전하고 있다. 그 임무도 사적인 것 외에 외적의 방어, 토목공사, 비상시의 경비 등 공적 임무를 수행하기도 하였다. 그러나 삼별초가 조직되자, 공적 임무는 삼별초가 맡게 되고, 도방은 오직 사적 임무인 숙위만을 맡게 되었다. 명칭에 있어서도 공적인 군사 활동을 할 때는 가병(家兵) 또는 사병(私兵)이라 불렸다. 그러나 사적인 위병일 때는 원래의 사칭(私稱)인 도방이라 불렸으나, 이것도 삼별초가 조직된 뒤 가병이니 사병이니 하는 말은 없어지고 오직 도방으로만 불리게 되었다. 최항(崔沆) 때 이르러서는 분번제(分番制)가 더욱 확대되어 36번이 되었다. 그 병력은 전대(前代)의 것을 계승하고, 거기에 다시 그가 집권 전부터 거느려 오던 사병을 합해 편성한 것으로 보인다. 36번 도방의 편성 시기는 자세히 알 수 없다. 단지, 1257년(고종 44) 최항이 죽자 최양백(崔良伯)이 이를 비밀에 붙이고 선인열(宣仁烈)과 더불어 최항의 유언대로 최의(崔竩)를 받들기로 하여, 문객 대장군 최영(崔瑛)과 채정(蔡禎), 그리고 유능(柳能)에게 연락해 야별초·신의군 및 서방3번·도방36번을 회합시켜 주야로 경비하게 하고 나서 상(喪)을 발표하였다고 한 것으로 보아, 대체로 최항의 집권시대에 편성된 것으로 짐작된다. 이 36번 도방은 최의에 의해 계승되었다. 1258년(고종 45) 최의가 대사성 유경(柳璥), 별장 김인준(金仁俊, 金俊), 도령낭장 임연(林衍) 등에게 피살되어 최씨 정권이 몰락되자 한때 왕권에 예속되는 듯했다. 그러나 실제로 정치의 실권을 장악한 김준과 임연, 다시 그의 아들 임유무(林惟茂)에 의해 계승되었다. 또한 도방도 이들을 위한 사적 호위기관으로 그 구실을 다하였다. 1269년(원종 10) 임연은 삼별초와 6번도방을 거느리고 안경공 창(安慶公淐)의 집에 가서 문무백관을 모아놓고 그를 받들어 왕에 즉위하게 한 일이 있다. 이것으로 보아, 임연이 도방을 이용하고 있었음을 알 수 있다. 이때의 도방도 최씨정권 후기와 마찬가지로 호위의 역할 외에 정치적, 군사적 무력 수단으로 사용되었던 것이다. 그러나 원종(元宗)이 홍문계(洪文系)를 시켜 송송례(宋松禮)와 삼별초를 움직여 임유무와 그 일당을 제거함으로써 무신정권은 100여 년 만에 끝나게 되었다. 이로써 그들의 세력기반의 하나였던 도방도 아울러 폐지되었다([출처:도방(都房)-한국민족문화대백과사전]).

360) 최우(崔瑀, 1166~1249): 고려후기 참지정사, 이병부상서, 판어사대사 등을 역임한 관리. 무신집권자.

최우는 고려후기 참지정사, 이병부상서, 판어사대사 등을 역임한 무신 집권자이다. 출생일은 미상이며 1249년(고종 36)에 사망했다. 부친 최충헌이 죽자 교정별감이 되어 부친 집권 시의 폐단을 없애고 인심을 얻는 데 크게 노력했다. 몽골의 침입에 대비하여 요충지에 성을 쌓았고 자택에 정방을 설치하여 문무백관의 인사를 처리했으며, 대몽항쟁을 위해 강화천도를 단행하게 했다. 야별초를 조직하여 야간에 도둑을 단속하게 했으며, 장학에도 노력했고 사재를 털어 대장경 제조에도 착수했다. 말년에는 횡포와 사치가 심해 백성의 원망을 샀다고 한다.

본관은 우봉(牛峰). 뒤에 최이(崔怡)로 개명하였다. 아버지는 최충헌(崔忠獻)이며, 어머니는 상장군 송청(宋淸)의 딸이다.

추밀원부사(樞密院副使)가 되었다가 1219년(고종 6)에 최충헌이 죽자 그 뒤를 이어 교정별감(敎定別監)이 되었다. 이때 자신이 축적해둔 금은(金銀), 진완(珍玩: 진귀한 노리개) 등을 왕에게 바치고 아버지가 빼앗은 공사(公私)의 전민(田民)을 각각 그 주인에게 돌려주었다. 또한, 한사(寒士)를 많이 선발, 등용하였으며 아버지에게 아부하여 백성을 괴롭히던 관리를 유배 또는 파면하고, 아우 최향(崔珦)을 귀양 보내는 등 인심을 얻는 데 크게 노력하였다. 1221년에 참지정사(參知政事)·이병부상서(吏兵部尙書)·판어사대사(判御史臺事)가 되어 집권자의 위치를 확고히 하였다. 특히, 몽골(蒙古)의 침입에 대비하여 의주(宜州)·화주(和州)·철관(鐵關) 등 요충지에 성을 쌓게 하였다. 1223년에는 은병(銀瓶) 300여 개, 쌀 2,000여 석을 내고, 가병(家兵)을 동원, 개성의 나성(羅城)을 수리하였으며, 황금 200근으로 13층탑과 화병(花瓶)을 만들어 흥왕사(興王寺)에 안치하였다. 1225년에는 사제(私第)에 정방(政房)을 설치하고 문무백관의 인사문제를 처리하였다. 이 정방에서 백관의 전주(銓注: 인사행정)를 헤아려 비목(批目)에 써서 왕에게 올리면 왕은 그것을 결재하여 내릴 뿐이었다. 1227년에 사제에 서방(書房)을 두고 문객 가운데 명유(名儒)를 소속시켜 3번(番)으로 나누어 숙직하게 하였다. 이것은 도방(都房)과 더불어 최씨정권의 숙위기관(宿衛機關)으로 쌍벽을 이루었다. 도방은 아버지 때의 것을 계승, 강화하여 내·외도방(內外都房)으로 개편하였다. 이때 내도방은 최우 자신과 최우의 저택을 호위하고 외도방은 최우의 친척과 외부의 호위를 맡았던 것으로 보인다. 1228년에 오대진국공신(鼇戴鎭國功臣)에 봉해졌으며, 이듬해에는 이웃집 수백 호를 강제로 철거해 격구장(擊球場)을 만들고 매일 도방과 마별초(馬別抄)를 모아 격구를 하게 하였다. 그 자신도 격구장에 나가 5, 6일에 걸쳐 구경하는 한편, 재추(宰樞)와 기로(耆老)들을 불러다가 잔치를 베풀기도 하였다. 마별초는 최우가 만든 기병대로서 최씨정권의 호위 및 의장대로 활약하던 사병집단이다. 또, 야별초(夜別抄)를 조직하여 야간순찰과 도둑을 단속하게 하였다. 이 야별초는 후에 삼별초(三別抄)로 확대, 개편되어 최씨정권의 사병집단으로서 경찰과 전투의 임무를 맡았다. 1231년에 처 정씨(鄭氏)가 죽자 왕은 채단(綵緞) 70필을 내려 왕후의 예로써 장사하게 하였으며, 변한국대부인(卞韓國大夫人)을 증직하고 시호를 경혜(敬惠)라 하였다. 1232년에는 몽골에 대항하기 위해 왕에게 강화천도(江華遷都)를 청하고 나서 녹봉거(祿俸車) 100대로 가재(家財)를 강화로 옮기고 개성 사람들을 강화로 피란하게 하였다. 또한, 제도(諸道)의 백성을 산성과 해도(海島)로 피란시키고, 마침내 왕으로 하여금 천도를 단행하게 하였다. 1234년에는 천도의 공으로 진양후(晉陽侯)에 봉해졌다. 이때 최우는 사제를 지었는데, 원중(園中)에 송백(松栢)을 심어 그 원림(園林)이 수십 리에 달하였다. 1242년에 작(爵)이 올라 진양공(晉陽公)이 되었다. 1243년에 국자감을 수축하고 양현고(養賢庫)에 쌀 300곡(斛)을 바치는 등 장학에 힘썼다. 또, 사재(私財)를 희사하여 강화에서 대장경 재조(再雕)에 착수하게 하였다. 이는 최우가 죽고 2년 뒤인 1251년에 완성을 보았다. 이때부터 차츰 횡포와 사치가 심해져 백성들로부터 원망을 샀다. 1247년에 서자(庶子) 최만전(崔萬全)을 환속시켜 이름을 최항(崔沆)이라 고치고 예를 배우게 하는 한편, 좌우위상호군(左右衛上護軍)·호부상서를 삼고 가병(家兵) 500명을 나누어 주었다. 해서(楷書)·행서(行書)·초서(草書)에 모두 능하였다.

천도공신(遷都功臣)으로서 공신당(功臣堂) 벽상(壁上)에 도형(圖形)되고 강종의 묘정(廟庭)에 배향되었으나, 최씨정권이 몰락된 뒤 재추의 건의로 도형이 제거되고 묘정에서 배향이 폐지되었다. 시호는 광렬(匡烈)이다([출처:최우(崔瑀)-한국민족문화대백과사전]).

361) 정방(政房): 1225(고종 12)에 최우(崔瑀)가 인사권 장악을 위하여 설치한 기관. 그 이전에도 인사권은 최씨 정권에게 있었지만 정방의 설치로 제도화되었으며, 이로써 무신 정권이 점차 안정되어 갔다. 정방에는 무신뿐 아니라 문신들도 정색승선(政色承宣)이라 하여 함께 정무를 보았는데, 이는 정방이 가진 특성으로 문신

이 대두할 수 있는 토대가 되었으며, 무신정권이 무너진 후에도 국가 기관으로서 정방이 유지되어 나간 이유가 되었다(장상철·강경희 편, 『새로 쓴 국사사전』, 교문사, 1999, 498쪽).

362) 최항(崔沆, ?~1257): 고려 후기 교정별감, 중서령감수국사 등을 역임한 관리. 무신집권자, 승려. 본관은 우봉(牛峯). 초명은 최만전(崔萬全). 최우(崔瑀)의 서자이다. 창기(娼妓) 서련방(瑞蓮房)의 소생으로, 처음에 송광사(松廣寺)에서 중이 되어 선사(禪師)가 되었다가 쌍봉사(雙峯寺)로 옮긴 뒤 무뢰승(無賴僧)을 모아 문도(門徒)를 삼고 재화 늘리는 일을 일삼았다([출처:최항(崔沆)-한국민족문화대백과사전]).

363) 최의(崔竩, ?~?): 최충헌(崔忠獻), 최우(崔瑀), 최항(崔沆)에 이은 최씨무신정권기 제4대 집정(執政)이었다. 본관은 우봉(牛峯)이고, 아버지는 최항이며, 어머니는 송서(宋情)의 비(婢)였다. 용모가 아름답고 성품이 조용하고 말이 없으며 부끄러움이 많았다. 최항이 후계자로 삼은 후 경림사(景琳師)를 최의의 스승으로 삼고 예기(芮起)에게 시와 글씨를, 권위(權韙)와 임익(任翊)에게 정치를, 그리고 정세신(鄭世臣)에게 예(禮)를 배우게 하였다. 1년간 집권했으나 1258년(고종 45) 3월 무오정변(戊午政變) 때 심복에게 살해되었다.

   1255년(고종 42) 전중내급사(殿中內給事)가 되고 홍정(紅鞓)을 하사받았다. 1257년(고종 44)에 아버지 최항이 사망한 후 야별초(夜別抄)·신의군(神義軍)·서방(書房)·도방(都房)의 옹위(擁衛)를 받아 차장군(借將軍)이 되고, 다시 교정별감(敎定別監)이 되었다. 교정별감이 되었다는 사실 자체가 곧 무신집권자가 되었음을 의미한다. 뒤이어 고종이 추밀원부사(樞密院副使)·판이병부어사대사(判吏兵部御史臺事)에 임명하였으나, 당시 왕의 권력보다 최의의 권력이 컸기 때문에 공적인 관직을 사양하였다. 집권하자마자 민심을 수습하기 위해 창고의 곡식을 풀어 굶주린 인민을 진휼하고 연안택(延安宅)과 정평궁(靖平宮)을 왕부(王府)에 돌렸으며, 집안의 쌀 2,570석(石)을 왕실 재정을 맡은 내장택(內莊宅)에 바치고, 베·비단·기름·꿀을 대부시(大府寺)에 바쳤다. 또 흉년을 당해서는 창고를 풀어 권무대정(權務隊正)과 좌우위(左右衛)·신호위(神虎衛)의 교위(校尉) 및 방리인(坊里人)을 진휼하였다. 추밀원부사가 되었으나 이를 사양하고 뒤이어 우부승선(右副承宣)이 되었다. 민칭(閔偁)이 몽골로부터 도망해 돌아와서 보고하기를 "몽골에 있을 때 그곳 대신들이 이제는 다시 동벌(東伐)하지 않는다고 밀의(密議)하는 것을 들었다"고 하니 기뻐서 집과 쌀, 의류를 주고 그를 산원(散員)에 임명하였다. 최의는 강도(江都)의 관리들 내부에서 강력한 지지기반을 구축하지 못하였고, 자신의 권력승계에 도움을 준 일부 측근세력에 의존할 수밖에 없었다. 이에 따라 초기에는 민심을 얻기 위한 노력을 기울이기도 했으나 점차 통치 질서를 무시하고 심복들의 기반 확대에 권력을 남용했다. 1258년(고종 45) 장군 변식(邊軾), 낭장(郎將) 안홍민(安洪敏), 산원(散員) 정한규(鄭漢珪) 등을 강화수획사(江華收獲使)로 삼아 대민수탈을 하는 등 횡포하기 시작하였고, 기근이 들었어도 곡식을 내어 진휼하지 않아 크게 인심을 잃었다. 또 노비는 원래 큰 공이 있어도 금전이나 포백(布帛)으로 상을 내리고 관작을 주지 않는 것이 법도였으나, 앞서 아버지 최항이 인심을 얻기 위해 처음으로 가노(家奴) 이공주(李公柱)·최양백(崔良伯)·김인준(金仁俊, 金俊)에게 벼슬을 주어 별장(別將)을 삼았던 예를 좇아 다시 이공주의 벼슬을 올려 낭장(郎將)으로 삼았다. 노비를 참직(參職, 參上職)에 임명하는 것은 이로부터 시작되었다. 최의는 모계(母系)가 천했을 뿐만 아니라 나이가 어리고 용렬해 현사(賢士)를 예우하지 않았다고 한다. 그리고 심복들 간의 관계를 제대로 조정하지 못하였으며, 대몽관계에 있어서도 적극적인 대몽전투보다는 대몽화의론 자(對蒙和議論者)에 의지해 몽골군을 철수시키는 쪽으로 급선회하였다. 한편 최의 는 점차 심복 중 유능(柳能)·선인열(宣仁烈)·최양백(崔良伯)만을 총애하여 신임 하고 가병 지휘관 김인준과 대사성(大司成) 유경(柳璥) 등을 멀리함으로써 정치적 으로 소외시켰다. 이에 불만을 품은 김인준과 대사성(大司成) 유경(柳璥)은 신의 군 장교들과 함께 모의하여 반최의연대세력(反崔竩連帶勢力)을 형성하였고, 1258 년 3월에 무오정변을 일으켜 최의를 살해하였다. 이로써 4대 60여 년간에 걸친 최씨무신정권이 붕괴되었고 형식적으로나마 왕정이 복고되었다([출처:최의(崔竩)- 한국민족문화대백과사전]).

364) 김준(金俊, ?~1268): 고종 때의 권신(權臣), 초명은 인준(仁俊), 윤성(允成)의 아들. 천민 의 출신으로 그의 아버지가 주인을 배반하고 최충헌(崔忠獻)에게 가서 종노릇을 하다가 낳 은 아들이 바로 준(俊)이다. 성격이 너그럽고 활을 잘 쏘아 송길유(宋吉儒) 등이 최이(崔 怡)에게 추천하여 신임하고 길렀으나 그를 배반하였다. 최이의 후계자 최의(崔竩)를 죽이 고 위사공신이 되어 세력을 부리다가 1268년(원종 9)에 부하 임연(林衍)에게 피살되었다. 벼슬은 교정별감(敎定別監)·시중(侍中)에 이르렀다(이홍직 편, 『새국사사전』, 교학사, 2004, 266쪽, [출처:(金浚)-한국민족문화대백과사전]).

365) 임연(林衍, ?~1270): 고려후기 대정, 추밀원부사, 교정별감 등을 역임한 관리. 본관은 진주(鎭州). 초명은 임승주(林承柱). 어머니는 진주 관리의 딸이다.
　　일찍이 대장군 송언상(宋彦祥)의 종이었는데, 뒤에 고향에서 고향사람들과 힘을 합쳐 몽골병을 물리친 공으로 대정(隊正)에 임명되었다.그 뒤 김준(金俊)의 신임 을 받아 권세를 부리다가 1258년(고종 45)에 유경(柳璥)·김준 등과 공모해 권신 최의(崔竩)를 죽이고, 정권을 왕실에 복귀시킨 공으로 위사공신(衛社功臣)의 호를 받고 추밀원부사가 되었다. 1268년(원종 9)에 정권을 장악한 김준과 왕의 사이가 벌어진 것을 알고 환자(宦者) 강윤소(康允紹)와 최은·김경(金鏡)과 함께 김준을 죽이고, 김준의 아들들과 무리들을 죽이거나 유배 보냈다. 그 뒤 김경·최은의 세 력이 커지게 되자 이들을 제거하고 어사대부(御史大夫) 장계열(張季烈)과 대장군 기온(奇蘊)을 섬에 유배 보냈다. 원나라와의 화의가 진전되어 자신의 위치가 불안 해지고, 또 왕과의 사이도 벌어지자 삼별초와 육번도방(六番都房)을 거느리고 재 추(宰樞)와 더불어 왕의 폐립을 논한 뒤 원종 대신 동생 안경공 왕창(安慶公 王 淐)을 옹립하고, 자신은 교정별감(敎定別監)이 되었다. 이때 원나라에서 돌아오던 세자가 압록강에 이르러 소식을 듣고 다시 연경으로 돌아갔다. 이를 두려워하여 이장용(李藏用)을 절일사(節日使)로 원나라에 보내어 세자를 돌아오게 하였다. 이 장용이 연경에 이르러 왕의 폐립 전모를 상세히 진술하니, 원나라에서는 병부시 랑 흑적(黑的) 등을 보내와 왕을 폐한 사실을 힐문하자 다시 원종을 복위시켰다. 이듬해에 왕이 연경에 들어가니 왕의 폐립사실을 누설할까 두려워 아들 임유간 (林惟幹)으로 하여금 호종하게 했으나, 원제(元帝)가 직접 연경에 들어와서 진상 을 해명하라 하였으므로 이를 근심하다가 죽었다. 아들 임유무(林惟茂)가 청해 참 지정사(參知政事)를 추증하였다. 시호는 장렬(莊烈)이다([출처:임연(林衍)-한국민 족문화대백과사전]).

366) 임유무(林惟茂, ?~1271): 고려후기 교정별감을 역임한 관리. 무신집권자. 권신 (權臣) 임연(林衍)의 아들이다.

1270년 2월 원종이 원나라에 갔을 때 순안후(順安侯) 왕종(王琮)이 국사를 감독하고 있었는데, 임연이 죽자 대신해 정권을 잡았다. 원종이 상장군 정자여(鄭子璵)를 보내 강화도에서 개경으로 환도하라는 명을 내렸으나, 이에 따르지 않을 목적으로 치사(致仕: 나이가 많아 벼슬을 사양하고 물러나는 것)한 재추(宰樞) 3품 이상과 현관(顯官) 4품 이하 및 대성(臺省)으로 하여금 가부(可否)를 의논하게 하였다. 그러나 모두 왕명을 따르자고 하니 이에 분노해 여러 도에 수로방호사(水路防護使) 및 산성별감을 나누어 보내 백성들로 하여금 왕명을 거역하게 하였다. 또 장군 김문비(金文庇)에게 야별초를 거느리고 교동(喬桐)에 주둔하게 해 왕의 군사를 막게 하였다. 앞서 임연이 보낸 야별초는 경상도에 이르러 백성을 독촉해 여러 섬에 들어가 지키게 하자, 안찰사(按察使) 최간(崔澗)이 동경부유수(東京副留守) 주열(朱悅), 판관 엄수안(嚴守安)과 함께 모의해 야별초를 잡아 금주(金州)에 가두었다. 그리고 왕이 귀국하기를 기다리다가 왕이 국경 안으로 들어왔다는 소식을 듣고 사잇길로 행재소에 이르렀으며, 전라도안찰사 권단(權旦)과 충청도안찰사 변량(邊亮)도 모두 왕의 명을 받들었다. 이때 임유무는 정사를 장인인 사공(司空) 이응렬(李應烈)과 추밀원부사(樞密院副使)로 치사한 송군비(宋君斐) 등에게 물어 결단했는데, 자형인 어사중승(御史中丞) 홍문계(洪文系)와 직문하성(直門下省) 송송례(宋松禮)는 겉으로는 따르는 척했으나 실제로는 이를 분하게 생각하였다. 이것을 안 왕이 이분성(李汾成)을 보내 은밀히 타이르자, 송송례와 홍문계가 삼별초를 모아 사직을 호위하는 대의를 설명한 뒤 이들을 거느리고 유무를 습격해 자형인 대장군 최종소(崔宗紹)와 함께 사로잡아 저자에서 목을 베고, 이응렬·송군비, 족숙(族叔) 송방예(宋邦乂), 이성로(李成老), 외사촌동생 이황수(李黃綬) 등은 유배에 처하였다. 또한 그들의 권력 기구였던 서방삼번(書房三番)과 성조색(成造色)을 폐지하였다. 이에 조야(朝野)가 크게 기뻐하였으며, 어머니 이 씨와 형 임유간(林惟幹), 아우 임유거(林惟柜)·임유제(林惟提) 등은 모두 붙잡혀 원나라로 압송되었다([출처:임유무(林惟茂)-한국민족문화대백과사전]).

367) 배중손(裵仲孫, ?~1273): 고려후기 장군으로서 삼별초의 항쟁을 주도한 무신. 배중손은 고려 무신정권기의 무신으로서 삼별초항쟁의 지도자이다.

배중손은 삼별초의 지휘관이었던 장군으로서 야별초지유(夜別抄指諭)들을 포섭하여 1270년 삼별초항쟁을 이끌었으며 진도로 남천한 후 진도정권을 유지하는 동안 수령으로 추대되었다. 그가 역사에 뚜렷이 부각되는 것은 삼별초의 대몽항전 이후부터이며 그 이전의 경력은 자세하지 않다. 단지 임연정권(林衍政權)에 협조한 삼별초와 6번도방(六番都房)에 소속되어 대몽강경파의 선봉에 섰던 인물로 추정될 뿐이다. 1270년(원종 11) 고려 원종은 몽골에서 돌아온 이후 강화도의 모든 문·무 관리들에게 출륙환도(出陸還都)를 엄명하여, 삼별초에 대해서는 강화도에서 철수해 개경으로 돌아오도록 명령하였다. 그러나 삼별초가 이를 거부하자 왕은 강제로 해산 명령을 내렸다. 이에 삼별초는 영녕공(永寧公) 왕준(王綧)의 형인 승화후(承化侯) 왕온(王溫)을 새 왕으로 옹립하여 몽골에 항복한 개경정부와 대립하는 독자적인 정부를 수립한 뒤 강렬한 저항을 시작하였다. 배중손은 본토와의 교통을 차단하고 귀족 고관의 가족을 포함한 강화도 주민들과 병사들의 이탈을 엄중히 방지하였다. 또한 섬 안에 있는 몽골인을 참수하여 단호한 대몽항전의 의지를 보였다. 그리고 강화도에 보관된 국고, 병기고를 접수하고 귀족 고관의 가족들을 인질로 삼았다. 배중손 등의 삼별초 지휘부는 부몽화된 개경정부가 몽골군을 끌어들여 강화도를 직접 공격할 지도 모른다는 위기감 속에서 새 정부 수립 3일 후에 전라도 진도로 본거지를 옮겼다. 『고려사(高麗史)』의 기록은 수비병의 탈주와 민심의 동요로 인해 삼별초가 강화도를 포기한 것처럼 전하고 있으나 이것은 잘못된 해석이다. 이른바 '심입해도(深入海島)'는 김준~임연정권 시기부터 대몽골 강경책이었던 해도재천도론(海島再遷都論: 海島再遷論)으로 이미 거론되었던 전략이었고, 배중손은 이를 실천에 옮겼을 뿐이다. 진도로 항전의 거점을 옮긴 삼별초는 용장산성을 구축하고 용장사를 개조하여 궁궐과 관부를 지은 다음 진도를 황도(皇都)라 부르며 장기 항전의 태세를 굳혔으며 대내외적으로 고려 황제를 받드는 자주적인 정부임을 천명하였다. 마침내 이 소식은 본토에도 전달되어 전라도·경상도의 주민들과 멀리 개경의 관노(官奴)들이 이에 동조하였다. 그리고 삼별초는 해상 조운로로 수송되는 세공(稅貢)을 노획하여 재정에 충당하였다. 그러자 조정에서는 참지정사 신사전(申思佺)을 전라도토적사(全羅道討賊使)에 임명하여 토벌하게 했으나 별다른 성과를 거두지 못하였다. 또한 단독으로 삼별초를 진압할 능력이 없었으므로 몽골과의 연합을 꾀하기도 했으나 번번이 실패하였다. 당시 고려군의 지휘관은 김방경(金方慶)이었고, 몽골군의 지휘관은 처음에는 아해(阿海)였으나 뒤에는 흔도(欣都)로 바뀌었다. 흔도는 몽골 황제 세조(世祖)의 조서를 배중손에게 전달하여 항복할 것을 권유하였다. 그러나 배중손은 몽골군이 철수하면 전라도를 자기의 영토로 삼아 몽골에 내부(內附)하겠다고 대답하였다. 배중손의 이러한 제안은 앞서 자비령 이북 서북면 60여 성을 들어 몽골에 항복한 최탄(崔坦)의 행위와 같은 것이라고 해석하는 견해도 있다. 그러나 삼별초가 대몽항쟁을 벌일 수밖에 없었던 것이 자신들의 안위 문제였듯이, 항복보다는 시간적 여유를 얻기 위한 위장전술 내지 지연전술이라고 보는 것이 타당할 것이다. 고려와 몽골의 연합군이 진도 공략에 여러 번 실패하자, 이듬해인 1271년(원종 12) 5월에 홍다구(洪茶丘)가 몽골의 대군을 이끌고 출동하였다. 이에 김방경·흔도·홍다구 휘하 1만 2천의 여몽연합군은 격전 끝에 진도를 함락시켰다. 30여 년간 대몽항쟁의 선봉에서 활약해왔던 삼별초가 진도에서 1년도 버티지 못하고 무너지게 된 것은 고려와 몽골정부의 유화책을 틈탄 속전속결 전략에서 비롯되었다. 즉 고려 정부로서는 원종 자신의 왕권 회복에 가장 큰 걸림돌이었고, 몽골로서는 일본 정벌을 단행하는데 방해가 되었던 삼별초를 겉으로 회유하면서 조속한 시일 안에 진압하는 것은 공통의 중요한 현안이었던 것이다. 결국 삼별초가 세운 승화후 왕온은 홍다구의 손에 죽고, 배중손도 이때 남도석성에서 전사한 것으로 보인다. 그것은 진도 함락 이후 배중손에 관한 어떤 소식도 전하지 않기 때문이다. 그러나 삼별초의 잔여세력은 진도 함락 이후에도 김통정(金通精)의 지휘 하에 제주도(濟州道)로 본거지를 옮겨 2년간이나 더 항전을 계속하였으나 1273년 제2차 여몽연합군의 공세를 받고 평정되었다([출처:배중손(裵仲孫)-한국민족문화대백과사전]).

368) 삼별초(三別抄): 고려시대 경찰 및 전투의 임무를 수행한 부대의 명칭.
　　최씨 정권(崔氏政權)의 사병(私兵)으로 좌별초(左別抄)·우별초(右別抄)·신의군(神義軍)을 말한다. 그것이 경찰·전투 등 공적(公的) 임무를 수행했으므로 공적인 군대에 준하는 것이다.
　　최씨 정권의 최우(崔瑀) 집권기에 나라 안에 도둑이 들끓자 용사(勇士)를 모아 매일 밤에 순찰, 단속하게 하여 그 이름을 야별초(夜別抄)라 하였다. 도둑이 전국적으로 일어나자 야별초를 나누어 이를 잡게 하였는데, 그 군사의 수가 많아지므로 이를 나누어 좌별초와 우별초라 하였다. 또 몽골에 포로로 잡혀갔다가 도망온 자들로써 편성된 신의군과 함께 삼별초(三別抄)라 하였다. 삼별초의 정확한 설치연대는 알 수 없으나, 『고려사』에 보면, 야별초에 대한 기록은 1232년(고종 19) 처음으로 보이고 신의군 및 좌별초·우별초에 대한 기록은 1257년(고종 44)과 1258년에 각각 처음으로 나타난다. 따라서 야별초의 설치는 최우 때라 할 수 있지만, 삼별초로 형성된 것은 최씨정권 말엽이라 하겠다. 별초라는 임시군대의 편성은 이미 1174년 조위총의 반란 때 나타났다. 삼별초는 날쌔고 용감한 군대로 알려져 전투와 경찰, 그리고 형옥(刑獄)의 임무를 맡았다. 경찰의 기능에 있어서는 당초 삼별초의 출발이 야별초에 있었고, 야별초의 출발이 도둑을 잡는 데 있었기 때문에, 삼별초가 도둑을 잡고 난폭(亂暴)을 금지하는 것은 원래의 사명인 것이다. 그리하여 삼별초는 전국에 걸쳐 경찰권을 행사하였다. 형옥의 기능에 있어서는 죄인을 잡아서 가두기도 하고 죄를 심문하기도 했는데, 도둑뿐만 아니라 반역 죄인까지도 관할하였다. 군사 활동에 있어서 수도경비대·친위대·특공대·경찰대·전위대(前衛隊)·편의대(便衣隊) 등의 임무를 맡아 수행하였다. 1253년(고종 40) 고종이 몽골의 사신을 만나기 위해 강화에서 승천부(昇天府)로 갈 때 야별초 80명이 평복 속에 갑옷을 입고 뒤를 따랐다. 1260년(원종 1)에는 원종이 몽골에서 돌아올 때 태손(太孫: 후의 충렬왕)이 삼별초를 거느리고 제포(梯浦)에 나가 왕을 맞아 호위하였다. 1254년 몽골의 차라대(車羅大)가 침입하자 경상도와 전라도의 야별초 각각 80명씩을 가려 도성(都城)을 수비하게 하였다. 특히 몽골과의 전투에서 처음에는 정부 정규군의 활동에 미치지 못하였으나, 1253년 무렵부터는 정부 정규군의 활동은 거의 없어지고 이들의 활동이 활발해졌다. 이것은 병제(兵制)가 문란해 정부의 정규군이 무력해진 반면, 그것을 보충하기 위해 야별초 내지 삼별초를 강화한 데에 그 원인이 있었다. 이들은 전투에 있어서 결사적이었다. 야습(夜襲)으로 적을 무찌르기도 하고 복병(伏兵) 또는 협격(俠擊)으로 적을 쳐부수기도 하며, 최선두에 서서 적을 공격하기도 하고 적의 소재를 정탐하기도 하였다. 또한 『고려사』 「병지(兵志)」에는 삼별초가 기동성이 강했기 때문에 권신(權臣)들이 자기들을 수호하고 보좌하는 부대로 삼았다고 기록되어 있다. 이렇게 삼별초는 권신에 의하여 설치되고 권신에 의하여 지휘되었다. 삼별초는 경찰과 전투를 맡아 공적인 성격이 농후한 군대로서, 그 지휘자도 도령(都領)·지휘(指揮)·교위(校尉) 등 국가관료가 배치되었다. 이렇게 사병이면서도 관군의 성격을 지니고 있었기 때문에, 다른 도방(都房)이나 마별초(馬別抄) 등의 사병보다 움직이기가 용이하였고, 이런 데서 김준(金俊)·임연(林衍)·송송례(宋松禮) 등이 정변을 일으킬 때마다 중요한 무력기반이 되었다. 이러한 성격의 삼별초는 대몽강화(對蒙講和)가 이루어진 뒤에 이에 반발하여 1270년(원종 11)에 반란을 일으켰다. 독자적으로 정부를 세우고 정부와 원에 대항하여 진도(珍島)를 본거지로 삼아 3년 동안 싸우다가, 1273년 고려·몽골 연합군의 공격을 받아 섬멸당했다.

　＊ **의의와 평가**: 삼별초는 최우집권기에 탄생하여, 특히 대몽항전기에 큰 활약을 했다. 삼별초의 성격에 대해서는 사병(私兵)으로 이해하는 견해와 공병(公兵)으로 이해하는 견해가 있다. 사병으로 보는 견해는, 그것을 설치한 사람이 최우였다는 것과 『고려사』 「병지」에 나오는 "권신들이 정권을 잡으면 삼별초를 자기들을 보호하는 핵심부대로 삼아 그들에게 녹봉을 후하게 주고, 또 간혹 사적인 은

혜를 베풀며, 또 죄인의 재물을 빼앗아 그들에게 줌으로써 권신들이 그들을 마음
대로 부리게 되어, 김준은 최의(崔竩)를 죽이고, 임연은 김준을 죽였으며, 송송례
는 임유무(林惟茂)를 죽였으니, 이는 모두 삼별초의 힘에 의한 것이다"라는 기사
에 의거한다. 이에 반해 삼별초는 국가 재정으로 양성되고 국고에서 녹봉을 지출
했다는 사실과, 삼별초가 당시 무인집권자의 사병이었던 도방이나 마별초 등과
엄격히 구분되었다는 사실에 의거하여 삼별초를 공병으로 이해하는 견해가 있다.
삼별초가 정부군으로서 독립하지 못하고 권신의 수족이 되어 그 정치권력과 깊이
유착되었던 것은 사실이나 이는 집권자가 국가의 공병을 사병처럼 이용한 것으로
이해해야 할 것이다([출처:삼별초(三別抄)-한국민족문화대백과사전]).

369) 김방경(金方慶, 1212~1300): 고려 후기의 명장. 자는 본연(本然). 시호는 충렬(忠烈). 본
관은 안동. 신라 경순왕의 후예. 어려서는 뜻을 학문에 두고 독서에 열중, 소년 시절에 과
거에 급제, 벼슬이 병부상서·한림학사에 이르렀다. 고종 때 문벌로서 16세에 산원(散員)
이 되어 식목녹사(式目錄事)를 겸하였고, 감찰어사를 거쳐, 서북면병마판관(西北面兵馬判
官)으로 있을 때 몽골병의 침입을 위도(葦島)에서 막아 싸웠다. 원종 때 지어사대사(知御史
臺事)에 승진, 1263년(원종 4) 진도(珍島)에 침입한 왜구를 물리치고, 상장군(上將軍)으로
있다가 잠시 남경유수(南京留守)로 좌천, 곧 돌아와서 서북면병마사로 그곳을 다스렸고,
조정에 들어와 형부상서·추밀원부사를 지냈다. 1269년(원종 10) 원나라에 있을 때 임연
(林衍)이 원종을 폐하고 안경공(安慶公) 창(淐)을 세우매 황제의 명으로 맹격도(孟格圖)와
함께 군사 2천을 거느리고 동경(東京)에 이르러 이미 원종이 복위되었음을 알고 되돌아갔
다. 그 이듬해 장군 배중손(裵仲孫) 등이 삼별초(三別抄)를 이끌고 난을 일으켜 왕으로 승
화후(承化侯) 온(溫)을 추대하자 추토사(追討使)의 명을 받고 참지정사 신사전(申思佺)과
함께 그 무리를 치고 1271년(원종 12)에는 몽골군과 합세, 또 토벌하여 승화후를 죽이고
그 여당이 탐라(耽羅-濟州島)로 도망치매 1273년(원종 14) 행영중군병마원수(行營中軍兵
馬元帥)로서 몽골의 장군 흔도(忻都)·다구(茶丘)와 함께 또다시 삼별초를 쳐 이를 완전히
평정하고 시중(侍中)에 올랐다. 1274년(원종 15) 원종이 죽자 충렬왕이 즉위하였다. 이때
원나라는 합포(合浦-馬山)에다 정동행성(征東行省)을 두고 일본을 정벌하려 할 때 방경은
고려군은 거느리고 중군장(中軍將)으로서 출정, 2만 5천 명의 몽한군(蒙漢軍)과 함께 쓰시
마[對馬島]를 친 다음 본토로 향하는 도중 풍랑으로 실패하고, 1281년(충렬왕 7) 또 다시
고려군 도원수로 흔도·다구와 함께 10만 연합군을 거느리고 제2차 정벌에 올라 일본 하
까다(博多)에 이르러 상륙하려던 차 대폭풍이 일어나 싸우지도 못하고 큰 손해를 입고 돌
아왔다. 앞서 한때 다구의 무고로 대청도(大靑島)에 정배 갔으나 뒤에 원 황제가 그 억울
함을 아는 바 되어 곧 돌아왔고 도리어 다구의 무리가 쫓겨났다. 그후 벼슬살이를 물러나
겠다고 상소하니 원제는 추충정란정원공신(推忠靖亂定遠功臣)의 호를 주었고, 삼중대광 첨
의중찬판전리사사세자사(三重大匡 僉議中贊判典理司事世子師)에다가 첨의령(僉議令)을 더
하고 상락군개국공(上洛君開國公)에 봉하였다. 우하 장병들의 민폐를 막지 않은 것과 정동
후의 불공평한 행상 등으로 민심을 잃어, 죽은 후 고향인 안동에 장례를 지내지 못하였으
나, 충선왕 때 벽상삼한삼중대광(壁上三韓三重大匡)에 추증, 신도비(神道碑)를 세웠고, 시
호를 내렸다(위키백과).

370) 내시부(內侍府): 고려 때 환관(宦官)을 맡아보던 관청. 1356년(공민왕 5) 환관을 고
쳐 내상시(內常侍)·내시감(內侍監)·내승직(內乘直)·내급사(內給事)·궁위승(宮闈丞)
·해관령(奚官令)·내첨사(內詹事) 등을 두었다가 후에 내시부를 설치, 우왕 때 폐지,
공양왕 때 다시 두었다. 공민왕 때 속관(屬官)을 보면 판사(判事-정2품) 1인, 검교(檢

校-종2품) 3인, 지사(知事-정3품) 1인, 검교(정3품) 32인, 첨사(僉使-종3품) 1인, 검교
(종3품) 38인, 동지사(同知事-정4품) 2인, 동첨사(同僉事-종4품) 2인, 좌승직(左承直-
정5품) 2인, 우승직(右承直-종5품) 2인, 좌부승직(左副承直-정6품) 1인, 우부승직(右副
承直-종6품) 1인, 사알(司謁-정7품) 1인, 궁위승(宮闈承-정8품) 1인, 해관령(奚官令-
종8품) 1인, 급사(給士-정9품) 1인, 통사(通事-종9품) 1인 등이 있었다. 총 91인(이홍
직 편, 『새국사사전』, 교학사, 2004, 305쪽).

371) 액정국(掖庭局): 고려 때의 관청, 왕명의 전달·왕이 사용하는 붓과 벼루·궁궐의 열쇠
·궁궐의 뜰·견직(絹織) 등에 관한 일을 맡아 보던 곳으로 처음에는 액정원(掖庭院)이
라 하다가 995년(성종 14)에 액정국으로 고쳤다. 문종 때 내알자감(內謁者監-정6품) 1
명, 내시백(內侍伯-정7품) 1품, 내알자(內謁者-종8품) 1명 등 관원과 이속(吏屬)으로 감
작(監作) 1명, 서령사(書令史)·기관(記官)·급사(給仕) 각 3명을 두었으며 내전(內殿)에
숭반(崇班-정7품), 동두공봉관(東頭供奉官-정7품) 4명, 서두공봉관(西頭供奉官-종7품) 4
명, 좌시금(左侍禁-정8품), 전전승지(殿前承旨-정9품) 8명을 두었고, 전전부승지(殿前副
承旨)·상승내승지(尙乘內承旨)·부내승지(副內承旨) 등을 두었다. 1116년(예종 11)에는
전전승지를 삼반봉직(三班奉職), 전전부승지를 삼반차직(三班借職), 상승내승지를 삼반차
사(三班差使), 부내승지를 삼반차차(三班借差)라 불렀다. 1308년(충렬왕 34)에 내알사(內
謁司)로 개칭, 백(伯-정3품)·영(令-종3품)·정(正-정4품)·부정(副正-종4품)·복(僕-정
5품)·알자(謁者-종5품)·승(丞-정6품)·직장(直長-종6품) 각 2명, 내전숭반(정7품)·동
두공봉관(종7품)·서두공봉관(종7품)·우시금(정8품)·좌시금(정8품)·우반전직(종8품)·
좌반전직(종8품)·내반종사(內班從事-종9품) 각 4명을 두었다가 곧 관청 이름을 액정국
으로 환원, 1310년(충선왕 2)에 항정국(巷庭局)으로 고쳤다가 공민왕 때 다시 액정국으
로 환원하고 이속(吏屬)을 제외하고는 문종 때의 구제(舊制)대로 관원을 두었다(이홍직
편, 『새국사사전』, 교학사, 2004, 784쪽).

372) 정함(鄭誠, ?~?): 고려전기 내전숭반, 권지합문지후 등을 역임한 환관.
고려 건국 당시 정함의 선조가 국명을 어겨 노예로 충당되었으므로 정함은 본래
천예 출신이었다. 의종이 총애하였던 대표적 환관으로서 중요한 문관 직임을 맡
았으며 의종이 추구한 총신정치(寵臣政治)의 핵심세력으로 활동하며 대간과 갈등
하였다.
인종 때 의종의 유모를 처로 삼았으며, 내시 서두공봉관(內侍西頭供奉官)으로
있다가 의종이 즉위하자 내전숭반(內殿崇班)이 되었다. 의종이 잠저에 있을 때 시
학(侍學) 김존중(金存中)과 친하였는데, 김존중과 더불어 간쟁(諫諍)의 풍도가 있
었던 추밀원지주사(樞密院知奏事) 정습명(鄭襲明)을 비방해 제거하였다. 정습명은
의종이 태자의 지위를 보전할 수 있게 해주었을 뿐만 아니라 즉위 이후에도 의종
을 보필하였다. 그런데 정습명의 자문 역할이 의종의 행동까지 규제하게 되면서
의종이 정습명을 꺼리게 되었고 이에 정함 등이 의종을 부추겨 정습명을 축출하
고 죽음에 이르게 한 것이다. 이 사건 이후 정함은 김존중과 함께 정국 운영을
주도하게 되었다. 당시 강성한 개경 세력의 발호로 인해 왕권이 위축되어 있었고,
서경 세력에 의한 모역 음모로 신변의 위협을 받고 있었기 때문에 환자(宦者) 정
함과 같은 인물과 연계한 것으로 보인다. 1151년(의종 5) 왕비를 흥덕궁주(興德
宮主)로 봉한 연회에서 왕이 하사한 서대(犀帶)를 불법으로 차고 나왔다가 대관과
대립하였다. 왕이 오히려 두둔하고 대리(臺吏) 민효정(閔孝旌)을 궁성소(宮城所)에
가두었다. 이에 대간들이 관련된 내시들을 탄핵해 내시 이성윤(李成允), 내시집사

(內侍執事) 한유공(韓儒功) 등 5명을 축출하였다. 같은 해 정함이 권지합문지후 (權知閤門祇侯)에 임명되었을 때 대간이, "환관으로서 조관(朝官)에 참여한 사실 은 고제(古制)에 없다"고 하자 철회되었다. 이에 대한 보복으로 산원(散員) 정수 개(鄭壽開)로 하여금 대성(臺省)이 왕의 아우 대령후 왕경(大寧侯 王暻)을 왕으로 추대하려 한다고 무고하려 했으나 실패하였다. 그러나 외척·조신이 대령후와 내 통했다고 재차 참소(讒訴)하였다. 이때 공예태후(恭睿太后)의 매서인 내시낭중 정 서(鄭敍)와 사이가 좋지 않았던 김존중이 친족인 간의(諫議) 왕식(王軾)과 기거주 (起居注) 이원응(李元膺)을 움직여 탄핵하게 하였다. 재상·간관들도 이에 동조해 대령부(大寧府)가 혁파되었으며, 정서는 동래로 유배되었다. 정서의 매부인 최유 청(崔惟淸)·이작승(李綽升) 등은 지방관으로 좌천되었다. 또한 대간을 모함했다 는 탄핵을 받아 파직되었으나 곧 소환되어 내시에 충용(充用)되었다. 이로 인해 정함의 정국 운영의 위치는 더욱 확고해졌다. 1156년 낭장 최숙청(崔淑淸)이 정 함의 권력 천단(擅斷)에 대한 반발로 정함을 제거하려 했으나 발각되어 유배되었 다. 이듬해 권지합문지후에 재임명되어 또 다시 재상과 간관들이 불가함을 논쟁 하였다. 그러나 의종이 고신(告身) 서명을 강요하여 평장사 최윤의(崔允儀), 우간 의 최응청(崔應淸), 좌승선 직문하성 이원응(李元膺), 우승선 좌간의대부 이공승 (李公升) 등이 서명하였다. 이후 문신 세력을 견제하기 위한 의종의 측근세력으로 성장해 대신들과 같은 반열에 섰다. 또한 관노(官奴) 왕광취(王光就)·백자단(白子 端)을 천거하여 우익(羽翼)으로 삼아 권세를 부리고 조신(朝臣)을 모멸하고 민간 을 침해하여 환관들이 국법을 어지럽게 하는 것이 심하였다는 평을 얻었다. 심지 어 재상·대간들이 그 위세에 눌려 아무 말도 못했으며, 집은 궁궐에 버금갈 정 도였다. 물론 이들이 의종 대 권력자로 부상할 수 있었던 것은 의종의 총애와 비 호를 받았기 때문이다. 이러한 부류의 사람들을 총신(寵臣)이라 하고 이들에 의해 주도되는 정치운영 방식을 총신제(寵臣制)라 한다. 1158년 지문하성사(知門下省 事) 신숙(申淑)이 파직할 것을 요구하자, 그 결당자(結黨者)들을 서인(庶人)으로 삼으라는 극간을 했지만 받아들여지지 않았다. 이에 좌정언 허세수(許勢修) 등이 사로(仕路)를 포기하자, 정함도 귀향하게 되었다. 결국 파직을 선포했으나 이듬해 회복되었다. 의종대 정함 등 환관의 발호와 내시·환관에 의지한 총신정치는 1170년(의종 24) 견룡군(牽龍軍)을 중심으로 한 무신들이 정변을 일으키는 하나 의 요인이 되었다([출처:정함(鄭諴)-한국민족문화대백과사전]).

373) 백선연(白善淵, ?~?): 고려후기 관노 출신의 환관.
본래 남경(南京)의 관노(官奴)였는데, 의종(毅宗)이 남경에 행차하였을 때 만나 양 자(養子)가 되었다. 의종의 총애를 받던 관비(官婢) 출신의 궁인 무비(無比)와 친 해져 추문이 있었으며, 환관 왕광취(王光就)와 함께 왕의 침실을 드나들며 권세를 부렸다. 자기에게 아첨하는 무리를 천거하여 내시에 등용하게 하고, 왕으로 하여 금 예성강(禮成江)에 나가 즐기도록 하는 등 나라의 기강을 문란하게 하였다. 이 에 좌정언 문극겸(文克謙)이 백선연을 참형에 처해야 한다는 상소를 올렸으나, 도 리어 문극겸이 왕으로부터 노여움을 사서 황주판관(黃州判官)으로 좌천되었다([출 처:백선연(白善淵)-한국민족문화대백과사전]).

374) 권재내수(權在內豎): 고려 후기와 조선시대에는 내시(內侍)로 통칭되었다. 환관(宦官)에 대한 명칭은 다양하다. 용어상으로 내관·내시 등 '내(內)' 자는 외관(外官)과 상대되는 용 어로 사용되었다. 중사(中使)라는 말도 비슷하게 사용되고 있다. '화(火)'나 '환(宦)', '엄

(閽)'은 고자라는 의미가 강하다. 또한 '내수(內豎)', '폐환(嬖宦)'이라 부르는 경우는 왕의 총애를 받는다는 의미로 사용되고 있다. 고려시대의 경우 내시와 환관이 엄격하게 구분되었으나 조선 성종 이후 동일한 개념으로 사용되었다. 고려시대의 경우 환관보다는 환자(宦者)라는 용어가, 조선전기에는 내관·환관이라는 용어가, 조선 후기는 내시·내관·환관이라는 용어가 많이 사용되었다.

375) 부원군(府院君): 조선 때 임금의 장인 또는 정1품 공신(功臣)에게 주던 칭호. 받는 사람의 본관인 지명(地名)을 앞에 붙인다. 같은 부원군이 생길 때는 옛날의 지명이나 혹은 다른 글자를 넣어 이름을 붙였다. 일반적으로 딸이 궁중에 들어와 정실 왕후가 되면 왕비의 부친으로 부원군이 된다. 조선 초기에는 국구(國舅- 임금의 장인)는 정치에 참여치 못했으나 중기 이후 정치에 참여하여 많은 폐단이 생겼다(이홍직 편, 『새국사사전』, 교학사, 2004, 543쪽).

376) 방신우(方臣祐, ?~1344): 고려 충렬왕 때 환관(宦官). 자는 소공(小公), 상주(尙州) 중모(中牟)사람. 충렬왕 때 궁중에서 시중하다가 안평(安平)공주를 따라 원나라에 가서 망고태(忙古台)라는 이름을 받고, 수원황태후(壽元皇太后)의 시중을 들어 평장정사(平章政事)의 벼슬을 받았다. 충선왕 때 요양행성우승(遼陽行省右丞) 홍중희(洪重喜)가 고려왕의 비행을 원제(元帝)에게 상소하여 왕을 불러 책할 것을 청하자, 태후에게 중희의 망측함을 말하여 도리어 그를 귀양 보내게 하였다. 1310년(충선왕 2) 태후의 명으로 고려에 돌아와 승속(僧俗) 30여 명을 민천사(旻天寺)로 모아 <금자장경(金字藏經)>을 써서 신효사(神孝寺)에 옮겼고, 고려 왕은 중모군(中牟君)에 봉하였다. 또한 태정황후(泰定皇后) 때에도 총애를 받아 저경사사(儲慶司使)의 벼슬을 더하였으며, 때마침 고려입성(高麗立省)문제가 논의되자, 고려는 협소한데다가 산이 많고 뜰이 적으므로 그의 불필요함을 상소하여 입성을 철회케 하는 데 큰 힘을 썼다. 그로 인해 충숙왕은 공을 높이 치하하고 상락부원군(上洛府院君)에 봉하고 공신의 호를 내렸고, 그의 아버지 득세(得世)도 현리(縣吏)로부터 상주 목사(牧使)가 되고 매제 박여(朴侶)는 농부였으나 일약 첨의평리(僉議評理)의 높은 벼슬을 받게 되었다. 1330년(충숙왕 17) 본국에 돌아와 선흥사(禪興寺)를 웅장하게 중수하고, 원나라로 건너가 그곳에서 죽었다(이홍직 편, 『새국사사전』, 교학사, 2004, 487쪽).

377) 이대순(李大順, ?~?): 고려후기 제26대 충선왕 때 태안부원군에 봉해진 환관. 본래 소태현(蘇泰縣) 출신인데, 고려 충렬왕(忠烈王) 때 환관이 되어 원나라에 들어가 세조(世祖)의 측근으로 있으면서 총애를 받았다. 일찍이 위득유(韋得儒)의 딸에게 장가들었는데, 원나라에서 환관으로 출세하자 함부로 황제의 명이라 칭하면서 행패를 부리며 재산을 모았고, 형 이공세(李公世)와 동생 이공보(李公甫)를 고위관직에 등용하는 등 만행을 자행하였다. 1310년(충선왕 2) 왕이 환관 15명을 한꺼번에 군(君)으로 봉할 때 태안부원군(泰安府院君)에 봉해졌으며, 이대순의 거향(居鄕)인 소태현은 태안군(泰安郡)으로 승격되었다([출처:이대순(李大順)-한국민족문화대백과사전]).

378) 우산절(禹山節, ?~?): 고려 후기 풍산군에 봉해진 환관. 아버지는 춘주목사(春州牧使) 우석(禹碩)이며, 부인은 밀성부사(密城副使) 김목경(金牧卿)의 딸이다. 세력 있는 환관으로 충선왕 때 아버지 우석이 춘주부사에 제수되자, 양현고(養賢庫)·자섬사(資贍司) 및 여러 궁사(宮司)로 하여금 은(銀)을 내놓게 하여 이를 노자로 쓰게 하였다. 또한 일찍이 김목경의 사위가 되었는데 김목경이 밀성부사가 되어 학정을 자행하다가 찰방별감(察訪別監) 박숙정(朴淑貞)의 탄핵을 받아 파직되었으나, 사위의 권세를 믿고 양부(兩府)에 사사로이 부탁하여 복직되는 등 환관으로서 막강한 권세를 떨쳤다. 1314년(충숙왕 1) 풍산군(豐山君)

에 봉하여졌다([출처:우산절(禹山節)-한국민족문화대백과사전]).

379) 고용보(高龍普, ?~?): 고려후기 자정원사, 영록대부 등을 역임한 환관.
본관은 전주(全州). 일명 고용봉(高龍鳳)·고용복(高龍卜). 원나라의 이름은 투만디르(透滿迭兒)이다.
원나라에 들어가 내시(內侍)로서 황제의 총애를 받아 자정원사(資政院使)가 되었다. 내시 박첩목아불화(朴帖木兒不花) 등과 협의, 기자오(奇子敖)의 딸을 순제(順帝)의 제2황후로 승격시키고 측근으로서 권세를 잡고, 본국인 고려에 대해서도 많은 영향력을 행사하였다. 충혜왕은 고용보의 환심을 사기 위하여 삼중대광완산군(三重大匡完山君)에 봉하였다. 1342년(충혜왕 복위 3) 기황후(奇皇后)의 어머니 이 씨(李氏)를 맞으러 고려에 다녀갔으며, 이듬해 10월 순제의 명으로 충혜왕에게 술과 의복을 가지고 왔다가, 다음 달 원나라의 사신과 함께 충혜왕을 잡아 원나라에 보내고 순제의 명으로 임시 국사를 정리하였다. 1344년 충목왕이 즉위하자 공신의 호를 받았으나 계속하여 원나라를 믿고 횡포를 부렸다. 결국, 어사대의 탄핵으로 금강산으로 추방되었으나 곧 소환되어 영록대부가 되었다. 뒤에 자정원에서 밀려나 고려로 돌아온 뒤로는 기철(奇轍) 일파와 결탁하여 횡포를 부리다가 1352년(공민왕 1) 조일신(趙日新)의 난에 가까스로 죽음을 면하였다. 그 뒤 승려가 되어 해인사에 있던 중 1362년 2월 왕이 보낸 어사중승(御史中丞) 정지상(鄭之祥)에 의하여 처형되었다. 당시 원나라의 세력을 빙자하여 횡포를 부리던 무리들 중에서 으뜸이었으며, 사재를 들여 비구승 중향(中向)으로 하여금 전주의 보광사(普光寺)를 중창시키기도 하였다([출처:고용보(高龍普)-한국민족문화대백과사전]).

380) 유행간(庾行簡, ?~1009): 고려 전기 합문사인을 역임한 관리. 위위소경(衛尉少卿) 유품렴(庾稟廉)의 아들이다.
목종의 총애를 받아 1009년(목종 12) 합문사인(閤門舍人)이 되어 왕의 측근으로서 유충정(劉忠正)과 함께 권세를 부렸다. 목종이 대량원군(大良院君)을 맞아 후계를 삼고자 하였을 때 이를 방해하였다가, 2월 강조(康兆)가 목종을 폐하여 양국공(讓國公)으로 삼은 뒤 이를 시해하고 김치양 부자 등을 죽일 때 함께 살해되었다([출처:유행간(庾行簡)-한국민족문화대백과사전]).

381) 용양(龍陽): 선한 애제(哀帝)는 자신의 팔을 베고 잠든 동현(董賢)을 차마 깨울 수 없어 옷소매를 칼로 잘랐다는 단수(斷袖)의 고사와 전국시대 위왕(魏王)은 미동(美童) 용양군(龍陽君)이 없으면 단 하루도 정사(政事)를 볼 수 없었다는 고사에서 중국에서는 단수(斷袖)와 용양군(龍陽君)은 동성애의 상징이 되었다.

382) 영의(榮儀, ?~1170): 고려전기 내시사령을 역임한 문신. 점술가(占術家). 아버지는 사천감(司天監) 영상(榮尙)이다.
의종(毅宗) 초에 내시사령(內侍使令)이 되어 국운의 성쇠와 왕의 수명은 양도(禳禱: 신에게 제사하여 재앙을 없애고 행복을 비는 것)와 순어(巡御)의 많고 적음에 있다고 하는 등 왕을 현혹시켰다. 이에 어사중승(御史中丞) 고영부(高瑩夫), 시어사(侍御史) 한정(韓靖)·최균심(崔均深) 등의 탄핵을 받았으나 무사하였다. 나라의 재화(災禍)를 방지하고 왕의 수명을 연장하기 위해서는 각종 법회(法會)를 설치하고 천제석(天帝釋)과 관음보살(觀音菩薩)을 섬겨야 한다고 하여 축성법회(祝聖法會)·연성법회(連聲法會) 등을 새로 만들어 전국의 사원에서 행하게 하였다. 그 기간도 1천일·1만일로 정하였고 왕제(王弟) 익양후(翼陽侯)의 집을 빼앗아 이궁(離宮)을 창설하게 하는 등 국고를 소모시켰다. 1163년 좌도(左道: 유교의 뜻에 어긋나는 모든 사교)를 가지고 위에 아첨하므로 목자(牧子: 소와 말의 사육에 종사하는 사람)에 충당시켜야 한다는 좌정언(左正言) 문극겸(文克謙)의 탄핵을 받았으나 별다른 조치는 이루어지지 않았다. 1170년 정중부(鄭仲夫) 등의 무인궐기로 환관(宦官) 백자단(白子端)·왕광취(王光就), 술사(術士) 유방의(劉方義) 등과 함께 효수되었다[출처:영의(榮儀)-한국민족문화대백과사전]).

....

* 고려 의종 때의 점장이. 사천감(司天監) 영상(榮尙)의 아들. 영상이 일찍이 섬에 귀양 갔다가 얼굴이 괴상히 생기고 성질이 간사하였다. 의종 초에 내시부(內侍府)의 사령(使令)이 되었는데, 항상 말하기를 국운(國運)의 성쇠와 임금이 오래 살고 못사는 것은, 기도를 부지런히 하느냐 게을리 하느냐, 나라 안을 자주 순시(巡視)하느냐 드물게 순시하는 데 있다고 하였다. 임금은 이에 현혹되어 걸핏하면 각처에서 재(齋)를 올려 중앙뿐만 아니라 지방의 재정까지 탕진했다. 또 임금이 장수하려면 제석(帝釋: 불교에서 말하는 천주天主의 하나. 희견성喜見城에 있으면서 32천天과 사천왕四天王을 지배하며 불법을 보호하고 아수라阿修羅를 정복하고 항상 사신을 파견하여 천하를 순찰해서 만민의 선행을 기뻐하고 악행을 제재한다고 한다)과 관음보살상을 잘 섬겨야 한다고 하여 임금으로 하여금 불상을 수없이 만들어 모든 절에 나누어 주고 재를 올리게 하였다. 국고가 탕진되고 민폐가 심한 것을 보고 정언(正言) 문극겸(文克謙)이 영의 죄를 들어 그를 몰아내려고 하였으나 의종이 듣지 않았다. 훗날 정중부(鄭仲夫)의 난이 일어나자 임금의 좌우에서 재주를 부리던 백지단(白子端)·왕광취(王光就)·유방의(劉方義) 등과 함께 살해되었고, 그의 머리는 거리에 전시되었다(이홍직 편,『새국사사전』, 교학사, 2004, 822쪽).

....

* 윤창현(尹昌鉉)의『조선씨족통보(朝鮮氏族統譜)』(漢城圖書株式會社, 1922)에 영 씨(榮氏)에 관한 기록을 볼 수 있다. 영 씨는 본래 중국 상곡(上谷: 今直隷省舊順天府秦爲上谷)에 있던 영원(榮援)과 주나라 때 영숙(榮叔)을 들고 있는데, 시조는 미상이나 본관은 영평(永平)과 영천(永川)이 있다고 서술하였다.-역주자.

383) 백승현(白勝賢, ?~?):고려 후기 제23대 고종 때 삼랑성과 신니동을 도읍지로 점지한 풍수지리가. 도참사상가. 천문과 지리를 깊이 연구하여 지방을 두루 돌아다니면서 명당과 산세를 살펴 길흉을 점쳤다. 고종 말년에 천거에 의해 낭장이 되었으나 벼슬에 뜻이 없어 안주하지 못하였다. 몽골의 침입으로 강화도에 임시도읍을 정하고 있던 왕이 적당한 도읍지로 어디가 좋으냐고 묻자, 삼랑성(三郎城)과 신니동(神尼洞)에 가궐(假闕)을 지으면 적이 물러가 평화가 올 것이라 하여 시행되기도 하였다. 1264년(원종 5) 몽골이 화평(和平)을 구실로 왕을 입조하라고 요구하자 권신인 김준(金俊)을 통해서 진언하기를, 마리산(摩利山) 참성(塹城)에서 왕이 친히 제사를 지내고, 또 삼랑성과 신니동에 가궐을 짓고 친히 대불정오성도량(大佛頂五星道場)을 열면 8개월이 안 되어 친조(親朝) 문제가 해결되고 주위의 대국들이 조공을 드리러 올 것이라고 하였다. 왕은 그 말을 믿고 내시대장군(內侍大將軍) 조문주(趙文柱), 국자감좨주 김구(金坵), 장군 송송례(宋松禮) 등에게 명하여 가궐을 짓게 하였다. 그 뒤 다시 도참설에 근거하여 왕의 이름에 교(釗) 자를 넣어 어인(御印)의 개정을 요청하였고, 왕은 이에 따라 이름을 바꾸기도 하였다[출처:백승현(白勝賢)-한국민족문화대백과사전]).

384) 조윤통(曺允通, ?~1306): 고려 후기 상장군, 호군, 도첨의찬성사 등을 역임한 관리. 본관은 탐진(耽津)이다. 바둑을 잘 두어 중랑장(中郞將)으로 있을 때 원나라 세조(世祖)의 부름

을 받고 가서 원나라 명수와 대결하여 승리함으로써 명성을 얻었으며, 이에 원나라에 수시로 입국할 수 있는 허가를 얻었다. 1277년(충렬왕 3) 원나라에서 돌아와, 세조의 명으로 각 지방을 돌아다니며 백성을 징발하여 해마다 고려의 인삼을 세조에게 바쳤다. 이때 인삼이 조금이라도 썩고 상한 것이 있거나 그 지방에서 나지 않아 제때에 바치지 못하면, 곧 은(銀)이나 화폐로 징수하여 사리를 꾀하는 등 민폐를 많이 끼쳤으므로 원성이 높았다. 조윤통은 본래 고려의 인삼을 원나라에 팔았던 상인 출신으로 추정되는데, 원나라 세조에게 인삼을 바친 것은 대원무역의 차원에서 이해할 수 있다. 이에 충렬왕이 장순룡(張舜龍)을 시켜 세조에게 이를 그만두도록 주청하기도 하였다. 1279년(충렬왕 5) 상장군(上將軍)으로 원나라에 다녀와서 세조의 명으로 동계(東界)의 응방(鷹坊)을 관리하였으며, 이듬해에는 여러 번 원나라에 다녀와서 원의 중서성(中書省)으로부터 담선법회(談禪法會)의 복설(復設)을 허가받았다. 1283년(충렬왕 9) 왕의 총신(寵臣) 염승익(廉承益)을 제거해야 한다고 주장한 윤돈(尹敦)과 오숙부(吳叔富)를 왕에게 고하여 섬으로 유배하게 하였으며, 이해에 호군(護軍)으로 다시 원나라에 다녀왔다. 뒤에 도첨의찬성사(都僉議贊成事)에 이르러 치사(致仕)하였다. 현학금(玄鶴琴)에도 능하여 별조(別調)를 남겼다([출처:조윤통(曹允通)-한국민족문화대백과사전]).

385) 이정(李貞, ?~?): 고려 후기 충청도응방사, 부지밀직사사 등을 역임한 관리. 무신. 천민 출신으로 개잡는 일을 업으로 삼았는데, 용력으로 이름이 나서 권신 김준(金俊)의 아들 김주(金柱)에게 신임을 받았으나, 김준 부자가 피살된 뒤 도망쳐 화를 면하였다. 1272년(원종 13)에 산원(散員)으로 제주초유사(濟州招諭使) 금훈(琴熏)과 함께 제주의 삼별초(三別抄)를 초유하러 가다가 풍랑으로 보마도(甫麻島)에 표박중 삼별초에게 잡혀 추자도에 억류되었다가 돌아왔다. 충렬왕 유모의 사위가 되어 왕의 총애를 받아 응방(鷹坊)을 관장하여 원나라에 보낼 매[鷹] 잡는 일을 맡았는데, 불량배를 모아 행패가 심하였다. 1279년(충렬왕 5)에 충청도응방사가 되었고, 뒤에 장군이 되었으나, 1281년(충렬왕 7) 제2차 일본정벌 때 관직을 사임하여 징발됨을 피하였다. 한편, 영관(伶官) 김대직(金大直)의 딸을 사랑하여 영관은 7품 이상으로 올라가지 못한다는 법을 어기고 종6품인 지후(祗侯)에 임명하게 하였다. 뒤에 부지밀직사사(副知密直事)가 되었는데, 천민으로 재상이 된 것은 드문 일이었다. 왕과 공주를 자주 자기의 집에 행차하게 하며, 왕으로 하여금 자주 놀고 사냥하게 하여 주군(州郡)을 침탈하는 등 기강을 문란하게 하였다([출처:이정(李貞)-한국민족문화대백과사전]).

386) 왕삼석(王三錫, ?~?): 고려 충숙왕 때의 간신. 원래 남만(南蠻) 사람. 일찍이 장삿배[商船]를 따라 원(元)나라 서울 연경(燕京)에 가서 남의 집에서 얻어먹고 있었다. 충숙왕이 연경에 있을 때 총애하는 측근자를 통해서 뵈오니 기뻐하여 고려로 돌아올 때 데리고 왔다. 의술(醫術)로 임금에게 아첨하니 임금은 그를 대단히 신임하여 사부(師傅: 스승)로 삼았었다. 임금의 신임을 믿고, 현명-유능한 사람들을 시기하며, 벼슬을 팔고, 죄 없는 사람을 잡아 가두고, 대관(臺官)들을 대궐 안에서 공공연히 모함하기에 이르렀다. 그래도 충숙왕은 깨닫지 못하였다. 또 양재(梁載)라는 외국인을 감히 우문군(佑文君)에 봉하는 등 조정을 쥐고 흔들었다. 유학제거(儒學提擧)가 되었을 때는 성균관의 대성전(大成殿)에 모신 공자(孔子)의 상(像)을 흙으로 본뜨려 하였다. 성균관에서 이 무엄한 짓을 못하도록 대성전의 문을 닫고 들여놓지 않으니 그는 임금에게 모함하여 성균관의 직원들을 체포케 하고 그들을 파면시킨 일도 있었다(이홍직 편, 『새국사사전』, 교학사, 2004, 850쪽).

387) 강윤소(姜允紹, ?~?): 고려후기 원종폐립사건 당시의 관리.
원래 신안공(新安公) 왕전(王佺)의 가노(家奴)로 처음에 환자(宦者)가 되었는데,

몽골어 해독을 잘하였다. 교활하고 아첨을 잘하며, 원종의 총애를 받았다. 낭장에 올라 여러 번 원나라에 사신으로 다녀온 공이 있어 장군으로 승진되었으며, 1268년(원종 9) 김준(金俊)의 무리를 죽일 때 평소 가까웠던 임연(林衍)에게 김준을 죽이도록 하여 일등공신이 되고, 대장군에 올랐다. 1269년 임연이 왕의 폐립(廢立)을 꾀하여 안경공(安慶公) 왕창(王淐)을 세우고 원종을 용암궁(龍巖宮)에 유폐시킬 때, 이미 왕을 배반했으나 원종이 곧 복위하여 원나라에 가게 되자, 임연의 심복이 되어 스스로 왕을 호종, 돌아와 상장군에 올랐다. 세자 왕심(王諶)이 고관의 자제를 이끌고 원나라에 갈 때 왕의 폐립사건 때문에 뽑히지 않았으나 자의로 원나라에 가서 개체(開剃: 몽골식의 머리)하고, 귀국한 뒤에는 스스로 원나라의 사신처럼 행세하며, 왕을 보고도 절을 하지 않았다. 왕이 노하였으나 제어할 수가 없었고, 유사(有司)도 감히 힐난하지 못하였다. 원나라에 있을 때 홍다구(洪茶丘)에게 아부하여, 고려에는 많은 군량의 저축이 있다고 거짓말을 함으로써 원나라가 고려에 사신을 보내 군량을 독촉하게 하였다. 1275년(충렬왕 1) 군부판서(軍簿判書)와 응양군상장군(鷹揚軍上將軍)에 올랐는데 그 신분이 천례 출신이라 하여 감찰사(監察司)의 탄핵으로 면직되었다가, 이어 밀직부사(密直副司)에 올랐다. 1279년 대장군 김자정(金子廷)과 함께 사패(賜牌)를 사칭하여 많은 민전을 빼앗다가 발각되어 신흥창(新興倉)에 몰수당하였으며, 1283년 판삼사사(判三司事)로 물러났다([출처:강윤소(姜允紹)-한국민족문화대백과사전]).

388) 권농사(勸農使): 고려 때 지방에 파견하던 임시 관직. 이들은 지방의 특산물을 받아서 개경에 있는 대관들에게 보내어 벼슬이 잘 올라갔으므로 권농사가 되려는 사람이 많았으며, 이들의 폐해가 매우 심했다. 또 권농사는 지방에 풍년이 들었을 때 의창(義倉)의 쌀과 소금을 내어 난민을 구하거나, 곡식을 나누어서 경작을 하도록 하는 일도 하였었다. 권농사는 1173년(명종 3)에는 안찰사(按察使)와 감창사(監倉使)가 겸했으나 그 후에 따로 두었다가, 1287년(충렬왕 13)에는 안렴사(安廉使)가 겸하게 했으나 조선에 들어와서는 권농관(勸農官)으로 되었다(이홍직 편, 『새국사사전』, 교학사, 2004, 180쪽).

389) 경력(經歷): 문하부(門下府)의 으뜸 벼슬로 충선왕 때 설치했다가 곧 폐지하였다. 공양왕 때 3군도총제부(三軍都摠制府)의 관직으로 1명을 두었으며 품계는 4품~5품관이었다. 공양왕 때 경력사(經歷司)에 있던 관직으로 1명이었으며 품계는 3~4품이 있다. 조선의 관직으로 종4품의 품계(品階)를 가진 관직으로 충훈부(忠勳府)·의빈부(儀賓府)·의금부(義禁府)·개성부(開城府)·도총부(都摠府)·중추부(中樞府) 등에서 실제 사무를 맡아보았다. 조선 초에는 한때 관찰사의 지방행정 보좌관으로 중앙에서 경력이 파견되었으나 1465년(세조 11) 유수부(留守府)를 제외하고는 폐지하였다(이홍직 편, 『새국사사전』, 교학사, 2004, 58쪽).

390) 병마사(兵馬使): 고려 동·북 양계(兩界)의 군현을 전담하던 지휘관. 정3품 벼슬로 989년(성종 8)에 설치. 옥대(玉帶)와 자금(紫襟)을 달며 왕이 친히 부월(斧鉞)을 주어 진(鎭)에 부임케 하였다. 문하시중(門下侍中)·중서령(中書令)·상서령(尙書令) 등으로 판병마사(判兵馬使)를 삼아 서울에 남아서 동·북면의 병마사를 영도하게 하였다(이홍직 편, 『새국사사전』, 교학사, 2004, 515쪽).

391) 사록(司錄): 조선시대 의정부의 정8품 관직.
정원은 2인(뒤에 1인으로 감소)이다. 상위의 사인(舍人, 정4품) 및 검상(檢詳, 정5품)과 함께 실무를 담당하였다.
　　1392년(태조 1) 7월도평의사사(都評議使司)의 부속기관으로 검상조례사(檢詳條例司)가 새로이 설치되고 그 속관으로 검상과 함께 3관(三館)이 겸하는 녹사(錄

事) 3인이 설치되면서 원형이 성립되었다.

　　1400년(정종 2) 4월 도평의사사가 의정부로 개편되면서 녹관(祿官)이 되고, 1414년(태종 14) 4월 6조직계제(六曹直啓制) 실시로 인한 의정부 기능의 축소와 함께 검상조례사가 혁파되면서 예조로 이속(移屬)되었다.

　　1436년(세종 18) 4월 의정부서사제(議政府署事制)의 부활에 따른 의정부 기능의 강화로 인한 검상조례사의 부활과 함께 예조에서 의정부로 환속(還屬)되었고, 1466년(세조 12) 1월『경국대전』의 편찬과 함께 사록으로 개칭되면서 확립, 이후 『대전통편(大典通編)』에 이르러 1인으로 감소, 이것이 근대식 관제로 개편되는 갑오경장 때까지 계속되었다.

　　의정부 기능의 중시와 함께 성균관과 교서관(校書館)의 박사(博士) 이하 직을 당연직으로 겸임하였고, 문신으로서 친가(親家)와 외가(外家)의 4대조(四代祖)와 본인에 허물이 없고 장리(贓吏)의 자손이 아니어야 하며, 상피(相避)의 규정이 적용되는 등 엄선되었다([출처: 사록(司錄)-한국민족문화대백과사전]).

392) 도독(都督): 신라의 지방장관. 505년(지증왕 6) 이사부(異斯夫)를 실직주 군주(悉直州軍主)로 삼은 것이 이 제도의 기원이며, 661년(문무왕 1)에 총관(總管)으로 개칭, 785년(원성왕 1)에 도독으로 고쳤다. 정원은 9명이며 위계는 급찬(級湌)에서 이찬(伊湌)까지였다(이홍직 편, 『새국사사전』, 교학사, 2004, 361쪽).

393) 유수(留守): 수도(首都) 이외의 별도(別都) 또는 행궁(行宮)의 소재지에 두던 특수한 지방 장관. 일명 유후(留後)·유대(留臺)·유사(留司)·유상(留相)·거류(居留). 임금을 대신해서 머물러 지킨다는 뜻이다. 유사의 명칭은 중국 한(漢)나라 때에 있었는데, 그 직책은 임금이 서울 밖에 나가 있는 동안 서울을 대신 지키던 일이었다. 당(唐)나라 이후로 일정한 관직명이 되어 서경(西京)·남경(南京)·북경(北京)에다 각각 유수를 두었으며, 임금이 지방을 순행(巡幸)할 때에는 친왕(親王)이나 대신(大臣)으로써 동경(東京-首都)유수를 삼았다. 우리나라에서는 995년(고려 성종 14) 서경(西京-平壤)에다 지서경유수사(知西京留守事-3품 이상)·부유수(副留守-4품 이상) 각 1명 동경(東京-慶州)에다 유수사(留守事-3품 이상)·부유수(副留守-4품 이상) 각 1명을 처음으로 두었다. 그 후 1057년(문종 21)에 양주(楊州)를 남경(南京)으로 삼아 역시 유수(留守-3품 이상)·부유수(副留守-4품 이상) 1명씩을 설치, 고려 일대를 통하여 삼경(三京)의 유수 제도가 계승되었다. 조선 때에는 한양(漢陽-지금의 서울)으로 서울을 옮긴 뒤에 옛 서울인 개성(開城)에 유후(留後)·부유후(副留後)를 두었다가 1438년(세종 20)에 유수로 고쳤으며, 태조 대에 완산(完山-全州)은 어향(御鄕)이라 하여 한 때 유수를 두었으나 태종 때 폐하였다. 이 밖에도 뒤에 광주(廣州)·강화(江華)·수원(水原)·춘천(春川)에 유수를 설치하였다. 조선 때는 유수의 정원은 2명으로서 1명은 관찰사가 겸임, 품계는 정·종2품이었으며, 유수가 설치된 고을은 법제상으로 중앙관직(中央官職)에 속했다(이홍직 편, 『새국사사전』, 교학사, 2004, 907쪽).

394) 전운사(轉運使): 조선시대 세곡(稅穀)의 운반을 주관한 전운서(轉運署)의 관원. 조운사(漕運使)·전운어사(轉運御史)라고도 하였다. 조선 초기에는 조운 업무를 위하여 전운색(轉運色)이라는 관서를 두고 그 책임관으로 도전운사(都轉運使)를 임명하였는데, 세조 때 해운판관(海運判官)으로 명칭이 바뀌었다. 전운사가 본격적으로 활동한 것은 1883년(고종 20) 전운서가 설치되면서부터이다. 조선 후기에 들어 세곡의 임운제(賃運制)가 널리 유행하면서 이를 둘러싼 부정이 횡행(橫行)하였으며, 아울러 개항과 더불어 선운업계에 침투한 일본 선운업자와의 갈등이 야기되었다. 이에 조정에서는 각 조창을 전운서에 소속시키는 한편, 그 책임자인 전운사를 두고 그로 하여금 세곡의 징수와 운송, 수납을 관리하게 하여

전운사는 충청·전라·경상도의 세곡을 서울로 운송하는 책임을 맡았다. 전운서는 1884년 전운국으로 개편되어 처음에는 일본과 독일의 윤선(輪船)을 용선(傭船)하여 수송하다가 뒤에는 창룡호(蒼龍號)·광제호(廣濟號)·조양호(朝陽號) 등 3척의 기선을 구입하여 세곡을 수송하였다. 전운사는 전세와 대동미의 세곡을 운반하였을 뿐 아니라 각종 명목의 잡세미(雜稅米)도 징수하여 운송하였으며, 특히 그 운반에 있어 운송료인 선가(船價)를 농민에게서 징수하였는데, 그 과정에서 협잡(挾雜)과 탐학(貪虐)이 많아 1894년(고종 31) 동학혁명 때 농민들은 전운사의 혁파를 주장하였다. 정부에서도 그 폐해를 시인하여 1894년 갑오경장으로 세금의 금납화가 실시되면서 혁파되었다([출처:전운사(轉運使)-한국민족문화대백과사전]).

395) 안렴사(按廉使): 고려 때의 자방장관. 초기에는 절도사(節度使)가 있었는데, 1012년(현종 3)에 이를 없애고 안찰사(按察使)를 두었으며, 1064년(문종 18) 도호서(都護署)로 개칭, 1113년(예종 8)에는 다시 안찰사로 환원했다. 1276년(충렬왕 2) 안찰사를 안렴사로 고치고, 1298년(충렬왕 24) 경상·전라·충청의 3도는 지역이 넓어서 일이 많으므로 이곳에 안렴부사(按廉副使)를 두고, 동계(東界)의 안집사(按集使)를 없애고 교주(交州)의 안렴사가 겸하게 했다. 1389년(공양왕 1)에 경관(京官)의 겸임을 해제하고 따로 두었으며 1390년(공양왕 2)에는 1392년(공양왕 4)에 관찰사를 폐지하고 다시 안렴사를 두었다(이홍직 편, 『새국사사전』, 교학사, 2004, 771~772쪽).

396) 순무사(巡撫使): 고려 때의 관직. 1276년(충렬왕 2)에 안무사(按撫使)를 개칭한 것으로, 인민들의 질고(疾苦)와 지방관의 잘잘못을 살펴보았다. 1330년(충숙왕 17)에는 평양도존무사(平壤道存撫使)도 순무사로 고쳤다.
      조선 때의 임시 관직. 전시(戰時)나 지방에서 반란 등이 일어났을 때 군무(軍務)를 맡아보았다(이홍직 편, 『새국사사전』, 교학사, 2004, 698쪽).

397) 안무사(按撫使): 고려 때의 와관직(外官職). 1012년(현종 3)에 그 전의 절도사(節度使)를 개칭한 것으로서, 양주(楊州)·광주(廣州)·충주(忠州)·청주(淸州)·진주(晉州)·상주(尙州)·황주(黃州) 등 지방의 요지(要地)에 두었으나 1029년(현종 20)에 폐지, 그 뒤 1107년(예종 2)에는 각 지방의 안무사를 파견하여 인민들의 질고(疾苦)와 수령의 잘잘못을 살피게 되면서부터 임시 관직으로 변하였다. 1276년(충렬왕 2)에 순무사(巡撫使)로 고쳤다.
      조선 때의 임시 관직. 지방에 변란이나 재란(災亂)이 있을 때 왕명으로 특별히 파견되어 인민을 안무하였다.
      조선 때의 외관직. 1883년(고종 20)에 설치, 함경도 경성(鏡城) 이북의 10군(郡)을 다스리다가 얼마 뒤 폐지되었다. 일명 북감사(北監司)(이홍직 편, 『새국사사전』, 교학사, 2004, 772쪽).

398) 관찰사(觀察使): 조선 때 지방장관(地方長官). 각 도마다 1명씩 두었다. 처음 이름은 관찰출척사(觀察黜陟使-종2품)였었다. 고려 말기에 둔 일도 있었으나, 제도로서 확정되기는 조선시대에 들어와서였다. 감사(監司)라고도 하였다. 문관직으로서 절도사(節度使)·수군절도사(水軍節度使) 등의 무관의 직을 거의 겸하고 있었다. 중요한 정사에 대해서는 중앙의 명령을 따라 행하였지만, 자기가 관찰하고 있는 도(道)에 대해서 경찰권·사법권·징세권(徵稅權) 등을 행사하여 지방 행정상 절대한 권력을 가졌다. 관찰사의 관청을 감영(監營)이라 한다. 관원은 도사(都事)·판관(判官)·중군(中軍) 등 중앙에서 임명한 보좌관이 있고 일반 민정은 감영에 속한 이(吏)·호(戶)·예(禮)·병(兵)·공(工)·형(刑)의 6방에서 행하고 이를 지방면에서 선출된 향리(鄕吏)로서 담당케 하였다. 경기관찰사는 서울·또는 수원에, 충청관찰사는 충주 또는 공주에, 경상관찰사는 경주·상주(尙州)·성주(星州)·달성(達

城-대구)·안동(安東)에, 전라관찰사는 전주에, 함경관찰사는 함흥·영흥(永興)에, 평안관찰사는 평양에, 황해관찰사는 해주(海州)에, 강원관찰사는 원주(原州) 등지에 각각 두었다(이홍직 편, 『새국사사전』, 교학사, 2004, 137쪽).

399) 총관(總管): 신라 때 각 주(州)의 군대를 통솔하던 관직. 처음에는 군주(軍主)라 칭하다가 661년(문무왕 1)에 이 이름으로 개칭, 839년(문성왕 1)에 다시 도독(都督)으로 명칭을 바꾸었는데 위계는 이찬(伊湌)에서 급찬(級湌)까지였다. 조선 때 오위도총부(五衛都摠府)의 도총관(都摠管)과 부(副)총관의 통칭. 구한국 때 경위원(警衛院)·호위대(扈衛隊)·승녕부(承寧府) 등의 으뜸 벼슬로 칙임관(勅任官)이었다(이홍직 편, 『새국사사전』, 교학사, 2004, 1359쪽).

400) 대도호부(大都護府): 중국에서 외지(外地)를 다스리기 위하여 두었던 관청. 당나라는 고구려의 옛 땅에 9도독부(都督府)를 두고, 이를 통할하기 위하여 평양(平壤)에 안동(安東) 대도호부를 설치하였다.
    고려 및 조선시대의 지방행정기관. 1018년(고려 현종 9) 전국에 안남(安南-全州)·안서(安西-海州)·안북(安北-安州) 및 안동(安東-慶州)의 4대도호부를 설치하였다. 그러나 안동대호부는 경주가 동경(東京)으로 승격됨에 따라 지금의 안동으로 옮겨지고, 또 안동대호부는 곧 폐지되어 그 대신 안변(安邊)이 대도호부로 되는 등 변동이 많았으며, 사(使-3품이상)·부사(副使-4품 이상)·판관(判官-6품 이상) 등의 관원을 두었다. 조선시대에는 안동(安東)·강릉(江陵)·영변(寧邊)에 대도호부를 두었고(후에 永興·昌原을 추가), 그 수령(守令)인 대도호부사는 정3품이다(이홍직 편, 『새국사사전』, 교학사, 2004, 338쪽).

401) 군주(軍主): 신라의 행정구역(行政區域) 중 주(州)의 장관(長官). 505년(지증왕 6) 처음으로 이를 두고, 661년(문무왕 1)에는 총관(總管)이라 하였으니, 785년(원성왕 1)에는 도독(都督)이라 하였다. 행정조직상 주는 군사조직(군단·군영)과 밀접한 관계가 있었으므로 군주는 행정 부면뿐만 아니라 군사의 권리도 겸하여 가지고 있었다(이홍직 편, 『새국사사전』, 교학사, 2004, 174쪽).

402) 현령(縣令): 현(縣)에 두었던 지방장관. 우리나라에서는 신라 때에 대소(大小) 구별 없이 현령이라 하여 201명을 두었는데, 정원은 201명이며, 위계는 선저지(先沮知)로부터 사찬(沙湌)까지였다. 고려 때는 이를 구별하여 대현(大縣)에만 영(令)을 두고, 소현(小縣)에는 감무(監務)를 두었다. 고려 때 현령의 품계는 7품 이상이었는데, 그 총수는 도합 30명이었으며, 나머지의 현은 거의가 속현(屬縣)으로 외관이 배치되지 않다가 뒤에 점차 감무를 두게 되었다. 공민왕 때에는 현령과 감무를 안집별감(安集別監)이라 하였으며, 5·6품의 관원 중에서 충당시켰으나 창왕 때 다시 둘로 구분하였다. 조선에서는 고려의 제도를 참작해서 소현에는 현감(縣監)을 두는 한편, 대현에는 현령을 두었는데, 품계는 종6품, 정원은 26명이었다(이홍직 편, 『새국사사전』, 교학사, 2004, 1512쪽).

403) 경력(經歷): 고려의 관직. 문하부(門下部)의 으뜸 벼슬로 충선왕 때 설치하였다가 곧 폐지하였다.
    공양왕 때 3군도총제부(軍都摠制府)의 관직으로 1명을 두었으며 품계는 4~5품관이었다. 공양왕 때 경력사(經歷司)에 있던 관직으로 1명이 있었으며 품계는 3품~4품이 있다.
    조선의 관직. 종4품의 품계(品階)를 가진 관직으로 충훈부(忠勳府)·의빈부(儀賓府)·의금부(義禁府)·중추부(中樞府) 등에서 실제 사무를 맡아보았다. 조선 초에는 한때 관찰사의 지방행정 보좌관으로 중앙에서 경력이 파견되었으나 1465년(세조 11) 유수부(留守府)를 제외하고는 폐지하였다(이홍직 편, 『새국사사전』, 교학사, 2004, 58쪽).

404) 부윤(府尹): 조선 때 동반(東班-文官)의 지방관직(外官職)으로 부(府)의 장이었다. 종2품

의 벼슬로 경기도 광주(廣州)에 1명, 경상도 경주(慶州)에 1명, 전라도 전주(全州)에 1명, 함경도 함흥(咸興)에 각 1명, 평안도 평양(平壤)과 의주(義州)에 각 1명이 있었다. 일제시대에는 전국의 큰 도시를 부(府)라 하고 부윤을 두었다. 8·15해방 후 부윤을 시장(市長)으로 고쳤다(이홍직 편, 『새국사사전』, 교학사, 2004, 543쪽).

405) 판관(判官): 고려 및 조선 때의 지방관직. 관찰부(觀察府)·유수영(留守營) 및 주요 주·부(州府)의 소재지에서 지방관의 속관으로 민정의 보좌역할을 담당하였다. 이는 중국에서 유래된 것인데 고려는 이 제도를 본떠 6품 이상으로 판관으로 임명, 성종 때는 소속별로 동·서·북면(東西北面) 병마판관(兵馬判官), 동·서·남 삼경판관(三京判官), 문종은 각도·부(府)·도호부(都護府)·도독부(都督府)·방어진(防禦鎭)·주·군에, 충렬왕 때는 제도계점사(諸道計點使)·지점사(指點使) 등에 판관을 두었으며, 예종 때에는 도호부의 판관을 통판(通判)이라 개칭하였다. 조선도 초기에는 각도와 대도호부에 판관을 설치하였으나 후에 폐지하고, 경기도에는 수운판관(水運判官), 충청·전라도에는 해운판관(海運判官)을 두었으며, 후기에는 경기·평안도를 제외한 각도 및 수원(水原)·강화(江華)·광주(廣州)·춘천(春川) 등의 유수영과 제주(濟州)·경성(鏡城)·청주(淸州) 등 특수지에만 이를 설치하였는데 1895년(고종 32) 판관제도가 폐지될 때는 전국에 12명이 남아 있었다(이홍직 편, 『새국사사전』, 교학사, 2004, 1417~1418쪽).

406) 소윤(小尹): 신라 때 오소경(五小京)에 둔 지방 관직.
    고려 때의 관직. 전중감(殿中監)·전중시(殿中寺)·위위시(衛尉寺)·예빈시(禮賓寺)·대부시(大府寺)·소부시(小府寺)·군자시(軍資寺)·사재시(司宰寺)에 소속된 종4품의 벼슬로 소감(少監) 또는 소경(少卿)을 개칭한 이름이다.
    고려 때 유수관(留守官)의 판관(判官)을 고친 이름. 6품 이상의 관원이 임명되었다.
    조선 때의 관직. 한성부(漢城府)·개성부(開城府)·상서사(尙瑞司) 등에 두었던 정4품 벼슬로 초기에 두었었다(이홍직 편, 『새국사사전』, 교학사, 2004, 668쪽).

407) 납화부(納貨府): 태봉국(泰封國) 중앙 관청의 하나로 재화(財貨) 장고(倉庫) 등의 일을 맡아보던 곳이다. 895년(진성왕 9) 궁예(弓裔)가 나라를 세워 세력을 잡은 후에 설치하였다(이홍직 편, 『새국사사전』, 교학사, 2004, 300쪽).

408) 내천부(內泉府): 922년(태조 5)에 낭관(郎官)·아관(衙官)·병부(兵部)·납화부(納貨府)·진각성(珍閣省) 등과 함께 설치되었다. 내천부의 관원으로는 구단(具壇) 1인, 경(卿) 2인, 대사(大舍) 2인, 사(史) 2인을 두었다. 923년 진각성에 병합되었다(집필(1995) 민병하 한국민족문화대백과사전).

409) 국천부(國泉府): 926년(태조 9)에 서경에 설치되었다.

410) 관택사(官宅司): 고려시대 빈객접대를 담당하던 서경의 관서.
    934년(태조 17) 서경(西京)에 관택사를 두고 빈객 접대를 맡게 하였고 원리(員吏)로 경(卿) 2인, 대사(大舍) 2인, 사(史) 2인을 두었다. 이렇게 934년에 새로 관택사를 설치하게 된 것은 922년에 거란(契丹)이 처음으로 사신을 보내오고 2년 뒤에는 고려에서 사신을 거란에 보냄으로써 거란과의 새로운 외교관계가 열리게 되었고, 또 발해의 세자 대광현(大光顯)이 무리 수만을 이끌고 내투한 것을 비롯하여 발해의 유민이 계속 귀화하여오는 등 북방관계가 복잡해져 서경이 외교상 중요한 위치에 놓이게 된 까닭으로 보인다(민병하(1995), [출처:관택사(官宅司)-한국민족문화대백과사전]).

411) 도항사(都航司): 고려 전기 수군을 관장하던 관서.
    918년(태조 1)에 한찬(韓粲) 벼슬에 있던 귀평(歸評)이 도항사령(都航司令)으로 임명된 것으로 보아 태봉(泰封) 때 설치된 기구를 이어받은 것 같다. 그 임무는 대체로 수군을 관장하는 것이었다고 한다([출처:도항사(都航司)-한국민족문화대백과사전]).

412) 대어부(大馭府): 고려전기 서경유수관(西京留守官)의 산하 관서.

934년(태조 17) 경(卿) 1인, 대사(大舍) 1인, 사(史) 1인을 두었다. 그 명칭으로 보아 마필(馬匹)을 관장하던 기관으로 추정된다([출처:대어부(大馭府)-한국민족문화대백과사전]).

413) 조위총(趙位寵, ?~1176):고려 후기 병부상서, 서경유수 등을 역임한 관리. 문신. 병부상서(兵部尙書)로 서경유수(西京留守)를 겸직하고 있던 중, 1170년(의종 24) 무신정변이 일어나 정중부(鄭仲夫)·이의방(李義方) 등이 의종을 시해하고 많은 문신들을 죽이니, 이들을 토벌한다는 명분을 내걸고 1174년(명종 4)에 군사를 일으켰다. 북계(北界)와 동계(東界)의 여러 성에 격문을 보내어, 개경의 중방(重房)이 북계의 여러 성을 토벌하기 위하여 군사를 내었으니 가만히 앉아서 죽음을 당할 수 없다고 선동하자, 절령(岊嶺) 이북의 40여 성이 모두 내응하였다. 이에 조정에서는 윤인첨(尹鱗瞻)을 원수로 한 토벌군을 보내왔으나 절령 역에서 크게 패퇴시키고 개경으로 쳐들어갔다. 그러나 최숙(崔淑) 등이 거느린 기병 수십 명의 기습을 받고 패하여 서경으로 퇴거하였으나 여세를 몰아 대동강까지 추격해온 관군을 물리쳤다. 조정에서 다시 윤인첨을 원수로 한 토벌군을 보내 서경을 공격하는 한편 항복을 권유하자 금나라에 원조를 요청하였다. 그러나 이 일을 맡은 김존심(金存心)이 배반하여 윤인첨에게 항복함으로써 실패하였다. 다시 서언(徐彦)을 보내 절령 이북의 40여 성을 들어 금나라에 내속하기를 청하고 원병을 요청하였으나 금나라 황제는 도리어 서언을 잡아 고려에 보내왔다. 그 뒤 1176년(명종 6) 정부군의 협공으로 서경이 함락되고, 조위총도 사로잡혀 죽음을 당하였다.

조위총의 반란은 반무신난(反武臣亂)의 대표적인 사례로, 서북면의 농민들이 개경 무신집권자와 무신귀족의 탐학과 수탈에 대한 반발로 일으킨 사건이다. 이 반란은 무신정권을 전복시켜 정권을 쟁취하려는 정치적 반란이 아니라 당시 사회·경제적 혼란에 대한 서북면 민중의 봉기였다는 측면에서 민란의 성격이 보다 강하다([출처:조위총(趙位寵)-한국민족문화대백과사전]).

414) 사심관(事審官): 고려시대 지방에 연고가 있는 고관에게 자기의 고장을 다스리도록 임명한 특수관직.

935년(태조 18) 신라의 마지막 왕인 김부(金傅)가 항복해오자 그를 경주의 사심관으로 삼았다. 동시에 여러 공신을 각각 출신주의 사심관으로 임명해 부호장(副戶長) 이하의 향직(鄕職)을 다스리게 한 데서 비롯하였다. 당시 지방의 호족 출신이었던 공신들은 중앙귀족화 되어가고 있었다. 그러나 본주(本州)에 여전히 전통적인 세력기반을 갖고, 지배적인 지위를 확보하고 있었다. 중앙정부는 이러한 공신들의 재지세력기반(在地勢力基盤)을 이용해 인심을 수습하고 그 지역의 토호 세력을 통제하려고 하였다. 아직 지방관을 파견하지 못했던 때였으므로, 당시의 사심관은 기인(其人)과 함께 지방 세력에 대한 중앙통제의 중요한 수단이 되었다([출처:사심관(事審官)-한국민족문화대백과사전]).

415) 김부(金傅, ?~978, 재위:927~935): 남북국시대 통일신라의 제56대왕. 신라의 마지막 왕으로서 나라를 고려 태조에게 바친 것으로 널리 알려져 있다. 성은 김 씨, 이름은 부(傅)이며, 문성왕(文聖王, 재위:839~857)의 후손이다. 할아버지는 의흥대왕(懿興大王)으로 추봉된 관○(官○, 혹은 實虹·乍慶)이며, 아버지는 신흥대왕(神興大王)으로 추봉된 효종(혹은 할아버지라는 설도 있음)이고, 어머니는 헌강왕(憲康王)의 딸인 계아태후(桂娥

太后)이다. 왕비는 죽방부인(竹房夫人) 박씨이며, 큰아들은 마의태자(麻衣太子)이고 막내아들은 범공(梵空)이다. 고려에 항복한 뒤에 왕건(王建)의 장녀 낙랑공주(樂浪公主)와 다시 결혼하였다.

경명왕(景明王)이 즉위할 무렵 이미 지방에는 궁예(弓裔)와 견훤(甄萱)의 정권이 형성되어 세력을 다투고 있었는데, 918년(경명왕 2) 왕건이 궁예를 몰아내고 고려를 건국하였다. 경명왕이 왕건과 우호적인 관계를 맺으려 하고, 또 경명왕의 뒤를 이어 즉위한 경애왕(景哀王)이 더욱 친고려정책(親高麗政策)을 추진하자 견훤이 이를 견제하고자 신라를 침공하였다. 신덕왕(神德王), 경명왕, 경애왕은 아달라계(阿達羅系)의 후손으로 박 씨 왕계였다. 927년 포석정(鮑石亭)에서 놀고 있던 경애왕이 견훤의 습격을 받아 시해되고 난 다음, 경순왕은 견훤에 의해 옹립(擁立)되었다. 신덕왕부터 경애왕까지 이어진 박 씨 왕계가 다시 경순왕이 옹립됨으로써 김 씨 왕계로 바뀐 것이다. 그러나 그의 정책은 난폭한 견훤보다 오히려 왕건 쪽으로 기울고 있었다. 931년 왕건이 경순왕을 알현했는데, 수십 일을 왕경에 머물면서도 왕건은 부하 군병들에게 조금도 범법(犯法)하지 못하게 하였다. 왕경의 사녀(士女)들은 전번 견훤이 왔을 때에는 시랑과 범을 만난 것 같았으나, 이번 왕건이 왔을 때에는 부모를 만난 것 같다고 하였다. 935년 3월 견훤이 장남 신검(神劍)을 비롯한 형제들의 음모에 의해 금산사(金山寺)에 유폐되는 일이 벌어졌다. 3개월 후 6월 견훤은 유폐되어 있던 절을 탈출하여 고려군이 점령하고 있는 금성(錦城)으로 일단 피신했다가 고려 태조의 도움으로 개경으로 망명하였다. 견훤은 태조로부터 상보(尙父)의 존칭을 받았고, 그 지위가 백관(百官)의 위에 있게 되었다. 이러한 사태의 진전에 놀란 경순왕은 더 이상 보호국의 처지에서 나라를 유지하는 것이 의미 없다는 판단을 내렸다. 935년 경순왕은 신하들과 더불어 국가를 고려에 넘겨줄 것을 결의하고, 김봉휴(金封休)로 하여금 왕건에게 항복하는 국서를 전하게 하였다. 이때 마의태자는 고려에 항복하는 것을 반대했고, 범공은 머리를 깎고 화엄사(華嚴寺)에 들어가 중이 되었다. 경순왕이 백관을 거느리고 고려에 귀의할 때 향차(香車)와 보마(寶馬)가 30여 리에 뻗쳤다. 왕건은 그를 태자보다 위인 정승공(正承公)으로 봉하였다. 그런 다음 그에게 녹(祿) 1,000석을 주고 그의 시종과 원장(員將)을 모두 채용하였다. 또한 신라를 고쳐 경주(慶州)라 하고 그의 식읍(食邑)으로 주었으며, 그를 경주의 사심관(事審官)으로 삼았다. 978년(경종 3) 4월에 승하(昇遐)하였다. 무덤은 연천군 장남면 고랑포리에 있다([출처:김부(金傅)-한국민족문화대백과사전]).

416) 기인(其人): 고려시대부터 조선 중기까지 지방 세력을 견제하기 위해 토호세력의 자제를 인질로 서울에 머물러 있게 한 제도.

연원 및 변천: 1) 고려 초기기원은 신라의 상수리제(上守吏制)에서 찾을 수 있다. 고려의 기인제는 태조가 후삼국을 정복·통일해가는 과정에서 지방호족세력을 포섭하기 위한 조처의 하나였다. 태조는 자신이 호족으로서 궁예의 휘하에서 출세하였고, 호족들의 세력에 힘입어 정권을 장악했던 만큼 지방 세력을 억누를 수가 없었다. 이에 지방호족들의 독자적인 기반을 효과적으로 제압하기 위해 사심관제도(事審官制度)와 함께 기인제도를 마련하였다. 그러나 당시 호족들의 세력이 강대했던 만큼 이 정책이 태조에게만 유리한 것은 아니었다. 호족들은 자제를 보내어 수직(受職)의 형식을 취함으로써 중앙과 밀접한 관련을 맺어 그 권위를 후광으로 하여 지방에서 세력기반을 확고하게 할 수가 있었다. 따라서 기인으로서 호

족의 자제들이 서울에 머물러 있을 때는 상당한 대우를 받았다.

2) 고려 중기 성종에서 문종 대에 이르는 동안 문물제도가 정비되고 중앙집권 체제가 확립됨으로써 호족은 향리(鄕吏)로 격하되어 중앙정부의 통제 하에 들어 가게 되었으며, 사회적 지위도 점차 낮아지게 되었다. 이 같은 변화는 지방토호 출신인 기인에게도 많은 영향을 미쳤다. 기인은 10년 내지 15년간 입역하는 동안 중앙관아의 이속격(吏屬格)으로 잡무에 종사하였다. 그리고 그들 지방에 관한 일 도 다스렸는데, 즉, 그들 고향의 과거응시자에 대한 신원조사나 사심관의 차출에 있어서 자문에 응하는 것 등이었다. 한편, 입역이 끝나면 관인으로 진출할 수 있 는 직위가 임명되었다. 기인의 생활유지를 위해 향리전(鄕吏田)과는 별도로 기인 전(其人田)이 지급되었으며, 그들은 거기에서 생산되는 수확물의 일부를 국가에 조세로 바쳤다. 1106년(예종 1) 이후 외관(外官)의 최하 단위인 현(縣)에까지 감 무(監務)가 파견됨으로써 기인의 본래 기능인 지방 세력의 견제를 위한 인질정책 은 의미가 없어졌다. 다만 그들의 이용가치만이 문제가 되었다. 그에 따라, 이들 에 대한 국가의 대우도 점차 낮아져 고려 후기에 이르면 기인제도는 일종의 천역 제도(賤役制度)로 변하고 노예처럼 천역에 종사하게 되었다. 특히, 몽골 침입 이 후 기인의 천역화는 가속화되었다. 그들은 전쟁으로 감소된 조세수입을 보충하기 위해 한지를 경작해야 하였고, 궁실수영(宮室修營)과 관부(官府)의 사령역(使令役) 을 주로 맡게 되었다. 심지어는 요역이 부과되기에 이르렀다.

3) 고려 말기 고려 말에 접어들면서 향리의 지위가 천시의 대상이 되었지만 전반적인 현상은 아니었다. 대관향리(大官鄕吏)는 자기 세력을 바탕으로 조관(朝 官)과 같은 복식을 하고 있었다. 따라서 이들의 자제가 중앙에서 노예처럼 사역되 지는 않았으며, 상급향리(上級鄕吏)의 자제는 자연히 거기에서 제외되고 하급향리 의 자제만이 노역에 사역되었다. 기인에게 노역이 부과된 원인을 보면, 1231년 (고종 18)부터 30년 동안 몽골과의 전쟁으로 인해 인구가 감소되고 농토는 피폐 되었기 때문이다. 이어 몽골복속기에 몽골의 과중한 공부(貢賦)의 요구는 고려의 주·현을 더욱 조잔(凋殘)하게 만들었다. 농민은 정부의 수탈을 이기지 못해 점차 농촌을 떠나게 되었는데, 유랑이 가장 심했던 시기는 충렬왕 때였다. 유랑민의 증 가는 조세부족과 공역군(工役軍)의 감소를 가져왔다. 따라서 고종 때부터 노역이 가해지기 시작했던 기인을 정부(丁夫)로 동원해 궁실 조영(造營) 등에 사역시켰던 것이다. 그들은 궁실건조뿐만 아니라 권문세가들의 사제건조(私第建造)에도 참여 하였다. 그리하여, 점차로 노예와 다름없는 노역을 가함으로써 고통을 이기지 못 한 기인들이 도망가는 수가 늘어났다. 만일 그들이 도망하면 그 예속관사에서는 경주인(京主人) 또는 출신 군현에 그에 상응하는 배상을 가하였다. 이에 그 폐단 을 제거하기 위해 1336년(충숙왕 복위 5)에 기인제도를 혁파하였다. 그러나 기인 제도의 혁파는 그 만큼 기인의 노동력을 상실하는 것이 되므로 국가 재원의 부족 을 조금이라도 완화시키고자 1343년(충혜왕 4)에 다시 부활하였다.

4) 조선시대 그 뒤에도 기인은 노예와 같이 사역되어 각종 폐단이 생겨 고려 말기에도 여러 번 혁파 논란이 있었으며, 조선시대에 들어와서도 계속되었다. 조 선 태조는 즉위하자 민심을 수습하기 위해 기인제도를 혁파하려 했으나 실현되지 못하였다. 정종은 즉위교서(卽位敎書)에서 기인을 파하는 것보다 합리적으로 이용 하고자 하여 향리의 수를 참작해 액수를 정하고 향읍에 고르게 배정하도록 하였 다. 이처럼 기인이 신량역천(身良役賤)으로 전락된 뒤에도 그것의 혁파(革罷) 문

제가 자주 논의되었던 것은, 그들이 어디까지나 양인(良人)이라는 계급의식에서 나온 것이었다. 그러나 그들은 현실적으로 긴요한 노동력의 공급원이었으므로 봉건적 국가체제에서는 이율배반의 모순을 가지면서도 좀처럼 혁파될 수 없었다. 조선시대에 들어오면 기인의 사역이 고려 말보다는 효과적으로 이용되었다. 1416년(태종 16) 기인의 수를 490인으로 책정하고, 매년 정월 1일을 기준으로 1년 단위로 사역하되 네 번으로 나누어 번상(番上)시켰다. 1422년(세종 4)에는 기인 수 490인 중 100인을 노자(奴子)로 대역(代役)하게 함으로써 그 수를 390인으로 줄였다. 1429년 향읍의 쇠잔(衰殘)과 성(盛)함에 따라 기인의 수를 다시 정하였는데, 경기는 향리 50인 중에서 2인, 경상·전라·충청·황해·강원 등에서는 30인에서 1인을 뽑도록 하였다. 이와 같이 고려 말에는 전란과 그 후유증으로 극도에 달한 노동력의 고갈을 보충하기 위해 기인의 사역에도 무질서한 감이 있었다. 그러나 조선 초기에는 정국의 안정으로 상당히 질서 있게 합리적으로 이용되었다. 조선 초기 기인의 역종(役種)은 고려 말과 같이 궁사의 잡역 등이 있었는데, 그 뒤 기인역(其人役)도 변질되어 기인을 각 도에 나누어 정해 소목(燒木: 炭木)을 상공(上供)하게 하였다. 이것이 기인의 전업(專業)이 되어, 기인역이라 하면 으레 소목의 상공을 일컫게 되었다. 그때는 향리의 사회적 지위가 고려 때보다 더 떨어져 과거에도 각종 제한이 가해져서 응시할 수도 없는 처지까지 전락하게 되었다. 그러한 기인제도는 1609년(광해군 1) 대동법(大同法)이 실시됨과 함께 폐지되었다([출처:기인(其人)-한국민족문화대백과사전]).

417) 전최(殿最): 관원들의 근무 성적을 심사하여 우열(優劣)을 매기던 일. 일명 포폄(襃貶). 법전(法典)상으로는 경관(京官)에게도 적용되고 있지만, 지방관의 전최를 지방관 당사자는 물론 나라에서도 가장 중요시했던 관계로 흔히 전최라 하면 지방관의 경우를 말하게 되었다. 왜냐하면 지방관은 이른바 근민(近民)의 관원으로서 그 잘잘못이 직접 인민들에게 큰 영향을 미쳤으므로, 나라에서는 그 임명과 감독에 힘을 썼으며, 성적이 나쁜 지방관은 파면되기도 하였기 때문이다. 고려에서는 우왕 때에 전야(田野)의 개간, 호구(戶口)의 증가, 부역의 균등, 사송(詞訟)의 간결, 호적의 근절 등 다섯 가지 면의 잘잘못으로 성적을 판정하라 하였다. 조선에서는 1392년(태조 1)에 이미 지방관의 성적평가의 원칙을 정하였다. 여기에 의하면 전야(田野)의 개간, 호구의 증가, 부역의 균등, 학교의 흥성, 사송(詞訟)의 간결은 최(最), 공(公)·염(廉)·근(勤)·근(謹)은 선(善)·탐(貪)·포(暴)·태(怠)·열(劣)은 악(惡), 전야의 황폐, 호구의 손실, 부역의 번잡, 학교의 폐지, 사송의 번잡을 전(殿)이라 하여 이상의 사실을 근거로 하여 세밀한 등급을 붙였다. 그 뒤 기준은 다소 달라졌지만 이상의 사실을 근거로 하여 관찰사가 지방관의 실적을 몰래 조사하여 매년 6월 15일과 12월 15일에 이를 중앙에 보고하였다. 이렇게 해서 재직 중에 받은 성적은 승진(陞進)에 큰 영향을 주었다(이홍직 편,『새국사사전』, 교학사, 2004, 1172쪽).

418) 징역형[徒罪]: 도형은 중한 죄를 범한 때에 관에 붙잡아 두고 소금을 굽히거나 쇠를 불리게 하는 등 온갖 힘들고 괴로운 일을 시키는 형벌이다. 관의 일정 장소에 구금되어 강제 노역에 종사하게 한다는 점에서 오늘날의 징역형과 유사하다(법제처(역),『대명률직해』,『법제자료지』제13집, 1964, 김기춘,『조선시대형전 -경국대전형전을 중심으로-』, 1990, 삼영사 재인용:한국형사정책연구원,『조선시대의 형사법제연구-총칙의 현대 형사법 편제에 따른 재정립-』, 2015, 193쪽).

419) 태형(笞刑): 작은 형장(荊杖)으로 볼기를 치는 오형(五刑)의 하나인 형벌.

오형 가운데 가장 가벼운 형벌이다. 태의 원음은 '치'이고 '태'는 속음이며, 장형(杖刑)과 같이 신체를 침해하는 신체형의 하나이다.

삼국시대 중국의 율령제도를 도입할 때부터 비롯되었는데 『고려사』 「형법지」에도 법제화하였다. 조선시대에는 형법전으로 『대명률(大明律)』을 적용하였으므로 『대명률』의 오형(五刑) 가운데 하나인 것을 그대로 시행하였다.

『대명률』에 의하면, 이 형에 사용되는 형구는 작은 형(荊)나무 가지로 만들며, 반드시 옹이나 눈[節目]을 깎아 상부관서에서 내린 교판(較板)에 맞추어 길이 3자[尺] 5치[寸], 대두(大頭)의 지름 2푼[分] 7리[厘], 소두의 지름 1푼 7리로 하여 소두 쪽으로 볼기를 치도록 되어 있다.

태 10·20·30·40·50까지 5등급이었으며, 『대명률』에는 속형(贖刑)을 허락하여 동전(銅錢) 600문(文), 1관(貫) 200문, 1관 800문, 2관 400문, 3관으로 규정한 것을 오승포(五升布) 3필·6필·9필·12필·15필 등으로 각각 환산하였다.

조선 후기 1744년(영조 20)의 『속대전』에는 태 10은 면포(綿布) 7자 또는 대전(代錢) 7전이며, 태 50은 면포 1필 또는 대전 3냥(兩) 5전으로 규정하고 있어 초기에 비하여 훨씬 경감되었다. 1910년 국권이 상실된 뒤에도 일제는 『조선태형령』을 제정, 공포하여 태형을 존속시켰으나 1919년 3·1운동 이후 시정개혁의 일환으로 1920년 폐지하였다([출처:태형(笞刑)-한국민족문화대백과사전]).

420) 장형(杖刑): 큰 형장(荊杖)으로 볼기를 치는 오형(五刑)의 하나인 형벌.

오형 중에서 태형(笞刑)보다 한 단계 무거운 형벌로서 태형과 함께 오랜 역사를 가진 신체형이다. 삼국시대 율령제도를 도입할 때부터 비롯되어 『삼국사기』에 '장일백(杖一百)'의 기사가 보이며 『고려사』 형법지에도 법제화하였다.

조선시대에는 형법전으로 『대명률』을 적용하였으므로 『대명률』의 오형 가운데 하나를 그대로 시행하였다. 『대명률』에 의하면, 이 형에 사용되는 형구는 큰 형(荊)나뭇가지로 만들며 반드시 옹이나 눈[節目]을 깎아 상부관서에서 내린 교판(較板)에 맞추어 길이 석자 다섯 치, 대두(大頭)의 지름 3푼 2리, 소두의 지름 2푼 2리로 하여 소두 쪽으로 볼기를 치도록 되어 있다.

장 60·70·80·90·100까지 5등급이 있었으며, 『대명률』에는 속형(贖刑)을 허락하여 동전 3관(貫) 600문(文), 4관 200문, 4관 800문, 5관 400문, 6관으로 규정한 것을 오승포(五升布) 18·21·24·27·30필 등으로 각각 환산하였다.

조선 후기 1744년(영조 20)의 『속대전』에는 면포(綿布)로는 1필 7자, 1필 14자, 1필 21자, 1필 28자, 2필, 또는 대전(代錢)으로는 4냥(兩) 2전, 4냥 9전, 5냥 6전, 6냥 3전, 7냥으로 속형을 규정하고 있어 초기에 비하여 훨씬 경감되었다.

1905년에 공포한 「형법대전(刑法大典)」에는 이 형을 삭제하고 태형을 10에서 100까지 10등급으로 개정하였다([출처:장형(杖刑)-한국민족문화대백과사전]).

421) 유형(流刑):오형(五刑)의 하나로, 죄인을 먼 곳으로 보내 그곳에 거주하게 하는 형벌.

유배(流配)라고도 한다. 중한 죄를 범했을 때 차마 사형에는 처하지 못하고 먼 곳으로 보내어 죽을 때까지 고향에 돌아오지 못하게 하는 형벌이다. 귀양·정배(定配)·부처(付處)·안치(安置)·정속(定屬)·충군(充軍)·천사(遷徙)·사변(徙邊)·병예(屛裔: 변방으로 내쫓음)·투비(投畀: 왕명으로 지정한 곳에 죄인을 귀양 보넴) 등으로 표현하였다. 또 간단히 배(配)·적(謫)·방(放)·찬(竄)·사(徙) 등으로도 불렀다.

삼국시대 신라에는 유형으로 보이는 사변형(徙邊刑)이 있었다. 『고려사(高麗史)』 형법지에는 유 2,000·2,500·3,000리 3등급으로 구분된 유형이 오형의 하나로 규정되어 있다. 이에는 속형(贖刑)이 허용되어 유 2,000리는 장(杖) 17에 배역(配役) 1년과 속동(贖銅) 80근, 2,500리는 장 18에 배역 1년과 속동 90근, 유 3,000리는 장 20에 배역 1년과 속동 100근이었다.

조선시대에는 『대명률(大明律)』을 형법전(刑法典)으로 적용하였다. 그런데 반드시 장형을 함께 처해 장 100에 유 2,000·2,500·3,000리의 3등급이 있었다. 또한 『대명률』에 동전(銅錢)이나 오승포로써 형을 면제받을 수 있도록 규정하였다. 그러나 우리의 실정에 알맞지 않아 1402년(태종 2)에 유죄수속법(流罪收贖法)을 제정하였다.

한편, 명률의 유형제는 중국을 대상으로 한 형벌이었으므로 국토가 좁은 우리나라에서는 명률을 적용하는 데 문제가 있었다. 그래서 1430년(세종 12)에 유죄인(流罪人)의 배소(配所)가 우리 실정에 맞도록 배소상정법(配所詳定法)을 제정하였다.

의금부나 형조에서 유배형을 받으면, 도사 또는 나장들이 지정된 유배지까지 압송하였다. 그곳에서 고을 수령에게 인계하고, 수령은 죄인을 보수 주인(保授主人)에게 위탁하였다. 보수 주인은 그 지방의 유력자로서 집 한 채를 거주할 곳으로 제공하고 유죄인을 감호하는 책임을 졌다. 그곳을 '배소' 또는 '적소(謫所)'라고 하였다.

배소에 있는 유죄인의 생활비는 그 고을이 부담한다는 특명이 없는 한 스스로 부담하는 것이 원칙이었다. 따라서 가족의 일부 또는 모두가 따라가게 마련이었다. 1449년(세종 31) 휘지(徽旨)에 따라 유배인의 처첩 및 미혼 자녀는 함께 살게 하고 조부모·부모 및 기혼 자녀도 오갈 수 있도록 허락하였다.

유형은 원래 기한이 없이 종신을 원칙으로 하였다. 그러나 죄가 감등되거나 단순한 자리 이동으로 유배지가 옮겨지기도 하고 사면으로 형이 풀리기도 하였다. 사령(赦令)이 일 년에도 몇 번씩 너무 자주 내린 탓인지, 1762년(영조 38) 고을 수령을 허위로 고소한 이천 사람 이득룡(李得龍)에게 물한년정배(勿限年定配)를 명한 것처럼 물한년의 조건을 붙인 형을 내린 예가 가끔 보인다([출처:유형(流刑)-한국민족문화대백과사전]).

422) 교형(絞刑): 죄인의 목에 형구를 사용해 죽이는 형벌 제도.

즉 교수형을 말한다. 이는 사형의 방법 중에서 비교적 온건한 형태에 속하는 것이다. 중국에서는 춘추시대에 시작되었고, 우리나라에서는 고려시대부터 시행되어 현재까지 시행되고 있다.

전근대시대에 사형의 가장 보편적인 형태는 참형(斬刑)과 교형이었다. 전자가 신체를 절단하는 극형이었음에 비해 후자는 신체를 온전히 유지시킨 점에서 다소 가벼운 형이었다.

참형은 주로 반역·살인·강도 등 극죄인에게 행해졌고, 교형은 강상죄(綱常罪)·절도죄·군율위반자 등 중죄인에게 행해졌다.

신분이 높은 사람이나 부녀자들에게는 참형을 낮추어 교형을 적용하기도 하였다. 또, 조선시대에 지위가 높은 양반 죄인들에게는 교형을 낮추어 사사(賜死)하는 경우도 많았다.

고대에는 주로 참형을 행했으나, 근세에 내려오면서 점차 교형이 보편화되었다. 전자가 보통 공개적으로 행해지는 데 비해 후자는 격리된 곳에서 행해지는 것이 일반적이었다.

조선시대 교형에 해당하는 범죄는 존속에 대한 살상·구타·밀고, 노비의 하극상 및 주인 신주(神主)의 소각, 부녀자의 부족(夫族)에 대한 살상 등의 강상죄 등이 있다. 이외에 화폐 위조, 금지 물품의 밀수출입, 금은의 사채, 진상품의 절취 등 경제사범과 월경 도주, 외국인과의 비밀 접촉, 국가 기밀 누설 등의 반국가사범 및 기타 공문의 위조, 분묘 발굴, 혹세무민, 군율 위반 등이었다.

교형은 경우에 따라 금전으로 속죄받을 수 있었는데, 그 값은 고려시대에는 동 120근, 조선시대에는 동전 42관(貫) 혹은 오승포 210필이었다. 속죄법은 중국에서 도입된 제도였으나 실제로는 잘 시행되지 않았다([출처:유형(流刑)-한국민족문화대백과사전]).

423) 참형(斬刑): 목을 베어 죽이는 형벌. 우리나라에서 가장 오래된 사형집행방법으로 1894년(고종 31) 칙령(勅令)으로 폐지되었으며 1896년(건양 1)에 <형률명례(刑律名例)>에 의하여 참형폐지가 제도화되어 사형은 교수형(絞首刑-군대에서는 砲殺) 만으로 집행하게 되었다. 그러나 1900년(광무 4) 일시적인 필요상 다시 참형이 부활되었다가 1905년(광무 9) <형법대전(刑法大全)>의 개정으로 완전히 폐지되었다. 참형의 집행 시기는 봄과 가을에 행하는 것이 원칙이었으나 이를 대시수(待時囚)라 함> 특별한 경우의 죄인은 부대시수(不待時囚)라 하여 재판 확정 후 즉시 집행하였다. 그 방법에 대하여는 여러 번 변천이 있었으나 문헌에 자세한 기록이 없으며 다만 오살(五殺)이라 하여 목을 벤 다음 팔과 다리를 자르는 가혹한 방법을 택하는 경우가 있었다. 참형을 집행하는 장소로 조선 때에는 새남터·당고개(현재 용산철도국 관사 부근)·무교(武橋)·서소문 밖 등의 4개소가 가장 대표적인 곳이었는데 대시수(待時囚)는 새남터와 당고개 부대시수는 서소문 밖·무교에서 각각 집행, 대시수는 형목(刑木)에 머리를 메고 목을 완전히 절단하였고, 무교나 서소문 밖에서는 형목을 사용하지 않았으며 목도 완전히 베어 버리지 않았다. 이 밖에도 중요한 죄인인 경우에는 남대문이나 종로 네거리에서 집행하였는데 임문정형(臨門正刑)이라 하여 임금이 문루(門樓) 위에 친히 임하여 처형하는 일도 있었다(이홍직 편, 『새국사사전』, 교학사, 2004, 1327쪽).

424) 궁형(宮刑): 옛날 형벌의 한 가지. 생식기를 뽑아 버리는 형벌. 이 형벌을 당하면 고자가 되었다(이홍직 편, 『새국사사전』, 2004, 178쪽).

425) 쌍기(雙冀, ?~?): 고려 전기 후주에서 귀화해 과거제도 설치를 건의한 문신. 귀화인.

본래 후주인(後周人)으로 산둥지방 칭저우(靑州)의 수령이던 쌍철(雙哲)의 아들이다. 후주에서 벼슬해 산둥반도[山東半島] 등저우[登州]에 있는 무승군(武勝軍)의 절도순관(節度巡官)·장사랑(將仕郎)·시대리평사(試大理評事)를 지냈다. 956년(광종 7) 후주의 봉책사(封冊使) 설문우(薛文遇)를 따라 고려에 왔다가 병이 나 머물게 되었다. 병이 나은 뒤 광종(光宗)의 눈에 들어 후주로부터 허락을 받은 뒤 원보(元甫)·한림학사(翰林學士)에 임명되었다. 958년(광종 9) 과거제도의 설치를 건의하였다. 959년(광종 10)에는 쌍철이 고려에 와서 좌승(佐丞)이 되었다. 아들 쌍기가 광종의 총애를 받는다는 말을 듣고 고려의 사신 왕긍(王兢)을 따라와 관직을 받은 것이다.

958(광종 9)년 5월 처음으로 실시된 과거에서 지공거(知貢擧)가 되었다. 이때 시(詩)·부(賦)·송(頌)·책(策)으로 시험을 치르게 했는데, 진사(進士) 갑과(甲科)에 최섬(崔暹)·진긍(晉兢) 등 2인과 명경과(明經科)에 3인, 복과(復科)에 2인을 선발하였다. 960년(광종 11)에 실시된 과거에서 지공거가 되어 최광범(崔光範)·서희(徐熙) 등 7인을 진사 갑과로 뽑고, 명경 1인, 의업(醫業) 3인을 뽑았다. 961년(광종 12)에 실시된 과거에서도 지공거가 되어 왕거(王擧) 등 7인을 진사 갑과로 뽑고 명경업에 1인을 뽑았다.

최승로(崔承老)는 광종을 평하면서 "쌍기를 등용한 이후로는 문사(文士)를 높이고 중히 여겨 은례(恩禮)가 지나쳤다"라고 하였다. 또한, 이제현(李齊賢)은 쌍기에 관해 "보탬이 없었다고는 말할 수 없지만 겉치레만 화려한 모습의 문(文)을 주창해 후세에 큰 폐단을 남겼다"라고 하였다. 이것으로 보아 후주에서 닦은 경륜을 살려 광종의 개혁을 도왔던 쌍기의 활약이 당시 사람들에게 많은 비판을 받았던 것을 알 수 있다([출처:쌍기(雙冀)-한국민족문화대백과사전]).

426) 연권(連卷): 대과 초시와 복시는 삼장연권법(三場連卷法) 또는 동당삼장(東堂三場)이라 하여 초, 중, 종장으로 나누어 1일 간격으로 시취했다.

427) 대소경(大小經): 대경(大經)은 『예기(禮記)』와 『춘추좌씨전(春秋左氏傳)』, 소경(小經)은 『주역(周易)』『서경(書經)』『상서(尙書)』『춘추공양전(春秋公羊傳)』, 『춘추곡량전(春秋穀梁傳)』 등을 말한다.

428) 하론업(何論業): 고려시대의 잡업시험. 기초 교양으로써 이속(吏屬)을 선발하는 시험이었던 듯하다. 그 시험방법은 다른 잡업과 같이 처음 2일은 첩경(貼經)으로, 3일 이후에는 독경으로 치렀다. 즉, 1일은 진서주장(眞書奏狀), 2일은 끽산(喫算)으로 첩경하고, 3일 이후는 「하론(何論)」(何晏注論語의 준말)·「효경(孝經)」·「곡례(曲禮)」를 읽고 글과 의리의 이해 정도를 보았다. 문종 때의 기록으로 보아 국자감시(國子監試)에서 실시하였음을 알 수 있다([출처:하론업(何論業)-한국민족문화대백과사전]).

429) 한유(韓愈, 768~824): 중국 당(唐)을 대표하는 문장가·정치가·사상가이다. 당송 8대가(唐宋八大家)의 한 사람으로 자(字)는 퇴지(退之), 호는 창려(昌黎)이며 시호는 문공(文公)이다. 등주(鄧主) 하내군(河內郡) 남양(南陽, 지금의 하남 성 맹주 시) 출신이나, 그 자신은 창려(昌黎, 하북성河北省) 출신으로 자처했다.

한유는 태어난 지 얼마 안 되어 어머니를 잃었다. 3세에 아버지를, 14세에 형 한회(韓會)를 잃고 형수 정 씨에 의해 길러졌다. 7세 때부터 독서를 시작한 한유는 13세에 문장에 재능을 보였다. 786년(정원貞元 2)부터 장안에서 과거에 응시했으나, 이렇다 할 문벌도 뒷배경도 없었던 그는 세 번이나 낙방하고서 8년(792)에 진사과에 합격하였다. 다시 이부시(吏部試)에 응시하였을 때에도 다시 세 번이나 낙방한 그는 795년(정원 11) 세 번이나 재상에게 글을 올리고서야 가까스로 천거된다.

796년(정원 12) 변주(汴州) 선무군(宣武軍)에서 난이 일어나자, 절도사 동진(董晉)을 따라 부임하여 관찰추관(觀察推官)을 맡아 지내는 동안에 시인 맹교(孟郊)와 서로 교유(交遊)하였고, 이고(李翶), 장적(張籍)이 그 문하에 들었다. 동진이 죽은 뒤에는 무령절도사(武寧節度使) 장건봉(張建封) 휘하로 옮겨 절도추관(節度推官)이 되었다가, 장건봉이 죽은 뒤 낙읍(洛邑)으로 옮겨 살았다.

801년(정원 17)에 국자감(國子監)의 사문박사(四門博士)가 되고, 이듬해 <사설(師說)>을 지었다. 803년(정원 19)에는 감찰어사(監察御史)가 되었는데, 이때 관중(關中)에서 대화재가 일어난다. 한유는 <어사대상론천한인기장(御史臺上論天旱人饑狀)>을 지어 당시의 경조윤(京兆尹) 이실(李實)의 폭정을 규탄하지만, 거꾸로 자신이 연주(連州) 양산현(陽山縣) 현령으로 좌천되고, 1년이 지나자 조카 노성(老成)을 잃었다. 이때 그가 지은 글이 <제십이랑문(祭十二郞文)>이다. 811년(원화 6)에 국자박사(國子博士)가 되어 <진학해(進學解)>를 지었다. 당시의 재상 배도(裴度)는 이에 대한 치하로서 그를 예부낭중(禮部郞中)으로 삼았으며, 815년(원화 10)에는 배도를 따라 회서절도사(淮西節度使) 오원제(吳元濟) 토벌에 공을 세워 형부시랑(刑部侍郞)이 되었으며, 이때 『평회서비(平淮西碑)』의 글을 짓는다.

819년(원화 14) 정월, 독실한 불교 신자이기도 했던 헌종 황제는 당시 30년에 한 번 열리며 공양하면 복을 받는다고 하여 신앙을 모으고 있던 봉상(鳳翔, 지금의 섬서성陝西省) 법문사(法門寺)의 불사리가 헌종(憲宗)를 장안의 궁중으로 들여 공양하고자 하였다. 반불주의자인 그는 이듬해 <불골을 논하는 표[諫迎佛骨表]>를 헌종에게 올려 과거 양 무제(梁武帝)의 고사를 언급하며 "부처는 믿을 것이 못된다(佛不足信)"고 간언했고, 헌종은 대로(大怒)하여 그를 사형에 처하려 했지만 재상 배도와 최군(崔群)의 간언으로 사형을 면한 채 조주자사(潮州刺史, 조주는 지금의 광동성)로 좌천당했다. 이듬해 헌종이 죽고 목종(穆宗)이 즉위하자 다시 중앙으로 소환되어 국자좨주(國子祭酒＝대학 학장)에 임명되었다. 그 뒤 병부시랑(兵部侍郞), 이부시랑(吏部侍郞), 경조윤 겸 어사대부(御史大夫)의 직을 역임하였는데, 이부시랑으로 있었으므로 당시 사람들이 그를 "한이부(韓吏部)"로 불렀다고 한다. 57세에 병으로 죽었다. 사후 예부상서(禮部尙書)에 추증되었다. 송의 원풍(元豊) 연간에 창려백(昌黎伯)으로 추증되었다(위키백과).

430) 부병제(府兵制)는 병농일치(兵農一致)의 군사제도이다.
부병(府兵)은 중국 당나라 때 부병제(府兵制)에 있어서 병역(兵役)을 담당하던 병정(兵丁)의 명칭. 당은 한(漢) 이후 병농일치(兵農一致)의 부국강병책(富國强兵策)을 원칙으로 균전제(均田制)와 함께 부병제(府兵制)를 완성하였다. 국방을 위하여 전국(全國)을 10도(道)로 나누고 그 아래 병관구(兵管區)인 절충부(折衝府)를 624개 소에 두었다. 절충부의 통령자(統領者)는 절충도위(折衝都尉)라 하여 농한기(農閑期)에 장정(壯丁)을 모아 훈련시켰는데 이들은 절충부의 병정이라는 뜻에서 부병이라 하였다. 부병은 1 내지 2개월간씩 교대(交代)로 수도(首都)에 번상(番上=뽑혀 올라가는 일)되었는데, 번상된 병(兵)을 위사(衛士)라고 하였다. 부병은 군에 있는 동안 한 번 변경(邊境)의 진·수(鎭·戍)에 가서 경비해야 했고 그 기간은 3년이며 이 기간에는 방인(防人)이라고 불리웠다. 부병은 복역 중 조(租)·용(庸)·조(調)의 면제(免除)를 받았지만 식량과 무기는 스스로 준비하여야 하였다. 고려의 부병은 당의 경우처럼 국가로부터 일정한 양의 토지를 받고 경작(耕作)을 하며 한편 병역을 지는 것이 아니고, 국가로부터 받은 토지를 양민들에게 경작을 시켜서 거기서 나오는 전조(田租=일종의 지대地代)를 받아 생활하는 대신 전적으로 입역(立役=부역 의무의 시작)하고 60세가 되면 면역(免役)하고 토지를 도로 바쳤는데 친족(親族) 중 병역을 담당할 수 있는 자가 있으면 병역과 군전(軍田 또는 軍人田)을 세습(世襲)시켰다(위키백과).

431) 한인(閑人): 토호 출신(土豪出身)의 무인. 고려 때는 부병제(府兵制)에 의한 선군(選軍)의 보충병 역할을 하였으며 군전(軍田) 17결(結)을 지급받는 대신 무기를 자비(自費)로 준비하여 두고 항상 전투기술을 연마, 일정 기간을 서울에 머물러 숙위(宿衛)의 의무를 담당하였다. 그 후 권세가(權勢家)의 사전(私田) 확대, 군전제의 붕괴 등으로 한인 중에서도 군전의 독점·사유화(私有化)의 경향이 생기고 자기의 의무를 노복(奴僕)에게 대역(代役)시키는 등 점차 토호·지주적인 성격을 띠게 되고 지방에 있어서 무시 못 할 세력을 형성하기에 이르렀다. 조선에 있어서의 한인은 문무(文武)를 가리지 않고 3품관 이하의 퇴직자로 지방에서는 군전을 지급받고 무예(특히 기마)를 연마, 일정한 기간을 서울에서 숙위의 의무를

갖는 자와 그 자손을 말한다. 처음에는 많은 한인들이 군전과 숙위의 의무에 대해서 불만을 가졌으나 나중에는 의무를 지원자에 한하여 담당토록 하였으며 유향소(留鄕所)에 세력을 뻗쳐 농민에게 조세를 징수하는 등 다시 유력층(有力層)을 형성하게 되었다(이홍직 편,『새국사사전』, 교학사, 2004, 1477쪽).

432) 녹과전(祿科田): 고려 때 관리에게 주는 녹봉(祿俸)을 보충하기 위해서 관리에게 나누어 준 토지. 1257년(고종 44) 녹봉 대신 경기의 토지를 관리에게 등급에 따라 나누어 준 것이 처음이었다. 녹과전은 사전(私田)의 하나로서 그 소유자는 그 토지의 전조(田租)를 받아들였다(이홍직 편,『새국사사전』, 교학사, 2004, 314쪽).

433) 분전(口分田): 북조(北朝)·수(隋)·당(唐)에서 행하여진 균전제(均田制)에 있어서 정남(丁男)·여자(女子)·독질(毒疾)·폐질(廢疾)에 따라 나누어 준 공전(公田)의 하나. 균전제에서는 노전(露田)과 상전(桑田)을 주었는데 뒤에 노전은 구분전(口分田), 상전은 영업전(營業田)이라 하였다. 당(唐) 개원(開元) 25년 영(令)에 의하면 구분전은 정남(丁男-18세) 이상의 중남(中男)·잡호(雜戶)에게는 80무(畝), 노남(老男)·독질(毒疾)·폐질(廢疾)·상공민(商工民)·관호(官戶)에게는 40무(畝), 과부(寡婦)에게는 30무(畝)씩 주었다. 고려의 구분전(口分田)은 당나라의 것과 의미가 달리 사용되었으며 전사한 군인의 처, 연로한 군인관리의 유자녀 등 생활 능력이 없는 사람에게 준 토지를 말했다(이홍직 편,『새국사사전』, 교학사, 2004, 153쪽).

434) 공음전(功蔭田): 고려 시대에 5품 이상의 고위 관리에게 지급되어 세습이 허용된 토지. 본래 국가에 공을 세운 공신에게 주었던 것인데, 문종 때 5품 이상의 관리에게 주도록 제도화하였다. 즉, 1049년(문종 2)에 제정된 공음 전시법에 의하면 1품 문하시랑평장사 이상은 전(田) 25결과 시(柴) 15결, 2품 참정 이상은 전 22결과 시 12결, 3품은 전 20결과 시 10결, 4품은 전 17결과 시 8결, 5품은 전 15결과 시 5결을 지급하며 자손에게 세습하며, 산관(散官)은 원래의 액수에서 전·시 5결씩을 줄인다고 하였다. 음서제와 더불어 귀족의 특권적인 신분을 보장해준 것으로 고려 사회의 귀족적 성격을 말해 주는 요소이기도 하다(장상철·장경희 편,『새로 쓴 국사사전』, 교문사, 1999, 58쪽).

435) 공해전(公廨田): 고려 이후 국가기관 내지 왕실·궁원(宮院)의 경비를 충당하기 위하여 설정한 토지.
중앙에서는 일반 관청을 비롯하여 능침(陵寢)·창고·궁사(宮司) 등에 모두 공해전이 설정되었고, 지방에는 983년(성종 2) 주(州)·부(府)·군(郡)·현(縣)·관(館)·역(驛)·향(鄕)·부곡(部曲)에 공해전을 정하였는데 공수전(公須田-지방관리의 봉급 기타 경비에 충당)·지전(紙田-지방관청의 소모품인 종이·붓·먹 기타 잡비용에 충당)·장전(長田-館驛長의 公費에 충당)의 구별이 있었다.
조선 초기에는 고려의 제도를 그대로 시행하였으며『경국대전(經國大典)』의 제정 이전까지 약간의 변동이 있었다. 1434년(세종 16) 각 관청 소속의 공해전을 정리하여 그 수를 감했고, 1444년(세종 26) 전제개혁에 의하여 대폭 삭감하고 부족액은 관둔전(官屯田)으로 보충케 하였다. 공해전에 해당되는 토지의 종류는 지전(紙田)과 제향공상(祭享供上), 제사(諸司)의 채전(菜田)·내수사전(內需司田)·국행수륙전(國行水陸田)·혜민서(惠民署)의 종약전(種藥田), 진상(進上)의 청죽전(靑竹田)·관죽전(官竹田)·저전(楮田), 지방관청의 아록전(衙祿田)·공수전·역전(驛田)·마전(馬田)·원전(院田)·진전(鎭田)·도전(渡田) 등으로 모두 관청에 준 토지였다(이홍직 편,『새국사사전』, 교학사, 2004, 126쪽).

436) 결(結): 세금을 계산하기 위하여 사용한 농토의 넓이단위. 목.
이 넓이가 농가 일 가구에 나누어 주기 위한 면적이었으므로 '목'이라고도 하였다. 삼국시대에서 고려 문종 때까지 1결의 넓이는, 장년 농부의 10지(指)를 기준한 지척(指尺)으로, 사방 640척이 차지한 정방형으로 15,447.5㎡가 된다. 고려 문종 때부터는 전토(田土)를 3등급으로 나누어 옛 1결은 하등전(下等田) 1결이 되고, 중등전(中等田) 1결은 하등전의 9분의 6.25배, 상등전 1결은 9분의 4배에 해당하게 되었다. 이러한 삼등전 제도는 다시 개혁되어 조선 세종 26년(1444)부터는 6등급으로 나누게 되었는데, 1등전 1결의 넓이는 고려 때 하등전 1결의 3분의 2 넓이로, 그 넓이는 주척 477.5척 사방의 정방형으로 하였다. 따라서 1등전 1결의 넓이는 9,859.7㎡로 변했다. 임진왜란 이후 다시 변하여 인조 12년(1634)부터 1등전 1결의 넓이는 10,809㎡가 되었다가 대한제국 광무 6년(1902)부터는 1만㎡인 1ha를 1결로 제정하였다. 1등에서 6등으로 갈수록 1결의 면적은 일정한 비율로 넓어진다([출처:결(結)-한국민족문화대백과사전]).

437) 후위(後魏): 중국 남북조시대의 국가(386~534). 북조(北朝)의 하나. 선비 탁발족(鮮卑 拓跋族)이 세운 나라. 탁발규(拓跋珪)가 화북(華北)에서 건국하였다. 한인(漢人) 호족들도 중앙과 지방의 관료로 등용하는 등 동화정책을 추진했으나, 그 모순 때문에 반란이 일어나 534년 동위(東魏)와 서위(西魏)로 분열하였다. 후위에서는 불교가 국가 권력을 배경으로 세력을 떨치어 운강(雲崗)·용문(龍門) 석굴 등의 우수한 불교 미술을 남겼다.

438) 효문제(孝文帝, 467~499): 북위(北魏)의 제6대 황제. 이름은 핑(宏), 묘호(廟號)는 고조(高祖). 현종(顯宗) 헌문제(獻文帝)의 아들. 471년 5세에 즉위하여 490년까지 조모 풍 태후(馮太后)의 집정 하에 있었으며, 친정(親政) 10년 후 33세의 젊은 나이에 사망하였으나 북위 중흥의 영주(英主)라 일컬어진다. 풍 태후 밑에서 경제 정책으로, 반록제(班祿制)·삼장제(三長制)·균전제 등을 시행하고, 친정(親政) 후에는 율령을 개정하고 화북(華北) 정책을 취하였다. 493년 대군을 파견하여 남정(南征)의 길에 올라 구신(舊臣)의 반대를 무릅쓰고 낙양(洛陽) 천도를 단행하였으며, 호복호어(胡服胡語)를 금하고 화언화복(華言華服)을 채용하였다. 또한 남조(南朝)에서 발달한 귀족제와 구품제(九品制)를 채용하고, 또 성족(姓族)의 계보나 가격(家格)을 상정(詳定)하였으므로, 제실(帝室) 밑에 한인(漢人) 귀족과 북족(北族) 귀족과의 융화가 이루어져 북조(北朝) 귀족제가 완성되었다. 다만 남조와 다른 것은 균전제나 병제에도 나타나 있듯이 남조에 비하여 중앙 집권적 성격이 강하여, 이러한 성격은 수재효렴제(秀才孝廉制)나 고과(考課)의 여행(勵行)에도 나타나 있다. 그러나 효문제의 화화(華化)정책은 북쪽 상층부의 만풍(蠻風)을 일소하기는 하였으나, 한편 북족(北族) 고유의 질박 강건(質朴剛健)한 기풍을 잃게 했다. 효문제의 사후 점차 높아지기 시작한 북족 하급 군인들의 화화 정책에 대한 불만은 마침내 육진(六鎭)의 난이 되었다(조의설 편, 『세계사대사전』, 민중서관, 1976, 1403쪽).

439) 남반(南班): 고려시대 궁중의 숙직, 국왕의 시종·호종·경비, 왕명의 전달, 의장(儀仗) 등의 사무를 맡아보던 내관직.
    이 제도는 중국에 기원을 둔 것으로, 근시(近侍)들을 당나라와 송나라에서는 횡반(橫班), 요나라에서는 남반 또는 횡반이라 하여 문무 양반이 동서로 반열(班列)한 데 대해 남쪽에 횡으로 반열하게 된데서 비롯된다.
    우리나라에서의 기원은 확실하지 않으나, 중국식 과거제도가 채용된 고려 광종 때나 고려의 관제가 일단 정비된 성종 때로 추정되고 있다.
    998년(목종 1)에 개정된 전시과의 제9과(종4품)에 선휘사(宣徽使), 제13과(종7품)에 내전숭반(內殿崇班) 등의 남반직명이 보인다. 『고려사』「형지」 피마식(避馬式) 덕종 2년(1033)조에 선휘사·인진사(引進使, 5품)·각문통사사인(閣門通事舍

人, 6품) 등의 명칭이 보인다. 이것으로 볼 때, 초기의 남반직에는 선휘사·인진사·통사사인·내전숭반 등이 있었고, 4품직인 선휘사를 상한직(上限職)으로 삼았음을 알 수 있다.

그러나 1076년(문종 30)에 개정된 전시과와 녹봉제(祿俸制)에는 선휘사는 없어지고, 7품직에 해당하는 내전숭반 이하의 직만이 남아 있음을 볼 때, 문종 연간에 다음과 같은 대개혁이 있었던 것으로 추정해볼 수 있다.

즉, 내전숭반(정7품) 4인, 동·서두공봉관(東西頭供奉官, 종7품) 각 4인, 좌·우시금(左右侍禁, 정8품) 각 4인, 좌·우반전전(左右班殿前, 종8품) 각 4인, 전전숭지(殿前承旨, 정9품) 8인을 두어 남반직을 36인으로 하였다. 이 밖에 초입사로(初入仕路)로서 종9품에 해당하는 전전부숭지(殿前副承旨)·상승내숭지(尙乘內承旨)를 두었다.

이 개혁은 4품직인 선휘사를 폐지하고 인진사를 독립시키는 동시에 7품직인 내전숭반을 남반직의 최고위로 삼고 있다. 그 특색은 남반의 상한선을 4품직의 선휘사에서 7품직의 내전숭반으로 격하시킨 것이다. 이는 왕권 및 중앙집권체제가 강화됨에 따라 이들 근시(近侍) 세력을 억제하기 위해 취해진 조처이다. 이에 따라 그들의 계급적 지위가 더욱 저하되었음은 물론이다.

한편, 1116년(예종 11)에는 전전숭지를 삼반봉직(三班奉職), 전전부숭지를 삼반차직(三班差職), 상승내숭지를 삼반차사(三班差使), 부내숭지를 삼반차차(三班借差)로 각각 개칭하기도 하였다.

남반직은 양반 및 천민과는 유를 달리하는 양민이나 가문에 결함이 있는 양반 자제들에게 관계진출욕을 충족시키기 위해 만든 제도의 하나이다. 특히, 잡로인(雜路人)의 남반 입사(入仕)를 허하였다.

그러나 남반직은 같은 이직(吏職)이면서도 궁중의 이직이었으므로 격이 높아, 주선(住膳)·막사(幕士)·소유(所由)·문복(門僕)·헌리(憲吏)·장수(杖首) 등의 잡로인보다 신분이 높았다. 그러나 남반직의 상한이 7품직의 내전숭반이고 또 동서반과는 반열로서 구별되어 있어 문무 양반보다는 훨씬 낮았다.

남반직은 후세로 내려갈수록 잡류(雜流)·잡로로 취급되고, 또 말기에는 환자(宦者)가 이 직을 맡아보게 되었다. 이에 더욱 천시되어 아무리 큰 공을 세워도 상은 주지만, 7품 이상의 관직은 주지 않았다.

그러나 항상 국왕의 측근에서 일하는 근시인 까닭에 간혹 발탁되어 파격적인 승진을 하는 예도 없지 않았다. 특히, 원종 때에는 내시로서 장군이나 낭장으로 임명되는 자가 있었고, 충렬왕 때에는 고위 관직에 임명되는 자도 많았다([출처: 남반(南班)-한국민족문화대백과사전]).

440) 제태(除汰): 칠반천역(七班賤役)에 종사하는 사람의 구실을 떼어 그만두게 하던 일.

441) 이공주(李公柱, ?~?): 고려후기 위사공신에 책록된 공신. 무신.
무인집정자 최우(崔瑀)의 가노(家奴)로서 최우의 신임을 받아 전전숭지(殿前承旨)가 되었다. 1249년(고종 36) 최우가 죽자 같은 가노출신인 최양백(崔良伯)·김인준(金仁俊) 등과 함께 최 씨의 가병(家兵)을 지휘, 왕정복고를 도모하려는 상장군 주숙(周肅)을 제압하고 서자 최항(崔沆)으로 하여금 정권을 잇게 하였다. 이 공으로 별장에 제수되었다. 1258년에는 집정자 최의(崔竩)에 의하여 일약 낭장으로 발탁되었다. 이는 노비출신으로 참직(參職: 6품 이상의 벼슬)에 임용된 파격적인 조치로서 최씨정권 하에서의 개인적인 영향력을 반영하는 것이었다. 그러나 이듬해 대사성 유경(柳璥), 별장 김인준, 장군 박송비(朴松庇), 도령낭장(都領郎將) 임연(林衍) 등과 함께 무오정변을 일으켜 최의 일당을 죽이고 최씨정권을 종식시켰다. 정변에 성공한 이후 8공신의 한 사람으로서 장군이 되었으며, 1262년(원종 3) 위사공신(衛社功臣)이 되었다. 또한, 자신의 권세를 이용, 출신지 신은현(新恩縣)을 담주(覃州)로 승격시켰다([출처:이공주(李公柱)-한국민족문화대백과사전]).

....
＊ 고려 고종 때의 무관. 1249년(고종 37) 집권자 최이(崔怡)가 죽은 뒤 상장군 주숙(周肅)은 정권(政權)을 왕에게 도로 바치려고 하였으나 공주는 섭랑장(攝郎將)으로 최양백(崔良伯)・김준(金俊) 등 70여 명과 더불어 최이의 서자 최항(崔沆)에게 돌아가 항을 추대하매 주숙도 도방(都房)을 거느리고 항을 호위하게 되었다. 최항의 아들 최의(崔竩)가 집정하게 되자 장군 박송비(朴松庇)・도령낭장(都領郎將) 임연(林衍) 등과 함께 최의의 집을 습격하여 최의와 그 일당을 죽였다(이홍직 편,『새국사사전』, 교학사, 2004, 978쪽).

442) 최양백(崔良伯, ?~1258): 고려 후기 별장을 역임한 관리. 무신.
1249년(고종 36)에 집권자 최우(崔瑀)가 죽자 지이부사 상장군(知吏部事上將軍) 주숙(周肅)이 야별초(夜別抄)와 내외도방(內外都房)을 거느리고 정권을 왕에게 돌리려고 하자, 전전승지(殿前承旨) 이공주(李公柱)・김인준(金仁俊) 등 70여 명과 함께 최우의 서자 최항(崔沆)의 편에 서서 최항으로 하여금 정권을 이어받게 하였다. 최항이 집권하자 이공주・김인준 등과 함께 별장이 되었다. 1257년(고종 44)에 최항이 죽자 상(喪)을 숨기고 야별초・신의군(神義軍)・서방(書房) 3번・도방(都房) 36번을 옹위(擁衛)한 뒤 상을 발표함으로써 최항의 아들 최의(崔竩)로 하여금 정권을 이어받게 하였다. 1258년(고종 45)에 신의군도령낭장(神義軍都領郎將) 박희실(朴希實) 등이 대사성 유경(柳璥), 별장 김인준, 장군 박송비(朴松庇), 도령낭장 임연(林衍) 등과 모의하여 최의를 제거하기로 결정하고, 그 사실을 사위인 김인준의 아들 김대재(金大材)가 알리자 거짓 응하면서 최의에게 고하였다. 그러나 미처 손을 쓰기도 전에 김인준에게 살해당하였고, 최의와 그 일당도 살해당함으로써 4대 60여 년의 최 씨 무신정권은 종말을 고하고 말았다([출처:최양백(崔良伯)-한국민족문화대백과사전]).

443) 별장(別將): 고려시대 정7품 무관직. 중앙군의 하급장교로서 바로 위의 직위인 낭장(郎將)과 마찬가지로 이군육위(二軍六衛)에 222명이 소속되었고, 그 밖에 도부외(都府外) 2인, 의장부(儀仗府)・견예부(堅銳府)에 각 1인, 충용위(忠勇衛) 20인 등 총 246인이 있었다.
정7품관으로 1076년(문종 30) 전시과(田柴科)에 의하면 제11과에 해당하여 전(田) 45결, 시(柴) 12결이 지급되었다. 응양군(鷹揚軍)을 제외한 각 영(領)에 5인씩 배속되어 200인 단위부대의 부지휘관이 된 듯하며, 별장방(別將房)도 있었음직하나 확실한 것은 알 수 없다[출처:별장(別將)-한국민족문화대백과사전].

444) 설장수(偰長壽, 1341~1399): 고려후기 문하찬성사, 판삼사사, 검교문하시중 등을 역임한 문신. 본관은 경주(慶州). 자는 천민(天民), 호는 운재(芸齋). 부원후(富原侯) 설손(偰遜)의 아들이다. 본래 위구르(Uighur, 回鶻) 사람으로 1358년(공민왕 7) 아버지 설손이 홍건적(紅巾賊)의 난을 피해 고려로 올 때 따라와 귀화(歸化)하였다.
1360년 경순부사인(慶順府舍人)으로 있던 중 부친상을 당했는데, 서역인(西域人)이므로 왕이 특별히 명해 상복(喪服)을 벗고 과거에 나아가게 하였다. 1362년

문과에 급제해 판전농시사(判典農寺事)에 오르고, 왜구를 퇴치할 계책을 올렸으나 시행되지 못하였다. 이어 밀직제학(密直提學)이 되고, 완성군(完城君)에 봉해졌으며 추성보리공신(推誠輔理功臣)에 녹권(錄券)되었다. 1387년(우왕 13) 지문하부사(知門下府事)로 명나라에 다녀오고, 1389년(창왕 즉위년) 정당문학(政堂文學)으로 우왕(禑王) 손위(遜位)의 표문(表文)을 가지고 다시 명나라에 다녀왔다.

공양왕(恭讓王)을 세울 때 모의에 참여, 공이 있었으므로 1390년(공양왕 2) 충의군(忠義君)에 봉해졌고, 문하찬성사(門下贊成事)로 승진하였다. 이듬해 정난공신(定難功臣)의 호를 받았고, 1392년 판삼사사(判三司事)로서 지공거(知貢擧)를 겸하였다. 이해 정몽주(鄭夢周)가 살해될 때 일당으로 지목되어 해도(海島)에 유배되었다.

조선이 건국된 뒤 태조(太祖)의 특명으로 1396년(태조 5) 검교문하시중(檢校門下侍中)에 복직되고, 계림(鷄林: 지금의 경상북도 경주)을 본관으로 받고 연산부원군(燕山府院君)에 봉해졌다. 1398년 정종(定宗)이 즉위하자, 계품사(啓稟使)로 명나라에 가던 도중 명나라 태조가 죽었으므로 진향사(進香使)로 사명(使命)이 바뀌어 북경에 갔다가 이듬해 귀국하였다. 전후 8차에 걸쳐 명나라에 사신으로 왕래하였다. 시와 글씨에도 능하였다. 시호는 문량(文良)이다. 저서로는 『직해소학(直解小學)』·『운재집(芸齋集)』이 있다([출처-설장수(偰長壽), 한국민족문화대백과사전]).

⋯⋯⋯⋯⋯⋯

설손(偰遜, ?~1360): 고려후기 원나라에서 고려에 귀화한 유민. 초명(初名)은 백료손(百遼遜). 위구르(Uighur, 回鶻) 사람으로 고조부 위래티무르[嶽璘帖穆爾] 이래 원나라에서 벼슬을 하였는데 아버지 설철독(偰哲篤)은 강서행성우승(江西行省右丞)을 지냈다. 조상 대대로 설련하(偰輦河)에 살았으므로 설로써 성을 삼았다.

학문이 깊고 문장에 뛰어났으며 원순제(元順帝) 때 진사(進士)에 합격하여 한림응봉문자(翰林應奉文字)·선정원단사관(宣政院斷事官)을 거쳐 단본당정자(端本堂正字)로 뽑혀 황태자에게 경전을 가르쳤다. 그러나 승상(丞相) 함마(哈麻)의 시기를 받아 단주(單州)로 나가 지키던 중 부친상을 당하여 대령(大寧)에서 살게 되었다. 1358년(공민왕 7) 홍건적(紅巾賊)이 대령을 핍박하자 난을 피하여 고려로 오게 되었는데, 왕이 즉위하기 전 단본당에서 황태자(皇太子)를 가르칠 때 원나라에 가 있던 공민왕(恭愍王)과 친교가 있었으므로 후한 대우를 받았다.

1360년 고창백(高昌伯)에 봉해지고 뒤에 부원후(富原侯)에 승봉(承奉)되었으며 부원의 전토(田土)를 하사받았다. 고려의 대표적 시인의 한 사람으로 알려졌으며, 저서로는 『근사재일고 近思齋逸藁』가 있다. 아들은 설장수(偰長壽)·설연수(偰延壽)·설복수(偰福壽)·설경수(偰慶壽)·설미수(偰眉壽)이다([출처-설손(偰遜), 한국민족문화대백과사전]).

⋯⋯⋯⋯⋯⋯

설경수(偰慶壽): 자는 천우(天佑), 호는 용재(傭齋), 안렴부사(按廉副使).
설미수(偰眉壽, 1359~1415): 조선전기 공조전서, 병조참지, 참지의정부사 등을 역임한 문신. 본관은 경주(慶州). 자는 천용(天用). 원래 원나라의 고창(高昌) 사람으로서 고려에 귀화하였다. 아버지는 숭문감승(崇文監丞) 설손(偰遜)이며, 설장수(偰長壽)의 아우이다.

1376년(우왕 2) 식년 문과에 동진사(同進士)로 급제하였다. 내외관직을 두루 역임하고, 1401년(태종 1) 판각문사(判閣門事)가 되었다. 그 뒤 공조전서(工曹典書)·판한성부사(判漢城府事)·중군총제(中軍摠制)·병조참지·참지의정부사(參知議政府事)·지의정부사 등을 역임하였다.

1403년에는 계품사(啓稟使)로, 1406년에는 성절사로, 이듬해에는 천추사로 명나라에 다녀오고, 이후 1408년에 사은사, 1409년에 성절사로 두 차례 더 사행을 가서 모두 다섯 번에 걸쳐 명나라에 다녀왔다. 이는 설미수가 중국어에 능통하였기 때문인데, 항상 마필이나 금·은 등 공물의 감면을 주선하여 외교적 성과를 올렸다.

1407년에는 참지의정부사로 재직 중 둔전제(屯田制)의 실시를 건의하여 실행하게 하였고, 호조와 공조의 판서를 거쳐, 1410년 예조판서, 이듬해 검교판한성부사(檢校判漢城府事)를 지냈으며, 1414년 다시 예조판서를 거쳐 검교우참찬(檢校右參贊)에 이르렀다.

효우(孝友)가 뛰어나 항상 공손하고 근신하였으며, 네 형이 모두 먼저 죽자 어린 조카들을 잘 돌보아 길렀다. 의정부에 재직했을 때는 관대함을 숭상하였고, 분경(奔競: 大官이나 勢道家에 출입하면서 獵官이나 利權運動을 하는 행위)을 좋아하지 않았다. 시호는 공후(恭厚)이다([출처-설미수(偰眉壽), 한국민족문화대백과사전)]).

....

설순(偰循, ?~1435): 조선전기 집현전부제학, 이조 우참의, 동지중추원사 등을 역임한 문신. 학자. 본관은 경주(慶州). 자는 보덕(輔德). 고려 때 귀화한 위구르(Uighur, 回鶻) 출신 설손(偰遜)의 손자로 설경수(偰慶壽)의 아들이다.

1408년(태종 8) 생원으로 식년문과에 급제, 1420년(세종 2) 교리, 이듬해 좌사경(左司經), 1425년 시강관을 거쳐 인동현감이 되었다.

1427년 문과중시에 합격, 이듬해 왕명으로 『효행록(孝行錄)』을 증수하였고, 1431년 집현전부제학으로서 『삼강행실도』를 편수하기 시작, 1434년 완성하였으며, 그해 이조 우참의가 되어 윤회(尹淮) 등과 함께 『통감훈의(通鑑訓義)』를 저술하였고, 동지중추원사에 이르렀다. 여러 분야의 학문에 박학하였으며 특히 역사에 뛰어났고, 문장으로도 이름이 높았다([출처-설순(偰循), 한국민족문화대백과사전)]).

445) 교위(校尉): 고려·조선 초기의 무관직. 일명 오위(伍尉) 또는 위(尉)라고도 하며, 오(伍)라는 단위부대의 지휘관이다. 오는 대략 두 개의 대(隊)로 편성되어, 교위는 2인의 대정(隊正: 隊의 지휘관)을 거느렸다.

각 도 주현군(州縣軍)의 일품군(一品軍)에도 교위라는 지휘관이 있었으나, 이는 병정(兵正)·창정(倉正) 등의 향리들이 담당하는 것이었으므로 그 성격이 다르다. 교위는 경군(京軍)인 이군육위(二軍六衛)의 각 영(領)과 동북 양계(兩界)에 설치된 주진군(州鎭軍)에 배속되어 있었다.
경군의 경우 각 영에는 20인의 교위를 두게 되었으므로, 45개의 영으로 구성된 이군육위에는 모두 9백인이었던 것으로 보인다. 양계 주진군의 경우는 지역에 따라 군대의 규모가 달랐으므로 교위수 또한 일정하지 않다. 『고려사(高麗史)』 병지(兵志) 주현군조에는 동계(東界)에 198인, 북계(北界)에 680인, 총 878인의 교위가 있었던 것으로 기록되어 있다.
한편, 이군육위의 상장군·대장군들이 모여 중대사를 의논하던 중방(重房)과 같이, 교위들도 부대의 중대사를 논의하고 자신들의 권리를 보장하기 위한 협의기관으로서 교위방(校尉房)을 운영하였다. 교위방이 언제 마련되었는지는 명확하지 않으나, 무신란 이전에 설치되어 무신 집권기에 이르러 더욱 발달하였던 것으로 믿어진다.

교위들도 전시과(田柴科) 규정에 따라 국가로부터 토지가 지급되었다. 문종 때 마련된 전시과 규정에 의하면, 제13과로 분류되어 15결(結)의 전지(田地)와 8결의 시지(柴地 : 땔감을 채취할 수 있는 땅)가 분급되었다. 또, 문종 때의 녹봉 지급규정에 따라 23석5두의 곡류를 녹봉으로 받았다.

조선 초기, 1394년(태조 3)에 고려의 군제가 폐지되고 중앙군제로서의 십사제(十司制)가 마련되면서 교위의 명칭은 대장(隊長)으로 개칭되었고, 그들의 합의기관이던 교위방도 태조 2년을 전후해 소멸되었다[출처:교위(校尉)-한국민족문화대백과사전].

446) 김자정(金子廷,?~?): 고려 후기 별감, 정조사, 동경부사 등을 역임한 환관. 무신.

1268년(원종 9) 임연(林衍)이 권신 김준(金俊)을 살해할 때 그 모의에 가담하여 아우 김자후(金子厚)로 하여금 김준의 아우 김충(金忠)을 죽이고 그 일당들은 해산하게 하였으며, 그 공으로 벼슬을 할 수 있게 되었다. 이듬해 세자 왕심(王諶)을 따라 원나라에 다녀온 뒤 대장이 되었다. 1277년(충렬왕 3)에 친종장군(親從將軍)이 되어 방수군(防守軍)을 인솔하고 탐라에 부임함으로써 환관으로는 처음으로 지방에 출사(出使)하였다. 이듬해 장군 차득규(車得圭), 지후(祗侯) 윤해(尹諧)와 더불어 별감이 되어 감찰별감(監察別監)과 함께 태부(太府)의 세입을 여러 가지로 조사하여 경비를 줄이고자 하였으나 그 성과를 거두지 못하였다. 1279년(충렬왕 5) 사패(賜牌)를 사칭하여 점령한 전토를 신흥창(新興倉)에 몰수당하기도 하였다. 그 뒤 1281년(충렬왕 7)에 정조사(正朝使)로 원나라에 다녀왔으며, 1285년(충렬왕 11)에 상장군으로 동경부사(東京副使)가 되었다([출처:김자정(金子廷)-한국민족문화대백과사전]).

447) 김문비(金文庇, ?~?): 고려 후기 상장군, 삼익군 우군사, 군부판사 등을 역임한 무신.

본래 미천한 집안 출신인데, 용력(勇力)으로 발탁되어 무신정권 말기에 야별초(夜別抄) 지유(指諭)가 되고, 장군·상장군 등을 거쳐 충렬왕 때에 군부판서(軍簿判書)에까지 이르렀다. 1269년(원종 10) 장군 조윤번(趙允璠)·윤수(尹秀) 등과 함께 당시의 무인집정자 임연(林衍)을 제거하려는 모의를 꾸몄다. 그러나 막상 거사가 지체되자 일이 누설될 것을 우려, 오히려 이 사실을 임연에게 밀고하였고 이 때문에 모의에 연루된 조윤번, 비서랑 장호(張顥), 동지추밀원사(同知樞密院事) 조오(趙璈) 등 7명이 처형당하는 사태가 벌어졌다. 장군으로 승진하고 이듬해 야별초를 거느리고 강화도의 관문인 교동(喬桐)에 주둔하며 당시 원나라에서 개경으로 돌아오던 원종의 군대를 저지하는 임무를 맡고 있었는데, 이는 임연의 뒤를 이은 임유무(林惟茂)의 명령에 의한 것이었다. 무인정권이 무너진 다음에도 관력(官歷)은 계속되었다. 1274년(충렬왕 즉위년)에는 상장군으로서 여몽연합군의 고려 삼익군(三翼軍) 가운데 우군사에 임명되어, 동남도도독사(東南道都督使) 김방경(金方慶), 좌군사(左軍使) 김신(金侁)과 더불어 고려군 5,300인을 이끌고 일본 정벌을 지휘하였고, 그 뒤 군부판서를 지냈다([출처:김문비(金文庇)-한국민족문화대백과사전]).

448) 이천선(李千善, 1293~1368): 초명(初名)은 이빈(李玭), 본관은 덕수(德水). 상

호군 이윤운(李允蕰)의 아들로, 어머니는 병부상서 김취신(金就辛)의 딸. 참지중서
정사(參知中書政事)·참지문하정사(參知門下政事)를 역임. 1356년(공민왕 5) 기철
(奇轍)·권겸(權謙) 등이 주살된 사실을 원나라에 보고한 공으로 금자광록대부수
사공주국(金紫光祿大夫守司空柱國)이 되어 낙안백(樂安伯)에 봉해지고 정조사(正
朝使)로 원나라에 다녀왔다. 시호는 양간(良簡)이다(韓國人의 族譜編纂委員會, 『韓
國人의 族譜』, 日新閣, 1981, 855쪽).

449) 3공(公): 고려시대의 사마(司馬) 일명 大尉)·사도(司徒)·사공(司空)의 총칭으로 정1품의
벼슬로 삼사(三師)와 더불어 임금의 고문 또는 국가 최고의 명예직이었다. 실무는 보지 않
았고, 적임자가 없으면 결원(缺員)으로 두었다(이홍직 편, 『새국사사전』, 교학사,
2004, 587쪽).

450) 3사(師): 고려의 태사(太師)·태부(太傅)·태보(太保)를 말함. 중국의 고(古)제도를 모방하
여 설치. 3공(三公)과 함께 임금의 고문(顧問) 또는 국가 최고의 명예직으로, 실무에는 종
사치 않고, 적임자가 없으면 공석(空席)으로 두었다. 처음 설치한 연대는 미상이나 문종
때 각 1명으로 정1품이었고 충렬왕 때 폐지, 1356년(공민왕 5)에 다시 설치, 1362년(공민
왕 11)에 폐지하였다(이홍직 편, 『새국사사전』, 교학사, 2004, 592쪽).

451) 첨의부(僉議府): 1275년(충렬왕 1)에 중서문하성(中書門下省)과 상서성(尚書省)을 아울러
설치한 관청. 관원으로는 좌우첨의중찬(左右僉議中贊) 첨의시랑찬성사(僉議侍郎贊成事) 첨
의찬성사(僉議贊成事) 첨의참리(僉議參理) 참문학사(參文學事) 지첨의부사(知僉議府事) 등
이 있었다. 1293년(충렬왕 19)에 도첨의사사(都僉議使司)로 개칭되었다(이홍직 편, 『새
국사사전』, 교학사, 2004, 1346쪽).

452) 도평의사(都評議使): 1279년(충렬왕 5)에 초기의 도병마사(都兵馬使)를 개칭한 것으로서,
국가의 중대한 일이 있으면 이곳에 소속된 관원 중 3품관 이상이 한 자리에 모여 의논해
서 처리하였다. 그런데 회의를 열기 위하여 착석(着席)할 때 그 의식이 몹시 정중하였으며
결의 방식도 신라 때의 화백(和白)회의와 같이 만장일치로 결정한 뒤에 시행하였다. 그러
나 국가가 무사(無事)할 때에는 1년에 한 번도 개최하고, 혹은 여러 해가 되어도 모이지
않는 일이 많았다. 그러다가 원나라의 지배를 받으면서부터는 갑자기 긴급한 일이 생길 때
가 많았으므로 첨의부(僉議府)·밀직사(密直司)의 고관도 여기에 참석시키었다. 여기에 속
한 하급 관리로는 이·예·호·형·병·공의 육방(六房) 녹사(錄事)와 지인(知印) 20명 등
이었으며, 공양왕 때에는 소속관청으로 경력사(經歷司)가 설치되었다(이홍직 편, 『새국사
사전』, 교학사, 2004, 369쪽).

453) 합좌(合坐): 2명 이상의 당상관(堂上官)이 모여 나라 일을 의론하는 것(이홍직 편, 『새
국사사전』, 교학사, 2004, 1488쪽).

454) 동녕부(東寧府): 원(元)이 고려 서경(西京)에 두었던 관청. 1269년(원종 10)에 서북면병
마사(西北面兵馬使)의 기관(記官)이던 최탄(崔坦) 등이, 난을 일으켜 서경을 비롯한 북계
(北界)의 54성(城)과 자비령(慈悲嶺) 이북 서해도(西海道)의 6성(城)을 들어 원에 항복했
는데, 1270년(원종 11)에 원 세조(世祖)는 서경에 동녕부(東寧府)를 설치, 최탄으로 동녕부
총관(東寧府摠管)을 삼아 자비령 이북을 원의 영토로 편입했다. 이에 원종(元宗)은 연경(燕
京)에서 세조에게 표(表)를 올려 반환(返還)을 주장, 원은 허락하지 않고, 1275년(충렬왕 1)
에 승격시켜 동녕로총관부(東寧路摠管府)로 개칭, 끊임없는 고려의 요청에 따라 1290년에
이를 폐지, 그 지역을 고려에 돌려주고 동녕부를 요동(遼東)으로 옮겼다(이홍직 편, 『새
국사사전』, 교학사, 2004, 380쪽).

455) 안유(安裕, 1243~1306): 고려 후기 제25대 충렬왕 때 원나라에서 성리학을 도입한 문

신. 학자.

경상북도 흥주(興州) 출신. 본관은 순흥(順興). 자는 사온(士蘊), 호는 회헌(晦軒). 초명은 안유(安裕)였으나 뒤에 안향(安珦)으로 고쳤다. 조선시대에 들어와 문종의 이름이 같은 글자였으므로, 이를 피해 초명인 안유로 다시 고쳐 부르게 되었다. 회헌이라는 호는 만년에 송나라의 주자(朱子)를 추모하여 그의 호인 회암(晦庵)을 모방한 것이다. 아버지는 밀직부사 안부(安孚)이며, 어머니는 강주 우씨(剛州禹氏)로 예빈승(禮賓丞) 우성윤(禹成允)의 딸이다. 우리나라에 성리학을 최초로 도입하였다.

당시 원나라에서의 주자학의 보편화와 주자서의 유포 등에 따른 영향도 있었지만, 안향이 여러 차례에 걸쳐 원나라에 오가며 그곳의 학풍을 견학하고, 또 직접 주자서를 베껴오고, 주자학의 국내 보급을 위해 섬학전(贍學田)을 설치하는 등 제반 노력을 경주함으로써 주자학이 크게 일어난 것으로 보아 안향을 우리나라 최초의 주자학자로 평가할 수 있다. 주자학이 성행한 당시 남송(南宋)의 사정이 금나라라는 이민족의 침입 앞에 민족적 저항을 하지 않으면 안 되는 국가적 위기를 맞고 있었던 때라면, 당시 고려 후기의 시대 상황 역시 이와 비슷하게 무신 집권에 의한 정치적 불안정, 불교의 부패와 무속의 성행, 몽골의 침탈 등으로 국내외적으로 위기가 가중되고 있을 때였다. 이러한 때에 민족주의 및 춘추대의(春秋大義)에 의한 명분주의의 정신, 그리고 불교보다 한층 주지적인 수양론(修養論) 등의 특성을 지닌 주자학을 적극적으로 수용하려는 것이 바로 안향의 이상이었다. 또한 안향은 자신의 이상을 학교 재건과 인재 양성을 통해 이룩하려 하였다. 안향이 당시 고려의 시대 상황을 자각하고 주자학이 가진 이념이나 주자학 성립의 사회·역사적 배경을 의식하여 당시 고려의 위기를 구하려는 적극적인 활동으로 제반 교육적 활동을 전개했다면, 안향을 단순하고 소극적 의미의 주자학 전래자로 보기보다는, 적극적 의미에서 '주자학 수용자'로 유학사(儒學史) 내지는 교육사적인 위치 설정을 해도 좋을 것이다.

1306년(충렬왕 32) 9월 12일 별세하자 왕이 장지(葬地)를 장단 대덕산에 내렸다. 1318년(충숙왕 5) 왕이 안향의 공적을 기념하기 위하여 궁중의 원나라 화공에게 명해 안향의 화상을 그리게 하였다. 현재 국보 제111호로 지정되어 있는 안향의 화상은 이것을 모사(模寫)한 것을 조선 명종 때 다시 고쳐 그린 것이다. 이듬해 문묘(文廟)에 배향(配享)되었다. 1542년(중종 37) 풍기군수 주세붕(周世鵬)이 영주군 순흥면 내죽리(內竹里)에 사우(祠宇)를 세우고, 이듬해 8월에는 송나라 주자의 백록동서원(白鹿洞書院)을 모방하여 백운동서원(白雲洞書院)을 세웠다. 1549년(명종 4) 풍기군수 이황(李滉)의 요청에 따라 '소수서원(紹修書院)'이라는 명종 친필의 사액(賜額)이 내려졌다. 또한 1643년(인조 21) 장단의 유생들이 봉잠산(鳳岑山) 아래에 임강서원(臨江書院)을 세웠다. 이 두 서원과 곡성의 회헌영당(晦軒影堂)에 제향되었다. 시호는 문성(文成)이다[출처:안유(安裕)-한국민족문화대백과사전]).

456) 김문정(金文鼎, ?~?): 충렬왕 때에 국학학정(國學學正)이 되었으며, 사신으로 원나라에 들어갔다가 선성십철(宣聖十哲)의 화상과 문묘의 제기와 악기, 육경(六經)과 제자(諸子)의 서적 등을 가지고 돌아왔다. 1309년(충선왕 1)에는 사헌규정(司憲糾正)이 되어 녹사(錄事) 송녹송(宋祿松)과 같이 서해도민(西海道民)의 생활상태와 관리들의 동태를 시찰하였다(이홍직 편, 『새국사사전』, 교학사, 2004, 234~245쪽).

457) 『고려사』 「열전」에는 "또한 밀직부사(密直副使)로 치사(致仕)한 이산(李㦐)과 전법판서(典法判書) 이전(李瑱)을 추천하여 경사교수도감사(經史敎授都監使)로 임명하게 하였다(且薦密直副使致仕李㦐·典法判書李瑱, 爲經史敎授都監使)"라는 기록이 보인다.

458) 이진(李瑱, 1244~1321): 고려 충숙왕 때의 중신. 초명은 방연(方衍), 자는 온고
(溫古), 호는 동암(東庵), 시호는 문정(文定), 본관은 경주(慶州), 삼한(三韓)공신 금
서(金書)의 후손. 일찍이 백가(百家)에 통하여 시명(詩名)이 알려졌다. 1280년(충렬
왕 8) 문과에 급제, 광주(廣州)의 사록(司祿)을 지내고, 직한림(直翰林)이 되어, 충
렬왕이 시부(詩賦)로 문신들의 시험을 보아 9명을 뽑을 때 제2위를 차지하였다. 기
거 중서사인(起居中書舍人)·안동부사(安東府使)·대사성(大司成)·밀직승지(密直承
旨)를 거쳐 충선왕 때 정당문학(政堂文學) 상의도첨의사사(商議都僉議使司)·찬성사
(贊成事)를 역임, 충숙왕이 즉위하자 검교정승(檢校政丞)이 되고 임해군(臨海君)에
피봉되었다. 1315년(충숙왕 2) 과거를 맡아보았다. 제자백가에 능통했고 시문에 뛰
어났다. 퇴관 후 선비·중들과 시주(詩酒)로 소일했으며, 역옹(櫟翁) 이제현(李齊賢)
은 그의 아들이다(이홍직 편, 『새국사사전』, 교학사, 2004, 1074~1075쪽).

459) 백이정(白頤正, 1247~1323): 고려 후기 『연거시』, 『영당요』, 『한벽루』 등을 저술한 유
학자.

　　본관은 남포(藍浦). 자는 약헌(若軒). 호는 이재(彝齋). 아버지는 보문각학사(寶文閣學士)
백문절(白文節)이고, 어머니는 성주 이씨(星州李氏) 참봉 이세주(李世柱)의 딸이며, 안향(安
珦)의 문인이다.

　　1284년(충렬왕 10) 문과에 급제, 충선왕 때 첨의평리(僉議評理)로 상의회의도감사(商議
會議都監事)를 겸했고, 뒤에 상당군(上黨君)에 봉해졌다. 1298년(충렬왕 24) 원(元)이 사신
을 보내어 세자를 왕으로 삼고, 8월에 왕을 불러가자 충선왕을 따라 원의 연경(燕京)에서
10년간 머물러 있었다. 그 동안 주로 성리학에 깊은 관심을 기울여 연구했고, 귀국할 때
정주(程朱)의 성리서적과 주자의 『가례(家禮)』를 가지고 돌아왔다. 그 뒤 후진 양성에 힘써
서, 이제현(李齊賢)·박충좌(朴忠佐)·이곡(李穀)·이인복(李仁復)·백문보(白文寶) 등 많은
문인을 배출했으며, 도학(道學)과 예학(禮學)을 발전시키는 데 크게 공헌하였다. 우리나라
에 처음으로 성리학을 들여온 사람은 안향이지만, 성리학을 본격적으로 연구하고 그 체계
를 파악해 크게 일가를 이룬 이는 백이정이라 할 수 있다. 안향과 백이정의 학통은 이제현
에게 전승되었고, 이제현의 학통은 이색(李穡)에게, 이색의 학통은 권근(權近)과 변계량(卞
季良)에게 이어졌다. 선조 때 김제남(金悌男)·최기남(崔起南) 등이 송경(宋京)에 서원을
세워 안향·권보(權溥)와 함께 배향하기로 경기사림(京畿士林)과 논의하다가 임진왜란으로
인해 이루지 못했지만, 남포의 신안원(新安院), 충주의 도통사(道統祠), 진주의 도통사(道通
祠), 남해의 난곡사(蘭谷祠)에서 향사(享祀)하고 있다. 시호는 문헌(文憲)이다. 묘소는 충청
남도 보령시 웅천면 평리 양각산(羊角山)에 있으며, 신도비 등이 남아 있다. 유고로는 <연
거시(燕居詩)>·<영당요(詠唐堯)>·<한벽루(寒碧樓)>·<여홍애집구(與洪厓集句)> 등의 시
구가 전해지고 있다[출처:백이정(白頤正)-한국민족문화대백과사전]).

460) 이제현(李齊賢, 1278~1367): 고려 후기 정당문학, 판삼사사, 정승 등을 역임한
관리. 학자, 문인, 문신.

　　본관은 경주(慶州). 초명은 이지공(李之公). 자는 중사(仲思), 호는 익재(益齋)·
역옹(櫟翁). 고려 건국 초의 삼한공신(三韓功臣) 이금서(李金書)의 후예로 아버지
는 검교시중(檢校侍中) 이진(李瑱)이다. 아버지 이진이 과거를 통해 크게 출세함
으로써 비로소 가문의 이름이 높아졌다. 그의 딸은 공민왕과 혼인하여 1359년(공
민 8) 4월 혜비(惠妃)에 봉해졌다.

빼어난 유학 지식과 문학적 소양을 바탕으로 사학(史學)에도 많은 업적을 남겼다. 1346년(충목 2) 10월 민지(閔漬)의 『본조편년강목(本朝編年綱目)』을 중수(重修)하는 일을 맡았고, 충렬왕·충선왕·충숙왕의 실록을 편찬하는 일에도 참여하였다. 특히 만년에 『국사(國史)』를 편찬했는데, 기년전지(紀年傳志)의 기전체를 계획해 백문보(白文寶)·이달충(李達衷)과 함께 일을 진행시켰으나 완성시키지는 못하였다. 이제현의 저술로 현존하는 것은 『익재난고(益齋亂藁)』 10권과 『역옹패설(櫟翁稗說)』 2권이다. 흔히 이것을 합해 『익재집(益齋集)』이라 한다.

경주의 구강서원(龜岡書院)과 금천(金川)의 도산서원(道山書院)에 제향(祭享)되었다. 1376년(우왕 2) 공민왕 묘정에 배향되었으며, 시호는 문충(文忠)이다([출처:이제현(李齊賢)-한국민족문화대백과사전]).

461) 우탁(禹倬, 1263~1342): 고려 후기 영해사록, 감찰규정, 성균 좨주 등을 역임한 문신, 학자.

본관은 단양(丹陽). 자는 천장(天章) 또는 탁보(卓甫·卓夫), 호는 백운(白雲)·단암(丹巖). 세상에서 '역동선생(易東先生)'이라 일컬어졌다. 시조 우현(禹玄)의 7대손으로, 남성전서문하시중(南省典書門下侍中)으로 증직된 우천규(禹天珪)의 아들이다.

1308년(충선왕 즉위년) 감찰규정(監察糾正)이 되었고, 충선왕이 부왕의 후궁인 숙창원비(淑昌院妃)와 통간(通姦)하자 백의(白衣)차림에 도끼를 들고 거적자리를 짊어진 채 대궐로 들어가 극간(極諫)을 하였다. 곧 향리(鄕里)로 물러나 학문에 정진했으나 충의(忠毅)를 가상히 여긴 충숙왕의 여러 번에 걸친 소명으로 다시 벼슬길에 나서서 성균좨주(成均祭酒)로 치사(致仕)하였다. 벼슬에서 물러난 뒤에는 예안(禮安)에 은거하면서 후진 교육에 전념하였다. 당시 원나라를 통해 새로운 유학인 정주학(程朱學)이 수용되고 있었는데, 이를 깊이 연구해 후학들에게 전해주었다. 정이(程頤)가 『주역』을 주석한 『정전(程傳)』은 처음 들어왔을 때 아는 이가 없었는데, 방문을 닫아걸고 연구하기를 달포 만에 터득해 학생들에게 가르쳐주었다. 경사(經史)에 통달했고, 『고려사』 열전에 '역학(易學)에 더욱 조예가 깊어 복서(卜筮)가 맞지 않음이 없다'고 기록될 만큼 아주 뛰어난 역학자였다. 또한 시조 2수와 몇 편의 시가 전하고 있다.

조선조에 와서 이황(李滉)의 발의로 1570년(선조 3) 예안에 역동서원(易東書院)이 창건되었으나, 1871년(고종 8)에 훼철당했다가 1966년 복원되었다. 또 다른 서원인 구계서원(龜溪書院)은 영남대학교 구내로 옮겨졌다. 시호는 문희(文僖)이다([출처:우탁(禹倬)-한국민족문화대백과사전]).

462) 이색(李穡, 1328~1396):고려 후기 대사성, 정당문학, 판삼사사 등을 역임한 관리. 문신, 학자.

본관은 한산(韓山). 자는 영숙(穎叔), 호는 목은(牧隱). 포은(圃隱) 정몽주(鄭夢周), 야은(冶隱) 길재(吉再)와 함께 삼은(三隱)의 한 사람이다. 아버지는 찬성사 이곡(李穀)이며 이제현(李齊賢)의 문인이다.

1341년(충혜왕 복위 2)에 진사(進士)가 되고, 1348년(충목왕 4) 3월 원나라에 가서 국자감(國子監)의 생원(生員)이 되어 성리학을 연구하였다. 1351년(충정왕 3) 아버지 상(喪)을 당해 귀국하였다. 1352년(공민왕 1) 4월 전제(田制)의 개혁, 국방계획, 교육의 진흥, 불교의 억제 등 당면한 여러 정책의 시정개혁에 관한 건의문을 올렸다. 이듬해 향시(鄕試)와 정동행성(征東行省)의 향시에 1등으로 합격해 서장관(書狀官)이 되었다. 원나라에 가서 1354년(공민왕 3) 제과(制科)의 회시 (會試)에 1등, 전시(殿試)에 2등으로 합격해 원나라에서 응봉 한림문자 승사랑 동 지제고 겸 국사원편수관(應奉翰林文字承事郎同知制誥兼國史院編修官)을 지냈다. 제과에 합격한 뒤 곧 귀국길에 올라 한산으로 돌아왔고, 같은 해 12월 통직랑(通 直郎) 전리정랑(典理正郎) 예문응교(藝文應教) 지제교(知製教) 겸 춘추관편수관(兼 春秋館編修官)에 임명되었으며, 이듬해 윤3월 내서사인(內書舍人)으로 승진했다. 같은 해 3월 사은사 윤지표(尹之彪)의 서장관으로 원나라에 가서 한림원에 등용 되었으며 어머니를 봉양한다는 구실로 1356년(공민왕 5) 1월 고려로 돌아와 중 산대부(中散大夫) 이부시랑(吏部侍郎) 한림직학사(翰林直學士) 지제교(知製教) 겸 춘추관편수관(兼春秋館編修官) 겸 병부낭중(兼兵部郎中)이 되어 인사행정을 주관 하고 개혁을 건의해 정방(政房)을 폐지하게 하였다. 1357년(공민왕 6) 2월 국자 좨주(國子祭酒), 7월 우간의대부(右諫議大夫)가 되어 유학에 의거한 삼년상제도를 건의하여 시행하도록 하였다. 이듬해 7월 추밀원우부승선(樞密院右副承宣) 한림학 사가 되고, 1360년(공민왕 9) 3월 추밀원좌부승선 지예부사(知禮部事)에 이르렀 다. 1361년(공민왕 10) 홍건적의 침입으로 왕이 남행할 때 호종하였다. 이후 좌 승선(左承宣)·지병부사(知兵部事)·우대언(右代言)·지군부사사(知軍簿司事)·동 지춘추관사(同知春秋館事)·보문각(寶文閣)과 예관(禮官)의 대제학(大提學) 및 판 개성부사(判開城府事) 등을 지냈다. 1362년(공민왕 11) 원으로부터 정동행중서성 유학제거(征東行中書省儒學提舉)에 임명되었고, 고려에서는 밀직제학 동지춘추관 사로 승진하였으며, 단성보리공신(端誠保理功臣)에 봉해졌다. 1363년(공민왕 12) 윤3월에는 1361년의 호종한 공으로 신축호종공신(辛丑扈從功臣) 1등에 봉해졌으 며, 1365년(공민왕 14) 3월 첨서밀직사사에 임명되었으며, 그해 윤10월 동지공 거가 되어 처음으로 예부시를 주관하였다. 1365년(공민왕 14)부터 시작된 신돈집 권기 동안 그는 1367년(공민왕 16) 5월 중영(重營)된 성균관의 교육 부흥과 관련 하여 12월 판개성부사로서 겸 성균대사성(兼成均大司成)에 임명되어 대사성(大司 成)이 되어 김구용(金九容)·정몽주(鄭夢周)·이숭인(李崇仁) 등을 학관으로 채용 해 신유학(주자학·정주학·성리학의 이칭)의 보급과 발전에 공헌하였다. 같은 달 에 원으로부터 정동행성 좌우사낭중(左右司郎中)에 임명되었고, 이후 삼사좌사, 삼사우사를 거친 후 이듬해 4월 친시(親試)의 독권관(讀卷官)이 된 것을 시작으로 1369년(공민왕 18) 6월과 1371년(공민왕 20) 3월 예부시의 시관을 역임하였다. 5월 지춘추관사로서 감춘추관사인 이인복(李仁復)과 함께 금경록(金鏡錄)을 증수 (增修)하였으며, 7월 신돈 축출 이후 정당문학(政堂文學)에 임명되고, 문충보절찬 화공신(文忠保節贊化功臣)에 봉해졌지만, 모친상을 당해 9월 관직에서 물러났고, 이듬해 기복(起復)되었으나 곧 병을 칭탁하고 사직(辭職)을 청하여 1373년(공민 왕 22) 11월 면직(免職)되면서 한산군(韓山君)에 봉해졌다. 1375년(우왕 1) 왕의 요청으로 다시 벼슬에 나아가 정당문학(政堂文學)·판삼사사(判三司事)를 역임하 였다. 1377년(우왕 3)에 추충보절동덕찬화공신(推忠保節同德贊化功臣)의 호를 받 고 우왕(禑王)의 사부(師傅)가 되었다. 1388년(우왕 14) 철령위문제(鐵嶺衛問題) 가 일어나자 화평(和平)을 주장하였다. 1389년(공양왕 1) 위화도회군(威化島回軍) 으로 우왕이 강화로 쫓겨나자 조민수(曺敏修)와 함께 창왕(昌王)을 옹립, 즉위하 게 하였다. 판문하부사(判門下府事)가 되어 명나라에 사신으로 가서 창왕의 입조 와 명나라의 고려에 대한 감국(監國)을 주청해 이성계(李成桂) 일파의 세력을 억제하려 하였다. 이해에 이성계 일파가 세력을 잡자 오사충(吳思忠)의 상소로 장단(長湍)에 유배(流配)되었다. 이듬해 함창(咸昌)으로 옮겨졌다가 이초(彝初)의 옥(獄)에 연루되어 청주의 옥에 갇혔는데 수재(水災)가 발생해 함창으로 다시 옮겨 안치(安置)되었다. 1391년(공양왕 3)에 석방되어 한산부원군(韓山府院君)에 봉해졌으나, 1392년(공양왕 4) 정몽주가 피살(被殺)되자 이에 연루되어 금주(衿州)로 추방되었다가 여흥(驪興)·장흥(長興) 등지로 유배된 뒤 석방되었다. 1395년(태조 4)에 한산백(韓山伯)에 봉해지고, 이성계의 출사(出仕) 종용이 있었으나 끝내 고사하고 이듬해 여강(驪江)으로 가던 도중에 죽었다.

원·명 교체기 때 천명(天命)이 명나라로 돌아갔다고 보고 친명정책을 지지하였다. 또 고려 말 신유학(성리학)이 수용되고 척불론(斥佛論)이 대두되는 상황에서 유교의 입장을 견지하여 불교를 이해하고자 하였다. 즉 불교를 하나의 역사적 소산으로 보고 유·불의 융합을 통한 태조 왕건 때의 중흥을 주장했으며, 불교의 폐단을 시정하는 것을 목적으로 하는 척불론을 강조하였다. 따라서 도첩제(度牒制)를 실시해 승려의 수를 제한하는 등 억불정책에 의한 점진적 개혁으로 불교의 폐단을 방지하고자 하였다. 한편 세상이 다스려지는 것과 혼란스러워지는 것을 성인(聖人)의 출현 여부로 판단하는 인간 중심, 즉 성인·호걸 중심의 존왕주의적(尊王主義的) 유교사관을 가지고 역사서술에 임하였다. 아울러 이색의 문하에서 고려 왕조에 충절을 지킨 명사(名士)와 조선 왕조 창업에 공헌한 시대부들이 많이 배출되었다. 정몽주(鄭夢周)·길재(吉再)·이숭인(李崇仁) 등 제자들은 고려 왕조에 충절을 다하였으며, 정도전(鄭道傳)·하륜(河崙)·윤소종(尹紹宗)·권근(權近) 등 제자들은 조선 왕조 창업에 큰 역할을 하였다. 이색-정몽주·길재의 학문을 계승한 김종직(金宗直)·변계량(卞季良) 등은 조선 왕조 초기 성리학의 주류를 이루었다. 저서에는 『목은문고(牧隱文藁)』와 『목은시고(牧隱詩藁)』 등이 있다.

장단(長湍)의 임강서원(臨江書院), 청주의 신항서원(莘巷書院), 한산(韓山)의 문헌서원(文獻書院), 영해(寧海)의 단산서원(丹山書院) 등에 제향(祭享)되었다. 시호는 문정(文靖)이다[[출처:이색(李穡)-한국민족문화대백과사전]).

463) 성리학(性理學): 송나라 이후의 유학으로 특히 성명(性命)과 이기(理氣)의 관계를 연구하는 학문. 신유학·이학·정주학·주자학.

유학을 발전사적으로 볼 때 선진(先秦)의 본원(本源) 유학, 한당(漢唐)의 훈고(訓詁) 유학, 송명(宋明)의 성리학, 청(淸)의 고증학 등으로 분류할 수 있다. 성리학이라는 용어는 원래 '성명·의리의 학(性命義理之學)'의 준말이다. 중국 송(宋)대에 들어와 공자와 맹자의 유교사상을 '성리(性理)·의리(義理)·이기(理氣)' 등의 형이상학 체계로 해석하였는데 이를 성리학이라 부른다. 성리학은 보통 주자학(朱子學)·정주학(程朱學)·이학(理學)·도학(道學)·신유학(新儒學) 등의 명칭으로 통용되고 있다. 송의 주희(朱熹)는 주렴계(周濂溪), 장횡거(張橫渠), 정명도(程明道), 정이천(程伊川)을 계승하여 성리학을 집대성하였다. 성리학은 공자와 맹자를 도통(道統)으로 삼고서 도교와 불교가 실질이 없는 공허한 교설(虛無寂滅之敎)을 주장한다고 생각하여 이단으로 배척하였다. 한편 같은 유학임에도 불구하고 주희(朱熹)의 성리학이 이(理)를 강조하였기 때문에 이학이라 부르고 육구연(陸九淵)·왕수인(王守仁)의 학문은 상대적으로 마음(心)을 강조하였기 때문에 심학(心學)이라 부른다[[출처:성리학(性理學)-한국민족문화대백과사전]).

464) 가묘(家廟): 조선시대 사대부들이 고조 이하의 조상의 위패를 모셔놓고 제사를

지내던 집안의 사당.

가묘는 유교의 가례 중 특히 제례를 수행하던 곳으로서, 그 성립은 고려 말에 전래된 주자학의 보급과 관련된다. 즉, 고려 말기의 주자학자 정몽주(鄭夢周) 등이 이의 설립을 제창하자 1390년(공양왕 2) 2월에 사대부 집안의 제의(祭儀)를 반행(頒行)하여 적장자손주제(嫡長子孫主祭)의 원칙을 밝혔고, 기일예의식(忌日禮儀式)을 주희의 『가례』에 입각하여 행하도록 하였으며, 1391년 6월에는 가묘제도의 실행을 국내에 명하였다.

그러나 그 시행이 본격화된 것은 주자학을 국가정교(國家政敎)의 근본으로 삼은 조선시대부터이다. 특히, 문물제도의 완비에 힘쓴 세종 때에는 가묘제를 비롯한 가례를 민풍돈후책(民風敦厚策)과 자제훈육의 방법으로 이용하였고, 『경국대전』에는 문무관 6품 이상은 3대를, 7품 이하는 2대를, 서인들은 할아버지·할머니만을 제사지내도록 명시하였다.

사대부들 가운데 경제적으로 유족한 사람들은 가묘에 토지와 노비를 영구히 소속시키고 별실을 지어 재욕(齋浴)과 장물(藏物)의 장소로 삼았다. 반면에 가묘를 설치하지 않은 사람들은 국가로부터 문책을 당하기도 했다. 선조 이후로 접어들면서 가묘의 설치는 사대부 양반층들에게 일반화되었는데, 그것은 곧 이들 사이에 유교적 윤리관념이 일반화되었음을 뜻한다.

가묘는 정침(正寢)의 동쪽에 위치하며 3칸에 오가옥(五架屋)으로 지어져 있다. 안의 마루는 전돌이나 나무판으로 깔려 있다.

그리고 중간 시렁 밑에 문을 내어 중문으로 삼고, 매 칸마다 앞 시렁 밑에는 네 개의 쪽문을 두어 열고 닫을 수 있게 하였는데 분합문(分閤門)이라고도 하였다. 문밖에는 섬돌 둘이 있는데, 동쪽의 것을 조계(阼階)라 하고 서쪽의 것을 서계(西階)라 하며 모두 3계단으로 되어 있다.

섬돌 앞에는 집안사람들이 서 있을 수 있도록 만들어 놓은 서립옥(序立屋)이 있다. 서립옥의 동쪽에는 3칸으로 된 주고(廚庫)가 서향으로 세워져 있어 여기에다 유서·의물(衣物)·제기 등을 보관해 두며, 한 칸은 신주(神廚)로 삼아 제수를 준비하는 곳으로 쓴다.

집이 가난하여 한 칸의 사당만을 짓고 주고를 세우지 못한 경우에는 대궤(大櫃)를 두 개 만들어 사당 안의 동서 양쪽 벽 아래에 각각 두고, 서쪽의 대궤에는 유서와 의물을 보관하고 동쪽의 대궤에는 제기를 보관한다. 사당과 주고의 주위에는 담이 둘러져 있고 그 앞쪽에는 사당의 중문과 마주보는 외문이 있다.

사당 안에는 북쪽의 시렁에 네 개의 감실(龕室)이 있다. 감실마다 탁자가 있고 그 위에 주독(主櫝)이 있는데, 주독 속에는 신주가 있다.

신주는 고조고비(高祖考妣)부터 고비(考妣)의 순서로 서쪽부터 차례로 모셔져 있다. 감실 밖에는 각각 작은 발이 내려져 있고 그 발 밖의 사당 가운데에는 향탁(香卓)이 놓여 있다. 향탁 위에는 동쪽에 향합, 서쪽에 향로를 놓아둔다.

일각문(一角門)은 네 개의 방주(方柱)로 된 것이 보통이고 널빤지 문짝을 달지만, 때로는 기둥을 여섯 개 세워 가운데 기둥에다 문짝을 달기도 한다. 일각문을 삼문(三門)으로 꾸민 예도 있다.

경상북도 봉화군의 성 씨(成氏) 집안 가묘의 삼문은 기둥 넷을 세우고 그 기둥의 측면칸 좌우와 후면에 각각 문설굴을 내어 문짝을 단 것이다.

일각문과 삼문은 대부분 맞배지붕 형상으로 별다른 치장 없이 소박하게 꾸며져 있으며, 홑처마로서 막새기와는 없고 연등천장을 한 구조이다. 담장은 토담이나 맞담이 보편적이고 기와를 이어 정리하는데, 강회를 사용하거나 꽃담을 꾸민 예는 없다. 앞서 사당은 정면 3칸으로 구성된다고 하였으나, 그 구성은 지역에 따라 크게 두 가지로 구분된다.

하나는 툇간을 두는 경우이고, 다른 하나는 툇간을 두지 않는 경우이다. 툇간이 있는 경우는 문묘의 대성전처럼 앞퇴를 두고 그것을 전면 개방한 형태가 된다.

이 경우 측면은 한 칸 반이 된다. 툇간은 맨바닥의 토상(土床)이며 월대와 같은 높이를 유지한다. 툇간의 퇴기둥은 살주이며 보통은 둥구리기둥이다.

내진의 기둥은 네모난 기둥이며 문얼굴 좌우에는 토벽을 친다. 내진의 기둥은 보통 고주가 된다. 문짝에는 두 가지 유형이 있는데, 하나는 띠살무늬의 분합문이고 다른 하나는 판자로 짠 골판문으로서 후자가 원형이다.

골판문 윗부분은 태극무늬를 투각하여 혼유공(魂遊孔)을 삼는다. 사당 내부는 원래 맨바닥 그대로였거나 포전(舖塼)한 것이었는데, 마루가 보급되면서 우물마루 등이 채택되었다. 천장은 보통 연등이다.

툇간이 없는 경우는 문얼굴이 전면의 평주간에 설치되며 문얼굴 좌우의 벽이 판벽(板壁)이 된다. 이러한 경우의 기둥은 네모진 방주가 어울린다. 전면이 판벽이라도 측면벽과 뒷벽은 토벽인 것이 보통이고 두꺼운 반담이나 화방벽을 쌓기도 한다. 문짝은 골판문이 대부분이며 천장은 역시 연등이다. 여염집에서의 다른 건물들은 모두 단청이 금지되어 있지만 가묘에 대해서만은 채색 치장이 허용된다.

그러나 대부분의 가묘는 단청되어 있지 않다. 가묘는 보통 한 집에 한 채이나 때로는 별묘(別廟)라고 하여 작은 규모의 사당이 더 있는 경우도 있다. 대부분의 가묘는 이상과 같은 독립된 건축물이지만 가난한 사대부나 종자의 집에서는 간혹 깨끗한 방 한 칸을 사용하여 이를 대신하기도 하였다.

안동시 예안면에서 조사된 한 예를 보면 골방에 가묘를 설치하고 북쪽 벽에는 감실을 벽장처럼 꾸며 제사 때에는 미닫이를 열어 신주(神主)가 보이도록 하였다. 산청군 단성면에서 조사된 예에서는 사랑채의 대청 뒤 벽면을 이용하여 뒷벽을 막아 고미다락처럼 꾸며 신주를 모셨는데, 제사 때에는 널빤지로 만든 앞문을 젖히면 제사상처럼 되도록 하였다. 청도군에서는 대청 뒤로 개흘레 형태의 감실을 만들고 그곳에 신주를 모신 예도 있다.

가묘와 관련된 의식들은 제례의 일종이라고 할 수 있으며 신알례(晨謁禮)·출입례(出入禮)·참례(參禮)·천신례(薦新禮)·고유례(告由禮) 등이 있다. 신알례는 주인이 새벽에 일어나 사당의 외문 안에 들어가 두 섬돌 중간의 향탁에 분향하고 두 번 절하는 것을 말한다. 출입례는 주인이나 주부가 바깥출입을 할 때 사당에 아뢰는 것을 말한다. 외출기간의 길고 짧음에 따라 형식도 달라진다.

참례는 정조(正朝)·동지·초하루·보름에 사당에 지내는 제사이다. 천신례는 청명·한식·중양 등의 명절 때 절식을 올리는 것을 말한다. 지방에 따라 때에 맞게 만든 음식이나 명절에 해먹는 음식을 큰 접시에 담아서 제찬(祭饌)이나 실과(實果) 사이에 차린다.

고유례는 집안에 무슨 일이 일어나면 사당에 고하는 것을 말한다. 돌아가신 조상에게 추증(追贈 : 종이품 이상의 벼슬아치의 죽은 부·조부·증조부에게 官位를 내림)이 되면 그에 해당되는 감실에 대해서만 고하고 특별히 향탁을 그 앞에 설치한다.

　적장자를 낳았을 때는 아이를 낳은 지 만 3개월이 되면 앞의 예와 마찬가지로 사당에 고한다. 종자(宗子)가 벼슬을 제수받은 경우도 마찬가지이다.

　그 밖에 죽은 부모의 생일을 맞았을 때, 늙어서 집안일을 아들에게 위탁할 때, 사당을 수리할 때, 집을 옮기게 되었을 때에 각각 고유례를 행한다.

　가묘에 새로 신주를 모시게 되는 것은 대상을 치르고 난 뒤의 일이다. 길제(吉祭)를 지내기 전에 이전의 신주들을 개조하고, 길제를 지낸 뒤 대가 지난 신주를 천조(遷祧)하고 새 신주를 정해진 자리에 모신다. 후손이 없는 방계친의 신주는 정해진 자리의 감실에 차례로 부주(祔主)한다.

　가지고 있는 밭의 20분의 1씩을 매 감실 몫으로 떼어 제전(祭田)으로 삼고 거기에서 얻어지는 소득으로 제사의 비용을 충당한다. 그 뒤 4대가 지나면 묘전(墓田)으로 삼는다.

　수해나 화재가 났을 때, 그리고 도둑이 들었을 때에는 제일 먼저 사당을 구한다.

　신주와 유서를 옮기고 난 다음 제기를 옮기며, 가재(家財)는 그 다음에 옮긴다. 사당이 불에 탔을 경우에는 3일 동안 곡을 한다고 하며, 신주가 불에 타버렸을 때에는 새로 만들어 모신 다음 분향하여 고제(告祭)를 올린다고 한다([출처:가묘(家廟)-한국민족문화대백과사전]).

465) 노영희(盧永禧, ?~?): 고려 원종 때 사람. 야별초(夜別抄)의 지유(指諭)였다. 1270년(원종 11) 장군 배중손(裵仲孫)과 같이 삼별초를 이끌고 강화도에서 난을 일으키고 승화후(承化侯) 온(溫)을 받들어 왕을 삼고 관부(官府)를 설치하였으나, 추토사(追討使) 김방경(金方慶)에 쫓겨 진도(珍島)로 몰려가 버티다가, 이듬해 김방경과 몽골군의 공격을 받아 토멸당하였다(이홍직 편, 『새국사사전』, 교학사, 312쪽).

466) 안전(安戩, ?~1298): 고려 후기 전라도 안찰사, 지밀직사사, 서북면도지휘사 등 역임한 문신.

　본관은 죽주(竹州). 유경(柳璥)의 문하에서 수학하였으며 어려서 과거에 급제하여 시어사(侍御史)를 역임하였다. 1275년(충렬왕 1) 전라도안찰사(全羅道按察使)가 되었는데, 이때 응방(鷹坊)의 오숙부(吳淑富) 등이 세도(勢道)를 믿고 함부로 굴자 장흥부부사(長興府副使) 신좌선(辛佐宣) 등과 함께 이를 미워하여 예를 갖추어 대접하지 않았다. 이에 오숙부 등이 돌아가서 안전(安戩)과 신좌선이 먹이를 주지 않아 가장 아름다운 매 두 마리가 죽었다고 하여 파직 당하였다. 후에 내료(內僚) 이지저(李之氐)에게 부탁하여 정방(政房)에 들어가서 대부소윤(大府少尹)으로서 필도치(必闍赤)가 되고, 1285년(충렬왕 11)에는 판비서사(判秘書事)로 지공거(知貢擧)가 되어 윤신걸(尹莘傑) 등을 급제시켰다. 이듬해에 좌승지(左承旨)가 되었는데 왕이 한 환관에게 참관(參官)을 제수하고자 하므로 끝내 이를 만류하여 왕이 마음을 돌이켰다. 이와 같이 전주(銓注)를 맡아 굳게 바름을 지키고 아부하지 않았기에 사람들이 쇠떡[鐵餻]이라 칭하였다. 1287년에 부지밀직사사(副知密直司事)가 되고 이어 충청도안무사(忠淸道安撫使), 이듬해에 지밀직사사(知密直司事)로 성절사(聖節使)가 되어 원나라에 다녀왔다. 1290년 합단적(合丹賊)이 동쪽 변방을 내침해왔을 때 경상도도지휘사(慶尙道都指揮使)·충청도도지휘사(忠淸道都指揮使), 1292년 서북면도지휘사(西北面都指揮使)를 역임하였다([출처:안전(安戩)-한국민족문화대백과사전]).

467) 최만생(崔萬生, ?~1374): 고려 공민왕 때의 환자(宦者). 공민왕은 미모(美貌)의 소년을 뽑아 금중(禁中)에 두고 이를 자제위(子弟衛)라고 했으며 홍륜(洪倫)·한안(韓安)·권진(權瑨)·홍관(洪寬)·노선(盧瑄) 등이 이에 속하였다. 그 후 만생은 익비(益妃)가 홍륜과 통하여 잉태(孕胎)하였음을 왕에게 알리니 왕은 "내일 창릉에서 홍륜 도배들을 죽임으로써 사실이 누설됨을 막아야겠다. 그리고 너는 이 사실을 알았으니 또한 죽음을 면치 못하리라" 하고 말하니 만생이 두려워서 윤·안·진·관·선 등과 모의한 후에 밤중 침전(寢殿)에 침입, 왕을 죽였다. 뒤에 만생은 의복에 피 흔적이 있는 것으로 발각되어 윤안진 등과 같이 효수(梟首)되었다(이홍직 편, 『새국사사전』, 교학사, 2004, 1362쪽).

468) 홍윤(洪倫, ?~1374): 고려 말기의 역신. 본관은 남양(南陽), 시중 언박(彦博)의 손자, 경상전라도순문사를 지낸 사우(師禹)의 아들. 공민왕이 아들이 없어 미모의 소년을 뽑아 자제위(子弟衛)를 만들어 궁중에 두었는데 그중 1인인 윤이 익비(益妃)와 통하여 아이를 배게 했다. 왕이 알고 윤을 죽이려 하매 최만생(崔萬生) 등과 모의, 밤중에 왕의 침실로 뛰어들어 취중에 있는 왕을 죽이고 잡히어 처형당했다(이홍직 편, 『새국사사전』, 교학사, 2004, 1544쪽).

제6장 근세 군주독재정치시대(조선)

469) 태조 이성계(太祖 李成桂, 1335~1408):조선전기 제1대(재위: 1392~1398) 왕. 이칭(異稱)으로 중결(仲潔), 군진(君晋), 송헌(松軒), 송헌거사(松軒居士), 지인계운성문신무대왕(至仁啓運聖文神武大王), 이성계(李成桂), 이단(李旦)이 있다.

본관은 전주(全州). 초명은 이성계(李成桂)이다. 처음 자는 중결(仲潔)이다. 호는 송헌(松軒)·송헌거사(松軒居士)이다. 등극 후에 이름을 이단(李旦), 자를 군진(君晉)으로 고쳤다. 화령부(和寧府)에서 태어났다. 이자춘(李子春)의 둘째아들이며, 어머니는 최한기(崔閑奇)의 딸이다. 비는 신의왕후 한씨(神懿王后韓氏)이다. 계비는 신덕왕후 강씨(神德王后康氏)이다. 어려서부터 총명하고 담대했다. 특히 활 솜씨가 뛰어났다. 그의 선조 이안사(李安社)가 원나라의 지배 아래 여진인이 살고 있던 남경(南京: 간도지방)에 들어가 원나라의 지방관이 된 뒤부터 차차 그 지방에서 기반을 닦기 시작했다. 이안사의 아들 이행리(李行里), 손자 이춘(李椿)이 대대로 두만강 또는 덕원지방의 천호(千戶)로서 원나라에 벼슬했다. 이자춘도 원나라의 총관부(摠管府)가 있던 쌍성(雙城)의 천호로 있었다. 이자춘은 1356년(공민왕 5) 고려의 쌍성총관부 공격 때 내응(內應)해 원나라 세력을 축출하는 데 큰 공을 세우고 고려의 벼슬을 받았다. 이자춘은 1361년 삭방도만호 겸 병마사(朔方道萬戶兼兵馬使)로 임명되어 동북면(東北面) 지방의 실력자가 되었다.

이성계는 이러한 가문의 배경과 타고난 군사적 재능을 바탕으로 크게 활약하면서 두각을 나타내기 시작했다. 1361년 10월에 반란을 일으킨 독로강만호(禿魯江萬戶) 박의(朴儀)를 잡아 죽였다. 같은 해 홍건적이 침입해 수도가 함락되자 이듬해 정월 친병(親兵: 사병私兵) 2,000명을 거느리고 수도탈환 작전에 참가하여 전공을 세웠다. 1362년 원나라 장수 나하추[納哈出]가 수만 명의 군사를 이끌고 홍원지방으로 쳐들어와 기세를 올리자 그는 동북면병마사에 임명되어 적을 치게 되었다. 여러 차례의 격전 끝에 마침내 함흥평야에서 적을 격퇴시켜 명성을 크게 떨쳤다. 1364년 최유(崔濡)가 원나라 황제에 의해 고려왕에 봉해진 덕흥군(德興君)을 받들고, 원병(元兵) 1만 명을 이끌고 평안도지방에 쳐

들어왔다. 이에 최영(崔瑩)과 함께 수주(隋州) 달천(獺川)에서 이들을 섬멸했다. 이 무렵 여진족이 삼선(三善)·삼개(三介)의 지휘 아래 동북면에 침범하여, 함주까지 함락하는 등 한때 기세를 올렸다. 이성계는 이들을 크게 무찔러 동북면의 평온을 되찾았다. 이해에 밀직부사의 벼슬과 단성양절익대공신(端誠亮節翊戴功臣)의 호를 받았다. 그 뒤 동북면원수지문하성사(東北面元帥知門下省事)·화령부윤 등의 벼슬을 역임했다. 1377년(우왕 3) 크게 창궐하던 왜구를 경상도 일대와 지리산에서 대파했다. 1380년에 양광·전라·경상도 도순찰사가 되어, 아기바투[阿其拔都: 阿只拔都]가 지휘하던 왜구를 운봉(雲峰)에서 섬멸했다. 그전과는 역사상 황산대첩(荒山大捷)으로 알려질 만큼 혁혁한 것이었다. 1382년여진인 호바투[胡拔都]가 동북면 일대를 노략질하여 그 피해가 극심했다. 이에 동북면도지휘사가 되어 이듬해 이지란(李之蘭)과 함께 길주에서 호바투의 군대를 궤멸했다. 이어서 안변책(安邊策)을 건의했다. 1384년 동북면도원수문하찬성사(東北面都帥門下贊成事)가 되었다. 이듬해 함주에 쳐들어 온 왜구를 대파했다. 1388년 수문하시중(守門下侍中)이 되었다. 이때 최영과 함께 임견미(林堅味)·염흥방(廉興邦)을 주살(誅殺)했다. 이해 명나라의 철령위(鐵嶺衛) 설치 문제로 두 나라의 외교관계가 극도로 악화되었다. 이에 요동정벌이 결정되어, 이에 반대했으나 받아들여지지 않았다. 그는 우군도통사가 되어 좌군도통사 조민수(曺敏修)와 함께 정벌군을 거느리고 위화도까지 나아갔으나, 결국 회군을 단행했다. 개경에 돌아와 최영을 제거하고 우왕을 폐한 뒤 창왕을 옹립했다. 그리고 수시중(守侍中)과 도총중외제군사(都摠中外諸軍事)가 되어 정치·군사적 실권자의 자리를 굳혔다. 이듬해 다시 창왕을 폐하고 공양왕을 옹립한 뒤 수문하시중이 되었다. 1390년(공양왕 2) 전국의 병권을 장악했으며, 곧이어 영삼사사(領三司事)가 되었다. 이 무렵 그는 신흥 정치세력의 대표로서 새 왕조 건국의 기반을 닦기 시작했다. 1391년 삼군도총제사(三軍都摠制使)가 되었다. 조준(趙浚)의 건의에 따라 전제개혁(田制改革)을 단행해, 구세력의 경제적 기반마저 박탈했다. 마침내 1392년 7월 공양왕을 원주로 내쫓고, 새 왕조의 태조로서 왕위에 올랐다. 태조는 즉위 초에는 국호를 그대로 '고려(高麗)'라 칭하고 의장(儀章)과 법제도 모두 고려의 고사(故事)를 따를 것임을 선언했다. 그러나 차츰 새 왕조의 기틀이 잡히자 고려의 체제에서 벗어나려 했다. 우선, 명나라에 대해 사대정책(事大政策)을 쓰면서, 명나라의 양해 아래 새 왕조의 국호를 '조선(朝鮮)'으로 확정했다. 1393년(태조 2) 3월 15일부터 새 국호를 쓰기로 했다. 다음에는 새 수도의 건설이 필요했다. 우여곡절 끝에 왕사(王師) 무학(無學: 자초自超)의 의견에 따라 한양(漢陽)을 새 서울로 삼기로 결정했다. 1393년 9월에 착공해 1396년 9월까지 태묘·사직·궁전 등과 숙정문(肅靖門: 북문)·흥인지문(興仁之門: 동대문)·숭례문(崇禮門: 남대문)·돈의문(敦義門: 서대문)의 4대문, 광희문(光熙門)·소덕문(昭德門)·창의문(彰義門)·홍화문(弘化門)의 4소문(小門) 등을 지어 왕성의 규모를 갖추었다. 법제 정비에도 힘써, 1394년 정도전(鄭道傳)의 『조선경국전(朝鮮經國典)』과 각종 법전이 편찬되었다. 또한, 숭유척불정책(崇儒斥佛政策)을 시행해 서울에 성균관, 지방에는 향교를 세워 유학의 진흥을 꾀하는 동시에 불교를 배척하는 정책을 폈다. 이처럼 그는 새 왕조의 기반과 기본정책을 마련했다. 그러나 왕자 사이에 왕위계승권을 둘러싸고 치열한 쟁탈전이 벌어졌다. 태조 즉위 후에 세자책립 문제로 여러 의견이 있었으나, 계비 강씨의 소생인 이방석(李芳碩)을 세자로 결정했다. 이에 이방원(李芳遠: 신의왕후 소생)의 불만은 대단했다. 1398년 태조의 와병 중에 이방원은 세자인 이방석을 보필하고 있던 정도전·남은(南誾) 등이 자신을 비롯한 신의왕후 소생의 왕자들을 제거하려 한다는 이유로 사병을 동원해, 그들을 살해했다. 곧이어 이방석·이방번(李芳蕃)마저 죽여 후환을 없앴다. 새 세자는 이방원의 요청에 의해 이방과(李芳果)로 결정했다. 태조는 이방석·이방번 형제가 무참히 죽자 몹시 상심했다. 그는 곧 왕위를 이방과에게 물려주고 상왕(上王)이 되었다. 1400년(정종 2)에 이방원이 세자로 책봉되었다. 곧이어 이방원이 왕위에 오르자, 정종은 상왕이 되고, 태조는 태상왕(太上王)이 되었다. 형제들을 죽이고 왕위에 오른 태종에 대한 태조의 증오심은 대단히 컸다. 태종이 즉위한 뒤 태조는 한때 서울을 떠나 소요산(逍遙山)과 함주(咸州) 등지에 머물러 있기도 했다. 특히, 함주에 있을 때 태종이 문안사(問安使)를 보내면, 그 때마다 그 차사(差使)를 죽여 버렸다는 이야기가 전한다. 어디에 가서 소식이 없을 경우에 일컫는 '함흥차사(咸興差使)'라는 말은 여기에서 유래했다. 태종에 대한 태조의 증오심이 어떠했는지를 보여 주는 단적인 예이다. 태조는 태종이 보낸 무학의 간청으로 1402년(태종 2) 12월 서울로 돌아왔다. 태조는 만년에 불도(佛道)에 의탁했다. 덕안전(德安殿)을 새로 지어 정사(精舍)로 삼고 염불삼매(念佛三昧)의 조용한 나날을 보냈다.

1408년 5월 24일 창덕궁(昌德宮) 별전(別殿)에서 승하했다. 시호는 강헌지인계운성문신무대왕(康獻至仁啓運聖文神武大王)이다. 묘호(廟號)는 태조(太祖)이다. 능호는 건원릉(健元陵)으로 경기도 구리시 인창동에 있다([출처:(이성계(李成桂)-한국민족문화대백과사전]).

470) 위화도회군(威化島回軍): 1388년(우왕 14) 명나라의 요동(遼東)을 공략하기 위해 출정했던 이성계(李成桂) 등이 위화도에서 회군해 우왕을 폐위시키고 정권을 장악한 사건.

당시 고려와 명나라의 관계는 명나라가 무리한 공물을 요구해 매우 긴장되어 있는 상태였는데, 1388년에는 명나라가 철령위(鐵嶺衛)를 설치해 철령 이북의 땅을 요동도사(遼東都司)의 관할 아래 두겠다고 통고해 왔다. 이에 고려가 크게 반발해 결국 요동정벌로 이어졌다.

요동정벌이 단행될 때, 수문하시중(守門下侍中) 이성계는 작은 나라가 큰 나라를 거스르는 일은 옳지 않으며[이소역대以小逆大], 여름철에 군사를 동원하는 것이 부적당할 뿐 아니라[하월발병夏月發兵], 요동을 공격하는 틈을 타고 왜구가 창궐할 것이며[거국원정擧國遠征 왜승기허倭乘其虛], 무덥고 비가 많이 오는 시기이므로 활의 아교가 녹아 풀어지고 병사들이 전염병에 걸릴 염려가 있다[시방서우時方暑雨 노궁해교弩弓解膠 대군역질大軍疫疾]는 4불가론(四不可論)을 들어 반대하였다. 그럼에도 우왕과 문하시중 최영(崔瑩)이 강력하게 주장해 요동정벌이 실행되었다. 이에 따라 고려에서는 8도의 군사를 징집하는 한편, 세자와 여러 비(妃)들을 한양산성(漢陽山城)으로 옮기고 찬성사 우현보(禹玄寶)로 하여금 개경을 지키게 한 뒤 우왕과 최영은 서해도(西海道)로 가 요동정벌의 태세를 갖추었다. 그리고 이해 4월에는 우왕이 봉주(鳳州)에 있으면서 최영을 팔도도통사(八道都統使)로 임명하고, 창성부원군 조민수(曺敏修)를 좌군도통사로 삼아 서경도원수 심덕부(沈德符), 서경부원수 이무(李茂), 양광도도원수 왕안덕(王安德), 양광도부원수

이승원(李承源), 경상도상원수 박위(朴葳), 전라도부원수 최운해(崔雲海), 계림원수 경의(慶儀), 안동원수 최단(崔鄲), 조전원수(助戰元帥) 최공철(崔公哲), 팔도도통사조전원수 조희고(趙希古)・안경(安慶)・왕빈(王賓) 등을 소속시켰다. 또 이성계를 우군도통사로 삼아 안주도도원수(安州道都元帥) 정지(鄭地), 안주도상원수 지용기(池勇奇), 안주도부원수 황보림(皇甫琳), 동북면부원수 이빈(李彬), 강원도부원수 구성로(具成老), 조전원수 윤호(尹虎)・배극렴(裵克廉)・박영충(朴永忠)・이화(李和)・이두란(李豆蘭)・김상(金賞)・윤사덕(尹師德)・경보(慶補), 팔도도통사조전원수 이원계(李元桂)・이을진(李乙珍)・김천장(金天莊) 등을 소속시켜 좌・우군을 편성하였다. 이때 동원된 총 병력은 좌・우군 3만 8,830명과 겸군(傔軍) 1만 1,600명, 그리고 말 2만 1,682필이었다. 곧이어 우왕과 최영은 평양에 머물면서 독전하고, 이성계와 조민수가 이끄는 좌・우군은 10만 대군을 자칭하면서 평양을 출발해 다음 달에 위화도에 둔진(屯陳)하였다. 그런데 그 사이에 도망치는 군사가 속출했고, 마침 큰비를 만나 압록강을 건너기가 어렵게 되자, 이성계는 이러한 실정(實情)을 보고하면서 요동정벌을 포기할 것을 우왕에게 요청하였다. 그러나 우왕과 최영이 이를 받아들이지 않고 계속해서 요동정벌을 독촉하자, 결국 이성계는 조민수와 상의한 뒤 회군을 단행하였다.

　　개경으로 돌아온 이성계 등은 최영의 군대와 일전을 벌인 끝에 최영을 고봉현(高峰縣)으로 유배하고 우왕을 폐위해 강화도로 방출하였다. 이로써 이성계 등은 정치적인 실권을 장악했다. 이를 바탕으로 전제개혁(田制改革)을 단행, 조선 건국의 기초를 다지게 되었다. 다만 회군 당시부터 이미 역성혁명(易姓革命)의 의지가 있었는지는 분명하지 않다([출처:위화도회군(威化島回軍)-한국민족문화대백과사전]).

471) 자산(自山-안확)은 정부의 명령이라 하였지만, 자의에 의한 것으로 본다. "王을 諫하여 보다가 聽納되지 아니하여 부득이 出征에 臨한 것이 없다(진단학회, 『한국사』(중세편), 을유문화사, 1961)"

472) 『태조실록』 태조 7년(1398) 8월 9일 기사에 "처음에 정도전과 남은이 임금을 날마다 뵈옵고 요동(遼東)을 공격하기를 권고한 까닭으로 『진도(陳圖)』를 익히게 한 것이 이같이 급하게 하였다(初鄭道傳, 南誾, 日見于上, 勸以攻遼, 故使習『陣圖』如此其急)"라는 기록이 보인다.

473) 『경국대전(經國大典)』: 『경제육전』의 원전과 속전(續典), 그리고 법령을 종합해 편찬한 조선시대 기본 법제서.

　　세조는 즉위하자마자 새로운 법령이 계속 쌓이고 그것들이 전후 모순되거나 미비해 결함이 발견될 때마다 속전을 간행하는 고식적 법전 편찬 방법을 지양하였다. 이에 따라 당시까지의 모든 법을 전체적으로 조화시켜 만세성법(萬世成法)을 이룩하기 위해 육전상정소(六典詳定所)를 설치, 통일 법전 편찬에 착수하였다.

　　1460년(세조 6) 7월에 먼저 재정・경제의 기본이 되는 「호전(戶典)」과 「호전등록(戶典謄錄)」을 완성, 이를 「경국대전 호전」이라고 이름 지었다. 이듬해 7월에는 「형전(刑典)」을 완성해 공포, 시행했으며, 1466년에는 나머지 「이전(吏典)」・「예전(禮典)」・「병전(兵典)」・「공전(工典)」도 완성하였다. 또 「호전」・「형전」도 함께 다시 전면적으로 검토해 1468년 1월 1일부터 시행하기로 결정하였다. 그러나 세조는 신중을 기해 반행(頒行)을 보류하고 있었다. 그 뒤, 예종도 육전상정소를 설치해 원년 9월에 매듭지어 2년 1월 1일부터 반포하기로 결정했으나, 예종이 갑자기

죽어 시행하지 못하고 말았다. 성종이 즉위하자, 곧 『경국대전』을 다시 수정해 드디어 1471년 1월 1일부터 시행하게 되었는데, 이것이 『신묘대전(辛卯大典)』이다. 그런데 누락된 조문이 있어 다시 개수해 1474년 2월 1일부터 시행했는데, 이것이 『갑오대전(甲午大典)』이다. 그 때 대전에 수록되지 않은 법령으로 시행할 필요가 있는 72개 조문은 따로 속록(續錄)을 만들어 함께 시행하였다.

1481년 9월에 다시 재검토할 필요가 있다는 논의가 있어, 감교청(勘校廳)을 설치하고 대전과 속록을 적지 않게 개수해 1485년 1월 1일부터 시행하였다. 이것이 『을사대전(乙巳大典)』인데, 이것을 시행할 때에 앞으로 다시는 개수하지 않고 최종적으로 확정된 것으로 규정지었다. 그리하여 영세 불변의 조종성헌(祖宗成憲)으로서, 통치의 기본 법전으로서 그 시대를 규율하게 되었다. 오늘날 온전히 전해오는 『경국대전』은 『을사대전』이며, 그 전의 것은 하나도 전해지지 않는다. 따라서 이 『을사대전』은 우리나라에 전해오는 법전 중 가장 오래된 유일한 것이다.

『경제육전』과 같이 6분 방식에 따라 「이전」・「호전」・「예전」・「병전」・「형전」・「공전」의 순서로 되어 있다. 또 각 전마다 필요한 항목으로 분류해 규정하고, 조문도 『경제육전』과는 달리 추상화, 일반화되어 있어, 건국 후 90여 년에 걸친 연마의 결정답게 명실상부한 훌륭한 법전으로서의 면모를 갖추었다.

「이전」에는 통치의 기본이 되는 중앙과 지방의 관제, 관리의 종별, 관리의 임면・사령(辭令) 등에 관한 사항이 규정되어 있다. 「호전」에는 재정 경제와 그에 관련되는 사항으로서 호적제도・조세제도・녹봉・통화・부채・상업과 잡업・창고와 환곡(還穀)・조운(漕運)・어장(漁場)・염장(鹽場)에 관한 규정을 비롯, 토지・가옥・노비・우마의 매매와 오늘날의 등기제도에 해당하는 입안(立案)에 관한 것, 그리고 채무의 변제와 이자율에 관한 규정이 수록되어 있다.

「예전」에는 문과・무과・잡과 등의 과거와 관리의 의장(儀章) 및 외교・제례・상장(喪葬)・묘지・관인(官印), 그리고 여러 가지 공문서의 서식에 관한 규정을 비롯, 상복 제도・봉사(奉祀)・입후(立後)・혼인 등 친족법 규범이 수록되어 있다.

「병전」에는 군제와 군사에 관한 규정이, 「형전」에는 형벌・재판・공노비・사노비에 관한 규정과 재산 상속법에 관한 규정이, 「공전」에는 도로・교량・도량형・식산(殖産)에 관한 규정이 수록되어 있다.

당시의 법사상인 양법미의(良法美意)에 대한 자신감과 실천 의지가 표명되어 있으며, 정치의 요체는 법치(法治)에 있다고 서약, 선언한 창업주인 태조의 강력한 법치 의지가 계승, 발전된 조종성헌으로서, 법제사상 최대의 업적이다.

이 대전의 편찬, 시행은 다음과 같은 의미를 가지고 있다. 첫째 국왕을 정점으로 하는 중앙집권적 전제정치의 필연적 요청으로서의 법치주의에 입각한 왕조 통치의 법적 기초라 할 수 있는 통치규범 체계가 확립되었다.

둘째, 여말선초의 살아 있는 현행 법령으로서 양법미의, 즉 타당성과 실효성 있는 고유법(固有法)을 성문화하고 조종성헌화해 중국법의 급작스러운 무제한적 침투에 대해서 방파제가 되었다. 또 영구불변성이 부여되어 고유법의 유지, 계승의 결정적 계기가 되었다.

그 전형적인 예가 「형전」 <사천조(私賤條)>에 규정된 자녀 균분 상속법(子女均分相續法), 「호전」 <매매한조(買賣限條)>에 규정된 토지・가옥・노비・우마의 매매에 관한 규정과 <전택조(田宅條)>에 규정된 토지・가옥 등에 대한 사유권의 절대적 보호에 관한 규정, 그리고 그들 사유권이 침해된 경우의 민사적 소송 절차에 관한 「형전」의 규정들이다. 이 규정들은 특히 중국법의 영향을 받지 않은 고유법이었다.

셋째, 특히 「형전」의 규정은 형벌법의 일반법으로서 계수된 『대명률(大明律)』에 대한 특별형사법이었다. 「형전」의 규정에는 조선적 특수 형법사상이 담겨 있어 『대명률』보다 우선적으로 적용되었다.

이 대전이 시행된 뒤 『대전속록(大典續錄)』·『대전후속록(大典後續錄)』·『수교집록(受敎輯錄)』 등과 같은 법령집과, 『속대전(續大典)』·『대전통편(大典通編)』·『대전회통(大典會通)』 등과 같은 법전이 편찬, 시행되어 이 조문이 실제로 개정되거나 폐지된 것이 적지 않았다. 그러나 그 기본이념은 면면히 이어져 내려왔으며, 이 대전의 조문은 나중의 법전에서 삭제되어서는 안 되는 신성성을 지니고 있었다. 따라서 조선시대 제도사를 연구하는 데 기본 사료가 된다. 이 대전의 을사본은 편찬 당시 출판해 널리 반포했고, 그 뒤에도 여러 번 출판하였다.

이 밖에 1936년 조선총독부 중추원에서 판본을 고교(稿校)해 활자로 인쇄, 간행한 것이 널리 퍼져 있다. 이어 1962년에는 법제처에서 『경국대전』 역주본을 내었고, 1985년에는 한국정신문화연구원에서 『역주 경국대전』을 출간해 한글 번역본으로 독자들에게 많은 도움을 주고 있다([출처:경국대전(經國大典)-한국민족문화대백과사전]).

····················

『경국대전주해(經國大典註解)』: 안위와 민전이 『경국대전』의 난해한 조문이나 용어를 해석하여 1554년에 간행한 주석서. 1권 21장.

『경국대전』의 조문이나 용어는 간결하면서도 뜻이 함축되어 있어서 그 문장과 실정에 능통하지 않고는 법을 제대로 적용하지 못하였다. 따라서 모든 사람들이 바르게 이해할 수 있게 하기 위하여 만든 것이다.

1550년(명종 5)에 예조에 주석을 담당할 부서를 설치, 통례원좌통례(通禮院左通禮)인 안위(安衛)와 봉상시 정(奉常寺正) 민전(閔荃)을 대전주해관(大典註解官)으로 임명하였다.

안위와 민전은 『경국대전』 중 문장이 지나치게 간략하여 시행에 가장 애로가 있는 조문을 주석했고, 이것을 판서 정사룡(鄭士龍)과 참판 심통원(沈通源)이 검토, 정정한 뒤에 초고를 만들었다. 그리고 다시 영의정 심연원(沈連源), 좌의정 상진(尙震), 우의정 윤개(尹漑)의 검토를 거쳐 1554년(명종 9)에 완성, 그 이듬해부터 시행하였다. 국가에서 유권적으로 주석한 것이기 때문에 법률로서의 효력이 있었다.

주해한 항목수는 이전(吏典) 16항, 호전(戶典) 11항, 예전(禮典) 7항, 병전(兵典) 8항, 형전(刑典) 18항, 공전(工典) 2항으로 도합 62항목이며, 대부분이 조문에 대한 주해이고 자구 해석은 적다.

『경국대전주해』의 편찬 때에 부수적인 작업으로서 주해관들이 『경국대전』의 간단한 자구를 주석했는데, 이것은 국왕의 결재를 받지 않고 참고용으로 간직했던 것이다. 그런데 주해관인 안위가 1554년 3월에 청홍도관찰사(淸洪道觀察使: 忠淸道觀察使)로 부임하게 되었다. 이에 정부에서 안위에게 『경국대전주해』와 자구 주해를 함께 인쇄, 간행하게 하여 10월에 청주에서 발간한 것이 있다. 이것은 『경국대전주해』를 전집으로 하고 자구 주해를 후집으로 하여 꾸며져 있는데, 이 후집도 유권적 해석으로서의 권위를 지니고 있었다.

후집의 항목은 경국대전이라는 명칭의 자구 주해를 비롯하여 이전 283항, 호전 70항, 예전 314항, 병전 52항, 형전 96항, 공전 16항, 도합 831항목이다.

『경국대전주해』는 정사룡이 서문을 썼으며 국내에는 갑인자본 1권 21장의 유일본이 전한다. 후집은 안위가 서문을 썼으며 일본에 원본이 유일본으로 소장되어 있다([출처:경국대전주해(經國大典註解)-한국민족문화대백과사전]).

474) 배극렴(裵克廉, 1325~1392): 조선전기 개국1등공신에 책록된 공신. 문신.

배극렴은 조선전기 개국1등공신에 책록된 공신이자 문신이다. 1325년(충숙왕 12)에 태어나 1392년(태조 1)에 사망했다. 고려말 왜구의 침략을 물리치는 데 큰 공을 세워 밀직부사에까지 승진했다. 1388년 이성계의 휘하에서 위화도회군을 도왔으며, 이어 3군도총제부의 중군총제사가 되어 도총제사 이성계의 병권 장악에 일익을 담당했다. 1392년 문하우시중으로 조준·정도전과 함께 공양왕을 폐하고 이성계를 추대, 조선 건국에 중요한 역할을 했다. 그 공으로 문하좌시중이 되어 두 왕조에 걸쳐 정승에 올랐으나 그해 세상을 떠났다.

본관은 경산(京山). 자는 양가(量可), 호는 필암(筆菴)·주금당(畫錦堂). 문음(門蔭) 출신. 아버지는 위위시소윤(衛尉寺少尹) 배현보(裵玄甫)이다.

고려 말 진주·상주의 목사(牧使)와 계림윤(鷄林尹)·화령윤(和寧尹) 등 외직을 담당할 때 선정(善政)을 베풀었다. 1376년(우왕 2)에는 진주도원수(晉州都元帥)로 진주에 침략한 왜구를 반성현(班城縣)에서 크게 격파하였다. 이듬해에는 우인열(禹仁烈)을 대신해 경상도도순문사(慶尙道都巡問使)가 되어 왜구 방어에 공을 세웠다. 이때 병영이 있는 창원 인근의 합포(合浦)에 왜구 방어를 위한 축성을 주관, 완성했는데 조선시대 경상우도병마절도사영(慶尙右道兵馬節度使營)의 번성(藩城)이 그것이다. 한편 1378년 경상도원수로서 욕지도(欲知島)에서 왜구를 대파(大破)하고, 겨울에는 경상도도순문사로서 하동과 진주에 침략한 왜구를 추격, 사주(泗州)에서 크게 이겼다. 이듬해에는 진주반성현의 대혈전(大血戰), 울주전투와 청도전투·사주전투 등에서 크게 활약하였다. 그 뒤, 정치적 성장을 거듭, 1380년에는 밀직부사(密直副使)에 올랐다. 1388년의 요동 출병 때 우군의 조전원수(助戰元帥)로 우군도통수(右軍都統師)인 이성계(李成桂)의 휘하에 참여, 위화도회군(威化島回軍)을 도와주었다. 1389년(창왕 1) 7월에는 판개성부사(判開城府事)의 요직을 맡았다. 그해 10월 문하찬성사(門下贊成事)로 승진하고, 하정사(賀正使)로 명나라에 다녀왔다. 1390년(공양왕 2)에는 평리(評理)로서 회군공신(回軍功臣)에 추록되었으며, 같은 해에 양광도찰리사(楊廣道察理使)가 되어 한양 궁궐의 조성을 감수하였다. 이어 3군도총제부(三軍都摠制府)의 중군총제사(中軍摠制使)가 되어 도총제사(都摠制使) 이성계의 병권 장악에 일익을 담당하였다. 같은 해에 판삼사사(判三司事)가 되어 개경의 내성(內城)을 축성하는 총책을 맡고, 1392년에는 수문하시중(守門下侍中)에 올랐다. 그해 7월 문하우시중(門下右侍中)으로 조준(趙浚)·정도전(鄭道傳)과 함께 공양왕을 폐하고 이성계를 추대, 조선 건국에 중요한 소임을 담당하였다. 이어 1등 개국공신이 되고 성산백(星山伯)에 봉해졌으며, 문하좌시중(門下左侍中)이 되었다. 1392년 11월 세상을 떠났으며 고려와 조선 두 왕조에 걸쳐 정승에 올랐다. 그러나 태조의 계비 신덕왕후 강씨(神德王后康氏) 소생인 이방석(李芳碩)이 세자에 책봉되는 데 관여했다는 이유로 뒤에 태종에 의해 폄하(貶下)되었다. 아들이 없어 누이의 외손인 안순(安純)이 주상(主喪)이 되었다. 시호는 정절(貞節)이다([출처:배극렴(裵克廉)-한국민족문화대백과사전]).

475) 의흥삼군부(義興三軍府): 조선 초기 군령(軍令)과 군정(軍政)을 총괄하던 관서. 흔히 삼군부로 약칭해서 부른다. 고려 말기인 1391년(공양왕 3) 종래의 오군체제를 삼군체제로 바꾸어 삼군도총제부(三軍都摠制府)를 두었는데, 이를 조선 초기인 1393년(태조 2) 9월에 개칭한 것이다.

이 관서가 설치되면서 태조의 친위 부대인 의흥친군위(義興親軍衛: 조선 태조 때 설치한 태조의 친위 군대. 1392년 7월에 도총중외제군사부都摠中外諸軍事府를 폐지하고 설치하였다. 태조 2년<1393> 9월에 종전의 이군 육위를 합쳐 의흥삼군부로 개칭되었다)의 좌·우위와 고려시대 이래의 2군 6위의 8위를 합해 3군 10위를 통솔하였다. 또한 동시에 고려 이래 상장군·대장군의 회의처였던 중방(重房: 고려 시대에, 이군 육위의 상장군·대장군 들이 모여 군사軍事를 의논하던 곳. 무신 집권 시대에는 일반 정사政事도 함께 다루면서 정치의 중심 기관이 되었다)을 폐지하면서 군사의 중추 기관으로 발전하였다.

설치 당시 삼군부는 10위를 중·좌·우의 3군으로 나누고 각 군마다 종친·대신들을 절제사(節制使)로 임명해 이를 통합하게 하였다. 또, 중앙군 이외에도 각 도의 상번 군사로 편제된 시위패(侍衛牌: 조선 초기에, 병종兵種 가운데 중앙에 번번을 들러 올라오는 지방의 장정)를 속하게 하였다.

삼군부가 군사 최고기관의 구실을 하게 되는 것은 개국에 공로가 있던 정도전(鄭道傳)이 판사에 임명되어 단일 책임자에 의한 관서(官署)로서의 성격을 띠게 되면서부터였다. 그러나 삼군부는 군사력이 거의 없고 10위가 그 통할을 맡을 뿐, 사병(私兵)이 혁파되기 전까지 이른바 삼군은 사실상 각 절제사에 영속(領屬)되어 있었다.

따라서 군령·군정기관이라고 하나 중앙군을 이루는 무반(武班) 군사들을 통합하는 데 불과하였다. 소속 기관으로는 진무소(鎭撫所)와 사인소(舍人所)가 있었다. 진무소는 군령기관의 참모부와도 같은 위치에 있었다.

원칙적으로 삼군부는 10위를 통할하는 한편, 번상(지방의 군사를 뽑아서 차례로 서울의 군영으로 보내던 일)숙위하는 각 도 주(州)·군(郡)의 병사인 시위패를 진무소에 소속시켰다. 이러한 제도는 절제사들의 사적 영속 관계에 있던 시위패를 규제한다는 의도에서 설행되었으나, 사병 혁파 이전의 목표였을 뿐 실효는 없었다. 그리고 삼군부와 지방군의 관계도 별다른 유기적 영속 관계가 나타나지 않고 있음을 볼 수 있다.

한편, 또 하나의 참모기관인 사인소가 설치되었다. 이는 대소 양반의 자서제질(子婿弟姪: 아들과 사위와 아우와 조카를 아울러 이르는 말)을 수용해 경사(經史)·율문(律文)·산수(算數)·사어(射御: 활쏘기와 말타기를 아울러 이르는 말) 등을 가르쳐 숙위에 충당하고, 동시에 자질에 따라 발탁, 등용하기 위해서였다.

삼군부는 새로이 광화문의 남쪽에 있었던 도평의사사(都評議使司)의 동쪽 맞은편에 청사를 마련해 정부와 군부가 일체이면서도 서로 대립된다는 외형을 갖추어 확장되었다. 이는 사적 영속 관계에 있는 모든 군사를 형식적으로나마 일원화된 체계로 파악하려는 집권화 시책의 일단이라 할 수 있다.

삼군부가 점차 비대해지자 고려 이래의 제도를 본받아 군기(軍機)·군정·숙위·경비 등을 장악하도록 했던 것이다. 이로 인해 건국과 동시에 군사 기능을 담당했던 중추원(中樞院)은 사실상 그 기능을 상실하고 말았다.

1398년부터 두 차례 왕자의 난(조선 초기에, 태조의 왕자들 사이에서 왕위 계승권을 둘러싸고 일어난 두 차례의 난. 1차 왕자의 난으로 정도전과 세자 방석芳碩과 방번芳蕃이 죽었고, 2차 왕자의 난으로 방간芳幹과 박포朴苞가 죽임을 당하였다)을 거치면서 1400년 절제사 등의 사적 영속관계에 있던 사병이 혁파되었고 이에 강력한 집권화 정책의 방향으로 개편이 이루어졌다. 즉 그 해 4월 도평의사사를 의정부(조선시대에 둔, 행정부의 최고 기관. 정종 2년<1400>에 둔 것으로, 영의정·좌의정·우의정이 있어 이들의 합의에 따라 국가 정책을 결정하였으며, 아래에 육조六曹를 두어 국가 행정을 집행하도록 하였다. 명종 때에 비변사가 설치되면서 그 권한을 빼앗겨 유명무실하여졌으나 대원군 때에 비변사를 없애면서 권한을 되찾았다)로 개편하고 중추원을 완전히 삼군부로 개칭하였다.

이는 삼군부와 중추원이 병치되어 있는 데서 일어나는 군령·군정상의 부작용을 없애기 위한 것으로, 최고지휘관인 판삼군부사·지삼군부사 등의 관원을 총제(摠制)라고도 하였다. 중추원의 기능이 삼군부로 통합됨에 따라 왕명 출납의 기능은 승정원(조선시대에, 왕명의 출납을 맡아보던 관아. 정종 2년<1400>에 중추원을 고쳐 도승지 이하의 벼슬을 두었는데, 고종 31년<1894>에 승선원承宣院으로 고쳤다)으로 옮겨갔다. 또한, 삼군부의 요원은 의정부의 구성원이 될 수 없게 하여 정부와 군부가 서로 견제, 대립하는 체제를 갖추게 하였다. 그러나 군령의 체계상으로 보면, 재상이 같은 발병권(發兵權)을 가지는 총제 보다는 상위에 있어야 한다는 취지에 입각해 의정부는 왕명을 받아 삼군부에 이명(移命)하도록 하였다. 그리고 이때의 삼군부를 중·좌·우의 삼군으로 각각 구분해 위에서 언급된 판사·지사 및 동지사 이외에 각 군별로 총제를 두어 소속군을 통할하도록 하였다. 사병이 혁파되고 병권이 집중되어 명(名)과 실(實)을 갖춘 삼군부를 분할 통솔하게 한 것은 병권의 편중을 막으려는 의도에서였다. 그리고 이때 정상적·법제적 기구로 성립되었다.

1401년(태종 1) 7월 삼군부는 승추부(承樞府: 조선 전기에, 군무軍務를 통할하는 일을 맡아 하던 관아. 태종 원년<1401>에 의흥삼군부를 고친 것으로, 태종 3년에 삼군도총제부로 개편하면서 따로 독립하였다가 5년에 폐하여 병조에 속하게 했다)로 개편되어 군기와 왕명 출납을 장악하였던 중추원 기능으로 다시 통합되었다. 이후 삼군부의 명칭은 다시 쓰이지 않았으며, 다만 군사력과 연결되는 삼군의 총제를 보강하였다. 승추부는 1403년 6월 삼군에 각각 도총제부를 두어 다시 분리되었다가, 1405년 육조의 지위가 높아지고 기능이 강화됨에 따라 병조에 합병되었다.

1409년 병조에 치우쳐 있는 군사관계 업무를 분산시키기 위해 새로이 최고 군령기관으로 삼군진무소(三軍鎭撫所: 조선 전기에, 군사에 관한 일을 맡아보던 관아. 태종 9년<1409>에 삼군도총제부를 고친 것으로, 세조 3년<1457>에 오위진무소로 고쳤다)를 두어 군사를 지휘하게 하였다. 그러나 곧 의흥부(義興府: 조선 초기에, 군령권을 맡아보던 관아. 태종 9년<1409>에 삼군진무소를 설치하자마자 이것으로 바꾸었고, 태종 12년<1412>에 병조로 군령권이 이관되면서 혁파되었다)로 고쳐 군정은 병조가, 군령은 의흥부가 담당하였다. 1412년 7월 의흥부가 다시 혁파되고 군령·군정권이 병조로 넘어갔으나 1414년을 전후로 진무소가 부설되었다. 이에 따라 다시 병조와 군령·군정권을 양립하게 되었다.

1418년 태종이 세종에게 양위하면서, 삼군진무소를 의군부진무소로 하고 앞서 세자를 위해 설치했던 의용위(義勇衛)를 삼군진무소라 하였다. 이는 상왕이 된 태종이 병권을 그대로 장악하기 위해 군령권을 양분하는 동시에 형식상으로나마 삼군을 관장하려는 데 있었다. 그러나 형식상 병권양분 상태로 있던 의군부는 곧 삼군도총제부로 통합되었다. 이로써 병조와 삼군도진무소가 당시의 군령·군정계통을 양분하고 있는 상태에서, 삼군도총제부는 십사(十司: 조선 태조 4년<1395>에 정도전의 제의에 따라 십위十衛를 개편한 군대 편제. 중군, 좌군, 우군에 속하게 하였는데 태종 18년<1418>에 십이사로 개편하였다)의 위에서 지휘권을 행사하게 되었다.

1432년(세종 14) 3월 삼군도총제부가 혁파되고 중추원이 다시 부설되어 숙위와 경비 등을 맡도록 하였다. 사실상 삼군부의 계통을 이은 삼군진무소의 변화가 일어난 것은 중앙군이 오위체제로 되면서이다. 즉, 1453년(단종 1) 7월 당시 12사(司)로 불어났던 중앙군이 오사(五司)로 되자 삼군은 중군 밑에 삼사를, 좌·우군 밑에 각각 1사를 두게 되었다. 그러나 1457년(세조 3) 오사가 오위(조선 문종 원년<1451>에 종래의 십이사를 개편한 군제軍制. 중군中軍을 의흥사·충좌사·충무사忠武司, 좌군左軍을 용양사, 우군右軍을 호분사로 하였는데, 세조 3년<1457>에 오위五衛로 고쳤다)에 병합되어 부대편성과 진법체제가 일치되는 중앙군제가 확립되면서 삼군이라는 편성은 없어지고 오위진무소(조선시대에, 오위五衛의 군무軍務를 맡아보던 관아. 세조 3년<1457>에 삼군진무소를 개편한 것으로 세조 12년<1466>에 오위도총부로 이름을 고쳤다)로 개칭되었다. 1466년 오위진무소가 오위도총부로 개칭되면서 『경국대전』에 법제화되었다([출처:의흥삼군부(義興三軍府)–한국민족문화대백과사전]).

476) 정종(定宗, 1357~1419): 조선 전기 제2대(재위: 1398~1400) 왕. 본관은 전주(全州). 이름은 경(曔)이고, 초명은 방과(芳果)이다. 자는 광원(光遠)이다. 태조의 둘째아들이며, 어머니는 신의왕후 한씨(神懿王后 韓氏)이다. 정종의 비 정안왕후(定安王后)는 판예빈시사 증문하좌시중월성부원군(判禮賓寺事贈門下左侍中月城府院君) 김천서(金天瑞)의 딸이다. 성품이 순직, 근실하고 행실이 단엄, 방정하면서 무략이 있었다. 일찍부터 관계에 나가 1377년(우왕 3) 5월 이성계(李成桂)를 수행해 지리산에서 왜구를 토벌하였다.

1388년(우왕 14)에 순군부만호(巡軍副萬戶)로서 도만호(都萬戶) 왕안덕(王安德) 등과 함께 국정에 폐해가 많던 염흥방(廉興邦)의 옥사를 국문하였다. 1389년(창왕 1) 7월 절제사(節制使) 유만수(柳曼殊)와 함께 해주에 침입한 왜적을 방어하였다. 1390년(공양왕 2) 1월 창왕을 폐하고 공양왕을 옹립한 공로로 추충여절익위공신(推忠礪節翊衛功臣)에 책록되고, 밀직부사(密直副使)에 올랐다. 그해 6월 자혜윤(慈惠尹)으로서 지밀직사사(知密直司事) 윤사덕(尹師德)과 함께 양광도(楊廣道)에 침입한 왜적을 영주(寧州) 도고산(道高山) 아래에서 격파하였다. 이어 판밀직사사(判密直司事)·삼사우사(三司右使) 등을 역임하였다. 조선왕조가 개창되자 1392년(태조 1) 영안군(永安君)에 봉해졌다. 의흥친군위절제사(義興親軍衛節制使)에 임명되고, 이듬해 의흥삼군부중군절제사(義興三軍府中軍節制使)로 개수(改授)되는 등 병권에 관여하였다. 1398년(태조 7) 8월 정안군 방원(靖安君芳遠)이 주도한 제1차 왕자의 난이 성공하면서 세자 책봉문제가 제기되었다. 방과는 "당초부터 대의를 주창하고 개국해 오늘에 이르기까지의 업적은 모두 정안군의 공로인데 내가 어찌 세자가 될 수 있느냐?"고 하면서 완강하게 거절했으나 정안군이 양보해 세자가 되었다. 1개월 뒤 태조의 양위를 받아 왕위에 올랐다. 그러나 태조의 양위는 자의(自意)가 아니라 타의(他意)에 의해 반강제로 이뤄진 것이 아닌가 하는 의문도 제기되고 있다. 정종은 자력에 의한 것이 아니라 정안군의 양보로 즉위했으므로 무력할 수밖에 없었다. 따라서 정종조의 정치는 거의 정안군의 뜻에 따라 전개되었다. 1399년(정종 1) 3월 개경으로 천도하였다. 같은 해 8월 분경금지법(奔競禁止法)을 제정하였다. 이로써 관인(官人)이 권귀(權貴)에 의존하는 것을 금지해 권귀의 세력을 약화시켰다. 제2차 왕자의 난을 계기로 1400년(정종 2) 2월 정안군을 세자로 책봉하였다. 그해 4월 정당문학 겸 대사헌(政堂文學兼大司憲) 권근(權近)과 문하부좌산기상시(門下府左散騎常侍) 김약채(金若采) 등의 소를 받아들여 사병(私兵)을 혁파하고 내외의 병권을 의흥삼군부로 집중시켰다. 문하시랑찬성사(門下侍郎贊成事) 하륜(河崙)에게 명해 도평의사사(都評議使司)를 의정부로 고치고 중추원을 삼군부(三軍府)로 고치면서, 삼군의 직장(職掌)을 가진 자는 의정부에 합좌하지 못하게 하였다. 이로써, 의정부는 정무를 담당하고, 삼군부는 군정을 담당하는 군·정 분리체제를 이뤘다. 이러한 개혁은 왕권 강화를 위한 것으로 방원의 영향력 하에서 이뤄진 것이라 하겠다. 1399년(정종 1) 3월 집현전을 설치해 장서(藏書)와 경적(經籍)의 강론을 맡게 하였다. 그해 5월 태조 때 완성된 『향약제생집성방(鄕藥濟生集成方)』을 편찬하였다. 11월에는 조례상정도감(條例詳定都監)을 설치하였다. 1400년(정종 2) 6월 노비변정도감(奴婢辨正都監)을 설치해 노비 변정을 기도하였다. 재위 시에도 정무보다는 격구 등의 오락에 탐닉하면서 보신책으로 삼았다. 왕위에서 물러난 뒤에는 상왕(仁文恭睿上王)으로 인덕궁(仁德宮)에 거주하면서 격구·사냥·온천·연회 등으로 유유자적한 생활을 하였다. 태종의 우애를 받으면서 천명을 다하였다.

시호는 처음에는 온인공용순효대왕(溫仁恭勇順孝大王)이었으나 공정온인순효대왕(恭靖溫仁順孝大王)으로 개시되었다. 묘호(廟號)는 정종(定宗)이다. 능호는 후릉(厚陵)으로 경기도 개풍군 흥교면 흥교리에 있다[출처:정종(定宗)-한국민족문화대백과사전]).

477) 하륜(河崙, 1348~1416): 조선 전기 영의정부사, 좌정승, 좌의정 등을 역임한 문신.

본관은 진주(晉州). 자는 대림(大臨), 호는 호정(浩亭). 하공진(河珙辰)의 후예, 하식(河湜)의 증손으로, 할아버지는 식목녹사(拭目錄事) 하시원(河恃源)이고, 아버지는 순흥부사 하윤린(河允潾)이다. 어머니는 증찬성사 강승유(姜承裕)의 딸이다.

1360년(공민왕 9)에 국자감시(國子監試), 1365년에는 문과에 각각 합격하였다. 이인복(李仁復)·이색(李穡)의 제자로, 1367년(공민왕 16)에 춘추관검열·공봉(供奉)을 거쳐, 감찰규정(監察糾正)이 되었으나 신돈(辛旽)의 문객인 양전부사(量田副使)의 비행을 탄핵하다가 파직되었다. 그뒤 고공좌랑(考功佐郎)·판도좌랑(版圖佐郎)·교주찰방(交州察訪)·제릉서령(諸陵署令)·지평·전리정랑(典理正郎)·전교부령지제교(典校副令知製敎)·전의부령(典儀副令)·전법총랑(典法摠郎)·보문각직제학·판도총랑(版圖摠郎)·교주도안렴사(交州道按廉使)·전리총랑(典理摠郎)·전교영(典校令)·대사성 등의 관직을 거치고, 1380년(우왕 6) 모친상을 당하여 관직에서 물러났다. 3년 상을 마친 뒤 우부대언·우대언·전리판서·밀직제학을 거쳐, 1385년(우왕 11)에 명나라 사신 주탁(周卓) 등을 서북면에서 영접하는 일을 맡았다. 1388년(우왕 14) 최영(崔瑩)이 요동(遼東)을 공격할 때 이를 반대하다가 양주로 유배되었으나(『태종실록』「하륜 졸기」에 나오는 내용임. 반면, 『고려사절요』·『동국통감』 등에서는 하륜이 이인임의 인척이었다는 이유로 최영에 의해 양주에 유배된 것으로 기술되어 있음), 위화도회군 이후로 복관되었다. 그리고 그해 가을 영흥군 왕환(永興君 王環)이 일본으로부터 돌아왔을 때 그가 가짜임을 밝혔다가 오히려 광주(光州)·울주 등지로 추방되었다. 그러나 윤이(尹彝)·이초(李初)의 변이 일어나자 의혹이 풀려 1391년(공양왕 3)에 전라도도순찰사가 되었다가 조선이 건국되자 경기좌도관찰출척사가 되어 부역제도를 개편, 전국적으로 실시하게 하였다. 또한, 신도(新都)를 계룡산으로 정하는 것을 반대, 중지시켰다. 1394년(태조 3)에 첨서중추원사(簽書中樞院事)가 되었으나 이듬해 부친상을 당하여 사직하였다. 그러나 곧 기복(起復)되어 예문춘추관학사가 되었는데, 때마침 명나라와의 표전문(表箋文) 시비가 일어나자 명나라의 요구대로 정도전(鄭道傳)을 보낼 것을 주장하고 스스로 명나라에 들어가 일의 전말을 상세히 보고, 납득을 시키고 돌아왔다. 그러나 정도전의 미움을 받아 계림부윤(鷄林府尹)으로 좌천되었는데, 그 때 항왜(降倭)를 도망치게 했다 하여 수원부에 안치되었다가 얼마 뒤 충청도도순찰사가 되었다. 그는 이방원(李芳遠)을 적극 지지하여 제1차 왕자의 난으로 정종이 즉위하자 정사공신(定社功臣) 1등이 되고 정당문학(政堂文學)으로서 진산군(晉山君)에 피봉되었다. 그리고 그해 5월 명나라 태조가 죽자 진위 겸 진향사(陳慰兼進香使)로 명나라에 가서 정종의 왕위계승을 승인받아 귀국, 참찬문하부사·찬성사·판의흥삼군부사 겸 판상서사사·문하우정승(門下右政丞)을 거쳐 진산백(晉山伯)으로 봉해졌다. 이해 태종이 즉위하자 좌명공신(佐命功臣) 1등이 되었으나 병으로 사직했다가 영삼사사(領三司事)로서 지공거(知貢擧)가 되고 관제를 개혁하였다. 그리고 영사평부사 겸 판호조사(領司評府事兼判戶曹事)로서 저화(楮貨)를 유통시키게 하였다. 1402년(태종 2)에 의정부좌정승 판조선사(議政府左政丞判吏曹事)로서 등극사(登極使)가 되어 명나라 성제(成帝)의 즉위를 축하하고 조선의 고명인장(誥命印章)을 받아가지고 돌아왔다. 그리하여 1405년(태종 5)에는 좌정승 세자사(世子師)가 되고, 다음 해에는 중시독권관(重試讀券官)이 되어 변계량(卞季良) 등 10인을 뽑았다. 그 뒤 영의정부사·좌정승·좌의정을 역임하고 1416년(태종 16)에 70세로 치사(致仕), 진산부원군(晉山府院君)이 되었다. 그는 태종의 우익으로 인사 청탁을 많이 받고 통진 고양포(高陽浦)의 간척지 200여 섬지기를 농장으로 착복, 대간의 탄핵을 받았으나 공신이라 하여 묵인되었다. 치사한 뒤에도 노구를 이끌고 함경도의 능침(陵寢)을 돌아보던 중, 정평군아(定平郡衙)에서 죽었다. 인품이 중후, 침착, 대범하였다. 저서로 문집 『호정집(浩亭集)』 약간 권이 있다. 태종의 묘정(廟庭)에 봉안되었다. 후대에 그를 한나라의 장자방(張子房), 송나라의 치규(稚圭)라 일컫기도 하였다. 시호는 문충(文忠)이다[출처:하륜(河崙)-한국민족문화대백과사전]).

478) 성석린(成石璘, 1338~1423)은 고려 말 조선 초의 문신이며 서예가이다. 본관은 창녕, 자는 자수(自修), 호는 독곡(獨谷)이고, 시호는 문경(文景)이며, 조부는 판도 총랑(版圖摠郎) 성군미(成君美)이고, 부원군 성여완(成汝完)의 아들이며, 모친은 밀직사지신사(密直司知申事) 나천부(羅天富)의 딸이다. 둘째동생인 성석용(成石瑢)과 성석연(成石珚)은 각각 보문각 대제학(普文閣大提學)과 예조판서(禮曹判書)를 역임하였다. 성석린은 순흥 안씨 안원숭(安原崇)의 딸과 혼인하여 2남 2녀를 두었는데 장남은 성지도(成志道), 2남은 성발도(成發道)이다. 그 부친 성여완은 창녕부원군(昌寧府院君)에 봉해졌고 대대로 창녕군의 세족이 되었다. 1357년(공민왕 6) 과거에 급제, 벼슬이 전리총랑(典理摠郎)에 이르러 신돈의 모함으로 인하여 해주목사로 좌천, 다시 돌아와서 성균관사성이 되고 밀직대언(密直代言)에 뽑혀 지신사(知申事)에 올랐다. 1375년 우왕이 즉위한 후 밀직제학이 되었을 때 왜구가 대거 침입하자 조전(助戰)원수가 되어 양백연(楊伯淵)의 부하로 참전, 크게 전공을 세우고 공신의 호를 받았으며 동지사사(同知司事)에 승진, 뒤에 양백연의 옥에 연좌되어 함안(咸安)에 귀양 갔다. 돌아와서 창원군(昌原君)에 피봉되었다. 정당문학(政堂文學)을 거쳐 양광도 관찰사를 지낼 때 큰 흉년이 들자 의창(義倉)을 설치하여 구호에 만전을 기하니 조정에서는

다른 도에서도 모두 의창을 두게 하였고, 문하평리(門下評理)가 되었다.

1389년 이성계와 공모하여 우왕·창왕 부자를 몰아내고 공양왕을 세워 9공신의 한 사람이 되었다. 대제학을 지내고 문하찬성사(門下贊成事)가 되었다. 그 후 조선 개국 초에 이색·우현보(禹玄寶)의 일당으로 몰려 고향에 안치되었다가 뒤에 벼슬에 들어 문하우정승, 좌정승, 우의정, 좌의정을 거쳐 영의정에 이르렀다. 1395년(태조 4년) 판한성부사에 최초로 임명되었다. 1415년(태종 15) 영의정부사(領議政府事)가 되었다. 문집으로『독곡집(獨谷集)』(서울특별시 유형문화재 제395호)이 전한다.『명신록』에 따르면, 태조 이성계의 오랜 벗으로서 이성계를 만나러 가는 차사로 자원한 적이 있다고 한다. 한편 시문에 능하고 진초(眞草)를 잘 써 당대 명필로 이름을 떨쳤다. 묘소는 경기도 포천시 신북면 고일리에 있다. 1986년 4월 9일 포천시의 향토유적 제22호 성석린 선생 묘로 지정되었다(위키백과).

479) 허균(許筠, 1569~1618): 조선시대 첨지중추부사, 형조참의, 좌참찬 등을 역임한 문신. 문인.

본관은 양천(陽川). 자는 단보(端甫), 호는 교산(蛟山)·학산(鶴山)·성소(惺所)·백월거사(白月居士). 아버지는 서경덕(徐敬德)의 문인으로서 학자·문장가로 이름이 높았던 동지중추부사(同知中樞府事) 엽(曄)이다. 어머니는 강릉 김씨(江陵金氏)로서 예조판서 광철(光轍)의 딸이다. 임진왜란 직전 일본통신사의 서장관으로 일본에 다녀온 성(筬)이 이복형이다. 문장으로 이름 높았던 봉(篈)과 난설헌(蘭雪軒)과 형제이다.

허균은 5세 때부터 글을 배우기 시작해 9세 때에 시를 지을 줄 알았다. 1580년(선조 13) 12세 때에 아버지를 잃고 더욱 문학 공부에 전념했다. 학문은 류성룡(柳成龍)에게 배웠다. 시는 삼당시인(三唐詩人)의 하나인 이달(李達)에게 배웠다. 이달은 둘째형의 친구로서 당시 원주의 손곡리(蓀谷里)에 살고 있었다. 그에게 시의 묘체를 깨닫게 해주었다. 인생관과 문학관에도 많은 영향을 주었다. 이후 허균은 「손곡산인전(蓀谷山人傳)」을 지어 그를 기렸다. 허균은 26세 때인 1594년(선조 27)에 정시문과(庭試文科)에 을과로 급제하고 설서(說書)를 지냈다. 1597년(선조 30)에는 문과 중시(重試)에 장원을 했다.

허균은 국문학사에서는 우리나라 최초의 소설인『홍길동전』을 지은 작가로 인정되고 있다. 한때 이론이 제기되기도 했으나 그보다 18년 아래인 이식(李植, 1584~1647)이 지은『택당집(澤堂集)』의 기록을 뒤엎을 만한 근거가 없는 이상 그를『홍길동전』의 작가로 보아야 할 것이다. 그의 생애와 그의 논설「호민론(豪民論)」에 나타난 사상을 연결시켜 보면 그 구체적인 형상화가 홍길동으로 나타났다고 보아도 좋을 것이다. 허균의 문집에 실린 「관론(官論)」·「정론(政論)」·「병론(兵論)」·「유재론(遺才論)」 등에서 민본사상과 국방정책과 신분계급의 타파 및 인재등용과 붕당배척의 이론을 전개했다. 내정개혁을 주장한 그의 이론은 원시유교사상에 바탕을 둔 것으로 인민들의 복리증진을 정치의 최종목표로 삼아야 한다는 것이다. 허균은 유교 집안에서 태어나 유학을 공부한 유가로서 학문의 기본을 유학에 두고 있다. 그러나 당시의 이단으로 지목되던 불교·도교에 대해 깊이 빠져들었다. 특히, 불교에 대해서는 한때 출가하여 중이 되려는 생각도 가지고 있었다. 불교의 오묘(奧妙)한 진리를 접하지 않았더라면 한평생을 헛되이 보낼 뻔했다고 술회를 하기도 하였다. 불교를 믿는다는 사헌부의 탄핵을 받아 파직당하고서도 자기의 신념에는 아무런 흔들림이 없음을 시와 친구에게 보낸 편지 글에서 밝히고 있다. 허균은 도교사상에 대해서는 주로 그 양생술과 신선사상에 깊은 관심을 보였다. 은둔(隱遁)사상에도 지극한 동경을 나타냈다. 은둔생활의 방법에 대하여 쓴 「한정록(閑情錄)」이 있어 그의 그러한 관심을 보여 주고 있다([출처:허균(許筠)-한국민족문화대백과사전]).

480) 문묘(文廟): 공자를 정위 좌우에 중국과 우리나라의 명현 위패를 봉안해 성균관과 향교에 건치한 묘우(廟宇).

안자(顔子)·증자(曾子)·자사자(子思子)·맹자(孟子)를 배향(配享)하고 공문10철(孔門十哲) 및 송조6현(宋朝六賢)과 우리나라의 신라·고려·조선조의 명현 18현(十八賢)을 종사(從祀)해 태학생(太學生)들의 사표(師表)로 삼았다. 중앙에는 성균관, 지방에는 각 향교에 건치(建置)하고 있다.

조선조에서는 공자를 정위(正位)로 하여 4성(四聖)과 공문10철, 송조6현을 대성전(大成殿)의 좌우에 배열, 배향하고, 동무(東廡)에 중국 명현 47위(位)와 우리나라의 명현 9위를 종사하고, 서무(西廡)에 역시 중국 명현 47위와 우리나라의 명현 9위를 종사하였다. 그러나 광복 후 1949년 전국유림대회 결의에 의해 동무와 서무에 종사한 중국 명현의 위판(位板)을 매안(埋安)하고, 우리나라의 명현 18위를 대성전으로 승당(陞堂)해 오늘에 이르고 있다.

우리나라 문묘의 건치는 714년(성덕왕 13) 김수충(金守忠)이 당나라에서 돌아오면서 문선왕(文宣王: 孔子)과 10철, 72제자의 화상(畵像)을 가지고 와서 왕명에 의해 국학(國學)에 두면서부터이다. 그 뒤 승출(陞黜)을 거듭해 조선조 말에 이르러서는 공자 이하 133위를 모시게 되었다.

우리나라의 유현(儒賢)은 모두 18위인데, 신라의 최치원(崔致遠)이 1020년(현종 11)에 종사되었다. 1022년 설총(薛聰)이 종사되었으며, 1319년(충숙왕 6) 안유(安裕)가 종사된 뒤 고려의 정몽주(鄭夢周) 이하 15위는 조선조의 태종 때부터 정조 때까지의 사이에 종사하게 되었다.

현재 보존된 성균관의 문묘는 1398년(태조 7)에 완성되었다. 임진왜란 때 소실된 것을 1601년(선조 34)에 중건해 몇 차례의 중수를 거쳐 오늘에 이르고 있다.

문묘의 구도 내용은 대성전을 정전(正殿)으로 하고, 하단에 동무·서무·제기고(祭器庫)·묘정비각(廟庭碑閣)·신삼문(神三門)·동삼문(東三門)·동서협문(東西夾門)·소문(小門)·수복청(守僕廳)·전사청(典祀廳)·포주(庖廚)·악기고(樂器庫)·차장고(遮帳庫)·악생청(樂生廳)·향관청(享官廳)·동서월랑(東西月廊)·수자간(水刺間) 등으로 되어 있다. 이는 중앙문묘(中央文廟)인 대설위(大設位)의 제도이나, 각 지방 향교에 건치(建置)한 문묘는 그 고을의 크기에 따라 중설위(中設位)와 소설위(小設位)로 구분되어 그 제도가 각각 다르다.

문묘의 대성전은 다른 사묘처럼 단독으로 건축되는 것이 아니다. 조선시대의 교육 기관이었던 서울의 성균관을 비롯해 지방의 향교에 이르기까지 문묘제향을 통한 존현(尊賢)과 강학(講學)을 통한 교학(教學)의 두 기능에 맞도록 설계되어야 한다. 그러므로 반드시 강당인 명륜당, 동재·서재 등 다른 건물과 함께 건축된다는 점에 다른 사묘와 다르다.

고려시대의 문묘건축에 대해서는 『고려도경(高麗圖經)』에 "대문에 국자감(國子監)이라는 현판을 걸고, 중앙에 선성전(宣聖殿)을 건축하고, 또 양무(兩廡)와 재사(齋舍)들을 건축하였다"고 기록되어 있다. 선성전은 바로 조선시대 성균관의 문묘 대성전으로 이어지는 것이다.

문묘 건축의 배치는 외삼문(外三門)을 들어서면 중앙 중심축 북쪽으로 문선왕전인 대성전이 자리잡고, 그 전면 좌우에 동무·서무의 양무를 건립한다. 외삼문부터 대성전 기단의 앞면 계단까지는 신도(神道)를 둔다.

대성전의 평면은 일반적으로 장방형이나, 칸수는 일정하지 않다. 보통 앞면에는 퇴(退)를 두어 개방하고 있다. 예컨대, 서울의 문묘나 강릉향교 대성전에서는 앞면에 개방된 툇간을 두었으나, 경주향교의 대성전은 정면 3칸, 측면 3칸에 모두 문짝을 달았다.

동무와 서무의 평면은 측면이 1, 2칸이나 정면은 여러 칸 되는 장방형 평면을 이루고 있다. 성균관의 동무·서무는 정면 11칸, 측면 1칸 반으로 앞면 반 칸을 퇴로 개방하고 있다. 그 내부는 모두 통간(通間)으로 하는 것이 일반적이다. 다만, 전주향교에서처럼 일부 칸을 막아 경판(經板) 등을 보관하는 경우도 있으나, 경판들은 존경각(尊經閣)에 보관하는 것이 일반적으로 원칙이 되어 있다.

문묘 대성전의 구조는 모두 목조가구식 건축(木造架構式建築)으로 포작계(包作系)이며, 주심포(柱心包)·다포(多包)·익공(翼工) 세 양식이 고루 사용된다. 예를 들어, 성균관 대성전은 다포 양식이고, 강릉향교 대성전은 주심포 양식이며, 전주향교 대성전은 초익공 양식(初翼工樣式)임을 볼 수 있다.

지붕은 팔작지붕과 맞배지붕 두 가지로, 성균관 대성전은 팔작지붕, 강릉향교 대성전은 맞배지붕이다. 동무와 서무는 일반적으로 민도리집 계통이나 때로 익공 양식으로 건축되기도 하는데, 모두 맞배지붕을 이룬다. 예컨대, 성균관의 동무·서무는 민도리집 구조로 맞배지붕이나 진주와 밀양향교의 동·서 양무는 익공 식으로 맞배지붕을 이루고 있다.

문묘 건축의 특성은 존현의 중심기능인 제사를 위한 의식 공간(儀式空間)이기 때문에, 하나의 축(軸)을 중심으로 대성전과 동·서 양무를 좌우 대칭되게 배치하게 된다. 더욱이, 대성전 앞 동·서 양무는 배치뿐만 아니라 입면상(立面上)으로도 좌우 대칭되게 한다.

교학 공간과 관련해서 존현 공간인 문묘를 공간적으로 우위에 놓는 것도 특징이다. 이 밖에 다른 특성으로 건축평면에서는 동·서 양무 모두 내부를 통간으로 하며, 건축구조에 있어서는 대성전의 구조가 다른 건축물, 즉 동·서 양무와 강당, 동·서 양재, 고직사 등보다 우위에 두어 기단도 가장 높고, 또 포작계로 건립된다([출처:문묘(文廟)-한국민족문화대백과사전]).

481) 동서벽(東西壁): 원래는 관리들이 회의나 연회에서 서열에 따라 지정된 좌석의 위치를 뜻하였던 바, 최상위가 주벽(主壁), 차상위가 동벽(東壁), 그 다음이 서벽(西壁), 기타가 남상(南床)이 되었으나, 뒤에는 각 관청의 특정 관직을 지칭하게 되었다. 특히 합좌의 기회가 많은 의정부·승정원·홍문관의 관원들에 대한 별칭으로 자주 사용되었다. 의정부에서는 삼의정이 주벽, 좌·우찬성이 동벽, 좌·우참찬이 서벽이었고, 승정원에서는 도승지·좌승지가 주벽, 우승지·좌부승지가 동벽, 우부승지·동부승지가 서벽이었다. 홍문관에서는 부제학 이상을 주벽, 직제학·전한·응교·부응교를 동벽, 교리·부교리·수찬·부수찬을 서벽, 박사·저작·정자를 남상으로 불렀다. 사신의 경우에는 정사가 주벽, 부사가 동벽, 서장관이 서벽이 되었다. 그러나 보통 동벽이라고 부를 때는 승정원과 홍문관의 동벽 관원들을 지칭하였다([출처:동서벽(東西壁)-한국민족문화대백과사전]).

482) 반정(反正): 1623년(광해군 15) 이귀(李貴) 등 서인 일파가 광해군 및 집권당인 이이첨(李爾瞻) 등의 대북파를 몰아내고, 능양군 종(綾陽君倧)을 왕으로 옹립한 정변.

역사적 배경: 광해군은 즉위 직후 정세 변화에 따라 왕위를 위협할지도 모를 동복형 임해군(臨海君)과 유일한 적통(嫡統) 영창대군(永昌大君)을 경계하였다. 그리하여 먼저 임해군이 불궤(不軌: 법을 어김)를 꾀하였다는 죄목으로 진도로 귀양 보냈다가 다시 교동으로 옮겼다. 그 뒤 대북파 정인홍(鄭仁弘)·이이첨 등이 임해군의 처형을 주장하자, 이원익(李元翼)·이항복(李恒福) 등 중신들의 반대에도 불구하고 현감 이직(李稷)에게 살해하게 하였다. 그리고 칠서지옥(七庶之獄: 서얼 출신 7인이 은상인을 살해한 사건을 정치적으로 이용한 옥사)을 일으키고, 이를 계기로 영창대군의 외할아버지인 김제남(金悌男)을 죽이고 영창대군을 강화에 유폐하였다. 선왕의 유교칠신(遺敎七臣: 유훈을 받들은 일곱 신하) 중 재직자인 신흠(申欽)·박동량(朴東亮)·서성(徐渻)·한준겸(韓浚謙)을 내쫓았다. 이어 영창대군을 처형하라는 주장이 일어나자, 이이첨의 뜻을 받은 강화부사 정항(鄭沆)이 8세의 어린 영창대군을 살해하였다. 또, 정원군(定遠君: 인조의 아버지로 뒤에 원종으로 추존)의 아들 능창군 전(綾昌君佺: 인조의 아우)을 교동에 금고하였다가 살해하였다. 대비 김씨에 대해도 계속 압박을 가하던 중 1617년에 이르러 폐모론이 대두되었다. 영중추부사(領中樞府事) 이항복, 영의정 기자헌(奇自獻) 및 정홍익(鄭弘翼)·김덕함(金德諴) 등이 반대하자, 오히려 이들을 멀리 귀양 보냈다. 그 뒤 우의정 한효순(韓孝純)의 발론(發論)을 계기로 대비 김씨의 존호(尊號)를 폐하여 다만 서궁(西宮)이라 칭하고, 공봉(供奉: 생활에 필요한 물품을 바침)을 감하고 조알(朝謁: 왕을 조정에서 찾아뵘)을 중지시켰다. 그런 뒤에도 실권을 행사하던 이이첨은 1622년 12월 강원감사 백대형(白大珩)을 시켜 이위경(李偉卿) 등과 함께 굿을 빙자해 경운궁(慶運宮)에 들어가 대비를 시해하려 하였으나, 영의정 박승종(朴承宗) 등이 급히 이르러 추방해 실패한 일도 있었다. 이와 같은 광해군의 폐모살제(廢母殺弟: 어머니를 죽이고 동생을 살해함) 등의 사건은 지금까지 대북파에게 눌려 지내던 서인 일파에게 반동 투쟁의 중요한 구실을 주었다.

　서인의 이귀·김자점(金自點)·김류(金瑬)·이괄(李适) 등은 마침내 이를 이유로 무력정변을 기도하게 되었다. 일찍이 함흥판관으로 있었던 이귀는 북우후(北虞侯) 신경진(申景禛)과 맺고, 또 유생 심기원(沈器遠)·김자점과 통하여 인망이 높던 전 부사 김류를 대장으로 삼아, 대북 정권을 타도하고 능양군 종을 옹립할 계획을 세웠다. 1622년 이귀는 평산부사, 신경진은 효성령별장(曉星嶺別將)으로 있었다. 마침 평산 지방에는 호환(虎患)이 심해, 이귀는 범 사냥하는 군사에게는 경계의 제한을 두지 않기를 청해 그것을 기회로 거사하려 하였다. 그러나 이 모의가 누설되어 실패하였고, 다음해에는 그의 모계(謀計)가 도하에 떠들썩하여 이귀 등은 서둘러 계획을 실천하게 되었다. 마침내 1623년 3월 13일 밤에 이귀·심기원·최명길(崔鳴吉)·김자점 등은 병력 600~700명으로 홍제원(弘濟院)에 모여 김류를 대장으로 삼고, 능양군은 친병(親兵)을 거느리고 고양 연서역(延曙驛)에 나아가 장단부사 이서(李曙)의 병력 700여 명과 합류하였다. 먼저 창의문(彰義門)을 돌파하고 창덕궁으로 향하였다. 궁중에서의 연회(宴會)가 한창이던 광해군은 반군이 대궐에 들어간 뒤에야 피신하였다. 그러나 반군의 횃불이 창덕궁의 제전(諸殿)에 인화되어 모두 불탔다. 능양군은 보새(寶璽)를 거두어 경운궁에 유폐중인 대비 김씨에게 바치니, 대비는 광해군을 폐하고 능양군을 즉위시켰다. 이가 곧 인조이며 이 정변이 인조반정이다. 광해군은 의관(醫官) 안국신(安國臣)의 집에 숨었으나 곧 체포되었다. 대비 김씨는 광해군의 죄를 들어 처형하려 하였으나, 새 왕의 간청으로 서인으로 내리는 동시에 강화로 귀양 보내고, 대북파의 이이첨·정인홍·이위경 등 몇십 명을 참형에 처하고 200명을 귀양 보냈다. 반면, 반정에 공을 세운 서인의 이귀·김류 등 33명은 세 등급으로 나누어져 정사공신(靖社功臣)의 훈호(勳號)를 받고, 각기 등위에 따라 벼슬을 얻었다. 그러나 논공이 공평하지 못해 서인 간에 다소의 반목이 있었으며, 1년 뒤 이괄의 난을 초래하는 요인이 되었다. 또한, 남인 이원익이 다시 조정에 들어와 상위(相位)에 오름으로써 남인이 제2세력을 형성하게 되었다([출처:반정(反正)-한국민족문화대백과사전]).

483) 이원익(李元翼, 1547~1634): 조선시대 이조판서, 우의정, 좌의정, 영의정 등을 역임한 문신.

본관은 전주(全州). 자는 공려(公勵), 호는 오리(梧里). 한성부 출신. 태종의 아들 익녕군(益寧君) 이이(李袳)의 4세손이며, 수천군(秀泉君) 이정은(李貞恩)의 증손으로, 할아버지는 청기수(靑杞守) 이표(李彪)이다. 아버지는 함천정(咸川正) 이억재(李億載)이며, 어머니는 감찰 정치(鄭錙)의 딸이다. 강서(姜緒)·조충남(趙忠男) 등과 교유하였다. 키가 작아 키 작은 재상으로 널리 불렸다.

15세에 동학(東學)에 들어가 수학해 1564년(명종 19) 사마시에 합격하고, 1569년(선조 2) 별시 문과에 병과로 급제해 이듬해 승문원 권지부정자로 활동하였다. 사람과 번잡하게 어울리기를 좋아하지 않았고, 공적인 일이 아니면 외출도 잘하지 않는 성품이었다 한다. 류성룡(柳成龍)이 일찍부터 이원익의 비범(非凡)함을 알고 있었다고 한다. 정자·저작 겸봉상직장을 거쳐 1573년(선조 6) 성균관전적이 되었으며, 그해 2월 성절사 권덕여(權德輿)의 질정관(質正官)으로 북경(北京)에 다녀왔다. 그 뒤 호조·예조·형조의 좌랑을 거쳐 이듬해 가을 황해도 도사에 임명되었다. 이 시기 병적(兵籍)을 정비하면서 실력을 발휘, 특히 이이(李珥)에게 인정되어 여러 차례 중앙관으로 천거되었다. 1575년(선조 8) 가을 정언이 되어 중앙관으로 올라온 뒤, 지평·헌납·장령·수찬·교리·경연강독관·응교·동부승지 등을 역임하였다. 1583년(선조 16) 우부승지 때 도승지 박근원(朴謹元)과 영의정 박순(朴淳)의 사이가 좋지 않자 왕자사부 하락(河洛)이 승정원을 탄핵하였다. 다른 승지들은 도승지와 영의정의 불화 때문이라고 주장하며 화를 면하려 하였다. 그러나 이원익은 동료를 희생시키고 자신만 책임을 면할 수 없는 일이라고 상주해 파면되어 5년간 야인으로 있었다. 그 뒤 1587년(선조 20) 이조참판 권극례(權克禮)의 추천으로 안주목사에 기용되어, 양곡 1만여 석을 청해 기민을 구호하고 종곡(種穀)을 나누어주어 생업을 안정시켰다. 또, 병졸들의 훈련 근무도 연 4차 입번(入番)하던 제도를 6번제로 고쳐 시행하였다. 이는 군병을 넷으로 나누어 1년에 3개월씩 근무하게 하던 것을 1년에 2개월씩으로 고쳐 인민들의 부담을 경감시킨 것이다. 이 6번 입번제도는 그 뒤 순찰사 윤두수(尹斗壽)의 건의로 전국적인 병제로 정해졌다. 그리고 뽕을 심어 누에 칠 줄을 몰랐던 안주 지방에 이원익이 권장해 심어 인민들로부터 이공상(李公桑)이라는 별명까지 얻었다 한다. 그 뒤 임진왜란 전까지 형조참판·대사헌·호조와 예조판서·이조판서 겸 도총관·지의금부사 등을 역임하였다. 임진왜란이 발발하자 이조판서로서 평안도도순찰사의 직무를 띠고 먼저 평안도로 향했고, 선조도 평양으로 파천했으나 평양마저 위태롭자 영변으로 옮겼다. 이때 평양 수비군이 겨우 3,000여 명으로서, 당시 총사령관 김명원(金命元)의 군 통솔이 잘 안되고 군기가 문란함을 보고, 먼저 당하에 내려가 김명원을 원수(元帥)의 예로 대해 군의 질서를 확립하였다. 평양이 함락되자 정주로 가서 군졸을 모집하고, 관찰사 겸 순찰사가 되어 왜병 토벌에 전공을 세웠다. 1593년 정월 이여송(李如松)과 합세해 평양을 탈환한 공로로 숭정대부(崇政大夫)에 가자되었고, 선조가 환도(還都)한 뒤에도 평양에 남아서 군병을 관리하였다. 1595년 우의정 겸 4도 체찰사(都體察使)로 임명되었으나, 주로 영남체찰사영에서 일하였다. 이때 명나라의 정응태(丁應泰)가 경리(經理) 양호(楊鎬)를 중상모략한 사건이 발생해 조정에서 명나라에 보낼 진주변무사(陳奏辨誣使)를 인선하자, 당시 영의정 류성룡에게 "내 비록 노쇠했으나 아직도 갈 수는 있다. 다만 학식이나 언변은 기대하지 말라" 하고 자원하였다. 그러나 정응태의 방해로 소임을 완수하지 못하고 귀국하였다. 귀국 후 선조로부터 많은 위로와 칭찬을 받고 영의정에 임명되었다. 그러나 당시 이이첨(李爾瞻) 일당이 류성룡을 공격해 정도(正道)를 지켜온 인물들이 내몰림을 당하자 상소하고 병을 이유로 사직하였다. 그 뒤 중추부사에 임명되었다가 그해 9월 영의정에 복직되었다. 이때 정영국(鄭榮國)과 채겸길(蔡謙吉)이 홍여순(洪汝諄)·임국로(任國老)를 두둔하면서 조정 대신을 공격하자 당파의 폐해로 여기고 이의 근절을 요구했고, 또 선조의 양위(讓位)를 극력 반대하고 영상직을 물러났다. 1600년(선조 33) 다시 좌의정을 거쳐 도체찰사(都體察使)에 임명되어 영남 지방과 서북 지방을 순무하고 돌아왔다. 1604년(선조 37) 호성공신(扈聖功臣)에 녹훈되고 완평부원군(完平府院君)에 봉해졌다. 광해군 즉위 후 다시 영의정이 되었을 때 전쟁 복구와 민생 안정책으로 국민의 부담을 경감하기 위해, 호조참의 한백겸(韓百謙)이 건의한 대동법(大同法)을 경기 도지방에 한해 실시해 토지 1결(結)당 16두(斗)의 쌀을 공세(貢稅)로 바치도록 하였다. 광해군이 난폭해지자 신변의 위험을 무릅쓰고 대비에 대한 효도, 형제간의 우애, 여색에 대한 근신, 국가 재정의 절검 등을 극언으로 간쟁했고, 임해군(臨海君)의 처형에 극력 반대하다 실현되지 못하자 병을 이유로 고향으로 내려갔다. 정조(鄭造)·윤요(尹宲) 등이 대비(大妃)폐위론을 주장하자, 가족의 만류를 뿌리치고 극렬한 어구로 상소해 홍천으로 유배되었으며 뒤에 여주로 이배되었다. 1623년(인조 1) 반정으로 인조가 즉위하자 제일 먼저 영의정으로 부름을 받았다. 광해군을 죽여야 한다는 여론이 높아지자, 인조에게 자신이 광해군 밑에서 영의정을 지냈으니 광해군을 죽여야 한다면 자신도 떠나야 한다는 말로 설복해 광해군의 목숨을 구하기도 하였다. 1624년(인조 2) 이괄(李适)의 난 때에는 80세에 가까운 노구로 공주까지 왕을 호종하였다. 1627년(인조 5) 정묘호란 때에는 도체찰사(都體察使)로 세자를 호위해 전주로 갔다가 강화도로 와서 왕을 호위했으며, 서울로 환도하자 훈련도감제조에 임명되었다. 그러나 고령으로 체력이 약해져 사직을 청하고 낙향하였다. 그 뒤 여러 차례 왕의 부름이 있었으나 응하지 않았다. 성품이 소박하고 단조로워 과장이나 과시할 줄을 모르고, 소임에 충실하고 정의감이 투철하였다. 다섯 차례나 영의정을 지냈으나 집은 두어 칸 짜리 오막살이 초가였으며, 퇴관 후에는 조석거리조차 없을 정도로 청빈했다 한다. 인조로부터 궤장(几杖)을 하사받았다. 저서로는 『오리집(梧里集)』·『속오리집(續梧里集)』·『오리일기(梧里日記)』 등이 있으며, 가사로 「고공답주인가(雇貢答主人歌)」가 있다. 인조의 묘정(廟庭)에 배향되었고, 충현서원(忠賢書院)에 제향되었다[경기도 광명시 소하동에 충현서원 터가 남아 있음]. 시호는 문충(文忠)이다([출처:이원익(李元翼)-한국민족문화대백과사전]).

484) 박세채(朴世采, 1631~1695): 조선 후기 대사헌, 이조판서, 우참찬 등을 역임한 문신. 학자. 본관은 반남(潘南). 자는 화숙(和叔), 호는 현석(玄石)·남계(南溪). 아버지는 홍문관 교리 박의(朴猗)이며, 어머니는 신흠(申欽)의 딸이다. 그의 가계(家系)는 명문세족으로, 증조부 박응복(朴應福)은 대사헌, 할아버지 박동량(朴東亮)은 형조판서를 지냈으며, 『사변록(思辨錄)』을 저술한 박세당(朴世堂)과 박태유(朴泰維)·박태보(朴泰輔) 등은 당내 간의 친족이

다. 또한 송시열(宋時烈)의 손자 송순석(宋淳錫)은 그의 사위이다. 그는 이러한 가계와 척분에 따라 중요 관직에 나아가 정국운영에 참여하였으며, 정치현실의 부침에 따라 수난을 겪기도 하였다.

1649년(인조 27) 진사가 되어 성균관에 들어갔다. 1650년(효종 1) 이이·성혼(成渾)의 문묘종사 문제가 제기되자, 당시 영남유생 유직(柳稷)이 이들의 문묘종사를 반대하는 상소를 올렸다. 박세채는 일찍이 이이(李珥)의 『격몽요결(擊蒙要訣)』로써 학문을 출발하였고, 이이를 존경하였기에 그 상소의 부당성을 신랄하게 비판하는 글을 올렸다. 이에 대한 효종의 비답(批答: 국왕이 신하가 올린 상소上疏·차자箚子 등에 대해 내린 답서) 속에 선비를 몹시 박대하는 글이 있자, 이에 분개하여 과거공부를 포기하고 학문에 전념하게 되었다. 1651년(효종 2) 김상헌(金尙憲)과 김집(金集)의 문하에서 수학하였는데, 박세채의 큰아버지 박호(朴濠), 종부 박미(朴瀰), 그리고 아버지가 일찍이 김장생(金長生)의 문하에서 수학한 연유로 그의 사승관계(師承關係)도 이어진 것으로 보인다. 1659년(효종 10) 천거로 익위사세마(翊衛司洗馬)가 되었다. 그해 5월 효종이 승하하자 자의대비(慈懿大妃)의 복상문제(服喪問題)가 크게 거론되었는데, 박세채는 3년설을 주장한 남인 계열의 대비복제설을 반대하고, 송시열·송준길(宋浚吉)의 기년설(朞年說)을 지지하며 서인 측의 이론가로서 활약하였다. 당시 박세채가 지은 『복제사의(服制私議)』는 남인 윤선도(尹善道)·윤휴(尹鑴)의 3년설의 부당성을 체계적으로 비판한 글이다. 박세채는 다시 서한을 보내어 윤휴를 꾸짖은 바 있는데, 이 서한을 계기로 두 사람의 교우 관계가 단절되는 원인이 되었다. 1674년(현종 15) 숙종이 즉위하고 남인이 집권하자 기해복제 때에 기년설을 주장한 서인 측의 여러 신하들이 다시 추죄(追罪)를 받게 되었다. 이에 박세채는 관직을 삭탈당하고 양근(楊根)·지평(砥平)·원주·금곡(金谷) 등지로 전전하며 유배생활을 하였다. 박세채는 이 기간 동안 학문에 전념하여 『소학』·『근사록』·『대학』·『중용』을 중심으로 난해한 구절을 해설한 『독서기(讀書記)』를 저술하였다. 또한 『춘추』에 대한 정자(程子)·주자(朱子)의 해설을 토대로 20여 문헌에서 보충자료를 수집하여 추가한 『춘추보편(春秋補編)』과 성리학의 수양론 가운데 가장 핵심개념인 경(敬)에 대한 선유(先儒)의 제설(諸說)을 뽑아 엮은 『심학지결(心學至訣)』 등을 저술하였다. 1680년(숙종 6) 이른바 경신대출척이라는 정권교체로 다시 등용되어 사헌부집의로부터 승정원동부승지·공조참판·대사헌·이조판서 등을 거쳐 우참찬에 이르렀다. 1684년(숙종 10) 회니(懷尼)의 분쟁을 계기로 노론과 소론이 대립하는 과정에서 박세채는 『황극탕평론(皇極蕩平論)』을 발표해 양편의 파당적 대립을 막으려 했으나, 끝내 소론의 편에 서게 되었다. 숙종 초기 귀양에서 돌아와서는 송시열과 정치적 입장을 같이하였으나, 노·소 분열 이후에는 윤증(尹拯)을 두둔하고, 소론계 학자들과 학문적으로 교류하였다. 1689년(숙종 15) 기사환국 때에는 모든 관직에서 물러나 야인생활을 하였다. 이때가 박세채의 생애에 있어서 큰 업적을 남기는 학자로서 자질을 발휘한 시기이다. 이 기간 중에 윤증·정제두(鄭齊斗)를 비롯하여 이른바 소론계 학자들과 서신 왕래가 많았으며, 양명학(陽明學)에 대해 비판하고 유학의 도통연원(道統淵源)을 밝히려는 학문적 변화를 보였다. 『양명학변(陽明學辨)』·『천리양지설(天理良知說)』을 비롯하여 『이학통록보집(理學通錄補集)』·『이락연원속록(伊洛淵源續錄)』·『동유사우록(東儒師友錄)』·『삼선생유서(三先生遺書)』·『신수자경편(新修自敬編)』 등은 이 시기에 저술한 중요한 저서들이다. 1694년(숙종 20) 갑술옥사 이후에는 정계의 영수격인 송시열이 세상을 떠나고, 서인 내부가 노론과 소론으로 양분된 상태였으므로, 박세채는 우의정·좌의정을 두루 거치며 이른바 소론의 영도자가 되었다. 남구만(南九萬)·윤지완(尹趾完) 등과 더불어 이이·성혼에 대한 문묘종사 문제를 확정시키는 데 크게 기여하였으며, 대동법(大同法)의 실시를 적극 주장하였다. 박세채는 국내외로 다난한 시기에 태어나서 수난을 거듭하는 생활을 보냈다. 대내적으로는 당쟁이라는 정치적 대립이 격화된 시기였으며, 대외적으로는 정묘호란에 이어 병자호란을 몸소 겪는 명나라와 청나라의 교체라는 국제적 격동기였다. 즉, 중화적(中華的) 천하가 무너지고 이적(夷狄)의 국가 청나라가 천하를 호령하는 이른바 역천패리(逆天悖理)의 위기의식이 만연한 시기였다. 박세채의 공적인 활동이나 사적인 학문 생활은 이러한 시대정신과 긴밀하게 연관되어 있다.

박세채의 학문은 당시 국내외 상황과 관련하여 네 가지 특성으로 구별할 수 있다. 첫째는 정치적으로 존주대의(尊周大義)의 입장과 붕당의 탕평론(蕩平論), 둘째는 학문의 계통을 분명히 하고 수호하는 일, 셋째는 이단(異端)을 비판하고 배척하는 일, 넷째는 사회규범으로서 예학(禮學)을 일으키는 일이었다. 박세채는 대외적으로는 오삼계(吳三桂)의 복명반청(復明反淸)의 거사를 알고, 이를 적극 지지하여 존주대의(尊周大義)라는 정책과제를 제시했으며, 대내적으로는 파당적 대립의 폐단을 깊이 깨닫고 "이대로 방치하면 붕당의 화(禍)는 반드시 나라를 패망하게 하는데 이를 것이다"라고 우려하여 탕평론(蕩平論)을 제시하였다. 존주대의의 정책과제는 스승 김상헌에게서 전수된 대외관(對外觀)이라 할 수 있으며, 중화적 세계가 무너지는 위기의식 속에서 도통수호(道統守護)라는 학문적 과제에 대한 간접적인 인과성(因果性)을 발견할 수 있다. 박세채의 도통수호 의식은 그가 이미 『이학통록보집』을 저술하여 중국 유학의 학통을 밝히고, 그와 아울러 방대한 『동유사우록』을 써서 조선의 도학연원을 밝힌 사실에서 알 수 있다. 박세채의 공적에 대해 제자 김간(金幹)은 "계개(繼開)의 공과 찬술의 풍부함은 참으로 근대 유현(儒賢)에는 없다"라고 평하였다. 박세채가 이단을 비판하고 배척한 태도는 『양명학변』에 잘 나타나 있는데, 박세채는 여기에서 『고본대학(古本大學)』·『대학문(大學問)』·『치양지(致良知)』·『주자만년정론(朱子晚年定論)』 등 양명학의 이론을 낱낱이 비판하였다. 양명학에 대한 비판은 도통수호라는 입장에 근거한 것이지만, 현실적으로는 박세채의 제자 정제두가 양명학을 신봉함으로써 사우(師友) 사이에 물의를 일으켰기 때문이기도 하다. 정제두는 8년 전에 이미 『의고결남계서(擬古訣南溪書)』를 써서 "양명의 심설을 바꿀 수 없다"라고 했고, 그 뒤 여러 사우 간에 논변이 있었던 만큼 정제두의 스승으로써 논변을 질정(質定)하는 뜻에서 이러한 저술이 불가피했던 것이다. 박세채의 많은 저술 가운데 예학에 관한 저술은 매우 큰 업적을 남겨 '예학의 대가'라고 칭할 만하다. 『남계선생예설(南溪先生禮說)』·『육례의집(六禮疑輯)』 등은 예의 구체적 실천 문제를 다룬 서술로서 과거에 보지 못한 구체적이고 실제적인 의식 절차까지 문제 삼고 있다. 이러한 예학의 변용은 17세기 성리학의 예학적 전개라는 새로운 의미를 가지게 되며, 오륜의 근거를 밝히는 예학의 구현이라는 의미가 된다. 여말 선초의 사상적 전환기에 제기되었던 불교의 멸륜성(滅倫性)을 극복하고, 예에 의한 실천 방법으로서 오륜은 매우 중요한 과제의 하나였다. 『가례(家禮)』를 권장하고 『삼강행실도』·『국조의례』 등을 간행한 것은 일종의 범국민적 규범 원리로써 예 의식을 광역화하는 결과를 가져왔다. 대비의 복(服)에 대해 기년복·삼년복을 주장하거나, 또는 대공(大功)·기년이어야 한다는 이른바 예송(禮訟)은 당파적 대립의 성격을 띠기도 했지만, 문제는 대립의 성격이 예에 대한 기본 문제를 검토하는 데 있다는 점이다. 이러한 관점에서 보면 대립적 성격은 분명히 예학의 구현이라는 유학의 기본 과제에 대한 새로운 검토이며, 예학적 전개라는 발전적 차원의 문제이다. 박세채의 예학적 전개는 『육례의집』·『변례질문(變禮質問)』 등에서 잘 나타나 있다. 박세채의 견해는 문인 김간의 『동방예설(東方禮說)』에 계승되었으며, 정제두의 글에서 고례(古禮)를 존중하고 간례(簡禮)를 강조하면서 이이·성혼과 더불어 박세채의 예설을 자주 인용하고 있는 것을 보면 박세채의 예설은 정제두에게도 이어진 것으로 보인다. 박세채의 대표적 저술은 『범학전편(範學全編)』·『시경요의(詩經要義)』·『춘추보편(春秋補編)』·『남계독서기(南溪讀書記)』·『대학보유변(大學補遺辨)』·『심경요해(心經要解)』·『학법총설(學法總說)』·『양명학변(陽明學辨)』·『남계수필록(南溪隨筆錄)』·『심학지결(心學旨訣)』·『신수자경편(新修自警編)』·『육례의집(六禮疑輯)』·『삼례의(三禮儀)』·『사례변절(四禮變節)』·『가례요해(家禮要解)』·『가례외편(家禮外編)』·『남계예설(南溪禮說)』·『남계시무만언봉사(南溪時務萬言封事)』·『남계연중강계(南溪筵中講啓)』·『남계기문(南溪記聞)』·『동유사우록(東儒師友錄)』·『주자대전습유(朱子大全拾遺)』 등이 있으며, 영인본으로 유포되고 있다. 문묘(文廟)에 배향되었으며, 시호는 문순(文純)이다[[출처:박세채(朴世采)-한국민족문화대백과사전]).

485) 당상관(堂上官): 조선시대 조의(朝議)를 행할 때 당상(堂上)에 있는 교의(交椅)에 앉을 수 있는 관계(官階) 또는 그 관원.

동반은 정3품의 통정대부(通政大夫) 이상, 서반은 절충장군(折衝將軍) 이상, 종친은 명선대부(明善大夫) 이상, 의빈(儀賓)은 봉순대부(奉順大夫) 이상의 품계를 가진 사람이다. 이러한 당상관은 의관(醫官)·역관(譯官) 등 기술관, 또는 환관(宦官) 등에게도 간혹 제수하였으나 이는 특례이고 대부분 양반이 독점하였다. 고려시대는 국정의결에 2품 이상의 재추(宰樞)만이 참여할 수 있다. 그러나 조선시대는 그 폭을 정3품 당상관까지 확대하였다. 따라서 조선시대의 당상관은 국정을 입안, 집행하는 최고급 관료 집단이라 할 수 있다. 그리하여 당상관은 경(京)·외(外)의 양반관료를 천거할 수 있는 인사권, 소속 관료의 고과표(考課表)를 작성할 수 있는 포폄권(褒貶權), 군사를 지휘할 수 있는 군사권 등의 중요권한을 독점하였다. 당상관은 또한 근무일수에 따라 진급하는 순자법(循資法)의 구애를 받지 않고 공덕과 능력에 따라 가자(加資)·가계(加階)될 수 있었다. 그리고 직사(職事)에 관계없이 산관(散官)의 고하에 따라 국왕이 그때그때 좌차(座次)를 정하는 좌목(座目)에 의해 임명했을 뿐 아니라, 상피(相避)의 적용을 받지 않는 특전을 받았다. 또한, 퇴직 후 봉조하(奉朝賀)가 되어 녹봉(祿俸)을 받을 수 있었으며, 중요 국정에 참여하여 자문하거나 각종 의식 행사에 참여할 수 있었다. 이밖에도 당상관은 의복 착용이나 가마 이용에서도 당하관과 구별되었고, 처(妻)의 고신(告身)을 교지(敎旨)로서 받을 수 있었다. 이러한 특권을 가진 당상관이 되는 일은 쉽지 않았다. 국왕의 특지(特旨)가 있으면 당상관이 될 수 있었다. 그렇지 않으면 많은 문·무반 관직 중에서 오직 정3품의 당하관직인 승문원정(承文院正)·봉상시정(奉常寺正)·통례원좌우통례(通禮院左右通禮)·훈련원정(訓鍊院正)의 네 자리를 거친 자라야만 당상관이 될 수 있었다. 이와 같이, 당상관이 될 수 있는 길을 제한한 것은 당상관의 수를 줄여 당상관의 권위를 떨어뜨리지 않게 하기 위해서였다. 그러나 시간이 지나갈수록 당상관의 수는 점점 늘어 1439년(세종 21) 그 수가 100여 인에 이르렀다. 특히 세조 때 계유정난과 북정(北征)·서정(西征) 등 두 차례의 외정(外征)으로 당상관의 수는 급격히 증가하였다. 당상관 가운데서도 2품 이상은 더욱 큰 특권을 누렸다. 즉 퇴직 한 뒤 기로소(耆老所)에 들어갈 수 있는 권한, 3대를 추증(追贈)할 수 있는 권한, 증시(贈諡)를 받을 수 있는 권한, 신도비(神道碑)를 세울 수 있는 권한 등이 그것이다[[출처:당상관(堂上官)-한국민족문화대백과사전]).

486) 윤대(輪對): 조선 때 문무관원(文武官員)이 궁중(宮中)에 참석하여 임금의 질문을 윤번(輪番)으로 응대(應對)하던 일. 동반(東班)의 6품 이상과 서반(西班)의 4품 이상이 각각 관청의 차례로 매일 윤대하였는데, 그 인원은 5인을 넘을 수 없었다(이홍직 편, 『새국사사전』, 교학사, 2004, 930쪽).

487) 상참(常參): 고려·조선시대 매일 아침 국왕을 배알하던 약식(略式)의 조회(朝會).
　　상참에 참여한 상참관의 약칭. 대신·중신 및 중요 아문의 참상관 이상 관인 등이 편전(便殿)에서 국왕을 배알하던 약식의 조회, 또는 상참에 참여한 상참관의 약칭이다. 고려에서는 당나라의 상참제를 계승해 늦어도 988년(성종 7) 이전에 5품 이상의 문·무관이 매일 아침 국왕을 배알하던 상참을 행하였다. 그 뒤 1012년(현종 3) 궁정이 좁다고 하여 종래와는 달리 '매 5일 1회 상참'으로 제한했는데, 이것이 대체로 고려 말까지 계승되었다고 추측된다. 조선에서는 개국과 함께 고려의 상참제를 계승해 실시하였다. 그리고 늦어도 1429년(세종 11) 이전에 종6품 이상의 문·무관이, 매일 오야(五夜: 지금의 3~5시)에 검은 옷(봄·가을·겨울)이나 검은 베옷(여름)을 입고, 부전(副殿: 경복궁의 경우 正殿)에 모여 국왕을 알현하는 의식으로 크게 정비되었다. 이를 토대로 1455년(세조 1) 종친·부마의 상참 참여를 추가하였다. 비록 ① 국왕의 성정, ② 연로대신 우대, ③ 국휼(國恤), ④ 혹한·혹서, ⑤ 천재나 변란 등과 관련되어 단기간에 걸쳐 상참일이 매2~5일에 1회 또는 정지, 상참 시간이 일출 후 5각으로 변개되는 등의 변화를 겪기도 하였다. 그러나 대체로 조선 말기까지 계승되었다. 또, 상참은 제신이 국왕을 알현하는 순수한 의식이었으나, 때로는 상참의 연장으로서 시사(視事)를 아뢰기도 하였고, 경서를 강론하는 등으로 변형되기도 하였다. 그 밖에 상참이 끝난 뒤에는 언제나 시사를 보거나 경연 또는 윤대(輪對)가 행해졌다. 따라서 흔히 상참과 이들 행사를 포괄해 '수상참시사'·'수상참경연'·'수상참윤대' 등으로 묶어 기술하였다. 참상(參上)은 고려·조선시대를 통틀어 상참에 참여하는 참상관의 약칭으로도 사용되었다. 그 대상은 고려시대는 종5품 이상과 6품의 일부 문·무관인을 망라한 호칭이었고, 조선시대에는 종6품 이상의 문·무관인을 망라한 호칭이었다([출처:상참(常參)-한국민족문화대백과사전]).

488) 빈청(賓廳): 조선시대 궁궐 내에 설치한 고관들의 회의실.
　　경복궁에는 근정전 서남의 승정원 남쪽에 있었고, 경희궁에는 승정문 밖 승정원과 시강원의 동쪽에 있었다. 다른 궁에서도 역시 승정원 인근에 설치되었을 것으로 생각된다. 3정승을 비롯한 비변사 당상관, 즉 정2품 이상의 주요 고위 관직자들이 정기적으로 회의를 하거나, 변란·국상(國喪) 기타 긴급한 일이 있을 때 관계자들이 모여 대책을 의논하던 회의실로 사용되었다. 비변사의 정기회합은 이곳에서 매월 3회씩 있었으나 1698년(숙종 24)부터는 6회씩으로 늘어났다([출처:빈청(賓廳)-한국민족문화대백과사전]).

489) 사부학당 (四部學堂): 조선시대 중앙의 4부(部)에 설치된 관립교육기관으로 사학(四學)이라고도 함.
　　동부학당·서부학당·남부학당·중부학당으로 이루어져 있으며, 중등 정도의 교육을 실시하였다. 그 전신은 고려 원종 2년(1261)에 설립된 동서학당(東西學堂)으로, 동부와 서부에 설치하여 각각 별감(別監)을 두고 가르쳤다. 그 뒤 유교가 성하게 되자 개경(開京)의 각부에 학당을 세워 오부학당(五部學堂)으로 발전하였다.

조선시대에 와서도 고려의 제도를 따라 서울을 동·서·중·남·북의 5부로 나누고 여기에 각각 학교를 하나씩 세우기로 하여 오부학당이라 하였다. 그러나 개국 직후라서 국가질서가 제대로 잡히지 않아, 초기에는 학당의 건물을 제대로 갖추지 못하고 임시로 사찰의 건물을 빌어서 사용하였다. 즉, 동부학당은 순천사(順天寺)를, 서부학당은 미륵사(彌勒寺)를 이용하였다.

태종이 즉위한 뒤 왕권이 확립되고 정치적 안정이 이루어지자, 1411년(태종 11)에 남부학당이 한성부(漢城府) 남부 성명방(誠明坊)에 독립된 학당으로 건립되었다. 이와 함께 같은해 11월 예조의 건의에 따라 송나라의 외학제(外學制)를 토대로 오부학당의 학제가 마련되었는데, 그 내용은 다음과 같다.

① 오부학당은 성균관으로 하여금 업무를 분담하여 교육하게 하고, 6품관 2원(員)을 교수관(敎授官), 7품 이하 관 5원(員)을 훈도(訓導)로 삼되 반드시 왕의 재가를 받은 뒤에 교육임무를 전담하며, 아울러 성균관에서의 임무는 맡기지 않는다.

② 학당의 정도는 10세 이상 된 아동에게 입학을 허가하고, 15세에 이르러 소학(小學)의 공(功)을 이루면 성균관에 진학하게 한다.

③ 성균관 유생의 정원은 100명인데 만약 그 정원이 비게 되면 예조와 성균관의 관원이 학당에 나아가서 생도들의 실력을 시험하여 그 중 성적이 우수한 자를 성균관에 진학하게 하여 결원을 보충한다.

④ 학당 생도들의 학과공부를 권려하는 법은 성균관으로 하여금 다스리게 한다.

⑤ 학당의 학령(學令)은 성균관의 식(式)에 따른다.

⑥ 성균관원이 학당의 교육을 맡게 되면 교훈(敎訓)만을 맡기고 다른 업무는 겸임시키지 않는다.

이와 같은 오부학당의 학제가 마련됨으로써 이후 학당의 발전에 도움을 주게 되었다. 그러나 태종대까지는 남부학당 외의 다른 학당은 아직 독립적인 학사를 가지고 있지 못하였다. 이 문제는 유학의 진흥과 교육에 특별히 관심을 가지고 힘쓴 세종대에 이르러 해결되었다.

1422년(세종 4) 12월에, 그때까지 남부학당 건물을 빌려 쓰고 있던 중부학당의 독립학사가 한성부 북부 관광방(觀光坊: 현재 종로구 중학동)에 신축되었다.

서부학당은 서울 북쪽에 편재해 있던 경고(京庫)를 이용하고 있었는데, 학생들의 아침저녁 내왕이 크게 불편하였기 때문에 1435년(세종 17)에 이르러 한성부 서부 여경방(餘慶坊: 현재 종로구 광화문)에 독립학사를 신축하게 되었다.

사찰을 이용하고 있던 동부학당은 같은해 8월에 동부학당을 보수하도록 명한 것으로 보아, 연대는 확실하지 않으나 이미 그 이전에 독립적인 학사가 마련되어 있었던 것으로 여겨진다.

이 동부학당의 건물은 1438년(세종 20) 3월에 북평관(北平館)으로 되고, 그 대신 한성부 동부 창선방(彰善坊: 현재 이화여자대학교 부속병원 안)에 있던 유우소(乳牛所)가 동부학당의 건물로 되었다.

이와 같이 사부학당으로 정비되는 데 큰 힘을 기울인 사람은 당시 예조참의로서 의례상정소(儀禮詳定所) 제조(提調)를 겸임하고 있던 허조(許稠)였다. 그러나 북부학당은 끝내 설립되지 못하고 1445년(세종 27)에 폐지되었으며, 성종 때 편찬, 반포된 『경국대전』에 중학·동학·남학·서학의 사학이 종6품의 아문(衙門)으로 법제화됨으로써 한성부에는 사학만을 두게 되었다.

사부학당은 성균관에 비하여 규모가 작고 교육정도가 낮으나 교육방법·교육내용 등에서는 성균관과 비슷하였다. 따라서 성균관의 부속학교와 같은 성격을 띠었으며, 성균관과는 달리 문묘(文廟)를 설치하지 않고 교육만을 전담하였다.

학생정원은 학당마다 100명이었으며 재사(齋舍 : 기숙사)제도를 마련하여 학비 및 운영비용을 국가에서 부담하였다. 국가에서는 학생의 교육을 위하여 학전(學田)·노비·잡물 등을 내렸을 뿐만 아니라, 전라북도 연안에 있는 여러 섬들의 어장(漁場)을 주어 그 세(稅)로써 비용을 충당하게 하였다.

교관 이하 학당에 필요한 모든 인원은 성균관에 소속된 인원이 파견되었다. 이에 따라 교수·훈도 각 2명을 두고 성균관 관원으로 겸직하게 하였으나 뒤에는 각 1명씩을 감하는 대신 겸직을 없앴다. 또한 성균관·예조·사헌부의 직원으로 하여금 학당의 수업상태를 항상 감독하도록 하였다.

입학자격은 양반과 서인의 자제로서 8세가 되면 입학을 허락하여 『소학』과 사서오경을 위주로 교수하였으며, 그 밖에 『근사록(近思錄)』과 제사(諸史) 등을 다루었다. 성적이 우수한 자로 15세가 되어 승보시(陞補試)에 합격하면 성균관에 진학시켰다.

학당에서는 5일마다 시험을 치르고 예조에서는 매달 시험을 쳐서 1년의 성적을 임금에게 보고하였다. 또한 15일은 제술(製述), 15일은 경사(經史)를 감독하여 우수한 사람 5명을 뽑아 생원·진사시험에 직접 응시하게 하였으며, 매년 실시되는 6월회시(六月會試)의 우등자도 1, 2명은 생원·진사의 회시에 직접 응시하게 하였다. 그 밖에 유생에게 원점(圓點)에 따라 알성시를 볼 수 있는 자격을 주었다.

유생들은 성균관 유생들과 함께 유소(儒疏)·권당(捲堂) 등의 학생활동을 하기도 하였으며, 정치적으로 새로이 진출한 사림(士林)을 도와 훈구관료들을 공격하기도 하였다. 그러나 이들 학당은 실제운영에 있어서 입학하는 학생수가 정원보다 적었다는 기록이 자주 보이는 등으로 보아, 교육활동은 다소 부진하였던 것으로 파악된다.

그 뒤 임진왜란 때 소실되어 다시 건물을 지었으나 학생수가 격감되어 사실상 유명무실하게 되었다. 한말에는 관학의 부진과 함께 신교육기관이 설립됨에 따라 자연 소멸되었으며, 사부학당을 본떠 신교육기관의 명칭을 배재학당(培材學堂)·이화학당(梨花學堂) 등으로 부르기도 하였다.

조선 초기의 모든 제도가 중국에서 들어온 것이었으나, 사부학당의 제도는 중국에도 없었던 것을 고려 말 유학진흥의 현실적 요청에 따라 설치하여 발전을 본 것이다. 또한 행정단위로 학당 설립의 기준을 마련하였다는 것은 정치·행정력의 발전으로 볼 수 있다.

조선시대 때의 향교가 지방의 중등교육을 담당한 데 비하여 사부학당은 중앙의 관학으로서 중등교육을 담당하여 온 교육제도로 그 역사적 가치가 크다.

사학(四學): 조선시대 교육기관으로 동학, 서학, 중학, 남학의 사학을 말한다. 서울 거주 세도가 양반의 자제들이 8세가 되면 입학 자격을 부여되었는데, 『소학』, 사서오경 등을 배웠다. 학생이 15세가 되어 승보시(陞補試)에 합격하면 성균관에 입학할 수 있었다([출처:사부학당 (四部學堂)-한국민족문화대백과사전]).

490) 명패(命牌): 붉은 칠을 한 나무에 명(命) 자를 쓴 패(牌). 왕명으로 3품 이상의 관원을 부를 때, 이 패에 성명을 써서 내려 보내는데 이것을 받은 조신(朝臣)은 참렬(參列)하려면 「진(進)」, 불참하려면 「부진(不進)」의 글자를 써서 도로 바쳤다(이홍직 편, 『새국사사전』, 교학사, 2004, 417쪽).

491) 청백리(淸白吏): 조선시대 선정을 위해 청렴결백한 관리를 양성하고 장려할 목적으로 실시한 관리 표창제도, 또는 염근리(廉謹吏)와 청백리에 선정된 사람.

청백리제가 제도화 된 것은 조선시대였다. 그러나 전한(前漢) 이래 역대 중국과 신라 이래 우리나라에서도 염리(廉吏)를 선발해 재물을 주거나 관직에 제수하였다. 후손에게 청백(淸白)의 관리가 될 것을 권장한다든가 세인들이 청백한 관리를 칭송하였던 사실에서 흔적을 찾아볼 수 있다. 중국의 경우 B.C. 168년(한 문제 12)에 "염리는 백성의 표상(表象)이다"라고 하면서 200섬의 녹을 받는 염리에게 비단 3필을, 200섬 이상의 녹을 받는 염리에게는 100섬당 비단 3필을 각각 수여하였다. 서기전 134년(한 무제 1)에는 관리를 대상으로 한 것은 아니지만 군국(郡國)으로 하여금 염명(廉名)이 있는 자 1인씩을 천거하게 하여 관직을 제수하였다고 한다. 이후 청렴결백한 관리에 대한 우용(優用)·표창제가 계속 이어지면서 청렴결백한 관리의 출현은 사회 기풍의 진작에 크게 기여하였다. 대표적인 인물로는 후한대의 양진(楊震), 양 대(梁代)의 서면(徐勉), 수 대(隋代)의 방언겸(房彦謙), 송대의 두건(杜愆) 등을 들 수 있다. 그 가운데 양진의 후손에서 대대로 청백리가 배출됨으로써 대표적인 청백리 가문으로 추앙받게 되었다. 우리나라의 경우에는 삼국·통일신라·발해·태봉·후백제는 명확하지 않다. 고려시대의 경우에도 청백리를 우용, 표창하는 청백리제도가 언제 실시되었는가는 분명하지 않다. 1136년(인종 14)에 "청백수절자(淸白守節者)를 서용(敍用)하였다"고 하였으며, 최석(崔奭)이 남경유수(南京留守)로 부임하는 최유청(崔惟淸, 1095~1174) 등 두 아들에게 "청백(淸白) 외에 다른 재물은 가문의 전하는 바가 아니도다. 경서 만권이 가보로 전하노니, 이를 나누어 부지런히 읽기를 바라노라. 세상에 이름을 빛내고 도를 행하여서 인군(人君)을 높게 하노라[家傳淸白無餘物가전청백무여물 只有經書萬卷存지유경서만권존 恣汝分將勤讀閱자여분장근독열 立身行道使君尊입신행도사군존]"라는 시로써 청백리가 될 것을 훈계하였다. 윤해(尹諧, ?~?)·최영(崔瑩, 1316~1388) 등의 청백함이 칭송되고 있는 사실 등을 미루어 청백리의 기원을 유추할 수 있다.

청백리의 선발 절차는 다음과 같다. 조선 전기에는 의정부·이조, 조선 후기에는 비변사·이조가 각각 왕명에 따라 경외 2품 이상 관인에게 생존하거나 사망한 인물을 대상으로 자격이 있다고 생각되는 2인씩을 추천하게 하고, 추천자를 육조 판서가 심사한 뒤 국왕의 재가를 얻어 확정하였다. 청백리의 피선 자격은 법전에 명문화된 기록이 쉽게 발견되지 않는 것으로 보아 통일된 기준을 찾을 수 없다. 그런데, 조선시대 선발된 청백리의 선발 사유를 보면 '청백'·'근검'·'경효(敬孝)'·'후덕(厚德)'·'인의(仁義)' 등의 품행이 제시되어 있다. 대부분이 국록 이외에 공가(公家)나 사가(私家)에 일절 폐를 끼치지 않고 깨끗하고 검소한 것을 생활 철학으로 살아간 인물이었다. 이 점에서 '청백탁이(淸白卓異)'가 중요한 기준이 되었다고 하겠다. 한편 청백리의 선발 시 조선 전기에는 비교적 합당한 인물이 선발되었던 것으로 보인다. 그러나 조선 후기에는 당파의 입장이 반영되는 등 변질되었다. 선발 인원수에 대한 명확한 기준은 전거(典據)에 없지만 '많이 선발하면 그 가치가 떨어지고, 적게 선발하면 응당 선발되어야 할 인물이 누락된다'는 논란이 제기되는 가운데 조선 전기까지는 최소한의 인원만을 선발했던 것으로 생각된다. 그러나 조선 후기와 말기에 이르러 노론의 일당 독재, 외척의 세도정치 등과 관련된 관리 기강의 문란, 탐관오리의 만연과 함께 청백리가 선발될 수 있는 여건이 미흡했다. 이런 탓으로 이 시기에는 거의 선발되지 못했던 것으로 이해된다. 생존 시 염근리에 선발된 인물에게는 본인에게 재물을 내리거나 관계(官階)와 관직을 올려주고, 적장자(嫡長子)나 적손(嫡孫)에게 재물을 주거나 관직에 등용하도록 하였다. 특히 숙종 대(1675~1720)와 1746년(영조 22) 『속대전(續大典)』 편찬까지는 2품관 이상의 천거로 특채하거나 적손 여부에 구애되지 않고 모두 처음으로 주는 관직의 의망(擬望) 대상에 포함시키도록 상전을 확대할 것이 천명되었다. 그러나 실제 대우는 실행 규정이 명문화되지 않고 인사적체가 격심했던 것과 관련되어 문제가 발생하였다. 영조대 이익(李瀷)이 『성호사설(星湖僿說)』에서 "조정에 매번 그 자손을 등용하라는 명령은 있으나, 오직 뇌물을 쓰며 벼슬을 구하는 자가 간혹 벼슬에 참여하고 나머지는 모두 초야에서 굶주려 죽고 만다"고 하였듯이 관직의 등용은 물론 경제적인 대우도 제공되지 않았던 것으로 여겨진다.

조선 전시기를 통해 청백리에 녹선된 수는 명확히 알 수는 없다. 다만 명단을 기록하고 있는 『전고대방(典故大方)』에는 218명, 경종·정조·순조대가 제외된 『청선고(淸選考)』에는 186명이 수록되어 있는 것으로 보아 200여 명 내외 선발된 것으로 볼 수 있다. 『전고대방(典故大方)』에 실려 있는 왕대별 인원을 보면 태조 대 5인을 시작으로 태종(8인)·세종(15인)·세조(7인)·성종(20인)·중종(35인)·명종(45인)·선조(27인)·인조(13인)·숙종(22인)·경종(6인)·영조(9인)·정조(2인)·순조대(4인)에 이르기까지 모두 218인이 녹선되었지만, 이외의 왕대에는 녹선 기록이 없다. 청백리제의 운영에 있어 조선 전기에는 녹선자가 국가로부터 예우를 받지 못하였지만 사회적으로 존경받고, 관리에게 염·치를 일깨우고 탐관오리에게는 자극을 주는 정화 기능을 어느 정도 발휘하였다. 한 예로 세종대의 황희(黃喜)와 맹사성(孟思誠), 성종 대의 허종(許琮)은 장기간 의정에 재임하거나, 의정을 역임한 재상이면서도 초라한 집에서 궁핍한 생활로 일생을 보낸 인물로 조선시대 청백리 재상의 표상으로 칭송되고 있다. 그러나 조선 후기부터는 그 선발이 부실하고 상전도 유명무실하여 이익의 지적처럼 후손들이 굶주림에 시달리는 등 본래의 기능을 상실하고 말았다.

결국 청백리제도는 생존한 인물을 염리로 녹선(祿選)해 우대하거나, 염리로 녹선되었다가 사망한 인물 또는 그 밖에 사망한 인물 중에서 염명(廉明)이 높았던 인물을 청백리에 녹선하는 것으로 변용(變容)되면서 외형적으로나마 본인보다는 후손에게 혜택이 돌아갔다. 조선 중기 사림이 득세하고 사풍이 진작된 성종·중종·명종·선조 대에 많은 인원이 녹선되면서 기풍을 떨쳤으나, 인조 대 이후에는 인원이 격감(激減)되면서 명목만 유지되었다. 비록 청백리에 녹선되지는 않았지만 태조대의 심덕부(沈德符) 등도 청렴결백한 생활을 한 인물로 염명을 떨쳤다. 청백리에 녹선 된 자에게는 사후에 가자(加資)·승직(陞職)이나 증직(贈職) 등의 우대가 주어졌다. 그리고 그 후손은 그 숫자와 청백리장권책과 관련되어 숙종 대나 1746년의 『속대전(續大典)』 편찬까지는 2품 대신의 천거로 특채 및 적손 여부에 구애되지 않고 모두 처음으로 주어지는 관직의 의망(擬望) 대상이 되었다. 그 이후도 3의정의 천거로 연간 5인 정도가 특서되었다. 비록 처음으로 주어지는 관직의 의망 범위가 적장후손으로 축소되기는 하였으나, 여전히 출사의 혜택을 받았다. 오늘날에도 공무원으로 하여금 청렴과 투철한 봉사정신으로 직무에 정려(精勵)하게 함으로써 선정과 혜정을 도모하기 위하여 청렴결백한 관리를 장려, 표창하고 있다. 그 일환으로 1981년 4월 20일 「국가공무원법」에 청백리상을 규정하여 같은 해 5월부터 수상을 행하고 있으며, 수상한 자에게는 승진 등의 특전을 주고 있다([출처:청백리(淸白吏)-한국민족문화대백과사전]).

492) 기별(寄別): 고려·조선시대 중앙정부에서 서울의 각 관서 및 지방관서에 발하는 일체의 통신문.

조보(朝報)·저보(邸報)·통문(通文) 등이 있었으나, 보통은 조보를 지칭하였다. 조보를 필사하는 서리를 '기별서리(寄別書吏)'라 하고, 그것을 전달하는 군사를 '기별군사'라 하였다. 조보는 조지(朝紙)·난보(爛報)라고도 하였는데, 승정원에서 매일 재가 된 법령이나 교명, 기타 공지사항들을 수록하여 내외·대소의 각 관아에 통지하는 일종의 관보(官報)였다. 이는 고려시대부터 행하여졌으나 조선시대에 더욱 발달하여 보편화되었다. 조선 초기에는 예문춘추관에서 작성하여 배부하였으나, 세조 때부터 승정원에서 담당하게 되었다. 지방에 보내는 조보는 대개 5일치를 묶어 한 봉투에 넣어 발송하였다. 그리고 저보는 경저리(京邸吏)들이 자신들의 고을 관아에 보내는 통지문으로 신관의 부임소식 등을 알렸다. 그리고 통문은 서원·향청·문중(門中) 등에서 공동관심사를 통지하는 문서였다. 그 뒤 통신제도가 발달하고 복잡해짐에 따라 여러 가지 형태의 통신문들도 기별로 불리게 되었다([출처:기별(寄別)-한국민족문화대백과사전]).

493) 『증보문헌비고(增補文獻備考)』: 1903년부터 1908년 사이에 칙명으로 편찬, 간행된 장고(掌故) 집성의 유서(類書). 총 16고(考) 250권. 신활자로 간행되었다.

장고의 유서는 조선 초기·중기까지 『문헌통고(文獻通考)』와 같은 중국 측의 것을 활용하는 데 그쳤다. 그러나 조선 후기에 이르러 사회의 발달에 따라 우리 것의 편찬이 요청되어 1770년(영조 46)에 처음으로 『동국문헌비고(東國文獻備考)』가 편찬, 간행되었다.

1769년에 왕명으로 시작된 편찬 사업은 서명응(徐命膺)·채제공(蔡濟恭)·서호수(徐浩修)·신경준(申景濬) 등이 주도해, 반년여 만에 상위(象緯)·여지(輿地)·예(禮)·악(樂)·병(兵)·형(刑)·전부(田賦)·시적(市糴)·선거(選擧)·재용(財用)·호구(戶口)·학교(學校)·직관(職官) 등 총 13고 100권으로 완성되어, 1770년 8월에 인쇄되었다. 그러나 짧은 기간에 이루어져 체재가 서로 어긋나거나 사실의 소략과 착오 등이 많아, 1782년(정조 6) 왕명으로 재 편찬에 들어갔다. 당시 박학강기(博學强記)로 이름난 이만운(李萬運)을 기용해 진행된 사업은 1790년에 일단락되었다. 그러나 정조 즉위 후의 사실이 많이 빠져 계속 보완·증보의 작업이 이어졌다.

증보 사업은 1797년에 이만운이 죽을 때까지 계속되었으며, 서명응의 손자이자 호수의 아들인 유구(有榘)도 참여했다. 이후에도 이만운의 아들 유준(儒準)의 보완 작업이 따랐으나, 기본 골격은 앞에서 이미 갖추어진 대로였다.

『증정동국문헌비고(增訂東國文獻備考)』 또는 『증보동국문헌비고』로 불리는 이 책은 앞의 13고에 물이(物異)·궁실(宮室)·왕계(王系)·씨족(氏族)·조빙(朝聘)·시호(諡號)·예문(藝文) 등 7고를 더해 총 20고 146권을 이루었으나 간행되지는 않았다.

대한제국 시기의 『증보문헌비고』 편찬은 1894년의 갑오경장으로 문물제도가 크게 바뀌어 이를 반영시키기 위해 『증정동국문헌비고』를 개찬한 것이다.

1903년 1월 법무국장 김석규(金錫圭)의 건의가 채택되어, 홍문관 안에 찬집소(纂輯所)를 두고 박용대(朴容大)·조정구(趙鼎九)·김교헌(金敎獻)·김택영(金澤

榮)・장지연(張志淵) 등 33인이 찬집을, 박제순(朴齊純) 등 17인이 교정을, 한창수(韓昌洙) 등 9인이 감인(監印)을, 김영한(金榮漢) 등 3인이 인쇄를 각각 맡아 5년 만에 완성시켰다.

개찬의 결과 250권으로 양은 늘어났으나, 분류는 줄어들어 상위(12권)・여지(27권)・제계(帝系, 14권)・예(36권)・악(19권)・병(10권)・형(14권)・전부(13권)・재용(7권)・호구(2권)・시적(8권)・교빙(交聘, 13권)・선거(18권)・학교(12권)・직관(28권)・예문(9권) 등의 16고로 되었다.

편찬/발간 경위: 『문헌비고』의 편찬 목적은 영조 때의 찬진에서 영의정 김치인(金致仁)이 "실용에 도움이 되게 하고 경국제세(經國濟世)의 도구로 삼으려 하였다"고 말하고, 광무 연간의 찬진에서 총리대신 이완용(李完用)이 "진실로 경국제세의 실용을 위했다"고 진언하였듯이, 치세(治世)의 실용적인 면을 위한 것으로서, 18세기 이후 실학의 한 면모에 해당되는 것이다.

내용: 편집 형식은 고별로 역대의 사실을 공사(公私)의 사적(史籍)에서 넓게 뽑아 편년 순으로 배열하였는데, '보(補)'자의 표지는 이만운의 증정에서 정조 14년(1790)을 기준으로 이전의 것이 원본에서 빠진 것을 보충한 것이다. '속(續)'자의 표지는 이만운의 증정에서 정조 14년 이후의 사실 보충에서부터 쓴 것으로서, 광무 연간의 개찬에서도 같은 표식을 그대로 쓰고 연대로 구별하도록 하였다([출처-증보문헌비고(增補文獻備考) 한국민족문화대백과사전]).

494) 사판(祠版, 祠板)은 위판(位版), 위패(位牌)라고도 하는데, 죽은 사람의 신주(神主)를 말한다.

495) 비답(批答): 조선시대에 신하가 올린 상소(上疏)・차자(箚子) 등에 대해 국왕이 내린 답서.

조선시대에 신하가 국왕에게 올린 문서에 대해 국왕이 직접 처결하는 형식의 하답은 비답(批答)과 판부(判付)가 있었다. 상소・차자 및 초기(草記), 계사(啓辭) 등에 대한 답변을 적은 문서를 비답이라고 하였다.

비답이라는 용어는 조선시대 관원과 일반 백성, 중앙과 지방의 아문이 국왕에게 올린 문서에 대한 하답을 통칭하는 개념으로 사용되기도 한다. 그러나 실제로는 국왕에게 올린 문서에 대해 국왕이 직접 처결하는 형식의 하답은 비답과 판부로 구분하여 작성되었다. 정조의 문집인 『홍재전서(弘齋全書)』에서 '비(批)'와 '판(判)'을 별도의 권차에 싣고 있고, 19세기 조선 국왕의 정령(政令)을 형식에 따라 편찬한 『윤발휘초(綸綍彙鈔)』에서 비답류와 판부류를 별도의 항목으로 배치하고 있는 것을 볼 때, 개념상으로도 양자는 구분되었음을 알 수 있다.

비답을 통해 국왕이 답변을 내리는 문서는 대표적으로 상소와 차자가 있었다. 상소는 일반 사족에서부터 중외의 고위 관료에 이르기까지 특정 주제에 한정하지 않고 국왕에게 요청・건의할 사항을 적어 올리는 문서이며, 차자 역시 작성 주체는 한정되어 있었지만 담는 사안에 특별한 제한이 없었던 것은 상소와 마찬가지였다. 이에 비해 판부는 직계 아문(直啓衙門: 담당 업무를 국왕에게 직접 아뢰는 중앙과 지방의 아문)이 담당 업무에 한정하여 국왕에게 보고・건의하기 위해 올리는 계본(啓本), 계목(啓目), 장계(狀啓) 등 소위 계(啓) 또는 계문(啓文)에 대한 처결문이다. 즉 비답은 작성 주체나 담당 업무에 구애되는 것이 상대적으로 적은 상소나 차자에 대한 국왕의 하답으로, 판부는 소관 업무에 대한 보고에 대한 하답으로 구분할 수 있다. 한편 『윤발휘초』의 비답류에는 초기, 계사에 대한 하답도 포함되어 있는 것을 볼 수 있다. 그러나 초기, 계사 등의 문서에 대한 하답은 종종 판부라고 칭하는 경우도 있어서, 이 부분에서는 조선 후기 당시에도 용어 구분이 명확하지는 않았던 것으로 보인다.

변천과 현황: 『승정원일기(承政院日記)』 등 연대기 사료에 남은 기록을 보면, 비답의 작성 방식은 별도의 문서를 작성하여 내리는 형식과 상소・차자의 여백에 계자(啓字) 도장을 찍고 적는 형식이 있었던 것으로 보인다. 후자의 형식으로 작성된 비답은 원문서 형태로 남아 있는 것이 거의 없다. 조선 후기에 상소・차자의 원문서는 상달 주체에게 반환되지 않았기 때문이다. 이 경우 대부분 상소・차자가 실린 문집이나 국가에서 편찬한 실록이나 『승정원일기』 등의 기록류에 함께 등재된 형태로 남아 있다. 전자의 형식으로 작성된 비답은 소위 '불윤 비답(不允批答: 신하의 청을 허락하지 않는다는 국왕의 답변)' 등의 교서(敎書) 형식의 비답으로, 고위 관직을 지낸 조상이 있는 문중에서 보관해 오던 것이 여러 점 현전하고 있다.

의의와 평가: 비답은 조선시대 국왕이 일반 사족에서부터 고위 관원에 이르기까지 정치・사회적 사안에 대해 직접적으로 소통하는 방식이었다. 특히 일상적인 행정 업무에 대해 정형화된 형식의 하답인 판부에 비해, 정치적으로 중요한 결정은 신하가 올린 상소・차자에 대한 비답의 형식으로 내려지는 경우가 많았다([출처:비답(批答)-한국민족문화대백과사전]).

496) 송익필(宋翼弼, 1534~1599): 조선시대 『구봉집』을 저술한 학자.

본관은 여산(礪山). 자는 운장(雲長), 호는 구봉(龜峯). 할아버지는 직장(直長) 송인(宋璘)이고, 아버지는 판관 송사련(宋祀連)이다. 어머니는 연일 정씨(延日鄭氏)이다.

할머니 감정(甘丁)이 안돈후(安敦厚)의 천첩 소생이었으므로 신분이 미천하였다. 그러나 아버지 송사련이 안처겸(安處謙)의 역모를 조작, 고발하여 공신에 책봉되고 당상관에 올라, 그의 형제들은 유복한 환경에서 교육받았다. 송익필은 재능이 비상하고 문장이 뛰어나 아우 송한필(宋翰弼)과 함께 일찍부터 문명을 떨쳤고, 명문자제들과 폭넓게 교유하였다. 초시(初試)를 한 번 본 외에는 과거를 단념하고 학문에 몰두하여 명성이 높았다. 이이(李珥)・성혼(成渾)과 함께 성리학의 깊은 이치를 논변하였다. 특히 예학(禮學)에 밝아 김장생(金長生)에게 큰 영향을 주었다. 또 정치적 감각이 뛰어나 서인 세력의 막후 실력자가 되기도 하였다. 그러나 1586년(선조 19) 동인들의 충동으로 안 씨 집안에서 송사를 일으켜, 안처겸의 역모가 조작임이 밝혀지고 송익필의 형제들을 포함한 감정의 후손들이 안 씨 집의 노비로 환속되자 그들은 성명을 바꾸고 도피 생활에 들어갔다. 그러나 1589년(선조 22) 기축옥사로 정여립(鄭汝立)・이발(李潑) 등 동인들이 제거되자 그의 형제들도 신분이 회복되었다. 그 때문에 기축옥사의 막후 조종 인물로 지목되기도 하였다. 뒤에 또 노수신, 이산해 등 동인들을 비난한 조헌(趙憲)의 과격한 상소에 관련된 혐의로 이산해(李山海)의 미움을 받아 송한필과 함께 희천으로 유배되었다. 1593년(선조 26) 사면을 받아 풀려났으나, 일정한 거처 없이 친구・문인들의 집을 전전하며 불우하게 살다 죽었다. 1586년(선조 29) 안 씨의 송사 전까지는 고양의 귀봉산 아래에서 크게 문호를 벌여놓고 후진들을 양성하였다. 그 문하에서 김장생・김집(金集)・정엽(鄭曄)・서성(徐渻)・정홍명(鄭弘溟)・강찬(姜澯)・김반(金槃)・허우(許雨) 등 많은 학자들이 배출되었다. 시와 문장에 모두 뛰어나 이산해(李山海)·최경창(崔慶昌)·백광훈(白光勳)·최립(崔岦)·이순인(李純仁)·윤탁연(尹卓然)·하응림(河應臨) 등과 함께 선조 대의 팔문장가로 불렸다. 시는 이백(李白)을 표준으로 했고, 문장은 좌구명(左丘明)과 사마천(司馬遷)을 위주로 하였다. 자신의 학문과 재능에 대한 자부심이 강하여 스스로 고대하게 행세하였다. 또한 아무리 고관·귀족이라도 한 번 친구로 사귀면 자(字)로 부르고 관으로 부르지 않았다. 이러한 태도가 송익필의 미천한 신분과 함께 조소의 대상이 되었다. 저서로는 시문집인 『구봉집(龜峯集)』이 전한다. 시호는 문경(文敬)이다[출처:송익필(宋翼弼)-한국민족문화대백과사전]).

497) 서기(徐起, 1523~1591): 조선 전기 『고청유고(孤靑遺稿)』를 저술한 학자. 본관은 이천(利川). 자는 대가(待可), 호는 고청초로(孤靑樵老)·구당(龜堂)·이와(頤窩). 서구령(徐龜齡)의 아들이다. 서경덕(徐敬德)·이중호(李仲虎)·이지함(李之菡)을 사사(師事)하였다.
　　어려서부터 학문에 전념하여 제자백가(諸子百家)는 물론 기술의 이론까지 통달하였으며, 선학(禪學)을 좋아하였다. 특히, 이지함을 만나면서 비로소 유학(儒學)이 정도(正道)임을 깨닫게 되었다. 홍주(洪州)와 지리산·계룡산의 고청봉(孤靑峰) 밑으로 거처를 옮겨 다니면서 오로지 학문과 강학에만 전념하였다. 충청남도 공주의 충현서원(忠賢書院)의 별사(別祠)에 배향되었다([출처:서기(徐起)-한국민족문화대백과사전]).

498) 정충신(鄭忠信: 1576~1636): 조선시대 진무공신 1등에 책록된 공신. 무신. 본관은 하동(河東). 자는 가행(可行), 호는 만운(晩雲). 고려 명장 정지(鄭地)의 9대 손으로, 아버지는 금천군(錦川君) 정윤(鄭綸)이다. 어머니는 영천 이씨(永川李氏)로 이인조(李仁祚)의 딸이다. 미천한 집에서 태어났으며 절도영(節度營)에 속한 정병(正兵)이었고, 부(府)에 예속된 지인(知印)을 겸하였다.
　　1592년(선조 25) 임진왜란이 일어나자 광주목사(光州牧使) 권율(權慄)의 휘하에서 종군하였다. 이때 권율이 장계를 행재소에 전달할 사람을 모집했으나 응하는 사람이 없었는데, 17세의 어린 그가 가기를 자청하고는 왜군으로 가득한 길을 단신으로 뚫고 행재소에 도착하였다. 병조판서 이항복(李恒福)이 그에게 사서(史書)를 가르쳤는데 문하(門下)의 명사 장유(張維)·최명길(崔鳴吉)과 친하게 지내게 하였으며, 머리가 총명하여 아들같이 사랑하였다. 이해 가을에 행재소에서 실시하는 무과에 응시하여 합격하였다. 1621년(광해군 13) 만포첨사로 국경을 수비했으며, 이때 명을 받고 여진족 진에 들어가 여러 추장을 만나기도 하였다. 1623년(인조 1) 안주목사로 방어사를 겸임하고, 다음해 이괄(李适)의 난 때는 도원수 장만(張晩)의 휘하에서 전부대장(前部大將)이 되어 이괄의 군사를 황주와 서울 안산(鞍山)에서 무찔러 진무공신(振武功臣) 1등으로 금남군(錦南君)에 봉해졌다. 이괄과 친분이 두터웠던 그는 이괄의 난이 일어나자 자신의 결백을 입증하기 위해 성을 버리고 달아났다. 이에 문회(文晦) 등의 고발로 체포되었으나 은혜를 입고 풀려났다. 1627년(인조 5) 정묘호란 때는 부원수를 지냈고, 1633년(인조 11) 조정에서 후금(後金)에 대한 세폐의 증가에 반대, 후금과의 단교를 위하여 사신을 보내게 되는데 김시양(金時讓)과 함께 이를 반대하여 당진에 유배되었다. 이후 다시 장연으로 이배(移配)되었다가 곧 풀려 나와 이듬해 포도대장·경상도병마절도사를 지냈다. 1636년(인조 14) 병이 심해지자 왕이 의관에게 명해 치료에 진력하게 했으나 효험을 보지 못하고 죽었다. 왕이 내시로 하여금 호상하게 하고 어복(御服)을 주어 수의(襚衣)로 하게 했으며, 관청에서 의로써 장사를 치르게 하였다. 키가 작으면서도 씩씩했고 덕장(德將)이라는 칭송(稱頌)을 들었으며, 민간에 많은 전설을 남겼다. 천문·지리·복서·의술 등 다방면에 걸쳐서 정통했으며, 청렴하기로 이름이 높았다.

광주(光州) 경렬사(景烈祠)에 재향되었다. 저서로 『만운집』·『금남집(錦南集)』·『백사북천일록(白沙北遷日錄)』 등이 있다. 시호는 충무(忠武)이다[출처:정충신(鄭忠信)-한국민족문화대백과사전]).

499) 박문수(朴文秀, 1691~1756): 조선후기 호조참판, 병조판서, 함경도관찰사 등을 역임한 문신.

본관은 고령(高靈). 자는 성보(成甫), 호는 기은(耆隱). 이조판서 박장원(朴長遠)의 증손으로, 할아버지는 세마(洗馬) 박선(朴銑)이고, 아버지는 영은군(靈恩君) 박항한(朴恒漢)이며, 어머니는 공조참판 이세필(李世弼)의 딸이다. 1723년(경종 3) 증광 문과(增廣文科)에 병과로 급제해 예문관검열(藝文館檢閱)로 뽑혔다. 이듬해 세자시강원설서(世子侍講院說書)·병조정랑에 올랐다가 1724년(영조 즉위년) 노론이 집권할 때 삭직(削職)되었다. 1727년(영조 3) 정미환국(丁未換局)으로 소론이 기용되자 다시 사서(司書)에 등용되었으며, 영남안집어사(嶺南安集御史)로 나가 부정한 관리들을 적발하였다. 이듬해 이인좌(李麟佐)의 난이 일어나자 사로도순무사(四路都巡問使) 오명항(吳命恒)의 종사관으로 출전, 전공을 세워 경상도관찰사에 발탁되었다. 이어 분무공신(奮武功臣) 2등에 책록되고 영성군(靈城君)에 봉해졌다. 같은 해 도당록(都堂錄)에 들었다. 1730년(영조 6) 대사성·대사간·도승지를 역임했으며, 1731년(영조 7) 영남감진어사(嶺南監賑御史)로 나가 기민(饑民)의 구제에 힘썼다. 1732년(영조 8) 선혜청당상(宣惠廳堂上)이 되었고, 1734년(영조 10) 예조참판으로 재직 중에 진주사(陳奏使)의 부사(副使)로 청나라에 다녀왔다. 그 뒤 호조참판을 거쳐, 1737년(영조 13) 도승지를 역임한 뒤 병조판서가 되었다. 이때 병조 자체 내에 인신(印信)이 없어 군무의 신속한 입송(入送)에 불편을 주고, 간리(奸吏)가 중간에 농간을 부리는 폐단이 있었다. 이는 군기의 중요성에 비추어 많은 문제점을 야기할 수도 있어, 왕에게 주청해 병조판서와 이군색(二軍色)의 인신을 만들었다. 1738년(영조 14) 다시 동지사(冬至使)로 청나라에 다녀왔으나 앞서 안동서원(安東書院)을 철폐시킨 일로 탄핵을 받아 풍덕부사(豊德府使)로 좌천되었다. 1739년(영조 15) 함경도관찰사가 되었고, 1741년(영조 17) 어영대장(御營大將)을 역임하였다. 이어 함경도에 북도진휼사(北道賑恤使)로 나가 경상도의 곡식 1만 섬을 실어다 기민을 구제해 송덕비(頌德碑)가 세워졌다. 다음 해 병조판서로 재직 시 지리적 여건으로 봉군(烽軍)의 충원이 어려운 북도(北道)에 각 지방에 정배(定配)된 봉무사(烽武士)로서 변통할 것을 주청해 이를 시행하게 하였다. 1743년(영조 19) 경기도관찰사가 되었으나 부임하지 않아 이듬해 황해도수군절도사(黃海道水軍節度使)로 좌천되었다. 1745년(영조 21) 어영대장에 재임되었고, 1749년(영조 25) 호조판서로 재직 시 궐 안의 당우(堂宇)를 3년에 한 번씩 수리할 때 책임관으로서 역대 어느 관료보다도 일을 잘 처리했다는 역사적인 교훈을 남기기도 하였다. 1750년(영조 26) 수어사(守禦使)를 역임한 뒤 관동영남균세사(關東嶺南均稅使)를 거쳐, 지성균관사(知成均館事)·판의금부사(判義禁府事)·세손사부(世孫師傅) 등을 지냈고, 1751년(영조 27) 예조판서가 되었다. 1752년(영조 28) 왕세손(王世孫: 정철)이 죽자 내의원제조(內醫院提調)로 책임을 추궁당하여 제주로 귀양 갔다. 이듬해 풀려나와 우참찬에 올랐다. 정치적으로 소론에 속하였다. 영조가 탕평책(蕩平策)을 실시할 때 명문 벌열(名門閥閱) 중심의 인사 정책에서 벗어날 것을 주장했으며, 사색(四色)의 인재를 고루 등용하는 탕평의 실(實)을 강조하였다. 특히, 군정(軍政)과 세정(稅政)에 밝아 당시 국정의 개혁

논의에 중요한 몫을 다하였다. 1749년(영조 25) 영조에게 주청해 다른 신하들과 함께 『각전각궁공상정례(各殿各宮供上定例)』 6권, 『국혼정례(國婚定例)』 2권, 『각사정례(各司定例)』 12권, 『상방정례(尙方定例)』 3권을 합해 『탁지정례(度支定例)』를 출판하였다. 글씨로는 안성의 『오명항토적송공비(吳命恒討賊頌功碑)』가 전한다. 한편, 4차례에 걸쳐 어사로 파견되었던 행적이 허구로 각색되며 암행어사 박문수 설화가 많이 전해지고 있다. 영의정에 추증되었으며, 시호는 충헌(忠憲)이다([출처:박문수(朴文秀)-한국민족문화대백과사전]).

500) 홍이상(洪履祥, 1549~1615): 조선시대 이조참의, 대사성, 대사헌 등을 역임한 문신. 본관은 풍산(豊山). 초명은 인상(麟祥). 자는 군서(君瑞)・원례(元禮), 호는 모당(慕堂). 홍철손(洪哲孫)의 증손으로, 할아버지는 증좌승지 홍세경(洪世敬)이고, 아버지는 부사직 홍수(洪修)이며, 어머니는 백승수(白承秀)의 딸이다.

1573년(선조 6) 사마시를 거쳐 1579년 식년문과에 갑과로 장원급제하였다. 그 뒤 예조와 호조의 좌랑을 거쳐, 정언・수찬・지제교・병조정랑 등을 두루 지낸 뒤 사가독서(賜暇讀書)하였다. 그 뒤 이조정랑을 거쳐, 호당(湖堂)에 있을 때 왕이 유신(儒臣)들을 선발해 경서(經書)를 교정(校正)할 때는 꼭 참여하였다. 이어 집의・응교를 역임하고, 태복시정(太僕寺正)이 되었다가 사간과 사인 등을 거쳐, 황해도안무사(黃海道安撫使)가 되었다. 1591년(선조 24) 직제학을 거쳐 동부승지가 된 뒤, 다시 이조참의가 되었다. 1592년(선조 25) 임진왜란 때는 예조참의로 옮겨 왕을 호가(扈駕)해 서행(西行)하였다. 그리고 곧 부제학이 되었다가 성천에 도착해 병조참의에 전임하였다. 1593년(선조 26) 정주에서 대사간에 임명되었고, 이듬해 성절사(聖節使)가 되어 명나라에 다녀왔다. 그 뒤 좌승지가 되었다가 곧 경상도관찰사로 나갔다. 비변사(備邊司)와 긴밀하게 연락해 일본군 장수 고니시[小西行長]와 가토[加藤淸正] 사이의 이간(離間)을 계획, 추진하기도 하였다. 1596년(선조 26) 형조참판을 거쳐 대사성이 되었다. 그러나 영남 유생 문경호(文景虎) 등이 성혼(成渾)을 배척하는 상소를 올리자, 성혼을 두둔하다가 안동부사로 좌천되었다. 1607년(선조 40) 청주목사가 되고, 1609년(광해군 1)에는 대사헌이 되었다. 1612년(광해군 4) 이이첨(李爾瞻)・정인홍(鄭仁弘)의 일파에게 밀려나 개성유후사유후(開城留後司留後)로 좌천된 뒤 그곳에서 죽었다. 저서로는 『모당유고』가 있다. 고양의 문봉서원(文峯書院)에 제향되었다. 시호는 문경(文敬)이다[출처:홍이상(洪履祥)-한국민족문화대백과사전].

501) 서성(徐渻, 1558~1631): 조선시대 평안감사, 호조판서, 병조판서 등을 역임한 문신. 본관은 대구(大丘). 자는 현기(玄紀), 호는 약봉(藥峯). 언양현감(彦陽縣監) 서거광(徐居廣)의 현손이며, 사헌부장령(司憲府掌令) 서팽소(徐彭召)의 증손으로, 할아버지는 예조참의 서고(徐固)이고, 아버지는 서해(徐嶰)이다. 어머니는 청풍군수(淸風郡守) 이고(李股)의 딸이다. 이이(李珥)・송익필(宋翼弼)의 문인이다.

1586년(선조 19) 알성 문과에 을과로 급제하고 권지성균학유(權知成均學諭)가 되었다. 이어 인천부교수(仁川府敎授), 예문관의 검열・대교(待敎)・봉교(奉敎), 홍문관의 전적(典籍)을 거쳐, 감찰과 예조좌랑을 지냈다. 병조좌랑을 거쳐 1592년(선조 25) 임진왜란이 일어나자 선조를 호종(扈從)하다가 호소사(號召使) 황정욱(黃廷彧)의 요청으로 종사관(從事官)이 되어, 함경도로 길을 바꾸었다가 국경인(鞠景仁)에 의해 임해군(臨海君)・순화군(順和君)・황정욱 등과 함께 결박되어 가토 기요마사[加藤淸正]의 포로가 되었으나 탈출하였다. 왕의 명령으로 행재소에 이르러 사헌부지평(司憲府持平)・병조정랑・성균관직강(成均館直講)을 역임하고 명나라 장수 유정(劉綎)을 접대하였다. 다시 지평과 직강을 거쳐 삼남지역(三南地域)에 암행어사로 파견되어 민정을 살피고 돌아온 뒤 전수(戰守)의 계책을 아뢰었다. 이로 인해 제용감정(濟用監正)으로 승진하고, 경상감사에 발탁되었으나 대간의 반대로 내섬시정(內贍寺正)으로 바뀌었다. 그 뒤 경상우도감사로 내려가 삼가(三嘉)의 악견산성(嶽堅山城)을 수리하고 민심을 진정시켰다. 이어 동부승지·병조참의·비변사유사당상(備邊司有司堂上)·승문원부제조(承文院副提調)를 겸하였다. 다시 병조참의·도승지·황해감사·함경감사가 되었으나 병으로 사직하고 있다가 평안감사로 나아가 평양 아전들의 환심을 얻었다. 이어 도승지가 되어 경연에서 이항복(李恒福)·이덕형(李德馨)을 신구(伸救)하고, 성혼(成渾)과 정철(鄭澈)을 헐뜯는 정인홍(鄭仁弘) 일파를 배척하다가 왕의 미움을 받았다. 이어 판윤(判尹)으로 비변사와 훈련도감의 제조를 겸하고, 형조판서·병조판서·지중추부사를 거쳐 함경감사로 나갔다. 다시 호조판서로 지의금부사를 겸하다가 경기감사가 되고, 그 뒤 우참찬을 거쳐 개성유수가 되었다. 1613년(광해군 5) 계축옥사(癸丑獄事)가 일어나자 이에 연루되어 단양에 유배되었다. 그 후 다시 영해와 원주 등지로 옮겨지는 등 11년간이나 귀양살이를 하다가, 1623년(인조 1) 인조반정으로 방환되었다. 이어 형조판서·대사헌·경연성균관사를 겸하고, 1624년(인조 2) 이괄(李适)의 난 때 왕을 호종하고 판중추부사·병조판서 등을 역임하였다. 1627년(인조 5) 정묘호란 때도 왕을 강화도까지 호종했고, 숭록대부(崇祿大夫)로 승격하였다. 학문을 즐겨 이인기(李麟奇)·이호민(李好閔)·이귀(李貴) 등과 남지기로회(南池耆老會)를 조직하여 역학(易學)을 토론했고, 서화(書畫)에도 뛰어났다. 영의정에 추증되고, 대구의 구암서원(龜巖書院)에 제향되었다. 저서로 『약봉집(藥峯集)』이 있다. 시호는 충숙(忠肅)이다([출처:서성(徐渻)-한국민족문화대백과사전]).

502) 이건창(李建昌, 1852~1898): 개항기 한성부소윤, 안핵사, 승지 등을 역임한 문신. 학자, 문장가.

본관은 전주(全州). 아명(兒名)은 이송열(李松悅). 자는 봉조(鳳朝, 鳳藻), 호는 영재(寧齋). 할아버지는 이조판서 이시원(李是遠)이고, 아버지는 증이조참판 이상학(李象學)이다. 할아버지가 개성유수로 재직할 때 관아에서 태어나 출생지는 개성이나 선대(先代)부터 강화에 살았다. 할아버지로부터 충의(忠義)와 문학(文學)을 바탕으로 한 가학(家學)의 가르침을 받았다. 5세에 문장을 구사할 만큼 재주가 뛰어나 신동이라는 말을 들었다. 장성한 뒤에는 모든 공사(公私) 생활에서 할아버지의 영향을 받았다. 강위(姜瑋)·김택영(金澤榮)·황현(黃玹) 등과 교분이 두터웠다. 용모가 청수(淸秀)하였으며, 천성이 강직해 부정·불의를 보면 추호도 용납하지 않고 친척·친구나 지위의 고하를 막론하고 처단하였다. 대인관계에 있어서도 양보가 없이 소신대로 대처하는 성격이어서 인심 포섭에는 도리어 결점이 되기도 하였다. 정사를 처리하는 과정에서 지나친 충간(忠諫)과 냉철(冷徹) 일변도의 자세는 벼슬길에 많은 지장을 초래하기도 하였다. 1866년(고종 3) 15세의 어린 나이로 별시문과(別試文科)에 병과로 급제했으나 너무 일찍 등과했기 때문에 19세에 이르러서야 홍문관직에 나아갔다. 1874년(고종 11) 서장관(書狀官)으로 발탁되어 청나라에 가서 황각(黃珏)·장가양(張家驤)·서보(徐郙) 등과 교유, 이름을 떨쳤다. 이듬해 충청우도암행어사가 되어 충청감사 조병식(趙秉式)의 비행을 낱낱이 들쳐 내다가 도리어 모함을 받아 벽동(碧潼)으로 유배되었고, 1년이 지나서 풀려났다. 공사(公事)에 성의를 다하다가 도리어 당국자의 미움을 사 귀양까지 간 뒤에는 벼슬에 뜻을 두려 하지 않았다. 그러나 임금이 친서로 "내가 그대를 아니 전과 같이 잘하라"는 간곡한 부름에 못 이겨, 1880년(고종 17) 경기도암행어사로 나갔다. 이때 관리들의 비행을 파헤치고 흉년을 당한 농민들을 일일이 찾아다니면서 식량문제 등 구휼에 힘썼다. 한편, 세금을 감면해 주어 인민들로부터 인심을 얻어 이건창의 선정비(善政碑)가 각처에 세워졌다. 그 뒤 부친상을 당해 6년간 상례를 마치고 1890년(고종 27) 한성부소윤이 되었다. 당시 청국인과 일본인들이 우리 인민들의 가옥이나 토지를 마구 사들이는 것을 방관하는 사이에 그 규모가 점차 커지고 있었다. 그들이 소유권을 보호한다는 명목으로 문제를 일으킬 것을 예측한 이건창은 시급히 국법을 마련해 국민들의 부동산을 외국인에게 팔아넘기지 못하도록 금지령을 실시해야 한다는 소를 올렸다. 그때 이홍장(李鴻章)의 부하인 청국공사 당소의(唐紹儀)가 한성부 소윤의 상소내용을 알고, 공한으로 "청국사람과의 가옥이나 토지매도를 금한다는 조항이 조약상에 없는데 왜 금지조치를 하려는가"라고 항의하였다. 이건창은 "우리가 우리 국민에게 금지시키는 것인데 조약이 무슨 상관인가"라고 일축하였다. 그러자 당소의는 이홍장의 항의를 빙자해 우리 정부에 압력을 가해 금지령을 내리지 못하게 하였다. 그러나 이건창은 단념하지 않고, 외국인에게 부동산을 판 사람을 다른 죄목으로써 다스려 가중처벌을 하였다. 이에 인민들은 감히 외국과 매매를 못하였고 청국인들도 하는 수 없이 매수계획을 포기하였다. 1891년(고종 28) 승지가 되고 다음 해 상소사건으로 보성에 재차 유배되었다가 풀려났다. 1893년(고종 30) 함흥부의 난민(亂民)을 다스리기 위해 안핵사(按覈使)로 파견되어 관찰사의 죄상을 명백하게 가려내어 파면시켰다. 임금도 지방관을 보낼 때에 "그대가 가서 잘못하면 이건창이 가게 될 것이다"라고 할 정도로 공무를 집행하는 이건창의 자세는 완강하고 당당하였다. 갑오경장 이후로는 새로운 관제에 의한 각부의 협판(協辦)·특진관(特進官) 등에 임명되었으나 모두 거절하였다. 1896년(고종 33) 해주부관찰사에 제수되었으나 극구 사양하다가 마침내 고군산도(古群山島)로 세 번째 유배되었다. 특지(特旨)로 2개월 후에 풀려났다. 그 뒤 고향인 강화에 내려가서 서울과는 발길을 끊고 지내다가 2년 뒤에 47세로 세상을 떠났다.

이건창의 문필은 송대(宋代)의 대가인 증공(曾鞏)·왕안석(王安石)의 영향을 많이 받았다. 그리고 정제두(鄭齊斗)가 양명학(陽明學)의 지행합일(知行合一)의 학풍을 세운 이른바 강화학파(江華學派)의 학문태도를 실천하였다. 한말의 대문장가이며 대시인인 김택영이 우리나라 역대의 문장가를 추숭(追崇)할 때에 여한구대가(麗韓九大家)라 하여 아홉 사람을 선정하였다. 그 최후의 사람으로 이건창을 꼽은 것을 보면, 당대의 문장가일 뿐 아니라 우리나라 전대(全代)를 통해 몇 안 되는 대문장가의 한 사람이라고 해도 과언이 아니다. 글씨에도 뛰어났으며, 성품이 매우 곧아 병인양요 때에 강화에서 자결한 할아버지의 유지를 받들어 개화를 뿌리치고 철저한 척양척왜주의자로 일관하였다. 저서로는 『명미당집(明美堂集)』·『당의통략(黨議通略)』 등이 있는데, 비교적 공정한 입장에서 당쟁의 원인과 전개과정을 기술한 명저로 높이 평가되고 있다([출처:이건창(李建昌)-한국민족문화대백과사전]).

503) 붕당의 발생요인을 이해(利害)관계(이익李瀷), 전랑(銓郎)제도(이중환李重煥), 서원의 폐(弊)(박제형朴齊炯) 등으로 보는 견해는 이미 조선 후기부터 제기되어 왔었다(이병걸, 「서원과 붕당」, 『한국사연구입문』, 지식산업사, 1981, 302쪽).

504) 뇌야마웅(瀨野馬熊)은 이건창의 주장 가운데 '도학태중(道學太重)' '명의태엄(名義太嚴)'의 두 가지는 붕당의 발생 요인으로 볼 수 있겠으나, 그 나머지는 당쟁의 전개과정에서 붕당 활동을 격화시킨 요인으로 보는 것이 타당하다고 주장하였다(이병걸, 「서원과 붕당」, 『한국사연구입문』, 지식산업사, 1981, 302쪽).

505) 대곡삼번(大谷森繁)은 1565년(명종 20) 4월 문정왕후의 죽음으로 윤원형 일파가 제거된 것을 계기로 사류계급이 형성되고 사림이 편성되었는데, 이것이 붕당의 모태가 되고 동서 분당의 전단계가 되었다고 하였다(이병걸, 「서원과 붕당」, 『한국사연구입문』, 지식산업사, 1981, 303쪽).

506) 사화(士禍): 신진사류들이 훈신·척신들로부터 받은 정치적인 탄압. '사림(士林)의 화'의 준말로서, 1498년(연산군 4)의 무오사화, 1504년의 갑자사화, 1519년(중종 14)의 기묘사화, 1545년(명종 즉위년)의 을사사화 등이 대표적인 예이다. 사화는 당초 일으킨 쪽인 훈척 계열에서 난으로 규정했으나, 당한 쪽인 사림 측은 정인(正人)·현사(賢士)들이 죄 없이 당한 화라고 주장하여 사림의 화란 표현을 썼다. 그러다가 사림계가 정치적으로 우세해진 선조 초반 무렵부터 사화라는 표현이 직접 쓰여 지기 시작하였다. 그러나 근대적인 역사 인식이 생겨나면서 사화는 대단히 부정적인 것으로 평가되었다. 즉, 일제 시기 일인 학자들이 식민주의적인 역사 인식의 차원에서 한민족의 부정적인 민족성의 하나로 당파성을 거론한 이후, 사화는 당쟁의 전주에 불과한 것으로 설명되었다. 이러한 편협하고 피상적인 이해는 최근 이 시대에 대한 여러 측면의 연구가 활발하게 진행되면서 크게 불식되었다. 즉 사화는 단순한 권력 싸움이 아닌, 당시의 사회 경제적인 변동과 깊은 관련을 가지는 정치 현상으로 규명되고 있다. 사화가 거듭 일어난 15세기 말엽부터 16세기 사이에는 경제적으로 다음과 같은 변동이 있었다. 우선, 농업 부문에서 연작상경(連作常耕) 농업 기술의 실현이라는 15세기의 성과를 토대로, 천방(川防) 관개 기술이 새로 보급되었다. 또한, 서남 연안지역에서 간석지 개발이 언전(堰田)이라는 이름으로 활발하게 진행되어 경제력이 크게 향상되었다. 향상된 농업 경제력은 상업 부문에도 새로운 자극을 주어 5일장의 전신에 해당하는 지방의 농촌 장시가 이 무렵부터 장문, 향시의 이름으로 대두하기 시작하였다. 수공업 부문에서 면포 생산력의 급증은 이러한 국내 유통을 원활하게 하였다. 뿐만 아니라 대외 교역상으로도 중요한 수출 상품이 되어 당시 새로운 활약상을 보인 동아시아 교역 발전에 일익을 담당하였다. 중국과의 교역에서도 견직물 또는 그 원사를 은으로 결제해 수입하는 한편, 일본에 면포를 직접 수출하거나 중국산 견직 원사를 중개 무역하여 은을 벌어들였다. 대외 교역상으로 은의 수요가 높아지자 은광의 개발도 활발하게 이루어졌다. 사화는 이와 같이 경제 변동이 급변하는 가운데 사회질서 문제를 놓고 일어난 정치적인 마찰이었다. 기본적으로 집권적인 위치에 있던 훈신·척신 계열은 권력을 사적인 치부에 남용하는 경향이 그 어느 때보다도 심하였다. 사림계는 이를 비리로 규정하고 신랄하게 비판하여 정치적 보복을 받게 되었던 것이다. 사림계의 비판 활동은 훈·척계의 행위가 명백한 비리(非理)라는 것뿐만 아니라, 재지 중소지주 출신이라는 그들 자신의 사회적 기반과도 깊은 관련을 가졌다. 훈·척계의 사익 추구는 현직 지방관들을 매개로 각 지방 사회에서 구조적으로 자행되었다. 따라서 수탈에 견디기 어려운 농민들이 권세가의 대농장으로 흘러들어가는 추세가 현저해져 국가적으로 인력·재력의 원천이 위축되었다. 뿐만 아니라 궁극적으로는 사림계의 재지적 기반마저도 위협받는 형세였다. 사림계의 비판은 유교적인 이념에 입각하면서도 사회적인 안정을 특별히 강조, 향사례(鄕射禮)·향음주례(鄕飮酒禮)·향약(鄕約) 등 구체적인 대책을 제시한 것이 특징이었다. 무오사화는 흔히 김종직(金宗直)이 사초(史草)로 쓴 「의제를 조상하는 글(弔義帝文)」이 사달이 되었다고 하여 사화(史禍)라고 일컬어지기도 한다. 그러나 더 근본적인 원인은 향촌 사회의 질서 확립 문제를 둘러싼 이해 관계의 상충이었다. 성종 즉위 후 특채로 중앙 관계에 진출한 김종직과 그 문인 및 종유인(從遊人)들은 성종 15년 무렵부터 『주례』의 향사례·향음주례의 시행 보급을 목적으로 세조대에 혁파된 유향소(留鄕所) 제도를 부활할 것을 주장하였다. 즉, 이 제도를 부활하여

중심 기구로 삼고자 했던 것이다. 이 제의는 훈구대신 계열의 반대로 5년 가까이 지연되던 끝에 1488년(성종 19)에서야 비로소 채택되었다. 그러나 사림계의 기반이 강한 몇몇 지역을 제외한 대부분의 유향소가 향사례·향음주례는 실행하지 않고 오히려 중앙 권신들의 지방 사회 수탈의 하부 조직으로 악용되는 실정이었다. 즉, 현직 지방관을 위압적으로 사주하여 해당 지역 내의 결탁적인 토호들이 유향소를 장악하도록 만들어 기존의 경재소(京在所)제도로 조정했던 것이다. 유향소 복립(復立) 운동이 이와 같이 본래 의도와는 전혀 다른 결과를 가져오게 되자, 사림계는 지방에 사마소(司馬所)라는 독립 기구를 만들어 대항하는 한편, 중앙에서는 훈신·척신을 비롯한 권신들의 비리를 맹렬히 비판하였다. 사림계의 공격으로 궁지에 몰린 훈·척계는 김종직의 <의제를 조상하는 글>을 빌미로 역공(逆攻)을 하게 되었다. 이렇듯 사림계의 향사례·향음주례 보급 기도는 경제 변동으로 이미 동요의 기미를 보인 사회 질서를 유교적인 윤리 체계로 갱신하려는 것이었다. 무오사화(戊午士禍)로 사림계가 크게 제거된 상태에서 연산군과 그를 싸고 돈 궁금(宮禁) 세력이 사치욕으로 훈신 계열의 재력을 탈취하고자 연산군의 생모 윤 씨(尹氏)의 폐비에 대한 대신들의 묵과(黙過)를 흠잡아 일으킨 사건이 1504년(연산군 10)의 갑자사화(甲子士禍)이다. 당시 훈신 계열은 선대 이래의 공신전(功臣田)을 비롯한 토지 재산뿐 아니라, 경재소·유향소제도를 통해 특정한 지방을 고정적인 재력 확충의 대상으로 장악하다시피 하는 경우가 많아, 이를 탈취하고자 하였다. 이때 사림계로서 연루된 인사도 적지 않았으나, 그것은 부차적인 것이었다. 기묘사화는 1515년(중종 10) 왕비책립 때 조신 간의 대립·알력을 시발로 하여 조광조(趙光祖) 등의 지치주의 정치(至治主義政治)에 의해 대량 등용된 신진사류에 대한 불만과 도의론을 앞세워 훈구파를 소인 시(視)한 배타적인 태도에 대한 증오 등이 위훈삭제 사건(僞勳削除事件)으로 폭발된 것이다. 연산군의 폭정은 갑자사화 2년 뒤 중종반정으로 종식되었다. 이로써 사림계도 재진출하게 되지만, 중종 초기의 정국은 훈신 계열이 주도하였다. 반정공신을 중심으로 한 이때의 훈신계는 전날의 훈신들과 다른 점이 거의 없었다. 사림계의 중앙 진출은 1515년(중종 10) 무렵 조광조의 특채를 계기로 더욱 활발해져 중종 12년 무렵부터 혁신적인 정책을 폈다. 반정공신의 녹공(錄功)이 부적(不適)한 경우가 많다고 하여, 이른바 위훈(僞勳) 삭제를 주장하는 한편, 훈신들의 수탈 기반이 되고 있는 경재소·유향소 체제를 없애고 향촌 사회에 안정을 가져올 수 있는 향약을 시행하도록 하자는 것 등이 그 중요 정책이었다. 후자는 특히 영남·기호 등지뿐만 아니라, 서울의 5부 방리에서까지 시행될 정도로 열기가 대단하였다. 그러나 이러한 일련의 급진적인 변혁은 훈구계로부터 강한 반발을 받게 되었으며, 향약 시행의 성과는 기묘사화(己卯士禍)의 발발과 동시에 모두 철폐되었다. 1545년(명종 1) 을사사화는 명종의 외삼촌인 윤원형(尹元衡)의 소윤(小尹)이 명종 즉위를 계기로 인종의 외할아버지 윤임(尹任)의 대윤(大尹)을 축출한 사건이다. 기묘사화 후 사림계는 의기가 크게 꺾였으나, 중종 30년대 후반에 왕이 기묘사화를 후회하여 다시 중앙 진출의 기회를 얻었다. 그리고 중종의 뒤를 이은 인종이 사림계의 정치적 처지를 지지하여 많은 기대를 모았다. 그러나 인종이 재위 1년 만에 죽고 명종이 그 뒤를 잇게 되자, 양 외척 간에 권력 암투가 벌어졌다. 윤임은 외척이면서도 사림을 비호(庇護)하는 면이 있었으나, 명종의 모후 문정왕후(文定王后)와 그 동생 윤원형은 권력을 독단하는 성향이 강해 윤임의 제거와 동시에 다수의 사림계 인사도 제거하였다(을사사화). 이 무렵 정국은 사적인 이익을 추구하려는 성향이 팽배하여 권력의 첩로인 외척이 관료 사회에 절대적인 위세를 누려 대립하는 두 정치세력의 대표가 모두 외척 출신으로 표출되었다. 앞의 4대 사화 외에도 같은 시기에 정미사화로 불려지는 것이 있었다. 그러나 선조의 즉위를 계기로 척신정치가 일단 종식된 뒤부터는 정치적인 분쟁과 축출이 있어도 그것을 사화라고 지칭하지 않았다. 이후로 사림 안에 복수로 정파가 이루어져, 공도(公道)의 실현이라는 공동의 목표 아래 상호 비판, 견제하여 정치를 이끄는 이른바 붕당정치(朋黨政治)가 기본적인 정치 원리로 추구되었다. 그런 만큼 여기서 발생하는 정쟁은 선악의 구분이 전제된 개념인 사화란 표현이 적용되지 않았다. 붕당정치의 기본적인 원리가 무너진 뒤, 특히 정쟁의 중심인물들이 다수 처단된 경종대의 신임옥사(辛壬獄事) 이후 정파 간에는 자파의 희생을 사화로 일컫는 현상이 잦아졌다. 더욱이 이를 미화하고자 왕조 초기의 계유정난(癸酉靖難)까지도 사화로 지칭하는 경향이 대두하였다([출처:사화(士禍)-한국민족문화대백과사전]).

507) 김종직(金宗直, 1431~1492): 조선 전기 병조참판, 홍문관제학, 공조참판 등을 역임한 문신. 학자.

경상남도 밀양 출신. 본관은 선산(善山). 자는 효관(孝盥)·계온(季昷), 호는 점필재(佔畢齋). 아버지는 사예 김숙자(金叔滋)이고, 어머니는 밀양 박씨로 사재감정(司宰監正) 박홍신(朴弘信)의 딸이다. 정몽주와 길재의 학통을 계승하여 김굉필-조광조로 이어지는 조선시대 도학 정통의 중추적 역할을 하였다. 생전에 지은 <조의제문(弔義帝文)>은 무오사화가 일어나는 원인이 되었다.

1453년(단종 1) 진사가 되고, 1459년(세조 5) 식년문과에 정과로 급제하였다. 이듬해 사가독서(賜暇讀書)하였으며, 1462년 승문원박사 겸 예문관봉교에 임명되었다. 이듬해 감찰이 되고, 이어서 경상도병마평사·이조좌랑·수찬·함양군수 등을 거쳤으며, 1476년(성종 7) 선산부사가 되었다. 1483년(성종 14) 우부승지에 올랐으며, 이어서 좌부승지·이조참판·예문관제학·병조참판·홍문관제학·공조참판 등을 역임하였다. 1486년(성종 17)에는 신종호(申從濩) 등과 함께 『동국여지승람(東國輿地勝覽)』을 편차(編次)하여 문장가다운 면모를 보여주었다. 또한 훗날 제자 김일손(金馹孫)이 사관으로서 사초(史草)에 수록하여 무오사화의 단서가 된 김종직의 <조의제문(弔義帝文)>은 중국의 고사를 인용하여 의제와 단종을 비유하면서 세조의 왕위찬탈을 비난한 것으로, 깊은 역사적 식견과 절의를 중요시하는 도학자로서의 참모습을 보여주었다. 세조·성종 대에 걸쳐 벼슬을 하면서 항상 절의와 의리를 숭상하고 실천하였으며, 그 정신이 제자들에게까지 전해져 이들 또한 절의를 높이고 의리를 중히 여기는 데 힘썼다. 이러한 연유로 자연히 사림들로부터 존경받는 인물이 되었고, 당시 학자들의 정신적인 영수가 되었다. 이들 사림들이 당시 훈척계열(勳戚系列)의 비리와 비도(非道)를 비판하고 나서자, 이에 당황한 유자광(柳子光)·정문형(鄭文炯)·한치례(韓致禮)·이극돈(李克墩) 등이 자신들의 방호(防護)를 위해 1498년(연산군 4) 무오사화를 일으켰다. 그 결과 많은 사림들이 죽거나 귀양을 가게 되었고, 김종직도 생전에 써둔 <조의제문>과 관련되어 부관참시(剖棺斬屍)를 당하였다.

고려 말 정몽주(鄭夢周)·길재(吉再)의 학통을 이은 아버지로부터 수학하여 후일 사림의 조종(祖宗)이 되었다. 김종직은 문장·사학(史學)에도 두루 능했으며, 절의(節義)를 중요시하여 조선시대 도학(道學)의 정맥을 이어가는 중추적 구실을 하였다. 김종직의 도학사상은 제자인 김굉필(金宏弼)·정여창(鄭汝昌)·김일손(金馹孫)·유호인(兪好仁)·남효온(南孝溫)·조위(曺偉)·이맹전(李孟專)·이종준(李宗準) 등에게 지대한 영향을 미쳤다. 특히 김종직의 도학을 정통으로 계승한 김굉필은 조광조(趙光祖)와 같은 걸출한 인물을 배출시켰다. 김종직의 도학이 조선시대 도통(道統)의 정맥으로 이어진 것은 <조의제문>에서도 나타나듯이 김종직이 추구하는 바가 화려한 시문이나 부·송 등의 문장보다는 궁극적으로 절의(節義)를 숭상하고, 시비를 분명히 밝히려는 의리를 중요하게 여긴 점이 높이 평가되었기 때문이다. 김종직은 문장에 뛰어나 많은 시문과 일기를 남겼다. 저서로는 『점필재집(佔畢齋集)』·『유두유록(遊頭流錄)』·『청구풍아(靑丘風雅)』·『당후일기(堂後日記)』 등이 있으며, 편저로는 『일선지(一善誌)』·『이존록(彝尊錄)』·『동국여지승람(東國輿地勝覽)』 등이 전해지고 있다. 그러나 무오사화 때 많은 저술들이 소실되어 김종직의 진정한 학문적 모습을 이해하는 데는 한계가 있다.

중종반정으로 신원되었으며, 밀양의 예림서원(藝林書院), 선산의 금오서원(金烏書院), 함양의 백연서원(柏淵書院), 김천의 경렴서원(景濂書院), 개령의 덕림서원(德林書院) 등에 제향되었다. 시호는 문충(文忠)이다[출처:김종직(金宗直)–한국민족문화대백과사전]).

508) 김굉필(金宏弼, 1454~1504): 조선 전기 사헌부감찰, 형조좌랑 등을 역임한 문신. 학자. 본관은 서흥(瑞興). 자는 대유(大猷), 호는 사옹(蓑翁)·한훤당(寒暄堂). 예조참의 김중곤(金中坤)의 증손으로, 할아버지는 의영고사(義盈庫使) 김소형(金小亨)이고, 아버지는 충좌위사용(忠佐衛司勇) 김유(金紐)이며, 어머니는 청주 한씨(淸州韓氏)로 중추부사(中樞副使) 한승순(韓承舜)의 딸이다. 김종직(金宗直)의 문인이다. 『소학(小學)』에 심취해 '소학동자(小學童子)'로 불리었다.

선조는 서흥의 토성(土姓)으로서 고려 후기에 사족(士族)으로 성장했는데, 증조부인 김사곤(金士坤)이 수령과 청환(淸宦)을 역임하다가 아내의 고향인 경상도 현풍현에 이주하면서 그곳을 주 근거지로 삼게 되었다. 할아버지인 의영고사 김소형이 개국공신 조반(趙胖)의 사위가 되면서 한양에도 연고를 가지게 되어, 할아버지 이래 살아오던 한성부 정릉동에서 태어났다. 어려서는 호방(豪放)하고 거리낌이 없어, 저자 거리를 돌아다니면서 사람들을 매로 치는 일이 많아 김굉필을 보면 모두 피했다고 한다. 그러나 성장하면서 분발해 점차 학문에 힘쓰게 되었다. 근기 지방의 성남(城南)·미원(迷原) 등지에도 상당한 경제적 기반을 가지고 있던 것으로 짐작되나, 주로 영남 지방의 현풍 및 합천의 야로(冶爐), 성주의 가천(伽川) 등지를 내왕하면서 사류(士類)들과 사귀고 학문을 닦았다. 이때 김종직(金宗直)의 문하에 들어가 『소학(小學)』을 배웠다. 이를 계기로 『소학』에 심취해 스스로를 '소학동자(小學童子)'라 일컬었고, 이에서 받은 감명을 "글을 읽어도 아직 천기를 알지 못했더니, 소학 속에서 지난날의 잘못을 깨달았네. 이제부터는 마음을 다해 자식 구실을 하려 하노니, 어찌 구구히 가볍고 따스한 가죽 옷과 살찐 말을 부러워하리오"라고 술회했다고 한다. 이후 평생토록 『소학』을 독신(篤信)하고 모든 처신을 그것에 따라 행해 『소학』의 화신(化身)이라는 평을 들었으며, 나이 삼십에 이르러서야 다른 책을 접했고 육경(六經)을 섭렵하였다. 1480년(성종 11) 생원시에 합격해 성균관에 입학하였다. 이때에 장문의 상소를 올려 원각사(圓覺寺) 승려의 불법을 다스릴 것을 포함한 척불(斥佛)과 유학(儒學)의 진흥(振興)에 관한 견해를 피력하기도 하였다. 1494년(성종 25) 경상도관찰사 이극균(李克均)이 이학(理學)에 밝고 지조가 굳다는 명목의 유일지사(遺逸之士)로 천거해 남부참봉에 제수되면서 관직 생활을 시작하였다. 이어서 전생서참봉·북부주부 등을 거쳐, 1496년(연산군 2) 군자감주부에 제수되었으며, 곧 사헌부감찰을 거쳐 이듬해에는 형조좌랑이 되었다. 1498년(연산군 4) 무오사화가 일어나자, 김종직의 문도(門徒)로서 붕당(朋黨)을 만들었다는 죄목(罪目)으로 장(杖) 80대와 원방부처(遠方付處)의 형을 받고 평안도 희천에 유배되었다가 2년 뒤 순천에 이배(移配)되었다. 유배지에서도 학문 연구와 후진 교육에 힘써, 희천에서는 조광조(趙光祖)에게 학문을 전수해 우리나라 유학사의 정맥(正脈)을 잇는 계기를 마련하였다. 1504년(연산군 10) 갑자사화가 일어나자 무오 당인(黨人)이라는 죄목으로 극형(極刑)에 처해졌다. 중종반정 뒤 연산군 때에 피화(被禍)한 인물들의 신원이 이루어지면서 도승지에 추증되었고, 자손은 관직에 등용되는 혜택을 받게 되었다. 그 뒤 사림파의 개혁 정치가 추진되면서 성리학의 기반 구축과 인재 양성에 끼친 업적이 재평가되어 김굉필의 존재는 크게 부각되었다. 이는 조광조를 비롯한 제자들의 정치적 성장에 힘입은 바가 컸다. 그 결과 1517년(중종 12) 정광필(鄭光弼)·신용개(申用漑)·김전(金詮) 등에 의해 학문적 업적과 무고하게 피화되었음이 역설되어 다시 우의정에 추증되었고, 도학(道學)을 강론하던 곳에 사우(祠宇)를 세워 제사를 지내게 되었다. 그러나 1519년(중종 14) 기묘사화가 일어나 김굉필의 문인들이 피화되면서 남곤(南袞)을 비롯한 반대 세력에 의해 김굉필에게 내려진 증직 및 각종 은전에 대한 수정론이 대두되었다. 당시의 이 같은 정치적 분위기의 변화에도 불구하고, 그 뒤 김굉필을 받드는 성균관 유생들의 문묘종사(文廟從祀) 건의가 계속되었다. 그리하여 1575년(선조 8) 시호가 내려졌으며, 1610년(광해군 2) 대간과 성균관 및 각 도 유생들의 지속적인 상소에 의해 정여창(鄭汝昌)·조광조·이언적(李彦迪)·이황(李滉) 등과 함께 오현(五賢)으로 문묘에 종사되었다. 학문적으로는 정몽주(鄭夢周)·길재(吉再)·김숙자(金叔滋)·김종직으로 이어지는 우리나라 유학사의 정통을 계승하였다. 그러나 김종직을 사사(師事)한 기간이 짧아 스승의 후광보다는 자신의 학문적 성과와 교육적 공적이 더 크게 평가되는 경향이 있다. 사우(師友)들 가운데에는 사장(詞章)에 치중한 인물이 많았으나, 정여창과 함께 경학(經學)에 치중하였다. 이러한 학문적 성향으로 인해 '치인(治人)'보다는 '수기(修己)'에의 편향성을 지니게 되었다. 또한 현실에 대응하는 의식에서도 그러한 성격이 잘 나타나, 현실 상황에 적극적, 능동적으로 대응하려는 자세는 엿보이지 않았다. 이로 인해 20여 인에 달하는 문인들은 두 차례 사화의 소용돌이 속에서도 크게 타격을 받지는 않았다. 나아가 유배지 교육 활동을 통해 더욱 보강되어 후일 개혁 정치를 주도한 기호계(畿湖系) 사림파의 주축을 형성하게 되었다. 『소학』에 입각한 처신(處身), 복상(服喪)·솔가(率家) 자세는 당시 사대부들의 귀감이 되었으며, '한훤당의 가범(家範)'으로 숭상되었다. 후학으로는 조광조(趙光祖)·이장곤(李長坤)·김정국(金正國)·이장길(李長吉)·이적(李勣)·최충성(崔忠誠)·박한공(朴漢恭)·윤신(尹信) 등이 있다. 아산의 인산서원(仁山書院), 서흥의 화곡서원(花谷書院), 희천의 상현서원(象賢書院), 순천의 옥천서원(玉川書院), 현풍의 도동서원(道東書院) 등에 제향되었다. 저서로는 『경현록(景賢錄)』·『한훤당집(寒暄堂集)』·『가범(家範)』 등이 있다. 시호는 문경(文敬)이다([출처:김굉필(金宏弼)-한국민족문화대백과사전]).

509) 조광조(趙光祖, 1482~1520): 조선전기 교리, 부제학, 대사헌 등을 역임한 문신. 본관은 한양(漢陽). 자는 효직(孝直), 호는 정암(靜菴). 한성 출생. 개국공신 조온(趙溫)의 5대 손이며, 조육(趙育)의 증손으로, 할아버지는 조충손(趙衷孫)이고, 아버지는 감찰 조원강(趙元綱)이다. 어머니는 여흥 민씨(驪興閔氏)로 민의(閔誼)의 딸이다.

17세 때 어천찰방(魚川察訪)으로 부임하는 아버지를 따라가, 무오사화로 화를 입고 희천에 유배 중이던 김굉필(金宏弼)에게 수학하였다. 학문은 『소학』·『근사록(近思錄)』 등을 토대로 하여 이를 경전 연구에 응용했으며, 이때부터 성리학 연구에 힘써 김종직(金宗直)의 학통을 이은 사림파(士林派)의 영수가 되었다. 이때는 사화 직후라 사람들은 그가 공부에 독실함을 보고 '광인(狂人)'이라거나 혹은 '화태(禍胎)'라 하였다. 친구들과도 자주 교류가 끊겼으나, 그는 전혀 개의하지 않고 학업에만 전념하였다 한다. 한편, 평소에도 의관을 단정히 갖추고 언행도 성현의 가르침을 따라 절제가 있었다. 1510년(중종 5) 사마시에 장원으로 합격, 진사가 되어 성균관에 들어가 공부하였다. 1506년 중종반정 이후 당시 시대적인 추세는 정치적 분위기를 새롭게 하고자 하는 것이 전반적인 흐름이었다. 이러한 가운데 성균관 유생들의 천거와 이조판서 안당(安瑭)의 적극적인 추천으로, 1515년(중종 10) 조지서사지(造紙署司紙)라는 관직에 초임되었다. 그해 가을 별시문과에 을과로 급제하여 전적·감찰·예조좌랑을 역임하게 되었고, 이때부터 왕의 두터운 신임을 얻게 되었다. 그는 유교로써 정치와 교화의 근본을 삼아야 한다는 지치주의(至治主義)에 입각한 왕도정치의 실현을 역설하였다. 이와 함께 정언(正言)이 되어 언관으로서 그의 의도를 펴기 시작하였다. 이해 장경왕후(章敬王后, 중종의 제1계비)가 죽자 조정에서는 계비 책봉문제가 거론되기에 이르렀다. 이때 순창군수 김정(金淨), 담양부사 박상(朴祥) 등은 중종의 정비(正妃, 폐위된 愼氏)를 복위시킬 것과 신 씨의 폐위를 주장했던 박원종(朴元宗)을 처벌할 것을 상소했는데, 이 때문에 대사간 이행(李荇)의 탄핵을 받아 귀양을 가게 되었다. 이에 대해 조광조는 대사간으로서 상소자를 벌함은 언로를 막는 결과가 되므로 국가의 존망(存亡)에 관계되는 일이라 주장, 오히려 이행 등을 파직하게 하여 그에 대한 왕의 신임을 입증받았다. 이것을 계기로 원로파(元老派), 즉 반정공신과 신진사류(新進士類)의 대립으로 발전, 이후 기묘사화의 발생 원인이 되었다. 그 뒤 수찬을 역임하고 곧이어 정랑이 되었다. 1517년(중종 12)에는 교리로 경연시독관·춘추관기주관을 겸임했으며, 향촌의 상호부조를 위해 『여씨향약(呂氏鄕約)』을 8도에 실시하도록 하였다. 주자학이 우리나라에 들어온 것은 고려 말이었으나 널리 보급되지는 못했고, 조선 초기에 와서도 사장(詞章)의 학만이 높이 숭상되었기 때문에 과거에 있어서도 이것에만 치중했고 도학(道學)은 일반적으로 경시되었다. 그러나 조광조의 도학정치에 대한 주창은 대단한 것이었고, 이러한 주창을 계기로 당시의 학풍은 변화되어갔으며, 뒤에 이황(李滉)·이이(李珥) 같은 학자가 탄생될 수 있었던 것이다. 그의 도학정치는 조선시대의 풍습과 사상을 유교식으로 바꾸어놓는 데 중요한 동기가 되었다. 즉, 조선시대에 일반서민들까지도 주자의 『가례(家禮)』를 지키게 되어 상례(喪禮)를 다하고 젊은 과부(寡婦)의 재가(再嫁)도 허락되지 않게 되었다. 1518년(중종 13) 부제학이 되어서는 유학의 이상(理想)정치를 구현하기 위해 사문(斯文)의 흥기를 자신의 임무로 자부했고, 이를 실현하기 위해서는 우선 인주(人主)의 마음을 바로잡아야 한다고 생각하였다. 그리하여 그는 미신 타파를 내세워 소격서(昭格署)의 폐지를 강력히 주청(奏請), 많은 반대에도 불구하고 마침내 이를 혁파(革罷)하는 데 성공하였다. 이어 그해 11월에는 대사헌에 승진되어 부빈객을 겸하게 되었다. 그는 한편으로 천거시취제(薦擧試取制)인 현량과(賢良科)를 처음 실시하게 하여 김식(金湜)·안처겸(安處謙)·박훈(朴薰) 등 28인이 뽑혔으며, 이어 김정(金淨)·박상(朴尙)·이자(李耔)·김구(金絿)·기준(奇遵)·한충(韓忠) 등 소장학자들을 뽑아 요직에 안배하였다. 그는 이와 같이 현량과를 통해 신진사류들을 정계에 본격적으로 진출시키는 실마리로 삼았다. 이들 신진사류들과 함께 훈구세력의 타도와 구제(舊制)의 개혁 및 그에 따른 새로운 질서의 수립에 나섰다. 그리하여 이들은 1519년(중종 14)에 이르러 훈구세력인 반정공신을 공격하기에 이르렀다. 즉, 그들은 우선 정국공신(靖國功臣)이 너무 많음을 강력히 비판하였다. 그리고 성희안(成希顔) 같은 인물은 반정을 하지 않았는데도 뽑혔고, 유자광(柳子光)은 그의 척족(戚族)들의 권귀(權貴)를 위해 반정했는데, 이러한 유의 반정정신은 소인들이나 꾀하는 것이라며 신랄하게 비난하였다. 또한, 이들은 권좌에 올라 모든 국정을 다스리는 데 이(利)를 먼저 하고 있으므로 이를 개정하지 않으면 국가를 유지하기가 곤란함을 극력 주창하였다. 이의 실천 대안으로 반정공신 2·3등 중 가장 심한 것은 개정해야 하고, 4등 50여 인은 모두 공이 없이 녹을 함부로 먹고 있으므로 삭제함이 좋을 것이라는 위훈삭제(僞勳 削除)를 강력히 청하고 나섰다. 이러한 주장은 전혀 근거가 없는 것은 아니었다. 이미 반정 초기에 대사헌 이계맹(李繼孟) 등은 원종공신(原從功臣)이 많아 외람되므로 그 진위를 밝힐 것을 주장한 일이 있었다. 그러나 신진사류들의 주장은 쉽게 받아들여지지 않았다. 이미 반정공신들은 기성 귀족이 되어 있었고, 현실적으로 원로가 된 훈구세력을 소인배로 몰아 배척하려는 급격한 개혁주장은 중종도 그리 달가워하지 않았기 때문이다. 그러나 마침내 2·3등 공신의 일부, 4등 공신 전원, 즉 전 공신의 4분의 3에 해당되는 76인의 훈작이 삭탈당하기에 이르렀다. 이러한 급진적인 개혁은 마침내 훈구파의 강한 반발을 야기했다. 훈구파 중 홍경주(洪景舟)·남곤(南袞)·심정(沈貞)은 경빈 박씨(敬嬪朴氏) 등 후궁을 움직여 왕에게 신진사류를 무고하도록 하였다. 또한, 대궐 나뭇잎에 과일즙으로 '주초위왕(走肖爲王)'이라는 글자를 써 벌레가 파먹게 한 다음에 궁녀로 하여금 이를 따서 왕에게 바쳐 의심을 조장시키기도 하였다. 한편, 홍경주와 공조판서 김전(金詮), 예조판서 남곤, 우찬성 이장곤(李長坤), 호조판서 고형산(高荊山), 심정 등은 밤에 신무문(神武門)을 통해 비밀리에 왕을 만나고는 조광조 일파가 당파를 조직, 조정을 문란하게 하고 있다고 탄핵하였다. 이에 평소부터 신진사류를 비롯한 조광조의 도학정치와 과격한 언행에 염증을 느껴오던 왕은 훈구대신들의 탄핵을 받아들여 이를 시행하였다. 그 결과 조광조는 김정·김구·김식·윤자임(尹自任)·박세희(朴世熹)·박훈 등과 함께 투옥되었다. 처음 김정·김식·김구와 함께 그도 사사(賜死)의 명을 받았으나, 영의정 정광필(鄭光弼)의 간곡한 비호로 능주에 유배되었다. 그 뒤 정적인 훈구파의 김전·남곤·이유청(李惟淸)이 각각 영의정·좌의정·우의정에 임명되자 이들에 의하여 그해 12월 바로 사사되었다. 이때가 기묘년이었으므로 이 사건을 '기묘사화'라고 한다. 결국 신진사류들이 기성세력인 훈구파를 축출, 새로운 정치질서를 이루려던 계획은 실패하고 말았다. 이들의 실패 원인은 그들이 대부분 젊고 또 정치적 경륜도 짧은데다가 개혁을 급진적이고 너무 과격하게 이루려다가 노련한 훈구세력의 반발을 샀기 때문이다. 이이(李珥)는 『석담일기(石潭日記)』에서 조광조를 비롯한 신진사류들의 실패를 다음과 같이 말하고 있다. "옛사람들은 반드시 학문이 이루어진 뒤에나 이론을 실천했는데, 이 이론을 실천하는 요점은 왕의 그릇된 정책을 시정하는 데 있었다. 그런데 그는 어질고 밝은 자질과 나라 다스릴 재주를 타고났음에도 불구하고, 학문이 채 이루어지기 전에 정치 일선에 나간 결과 위로는 왕의 잘못을 시정하지 못하고 아래로는 구세력의 비방도 막지 못하고 말았다. 그러나 그가 도학을 실천하고자 왕에게 왕도의 철학을 이행하도록 간청하기는 했지만, 그를 비방하는 입이 너무 많아, 비방의 입이 한 번 열리자 결국 몸이 죽고 나라를 어지럽게 했으니 후세 사람들에게 그의 행적이 경계가 되었다"고 하였다.

그 뒤 선조 초 신원(伸寃)되어 영의정에 추증되고 문묘에 배향되었다. 그 뒤 그의 학문과 인격을 흠모하는 후학들에 의해 사당이 세워지고, 서원도 설립되었다. 1570년(선조 3) 능주에 죽수서원(竹樹書院), 1576년(선조 9) 희천에 양현사(兩賢祠)가 세워져 봉안(奉安)되었으며, 1605년(선조 38)에는 그의 묘소 아래에 있는 심곡서원(深谷書院)에 봉안되는 등 전국에 많은 향사가 세워졌다. 또한, 이이는 김굉필·정여창(鄭汝昌)·이언적(李彦迪) 등과 함께 그를 동방사현(東方四賢)이라 불렀다. 저서로 『정암집』이 있는데, 그 중 대부분은 소(疏)·책(策)·계(啓) 등의 상소문과 몇 가지의 제문이고, 그 밖에 몇 편의 시도 실려 있다. 시호는 문정(文正)이다([출처:조광조(趙光祖)-한국민족문화대백과사전]).

510) 류관(柳灌, 1484~1545): 조선 전기 이조판서, 좌찬성, 좌의정 등을 역임한 문신. 본관은 문화(文化). 자는 관지(灌之), 호는 송암(松庵). 유상영(柳尙榮)의 증손으로, 할아버지는 유정(柳㴡)이다. 아버지는 장령(掌令) 유정수(柳廷秀)이며, 어머니는 박윤손(朴潤孫)의 딸이다.

1507년(중종 2) 생원시에 합격하고, 같은 해 증광 문과에 병과로 급제하였다. 2년 뒤에 정언(正言)이 되었고, 1513년(중종 8)에 지평(持平)으로 일시 경기도도사에 임명되어 진상(進上)의 전결분정(田結分定)에 따른 폐단의 개선을 건의하였다. 그 뒤 장령을 거쳐 1519년(중종 14) 7월에 승정원동부승지에 임명되었으나, 이때 조광조(趙光祖)를 중심으로 하는 사림과 대간의 강력한 반발을 받았다. 이를 계기로 같은 해 11월에 기묘사화가 발생했을 때, 사헌부집의로서 조광조 일파가 득세할 때 심히 교만하고 방종했다고 비난하고, 현량과(賢良科)의 폐지와 그 급제자의 파방(罷榜)을 주장하는 등 적극적으로 조광조 일파를 공격하였다. 그 뒤 동부승지·참찬관·강원도관찰사·대사간·이조참의 등을 거쳐 1525년(중종 20) 12월에는 특별히 통정대부에 승진하면서 전라도관찰사에 임명되어 외직에 나갔다. 이어서 우부승지·병조참판 및 동지성균관사(同知成均館事)를 겸하고, 예조판서·우참찬·대사헌·이조판서 등을 차례로 역임하였다. 이조판서 재직 시에는 간신인 병조판서 이기(李芑)의 비행을 공격했는데, 이것이 후일 이기의 모함을 받는 직접적인 계기가 되었다. 이어서 우찬성·좌찬성에 올랐고 1541년(중종 36) 11월에는 평안도관찰사에 임명되었다. 이 임명은 중원(中原)에서 오랑캐[㺚子]의 침입과 같은 심상치 않은 일이 일어나자, 중신을 파견해 축성(築城)·입거(入居) 문제의 처리와 사신 왕래에 따른 폐단 제거 등을 해결하고자 하는 왕의 배려에 의한 것이었다. 그 뒤 인종이 즉위하자 우의정을 거쳐 좌의정에 승진하였다. 명종이 즉위하면서 윤원형(尹元衡)·이기 등의 모함으로 일어난 을사사화에서 윤임(尹任)·유인숙(柳仁淑) 등과 함께 삼흉(三兇)으로 몰려, 종사(宗社)를 모위(謀危)했다는 죄목으로 처벌받았다. 처음에는 절도유배형(絕島流配刑)에 처해져 서천으로 귀양 갔지만, 온양에 이르러 사사(賜死)되었다. 1570년(선조 3) 신원되었으며, 1577년(선조 10) 복작(復爵)되었다. 시호는 충숙(忠肅)이다([출처:류관(柳灌)-한국민족문화대백과사전]).

511) 이준경(李浚慶, 1499~1572): 조선 전기 대사헌, 우의정, 영의정 등을 역임한 문신. 본관은 광주(廣州). 자는 원길(原吉), 호는 동고(東皐)·남당(南堂)·홍련거사(紅蓮居士)·연방노인(蓮坊老人). 서울 출신. 이극감(李克堪)의 증손으로, 할아버

지는 판중추부사 이세좌(李世佐)이고, 아버지는 홍문관수찬 이수정(李守貞)이며, 어머니는 상서원관관 신승연(申承演)의 딸이다.

1504년(연산군 10) 갑자사화 때 화를 입어 사사된 할아버지와 아버지에 연좌되어 6세의 어린 나이로 형 이윤경(李潤慶)과 함께 충청도 괴산에 유배되었다가 1506년 중종반정으로 풀려났다. 외할아버지 신승연(申承演)과 황효헌(黃孝獻)에게서 수학하고 이연경(李延慶) 문하에 들어가 성리학을 배웠다. 1522년(중종 17) 사마시에 합격해 생원이 되고, 1531년(중종 26) 식년 문과에 급제해 한림을 거쳐 1533년(중종 28) 홍문관부수찬이 되었다. 그해 말 구수담(具壽聃)과 함께 경연에 나가 중종에게 기묘사화 때 화를 입은 사류들의 무죄를 역설하다가 오히려 권신 김안로(金安老) 일파의 모함을 받아 파직되었다. 1537년(중종 32) 김안로 일파가 제거된 뒤 다시 등용되어 세자시강원 필선·사헌부 장령·홍문관 교리 등을 거쳐 1541년(중종 36) 홍문관 직제학·부제학으로 승진되고 승정원 승지를 지냈다. 그 뒤 한성부 우윤·성균관 대사성을 지냈고, 중종이 죽자 고부부사(告訃副使)로 명나라에 다녀온 뒤 형조참판이 되었으며, 1545년(인종 1) 을사사화 당시 평안도관찰사로 지방에 나가 있어 화를 면하였다. 1548년(명종 3) 다시 중앙으로 올라와 병조판서·한성부판윤·대사헌을 역임했으나 1550년(명종 5) 정적이던 영의정 이기(李芑)의 모함으로 충청도 보은에 유배되었다가 이듬해 석방되어 지중추부사가 되었다. 1553년(명종 8) 함경도지방에 야인들이 침입하자 함경도순변사가 되어 그들을 초유(招諭)하고 성보(城堡)를 순찰하였다. 이어 대사헌과 병조판서를 다시 지내고 형조판서로 있다가 1555년(명종 10) 을묘왜란이 일어나자 전라도도순찰사로 출정(出征)해 이를 격퇴하였다. 그 공으로 우찬성에 오르고 병조판서를 겸임했으며, 1558년(명종 13) 우의정, 1560년(명종 15) 좌의정, 1565년(명종 20) 영의정에 올랐다. 1567년(명종 22) 하성군(河城君) 이균(李鈞)을 왕으로 세우고 원상(院相)으로서 국정을 보좌하였다. 이때 기묘사화로 죄를 받은 조광조(趙光祖)의 억울함을 풀어주고, 을사사화로 죄를 받은 사람들을 신원하는 동시에 억울하게 수십 년간 유배 생활을 한 노수신(盧守愼)·유희춘(柳希春) 등을 석방해 등용하였다. 그러나 기대승(奇大升)·이이(李珥) 등 신진 사류들과 뜻이 맞지 않아 이들로부터 비난과 공격을 받기도 하였다. 1571년(선조 4) 영의정을 사임하고 영중추부사가 되었다. 임종 때 붕당이 있을 것이니 이를 타파해야 한다는 유차(遺箚)를 올려 이이·류성룡(柳成龍) 등 신진 사류들의 규탄을 받았다. 저서로는 『동고유고』·『조선풍속(朝鮮風俗)』 등이 있다. 선조 묘정에 배향되고, 충청도 청안(淸安)의 구계서원(龜溪書院) 등에 제향되었다. 시호는 충정(忠正)이다([출처:이준경(李浚慶)-한국민족문화대백과사전]).

512) 이조전랑(吏曹銓郎)은 조선시대 조선의 정랑(정5품)과 좌랑(정6품)을 함께 이르던 말로 당하관들을 천거하고 심사하는 권한을 가진 직책의 하나였다.

전랑(銓郎): 조선시대 문무관의 인사행정을 담당하던 이조와 병조의 정5품관인 정랑(正郎)과 정6품관인 좌랑(佐郎)직의 통칭.

무관보다는 문관의 인사권이 더 중시되었으므로 이조정랑이 특히 중시되었다. 전랑직은 태조 때는 정랑·고공정랑(考功正郎), 좌랑·고공좌랑으로 나뉘어 있었다. 태종 때 직제를 고쳐 정랑·좌랑을 각각 3원(員)씩으로 정해 『경국대전』에 법제화되었다. 그러나 1741년(영조 17)에 전랑직의 권한을 약화시키고 정랑·좌랑의 정원을 각 2원으로 줄였다. 전랑직은 조선시대에 중요한 청요직(淸要職)이었다. 그러므로 전랑직은 홍문관 출신의 명망 있고 젊은 문신 중에서 선임되었다. 특히, 이조정랑은 문관 인사에서 정승이나 판서도 제재할 수 있을 정도로 권한이 컸다. 전랑은 각 부서 당하관(堂下官)의 천거, 홍문관 등 삼사청요직의 선발[通淸權], 재야 인재의 추천[部薦權], 후임 전랑의 지명[薦代法] 등 여러 가지 특권을 갖고 있었다. 전랑직은 중죄가 아니면 탄핵받지 않았고, 순조로운 승진이 보장되어 공경(公卿)에 이르는 지름길이었다. 따라서 당상관도 길에서 전랑을 만나면 말에서 내려 인사했다. 이러한 전랑의 특권과 우대는 조선 관료제사회에서 대신의 권한을 견제하는 역할을 했다. 즉, 전랑은 삼사의 통청권을 쥐고 있었으므로 삼사의 언론은 은연중 전랑의 지휘를 받게 마련이었다. 따라서 삼사를 통하여 대신의 천권(擅權: 권리를 마음대로 부리는 일)을 견제할 수 있었다. 이처럼 인사권과 언론권이 전랑에 집중되어, 전랑직을 누가차지하느냐에 따라 권력의 향배가 결정되었다. 이에 전랑직을 둘러싼 쟁탈전이 당쟁을 격화하는 요인이 되었다. 이러한 폐단을 없애기 위하여 1685년(숙종 11)에는 전랑천대법(銓郎薦代法)을 폐지했다. 그리고 1741년(영조 17)에는 전랑의 통청권을 제한하였다. 그리하여 전랑의 권한은 차츰 약화되고, 그에 비해 대신들의 천권은 강화되어 갔다([출처:이조전랑(吏曹銓郎)-한국민족문화대백과사전]).

513) 『선조수정실록』 권9 1575년(선조 8) 7월 1일의 기사에,

심충겸(沈忠謙)이 급제하여 전랑에 천망되자 효원이 저지하면서 말하기를, '외척(外戚)을 진출시키는 데 있어서 이처럼 급급하게 하는 것은 마땅치 않다' 하였다. 이에 의겸을 두둔하는 자들은 '충겸은 하자가 없어서 전랑에 합당치 못한 사람이 아닌데도, 효원이 틈을 타서 원수를 갚는 것은 그르다' 하고, 효원을 두둔하는 자들도 말하기를, '효원은 앞일을 징계하여 뒷일을 삼가는 것으로 국가를 위함에서 나온 것이지 다른 뜻이 있는 것은 아니다' 하였다. 이로부터 사림의 선배와 후배가 서로 화합하지 못하여 당파를 나누는 조짐이 있게 되었다(及沈忠謙登第, 當銓郎薦, 孝元止之曰:"引進外戚, 不宜如是汲汲"於是, 右義謙者以爲:"忠謙無疵, 非不合銓郎, 而孝元修隙報怨, 非也"右孝元者亦言:"孝元懲前毖後, 出於爲國, 非有他意"由是, 士林前、後輩不相協, 有分黨之漸矣).

514) 김효원(金孝元, 1532~1590): 조선 선조 때 동인(東人)의 중심 인물. 자는 인백(仁伯), 호는 성암(省庵). 본관은 선산(善山), 현감 홍우(弘遇)의 아들. 문과에 급제한 후 영남(嶺南)에 내려가 퇴계(退溪)·조식(曹植)의 문하에서 공부하였다. 명종 때, 왕실의 인척되는 심의겸(沈義謙)이 공무로 영의정 윤원형(尹元衡)의 집에 갔을 때, 그곳에 김효원의 침구가 있는 것을 보고 문명(文名) 있는 자가 권문(權門)에 아첨한다고 멸시하였다. 선조 때에 김계휘(金繼輝)가 의겸에게 효원을 이조전랑(吏曹銓郎)으로 추천하자 의겸은 효원이 윤원형의 문객이었다 하여 불응(不應)하였다. 그후 심의겸의 아우 충겸(忠謙)을 전랑으로 천거하는 자가 있자, 김효원은 척족(戚族)에게 전랑을 맡기는 것은 부당하다고 논란하였다. 의겸은 "외척(外戚)이 원흉(윤원형을 이름)의 문객에게 지겠느냐?" 하니 이에 두 사람은 정식으로 충돌하여 조선의 당파싸움의 근원이 되었다. 효원의 집이 건천동(乾川洞)이므로 효원 일파는 동인이라 하고, 의겸의 집은 정동(貞洞)으로 그 일파를 서인이라 하였다(이홍직 편, 『새국사사전』, 교학사, 2004, 276~277쪽).

515) 심의겸(沈義謙, 1535~1587): 조선 선조 때의 문신. 자는 방숙(方叔), 호는 손암(巽庵) 본관은 청송. 영의정 연원(連源)의 손자. 청릉(靑陵)부원군 강(綱)의 아들. 인순왕후(仁順王后: 명종 비)의 동생. 21세 때 진사가 되고, 1562년(명종 17)에 문과 급제. 청요(淸要)의 직을 역임. 대사헌에 이르고 세습으로 청양군(靑陽君)이 되었다. 1575년(선조 8) 신진 사림(士林)인 성암(省庵) 김효원(金孝元)과 서로 반목하여 동·서(東·西)의 분당을 만들었다. 의겸은 1563년(명종 18) 사림(士林)들이 이양(李樑)의 화를 입게 되자 외삼촌인 양을 탄핵하

여 사람을 구호하는 등 명종·선조 대에 있어 권세(權勢)와 간계(奸計)를 배척(排斥)하고 사람을 돕는데 힘을 썼으나 반면 왕가의 외척으로 일을 꾸민다고 오인(誤認)을 받기도 하였다. 효원이 성동(城東)에 살아 동인이라 하고, 의겸은 성서(城西)에 있어 서인이라 하였다. 그 때 상국(相國) 노수신(盧守愼), 율곡(栗谷) 이이(李珥)가 사림의 분쟁을 우려하여 그 완화책으로 심(沈)·김(金)을 외직에 보내도록 상소하여, 효원은 부령(富寧)부사가 되고, 의겸은 개성유수로 나가게 되어, 뒤에 전라감사로 있다가 만기로 조정에 돌아왔다. 1579 년(선조 12) 대사간 이율곡이 동·서 사류(士類)의 화의를 상소하여 논하였으나 별 효과를 보지 못하였고 의겸은 한때 시골에 은퇴하였다가, 1580년(선조 13) 예조참판으로서 함경 감사를 지냈다. 그 때 장령 정인홍(鄭仁弘)이 가장 의겸을 질투하여 탄핵(彈劾)하고 모함하였으나, 이이의 상소로 무사하였고, 전주 부윤이 되었다. 1584년(선조 17) 율곡이 죽고, 이발(李潑)·백유양(白惟讓)이 일을 꾸며 동인과 합세하여 의겸을 공박(攻駁)하매, 서인의 명사들 중에서 탈당하는 사람이 많아졌고, 의겸도 파직되어, 동인이 득세하게 되었다. 효성이 지극하고 성품이 검소하여 윤리에 엄하고 의협심이 많았으므로 당시의 명사들 중에서 따르는 사람이 많았다(이홍직 편, 『새국사사전』, 교학사, 2004, 756쪽).

516) 심충겸(沈忠謙, 1545~1594): 자는 공직(公直), 호는 사양당(四養堂), 시호는 충익(忠翼), 의겸(義謙)의 동생. 명종 때 사마시에 들어, 1572년(선조 5) 문과에 장원하고, 1592년(선조 25) 임진왜란 때 병조참판 겸 비변사제조로서 선조를 평양까지 호종(扈從)하였다. 적의 선봉이 패동(浿東)에 이르니 경성(鏡城)으로 피하려고 하자 병조판서 이항복(李恒福)과 같이 이해관계를 따져서 상소하여 의주(義州)로 갈 것을 정하였다. 동궁(東宮) 배호(陪扈)의 명을 받고 묘사(廟社)의 신주(神主)를 성천(成川)에다 모셨으며, 호·병조참판 겸 세자우빈객(世子右賓客)의 명을 받았다. 1594년(선조 27) 병조판서에 승진하고, 그해 겨울 갑자기 병사, 뒤에 호종(扈從)공신의 호를 받고 청림군(靑林君)에 추봉되었으며, 서도에도 뛰어났다. 유필로 이재상명묘비(李在相蒦墓碑: 양주 소재)가 있다(이홍직 편, 『새국사사전』, 교학사, 2004, 757~758쪽).

517) 노수신(盧守愼, 1515~1590): 조선 전기 우의정, 좌의정, 영의정 등을 역임한 문신. 학자. 본관은 광주(光州). 자는 과회(寡悔), 호는 소재(蘇齋)·이재(伊齋)·암실(暗室)·여봉노인(茹峰老人). 우의정 노숭(盧嵩)의 후손이며, 아버지는 활인서별제(活人署別提) 노홍(盧鴻)이다.

1531년(중종 26) 당시 성리학자로 명망이 있었던 이연경(李延慶, 1484~1548) 의 딸과 결혼하여 그의 문인이 되었다. 27세 때인 1541년(중종 36) 당대 명유(名儒)였던 이언적(李彦迪)에게 배우고 학문적 영향을 받았다. 1543년(중종 38) 식년문과(式年文科)에 장원급제한 이후 전적(典籍)·수찬(修撰)을 거쳐, 1544년(중종 39) 시강원 사서(侍講院司書)가 되고, 같은 해 사가독서(賜暇讀書)하였다. 인종 즉위 초에 정언이 되어 대윤(大尹)의 편에 서서 이기(李芑)를 탄핵하여 파직시켰으나, 1545년(인종 1) 명종이 즉위하고, 소윤(小尹) 윤원형(尹元衡)이 을사사화를 일으키자 이조좌랑의 직위에서 파직되어 1547년(명종 2) 순천으로 유배되었다. 그 후 양재역 벽서사건(良才驛壁書事件)에 연루되어 죄가 가중(加重)됨으로써 진도로 이배(移配)되어 19년간 귀양살이를 하였다. 유배기간 동안 이황(李滉)·김인후(金麟厚) 등과 서신으로 학문을 토론했고, 진백(陳柏)의 <숙흥야매잠(夙興夜寐箴)>을 주해하였다. 이 주해는 뜻이 정교하고 명확하여 사림 사이에 전해지고 암송됨으로써 명성이 전파되었다. 또한 『대학장구(大學章句)』와 『동몽수지(童蒙須知)』 등을 주석하였다. 1565년(명종 21) 다시 괴산으로 이배(移配)되었다가,

1567년(명종 22) 선조가 즉위하자 풀려나와 교리(校理)에 기용되고, 이어서 대사간·부제학·대사헌·이조판서·대제학 등을 지냈다. 1573년(선조 6) 우의정, 1578년(선조 11) 좌의정을 거쳐 1585년(선조 18)에는 영의정에 이르렀다. 1588년(선조 21) 영의정을 사임하고 영중추부사(領中樞府事)가 되었으나, 이듬해 10월 정여립(鄭汝立)의 모반사건으로 기축옥사가 일어나자 과거에 정여립을 천거(薦擧)했다는 이유로 대간(臺諫)의 탄핵을 받고 파직(罷職)되었다. 그는 온유(溫柔)하고 원만(圓滿)한 성격으로 인해 사림의 중망(衆望)을 받았으며, 특히 선조의 지극한 존경과 은총을 받았다. 그의 덕행과 업적의 성과는 매우 다양하여 왕과 인민들, 그리고 많은 동료들에게 영향을 주었다. 그가 진도에 귀양 갔을 때, 그 섬 풍속이 본시 혼례라는 것이 없고 남의 집에 처녀가 있으면 중매를 통하지 않고 칼을 빼들고 서로 쟁탈하였다. 이에 예법으로써 섬 인민들을 교화하여 마침내 야만의 풍속이 없어졌다. 그는 아버지의 상을 당했을 때, 대상(大祥) 후에 바로 흑색의 갓을 쓰는 것이 죄송하다고 생각하여 국상(國喪) 때와 같이 백포립(白布笠)을 쓰고 다녔다. 그 뒤 직제학 정철(鄭澈)이 이를 본받아 실행했고, 뒤에 교리 신점(申點)이 주청하여 담제(禫祭) 전에는 백포립을 쓰도록 제도화시켰다.

그는 시·문·서예에 능했으며, 경일(敬一) 공부에 주력할 것을 강조하고 도심미발(道心未發)·인심이발설(人心已發說)을 주장했다. 한편 양명학(陽明學)을 깊이 연구한 탓에 주자학자들의 공격을 받기도 하였다. 또한 승려인 휴정(休靜)·선수(善修) 등과의 교분을 통해 학문적으로 불교의 영향을 입기도 하였다. 그가 일찍이 옥당(玉堂)에 있으면서 경연에서 『서경』을 강론할 때에는 인심도심(人心道心)의 설명이 주자의 설명과 일치했으나, 진도로 유배되어 그 당시 들어온 나흠순(羅欽順)의 『곤지기(困知記)』를 보고 난 후에는 이전의 학설을 변경하여 도심은 미발, 인심은 이발이라고 해석하게 되었다. 저서로는 『소재집(蘇齋集)』이 있다.

충주의 팔봉서원(八峰書院), 상주의 도남서원(道南書院)·봉산서원(鳳山書院), 진도의 봉암사(鳳巖祠), 괴산의 화암서원(花巖書院) 등에 제향되었다. 시호는 문의(文懿)이며, 뒤에 문간(文簡)으로 고쳤다([출처:노수신(盧守愼)-한국민족문화대백과사전]).

518) 성혼(成渾, 1535~1598): 조선시대 『우계집』, 『주문지결』, 『위학지방』 등을 저술한 학자. 본관은 창녕(昌寧). 자는 호원(浩原), 호는 묵암(默庵)·우계(牛溪). 현령 성충달(成忠達)의 증손으로, 할아버지는 지중추부사(知中樞府事) 성세순(成世純)이고, 아버지는 현감 성수침(成守琛)이다. 어머니는 파평 윤씨(坡平尹氏)로 판관 윤사원(尹士元)의 딸이다. 서울 순화방(順和坊)에서 태어났으며, 경기도 파주 우계에서 거주하였다.

1551년(명종 6)에 생원·진사의 양장(兩場) 초시에는 모두 합격했으나 복시에 응하지 않고 학문에만 전심하였다. 그해 겨울 백인걸(白仁傑)의 문하에서 『상서(尙書)』를 배웠다. 1554년(명종 9)에는 같은 고을의 이이(李珥)와 사귀면서 평생 지기가 되었다. 1568년(선조 1)에는 이황(李滉)을 뵙고 깊은 영향을 받았다. 1561년(명종 16)에 어머니상을, 1564년(명종 19)에 아버지상을 당하였다. 1568년(선조 1) 2월에 경기감사 윤현(尹鉉, 1514~1578)의 천거로 전생서참봉(典牲署參奉)에 임명되고, 그 이듬해에는 목청전 참봉(穆淸殿參奉)·장원서 장원(掌苑署掌苑)·적성현감(積城縣監) 등에 제수되었다. 그러나 모두 사양하고, 조헌(趙憲) 등 사방에서 모여든 학도들의 교훈에 힘썼다. <서실의(書室儀)> 22조를 지어 벽에 걸어놓고 제생을 지도했으며, 공부하는 방법에 관한 주자(朱子)의 글을 발췌하여 읽히기도 하였다. 1572년(선조 5) 여름에는 이이와 9차에 걸쳐 서신을 주고받으면서 사칠이기설(四七理氣說)을 논하였다. 즉, 일찍이 이황을 사숙했으나 이황의 이기호발설(理氣互發說)에는 회의를 품고 있었다. 『중용(中庸)』 서(序)에서 주자 또한 인심도심(人心道心)을 양변으로 나누어 말한 것을 보고, 이황의 호발설도 불가할 것이 없겠다고 생각하여 이이에게 질문한 데서 시작되었다. 1573년(선조 6) 2월에 공조좌랑에, 7월에 장원에 제수되었으나 모두 부임하지 않았다. 그해 12월에 사헌부지평(司憲府持平)에 제수되었다. 과거 출신이 아닌 사람으로서 헌관(憲官)에 임명되기는 기묘사화 이후 처음 있는 일로서, 이는 이이의 주장으로 이루어진 것이었다. 그러나 이를 모두 사임하였다. 1575년(선조 8) 6월에 다시 지평으로 불러 상경했으나 병으로 사체(辭遞: 사양하여 임명이 보류됨) 하니 선조는 의원을 보내 약을 지어보내기까지 하였다. 그리고 이어서 공조좌랑·사헌부지평 등을 제수했으나 사임하고 본가로 돌아가니 선조는 체임을 허가할 수밖에 없었다. 그 뒤 사헌부 지평·예빈시 판관·장흥고 주부·종묘서령·광흥창 주부·사헌부 장령·장악원 첨정(掌樂院僉正)으로 계속 불렀으나 나가지 않았다. 1581년(선조 14) 정월에는 종묘서령(宗廟署令)으로 체임되었으나 귀향은 허가받지 못하였다. 그해 2월 사정전(思政殿)에 등대(登對: 임금을 찾아 뵘)하여 학문과 정치 및 민정에 관해 진달했으며, 왕으로부터 급록(給祿)이 아닌 특은(特恩)으로 미곡을 하사받았다. 그해 3월에는 사헌부장령에서 내섬시 첨정(內贍寺僉正)으로 전직되고, 4월에는 장문의 봉사(封事)를 올렸다. 그 요지는 신심(身心)의 수양과 의리의 소명(昭明)을 강조하는 한편 그 방법을 제시한 것이었다. 이와 아울러 군자와 소인을 등용함에 따라서 치란(治亂)이 결정된다고 역설하였다. 또 역법(役法)과 공법(貢法)의 민폐를 논하고 경장(更張)을 역설하되 혁폐도감(革弊都監)의 설치를 제의하였다. 그러나 성혼의 주장은 채택되지 못했으며, 그렇다고 귀향이 허가된 것도 아니었다. 녹봉을 거부하면 미숙(米菽)을 하사하면서까지 귀향을 허가하지 않았다. 이어 내섬시첨정·풍저창수(豊儲倉守)를 역임하면서 선정전(宣政殿)에 등대했으며, 특별히 경연에 출입하도록 명을 받았다. 그 뒤 전설사수(典設司守)·충무위 사직(忠武衛司直)에 제수되었다. 성혼은 경연석상 또는 상소로 계속 그만두고 물러날 것을 청했지만, 도리어 겨울용 신탄(薪炭)을 명급하고 용양위 상호군(龍驤衛上護軍)에 승진되었다. 그해 연말에 선조의 윤허를 받고 고향으로 돌아왔다. 1582년(선조 15)에는 다시 사헌부집의(司憲府執義)·사옹원정(司饔院正)·사재감정(司宰監正) 등으로 불렀으나 관직에 나가지 않았다. 그 이듬해 특지로 통정대부(通政大夫)에 가자(加資)하여 병조참지(兵曹參知)로, 이어 이조참의에 전직, 은대(銀帶)를 하사받았는데, 이는 이이가 이조판서로 있으면서 상경을 권유했기 때문이었다. 그리고 곧 이조참판에 특배(特配)되었다. 이러한 성혼의 관계 진출은 이이의 권유에 의한 것이었다. 이후 이이가 죽자 사양하면서 돌아갈 것을 청했으나 허락되지 않고 동지중추부사(同知中樞府事)를 맡았다. 그해 7월에 파산(坡山)으로 돌아와 사직소를 올렸으나 겸직만 면하고, 그해 12월에는 경기감사를 통해 내린 식물(食物)을 사급받았다. 1585년(선조 18) 정월에 찬집청당상(纂集廳堂上)으로, 5월에는 동지중추부사로 불렀으나 나가지 않았다. 그 뒤 동인들이 득세하여 자신을 공격했으므로 자핵상소(自劾上疏: 스스로 자신을 탄핵하는 상소)를 하였다. 1587년(선조 20)에는 자지문(自誌文: 자신이 죽은 뒤에 성명이나 행적 등을 밝힌 글)을 지어두기까지 하였다. 성혼은 이이가 죽은 뒤 서인의 영수 가운데 중진 지도자가 되었다. 1589년(선조 22) 기축옥사로 서인이 집권하면서 이조 판서에 복귀했는데, 동인의 최영경(崔永慶)이 억울하게 죽자 동인의 화살이 성혼에게 집중되었다. 그러나 사실 성혼은 정철(鄭澈)에게 최영경을 구원하자는 서신을 보내기까지 하였다. 1590년(선조 23)에는 양민(養民)·보방(保邦)·율탐(律貪)·진현(進賢)의 방도를 논하는 장문의 봉사소(封事疏)를 올리고 귀향하였다. 1591년(선조 24)에 『율곡집(栗谷集)』을 평정하였다. 임진왜란이 일어나자 아들 성문준(成文濬)에게 국난에 즈음하여 죄척지신(罪斥之臣)으로서 부난(赴難)할 수 없는 자신의 처신을 밝히고, 안협(安峽)·이천(伊川)·연천(連川)·삭녕(朔寧) 등지를 전전하면서 피난하였다. 이후 세자가 이천에서 주필(駐蹕)하면서 불러들여 전 삭녕부사 김궤(金潰)의 의병군중(義兵軍中)에서 군무를 도왔다. 8월에는 개성유수 이정형(李廷馨)의 군중에서 군무를 도왔고, 성천(成川)의 분조에서 세자를 배알하고 대조(大朝: 선조가 있는 곳)로 나갈 것을 청하였다. 성혼이 성천을 떠나 의주로 향했다는 말을 듣고 대조에서 의정부 우참찬에 특배하였다. 성혼은 의주의 행조(行朝)에서 우참찬직을 사양했으나 허락되지 않았다. <편의시무9조(便宜時務九條)>를 올렸으며, 이어 대사헌·우참찬을 지냈다. 1593년(선조 26)에 잦은 병으로 대가가 정주·영유(永柔)·해주를 거쳐 서울로 환도할 때 따르지 못했고, 특히 해주에서는 중전을 곁에서 호위하였다. 1594년(선조 27) 석담정사(石潭精舍)에서 서울로 들어와 비국당상(備局堂上)·좌참찬에 있으면서 <편의시무14조>를 올렸다. 그러나 이 건의는 시행되지 못하였다. 이 무렵 명나라는 명군을 전면 철군시키면서 대왜 강화를 강력히 요구해와 성혼은 영의정 류성룡(柳成龍)과 함께 명나라의 요청에 따르자고 건의하였다. 그리고 또 허화완병(許和緩兵: 군사적인 대치 상태를 풀어 강화함)을 건의한 이정암(李廷馣)을 옹호하다가 선조의 미움을 받았다. 특히 왜적과 내통하며 강화를 주장한 변몽룡(邊蒙龍)에게 왕은 비망기를 내렸는데, 여기에 유식인(有識人)의 동조자가 있다고 지적하여 선조는 은근히 성혼을 암시하였다. 이에 성혼은 용산으로 나와 걸해소(乞骸疏: 나이가 많은 관원이 사직을 원하는 소)를 올린 후, 그 길로 사직하고 연안의 각산(角山)에 우거(寓居)하다가 1595년(선조 28) 2월 파산의 고향으로 돌아왔다. 1597년(선조 30)에 정유재란이 일어나자, 윤방(尹昉)·정사조(鄭士朝) 등이 부난의 취지로 상경하여 예궐할 것을 권했지만, 죄가 큰 죄인으로 엄한 문책을 기다리는 처지임을 들어 대죄하고 있었다. 저서로 『우계집(牛溪集)』 6권 6책과 『주문지결(朱門旨訣)』 1권 1책, 『위학지방(爲學之方)』 1책이 있다. 죽은 뒤 1602년(선조 35)에 기축옥사와 관련되어 삭탈관직되었다가 1633년(인조 11)에 복관사제(復官賜祭: 관작이 회복되고 제향의 허락이 내려짐)되었다. 좌의정에 추증되었으며, 문간(文簡)이라는 시호가 내려졌다. 1681년(숙종 7)에 문묘에 배향되었고, 1689년(숙종 15)에 한때 출향(黜享: 배향에서 삭출됨)되었다가 1694년(숙종 20)에 다시 승무(陞廡)되었다. 제향서원으로는 여산(礪山)의 죽림서원(竹林書院), 창녕의 물계서원(勿溪書院), 해주의 소현서원(紹賢書院), 함흥의 운전서원(雲田書院), 파주의 파산서원(坡山書院) 등이 있다([출처:성혼(成渾)-한국민족문화대백과사전]).

519) 이이(李珥, 1536~1584): 조선전기 「동호문답」, 「인심도심설」, 『성학집요』 등을 저술한 학자. 문신.
이이는 조선전기 「동호문답」, 「인심도심설」, 『성학집요』 등을 저술한 학자이자 문신이다. 1536년(중종 31)에 태어나 1584년(선조 17)에 사망했다. 19세 때 금강산에 들어가 불교를 공부하기도 했으나 20세에 하산해 유학에 전념했다. 이후 총 9번의 과거에 모두 장원급제하여 구도장원공이라 불렀다. 1568년 천추사의 서장 관으로 명에 다녀왔고, 1583년 병조판서가 되어 선조에게 시무육조와 십만양병설 등 개혁안을 올렸다. 학문 연구와 후진 양성에도 힘썼으며 주자학의 핵심을 간추 린『성학집요』등 많은 저술을 남겼다.

개설: 강원도 강릉 출생. 본관은 덕수(德水). 자는 숙헌(叔獻), 호는 율곡(栗谷) ·석담(石潭)·우재(愚齋). 아버지는 증좌찬성 이원수(李元秀)이며, 어머니는 현모 양처의 사표로 추앙받는 사임당신씨(師任堂申氏)이다. 아명을 현룡(見龍)이라 했 는데, 어머니 사임당이 그를 낳던 날 흑룡이 바다에서 집으로 날아 들어와 서리 는 꿈을 꾸었다 하여 붙인 이름이다. 그 산실(産室)은 몽룡실(夢龍室)이라 하여 지금도 보존되고 있다.

생애 및 활동사항: 8세 때에 파주 율곡리에 있는 화석정(花石亭)에 올라 시를 지을 정도로 문학적 재능이 뛰어 났다. 1548년(명종 3) 13세 때 진사 초시에 합 격하였다. 1551년 16세 때 어머니가 돌아가자, 파주 두문리 자운산에 장례하고 3년간 시묘(侍墓)하였다. 그 후 금강산에 들어가 불교를 공부하고 1555년 20세 때 하산해 다시 유학에 전심하였다.

1557년 성주목사 노경린(盧慶麟)의 딸과 혼인하였다. 1558년 봄 예안(禮安)의 도산(陶山)으로 이황(李滉)을 방문했고, 그 해 겨울의 별시(문과 초시)에서「천도 책(天道策)」을 지어 장원하였다. 전후 아홉 차례의 과거에 모두 장원해 '구도장원 공(九度壯元公)'이라 일컬어졌다. 1561년 아버지가 돌아가셨다.

1564년 호조좌랑을 시작으로 예조좌랑·이조좌랑 등을 역임하고, 1568년(선 조 1) 천추사(千秋使)의 서장관(書狀官)으로 명나라에 다녀왔다. 부교리로 춘추기 사관을 겸임해『명종실록』편찬에 참여하였다. 이 해에 19세 때부터 교분을 맺은 성혼과 '지선여중(至善與中)' 및 '안자격치성정지설(顔子格致誠正之說)' 등 주자학 의 근본문제들을 논하였다. 1569년 임금에게「동호문답(東湖問答)」을 지어 올렸 다.

1572년 파주 율곡리에서 성혼과 이기(理氣)·사단칠정(四端七情) · 인심도심 (人心道心) 등을 논하였다. 1574년 우부승지에 임명되고, 재해로 인해「만언봉사 (萬言封事)」를 올렸다. 1575년 주자학의 핵심을 간추린『성학집요(聖學輯要)』를 편찬했다. 1577년 아동교육서인『격몽요결(擊蒙要訣)』, 1580년 기자의 행적을 정 리한『기자실기(箕子實記)』를 편찬했다.

1582년 이조판서에 임명되고, 어명으로「인심도심설(人心道心說)」을 지어 올렸 다. 이해에「김시습전(金時習傳)」을 쓰고,『학교모범(學校模範)』을 지었으며, 1583 년「시무육조(時務六條)」를 올려 외적의 침입을 대비해 십만양병을 주청하였다. 1584년 서울대사동(大寺洞)에서 영면하여, 파주 자운산 선영에 안장되었다.

학문세계와 저서: 1545년 을사사화가 발생해 수많은 사류(士類)가 죽고 유배되 었다. 사림은 출사(出仕)를 포기하고 물러서서 학문을 닦을 수밖에 없었다. 1565 년(명종 20) 문정대비(文定大妃)의 죽음과 20년간 정사를 전횡하던 권신 윤원형 (尹元衡)의 실각으로 나라 안의 정세가 바뀌었다. 을사사화 이후 죄를 입은 사람 들이 풀려나고, 사림은 다시 정계로 복귀하기 시작하였다. 이때 이이는 30세로서 출사 1년째 되는 해였다.

1567년에는 이황이 상경하였다. 그 해 6월, 명종이 죽고 선조가 즉위하면서 8

월에는 을사사화 이후 피죄되었던 노수신(盧守愼)·유희춘(柳希春) 등이 서용(敍用)되었다. 선조 즉위 다음 해인 1568년에는 조광조(趙光祖)에게 영의정을 추서하고, 이황이 일시에 대제학에 취임하고, 남곤(南袞)의 관작을 삭탈하였다. 이황은 『성학십도(聖學十圖)』를 지어 올렸고, 1569년(선조 2)에는 이이가 「동호문답」을 지어 올렸다.

1570년에는 유관(柳灌)·유인숙(柳仁淑)의 신원이 이루어지는 등 정국이 새로운 국면으로 전개되면서 사림의 활동이 활발해졌다. 그러나 오랜 구습이나 폐풍은 일시에 시정될 수 없었고 유림의 활동은 떨쳐 일어나지 못했다. 더구나 1575년부터는 동서의 분당으로 사림이 분열되고 정쟁이 심각해졌다. 연산군 이래의 폐법은 고쳐지지 않은 채 국가의 기강은 무너지고 민생의 곤고(困苦)는 극도에 달하였으며, 군사적으로도 무력한 상태에 빠져 있었다.

1565년부터 1592년(선조 26)까지의 약 30년간은 국정을 쇄신해 민생과 국력을 회복할 수 있는 좋은 기회였다. 이이는 16세기 후반의 조선사회를 '중쇠기(中衰期)'로 판단해 일대 경장(更張)이 요구되는 시대라 보았다. 이이는 「만언봉사」에서 "시의(時宜)라는 것은 때에 따라 변통(變通)하여 법을 만들어 백성을 구하는 것"이라 하였다.

이이는 조선의 역사에 있어서도 "우리 태조가 창업했고, 세종이 수성(守成)해 『경제육전(經濟六典)』을 비로소 제정하였다. 세조가 그 일을 계승해 『경국대전』을 제정했으니, 이것은 모두 '시의(時宜)'에 따라 제도를 개혁한(因時而制宜) 것이요, 조종(祖宗)의 법도를 변란(變亂)함이 아니었다"고 하였다. 그러므로 시대의 변천에 따른 법의 개정은 당연한 일이라고 보았던 것이다.

이이에게 성리학은 단순한 사변적 관상철학(觀想哲學)이 아니었다. 그는 성리학의 이론을 전개함에 있어 시세(時勢)를 알아서 옳게 처리해야 한다는 '실공(實功)'과 '실효(實效)'를 항상 강조하였다. 그는 「만언봉사」에서, "정치는 시세를 아는 것이 중요하고 일에는 실지의 일을 힘쓰는 것이 중요한 것이니, 정치를 하면서 시의를 알지 못하고 일에 당해 실공을 힘쓰지 않는다면, 비록 성현이 서로 만난다 하더라도 다스림의 효과를 거둘 수 없을 것이다"고 하였다.

따라서 이이는 항상 위에서부터 바르게 하여 기강을 바로잡고 실효를 거두며, 시의에 맞도록 폐법을 개혁해야 한다고 주장하였다. 또한, 이이는 사화로 입은 선비들의 원을 풀어주고, 위훈(僞勳)을 삭탈함으로써 정의를 밝히며, 붕당의 폐를 씻어서 화합할 것 등 구체적 사항을 논의하였다. 그렇게 함으로써 국기(國基)를 튼튼히 하고 국맥(國脈)을 바로잡을 수 있다고 본 것이다.

이이는 성현의 도는 '시의와 실공'을 떠나서 있지 않으므로 현실을 파악하고 처리할 수 있는 능력이 있어야 한다고 보았다. 그러므로 요(堯)·순(舜)·공(孔)·맹(孟)이 있더라도 시폐(時弊)를 고침이 없이는 도리가 없는 것이라고 한 것이다. 이와 같이 이이는 진리란 현실의 문제와 직결되어 있고, 그것을 떠나서 별도로 구하는 것이 아니라고 보았다. 여기서 이(理)와 기(氣)를 불리(不離)의 관계에서 파악하는 이이 성리설의 특징을 보게 되는 것이라 하겠다.

이이와 성혼은 평상시에 경학(經學)이나 도학(道學)과 관련해 문답하는 서한을 교환하였다. 이황이 죽은 지 2년 뒤 이이가 37세가 되던 1572년에 성리설에 대한 본격적인 논란을 벌였다. 그것은 이황과 기대승의 논변처럼 오랜 세월을 두고 계속한 것이 아니라, 단 1년 사이에 9회에 걸쳐 주고받은 것이다. 대체로 성혼이 이이에게 질의하고 이이가 회답하는 것으로 되어 있다.

성혼의 질의내용은 비교적 단순한 것으로, 주자학의 핵심 논제를 집중적으로 거론하였다. 성혼은 일찍이 이황과 기대승(奇大升) 사이에 오간 사단칠정론(四端七情論)에 대해 기대승의 논의를 존중하다가 이황의 이기호발설(理氣互發說)의 도덕적 고민을 이해하고 그 취지에 수긍하게 되었다. 성혼은 이 문제를 과연 어떻게 정돈해야 하느냐고 이이에게 의견을 물었던 것이다.

호발설(互發說)에 대한 성혼의 재론을 계기로 이이는 이황은 물론이요 서경덕(徐敬德)과 나흠순(羅欽順)에 대한 논평뿐 아니라, 경전의 본의와 송대 제유(諸儒)의 성리설을 집약적으로 논술해 나갔다. 이 논쟁은 이이에게 성리에 대한 자신의 견해를 정리하고 심화시킬 수 있는 계기를 마련해 주었고, 후기의 저작인 『성학집요』 속의 성리설이나 만년작인 「인심도심설」의 내용의 핵심을 형성하고 있다.

이이는 선배인 이황의 이원적 이기론에 동의하지 않았다. 이황이 이기를 그처럼 분열적 대립으로 이해하게 된 것은 이황 자신이 잇단 사화를 겪으며 당시의 사회 정치적 혼란과 부조리를 뼈저리게 느끼고 있었던 데 연유한다. 이황은 개인과 집단에서 일어나는 모든 문제가 공의(公義)와 사리(私利)의 분별이 명확하지 못한 데서 일어난다고 생각했다. 이황이 천리와 인욕, 인심과 도심, 사단과 칠정, 그리고 본연지성(本然之性)과 기질지성(氣質之性)을 대립적으로 강조하는 것은 바로 이 같은 자각의 반영이다.

이황에게 이발(理發)과 기발(氣發), 사단과 칠정, 그리고 도심과 인심은 각기 순수한 정신적 가치와 신체적·물질적 욕구의 두 방향을 의미하였다. 이황은 이기가 왕신관계(王臣關係)에 있으며, 인심은 항상 도심의 명령을 순종(順從)해야 한다고 말했다. 이러한 관계가 전도(顚倒)되면 개인적으로는 도덕성의 방기를, 그리고 사회적으로는 윤리의 파멸과 정치의 타락을 초래하게 된다. 따라서 이황은 일체의 작위의 근원은 마음의 위미지간(危微之間)에 있다고 생각했다. 이황은 혼탁한 정치현실을 떠나 학문을 닦음으로써 '입언수후(立言垂後)'하여 도(道)를 전해주는 것을 자신의 사명으로 삼았다.

이에 비해 이이의 경우는 상황이 달랐다. 1565년 이후로 사림이 다시 복귀하게 되면서 사회적 상황을 개선하고 민생의 문제를 해결하며 국맥을 바로잡을 수 있는 희망을 갖게 되었다. 따라서 이이는 현실의 개선 그 자체에 진리성을 찾았다. 이이가 이기를 불상잡(不相雜)의 대립이 아니라 불상리(不相離)의 묘(妙)에서 파악하는 것도 이 같은 낙관을 반영하고 있다.

이런 맥락에서 이이의 사칠론(四七論)이나 인심도심설(人心道心說)에 대한 해석도 이황의 이원적인 논의와 달라질 수밖에 없었다. 이이는 칠정을 형기(形氣)에 속한 것으로만 보지 않고 본연지성 또한 기질지성을 떠나 있는 것이 아니라고 말했다. 이와 기는 논리적으로 구별하는 것이지, 사실적으로 분리시킬 수 있는 것이 아니라는 것이다.

이이에게 기란 단순히 혈기지기(血氣之氣)로서 타락의 가능성만을 지닌 것이 아니라, 오히려 적극적인 의미를 지니고 있다. 기는 물질적인 것, 감성적인 것에 그치는 것이 아니라 정신적인 영역, 심령이나 이성까지도 포괄한다. 여기서 기는 본연지성을 엄폐(掩蔽)하는 것일 뿐 아니라, 본연지성을 드러나게도 하고 나아가 회복시키는 것이기도 하다. 이이는 "인심도심이 다 기의 발이요, 기에 있어 본연지리(本然之理)를 순(順)한다면 기가 본시 본연지기(本然之氣)이다"라고 하며, "기의 청명여부(聽命與否)는 다 기의 소위(所爲)이니, 호발이 있을 수 없는 것"이라고 했다.

인심도심의 경우도 마찬가지이다. 인심은 '구체(口體)'를 위한 것으로서 그리고 도심은 '도의(道義)'를 위한 것으로서 서로 구별된다. 그러나 이이는 이황의 주장처럼 하나는 기발, 하나는 이발로 서로 다른 본질과 근원을 가지는 것이 아니라, 현존하는 하나의 심이 "단지 발하는 곳에 있어서 이단(二端)이 있을 뿐"이라고 생각했다. 인심은 성현이라도 면할 수 없으며, "먹을 때 먹고 입을 때 입는 것"은 바로 천리인 것이다. 이이는 인심이라 해도 그것이 알맞게 조절된 상태에서는 "인심 또한 도심이 된다"고 하였다.

흔히 서경덕은 물론이요 이이까지도 '주기론(主氣論)'이라 하여 학문적으로 연관시켜 보는 경향이 있다. 서경덕과 이이는 다 같이 기에 중점을 두고 있으며, 특히 기의 불멸성, 능동성을 강조해 기의 면을 전폭적으로 긍정한 점에서 그렇게 볼 수 있다. 그러나 이이는 서경덕이 이기의 불리(不離)에 대한 이해는 깊고 투철하지만, 그 위에 뚜렷이 극본궁원(極本窮源)하는 이(理)의 면이 있음을 몰랐다고 비판했다. 서경덕이나 송대의 장재(張載)가 기에 치우치고 이기를 혼동해 성현의 뜻에 묘계(妙契)치 못하였다고 지적했다.

이이는 서경덕의 유기론적(唯氣論的) 입장에 대해 '이통기국(理通氣局)'을 모르는 소치라 하여 '한 모퉁이를 본 사람(見一隅者)'라 폄하했다. 이이 또한 이기지묘(理氣之妙)를 말하지만 이이는 서경덕처럼 구극적(究極的) 존재를 태허지기(太虛之氣)로 보지 않고, 태극지리(太極之理)로 이해한다.

이이는 이황처럼 이와 기를 엄격하게 구별하고, 이가 기에 우월하다는 이우위설(理優位說)을 주장했다. 이와 기는 결코 혼동할 수 없는 것이며, 이는 기의 추뉴(樞紐)요 근저(根柢)요 주재(主宰)라는 것이다. 이의 본체는 통일적 원리이지만 그것은 사사물물(事事物物)에서 유행하는 것이요 만유(萬有)를 가능하게 하는 것이다.

그렇지만 이황이 이와 기가 각각 실질적 동력으로 발용한다는 호발설을 주창한 데 대해, 이이는 이기는 이합과 선후가 없다는 기발이승일도설(氣發理乘一途說)을 주장했다. 이이의 견해는 처음부터 이기를 이원적으로 파악하는 이황과 달리 물질적이든 정신적이든 현상 그 자체의 소이연으로서 이를 말하는 까닭에 이발(理發)이 따로 있을 수 없다고 본 것이다.

이이는 서경덕의 주기론에 대해서는 '이통기국설'로, 그리고 이황의 이기이원적 경향에 대해서는 '기발이승일도설'로 대응했다. 서경덕은 실재하는 기의 생성 변화를 떠나서 별도로 묘(妙)를 말하는 것은 진리를 모르는 자라 하였다. 그러나 이황은 이와 달리 이(理)야말로 가장 알기 어려운 것으로서 이로 말미암아 모든 학문 도술의 차이가 생기는 것이라 하였다.

이처럼 이황은 만유를 가능하게 하는 초월적 존재로서 이를 강조한 반면, 서경덕은 이를 기 자체와 작용상의 자율성 또는 내재율로 보아 기의 실재성과 사실성을 강조하였다. 서경덕은 유기론자로서 기를 중시하고, 이황은 이우위설을 논해 이의 구극성(究極性)을 강조하였다. 서경덕과 이황은 거의 동시대의 인물이면서도 이와 같이 매우 대조적인 견해를 견지하였던 것이다.

그러나 이이는 이의 세계와 기의 영역을 완전히 긍정하여 포괄하면서, 동시에 양면을 아울러 지양시켰다. 이이는 기의 사실성과 이의 초월성을 체인(體認: 충분히 납득함)해 양자를 불리(不離)의 관계에서 파악하면서 '이기지묘'를 강조했다. 이이는 이기의 묘처(妙處)야말로 알기 어려울 뿐만 아니라, 설명하기도 어렵다고 하였다. 이이는 태극과 음양, ·이와 기의 관계는 일이이(一而二)요 이이일(二而一) 이라는 기본 인식을 바탕으로 그의 이론을 대략 다음과 같이 집약하였다.

"전훈(前訓)을 고찰하면 이기는 일(一)이면서 이(二)요, 이(二)이면서 일(一)이 다. 이기가 혼연무간해 원래 떨어지지 않으므로 정자는 '기즉도(器卽道)요 도즉기 (道卽器)'라 했고, 떨어지지 않을지라도 혼연한 가운데 섞이지 않아서 일물(一物) 이라고 할 수 없으므로, 주자는 '이는 스스로 이요, 기는 스스로 기'라고 한 것이 다. 이 두 설을 종합해 깊이 생각하면 이기지묘를 거의 알 수 있으리라. 그 대강 을 말하면 이는 무형하고 기는 유형하다. 그러므로 이는 통(通)하고 기는 국(局) 한다. 이는 무위(無爲)하고 기는 유위(有爲)하므로, 기는 발(發)하고 이는 승(乘)한 다. 무형무위하면서 유형유위한 것의 주(主)인 것은 이이며, 유형유위하면서 무형 무위한 것의 기(器)인 것은 기이다(聖學輯要)"

이이의 이통기국과 기발이승일도설은 보편적 원리와 특수한 사실을 상호관련 하에 파악한 것이라 할 수 있다. 이는 사사물물을 관통하고 있으며, 본연지리는 스스로의 보편성을 가지는 것이지만, 변화하는 사실과 관련한 유행지리(流行之理) 를 떠나서 구할 수는 없는 것이다. 이는 보편적 원리가 사사물물의 개별적 사실 을 관통하고 있으며, 또한 구체적인 변화의 상을 떠나서는 추구할 수 없다는 논 리로서, 성리와 실사가 혼용무간한 관계임을 통찰한 결과이다.

또한, 이이는 이른바 의(義)와 이(利)를 구별해 이원화하는 사고방식에서 한 걸 음 더 나아가 의리(義理)와 실리(實利)를 불가리(不可離)의 관계에서 보고 있다. 이이는 「시무칠조책(時務七條策)」에서 "도(道)의 병립할 수 없는 것은 시(是)와 비(非)이며, 사(事)의 함께 할 수 없는 것은 이(利)와 해(害)이다. 한갓 이해가 급 하다고 하여 시비의 소재를 불고(不顧)한다면 제사지의(制事之宜)에서 어긋난다. 또한 시비를 생각해 이해의 소재를 살피지 않는다면 응변지권(應變之權)에서 어 긋난다. …… 권(權)에는 정규(定規)가 없으니 중(中)을 얻음이 귀하고, 의(義)에는 상제(常制)가 없나니 의(宜)에 합함이 중하다. 중을 얻고 의에 합하면, 즉 시(是) 와 이(利)가 그 가운데 있는 것이다. 진실로 국가를 평안하게 하고 민중에게 이로 우면 다 행할 수 있는 일이요, 나라를 평안하게 하지 못하고 민중을 보호하지 못 하면 해서는 안 되는 일이다"고 하였다.

이와 같이 옳고 그름을 가르는 규범의 문제와 이해관계를 따지는 현실 문제가 '득중(得中)', '합의(合宜)'함으로써, 보국과 안민이라는 차원에서 시(是)와 이(利) 의 조화라는 하나의 사실로 지향됨을 볼 수 있다. 이이는 시대에 따라 마땅히 행 해야 할 일이 각기 다르다고 보았다. 이이는 시대를 '창업(創業)'과 '수성(守成)' 그리고 '경장(更張)'의 과정으로 나누어 논했으며, 당시를 경장기라고 보았다.

이이는 「동호문답」에서 가장 큰 폐법으로 다섯 가지를 들어 설명하였다. 그것은 모두 민생에 관계되는 것으로서, ① 일가절린(一家切隣)의 폐, ② 진상번중(進上煩 重)의 폐, ③ 공물방납(貢物防納)의 폐, ④ 역사불균(役事不均)의 폐, ⑤ 이서주구 (吏胥誅求)의 폐를 꼽았다. 이러한 이이의 지적은 당시의 시대상과 민중의 질고 (疾苦)를 가장 잘 나타낸 것이다.

또한, 이이는 국세조사와 같은 전국적인 규모의 조사를 실시해 실정에 알맞게 폐법을 개혁해야 한다고 하였다. 그밖에도 이이는 「만언봉사」·『성학집요』 및 수

많은 상소문을 통해 정치·경제·문교·국방 등에 가장 필요한 방안을 구체적으로 제시하였다.

더 나아가 이이는 국정을 도모함에 있어서도 개인이나 일부 지도층으로부터 하향식으로 수행될 것이 아니라, 언로를 개방해 국민 모두가 말할 수 있게 하고, 위정자는 아래로부터의 중지(衆智)를 모아야 한다고 보았다. 조광조의 경우와 마찬가지로, 이이에게 언로의 개색(開塞)은 국가 흥망에 관계된 중대한 일로서 강조되었다. 공론(公論)은 국민으로부터 나오는 것이니 국민의 정당한 일반 의사가 곧 국시(國是)가 된다고 지적하면서, 언로의 개방성과 여론의 중요성을 피력했다.

또한, 이이는 경제사(經濟司)의 창설을 제의하면서 단지 기성 관료가 아니라, 시무를 밝게 알고 국사를 염려하는 사류로서 윤리성과 합리성을 겸비한 최고의 지성이 동원되어야 한다고 강조했다. 이렇듯 의리와 실리, 이념과 현실의 통합적 구상은 후기에 한국의 의리학과 실학으로 전개될 수 있는 발판이 되었다. 그런 점에서도 조선 중기 이후 근대에 이르기까지의 역사 전개에서 이이의 성리설이 끼친 영향을 깊이 관찰해야 한다. 이이의 성리사상은 오늘날에도 유심과 유물, 주체와 상황, 그리고 현실과 이상의 괴리로부터 양자의 조화와 발전을 도모하는 데에 새로운 방향을 던져주고 있다.

상훈과 추모: 증 대광보국숭록대부 의정부 영의정 겸 영경연 홍문관 춘추관 관상감사에 추증(追贈)되었다. 1591년(선조 24) 광국원종공신(光國原從功臣) 일등(一登)에 추록되었다.

문묘에 종향되었으며, 파주의 자운서원(紫雲書院), 강릉의 송담서원(松潭書院), 풍덕의 구암서원(龜巖書院), 황주의 백록동서원(白鹿洞書院) 등 20여 개 서원에 배향되었다. 시호는 문성(文成)이다[[출처:이이(李珥)-한국민족문화대백과사전]).

520) 이항복(李恒福, 1556~1618): 조선시대 이조판서, 예문관대제학, 우의정 등을 역임한 문신. 본관은 경주(慶州). 자는 자상(子常), 호는 필운(弼雲)·백사(白沙)·동강(東岡). 고려의 대학자 이제현(李齊賢)의 방손(傍孫)이며, 이성무(李成茂)의 증손으로, 할아버지는 이예신(李禮臣)이고, 아버지는 참찬 이몽량(李夢亮)이며, 어머니는 전주 최씨(全州崔氏)로 결성현감 최륜(崔崙)의 딸이다.

오성부원군(鰲城府院君)에 봉군되어 이항복이나 백사보다는 오성대감으로 널리 알려졌다. 특히 죽마고우인 한음 이덕형(李德馨)과의 기지와 작희(作戱)에 얽힌 많은 이야기로 더욱 잘 알려진 인물이다. 9세 때 아버지를 여의고 어머니 슬하에서 자랐다. 소년시절에는 부랑배의 우두머리로서 헛되이 세월을 보냈으나 어머니의 교훈으로 학업에 열중했다 한다. 1571년(선조 4) 어머니를 여의고, 삼년상을 마친 뒤 성균관에 들어가 학문에 힘써 명성이 높았다. 영의정 권철(權轍)의 아들인 권율(權慄)의 사위가 되었다. 1575년(선조 8) 진사 초시에 오르고 1580년(선조 13) 알성 문과에 병과로 급제해 승문원 부정자가 되었다. 이듬 해 예문관 검열이 되었을 때 마침 선조의 『강목(綱目)』 강연(講筵)이 있었는데, 고문을 천거하라는 왕명에 따라 이이(李珥)에 의해 이덕형 등과 함께 5명이 천거되어 한림에 오르고, 내장고(內藏庫)의 『강목』 한 질씩이 하사되고 옥당에 들어갔다. 1583년(선조 16) 사가독서의 은전을 입었다. 그 뒤 옥당의 정자·저작·박사, 예문관 봉교·성균관 전적과 사간원의 정언 겸 지제교·수찬·이조좌랑 등을 역임하였다. 1589년(선조 22) 예조정랑 때 발생한 역모사건에 문사낭청(問事郎廳)으로 친국(親鞫)에 참여해 선조의 두터운 신임을 받았다. 신료 사이에 비난이나 분쟁이 있

을 때 삼사에 출입해 이를 중재하고 시비를 공평히 판단, 무마해 덕을 입은 사람
도 많았다. 한편, 파당을 조성하는 대사간 이발(李潑)을 공박하다가 비난을 받고
세 차례나 사직하려 했으나 선조가 허락하지 않고 특명으로 옥당에 머물게 한 적
도 있었다. 그 뒤 응교·검상·사인·전한·직제학·우승지를 거쳐 1590년(선조
23) 호조참의가 되었고, 정여립(鄭汝立)의 모반사건을 처리한 공로로 평난공신(平
難功臣) 3등에 녹훈되었다. 이듬해 정철(鄭澈)의 논죄(論罪)가 있자 사람들이 자
신에게 화가 미칠 것이 두려워 정철을 찾는 사람이 없었다. 그러나 그는 좌승지
의 신분으로 날마다 찾아가 담화를 계속해 정철 사건의 처리를 태만히 했다는 공
격을 받고 파직되었으나 곧 복직되고 도승지에 발탁되었다. 이때 대간의 공격이
심했으나 대사헌 이원익(李元翼)의 적극적인 비호(庇護)로 진정되었다. 1592년(선
조 25) 임진왜란이 일어나자 왕비를 개성까지 무사히 호위하고, 또 왕자를 평양
으로, 선조를 의주까지 호종하였다. 그 동안 이조참판으로 오성군에 봉해졌고, 이
어 형조판서로 오위도총부 도총관을 겸하였다. 곧이어 대사헌 겸 홍문관제학·지
경연사·지춘추관사·동지성균관사·세자좌부빈객·병조판서 겸 주사대장(舟師大
將)·이조판서 겸 홍문관 대제학·예문관 대제학·지의금부사 등을 거쳐 의정부
우참찬에 승진되었다. 이 동안 이덕형과 함께 명나라에 원병을 청할 것을 건의했
고 윤승훈(尹承勳)을 해로로 호남지방에 보내 근왕병을 일으켰다. 선조가 의주에
머무르면서 명나라에 구원병을 요청하자, 명나라에서는 조선이 왜병을 끌어들여
명나라를 침공하려 한다며 병부상서 석성(石星)이 황응양(黃應暘)을 조사차 보냈
다. 이에 그가 일본이 보내온 문서를 내보여 의혹이 풀려 마침내 구원병이 파견
되었다. 그리하여 만주 주둔군 조승훈(祖承訓)·사유(史儒)의 3,000 병력이 왔으
나 패전하자, 다시 중국에 사신을 보내 대병력으로 구원해줄 것을 청하자고 건의
하였다. 그리하여 이여송(李如松)의 대병력이 들어와 평양을 탈환하고, 이어 서울
을 탈환, 환도하였다. 다음해 선조가 세자를 남쪽에 보내 분조(分朝)를 설치해 경
상도와 전라도의 군무를 맡아보게 했을 때 대사마(大司馬)로서 세자를 받들어 보
필하였다. 1594년(선조 27) 봄 전라도에서 송유진(宋儒眞)의 반란이 일어나자 여
러 관료들이 세자와 함께 환도를 주장하였다. 그러나 그는 반란군 진압에 도움이
되지 못한다고 상소해 이를 중단시키고 반란을 곧 진압하였다. 그는 병조판서·
이조판서, 홍문관과 예문관의 대제학을 겸하는 등 여러 요직을 거치며 안으로는
국사에 힘쓰고 밖으로는 명나라 사절의 접대를 전담하였다. 명나라 사신 양방형
(楊邦亨)과 양호(楊鎬) 등도 존경하고 어려운 일이 있을 때마다 찾던 능란한 외교
가이기도 하였다. 1598년(선조 31) 우의정 겸 영경연사·감춘추관사(監春秋館事)
에 올랐다. 이때 명나라 사신 정응태(丁應泰)가 동료 사신인 경략(經略) 양호를
무고한 사건이 발생하자, 우의정으로 진주변무사(陳奏辨誣使)가 되어 부사(副使)
이정구(李廷龜)와 함께 명나라에 가 소임을 마치고 돌아와 토지와 재물 등 많은
상을 받았다. 그 뒤 문홍도(文弘道)가 휴전을 주장했다는 이유로 류성룡(柳成龍)
을 탄핵하자, 자신도 함께 휴전에 동조했다고 자진해 사의를 표명하고 병을 구실
로 나오지 않았다. 그러나 조정에서 도원수 겸 체찰사에 임명하자, 남도 각지를
돌며 민심을 선무, 수습하고 안민방해책(安民防海策) 16조를 지어 올리기도 하였
다. 1600년(선조 33) 영의정 겸 영경연·홍문관·예문관·춘추관사, 세자사(世子
師)에 임명되고 다음해 호종1등공신(扈從一等功臣)에 녹훈되었다. 1602년(선조
35) 정인홍(鄭仁弘)·문경호(文景虎) 등이 최영경(崔永慶)을 모함, 살해하려 한 장

본인이 성혼(成渾)이라고 발설하자 삼사에서 성혼을 공격하였다. 이에 성혼을 비호하고 나섰다가 정철의 편당(偏黨)으로 몰려 영의정에서 자진사퇴하였다. 1608년(선조 41) 다시 좌의정 겸 도체찰사(都體察使)에 제수되었으나 이해 선조가 죽고 광해군이 즉위해 북인이 정권을 잡게 되었다. 그는 광해군의 친형인 임해군(臨海君)의 살해 음모에 반대하다가 정인홍 일당의 공격을 받고 사의를 표했으나 수리되지 않았다. 그 뒤 성균관 유생들이 이언적(李彦迪)과 이황(李滉)의 문묘배향을 반대한 정인홍의 처벌을 요구했다가 도리어 구금되어 권당(捲堂: 동맹휴학)하는 사태가 생기자, 그가 겨우 광해군을 설득, 무마해 해결하기도 하였다. 이 때문에 정인홍 일당의 원한과 공격을 더욱 받게 되었다. 곧이어 북인 세력이 선조의 장인 김제남(金悌男) 일가의 멸문, 선조의 적자 영창대군(永昌大君)의 살해 등 흉계를 자행하자 그의 항쟁 또한 극렬해 원망의 표적이 되었다. 그리하여 1613년(광해군 5) 인재 천거를 잘못했다는 구실로 이들의 공격을 받고 물러나 별장 동강정사(東岡精舍)를 새로 짓고 동강노인(東岡老人)으로 자칭하면서 지냈다. 이때 광해군은 정인홍 일파의 격렬한 파직 처벌의 요구를 누르고 좌의정에서 중추부로 자리만을 옮기게 하였다. 1617년(광해군 9) 인목대비 김씨(仁穆大妃金氏)가 서궁(西宮: 경운궁. 곧 덕수궁)에 유폐되고, 이어 폐위해 평민으로 만들자는 주장에 맞서 싸우다가 1618년(광해군 10)에 관작이 삭탈되고 함경도 북청으로 유배되어 그곳에서 세상을 떠났다. 죽은 해에 관작이 회복되고 이해 8월 고향 포천에 예장되었다. 죽은 뒤 포천과 북청에 사당을 세워 제향했으며 1659년(효종 10)에는 화산서원(花山書院)이라는 사액(賜額)이 내려졌다. 1746년(영조 22)에는 승지 이종적(李宗迪)을 보내 영당(影堂)에 제사를 올리고 후손을 관직에 등용시키는 은전이 있었다. 1832년(순조 32)에는 임진왜란 발발 네 번째 회갑을 맞아 제향이 베풀어졌다. 1838년(헌종 4)에는 우의정 이지연(李止淵)의 요청으로 봉사손(奉祀係)의 관리 등용이 결정되기도 하였다. 이정구(李廷龜, 1564~1635)는 그를 평하기를 "그가 관직에 있기 40년, 누구 한 사람 당색에 물들지 않은 사람이 없을 정도였지만 오직 그만은 초연히 중립을 지켜 공평히 처세하였다. 그렇기 때문에 아무도 그에게서 당색을 찾아볼 수 없을 것이며, 또한 그의 문장은 이러한 기품에서 이루어졌으니 뛰어날 수밖에 없지 않겠는가!"라면서 기품과 인격을 칭송하기도 하였다. 저술로는 1622년(광해군 14)에 간행된 『사례훈몽(四禮訓蒙)』 1권과 『주소계의(奏疏啓議)』 각 2권, 『노사영언(魯史零言)』 15권과 시문 등이 있으며, 이순신(李舜臣) 충렬묘비문을 찬하기도 하였다. 시호는 문충(文忠)이다[출처:이항복(李恒福)-한국민족문화대백과사전]).

521) 『당의통략(黨議通略)』: 개항기 문신·학자 이건창이 붕당정치사에 관하여 저술한 역사서. 2권 1책. 필사본으로 전하다가 1910년대 광문회(光文會)에서 신활자본으로 간행하였다. '국조당론(國朝黨論)'이라는 이칭도 있다.

1575년(선조 8)에서 1755년(영조 31)까지의 약 180년간을 대상으로 하여 당론(黨論) 전개의 줄기를 잡고, 머리에 자서(自序), 말미에 원론(原論)을 붙였다. 자서에 따르면, 할아버지 시원(是遠)의 『국조문헌(國朝文獻)』 가운데서 당론 관계를 발췌해 정리한 것이라고 한다. 이 책은 저자가 33세에 모친상, 35세에 부친상을 잇달아 당해 강화도 향리에 머무르고 있을 때 저술한 것인데, 1890년경에 완성된 것으로 보인다. 1800년대 초부터 각 당파에서 편간하기 시작한 당론사서류(黨論史書類)에 해당하는 것이다. 다른 당론사서에 비해 비교적 객관적인 입장을 견지한 것으로 평가되지만, 저자 집안의 당색인 소론의 입장을 완전히 벗어나지 못하였다는 평도 있다. 저자는 조선의 붕당을 "고금의 붕당을 통틀어서 지극히 크고, 지극히 오래고, 지극히 말하기 어려운 것이다"고 규정하였다. 그러면서 자신의 정리는 후일의 정사(正史) 편찬에 한 도움이 되고자 하는 데 그치는 것이라고 하였다. 원론에서 조선의 붕당대립이 심했던 까닭으로 ① 도학태중(道學太重), ② 명의태엄(名義太嚴), ③ 문사태번(文詞太繁), ④ 형옥태밀(刑獄太密), ⑤ 대각태준(臺閣太峻), ⑥ 관직태청(官職太淸), ⑦ 벌열태성(閥閱太盛), ⑧ 승평태구(昇平太久) 등 여덟 가지를 지적해 붕당에 대한 자신의 기본적인 견해의 일단을 피력하였다. 저자는 소론계의 명문출신이다. 그러나 중인(中人)출신의 지식인들과도 교유 관계를 넓게 가지면서 조선왕조의 양반정치에 대해 일정한 비판의식을 가지고 있었다. 요컨대, 이 책은 양반정치의 청산을 위한 하나의 정리로서 의미를 가진다. 그러나 이러한 비판의식은 일제의 식민주의사관 창출에 악이용되기도 하였다. 시데하라(幣原坦)의 『한국정쟁지(韓國政爭志)』(1907)를 필두로 일본인 학자들은 조선왕조의 역사를 당파성이 강한 것으로 규정하고 있는데, 그들의 대부분이 그 근거로 위 원론의 여덟 가지 이유를 활용하였다. 즉, 붕당에 대한 부정적인 평가 및 해석은 이미 조선인으로부터 나온 것이라 하여 기정사실화시켰던 것이다. 1948년 금융조합연합회 협동문고(協同文庫)로 첫 국역본이 나온 뒤 현재 여러 종의 역주본이 있다([출처:당의통략(黨議通略)-한국민족문화대백과사전]).

522) 당파싸움 때문에 조선(朝鮮)이 망하였다고 한다. 천부당한 말이다. 오히려 당쟁 때문에 조선왕조가 오래 지속되었다고 할 것이다. 당쟁은 물론 우리 정치사의 오점이요, 허다한 비극의 원천이었다. 그러나 당쟁에도 적극적·유효적 의의가 있었다.(…) 백중하는 두 세력이 싸울 때 각기 상대방에 약점을 잡히지 않으려고 조심하였으므로 부정부패가 크게 견제되었던 것이다. 그러므로 당쟁시대에는 정계(政界)라는 무대에선 정치인들은 당쟁의 귀추에 따라 처참한 고배를 마시었지만, 덕택으로 백성들은 비교적 편안하였던 것이다(金龍德, 『韓國史의 探究』(乙酉文庫 61), 1971, 203쪽).

523) 비변사(備邊司): 조선 중·후기 의정부를 대신하여 국정 전반을 총괄한 실질적인 최고의 관청.

비국(備局)·묘당(廟堂)·주사(籌司)라고도 하였다. 조선의 정치체제는 왕권과 의정부·육조(六曹)·삼사(三司 : 홍문관·사헌부·사간원)의 유기적인 기능이 표방되는 체제였다. 의정부가 정책조정 기관으로 정치적 결정을 내리면 육조가 행정 실무를 집행하고, 삼사(三司)가 권력 행사에 견제 작용을 하는 것이 원칙이었다. 이에 따라 군사 업무는 원칙적으로 의정부와 병조 사이에서 처리되어야 하였다. 그러나 성종 때에 이르러 소규모이기는 하지만, 왜구와 여진의 침입이 끊이지 않자 보다 실정에 맞는 대책을 수립하기 위해 점차 의정부의 3의정(영의정·좌의정·우의정)을 포함하는 원상(院相: 임금이 정상적인 정치를 할 수 없을 때 이를 대리 수행할 수 있도록 이끌던 원로 재상)과 병조 외에 국경 지방의 요직을 지닌 인물을 필요에 따라 참여시켜 군사 방략을 협의하게 되었는데, 이들을 지변사재상(知邊事宰相)이라고 일컬었다. 지변사재상은 외침이 있을 때마다 항상 방략 수립에 참여한 것은 아니고, 활동면에서도 부침이 있기는 하였다. 그러나 국방력의 약화, 군사전문가의 부족, 군제의 해이 등 대내적 요인과, 간헐적으로 계속된 외적의 침입이라는 대외적 요인 때문에 그 필요성이 계속 인정되고 있었다. 1510년(중종 5) 삼포왜란(三浦倭亂)이 일어나자 지변사재상을 급히 소집하여 방어책을 논의하는 한편, 그동안 변칙적이며 편의적으로 유지해오던 지변사재상과의 합의체제를 고쳐 임시적으로 비변사라는 비상시국에 대비하는 기구를 만들었다. 그 뒤 1517년에는 여진 침입에 대비하여 축성사(築城司)를 설치, 이를 곧 비변사로 개칭하였다. 그리고 1520년에 폐사군(廢四郡) 지방에 여진이 침입하자 다시 비변사를 설치하는 등 주로 외침을 당해 정토군(征討軍)을 편성할 때 비변사가 임시로 설치되었다. 비변사는 1522년 전라도 연안에 침입한 왜구의 방어 대책을 강구하는 과정에서 기능이 강화될 기회를 맞게 되었다. 즉 변방 군사 문제의 처리에서 의정부와 병조를 거치지 않고 곧 바로 왕에게 보고하게 되어 이들을 압도할 소지를 마련, 그 폐지를 주장하는 소리가 팽배하였다. 그러나 기능상에 다소의 신축이 있었을 뿐, 거의 상설기관화 하여 변사(邊事)의 주획(籌畫)에 중요한 구실을 수행해왔다. 그러면서도 비변사는 관제상의 정식 관청은 되지 못했는데, 1554년 (명종 9) 후반부터 잦아진 변경(邊警)이 이듬해 을묘왜변으로 이어지면서 독립된 합의기관으로 발전하였다. 즉, 1554년부터 비변사 당상관들은 종래처럼 빈청(賓廳)에 모이지 않고 비변사에 모여 변방의 군사 문제를 논의하도록 하여 처음으로 독립된 관청이 되었다. 그리고 이듬해 을묘왜변이 일어나 그 활동이 잦아지는 것과 함께 권한이 커질 수 있는 기회를 다시 맞아 청사도 따로 마련하고 관제상의 정식아문(正式衙門)이 되었다. 1555년 관제상의 상설 관아로 정제화된 비변사는 변방의 군사 문제를 주획하는 관청으로서의 한계를 지니고 있었다. 또, 그 권한도 비록 정1품 아문이었지만 의정부에 비할 바가 아니었다. 그러나 1592년(선조 25) 임진왜란이 일어나자 국난을 수습, 타개하기 위해 비변사를 전쟁수행을 위한 최고 기관으로 활용하면서 그 기능이 확대, 강화되었다. 즉, 수령의 임명, 군율의 시행, 논공행상, 청병(請兵), 둔전(屯田), 공물 진상, 시체 매장, 군량 운반, 훈련도감의 설치, 산천 제사, 정절(貞節)의 표창 등 군정·민정·외교·재정에 이르기까지 전쟁 수행에 필요한 모든 사무를 처리하였다. 이와 같이, 임진왜란을 겪는 동안 기능이 확대, 강화된 비변사는 효종 때 비변사의 폐지를 주장한 대사성 김익희(金益熙)가 지적했듯이, 군사 문제를 협의하는 관청이라는 명칭을 지니고 있으면서도 비빈(妃嬪)의 간택까지도 처리하는 등 국정 전반을 관장하였다. 임진왜란 중에 확대, 강화된 비변사는 임진왜란 후 그 권한을 축소하고, 정부 각 기관의 기능을 환원시키자는 주장이 있었음에도 불구하고, 전후의 복구와 국방력 재건을 효과적으로 수행하기 위해 그대로 존속되었다. 인조 때에 이르러 서인정권은 후금(後金)과의 항쟁 과정에서 국방력 강화를 명분으로 군사·정치의 양권을 장악하기 위해 새로운 군영(軍營)들을 설치하는 한편, 비변사의 제조당상(提調堂上)을 겸임하는 등 비변사를 통해 정부의 전 기구를 지배하였다. 이제 비변사는 임시군사 대책기관으로부터 정책결정 기구로 그 성격이 변모한 것이다. 이에 따라 비변사는 더욱 확대되고, 권한도 강화되어 의정부는 유명무실한 존재가 되고 말았다. 그 뒤 효종과 현종 때에도 비변사의 정치적 지위는 동요하지 않았고, 주요 정책의 일부는 대신들만의 수의(收議)를 통해 결정되는 방식이 새롭게 채택되기에 이르렀다. 다만 명칭만 바꾸자는 소극적인 건의만 있었을 뿐, 숙종과 영조 때에는 오히려 인원과 관장 업무가 더 확장되었으며, 정조 때에도 권한에는 별다른 변동이 없었다. 이와 같은 비변사 기능의 확대, 강화는 의정부와 육조를 주축으로 하는 국가 행정체제를 문란하게 할 뿐, 국방력의 강화와 사회 혼란의 타개에 도움이 되지 못하며, 왕권의 상대적 약화를 가져왔다고 인식되기도 하였다. 때문에 전제왕권의 재확립을 지향했던 흥선대원군(興宣大院君)은 우선 1864년(고종 1) 국가 기구의 재정비를 단행, 의정부와 비변사의 사무 한계를 규정하였다. 이에 따라 비변사는 종전대로 외교·국방·치안 관계만을 관장하고, 나머지 사무는 모두 의정부에 넘기도록 하여 비변사의 기능을 축소, 격하시켰다. 또, 이듬해에는 비변사를 폐지하여 그 담당 업무를 의정부에 이관하고, 그 대신 국초의 삼군부(三軍府)를 부활시켜 군무를 처리하게 하였다. 비변사는 중종 때부터 도제조(都提調)·제조(提調)·낭관(郎官) 등의 관원으로 조직되었다. 도제조는 현직의 3의정이 겸임하기도 하고, 한성부판윤·공조판서·지중추부사(知中樞府事), 혹은 영중추부사(領中樞府事) 등이 겸임하는 등 때에 따라 달랐다. 임진왜란 때 비변사 관원은 도제조·부제조·낭청(郎廳) 등으로 조직되었다. 도제조는 현직 및 전직 의정이 겸임했으며, 제조는 2품 이상의 지변사재상뿐만 아니라 이조·호조·예조·병조의 판서와 강화유수가 겸임하였다. 이후 훈련도감이 창설되자 훈련대장도 예겸(例兼)하게 되었다. 부제조는 정3품으로 군사에 밝은 사람으로 임명하였다. 부제조 이상은 모두 정3품 통정대부 이상의 당상관으로, 이들을 총칭해서 비변사당상이라고 불렀으며 정원은 없었다. 그 가운데서도 군사에 정통한 4인을 뽑아 유사당상(有司堂上), 즉 상임위원에 임명하여 항상 비변사에 나와서 업무를 처리하게 하였다. 낭청은 실무를 맡아보는 당하관으로서 정원은 12인이었는데, 그 가운데 1인은 무비사낭청(武備司郎廳)이 예겸하고, 3인은 문신, 8인은 무신당하관 가운데에서 선임하였다. 이 밖에 잡무를 맡아보는 서리(書吏) 16인, 서사(書寫) 1인과 잡역을 담당하는 수직군사(守直軍士)·사령(使令) 등 26인이 있었다. 그 뒤 인조 때에는 대제학, 숙종 때에는 형조판서·개성유수·어영대장이 제조를 예겸하도록 추가되는 등 때에 따라 인원수의 변동이 있었다. 또한, 1713년(숙종 39)에는 팔도구관당상(八道句管堂上)을 두어 8도의 군무를 나누어 담당하게 했는데, 대개 각 도에 1인의 구관당상을 두고 그 도의 장계(狀啓)와 문부(文簿)를 맡아보게 하였다(출처:비변사(備邊司)-한국민족문화대백과사전]).

524) 문선사(文選司): 조선시대 문관의 인사에 관한 사무를 관장하기 위하여 설치되었던 이조 소속의 관서.

1405년(태종 5) 3월 태종의 왕권강화도모와 직결된, 육조가 중심이 되어 국정을 운영하는 육조직계제(六曹直啓制)의 실시기도와 명나라의 속부제(屬部制) 및 청리사제(淸吏司制)가 연관되면서, 육조속사제가 정립될 때 설치되어 1894년(고종 31) 갑오경장으로 폐지되었다. 성립 시 문관의 품계·고신(告身)·녹사(祿賜) 등에 관한 일을 맡도록 규정하였다. 그 뒤 보다 세련되고 구체화된 것이 『경국대전』에 종친·문관·잡직·승직(僧職)의 임명과 고신·녹패(祿牌), 문과시·생원시·진사시의 합격자에 대한 사패(賜牌), 차정(差定)·취재(取才)·개명(改名) 및 장오패상인록안(贓汚敗常人錄案: 탐장죄와 강상죄를 범한 관리의 성명을 기록한 명부) 등에 관한 일을 맡도록 성문화하여 문선사가 폐지될 때까지 이 기능이 계승되었다. 문선사는 문관의 인사에 간여하였기 때문에 그만큼 중시되었으며, 동서분당(東西分黨)의 한 원인으로 지목되는 이조전랑(吏曹銓郎)은 주로 문선사의 정랑과 좌랑을 일컫는다([출처:문선사(文選司)-한국민족문화대백과사전]).

525) 고훈사(考勳司): 조선시대 종친·관원의 공훈에 따른 봉군(封君)·봉작(封爵) 등을 관장한 이조 소속의 관서.

1405년(태종 5) 3월 왕권을 강화할 목적으로 육조가 중심이 되어 국정을 운영하는 육조직계제(六曹直啓制: 국왕과 육조사이에 삼의정의 간섭 없이 국정을 결정하던 제도)의 실시기도와 명나라의 속부제(屬部制)·청리사제(清吏司制: 청렴한 관리가 담당했던 제도)가 연관되면서 육조속사제(六曹屬司制)가 정립될 때 설치되었다가 1894년 갑오경장으로 폐지되었다. 설립 당시에는 종친·관리의 훈봉과 내명부(內命婦)·외명부(外命婦)의 고신(告身: 관직 임명 사령증) 및 봉증(封贈: 죽은 뒤의 봉작) 등에 관한 일을 맡도록 규정하였고, 그 뒤 보다 세분되고 구체화되어 종재(宗宰)·공신의 봉증·시호와 향관(享官)·명부(命婦)·노직(老職: 나이가 많은 자에게 주던 명예직)의 작첩(爵帖: 봉작 사령증) 및 향리의 급첩(給帖: 급료 사령증) 등에 관한 일을 맡도록 보완되었고, 이것이 『경국대전』에 성문화되어 폐지될 때까지 계속되었다. 속관으로는 문관으로 제수된 정랑 1인과 좌랑 1인이 있었고, 일상적인 정사는 정랑과 좌랑이 처리하였으나, 돌발사와 중대사는 관서·참판·참의의 지시와 협의를 거쳐 처리하였다[출처:고훈사(考勳司)-한국민족문화대백과사전]).

526) 고공사(考功司): 고려·조선시대 이조에 속한 관서.
담당한 일은 고려시대에는 관리의 공적과 과실을 잘 살펴서 조사하도록 규정되었고, 조선 초기에는 고려시대의 기능이 계승되었다. 1405년 3월 태종의 왕권강화를 목적으로 육조가 중심이 되어 국정을 운영하는 육조직계제(六曹直啓制: 왕과 육조사이에 三議政의 간섭 없이 직무를 결정하던 제도)의 실시기도 및 명나라의 속부제(屬部制)와 청리사제(清吏司制: 청렴한 관리가 맡는 관직 및 관서의 제도)가 연관되어, 육조속사제(六曹屬司制)가 정립되면서 내외문무관의 공과·선악·고과(考課: 근무 평가)·명시(名諡: 시호를 내림)·비갈(碑碣) 등에 관한 일을 맡도록 개정하였다. 그 뒤 보다 세분되고 구체화되어 문관의 공과·근만(勤慢: 근무성적)·휴가(休暇)와 모든 관사아전(官司衙前)의 근무일수 및 향리자손(鄕吏子孫)의 분별 처리 등에 관한 일을 맡도록 보완되었고, 이것이 『경국대전』에 성문화되어, 제도가 폐지될 때까지 계속되었다. 속관으로는 문관으로 제수된 정랑 1인, 좌랑 1인이 있었고, 일상적인 정사는 정랑과 좌랑이 처리하였으나, 돌발사와 중대사는 관서·참판·참의의 지시와 협의를 거쳐 처리하였다[출처:고공사(考功司)-한국민족문화대백과사전]).

527) 무선사(武選司): 병조에 속해 있던 기관으로 무관(武官)·군사(軍士)·잡직(雜織) 등의 임명(任命)과 고신(告身)·녹패(祿牌)·부과(附過)·급가(給暇)·무과(武科)에 관한 일을 담당하였다(이홍직 편, 『새국사사전』, 교학사, 2004, 430쪽).

528) 승여사(乘輿司): 조선시대 왕의 행차에 관한 의장(儀仗)과 교통 관계의 역정(驛程)에 관한 사항을 담당하던 관서.
병조에 속한 관서이다. 조선 건국 초에는 병조의 지위가 낮아서 장관인 전서(典書)가 정3품이었으며, 속사(屬司: 상위 관청에 소속된 하위 관서)도 설치되어 있지 않았다. 1405년 1월에 병조가 정2품 아문으로 격상될 때 속사제(屬司制)도 갖추어져, 3개의 사를 예하에 두게 되면서 승여사도 성립을 보게 되었다. 이때에 생긴 승여사가 그대로 『경국대전』에 오르게 되었다. 『경국대전』에 나타나는 승여사의 직무는 노부(鹵簿:임금의 거둥 때의 의장)·여련(輿輦: 임금이 타는 가마와 말)·구목(廐牧: 소나 말을 기름)·정역(程驛: 路程과 驛站) 및 보충대·조예(皂隷)·나장(羅將)·반당(伴倘: 일종의 경호원) 등에 대한 사항이다. 즉, 왕의 행차에 필요한 의장 관계의 업무와 교통 통신의 업무, 그리고 위종(衛從: 호위하거나 따름)과 연관되는 특수한 병종 또는 종졸(從卒: 따라 다니는 병졸)에 대한 업무이다. 이러한 직무를 수행하기 위해 정랑과 좌랑이 각각 1인씩 배당되었던 것으로 여겨진다. 그러나 승여사의 소관 사항들은 당상관을 거쳐 최종적으로는 병조판서가 재결했을 것이다. 조선 후기에 이르러 병조의 속사 제도에 변화가 생겨 승여사는 없어지고, 대신 마색(馬色)이 설치되어 승여사의 일을 대부분 이어받았다. 그리고 보충대 등에 관한 사항은 유청색(有廳色)에서 맡게 되었고, 왕의 행차나 시위를 위해서 따로 결속색(結束色)을 설치하였다.『육전조례』에는 일군색(一軍色)을 담당하는 정랑 1인이 마색과 유청색을 겸하였고 이군색(二軍色)을 담당하는 정랑 1인이 마색과 도안색(都案色)을 겸했으며, 좌랑 2인이 결속색을 담당하도록 규정되어 있다([출처:승여사(乘輿司)-한국민족문화대백과사전]).

529) 무비사(武備司): 병조에 예속되어 군적(軍籍)·마적(馬籍)·병기(兵器)·점열(點閱)·군사훈련(軍事訓練)·방수(防戍) 등에 관한 직무를 받아보았다(이홍직 편, 『새국사사전』, 교학사, 2004, 429쪽).

530) 홍문관(弘文館): 1894년(고종 31) 경적문한(經籍文翰)을 보관하고 임금에게 경서를 강의하며, 임금의 사명(辭命)을 대신 짓는 일을 관장하던 관서. 궁내부 소속관서의 하나이다. 대학사 1인, 학사 1인, 시강 2인, 시독(侍讀) 2인을 두었다. 1895년 관제개편 시 폐지되어 궁내부 시종원에서 그 업무를 담당하였으나, 같은 해 경연원이라는 명칭으로 부활되었다. 경연원에는 원무를 관장하고 소속관리를 감독하는 경(卿) 1인, 그리고 시강 1인, 부시강 1인, 시독 4인을 두었다. 1896년 홍문관으로 그 명칭이 환원되었다. 아울러 경은 대학사로, 시강은 학사로, 부시강은 부학사로 개칭되었다([출처:홍문관(弘文館)-한국민족문화대백과사전]).

....

* 홍문관(弘文館)은 조선의 행정기관이자 연구기관이다. 궁중의 경서(經書)·사적(史籍), 문한(文翰), 문서의 관리 및 왕의 각종 자문에 응하는 일을 관장하던 관서로, 예조의 속아문이다. 삼사의 하나로 옥당(玉堂)·옥서(玉署)·영각(瀛閣), 서서원(瑞書院)·청연각(淸燕閣)이라고도 하며 사헌부, 사간원과 함께 언론삼사라고도 한다.

왕궁 서고에 보관된 도서를 관리하고 한림 관계의 일을 전공하며 임금의 자문에 응하였다. 조선에서 경전에 나오는 옛 사람들이 행한 정치를 연구하고 군주가 어떻게 행동해야 하는가를 공부하는 것은 중요하게 여겨졌으므로 홍문관은 조선 정치기구에서 중요한 위치를 차지하였다. 관원은 모두 문관이었으며, 모두 경연의 관직을 겸임하였고, 부제학부터 부수찬까지는 모두 지제교를 겸임하였다. 조선시대 청요직(淸要職)의 상징으로서 정승·판서 등 고위 관리들은 거의 예외 없이 이곳을 거쳐 갔다.

고려 공민왕 5년(1356)에 집현관과 우문관을 없애고, 수문전·집현전 학사를 두었다고 한다. 이후에도 간간이 폐하고, 다시 설치하던 것을 조선 세종 2년(1420)에 확대·개편하였다. 이전까지는 관청도 없고, 직무도 없었으나 이때부터 청사를 가지고, 경전과 역사의 강론과 임금의 자문을 담당하였다. 무관도 문관에 예를 다해야 하는 곳이 있음을 크게 표하고 그 뜻을 유지하려 하였다.

이후에 세조 2년(1456) 6월 6일에 집현전을 파하고, 경연을 정지시키면서 소장한 책을 예문관에서 관장하게 하였다. 세조 6년(1460) 5월 22일에는 이조에서 사관 선임 규정을 강화하고, 경연·집현전·보문각 등은 직함이 비고 직임이 없으니 혁파하기를 청하였으므로 윤허하였다. 이로써 집현전은 완전히 폐하게 되었다. 세조 9년(1463)에 집현전의 기구를 모방하여 설치하였다가 이후 진독청(進讀廳)·경연원(經筵院)·홍문관(弘文館) 등으로 고쳤다.

성종 9년(1478) 3월 19일에 다시 예문관 부제학 이하의 각원을 홍문관의 관직으로 옮겨 임명하게 하여 예문관을 분리·개편하였다. 임진왜란 때에는 노비와 백성들이 궁궐에 난입하여 노비문서를 불을 태우고 재물을 약탈할 때 홍문관의 거대한 장서는 재가 되어 사라졌다. 융희 1년(1907)에 홍문관은 폐지되었다(위키백과).

531) 예문관(藝文館): 조선시대에 국왕의 말이나 명령을 담은 문서의 작성을 담당하기 위해 설치한 관서.

원봉성(元鳳省)·사림원(詞林院)·문한서(文翰署)·한림원(翰林院)이라고도 한다. 4관(館) 또는 관각(館閣)의 하나이다. 조선 왕조가 개창되면서 고려 말의 제도를 그대로 따라 예문춘추관을 두어 교명(敎命)과 국사(國史) 등의 일을 관장하게 하였다. 1401년(태종 1)에 다시 예문관과 춘추관으로 분리, 독립되었다. 그 뒤 1456년(세조 2) 세조에 의해 집현전이 혁파된 뒤, 집현전에서 수행하던 인재 양성과 학술적인 기능을 예문관에서 일부 대행하기도 하였다. 1462년에 설치한 '겸예문관직(兼藝文館職)'의 제도도 그러한 목적에서 생긴 것이었다. 이 제도는 젊고 유능한 문신들로 예문관의 직을 겸하게 해 학문에 힘쓰도록 하기 위한 것이었다. 1470년(성종 1)에 이르러 예문관에는 이전 집현전 직제에서의 부제학(정3품 당상관)에서 부수찬(종6품)에 이르는 관직이 더 설치되었다. 이로써 예문관은 과거 집현전과 예문관의 복합적인 기관으로 변하였다. 1478년 2월 과거 집현전의 박사(정7품)에서 정자(正字, 정9품)에 이르는 관직까지 가설되어 예문관은 집현전과 예문관의 완전한 복합체가 되었다. 이로 인한 문제점이 논의되어 1478년 3월, 비로소 예문관에 중첩 설치되었던 구 집현전 직제는 홍문관으로 이관되고 예문관은 종래의 예문관으로 돌아갔다. 『경국대전』에 규정된 직제에 따르면, 영사(領事, 정1품, 의정이 겸임) 1인, 대제학(정2품) 1인, 제학(提學, 종2품) 1인, 직제학(정3품) 1인, 응교(應敎, 정4품, 홍문관 직제학, 교리 중에서 택해 겸하게 함) 1인, 봉교(奉敎, 정7품) 2인, 대교(待敎, 정8품) 2인, 검열(檢閱, 정9품) 4인으로 구성되어 있다. 그 중 제학 이상은 겸관(兼官)이며 직제학은 도승지가 겸하고 응교는 홍문관의 관원이 겸하도록 되어 있으므로 예문관의 전임관(專任官)은 봉교 이하가 되었다. 대제학은 나라의 문한(文翰)을 주관하며 문형(文衡)이라고도 한다. 봉교 이하는 한림(翰林)이라고도 칭하는데, 이들은 춘추관의 기사관(記事官)을 겸하였다. 이는 승정원의 주서(注書)와 같은 사관(史官)으로서 시정기(時政記)·사초(史草) 등을 기록하는 중요한 직책이었다. 따라서 봉교 이하를 처음 임명할 때에는 의정부에서 이조·홍문관·춘추관·예문관과 함께 『자치통감』·『좌전』 및 제사(諸史) 중에서 강(講)하게 하여 합격한 자에 한해 서용하도록 했으며, 그 후보자를 전임 한림이 추천하도록 했던 시대도 있었다. 『대전통편』에서는 영사(領事)를 영의정이 겸하도록 고쳤고, 『대전회통』에서는 직제학을 없앴다([출처:예문관(藝文館)-한국민족문화대백과사전]).

532) 춘추관(春秋館): 고려·조선시대에 시정(時政)의 기록을 관장한 관서.

고려 초기에는 사관(史館)이라고 불렀다. 관원으로는 시중(侍中)이 겸임하는 감수국사(監修國史), 2품 이상의 관원이 겸임하는 수국사(修國史)와 동수국사(同修國史), 한림원(翰林院)의 3품 이하의 관원이 겸임하는 수찬관(修撰官), 그리고 직사관(直史

館) 4인이 있었다. 직사관 4인 중 2인은 권무(權務: 임시직)였다. 1308년(충렬왕 34)에 사관을 문한서(文翰署)에 병합해 예문춘추관(藝文春秋館)이라 하였다. 1325 년(충숙왕 12)에 이를 예문관과 춘추관으로 다시 분리해 독립시켰다. 이때의 관원 은 수찬 1인, 주부 1인, 검열 2인이었으나, 뒤에 공봉(供奉, 정7품)·수찬(정8품)· 검열(정9품)로 바뀌었다. 또 수상이 겸하는 영관사(領館事)와 감관사(監館事), 2품 이상이 겸하는 지관사(知館事)와 동지관사(同知館事), 3품 이하가 겸하는 충수찬관 (充修撰官)·충편수관(充編修官)·겸편수관(兼編修官)이 있었다. 1356년(공민왕 5) 에 다시 사관이라 고치고, 관원도 편수관(정7품) 1인, 검열(정8품) 1인, 직관(정9 품) 2인으로 바꾸었다. 그러다 1362년에 또다시 춘추관으로 복구하고, 관원도 전 처럼 공봉·수찬·검열로 복구하였다. 그 뒤 1389년(공양왕 1)에는 다시 예문관 과 춘추관을 합쳐 예문춘추관이라 했다. 이속(吏屬)으로는 문종 때 서예(書藝) 4 인, 기관(記官) 1인이 소속되어 있었다. 조선왕조가 개창되자 고려시대의 제도를 답습해 교명(敎命)의 논의·제찬(制撰)과 국사(國史) 등의 일을 관장하는 예문춘 추관을 설치하였다. 관원으로는 시중(侍中) 이상이 겸임하는 감관사 1인, 대학사 (大學士, 정2품) 2인, 자헌(資憲, 정2품의 下階) 이상이 겸임하는 지관사 2인, 학 사(學士, 종2품) 2인, 가선(嘉善, 종2품의 下階) 이상이 겸임하는 동지관사 2인, 충편수관(充編修官, 4품 이상) 2인, 겸편수관(4품 이상) 2인, 응교(應敎, 5품 겸 임) 1인, 공봉관(供奉官, 정7품) 2인, 수찬관(修撰官, 정8품) 2인, 직관(정9품) 4 인을 두었다. 이속으로는 서리(書吏) 4인을 두었다. 1401년(태종 1)에 다시 이를 예문관·춘추관으로 분리하여 예문관관원은 녹관(祿官), 춘추관직은 겸관(兼官)으 로 하였다. 이후 세조 대까지 조선 초기에는 대체로 춘추관에 영관사·감관사· 지관사·동지관사 및 충수찬관·편수관·기주관(記注官)·기사관 등의 관직이 설 치되어 있었다. 1466년(세조 12)에 영관사가 영사(領事), 지관사가 지사(知事), 동지관사가 동지사(同知事), 충수찬관이 수찬관으로 개칭되었다. 그 뒤『경국대전 』의 춘추관 직제는 영사(영의정이 겸임) 1인, 감사(監事 : 좌·우의정이 겸임) 2 인, 지사(정2품) 2인, 동지사(종2품) 2인, 수찬관(정3품 堂上官), 편수관(정3품 堂 下官~종4품), 기주관(정5품·종5품), 기사관(정6품~정9품) 등으로 구성되어 있었 다. 이들은 모두 문관으로 임용하되, 다른 관부의 관원이 겸하도록 되어 있었다. 즉, 지사는 정2품의 관원, 동지사는 종2품의 관원이 겸임하였다. 수찬관 이하의 관원은 승정원의 관원, 홍문관의 부제학 이하의 관원, 의정부의 사인(舍人)·검상 (檢詳), 예문관의 봉교 이하의 관원, 시강원(侍講院)의 당하관 2인, 사헌부의 집의 (執義) 이하의 관원, 사간원·승문원·종부시·육조(六曹)의 당하관 각 1인이 겸 하도록 했다. 이러한 춘추관직을 겸한 관원을 넓은 의미의 사관이라고 불렀다. 이 처럼 사관은 그 수가 많았다. 그 중에서도 예문관의 참하직인 봉교 2인, 대교 2 인, 검열 4인, 도합 8인이 전임사관으로서 날마다 일어나는 역사적 사실을 기록 하였다. 이들이 좁은 의미의 사관으로서, 이들을 가리켜 '사관'이라고 했다. 사관 은 대개 새로 문과에 급제한 유망한 청년들이 임명되는 벼슬이었다. 그 직위는 낮았지만 항상 왕 곁을 떠나지 않고 국가의 중대회의에 모두 참석했기 때문에 그 직임은 매우 중요하게 여겨졌다. 사관의 임무 중 중요한 것은 사초(史草)의 작성 이었다. 이들은 매일 매일의 시사(時事)를 있는 그대로 써서 사초를 작성하고 이 를 종합해 시정기(時政記)를 편수하였다. 또한 인물의 현부득실(賢否得失)과 비밀 을 사실대로 기록해 개인적으로 보관하였다. 이렇게 작성된 사초는 국왕도 볼 수 없는 것으로, 실록 편찬의 중요 자료가 된다. 한편, 춘추관직을 겸한 관원들은 실록의 편찬실무를 담당했다. 춘추관에서는 편찬된 실록을 각지의 사고(史庫)에 보관하고 자신이 1부를 보관하였다. 춘추관 직제는 연산군 때 기사관이 녹고관(錄考官)으로 개칭되었으나 중종 즉위 초에 다시 기사관으로 복구되었다. 중종 때는 제도(諸道)의 도사(都事) 및 문관수령(文官守令)이 기사관을 겸하도록 한 적도 있었다. 정조 때는 규장각의 직제학 이하의 관원이 수찬관 이하의 직을 겸하게 했다. 고종 때는 양사(兩司) 및 형조의 당하관이 춘추관직을 겸임하던 제도를 폐지하였다([출처:춘추관(春秋館)-한국민족문화대백과사전]).

533) 복상(卜相): 조선시대 의정급 관원을 가려 뽑기 위한 선발방식. 매복(枚卜)이라고도 한다. 복상은 조선시대 의정급 관원의 선발 방식으로, 집정관(執政官)을 점쳐서 선발하는 방식에서 유래하였다. 복상은 주로 시임(時任) 의정이 작성한 복상단자에 국왕이 낙점하는 방식으로 운영되었으나, 복상단자에 기록된 인물 이외의 후보자를 추가하여 낙점하는 가복(加卜)이 행해지기도 하였다. 의정의 선발은 복상 방식이 아닌 중비(中批)로 제수되는 경우도 있었다.

복상은 집정관을 점을 쳐서 선발하는 방식에서 유래하였는데, 그 기원은 중국의 요(堯) 임금이 점을 쳐서 순(舜) 임금을 지명하는 방식에서 비롯되었다고 한다. 우리나라의 경우 복상 제도는 고대 이래 존재하였을 것으로 파악되지만, 그것이 정착된 것은 조선조 이후이다. 조선시대에 정승은 국가의 중임을 맡은 사람이므로, 옛날에는 이 자리에 앉을 사람의 길흉을 점쳐서 뽑았다는 고사에 근거하여 복상 제도가 정착되었던 것이다.

조선시대 복상의 절차를 『은대편고(銀臺便攷)』나 『육전조례(六典條例)』 등을 통해서 정리하면 다음과 같다. 국왕이 승정원에 복상하라는 왕명을 내린다. 왕명을 받은 승정원에서는 시임 의정의 패초(牌招)를 청하는 계사(啓辭)를 국왕에게 올린 뒤, 허가를 받아 시임 의정에게 통보한다. 명을 받은 시임 의정은 빈청(賓廳)에 모여 친히 원임(原任) 의정의 좌목(座目)을 적은 복상단자(卜相單子)를 작성해서 승전색(承傳色)을 통해 국왕에게 보고한다. 이때 복상단자의 겉은 봉한 뒤에 사관(史官)이 '신 근봉(臣謹封)'이라 쓰고 의정이 서압(署押)을 하며, 홍색함에 담아 보자기에 싸서 전달하였다. 복상단자를 받은 국왕은 대상자의 이름에 낙점을 하며, 낙점을 한 복상단자를 승정원에 내리면 승정원에서는 큰 글씨로 연호(年號)를 적어 이조(吏曹)의 낭청에게 전달함으로써 복상의 절차가 마무리 된다. 낙점 받은 의정이 지방에 있을 경우에는 사관을 보내 올라오도록 전유(傳諭)하였다. 한편 복상단자를 작성하기 위한 빈청의 회의 때에 두 명의 의정 혹은 모든 의정이 참석하지 못하는 경우가 있을 수 있다. 예를 들어 영의정이 참석하고 동료 의정이 참석하지 못하면, 영의정은 홀로 시행하기가 미안하다는 계사를 올려 왕의 처분을 기다린다. 아직 영의정이 제수되지 않아 독상(獨相)으로 참석하였을 때도 계사를 올린다. 의정의 선발 방식은 복상단자의 낙점을 통해서 선발하는 방식 이외에 가복(加卜), 가서(加書) 등의 방식이 있다. 가복이란 시임 의정이 작성한 복상단자에 국왕이 낙점하지 않고 새로운 후보자를 기입해 넣으라고 지시하여 낙점하는 경우이다. '가복하라'는 국왕의 명이 있으면, 시임 의정은 국왕이 의도한 인물을 추가하거나, 혹은 명망이 있는 인물을 골라 원래의 복상단자 말미에 추가로 기록하여 낙점을 받았다. 가복은 한 번에 끝나는 경우도 있으나, 몇 차례 가복 끝에 낙점을 받은 경우도 있었다. 1687년(숙종 13) 5월에는 모두 네 차례의 가복이 행해지기도 하였다. 영의정 김수항(金壽恒), 좌의정 이단하(李端夏)는 1차 가복의 명에 이숙(李翩)을 추천했고, 2차 가복의 명이 내리자 이민서(李敏敍)를 추천했으며, 3차 가복의 명에는 신정(申晸)과 여성제(呂聖齊)를 추천했다. 그러나 국왕이 다시 가복의 명을 내리자 김수항과 이단하가 입시하여 국왕의 의도를 물었고, 숙종은 이조판서 조사석(趙師錫)이 국사에 마음을 다했다고 하며 그를 언급하였다. 김수항과 이단하 등은 가복 명단에 조사석을 포함했으며, 결국 조사석이 우의정에 제수되었다. 이런 가복의 사례는 조선 후기 숙종조 이후 자주 등장하였다. 가복과 함께 국왕의 의중을 반영한 인사 방식이 가서(加書) 또는 첨서(添書)이다. 이 방식은 이전에 보고된 전망(前望) 복상단자에 국왕이 직접 추가로 이름을 써서 낙점하는 방식이었다. 예를 들어 1689년(숙종 15) 2월 목내선(睦來善)을 좌의정에, 김덕원(金德遠)을 우의정에 제수할 때, 국왕이 전망단자에 첨서하여 낙점하였다. 가서 방식은 이전의 복상단자를 참작하여 낙점한다는 점이 가복과는 다르다. 의정의 선발은 복상이나 가복과 같은 방식 이외에 중비(中批)로 제수하는 경우도 있었다. 중비란 국왕의 특지(特旨)로 관직을 제수하거나, 경연석상에서 즉석으로 관직을 제수하는 방식이다. 예를 들어 1705년(숙종 31) 12월 서종태(徐宗泰)를 우의정에 제수한 사례라든지, 1774년(영조 50) 6월 중비로 신회(申晦)를 영의정에, 이사관(李思觀)을 우의정에 제수한 사례 등이 이에 해당된다.

　★ 의의와 평가: 의정을 선발하는 방식인 복상은 시임 의정들이 복상단자를 올리고 국왕이 낙점하는 방식이다. 이는 형식상으로 본다면, 인사 결정 과정에 시임 의정의 의견이 반영되는 형태라 하겠다([출처:복상(卜相)-한국민족문화대백과사전]).

534) 승문원(承文院): 조선 때의 관청. 태조 때 설치한 문서응봉사(文書應奉司)를 1410년(태종 10)에 개칭한 것으로 사대교린(事大交隣)에 관한 문서를 맡아보던 기관이다. 관원으로는 판교(判校-정3품) 1명, 참교(參校-종3품) 2명, 교감(校勘-종4품) 1명, 교리(校理-종5품) 2명, 교검(校檢-정 6품) 2명, 박사(博士-정7품) 2명, 저작(著作-정8품) 2명, 정자(正字-정9품) 2명, 부정자(副正字-종9품) 2명이 있었다. 전부 동반(東班-文官)으로 충당되었으며 후에 참교·교감·교리 등은 감원하였다(이홍직 편,『새국사사전』, 교학사, 2004, 703쪽).

535) 주서(注書):문하부(門下府-國初)와 승정원(承政院)에 둔 정7품관이었다. 승정원 주서의 임명 절차는 먼저 승정원에서 3명의 후보자의 천망(薦望)을 결정하고 그 천망을 이조(吏曹)에 이송(移送)하여 임명하되 만약 3명의 후보자가 없으면 2명 또는 1명의 후보자를 천망하여 보임(補任)하였다. 주서가 있으면 가주서(假注書)를 임명하였다(이홍직 편,『새국사사전』, 교학사, 2004, 1281쪽).

536) 사알(司謁): 고려시대 내시부(內侍府)와 조선시대 액정서(掖庭署)에 소속된 잡직(雜職).

　고려 공민왕 때 처음으로 언급된 사알이 어디에서 기원되었는가는 명확하지 않으나, 고려초 이래로 기능·직질(職秩)이 사알과 비슷한 내알자(內謁者: 종8품, 1인)가 액정원(掖庭院)·액정국(掖庭局)·내알사(內謁司)에 편제되어 있었으므로 이 내알자가 개칭되면서 성립된 것으로 추측된다.

　사알은 내시부에 소속된 정7품, 정원 1인의 관직이었고, 우왕 때에 내시부의 혁파로 폐지되었다가 공양왕 때에 내시부의 복구와 함께 복설되었다.

　조선의 사알은 개국과 함께 고려의 사알이 계승된 것이었으나, 고려와는 달리 내시부가 환관직(宦官職)의 내시부와 내수직(內竪職)의 액정서로 분립될 때에 액정서 소속이 되었고, 또 직질이 정6품으로 상승되면서 액정서의 최고위관직이 되었다. 잡직의 체아직(遞兒職)으로서 정원은 1인이었고, 정6품 이상의 관계로는 승급되지 못하였다.

사알은 국왕에의 시종과 알현을 담당하였으며, 이러한 직임에서 국왕신주의 종묘봉안, 선왕시호의 고묘, 국왕의 사직제 등 의식 시에는 집사관(執事官)의 한 사람으로 참여하기도 하였다. 『경국대전』의 편찬과 함께 명문화되면서 후대로 계승되었고, 1894년(고종 31) 갑오개혁 때에 폐지되었다.

537) 승전색(承傳色): 대전승전색(大殿承傳色)은 정4품 2인, 왕비전승전색은 종4품 1인을 두었으며 각기 왕과 왕비의 명령 전달을 담당하였다. 이들을 보통 '승전환관' 또는 '승전내시'라고 불렀다. 왕의 전교(傳敎) 가운데에서 중요한 일은 승정원에서 출납하였으나 사소한 일은 이들 승전색이 담당하였고, 왕비의 전교는 전적으로 승전색이 담당하였다. 또한 왕의 전명(傳命)은 액정서(掖庭署)의 사알(司謁) 등이 맡기도 하였으나 왕비의 경우에는 그것을 금지하였다. 조선 말기에는 대전승전색이 6인으로 증원되었고 가승전색(假承傳色) 2인을 두기도 하였다([출처:승전색(承傳色)-한국민족문화대백과사전]).

538) 상서원(尙瑞院): 조선시대 국왕의 새보(璽寶)·부신(符信) 등을 관장하였던 관서.

고려시대에는 상서사(尙瑞司)가 있었는데, 정방(政房)·지인방(知印房)·차자방(箚子房) 등으로 불렸다. 조선시대에 들어와서는 1392년(태조 1) 고려의 제도를 따라 상서사를 설치하였다. 부인(符印)과 제수(除授) 등의 일을 관장하였으며, 관직으로는 판사·부윤(府尹)·소윤(少尹)·승(丞)·주부·직장(直長)·녹사(錄事) 등을 두었다. 그 뒤 1466년(세조 12) 상서원으로 개칭되고, 관직도 윤을 정(正), 승(丞)을 판관(判官), 녹사(錄事)를 부직장(副直長)으로 고치고, 소윤(少尹)은 폐지되었다. 『경국대전』에 나타난 직제를 보면, 정 1인, 판관 1인, 직장 1인, 부직장 2인으로 구성되고, 정은 도승지가 겸하도록 규정되었다. 『속대전』에서는 판관이 없어지고, 부직장도 1인으로 줄였다. 『경국대전』에 규정된 상서원의 직장(職掌)은 새보·부패(符牌)·절월(節鉞)을 관장하는 것으로 되어 있다. 새보는 국왕의 도장으로서 외교문서·교명(敎命)·교서·교지·유서(諭書)·시권(試券) 및 홍패·백패 등에 찍었고, 절월은 생살권(生殺權)을 부여하는 뜻을 상징하는 것으로서 관찰사 및 병사(兵使)·수사(水使)에게 내려주었다. 부패의 부는 병부(兵符)를 의미하고, 패는 순패(巡牌)·마패(馬牌)를 뜻하였다. 상서원은 1894년(고종 31) 갑오경장 때 폐지되었다([출처:상서원(尙瑞院)-한국민족문화대백과사전]).

539) 주서(注書): 조선시대 승정원의 정7품 관직.

정원은 2인이다. 고려시대 중추원의 당후관(堂後官)이 1400년(정종 2)에 승정원 당후관으로 되었다가 뒤에 주서로 개칭된 것이다. 승정원의 기록, 특히 『승정원일기』의 기록을 담당하여 청요직의 하나로 간주되었다.

초기에는 사관(史官)을 겸하지 않았으나 1457년(세조 3) 7월부터 비로소 춘추관기사관을 당연직으로 겸임하게 하여 사초(史草)의 기록이나 실록편찬에 참여하였다. 또, 의금부·전옥서(典獄署) 등에 중요 형옥이 있을 때에는 그 심리에 참여하기도 하였다.

이 때문에 그 업무가 과중하게 되자 선조 때부터 사변가주서(事變假注書) 1인을 증치하여 비변사와 국옥(鞫獄)에 관한 문서를 전담하도록 하였다. 연산군 때에는 가설주서(假設注書) 2인을 더 두기도 하였으나 1506년(중종 1) 중종반정 이후 폐지하였다. 다만, 주서 2인이 모두 궐원이 되었을 때에는 가주서를 임시로 선임하기도 하였다.

540) 포교(捕校): 조선시대 서울의 좌·우포도청(左右捕盜廳)에 소속된 군관(軍官).
경포교(京捕校)·경포(京捕) 또는 경교(京校)라고도 불렀다. 직제상으로는 포도청의 부장
(部將)을 지칭하였는데, 좌우 양청에 각각 급료 있는 부장 4인, 급료 없는 부장 26인, 가
설부장(加設部將: 겸록부장) 12인을 두었다. 후기에는 한 때 각각 70인씩으로 증원하기도
하였다. 이들은 통부(通符)라는 표찰을 휴대하고 군사(포졸) 각 64인씩과 함께 서울과 근
교의 치안을 담당하여, 지정된 구역 내를 순찰하고 범법자들을 체포하였다([출처:포교(捕
校)-한국민족문화대백과사전]).

541) 최명길(崔鳴吉, 1586~1647): 조선시대 이조판서, 우의정, 영의정 등을 역임한 문신. 본
관은 전주(全州). 자는 자겸(子謙), 호는 지천(遲川)·창랑(滄浪). 최업(崔業)의 증손으로,
할아버지는 최수준(崔秀俊)이고, 아버지는 영흥부사 최기남(崔起南)이다. 어머니는 참판 유
영립(柳永立)의 딸이다.
일찍이 이항복(李恒福) 문하에서 이시백(李時白)·장유(張維) 등과 함께 수학한 바 있다.
1605년(선조 38) 생원시에서 장원하고, 그해 증광문과에 병과로 급제하여 승문원을 거쳐
성균관전적이 되었다. 1614년(광해군 6) 병조좌랑으로 있다가 국내 정치 문제와 관련한
조선인의 명나라 사신 일행과의 접촉 금지를 둘러싼 말썽으로 관직을 삭탈당하였다. 그 뒤
어버이의 상을 당하여 수년간 복상(服喪)한 뒤 벼슬길에 나가지 않았는데, 이 무렵은 인목
대비(仁穆大妃)의 유폐 등 광해군의 난정(亂政)이 극심할 때였다. 1623년 인조반정에 가
담, 정사공신(靖社功臣) 1등이 되어 완성부원군(完城府院君)에 봉해졌다. 이어 이조참판이
되어 비변사 유사당상을 겸임하였다. 그 뒤 홍문관 부제학·사헌부 대사헌 등을 거쳤다.
1627년(인조 5) 정묘호란 때, 강화(江華)의 수비조차 박약한 위험 속에서도 조정에서는 강
화 문제가 발론되지 못하였다. 그러나 그는 대세로 보아 강화가 불가피함을 역설하여 이로
부터 강화가 논의되었다. 때문에 화의가 성립되어 후금군이 돌아간 뒤에도 많은 지탄을 받
았다. 또 계운궁 신주(神主)의 흥경원(興慶園: 인조의 생부, 뒤에 元宗으로 추존) 합부(合
祔: 신주를 한 사당에 모셔 놓고 한 곳에서 제사지냄)에 따른 문제로 옥당(玉堂)의 배척을
받았으나 인조의 배려로 외직인 경기관찰사로 나갔다. 다시 우참찬·부제학·예조판서 등
을 거쳐 1632년(인조 10)부터는 이조판서에 양관(兩館: 홍문관과 예문관) 대제학을 겸임
하였다. 이무렵 후금은 명나라에 대한 공격에 조선이 원병을 보낼 것과 국경개시(國境開
市) 등을 요구하였다. 이에 조선에서는 절화(絶和: 화의를 단절함)의 의논이 높아졌는데 그
는 당장은 후금의 요구에 어느 정도 응하여 몇 년 간은 무사할 수 있으나 종막(終幕)은 심
히 우려된다고 하면서 원망(怨望)을 불러일으켜 병화(兵禍)를 재촉함은 바른 대책이 아님
을 지적하였다. 1635년(인조 13) 초 이조판서 직을 면하고 몇 달 뒤에 호조판서가 되었다.
1636년(인조 14) 병자호란 때, 일찍부터 척화론 일색의 조정에서 홀로 강화론을 펴 극렬
한 비난을 받았으나, 난전(亂前)에 이미 적극적인 대책을 펴지 못한다면 현실적으로 대처
할 수밖에 없다는 식의 강화론을 계속 주장하고 나섰다. 그리하여 제대로 조처하지 못한
채 일조에 적의 침입을 받으면 강도(江都)와 정방산성(正方山城)을 지키는 것으로는 도저
히 지탱할 수 없음을 걱정하여 강력히 화의를 주장하였다. 이해 겨울 다시 이조판서가 되
었는데, 12월 청군(淸軍)의 침입으로 인조를 따라 남한산성으로 들어갔다. 주전론 일색 가
운데 계속 주화론으로 일관하였다. 결국 정세가 결정적으로 기울어져 다음 해 정월 인조가
직접 나가 청 태종에게 항복하였다. 이때 진행 과정에서 김상헌(金尙憲)이 조선 측의 강화
문서를 찢고 통곡하니, 이를 주워 모으며 "조정에 이 문서를 찢어버리는 사람이 반드시 있
어야 하고, 또한 나 같은 자도 없어서는 안 된다"라고 말했다는 사실은 시국에 대한 각기

의 견해를 잘 나타내고 있는 것이라 하겠다. 청군이 물러간 뒤, 그는 우의정으로서 흩어진 정사를 수습하는 데 힘을 쏟았다. 이에 국내가 점점 안정되었으며, 가을에 좌의정이 되고 다음 해 영의정에 올랐는데, 그 사이 청나라에 사신으로 가서 세폐(歲幣: 매년 공물로서 바치는 폐물)를 줄이고 명나라를 치기 위한 징병 요구를 막았다. 1640년(인조 18) 사임했다가 1642년(인조 20) 가을에 다시 영의정이 되었다. 이때 임경업(林慶業) 등이 명나라와의 내통하고 조선의 반청적(反淸的)인 움직임이 청나라에 알려져 다시 청나라에 불려가 김상헌 등과 함께 갇혀 수상으로서의 책임을 스스로 당하였다. 이후 1645년(인조 23)에 귀국하여 계속 인조를 보필하다가 죽었다. 성리학과 문장에 뛰어나 일가를 이루었으며, 글씨에 있어서도 동기창체(董其昌體)로 이름이 있었다. 특히, 한때 양명학(陽明學)을 독수(獨修: 혼자서 은밀히 공부함)한 것으로 알려지고 있는데, 교우 장유나, 계자(系子) 후량(後亮) 및 손자 석정(錫鼎) 등의 경우에도 양명학을 공부하여 강화학파의 기틀을 이루었다 한다. 저서로『지천집(遲川集)』19권과『지천주차(遲川奏箚)』2책 등이 있다. 시호는 문충(文忠)이다([출처:최명길(崔鳴吉)-한국민족문화대백과사전]).

542) 윤집(尹集, 1606~1637): 조선 후기 수찬, 이조정랑, 교리 등을 역임한 문신. 본관은 남원(南原). 자는 성백(成伯), 호는 임계(林溪)·고산(高山). 윤우신(尹又新)의 증손으로, 할아버지는 교리 윤섬(尹暹)이다. 아버지는 현감 윤형갑(尹衡甲)이며, 남양부사 윤계(尹棨)의 아우이다.

13세에 아버지를 여의고 형을 따라 공부해 1627년(인조 5) 생원이 되고, 1631년(인조 9) 별시 문과에 을과로 급제해 이듬해 설서가 되었다. 그 뒤 수찬(修撰)·교리(校理)에 오르고 헌납(獻納)을 역임한 뒤, 1636년(인조 14) 이조정랑·부교리를 거쳐 교리로 있을 때 병자호란이 일어났다. 국왕과 조정 대신들이 남한산성으로 난을 피했으나 청병에게 산성이 포위되어 정세가 극히 불리하게 되었다. 최명길(崔鳴吉) 등이 화의로 위기를 극복할 것을 주장하였다. 이때 오달제(吳達濟) 등과 함께 화친의 사신을 보내자고 주장하는 최명길의 목을 벨 것을 청했으며, 최명길이 국왕의 뜻을 움직여 화친의 일을 성립시키고자 입대(入對)해 승지와 사관을 물리치도록 청하자, 이를 규탄하는 극렬한 내용의 소를 올렸다. 이 상소문에서 옛날 화친을 주장해 사필(史筆)의 베임을 피할 수 없었던 진회(秦檜)와 같은 대간도 감히 사관을 물리치지 못했다고 극렬한 말로 규탄했으며, 국왕이 대간(臺諫)을 꺼리지 않고 오직 사특한 의논만을 옹호하고 간사한 신하만을 의뢰하면 마침내 나라를 잃어버리고 만다고 경고하였다. 화의가 성립되고 청나라 측에서 척화론자의 처단을 주장하자, 오달제와 더불어 소를 올려 자진해 척화론자로 나섰다. 청병에 의해 북쪽으로 끌려갈 때도 조금도 절개를 굽히지 않아 청병이 오히려 감복(感服)해 존경했다고 한다. 청나라에서 고문과 회유 등으로 윤집의 뜻을 돌리려 했으나, 끝내 굴하지 않고 항변하자 마침내 심양성 서문 밖에 끌려가 사형당하였다. 세상에서는 오달제(吳達濟, 1609~1637)·홍익한(洪翼漢, 1586~1637)과 더불어 삼학사라고 이른다. 처음 부제학(副提學)에 추증되었다. 뒤에 영의정에 추증되었으며, 광주(廣州)의 절현사(節顯祠), 강화의 충렬사(忠烈祠), 평택의 포의사우(褒義祠宇), 홍산의 창렬서원(彰烈書院), 영주의 장암서원(壯巖書院)에 제향되었다. 시호는 충정(忠貞)이다([출처:윤집(尹集)-한국민족문화대백과사전]).

543) 사헌부(司憲府): 고려 말기 및 조선시대 언론 활동, 풍속 교정, 백관에 대한 규찰과 탄핵 등을 관장하던 관청.

상대(霜臺)·오대(烏臺)·백부(柏府)라고도 한다. 신라시대도 사정부(司正府)·내사정전(內司正典) 등의 기관이 있었으나, 사헌부의 연원은 진(秦)나라의 어사대부(御史大夫), 한나라의 어사부(御史府) 또는 어사대부시(御史大夫寺), 후한(後漢)의 어사대(御史臺) 또는 난대시(蘭臺寺), 당나라의 어사대, 송나라의 어사대 등에서 찾을 수 있다. 고려시대는 사헌대(司憲臺)·금오대(金吾臺)·어사대·감찰사(監察司)·사헌부 등 명칭과 관직이 여러 차례 변경되다가 공민왕 때 다시 사헌부로 개칭되었다. 조선이 개창된 뒤 조선은 고려 말의 사헌부를 그대로 계승하였다. 고려시대 사헌부의 직제는 관부의 명칭이 변경될 때마다 변동이 있었다. 고려 중기인 995년(성종 14) 어사대는 대부(大夫)·중승(中丞)·시어사(侍御史)·전중시어사(殿中侍御史)·감찰어사(監察御史) 등의 관직이 소속되었고, 1308년(충렬왕 34) 대사헌·집의·장령·지평·규정(糾正) 등이 있었다. 조선시대에 들어와서는 1392년(태조 1)의 직제가 1401년(태종 1)에 이르러 변경되었는데, 그것이 거의 그대로『경국대전(經國大典)』에 계승되었다. 직무에 있어서 고려시대는 주로 정치에 대한 언론 활동, 풍속의 교정, 백관(百官)에 대한 규찰과 탄핵, 서경(署經) 등이었으며, 조선시대도 고려시대의 그것을 거의 그대로 받아들였다. 조선시대『경국대전』에 법제화된 직무를 살펴보면, 정치의 시비에 대한 언론 활동, 백관에 대한 규찰, 풍속을 바로잡는 일, 원통하고 억울한 일을 펴주는 일, 외람되고 거짓된 행위를 금하는 일 등으로 되어 있다. 위의 직무 가운데 정치적 언론과 백관을 규찰해 탄핵하는 언론은 대사헌·집의·장령·지평 등만이 참여했으며, 감찰은 관여할 수 없었다. 다만, 감찰은 중앙의 각 관서나 각 지방에 파견되어 일의 진행과 처리에 잘못이 있는지의 여부를 감찰하는, 이름 그대로 감찰관 임무만 수행하였다. 이러한 임무를 수행하는 감찰은 사헌부의 관원이기는 하지만, 지평 이상의 관원과는 직무 성격이 완전히 구별되며, 집무실도 따로 있었다. 실제로 조선시대 정치에서 사헌부의 구체적인 기능을 찾아보면, 다음과 같다. 첫째로 꼽을 수 있는 것이 언론 활동이다. 언론 활동의 궁극적인 목적은 이상 정치의 구현에 있었다. 이러한 언론을 그 직무로 수행하는 기관으로서는 사간원도 있는데, 이 기관을 사헌부와 함께 '언론 양사(言論兩司)'라 하였다. 이들이 직무로 수행하는 언론의 내용은 대체로 간쟁(諫諍)·탄핵(彈劾)·시정(時政)·인사(人事) 등으로 구분할 수 있다. 여기서 간쟁은 왕의 언행에 잘못이 있을 때 이를 바로잡기 위한 언론이다. 간쟁은 제도적으로는 사간원에서만 하도록 규정되었으나, 실제로는 사헌부에서도 행하였다. 또한 탄핵은 관원의 기강을 확립하기 위한 언론으로 부정·비위·범법한 관원을 논란, 책망해 직위에 있지 못하도록 하는 언론이다. 시정은 그 시대에 이루어지고 있는 정치의 옳고 그름을 논해 바른 정치로 이끌어나가기 위한 언론이다. 인사는 부정, 부당, 부적한 인사를 막아 합리적이고 능률적인 정치가 이루어지도록 하기 위한 언론이다. 둘째로 큰 기능의 하나는 중추적인 정치 참여기관으로서의 위치이다. 이 관부에 소속된 관원들은 의정부·육조의 대신들과 함께 왕이 중신을 접견해 정치적 보고와 자문을 받는 자리인 조계(朝啓: 죄인을 논죄할 일에 대하여 왕에게 물음)·상참(常參)에 참여하였다. 또한 의정부·육조와 함께 정치와 입법에 관한 논의에도 참여하였다. 셋째로 사헌부 관원은 시신(侍臣)으로서의 기능도 가지고 있었다. 즉, 왕을 모시고 경서(經書)와 사서(史書)를 강론하는 자리인 경연과 세자를 교육하는 자리인 서연에 입시했고, 왕의 행행(行幸)에도 반드시 호종하였다. 넷째로 중요한 기능 중의 하나가 서경이다. 고신(告身)과 의첩(依牒: 의정부에서 논의한 안을 대간들이 서명한 뒤에 예조에서 상세히 고찰하여 보내는 공문)은 사헌부와 사간원의 심사와 동의를 거치게 되는

데, 이를 서경이라 한다. 고신에 대한 서경은 고려시대는 1품에서 9품에 이르는 모든 관원에 대해 행해졌으나, 조선시대는 5품 이하의 관원에 한정하였다. 이러한 대간(臺諫)의 서경은 인사 행정과 법령의 제정 및 개정에 신중을 기할 수 있게 한 중요한 제도였다. 다섯째로 법사(法司)로서의 기능을 가지고 있었다. 즉 법령의 집행, 백관에 대한 규찰, 죄인에 대한 국문(鞫問), 결송(決訟) 등의 일을 행사하였다. 법령의 집행은 왕명을 받들어 법령을 집행하는 일로서 주로 금령(禁令)의 집행이었다. 금령으로는 금주·금렵(禁獵)·금음사(禁淫祀)·금분경(禁奔競)·금위조인신(禁僞造印信)·금송(禁松)·금천례기마(禁賤隷騎馬) 등으로서 금남위(禁濫僞)가 그것이다. 백관에 대한 규찰은 중앙과 지방의 모든 관원에 대해 공사 간에 부정과 비위 여부를 살펴서 탄핵, 광정(匡正)하기 위한 것이다. 이를 위해 지방에 분대(分臺: 어사의 전신으로 감찰의 임무를 수행하였음)를 파견하기도 하였다. 이는 모든 관원을 규찰하여 관기를 확립시키기 위한 중요한 기능이었다. 죄인에 대한 국문은 범죄를 저지른 관원을 추국(推鞫: 왕의 특명으로 의금부에서 중죄인을 심문함)하는 일로서, 사헌부는 형조·의금부와 함께 중대한 범죄자에 대한 국문을 담당하였다. 결송은 억울한 사람들의 소송을 재판해주는 일로서, 사헌부는 형조·한성부·장례원(掌隷院) 등과 함께 결송 기관이었다. 따라서 형조·한성부와 함께 삼법사(三法司)의 하나로 일컬어졌다. 사헌부의 직무 가운데는 사간원과 함께 하는 경우가 많아 이 두 기관의 관원을 병칭할 때는 대간이라고 하는데, 사헌부의 관원만을 칭할 때는 대관(臺官)이라 하였다. 이들 대간은 위세(威勢)와 명망을 중히 여기는 관계로 이들에 대한 예우가 제도적으로 규정되었다. 부내(府內)의 상하 관원 사이에도 예의와 의식이 준엄하게 지켜졌으며, 기강이 매우 엄하였다. 사헌부는 이와 같은 기능을 계속 유지하면서 존속해오다가 1894년(고종 31) 갑오개혁 때 관제 개혁으로 폐지되었다.

의의와 평가: 사헌부는 왕권이나 신권 또는 당파에 이용되면 큰 폐단을 낳을 수도 있는 기관이었다. 그러나 의정부·육조와 함께 정치의 핵심 기관으로서, 기능이 원만히 수행되면 왕권이나 신권의 독주를 막고, 균형 있는 정치를 하는 데 기여할 수 있는 기관이었다([출처:사헌부(司憲府)-한국민족문화대백과사전]).

544) 사간원(司諫院): 조선시대의 간쟁(諫諍)·논박(論駁)을 관장하던 관서.
언론 삼사(言論三司)의 하나로, 간원(諫院) 또는 미원(薇院)이라고도 하였다. 관원은 간관(諫官)이라고 하며, 사헌부의 관원인 대관(臺官)과 병칭해 대간(臺諫)이라 한다. 연원은 중국 진나라와 한나라의 산기(散騎)·간의대부(諫議大夫)에서 찾을 수 있다. 간관 제도는 당·송시대에 정비되어, 문하성(門下省)과 중서성(中書省)에 산기상시(散騎常侍)·간의대부·보궐(補闕) 또는 사간(司諫)·습유(拾遺) 또는 정언(正言) 등의 관직이 있었다. 고려시대의 간관 제도는 당·송대의 제도를 많이 본받았고, 중서문하성(中書門下省)의 낭사(郎舍)가 간관이었다. 고려시대의 중서문하성과 낭사의 직제는 10여 차례 변동이 있어 그때마다 차이가 있었다. 관직명으로는 산기상시·직문하(直門下)·간의대부·급사중(給事中)·중서사인(中書舍人) 또는 문하사인(門下舍人)·기거주(起居注)·기거랑(起居郎)·기거사인(起居舍人)·사간·보궐 또는 헌납·습유 또는 정언 등이 있었다. 1392년(태조 1) 7월의 신반관제(新頒官制)에서는 고려 말의 문하부 낭사(門下府郎舍)의 제도를 그대로 계승하였다. 그러나 1401년(태종 1)에 문하부(門下府)를 혁파하고 의정부를 설치할 때 문하부 낭사는 독립되어 사간원이 되었다. 중국과 고려시대에 중서성·문하성의 하위직 관원[郎舍]이었던 간관이 조선시대에 비로소 독립된 관부가 된 것이다. 이때 사간원의 직제는 세조 때에 몇 차례의 변동을 거쳐 『경국대전(經國大典)』에 고정되었고, 1894년(고종 31) 갑오경장 때 관제가 개혁될 때까지 계속되었다. 사간원의 직무는 고려시대에는 간쟁(諫諍)과 봉박(封駁: 옳지 않음을 글을 올려 논박함)이었다. 1392년에는 ① 헌납간쟁(獻納諫諍), ② 박정차제(駁正差除), ③ 수발교지(受發敎旨), ④ 통진계전(通進啓牋: 계문이나 상소를 왕에게 알리거나 올림)이었다. 이 당시 문하부 낭사의 직무는 간관으로서의 기능(①, ②)과 왕명과 문서의 출납 업무(③, ④)였다. 그러나 1401년((태종 1) 문하부가 혁파될 때 간관의 업무는 독립하여 사간원이 되었고, 출납 업무는 승정원으로 이관되었다.『경국대전』에 명시된 사간원의 직무는 ① 간쟁, ② 논박이었다. ①은 왕에 대한 언론으로서, 왕의 언행이나 시정에 잘못이 있을 때 이를 바로잡기 위한 언론이고, ②는 일반 정치에 대한 언론으로 논박의 대상은 그릇된 정치일 수도 있고 부당, 부적한 인사일 수도 있다. 즉, 사간원의 제도상의 직무는 왕과 정치에 대한 언론이었던 것이다. 그러나 조선시대 사간원의 기능을 정치의 실제에서 찾아보면 다음과 같다. 첫째, 언론 활동이다. 당시 언론의 궁극적인 목적은 이상적인 유교 정치의 구현에 있었다. 언론을 직무로 하는 관부로는 사헌부가 있었는데, 사헌부와 사간원을 일컬어 '언론 양사(言論兩司)'라고 하였고, 홍문관을 합해 '언론 삼사'라고 불렀다. 사간원의 언론 내용은 크게 ① 간쟁, ② 탄핵, ③ 시정, ④ 인사 등으로 구분할 수 있다. ①은 언론의 중심이 되는 기능이며, ②는 관원의 기강을 확립하기 위한 언론으로, 비위, 불법을 행한 관원을 논란해 직위에 있지 못하게 하는 것이다. 탄핵은 제도상으로는 사헌부의 직무이나 실제는 사간원에서도 행하였다. ③은 그 시대 정치의 득실을 논해 바른 정치의 실현을 위한 언론이며, ④는 부정, 부당, 부적한 인사를 막기 위한 언론이다. 둘째, 정치의 핵심적인 기관 중의 하나였다. 사간원의 관원은 왕이 중신을 접견해 정치적 보고와 자문을 받는 자리인 조계(朝啓: 죄인에게 논죄할 일에 대하여 왕에게 물음)와 상참(常參)에 참여했고, 의정부·육조와 함께 정치와 입법에 관한 논의에도 참여하였다. 셋째, 시신(侍臣)으로서의 기능도 있었다. 왕을 모시고 경서(經書)와 사서(史書)를 강론하는 자리인 경연(經筵)에 입시했고, 세자를 교육하는 자리인 서연(書筵)에도 입시했으며, 왕의 행행(行幸)에도 반드시 호종하였다. 넷째, 서경(署經)의 직권이 있었다. 고신(告身)과 의첩(依牒: 의정부에서 논의한 안을 대간에서 서명한 것을 예조에서 상세히 검토한 뒤에 보내는 공문서)은 사헌부와 사간원의 심사와 동의를 거치게 되는데, 이 절차를 거치는 것을 서경이라 한다. 고신에 대한 서경은 고려시대에는 1품에서 9품에 이르는 모든 관원에 대해 행해졌으나, 조선시대에는 5품 이하의 관원에 한정하였다. 대간의 서경은 인사 행정과 법령의 제정 및 개정에 신중을 기할 수 있도록 한 제도적인 장치였다. 간관의 자격은 당해원(當該員)과 그 내외 사조(內外四祖)에 흠이 없어야 됨은 물론이고, 강개(慷慨)한 언론을 행사할 수 있는 인물이어야 했다. 일단 간관이 되면 직무를 충실히 이행할 수 있도록 신분의 보장과 특별한 예우가 제도적으로 규정되었다. 그 예로 대간은 포폄(褒貶)을 받지 않았고, 이들에게는 당상관도 정중히 답례를 하도록 한 것을 들 수 있다.간관은 대관과 병칭해 대간이라 하지만 집무하는 분위기는 크게 달랐다. 대관은 부(府) 안에서 상하관(上下官) 사이에 예의와 의식이 엄격했으나 간관은 상하관 사이에 존비(尊卑)의 예가 없고, 직무 중[完議席]에 술을 취하도록 마셔도 문책되지 않을 정도로 자유로웠다. 간관에 대한 특별한 대우는 직책상 그들이 당하는 위험부담에 대한 반대급부라고도 할 수 있다.

의의와 평가: 사간원은 권력이나 당파에 이용되어 폐단이 생기기도 했고, 왕권의 탄압을 받아 그 기능을 상실한 때도 있었다. 그러나 의정부·육조·사헌부 등과 더불어 정치의 핵심 기관으로서 기능이 원만히 수행되면 왕권이나 신권(臣權)의 독주를 막고 균형 있는 정치를 하는 데 기여할 수 있는 기관이었다([출처:사간원(司諫院)-한국민족문화대백과사전]).

545) 대사간(大司諫): 대간(大諫) 또는 간장(諫長)이라고도 하였다. 국왕에 대한 간쟁(諫諍)을 맡은 사간원은 사헌부와 더불어 양사(兩司)라 불리는 언론기관이다. 여기에 속한 관원은 문과 출신의 명망 있는 인물이 아니면 임명될 수 없었다. 사간원은 고려시대의 문하성(門下省) 낭사(郎舍)에서 비롯되었는데, 조선 초기 좌·우간의대부를 두었다가 태종 때 사간원을 독립시켜 좌·우사간을 두었으며, 뒤에 대사간·사간·헌납(獻納)·정언(正言) 등으로 관직을 정비하였다. 1506년(연산군 12) 일시 폐지되었다가 그해 중종반정으로 부활되었다. 대사간은 대사헌과 함께 언론과 규찰(糾察)을 주도하는 중책을 맡고 있었으므로 여러 가지 특권이 보장되어 있었고 승진도 또한 빨랐다. 이들 양사의 직책은 왕권을 견제하고 독재자의 출현을 방지하며 관기(官紀)를 바로잡기 위하여 두어진 핵심적인 양반관료직이었다([출처:대사간(大司諫)-한국민족문화대백과사전]).

546) 조대림(趙大臨, ?~?): 자는 겸지(謙之), 시호는 강안(康安) 1402년(태종 2) 식년문과에 급제하고, 덕수궁(德壽宮提控)에 보직되고 다음해 호군(護軍)이 되어 태종의 딸 경정공주(慶貞公主)와 결혼, 평녕군(平寧君)에 봉해졌다. 1406년(태종 6) 평양군(平壤君)에 개봉(改封), 1410년(태종 10) 진하사(進賀使)로 명나라에 다녀왔고, 1419년(세종 1) 다시 사은사(謝恩使)가 되어 명나라에 다녀와서 1422년(세종 4) 부원군(府院君)에 진봉(進封), 1426년(세종 8) 대광보국숭록대부(大匡輔國崇祿大夫)에 올랐다(위키백과).

547) 근정문(勤政門): 경복궁 근정전의 전문(殿門). 근정문(勤政門)은 경복궁 근정전 영역의 문루이다. 중층 구조이며 정면 3칸, 측면 2칸의 우진각집이다. 1395년(태조 4)에 태조가 경복궁을 창건할 때 처음 건립되었다. 현재의 근정문은 1867년(고종)에 고종이 경복궁을 중건할 때 조성된 것으로서 보물 제812호로 지정되었다.

위치 및 용도: 조선시대 궁궐은 정전(正殿) 영역, 편전(便殿) 영역, 침전(寢殿) 영역을 중심으로 궐내 각사, 왕실 생활에 필요한 제반 시설, 선원전(璿源殿), 후원 등으로 이루어졌다. 근정문은 경복궁의 정전 영역인 근정전(勤政殿) 영역의 문루로 근정전 남쪽에 있었다. 근정문의 남쪽으로는 광화문(光化門)과 홍례문(弘禮門, 후에 홍례문), 영제교(永濟橋) 등이 있어 경복궁의 의식적 진입 공간을 구성하였다.

광화문과 홍례문 사이가 첫 번째 마당인데, 여기에서는 조참(朝參) 시의 백관 문외위(門外位)가 설치되었다. 홍례문과 근정문 사이가 두 번째 마당으로서 조참 의례가 행해지고 조하(朝賀) 시의 문외위가 설치되었다. 근정문 안쪽이 세 번째 마당으로서 근정전의 전정이었다.

근정문은 정전 문루로서 경복궁 근정전 영역의 입구를 구성하며, 오일조참(五日朝參)에서 왕의 어좌가 놓이는 자리이다. 조참 시에 문무백관은 근정문과 홍례문 사이의 마당에 서며, 조참 이전의 문외위는 홍례문 바깥에 구성된다. 애초에 조참례는 대조하와 같이 근정전에서 설행되는 것으로 정해졌으나, 1440년(세종 22)에 의식을 정비하면서 근정문에서 진행하는 것으로 바뀌었다. 다음 해 정월에 처음으로 근정문에 나아가 조회를 받았다(『세종실록』 23년 1월 11일). 또한 근정문에서는 단종, 성종, 명종 등이 즉위식을 거행하기도 하였다.

대조하의 설행에서는 근정문을 경계로 의례 공간과 준비 공간이 구분되었다. 『국조오례의(國朝五禮儀)』 「가례(嘉禮)」의 관련 규정에 따르면, 문무백관의 문외위는 근정문 밖에 마련되는데, 문관·무관 1품과 2품은 영제교 북편에 동서로, 3품 이하는 남편에 동서로 각각 자리하며, 왕세자의 막차는 문관의 앞쪽 근정문 가까이에 마련된다. 조하례를 위해 근정전 마당으로 진입할 때 문무관은 3칸의 근정문 좌우의 작은 문으로 출입하고, 왕세자는 근정문 3칸 중 동쪽 칸으로 진입한다. 조하례가 진행될 때에는 근정문을 닫아 의례 공간의 위요감을 형성하였다. 왕의 사자가 궁 밖으로 나갈 때에는 근정문을 경계로 의식이 구분되는 등 근정문은 조선의 법궁인 경복궁의 정전 영역의 입구이자 의식의 경계 요소로 중요한 위치를 점하였다.

변천 및 현황: 근정문은 1395년(태조 4)에 경복궁을 창건할 때 처음 설치되었다(『태조실록』 4년 9월 29일). 창건 기사에는 '전문(殿門) 3칸'으로만 기록되었고 좌우행랑 각 11칸과 동·서 각루 각 2칸 등이 병기되었다. 이어 경복궁 각 전각의 이름을 정하면서 근정문이라는 이름이 붙었다(『태조실록』 4년 10월 7일). 근정(勤政)의 뜻은 『서경(書經)』에서 차용하였다. 임진왜란으로 소실되었다가 1867년(고종 4)에 경복궁을 중건할 때 함께 복구하였다. 중건할 때 상량문서사관은 이돈상(李敦相)이었다[『고종실록』 3월 12월 9일 4번째 기사]. 1985년 1월 8일에 보물 제812호로 지정되었다.

형태: 조선초기 창건 당시에 근정문의 형태는 명확히 알 수 없고 3칸이라는 규모만 알고 있을 뿐이다. 고종 대에 중건되어 현재에 전하는 근정문은 정면 3칸, 측면 2칸의 중층 문루 형식이다. 기단을 석조로 낮게 만들고 3단의 계단을 두었으며, 원형의 주초를 놓고 그 위에 원기둥을 세웠다. 기둥은 상층부까지 그대로 올라가는 통주 형식이며 여기에 상층과 하층의 보가 각각 맞보 형식으로 결구되었다. 기둥머리에는 다포작 형태의 공포를 올렸는데, 하층의 경우 내3출목, 외2출목으로, 상층은 내외 모두 2출목으로 구성하여 상하층이 차이가 있다. 주간포작은 각 3개씩 설치되었다. 상층에는 마루를 깔았으며 하층 내목도리 높이에서 우물반자 형태의 천장을 설치하였다. 조선시대의 문루의 보편적 형식과 같이 지붕은 우진각으로 되었으며, 용마루·추녀마루에 양상도회하고 잡상·취두·용두를 얹어 장식미를 살렸다. 부연을 사용한 겹처마이다. 전면의 3단 계단의 중앙부에는 봉황무늬를 넣은 답도(踏道)를 두었고, 좌우에 해태를 조각한 소맷돌을 설치하였다.

근정문의 좌우로는 행각이 연이어 있다. 애초에는 세로 방향 1칸의 단랑이었는데, 중건할 때 2칸의 복랑으로 바뀌었다. 일화문과 월화문이 동서로 연달아 있는데, 처음 창건할 때 남행랑의 끝단에 있었던 것이 바뀐 모습이다. 일화문과 근정문 사이에 계단을 두어 2층으로 올라갈 수 있게 하였다.

관련사건 및 일화: 태종 대에 근정전에서 연회를 베풀 때 근정문 외정에 불꽃놀이 기구를 설치하여 구경하도록 하였다(『태종실록』 18년 1월 1일). 세종 대에도 주로 정월 초하루에 사신과 함께 화포 쏘는 것을 근정문에서 구경하였다(『세종실록』 12년 1월 1일). 1434년(세종 16)에는 보루각(報漏閣)에 물시계를 설치하면서 경회루 남문·월화문·근정문에 금고(金鼓)를, 광화문에 대종고(大鐘鼓)를 세워 시간을 알렸다(『세종실록』 16년 7월 1일). 근정문에서 단종, 성종, 명종의 즉위식이 거행되는 등(『단종실록』 즉위년 5월 18일)(『성종실록』 즉위년 11월 28일)(『인종실록』 1년 7월 6일) 근정문은 대부분의 중요한 궁중 의례에서 행례의 공간이나 영역의 경계로 활용되었다.

세조는 근정전과 모화관(慕華館)에서 군사들이 진법(陣法) 연습하는 것을 살폈는데, 근정전에서는 대고(大鼓)를 울렸고 근정문에서는 대종(大鐘)을 울렸다(『세조실록』 6년 6월 2

일). 성종대에는 광화문, 홍례문, 근정문에 이르는 경복궁의 3문에 청기와를 올리려는 시도가 있었으나 지나치게 사치스럽게 보일 수 있어서 취소되었다(『성종실록』 5년 3월 3일). 중종대에는 근정문에서 생원·진사를 방방(放榜)하기 위해 근정문 어칸 옆에 천막을 쳐 놓고 우의정(右議政) 안당(安瑭, 1460~1521) 등이 어탑을 마주 보고 지나치게 편히 앉아 예를 갖추지 못하였는데, 이에 대한 추문 여부를 놓고 논란이 있었다(『중종실록』 14년 2월 22일)(『중종실록』 14년 2월 23일)(『중종실록』 14년 2월 24일). 또한 한 백성이 원통한 바가 있어 격쟁하기 위해 광화문 서협, 홍례문, 근정문 동협을 거쳐 정전까지 난입하는 사건이 있었다. 이 때문에 각 문의 수문장 등을 추고하였다(『중종실록』 38년 2월 20일). 한편 근정문 동쪽 수각 모퉁이 기둥에 벼락이 쳐서 기둥이 반으로 부러지고 갈라졌으며, 지붕의 기와가 갈라진 일도 있었다(『중종실록』 39년 7월 24일).

548) 영제교(永濟橋): 경복궁의 홍례문과 근정문 사이의 금천을 가로지르는 석조 홍예교. 영제교(永濟橋)는 경복궁의 광화문(光化門), 홍례문(興禮門), 근정문(勤政門)을 연결하는 진입축의 홍례문과 근정문 사이의 마당에 있는 석조 홍예교이다. 궁역의 북쪽에서부터 흘러 들어온 금천을 건너는 다리이다.

위치 및 용도: 영제교는 경복궁의 진입축인 광화문, 홍례문, 근정문, 근정전(勤政殿)의 동선으로 볼 때 홍례문과 근정문 사이에 있는 마당을 서에서 동으로 가로지르는 금천에 놓였다. 경복궁 금천은 북쪽의 백악에서부터 흘러내린 물이 북쪽 궁장을 경유하여 남쪽으로 흐르는데, 이 물줄기가 경회루(慶會樓)와 궐내 각사 영역을 감고 돌아 다시 동쪽으로 방향을 바꾸어 홍례문과 근정문 사이 마당의 동서 행각을 관통하여 지나가며, 이 사이에 영제교가 있다. 이 금천은 명당수로서 영제교 역시 내밀한 궁궐의 공간으로 진입하는 중요한 경계 요소로 작용한다. 금천 어구의 바닥에는 박석(薄石)을 깔았고 유속을 조절할 수 있는 장치를 마련하였다. 한편 영제교와 같은 궐내 석교들은 공간의 연결, 영역의 구분이라는 기본적인 역할 외에 점경물로서의 역할도 겸하였다.

경복궁 외에도 각 궁궐에는 금천과 석교가 있다. 창덕궁의 금천교(金川橋), 창경궁의 옥천교(玉川橋) 등이 그것이다. 이들 다리는 모두 조하(朝賀), 조참(朝參) 등의 궁중 의례에서 행례 위치의 기준점이 되었다. 『국조오례의(國朝五禮儀)』의 해당 규정에는 조하 시의 백관 문외위 혹은 조참 시의 백관 행례위가 근정문과 홍례문 사이의 마당에 설치되는 것으로 규정되었는데, 영제교를 기준으로 북쪽에는 문무관 1품에서 2품까지가 도열하고 남쪽에는 3품 이하의 관원이 섰다. 『국조속오례의(國朝續五禮儀)』「고이(考異)」편에는 경복궁 부재의 상황에서 경복궁을 기준으로 설정된 위치 기준점을 여타 궁궐에서 대체할 수 있는 규정이 실렸는데, 주로 경복궁 광화문, 창덕궁 돈화문(敦化門), 창경궁 홍화문(弘化門), 경희궁 홍화문(興化門)과 같이 문의 위치를 대체하였다. 반면에 영제교·금천교·옥천교 등의 진입축의 석교들은 서로 다른 위치에 놓였는데, 창덕궁의 금천교는 돈화문과 진선문(進善門) 사이에, 창경궁의 옥천교는 홍화문과 명정문(明政門) 사이에 있어 경복궁에서의 의례 규정을 그대로 대입하는 데 무리가 있어 조금씩 다른 규정으로 정의된다.

변천 및 현황: 영제교는 경복궁이 창건된 1395년(태조 4) 9월에 처음 조성되었다(『태조실록』 4년 9월 29일). 당시의 기록에는 '석교(石橋)'라고 표현되었다. 세종 대에 근정문 앞 석교에 '영제(永濟)'라는 이름을 붙였으며, 그 밖에 경복궁 각 문과 다리의 이름도 함께 명명되었다(『세종실록』 8년 10월 26일).

경복궁 창건 당시에는 금천이 형성되지 않았고, 태종대에 도랑을 만들어 북악의 물을 끌어들여 금천을 조성하였으며(『태종실록』 11년 7월 30일), 세종 대에도 수량이 부족하여 해결하고자 하였다. 1915년에는 '시정 5주년기념 조선물산공진회'를 경복궁에서 개최하면서 흥례문과 행각 등을 철거하였다. 이때 영제교를 헐어 조선총독부 박물관 근처에 부재를 모아 두었다고 한다. 1950년대에 임시로 수정전(修政殿) 앞에 설치하였으며, 1970년대에 건춘문(建春門) 안쪽에 재설치하였다.

형태: 영제교는 경복궁 흥례문과 근정문 사이의 마당 중앙에 놓여 있다. 석재로 홍예부터 난간까지 전체를 만들었다. 하부에는 홍예가 2개 조성되어 있고, 상부에는 귀틀을 형성하여 교량을 설치하였다. 너비는 약 33자(약 10m), 길이는 약 43자(약 13m)이며, 교량 상판 중앙부에는 근정전을 향하는 어도가 연속적으로 설치되었다. 난간 기둥과 금천에는 서수상이 조각되었다. 난간 석주의 서수(瑞獸)는 용의 모습이고, 영제교 좌우 금천 어구 상단 서수는 세 갈래로 갈라진 뿔이 있는 모습이다. 난간의 용은 좌우로 서로 대칭을 이루었으며 똬리를 튼 모습이다. 몸통에는 전체적으로 비늘이 있고 여의주를 쥐고 있으며 큰 코와 송곳니를 드러내며 입을 벌리고 있다. 크기는 조금씩 다르지만 대략 가로 세로 375㎝ 규모이다. 금천의 일각수는 장대석 모서리를 잡은 모습이다. 머리에는 세 갈래로 나뉜 뿔이 있고 몸통에 비늘이 조각되었다. 이 서수상은 조선후기의 학자들에게 천록(天祿)이나 기린(麒麟)으로 이해되었는데, 천록은 중국 한나라 이후 벽사(辟邪)의 의미로 활용되었으므로, 영제교와 금천이 갖는 경계의 역할을 장식적으로 강화한 것으로 생각된다.

경복궁에는 근정전 월대(月臺)를 비롯하여 상당히 많은 수의 석조 조형물이 있었다. 경복궁에 현존하는 서수상은 모두 102점으로, 광화문 7점, 영제교 8점, 근정문 3점, 근정전 56점, 경회루 20점, 자경전 1점, 집옥재 7점이다. 광화문에서 근정전에 이르는 경복궁 진입 공간에 대부분의 서수상이 위치하였고, 특별히 경회루와 집옥재(集玉齋) 등에 배치되었다. 조선전기 경복궁의 상황을 명확히 알 수는 없으나, 대부분의 석조 조형물은 고종 대에 조성된 것으로 보인다. 흥선대원군(興宣大院君)의 경복궁 중건 정책이 왕권 강화 및 외세에의 대응과 관계된 정치적 행위였다는 점과 상통하는 측면이 있다. 다만, 영제교 주변의 서수상은 이보다 이른 시기에 조성되었던 것으로 보인다. 유득공(柳得恭)의 「춘성유기(春城遊記)」에 묘사된 1770년(영조 46)경 영제교의 모습과 현재의 모습은 크게 다르지 않다. 임진왜란 이전에 만든 것으로 추정할 수 있으며, 양식사적으로도 고종대의 것과 차이가 있다(출처: 위키실록사전).

549) 고신(告身): 오늘날의 사령장(辭令狀)에 해당하는 것. 별칭 직첩(職牒). 조선시대에는 일정한 격식을 갖춘 고신을 문무백관 및 그 처(妻)에게 내렸었다. 4품 이상의 문무관 및 당상관(堂上官)의 처의 고신은 교지(敎旨)로써 임금이 직접 내리는 형식을 취하였고, 5품 이하 관원 및 당하관(堂下官)의 처의 고신식(告身式)의 교지를 받들어 판서·참판·정랑·좌랑의 연서(連署)로 발행하는 형식을 취하였다(이홍직 편, 『새국사사전』, 교학사, 2004, 107쪽).

550) 서경(署經): 관리를 등용할 때의 절차. 당하관(堂下官)을 등용할 때 임명하라는 어명이 있으면 이조(吏曹)에서, 직을 받을 사람의 문벌·이력·내외 4조(부·조·증조·외조)와 처(妻)의 4조를 기록하여 사헌부·사간원에 제출하면, 양사에서는 이를 심사한다. 결점이 없다고 판명되면 양사의 대간(臺諫)들이 모두 서명(署名)하여 동의하는데 이를 서경이라고

한다. 또한 시호(諡號)를 결재 받을 때도 서경을 하였다(이홍직 편, 『새국사사전』, 교학사, 2004, 615쪽).

551) 홍담(洪曇, 1509~1576): 조선 전기 예조판서, 지중추부사, 우참찬 등을 역임한 문신. 본관은 남양(南陽). 자는 태허(太虛). 홍귀해(洪貴海)의 증손으로, 할아버지는 홍형(洪泂)이고, 아버지는 정랑 홍언광(洪彦光)이며, 어머니는 양윤(梁潤)의 딸이다. 영의정 홍언필(洪彦弼)의 조카이다.

　　1531년(중종 26) 사마시에 합격하고, 1539년(중종 34) 별시문과에 병과로 급제, 정자(正字)·저작(著作)·설서(說書)·정언을 거쳐, 1546년(명종 1) 예조와 조선의 정랑, 1547년(명종 2) 장령·장악원첨정·응교를 역임하였다. 1548년(명종 3) 사간, 사복시와 사재감의 정(正), 집의가 되고 이듬해 예빈시 부정·전한(典翰)을 거쳐, 1550년(명종 5) 직제학·동부승지, 1553년(명종 8) 호남 관찰사, 동지중추부사, 한성부 좌윤·우윤, 형조참판을 지냈다. 1555년(명종 10) 한성부 좌윤으로서 사은사(謝恩使)가 되어 명나라에 다녀온 뒤 부제학·도승지·대사간·경기도 관찰사를 지냈다. 1560년(명종 15) 영남 관찰사·홍주목사, 형조와 공조의 참판, 1565년(명종 20) 함경도 관찰사·지중추부사 겸 도총관, 1568년(선조 1) 병조판서, 동지경연성균관사를 역임하였다. 이듬해 이조와 예조의 판서, 1574년(선조 7) 지의금부사(知義禁府事)·빈전도감제조(殯殿都監提調)·좌참찬·영중추부사를 거쳐, 1576년(선조 9) 예조판서가 되었으나 병으로 사직한 뒤 지중추부사·우참찬에 이르렀다. 응교로 있을 때 진복창(陳復昌)이 윤원형(尹元衡)의 권세에 빌붙어 사사로이 중상모략을 하자 이를 막았다. 훈구파(勳舊派)의 거두로서 김개(金鎧)와 함께 정철(鄭澈) 등의 사림파와 대립하였다. 청백리에 녹선(錄選)되었으며, 효성이 지극하여 정문이 세워졌다. 시호는 정효(貞孝)이다[출처:(홍담(洪曇)-한국민족문화대백과사전]).

552) 조사수(趙士秀, 1502~1558): 조선 전기 공조판서, 지중추부사, 좌참찬 등을 역임한 문신. 본관은 양주(楊州). 자는 계임(季任), 호는 송강(松岡). 조선(趙選)의 증손으로, 할아버지는 조수견(趙壽堅)이고, 아버지는 조방좌(趙邦佐)이며, 어머니는 신형(申泂)의 딸이다.

　　1531년(중종 26) 식년문과에 갑과로 급제하여 정언·교리·보덕(輔德) 등을 역임하고, 1539년(명종 15) 경차관(敬差官)으로 파견되어 성주사고의 화재 원인을 조사하기도 하였다. 그 뒤 제주목사·이조참판 등을 거쳐, 대사성·대사간·대사헌·경상도 관찰사 등의 직책을 두루 역임하였으며, 다시 이조·호조·형조·공조의 판서를 거쳐, 지중추부사·좌참찬에 이르렀다. 시호는 문정(文貞)이다[출처:조사수(趙士秀)-한국민족문화대백과사전]).

553) 대광보국숭록대부(大匡輔國崇祿大夫): 조선 관계(官階)의 최고관. 정1품의 종친(宗親)·의빈(儀賓)·문무관(文武官)에게 주는 벼슬로 보국숭록대부(輔國崇祿大夫)·현록(顯祿)대부·흥록(興祿)대부·유록(綏祿)대부·성록(成祿)대부 등과 같은 계열에 속한다. 이 관위에 속하는 벼슬로는 영의정(領議政)·좌의정·우의정·군(君)·사부(師傅)·영사(領事)·위(尉)가 있었다(이홍직 편, 『새국사사전』, 교학사, 2004, 336쪽).

554) 상보국숭록대부(上輔國崇祿大夫): 조선시대 정1품 특정 문신의 품계.

　　국구(國舅: 왕의 장인)·종친(宗親: 임금의 친족으로서 촌수가 가까운 자)·의빈(儀賓: 임금이나 왕세자의 사위)들에게만 주던 특수한 품계이다. 『대전통편』에 수록되어 있지 않은 것으로 보아 19세기에 와서 비로소 제정된 것으로 보인다. 조선 중기까지는 종친과 의빈의 관계가 일반 문무관계와 달랐으나, 조선 후기에는 종친·의빈들에게도 일반관원들과 같은 문산계를 부여하게 되었다. 그러나 정1품계에 한해서만 특별히 이 관계를 쓰게 하였다. 정1품의 문산계는 대광보국숭록대부(大匡輔國崇祿大夫)와 보국숭록대부의 상하계로 구분되어 있었다. 그러나 종친

· 의빈계는 상하의 구분 없이 상보국숭록대부만 사용되었는데, 이것은 조선 초기의 종친계인 현록대부(顯錄大夫)·수록대부(綏祿大夫), 그리고 의빈계인 흥록대부(興祿大夫)·성록대부(成祿大夫) 등을 모두 합친 관계였다. 이것은 조선 초기의 다양한 관계체제가 조선 후기에 점차로 일원화되어간 양상을 잘 보여준다([출처: 상보국숭록대부(上輔國崇祿大夫)-한국민족문화대백과사전]).

555) 보국숭록대부(輔國崇祿大夫): 조선시대 정1품 하계(下階)의 품계.
조선이 건국된 직후인 1392년 7월 문산계(文散階)·무산계(武散階)가 제정될 때 문산계의 정1품 상계는 특진보국숭록대부, 정1품 하계는 보국숭록대부로 정하여졌다. 이후 『경국대전』에 그대로 반영되어 조선 말까지 계속 이어졌다([출처:보국숭록대부(輔國崇祿大夫)-한국민족문화대백과사전]).

556) 숭록대부(崇祿大夫): 조선시대 종1품 상계(上階) 문신의 품계명.
조선이 건국된 직후인 1392년(태조 1) 7월 문산계가 제정될 때 상계는 숭록대부(崇祿大夫), 하계는 숭정대부(崇政大夫)로 정하여졌다. 고려시대의 삼중대광(三重大匡)에 해당한다. 『대전회통』에서 종친과 의빈의 품계가 동반계와 통합되면서 종친과 의빈 종1품 상계의 위호도 숭록대부로 바뀌었다([출처:숭록대부(崇祿大夫)-한국민족문화대백과사전]).

557) 숭정대부(崇政大夫): 조선시대 종1품 하계(下階) 문신의 품계명.
조선이 건국된 직후인 1392년(태조 1) 7월 무산계가 제정될 때 상계는 숭록대부(崇祿大夫), 하계는 숭정대부(崇政大夫)로 정하여졌다. 『대전회통』에서는 종친과 의빈의 품계가 동반계와 통합되면서 종친과 의빈 종1품 하계의 위호도 숭정대부로 바뀌었다([출처:숭정대부(崇政大夫)-한국민족문화대백과사전]).

558) 정헌대부(正憲大夫): 조선시대 문신 정2품 상계(上階)의 품계명.
조선이 건국된 직후인 1392년(태조 1) 7월 문산계(文散階)의 품계인 정헌대부·자헌대부가 제정되어 『경국대전』에 그대로 수록되었다. 정2품에 해당되는 관직으로는 우참찬·지사·판서·판윤·대제학·세자좌빈객·세자우빈객·도총관·제조 등이 있다([출처:정헌대부(正憲大夫)-한국민족문화대백과사전]).

559) 자헌대부(資憲大夫): 조선시대 문신 정2품 하계의 품계명.
조선이 건국된 직후인 1392년(태조 1) 7월 문산계(文散階)의 품계인 정헌대부·자헌대부가 제정되어 그대로 수록되었다. 정2품에 해당하는 관직으로는 군·위·좌참찬·우참찬·지사·판서·판윤·대제학·세자좌빈객·세자우빈객·도총관·제조 등이 있다. 정2품관은 1438년 정비된 녹과(祿科)에 의거하여 실직(實職)에 따라 1년에 네 차례에 걸쳐 모두 중미(中米) 12석, 조미(糙米) 40석, 전미(田米) 2석, 황두(黃豆) 18석, 소맥 9석, 주(紬) 5필, 정포(正布) 14필, 저화 8장을 녹봉으로 지급받았다([출처:자헌대부(資憲大夫)-한국민족문화대백과사전]).

560) 가의대부(嘉義大夫): 조선시대 종2품 상계(上階) 문관의 품계.
1522년 (중종 17) 가정대부에서 가의대부로 개칭되었는데, 이는 당시 명나라 세종이 새로 즉위하여 연호를 '가정(嘉靖)'으로 정하였기 때문에 이를 피해 고치게 된 것이다. 처음에는 '가정(嘉正)'으로 고쳤다가, 음이 같다 하여 다시 '가의'로 개정하였던 것이다. 이는 고려시대의 영록대부(榮祿大夫)에 해당한다([출처:가의대부(嘉義大夫)-한국민족문화대백과사전]).

561) 가선대부(嘉善大夫): 조선시대 종2품의 하계(下階) 문관의 품계.
고려시대의 자덕대부(資德大夫)에 해당한다. 1392년(태조 1) 7월 새로이 관제를 제정할 때 설치되었으며, 1894년(고종 31) 갑오경장 때 칙임관(勅任官)의 하한

(下限)인 종2품을 가선대부라 하고, 의정부도헌(議政府都憲), 각 아문 협판(協辦), 경무사(警務使) 중 초임자가 이에 해당하였다([출처:가선대부(嘉善大夫)-한국민족 문화대백과사전]).

562) 통정대부(通政大夫): 조선시대 문신 정3품 상계(上階)의 품계명.

정3품 상계부터 당상관이라 하였고, 하계 이하를 당하관이라고 하였다. 조선이 건국된 직후인 1392년(태조 1) 7월 문산계가 제정될 때 정3품 상계는 통정대부, 하계는 통훈대부로 정하여져 『경국대전』에 그대로 수록되었다. 정3품 당상관에 해당하는 관직으로는 도정(都正)·부위(副尉)·참의(參議)·참지(參知)·도승지· 좌승지·우승지·좌부승지·우부승지·동부승지·판결사(判決事)·대사간·참찬 관(參贊官)·부제학·규장각직제학·대사성·좨주(祭酒)·수찬관(修撰官)·보덕(輔 德) 등이 있다. 정3품 당상관에게는 1438년(세종 20)에 정비된 녹과(祿科)에 의 거하여 실직(實職)에 따라 1년에 네 차례에 걸쳐 중미(中米: 중질의 쌀) 11석, 조 미((糙米: 매갈아서 만든 쌀) 32석, 전미(田米: 좁쌀) 2석, 황두(黃豆: 누런 콩) 15 석, 소맥(小麥: 참밀) 7석, 주(紬) 4필, 정포(正布) 13필, 저화 8장을 지급하였다. 아울러 정3품 당상관에게는 65결의 직전이 지급되었다. 그러나 1556년(명종 11) 직전법도 완전히 폐지되고, 이러한 정3품에 지급되던 녹봉은 『속대전』에서는 당 상관에게는 매달 미 1석 9두, 황두 1석 5두를 지급하도록 규정하였다([출처:통정 대부(通政大夫)-한국민족문화대백과사전]).

563) 통훈대부(通訓大夫): 조선시대 문신 정3품 하계(下階)의 품계명.

문산계에서는 정3품 상계인 통정대부 이상을 당상관(堂上官)이라 하고, 하계인 통훈대부 이하를 당하관(堂下官)이라 하였다. 조선이 건국된 직후인 1392년(태조 1) 7월 문산계가 제정될 때 정3품 상계는 통정대부, 하계는 통훈대부로 정하여져 『경국대전』에 그대로 법제화되었다. 당하관에 해당되는 관직으로는 정(正)·직제 학·편수관·좌유선(左諭善)·우유선·판교(判校)·좌통례(左通禮)·우통례·제거 (提擧)·찬선(贊善)·상호군(上護軍)·목사·대도호부사 등이 있다. 1438년(세종 20)에 정비된 녹과(祿科)에 의거하여 실직(實職)에 따라 1년에 네 차례에 걸쳐 당 하관은 중미(中米: 중질의 쌀) 10석, 조미(糙米: 벼를 매갈아서 만든 쌀) 30석, 전 미(田米: 좁쌀) 2석, 황두(黃豆: 누런 콩) 15석, 소맥(小麥: 참밀) 7석, 주(紬) 4필, 정포(正布) 13필, 저화 8장을 지급받았다. 아울러 직전도 당하관에게는 60결이 지급되었다. 그러나 1556년(명종 11) 직전법도 완전히 폐지되고, 『속대전』에서는 정3품 당하관에게 매달 미 1석 5두, 황두 1석 2두를 녹봉으로 지급하도록 규정 하였다. 한편 통훈대부는 기술관(技術官)이나 서얼(庶孽)의 한품(限品)이기도 하였 다([출처:통훈대부(通訓大夫)-한국민족문화대백과사전]).

564) 중직대부(中直大夫): 조선시대 문신의 종3품 상계(上階)의 품계명.

조선이 건국된 직후인 1392년(태조 1) 7월 문산계가 제정될 때 종3품 상계는 중직대부(中直大夫), 하계는 중훈대부(中訓大夫)로 정하여져 『경국대전』에 수록되 었다. 종3품에 해당하는 관직으로는 부정(副正)·집의(執義)·사간·전한(典翰)· 사성·참교(參校)·상례(相禮)·편수관·대호군·부사(府使)·병마첨절제사·수군 첨절제사·병마우후(兵馬虞候) 등이 있다. 이러한 종3품관에게는 1438년에 정비 된 녹과(祿科)에 의거하여 실직(實職)에 따라 일 년에 네 차례에 걸쳐 모두 중미 (中米: 품질이 중간쯤 되는 쌀) 10석, 조미(糙米: 벼를 매갈이해서 만든 쌀) 27석, 전미(田米: 좁쌀) 2석, 황두(黃豆: 누런 콩) 14석, 소맥(小麥: 참밀) 7석, 주(紬) 3

필, 정포(正布) 13필, 저화 6장을 지급하였다([출처:중직대부(中直大夫)-한국민족
문화대백과사전]).

565) 중훈대부(中訓大夫): 조선시대 문신 종3품 하계(下階)의 품계명.
조선이 건국된 직후인 1392년(태조 1) 7월 문산계가 제정될 때 종3품 상계는
중직대부(中直大夫), 하계는 중훈대부(中訓大夫)로 정하여져 『경국대전』에 수록되
었다. 종3품에 해당하는 관직으로는 부정(副正)·집의(執義)·사간·전한(典翰)·
사성·참교(參校)·상례(相禮)·편수관·대호군·부사(府使)·병마첨절제사·수군
첨절제사·병마우후(兵馬虞侯) 등이 있다. 이러한 종3품관에게는 1438년에 정비
된 녹과(祿科)에 의거하여 실직(實職)에 따라 일 년에 네 차례에 걸쳐 모두 중미
(中米: 품질이 중간쯤 되는 쌀) 10석, 조미(糙米: 벼를 매갈이해서 만든 쌀) 27석,
전미(田米: 좁쌀) 2석, 황두(黃豆: 누런 콩) 14석, 소맥(小麥: 참밀) 7석, 주(紬) 3
필, 정포(正布) 13필, 저화 6장을 지급하였다([출처:중훈대부(中訓大夫)-한국민족
문화대백과사전]).

566) 봉정대부(奉正大夫): 조선시대 정4품 상계(上階) 문신의 품계.
조선이 건국된 직후인 1392년(태조 1) 7월 문산계·무산계를 제정할 때 문산
계의 정4품 상계는 봉정대부, 하계는 봉렬대부(奉列大夫)로 정하여졌다([출처:봉
정대부(奉正大夫)-한국민족문화대백과사전]).

567) 봉렬대부(奉列大夫): 조선시대 정4품 하계(下階) 문신의 품계.
조선이 건국된 직후인 1392년(태조 1) 7월 문산계·무산계를 제정할 때 문산
계의 정4품 상계는 봉정대부(奉正大夫), 하계는 봉렬대부로 정하여졌다([출처:봉
렬대부(奉列大夫)-한국민족문화대백과사전]).

568) 조산대부(朝散大夫): 조선시대 문신 종4품 상계(上階)의 품계명.
조선이 건국된 직후인 1392년(태조 1) 7월 문산계가 제정될 때 종4품 상계는
조산대부(朝散大夫), 하계는 조봉대부(朝奉大夫)로 정하여져 그대로 『경국대전』에
수록되었다. 종4품에 해당하는 관직으로는 경력·첨정·서윤·부응교·교감·제
검·편수관·좌익선·우익선·부호군·군문파총(軍門把摠)·군수·동첨절제사·
병마만호·수군만호 등이 있다([출처:조산대부(朝散大夫)-한국민족문화대백과사
전]).

569) 조봉대부(朝奉大夫): 조선시대 문신 종4품 하계(下階)의 품계명.
조선이 건국된 직후인 1392년(태조 1) 7월 문산계가 제정될 때 종4품 상계는 조
산대부(朝散大夫), 하계는 조봉대부(朝奉大夫)로 정하여져 그대로 『경국대전』에
수록되었다. 종4품에 해당하는 관직으로는 경력·첨정·서윤·부응교·교감·제
검·편수관·좌익선·우익선·부호군·군문파총(軍門把摠)·군수·동첨절제사·
병마만호·수군만호 등이 있다([출처:조봉대부(朝奉大夫)-한국민족문화대백과사
전]).

570) 통덕랑(通德郞): 조선시대 문신 정5품 상계(上階)의 품계명.
조선이 건국된 직후인 1392년(태조 1) 7월 문산계가 제정될 때 정5품 상계는
통덕랑, 하계는 통선랑으로 정하여져 『경국대전』에 그대로 법제화되었다. 정5품에
해당하는 관직으로는 검상(檢詳)·정랑·지평(持平)·사의(司議)·헌납(獻納)·시
독관(侍讀官)·교리(校理)·직장(直長)·기주관(記注官)·찬의(贊儀)·별좌·문학
등이 있다. 일반적으로 통덕랑 이하는 낭계(郞品階)로서 사(士)라고도 불렀다.
통덕랑은 향리들의 한품(限品)으로서도 중요하다. 향리의 호장(戶長)들이 스스로

통덕랑이라 자처하였다는 것이나 토관계(土官階)의 한품이 정5품이었던 것도 이 것과 관계가 있다([출처:통덕랑(通德郞)-한국민족문화대백과사전]).

571) 통선랑(通善郞): 조선시대 문신 정5품 하계의 품계명.

　　조선이 건국된 직후인 1392년(태조 1) 7월 문산계가 제정될 때 상계는 통덕 랑, 하계는 통선랑으로 정하여져 『경국대전』에 그대로 법제화되었다. 정5품에 해당하는 관직으로는 검상(檢詳)·정랑·지평(持平)·사의(司議)·헌납(獻納)· 교리(校理)·직장(直長)·별좌(別座)·문학 등이 있다([출처:통선랑(通善郞)-한 국민족문화대백과사전]).

572) 봉직랑(奉直郞): 조선시대 종5품 상계(上階) 문산계의 품계.

　　조선 건국 직후인 1392년(태조 1) 7월 문산계와 무산계를 제정할 때 문산계의 종5품 상계는 봉직랑, 하계는 봉훈랑(奉訓郞)으로 정하였다.『경국대전』에 수록되 었고 조선 말기까지 지속되었다([출처:봉직랑(奉直郞)-한국민족문화대백과사전]).

573) 봉훈랑(奉訓郞): 조선시대 종5품 하계(下階) 문신의 품계.

　　조선이 건국된 직후인 1392년(태조 1) 7월 문무산계(文武散階: 문관과 무관의 품계)를 제정할 때 문산계의 종5품 상계(上階)는 봉직랑(奉直郞), 하계는 봉훈랑 으로 정하였다. 이것이 성종 때의 『경국대전』에 그대로 수록되었고, 조선 후기까 지 지속되었다([출처:봉훈랑(奉訓郞)-한국민족문화대백과사전]).

574) 승의랑(承議郞): 조선시대 정6품 상계(上階) 문신의 품계명.

　　조선이 건국된 직후인 1392년(태조 1) 7월 문산계(文散階)가 제정될 때 상계는 승의랑, 하계는 승훈랑으로 정하여졌다. 정6품에 해당하는 관직으로는 좌랑·감찰 ·사평(司評)·정언(正言)·검토관·수찬(修撰)·전적(典籍)·기사관·교검·별제 (別提)·사서·익찬(翊贊)·사회(司誨)·사과(司果)·종사관·평사(評事) 등이 있 다(이성무(1995), [출처:승의랑(承議郞)-한국민족문화대백과사전]).

575) 승훈랑(承訓郞): 조선시대 정6품 하계(下階) 문신의 품계명.

　　조선이 건국된 직후인 1392년(태조 1) 7월 문산계(文散階)가 제정될 때 정6품 상계는 승의랑, 하계는 승훈랑으로 정하여졌다. 정6품에 해당하는 관직으로는 좌 랑·감찰·사평(司評)·정언(正言)·검토관(檢討官)·수찬(修撰)·전적(典籍)·기 사관·교검(校檢)·별제(別提)·사서(司書)·익찬(翊贊)·사회(司誨)·사과(司果) 등이 있다([출처:승훈랑(承訓郞)-한국민족문화대백과사전]).

576) 선교랑(宣敎郞): 조선시대 종6품 상계(上階) 문신의 품계.

　　조선이 건국된 직후인 1392년(태조 1) 7월 종6품 문산계의 상계는 선교랑, 하 계는 선무랑(宣務郞)으로 정하였다([출처:선교랑(宣敎郞)-한국민족문화대백과사 전]).

577) 선무랑(宣務郞): 조선시대 종6품 하계(下階) 문신의 품계.

　　조선이 건국된 직후인 1392년(태조 1) 7월 종6품 문산계의 상계는 선교랑(宣敎 郞), 하계는 선무랑으로 정하였다. 종6품 문산계 선무랑(宣務郞)과 무산계 병절교 위(秉節校尉) 이상을 조회(朝會)에 참여할 수 있다고 하여 참상관이라 하였다([출 처:선무랑(宣務郞)-한국민족문화대백과사전]).

578) 무공랑(務功郞): 조선시대 정7품 문관의 품계.

　　이에 해당되는 관직은 녹사(錄事)·서리(書吏) 등 서리직(書吏職)의 한품(限品) 이 대부분이다([출처:무공랑(務功郞)-한국민족문화대백과사전]).

579) 계공랑(啓功郞): 조선시대 종7품 문관의 품계.

고려시대의 수직랑(修職郎)이 이에 해당된다. 종7품에 해당하는 관직으로는 직장·기사관·종사·전회(典會)·부사정·수문장 등이 있다. 이러한 종7품관에게는 1438년에 정비된 녹과(祿科)에 의거하여 실직(實職)에 따라 일년에 네 차례에 걸쳐 모두 중미(中米: 품질이 중질인 쌀) 3석, 조미(糙米: 매갈이로 갈아서 만든 쌀) 14석, 전미(田米: 좁쌀) 2석, 황두(黃豆: 누런 콩) 4석, 소맥(小麥: 참밀) 3석, 정포(正布) 6필, 저화 2장을 지급하였다([출처:계공랑(啓功郎)-한국민족문화대백과사전]).

580) 통사랑(通仕郎): 조선시대 문신 정8품의 품계명.

조선이 건국된 직후인 1392년(태조 1) 7월 문산계가 제정될 때 통사랑, 무산계는 승의부위(承義副尉)로 정하여졌고, 그 뒤『경국대전』에 그대로 법제화되었다. 정8품에 해당하는 관직으로는 사록(司錄)·설경(說經)·저작(著作)·대교(待敎)·학정(學正)·부직장(副直長)·부검·좌시직(左侍直)·우시직·사맹(司猛)·수문장 등이 있다. 이들에게는 1438년에 정비된 녹과(祿科)에 의거하여 실직(實職)에 따라 1년에 모두 네 차례에 걸쳐 중미(中米: 품질이 중질인 쌀) 2석, 조미(糙米: 매갈이로 갈아서 만든 쌀) 12석, 전미(田米: 좁쌀) 1석, 황두(黃豆: 누런 콩) 4석, 소맥(小麥: 참밀) 2석, 정포(正布) 4필, 저화 2장이 지급되었다([출처:통사랑(通仕郎)-한국민족문화대백과사전]).

581) 승사랑(承仕郎): 조선시대 종8품 문신의 품계명.

조선이 건국된 직후인 1392년(태조 1) 7월 문산계가 제정될 때 정하여져 그 뒤『경국대전』에 그대로 수록되었다. 종8품에 해당하는 관직으로는 봉사·전곡·별검·기사관·부사용·수문장 등이 있다([출처:승사랑(承仕郎)-한국민족문화대백과사전]).

582) 종사랑(從仕郎): 조선시대 문신 정9품의 품계명.

조선이 건국한 직후인 1392년(태조 1) 7월 문산계가 제정될 때 정9품으로 정하여졌다. 정9품에 해당하는 관직으로는 전경(典經)·정자(正字)·기사관·검열(檢閱)·학록(學錄)·규장각대교(奎章閣待敎)·부봉사(副奉事)·세마(洗馬)·훈도·사용(司勇)·수문장 등이 있다. 이러한 정9품관에게는 1438년에 정비된 녹과(祿科)에 의거하여 실직(實職)에 따라 1년에 네 차례에 걸쳐 모두 조미(糙米: 벼를 매갈이해서 만든 쌀) 10석, 전미(田米: 좁쌀) 1석, 황두(黃豆: 누런 콩) 3석, 소맥(小麥: 참밀) 1석, 정포(正布) 3필, 저화 1장을 녹봉으로 지급하였다([출처:종사랑(從仕郎)-한국민족문화대백과사전]).

583) 장사랑(將仕郎): 조선시대 문산계(文散階)의 종9품 위호(位號).

고려시대의 등사랑(登仕郎, 九品階)이 정·종양계(正從兩階)로 나누어진 셈이다. 1392년(태조 1) 7월 신반관제가 제정될 때 정하여졌고, 이어『경국대전』에 법제화되었다([출처:장사랑(將仕郎)-한국민족문화대백과사전]).

584) 절충장군(折衝將軍): 조선시대 무신 정3품 당상관의 품계명.

1392년(태조 1) 7월 조선건국 직후 처음 관제를 정할 때 문산계에서 독립된 무산계 가운데 가장 높은 관계로 규정되었다 그 뒤 1466년(세조 12)에 이르러 당상관으로 되었다. 한편, 무반관원(武班官員)으로서 절충장군에서 승진하여 종2품 이상의 산계를 받게 되는 경우에는 문산계에 따르고 있다([출처:절충장군(折衝將軍)-한국민족문화대백과사전]).

585) 어모장군(禦侮將軍): 조선시대 무신 정3품 당하관의 품계.

조선이 건국된 직후인 1392년(태조 1) 7월 무산계 하계는 과의장군(果毅將軍)이라고 하였다. 그런데 무산계 하계의 과의장군은 1466년(세조 12) 어모장군(禦侮將軍)으로 개칭되어 『경국대전』에 그대로 수록되었다. 그리고 정3품 당하관에 해당되는 관직으로는 첨위·상호군·목사·대도호부사 등이 있다([출처:어모장군(禦侮將軍)-한국민족문화대백과사전]).

586) 건공장군(建功將軍): 조선시대 종3품 상계(上階) 무신의 품계.
1392년(태조 1) 7월 조선 건국 직후 처음 관제를 정할 때 보의장군(保義將軍)이라고 하였다가, 1466년(세조 12)에 건공장군으로 개칭하였다. 오위(五衛)의 대호군, 훈련원 부정(副正), 지방의 첨절제사 등이 이 직급에 속하였다([출처:건공장군(建功將軍)-한국민족문화대백과사전]).

587) 보공장군(保功將軍): 조선시대 종3품 하계(下階) 무신의 품계.
조선이 건국된 직후인 1392년(태조 1) 7월 문산계와 무산계가 제정될 때 정하여졌다. 이러한 종3품관에게는 1438년에 정비된 녹과(祿科)에 의거하여 실직(實職)에 따라 일년에 네 차례에 걸쳐 모두 중미(中米) 10석, 조미(糙米: 매갈아서 만든 쌀) 27석, 전미(田米: 좁쌀) 2석, 황두(黃豆: 누런 콩) 14석, 소맥(小麥: 참밀) 7석, 주(紬) 3필, 정포(正布) 13필, 저화 6장을 지급하였다([출처:보공장군(保功將軍)-한국민족문화대백과사전]).

588) 진위장군(振威將軍): 조선시대 무신 정4품 상계(上階)의 품계명.
조선이 건국된 직후인 1392년(태조 1) 7월 무산계를 제정할 때 정4품 상계는 위용장군(威勇將軍), 하계는 위의장군(威毅將軍)이라고 하였다. 그런데 『경국대전』에서는 무산계의 위용장군은 진위장군(振威將軍)으로, 위의장군은 소위장군(昭威將軍)으로 개칭되었다([출처:진위장군(振威將軍)-한국민족문화대백과사전]).

589) 소위장군(昭威將軍): 조선시대 정4품 하계의 무관(武官)의 품계명.
조선이 건국된 직후인 1392년(태조 1) 7월 문산계·무산계를 제정할 때 상계는 위용장군(威勇將軍), 하계는 위의장군(威毅將軍)이라고 하였다. 그런데 『경국대전』에서는 위용장군은 진위장군(振威將軍)으로, 위의장군은 소위장군(昭威將軍)으로 개칭되었다([출처:소위장군(昭威將軍)-한국민족문화대백과사전]).

590) 정략장군(定略將軍): 조선시대 무신 종4품 상계(上階)의 품계명.
1392년(태조 1) 7월 조선 건국 직후 처음 관제를 정할 때 선절장군(宣節將軍)이라고 하였다가, 1466년(세조 12)에 정략장군이라 개칭하여 『경국대전』에 성문화되었다([출처:정략장군(定略將軍)-한국민족문화대백과사전]).

591) 선략장군(宣略將軍): 조선시대 종4품 하계(下階) 무신의 품계.
조선이 건국된 직후인 1392년(태조 1) 7월 문무산계(文武散階: 문신과 무신의 품계)가 제정될 때 무산계의 상계는 선절장군(宣節將軍), 하계는 선략장군(宣略將軍)으로 정하져 『경국대전』에 법제화되었다. 장군계(將軍階)의 하한(下限)이다([출처:선략장군(宣略將軍)-한국민족문화대백과사전]).

592) 과의교위(果毅校尉): 조선시대 정5품 상계(上階) 무신의 품계.
1392년(태조 1) 조선 건국 직후 처음으로 관제를 정할 때 충의교위(忠毅校尉)로 하였던 것을 1466년(세조 12) 과의교위로 개칭하였다. 교위급 위계의 상한이며 5위의 사직(司直)이 이 직급에 속하였다([출처:과의교위(果毅校尉)-한국민족문화대백과사전]).

593) 충의교위(忠毅校尉): 조선시대 무신의 정5품 하계(下階)의 품계명.

조선이 건국된 직후인 1392년(태조 1) 7월 무산계가 제정될 때 정5품 상계는 충의교위(忠毅校尉), 하계는 현의교위(顯毅校尉)로 정하였다. 그런데 『경국대전』에서는 무산계 상계의 충의교위는 과의교위(果毅校尉)로, 하계의 현의교위는 충의교위로 개칭되어 『경국대전』에 그대로 법제화되었다([출처:충의교위(忠毅校尉)-한국민족문화대백과사전]).

594) 현신교위(顯信校尉): 조선시대 무신 종5품 상계(上階)의 품계명.

조선이 건국된 직후인 1392년(태조 1) 7월 무산계가 제정될 때 종5품 상계는 현신교위(顯信校尉), 하계는 창신교위(彰信校尉)로 정하여져 『경국대전』에 수록되었다. 종5품에 해당하는 관직으로는 좌권독·우권독·부사직·현령 등이 있다. 이러한 종5품관에게는 1438년에 정비된 녹과(祿科)에 의거하여 실직(實職)에 따라 일년에 네 차례에 걸쳐 모두 중미(中米: 중질의 쌀) 6석, 조미(糙米: 매갈이하여 만든 쌀) 20석, 전미(田米: 좁쌀) 2석, 황두(黃豆: 누런 콩) 10석, 소맥(小麥: 참밀) 5석, 주(紬) 1필, 정포(正布) 10필, 저화 4장을 지급하였다. 또한, 종5품관에게는 조선 초기에 과전 45결을 지급하다가 1466년 과전법이 혁파되자 그뒤 직전 35결을 지급하였다. 그러나 1556년(명종 11) 직전법도 완전히 폐지되고, 조선 후기 『속대전』에서는 매달 미 1석1두, 황두 10두를 지급하도록 규정되었다([출처: 현신교위(顯信校尉)-한국민족문화대백과사전]).

595) 창신교위(彰信校尉): 조선시대 무신의 종5품 하계(下階)의 품계명.

조선이 건국된 직후인 1392년(태조 1) 7월 무산계가 제정될 때 종5품 상계는 현신교위(顯信校尉), 하계는 창신교위로 정하여져 『경국대전』에 수록되었다([출처:창신교위(彰信校尉)-한국민족문화대백과사전]).

596) 의용교위(毅勇校尉): 조선이 건국된 직후인 1392년(태조 1) 7월 무산계가 제정될 때 정5품 상계는 창신교위(彰信校尉), 하계는 진용교위로 정하여져 『경국대전』에 수록되었다.

597) 진용교위(進勇校尉): 조선시대 무신의 정6품 하계(下階)의 품계명.

1392년(태조 1) 7월 조선건국 후 처음 관제를 정할 때 무산계 상계는 돈용교위(敦勇校尉), 하계는 진용교위(進勇校尉)로 정하여져 1466년(세조 12) 『경국대전』에 법제화되었다([출처:진용교위(進勇校尉)-한국민족문화대백과사전]).

598) 여절교위(勵節校尉): 조선시대 무신 종6품 상계(上階)의 품계.

조선이 건국된 직후인 1392년(태조 1) 7월 종6품 무산계의 상계는 승의교위(承義校尉), 하계는 수의교위(修義校尉)로 정하였다. 그런데 무산계의 승의교위는 뒤에 여절교위(勵節校尉)로, 수의교위는 병절교위로 개칭되어 『경국대전』에 수록되었다([출처:여절교위(勵節校尉)-한국민족문화대백과사전]).

599) 병절교위(秉節校尉): 조선시대 종6품 하계(下階)의 무신의 품계.

교위계(校尉階)의 하한(下限)이 된다. 이러한 종6품관에게는 1438년(세종 20)에 정비된 녹과(祿科)에 의거하여 실직(實職)에 따라 일년에 네 차례에 걸쳐 모두 중미(中米: 중질의 쌀) 5석, 조미(糙米: 매갈이하여 만든 쌀) 17석, 전미(田米: 좁쌀) 2석, 황두(黃豆: 누런 콩) 8석, 소맥(小麥: 참밀) 4석, 주(紬) 1필, 정포(正布) 9필, 저화 4장을 지급하였다. 또한, 종6품관에게는 조선 초기에 과전 30결을 지급하였으나 1466년(세조 12) 하였다. 그러나 직전법도 1556년(명종 11)에 완전히 폐지되고, 조선 후기 『속대전』에서는 매달 미 1석 1두, 황두 10두를 지급하도록 규정되었다([출처:병절교위(秉節校尉)-한국민족문화대백과사전]).

600) 적순부위(迪順副尉): 조선시대 무신 정7품 품계명.

부위계(副尉階)의 상한이다. 1392년(태조 1) 7월 조선건국 직후 처음 관제를 정할 때 돈용부위(敦勇副尉)라고 하였다가, 1466년(세조 12)에 적순부위로 개칭하였다. 그리고 적순부위 이하를 참하관(參下官)이라 하였다([출처:적순부위(迪順副尉)-한국민족문화대백과사전]).

601) 분순부위(奮順副尉): 조선시대 종7품 무신의 품계.

조선이 건국된 직후인 1392년(태조 1) 7월 문무산계(文武散階: 문신과 무신의 품계)가 제정될 때 종7품 무산계는 진용부위(進勇副尉)로 정하였다. 그런데 진용부위는 1466년(세조 12)에 분순부위(奮順副尉)로 개칭되어 『경국대전』에 수록되었다([출처:분순부위(奮順副尉)-한국민족문화대백과사전]).

602) 승의부위(承義副尉): 조선시대 정8품 무신의 품계명.

조선이 건국된 직후인 1392년(태조 1) 7월 무산계가 제정될 때 정하여졌고, 그 뒤 『경국대전』에 그대로 법제화되었다. 정8품에 해당하는 관직으로는 사록·설경·저작·대교·학정·부직장·부검·좌시직·우시직·사맹·수문장 등이 있다([출처:승의부위(承義副尉)-한국민족문화대백과사전]).

603) 수의부위(修義副尉): 조선시대 종8품 무신의 품계명.

조선이 건국된 직후인 1392년(태조 1) 7월 무산계가 제정될 때 정하여져 그 뒤 『경국대전』에 그대로 수록되었다([출처:수의부위(修義副尉)-한국민족문화대백과사전]).

604) 효력부위(效力副尉): 조선시대 무신 정9품의 품계명.

조선이 건국한 직후인 1392년(태조 1) 7월 문산계가 제정될 때 무산계는 정하여지지 않았다. 그런데 무산계는 1436년(세종 18) 처음으로 진무부위(振武副尉)를 설치하였다가 『경국대전』에 이르러 효력부위로 개칭되었다. 정9품 관직으로는 세마(洗馬)·사용(司勇)·수문장 등이 있다. 이러한 정9품관에게는 1438년에 정비된 녹과(祿科)에 의거하여 실직(實職)에 따라 1년에 네 차례에 걸쳐 모두 조미(糙米: 벼를 매갈이하여 만든 쌀) 10석, 전미(田米: 좁쌀) 1석, 황두(黃豆: 누런 콩) 3석, 소맥(小麥: 참밀) 1석, 정포(正布) 3필, 저화 1장을 녹봉으로 지급하였다. 한편, 정9품에게는 조선 초기에 과전 15결을 지급하였으나 1466년 과전법이 혁파되자 그 뒤 직전 10결을 지급하였다. 그러나 직전 지급은 1556년(명종 11) 완전히 폐지되고, 조선 후기 『속대전』에서는 매달 미 10두, 황두 5두를 지급하도록 규정하였다([출처:효력부위(效力副尉)-한국민족문화대백과사전]).

605) 전력부위(展力副尉): 조선시대 무신 종9품의 품계명.

1436년(세종 18)에 처음으로 종9품의 산계(散階)로 진의부위(進義副尉)가 설치되었는데, 이것이 1466년 (세조 12)에 전력부위로 개칭되었다([출처:전력부위(展力副尉)-한국민족문화대백과사전]).

606) 현록대부(顯祿大夫): 정1품의 종친(宗親)에게 주는 벼슬. 흥록대부(興祿大夫)의 위 동반 관계의 대광보국숭록대부(大匡輔國崇祿大夫)·보국숭록대부·의빈의 수록대부(綏祿大夫)·성록대부(成祿大夫)는 모두 정1품계이다(이홍직 편, 『새국사사전』, 교학사, 2004, 1512쪽).

607) 통직랑(通直郎): 정5품인 종친(宗親)의 문관 관계(官階)(이홍직 편, 『새국사사전』, 교학사, 2004, 1413쪽).

608) 음직(蔭職): 공신, 또는 현직 당상관(堂上官)의 자손을 과거에 의하지 않고 관리로 채용하던 일. 이와 같이 문음(門蔭)으로 채용되어 음사(蔭仕)하는 관원을 음관(蔭官), 또는 남

행관(南行官)이라 부른다. 고려 때부터 이미 음서는 있었고, 조선에서도 답습되었다. 조선 때 음자제(蔭子弟)의 등용시험은 매년 정월에 있었고, 공신과 2품 이상인 자의 아들·손자·사위·아우·조카, 3품인 자의 아들·손자, 이조·병조·도총부(都摠府)·사헌부·사간원·홍문관·부장(部將) 및 선전관(宣傳官) 등의 음직(蔭職)을 역임한 자의 아들로 20세 이상인 자는 간단한 시험에 의하여 실직(實職)에 임용하되 녹사(錄事)가 되려는 자도 또한 허가하였다(위키백과).

609) 증직(贈職): 국가에 공로가 있는 사람 등에게 죽은 뒤에 품계·관직을 추증(追贈)하여 영예를 누리게 하던 일. 우리나라에서는 삼국시대부터 행하여졌다. 한 예로 고구려 동천왕(東川王) 때(227~248) 위(魏)나라 장수 관구검(毌丘儉)이 내침(來侵)하였을 때에 큰 공을 세우고 순국(殉國)한 유유(紐由)에게 구사자(九使者)를 추증하였으며, 신라 눌지왕(訥祇王) 때(417~458)에 박제상(朴堤上)이 일본에 볼모로 잡혀 있던 왕제(王弟) 미사흔(未斯欣)을 구출하여 보내고 대신 죽으니 왕이 대아찬(大阿飡)을 추증한 일 등을 들 수 있다. 그러나 이것을 제도로서 확립된 것은 고려에 들어 와서 부터였다. 아들 또는 남편이 높은 관직에 올랐을 때에 그 부모와 아내를 봉작함은 추은봉증(推恩封贈)이라 하는데, 이 제도는 988년(성종 7)에 문무상참관(文武常參官)의 상언(上言)으로 2품 이상은 삼대(三代), 3품은 이대(二代), 4~6품은 부모까지를 증직하는 제도를 세움으로써 사대부 부조추증(父祖追贈)의 제도가 이어 받고 이를 점점 더 광범위하게 적용하여 증직의 대상이 넓어졌다. 즉 고려 이래의 추은봉증 이외에 명유(名儒)·질신(節臣)·과거에 합격하여 벼슬을 하지 못하고 죽은 사람·효행(孝行)이 뛰어난 사람 등에게도 상당한 품계·관직을 추증하였는데 이 밖에도 증직한 경우가 많았다(위키백과).

610) 정경부인(貞敬夫人): 조선시대 외명부 중 문관·무관의 적처에게 내린 정·종1품 작호(爵號).
　　문무관 정1품 대광보국숭록대부(大匡輔國崇祿大夫)·보국숭록대부(輔國崇祿大夫)와 종1품 숭록대부(崇祿大夫)·숭정대부(崇政大夫)의 적처(嫡妻)에게 내린 작호다.1396년(태조 5)에 문무관 1품의 처를 군부인(郡夫人)이라 하였다. 그 뒤 1417년(태종 17)에 군부인을 정숙부인(貞淑夫人)으로 고쳤으나, 1439년(세종 21)에 정숙부인이 정숙왕후(貞淑王后)의 묘휘(廟諱)와 같다 하여 다시 정경부인으로 개정하여『경국대전』에 규정되었다. 또한, 1435년에는 2품 이상의 적처에게 같은 성씨를 구별하기 위하여 '모관모처모씨위모부인(某官某妻某氏爲某夫人)'이라 일컫게 되었다. 문무관 처의 봉작은 중국 진(秦)나라·한나라에서 부인을 봉한 것으로부터 비롯된다. 당나라·원나라의 외명부제도에서 문무관 1품의 처를 국부인(國夫人)이라 하였으며, 명나라에서는 부인이라 하였다. 고려는 성종 때 문무상참관(文武常參官) 이상의 모와 처에게 봉한 것으로 비롯되며, 공양왕 때는 문무관 1품의 적처를 소국부인(小國夫人)으로 봉하였다. 정경부인은 남편의 고신(告身)에 따라 주어지며, 문무관의 처 중에서 가장 높은 위치에 있으며, 만인의 존경을 받던 지위였다. 그러므로 부인의 봉작은 부도(婦道)가 곧고 바른 사람으로 봉하게 하고, 서얼출신이나 재가한 사람은 봉작하지 않고, 남편이 죄를 범하여 직첩이 회수되거나 남편이 죽은 뒤 재가하면 이미 준 봉작도 회수하였다([출처:정경부인(貞敬夫人)-한국민족문화대백과사전]).

611) 정부인(貞夫人): 조선시대 외명부 중 문관·무관의 적처에게 내린 정·종2품의 위호(位號).
　　문무관 정2품 정헌대부(正憲大夫)·자헌대부(資憲大夫)와 종2품 가정대부(嘉靖大夫)·가

선대부(嘉善大夫)의 적처(嫡妻)에게 내린 작호다. 1396년(태조 5)에 문무관 2품의 처를 현부인(縣夫人)이라 봉하였다가, 1417년(태종 17)에는 정부인으로 개정하였으며, 이 명칭이 『경국대전』에 법제화되었다. 또한 1435년(세종 17)에는 2품 이상의 적처에게 같은 성씨를 구별하기 위하여 '모관모처모씨위모부인(某官某妻某氏爲某夫人)'이라 일컫게 하였다. 문무관 2품의 처는 중국 당나라에서는 국부인(國夫人), 원나라에서는 군국부인, 명나라에서는 부인이라 하였고, 고려는 공양왕 때 대군부인(大郡夫人)이라 하였다. 정부인은 남편의 고신(告身)과 함께 이루어지며, 부인의 봉작은 부도(婦道)가 곧고 바른 사람으로 봉하게 하고, 서얼출신이나 재가한 사람은 봉작하지 않고, 남편이 죄를 범하여 직첩(職牒)이 회수되거나 남편이 죽은 뒤 재가하면 이미 준 봉작도 회수하였다([출처:정부인(貞夫人)-한국민족문화대백과사전]).

612) 숙부인(淑夫人): 조선시대 외명부(外命婦) 중 문무관처가 내린 정3품 당상 작호(爵號).

문무관 정3품의 당상관(堂上官)인 통정대부(通政大夫)·절충장군(折衝將軍)의 적처(嫡妻)에게 내린 작호이다([출처:숙부인(淑夫人)-한국민족문화대백과사전]).

613) 영인(令人): 조선시대 외명부 중 문무관처에게 내린 정·종4품 작호(爵號).

정·종4품 문·무 관리의 적처(嫡妻)에게 봉작한 작호이다. 본래 영인은 송나라 휘종(徽宗) 때에 군군(郡君)을 4등급하여 숙인(淑人)·석인(碩人)·영인(令人)·공인(恭人)이라 한 데에서 비롯된 것이다. 1396년(태조 5) 문무 각품의 정처(正妻)에 대한 봉작제를 제정할 때에는 3품관의 처에게 주는 작호였다. 그 뒤 세종 때에는 종3품관의 정처에게 주다가 『경국대전』에는 정·종4품관의 적처에게 주어진 작호로 격하되었다. 남편의 경우는 문관 정4품은 상계에 봉정대부(奉正大夫), 하계에 봉렬대부(奉列大夫)로, 종4품은 상계에 조산대부(朝散大夫), 하계에 조봉대부(朝奉大夫)로, 무관의 경우는 정4품은 상계에 진위장군(振威將軍), 하계에 소위장군(昭威將軍), 종4품은 상계에 정략장군(定略將軍), 하계에 선략장군(宣略將軍)으로 세분되어 있으나, 그 부인들은 구분하지 않고 영인으로 통칭하였다([출처:영인(令人)-한국민족문화대백과사전]).

614) 공인(恭人): 조선시대 외명부 중 정·종 5품 문관·무관의 정처(正妻)에게 내린 작호(爵號).

정·종 5품 문·무관의 적처(嫡妻)에게 내리던 외명부(外命婦)의 작호(爵號)이다. 1396년(태조 5)에는 4품 문·무관의 정처에게 내리는 작호였으나, 『경국대전』이후 5품의 아내에게 봉작되었다. 이후 몇 차례의 법 개정에도 변하지 않았다.

변천과 현황: 조선 건국 초인 1396년(태조 5)에 이조(吏曹)에서 조종(祖宗)을 현양하고 배필(配匹)의 중요성을 강조하면서 문·무관 4품의 처를 봉하였으며, 세종 때에는 정4품과 종4품의 처를 함께 봉하였다. 이 제도는 성종 때 『경국대전(經國大典)』에 정5품과 종5품의 처에게 봉하는 것으로 규정되어 있다. 이후 『속대전(續大典)』, 『대전통편(大典通編)』, 『대전회통(大典會通)』 등 몇 차례의 법이 개정되었으나, 이 조항은 조선 왕조 말기까지 변동 없이 유지되었다. 한편 송나라 휘종 때 군군(郡君)과 현군(縣君)을 7등급으로 나누어 군군은 숙인(淑人)·석인(碩人)·영인(令人)·공인(恭人), 현군은 실인(室人)·안인(安人)·유인(孺人)이라 하여 군군에 속하였다. 또, 문무관 정·종5품의 적처를 당(唐)·원(元)·고려는 현군, 명나라는 의인(宜人)이라 하였다.

공인은 남편의 관직이 정·종 5품일 때 내려졌다. 부인의 작호는 남편의 관직에 따라 주어지며, 서얼 출신이나 재가한 사람은 봉작하지 않았다. 또한, 남편이 죄를 범하여 직첩이 회수되거나, 남편이 죽은 뒤 재가하면 이미 준 봉작도 회수하였다([출처:공인(恭人)-한국민족문화대백과사전]).

615) 의인(宜人): 조선시대 외명부 중 문무관처에게 내린 정·종6품 작호(爵號).

문무관 정6품인 승의랑(承議郎)·승훈랑(承訓郎)·돈용교위(敦勇校尉)·진용교위(進勇校尉)와 종6품인 선교랑(宣教郎)·선무랑(宣務郎)·여절교위(勵節校尉)·병절교위(秉節校尉)에 오른 관리의 적처에게 내린 작호이다. 의인은 조선 초기 태조 때에는 문무관 5품의 적처에게 봉하여졌다. 이것이 『경국대전』에는 한 품계가 낮은 정6품과 종6품의 적처에게 봉하는 것으로 규정되었다([출처:의인(宜人)-한국민족문화대백과사전]).

616) 안인(安人): 조선시대 외명부 중 문무관처에게 내린 정·종7품 작호(爵號).

정·종7품의 문·무 관리의 적처(嫡妻)에게 봉작된 작호이다. 1396년(태조 5) 문무 각품 정처(正妻)에 대한 봉작제를 제정할 적에는 6품 관인의 정처 작호로 정해졌으나, 『경국대전』에서 7품 관인의 정처 작호로 격하되었다. 남편의 경우 문관은 정7품 무공랑(務功郎), 종7품은 계공랑(啓功郎)으로, 무관은 정7품 적순부위(迪順副尉), 종7품은 분순부위(奮順副尉)로 세분되었으나 그 부인은 구분하지 않고 안인으로 통칭하였다. 본래 안인은 송나라 휘종(徽宗) 때에 현군(縣君)을 3등급으로 나누어 실인(室人)·안인(安人)·유인(孺人)이라 한 데에서 비롯되었으며, 녕나라와 청나라에서의 안인은 6품의 문무관 처에게 봉해진 봉호였다([출처:안인(安人)-한국민족문화대백과사전]).

617) 단인(端人): 조선시대 외명부 정·종8품의 위호(位號).

문관 정8품 통사랑(通仕郎)과 종8품 승사랑(承仕郎), 무관 정8품 승의부위(承義副尉)와 종8품 수의부위(修義副尉)의 적처에게 내린 봉작을 통칭한 것이다. 성종 때 『경국대전』〈외명부조〉에 처음으로 나온 명칭이다. 남편의 고신(告身)에 따라 그 부인을 봉작하되, 부도(婦道)가 바른 사람이어야 하며 서얼출신이나 재가(再嫁)한 부인은 제외되었다. 또한, 남편이 죄를 지어 직첩(職牒: 관직 임명사령장)이 회수되거나, 남편이 죽은 뒤에 재가하면, 이미 준 봉작(封爵)도 회수하였다([출처:단인(端人)-한국민족문화대백과사전]).

618) 유인(孺人): 조선시대 외명부 중 문무관처에게 내린 정·종9품 작호(爵號).

문무관 정9품 종사랑(從仕郎)·효력부위(效力副尉)와 종9품 장사랑(將仕郎)·전력부위(展力副尉)의 적처(嫡妻)에게 봉작된 작호이다. 중국 하(夏)·은(殷)·주(周)에서는 대부(大夫)의 적처를 말하였으나, 송나라 휘종(徽宗) 때는 군군(郡君)을 4등급으로 하여 그 부인을 숙인(淑人)·석인(碩人)·영인(令人)·공인(恭人)이라 하고, 현군(縣君)을 3등급으로 하여 의인(宜人)·안인(安人)·유인(孺人)이라 하였는데, 이 유인은 현군의 부인에 속하였다. 그 뒤 원 대(元代)·명 대(明代)·청대(清代)에는 문무관 7품의 처에게 내려진 봉호이었다. 우리나라의 경우는 1396년(태조 5)에 문무관 각 품의 적처에게 봉작하면서 7품 이하의 참외관(參外官)의 처를 유인이라고 하였다가, 이후 『경국대전』에서 정9품과 종9품의 적처에게 주어지는 봉호로 격하되었다. 이 칭호는 일반 백성의 부인에게도 통용되었다([출처:유인(孺人)-한국민족문화대백과사전]).

619) 『황조문헌통고(皇朝文獻通考)』: 청 건륭제의 칙명에 따라 혜황(嵇璜) 등이 청대의 전장제도(典章制度)를 집대성한 책으로서 1616년(천명 1)부터 1785년(건륭 50)까지 총 169년에 해당하는 내용이 수록되어 있다. 완질(完帙)은 총 176책이지

만 본 소장본은 2책이 결실(缺失)된 상태이다. 책의 첫 면에 이준용의 장서인인 '이준공장(李埈公章)'이 찍혀 있고, 책의 곳곳에 '인리화기(仁利和記)'와 '인미화기(仁美和記)'라는 인문이 보이는데 이것은 청말 인쇄용지 생산처(生産處)를 알 수 있는 단서가 된다. 내용은 전부(田賦), 전폐(錢幣), 인구(人口), 직역(職役), 여지(輿地), 사예(四裔) 등 26항목의 문물, 제도 설명(서울역사박물관 홈페이지).

620) 궁노비(宮奴婢): 고려 이후 궁중에 소속된 노비. 일명 내노비(內奴婢). 삼국시대에도 궁정의 수공업 분야에 노비들이 사용되었으나 고려 때 성행, 관노비(官奴婢)의 일종으로 궁중의 공역(供役)·내구(內廐)의 잡역(雜役)을 맡았다. 궁노비가 극심하였던 1341년(충혜왕 복위 2) 선상노비(船上奴婢)·투탁노비(投託奴婢)·사여노비(賜與奴婢)·매매노비(賣買奴婢) 등을 민간에서 징발(徵發)하고 그 중 우수한 자를 선발하여 궁노비로 삼았다. 당시 궁노비의 수는 알 수 없으나 최승로(崔承老)가 내노비감축론(內奴婢減縮論)을 건의하였음을 증명한다. 조선 때 공천(公賤)으로 계승되었다(이홍직 편, 『새국사사전』, 교학사, 2004, 176쪽).

621) 액정서(掖庭署): 조선시대 왕과 왕족의 명령 전달, 알현 안내, 문방구 관리 등을 관장하던 관서.

장원서(掌苑署)와 함께 환관전용 부서였다. 궁궐 내에서 왕과 왕족의 명령 전달, 알현 안내, 문방구 관리, 궐내 각 문의 출입통제 및 문단속, 궐내의 각종 행사준비 및 시설물관리, 청소·정돈 등의 잡무를 담당하였다. 이는 고려시대의 액정원(혹은 액정국)을 계승한 것으로, 1392년(태조 1) 7월 관제 제정 때 액정서로 개칭하고 환관직으로 지정하여 문무관 정직과 구분하였다. 여기에는 잡직계로 정6품 사알(司謁: 왕명전달·알현 담당) 1인, 사약(司鑰: 단속 담당) 1인, 종6품 부사약(副司鑰) 1인, 정7품 사안(司案: 궐내 의전행사시 상안床案 담당) 2인, 종7품 부사안 3인, 정8품 사포(司鋪: 내정의 설비 담당) 2인, 종8품 부사포 3인, 정9품 사소(司掃: 청소 담당) 6인, 종9품 부사소 9인의 정원을 두었다. 모두 하급 내시들로서, 특히 종7품 이하는 보통 별감(別監)으로 통칭되었다. 이들 잡직은 모두 체아직(遞兒職)으로 운영되었는데, 사알·사약 등은 2번으로 나누어 근무하고 근무일수 600일마다 품계를 올려주어 정6품이 되면 근무를 면제하게 하였다. 별감들도 2번으로 나누어 근무하고 근무일수 900일마다 정품계를 올려주어 종7품에 이르면 근무가 면제되었으나, 희망자는 장원서로 옮길 수 있게 하였다. 장원서에서는 900일 근무 일수가 차면 정7품계로 올려주고, 또 900일이 지나면 종6품이 되어 그 직(職)에서 떠나게 하였다([출처: 액정서(掖庭署)-한국민족문화대백과사전]).

622) 봉상시(奉常寺): 조선시대 국가의 제사 및 시호를 의론하여 정하는 일을 관장하기 위해 설치되었던 관서.

기원은 멀리 신라시대의 전사서(典祀署)까지 올라갈 수 있으나, 보다 직접적인 것은 고려 목종 때 설치된 태상(太常)이다. 문종 때는 태상부(太常府)로 개정되었는데 이것은 기록에 따라 대상(大常) 또는 대상부(大常府)로 나타나기도 한다. 태상부는 1298년(충렬왕 24)에 '봉상시'로 개칭되고, 직제도 경(卿) 2인, 소경(少卿) 1인, 승(丞) 1인, 박사(博士) 1인, 대축(大祝) 1인, 봉례랑(奉禮郎) 1인으로 확대 개편되었다. 그로부터 10년 뒤에 다시 전의시(典儀寺)로 개칭되었다가 공민왕 때인 1356년에 다시 태상시, 1362년에는 전의시, 1369년에는 태상시, 1372년에는 전의시의 순으로 명칭이 자주 반복되어 변경되었으며, 그와 함께 직제도 자주 반복, 변경되었다. 조선시대에도 건국 직후 고려시대의 제도를 답습해 종묘제향(宗廟祭享) 등의 일을 관장하는 봉상시를 설치하였다. 그리고 관원으로 판사(判事) 2

인, 경 2인, 소경 2인, 승 1인, 박사 2인, 협률랑(協律郞) 2인, 대축 2인, 녹사(錄事) 2인을 두었다. 그 뒤 1401년(태종 1)에 경이 영(令), 소경이 부령(副令), 승이 판관(判官), 박사가 주부(主簿)로 바뀌었다. 1409년에는 봉상시가 전농시(典農寺)로 개칭되었으며, 1414년에는 영이 윤(尹), 부령이 소윤(少尹)으로 개칭되었다. 1423년(세종 2) 다시 봉상시로 환원되고, 판사 이하 모든 관원은 문관으로 임명하도록 되었다. 그 뒤 1466년(세조 12) 직제가 크게 개정되었는데, 그것이 『경국대전』에 수록되었다. 당시의 직제는 도제조(都提調) 1인(의정이 겸임), 제조 1인, 정(正) 1인, 부정(副正) 1인, 첨정(僉正) 2인, 판관 2인, 주부 2인, 직장(直長) 1인, 봉사(奉事) 1인, 부봉사 1인, 참봉 1인의 관원이 있었다. 정 이하의 관원은 모두 문신으로 임용하도록 규정하고, 주부 이상의 관원 중 6인은 장기복무인 구임(久任)으로 하였다. 연산군 때 직장·봉사 각 2인이 더 증원되었으나 중종 즉위 직후에 복구되었다. 직장은 승문원 참외(參外), 봉사·부봉사는 성균관 참외, 참봉은 교서관(校書館) 참외가 각각 겸임하게 되었다. 뒤에 부정이 혁파되고, 첨정·판관 각 1인이 감축되었다. 아전으로 서리 15인이 소속되어 있었는데, 뒤에 서원(書員)으로 대체되었으며, 고종 때 21인으로 증가되었다. 한편, 왕릉이 위치한 곳에 분봉상시(分奉常寺)를 설치하여 제물(祭物)의 봉진(封進)을 담당하게 하였다. 1894년(고종 31) 봉상사(奉常司)로 개칭되었다([출처:봉상시(奉常寺)-한국민족문화대백과사전]).

623) 종묘서(宗廟署): 왕실 능원(陵園)의 정자각(丁字閣)과 종묘를 수호하기 위하여 설치되었던 관서.

종묘서가 처음 설치된 것은 고려 문종 때로서, 처음에는 영(令) 1인과 승(丞) 2인을 두었다. 충렬왕 때 침원서(寢園署)로 개칭되었으며, 전의시(典儀寺)에 속하면서 승 1인이 줄었다. 공민왕 때 대묘서(大廟署)로 개칭되면서 주부 1인을 증원하였고, 다시 능원서(陵園署)로 고치면서 사(史) 4인과 기관(記官) 2인을 배치하였다. 조선시대에는 태조 때 설치하였는데, 그 임무 역시 능침(陵寢)의 정자각과 종묘를 관장하는 것이다. 도읍을 한양으로 옮긴 뒤 도제조 1인, 의정 겸 제조 1인, 영 1인, 직장 1인, 봉사 1인, 부봉사 1인, 이속수복(吏屬守僕) 30인, 고직(庫直) 1인, 사령 6인, 군사 20인으로 하였으나, 1878년(고종 15) 직장과 봉사를 감원하고 영 2인을 증치(增置)하였다. 1896년 다시 제거 1인, 영 3인, 참봉 1인을 두었고, 1896년 제조 1인을 두고 참봉을 영으로 개칭하여 조선조 말엽까지 종묘와 능침 관리를 담당하여왔다([출처:종묘서(宗廟署)-한국민족문화대백과사전]).

624) 사직서(社稷署): 조선시대 사직단(社稷壇)과 그 토담의 청소를 담당하기 위해 설치했던 관서.

종5품 아문(衙門)에 해당한다. 조선 초기 사직단을 두었다가 1426년(세종 8) 사직서로 개칭하고 승(丞, 종7품) 1인, 녹사(錄事, 종9품) 2인을 두었다. 1451년(문종 1) 실안도제조(實案都提調)와 제조 각각 1인씩을 설치하였다. 1466년(세조 12) 겸승(兼丞)을 없애고 서령(署令) 1명을 두었는데 품계는 종5품이다. 『경국대전』에는 도제조(都提調: 시원임대신이 겸임) 1인, 제조(정2품 관원이 겸임) 1인, 영 1인, 참봉(參奉, 종9품) 2인을 두도록 규정되어 있다. 그 뒤 숙종 때 직장(直長, 종7품) 1인과 봉사(奉事, 종8품) 1인이 새로 설치되고 참봉 2인이 없어졌다. 1725년(영조 1) 봉사를 영으로 개편했고, 1882년(고종 19) 영 1인을 더 늘려 2인으로 1인은 문관이, 1인은 음관이 임명되었다. 이 밖에 수복(守僕) 8인, 서원

겸고직(兼庫直) 1인, 도례(徒隸)로서 사령(使令) 5인, 기별군사(奇別軍士) 1인이 있었다. 사직서의 입직 관원(入直官員)은 매 5일마다 사직단과 토담을 봉심(奉審: 왕명을 받들어 능이나 묘를 살피는 일)해야 하며, 매월 삭망 때는 신실(神室)을 봉심해야 하였다. 그리고 만일 개수할 곳이 있으면 예조에 보고해야 하였다. 호·예·공조의 낭관(郎官)은 매년 춘추 맹월(孟月), 즉 정월과 7월에 사직단 및 토담과 신실을 살펴봐야 하였다. 만일, 사직단의 대석(臺石)이 무너졌거나 신실이 샐 경우는 제조가 살펴본 다음, 예조에 보고한 뒤 길일(吉日)을 택해 예·호·공조의 삼관서와 제조가 함께 감독해 바로 잡도록 되어 있었다. 사직에 행하는 중요한 제향(祭享)으로는 정월 상순 신일(辛日)에 행하는 기곡(祈穀), 2월과 8월의 상순 무일(戊日)에 행하는 중삭(中朔), 납일(臘日)에 행하는 납향(臘享)의 4대향(四大享)이 있었다. 아울러 수(水)·한(旱)·질역(疾疫)·황충(蝗虫)·전벌(戰伐) 때에 행하는 기제(祈祭)와 책봉(冊封)·관례(冠禮)·혼례(婚禮) 때 행하는 고제(告祭)의 소사(小祀)가 있었다([출처: 사직서(社稷署)-한국민족문화대백과사전]).

625) 규장각(奎章閣): 조선시대 왕실 도서관이면서 학술 및 정책을 연구한 관서.
1776년(정조 즉위년) 3월, 궐내에 설치되었다. 역대 왕들의 친필·서화·고명(顧命)·유교(遺敎)·선보(璿譜) 등을 관리하던 곳이었으나 차츰 학술 및 정책 연구기관으로 변해 갔다. 조선 세조 때 양성지(梁誠之)의 건의로 일시 설치되었으나 폐지되었다. 1694년(숙종 20)에 세조가 친히 쓴 '奎章閣(규장각)'이라는 액자를 종정시(宗正寺)의 환장각(煥章閣)에 봉안하고 역대 국왕의 어필·어제를 보관하려 했으나 뜻을 이루지 못하였다. 군주의 권위를 절대화시키는 규장각의 설치를 유신들이 찬성하지 않았기 때문이다. 그 뒤 정조가 즉위하면서 외척 및 환관들의 역모와 횡포를 누르기 위한 혁신 정치의 중추로서 설립되었다. 이를테면 단순한 서고의 구실을 위한 것은 아니었던 것이다. 즉, 정조는 "승정원이나 홍문관은 근래 관료 선임법이 해이해져 종래의 타성을 조속히 지양할 수 없으니, 왕이 의도하는 혁신정치의 중추로서 규장각을 수건(首建)하였다"고 설각 취지를 밝힌 바 있다. 창설한 뒤 우선 영조의 어필·어제를 봉안하는 각을 창덕궁 내에 세워 봉모당(奉謨堂)에 모시고, 사무 청사인 이문원(摛文院) 등을 내각으로 하였다. 주로 출판의 일을 맡아보던 교서관을 병합해 외각으로 했고, 활자를 새로이 만들어 관리를 맡는 일과 편서·간서를 내각에 맡겼다. 1781년에 청사를 모든 관청 중 가장 광활하다는 옛 도총부(都摠府) 청사로 옮겼으며, 강화사고(江華史庫) 별고를 신축해 강도외각(江都外閣)으로 삼았다. 또한, 내규장각의 부설 장서각으로 서고(西庫: 조선본 보관)·열고관(閱古觀: 중국본 보관)·개유와(皆有窩: 중국관 보관) 등을 세워 내외 도서를 정리, 보관하게 하였다. 장서는 청나라에서 구입한 1만여 권의 『고금도서집성(古今圖書集成)』을 포함, 약 8만여 권을 헤아렸다. 이것이 현재 총 3만여 권에 달하는 현재 규장각 도서의 원류이다. 규장각의 주합루(宙合樓)는 당조(當朝)의 어필(어진)·인장 등을 보관하며, 봉모당은 열조의 어필·어제 등을 봉안하였다. 열고관·개유와는 내각과 함께 서고로서, 이문원은 사무 청사의 구실을 하였다. 구교서관(舊校書館)은 외각과 열조의 어제·서적 등을 보관하는 강도외각(江都外閣)으로 구성되었다. 관원으로 제학 2인, 직제학 2인, 직각(直閣) 1인, 대교(待敎) 1인 외에 검서관(檢書官) 4인이 있었다. 각신들은 삼사보다도 오히려 청요직(淸要職)으로 인정되었다. 종1품으로부터 참하관에 이르는 노소 6인과 실무담당으로 검서관 4인을 두었다. 내각에는 검서관 외에 사자관 8인 등이 있었고, 다시 이속으로 70인이 있었으며, 외각에도 이속 20여 인을 두었다. 규모도 1781년(정조 5)까지 계속 정비되어갔는데, 열고관의 도서가 늘어남에 따라, '개유와(皆有窩)'라는 서고를 증축하기도 하였다. 규장각의 기능은 점차 확대되어 승정원·홍문관·예문관의 근시(近侍)기능을 흡수했으며, 과거 시험과 초계문신(抄啓文臣) 제도도 함께 주관하였다. 특히 초계문신은 글 잘하는 신하들을 매월 두 차례씩 시험을 치른 후 상벌을 내려 재교육의 기회를 주는 제도였다. 따라서 학문의 진작은 물론 정조의 친위(親衛)세력 확대에 크게 이바지하였다. 규장각의 도서 출판의 기능을 위해 예조 소속의 출판 전단 관서이던 교서관을 규장각의 속사(屬司)로 삼고, 정유자(丁酉字, 1777년), 한구자(韓構字, 1782년), 생생자(生生字, 1792년), 정리자(整理字, 1795년) 등의 새로운 활자를 만들어 수천 권에 달하는 서적을 간행하였다. 많은 양의 국내외 도서가 수집·간행됨에 따라 이를 체계적으로 분류하고 목록화 하는 작업도 이루어졌다. 첫 번째 분류 목록은 1781년(정조 5) 약 3만여 권의 중국 책을 대상으로 서호수(徐浩修, 1736~?)에 의해 작성되었다. 이를 『규장총목(奎章總目)』이라 하며 이것이 오늘날 규장각도서의 시원(始源)이다. 그리고 우리나라 책들만을 분류한 것이 『누판고(鏤板考)』와 『군서표기(群書標記)』이다. 각신들의 권한으로 시신(侍臣)은 승지 이상으로 대우를 받아 당직을 하면 아침저녁으로 왕에게 문안했으며, 신하와 왕이 대화할 때 사관으로서 왕의 언동(言動)을 기록하기도 하였다. 특히, 1781년부터는 일기를 기록해 『내각일력(內閣日曆)』이라 했는데, 『승정원일기』 이상으로 상세하였다. 또한, 2년 뒤부터는 각신이 매일의 정령형상(政令刑賞) 등을 기록, 왕이 친히 첨삭한 뒤에 등사하였다. 1779년에는 새로 규장각 외각에 검서관을 두고 서얼 출신 임과(任窠)로 했는데, 국초(國初) 이래로 재주와 학문은 뛰어나도 입신의 길이 막혀 있던 서얼들에게는 큰 의의가 있는 일이었다. 또, 당하관의 소장관원 중 우수한 자로 뽑힌 초계문신(抄啓文臣)에게 매월 두 차례 시험을 치러 상벌을 내렸다. 각신은 초계문신 강제(講製)에 시관이 되어 일대의 문운을 좌우하였다. 또 실질적인 경연관(經筵官)으로서 왕과 정사(政事)를 토론하고 교서 등을 대리 찬술하는 일에서부터 편서(便書)와 간서(簡書)에 이르기까지 광범위한 업무를 수행하였다. 규장각에서 양성된 학자들은 정조대의 문예 부흥을 주도하고 왕권 안정을 뒷받침하였다. 그러나 정조의 사후 규장각은 그대로 존속했지만, 정치적 선도(先導) 기구로서의 기능은 예전과 같지 않았다. 차츰 왕실 도서관으로서의 기능만 남게 된 것이다. 설립 이후 그대로 존속되어오던 규장각은 1868년(고종 5) 경복궁이 중건되면서 창덕궁에서 이곳으로 옮겨지고 소장도서들도 이문원·집옥재(集玉齋)·시강원 등에 분산, 보관되었다. 1894년 갑오경장 때 궁내부에 두었다가 이듬해 규장원으로 고쳐, 이때 한·중 두 나라의 도서와 각종 왕가 전보(傳寶)를 보관하였다. 그 뒤 1897년(고종 34)에 다시 규장각으로 환원시켰다. 1908년에 근대적인 직제를 편성해 전모(典謨)·도서·기록·문서 등 4과가 사무를 집행하였다. 이때 『승정원일기』·『비변사등록』, 각 관서의 일기 및 등록과 정족(鼎足)·태백(太白)·오대(五臺)·적상(赤裳) 등의 사고 장서까지 관할하였다. 그 뒤 1910년에 이름이 없어지고 도서는 한 때 이왕직에 도서실을 두어 보관했으나, 이듬해 조선총독부 취조국으로 넘어갔다. 이때 넘어간 도서는 5,353부 10만 187책, 각종 기록은 1만 730책에 달하였다. 그러나 1912년 총독부에 참사관실이 설치되어 도서 및 관련된 사무가 참사관실로 이관되었다. 1922년에 학무국으로, 이어 다시 1928년에서

1930년 사이에 경성제국대학으로 이관되었는데, 이때 15만 119권이 이 대학 도서관으로 옮겨졌다. 일제가 규장각 도서를 보존한 것은 식민 통치를 위한 우리나라 역사 연구에 이 자료들을 이용하기 위해서였다. 그러나 창덕궁 안의 규장각 건물 가운데 서향각·주합루·부용정만 남기고, 그 밖의 열고관·개유와·서고·이문원·대유재(大酉齋)·소유재 등은 모두 헐리고 말았다. 이 책들은 광복 후 서울대학교 부속도서관(옛 경성제국대학 부속도서관 건물)으로 이관되었다. 이후 1950년 한국전쟁으로 규장각도서 중 국보급 자료 8,657책이 부산으로 옮겨졌다가 다시 환도 후 서울로 돌아오기도 하였다. 1975년 서울대학교가 관악으로 이전하면서 규장각 도서도 함께 옮겨졌다. 이때 경복궁 회랑에 있던 교서관 소장 목판(木版) 17,800여 장이 함께 옮겨졌다. 그리고 도서관 안에 규장각 도서관리실을 따로 두어 규장각 도서의 관리를 맡게 했으며, 도서관 소속의 일반 고도서와 문고본 도서 등을 규장각도 서로 편입, 약 20만 권의 장서를 헤아리게 되었다. 1990년에 서울대학교 규장각 도서의 보존·관리를 강화하기 위해 독립 건물을 완공하였다. 이에 규장각도서가 신축 건물로 이전했고, 1992년 3월에 서울대학교 설치령이 개정되어 '서울대학교규장각'이라는 독립된 기관으로 새롭게 발족하였다. 이로써 서울대학교규장각은 자료연구부·자료관리실·행정실의 부서를 갖추고 자료 보존·열람 기능뿐만 아니라 국학 연구 기관으로서의 기능도 함께 수행하게 되었다. 규장각은 정조 때 다른 어느 기구보다도 넓고 중요한 비중을 가진 정치적·문화적 기구였다. 설립 당시 노론의 벽파 등 반대파를 숙청하며, 혁신정치를 위한 중추기구 내지는 기획 연구기관의 구실을 하였다. 원래 '규장(奎章)'이란 임금의 어필과 어제를 가르키는 것으로, 그것을 모아두는 제도는 중국에서 유래되었다. 하지만, 고사를 따른다는 명분에 힘입어 실질적으로는 새로운 정치적·문화적 기구를 마련했던 것이다. 교양 없는 인물로 문화와는 거리가 있던 홍국영(洪國榮, 1748~1780)의 제거를 계기로, 문화 기관으로 충실해졌고, 각신의 권한도 날로 커져갔다. 설립 시기에는 정적 소탕을 주 임무로 했던 규장각이 정세의 안정과 더불어 정치의 연구 및 기획 기관이 된 것이다. 따라서 여기에 소속된 각신은 승지 이상으로 왕과 친밀하였다. 밖으로는, 청나라 건륭 문화(乾隆文化)의 영향을 받아 내외 서적의 수집·편서·간서에 구심적 역할을 했으며, 우리 문화재의 정리와 보관에 지대한 공헌을 하였다([출처:규장각(奎章閣)-한국민족문화대백과사전]).

626) 시강원(侍講院): 세자시강원(世子侍講院)·왕태자궁(王太子宮)시강원·황태자궁(皇太子宮)시강원의 통칭. 정조가 명하여 유의양(柳義養, 1718~?)이 시강원의 직제·규정을 기록한 『시강원지(侍講院志)』(처음 제목은 『춘방지(春坊志)』)가 있다.

....

* 세자시강원(世子侍講院): 조선시대 왕세자의 교육을 담당하기 위하여 설치되었던 관서.
태조 초에 설치된 세자관속(世子官屬)을 뒤에 개칭한 것으로 왕세자를 모시고 경서(經書)와 사적(史籍)을 강의하며 도의(道義)를 가르치는 임무를 담당하였다. 관원은 사(師, 정1품), 부(傅, 정1품), 이사(貳師, 종1품), 좌우빈객(左右賓客, 정2품), 좌우부빈객(左右副賓客, 종2품), 찬선(贊善, 정3품), 보덕(輔德, 정3품), 겸보덕(兼輔德, 정3품), 진선(進善, 정4품), 필선(弼善, 정4품), 겸필선(兼弼善, 정4품), 문학(文學, 정5품), 겸문학(정5품), 사서(司書, 정6품), 겸사서(兼司書, 정6품), 설

서(說書, 정7품), 겸설서(兼說書, 정7품), 자의(諮議, 정7품)가 각각 1인이었다. 이 가운데 찬선·진선·자의 및 겸(兼) 자가 붙은 관직은 조선 후기에 증설되었다. 사는 영의정이, 부는 좌우의정 중에 1인이, 이사는 찬성 1인이 겸하였고, 빈객과 부빈객도 모두 겸직이었다. 찬선 이하는 모두 녹관(祿官)이었는데, 찬선과 진선은 겸관으로 하기도 하였다. 과거합격자가 아닌 유학(幼學)이라도 대신이 추천하면 자의에 임명될 수 있었다. 1895년(고종 32)에는 왕태자궁(王太子宮)으로 이름을 바꾸고 일강관(日講官) 2인, 시강관(侍講官) 4인, 첨사(詹事) 1인, 부첨사(副詹事) 1인 등을 두었다가, 이듬해 다시 시강원으로 고쳤다([출처:세자시강원(世子侍講院)-한국민족문화대백과사전]).

....

* 황태자궁시강원(皇太子宮侍講院): 조선 말기 황태자의 강학(講學)과 시종(侍從)을 담당했던 기관. 조선시대에는 왕위계승자인 세자의 교육과 호위를 위해 세자시강원과 세자익위사(世子翊衛司) 등을 설치하였다. 1894년(고종 31) 6월에 행정제도 개편을 논의할 때 세자와 관련된 익위(翊衛)·강서(講書)·위종(衛從) 등의 업무를 시강원으로 통합하는 의견이 있었다. 그러나 7월에 확정된 직제 개편에 따르면, 익위사·강서원·보양청(輔養廳)·위종사(衛從司) 등 세자 관련부서를 궁내부(宮內府) 소속의 시강원 관할로 편제하였다. 이때 시강원 소속 관원인 사(師)·이사(貳師)·찬선·보덕·필선·진선(進善)·문학·설서·자의(諮議)는 각각 1인으로, 빈객(賓客)은 2인으로 감축되었다. 세자 관련 행정업무의 통합 작업은 1895년 왕태자궁의 설치로 실현되었다. 이듬해 왕태자궁은 시강원으로 개칭되어 세자 및 왕자 등에 관련된 업무를 총괄하였다. 대한제국을 선포하고 왕태자를 황태자로 고쳐 부르게 되자 1905년에는 시강원을 황태자궁시강원으로 개칭하였다. 1907년에 황태자궁시강원은 동궁(東宮)으로 개칭되었다. 이때 관원을 줄여 대부(大夫) 1인은 칙임관으로, 대부보(大夫補) 1인, 시종 4인, 시강 2인은 주임관으로, 주사 2인은 판임관으로 각각 임명하였다.

황태자궁시강원의 주요 업무는 세자의 명령을 출납하고, 보도(輔導)·시강(侍講) 및 배종(陪從)을 담당하였다. 관원은 칙임관(勅任官)·주임관(奏任官)·판임관(判任官)으로 구성되었다. 일강관(日講官) 2인은 홍문관태학사와 규장각학사가 겸임하였다. 첨사(詹事) 1인과 부첨사 1인은 칙임관으로, 서연관(書筵官)은 유현(儒賢) 중에서 적임자, 시독(侍讀) 4인과 시종관(侍從官) 8인은 주임관으로, 주사(主事) 2인은 판임관으로 각각 임명하였다. 시강원의 강의 교재로는 조선 전기에는 『소학』·『효경』·『통감(通鑑)』·『강목(綱目)』·『사략(史略)』·『명신언행록』·『대학연의(大學衍義)』·『대학혹문(大學或問)』·『심경(心經)』·『근사록』 및 사서삼경이 이용되었다. 조선 후기에는 성리학 관련 서적과 국내에서 편찬된 『동몽선습』·『국조보감』 등이 추가되었다([출처:황태자궁시강원(皇太子宮侍講院)-한국민족문화대백과사전]).

627) 세손강서원(世孫講書院): 조선시대 왕세손의 교육을 담당하기 위하여 설치되었던 관서.

'강서원'이라고도 하였다. 상설기관은 아니고 필요한 때에만 설치되었는데, 1448년(세종 30)·1648년(인조 26)·1751년(영조 27)에 각각 설치되었다. 관원은 사(師, 종1품)·부(傅, 종1품)·좌우유선(左右諭善, 당하3품~종2품)·좌우익선(左右翊善, 종4품)·좌우권독(左右勸讀, 종5품)·좌우찬독(左右贊讀, 종6품) 등 각각 1인씩이다. 사와 부는 겸관이고, 그 아래는 녹관(祿官)이었다. 1903년(광무 7)에는 황태손강서원(皇太孫講書院)으로 이름을 바꾸고, 일강관(日講官: 칙임관) 2인, 유덕(諭德: 칙임관)·부유덕(副諭德: 주임관) 각 1인 및 찬독(관임관) 2인 등을 두었다([출처:세손강서원(世孫講書院)-한국민족문화대백과사전]).

628) 종친부(宗親府): 종실제군(宗室諸君)의 부(府)로 역대 국왕의 계보(系譜)와 초상화(肖像畵)를 보관하고, 국왕과 왕비의 의복을 관리하며 선원제파(璿源諸派)를 감독하던 일종의 관청. 1433년(세종 15)에 제군부(諸君府)를 고친 이름으로서 1864년(고종 1)에 종부시(宗簿寺)를 합하여 그 사무를 인계받았고 1894년(고종 31)에 종정부(宗正府)로 개편되었다. 관직은 대군(大君: 王嫡子)·군(君: 王庶子)·영종정경(領宗正卿)·판종정경(判宗正卿)·군(정1품~종2품)·지종정경(知宗正卿: 정2품~종1품)·종정경(宗正卿: 종2품)·도정(都正: 정3품)·정(正: 정3품)·부정(副正: 종3품)·수(守: 정4품)·천첨(典籤: 정4품·朝官) 1인, 부수(副守: 종4품)·영(令: 정5품)·전부(典簿: 정5품·朝官) 1인, 부령(副令: 종5품)·감(監: 종6품), 주부(主簿: 종6품·朝官) 2인, 직장(直長: 종7품·朝官) 1인, 참봉(參奉: 종9품·朝官) 1인으로 구성되었다(이홍직 편, 『새국사사전』, 교학사, 2004, 1275쪽).

629) 의빈부(儀賓府): 공주(公主)나 옹주(翁主) 등과 결혼한 사람들을 위하여 설치되었다. 조선 초기에는 부마부(駙馬府)라 하였는데, 1466년(세조 12)에 의빈부로 개칭하였다. 의빈의 위계로는 위(尉: 정1품~종2품)·부위(副尉: 정3품)·첨위(僉尉: 정·종3품) 등이 있었으며 정원은 없었다. 이곳의 사무를 맡아보던 관청으로 경력(經歷: 종4품)·도사(都事: 종5품) 각 1명을 두었으며, 이속(吏屬)으로 녹사(錄事) 1명, 서리(書吏) 4명 등이 있었다. 1894년(고종 31) 종정부(宗正府)에 합병되었다(이홍직 편, 『새국사사전』, 교학사, 2004, 964쪽).

630) 돈녕부(敦寧府): 왕실에 가까운 친척 간의 친선을 도모하기 위한 사무를 처리하던 관청. 1414년(태종 14)에 설치, 관원으로 영사(領事: 정1품)·판사(判事: 종1품)·지사(知事: 정2품)·동지사(종2품)·도정(都正: 정3품)·정(正: 정3품)·부정(副正: 종3품)·첨정(僉正: 정4품)·판관(判官: 종5품)·주부(主簿: 종6품)·직장(直長: 종7품)·봉사(奉事: 종8품)·참봉(參奉: 종9품) 등 각 1명이 있었다. 그 후 1894년(고종 31) 종정부(宗正府)에 병합되었다(이홍직 편, 『새국사사전』, 교학사, 2004, 375쪽).

631) 사옹원(司饔院): 조선시대 임금의 식사와 대궐 안의 식사 공급에 관한 일을 관장하기 위하여 설치되었던 관서.
계절에 따라 생산되는 과일이나 농산물을 신주를 모신 사당이나 제단에 올려먼저 차례를 지내거나 지방 특산물을 왕에게 올리는 것을 관장하여 온 사옹방(司饔房)이 1467년(세조 13)에 사옹원으로 개편되어 비로소 녹관(祿官)을 두게 되었다. 사옹원의 '옹(饔)'은 '음식물을 잘 익힌다'는 뜻으로 문소전(文昭殿)의 천신(薦新)도 관장하였다. 조선 전기 『경국대전』에 나타난 소속관원을 보면 실무직으로는 정(正) 1인, 첨정(僉正) 1인, 판관(判官) 1인, 주부(主簿) 1인, 직장(直長) 2인, 봉사 3인, 참봉 2인 등이고, 자문직으로는 도제조(都提調) 1인, 제조 4인, 부제조 5인인데 1인은 승지가 겸임, 제거(提擧)·제검(提檢)을 합쳐 4인을 두었다. 그리고 잡직으로는 재부(宰夫) 1인, 선부(膳夫) 1인, 조부(調夫) 2인, 임부(飪夫) 2인, 팽부(烹夫) 7인을 두었다. 이러한 제도가 조선 후기까지 별 변동 없이 내려왔는데 『속대전』에 이르러 판관 1인을 감하고, 주부 1인을 증치하여 2인이 되었으며, 참봉을 없앴다. 또한 정은 가례(嘉禮) 때에 차출하고 제거·제검도 객사(客使)에게 잔치를 베풀 때에 차출하게 하였다. 그 뒤 『대전회통』에 이르면 주부 1인이 증치되어 3인으로 정해지면서 이 인원은 조선 말기 사옹원이 폐지될 때까지 그대로 지켜졌다. 또한 잡직도 『경국대전』의 정원이 그대로 지켜졌다([출처:사옹원(司饔院)-한국민족문화대백과사전]).

632) 상의원(尙衣院): 조선시대 임금의 의복을 진상하고, 대궐 안의 재물과 보물 일체의 간수를 맡아보던 관서.

태조 때 설치되었다. 그 뒤, 1895년(고종 32) 상의사(尙衣司)로 고쳤으며, 1905년에는 상방사(尙方司)로 고쳤다. 고려시대는 이와 같은 것으로 상의국(尙衣局)이 있었는데, 1310년(충선왕 2) 장복서(掌服署)로 고쳤다가, 1356년(공민왕 5) 상의국으로, 1362년(공민왕 18) 또 장복서로, 1369년(공민왕 18) 다시 상의국으로, 1372(공민왕 21)년 또다시 장복서로 고친 바 있다([출처:상의원(尙衣院)-한국민족문화대백과사전]).

633) 사도시(司䆃寺): 조선시대 궁중의 미곡과 장(醬) 등의 물건을 관장하기 위하여 설치되었던 관서.

정3품의 아문(衙門)이다. 고려시대는 비용사(備用司)를 두어 궁중의 미곡을 맡았는데, 1309년(충선왕 2) 요물고(料物庫)로 고쳤다. 1392년(태조 1) 7월에 고려의 제도에 따라 요물고를 설치하여 관원으로 종5품의 사(使) 1인, 종6품의 부사 1인, 종8품의 주부(注簿) 2인을 두었다. 1401년(태종 1) 7월에 공정고(供正庫)로 개칭되고, 1422년(세종 4) 9월에 다시 도관서(䆃官署)로 고쳐졌다. 그 뒤 1460년(세조 6) 5월에는 도관서를 혁파하였다가 다시 설치하였다. 하지만 1466년에 다시 도관서를 없애고 사선시(司膳寺)로 바꾸었다. 뒤에 사도시로 고쳐 『경국대전』에 법제화하였다. 그 관원으로 제조(提調) 1인, 정(正, 정3품) 1인, 부정(副正, 종3품) 1인, 첨정(僉正, 종4품) 1인, 주부(主簿, 종6품) 1인, 직장(直長, 종7품) 1인을 두었다. 그리고 이속으로 서원(書員) 8인, 고직(庫直) 3인, 군사 1인을 두었다. 뒤에 『속대전』에는 정과 부정을 감하고, 또 『대전회통』에서는 직장을 감하고 봉사(奉事)를 증치하였다. 조선 말기인 1882년(고종 19)에 혁파되었다([출처:사도시(司䆃寺)-한국민족문화대백과사전]).

634) 사재감(司宰監): 고려·조선시대 어량(魚梁)·산택(山澤)에 관한 일을 관장하기 위해 설치되었던 관서.

고려 문종 때 사재시(司宰寺)로 관제를 정해 판사(判事, 정3품)·경(卿, 종3품) 1인, 소경(少卿, 종4품) 1인, 승(丞, 종6품) 2인, 주부(注簿, 종7품) 2인을 두었다. 1298년(충렬왕 24)에 사진감(司津監)으로 고쳐 판사를 없애고 경을 감(監)으로, 소경을 소감(少監)으로 고쳤다가 다시 사재시로 개칭하였다. 1308년(충렬왕 34) 다시 도진사(都津司)로 개정해 영(令, 정3품) 3인, 장(長, 정4품) 3인, 승(정5품) 2인, 주부(정7품) 2인을 두었다. 뒤에 사재시로 고쳐 판사(정3품)·영(종3품)·부령(종4품)·승(종6품)·주부(종7품)를 두었다. 1356년(공민왕 5)에 사재감으로, 1362년(공민왕 11)에 사재시로, 1369년(공민왕 18)에 사재감으로, 1372년(공민왕 21)에 사재시로 이름이 여러 번 바뀌었다. 직제도 1356년에 영을 경으로, 부령을 소경이라 고치고, 1362년에 다시 경을 영으로, 소경을 부령이라 고쳤다. 조선 건국 뒤 1392년(태조 즉위년) 7월에 고려의 제도를 본받아 사재감을 설치, 어량·산택에 관한 일을 맡게 하였다. 직제로 판사(判事, 정3품) 2인, 감(監, 종3품)

2인, 소감(少監, 종4품) 2인, 주부(主簿, 종6품) 2인, 겸주부(兼主簿, 종6품) 1인, 직장(直長, 종7품) 2인을 두었다. 1414년(태종 14) 1월 감을 정(正)으로, 소감을 부정(副正)으로 개칭하고, 이듬해 1월에는 부정 1인을 감원하였다. 1419년(태종 19) 12월에 다시 1인을 늘이고, 1423년(세종 1) 주부 1인을 감원하였다. 1460년 (세조 6) 다시 부정 1인, 직장 1인을 감원하고, 1466년(세조 22)에 참봉(參奉, 종 9품) 1인을 감원해 이것이 『경국대전』에 성문화되었다. 『경국대전』에는 어물(魚物)·육류(肉類)·식염(食鹽)·소목(燒木)·거화(炬火) 등을 맡는다고 기록되어 있다. 제조(提調, 종2품) 1인, 정(정3품) 1인, 부정(종3품) 1인, 첨정(僉正, 종4품) 1 인, 주부(종6품) 1인, 직장(종7품) 1인, 참봉(종9품) 1인 등을 두었다. 뒤에 『속대전』에서는 정·부정·참봉을 감원하고 봉사(奉事) 1인을 증원했다가 1882년(고종 19)에 폐지되었다([출처:사재감(司宰監)-한국민족문화대백과사전]).

635) 내수사(內需司): 조선시대 왕실 재정의 관리를 위해 설치되었던 관서.

이조 소속의 정5품 아문(衙門)으로 왕실의 쌀·베·잡화 및 노비 등에 관한 사무를 관장하였다. 조선 개국 초에는 고려 왕실로부터 물려받은 왕실 재산과 함경도 함흥지역을 중심으로 한 이성계(李成桂) 가문의 사유재산을 관리하기 위해 설치되었다. 따라서 내수사를 본궁(本宮)이라 부르기도 하였다. 초창기에는 왕실 재산을 '본궁'이라 하고, 1423년(세종 5)을 전후하여 내수소(內需所)에서 관리하게 하였다. 1430년(세종 12) 내수별좌(內需別坐)를 내수소로 개칭한 것으로 보아 이때 기구가 정비된 것으로 보인다. 그 뒤 1466년(세조 12) 관제를 개편할 때 격을 올려 내수사라 개칭하고, 공식기구로서의 직제를 갖추게 되었다. 『경국대전』에 의하면 전수(典需, 정5품) 1인, 별좌(別坐, 정5품·종5품), 부전수(副典需, 종6품) 1 인, 별제(別提, 정6품·종6품), 전회(典會, 종7품) 1인, 전곡(典穀, 종8품) 1인, 전화(典貨, 종9품) 2인 등의 관원을 두되, 별좌와 별제는 합하여 2인을 두었다. 이속(吏屬)으로는 서제(書題) 20인을 두었다. 이 관청은 왕실의 사유 재산을 관리하던 곳이기 때문에 전수에서 전화까지의 관직은 모두 내관이 겸하도록 하였다. 내수사는 본래 면세의 특권을 부여받은 내수사전과 외거노비인 다수의 내수사 노비 및 염분(鹽盆)을 소유해 많은 재산을 보유하고 있었다. 더욱이 세종 대 이후 재산을 확대하면서 왕실 세력을 배경으로 불법적으로 백성들의 토지와 노비를 침탈하여, 그 자체가 하나의 거대한 독립적인 재정기구로 성장해갔다. 왕실재산이 비대해지고 그에 따라 유발되는 폐해 또한 극심해지자 성종 이후 '군주는 사장(私藏)을 가져서는 안 된다'는 유교적 명분론에 입각한 내수사 혁파 주장이 대두되었으나, 그 때마다 논의에 그쳤을 뿐이었다. 1801년(순조 1) 한때 내수사의 노비원부를 불태워 내수사 노비를 혁파한 일도 있으나, 내수사는 폐지되지 않다가 고종대에 이르러서야 혁파되었다. 내수사는 왕실 재정의 독립적인 공재 정화(公財政化)의 필요성에서 설치되어 법제상 공식 기구로 편제되었지만, 공적 기구로서의 성격을 가지기보다는 왕실 사장으로서의 기능을 수행하였다([출처:내수사(內需司)-한국민족문화대백과사전]).

636) 제용감(濟用監): 조선시대 왕실에 필요한 의복이나 식품 등을 관장한 관서.

왕실에서 쓰는 각종 직물·인삼의 진상과 국왕이 사여하는 의복 및 사(紗)·나(羅)·능(綾)·단(緞)·포화(布貨)·채색입염(彩色入染: 색을 입히고 물감을 들임)·직조 등에 관한 업무를 관장하였다. 조선 초기에는 고려 공양왕 때의 제용고(濟用庫)를 답습하였으나 1409년(태종 9) 관제개혁 때 제용감이라 개칭하여 1904년

(광무 8)까지 존속되었다. 『경국대전』에는 정3품 관서이었으나 영조 이후에는 종 5품 관서로 격하되었다. 관원으로는 정 1인, 부정 1인, 첨정 1인, 판관 1인, 주부 1인, 직장 1인, 봉사 1인, 부봉사 1인, 참봉 1인으로 되어 있었으나, 종5품 관서로 격하된 뒤에는 정·부정·첨정 등이 혁파되었다. 이속으로는 서원 20인과 고직(庫直) 8인이 있었다([출처:제용감(濟用監)-한국민족문화대백과사전]).

637) 내자시(內資寺): 조선시대 왕실에서 소용되는 각종 물자를 관장하기 위하여 설치되었던 관서.

왕실에서 사용하는 쌀·국수·술·간장·기름·꿀·채소·과일 및 궐내 연향(宴享)·직조(織造) 등을 관장하는 한편, 왕자를 낳은 왕비의 권초(捲草)를 봉안하였다. 1392년(태조 1) 관제를 새로이 정할 때 내부시(內府寺)라 하였으나, 1401년(태종 1) 내자시로 개칭하고, 1403년에는 의성고(義成庫)를 병합하여 소관사무를 확정하였으며, 1405년 육조의 직무를 나눌 때 호조에 소속시켰다. 그 뒤 병자호란을 겪고 나서 재정지출을 절약하기 위하여 1637년(인조 15) 소관사무가 비슷한 내섬시(內贍寺)에 병합되었다가 곧 다시 부활되었다. 조선 후기 재정난 타결책으로 사온서(司醞署)를 병합하여 존속하다가 1882년(고종 19)에 혁파되었다. 『경국대전』에 따르면 소속 관원으로 정(正, 정3품), 부정(副正, 종3품), 첨정(僉正, 종4품), 판관(判官, 종7품), 주부(主簿, 종6품), 직장(直長, 종7품), 봉사(奉事, 종8품) 각 1인을 두었다. 또 왕실에서 필요한 물품을 직접 제작하기 위하여 옹장(瓮匠) 8인, 화장(花匠) 2인, 방직장(紡織匠) 30인, 성장(筬匠) 2인의 공장(工匠)이 소속되었는데, 이들은 도자기 생산과 직조에 관련된 장인이었다([출처:내자시(內資寺)-한국민족문화대백과사전]).

638) 전설사(典設司): 조선시대 식전(式典)에 사용하는 장막(帳幕)의 공급을 관장하던 관서.

정4품 기관이었다가 뒤에 실제 주재관이 된 별제(別提)의 품계에 따라 종6품 기관이 되었다. 이와 같은 기능의 관서는 고려 목종 때에 설치된 상사국(尙舍局)에서 비롯된다. 1308년(충렬왕 34) 충선왕이 복위하여 사설서(司設署)로 개칭하였으며, 공민왕 때에 다시 상사서(尙舍署)로 고쳤다가 다시 사설사로 고쳤다. 그 밖에도 고려시대에는 장막을 관장한 관청으로 수궁서(守宮署)가 있었다. 조선 초기에 들어와서는 사막(司幕)이라 칭하다가 1403년(태종 3)에 충순호위사(忠順扈衛司), 1414년에 충호위(忠扈衛)로 개칭되었다가 1466년(세조 12)에 전설사로 개칭되었다. 초기 관원으로는 제조(提調) 1인, 수(守, 정4품) 1인, 제검(提檢, 정·종4품)·별좌(別坐, 정·종5품)·별제(종6품)를 두었는데 합하여 5인이었다. 뒤에 제검과 별좌를 없애고 별검(別檢, 종8품) 1인을 두었다. 1715년(숙종 41)에는 수·별제를 없애고, 영조 즉위 초에 별검을 올려 별제로 하고 1728년(영조 4)에 별제 1인을 다시 별검으로 고쳤다. 이속으로는 서원(書員) 1인, 제원(諸員) 14인, 사령(使令) 4인, 군사(軍士) 2인이 있었다([출처:전설사(典設司)-한국민족문화대백과사전]).

639) 의영고(義盈庫): 고려·조선시대 궁중에서 쓰이는 기름·꿀·과일 등의 물품을 관리하던 관서.

1308년(충렬왕 34) 충선왕이 즉위하여 관제개혁을 단행하면서 설치하였다. 관원으로는 종5품의 사(使) 1인, 종6품의 부사(副使) 1인, 종7품의 직장(直長) 1인을 두었는데, 공민왕 때 종8품의 주부(注簿) 1인을 더 두었다. 조선시대에는 호조

소속의 종5품 아문이었으나 뒤에 종6품의 주부가 실제로 주재관(主宰官)이 됨으로써 종6품 아문으로 바뀌었다. 관원으로는 사 1인, 부사 2인, 직장 2인, 주부(종6품) 2인을 두었다. 뒤에 다시 영(令, 종5품) 1인, 주부 1인, 직장 1인, 봉사(奉事, 종8품) 1인을 두었다가 다시 영을 없앴다. 이속(吏屬)으로는 서원(書員) 4인, 군사(軍士) 1인이 있다. 1882년(고종 19)에 혁파되었다([출처:의영고(義盈庫)-한국민족문화대백과사전]).

640) 장흥고(長興庫): 고려·조선시대에 돗자리[席子]·유둔(油芚) 등을 관장하던 관서.

고려시대에는 1308년(충렬왕 34) 충선왕이 즉위하여 대부상고(大府上庫)를 장흥고로 하였고 소속관원으로 사(使, 종5품) 1인, 부사(副使, 종6품) 1인, 직장(直長, 종7품) 1인을 두었다. 공민왕 때에는 사를 강등하여 종6품으로 하고, 부사·직장을 폐지하였으며 대신 주부(注簿, 종8품)를 설치하였다. 조선시대에는 1392년(태조 1) 고려제도를 이어받아 그대로 장흥고를 두고 호조 소속의 종5품 관서로 두었다가, 이후 주부(종6품)에 따라 종6품 관서로 되었다. 1403년(태종 3) 흥신궁(興信宮)을 본고와 합하였고 또 풍저창(豊儲倉)을 병합시켰다. 관원으로는 사 1인, 부사 1인, 직장 2인, 주부 2인이 있었는데 1414년(태종 14) 주부를 부직장으로 칭하였으며, 뒤에 다시 영(令, 종5품) 1인, 주부(종6품) 1인, 직장(종7품) 1인, 봉사(奉事, 종8품) 1인을 두어 『경국대전』에 법제화되었다. 그 뒤 다시 영을 없애고 제조(提調) 1인을 더 두었다. 이속(소속 서리)으로는 서원(書員) 6인, 고직(庫直) 6인, 사령(使令) 5인, 군사(軍士) 1인이 있었다([출처:장흥고(長興庫)-한국민족문화대백과사전]).

641) 유둔(油芚): 기름 먹인 두꺼운 종이. 유둔은 종이부스러기를 물에 풀어 두꺼운 종이를 만든 다음 들기름을 먹여 만든다. 유둔은 기름을 먹여 만든 두꺼운 종이로 비를 막기 위한 천막이나 습기를 방지하기 위해 바닥에 까는 용도로 사용하였다. 특히 천막에 사용하기 위해서는 유둔 한 장의 크기가 작으므로 4장 또는 6장을 이어 붙여 만든 사유둔이나 육유둔을 사용하였다(한국학진흥사업성과포털(waks.aks.ac.kr).

642) 사포서(司圃署): 조선시대 왕실 소유의 원포(園圃)와 채소 재배 등을 관장하기 위하여 설치되었던 관서.

처음은 정6품의 아문이었다가 뒤에 실제 주재관인 별제의 품계에 따라 종6품의 아문이 되었다. 조선 초기 처음으로 신설되어 궁궐의 밭과 채소경영을 관장한 곳이다. 『경국대전』에 따르면 관원으로는 제조 1인, 사포(정6품) 1인, 별제(6품), 별검(8품)으로 구성되었는데, 별제 이하는 7인을 두게 했다. 뒤에 사포와 별검은 없애고 별제도 1인을 감하였다. 1704년(숙종 30) 직장 1인을 신설하고, 이듬해 봉사 1인을 또다시 신설하였다. 그 뒤 영조 초년 봉사를 없애고, 별제 1인을 더 두어 정원을 3인으로 늘였다. 이속(吏屬)으로는 서원(書員) 5인, 고직(庫直) 1인, 사령 5인이 있었다. 이 사포서는 조선 초기에 설치되어 조선 전시기에 걸쳐 계속되어오다가 1882년(고종 19) 일부 관제개편에 따라 혁파되었다([출처:사포서(司圃署)-한국민족문화대백과사전]).

643) 장원서(掌苑署): 조선시대 원(園)·유(囿)·화초(花草)·과물(果物) 등의 관리를 관장하기 위해 설치된 관서.

태봉 때의 식화부(植貨府)가 고려의 내원서(內園署)로 바뀌고, 조선 건국 초에 동산색(東山色)·상림원(上林園)이라고 불렀다. 1466년(세조 12) 1월에 장원서로 개정되었다. 관원으로는 조선 전기 『경국대전』에는 제조(提調) 1인, 별제(別提) 3인, 장원(掌苑) 1인이 있었다. 제조는 종2품 이상의 관원이 예겸했다. 별제 3인은 정·종6품의 무록관(無祿官)이었다. 그리고 장원은 정6품의 유록관(有祿官)이었다. 조선 후기에는 제조 1인을 늘리고 새로 종8품의 봉사(奉事) 1인을 설치한 대신, 장원을 없애고 별제 1인을 감원하였다. 이 밖에 장원서에 소속된 이서(吏胥)와 도례(徒隸)는 서원(書員) 5인, 고직(庫直) 1인, 대청직(大廳直) 1인, 대청군사 1인, 사령(使令) 4인, 역인(役人) 12인 등이 있었다. 장원서는 크게 과원색(果園色)·생과색(生果色)·건과색(乾果色)·작미색(作米色)·장무색(掌務色)으로 구분했다. 과원색은 장원서 소속의 각종 과목과 화초를 재배하는 일을 관장했다. 재배할 과목과 화초는 각 처의 동산직(東山直)이 골라서 받아들이도록 했다. 과색은 배·밤·은행·석류·유자 등의 생과를 종묘의 각 실에 천신(薦新: 새로 나는 물건을 먼저 신위神位에 올리는 일)하고, 각종 탄일(誕日)과 절일(節日)에 진상하는 일을 관장하였다. 건과색은 곶감·호두·잣·대추·황률 등의 건과를 진배(進排)하는 일을 맡았다. 작미색은 장원서에 공납된 미곡의 사용을 담당했다. 조선 후기 장원서에 할당된 공납 미곡은 총 90석 1두 9승이었다. 관원과 이서·도례 등의 요미(料米)와 공인(貢人)의 책응(策應)에 사용되는 67석 12두를 제외한 22석 4두 9승만을 장원서에서 사용했다. 장무색은 장원서의 서무를 담당하였다. 1882년(고종 19) 쓸모없는 관청을 혁파할 때 사도시(司䆃寺)·내섬시(內贍寺)·내자시(內資寺)·사재감(司宰監)·의영고(義盈庫)·사포서(司圃署) 등과 함께 장원서를 혁파하였다. 이때 장원서가 맡고 있던 제향 물품의 수납은 봉상시(奉常寺)가 관장하도록 하였다([출처:장원서(掌苑署)-한국민족문화대백과사전]).

644) 신응시(辛應時, 1532~1585) 관련 기록
『선조실록』 선조 6년(1573) 6월 13일
순무어사 신응시가 영암·무장 수령이 방비를 게을리 했다고 파직을 청하다
'순무어사(巡撫御史) 신응시(辛應時)의 계본(啓本)은, 영암(靈巖)·무장(茂長) 두 고을의 수령이 방비를 닦지 않았다 하여 파직을 청한 일인데, 비변사(備邊司)에 내려 가까운 장래에 시행하라고 하였다(辛酉/巡撫御史辛應時啓本:以靈巖, 茂長二宰, 不修防備, 請罷職事.下備邊司, 從近將施行云).'

....

『선조실록』 선조 6년(1573) 8월 1일
전라 순무 어사 신응시가 낙안 군수 고경류의 탐행을 고하다
"낙안 군수(樂安郡守) 고경류(高景柳)는 품관(品官)과 결탁하여 그 말을 모두 따르며, 관고(官庫)의 물건을 버젓이 날라 두 번 배에 실었는데 한 번은 패몰(敗沒)하였고, 나로포(羅老捕)·왜포(倭浦)의 송재(松材)를 판옥선(板屋船)을 만든다는 핑계로 1백여 조(條)나 베었는데 적간(摘奸)할 때에 현착(現捉)하였으니, 꺼림 없이 외람한 것이 아주 놀랍습니다. 정엄·고경류는 상벌을 베풀어 권징을 보여야 합니다(樂安郡守高景柳, 交結品官, 一從其言, 官庫之物, 公然輸運, 兩度載船, 一度致敗. 羅老浦、倭浦松材, 板屋船造作依憑, 百餘條至斫伐. 擲奸時現捉, 泛濫無忌, 極爲駭愕. 鄭淹、高景柳, 宜加賞罰, 以示勸懲)" 하였다. 고경류는 이미 대간(臺諫)이 탄핵한 바에 따라 파직되었으므로, 상이 정엄은 상가(賞加)하고 고경류는 나추(拿推)하라고 명하였다(景柳已以臺諫所劾坐罷. 上命鄭淹賞加, 拿推景柳).

645) 김주신(金柱臣, 1661~1721): 조선 후기 영돈녕부사, 호위대장 등을 역임한 문신.
본관은 경주(慶州). 자는 하경(廈卿), 호는 수곡(壽谷)·세심재(洗心齋). 할아버지는 예조판서 김남중(金南重)이고, 아버지는 생원 김일진(金一振)이다. 숙종의 장인이며, 박세당(朴世堂, 1629~1703)의 문인이다.

1686년(숙종 12) 생원시에 장원으로 합격하였고, 이듬해 장원서별검(掌苑署別檢), 1699년(숙종 25) 귀후서별제(歸厚署別提)에 이어 사헌부감찰·호조좌랑을 역임하였다. 1700년(숙종 26) 순안현령(順安縣令)으로서 명관으로 이름이 높았다. 1720년(숙종 46) 딸이 숙종의 계비(繼妃: 인원왕후仁元王后)가 되자 돈녕부도정(敦寧府都正)이 되고, 이어 영돈녕부사(領敦寧府事)로 경은부원군(慶恩府院君)에 봉해졌으며, 오위도총부도총관(五衛都總府都總管)으로서 상의원(尚衣院)·장악원(掌樂院)의 제조(提調) 및 호위대장(扈衛大將)을 겸임하였다. 효성이 지극하고 지조가 굳었으며, 문장은 깊고 무게가 있었다. 당대의 문사 최석정(崔錫鼎)·김창협(金昌協)·서종태(徐宗泰) 등과 교유하였다. 저서로는 『거가기문(居家紀問)』·『수사차록(隨事箚錄)』·『산언(散言)』·『수곡집(壽谷集)』 등이 있다. 시호는 효간(孝簡)이다[출처: 김주신(金柱臣)-한국민족문화대백과사전]).

646) 원문에는 한글로 ‘원’이라고 되어 있다.

647) 권근(權近, 1352~1409): 조선 전기 중추원사, 정당문학, 대사헌 등을 역임한 문신. 학자.

　　본관은 안동(安東). 초명은 권진(權晉), 자는 가원(可遠)·사숙(思叔), 호는 양촌(陽村)·소오자(小烏子). 권보(權溥)의 증손으로, 할아버지는 검교시중(檢校侍中) 권고(權皋), 아버지는 검교정승 권희(權僖)이다.

　　1368년(공민왕 17) 성균시에 합격하고, 이듬해 급제해 춘추관 검열·성균관 직강·예문관 응교 등을 역임했다. 공민왕이 죽고 우왕이 즉위하자 정몽주(鄭夢周, 1337~1392)·정도전(鄭道傳, 1342~1398) 등과 함께 위험을 무릅쓰고 배원친명(排元親明: 원나라를 배척하고 명나라와 화친함)을 주장했으며, 좌사의대부(左司議大夫)·성균관대사성·지신사(知申事) 등을 거쳐, 1388년(창왕 즉위) 동지공거(同知貢擧)가 되어 이은(李垠) 등을 뽑았다. 이듬해 첨서밀직사사(簽書密直司事)로서 문하평리(門下評理) 윤승순(尹承順)과 함께 명나라에 다녀왔다. 그러나 앞서 이숭인(李崇仁, 1349~1392)이 사신으로 명나라에 가서 부정한 재물을 모았다고 탄핵되어 쫓겨난 일이 있었는데, 그를 이어 명나라에 다녀온 권근이 상서(上書)하여 이숭인의 무죄를 주장하였다는 죄로 우봉(牛峯)에 유배되었다. 그 뒤 영해(寧海)·흥해(興海) 등을 전전하여 유배되던 중, 1390년(공양왕 2) 윤이(尹彛)·이초(李初)의 옥사에 연루되어 한때 청주 옥에 구금되기도 했다. 뒤에 다시 익주(益州)에 유배되었다가 석방되어 충주에 우거(寓居)하던 중 조선왕조의 개국을 맞았다. 1393년(태조 2) 왕의 특별한 부름을 받고 계룡산 행재소(行在所)에 달려가 새 왕조의 창업을 칭송하는 노래를 지어올리고, 왕릉으로 정릉(定陵: 태조의 아버지 환조桓祖의 능침)의 비문을 지어 바쳤다. 그런데 이 글들은 모두 후세 사람들로부터 유문(諛文)·곡필(曲筆)이었다는 평을 면하지 못했다. 그 뒤 새 왕조에 출사(出仕)하여 예문관대학사(藝文館大學士)·중추원사 등을 지냈다. 1396년(태조 5) 이른바 표전문제(表箋問題: 명나라에 보낸 외교문서 속에 표현된 내용으로 인한 문제가 발생함)로 명나라에 다녀왔다. 이때 외교적 사명을 완수하였을 뿐 아니라, 유삼오(劉三吾)·허관(許觀) 등 명나라 학자들과 교유하면서 경사(經史)를 강론했다. 그리고 명나라 태조의 명을 받아 응제시(應製詩) 24편을 지어 중국에까지 문명을 크게 떨쳤다. 귀국한 뒤 개국원종공신(開國原從功臣)으로 화산군(花山君)에 봉군되고, 정종 때는 정당문학(政堂文學)·참찬문하부사(參贊門下府事)·대사헌 등을 역임하면서 사병제도(私兵制度)의 혁파를 건의, 단행하게 했다. 1401년(태종 1) 좌명공신(佐命功臣) 4등으로 길창군(吉昌君)에 봉군되고 찬성사(贊成

事)에 올랐다. 1402년(태종 2)에는 지공거(知貢擧)가 되어 신효(申曉) 등을 뽑았고, 1407년(태종 7)에는 최초의 문과중시(文科重試)에 독권관(讀卷官)이 되어 변계량(卞季良) 등 10인을 뽑았다. 한편, 왕명을 받아 경서의 구결(口訣)을 저정(著定: 저술하여 정리함)하고, 하륜(河崙) 등과 『동국사략(東國史略)』을 편찬하였다. 또한, 유학제조(儒學提調)를 겸임해 유생 교육에 힘쓰고, 권학사목(勸學事目)을 올려 당시의 여러 가지 문교시책을 개정, 보완하는 데 크게 이바지했다. 성리학자이면서도 사장(詞章)을 중시해 경학과 문학을 아울러 연마했다. 이색(李穡)을 스승으로 모시고, 그 문하에서 정몽주·김구용(金九容)·박상충(朴尙衷)·이숭인(李崇仁)·정도전 등 당대 석학들과 교유하면서 성리학 연구에 정진해 고려 말의 학풍을 일신하고, 이를 새 왕조의 유학계에 계승시키는 데 크게 공헌했다. 학문적 업적은 주로 『입학도설(入學圖說)』과 『오경천견록(五經淺見錄)』으로 대표된다. 『입학도설』은 뒷날 이황(李滉) 등 여러 학자에게 크게 영향을 미쳤고, 『오경천견록』 가운데 『예기천견록(禮記淺見錄)』은 태종이 관비로 편찬을 도와, 주자(鑄字)로 간행하게 하고 경연(經筵)에서 이를 진강(進講)하게까지 했다. 이밖에 정도전의 척불문자(斥佛文字)인 『불씨잡변(佛氏雜辨)』 등에 주석을 더하기도 했다. 저서에는 시문집으로 『양촌집(陽村集)』 40권을 남겼다. 시호는 문충(文忠)이다[[출처:권근(權近)-한국민족문화대백과사전]).

648) 『감사요략(監司要略)』: 『연려실기술』 별집 제8권 「관직전고(官職典故)」 <감사(監司)>에, 정도전(鄭道傳)이 주(周)나라와 한(漢)나라 이래로 본조에 이르기까지 감사의 연혁과 득실(得失)의 자취를 뽑아서 기록하고, 옛날 선비의 논설을 붙였으며, 또 전최(殿最)로 고과(考課)의 법을 만들고 그 분수(分數)를 정하여 살펴 색출하며, 들어서 보고하는 자로 하여금 의거함이 있도록 하였는데, 『감사요략(監司要略)』이라 이름하였다. 고과법(考課法)은 수재(守宰)조에 상세하다[鄭道傳抄錄周漢以來至本朝監司沿革得失之迹附以先儒所論之說又以善最考課之法定其分數使刺擧者有以依據名曰監司要略考課法詳守宰].

649) 박태순(朴泰淳, 1653~1704): 조선 후기 세자시강원 문학, 우부승지, 광주 부윤 등을 역임한 문신.

본관은 반남(潘南). 자는 여후(汝厚), 호는 동계(東溪). 할아버지는 대사헌 박황(朴潢)이고, 아버지는 광흥창수(廣興倉守) 박세상(朴世相)이며, 어머니는 관찰사 송시길(宋時吉, 1597~1656)의 딸이다.

1682년(숙종 8) 생원이 되고, 1684년(숙종 10) 황감과(黃柑科: 제주도에서 매년 진상進上하는 황감黃柑을 성균관과 사학四學의 유생에게 나누어주고 동시에 시험을 치름)에서 장원급제하였으며, 1686년(숙종 12) 별시 문과에 을과로 급제한 뒤 사헌부 지평(司憲府持平)을 거쳐, 1689년(숙종 15) 홍문관에 등용되고, 2년 후 세자시강원 문학(世子侍講院文學)이 되었다. 1691년(숙종 17) 우부승지(右副承旨)를 지내고, 이듬해 경주 부윤(慶州府尹), 1695년(숙종 21) 이후 광주 부윤(廣州府尹)·대사간 등을 역임하였다. 1698년(숙종 24) 형조판서를 거쳐 이듬해 전라도 관찰사로 재직 중에, 허균(許筠)의 문집을 간행한 데 대한 전라도 유생들의 규탄으로 장단부사(長湍府使)로 좌천되었다가 1703년(숙종 29) 복직, 경상도 관찰사가 되었다. 1695년(숙종 21) 11월 광주부윤(廣州府尹) 재직 시 성중(城中)에 있는 백제 시조 왕묘(王廟)의 묘정(廟廷)이 황폐되고, 그 담과 벽이 퇴락(頹落)하였음을 보고 임금에게 건의하여 수명의 노비를 두어 이를 소제하게 하고, 군관

(軍官)들로 하여금 이를 교대로 지키도록 하게 한 일이 있다. 저서로는 『동계집(東溪集)』 6권이 있다([출처:박태순(朴泰淳)-한국민족문화대백과사전]).

650) 도사(都事): 조선시대, 중앙과 지방에 두었던 종5품의 관직.

　　도사(都事)는 조선시대에 중앙과 지방에 두었던 종5품의 관직이다. 고려시대부터 있었던 관직으로 조선시대에는 중앙의 부(府) 아문에, 지방에는 각 도에 설치되어 행정 실무를 담당하였다. 1894년(고종 31)에 관제를 개편하면서 혁파되었다.

　　설치 목적: 고려시대부터 중앙 핵심 관서에 배치된 실무 관직이었다. 조선이 건국된 뒤에도 고려의 제도를 따라 그대로 설치하였다. 이후 관서와 관직 등이 개편됨에 따라 중앙에는 중추부(中樞府), 충훈부(忠勳府), 의빈부(儀賓府), 충익부(忠翊府), 의금부(義禁府), 개성부(開城府), 오위도총부(五衛都摠府) 등 부(府) 아문에, 지방에는 8도의 관찰사(觀察使) 예하에 설치되어 종5품의 위상을 지닌 관직으로 정립되었다.

　　임무와 직능: 각 소관 관서의 업무에 따라 도사의 역할은 다양하였다. 도사는 기본적으로 관서의 중급 실무 관리자로서 역할을 하였다. 대부분 종4품의 경력(經歷)과 함께 관서에 배정되었는데, 각 관서 장관의 지휘 아래 소관 업무를 처리하였다.

　　중앙에서는 주로 예우아문에 설치되는 일이 많았고 그런 경우 부마, 공신 등의 예우를 위한 행정 사무를 담당하였다. 의금부 도사는 왕옥(조선시대에, 의금부에 딸려 관인 및 양반 계급의 범죄자를 가두어 두던 감옥)에 관련된 사안을 담당하여 친국과 관련된 사안을 담당하였다. 오위도총부는 군사 기구인 오위(五衛)의 사무를 주관하였다.

　　지방에서는 관찰사 예하에서 보좌하는 역할을 하였다. 관찰사가 유고(특별한 사정이나 사고가 있음) 시에는 직무를 대행하기도 하였다. 특히 수령을 규찰하는 업무를 맡았다. 경기도사와 경상도사는 문과 출신을 주로 배정하였는데 해당 지역 수령이 문신 출신이 많았기 때문이다.

　　변천 사항: 도사는 고려시대부터 있었던 관직이다. 1392년(태조 1)에 조선이 건국된 뒤에도 고려의 제도를 계승하여 문하부와 삼사, 도평의사사 등 핵심적인 관서에 설치되어 행정 실무를 전담하였다. 1466년(세조 12)에 대대적인 관제 개편이 이루어져 각 관서마다 도사의 지위에 다양한 변화가 있었다. 이때 개편한 내용이 『경국대전』에 수록되어 중앙에는 주로 부(府) 아문에서, 지방에는 각 도(道)에서 종5품의 위상으로 규정되었다.

　　조선 후기에 몇 가지 변화가 있었는데 『속대전(續大典)』을 기준으로, 의금부 도사는 종5품에서 종6품과 종9품의 도사로 이원화되어 설치되었고, 개성부 도사는 혁파되었다. 『대전통편(大典通編)』을 기준으로, 의금부 종9품 도사는 종8품으로 승격하였다. 1894년(고종 31)에 갑오개혁 당시 근대 관제로 개혁되면서 모두 주사(主事)로 통합되었다.

651) 검률(檢律): 조선시대 율령에 관한 사무를 담당하던 종9품 관직.

　　조선시대에는 특히 형사재판의 경우에 범죄사실에 따라 정확히 율문을 적용함으로써 공평을 기하는 것을 이상으로 하였으므로 매년 두 차례 형조에서 율관(律官)을 시험에 의하여 선발하여 중앙과 지방의 당해관청에 배속시켜서 법률의 해석과 인용, 적용법조의 확정 등의 업무를 관장하게 하였는데, 검률은 일종의 기술관이었다.

형조에 2인(뒤에 1인)을 두고 병조·한성부·승정원·사헌부·의금부·규장각·개성부·강화부, 그리고 각 도에 1인씩을 두었는데, 병조·한성부·의금부는 형조에서 파견하였다. 이들 관청은 직접 재판사무 내지 그와 밀접히 관련되는 업무를 관장하며, 조율(照律)은 오로지 검률의 손에 달려 있었다.

652) 막우(幕友): 청대의 경우로 보면 위는 독무(督撫)로부터 아래로는 지현(知縣)에 이르기까지 모다 막우(莫友)를 연청(延請)하여 서리(胥吏)와는 다른 입장에서 행정실무를 관장케 하였다(閔斗基, 「淸代의 幕友에 對하여-特히 乾隆朝를 前後한」, 『역사학보』제17·18합집, 111쪽, 역사학회, 1962.6).

653) 비장(裨將): 조선시대 감사·절도사 등 지방장관이 데리고 다니던 막료(幕僚). 막비(幕裨)·막객(幕客)·막빈(幕賓)·막중(幕中)·좌막(佐幕)이라고도 불렸다. 조선 후기에는 의주·동래·강계·제주의 수령 및 방어사(防禦使)를 겸한 모든 수령들이 비장을 거느리는 것을 관례화하였다. 감사나 절도사 등은 수령에 대하여 연명(延命: 새로 부임한 감사 등을 맞이하는 인사)의 예(禮)를 비장으로 하여금 대신하게 한다든가, 민정에 대한 염탐을 비장을 시켜서 하기도 하였다. 열두 판소리의 하나이자 조선 말기의 한글소설인 「배비장전(裵裨將傳)」은 배 씨 성을 가진 비장과 애랑이라는 여자 사이의 관계를 풍자와 야유로써 전개한, 비장을 주인공으로 한 작품이다([출처:비장(裨將)-한국민족문화대백과사전]).

654) 통인(通引): 조선시대 지방관서에 소속된 이속.
수령(守令)의 신변에서 호소(呼召)·사환(使喚)에 응하던 이속이다. 지방관서와는 달리 중앙에 배속되어 이와 같은 일을 한 자들을 청지기[廳直]라 하였다. 통인은 경기도와 영동지역에서 불리던 칭호로, 경상도·전라도 등 하삼도에서는 공생(貢生), 황해도·함경도 등지에서는 연직(硯直)이라 호칭되었다. 그리고 하삼도 등지의 이속들은 이서(吏胥)의 자제들이, 영북 등지는 공노(公奴)의 자제들이 자원하여 이 직을 맡았다. 이들은 사환의 일을 하였지만, 특히 향리의 자제들은 아버지와 자신이 가까이하는 수령의 힘을 최대로 이용, 노비 등을 뇌물로 주어 신역을 면제받는 사례도 있었다. 그러나 이들은 향리층과 같이 향역을 직접 면제받거나 특권을 누릴 수 있는 위치에 있지는 못한 듯하다. 한 예로 1449년(세종 31)에 하삼도에서 향리직으로 있다가 영북으로 이거하여 통인이 된 자가 자신의 직분을 개선해주도록 요청하는 사례가 있었음에서 추측된다([출처:통인(通引)-한국민족문화대백과사전]).

655) 유향소(留鄕所): 조선 때 지방 군현의 수령(守令)을 보좌하던 자문기관(諮問機關). 수령의 다음 가는 관청이라 하여 이아(貳衙)라고도 한다. 고려 때의 사심관(事審官)제도에서 유래된 것으로 여말 선초에는 유향품관(留鄕品官) 또는 한량관(閑良官)이라 하여 지방의 유력자나 벼슬에서 은퇴한 자를 대하여 지방의 풍속과 향리의 부정을 막도록 지방자치(地方自治)에 활용하였다. 이것이 점차 제도화(制度化)하여 조선의 태종 이전에 이미 유향소 또는 향소(鄕所)라는 조직으로 고정되게 되었다. 이것이 차차 지방의 수령과 대립하여 중앙집권에 역행(逆行)하는 경향을 띠게 되자 1406년(태종 6)에 폐지하게 되었다. 그러나 1428년(세종 10)에 이르러 폐지가 사실상 불가능하게 되자 품관(品官)의 인원수를 정하고 다시 두어서 수령과 경재소(京在所)로 하여금 이를 감독케 하여 종래의 지방사류(地方士類)의 사적(私的)인 결합체였던 유향소는 행정기구(行政機構)의 일부로 편입되어 전국적으로 분포(分布)되었다. 그러나 1467년(세조 13)에 이시애(李施愛)의 난이 함경도 각지의 유향소

를 기반으로 하여 일어난 사실이 밝혀지자 임시 폐지하였으나 쉽게 없어지지 않아 1489년(성종 20)에는 이를 개혁하여 지방풍속의 조징(兆懲)과 향리의 규찰(糾察)을 위하여 좌수(座首)·별감(別監) 등 임원을 두고 그 체제를 정비하였다. 그후 다른 문물제도와 마찬가지로 유향소도 부패하여 노열(老劣)한 은퇴자의 소굴로 되더니 연산군 초부터는 사마소(司馬所)에 압도된 때도 있었으나 후기까지 그 기능이 존속되었다. 그 임원은 향임(鄕任) 혹은 감관(監官)·향정(鄕正)이라 하여 주(州)·부(府)에는 4·5인, 군(郡)에는 3인, 현(縣)에는 2인씩을 두었으나 뒤에는 점점 증가되어 갔다. 이들은 향사인(鄕士人) 중에서 나이가 많고 인망(人望)이 있는 자를 좌수, 그 다음을 별감으로 선거에 의하여 수령이 임명하였으며 임기는 대개 2년이었으나 수령이 바뀌면 다시 뽑을 수도 있었다. 직임(職任)은 6방으로 나누어 좌수가 이·호방, 좌별감이 호·예방, 우별감이 형·공방을 맡아 보는 것이 보통이었으나 때로는 10명이 넘는 수도 있어 따로 창감(倉監)·고감(庫監) 등의 이름을 붙이기도 하였다. 이 유향소의 행정적 효과는 지방에 따라 달랐으며 수령과 결탁하여 민폐의 근원이 된 곳도 많았다. 이중 가장 잘 실시된 곳은 영남지방(嶺南地方)이며 그중에서도 안동(安東)은 가장 유명하였다(이홍직 편, 『새국사사전』, 교학사, 2004, 918쪽).

656) 숙배(肅拜): 관리를 제수(除授)받은 자가 출사(出仕)에 앞서서 임금에게 감사의 예를 베풀던 일. 별칭 사은숙사(謝恩肅謝). 4배(拜)를 원칙으로 하였다(이홍직 편, 『새국사사전』, 교학사, 2004, 696쪽).

657) 어사(御使): 임시 관직. 『고려사(高麗史)』에 나오는 「어사」은 어사대(御史臺)의 관원을 말하며, 대개의 경우 감찰어사(監察御使)인 듯하다. 조선 국초(國初)의 문헌에는 어사라는 명칭은 보이지 않으며, 대관(臺官: 현대憲臺 즉 사헌부의 관원)을 각 관청의 감독·검열을 위해 파견하는 것을 분대(分臺), 지방의 주·군에 보내는 것을 행대(行臺)라 하였다. 1455년(세조 1) 11월의 교지(敎旨)에 어사를 8도에 파견하여 순행 규리(糾理)한다 하였고, 12월의 제도분사헌부사목(諸道分司憲府事目)에서는 수륙의 장수 및 수령·만호(萬戶)의 비행을 스스로 민간에서, 또는 아리(衙吏)를 파견하여 조사케 하되, 3품 이하는 즉시 인문(引問)하고, 당상관(堂上官)은 중앙에 보고하여 조처를 취하도록 하며, 증거가 명백함에도 불복할 때에는 3품 이하는 고신(告身-辭令)을 거두고 금신(禁身: 구속)·국문(鞫問: 조사)하고, 당상관은 조사 후 금신하도록 할 것 등의 사항을 규정하였다. 또 종전과 같이 감찰(監察: 정6품)로는 위계가 낮아서 그 직책을 감당하기 어렵다 하여 조관(朝官)을 그 관품에 따라 집의(執義: 종3품)·장령(掌令: 정4품)·지평(持平: 정5품) 등의 대관(臺官)으로 겸임케 하여 모도분사헌부집의(某道分司憲府執義) 아무개라는 등의 긴 직함을 붙이고, 이를 분대·어사 또는 분순어사(分巡御使)라 불렸다. 처음에는 정기적으로 파견할 것을 계획하였으나, 제대로 사형되지 않았으며, 후일 암행어사(暗行御史)의 성행으로 어사는 대관(臺官)의 구실을 잃고 조사(詔使)라는 의미를 가지게 되었다. 민생의 고통을 살피는 일반적인 사명 외에 특수한 목적을 위하여 호패어사(號牌御使)·한정수괄어사(閑丁搜括御使)·균전어사(均田御使)·시재어사(試才御使) 등이 있었으며, 후세에는 안핵어사(按覈御使)도 있었고, 또 재상(災傷)·재실간심(災實看審)·순무(巡撫)·안집(安集)·구황(救荒)·감진(監賑)·감군(監軍)·독운(督運)·독시(督市) 등의 여러 가지 어사도 있었다(이홍직 편, 『새국사사전』, 교학사, 2004, 795쪽).

658) 마패(馬牌): 역마(驛馬)의 지급을 규정하는 패.
발마패(發馬牌)라고도 한다. 조선시대에는 공무로 출장 가는 관원은 주로 역마를 이용하였다. 이때 상서원으로부터 발급하는 마패를 증표로 삼았다. 이와 같은 마패의 연혁은 고려 원종 때에 포마법(鋪馬法)을 실시하면서 구체화되었다. 원나라의 간섭기인 1276년(충렬왕 2)에는 포마차자색(鋪馬箚子色)을 설치, 다루가치(達魯花赤)의 규제를 받았다. 조선시대에 들어와 1410년(태종 10)에는 이른바 포마기발법(鋪馬起發法)을 실시하였다. 이어 1414년에 공역서인(供譯署印) 대신에 병조의 관할 아래에 있는 상서원에서 발급하는 마패를 사용하도록 하였다. 이 같은 규정이 그 뒤『경국대전』에 법제화되었다. 마패는 재료에 따라 목조마패·철제마패·동제마패로 구분되며, 그 형태는 원형이다. 초기에는 나무로 만들었으나 파손이 심해 1434년(세종 16) 2월에 철로 제조하였다. 그 뒤『경국대전』반포 시기에는 구리로 만들어 상용되었다. 마패의 한 면에는 대소 관원의 등급에 따라 마필의 수효를 새기고 다른 한 면에는 자호(字號)와 연·월 및 상서원인(尙瑞院印)이라는 글자를 새겼다. 한편 왕족인 경우에는 산유자(山柚子)로 만든 원패(圓牌)로 한 면에는 말의 수, 이면에는 사용할 숫자대로 '馬(마)' 자만을 새겨 넣어 사용하였다. 마패의 발급절차는 초기인 1410년 4월의 기록에 의하면 의정부에서 병조에 이문(移文)하면 병조에서 기마문자(起馬文字), 즉 마문(馬文)을 주고, 출사(出使)하는 관원은 승정원에 나아가서 마패를 받도록 하였다. 그러나 그 뒤『경국대전』에서는 중앙의 경우 무릇 왕명을 받들고 다니는 관원은 병조에서 그 등수에 따라 증서[帖文]을 발급하면 상서원에서 왕에게 보고해 마패를 발급한다고 규정되었다. 반면에 지방에서는 감사·병사·수사 등이 마패를 지급 받아 계문(啓聞)이나 진상(進上) 등 필요한 때에 말을 이용하였다. 군사 사정으로 긴급한 경우는 쌍마(雙馬)를 이용, '緊急事(긴급사)'라는 글자를 새겨 주야로 달리게 하였다. 한편 마패를 파손한 자는 장(杖) 80, 도(徒) 2년의 형벌이나 사형에 처하도록 규정되었다. 그러나 1511년(중종 6) 12월의 기록에 보이는 상서원의 서리(書吏)로 근무하던 최맹손(崔孟孫)과 같이 마패를 도둑질해 기마(起馬)의 목적 이외의 주식(酒食)과 바꾸어먹는 사례가 허다하였다. 이와 같이 제 규정이 잘 지켜지지 않아 역마의 남승 폐단과 함께 많은 문제점을 노출하기도 하였다. 또 중국의 왕조가 바뀌면 대개 자호 즉 연호를 바꾸었으므로 마패 또한 자주 개조되었다. 1730년(영조 6) 6월 영의정 홍치중(洪致中)은 마패의 개조 문제를 논하면서 당시 사용되고 있는 마패의 총 수효를 지적하였다. 이에 따르면 각 지방에 160여개, 중앙에 500여개, 모두 670여 개의 마패를 주조해 사용하고 있음을 알 수 있다([출처:마패(馬牌)-한국민족문화대백과사전]).

659)『춘향전(春香傳)』: 작자·연대 미상의 고전소설.

소설의 이본(異本)이 120여 종(種)이나 되고, 제목도 이본에 따라 다르기 때문에 단일 작품이 아닌 '춘향전군(春香傳群)'이라는 작품군(群)으로 보아야 한다. 판소리로 불리다가 소설로 정착되었으리라고 보이는 판소리계 소설의 하나이나, 문장체 소설로 바뀐 것도 있고, 한문본도 있다. 창극·신소설·현대소설·연극·영화 등으로도 개작되었다. 한국문학 작품 중에서 가장 널리 알려지고 사랑받는 것이라고 할 수 있다. 연구 또한 광범위하게 이루어지고, 여러 가지 문제점이 거듭 논란되었다. 남원부사의 아들 이 도령과 기생의 딸 춘향이 광한루에서 만나 정을 나누다가, 남원부사가 임기를 끝내고 서울로 돌아가자 두 사람은 다시 만날 것을 기약하고 이별한다. 그 다음에 새로 부임한 관리가 춘향의 미모에 반하여 수청을 강요한다. 그러나 춘향은 일부종사(一夫從事)를 앞세워 거절하다 옥에 갇혀 죽을 지경에 이른다. 한편, 이 도령은 과거에 급제하여 어사가 되어『춘향전』은 그 공간배경이 남원이기 때문에 남원 지역에는 '열녀춘향사(烈女春香祠)'라는 사당이

있다. 이 사당을 통하여 실존하였던 것으로 믿고 있는 춘향의 높은 정절을 기리
며 그 넋을 추모한다. 춘향의 생일로 믿는 음력 4월 8일에는 광한루 동편에 자리
잡고 있는 춘향사당에서 제사를 지내고 있다([출처:춘향전(春香傳)-한국민족문화
대백과사전]).

660) 향약(鄕約): 향촌규약(鄕村規約)의 준말로, 지방의 향인들이 서로 도우며 살아가
자는 약속.

향약은 향촌 규약(鄕村規約)의 준말로, 지방의 향인들이 서로 도우며 살아가자
는 약속이다. 향약의 시초는 중국의 「여씨향약(呂氏鄕約)」이지만, 조선시대에 보
급·시행된 향약은 우리의 전통적인 공동체적 상규상조의 정신에 유교적 가치를
더하여 재편한 것이다. 유교적 예절과 풍속을 향촌사회에 보급하여 도덕질서 확
립과 미풍양속 진작을 도모하고 재난 시의 상부상조를 위한 규약인 것이다. 조선
초기부터 향약을 널리 보급하려는 노력이 계속되었고 16세기에 전국적으로 시행
되었다. 하지만 향약은 조선시대 양반들의 향촌자치이자 하층민 통제수단이라는
한계점을 가진다.

넓은 의미로 향촌규약, 향규(鄕規), 일향약속(一鄕約束), 향약계(鄕約契), 향안(鄕
案), 동약(洞約), 동계(洞契), 동안(洞安), 족계(族契), 약속조목(約束條目) 등의 다
양한 의미를 가진다.

원칙적으로 향약은 조선시대 양반들의 향촌자치와 이를 통해 하층민을 통제하
기 위한 것이었지만, 다른 한편으로는 숭유배불정책에 의하여 유교적 예절과 풍
속을 향촌사회에 보급하여 도덕적 질서를 확립하고 미풍양속을 진작시키며 각종
재난(災難)을 당했을 때 상부상조하기 위한 규약이라고 할 수 있다.

향약(鄕約)이라는 용어가 역사적 의미를 지니면서 조선시대 향촌사회의 실체로
서 알려지기 시작한 것은 16세기 이후 「주자증손여씨향약(朱子增損呂氏鄕約)」이
전국적으로 시행, 보급되면서부터이다. 즉, 향약을 최초로 실시한 것은 중국 북송
(北宋) 말기 섬서성 남전현(陝西省 藍田縣)에 거주하던 도학자 여 씨(呂氏) 4형제
(大忠, 大防, 大鈞, 大臨)였다. 이들은 일가친척과 향리 사람들을 교화 선도하기
위하여 덕업상권(德業相勸: 향약의 네 가지 덕목 가운데 하나. 좋은 일은 서로 권
하여 장려해야 함을 이른다), 과실상규(過失相規: 향약의 네 가지 덕목 가운데 하
나. 잘못을 저지르지 않도록 서로 규제해야 함을 이른다), 예속상교(禮俗相交: 향
약의 네 가지 덕목 가운데 하나. 서로 사귈 때에는 예의를 지켜야 함을 이른다),
환난상휼(患難相恤: 향약의 네 가지 덕목 가운데 하나. 어려운 일이 생겼을 때 서
로 도와야 함을 이른다)이라는 4대 강목을 내걸고 시행했는데, 이것을 후대에 남
전향약이라고 일컫게 되었다.

그 후 남송 때 주자(朱子)가 이 향약을 가감 증보하여 보다 완비한 「주자증손여
씨향약」을 그의 문집인 『주자대전』에 수록하였다. 그리하여 향약은 향촌사회의
규약이되 주자학적 향촌 질서를 추구하는 실천규범이 되었다. 그러나 우리나라의
향약은 중국 송대의 「여씨향약」에서 전래된 것이라기보다는 우리 민족사회에서
오랜 전통을 가지고 있는 공동체적인 상규상조(相規相助)의 자치정책에서 발전된
것이라고 할 수 있다.

고려 태조가 935년(태조 18) 신라 경순왕(金傅)이 항복하자 그를 경주지방의
사심관(事審官)으로 임명하여 부호장(副戶長) 이하 향리들의 일을 처리하도록 한
데서 시작된 고려의 사심관제도는 그 기능이 4가지였다. 즉, ① 인민을 종주(宗

主)하고, ② 신분의 유품(流品)을 밝혀 구분하며, ③ 부역을 고르게 하고, ④ 풍속을 바르게 한다는 것이었다. 즉, 중앙 귀족으로 편제된 호족(豪族)들에게 그 출신 고을에서의 기반을 인정하면서 교화와 세금 부과에 대한 책임을 지게 하여 향촌 운영을 맡게 한 것이다.

이러한 사심관제도는 고려왕조의 정치적 변화에 따라 시기적으로 부침되다가 충렬왕 대와 충숙왕 대에 혁파되었고, 그 뒤 여말선초에 사심관의 기능과 같은 유향소(留鄕所)가 설치되었다.

유향소는 그 설립 목적이 지방의 악리(惡吏)를 규찰하게 하여 향풍을 바르게 하는 데 있었다. 악리는 이른바 원악향리(元惡鄕吏)를 가리키는 것으로, 감사 수령 밑에서 직접 백성과 접촉하여 행정사무를 담당하는 향리가 수령 방백 이상의 실권을 잡고 가렴주구(苛斂誅求)의 수탈을 자행하는 것을 말하였다.

이들의 발호를 성문율로 규제하기 시작한 것은 『경국대전(經國大典)』이 반포된 뒤이며, 그 이전에는 향촌의 유력자들로 하여금 유향소를 설치케 하여 향리의 악행을 규찰케 하였다. 즉, 조선왕조 초기 법전이 완성되기 전에는 지방의 품관(品官) 여러 명에게 유향소를 조직케 하여 원악향리의 발악에 대비하는 한편, 향리의 풍속을 돈독하게 하여 행정규찰 및 지방자치의 임무를 맡게 하였다. 이들의 정원은 지방의 부(府) 이상은 5인, 군은 4인, 현은 3인의 품관을 각 경재소(京在所)가 선정하였다.

유향소를 설치한 정확한 연대는 사료상 나타나지 않고 국초(國初)라고 기술하고 있는 것으로 보아, 이는 처음부터 유향소가 국왕의 명으로 설치된 것이 아니라 지방 군현의 유지들이 자발적으로 조직한 단체라고 할 수 있다. 그러나 조선왕조 건국과 함께 향리 교화정책을 적극적으로 실시하면서 새 왕조의 면모를 보이기 위해 태조가 직접 「향헌조목(鄕憲條目)」을 지어 반포함으로써 유향소의 조직화와 보편화가 이루어지게 되었다.

유향소는 그 뒤 태종 대에 없앴다가 세종대에 다시 설립하였고, 세조대에 또다시 없어졌다가 성종 대에 되살아났다. 다시 연산군 대에 폐하자는 논의가 있었으며, 중종 대와 선조 대에도 유향소와 경재소의 파거론(罷去論)이 대두되기도 하였다.

유향소의 존폐 논란은 당시 정치세력과 불가분의 관계가 있었다. 훈구파 관료들은 유향소 폐지론에 적극적이었고, 사림파는 유향소 유지론을 주창하였다. 그리하여 중종반정 후 정계에 등장한 사림파 관료들은 유향소의 부진한 상태를 회복하기 위해 「여씨향약」을 실시하여 풍속 교정의 임무를 수행하려고 하였다. 즉, 중종 14년 『소학(小學)』의 내용에 들어 있는 「여씨향약」을 외방 유향소 및 한성 5부, 각 동 약정(約正)에게 공급하여 향약을 실시하도록 명하고 있다.

중종 12년 경상도 관찰사 김안국(金安國)은 「여씨향약」을 간행 반포하고, 이어서 『언해본여씨향약(諺解本呂氏鄕約)』을 단행본으로 간행 반포하여 향약을 전국에 공고하는 데 결정적인 역할을 하였다. 그러나 중종 14년 기묘사화로 조광조(趙光祖) 이하 70여 명의 신진 사류들이 참화를 당하자 향약은 폐지되고, 그 뒤 명종(明宗) 때 강제로 시행하기보다는 각 지방의 특수성에 적합한 향약을 설정하자는 논의가 일어나, 이후 조선적 향약 성립의 한 시대적 배경이 되었다.

조선적 향약: 「여씨향약」이 보급, 시행되기 이전부터 우리 향촌사회에는 자생적인 결계(結契)가 향촌민들에 의해 조직되어 왔으며, 중앙 정부에서는 교화와 지방

통치에 대한 보조기능을 목적으로 한 「향헌(鄕憲)」을 반포하여 유향소를 통해 시행코자 하였다.

조선 중종 12년 이후 여러 차례에 걸쳐 국령(國令)으로 향약의 시행을 독려하였으나 전국적으로 동시에 시행되지는 못하였다. 그것은 송대 여 씨 형제가 당시의 시대적 상황과 지역적 정서 속에서 만든 향약이, 시대와 지역이 다르고 사회적·문화적 환경이 다른 조선사회에 그대로 적용되기에는 모순과 무리가 있었기 때문이었다. 이에 각 지방에 적합한 향약을 만들어 지역에 따라 차별성 있는 향약이 실시되었다. 현재까지 알려진 조선시대 향약의 시초는 태조 이성계가 친히 만든 「헌목(憲目)」 41조였다. 이 「헌목」을 그의 손자인 효령대군(孝寧大君)이 증보하여 56조로 된 「향헌」을 만들어 반포하였다.

태조의 「헌목」은 조선 후기의 향약과 현격한 차이가 있어 그 성격이 전혀 달랐다. 즉, 향원(鄕員)의 대상을 향중사족(鄕中士族)으로 한정하여 내외 혈통에 하자가 없는 자 및 그 자제에 한했던 것이다. 이는 양반 가운데서도 그 지역사회의 지도적인 현족(顯族)으로 조직된 향규였다.

한편, 「향헌」은 「헌목」과 형식은 달랐으나 세족(世族)의 변별을 엄격히 할 것을 논하는 등 신분적 특권과 절제를 역설함으로써 향규의 성격을 넘지 못하고 있다. 이처럼 「헌목」과 「향헌」은 그 뒤 공통의 향규로서 조선왕조 500년간 준행(遵行)되어 왔지만 향약의 시초라고 일컬어지는 「향헌」은 향촌사회를 교화하기 위한 것이 아니라 지역사회에 군림하는 사족 중 현족들을 위한 향규라고 할 수 있다.

「헌목」과 「향헌」의 뒤를 이어 조선 향약의 대표적인 역할을 한 것은 퇴계 이황(李滉)의 「예안향약(禮安鄕約)」과 율곡 이이(李珥)의 「서원향약(西原鄕約)」, 「해주향약(海州鄕約)」, 「사창계약속(社倉契約束)」, 「해주일향약속(海州一鄕約束)」이다.

「예안향약」은 명종 11년(1556) 퇴계가 향리인 예안에 낙향한 후 지방 교화가 미진한 것을 극복하기 위하여 선배인 이현보(李賢輔)의 유지를 이어 제정한 것이다. 이 향약은 극벌·중벌·하벌의 3대 항목으로 나누어 과실을 징벌하는 조목을 들고 있다. 즉, 극벌은 부모불순자(父母不順者) 외 6항목, 중벌은 친척불목자(親戚不睦者) 외 16항목, 하벌은 공회만도자(公會晚到者) 외 4항목을 설정하였지만 구체적인 치벌(治罰)방법은 명기하지 않았다. 끝에 원악향리 등 4조목을 부기하였으나 이것 역시 징벌을 어떻게 하는가에 대한 구체적인 내용은 없다.

그러므로 「예안향약」은 완비된 내용의 향약은 아니지만 과실을 처벌하는 것을 주안으로 하고, 기타 입교예속 등은 학교교육에서 권도할 것을 주장한 퇴계의 평소 지론이 반영된 것이라고 보아야 할 것이다. 또한 이 향약은 「주자증손여씨향약」과는 관계가 없었으니 우리나라의 가족제도를 중심으로 잘못을 저지른 자를 징계하여 가풍과 향풍(鄕風)을 진작케 하고자 하는 데 그 목적이 있었다. 이 향약은 퇴계 생존 시에는 시행되지 못하였지만 그 뒤 영남학파의 전통을 이은 제자, 문인들에 의하여 영남지역을 비롯한 각지에서 활용되었다.

율곡 이이는 「서원향약」을 비롯한 4종류의 향약을 제정하고 일생을 향약과 관련하여 생활했다고 해도 과언이 아닐 만큼 청년 시절부터 장년에 이르기까지 향리 교도에 진력한 대표적인 유학자였다.

「서원향약」은 율곡이 청주목사(淸州牧使)로 부임하여 백성을 교화하고 미풍양속을 진작키 위해 전임 목사들이 「여씨향약」을 참작하여 만든 향약의 내용을 바탕으로 새롭게 만든 것이다.

이 향약의 특징은 반(班)·양(良)·천민(賤民) 등 모든 주민을 참여시키는 계조직을 향약조직과 행정조직에 연계시켜 활용하고 있다는 점이다. 당시 청주목은 25장내(掌內)였는바, 면 단위 계장과 동몽훈회, 색장을 두어 향약계의 실제적인 단위로 운영하였다. 향약의 내용에서도 조선 초기 「향헌」의 내용을 많이 차용한 것 같다. 즉, 이 향약은 권면해야 할 선목(善目)과 규계해야 할 악목(惡目)을 구분, 정리하여 과실상규 조목과 환난상휼 계조직의 약속조목을 혼합한 향규약의 일종이라고 할 수 있다.

임원 구성은 도계장 4인, 매장 내 각 계장 1인(도합 25인), 동몽훈회 1인, 색장 1인, 매리(里)에 별검을 두었으며, 향회독약 시 좌차규식(座次規式)은 신분과 직임에 따라 구분하고 같은 신분이나 직임일 때는 연령순으로 좌차를 정하였다.

「해주향약」은 해주 석담지방 향민 전체를 대상으로 입약된 것이 아니라 해주지방의 유생이나 향사족들이 권선징악과 상호부조를 통하여 향사풍(鄕士風)을 강화하게 하기 위한 향규약으로 제정된 것이었다.

「해주일향약속」도 「여씨향약」의 4대 강목을 채용하여 형식적으로는 향약 같지만 내용상에서는 조선 초기 「향헌」이나 퇴계의 「예안향약」과 같은 향규임을 알 수 있다. 즉, 「여씨향약」의 4대 강목을 채용하면서도 그 외의 각 조목은 그 지방 실정에 맞도록 규정한 것이다.

예컨대, 4대 강목 중 과실상규와 환난상휼의 2강령에 관한 조목은 더욱 상세하게 규정되어 있다. 특히 관속의 중대한 범죄가 바로잡히지 않을 때는 약원들을 중심으로 여론을 일으켜 관권을 견제하고 향권을 지켜 나가려는 지방자치적 성격이 농후하게 나타나고 있음이다.

율곡이 만든 일련의 향규 조약들은 그의 학문을 이은 기호지방에 영향을 주었는데, 그 대표적인 예가 보은군수(報恩郡守) 김홍득(金弘得)이 1747년에 작성한 「보은향약(報恩鄕約)」이다.

향약의 종류: 중앙집권적 관료제 사회로 신분의 구별이 엄격했던 조선 초기에는 자치적 기능이 미약했고, 향촌사회의 독자적인 발전은 기대하기 어려운 상황이었다. 그러므로 건국 초부터 지방에서 시행되고 있던 향규는 중앙집권을 위한 보다 효과적인 지배 수단에 불과한 것으로 관치(官治)의 보조 기능에 그칠 뿐이었다. 그러나 조선 후기에는 군현 단위든 자연촌락 단위든 간에 자치적 기구가 존재했고, 자치적 기능도 일정하게 이루어지고 있었던 것으로 보인다. 즉, 향청(鄕廳)을 근거로 하는 사족(士族) 또는 향족(鄕族)들의 활동은 향촌사회의 권익과 특성을 대변해 주었으며, 촌락에서 자생적인 촌계는 당시의 생활이나 문화 수준에서 필요했던 상부상조의 공동체적 관계를 유지시키고 안정된 사회생활을 지속하는 데 기여했다고 할 수 있다.

지금까지 밝혀진 바에 의하면 조선시대의 향약은 그 성격, 기능, 내용에서, 특히 시대적 배경 속에서 향규(鄕規)·동계(洞契)·주현향약(州縣鄕約)·촌계(村契)로 나누어 보는 것이 조선적 향약을 더 잘 이해하는 지름길이라고 볼 수 있다.

향규: 향규는 향중지규(鄕中之規)의 준말로, 조선 초기부터 다양한 명칭으로 사용되어 왔다. 즉, 일향약속, 완의, 입의, 약속조목, 향립약조, 향헌, 향사당약속, 향안규식, 향약절목, 향약장정, 향약 등으로도 불렸다. 향촌사회는 향규에 의하여 향안(鄕案)이 작성되었는바, 향안은 일향(一鄕) 현족(顯族, 土族)의 명단이었다.

사족은 향촌의 지배적 인사로서 향촌 질서를 확립하고 수령권에 대해 향권을 보호한다는 차원에서 향안을 작성하였으며, 조선 전기부터 있어 왔으나 임진왜란 후 17세기에 들어오면서 사족들에 의해 전국적으로 향안 작성이 시도되었다.

향안은 입의(立議), 인명(人名), 임원(任員)의 수결(手決)로 구성되어 있으며, 입의는 향규로서 향원들 사이의 규약이었다. 향규는 향임(좌수, 별감)의 선임, 향안의 입록 기준 및 그 절차, 향원의 준수사항 등을 그 내용으로 담고 있다.

17세기 향안은 향촌사회 사족들 간의 유대를 공고히 하기 위하여 신분간의 배타성 및 지역적 폐쇄성을 가지고 있었다. 즉, 향안에 입록(入錄)되기 위해서는 부·모·처족에 하자가 없는 삼향(三鄕)이어야만 직서(直書)될 수 있고, 이향·일향·무향(無鄕)은 권점(圈點)을 거쳐 기록되었다.

향안에 입록된 자를 향원(鄕員)이라고 하였고, 향원 중에서 향임(鄕任)을 선출했으며, 향회(鄕會)를 구성, 공론에 의하여 향촌의 여러 가지 일들을 운영하였다.

동계(洞契): 향규는 원칙적으로 향촌민 지배를 위한 향권(鄕權)에 관한 것이고, 향약은 원칙적으로 서민을 교화하기 위한 것이어서, 엄밀히 논하면 둘 사이에는 차이점이 있었다. 향규가 관권(官權)에 대항하여 향권을 지킨다는 것은 반대로 중앙집권화가 강화되는 과정에서 퇴색하지 않을 수 없었고, 또한 양반으로서의 행실에도 문제가 많았다.

한편, 서민들도 임진왜란을 겪은 뒤 막심한 피해를 당하여 겨우 생명만 부지하게 된 형편이었으므로 인륜이나 명분을 돌볼 겨를이 없었다. 이에 상하민이 모두 무너진 질서와 생활윤리 등을 시급히 재건할 필요가 있었다. 이에 상하민을 망라한 새로운 향약, 즉 지역적인 자치조직으로서 상하 합계의 동계인 동약(洞約)이 출현하게 되었다.

사족 사이의 향규와 하층민 사이의 촌계가 일원화되어 지역사회 전원을 참여시키는 동계는 선조 34년(1601) 경상도 예천 고평동에서 정탁(鄭琢)에 의해 만들어진 「고평동동계갱정약문(高坪洞洞契更定約文)」이 시초이고, 이러한 추세는 전국적으로 퍼져 나갔다.

이 동계는 임진왜란 후 실정에 맞게 간편한 것을 위주로 하였는데, 「여씨향약」과 관계없는 우리나라의 특수성을 반영하는 속례가 대부분을 차지하였다.

전체 구성을 권면조(勸勉條)와 금제조(禁制條)로 나누고, 권면조는 진충사군(盡忠事君), 창의복수(倡義復讐) 등 11조, 금제조는 불구급난(不救急難), 천벌금림(擅伐禁林) 등 18조로 시국과 사회생활을 반영한 독특한 약조로 되어 있다. 또한 이 약문에는 고평동의 상민도 계중(契中)에 들게 하여 하계(下契)라는 용어가 처음 보인다.

조선 후기 동계는 임란 후 전후 복구의 급한 고비를 넘긴 뒤부터는 상하 협력보다는 상계에 대한 하계의 순종을 강조하는 수분(守分)이 첫째가는 덕목으로 고취되는 등 사족의 동민 지배기구로 성격이 강화되어 갔다. 그러나 광범위한 사회·경제적 변동에 따라 신흥 세력으로 부상한 부농층 서얼들이 면리(面里)의 실무를 맡게 되자 사족들의 향권은 약화되어 갔다. 그것이 1739년(영조 15) 백불암(百弗庵) 최흥원(崔興遠)이 제정한 경상도 대구의 「부인동 동약(夫仁洞 洞約)」이다.

사족의 촌락 지배기구인 동약의 공동체적 기반이었던 동답(洞畓)을 에워싼 분쟁, 신흥 세력의 저항으로 동답과 동약이 해체되어 가는 과정이 「부인동 동약」에 기술되어 있다. 즉, 부인동 동약의 분쟁은 공전(公田) 운영에서 발단이 되었으며,

공전은 당초 촌계에서 촌민이 공동으로 마련한 동답에서 유래하고 있었다. 그것을 동약존(洞約尊: 조선 중기 이후에 만들어진 동약에서, 약직 이하의 임원을 임명하던 사람을 이르는 말) 최흥원의 오랜 독단적 운영으로 최 씨 가문이 사유화하게 되자 여기에 대해서 자기들의 지분을 주장하며 동약을 해체시키는 분계(分契) 편에 섰던 것이 부농 최 씨 가문의 서얼들이었다.

사회·경제적 변동의 확산, 즉 화폐경제의 침윤, 수취체제의 변동에 따라서 동계는 심각한 도전을 받고 있었다. 면총제(面摠制)하에서 각종 요역(徭役)과 관전(官錢)의 부담이 동 단위로 부가되었으므로 동계 사이에서 부담의 불균형, 고헐(苦歇)의 불균형이 나타났다.

또한 주민들의 불평과 호소를 조정하는 관의 태도도 일시적인 것이었으므로 동계 사이의 갈등 대립은 심화 확대되어 동계 자체의 붕괴를 가져왔고, 19세기에 들어오면서 각종 목적계가 성황을 이루게 된 배경이 되기도 하였다.

주현향약(州縣鄕約): 조선 후기 사회·경제적 변동에 대비하기 위하여 뜻있는 수령이 앞장서서 지역사회의 상하 주민 모두를 의무적으로 참가시켜 운영하던 향약으로, 동계의 확대판이었으며 18세기에 가장 활발하게 운영되었다.

수령이 향약을 선도하게 된 원인은 유향분기(儒鄕分岐) 때문이라고 할 수 있다. 즉 1655년(효종 5) 영장사목(營將事目)이 반포되어 향청의 좌수가 군역차정의 책임을 맡게 되자 향임이 향리 수준으로 격하되어 사족들이 향임을 기피하게 되었다.

또한 1675년(숙종 5) 오가통사목(五家統事目)이 반포되어 상인(常人)과 천인(賤人)의 역이었던 면임(面任)을 지배 계층의 영향력 있는 인사로 임명하려 했으므로 사족의 기피 현상은 필연적이었다.

사족들이 향임을 기피하게 되자 이 자리를 향외인(鄕外人)인 낮은 가문 출신들이나 서얼들이 차지하여 향족(鄕族: 좌수나 별감 따위의 향원鄕員이 될 자격이 있는 집안)이라는 새로운 계층을 형성하게 되었다. 그리하여 향안 입록을 둘러싼 신구 세력 간의 싸움이 일어나고, 사족의 이해를 반영한 향규는 유명무실해지고 말았다.

조선시대의 통치는 교육의 형태로 이루어졌기 때문에 교화와 행정이 본래 하나로 운영되어 약임(約任)이 일원적이었다. 교화가 자주 교체되는 수령보다 토착 세력인 향청에서 이루어졌던 것이다. 그리하여 향청을 향약당(鄕約堂)이나 풍헌당(風憲堂)이라고 하였다. 그러던 것이 유향분기 이후 향족이 향청을 차지하게 되자 사족은 향교나 서원으로 근거를 옮겼다. 이것이 곧 사족의 향권 포기는 아니었으나 경제적인 부를 축적한 향족 층과의 대립은 당시 대세였고, 이에 따라 향촌의 교화는 부진할 수밖에 없었다.

한편, 대동법 시행에 따른 광범위한 사회변동, 종모법(從母法: 양인인 아버지와 천인인 어머니 사이에 태어난 자식이 어머니의 신분을 따르던 법) 실시에 따른 노비의 격감, 균역법의 실시로 양역이 줄자 노비는 모두 도망하여 양반들의 생계가 막연하게 되었다. 또 상민층은 그들대로 역(役)을 피하고 걸핏하면 양반을 능멸하는 등 상약하강의 형세가 만연되어 갔으니 체제를 유지하기 위해서도 질서의 동요를 방관할 수만은 없는 실정이었다.

교화의 진작, 수분(守分)의 강조는 시급한 과제였고, 이것을 향청에만 맡길 수 없게 되어 수령이 직접 나서서 관권을 뒷받침으로 기층민의 촌계를 조직화함으로써 더욱 철저히 지배하게 되었다.

임진왜란 직후 현족만을 대상으로 하는 향규와는 달리 반상(班常: 양반과 상사람을 아울러 이르는 말)을 망라하여 지역 전원을 참여시키는 상하 합계의 동계가 나타났지만 이 동계는 지역촌을 단위로 한, 문자 그대로 동계였다. 그러나 면리제(面里制)가 발전하고 수령권이 강화된 배경 속에 군현 단위의 주현향약이 등장하여 교화와 부세를 수령이 직접 관장하게 되었다.

주현향약의 필요성은 이미 명종 15년(1560) 율곡 이이가 「파주향약서(坡州鄕約序)」에서 향약이 유명무실한 이유를 서술한 데서 비롯된다. 즉, 향약은 첫째, 시행했다 말았다 하는 시행에 일관성이 없었던 점과 둘째, 마을마다 촌계를 갖고 있을 뿐 관권의 뒷받침이 없어 범법자가 있더라도 징계되는 바가 없었으므로 이로 인하여 약조도 흐지부지되고 말았다면서 향약을 효과적으로 시행하기 위해서는 주현(州縣)은 면(面)을, 면은 리(里)를 감독하고 뒷받침하는 일이 필수적이며 수령이 선도해야 한다고 하였다.

주현향약은 17세기 「김기향약(金圻鄕約)」과 「포산향약(苞山鄕約)」으로부터, 19세기에는 「강릉정동면향약절목」에서 보이지만, 가장 활기를 띤 시기는 18세기였다. 그 중 영조 23년(1747) 군수 김홍득(金弘得)에 의하여 충청도 보은에서 실시된 향약조목이 대표적인 주현향약이었다.

이 「보은향약」에서 군수 김홍득은 농민들의 유랑과 망명현상을 심각하게 생각하여 이들에게 권농을 강조하여 상부상조하는 농업공동체적인 향약을 권장하였다. 이와 함께 부세의 지나친 부담을 줄이고, 향족·향리층에 의한 무궤도한 침탈을 방지하고자 하였다. 즉, 사회·경제적인 변동 속에서 향약을 통하여 농민의 토지 이탈을 막고 농민들을 향촌사회에 안정시켜 그들을 공동체 속에 결속시킴으로써 농업경제에 바탕한 체제의 안정을 도모코자 하였다.

주현향약은 면(面)을 기간 단위로 하여 기존 자연촌에서의 동계·촌계 등을 하부조직으로 편입시키는 한편 향교조직을 이용하였으며, 전 지역주민은 의무적으로 참여해야 했다. 또한 향약강신회에서 선·악행자를 권면 규제하고 상하간의 수분을 강조하여 신분제 질서를 유지하고자 하였다. 주현향약의 성패는 수령의 현부(賢否)에 달려 있었고, 시행의 지속성 여부는 신관 수령의 지지를 얻어야 하므로 사실상 지속되기 어려운 한계점을 가지고 있었다.

촌계(村契): 계(契)는 '모인다[會]'의 뜻으로 여러 사람이 어떤 일을 함께 하려고 모이는 것을 말하므로 단체를 이루는 것은 무엇이든지 계라고 할 수 있다. 계에는 단체성에 의한 자율기능과 모임의 목적을 달성하기 위한 경제적 기능이 있다. 자율기능은 옛 공동체에서 비롯한 것이며, 경제적 기능은 고려 이래 보(寶)에서 유래했다고 하겠다.

조선시대에 들어와서 계의 종류로는 자치적인 말단 행정조직으로서의 계가 있는바 한성부 호적에 가좌동계, 여의동계 등이 그것이며, 상공 분야로는 보부상계, 육의전계 등이 있었다. 또 촌락 단위로 보면 금송계(禁松契), 군포계(軍布契), 우계(牛契) 등이 있었으며, 기타 화수계(花樹契), 갑계(甲契), 상도계(喪徒契) 등도 있었다. 특히 1938년 조선총독부가 조사한 바에 의하면 480종류의 계가 있었으며, 전체 계의 수는 29,257개, 계원수는 903,640인이었다. 이러한 계의 연혁은 마을이 생긴 역사와 같다고 할 수 있으며, 사람이 사는 곳에는 자연히 자생적인 상규상조지도(相規相助之道), 즉 생활의 규칙이 없을 수 없으므로 이것이 촌계의 규칙이라고 할 것이다. 그러므로 향규·향약도 자생적인 촌계 규칙에서 시작되었다고 하겠다.

일반적으로 촌계는 성문화되지 않고 불문율, 관습으로 전습된 것이 상례였다. 촌계의 주요한 소관사는 촌제(村祭), 두레 및 촌회(村會)의 운영이었다.

촌제는 서낭제·산신제·동제·당제·당굿 등으로도 불리는바 '동제(洞祭)'라는 것이 가장 보편적으로 사용되었다. 동제는 한밤중에 지내는 제사와, 제사 후에 모든 주민이 참여하는 축제로서의 굿과, 동제 전후에 열리는 마을의 자치회인 동회(洞會)라는 3층 구조로 되어 있었다.

촌과 동은 각기 자연촌을 의미하기도 하고 지역촌을 의미하기도 하여 규모상으로는 구별하기 어렵고 대개 동의어로 사용되었다. 그러므로 동계와 촌계는 같은 뜻이었다.

동제는 자연촌 주민들의 안온한 생활을 위하여, 즉 풍년과 재액 방지 등을 하늘과 신에게 비는 뜻에서 연 1회 또는 2회 공동으로 제사지내는 중요한 연중행사로 제사의 대상은 큰 수목이나 바위이고, 제신은 산신·서낭신 등의 자연신이었다.

제사 후에는 제수로 마을의 전 주민이 참여하는 동연(洞宴)이 열렸으니 공동체적인 친목을 다지는 기회였고, 풍악은 향토 오락으로서 으뜸가는 중요한 행사였다.

촌계의 또 다른 중요한 일은 두레였다. 두레는 마을 단위로 조직되며 15, 6세에서 55세 정도 이하의 모든 성인 남자가 참여하여 평균 30명 내외로 구성되었다.

두레패, 두레꾼이라고 불리는 두레의 성원에는 여자와 노인, 어린 소년은 제외되며 두레에 참여하는 것은 의무인 동시에 권리로서 참가를 거부하면 처벌되고 흘러들어온 외지의 일꾼은 가입이 거부되었다. 두레패는 마을의 전 경지면적을 공동으로 경작하고 과부나 병자, 노약자 등은 무상으로 하여 두레 공동노동의 사회보장적 혜택을 받았으니, 두레는 우리의 독자적인 풍습이다.

이 밖에 촌계에서는 제방·교량·동사(洞舍) 등 마을 공공시설의 보수·유지, 촌회에서의 임원 선출, 공금의 출납보고, 축제의 조직, 포상에서의 상부상조, 두레의 조직운영 등 농사의 지도 감독 등에 관한 역할을 맡았다. 또한 남의 논밭 경계를 침범하는 자, 남의 관개수로를 훔친 자, 게을러서 양전을 썩힌 자 등은 처벌되었고, 산림도 마을의 공유 재산으로 인정하여 공동으로 관리했으며, 기타 영농이나 생활상의 분쟁을 조정 해결하였다. 또한 도난을 당하거나 병에 걸리면 촌계에서 돌보았고 심지어 과년한 처녀 총각의 혼사문제까지 주선하여 마을은 흡사 대가족과 같았으며, 특히 상선벌악(賞善罰惡)에 치중하여 도의선양에 힘써 효자 열녀 등이 나왔다.

촌회는 「주자증손여씨향약」이 전래된 뒤에는 그 영향을 받아 향약적인 것으로 바뀌었으므로 촌회의 모임을 향약강신회(鄕約講信會)라고 부르기도 하였다. 그러나 향약 자체는 중국에서 전래되고 수용된 것이 아니라 우리 민족사회에 고대로부터 내려온 자생적이고 전통적인 촌회에서 유래한 것이었다.

그러므로 조선적 향약에 대한 역사인식은 한국사 전반에 대한 주체적 입장에서의 해석이며, 촌계에서 상부상규하는 것 자체와 협동의 전통은 우리 민족사를 지켜온 초석이라 할 것이다.

각 도 향약 · 동계의 운영 실례:

경기도

경기도의 향약·동계는 「이리동약(二里洞約)」, 「죽주향약(竹州鄉約)」, 「우하영향약(禹夏永鄉約)」, 「파주향약서(坡州鄉約序)」, 「소고니가좌동금송계좌목(所古尼可佐洞禁松契座目)」 등이 대표적인 것이라고 할 수 있다.

「이리동약」은 1756년(영조 32) 순암(順菴) 안정복(安鼎福)이 광주부 경안면 이리동에서 시행했던 동약이다. 순암은 넓은 의미에서 동약을 풍약(風約)과 동약(洞約)으로 구분하여, 풍약은 리(里)를 단위로 하고, 동약은 두 개의 리를 합하여 한 동(洞)으로 만들어 이를 대상으로 실시하려고 하였다.

동약의 내용은 상·중·하계로 구성되었으며 전 주민이 참여하여 마을의 안정을 도모하려 하였고, 「여씨향약」의 4대 덕목을 바탕으로 부조(附條)를 첨가하여 선목(善目) 16조, 과목(過目) 16조, 유하계문(諭下契文) 14조로 되어 있었다. 집회는 연 2회로 3월 3일과 9월 9일로 정하였으며, 임원은 집강(執綱)을 비롯하여 유사(有司), 장무(掌務), 색장(色掌) 등으로 조직되어 있었다.

순암이 시행한 「이리동약」의 특징은 동약과 함께 사창(社倉)을 실시하여 회원들의 경제적 안정을 도모코자 한 데 있었다고 하겠다.

「죽주향약」은 현재 안성군 보개면 남풍리에서 시행되었던 동약으로 잠호(潛湖) 김재익(金載翼, 1736~1825)의 문집인 『잠호집(潛湖集)』에 수록되어 있다. 동약의 구성은 향약범례약속, 죽주향약서, 풍촌금양겸향약계서로 되어 있고, 연 1회 집회를 가지며, 사석(師席)을 비롯한 교장(敎長), 도약장(都約長), 유사(有司) 등의 임원으로 조직되어 있었다. 특히 매월 초에 길일을 택하여 도약장 집에서 선악적(善惡籍)을 검토하고 상벌을 논의하였다. 상벌은 선행 35항목, 악행 25항목을 선정하여 평가하였다.

「우하영향약」은 쇄석실 우하영(禹夏永, 1741~1821)이 수원에서 실시했던 향약이다. 그 내용은 「여씨향약」의 4개 항목 외에 충효상면(忠孝相勉)을 첨가해서 5대 강목으로 구성하여 신분 질서 유지와 농업의 권장, 교화 진작과 체제를 유지하기 위한 향촌민 규제에 있었다. 임원은 일읍(一邑)에는 도헌(都憲) 1인, 부헌(副憲) 2인, 각 동에는 동헌(洞憲) 1인, 공원(公員) 1인, 집강(執綱) 1인을 두도록 하였으며, 선행자에게는 호역(戶役)을 면제시키고, 범죄자에게는 태형(笞刑)을 가한 후 관아에 보고하여 의법처리하도록 하였다.

「파주향약」은 1560년(명종 15)에 작성되었으나 그 서문만 전해지고, 향약의 내용은 알 수 없다. 그러나 이 향약의 서(序)를 율곡 이이(李珥)가 작성한 것으로 보아 주현향약의 성격을 지녔다고 추측할 수 있겠다.

「소고니가좌동금송계좌목」은 현재 이천군 대월면 가좌리에서 1838년(헌종 4)으로 추정되는 무술년(戊戌年)에 실시되었던 금송계로 서문(序文), 소지(所志), 완문(完文), 입의(立議), 좌목(座目)으로 구성되어 있다. 이는 농촌 사회의 자치적 상호 규제에 의하여 한 마을의 구성원이 자치적으로 산림보호조직을 만들어 산판을 보호하고 공회를 통하여 능률을 높이며, 수령에게서 처벌권을 위임받아 운영하는 등 조선시대 송계(松契)의 일반적인 경향에 따라 시행되던 촌계(村契)의 일종이었다.

강원도

강원도는 영동지방, 특히 강릉과 삼척에서 시행되던 향약이 대표적인 것으로 강릉의 「약국계(藥局契)」, 향약계(鄉約契)인 「성산면향약절목(城山面鄉約節目)」과 「정동면향약절목(丁洞面鄉約節目)」, 삼척 도하면(道下面)에서 운영되던 동계인 「송정동계(松亭洞契)」, 「지흥동계(智興洞契)」, 「천곡동계(泉谷洞契)」를 통하여 조선 후기에 들어와 영동지방의 사족들이 어떻게 향촌을 지배했는지와, 상하 합계에 의한 목린계(睦隣契) 조직의 당위성, 동역(洞役) 운영을 위한 동계조직의 필연성 등을 구명할 수 있다.

「강릉 약국계」는 1603년(선조 36), 강릉이 영외(嶺外)에 위치하여 무의무약(無醫無藥)한 지역의 한계를 극복하고 활인명(活人命)을 목적으로 결계(結契)하여, 이후 200년간 지속된 조선 후기 대표적인 촌계의 하나였다.

이 계의 조직과 운영은 사족이 전담했으며, 약국은 공국(公局)의 성격을 띠었고, 운영은 계중(契中)의 공의(公議)로 결정되었다. 조직은 계수(契首) 1인, 계장(契長) 2인, 항정유사(恒定有司) 4인, 5현유사(五縣有司), 각면 유사 각 1인씩을 두었으나, 실제 운영은 계장과 항정유사가 관부의 승인하에 주도하였으며, 향소(鄉所)에서 검칙(檢飭)을 받았다. 약국을 운영하기 위하여 관에서 약전(藥田)을 지급받았으며, 의생(醫生) 양성과 약재 확보를 위한 재원은 각 리(里) 단위로 미두(米斗)를 수합하여 충당했다고 한다.

양난 이후 17세기 후반에 나타난 상하 합계에 의한 향약계는 목린계(睦隣契)적인 성격이었다. 즉, 하민(下民)의 참여를 전제로 한 상하 합계가 면 단위에서 조직되면서 자연촌을 단위로 하는 하계(下契)인 기층민들의 조직이 상계(上契)인 사족 중심의 조직에 흡수, 통합되는 것이었다.

그러므로 상하 합계의 출현은 사족에 의한 촌락에서의 기반 확보라는 필연성에 의해서였으며, 향약의 기본 성격인 신분에 따른 수분(守分)을 강화하는 데 있었다.

강릉에서 향약계는 1857년(철종 8) 강릉부사였던 유후조(柳厚祚, 1798~1876)가 「향약절목(鄉約節目)」을 마련하여 정인심 후풍속(正人心 厚風俗)을 목적으로 시행케 하였다. 당시 21개 면(面)으로 구성되어 있던 강릉부의 각 면 단위로 향약계를 조직하도록 하였으니, 그 중 현존하는 절목이 「성산면향약절목」과 「정동면향약절목」이다.

18세기 말 19세기에 들어오면서 영동지방 삼척부 도하면(道下面)의 3개 동계가 공식적으로 조직되어 운영되고 있음을 알 수 있다. 즉, 1796년(정조 10) 이전부터 조직된 「송정동계」, 「지흥동계」, 「천곡동계」가 그것이며, 대리(大里: 洞)인 송정동, 지흥동, 천곡동이 소리(小里)인 용정동, 시변, 하평동을 합동(合洞)하는 형태로 조직되었고, 그 목적은 각종 동역(洞役)의 평균 분정(分定)을 위한 것이었다.

충청도

조선 후기 충청도의 대표적인 향약과 동계는 우선 사족 중심의 공주 「부전동 동계(浮田洞 洞契)」에서, 주현향약은 보은군수 김홍득(金弘得)이 시행한 「보은향약(報恩鄉約)」에서 고찰하고, 이어서 구한말에 시행되었던 「화양동 향약(華陽洞 鄉約)」, 「제천향약(堤川鄉約)」, 「하곡동약(荷谷洞約)」에서 살필 수 있으며, 상천민 사이의 상호부조를 위해 조직되었던 촌계는 1910년대 전후에 조사 보고된 통계자료를 중심으로 고찰해 볼 수 있다.

「부전동 동계」는 부전동이 조선 전기부터 사족(士族)이 강했던 반촌(班村)으로

16세기에 동계를 만들었으나 17세기에 들어서면서 양난, 이괄의 난, 자연 재해 등의 사회변동으로 이 지역 사족들이 하민(下民)을 포섭하는 상하 합계 형식의 동계를 운영했던 것이다.

수 세기(17세기~19세기)에 걸쳐 운영되었고 여러 차례의 개정을 거친 「부전동동계」는 사족 지배에서 일탈되어 가던 하민을 통제하기 위하여 상하 합계 형식의 동계에서 출발하였다. 18세기에는 군현 단위의 관주에도 향촌통제책이 실시되자 사족은 향권을 상실하고, 18세기 말에는 부전동 하민들이 사족의 통제를 거부하고 독립하려는 경향이 나타났다.

19세기에 들어오면 동계를 통한 사족의 하인 지배는 불가능해지고 결사체적인 성격만을 유지한다고 볼 수 있다. 그러므로 이 시기 하민들도 촌계조직에 의하여 상부상조의 결사체를 유지했는데, 임술민란(壬戌民亂, 1862) 때는 촌계가 공주지역 농민항쟁의 주체인 초군(樵軍)의 배경이 되기도 하였다.

「보은향약」은 주현향약으로 수령이 직접 도집강(都執綱)이 되어 향약을 총괄하였다. 보은군수 김홍득이 1747년(영조 23) 향약을 입안하였는바, 그 구성은 향약서(鄕約序), 향약조목(鄕約條目), 향약후부록(鄕約後附錄), 별록유민인등(別錄諭民人等)으로 되어 있었으며, 향약조목은 조목·향회독약법·시벌지례(施罰之例)로 나뉘어 있었고, 그 시행 주체는 향소(鄕所)에서가 아니라 향교조직을 통해서 실시되었다.

특히 「보은향약」에서는 향약조목 별록으로 농가의 부업 내지는 경제생활, 사회생활에 대한 권장사항으로 축산에서부터 유실수의 식목에 이르기까지의 약조를 설정하였으니, 이는 군민 상하의 향촌 안정을 도모한 조치라고 할 수 있다.

충청도에는 19세기에 들어와 「화양동 향약」, 「제천향약」, 「하곡동약」 등이 시행되고 있었다. 「화양동 향약」은 우암 송시열(宋時烈)의 적손인 송재경이 만든 것으로 입의, 향약절목, 입약범례, 벌목, 회집동약법발문의 6부로 구성되어 있었다. 이 중에서 61조로 되어 있는 입약범례는 율곡향약의 영향을 받았다는 것이 입증되며, 이 향약의 특징은 향약의 변용, 변모의 모습을 행문격식을 정하여 향약문식을 사용하였다는 데 있다.

「제천향약」은 1904년 「제천향약계입의」를 제정하여 제천 관내 8개 면에서 일률적으로 시행된 위정척사사상을 바탕으로 한 화서 이항로(華西 李恒老) 계열의 유림들에 의하여 만들어졌던 향약이다. 즉, 의암유인석(毅菴 柳麟錫)은 국권을 상실한 시대적 상황을 목격하고 일본제국주의를 비롯한 외세를 물리치는 데는 향약의 상부상조하는 협동과 단결이 필요함을 느끼고 제자 항재이정규(恒齋 李正奎)에게 명하여 만든 것이 이 향약이었다.

「하곡향약」은 성재유중교(省齋 柳重敎)의 문인인 명와이기진(明窩 李起鎭)이 충주 하곡동에서 1905년에 만든 것으로, 「제천향약」과 같이 위정척사론에 입각하여 외세의 침입을 막고자 오가작통(五家作統)을 바탕으로 조직된 향약이었다.

경상도

영남지방의 향약 및 동약을 통하여 사족 중심의 지배 질서를 구축해 나가는 과정에서의 역할과 성격을 검토하고, 영남지방의 자치기구가 갖는 독자적인 성격을 구명해 보았다. 그리하여 임진왜란 전인 16세기에 시행되었던 퇴계 이황(李滉)의 「예안향립약조(禮安鄕立約條)」와 「온계동계(溫溪洞契)」, 난후 17세기 초의 「김기

향약(金坼鄕約)」, 17·18세기 밀양의 「인조무자절목(仁祖戊子節目)」, 영천의 「망정향약(望亭鄕約)」, 대구의 「부인동 동약(夫仁洞 洞約)」의 사례를 분석, 정리하면 조선시대 향촌 자치기구로서의 향약 및 동약의 보편성과 영남지방의 특수성이 나타나게 된다.

「예안향립약조」는 1556년(명종 11) 퇴계가 향리인 예안에 퇴거한 가운데 작성된 향규로 조선적 향약의 시초였다. 이 향약은 퇴계의 스승 농암 이현보(李賢輔)의 교시와 그 일문의 적극적인 협조 및 일향 사족의 공론에 의하여 작성되었다. 그러나 실제로 실시되지는 못한 한계성을 가지고 있지만, 향약의 한 전범(典範)으로서 이후 영남지방 향약 시행에 큰 영향을 미친 것으로 보인다.

동계가 사족 거주 촌락 단위에서의 규약이라는 전제하에 사족 상호간에 상부상조를 통한 결속력과 공동체적 유대를 공고히 하고 일향에 대한 지배권을 확보하기 위한 목적이었다고 본다면 퇴계 가문이 향촌의 사족으로 성장하는 과정에서 「온계동계」를 마련했다고 할 수 있다. 이 「온계동계」는 처음에는 족계(族契)의 단계에서 동 전체의 구성원을 대상으로 하는 동계로 발전하였고, 1548년(명종 3)경부터 시행되어 1554년(명종 9) 퇴계에 의하여 「온계동중친계입의서(溫溪洞中親契立議敍)」와 길흉사의 부조내용 및 강신(講信)에 관한 조목을 작성함으로써 만들어졌다.

미증유의 국난이었던 임진왜란 후 피폐된 향촌사회를 복구하기 위하여 향리의 사족들은 상민들과의 협력이 절실했고, 이에 따라 상하 합계의 동계가 1601년 예천의 고평동에서 비롯되면서 영남 각 지역을 비롯하여 17세기에는 전국적으로 확산되어 갔다.

17세기 새로운 향약의 전형으로 「김기향약」이 나왔으니, 이 향약은 「주자증손여씨향약」의 4대 강목을 기초로 퇴계의 벌조(罰條)와 고유의 상규(常規)인 길흉조경(吉凶弔慶), 환난상구(患難相求), 춘추강신(春秋講信)을 결합한 것이었다.

특히 이 향약의 특징은 첫째 과실상규에서 상인약조(上人約條)와 하인약조(下人約條)로 구분하여 변화된 사회인식을 수용하고, 둘째 상부상조의 공동체적 관계 유지를 통하여 상·하민 간의 부조를 주장하고 있다는 점이다.

이와 같은 「김기향약」은 임란 이후 시대적 요구에 부응하여 등장한 새로운 향약의 전형으로서 향촌 재건 및 지배를 위한 종합적인 대책이었고, 체제를 유지하기 위한 지배 계층의 대응책이었다. 「김기향약」의 영향은 17·18세기 영남지방 각 지역에서 답습되고 있었으니, 1648년 밀양의 「인조무자절목」, 1735년 영천군 망정동의 「망정향약」, 1739년 대구 부인동의 「부인동 동약」으로 이어졌다.

밀양의 「인조무자절목」은 당시 밀양부사 강대수(姜大遂)가 「김기향약」에다 입의(立議) 18조를 첨가하여 제정한 향약이다. 이 향약의 특징은 첫째 교화의 강조, 둘째 향리(鄕吏)의 통제, 셋째 상부상조 기능의 강조였다.

이 향약이 계속해서 시행되지 못한 이유는 밀양 사족의 갈등, 즉 남인계와 노론계 사족간의 대립이 향촌을 분열시키고 있었으며, 향리를 천거하는 데 향청(鄕廳)을 거치도록 한 규정에 향리층이 반발했기 때문이었다.

영천의 「망정향약」도 「김기향약」을 모태로 하여 망정동민들이 1735년(영조 11)부터 1738년경까지 50여 년간 실시했던 향약이다. 이 향약은 전 동민을 대상으로 임원은 사족이 담당하였으나 구성원은 양반뿐만 아니라 외거노비와 솔거노비라도 지원하면 가입이 인정되었다.

그리하여 향적(鄕籍)이 상청(上廳)·중청(中廳)·하청(下廳)으로 구분되어 상청에는 양반, 중청에는 서얼·평문 중 출신급제자 및 향교 서재 교생, 하청에는 평민과 외거·솔거노비가 입록되어 있었다. 운영의 중요 내용은 상부상조에 관한 것이 절대적이었다.

대구 부인동에서 1739년(영조15) 백불암 최흥원(崔興遠)에 의해 만들어진 「부인동 동약」은 동약소(洞約所)를 중심으로 4개의 자연 촌락을 묶어서 형식상으로는 「김기향약」을 바탕으로 동중구규(洞中舊規)를 첨가하여 시행하였다.

이 동약의 특징은 동약강사(洞約講舍), 선공고(先公庫), 휼빈고(恤貧庫)를 설치하였다는 것인데, 선공고는 전세 납부를 담당하고 휼빈고는 진휼과 상장(喪葬)을 담당하도록 하였다. 이 동약도 족적 기반이 강하여 약원(約員)은 전 동민을 대상으로 하였으나 설립 당시 동민만을 입록시키고, 이후의 이래민(移來民)은 입록시키지 않는 제약도 있었다.

전라도

호남지방의 향약·동계는 다른 지방보다 비교적 그 종류나 양이 풍부하게 보존되어 있으며, 현재까지 시행되고 있거나 최근까지 시행되던 향약과 동계가 많다.

특히 15세기 중엽인 1451년 광주지방에서 「광주향약절목(光州鄕約節目)」이, 1475년에는 태인 고현동에서 「고현동약(古縣洞約)」이 실시되어, 어느 도보다 빨리 향약과 동계가 실시되고 있었다는 사실을 문헌을 통하여 알 수 있다.

영광지방에는 남극재(南極齋)의 사계(射契)와 노인계(老人契)가 있는 바, 사계는 1587년에 만들어져 이후 300여 년간 지속된 계조직이었다. 이 계는 창립 당시의 자료는 임진왜란으로 소실되었지만 그 후 1602년에 만들어진 좌목(座目)의 입의(立議)가 현존하고 있는데, 계원간의 상부상조를 목적으로 물품의 부조 내력, 노동력 제공, 상호간의 연락 등이 기록되어 있다. 사계와 함께 남극재에서 병렬적으로 만들어진 것이 노계(老契)였다. 이 계는 1796년에 만들어져 현재 노인당(노인회)까지 연결되어 있다.

임실지방에는 삼계면 삼은리에서 오천민(吳天民)에 의해 시행된 「삼은동약(三隱洞約)」과 병자호란 뒤 이주환, 이득환이 당시 현감이었던 조진석에게 건의하여 시행한 「임실향약(任實鄕約)」이 있었다. 이 두 개의 향약과 동약은 다른 지방의 그것과 비교하여 큰 차별성이 나타나지 않고 있다.

태인지방의 「고현동약」은 현재의 전라북도 정읍시 칠보면 일대에서 1475년 불우헌 정극인(丁克仁)에 의하여 만들어진 다음 지금까지 약 520여 년간 시행되어온 동계로 우리나라에서 가장 일찍 시행되었던 동약이다.

정극인이 작성한 「동약규례(洞約規例)」는 존재하지 않으나 광해군시대의 「동약규례」와 1644년(인조 22)의 「증보규례(增補規例)」가 현존한다. 이 규례 31조를 통하여 조직, 운영, 상벌에 대한 내용이 담겨 있으며, 「증보규례」에는 상호부조의 규정이 추가되고 있는 것을 볼 수 있다.

광주지역에는 1451년에 만들어진 「광주향약(光州鄕約)」과 15세기 말에서 16세기 초에 이루어진 「양고동 동계(良苽洞 洞契)」가 있다. 「광주향약」은 문헌상 세종연간에 김문발(金文發)에 의해 실시되었으나 현재 그 실체는 알 수 없고, 이선제(李先齊, 1399~1484)가 만든 향약이 전해지고 있다. 이 향약의 내용은 퇴계 이황의 「예안향립약조」와 거의 흡사하여 15~16세기 조선 향약의 일반적인 성격을 이해하는 데 도움이 될 것이라고 하였다.

「양고동 동계」는 그 약문이 세 부분으로 나누어져 있는데, 「주자증손여씨향약문」과 「예안향립약조」를 전제한 '약조(約條)' 및 순수한 양고동의 것인 입약범례(立約凡例)로 되어 있다. 입약범례는 25개조로 혼상부조(婚喪扶助)에 관한 내용이 9개조, 강신계회 9개조, 동답(洞畓) 3조, 임원 4조로 혼상과 상장(喪葬)에 무게를 두고 있다.

영암지역에는 1565년(명종 20) 군서면 구림리에서 임호(林浩)와 박규정(朴奎精)에 의해 만들어진 「구림동계(鳩林洞契)」, 15세기 덕진면 영보리에서 낭주 최씨(郎州崔氏), 거창 신씨(居昌愼氏), 남평 문씨(南平文氏)의 족적 결합에 의하여 만들어진 「영보동계(永保洞契)」, 1667년 남평 문씨(南平文氏)들이 영보리에서 장암동으로 이주하여 만든 「장암동계(場巖洞契)」가 있다.

「구림동계」는 본래 임진왜란 전에 만들어졌지만 이 난으로 동계와 관련된 기록이 소실되자 광해군 원년에 완의(完議)를 만들면서 복구한 1646년의 「중수계안(重修契案)」이 조선시대 말까지 존속되었다.

이 계는 사족 중심의 향촌 질서를 유지하기 위하여 상하 합계로 만들어졌으며, 그 주된 내용은 혼상부조로 특히 상사(喪事)의 부조가 중심이었다. 동계원은 70명으로 한정하여 그 전통은 현재도 지켜지고 있으며, 계의 운영은 보미(補米)를 수합하여 필요한 경비에 사용하였다. 17세기 중엽에는 보미의 수합이 순조로워 이를 재원으로 전답을 구입, 의장(義庄)을 마련하였으며, 계답은 하인에게 병작(竝作)시키고 수조(收租)는 전적으로 유사가 책임졌다.

「영보동계」는 기본 조목으로 부상(賻喪), 입약(立約), 곡물취리(穀物取利), 정풍속조(正風俗條)의 4가지를 두고 있었다. 즉, 부상에서는 4상부조(四喪賻助)가 주목적이었고, 곡물취리는 동계 운영에 따른 재원을 마련하기 위한 것이었고, 입약과 정풍속조는 낭주 최씨, 거창 신(愼)씨의 사족 기반을 다지는 족적(族的) 결합의 기초 조약이었다.

이 동계도 「구림동계」와 별 차이가 없으나 계원의 입계(入契) 절차가 까다로웠고, 강신회의 횟수가 4회(2·3·9·10월)로 일반적인 춘추 2회(3·10월)보다 2배나 되었다. 이 계는 18세기 중엽부터 상하 합계로 발전하였으니, 그것은 동계를 동약으로 바꾼 데서 알 수 있다.

이후 「영보동계」는 동계와 동약으로 2분된 형태의 조직을 갖게 되었는데, 전자는 1772년의 「부상계헌(賻喪契憲)」이며, 후자는 1778년의 「영보동헌(永保洞憲)」이다.

「장암동계」도 남평 문씨라는 씨족을 기반으로 성립된 동계였으며, 이후 점차 향촌 통제적인 규약을 첨가하면서 동족적인 사족계(士族契)보다는 상하 합계의 형태로 발전하여 촌락공동체로서의 면모를 보여 주고 있다.

해남지역에서는 마산면 산막리에서 30여 년 전까지 원주 이씨(原州李氏)의 동족 가문을 중심으로 실시했던 동계가 전해지고 있는 것을 볼 수 있는바, 현재 1720년의 「계안」에서 1915년의 「동상안중수(東床案重修)」에 이르기까지 12종류의 동계 자료가 보관되어 있다. 이 자료를 통하여 「산막동계」의 구성, 조직, 기능, 운영 등을 알 수 있는바, 대체로 호남지역에서 실시되던 동계의 한계를 벗어나지 못하고 있다고 할 수 있다.

전남 나주시 노안면의 금안동(金安洞)에서 실시되었던 「금안동동계 金安洞洞契」

는 '동계안(洞契案)'을 비롯한 40여 종의 고문서와 현재 거주하고 있는 동민들의 진술을 통하여 그 성립과정과 조직구조 및 운용을 밝혀 볼 수 있다.

금안동은 영암의 구림마을, 정읍의 태인과 함께 호남의 명촌(名村)으로 각기 12 개의 자연촌으로 구성되어 있으며, 이 세 마을이 동계를 가지고 있었다. 즉, 금안 동의 「금안동계」, 태인의 「고현동약」, 구림마을의 「구림대동계」가 그것이었다.

「금안동계」는 1601년(선조 34) 임진왜란 직후 금안동의 사족인 나주 정씨(羅州鄭氏), 하동 정씨(河東鄭氏), 풍산 홍씨(豊山洪氏), 서흥 김씨(瑞興金氏) 등 4성씨가 주축이 되어 「구동중좌목(舊洞中座目)」을 만들면서부터 생겨났다. 현재도 금안동에는 이들의 후손에 의하여 '4성계(四姓契)'와 '대동계(大同契)'가 마을의 중요한 일을 주관하고 있다.

금안동의 입향조는 여말선초 나주 정씨의 정가신(鄭可臣)으로, 이후 임진왜란 전까지 새로운 성씨가 입향하게 된 동기는 당시 혼속(婚俗)인 서류부가(壻留婦家) 때문이다. 나주 정씨와 사돈관계에 있었던 성씨는 창녕 성씨(昌寧成氏), 여산 송씨(礪山宋氏), 서산 김씨(瑞山金氏), 하동 정씨(河東鄭氏), 풍산 홍씨(豊山洪氏), 완산 최씨(完山崔氏) 등으로, 이들이 동계에 참여하고 그 중에서 나주 정씨, 풍산 홍씨, 하동 정씨, 서흥 김씨의 4성이 동계의 약내(約內)로서 마을을 주도하였다.

「금안동계」의 조직은 상계원(洞員, 約內, 上契)과 하계원(佃民, 下契)으로 구성되어 상하 합계의 형식을 취하고 있었음을 알 수 있다. 운영기구로는 동임(洞任)과 약임(約任)이 구분되지 않고 교화와 정사를 아울러 맡아 보았으며, 1702년(숙종 28) 「동중완의(洞中完議)」를 통하여 3동수(三洞首) 7집강(七執綱)으로, 다시 1739년(영조 15)부터 3동수 4집강으로 고정화되었다. 이러한 「금안동계」는 동중의 춘추강신(春秋講信)과 공회(公會, 洞會), 그리고 촌회(村會)의 유기적인 관계 속에서 운영되었으니, 춘추강신은 기강을 바르게 하고 동임을 분정하여 마을의 대소사를 결정하였다. 그러면서 향음주례(鄕飮酒禮)도 겸하여 유희적 친목기능도 있었다.

동회는 상하가 모두 모여 태권(怠倦)을 경계하는 데 목적을 두어 선악적(善惡籍)을 통하여 상선벌악을 강조, 사족들의 향촌 지배방식인 신분 지배질서를 확립하는 데 역점을 두었으며, 촌회는 전민(상민)들만의 모임으로 생활방식과 노동방법을 의논하고 상부상조하는 자리였다.

이처럼 동계는 동회와 촌회의 유기적인 관계 속에서 국가 수취체제에 대응하고 마을 공동 재산의 유지, 관리 및 노약자에 대한 경제적 배려, 구황식물의 구비 등 마을 전체의 일을 운영해 나간 공동체였다.

연구 성과와 의의: 향약의 이름은 일반적으로 잘 알려져 있지만 연구는 의외로 부진하여 1938년 『진단학보』 9에 발표된 유홍렬(柳洪烈)의 「조선에 있어서의 향약의 성립」이라는 논문이 아직도 통용되는 듯하다. 그리고 1974년에 개관된 이홍직(李弘稙 편(編) 『국사대사전』의 향약 항목에 대한 참고문헌으로도 유홍렬의 논문을 들고 있을 뿐이다.

광복 후에는 1969년에 간행된 『이홍직박사회갑기념한국사학논총(李弘稙博士回甲紀念韓國史學論叢)』에 수록된 정형우(鄭亨愚)의 「조선향약의 구성과 그 조직」이 주요한 업적일 뿐 향약에 대한 연구는 비교적 부진하고, 그 업적도 영성한 편이다.

최근의 연구 성과로는 1981년 『한국문화』 2에 실린 김인걸(金仁杰)의 「조선 후기 향권(鄕權)의 추이와 지배층 동향」이 「목천동약(木川洞約)」을 여러모로 분석한 장편의 노작(勞作)으로 고문서・읍지・문집 등을 이용한 심층적인 연구이다.

1983년에는 김무진(金武鎭)이 『학림(學林)』 5에 실은 「율곡향약(栗谷鄕約)의 사회적 성격」이 있는데, 향약조문(鄕約條文)의 해석 비교와 그때의 사회 형편을 살핀 것이다.

향약은 우리 사회에 유교적 예속(禮俗) 내지는 미풍양속을 보급・정착시키는 데 크게 공헌하였다. 그것은 중국 『여씨향약』의 4대 강령(四大綱領)인 덕업상권・과실상규・예속상교・환난상휼의 취지를 우리 실정에 맞도록 첨삭하여 조선적 향약을 마련한 이황・이이 등의 노력으로 우리 사회에 순조롭게 수용된 뒤 널리 보급되어, 이른바 지방자치를 실현함으로써 사회 안정에 이바지한 전통적인 향촌의 자치규약이다.

기성 향약에 관한 상식이 이 정도인데, 향약 연구사상 획기적인 다가와[田川孝三]의 향규에 관한 연구가 1975~1976년에 발표되었다. 그가 발표한 「이조(李朝)의 향규에 대하여」는 대표적인 향약으로 알려진 이황의 「예안향약(禮安鄕約)」이나 이이의 「해주일향약속(海州一鄕約束)」이 실은 향약, 즉 지역사회를 교화하기 위한 것이 아니라, 이것과는 다른 향규라는 것이다.

지역마다 향안(鄕案)이라는 것이 있어 이 안(案)에 오른 자, 즉 향원만이 좌수(座首)・풍헌(風憲) 등 향임(鄕任)에 임명될 수 있다는 것이 향규로 볼 수 있는 첫째 이유이고, 기타 좌수의 선출 절차・향원이 될 수 있는 자격 규정, 향안입록 절차, 향원간의 규약 등에 대한 내용을 담고 있으며, 지역마다 유력한 양반으로 조직된 향안조직이 있었다고 한다.

이 향안조직은 지역 유력자들의 모임으로 이 조직의 구성원만이 향안에 등록되고 등록된 자들만이 관권(官權)에 대하여 일정한 독립성을 갖는 향임에 임명되어 현(縣) 이하의 면(面)・이(里)를 자치적으로 운영했다는 것이다. 다가와는 자신의 논문에서 태조헌목(太祖憲目)・남원부약속조목(南原府約束條目) 등 15개의 향규를 소개하고 있는데, 그의 연구도 갑자기 이루어진 것은 아니다.

광복 전부터 향약을 연구하여 1972년 『조선향약 교화사(敎化史) 연구』라는 규모가 크고 방대한 저서를 낸 다바나[田花爲雄]는 이황의 「예안향약」, 정확하게는 예안향립약조(禮安鄕立約條)를 연구하였다.

그는 이황의 「예안향립약조」를 『여씨향약』과는 관계가 없는 것이라고 단정하면서 과거의 견해에 대하여 분명한 이의를 제기, 향규 발굴의 길잡이가 되었다. 따라서 향약 연구는 다바나와 다가와의 연구로 큰 진전을 보았는데, 국내에서의 반응은 크게 호응을 얻지 못한 듯하다.

1978년에 김용덕(金龍德)이 『한국사상』 16에 발표한 「향약과 향규」는 단편이지만, 향규에 대해서 논급하면서 이 둘의 차이점을 처음으로 비교하였다. 그 뒤 1984년 『진단학보』 58에 한상권(韓相權)의 「16, 17세기 향약의 기구와 성격」이라는 논문이 발표되었다.

이것은 2세기 동안에 기능한 향약의 여러 측면을 거의 모두 고찰한 논문으로, 여기서 그가 주장한 논지가 모두 타당하다든가 연구가 철저하다고 할 수 없는 것은 오히려 당연하다. 그러나 그의 주장에 대한 찬부를 떠나 누구나 많은 시사를 받게 되리라고 여겨진다. 더욱이, 관련 기초 사료는 거의 다 검토되고 있어서 많은 참고가 될 것이다.

또, 『진단학보』 같은 호에 실린 김준형(金俊亨)의 「18세기 이정법(里定法)의 전개」라는 논문은 양역변통(良役變通)의 문제와 이정법의 제기, 이정법 시행의 촌락 사회적 배경, 이정법 시행과 그 이후의 추이로 구성되어 있다. 이 연구는 향약 시행의 기반이 되는 면리제(面里制)나 오가작통법(五家作統法)에 대한 개척적이고 선구적인 고찰로 주목된다.

또한, 『진단학보』 같은 호에는 동계의 성격 변화를 중심으로 고찰한 김인걸(金仁杰)의 「조선 후기 향촌사회통제책의 위기」라는 논문도 실려 있다. 사족을 중심으로 한 동계의 성격 변화를 「고현동약지(古縣洞約誌)」·「서호동헌(西湖洞憲)」 등 구체적인 사료를 분석하여 향촌사회의 추이를 연구한 것이다. 사료별로 변화의 양상이나 위기를 논하기보다도 위기의 양상에 따라 유형별로 사료를 정리, 검토하면 논지가 더욱 간명해지지 않았을까 한다.

김인걸은 그 전년인 1983년에도 『김철준박사화갑기념사학논총(金哲埈博士華甲紀念史學論叢)』에 「조선후기 향안의 성격변화와 재지사족(在地士族)」이라는 논문을 발표한 바 있다. 17세기 향안의 기능과 17, 18세기 향안 작성의 동향 등을 재지사족(지방 향리의 유지)의 향권의 변동이라는 시각에서 실증적으로 검토한 것이다.

이 밖에도 주목할 만한 향약관계 연구 업적으로는 1973년에 『전남대논문집』 19에 실린 최재율(崔在律)의 「한국농촌의 향약계에 관한 연구」로, 이는 구림대동계(鳩林大同契)를 처음으로 연구, 소개한 것이다.

또한, 1986년 『한국사연구』 55에 발표된 김무진(金武鎭)의 「조선 중기 사족층의 동향과 향약의 성격」이 있고, 연구 시각의 참신함과 사료의 치밀한 검토로 주목되는 1983년 『한국문화』 4에 실린 이태진(李泰鎭)의 「사림파의 향약보급운동」과 1989년 『진단학보』 68에 실린 「17, 18세기 향도조직(香徒組織)의 분화와 두레발생」이 있다.

한편, 향약과 표리관계에 있는 계(契)에 대한 많은 연구를 쌓아온 김필동(金弼東)은 1989년 서울대학교 박사학위논문 『조선시대 계의 구조적 특성과 그 변동에 관한 연구』에서 자신의 연구를 집대성했는데, 자료면에서나 방법론에서 향약 연구 전반에 좋은 자극제가 되었다고 할 것이다.

한편, 향약 연구를 보다 심층적으로 탐구해 나가기 위하여 1983년 김용덕을 중심으로 '향약연구회(鄕約硏究會)'라는 모임이 결성되었다. 이 모임은 처음에는 다만 향약을 심층적으로 탐구하기 위해 결성한 것이었다. 그러나 점차 마을의 공동경작놀이 · 마을굿 등 생활사적인 면으로 관심을 확대하여 이름을 '향촌사회사연구회'로 바꾸고 1991년 2월까지 47회의 연구발표회를 거듭했으며, 1990년 5월에는 그 동안의 연구 성과를 『조선 후기 향약연구』라는 제목으로 민음사(民音社)에서 출간하였다.

이 책은 총서(總序)에서 연구회의 취지, 연구 경위와 중간 성과 등을 밝혔거니와, 김용덕은 1986년 『한국사연구』 54에 「향규연구」와 1988년 『두계이병도박사구순기념한국사학논총(斗溪李丙燾博士九旬紀念韓國史學論叢)』에 실은 「동계고(洞契考)」 및 1990년 『조선 후기 향약연구』에 수록된 「김기향약연구(金圻鄕約硏究)」 등에 기초하여 결론 부분에 몇 가지 새로운 학설을 제기하였다.

또 앞에서 언급한 1983년 『김철준박사회갑기념사학논총』에 「매향신앙(埋香信仰)과 그 수도집단의 성격」등을 발표한 바 있는 이해준(李海濬)은 「조선 후기 동계·동약과 촌락공동체조직의 성격」이라는 문제작을 발표하였다.

「부인동동약(夫仁洞洞約)」을 중심으로 1982년 『민족문화논총』 2·3합집에 「조선 후기 향약의 일고찰」과 1985년 『교남사학(嶠南史學)』 1에 「16세기 안동지방의 동계」를 발표한 바 있는 정진영(鄭震英)은 『조선 후기 향약연구』에 실린 「18, 19세기 사족의 촌락지배와 그 해체과정」에서 역시 부인동의 경우를 사례로 예리하게 분석하고 있다.

이 밖에도 이규대(李揆大)의 「19세기의 동계와 동역(洞役)」, 보은의 향약 조목을 검토한 박경하(朴京夏)의 「18세기 주현향약(州縣鄕約)의 성격」, 최호(崔虎)의 「조선후기 밀양의 사족과 향약」 등이 수록되고 있어서 조선 후기 향약의 제 측면은 이러한 구체적인 사례연구를 통해 한결 밝아졌다고 할 수 있겠다. 그러나 이제 겨우 궤도에 오른 상태이고 앞으로의 진전 여부는 모두의 과제이다.

자료면에서도 향약 내지 향촌사회사 연구는 이제 겨우 새로운 자료가 속속 발굴되고, 간행되는 작업도 비교적 활발한 첨단 분야이다. 수백 년에 걸치는 동계의 변천을 상세하게 알려 주는 「부전동동계(浮田洞洞契)」의 문서가 영인되어 소개된 것은 1989년 1월의 일이었다(『웅진문화(熊津文化)』1, 공주향토문화연구회). 이보다 앞서 1986년 10월에는 김인걸·한상권 편의 3권으로 된 『조선시대 사회사연구사료총서』가 간행되었다. 1권은 향약, 2권은 향안·동계, 3권은 족계(族契)·상계(喪契)·갑계(甲契) 등으로 발간되었다. 그리고 1987년에는 정진영 등이 편찬한 『영남향약자료집성』이 영남대학교에서 출판되었으며, 1989년 7월에는 이규대 등이 편집한 『영동지방향토사연구자료총서』로 향약·계편이 관동대학교에서 간행되었는데, 다른 자료 간행도 여러 곳에서 준비중에 있다.

한편, 향약에 대한 특별한 관심은 1983년 12월 김용덕을 중심으로 향약연구회를 조직하게 하였다. 그 뒤 7년여 동안의 중간 성과는 1990년 5월 『조선 후기 향약연구』라는 공저로 출간되었다. 앞서 1983년 1월 이후 진행된 연구 성과를 보태어 요점을 축약하면, 다음과 같다.

남아 있는 향약자료에서 이름은 같은 향약이지만 내용을 검토해 보면 그것은 성격이 크게 다른 향규·동약·주현향약, 그리고 촌계(村契)의 넷으로 구분된다.

향규란 지역사회의 주민 가운데 양반, 그것도 현족(縣族)만을 대상으로 하며, 유향소의 운용 규정·향안 등록절차 등을 정한 향중지규(鄕中之規)란 뜻이니 이이의 「해주일향약속」, 이황의 「향립약조」 등이 여기에 속한다.

동약이란 동계와 같은 뜻으로 임진왜란 후 복구를 위하여 지역 전체 주민이 협력해야 한다는 절실한 필요에서 상하 합계가 요망되었고, 상하를 망라한 만큼 수효가 방대하여 군현 단위로는 조직이 어려웠기 때문에 몇 개의 마을을 합친 지역촌, 즉 동 단위로 동계가 출현하였다. 그리고 이곳저곳에서 유지의 선도로 시행되었으며, 「목천동약」·「부인동동약」이 유명하다.

18세기에 들면서 광범한 사회경제적 변동, 유향(儒鄕)의 분기(奮起), 면리제(面里制)의 발달 등을 조건으로 유지의 수령이 선도하는 주현향약이 나타나는데, 우리가 흔히 향약이라고 하면 주현향약을 지칭하는 경우가 많다.

유향의 분기가 진행됨에 따라 향청은 대개 향족이 장악하게 되었는데, 이들에게 교화를 위임할 수도 없을 뿐만 아니라 동요하는 체제를 안정시키기 위해서도 명분을 진작시킬 필요가 있어 지역사회의 전체 주민을 의무적으로 참여시켜 수분(守分: 분수와 본분을 지키는 것) 강조하고 상벌을 행하는 주현향약이 출현한다.

주현향약의 실시는 관권에 의해 뒷받침되었고, 마을의 촌계를 말단 하부구조로 포섭한다.

계는 약(約)과 같은 뜻이니 향약의 행사를 계사(契事), 향약의 면(面) 책임자를 계장이라고 하며, 동계를 동약이라고도 부른다. 동시에 계에는 회(會), 즉 모인다는 뜻이 있으니 촌계는 자연촌의 모든 공사(公事)를 의미한다. 이러한 촌계는 아마 마을의 역사와 더불어 존재했을 것이다. 왜냐하면 인간 사회가 있는 곳 거기에 상부상규하는 질서가 따르기 때문이다.

오늘날 촌계에 관한 자료는 작지만, 촌계는 거의 모든 마을에 있었던 아주 보편적인 사실이었다. 촌계에서 서낭제 등 마을의 수호신을 모시는 제사를 주관했고, 두레 등 공동노동을 조직하여 운영했으며, 두레놀이며 마을굿 등 유흥과 공동오락을 즐겼으니, 이러한 공동체적 생활을 통하여 마을은 한 가족과도 같았다.

제언(堤堰: 댐)·도로·교량·동사(洞舍)의 수리, 도정(淘井: 샘을 치는 일)하고 병약자를 돌보며, 혼인과 초상에 관한 일을 서로 돕고, 마을 전체를 흐뭇한 인정으로 묶어 주는 전통적인 관습에 어긋나는 자는 벌을 주는 등 동리의 질서를 유지하기 위한 상벌에도 치중하여 마을은 한가족과 같은 공동체를 이루었다.

촌회에서의 상벌은 『주씨증손여씨향약』이 우리 사회에 전래된 뒤 그 영향을 받아 향약적인 외모를 띠어, 자생적이고 전통적인 촌회의 모임은 향약강신회(鄕約講信會)라는 이름으로 불린 모양이다. 즉, 향약은 중국에서 전래되고 수용된 것이 아니라 자생적이며 전통적인 우리 촌회에 입힌 의상(衣裳)에 불과한 것이므로, 우리는 분명하게 주객을 구분해야 할 것이다.

이와 같은 이전의 정설과 정반대되는 향약에 대한 새로운 심층적 인식은 한국사에 대한 주체적 인식의 진전인 동시에, 촌계에서의 상부상규하는 자치와 협동의 전통이야말로 가난과 전쟁으로 얼룩진 고난을 이겨낸 우리 민족사의 비밀의 열쇠라고 할 것이다.

뿐만 아니라 각박한 현대사회에서 옛 촌계에 담긴 인정과 의리 및 협동정신은 계승해야 할 귀중한 전통이며, 촌회에서의 자치는 오늘날의 지방자치에도 보배로운 모범이 될 것이라고 생각한다([향약(鄕約)-한국민족문화대백과사전]).

661) 권오복(權五福, 1467~1498): 조선 전기 수찬, 교리 등을 역임한 문신.

본관은 예천(醴泉). 자는 향지(嚮之), 호는 수헌(睡軒). 예천 출신. 권상(權詳)의 증손으로, 할아버지는 권유손(權幼孫), 아버지는 별좌 권선(權善), 어머니는 이조판서 이계전(李季甸)의 딸이다.

일찍부터 경서·사서에 접했으며 김종직(金宗直, 1431~1492)의 문하생으로 당시의 청류(清流)와 교분이 넓었고, 특히 김일손(金馹孫, 1464~1498)과는 막역한 사이였다. 1486년(성종 17) 사마시에 합격하고, 같은 해 식년문과의 병과에 급제해 예문관에 들어갔다. 그 뒤 봉교·수찬·교리 등을 역임하고, 1496년(연산군 2) 노모 봉양을 위해 사직하자 향리에서 가까운 고을의 수령에 제수되었다. 무오사화가 일어나자 향리에서 잡혀 올라와 같은 문하의 김일손·권경유(權景裕, ?~1498) 등과 함께 처형되었다. 뛰어난 학문과 문장을 인정받아 성종 때의 문화사업에 많이 참가했다. 1489년(성종 20) 당시 요동에 와 있던 중국의 문신 소규(邵奎)에게 『소학』의 의문점을 물어 번역하라는 명령을 받고 의주까지 갔으나 계획이 취소되어 돌아왔다. 1493년(성종 24) 이창신(李昌臣) 등과 함께 법률 조문에 밝은 신하로 뽑혀 사율원(司律院)에서 율문(律文) 조정과 율관(律官) 교육을 담당했고, 다음 해에는 역시 이창신 등과 함께 소의 병을 치료하기 위한 『안기집(安驥集)』・『수우경(水牛經)』 등의 책을 번역하라는 명을 받았다. 1491년(성종 22) 어전에서 「치국여팽소선론(治國如烹小鮮論)」을 지어 3등상을 받았다. 1494년(성종 25) 거제현에 왜구가 침입하여 피해를 입힌 사건을 만호 이극검(李克儉)이 숨겼다가 발각되자 경차관(敬差官)으로 파견되어 전말을 심문해 보고하기도 했다. 필법이 굳세고, 문장이 맑고 강했다고 하며 시문을 많이 남겼다. 화를 입은 뒤 시문을 비롯한 유고들이 많이 불태워지거나 흩어졌는데, 형 권오기(權五紀)가 남은 것을 한 질의 책으로 엮어 보관했다. 종손 권문해(權文海)가 1584년(선조 17) 대구부사로 있으면서 그것을 바탕으로 『수헌선생집』을 간행했다. 도승지에 추증되고, 예천의 봉산서원(鳳山書院)에 제향되었다. 시호는 충경(忠敬)이다([출처:권오복(權五福)-한국민족문화대백과사전]).

662) 좌수(座首): 조선시대 지방의 자치 기구인 향청(鄕廳)의 가장 높은 직임(職任).
　　조선 건국 초기에 악질 향리의 규찰과 향촌의 교화를 위해 유향품관(留鄕品官)에 의해 조직된 유향소는 그 뒤 여러 차례 치폐(置廢)를 거듭한 끝에 1488년(성종 19) 복립(復立)되었다. 『동국문헌비고(東國文獻備考)』에 의하면, 1489년 유향소를 개혁해 연로하고 덕망이 높은 자를 좌수로 삼고, 그 다음을 별감(別監)이라 하여 주부(州府) 5인, 군 4인, 현 3인으로 정했다고 한다. 유향소 설치・운영의 실제는 지역・시대에 따라 차이가 있으나 16세기에는 각 고을의 향안(鄕案)에 입록(入錄된) 사족(士族)들이 전원 참석한 향회(鄕會)에서 50세 이상의 덕망이 있는 자를 선출하고, 결과를 중앙의 경재소당상(京在所堂上)에 후보자를 추천해 임명되는 것이 통례였다. 임기도 일정하지 않아 곳에 따라 2년으로 한 곳도 있으나 종신으로 한 곳도 있다. 선조 때에 경재소가 혁파되면서 향회에서 선출된 자를 수령이 임명하는 형태로 바꾸어져 사실상 임명권이 수령에게 넘어갔다. 이에 따라 좌수의 권한도 초기에는 매우 강력해 수령권을 견제하는 기능을 담당했으나 선조 이후 크게 약화되어 별감 이하 향임 인사권과 행정 실무의 일부, 즉 군기(軍器)의 정비, 정군(正軍)의 선발, 군포전(軍布錢)의 징수, 환곡(還穀) 등 주로 대민업무를 담당하는 수령의 수석 보좌관격으로 전락되었다. 특히, 1654년(효종 5) 영장사목(營將事目) 발표 이후 좌수에 대한 처우를 향리로 격하시키자 사족들은 좌수 취임을 사양하였다. 따라서 실리를 추구하려는 향족(鄕族)이 좌수가 되어 수령・향리와 결탁하여 농민을 수탈하는 등 폐단이 많았다. 한편, 16세기 이후 각 고을에 향약이 실시되면서 향청이 향약의 직임을 겸하여 고을에 따라서는 좌수가 약정(約正) 또는 부약정을 겸임하기도 했다. 1896년 지방 제도의 대대적인 개혁과 함께 향장(鄕長)이라는 이름으로 명칭이 바뀌어 지방의 행정 사무와 세무를 돕게 하는 등으로 명맥이 유지되었지만, 사실상 유명무실한 존재가 되어버렸다([출처:좌수(座首)-한국민족문화대백과사전]).

663) 권농관(勸農官): 조선시대 농민에게 농경을 권장하고 수리와 관개 업무를 관장하던 관직.
　　고려 때의 권농사(勸農使)는 지방에 흉년이 들었을 때 의창(義倉)의 쌀과 소금을 내어 백성을 구제하거나, 곡식을 분급해 농경을 권장하는 임무를 맡았다. 1173년(명종 3)에는 안찰사(按察使)와 감창사(監倉使)가 권농사를 겸하였다. 그 뒤 따로 두었다가 1287년(충렬왕 13)에는 안렴사(按廉使)로 겸하게 했으며, 조선시대에 들어와서는 권농관으로 바꾸었다. 즉, 1395년(태조 4) 정분(鄭芬)의 건의로 각 주(州)·부(府)·군(郡)·현(縣)의 한량품관(閑良品官) 중 청렴하고 재간 있는 자를 권농관으로 삼아 저수지를 수축해 가뭄과 장마에 대비하게 하였다. 권농관의 근무 성적은 각 도 관찰사가 고과해 포폄(褒貶)하였다. 농민에게 농경을 권장하고 수리와 관개 업무를 관장했던 권농관 외에, 수령(守令)의 하부 행정 체계로서 면(面)에도 설치되었다. 『경국대전』에 의하면, "서울과 지방은 5호(戶)를 1통(統), 5통을 1리(里)로 하고, 몇 개의 이를 합쳐 1면(面)을 만들고, 통에는 통주(統主), 이에는 이정(里正), 면에는 권농관을 각각 둔다"고 하였다. 그러나 법규대로 조선 초기부터 정비된 면리제(面里制)가 실시되지 못하자, 권농관도 전국적으로 설치되지 못하였다. 중기부터 면리제가 정착되면서 면임(面任)으로서 권농관이 점차 보급되어 갔다. 군현의 하부 구획 단위인 면은 각 도에 따라 명칭이 달랐는데, 평안도와 황해도에는 방(坊), 함경도에는 사(社), 기타 도에는 면이라 하였다. 따라서 면임의 명칭도 군현에 따라 권농관·권농감고(勸農監考)·방외감(方外監)·풍헌(風憲) 등으로 사용되었다([출처:권농관(勸農官)-한국민족문화대백과사전]).
664) 오가작통(五家作統): 조선시대 다섯 집을 한 통(統)으로 묶은 행정자치조직.
　　오가작통이 언제부터 실시되었는지는 확실하지 않으나, 오가작통에 대한 최초의 기록은 1428년(세종 10)의 『세종실록』에서 찾아볼 수 있다. 즉, 『세종실록』에 "주(周)·당(唐)의 제도를 모방하여 서울의 5부(五部) 각 방(坊)에는 다섯 집을 비(比)로 하여 비장(比長)을 두며, 성 밑 각 면(面)에는 서른 집을 이(里)로 하여 권농(勸農) 한 사람을 둘 것"을 내용으로 하는 한성부에서의 건의가 그것이다. 그러나 이 건의는 받아들여지지 않았다. 그 뒤 1455년(단종 3)에는 강도와 절도의 방지를 위하여 유품(儒品)과 유음자제(有蔭子弟)를 제외하고 평민의 다섯 집을 한 통으로 조직하여 통내에서 강도·절도를 은닉하는 것이 발각되면 통 전체를 변방으로 이주시킬 것을 입법하였다. 이것은 세조 즉위년에 재차 확인되고 있으며, 1457년(세조 3)에는 저수관개의 이(利)를 감독하기 위하여 8도 각 고을에 통주(統主)를 설치하였다. 이렇게 볼 때 오가작통은 1428년(세종 10) 이후 단종 연간에 처음 실시된 것으로 추측된다. 오가작통은 『경국대전』의 완성과 더불어 더욱 정비되어 법제화되었다. 즉, "서울과 지방 모두에 다섯 집을 한 통으로 하여 통에는 통주를 두었으며, 그리고 지방에는 매 5통마다 이정(里正)을, 매 면마다 권농관을 두며, 서울에는 매 일방(一坊)마다 관령(管領)을 둔다"는 것이 바로 그것이다. 이러한 과정을 거쳐 마련된 오가작통법은 향약의 실시 또는 호패법의 실시 등과 밀접한 관련을 가지면서 실시되고 있었다. 그 구체적인 기능은 강도·절도 방지, 풍속의 교화와 유민방지, 호적 작성에 있어서의 탈루자(脫漏者) 방지 등이었다. 그러나 실제 시행에 있어서는 많은 어려움이 있었던 것으로 보이는데, 오가작통법 실시에 대한 계속적인 논의가 이를 말해 준다. 조선 전기의 오가작통법은 1675년(숙종 1) 윤휴(尹鑴)의 건의에 따라 비변사에서 「오가작통사목(五家作統事目)」 21개조를 제정하면서 전국적인 실시가 강행되었다. 「오가작통사목」의 내용은 다섯 집을 한 통으로 하여 통수의 관장을 받고, 5~10통을 소리(小里), 11~20통을 중리(中里), 21~30통을 대리(大里)로 하여 이에는 이정과 이유사(里有司) 각 1명을 두도록 하였다. 그리고 이의 행정을 면에 귀속시켰는데, 면에는 도윤(都尹)과 부윤(副尹) 각 1명을 두어 이정을 지휘하게 하였고, 면윤(面尹)은 수령의 감독을 받도록 하였다. 오랫동안 논의의 대상이 되었던 오가작통법은 17세기에 이르러 정착된 면리제(面里制)와 밀접한 관계를 가지면서 명실공히 정부의 제도적인 뒷받침 아래서 시행하게 되었다. 이와 같이, 「오가작통사목」의 내용에서 보이는 오가작통법시행의 표면적인 이유는 농경을 서로 도우며, 환란을 상호구제 하는 데 있었다. 그러나 실제로는 유민의 발생을 규제하고 각종 조세(租稅)의 납부를 독려하는 것이었다. 19세기에 이르러서는 천주교와 동학의 금압과 교도의 색출을 위하여 일부 집권층에 의하여 강행되기도 하였다. 이러한 사정에서 1884년(고종 21)에는 내무부의 건의에 따라 「오가작통사목」이 마련되었다. 1896년(고종 33)에 는 전국의 호적 작성에 있어서 열 집이 한 통으로 편성되기도 하였다. 조선 후기 에도 오가작통법은 결코 행정적인 기능을 원활히 발휘하지 못하였다. 그 이유는 무엇보다 국가의 지배력이 전통적인 생활공동체로서의 자연촌의 강인한 질서를 해체시키지 못하였기 때문이었다. 그러므로 오가작통법의 시행은 시대와 상황에 따라 강화와 이완을 되풀이할 수밖에 없었던 것이다([출처:오가작통(五家作統)-한 국민족문화대백과사전]).

665) 의금부(義禁府): 조선시대 특별사법 관청. 조옥(詔獄)·금부(禁府)·왕부(王府)· 금오(金吾)라 부르기도 하였다. 포도(捕盜)·순작(巡綽)·금란(禁亂)의 임무를 관 장하였다. 정약용(丁若鏞)은 "의금부가 옥사(獄事)를 다스리는 관가이고 순찰하는 책임이 없으니 금오라 부르는 것은 잘못이다"라고 하였다.

몽골의 지배를 받던 고려는 충렬왕 때 치안 유지를 위한 군사조직으로 순마소 (巡馬所)를 설치하였다. 그것은 순군만호부(巡軍萬戶府)·사평순위부(司平巡衛府) 로 명칭을 바꾸면서 포도(捕盜)·순작(巡綽)·금란(禁亂)의 임무를 계속하였다. 조 선시대에 들어와 태종 초에 순위부(巡衛府)·의용순금사(義勇巡禁司)로 칭호가 바 뀌었다. 의금부의 전신들은 왕조 창립과 왕권 확립에 공헌하였다. 순작과 범법자 처리 등의 임무를 계속 보았다. 그 뒤 왕권이 안정되어 정치·군사 제도를 정비 하고 국가 재정의 궁핍을 해결하기 위한 용관(冗官: 중요하지 않은 벼슬아치) 정 리책으로 1414년(태종 14) 의용순금사를 의금부로 개편해 사법 전담기관으로 독 립시켰다. 그리고 녹관(祿官)을 없애 구전관(口傳官: 無祿官)을 둔다 했는데 구전 관 배치는 잘 지켜지지 않은 것 같다. 의금부는 1894년(고종 31) 갑오경장 때 의 금사로 이름이 바뀌고 법무아문(法務衙門)에 속하였다. 다음 해에 고등재판소(高 等裁判所)로 바뀌었다. 다시 1899년에 평리원(評理院)으로 개편되었다. 태종 때 의금부로 개편되면서 당상관인 제조와 낭관 및 하부구조로 구분되었다. 당상관은 도제조(都提調, 정1품) 1인, 제조(종1품 이하) 3인을 둔다고 규정했으나 그 인원 은 엄격히 지켜지지 않았다. 임기는 따로 규정되지 않고 사건에 따라 왕명으로 위관(委官)이 되어 죄인의 추국(推鞫)에 관여하였다. 그러나 당상관은 의금부의 실무에는 관계하지 않은 것 같다. 형관(刑官)이며, 특히 왕권 유지를 위한 특별범 죄를 다루는 위치였으므로 제조의 역임이 영광스럽지 못해 청결이나 신성을 요구 하는 자리에는 보임되지 못하였다. 낭관은 처음에는 진무(鎭撫, 정3품) 2인, 부진 무(副鎭撫, 종3품) 2인, 지사(知事, 4품) 2인, 도사(都事, 5·6품) 4인을 두었다. 1443년(세종 25)부터 3, 4품 이상이 드물다는 이유로 진무에 인품(人品)과 기국 (器局)이 상당한 자가 없으면 부진무를 더 임명하고, 지사·도사도 품계에 서로 구애받지 말고 옮겨서 충원하게 하였다. 하부구조로 영사(令史) 40인, 백호(百戶) 80인, 나장(羅將) 100인, 도부외(都府外) 1,000인을 두었다. 영사는 고려시대에 도사 등의 낭관과 차별 없이 실무를 담당하였다. 조선시대에는 서리(書吏)로 되어 사무정리를 담당하였다. 백호는 군인 신분으로 죄인의 감시·압송·체포를 주로 맡았으나 뒤에는 없어졌다. 나장은 신문고(申聞鼓)지기·순행원·시위군졸(侍衛軍卒)이 되거나 죄인 압송에 활용되었는데 뒤에 천역(賤役)이 되었다. 도부외는 의금부의 군사적 기능인 포도·금란·순작의 임무를 담당하였다. 뒤에 공사장의 역부(役夫)로 동원되었는데, 단종 때 없어졌다. 의금부의 구성을 보면, 1466년(세조 12) 판사 중심의 경국대전(經國大典)체제로 개편되었다. 당상관은 4인으로 판사(判事, 종1품)·지사(정2품)·동지사(同知事, 종2품)를 두었으나 모두 다른 관원으로 겸임하게 하였다. 당하관은 10인으로 경력(經歷, 종4품)과 도사(종5품)를 두었다. 『속대전』에서는 경력은 없어지고 종6품 도사 5인과 종9품 도사 5인을 두었다. 하부구조로 영사는 서원이 되어 4인을 두었다. 『속대전』에서는 18인으로 늘어나 사무정리를 담당하였다. 나장은 250인이었는데, 『속대전』에서는 40인으로 줄었다. 『육전조례(六典條例)』에 와서는 80인으로 늘어나 군사적 임무를 수행하였다. 의금부는 여말선초에 군사적 기능과 사법 기능을 가진 기구로 활동하면서 왕권에 밀착해 왕조 창립과 왕권 확립에 공헌하였다. 군사적 기능으로 순작·포도·금란이 있다. 그 뒤 조선왕조의 군사체제가 정비되면서 그 기능은 축소되어 『경국대전』이 성립하기까지는 약간의 금란 기능을 남긴 채 사법 전담기관이 되었다. 의금부의 사법기능으로 첫째, 전제왕권을 옹호하는 역할을 들 수 있다. 왕권의 확립과 유지를 해치는 일체의 반란 및 음모, 난언(亂言)이나 요언(妖言)을 처단하였다. 또한 왕권에 도전하거나 왕명을 거역하거나 왕의 심경을 거스르는 경우, 의금부가 동원되어 냉혹하게 응징하였다. 둘째, 유교 윤리를 옹호하는 기관이었다. 조선시대의 기본 윤리인 유교 도덕에 어긋나는 행위, 즉 강상죄(綱常罪)는 의금부가 전담해 치죄하였다. 셋째, 왕의 교지를 받들어 추국하는 최고의 사법기관이었다. 다른 법사에서 추핵(推劾: 탄핵을 추진함)하던 사건을 재심 혹은 시정하거나 이관 받아 재판하는 기관이었다. 또한 신문고를 주관해 실질적인 삼심기관(三審機關)의 구실을 했는데, 의금부의 후신이 고등재판소가 되었다는 점이 그것을 뒷받침한다. 넷째, 대외관계 범죄를 전담하는 기관이었다. 외국 공관의 감시, 밀무역사범의 단속, 외국인의 무례한 행위, 외국인의 범죄 등을 다뤘다. 다섯째, 양반관료의 범죄를 취급해 일반백성들과는 달리 양반관료를 우대하였다. 의금부는 사법기능 외에 여러 임무도 담당하였다. 왕명을 받들어 특별한 임무를 수행하거나 그 밖의 잡무에 종사하였다. 즉, 왕명으로 실정을 파악하거나 민폐를 금지하는 임무를 수행하거나, 몰수한 죄인의 재산을 처리하거나, 소방서에 해당하는 금화도감(禁火都監)의 주된 구성원으로 의금부의 관원이 참여하였다. 그리고 고사장(考査場)의 금란임무를 수행했고, 나례의식(儺禮儀式)을 주관하기도 하였다. 의금부의 위치는 한성부 중부 견평방(堅平坊:현재 종로구 견지동)에 있었다([출처:의금부(義禁府)-한국민족문화대백과사전]).

666)『대명률』: 조선시대 현행법·보통법으로 적용된 명나라의 법제서. 형률서.
　　전후 4차의 편찬 과정을 거쳐 완성되었다. 최초로 편찬에 착수한 것은 명나라 태조 주원장(朱元璋)이 아직 오왕(吳王)으로 호칭되던 1367년이다. 좌승상(左丞相) 이선장(李善長)을 총재관(總裁官)으로 임명, 당률(唐律)을 손질하여 이율(吏律) 18조, 호율 63조, 예율 14조, 병률 32조, 형률 150조, 공률(工律) 8조로 도합 285조로 된 율(律) 및 145조의 영(令)을 완성, 『율령직해(律令直解)』라 이름하여 공포하였다. 편별(編別)은 당률을 따르지 않고 주(周)나라의 6분 주의를 택하였다. 주원장이 명나라 황제로 즉위한 뒤인 1373년 형부상서 유유겸(劉惟謙)에게 명해 편찬하게 하여 이듬해 완성되었다. 당률의 편제를 따라 명례(名例)·위금(衛禁)·직제(職制)·호혼(戶婚)·구고(廐庫)·천흥(擅興)·도적·투송(鬪訟)·사위(詐僞)·잡범(雜犯)·포망(捕亡)·단옥(斷獄)으로 나누었다. 그 전의 율을 다시 손질하고 새로운 율을 보충하여 모두 606조 30권으로 되었으며, 유유겸의「진대명률표(進大明律表)」이 실려 있다. 그러나 이『대명률』은 그 뒤 부분적으로 개정 또는 추가된 것이 있었다. 이에 다시 1389년 형부의 건의에 따라 한림원(翰林院)과 형부의 관리들이 새로 공포된 법령들을 포함, 취사선택해 458조 30권으로 된『대명률』을 완성하였다. 편별은 명례율·이율·호율·예율·병률·형률·공률의 7분 방식을 채택, 명률 특유의 형식을 확립하였다.

오늘날 중국에는 1397년의 것만 전해지고 있으나,『대명률직해』를 통해 1389년의 것이 우리나라에 남아 있는 사실은 매우 의미 있는 일이다([출처:(대명률)-한국민족문화대백과사전]).

667) 이갱생(李更生, 1585~1646): 조선시대 한성서윤, 양양부사, 공조정랑 등을 역임한 문신. 본관은 전주(全州). 자는 숙향(叔向). 아버지는 승지에 추증된 이수(李綏)이며, 어머니는 여흥 민씨(驪興閔氏)로 판관 민철명(閔哲命)의 딸이다. 김장생(金長生, 1548~1631)의 문인이다.

광해군 때 폐모를 논의하자 홍무적(洪茂績, 1577~1656)과 함께 상소하여 모비(母妃)를 폐할 수 없음을 극간(極諫)하고 이원익(李元翼)을 죄줄 수 없다고 주장하였다. 젊어서 청운군(靑雲君) 심명세(沈命世, 1587~1632)와 친하게 지냈는데, 심명세가 은밀히 반정의 모의를 알려주자 심명세를 따라 능양군(陵陽君)을 한 번 만나보고는 다시는 가지 않았다. 누가 오해를 하자, "이분이 장차 우리 임금이 될 터인데 가까이에서 친하기를 바라면 은혜를 구하는 삶이 된다"라고 대답하였다. 그 뒤 반정이 성공하자 광릉(光陵)의 민가에 숨어버렸다. 인조가 세 번이나 사람을 보냈으나 끝내 사양하고 나오지 않았다. 공신을 기록할 때 모든 공신들이 이갱생의 특이함을 싫어해서 원종공신(原從功臣)에서 이름을 빼버렸다. 1623년(인조 1)에 김화현감이 되고 이듬해에 상의원판관(尙衣院判官)이 되었으며, 이괄(李适)의 난 때는 공주까지 어가를 호종하였다. 1627년(인조 4) 정묘호란 때는 이서(李曙)의 종사관으로 군병을 모집하였고, 1632년(인조 9) 풍덕군수에 이어 한성서윤·양양부사 등을 역임하고, 1636년(인조 13) 공조정랑을 거쳐 청도군수·인천부사·나주목사를 지냈다. 어버이를 효도로 섬겼고 거관(居官)에 청렴하였으며, 친구를 신의로 사귀고 남이 급할 때 도와주기를 좋아하였다([출처:이갱생(李更生)-한국민족문화대백과사전]).

668) 경차관(敬差官): 조선시대 중앙 정부의 필요에 따라 특수 임무를 띠고 지방에 파견된 관직.

경차관이 파견된 것은 1396년(태조 8) 8월 신유정(辛有定)을 전라·경상·충청 지방의 왜구 소탕을 목적으로 파견한 것이 처음이다. 그 뒤 오용권(吳用權)을 하삼도(下三道)에, 홍유룡(洪有龍)·구성량(具成亮)을 강원도와 충청도에 파견했는데, 이들의 임무는 왜구와의 전투 상황을 점검하고 병선의 허실을 조사하는 것이었다. 경차관은 태종 때부터 그 임무가 대폭 늘어났다. 국방·외교상의 업무, 재정·산업상의 업무, 진제(賑濟)·구황의 업무, 옥사·추쇄(推刷: 불법으로 도망한 노비를 찾아내 원주인 또는 본고장으로 돌려보냄)의 업무 등이었다. 국방·외교 업무를 띤 경차관으로는 군기점고경차관(軍器點考敬差官)·군용경차관(軍容敬差

官)·염초경차관(焰硝敬差官)·대마도경차관·여진경차관 등이 있었다. 이들은 비 방왜(備防倭)·군기점검·제장선위(諸將宣慰)·군진순행(軍鎭巡行) 및 연변연대축 조(沿邊烟臺築造)의 검핵(檢覈) 등을 주임무로 하였다. 재정·산업의 업무는 가장 중요시되었다. 그 중에서도 손실(損實)과 재상(災傷)이 더욱 중요시되어 거의 매 년 파견되었다. 이들의 임무는 화곡손실심검(禾穀損實審檢)과 지방관의 검핵, 전 토의 재해상황 검사, 도이인추쇄(逃移人推刷) 등의 임무를 맡았다. 그 밖에 토지 측량을 주임무로 하는 양전경차관(量田敬差官)과 조전경차관(漕轉敬差官)·채은채 금경차관(採銀採金敬差官) 등이 있었다. 진제·구황에 관한 업무로 파견된 진제경 차관의 임무는 기민진제(飢民賑濟)와 수령의 검핵이었으며, 때로는 손실과 문민질 고(問民疾苦)의 임무도 겸하였다.옥사나 추쇄 관계의 경차관은 죄인의 압송·추국 (推鞫)과 범죄 수사, 강도 및 노비 추고(奴婢推考)의 임무를 띠었다. 그 밖의 업무 로는 수령의 검핵, 원악향리(元惡鄕吏)의 추국·문폐(問弊) 등의 임무를 띠고 파 견되었다. 또한, 대명공마(對明貢馬)를 위한 쇄마경차관(刷馬敬差官), 공녀(貢女)의 선발을 위한 경차내관(敬差內官)을 파견하기도 하였다. 경차관은 주로 청렴정직한 5품 이상의 관원이 뽑혔는데, 때로는 당상관이 파견되기도 하였다([출처:경차관 (敬差官)-한국민족문화대백과사전]).

669) 장응일(張應一, 1599~1676): 조선 중기의 문인. 자는 경숙(經叔), 청천당(聽天 堂), 본관은 인동(仁同), 현도(顯道)의 아들. 현광(顯光)의 양자로 들어갔으며, 1629년(인조 7) 문과에 급제, 헌납(獻納)으로 있을 때 소현빈(昭顯嬪) 강씨(姜氏) 를 배척하려는 궁중의 변을 대담히 간했고, 장령(掌令)으로 훈신(勳臣) 김자점(金 自點)의 잘못을 탄핵했다. 효종 대 공조참의로 영릉(寧陵)의 변의 진상을 밝히려 다가 무고(誣告)를 당하여 황간(黃澗)에 귀양 갔다가 숙종 즉위 후 돌아와 우승지 ·대사간(大司諫)을 지내고 가선대부(嘉善大夫)의 위계에 올랐다. 청렴 강직하여 인망이 높았다(이홍직 편, 『새국사사전』, 교학사, 2004, 1152~1153쪽).

670) 수진궁(壽進宮): 서울특별시 종로구에 있는 조선시대 한성의 중부 수진방(종로구 수송동 부근)에 위치했던 궁궐.
조선시대 명례궁(明禮宮)·어의궁(於義宮)·용동궁(龍洞宮) 등과 함께 중요한 궁의 하 나이다. 수진궁의 정확한 연혁은 알 수 없으나 본래는 조선 예종의 둘째아들인 제안대군 (齊安大君)의 저택이었다 한다. 조선 중기 이후부터는 봉작(封爵)을 받기 전에 사망한 대 군·왕자와 출가하기 전에 사망한 공주·옹주들을 합사(合祀: 합동으로 제사를 모심)하 는 사우(祠宇)로 변하였다. 수진방은 현재의 종로구 수송동 일대로 이 지역은 조선의 개 국공신 정도전(鄭道傳)의 사택이 있었던 곳이며, 1398년(태조 7) 제1차 왕자의 난 이후 이곳에 제용감(濟用監)·사복시(司僕寺) 등의 관서와 대군의 저택을 지은 듯하다([출처: 수진궁(壽進宮)-한국민족문화대백과사전]).

671) 지사(知事): 조선 때의 지중추원사(知中樞院事)로 불리는 종2품 벼슬과 지합문사(知閤門 事)·지사간원사(知司諫院事) 등의 종3품 및 지문하사부사(知門下府事)·지돈령부사(知敦 寧府事)·지경연사(知經筵事)·지의금부사(知義禁府事)·지성균관사(知成均館事)·지춘추관 사(知春秋館事)·지중추부사(知中樞府事)·지훈련원사(知訓鍊院事) 등의 정2품 벼슬 등이 있다(이홍직 편, 『새국사사전』, 교학사, 2004, 1302쪽).

672) 동지사(同知事): 종2품의 관직. 돈녕부(敦寧府)에 1명, 의금부(義禁府)에 1~2명, 경연(經 筵)에 3명, 성균관(成均館)에 2명, 춘추관(春秋館)에 2명, 중추부(中樞府)에 8명, 삼군부(三 軍府)에 약간 명을 각각 두었으며 이들의 직함(職銜)은 소속 관청명 위에 동지(同知)를 쓰

고 관청명 밑에 사(事)를 사용하였다. 예를 들면 동지돈녕부사(同知敦寧府事)나 같다(이홍
직 편, 『새국사사전』, 교학사, 2004, 389쪽).

673) 대사성(大司成): 조선 때 정3품의 관직. 성균관(成均館)의 최고관으로, 유학(儒學)에 관한
일을 담당하였다. 학생을 지도하고 가르치는 만큼 겸직은 원칙적으로 금하였으나, 대제학
(大提學)이 겸직하는 일이 많았는데 순조 이후 금지되었다(이홍직 편, 『새국사사전』, 교
학사, 2004, 344쪽).

674) 좨주(祭酒): 조선 때의 관직. 정3품 이상의 학덕이 높은 사람으로써 충당하여 성균관(成
均館)에서 교회(教誨)하는 일을 담당하였다. 이조판서(吏曹判書)가 겸임하는 것이 원칙이었
으며 주로 석전(釋奠)의 제향 때만 일을 보았다(이홍직 편, 『새국사사전』, 교학사, 2004,
1279쪽).

675) 사성(司成): 조선의 벼슬. 성균관(成均館)에서 유학(儒學)을 가르치던 종3품관으로 2명이
있었으나 후에 1명을 감원하였다(이홍직 편, 『새국사사전』, 교학사, 2004, 572쪽).

676) 사예(司藝): 조선의 관직. 1392년(태조 1)에 설치한 성균관(成均館)에서 음악을 지도하던
벼슬이다. 고려 때의 악정(樂正)과 같은 것으로, 정4품의 관직. 3명이 있었으나 후에 1명
을 감원하였다(이홍직 편, 『새국사사전』, 교학사, 2004, 574쪽).

677) 사업(司業): 조선의 관직. 성균관(成均館)에서 유학(儒學) 강의를 맡아보던 정4품의 벼슬
로 정원은 1명이었다. 사업은 학행(學行)·덕망(德望)이 높은 사람 중에서 임명되었는데
인조 때의 김장생(金長生)도 특히 유명하였다(이홍직 편, 『새국사사전』, 교학사, 2004,
574쪽).

678) 직강(直講): 조선 때의 관직. 성균관(成均館)에 소속된 정5품관으로, 정원은 4명이었다
(이홍직 편, 『새국사사전』, 교학사, 2004, 1306쪽).

679) 전적(典籍): 조선 때의 관직. 성균관(成均館)에 속했는데, 품계는 정6품, 정원은 13명이
었다(이홍직 편, 『새국사사전』, 교학사, 2004, 1171쪽).

680) 박사(博士): 조선에서는 고려보다 더욱 분화되어 성균관(成均館)에 박사 3인, 홍문관(弘
文館)에 1인, 규장각(奎章閣)에 2인, 승문원(承文院)에 2인 등을 두어 각각 교수의 임무를
맡게 하였으며, 정7품의 품계에 해당하는 직위였다(이홍직 편, 『새국사사전』, 교학사,
2004, 462쪽).

681) 학정(學正): 조선 때 성균관(成均館)의 정8품 관직. 정원은 3명이었다(이홍직 편, 『새국
사사전』, 교학사, 2004,1440쪽).

682) 학유(學諭): 조선 때 성균관(成均館)의 종9품관, 정원은 3명이었다(이홍직 편, 『새국사
사전』, 교학사, 2004, 1440쪽).

683) 장의(掌儀): 조선 때 성균관(成均館) 재생(齋生) 중 으뜸가는 사람. 재(齋)는 성균관 유생
(儒生)이 기숙(寄宿)하는 집으로 동재(東齋)·서재(西齋)가 있었으며, 각 재의 재생(齋生)은
자치활동이 허용되어 대표자로 장의를 선출, 재회(齋會)를 주재(主宰)케 하였다(이홍직
편, 『새국사사전』, 교학사, 2004, 1153쪽).

684) 재임(齋任): 조선시대 성균관 기숙사인 동재(東齋)와 서재(西齋)에 기거하던 유생
들의 자치 기구.
　　개설: 재회는 성균관 학생회 같은 것이었다. 재회는 유생 임원의 장인 장의(掌
議)의 주재로 개최되었으며, 재중(齋中)의 모든 공사(公事)를 결정하고 때로는 유
생에게 제재를 가하였다. 사안에 따라서는 전체 성균관 유생의 이름으로 왕에게
유소(儒疏)를 올리기도 하였으며, 만약 유소의 요구가 관철되지 않을 경우 권당
(捲堂), 공재(空齋), 공관(空館) 등의 집단행동을 벌이기도 하였다.

설립 경위 및 목적: 성균관 유생들의 자치 기구인 재회가 성립한 것은 조선후기의 일이다. 1579년(선조 12)에 이신성(李愼誠), 이경여(李敬輿), 임숙영(任叔英) 등이 처음 장의가 되었다. 이때는 아직 장의 등 임원의 선출 방법이 확립되지 않았다. 인조대에 이르러 비로소 회의를 하여 추천하는 규칙을 확립하였다. 재회의 목적은 재중에서 발생하는 모든 문제를 회의를 통하여 결정하는 데 있었다.

조직 및 역할: 재회는 장의가 주재하였다. 장의는 상색장(上色掌)·하색장(下色長)과 함께 동·서재에 각각 1명씩 두던 재임(齋任)이었다. 새로 과거에 합격한 자들인 신방(新榜)이 자신들 중에서 재임을 추천하면 하색장이 되고, 그 전방(前榜)의 추천자는 상색장이 되었다. 또 전전방(前前榜)이 장의를 추천할 권리를 행사하였다. 단, 춘추 석전(釋奠) 때에 봉향(奉享)할 사람이나 소두(疏頭)를 선정하면, 이 규정에 구애받지 않고 하색방은 상색이 되며, 상색방은 장의가 되었다. 대개 문벌이 뛰어난 자를 장의로 뽑았다. 색장은 춘추 석전을 기준으로 교체했다.

성균관 식당에서 식사할 때에 여러 유생이 의논을 발의하면, 즉시 재임에게 통고한 다음에 다른 유생에게 통지하였다. 만약 재임이 아닌 사람이 식당을 관리할 때에는 곧 정지하고 동·서재의 반수(班首)에 해당하는 사람이 좌우에 통지하였다. 식당에서 논의하여 의견의 일치를 본 다음에 동재에 모여서 재임에게 편지를 발송하여 물어서 행동하였다.

재회의 소집 절차는 다음과 같다. 장의가 재회를 열면 재사(齋舍)를 맡아 보는 수복(守僕)으로 하여금 성균관 유생들에게 알려 모이도록 하였다. 재회를 싫어하여 피하는 이들이 많아 잘 모이지 않으면, 재직(齋直)들이 홰나무 아래에 서서 서로 손을 잡고『시경』의「녹명(鹿鳴)」을 읊조렸다. 재직의 소리가 그친 뒤에 그들의 당번 부목(負木)이 각 방을 돌면서 참석하라고 큰 소리로 재촉하였다. 그리고 서재(西齋)의 대청에 자리를 깔았다. 유생들은 북쪽에서부터 나이순으로 서향해서 무릎을 꿇고 앉았다. 그러면 수복이 장의를 인도하여 입장하는데 수복이 일어나라고 소리치면 유생들은 모두 일어섰다. 장의는 위쪽에서 마주 서서 동쪽으로 향하여 유생들과 서로 보고 읍한 다음 앉았다.

재회를 할 때 발의자인 색장이 없으면 여러 유생 가운데 공사색장(公事色掌)을 차출하였다. 수복이 그를 인도하여 장의의 다음 자리에 앉혔다. 무릇 공사를 처리할 때, 장의가 발언하면 수복이 반드시 먼저 색장에게 아뢰고, 색장은 소매를 들어 찬성의 뜻을 표하였다. 다음으로 유생들 가운데 나이가 많은 당장(堂長)들에게 아뢰면, 당장 또한 소매를 들었다. 그런 뒤에 유생들에게 포고하였다.

변천: 1670년(현종 11) 민진하(閔鎭夏)가 장의가 되어서 처음으로「재중일기(齋中日記)」를 만들어서 모든 사론(士論) 및 반중(泮中)의 크고 작은 일을 기록하였다. 이것은 수복방(守僕房)에 보관하였고, 재임만 열람할 수 있게 하였다. 재임에 추천된 사람이 하기 싫어 스스로 사퇴하는 것을 자삭(自削)이라고 하는데, 1761년(영조 37)에는 대사성조명정(趙命禎)이 장의를 스스로 사퇴하는 것을 엄금할 것을 청하였다. 그러자 영조는 장의를 자삭하는 자는 '영구히 청금안(靑衿案)에서 빼어 버릴 것'을 명하였다(『영조실록』37년 7월 4일). 청금안은 유생 명부였다. 1767년(영조 43)에는 그에 더하여 석전에 참여하지 못하고, 대소의 과거 응시도 못하게 하도록 벌칙을 더했다(출처-위키실록사전).

685) 색장(色掌): 조선 때 성균관(成均館)·향교(鄕校)·사학(四學) 등에 거처하던 역원(役員)(이홍직 편, 『새국사사전』, 교학사, 2004, 612쪽).

686) 삼성사(三聖祠): 북한 황해남도 은율군 구월산(九月山)에 있는 조선시대 한인·한웅·한 검의 삼신 관련 사당. 신묘(神廟).

본래 삼성당으로 불려오다가 1472년(성종 3) 삼성사로 고쳐 부르게 되었다. 이 승휴(李承休)의 『제왕운기帝王韻紀』「전조선기(前朝鮮紀)」의 "아사달(阿斯達)에 입산하여 산신이 되었으니"라는 구절의 주(註)에는 "지금의 구월산. 딴 이름은 궁홀(弓忽) 또는 삼위(三危). 사당이 지금도 있음"이라는 기록이 남아 있다. 이 기록으로 볼 때 삼성사가 건립된 것은 고려 이전으로 올라간다고 판단된다. 1916년 음력 8월 15일 대종교 제1대 교주인 홍암대종사(弘巖大宗師) 나철(羅喆)이 이곳에서 마지막으로 제천의식을 올리고, 스스로 숨을 거두어 일제의 탄압에 항의하였다. 그러자 일본 관헌은 민심의 동요를 막기 위하여 삼성사를 헐어버렸다. 삼성사에 관한 기록은 『춘관통고(春官通考)』 등에 비교적 자세히 나오는데, 이를 연대순으로 추려보면 다음과 같다. ① 조선 태종 때 삼성당(三聖堂)을 폐하여 평양의 단군묘(檀君廟)에 함께 모시니, 황해도 안에 나쁜 병이 퍼져서 오래도록 그치지 않았다. ② 1428년(세종 10) 우의정을 지낸 유관(柳觀)의 상소에 보면 "문화현(文化縣)은 신(臣)의 본향인데, 구월산은 이 고을의 주산(主山)입니다. 단군 때는 아사달산이라 이름하였는데, 산의 동쪽 고개가 높고 크게 굽이쳤으며, 산허리에 신당(神堂)이 있으나 어느 때 세운 것인지는 모릅니다. 북벽에 단인천제(檀因天帝)를 모셨으며, 동벽에 단웅천왕(檀雄天王)을 모셨으며, 서벽에 단군부왕(檀君父王)을 모셨으니 고을사람들이 삼성당이라 부르고, 그 산 아래를 또한 성당리(聖堂里)라 부릅니다…. 어떤 이는 단군께서 처음 왕검성(王儉城)에 도읍하셨으니 지금 기자묘(箕子廟)에 같이 모시는 것이 마땅하다고 합니다. 그러나 단군은 요(堯)임금과 같은 때에 나라를 세웠으니 기자에 이르기 천여 년이 되는 바, 어찌 기자묘에 함께 모시는 것이 옳겠습니까?"라고 하여 삼성당이 폐지된 것이 옳지 않다고 하였다. ③ 단종 때인 1452년(단종 즉위년) 경창부윤(慶昌府尹) 이광제(李光齊)는 상소문에서 앞에서와 같은 주장을 한 다음 삼성당의 신주봉안을 강력히 주청하였다. ④ 1472년 황해도관찰사 이예(李芮)가 왕명에 따른 복명(復命)형식으로 올린 장계에서 삼성당의 상황을 상세히 설명하고, 국가적인 차원에서 삼성당을 복원하고 제사드릴 것을 간청하였다. ⑤ 이러한 간청이 있은 그해 삼성당을 삼성사로 개칭하고 한인·한웅·단군의 위판(位板)을 봉안하였으며, 평양 단군묘의 예에 따라 해마다 향축(香祝)을 보내어 제사를 지내게 하였다. ⑥ 1765년(영조 41) 왕명으로 삼성묘(三聖廟)에 나무함[櫝]을 마련하여 제사지내게 하였다. 먼저 성종 때 삼성묘를 세울 때, 위판을 흙으로 만들었더니 오랜 세월이 지나 허물어졌으므로, 예관(禮官)을 보내어 나무로 독(櫝)을 만들었다. 이상에서 열거한 것 이외에도 1781년(정조 5) 왕이 축문(祝文)을 보내어 제사지냈다는 등의 많은 기록을 찾아볼 수 있다. 이는 숭조보본(崇祖報本)의 전통적 사상이 민족의 시조라 여겨지는 단군에까지 거슬러 올라가 작용하고 있었음을 보여준다([출처:삼성사(三聖祠)-한국민족문화대백과사전]).

687) 숭령전(崇靈殿): 북한 평양직할시에 있는 단군과 고구려의 시조인 동명성왕을 모신 사당. 신묘(神廟).

양성 밖 인리방(仁里坊), 즉 현재의 기림리에 있다. 고려시대에는 성제사(聖帝祠), 조선시대에서는 단군묘(檀君廟)라는 이름으로 불리다가 1729년(영조 5)에 숭령전으로 바꾸어 부르게 되었다. 고려 때에는 때때로 왕의 특사가 파견되어 제사를 지냈으며, 매달 초하루와 보름에는 현지의 관원이 제사를 지냈는데, 일반 백성들은 특별한 일이 생겼을 때 가서 소원을 빌기도 하였다. 조선시대에 들어와서는 1429년(세종 11)에 처음으로 정전(正殿)과 동서행랑(東西行廊)을 지어 봄·가을로 향축(香祝)을 내려 제사를 지냈다. 1456년(세조 1)에는 위판(位板)을 바꾸어 "조선시조단군지위(朝鮮始祖檀君之位)"라 하였고, 1460년에는 세자를 데리고 가서 친히 제사지냈다. 1679년(숙종 5)에는 근신(近臣)을 보내 제사지내고, 1697년에는 단군묘시(檀君廟詩)를 지어 바쳤다. 1729년 숭령전으로 이름을 바꾸고 참봉두 사람을 두어 관리하게 하였으며 승지를 보내 제사지냈다. 1804년(순조 4) 평양부의 큰 화재로 소실되었으나 곧 복구되었다. 1868년(고종 5)에 경복궁의 중건공사가 준공되자 "금년은 단군께서 나라를 세우신 무진년이라, 동녘 땅에 나라의 큰 기틀을 처음으로 세우사 1000여 년을 다스리셨는 바, 이제 마침 이 궁전(경복궁)의 낙성(落成)됨을 고하여 하늘의 큰 명(命)을 맞이해 드리니 우연한 일이 아니로다"라는 교시(敎示)를 내리고 평안도관찰사를 보내어 제사지내게 하였다. 그리고 해마다 지내는 세제(歲祭) 때에는 "참으로 하늘이 덕을 내리사 동녘 땅에 큰 기틀을 처음 세우셨도다. 이에 제사를 드리오니 큰 복을 내리소서"라고 축문을 올렸다는 기록이 있다. 이상의 기록으로 보아 고려 때에 이어 조선시대에 들어와서는 특히 국가적 차원에서 단군을 민족의 시조신으로 봉안하였으며, 숭령전에 모신 단군과 동명왕 중에서도 단군이 중심적 위치에 있었음을 알 수 있다. 숭령전은 구월산의 삼성사(三聖祠)와 더불어 단군을 봉안한 곳으로 근래에까지 보존된 문화재이다([출처:숭령전(崇靈殿)-한국민족문화대백과사전]).

688) 숭덕전(崇德殿): 경상북도 경주시에 있는 신라 시조왕 박혁거세의 묘(廟). 문화재 자료.

1429년(세종 11) 왕명에 의하여 창건되고 봄과 가을에 향과 축을 하사하여 중사(中祀)의 예로 지낼 것을 정식으로 정하였다. 1723년(경종 3)에 숭덕전의 현판을 하사하고 참봉 2인을 두어 관리하게 하였는데, 그 뒤 참봉은 그 자손이 세습하도록 하였다. 1752년(영조 28) 다시 묘정에 비석을 세워 신라 시조가 국민에게 끼친 유덕을 기록하였다. 제관으로는 헌관(獻官)·축(祝)·장찬(掌饌)·집준(執尊)·집사(執事)·찬자(贊者)·알자(謁者) 등으로 숭령전(崇靈殿)의 예와 같으며, 헌관은 관찰사가 왕을 대행하여 지내게 하고, 관찰사가 부득이한 경우로 제사를 올리지 못할 때는 경주부윤(慶州府尹)이 대행하였다. 찬품(饌品)에 있어서는 변(籩) 8, 두(豆) 8, 조(俎) 2, 보(簠)·궤(簋) 각 2, 작(爵) 3, 희준(犧尊) 2, 상준(象尊) 2, 산뢰(山罍) 2 등이며, 폐백은 백저(白苧)를 쓰게 하였다([출처:숭덕전(崇德殿)-한국민족문화대백과사전]).

689) 숭혜전(崇惠殿): 건물 내에는 신라 최초의 김 씨 임금인 13대 미추왕과 삼국통일의 대업을 이룩한 30대 문무대왕, 그리고 신라 마지막 임금인 경순왕의 위패를 모셨다. 원래 신라 마지막 임금인 경순왕의 덕을 기리기 위하여 처음 월성에 사당을 지어 영정을 모시고 제향했으나, 조선 1592(선조 25년) 임진왜란으로 불타고 1627(인조 5년) 동천동에 새로 사당을 지어 동천묘라 하고 경순왕의 위패를 모셨다. 1723(경종 3년) 경순왕전으로 고치고 1794(정조 18년) 지금의 위치로 옮기고 황남전이라 고쳤다. 그 후 1887(고종 24년)에 미추왕의 위패를 모시고, 이듬해 문무대왕의 위패도 같이 모시게 되었다. 이때 고종황제가 사당을 크게 짓게 하고 숭혜전이라는 편액을 내렸다. 앞면 5칸, 옆면 3칸인 맞배집으로 왼쪽에

영육재(永育齋), 오른쪽에 경모재(敬慕齋)가 있다. 앞에는 경순왕 신도비와 비각이 있고, 길 건너에 계림세묘가 있다(출처: 경주문화관광).

690) 김해숭선전제례(金海崇善殿祭禮): 가락국 시조인 수로왕(首露王)과 왕후 허씨(許氏)를 봉안하고 향화(香火)를 받드는 제례.

1990년 12월 20일 경상남도 무형문화재 제11호로 지정되었다. 서기 199년 왕이 승하하자 왕묘(王廟)를 조성해 후손들이 대로 봉사(奉祀)했고, 역대 조정에서는 시조묘로서 예우해 지금에 이르고 있다.

제례 일시는 애초에 음력 정월 3일·7일, 5월 5일, 8월 5일·15일이었으나, 지금은 춘추로 3월 15일과 9월 15일에 모신다. 제관은 제일 15일 전에 참봉의 주재로 100여 명이 모여 선정하는데, 초헌관을 비롯해 21명이다. 제관이 선정되면 망권(望圈)을 작성 전달한다. 제관들은 이날부터 부정한 곳의 출입을 금하고 근신에 들어간다. 제기는 변(籩)을 비롯해 9종이며, 제물은 등형보궤(登鉶簠簋)에 5종, 좌십변에 10종, 우십두에 10종, 기타 9종이다. 제복은 헌관, 집례, 전사관, 학생, 전악(典樂)으로 대분한다. 제례 악기는 좌고(座鼓)를 비롯해 7종이며, 인원은 25~30명이다. 절차는 영신(迎神)인 희문(熙文: 악장 이름)을 시작으로 8종이다. 제례의 선행 절차는 제일 15일 전에 제관 선정, 14일 전에 망권 발송, 10일 전에 제주 담그기와 제복을 점검한다. 7일 전에 제물을 준비하는 데 물건값을 깎지 않으며, 희생돈을 물색해 예약한다. 5일 전에 제기를 손보고, 3일 전부터 제관들은 목욕재계한다. 2일 전에 구내외 대청소를 하고, 1일 전 오후 3시에 납릉(納陵) 앞 뜰에서 희생돈(犠牲豚)을 성생(省牲)의 예를 갖추어 실행한다. 제례는 55차의 홀기(笏記: 의식의 순서를 적은 글)에 의해 진설(陳設: 제사상 차림), 진설 점검, 개독(開櫝: 제사 때 신주의 독을 여는 일), 착복(着服), 취위(就位), 청행사(請行事), 일동 배례, 전폐례(奠幣禮: 큰 제사 때 폐백을 올림), 초헌례, 독축(讀祝), 아헌례, 종헌례, 음복례, 헌관 배례, 철변두(撤籩豆), 일동 4배, 망료례(望燎禮: 제사가 끝나서 사른 축문이나 지방이 다 탈 때까지 지켜 바라보는 예), 예필(禮畢), 퇴장 순서로 진행된다. 제사가 끝난 뒤에는 헌관 이하 모든 제관이 숭재(崇齋)에 집합해 상읍례(相揖禮)를 하고 나서 음복하고 해산한다. 이 제례는 김해 김씨(金海金氏)와 허 씨(許氏)뿐만 아니라 전국의 유지들이 참석하는 대제로 문화재적 가치가 높다[[출처:김해숭선전제례(金海崇善殿祭禮)-한국민족문화대백과사전]].

691) 동명왕묘(東明王廟): 북한 평양시 역포구역에 있는 삼국시대 고구려 제1대 동명성왕의 사당.

평양의 성문 밖에 위치한 숭령전(崇靈殿)에 있었다. 1725년(영조 1)에 사액(賜額)하고 2월과 8월에 향사(享祀)하였는데, 조선시대에는 제수(祭需)를 국가에서 지급하였다. 제의는 국왕이 친히 지내도록 되어 있으나, 관찰사가 대행하였다. 집사 중 장찬(掌饌: 제향에서 제물을 담는 일을 관장하는 사람)·집준(執尊: 제향에서 술 담는 그릇을 관장하는 사람)·집사(執事)·찬자(贊者: 제향 때 진행 절차를 알려주는 사람)·알자(謁者: 제향 때 여러 향관들을 인도하는 사람)는 지방의 유생이 맡고, 헌관은 관찰사와 지방의 수령 이상이 맡도록 하였다. 찬품(饌品)은 10변(籩)·10두(豆), 조(俎) 2, 보(簠) 2, 궤(簋) 2, 등(甒) 3, 형(鉶) 3, 잔[爵] 3, 희준(犧尊) 2, 상준(象尊) 2, 산뢰(山罍) 2, 폐(幣)는 흰모시 18척, 속의(續儀) 11척 6치 7푼을 사용하였다. 1460년(세조 6)세조가 세자를 거느리고 평양을 순시한 뒤 친제하였고, 1765년 영조가 친제한 일이 있다[[출처:동명왕묘(東明王廟)-한국민족문화대백과사전]).
692) 숭렬전(崇烈殿): 경기도 광주시 남한산성면 남한산성에 있는 조선 후기 백제의 시조인 온조왕의 위패를 모신 사당. 시도유형문화재.

경기도 유형문화재 제2호. 1625년(인조 3)에 왕명으로 지은 것이다. 백제의 시조인 온조왕의 위패를 모시고 제사를 드리던 건물로, 건립 당시의 감독관인 이서(李曙)도 뒷날 함께 배향되었다. 건물의 구성은 현재 본전(本殿)·동재(東齋)·서재(西齋)·외삼문(外三門) 등으로 이루어져 있으나, 원래는 강당·내삼문(內三門) 등도 있었으며, 이들 건물은 6·25 때 허물어져서 주춧돌만 남기고 있다. 본전은 정면 3칸, 측면 2칸인 익공계(翼工系) 단층 겹처마 맞배지붕 건물로 면적은 18평이다. 앞쪽 반 칸의 퇴(退)에는 둥근기둥을 세우고 바닥에는 전돌을 깔아 개방하였으며, 안쪽 3칸 모두에 정자살문을 4개씩 달았다. 측면에는 박공판(博栱板: 경사지붕 옆면에 붙인 널)을 드리웠다. 동재는 정면 3칸, 측면 2칸인 단층 홑처마 맞배지붕 건물로 면적은 약 31㎡이다. 앞쪽 반 칸은 퇴로 만들고 기둥은 둥근기둥을 썼다. 양측면에 박공널판을 달았으며 내부의 천장은 연등천장이다. 서재는 동재와 거의 같은 구성을 보이고 있으며 규모가 약간 작고 앞줄에 원기둥 대신 모기둥을 세운 점, 굴도리 대신 납도리를 쓴 점 등이 구별된다. 외삼문은 앞쪽 7.2m, 옆쪽 2.6m인 맞배지붕 솟을대문으로서 가운데 문이 한 단 높게 만들어졌다([출처:숭렬전(崇烈殿)-한국민족문화대백과사전]).
693) 숭의전(崇義殿): 경기도 연천군 미산면에 있는 조선시대에 고려의 태조 등을 제향하던 사당.

경기도 연천군 미산면에 있다. 1397년(태조 6)에 태조의 명으로 묘(廟)를 세우고, 1399년(정종 1)에는 고려 태조와 혜종·성종·현종·문종·원종(충경왕)·충렬왕·공민왕의 7왕을 제사지내고, 1423년(세종 5)과 1452년(문종 2)에 중건하였다. 문종은 이곳을 '숭의전'이라 이름짓고, 이와 함께 고려조의 충신 정몽주(鄭夢周) 외 15인을 제사지내도록 하였으며, 고려 왕족의 후손들로 하여금 이곳을 관리하게 하였다. 중종은 1512년(중종 7) 여름에 작은 소를 잡아 제사지내게 했고, 선조 때는 고려조 왕 씨(王氏) 후예로 참봉을 제수하여 전각(殿閣)의 수호와 제사를 지내게 하였다. 영조는 1731년(영조 7) 승지를 이곳에 보내 제사지냈으며, 1789년(정조 13)에는 이 건물을 고쳐지었다. 처음에는 사(使, 종3품), 수(守, 종4품), 영(令, 종5품), 감(監, 종6품), 여릉참봉(麗陵參奉, 종9품)의 관리를 1인씩 두었으나 뒤에 와서 사와 수는 없앴다. 일제강점기에도 조선총독부가 이를 계승하였으나 한국전쟁으로 전각이 소실되었다. 그 뒤 1973년 왕 씨 후손이 정전을 복구하였고, 국비 및 지방보조로 1975년 2월에는 배신청 13평을, 1976년 1월에는 이안청 8.7평, 이듬해 2월에는 삼문(三門)을 신축하였다([출처:숭의전(崇義殿)-한국민족문화대백과사전]).
694) 팽우(彭虞)는 고조선의 관직이다. 팽우 선관(彭虞 仙官)은 토지를 맡은 선관으로서 일곱 선관 신령 중 우두머리 선관으로 나라로 보면 국무총리 역할을 맡은 중대한 직책이다.

태초에 한얼님께서 생천조물(生天造物)하시고 중화진탕(中火震盪)하여 해환육천(海환陸遷)하시었다. 속불이 터져 육지와 바다를 가르시어 드러나게 하시니 땅은 거칠음이 개척되지 않아 산과 들이 구분이 없고 내와 길이 구분되지 않은 혼돈 된 땅이었다. 이때 바로 팽우 선관께서 산과 들을 구분 짓고 산을 뚫고 강을 파서 길을 내니 인민들이 행복하게 살 수 있는 터전을 정하여 주신 것이다. 이 거룩한 성업을 자손들이 기리기 위하여 마을 입구에 성황당을 모시고 음력 시월에 마을 사람들이 감사의 제(祭)를 올리는 것이 지금까지 풍속으로 남아 오고 있다.

단군 때에 팽우(彭虞)는 3000의 무리를 이끌고서 산천을 정하였으며, 고시(高矢, 농관農官)는 농사를 권하였다. 고조선의 단군 성조 통치 기간인 단기 50년(B.C. 2284)에 대홍수로 인민들이 어려움을 겪자 단군은 풍백 팽우(彭虞 註. 혹작 吳. 수우산首牛山= 춘천에 팽우비가 있음)에게 물을 다스리게 하고 높은 산과 큰 강을 정하여 인민들을 편안하게 하였다. 단군께서는 각 부소(部所)를 임명하시었는데, 우선 삼선사령을 정하시어 팽우(彭虞)에게 명하기를 땅을 개척하는 소임을 주었다. 성조(成造)에게는 궁실을 짓는 소임을 주었다. 삼선사령이란 토지를 맡은 팽우와 글을 맡은 신지(神誌)와 농사를 맡은 고시(高矢) 등 세 선관과 풍백(風伯)·우사(雨師) 등을 말한다(출처: https://auto.fandom.com/ko/wiki/%ED%8C%BD%EC%9A%B0).

695) 소격서(昭格署): 조선의 관청. 도교(道敎)의 일월성신(日月星辰)을 구상화한 상청(上淸)·태청(太淸)·옥청(玉淸) 등을 위하여 서울 삼청동(三淸洞)에 성제단(星祭壇)을 세우고 제사 지내는 일을 맡아 보았다. 태종(太宗) 때 소격전(昭格殿)이라고 했는데 1466년(세조 12) 소격서라고 개칭하였다. 1518년(중종 13) 조광조(趙光祖)의 상소에 의해 폐지되었다가, 1525년(중종 20)에 다시 설치되었으나, 임진왜란 이후 다시 폐지되었다. 이곳에 속한 관리는 영(令-종 5품) 1인, 별제(別提-정6품) 2인, 참봉(參奉-종9품) 2인이었다. 이 관청의 설치는 중국의 도교(道敎) 사상에서 유래된 것으로, 삼청전(三淸殿)에서는 옥황상제(玉皇上帝)·태상노군(太上老君)·보화천존(普化天尊) 등 남자상(男子像)을 모셔 제사지냈으며, 태일전(太一殿)에서는 7성제수(七星諸宿)를 제사지냈는데, 모두 여자상(女子像)이었다. 그리고 안팎에 여러 제단(祭壇)이 있어서 사해용왕(四海龍王)·명부시왕(冥府十王) 등을 제사하였다. 이곳 관원은 백의(白衣)와 오건(烏巾)을 착용하고 치성(致誠)을 드리며, 푸른 종이에다 축원하는 글을 써서 이를 불사르는 등, 그 절차가 상당히 복잡했다. 이 관청 곁에 우물이 있었는데 제사지낼 때에 썼으므로 우물 이름을 성제정(星祭井)이라 했으며, 물맛이 몹시 좋아 권근(權近, 1352~1409)·강희맹(姜希孟, 1424~1483) 등이 이에 대해 쓴 시가 전해지고 있다(이홍직 편, 『새국사사전』, 교학사, 2004, 663쪽).

696) 이민도(李敏道, 1336~1395): 조선왕조실록 1395년(태조 4) 3월 9일(壬寅)에 이민도에 관한 졸기(卒記)가 보인다.

상산군(商山君) 이민도(李敏道)가 졸(卒)하였다. 민도는 중국 하간(河間) 사람으로 원(元)나라 경원로 총관(慶元路摠官) 이공야(李公埜)의 아들이다. 부친이 〈국사(國事)〉에 죽었으므로 동지탁주사(同知涿州事)에 임명되었으나, 원나라가 어지럽게 되어 외가(外家)인 명주(明州)에 우거(寓居)해 있었다. 고려의 사신 성준득(成準得)이 〈원말군웅의 하나인 오왕(吳王)〉 장사성(張士誠)의 곳에서 돌아올 때, 민도가 자청하여 함께 〈고려〉에 와서 의술(醫術)과 점술(占術)로 이름이 나타나 왕왕 징험이 있으므로, 서운 부정(書雲副正)과 전의 정(典醫正)을 역임하고, 자혜부 사윤(慈惠府司尹)이 되어 판전의시사(判典醫寺事)를 겸임하였다. 태조가 잠저(潛邸)에 있을 때에 은근히 추대(推戴)할 뜻을 가지고 역대의 연혁(沿革)을 설명하였다. 태조가 즉위하자 공신(功臣)의 열(列)에 참예하여 벼슬이 상의중추원사(商議中樞院事)에 이르고, 추충 협찬 개국 공신(推忠協贊開國功臣)의 호를 받았다. 그의 처향(妻鄕)이 상주(尙州)이므로 상산군(商山君)을 봉하고, 나이 60세에 돌아가니, 문하 시랑찬성사(門下侍郞贊成事)를 증직하고, 시호를 직헌(直憲)이라 하였다. 아들이 있으니 이진(李蓁)이다(역주자).

697) 박신(朴信, 1362~1444): 조선 태조 때의 개국공신. 자는 경부(敬夫), 시호는 혜숙(惠肅), 고려 우왕 때 문과에 급제, 이태조 초에 건국의 공으로 원종공신의 호를 받았고, 벼슬이

형조전서(刑曹典書)에 이르렀으며, 태종 때에 찬성사(贊成事), 세종 때에 이조판서·선공감제조(繕工監提調)를 역임하다가 사본감(辭本監) 사건에 관련되어 13년간 통진현(通津縣)에 유배된 후, 1432년(세종 14)에 용서되었다. 성품이 너그러웠고, 일에는 재산을 털어 넣었다(이홍직 편, 『새국사사전』, 교학사, 2004, 465~466쪽).

698) 서운관(書雲觀): 고려 말부터 조선 초까지 기상관측 등을 관장하던 관서.
　　천변지이(天變地異)를 관측, 기록하고, 역서를 편찬하며, 절기와 날씨를 측정하고, 시간을 관장하던 곳이다. 고려시대는 태복감(太卜監)·사천대(司天臺)·사천감(司天監)·관후서(觀候署) 등의 명칭으로 바뀌어오다가 1308년(충렬왕 34) 서운관으로 개칭되었다. 당시의 관원은 정3품에 해당하는 제점(提點) 1인의 책임 아래 20인에 이르는 직원으로 구성되었다. 고려시대의 서운관은 천문대로서 개성에 첨성대를 가지고 일식과 월식, 5행성의 운행, 혜성과 유성의 출현 등을 관찰하였다고 『고려사』 「천문지(天文志)」에 기록되어 있다. 서운관에서는 원시적인 방법이기는 하지만 일식과 월식을 예보하고, 태양 흑점과 1264년(원종 5)과 1374년에는 2개의 보기 드문 큰 혜성을 관측하였다. 조선 건국 후 서운관의 기능은 그대로 계승되어 1395년(태조 4) 권근(權近) 등이 돌에 새긴 천문도인 「천상열차분야지도(天象列次分野之圖)」을 제작하였다. 1466년(세조 12)에 관상감으로 개칭되었다. 세종 때는 영의정의 책임하에 60인에 달한 관원들이 많은 업적을 남겼다. 장영실(蔣英實) 등으로 하여금 물시계, 천체관측용 기기인 간의(簡儀), 사계절과 일월5성의 운행을 알아볼 수 있는 혼천의(渾天儀), 해의 그림자로 시간을 측정하는 앙부일구(仰釜日晷) 등의 많은 측정기기들을 제작하게 하였고, 천문대로서 경복궁과 북부 광화방(北部廣化坊)의 두 곳에 각각 간의대(簡儀臺) 또는 관천대(觀天臺)를 건립하였다. 특히, 비의 양을 재는 측우기(測雨器)와 하천의 깊이를 알아볼 수 있는 수표(水標)를 제작, 설치한 것은 세계적으로 처음 있는 일이었다([출처:서운관(書雲觀)-한국민족문화대백과사전]).

699) 이경옥(李敬玉, 1718~?): 조선 후기 시강원 보덕, 대사간, 공조판서 등을 역임한 문신. 본관은 한산(韓山). 자는 백집(伯執). 이홍적(李弘迪)의 증손으로, 할아버지는 이수함(李壽涵)이다. 아버지는 이해로(李海老)이며, 어머니는 박수의(朴守義)의 딸이다. 부인은 안동 권씨로 권양성(權養性)의 딸이다.
　　1754년(영조 30) 증광문과에 병과로 급제하였다. 다음해 세자시강원 사서, 그 다음해 정언이 되었는데, 이때 왕의 견책을 받은 윤시동(尹蓍東)·이민곤(李敏坤)을 변호하다가 기장현에 유배되었다. 1758년(영조 34) 서용되어 충청도 암행어사로 나갔다. 이어 황해도에 어사로 나가 '생불(生佛)'이라고 자처하며 민심을 현혹시키고 인민의 재물을 착취하던 무당 4명을 처형하였다. 그해 시행한 홍문록에 선발되었다. 효성과 우애가 지극하고 몸가짐이 깨끗하여 명성이 있었다. 다음해 영춘 현감으로 나가 인민을 구휼하고 환곡을 탕감하여 흩어진 민호를 다시 정착시켰다. 1760년(영조 36) 홍문관 부수찬으로 들어왔다가 영남 지방에 기우어사(祈雨御史)로 파견되었다. 이후 시강원사서를 거쳐 의주 안핵어사로 나가 잠상인(潛商人: 법을 어기면서 몰래 밀매하는 상인)들의 살인 사건을 조사하고 지방관들을 처벌하였다. 과천에 어사로 나가 내시들의 행패를 단속하고, 홍문관 부교리·부수찬, 안변부사·사간원사간·사헌부집의·시강원보덕 등을 역임하고, 1776년(정조 즉위년) 대사간으로 승진하였다. 1782년(정조 6) 삼사의 관원들과 함께 합계하여 좌의정 홍낙성(洪樂性)을 탄핵하여 파직케 하였다. 1791년(정조 15) 공조판서로 승진하였다([출처:이경옥(李敬玉)-한국민족문화대백과사전]).

700) 남학(南學): 이운규(李雲圭, 1804~?, 호 蓮潭)에 의해 1860년대 초 충청도 논산 양촌에서 시작된 가르침에 대한 명칭. 이운규의 가르침에 의해 김일부계(金一夫系)와 김광화계(金光華系)의 신종교가 발생하였다. 동학의 가르침에 비유된다 하여 뒤에 붙여진 이름이다. 이운규는 1804년(순조 4)에 태어나 문과에 급제하여 참판을 지냈으나 벼슬을 그만두고 양촌에 은거하면서 학문 연구와 제자 양성에 몰두하였다. 그는 유교사상에 정통하였고 도가서(道家書) 등 제자백가(諸子百家)와 복서(醫卜)·술수(術數)까지 능통했다고 한다.

그의 가르침은 제자들에 의해 많은 신종교로 형성되는데 대표적인 종교가 김항(金恒: 호 일부一夫)의 『정역(正易)』을 바탕으로 하는 일부계의 신종교[무극대도無極大道]와 김치인(金致寅, 호 광화光華)이 이운규, 이운규의 아들 이용래(李龍來: 부련夫蓮)·이용신(李龍信: 일수一守)으로 연액을 대고 형성한 광화교(光華敎: 오방불교五方佛敎)이다.

남학과 동학의 차이는 어떠한가. 유불선 삼교를 비롯한 과거 종교들의 사상을 융섭 활용하고 후천개벽과 후천선경, 그리고 주송수련을 하고 있는 면에서는 비슷하다. 남학이 유 중심과 불 중심의 양 교단으로 갈라지면서 유의 연원을 중국 고대 유에 두었고, 동학은 유를 중심으로 하면서 특히 신유학(新儒學)의 성향을 띠고 있다고 할 수 있다. 신앙의 대상을 남학에서는 화무상제(일부계)와 당래미륵불(강화계)을 신봉하는 데 반해 동학에서는 천주(天主)를 신봉한다. 이 천주는 인간 자신 안에도 깊이 있는 것으로 보고 인즉천(人則天)을 믿는다(김홍철 편, 『한국신종교대사전』, 도서출판 모시는사람들, 2016, 150~151쪽).

701) 활인서(活人署): 조선의 관청. 1392년(태조 1)에 제정한 기관으로 서울의 병자(病者)를 무료로 치료해 주던 의료기구(醫療機構)이다. 1414년(태종 14)에 활인원(活人院)으로 개칭하였다가 1467년(세조 13)에 다시 활인서라 한 것인데 이것은 고려 초에 있던 동서대비원(東西大悲院)과 혜민국(惠民局)의 제도를 계승한 것으로 초기에는 대비원이란 이름을 사용하기도 하였었다. 관원으로는 별제(別提-종6품)·참봉(參奉-종9품)이 있었으며 1882년(고종 19)에 폐지되었다(이홍직 편, 『새국사사전』, 교학사, 2004, 1561쪽).

702) 주세붕(周世鵬, 1495~1554): 조선 전기 풍기군수, 성균관 사성, 황해도 관찰사 등을 역임한 문신. 학자. 본관은 상주(尙州). 자는 경유(景游), 호는 신재(愼齋)·남고(南皐)·무릉도인(武陵道人)·손옹(巽翁). 고려 말에 고조가 경상도 합천에 우거했으나, 아버지 대에 칠원(漆原)으로 옮겨 살아 칠원에서 출생(일설에는 합천에서 출생했다고 함)하였다. 증사복시정 주상빈(周尙彬)의 증손으로, 할아버지는 주장손(周長孫)이고, 아버지는 주문보(周文俌)이다. 어머니는 별호군 황근중(黃謹中)의 딸이다. 선대에는 모두 관직에 나아가지 않았으며 주세붕의 현달(顯達)로 증직(贈職)되었다. 어릴 때부터 효성(孝誠)이 지극(至極)하였다.

1522년(중종 17) 생원시에 합격하고, 같은 해 별시문과에 을과로 급제, 승문원 권지부정자로 관직을 시작하였다. 그 뒤 승문원 정자로 사가독서에 뽑히고, 홍문관의 정자·수찬을 역임하였다. 공조좌랑·병조좌랑·강원도도사를 거쳐 사간원 헌납을 지냈다. 1537년(중종 32) 김안로(金安老)의 전권을 피하고 어머니의 봉양을 이유로 외직을 청하여 곤양군수(昆陽郡守)로 나갔다. 이듬해 검시관(檢屍官)으로 남형을 한 상관을 비호했다는 죄목으로 파직되었다. 어머니의 사망으로 여묘 3년, 상제(喪祭)의 예는 모두 『가례(家禮)』에 따랐다. 승문원 교리·예빈시 정(禮賓寺正)을 거쳐 1541년(중종 36) 풍기 군수가 되었다. 풍기 지방의 교화를 위하여 향교를 이전하고, 사림 및 그들의 자제를 위한 교육기관으로 1543년(중종 38) 백운동서원(白雲洞書院: 소수서원紹修書院)을 건립했는데 중국의 서원과 같이 사묘적 기능과 교육적 기능을 지닌 우리나라 서원의 시초를 이루었다. 1545년(명종 즉위년) 내직으로 들어와 성균관 사성에 임명되고, 홍문관의 응교·전한·직제학·도승지를 역임했으며, 1548년(명종 3) 호조참판이 되었다. 1549년(명종 4) 황해도관찰사가 되어 백운동서원의 예와 같이 해주에 수양서원(首陽書院)을 건립하였다. 이후 대사성·동지중추부사를 역임하다 병으로 사직을 요청, 동지성균관사에 체임되었다. 죽은 뒤 소원에 따라 고향인 칠원 선영에 안장되었다. 후사가 없어 형의 아들인 주박(周博)을 양자로 삼았다.

관력에서 보듯이 내직은 대체로 홍문관·성균관 등 학문 기관에서 관직을 맡았고, 지방관으로 나가서는 교학 진흥을 통한 교화에 힘썼다. 황해도관찰사에 임명되었을 때, 대간에서 학문이 높고 성균관의 사표로 삼을 만한 인물이라 하여 내직을 요청할 정도로 그의 학문은 당시 조정에서도 높이 평가되고 있었다. 도학에 힘쓸 것을 주장하고 불교의 폐단을 지적했으며, 기묘사화 이후 폐지되었던 여씨향약(呂氏鄕約)을 다시 시행할 것을 건의하기도 하였다. 풍기에서 유교 윤리에 입각한 교화에 힘쓰고 당시 피폐되어 향촌민의 교육기능을 발휘하지 못하던 향교를 관아 근처로 이건, 복구하였다. 그리고 양반들에게 교육기관으로서 외면당하던 향교 대신 풍기의 사림 및 그들의 자제들을 위한 교육기관으로 중국의 주자가 세운 백록동서원(白鹿洞書院)을 모방하여 고려 말 성리학을 도입했던 순흥 출신의 안향(安珦)을 배향한 백운동서원을 건립하였다. 그리고 서원의 원활한 운영을 위하여 서적을 구입하고 서원전(書院田)을 마련하였다. 서원을 통해 사림을 교육하고, 또한 사림의 중심기구로 삼아 향촌의 풍속을 교화하려는 것이 목적이었다. 그러나 일부 사림과 안향의 후손들을 제외하고 풍기 사림의 호응을 받지 못하였는데 1546년(명종 1) 경상도 관찰사로 도임한 안향의 11대 손인 안현(安玹)의 노력으로 백운동서원은 확고한 기반을 갖추게 되었다. 1550년(명종 5)에 풍기 군수였던 이황(李滉)의 청원으로 소수(紹修)라는 사액을 받아 조선 최초의 사액서원이 되었다. 이에 따라 백운동서원은 점차 풍기 사림의 중심 기구로 변모해나갔다. 이후 이를 모방한 서원들이 각지에서 건립되었다. 청백리에 뽑히었고, 「도동곡(道東曲)」·「육현가(六賢歌)」·「엄연곡(儼然曲)」·「태평곡(太平曲)」 등 장가(長歌)와 「군자가(君子歌)」 등 단가(短歌) 8수가 전한다. 예조판서에 추증되었다. 칠원의 덕연서원(德淵書院)에 주향되었고, 백운동서원에도 배향되었다. 저서로『죽계지(竹溪誌)』·『해동명신언행록(海東名臣言行錄)』·『진헌심도(進獻心圖)』가 있다. 문집으로 아들 박이 편집했다가 전란으로 없어져 1859년(철종 10) 후손들이 다시 편집한『무릉잡고(武陵雜稿)』가 있다 ([출처:주세붕(周世鵬)-한국민족문화대백과사전]).

703) 한국의 서원은 현재 637개의 서원이 남아있으며, 7월 6일 아제르바이잔 바쿠에서 제43차 유네스코 세계유산위원회는 한국의 서원(Seowon, Korean Neo-Confucian Academies) 9곳을 세계유산에 등재하였다. 포함된 서원 9곳은 경상북도 영주시(소수서원), 경상남도 함양군(남계서원), 경상북도 경주시(옥산서원), 경상북도 안동시(도산서원), 전라남도 장성군(필암서원), 대구광역시 달성군(도동서원), 경상북도 안동시(병산서원), 전라북도 정읍시(무성서원), 충청남도 논산시(돈암서원)이다.

704) 사역원(司譯院): 조선의 관청. 태조 때 설치한 중앙기관으로 외국어의 통역과 번역에 관한 일을 맡아 보았다. 외국어로는 한학(漢學)·몽학(蒙學-몽골어)·왜학(倭學-일본어)·청학(淸學-여진어)을 주로 취급하였다. 관원으로는 정(正-정3품) 1명, 부정(副正-종3품) 1명, 첨정(僉正-종4품) 1명, 판관(判官-종5품) 2명, 주부(主簿-종6품) 1명, 한학교수(漢學教授-종6품) 4명, 봉사(奉事-종8품) 3명, 부봉사(副奉事-정9품) 2명, 한학훈도(漢學訓導-정9품) 4명, 청학(淸學)·몽학(蒙學)·왜학(倭學) 훈도(訓導-정9품) 각 2명, 참봉(參奉-종9품) 2명

이 있었으나 후에 부정판관직장봉사 각 1명을 감원하였다(이홍직 편, 『새국사사전』, 교학사, 2004, 574쪽).

705) 전의감(典醫監): 조선시대 궁중에서 쓰는 의약의 공급과 임금이 하사하는 의약에 관한 일을 관장하였던 관서.

의학교육과 의학취재(醫學取才: 의학실력을 시험하여 사람을 뽑음) 등의 사무도 겸하여 관장하였다. 고려시대에는 태의감(太醫監)·사의서(司醫署)·전의시(典醫寺) 등으로 명칭이 변화되어오다가 조선 건국 초 관제개혁에 의하여 전의감으로 개칭되었다. 서울 중부 견평방(堅平坊)에 위치하였다. 전의감은 의료행정 및 의학교육의 중추기관으로서 왕실과 조관(朝官)들의 진시(診視:진찰)와 화제(和劑: 약의 조제) 및 약재의 종식(種植: 약재를 키움), 의학취재 등의 일을 겸하였다. 조선 초기의 관원은 판사·감(監)·소감·승(丞)·주부·겸주부·직장·박사를 각 2인, 검약(檢藥) 4인, 조교 2인을 두었다. 그 뒤 몇 차례의 관제개혁을 거쳐 1466년(세조 12)의 개혁 때에는 검약을 부봉사로, 조교를 참봉으로 고치고 겸정(兼正)·직장을 각각 1인씩 없애고, 판관 1인을 증원했다. 『경국대전』에는 정(正)·부정·첨정·판관·주부 각 1인, 의학교수·직장·봉사 각 2인, 부봉사·의학훈도 각 1인, 참봉 5인으로 관원을 정하여 인원을 축소하였다. 『속대전』에 의하면 부정을 없애고 의학교수, 봉사는 각 1인씩, 부봉사는 2인, 참봉은 3인을 감원하여 그 기구를 축소하였다. 그러나 1867년(고종 4) 편찬된 『육전조례(六典條例)』에 의하면 치종교수(治腫敎授) 1인, 침의 3인, 부사과 1인을 증원하였다. 그리고 이례(吏隷)로서 서원(書員)·고직(庫直)·대고직 각 1인, 사령 5인, 구종(驅從: 관리의 하인)·군사 각 2인을 두었다. 『경국대전』에 의하면 전의감에는 제조 2인을 두고, 취재(取才) 때는 분수(分數)가 많은 사람을 뽑았다. 판관 한 사람은 구임(久任)으로 하고, 구임과 교수, 훈도를 제외한 관원은 체아직(遞兒職:현직을 떠난 문무관에게 특별한 경우에 주는 벼슬)으로 1년에 두 차례 도목(都目:관리의 공과를 평정하여 승진 또는 출척시키는 인사행정)한다. 취재 시에 차점자는 외임(外任)으로 차출하고, 주부 이상의 관원은 과거에 합격한 사람으로 임명하며, 의서습독관(醫書習讀官)은 세조 때 15인에서 30인으로 증원하였다. 1894년 갑오경장에 의하여 전의감은 태의원(太醫院)으로 개칭되었으며, 서양의술이 보급되면서 그 역할이 감소되어갔다([출처:전의감(典醫監)-한국민족문화대백과사전]).

706) 관상감(觀象監): 조선시대 천문·지리·역수(曆數)·점산(占算)·측후(測候)·각루(刻漏) 등에 관한 일을 담당하기 위해 설치했던 관서.

신라에서는 첨성대를 만들어 측후에 대비하기도 했으며, 고려시대에는 건국 초에 천문관서로서 태복감(太卜監)·태화국(太火局)을 두었다가 뒤에 사천대(司天臺)·사천감(司天監)·관후서(觀候署)·서운관(書雲觀) 등으로 명칭을 바꾸었다. 조선시대에는 1466년(세조 12)에 이를 관상감이라 개칭해 예조에 속하게 하였다. 연산군 때에는 사력서(司曆署)로 개칭했다가 중종 때에 다시 관상감으로 환원하였다. 『경국대전』에 따르면, 관원은 다음과 같다. 영사(領事)는 영의정이 겸임하고, 제조(提調) 2인, 정(正, 정3품) 1인, 부정(副正, 종3품) 1인, 첨정(僉正, 종4품) 1인, 판관(判官, 종5품) 2인, 주부(主簿, 종6품) 2인, 천문학·지리학 교수(종6품) 각 1인, 직장(直長, 종7품) 2인, 봉사(奉事, 종8품) 2인, 부봉사(副奉事, 정9품) 3인, 천문학·지리학 훈도(訓導, 정9품) 각 1인, 명과학(命課學) 훈도(정9품) 2인, 참봉(종9품) 3인을 두었다. 이 밖에 산원(散員)이라 하여 천문학·지리학·명과학

분야로 나누고 임시직 인원을 다수 채용하였다. 세종 때 경회루 북쪽에 천문 관측기구인 간의대(簡儀臺)를 만들었고, 선조 때 흠경각(欽敬閣)을 지었다. 또 영조 때 다시 흠경각을 짓고 그 안에 석각(石刻)의 천문도(天文圖)를 설치하였다. 1894년(고종 31) 갑오경장 때 관상감은 폐지되고 관상국(觀象局)이 설치되었는데, 기구가 축소되어 소장·기사·기수·서기 등 약간 명만 두어졌다. 관상감은 지금의 기상청과 천문대에 해당한다. 현재 서울특별시 종로구 계동 현대빌딩 앞마당에 그 유적인 일영대(日影臺)가 남아 있다([출처:관상감(觀象監)-한국민족문화대백과사전]).

707) 도화서(圖畵署): 조선시대에 그림 그리는 일을 관장하기 위하여 설치되었던 관청.

도화서(圖畵署)에 관한 제도적 규정은 『경국대전(經國大典)』에 보인다. 먼저 이전(吏典)의 경관직(京官職)을 보면, 도화서는 종6품의 아문(衙門)으로서 그 직능은 '장도화(掌圖畵)'라고만 되어 있다. 여기에는 정직(正職)으로서 제조(提調) 1인과 종6품인 별제(別提) 2인이, 잡직(雜職)으로서 화원(畵員) 20인과 임기가 만료된 뒤에도 계속 근무하는 자에게 서반체아직(西班遞兒職) 3인(종6품 1인, 종7품 1인, 종8품 1인)의 자리가 마련되었다. 화원의 보직은 선화(善畵) 1인, 선회(善繪) 1인, 화사(畵史) 1인, 회사(繪史) 2인으로 규정해 놓고 있다. 예전(禮典)에 의하면, 도화서는 예조에 소속된 관사(官司)로서 15명의 화학생도(畵學生徒)를 정원으로 더 두었다. 화원을 선발하는 취재(取才)에 있어서는 죽(竹)·산수·인물·영모(翎毛)·화초 등을 시험 과목으로 하였다. 그 중에서 두 가지에 대하여 시재(試才)하되 죽을 1등으로 하고, 산수를 2등, 영모를 3등, 화초를 4등으로 하여 화초의 그림에서 통(通)의 성적을 받으면 2분(分), 약(略)을 받으면 1분의 점수를 주었다. 그리고 인물·영모 이상은 차례로 등(等)을 올려서 각각 그 성적에 따른 분수(分數: 점수)를 보태는 것으로 규정하였다. 형전(刑典)의 제사차비노(諸司差備奴)·근수노정액(根隨奴定額)을 보면, 도화서에도 각 관아의 노복으로 배정되는 차비노가 5인, 관원을 수행하는 관청의 하인인 근수노가 2인 등 모두 7인이 붙여졌다. 공전(工典)의 공장(工匠)에서는 배첩장(褙貼匠) 2인을 도화서에 소속시켰다. 도화서는 처음부터 예조에 소속되어 있었던 것은 아니다. 정도전(鄭道傳)은 조선시대 통치조직의 종합 체제를 제시하였을 때 화소공(畵塑工)을 공전 속에 열거한 바 있다. 도화원이 예조 소관으로 된 것은 1405년(태종 5)에 예조에서 마련한 6조의 분직급소속평정안(分職及所屬評定案)에 의해서였다. 제조 1인에 대하여는 1785년(정조 9)의 『대전통편(大典通編)』에 와서야 비로소 예조판서가 겸임한다고 명문화하였다. 도화서의 실직(實職)은 2인의 별제가 관장하였다. 1464년(세조 10)까지만 해도 도화원은 5품 관아로서 5품직의 별좌(別坐)가 실무를 담당하였다. 도화원이 1470년(성종 1)에 도화서로 개칭되면서 종6품아문으로 격하되었다. 별좌는 화원으로서 오를 수 있는 가장 높은 지위였다. 그러나 화원은 천한 공장과 다를 바 없어 재주가 비록 뛰어났다 하여도 그 자리에 가능한 한 앉히지 않고 사대부 가운데서 그림에 밝아 화격(畵格)을 잘 아는 사람을 선택하여 그 직무를 맡도록 하였다. 1746년(영조 22)에 『경국대전』을 대폭 개수한 『속대전(續大典)』에서는 종래의 화학생도의 정원 15인이 30인으로 배가되었고, 잉사화원(仍仕畵員)에 종6품 1인을 증원하였다. 또 『대전통편』에서는 도화서에 전자관(篆字官) 2인을 더 두고 화원의 정원도 30인으로 증원해 놓았다. 이러한 사실은 조선시대 후기에 이르러 화원의 임무가 그만큼 많아졌음을 뜻하며, 일찍부터 재능 있는 자를 한 번에 키워서 우수한 화원을 확보하려 했음을 알 수 있다. 그러나 실무 주관자인 별제 2인의 자리는 폐지되었다. 그 대신 1865년(고종 2)에 설정된 『대전회통(大典會通)』에는 같은 품질의 종6품의 화학교수(畵學敎授) 1인을 두었다. 다른 관청에는 처음부터 전문 교수가 있었던 것에 비하여 도화서는 뒤늦게 19세기 중엽에야 그 제도가 명시되고 있다. 하지만 문헌기록에서는 이미 17세기부터 종6품의 교수 직함을 가진 화원들의 이름이 확인된다. 화격(畵格)이 뛰어난 화원이 교수로서의 임무 수행을 통하여 실질적으로 지도적 지위를 지켜 오고 있었음을 짐작하게 한다. 도화서 청사는 한성의 중부 견평방(堅平坊: 지금의 서울 종로구 공평동 또는 견지동)에 위치하였다.

도화서는 비록 왕실·사대부 등의 요청을 충족시키는 회화 작업을 담당하는 관청이긴 했으나 국가가 제도적으로 화가의 양성과 보호·보장의 토대를 마련한 곳이었다. 그리고 여기서 화원들은 그들의 회화적 재능을 발휘할 수 있었다. 따라서 도화서는 한국적 화풍을 형성하고 그 업적을 이어 나가는 데 중심적 구실을 한 기관이라 할 수 있다([출처:도화서(圖畵署)-한국민족문화대백과사전]).

708) 장악원(掌樂院): 조선시대 궁중에서 연주되는 음악 및 무용에 관한 모든 일을 맡아보던 관청.

이원(梨園)·연방원(聯芳院)·함방원(含芳院)·뇌양원(蕾陽院)·진향원(趁香院)·교방사(敎坊司)·아악대(雅樂隊) 등으로 불렸다. 장악원은 조선 초기 장악서와 악학도감의 전통을 전승한 1470년(성종 1) 이후 1897년 교방사로 개칭될 때까지 427년 동안 공식적으로 사용된 국립음악기관의 명칭이었다. 이 기관은 본래 예조에 소속되었던 한 독립기관으로서 관상감(觀象監)·전의감(典醫監)·사역원(司譯院) 등과 같은 정3품 아문의 관청이었는데, 1895년(고종 32) 실시된 정부기구개편에 의해 예조로부터 궁내부(宮內府)의 장례원(掌禮院)으로 이속되었다. 궁중의 여러 의식 행사에 따르는 음악과 무용은 장악원 소속의 악공(樂工)·악생(樂生)·관현맹(管絃盲)·여악(女樂)·무동(舞童: 나라 잔치 때 춤을 추고 노래를 부르던 아이)들에 의해 연주되었다. 악공은 장악원의 우방(右坊)에 소속되어 연향(宴享: 국빈을 대접하는 잔치) 때 쓰인 향악(鄕樂)과 당악(唐樂)을 주로 연주했고, 악생은 좌방(左坊) 소속으로 제례의식 때 사용된 아악(雅樂)의 연주를 맡았다. 내연(內宴)의 행사 때에는 악공과 관현맹이 음악을 연주했고, 무동(舞童)과 여기(女妓)가 정재(呈才)를 추었다. 장악원의 모든 음악행정은 문관출신의 관원이 관장했으며, 악공과 악생 등의 음악교육 및 춤 연주에 관한 일은 전악(典樂) 이하 체아직(遞兒職: 이름만 있고 실제 직무는 없는 벼슬자리)의 녹관(祿官)들이 수행했다. 이러한 장악원 전통의 일부가 현재 국립국악원에 전승되어오고 있다.

장악원은 직접적으로 장악서에서 유래되었고, 간접적으로는 조선 초기의 아악서(雅樂署)·전악서(典樂署)·관습도감(慣習都監)·악학(樂學) 등과 관련되어 있다. 1457년(세조 3) 이전까지 65년 동안 궁중음악과 무용 교육 및 연주활동은 주로 전악서·아악서·관습도감·악학 등 상설 음악기관에 의해 관장되어오다가, 1457년 11월 세조의 특명으로 아악서와 전악서는 장악서로 통합되고 악학과 관습도감은 악학도감으로 합쳐졌다. 이듬해 7월 장악서와 악학도감의 직제가 한 번 개편된 이후 1466년 장악서는 악학도감의 일부를 흡수했기 때문에, 모든 궁중의 음악과 무용의 행정 및 연주활동은 장악서라는 하나의 음악기관으로 단일화 되었다. 그 뒤 1470년 이전에 이미 장악원으로 명칭이 바뀌었는데, 그 정확한 연대는 문헌에 밝혀지지 않았다. 장악원의 명칭은 그 뒤 연산군 말경 한때 연방원이라는 이름으로 불렸으나 중종 때 다시 장악원으로 되었으며, 영조 때 잠시 일부 사람들에 의해서 이원으로 불리기도 했다. 장악원의 전통은 1470년 이후 계속되어 내려오다가 조선 말기에 여러 번 명칭의 변천과정을 거치면서 오늘에 이르게 되었다. 1895년 궁내부의 장례원으로 옮겼고, 1897년 명칭이 교방사로 바뀌었다. 그 뒤 1907년 장악과(掌樂課)로 되었고, 경술국치 직후에 장악과 소속의 음악인들은 아악대라는 명칭 아래 겨우 명맥만 유지했다. 아악대는 그 뒤 조선총독부에 의해 이왕직아악부(李王職雅樂部)로 개칭되어 8·15 해방 이전까지 쓰였다. 해방과 함께 이왕직아악부는 구왕궁아악부(舊王宮雅樂部)로 개칭되어 장악원의 전통을 이어오다가, 대한민국 정부가 수립된 이후 1950년 1월 18일 대통령령 제271호로 국립국악원의 직제가 공포되고, 1951년 4월 9일 부산에서 국립국악원이 설립됨으로써 이왕직아악부의 전통이 국립국악원으로 이어져 오늘에 이르게 되었다. 장악원의 관사는 성종의 특명으로 태상시(太常寺) 동쪽 수십 보 떨어진 곳에 민가를 철거하고 세워졌는데, 위치는 한성부 서부 소속의 여경방에 있었다. 새 청사에 장악원의 당상관(堂上官)과 낭청(郎廳)들이 일할 곳과 악공 및 악생들이 연습할 장소가 구별되어 마련되었고, 여러 종류의 악기들을 보관할 건물과 정조(正朝)나 동지(冬至) 때 문무백관들이 음악에 맞추어 조하의식(朝賀儀式)을 연습할 수 있는 넓은 뜰도 갖추었다. 임진왜란 때 이 청사가 불타버렸기 때문에, 선조 말기에 새로운 청사가 명동의 구 내무부청사 자리에 건립되었다. 새 청사의 대지는 1만 평이었고, 그 위에 수백 칸의 건물이 세워졌으므로 장악원의 음악활동이 모두 그곳에서 이루어질 수 있었다. 300여 년 동안 사용된 이 건물은 1904년 러일전쟁이 발발하자 일본 군대의 전진기지로 징발되어, 그 뒤 장악원의 후예들은 정국의 어수선한 분위기 속에서 뚜렷한 청사도 없이 어려운 생활을 해야만 했다. 1904년 당시의 교방사는 조동에 있는 개인집으로 옮겼다가 서울역 뒤 서학현(西學峴)에 있는 장혜원 자리로 청사를 옮겼다. 경술국치 직후 당시 아악대는 1911년 장혜원의 자리에서 당주동에 있었던 봉상시(奉常寺)의 주고(酒庫)를 수리해 임시로 옮겼다. 그곳에서 아악대는 이왕직아악부로 개칭되었고, 아악부원양성소(雅樂部員養成所)의 제1·2기생들을 모집해 양성했다. 그 뒤 이왕직아악부는 1926년 1월 창덕궁 앞 운니동의 구 은사수산장(恩賜授産場: 왕실에서 돈을 주어 세웠던 공장)의 불탄 자리에 새로 지은 건물로 옮겼다. 이왕직아악부 이후 구왕궁아악부와 국립국악원은 모두 운니동의 건물에서 장악원의 전통을 이어오다가, 1967년 12월 29일 서울특별시 중구 장충동 2가에 있었던 구 국립국악고등학교의 건물로 잠시 옮겨졌다. 다시 국립극장으로 옮겨졌고, 최근에는 서초구 서초동 예술의 전당 안에 있는 국악당의 새 건물로 옮긴 이후 오늘까지 장악원의 전통을 계승하고 있다.

직제: 장악원은 장악서의 전통을 직접적으로 전승했기 때문에 그 직제도 장악서의 것을 물려받았으나, 장악원으로 이름이 바뀌고 새롭게 정비되면서 직제는 실제로 많이 변천되었다. 장악서의 직제는 본래 음악의 교육 및 연주를 담당했던 체아직의 녹관들로만 구성되었으나 1466년 1월 장악서가 악학도감의 업무를 흡수했으므로, 악학도감의 일반 유품 출신(流品出身)의 관리들이 맡았던 음악행정에 관한 일을 관장하도록 확대되었다. 따라서 1466년 이후 1470년 이전까지의 장악서의 직제는 악공과 악생출신인 체아직 녹관 35인과 일반 문관출신인 정식관리

7인으로 구성되었다. 체아직 녹관은 1458년 7월에 개편해 설치된 좌방 소속인 종5품의 가성랑령(嘉成郞令) 1인, 종6품의 순화랑부령(純和郞副令) 1인, 종7품의 사음랑낭(司音郞朗) 2인, 종8품의 화성랑승(和聲郞丞) 2인, 종9품의 화절랑부승(和節郞副丞) 12인 등 18인 및 우방 소속인 종5품의 사성랑전악(司成郞典樂) 2인, 종6품의 조성랑부전악(調成郞副典樂) 1인, 종7품의 사협랑전율(司協郞典律) 2인, 종8품의 조협랑부전율(調協郞副典律) 4인, 종9품의 조절랑직률(調節郞直律) 8인 등 17인을 합해 총 35인이었다. 한편 장악서 소속의 일반 유품출신의 관리는 당상관으로 실안제조(實案提調) 2인과 부제조 2인, 낭관(郞官)으로 사(使) 1인, 부사(副使) 1인, 판관(判官) 3인 등 총 9인이었다. 성종 이전 장악서의 직제는 관리의 출신성분과 직책에 따라서 둘로 나누어졌으며, 체아직 녹관의 품계는 문관 출신의 일반 유품과 뚜렷이 구분되었다. 이러한 장악서의 직제는 성종 때 장악원으로 명칭이 바뀜과 동시에 다시 정비되었으며, 결과적으로 관리의 명칭과 인원이 모두 새로이 제정되었다. 그러나 장악서에서처럼 음악행정을 맡았던 문관 출신의 관리와 음악교육 및 연주를 관장했던 체아직 녹관의 제도는 그대로 전승되었다. 『경국대전』에 의하면 장악원의 음악행정을 맡았던 관리들의 직제는 당상관인 제조(提調) 2인 및 낭관인 정3품의 정(正) 1인, 종4품의 첨정(僉正) 1인, 종6품의 주부(主簿) 1인, 종7품의 직장(直長) 1인 등 6인으로 구성되었다. 이러한 직제는 성종 이후 변동되지 않고 계속되어 내려오다가 영조 때 약간 변동되었다. 영조 때 변동된 사항은 종7품의 직장 1인을 없애는 대신 종6품의 주부 1인을 2인으로 만든 점이다. 성종 때 새로 정비된 장악원 체아직 녹관의 직제는 1458년 때의 것에 비해 많이 달라졌다. 우선, 장악서 소속 좌방의 악생 관직명은 모두 없어졌고, 그 대신 전악·부전악·전율·부전율 같은 우방의 악공 관직명에 새로운 관직명이 첨가되었는데 전음(典音)·부전음·전성(典聲)·부전성이 새로 첨가된 관직명이다. 『경국대전』에 의하면 음악의 연주 및 교육을 담당했던 체아직 녹관의 직제는 이전(吏典)의 잡직(雜職)란에 정리되었는데, 정6품의 전악 1인, 종6품의 부전악 2인, 정7품의 전율 2인, 종7품의 부전율 2인, 정8품의 전음 2인, 종8품의 부전음 4인, 정9품의 전성 10인, 종9품의 부전성 23인, 이상 총 46인으로 구성되었다. 이 체아직 녹관 46인 중 악공의 체아는 모두 20인으로 당악의 체아 12인과 향악의 체아 8인이었으며, 나머지 26인은 악생의 체아와 관현맹(管絃盲)의 체아로 구성되었다. 장악서의 종5품 전악이 장악원의 정6품으로 강등되었고, 인원도 1명이나 줄었으며, 그 대신 하급직의 관원이 많이 증원된 것이 새로 정비될 때 달라진 점이다. 장악원의 잡직 녹관 46인은 모두 나라에서 녹봉을 주기 위해 만든 체아직 관리였기 때문에, 그들은 장악원으로부터 1년에 4번 보낸 추천서로 이조에 보고해 사령서(辭令書)를 받았다. 성종 당시 장악원에는 체아직 녹관 46인과 행정직 관리 6인, 이상 총 52인의 관리들 이외에 잡무를 맡았던 차비노(差備奴) 7인, 유품관리를 쫓아다니던 근수노(根隨奴) 5인, 이상 12인의 사내종이 있었다.

　　음악인: 장악원의 음악활동은 주로 악공과 악생에 의해 연주되었으며, 내연(內宴)의 경우에 때때로 관현맹·여기(女妓)·무동들에 의해 연주되기도 했다. 성종 이후 악공들은 천인 출신(賤人出身)으로서 연향(宴享) 때 향악과 당악을 연주했고 장악원의 우방에 속해 있었으며, 양인 출신(良人出身)인 악생들은 제례의식 때 아악 연주를 담당했고 장악원의 좌방에 속해 있었다. 악공과 악생의 뚜렷한 구분은

1457년 아악서와 전악서가 장악서로 통합되었을 때 비로소 이루어졌으며, 그 이전에는 음악인들은 악공 또는 공인(工人)으로 불렸다. 조선 초기부터 1457년까지 약 반세기 동안 관습도감과 봉상시 등에 속한 재랑(齋郞)과 무공(武工)이 아악연주를 담당했는데, 장악서의 설립 이후 그들의 업무가 악생에 의해 전승되었다. 1457년 이전 관습도감의 악공은 344인이었고 전악서의 악공은 300인, 아악서의 악공은 530인이었으며, 관습도감과 봉상시에 소속되었던 재랑은 380인이었고 무공은 290인이었다. 그러나 1457년 장악서의 설립으로 인해 재랑과 무공은 460인으로 감원되어 좌방에 속하게 되었고, 아악서의 악공은 300인으로 감원되어 좌방에, 전악서의 악공은 200인으로 줄어 우방에 각각 남게 되었다. 『경국대전』의 기록에 의하면 성종 당시 장악원의 좌방에 악생이 399인으로, 그리고 우방에 악공이 572인으로 각각 정비되어 총 971인의 음악인이 임진왜란 이전까지 연주활동을 계속했다. 그렇지만 임진왜란 이후 악공과 악생의 수는 837인이었고, 1604년(선조 37)에는 824인, 정묘호란(1627년) 이후 626인, 병자호란(1636년) 이후 619인으로 줄었다가 영조 때 641인으로 고정되었다. 임진왜란 이후 두 번의 전쟁을 거치면서 장악원 소속 음악인의 수가 눈에 띄게 변한 점은, 첫째로 악공·악생의 총계가 300여 인이나 현저하게 감원되었다는 것, 둘째로 악공의 숫자보다도 특히 악생의 숫자가 200여 인이나 감소되었다는 것이다. 이렇듯 여러 번의 국란을 겪은 이후의 장악원은 국가 재정의 어려움으로 조선 전기처럼 많은 음악인들을 거느릴 수 없게 되었고, 연주활동도 계속할 수밖에 없었다. 장악원 소속의 악공이나 악생이 결원되었을 경우 그 결원은 전국 팔도에 고르게 배정된 숫자에 의해 충원되었다. 악공은 공사비(公私婢) 또는 무녀(巫女) 같은 천인의 자녀 중에서 선발되었고, 악생은 정리(丁吏) 또는 보충군(補充軍) 등의 양인 자식들 중에서 뽑았다. 이러한 전통은 조선 말기까지 계속되어 각 지방에서 선발되어 올라온 악공과 악생들은 취재시험(取材試驗)을 치르고 합격된 이후에야 정식으로 연주활동을 할 수 있었다. 『경국대전』 권3의 <취재조>에 의하면 조선 초기의 악생을 위한 취재시험은 아악 중에서 삼성(三成) 및 등가(登歌) 또는 문무(文舞)와 무무(武舞)의 연주였으며, 악공을 위한 취재시험은 당악(唐樂)의 경우에 삼진작(三眞勺)·여민락령(與民樂令)·여민락만(與民樂慢)·낙양춘(洛陽春) 등 41곡이었고, 향악(鄕樂)의 경우에 이상곡(履霜曲)·오관산(五冠山)·자하동(紫霞洞)·동동(動動) 등을 포함한 32곡이었다. 그리고 악공과 악생들에게 필요할 때에 편종(編鍾)·편경(編磬)·생(笙)·화(和)·훈(壎)·지(篪)·금(琴)·슬(瑟)·용관(龍管)·가무(歌舞)를 시험을 치르게 했다. 취재시험을 치르고 합격된 악공과 악생들이 장악원에서 연주활동을 계속하는 동안 그들은 서울의 민가(民家)에 의탁하거나 한성부(漢城部)의 한 곳에 모여서 생활했다. 이때 서울에 머무르는 동안 악공과 악생의 생활비는 각 지방에 남아 있는 봉족(奉足)들이 그들의 신역(身役) 대신에 나라에 바치는 가포(價布) 또는 보포(保布)라는 베로 조달되었으며, 나라에서 악공과 악생들에게 따로 녹봉을 지급하지는 않았다. 그러므로 한 사람의 악공이나 악생에게 법적으로 배정된 두 사람의 봉족이 상납하는 가포 또는 보포를 서울 생활비의 근거로 삼고 악공과 악생들은 서울에서 어려운 생활을 꾸려나가야만 했다. 정묘호란 이후 악공 또는 악생의 봉족 한 사람이 1년에 상납해야 하는 가포의 수량은 각 지방의 어려운 형편에 따라서 여러 번 변천 과정을 거치게 되었다. 악공과 악생들은 모자라는 요포(料布)로 민가의 기숙비(寄宿費)를 낼 수 없었기 때문에 한성부의 동부·중부·서부·남부·북부에 있는 빈 터에 움막을 치고 지내야만 했으며, 때때로 모자라는 요포 대신에 진휼청(賑恤廳)에서 곡식을 타다가 연명해야 하는 경우도 많았다. 이처럼 장악원의 음악인들은 거의 반세기 가량 비참한 서울 생활을 보냈지만, 차츰 나라가 안정됨에 따라서 그들의 생활형편도 조금씩 개선되었고 음악활동도 제대로 이루어질 수 있었으므로 장악원의 전통이 오늘까지 일부만이라도 제대로 전승될 수 있었다.

활동 범위: 장악원은 육조 중 예조에 속해 있었으므로 예조에서 맡아 거행하는 모든 궁중의식에 따르는 음악과 무용을 제공했다. 『경국대전』에 예조가 예악(禮樂)·제사·연회·조빙(朝聘)·학교·과거 등에 관한 사무를 관장한다고 규정되어 있는데, 이러한 예조의 소임 중에 장악원과 직접적 관계가 있는 궁중의식들은 제례·연향·조의(朝儀)·대사객(待使客) 등이었다. 이러한 궁중의식에서 장악원이 음악과 무용을 어떻게 제공해야 한다는 의례규범이 『경국대전』 및 『악학궤범』에 자세히 설명되어 있다. 조선 초기에 정비된 제례의식은 제사의 규모나 중요성에 따라서 대사(大祀)·중사(中祀)·소사(小祀) 등 세 가지로 나누어졌다. 대사에 드는 제사는 종묘(宗廟)·영녕전(永寧殿)·사직(社稷)이었고, 풍운뇌우(風雲雷雨)·선농(先農)·선잠(先蠶)·우사(雩祀)·문선왕(文宣王)의 제사는 중사에 속했다. 종묘는 4맹삭(孟朔), 즉 1·4·7·10월의 상순에, 영녕전은 춘추 맹삭, 즉 1·7월 상순에, 사직은 춘추 중월(仲月), 즉 2·8월의 상술일(上戌日)과 납향일(臘享日)에 각각 제사를 지냈다. 풍운뇌우는 춘추 중월의 상순에, 선농은 경칩(驚蟄) 후의 해일(亥日)에, 선잠은 계춘(季春)의 사일(巳日)에, 우사는 맹하(孟夏)의 상순에, 그리고 문선왕은 춘추 중월의 상정일(上丁日)에 각각 제례음악과 함께 거행되었다. 장악원은 종묘·영녕전·문소전(文昭殿)·연은전(延恩殿)·소경전(昭敬殿)의 제례의식 때에는 속부제악(俗部祭樂)을 연주했으며, 풍운뇌우·사직에 모신 천신(天神)이나 우사·선농·선잠·문선왕 등 인신(人神)을 위한 제례의식에서는 아부제악(雅部祭樂)을 연주했다. 성종 당시에 거행된 종묘와 영녕전의 제례의식에서 악사 1인과 악공 36인이 등가(登歌)에서, 악사 1인과 악공 72인이 헌가(軒架)에서 의식절차에 따라 각각 제례악(祭禮樂)을 연주했다. 장악원은 종묘와 영녕전의 제례의식 때 음악연주뿐 아니라 의식에 필요한 일무(佾舞: 사람을 가로, 세로가 같게 여러 줄로 벌여 세워 추게 하는 춤)를 제공했으므로, 『악학궤범』에 의하면 악공 38인(둑을 든 2인 포함)은 보태평지무(保太平之舞)를 추었고, 악공 71인(의물 및 악기를 든 35인 포함)은 정대업지무를 제례악에 맞추어 추었다. 장악원의 연주활동은 종묘 이외에 문묘·사직 등의 제례의식에서도 연주되었다. 이렇듯 조선 초기에 정립된 제례의식에 따르는 제례악의 전통은 정묘호란 이후 10년 동안 정지되었으나 곧 복구되어 조선 말기까지 전승되었고, 오늘날에도 종묘제례악과 문묘제례악은 소규모나마 국립국악원에서 전승되어 연주되고 있다. 장악원은 여러 가지 제례의식 이외에 조의 및 연향에서도 연주활동을 관장했다. 정조(正朝)·동지(冬至)·성절(聖節)·천추절(千秋節) 때 궁중에서 임금이 문무백관을 거느리고 조회하는 의식에서, 정조와 동지의 삭망(朔望: 음력 1일과 15일)과 대전(大殿)과 대비(大妃)의 생일 때 왕세자와 백관이 드리는 조하(朝賀)에서, 매달 5·11·21·25일 백관이 조참(朝參)할 때, 문무과전시 또는 생원과 진사의 급제를 발표하는 방방(放榜)에 임금이 거둥할 때, 장악원은 악사 2인과 악공 50인을 거느리고 전정고취(殿庭鼓吹)를 연주했다. 장악원의 음악인들은 조의 이외에도 임금이 가마를

타고 행차할 때 전부고취(前部鼓吹)와 후부고취(後部鼓吹)를 연주했는데, 각각 악사 1인과 악공 50인으로 구성되었다. 그리고 궁중잔치인 연향 또는 진연(進宴)이 거행될 때에도 음악을 제공했는데, 음악연주의 규모와 시기는 주최기관에 따라서 달랐다. 즉, 단오나 추석에 임금이 행행(行幸)할 때와 강무(講武)한 뒤에 의정부와 육조는 진연을 베풀었고, 매년 4중삭(仲朔) 때 충훈부(忠勳府)에서 진연을 벌였으며, 매년 두 번씩 종친부(宗親府)와 의빈부(儀賓府)에서 진연했고 충익부(忠翊府)에서는 매년 한 번씩 진연을 베풀었는데, 이러한 잔치 때마다 장악원은 악사와 악공을 보내 음악을 연주했다. 특히 정조와 동지 때 임금이 문무백관을 거느리고 조의를 지내고서 잔치를 베푸는 회례연(會禮宴) 때 악공과 악생을 데리고 음악과 무용을 연주했는데, 세종 때 회례연의 등가에 악공 62인이 참가했고, 헌가에 139인의 악공이 의식절차에 따라서 연주했으며, 악생 100인이 50인씩 나누어져 문무와 무무를 각각 음악에 맞추어 추었다. 대비전(大妃殿)을 위한 진풍정(進豊呈: 진연보다 의식이 엄숙한 궁중의 잔치) 및 중궁의 예연(禮宴)이 거행될 경우에 장악원은 여기(女妓)와 관현맹(管絃盲)의 숫자를 임시로 정했는데, 정전(正殿)의 예연에 참여한 장악원의 악사는 1인, 여기는 100인, 악공은 60인이었다. 후원(後苑)에서 종친이 진연을 베풀 때, 또는 사정전(思政殿)에서 일본 사신이나 야인(野人) 사신을 접견할 때 장악원은 악사 2인, 여기 40인, 악공 20인을 보내어 음악과 무용을 연주하도록 했으며, 선정전(宣政殿)에서 일본 또는 야인의 사신을 접견할 때에는 악사 2인, 여기 20인, 악공 14인이 참가해 음악을 연주했다. 이 외에도 개성부(開城府)에서 중국 사신을 위한 잔치 때, 모화관(慕華館)에서의 관사(觀射) 때, 그리고 기타 궁중의 연향 때마다 악사·악공·여기·관현맹 등을 보내어 음악과 무용을 연주했다. 이러한 장악원의 전통은 조선 초기 이후 계속되어 내려오다가 임진왜란과 병자호란 이후 잠시 중단되었으나, 얼마 뒤 나라의 안정이 이루어짐과 동시에 다시 활발히 전개되어 조선 말기까지 전승되었다. 영조 이후부터 고종 말기까지 궁중의 진연·진찬(進饌: 진연보다 간단한 궁중의 잔치)·진작(進爵: 진연 때 임금에게 술을 올리는 일) 때마다 음악과 무용을 제공했던 장악원의 활동사항은 진연의궤(進宴儀軌)·진찬의궤·진작의궤 등 여러 종류의 문헌에 자세히 기록되어 전해지고 있다([출처:장악원(掌樂院)-한국민족문화대백과사전]).

709) 한글[諺文언문]: 자산 안확은 '한글'이란 새 이름을 짓는 일은 부질없다고 생각하였다. 이에는 그럴 만한 이유가 있었다. 요컨대 '언문(諺文)'에는 한자에 비하여 낮게 보는 뜻이 있는 것이 아니므로 이것을 꺼릴 필요가 없다는 것이 그의 주장이었다(..) 自山은 먼저 "世宗大王이 欽定하기는 訓民正音이라 하였으나 實稱으로는 諺文이라 하였다"고 지적하고 "諺文이라 함은 古代人의 姓名과 如한 것이니 後人이 그것을 變作한다기는 甚히 怪異한 일"이라고 하였다(李基文, 「安自山의 國語 硏究-특히 그의 周時經 批判에 대하여-」), 『自山安廓國學論著集六』(第三部 硏究論文篇), 여강출판사, 1994, 86쪽).

훈민정음의 기원에 대해서 안확은 매우 독창적인 이론을 제기하였다. 훈민정음이 음운학과 밀접한 관계를 가졌다는 전제 아래 원래 세종이 음악을 정리하다가 훈민정음의 창제 작업을 시작했음에 미쳐 음악서에 나오는 악보자의 속자가 훈민정음과 같은 모양이라는 점과 악리를 추상화시켜서 그려내면 훈민정음의 글자가 된다는 사실에 근거하고 있다(柳浚弼, 「自山 安廓의 國學思想과 文學史觀」), 『自山安廓國學論著集六』(第三部 硏究論文篇), 여강출판사, 1994, 120쪽).

710) 강희안(姜希顔, 1419~1464): 조선 세종 때의 명신(名臣). 자는 경우(景愚), 호는 인재(仁齋), 본관은 진주(晉州), 석덕(碩德)의 아들. 1441년(세종 2)에 문과에 급제하여 집현전 직제학(集賢殿直提學), 인수부윤(仁壽府尹)을 지냈다. 육신피화(六臣被禍)의 변에 연좌(連坐)되었으나 성삼문(成三問)의 변호로 참화를 면했다. 시서화(詩書畵)의 삼절(三絶)로, 시는 위유(韋柳), 서는 왕조(王趙), 화는 유곽(劉郭)의 수준에 이르렀다고 칭송되었다. 세종이 <體天牧民永昌後嗣>란 8자를 내려 옥새(玉璽)로 쓰도록 전서(篆書)를 부탁하였다는 사실로 더욱 그의 필체는 유명하였다. 만년에는 시서화로 소일하였으나 천기(賤妓)라 하여 남의 부탁에 응하지 않았다 한다. 정인지(鄭麟趾)·박팽년(朴彭年)·신숙주(申叔舟)·성삼문 등과 같이 훈민정음(訓民正音) 해석을 수찬(修撰)하였다(이홍직 편, 『새국사사전』, 교학사, 2004, 37쪽).

711) 의창(義倉): 평시에 곡식을 저장하여 두었다가 흉년에 이것으로 빈민을 구제하던 국립 구호기관. 원래 수(隋)나라에서 시작된 것인데 우리나라에도 삼국시대부터 빈민구제의 제도가 있어 춘궁기(春窮期)에 곡식을 나누어 주고 추수 때 거둬들이는 일이 있었다. 고려 때는 태조가 흑창(黑倉)을 두어, 빈민을 구제하였으며 986년(성종 5) 흑창을 의창으로 개칭하여 여러 지방에 이를 설치하였다. 그 후 무신의 집권과 외국의 침략으로 점차 쇠퇴하였으며, 공민왕 때 다시 설치되어 창왕은 양광도(楊廣道)에 이를 설립하고, 1391년(공양왕 3)에는 개경(開京)의 5부(五部)에도 이를 두었다. 조선은 고려의 제도를 그대로 계승하여 그 범위도 전국적으로 확대되었고 운영도 활발하였다. 그러나 관리의 농간과 백성들의 낭비로 점차 폐단이 생겨 세종은 사창(社倉)을 따로 설치, 문종 때는 이를 의창과 분리하여 독립적인 구호기관으로 삼았다. 그 후 이들도 별로 성과를 얻지 못하여 중종 때 진휼청(賑恤廳)을 설치하여 1525년(중종 20)에는 일체의 구호사무를 통일하고 의창은 폐지되었다. 의창은 고려 때 관곡(官穀)을 주로 사용하였으나 이것만으로는 구호의 기능을 발휘할 수 없어 1023년(현종 14)에는 일반 백성에게서 양곡을 징수하여 부족량을 보충하였다. 조선도 관곡으로써 의창의 양곡을 충당하였는데 1417년(태종 17)에는 그 총액이 4백 15만 5천 4백 1섬 2말에 이르렀다. 그러나 백성의 낭비와 관리의 소홀로 점점 재고량이 줄어 국고(國庫)의 고갈을 초래하여 세종 때에는 그 대책을 마련하기 위하여 승려로부터 정전(丁錢)을 징수하거나 절의 토지를 몰수, 또는 향리(鄕里)의 위전(位田)을 폐지하고 어염세(魚鹽稅)를 양곡으로 징수하는 등의 정책을 세웠으나 세조 때는 의창의 미곡이 아주 없어지게 되었다. 원래 의창은 환곡(還穀) 정책에서 나온 것으로 이식을 붙이지 않는 것이 원칙이었으나 의창의 재고량이 부족됨에 따라 이식을 붙이게 되어 점차 구호기관에서 대여기관의 성격을 띠게 되었다. 특히 의창을 운영하는 관리들이 아전(衙前)이나 지방의 부호(富豪)들과 결탁하여 사리사욕을 취하여 실제적으로는 백성들의 부담이 커지게 되어 폐단이 극심하였다(이홍직 편, 『새국사사전』, 교학사, 2004, 968~969쪽).

712) 상평창(常平倉):중국(漢·唐)에서 유래된 물가 조절을 위한 기관. 상평창은 이른바 <흉년에는 인민들을 다치지 않게 하고(구하고), 풍년에는 농민들이 손해 보지 않게 한다(饑不損民기불손민, 豊不傷農풍불상농)>는 정책에서 나온 것이니 흉년·풍년을 헤아려 매매를 해서 곡가를 조절하자는 것이었다. 즉 풍년에 곡가가 떨어지면 관에서 시가보다 비싸게 미곡을 사들여 저축했다가 흉년에 곡가가 오르면 시가보다 싸게 방출함으로써 곡가를 조절하여 인민들의 생활을 돕자는 것이었다. 1608년(선조 41) 선혜청(宣惠廳)으로 개칭되었다(이홍직 편, 『새국사사전』, 교학사, 2004, 611쪽).

713) 사창(社倉): 조선 때 지방의 각 촌락에 설치된 일종의 곡물 대여기관(貸與機關). 의창(義倉)과 같은 성질의 기관이나, 의창은 국영이요 사창은 사(社-행정 단위로 지금의 面)의 경

영이었다. 그 내용은 ① 고곡(古穀)을 대출하고 무이식(無利息)으로 신곡을 받는 것. ② 곡
물을 대여하여 이자만 받아들이는 것. ③ 춘궁기에 대출하여 가을에 이식과 함께 받아들이
는 등 곡식으로 구호하는 것이다. 사창제도는 주자가 제창하여 송나라에서 시행되었던 것
으로 1444년(세종 26) 7월 의정부의 회의에서 논의된 바 있으며, 1448년(세종 30) 대구
군(大丘郡)에서 이보흠(李甫欽)으로 하여금 사창제도를 시행하게 하였다(이홍직 편, 『새
국사사전』, 교학사, 2004, 579쪽).

714) 적전(籍田): 임금이 친히 경작하던 토지. 이는 고대 중국에서 시작된 것인데 자연경제시
대에는 농업이 산업의 기본이 되었으므로 임금이 몸소 밭을 갈아 국민에게 모범을 보이기
위하여 이 제도를 마련한 것이다. 우리나라도 고대부터 적전이 있었을 것이나 문헌에 보이
는 것은 고려 때부터 983년(성종 2)에 임금이 원구(圜丘)에서 하늘에 제사를 지내고 적전
을 갈아 모범을 보였다. 조선 때에는 적전에 관한 사항을 법전(法典)에 규정하여 적전은
임금이 경작하는 것을 원칙으로 하되 주로 부근에 살고 있는 농민으로 하여금 경작·수확
하게 하고 민전(民田) 10결(結)에서 1명을 차출, 3명이 적전 1결을 경작하게 하였다. 이때
적전에 징용된 농민은 공부(貢賦) 외의 요역(徭役)은 면제받았다. 임금이 친히 경작하는 경
우에는 정전법(丁田法-百畝之制)에 따랐으며, 기장(黍)·피(稷)·벼·수수 등을 국가에 바
쳐 제사에 사용케 하였다(이홍직 편, 『새국사사전』, 교학사, 2004, 1162쪽).

715) 제언사(堤堰司): 조선 때의 관청. 각도(各道)의 수리시설(水利施設)·제방(堤防)을 조사·
수리하는 일을 맡아보던 기관으로 초기에 설치되어 한때 폐지되었다가 1662년(현종 3) 조
복양(趙復陽, 1609~1671)의 건의로 다시 부활. 1730년(영조 6) 비변사(備邊司)에 소속되
고 1865년(고종 2)에 의정부(議政府)에 예속시켰다(이홍직 편, 『새국사사전』, 교학사,
2004, 1221쪽).

716) 개천도감(開川都監): 조선시대 도성 내에 개천공사를 관장하였던 임시 관서.
조선 초기에 세 차례의 큰 홍수를 겪고 난 이듬해인 1408년(태종 8) 윤12월에
설치되어, 2개월여 동안 도성내의 동쪽으로 흐르는 큰 개천을 만들었다. 처음에는
개거도감(開渠都監)이라고 하여 성산군(星山君) 이직(李稷, 1362~1431)과 공조판
서 박자청(朴子靑, 1357~1423) 등을 제조(提調)로 삼아 전라도·경상도·충청도
3도의 역군을 모아 일을 시작하였다. 이듬해 정월에 개천도감으로 바꾸고 제조를
더 두었으며, 감독관리도 증원시켰는데, 3도에서 모두 5만 2800인이 동원되었다.
2월에 공사를 마치면서 이어서 도감은 행랑짓는 일을 맡게 되었는데, 도감의 명
칭을 행랑조성도감으로 바꾸면서 개천도감은 폐지되었다. 그 뒤로 개천도감은 다
시 설치되지 않고 도성 내의 개천을 치는 일은 도성수축도감 등에서 하다가,
1760년(영조 36) 준천사(濬川司)가 설치되어 개천의 관리를 맡게 되었다([출처:
개천도감(開川都監)-한국민족문화대백과사전]).

717) 평시서(平市署): 조선시대 시전(市廛)과 도량형, 그리고 물가 등에 관한 일을 관장하던
관서.
1392년(태조 1) 고려의 제도를 본받아 경시서(京市署)를 설치하였다가 1466
년(세조 12)에 이르러 평시서로 명칭을 바꾸었다. 조선 전기에는 대체로 물가를
통제, 조절하고 상도의(商道義)를 바로잡는 일이 그 주된 업무였다. 그러나 조선
후기에 이르러 금난전권(禁亂廛權)이 강화된 뒤에는 각 시전의 전안물종(廛案物
種)을 결정하고 그것의 전매권을 보호해주는 역할을 담당하였고, 통공정책(通共政
策)의 실시에 있어서도 그 실제 업무를 담당하였다. 또한, 각 시전에 대하여 그
전매품을 기록한 허가장을 발급하였다. 그 한 예로서 평시서가 1883년(고종 20)

에 도자전(刀子廛)에 등급(謄給)한 문서에 의하면, 도자전의 판매 허가물종은 남은장도(男銀粧刀)·여은장도(女銀粧刀)·남석장도(男錫粧刀)·여석장도·은항남녀장도(銀項男女粧刀)·석항남녀장도·여도병(女刀柄)·남도병(男刀柄)·피도갑(皮刀匣)·첨자(尖子) 등으로 되어 있다. 관원은 겸직인 제조(提調) 1인과 영(令, 종5품) 1인, 주부(主簿, 종6품) 1인, 직장(直長, 종7품) 1인, 봉사(奉事, 종8품) 1인이 있고, 이속(吏屬)으로는 서원(署員) 5인, 고직(庫直) 1인, 사령(使令) 11인이 있었다. 1894년(고종 31) 갑오경장 때 폐지되었다([출처:평시서(平市署)-한국민족문화대백과사전]).

718) 전폐(箭幣): 조선 세조 때 주조·유통이 시도된 화폐. 팔방통화(八方通貨) 또는 유엽전(柳葉箭)이라고도 한다. 태종과 세종은 국가 경제 정책의 일환으로서 저화나 동전(銅錢: 조선통보朝鮮通寶) 등의 명목화폐를 법화로 유통, 보급시키기 위해 화폐 유통 정책을 의욕적으로 추진하였다. 그러나 이 정책은 당시 사회 경제의 미숙성과 화폐 정책의 모순성 내지 불합리한 정책운용으로 실패를 거듭하게 되었다. 화폐의 실용성을 중요시한 전폐를 주조, 유통시키려 한 것은 곧 포화나 미곡 등 물품화폐 유통체제를 저화나 동전 등의 명목화폐제로 전환시키려는 노력의 일단으로 시도된 발전적인 것이 아니라, 전환시키려다 실패한데 대한 반동에서 취해진 퇴보적 조처로 해석되는 것이다. 전폐를 법화로 유통시키려 했던 15세기 중엽의 봉건 조선사회는 당시의 사회 경제 발전과정에서 볼 때, 저화나 동전과 같은 명목화폐제를 진통 없이 수용할 수 있을 단계에 이르지 못하였다. 그렇지만, 종래의 실용성 위주의 전폐나 미포 등과 같은 물품화폐 제도를 저항 없이 받아들일 만큼 사회 경제 발전이 미숙한 단계에 머물러 있지도 않았던 것이다. 따라서 세조 때에 있었던 전폐 주조 유통 시도는 시대역행적인 조처였기 때문에 왕이 주조를 명하는 단계에 그쳤을 뿐이다. 그것이 실제로 주조, 유통되지는 못했던 것으로 보인다([출처:전폐(箭幣)-한국민족문화대백과사전]).

719) 김기종(金起宗, 1585~1635): 조선시대 당상관, 호조판서 등을 역임한 문신. 본관은 강릉(江陵). 자는 중윤(仲胤), 호는 청하(聽荷). 서울 출신. 김혼(金渾)의 증손으로, 할아버지는 김광렬(金光烈)이고, 아버지는 김철명(金哲命)이며, 어머니는 신백윤(申伯潤)의 딸이다.

1618년(광해군 10) 증광 문과에 장원급제하여 정자(正字)가 되고, 이듬해 사은사(謝恩使)의 서장관으로서 명나라에 다녀왔다. 1623년 인조반정으로 인조가 왕위에 오르자, 전날 이이첨(李爾瞻, 1560~1623)이 사당(私黨)을 심기 위한 과거에 참여하여 장원하였다는 지적을 받고 청의(淸議)를 주장하는 사람들의 비난을 받아 청요직에 허락되지 않았다. 1624년(인조 2) 관서원수(關西元帥) 장만(張晩, 1566~1629)이 이괄(李适)의 난을 평정할 때 종사관으로 종군하여 공을 세우자, 조정은 잘못을 용서하고 등용하여 양사(兩司)의 벼슬을 거쳐 진무공신(振武功臣) 2등에 책록, 영해군(瀛海君)에 봉해지고 당상관에 올랐다. 청렴하고 조신하며 과거에 오른 지 12년 만에 호조판서가 되었다. 편서로 『서정록(西征錄)』이 있다. 시호는 충정(忠定)이다([출처:김기종(金起宗)-한국민족문화대백과사전]).

720) 상평통보(常平通寶): 조선시대 법화(法貨)로서 채택, 유통된 명목화폐(名目貨幣).

1678(숙종 4)부터 조선시대의 유일한 법화로서 조선 말기까지 사용된 전근대적 화폐이다. 상평통보는 조선왕조실록을 비롯한 각종 관찬(官撰) 기록에서는 동전(銅錢)이라 했고, 또는 엽전(葉錢)으로 속칭되기도 하였다. 조선왕조가 상평통보를 법화로 주조, 유통하기로 결정한 뒤, 호조·상평청(常平廳)·진휼청(賑恤廳)·정초청(精抄廳)·사복시(司僕寺)·어영청(御營廳) 및 훈련도감(訓鍊都監) 등 7개 관청

및 군영에서 그것을 주조하도록 하였다. 이후 상평통보는 중앙의 각 관청이나 군영에서 주조, 유통되었을 뿐만 아니라, 각 지방관청에서 필요할 때마다 수시로 주조, 유통하게 되었다. 그러나 상평통보가 법화로서 계속 통용될 수 있다고 확신됨에 따라, 조선왕조는 화폐주조 관리체계의 일원화를 시도하였다. 즉, 조선왕조는 '화권재상(貨權在上)' 내지 '이권재상(利權在上)'의 전통적 정치이념에 충실하고 화폐 원료 수급을 적절히 조정하며, 상평통보의 주조 및 발행 과정을 합리적이고 철저하게 관리 통제하기 위해 화폐주조 관리체계의 일원화를 시도하였다. 그리하여 숙종·영조 대를 거쳐 그와 같은 시도가 거듭되다가 1785년(정조 9), 마침내 호조에서 상평통보의 주조발행 업무를 전관(專管)하게 되었다. 그러나 순조 대에 들어서면서부터는 화폐주조 관리체계의 일원화 원칙이 서서히 무너지기 시작하여, 중앙의 각 관청·지방관청 및 군영에서 상평통보를 주조, 발행했다. 뿐만 아니라 국고 전담 하에 관청에서 전관하는 것을 원칙으로 하는 화폐주조업이, 민간인 도급제로 전환하는 경향, 즉 화폐주조사업의 민영화 경향이 나타나게 되었다. 상평통보의 무게는 2전(錢) 5푼(分)을 원칙으로 하였으나, 그 원료의 주종인 동의 공급이 어려워져 2전·1전 7푼·1전 2푼으로 줄어들었고, 19세기 후반에는 당백전(當百錢)·당오전(當五錢) 등과 같은 고액전이 주조, 유통되기에 이르렀다. 상평통보는 1670년대 말부터 조선시대의 법화로서 계속 유통, 보급되면서, 조선사회의 해체 내지 근대 지향을 촉진하는 역사적 기능을 하게 되었다. 조선왕조가 1860년대에 악화 당백전을 남발함으로써 상평통보 유통체제에 혼란이 일었고, 뒤이어 역시 악화인 중국 동전과 당오전을 유통하게 되어 당백전의 남발로 빚어진 화폐유통 질서의 혼란이 심각한 지경에 이르렀다. 이리하여 상평통보는 조선 말기에 걸쳐 거의 만성이 된 화폐제도의 혼란 속에서 각종 근대 화폐와 겸용되다가 1894년(고종 31) 주조발행이 중단되어 20세기 초부터 시작된 화폐정리사업 추진 과정에서 회수, 폐기되기에 이른다([출처:상평통보(常平通寶)-한국민족문화대백과사전]).

721) 중강개시(中江開市): 압록강의 의주 대안(義州對岸) 중강(中江-현 마자대馬子臺)에서 있었던 청나라와의 무역. 임진왜란 중에 기황(饑荒)을 계기로 하여 요동의 미곡(米穀)을 수입하기 위하여 1593년(선조 26)에 처음 개설하였다가 난이 끝나고 1601년(선조 34)에 폐하였다. 그러나 이듬해 명(明)의 압력으로 다시 열었다가 1609년(광해군 1)에 또다시 폐지하였다. 그러나 청(淸)이 건국하고 1646년(인조 24)에 다시 열고 해마다 3월 15일과 9월 15일 두 번씩 엄중한 감시하에 정수(定數)의 무역을 하게 했으나 다음 해에 이 시기가 농번기에 해당하므로 2월과 8월로 고치어 행하였다. 개시의 공매매품(公賣買品)은 소(牛)·해대(海帶)·해삼(海蔘)·면포(綿布)·포(布)·백지(白紙)·장지(壯紙)·소금·이구(犁口)·사기(沙器) 등이었다. 개시에 있어서는 의주부윤(義州府尹)의 구관(句管) 아래에 모마(牡馬)와 인삼(人蔘)은 일절 엄금되었으며, 사사로운 매매도 금지하였으나 금령이 해이해지자 사상(私商)의 도량이 커져서 대청교역(對淸交易)은 사실상 자유무역처럼 되어 이후 50여 년간 중강후시(中江後市)의 이름으로 큰 성황을 이루었다. 그러나 현종 초년부터 사신의 왕래를 계기로 하여 책문(柵門-九連城과 鳳凰城門)에 있어서 요동의 차호(車戶)와 의주개성 상인 간에 통상이 시작되어 책문후시(柵門後市)의 이름이 생겼다(위키백과).

722) 식목일(植木日)은 나무를 아끼고 잘 가꾸도록 권장하기 위하여 제정한 날이다.

대한민국에서는 해마다 4월 5일을 식목일로 정하여 국가적인 행사로 나무를 심는다.

1872년 4월 10일 미국 네브래스카 주에서 제1회 식목 행사가 열렸으며, 그 뒤 식목 운동을 주장한 줄리어스 스털링 모튼의 생일인 4월 22일을 아버 데이 (Ar-bor Day: 식목일 또는 나무의 날)로 정하여 각종 축제를 벌인 것이 시초로 이후 전 세계적으로 퍼져나간 것이다.

한국에서는 1948년 제정되어, 1949년 '관공서의 공휴일에 관한 건'에 의해 공휴일로 지정되었다. 1960년에 3월 15일을 '사방의 날'로 지정하면서 공휴일에서 제외되었다가 이듬해 공휴일로 부활되었다.

4월 5일이라는 날짜는 신라 문무왕 때인 677년, 당의 세력을 몰아낸 날인 음력 2월 25일을 양력(그레고리력)으로 환산한 것이다. 또, 조선 성종이 선농단에서 제사를 지낸 날이기도 하다.

1973년, 박정희 전 대통령의 요청으로 국회에서 각종 기념일 등에 관한 규정에 따라 기념일로 지정되었다. 1990년 공휴일에서 제외하자는 견해가 있었으나 청명, 한식 등과 겹치는 날이라 하여 공휴일로 유지되었으나, 2004년 7월부터 시행된 대한민국 행정기관의 주 40시간 근무제 도입에 맞춰 식목일을 공휴일에서 제외하는 '관공서의 공휴일에 관한 규정' 개정문을 2005년 6월에 공포하였고, 시행 부칙에 의해 2006년부터 공휴일에서 제외하고 법정기념일로 변경하였다.

노무현 전 대통령은 2007년 4월 5일 식목일 날짜를 앞당기는 것에 대해 검토하라고 지시했다. 그러나 2007년 6월 6일 산림청이 식목일의 이름과 날짜를 변경하는 방안에 대한 찬반여론을 수렴했으나, 2008년 3월 이명박 정부는 식목일의 상징성 등을 고려하여 현행 유지하기로 결정하였다(위키백과).

723) 사축서(司畜署): 조선 때의 관청. 가축 이외의 짐승을 기르는 일을 담당했다. 관원은 호조판서가 의례 겸직하는 제조(提調) 1명과 종6품관인 사축(司畜) 1명이 있었는데 후에 종6품관인 별제(別提) 2명을 두었다(이홍직 편, 『새국사사전』, 교학사, 2004, 580쪽).

724) 사복시(司僕寺): 고려와 조선 때 궁중의 승려(乘輿)·마필(馬匹)·목장(牧場) 등을 맡아 보던 관청. 원래 태복시(太僕寺)라 부르던 것을, 1308년(충렬왕 34)에 사복시(司僕寺)로 고쳤다. 1356년(공민왕 5) 태복시로 복구, 1362년(공민왕 11)에 다시 사복시로 개칭, 1369년(공민왕 18)에 태복시로 환원하였다가 1372년(공민왕 21) 사복시로 고쳤다. 명칭의 변화와 함께 속관(屬官)도 변했다. 1308년의 것을 보면 관원은 고려말에는 판사(判事-정3품) 1명, 정(正-정3품) 2, 부령(副令-종4품) 2명, 승(丞-종6품) 2명, 직장(直長-종7품) 2명을 두었고, 조선 때에는 정(正-정3품) 1명, 부정(副正-종3품) 1명, 첨정(僉正-종4품) 1명, 판관(判官-종5품) 1명, 주부(主簿-종6품) 2명과 잡직관 마의(馬醫) 10명, 안기(安驥) 1명, 조기(調驥) 1명, 이기(理驥) 1명, 보기(保驥) 1명, 견마배(牽馬陪) 1명 등을 두었다(이홍직 편, 『새국사사전』, 교학사, 2004, 570쪽).

725) 준천사(濬川司): 조선 때의 관청. 1760년(영조 36)에 설치, 서울 성내의 개천 치는 일을 맡아보았다. 관원은 도제조(都提調-정1품) 3명, 제조(提調-종2품 이상) 6명, 도청(都廳-정3품 당상관) 1명, 낭청(郎廳-정7품) 3명을 두었는데 이들은 모두 겸임으로 도제조는 현직 의정(議政), 제조는 병조판서·한성판윤·훈련대장·금위(禁衛)대장·어영(御營)대장이 겸했다. 한편 준천사는 부속 기관으로 주교사(舟橋司)를 두어 선박·교량·조운(漕運) 등의 사무를 관할하였다. 준천사는 본래 문관의 관청이었으나 1865년(고종 2)에 무관의 관청으

로 이속되었는데 그 사무가 청계천 공사에 치중했으므로 1882년(고종 19) 한성부(漢城府)에 통합되었다(이홍직 편, 『새국사사전』, 교학사, 2004, 1286쪽).

726) 수참(水站): 전라도·경상도·충청도 등지에서 세곡(稅穀)을 서울로 조운(漕運)할 때 중간에서 쉬던 곳(이홍직 편, 『새국사사전』, 교학사, 2004, 695쪽).

727) 『대전회통(大典會通)』: 『대전통편大典通編』을 저본(底本)으로 이후 90년간의 왕의 교명과 규칙 및 격식을 보록(補錄)한 책. 1865년(고종 2)에 조두순(趙斗淳) 등이 왕명에 의해 편찬. 『경국대전(經國大典)』의 본문은 원(原), 『속대전』의 본문은 속(續), 『대전통편』의 본문은 증(增), 새로 보록한 것은 보(補) 자를 음각하여 서로 구별했다. 조선 500년을 통한 마지막 법령집으로 조선 법전의 종합체이다. 1960년 한국고전국역위원회에서 <한국고전국역총서> 제1집으로 이 책을 번역, 고려대학 출판부에서 간행했다(이홍직 편, 『새국사사전』, 교학사, 2004, 348쪽).

728) 서낭당(―堂): 마을을 수호하는 서낭신을 모셔 놓은 신당(神堂). 성황당.
　　마을 어귀나 고갯마루에 원추형으로 쌓아 놓은 돌무더기 형태로, 그 곁에는 보통 신목(神木)으로 신성시되는 나무 또는 장승이 세워져 있기도 한다. 이곳을 지날 때는 그 위에 돌 세 개를 얹고 세 번 절을 한 다음 침을 세 번 뱉으면 재수가 좋다는 속신이 있다. 서낭당은 서낭신을 모신 신역으로서 신앙의 장소이다. 이곳을 내왕하는 사람들은 돌·나무·오색 천 등 무엇이든지 놓고 지나다녔다. 물론, 그곳의 물건을 함부로 파거나 헐지 않는 금기가 지켜짐은 말할 나위가 없다. 서낭이 경계를 표시하기 위해서, 또는 석전(石戰)에 대비하기 위해서 만들어진 것이라는 설도 있으나, 민간에서의 서낭은 종교적 의미가 농후하다. 우리나라에 서낭신앙이 전래된 것은 고려 문종 때 신성진(新城鎭)에 성황사(城隍祠)를 둔 것이 서낭의 시초라 한다. 그 뒤 고려에서는 각 주부현(州府縣)마다 서낭을 두고 이를 극진히 위하였는데, 특히 전주서낭이 유명하였다. 고려 고종은 침입한 몽골병을 물리치게 된 것이 서낭신의 도움 때문이라 하여 서낭신에게 신호를 가봉하였던 일도 있었다. 수호신으로서의 서낭은 조선시대도 널리 신앙되었다. 조선시대의 서낭은 국행(國行)서낭과 민간에서의 서낭으로 나누어진다. 국행서낭은 호국(護國)이라는 두 글자를 붙였다. 이성계(李成桂)는 즉위 후 여러 산천의 서낭을 제사하였으며, 태종은 백악(白岳)서낭과 송악(松岳)서낭을 신도(新都)서낭으로 모셨다. 그 밖의 조선시대의 이름난 서낭으로는 해주·괴산·현풍·양산·신성(新城)·밀양·전주·고성서낭 등이 있었다. 이러한 서낭에서는 정기적인 제사뿐만 아니라, 국난이나 가뭄이 있을 때 서낭제를 거행하여 국태민안(國泰民安)을 기하려 하였다. 서낭당의 형태는 크게 다섯 가지로 구분할 수 있다. ① 서낭나무에 잡석을 난적(亂積)한 누석단이 있고, 이 신수에 백지나 청·홍·백·황·녹색 등의 오색 비단 헝겊을 잡아맨 형태, ② 잡석을 난적한 누석단 형태, ③ 서낭나무에 백지나 5색 비단 헝겊 조각을 잡아맨 형태, ④ 서낭나무와 당집이 함께 있는 형태, ⑤ 입석(立石) 형태 등이다. 이 다섯 가지 중에서 가장 보편적인 것이 ①의 형태이며, ②의 형태는 ①형태의 서낭나무가 퇴화되거나 길옆에 누석단이 먼저 생긴 것으로 볼 수 있다. ③의 형태는 수목신앙(樹木信仰)에 후기적으로 서낭나무에 오색 비단 헝겊을 잡아매는 헌남속(獻納俗)이 복합되거나 또는 처음부터 서낭당의 신수 헌납속만 강조된 형태로 볼 수 있다. ⑤의 형태는 높이 120~200㎝ 안팎, 폭 90~120㎝ 가량의 자연석을 세워놓고 '수구매기(水口막이)'·'돌서낭'·'선돌' 등으로 부르는데, 이것은 중부, 남부 지역에서 간간이 발견된다. 신수에 당집이 복합된

④의 형태는 중부 내륙 산간지역과 태백산백 동쪽의 영동지역에 분포되어 있다
([출처:서낭당(一堂)-한국민족문화대백과사전]).

729) 찰방(察訪): 조선 때 각 도(道)의 역참(驛站) 일을 맡아 보던 외직(外職). 일명
    마관(馬官)·우관(郵官). 역승(驛丞). 서울을 중심으로 각 지방에 이르는 중요한
    도로에 마필(馬匹)과 관원을 두어 공문서를 전달하고 공용(公用) 여행자의 관리를
    도모하게 한 기관을 역참이라 하였는데 약간의 역참을 1구(區)로 하여 이를 역도
    (驛道)라 칭하고, 그 구간(區間)의 마정(馬政)을 맡아보던 관직을 찰방이라 하였
    다. 이는 교통로를 이용하여 정보의 수집도 행하였으며 고려 후기부터는 역승(驛
    丞)이라는 이름으로 불리어 오다가 1535년(중종 30)부터 찰방이라 개칭하였다.
    이는 종6품관으로 『대전회통(大典會通)』에 의하면 경기도에 6명, 충청도에 5명,
    경상도에 11명, 전라도에 6명, 황해도에 3명, 강원도에 4명, 함경도에 3명, 평안
    도에 2명을 두었고, 중요한 요소에 겸(兼)찰방 12명을 설치, 찰방의 비행을 감시
    하였다(이홍직 편, 『새국사사전』, 교학사, 2004, 1325쪽).

730) 예빈시(禮賓寺): 조선 때의 관청. 고려의 제도를 계승하여 초기부터 설치하였으며 빈객연
    향 또는 종재(宗宰)에게 공급하는 식사를 담당하였다. 관원은 호조판서가 겸임하는 제조
    (提調)를 비롯하여 정(正-정3품)·부정(副正-종3품)·첨정(僉正-종4품)·별검(別檢-4품)·
    별좌(別座-5품)·판관(判官-종5품)·별제(別提-6품)와 주부(主簿-종6품) 2명, 직장(直長-
    종7품) 1명, 봉사(奉事-종8품) 1명, 참봉(參奉-종9품) 2명이 있었다. 그 후 『대전회통』 편
    찬 당시에 별제 이상의 관원과 봉사를 감원, 1894년(고종 31)에 폐지하였다(이홍직 편,
    『새국사사전』, 교학사, 2004, 828쪽).

731) 관(館): 공용여행자(公用旅行者)의 숙식(宿食)과 빈객(賓客)을 접대하기 위하여 각 주현
    (州縣)에 설치하였던 국영기관(이홍직 편, 『새국사사전』, 교학사, 2004, 131쪽).

732) 신숙주(申叔舟, 1417~1475):조선전기 병조판서, 대사성, 좌의정 등을 역임한 문신.
    본관은 고령(高靈). 자는 범옹(泛翁), 호는 희현당(希賢堂) 또는 보한재(保閑齋).
    신덕린(申德麟)의 증손으로, 할아버지는 공조참의 신포시(申包翅)이고, 아버지는 공
    조참판 신장(申檣)이며, 어머니는 지성주사(知成州事) 정유(鄭有)의 딸이다.
    1438년(세종 20) 사마양시에 합격하여 동시에 생원·진사가 되었다. 이듬해 친시문과
    에 을과로 급제하여 전농시직장(典農寺直長)이 되고, 1441년에는 집현전부수찬을 역임하
    였다. 1442년(세종 24) 국가에서 일본으로 사신을 보내게 되자 서장관으로 뽑혔다. 『훈민
    정음』을 창제할 때 참가하여 공적이 많았다. 중국음을 훈민정음인 한글로 표기하기 위하여
    왕명으로 성삼문(成三問)과 함께 유배 중이던 명나라 한림학사 황찬(黃瓚)의 도움을 얻으
    러 요동을 열세 차례나 내왕하였는데, 언어학자인 황찬은 신숙주의 뛰어난 이해력에 감탄
    하였다고 한다. 1447년(세종 29) 중시문과에 을과로 급제하여 집현전응교가 되고, 1451년
    (문종 1)에는 명나라 사신 예겸(倪謙) 등이 당도하자 왕명으로 성삼문과 함께 시 짓기에
    나서 동방거벽(東方巨擘)이라는 찬사를 받았다. 이해 장령(掌令)·집의(執義)를 거쳐, 직제
    학을 역임하였다. 1452년(문종 2) 수양대군이 사은사(謝恩使)로 명나라에 갈 때 서장관으
    로 추천되어 수양대군과의 유대가 이때부터 특별하게 맺어졌다. 1453년(단종 1) 승정원동
    부승지에 오른 뒤 우부승지·좌부승지를 거쳤다. 같은 해 수양대군이 이른바 계유정난을
    일으켰을 때 외직에 나가 있었으며, 수충협책정난공신 2등에 책훈되고, 곧 도승지에 올랐
    다. 1455년(단종 3) 수양대군이 즉위한 뒤에는 동덕좌익공신(同德佐翼功臣)의 호를 받고
    예문관대제학에 초배(超拜)되어 고령군(高靈君)에 봉하여졌다. 이어 주문사(奏聞使)로 명나
    라에 가서 새 왕의 고명(誥命: 임명장)을 청하여 인준을 받아온 공으로 토전(土田)·노비

·안마(鞍馬)·의복을 함께 받았다. 1456년(세조 2)에 병조판서로서 국방에 필요한 외교응대의 일을 위임받아 사실상 예조의 일을 전장하게 되었다. 곧이어 판중추원사(判中樞院事)가 되어 판병조사(判兵曹事)를 겸하고, 우찬성이 되어서는 대사성까지 맡았다. 1457년(세조 3) 좌찬성을 거쳐 우의정에 오르고 1459년(세조 5)에는 좌의정에 이르렀다. 이 무렵 동북 방면에 야인(野人)의 잦은 침입으로, 강경론을 폈다. 1460년(세조 6)에 강원·함길도의 도체찰사(都體察使)에 임명되어 야인정벌을 위하여 출정하였다. 군사를 몇 개 부대로 나누어 여러 길로 한꺼번에 진격하는 전략을 펼쳐 야인의 소굴을 크게 소탕하고 개선하였다. 1462년(세조 8)에 영의정부사가 되고, 1464년(세조 10)에 지위가 너무 높아진 것을 염려하여 사직한 적이 있으며, 1467년(세조 13)에 다시 예조를 겸관하였다. 이듬해 예종이 즉위함에 유명(遺命: 유언)으로 승정원에 들어가 원상(院相: 어린 임금을 보좌하던 원로대신)으로 서무를 참결(參決: 참여하여 결정함)하였다. 같은 해 이른바 남이(南怡) 옥사를 처리하여 수충보사병기정난익대공신(輸忠保社炳幾定難翊戴功臣)의 호를 받았다. 이듬해 겨울에 예종이 승하하자, 대왕대비에게 후사(後嗣)의 택정을 서두를 것을 건의하여 대통(大統)의 승계에 공이 컸다. 성종이 즉위함에 순성명량경제홍화좌리공신(純誠明亮經濟弘化佐理功臣)의 호를 받고, 영의정에 다시 임명되었다. 노병(老病)을 이유로 여러 차례 사직하였으나 허락을 얻지 못하였고, 1472년(성종 3)에는 『세조실록(世祖實錄)』·『예종실록(睿宗實錄)』의 편찬에 참여하였다. 이어 세조 때부터 작업을 해온 『동국통감(東國通鑑)』의 편찬을 성종의 명에 의하여 신숙주의 집에서 총관하였다. 그리고 세조 때 편찬하도록 명을 받은 『국조오례의(國朝五禮儀)』의 개찬·산정(刪定)을 위임받아 완성시켰다. 또한 여러 나라의 음운(音韻)에 밝아, 여러 역서(譯書)를 편찬하였으며, 또 일본·여진의 산천 요해(要害)를 표시한 지도를 만들기도 하였다. 그리고 『해동제국기(海東諸國記)』를 지어 일본의 정치세력들의 강약, 병력의 다소, 영역의 원근, 풍속의 이동(異同), 사선(私船) 내왕의 절차, 우리측 관궤(館饋: 객사로 보내는 음식)의 형식 등을 모두 기록하여 일본과의 교빙(交聘)에 도움이 되도록 하였다. 이러한 많은 업적을 남기고 1475년(성종 6)에 일생을 마쳤다. 세조는 일찍이 "당태종에게는 위징, 나에게는 숙주"라고 할 정도로 세조와의 관계가 깊었다. 이러한 관계는 사육신·생육신을 추앙하는 도학적(道學的)인 분위기에서는 항상 비판의 대상이 되었으나, 당대에서의 신숙주의 정치적·학문적 영향력은 큰 것이었다. 신숙주를 좋게 평가하는 표현으로는 '항상 대체(大體)를 생각하고 소절(小節: 작은 절의)에는 구애되지 않았다'든가, '큰일에 처하여 중요한 결정을 내릴 때는 강하(江河)를 자르듯 하였다'는 것과 같은 것이 있다. 과거시험의 시관(試官)을 열세 차례나 하여 사람을 얻음이 당대에서 가장 많았고, 예조판서를 십수 년, 병조판서를 여러 해 동안 각각 겸임한 것은 드문 일이었다. 이렇게 특별한 배려는 외교·국방면에서 신숙주의 탁월한 능력에 따른 것으로서, 저술 대부분이 이에 관계 되는 일일 뿐만 아니라 사대교린의 외교문서는 거의가 신숙주의 윤색을 거친 것으로 알려져 있다. 또한 글씨를 잘 썼는데 특히 송설체에 뛰어났다고 한다. 전하는 필적으로는 송설체의 유려함을 보여 주는 <몽유도원도(夢遊桃源圖)>의 찬문(贊文)과 진당풍(晉唐風)의 고아한 느낌을 주는 해서체의 「화명사예겸시고(和明使倪謙詩稿)」 등이 전한다. 시호는 문충(文忠)이다. 저서로는 『보한재집(保閑齋集)』이 전하는데, 1644년(인조 22)에 7세손 신숙(申洬)이 영주군수로 있을 때 교서관본 완질을 얻어 간행한 것이다[출처:신숙주(申叔舟)-한국민족문화대백과사전]).

733) 안용복(安龍福, ?~?): 숙종 때 울릉도와 독도가 조선 땅임을 일본 막부정부가 자인하도록 활약한 민간 외교가이자 어부이다. 동래부 출신으로 홀어머니 아래에서 나라의 은혜에 보답해야 한다는 엄한 가훈을 받고 자랐다. 일찍이 동래 수군으로 들어가 능로군(能櫓軍)

으로 복무하였고, 부산의 왜관(倭館)에 자주 출입해 일본말을 잘하였다. 1693년(숙종 19) 동래 어민 40여 명과 울릉도에서 고기잡이를 하던 중, 고기를 잡기 위해 침입한 일본 어민을 힐책하다가 부하 박어둔(朴於屯)과 함께 일본으로 잡혀갔다. 이때 호키주[伯耆州] 태수와 에도막부에게 울릉도가 우리 땅임을 주장하고, 대마도주(對馬島主)가 조선과 일본 사이에서 쌀과 베의 도량을 속이는 등 농락이 심한 것 등을 밝혀, 막부로부터 울릉도가 조선 영토임을 확인하는 서계를 받아내었다. 그런데 서계를 가지고 오는 도중 나가사키[長崎]에서 대마도주에게 서계를 빼앗겼다. 대마도주는 울릉도를 차지할 계획으로 다케시마[竹島] 문서를 위조해, 같은 해 9월 차왜(差倭)를 동래에 보내 안용복을 송환하는 동시에, 예조에 서계를 보내 조선의 어민이 일본 영토인 다케시마에서 고기 잡는 것을 금지시켜달라고 요청하였다. 당시 좌의정 목내선(睦來善, 1617~1704)과 우의정 민암(閔黯, 1636~1694)이 무사주의의 외교 정책을 취해, 비워둔 땅으로 인해 왜인과 평화를 깨뜨리는 것은 좋지 않은 계책이라 하였다. 그리고 멀리 떨어진 섬에 왕래를 금지하는 조선 정부의 공도정책(空島政策: 주민들이 섬을 도피처로 이용하지 못하도록 비워두는 정책)에 일본도 협조하도록 권하는 예조 복서(禮曹覆書)를 작성해, 동래의 일본 사신에게 보냈다. 내용에는 울릉도가 조선의 영토임을 분명히 밝혀두었다. 그런데 이듬해인 1694년(숙종 20) 8월에 대마도주는 다시 사신을 보내 예조 복서를 반환하면서, 울릉도라는 말을 빼고 다시 작성해줄 것을 요청하였다. 이때 영의정 남구만(南九萬, 1629~1711), 우의정 윤지완(尹趾完, 1635~1718)이 강경한 태도로, 삼척첨사로 하여금 울릉도를 조사시켰다. 그리고 접위관을 동래에 보내 오히려 일본이 남의 영토에 드나든 무례함을 책하는 예조 서계를 차왜에게 전달하였다. 1696년(숙종 22) 봄에 안용복은 다시 10여 명의 어부들과 울릉도에 고기 잡으러 나갔다가 마침 어로중인 일본 어선을 발견하였다. 이에 송도(松島)까지 추격해 조선의 영토에 들어와 고기를 잡는 침범 사실을 문책하였다. 또 울릉우산양도감세관(鬱陵于山兩島監稅官)이라 자칭하고, 일본 호키주에 가서 태수에게 국경을 침범한 사실을 항의, 사과를 받고 돌아왔다. 나라의 허락 없이 국제 문제를 일으켰다는 이유로 조정에 압송되어 사형까지 논의되었으나 남구만의 간곡한 만류로 귀양 갔다. 이듬해인 1697년 대마도에서 자신들의 잘못을 사과하고 울릉도를 조선 땅으로 확인한다는 막부의 통지를 보냈으나, 안용복의 죄는 풀리지 않았다. 안용복의 활약으로 철종 때까지는 울릉도에 대한 분쟁이 없었다. 한 어부로서 나라의 일에 크게 공헌한 모범이 된다[출처:안용복(安龍福)-한국민족문화대백과사전]).

734) 중추원(中樞院): 조선 초기 중앙 관청의 하나. 출납·병기(兵機)·군정(軍政)·숙위(宿衛)·경비(警備)·차섭(差攝-事務擔任) 등의 일을 맡아 보던 곳으로 판사(判事-정2품) 1인, 사(使-종2품) 1인, 지사(知事-종2품) 1인, 동지사(同知事-종2품) 4인, 첨사(僉使-종2품) 1인, 부사(副使-종2품) 6인, 학사(學士-종2품) 1인, 상의원사(商議院事-종 2품) 3인, 도승지(都承旨-정3품) 1인, 좌·우승지(左右承旨-정3품) 각 1인, 당후관(堂後官-정7품) 2인, 연리(掾吏-7품去官) 6인을 두었다. 1400년(정종 2)에 삼군부(三軍府)라 고치고 중추원 녹관(祿官)에 따라 좌·우복야(左右僕射)를 좌·우사(左右使), 중추원 승지를 승정원 승지(承政院承旨), 도평의사사 녹사(都評議使司錄事)를 의정부 녹사(議政府錄事), 중추원 당후(中樞院堂後)를 승정원 당후로 고치었으며, 또 1409년(태종 9)에 중추원(中樞院)으로 고치고 1466년(세조 12)에 중추부로 고치어 일정한 사무 없이 문무 당상관으로서 임직(任職)이 없는 자를 우대하는 의미로 두게 되었다. 영사(領事-정1품) 1인, 판사(判事-종1품) 2인, 지사(知事-정2품) 2인, 동지사(同知事-종2품) 7인, 첨지사(僉知事-정3품) 8인, 경력(經歷-종4품) 1인, 도사(都事-종5품) 1인을 두었으며 경아

전(京衙前)의 녹사(錄事) 4인, 서리(胥吏) 6인이 이에 속하고 있었다. 뒤에는 지사
동지사첨지사 등의 빈자리[空席]가 있으면 승전(承傳)한 의관(醫官)·역관(譯官)으
로 보충하였는데 이들은 50개 월을 한정하여 체(遞)하고 동지첨지사의 노인직(老
人職)으로써 승자(陞資)하여 임명된 자는 3개 월에 한하도록 하며, 대신 이외의
자는 영사에 임명할 수 없으며 총재(冢宰)·종백(宗伯) 또는 사마를 지내지 않는
자는 판사에 임명할 수 없고 노인직의 자헌대부(資憲大夫)는 문관, 음관, 무관을
막론하고 4품의 실직을 지내지 않으면 지사에 임명할 수 없다. 백 세 이상 된 자
가 있으면 동지사(同知事)에 정원 이외로 직석(職席)을 가설하여 그 1인 만을 추
천임명하고 지사동지사첨지사 등에 정원 이외로 임시 가설한 직석에 대하여는 재
직 1개월이 지나면 그 관직을 파면하였고 운대관(雲臺官)은 의관역관과 더불어
일체로 후보자에 추천하였다(이홍직 편, 『새국사사전』, 교학사, 2004, 1296쪽).

735) 선혜청(宣惠廳): 조선 후기 대동법 시행에 따라 이를 관리할 목적으로 생긴 기
구. 광해군 즉위년(1608)에 처음 설치되었다. 그 뒤 상평창(常平倉)과 진휼청(賑
恤廳)을 통합하여 기구를 확대하였으며, 영조 29년(1753)에는 균역청(均役廳)까지
합하였다. 이처럼 선혜청은 조선 후기에 세입(歲入)의 대부분을 관장, 관리하면서
재정 기관이 되었다. 고종 31년(1894) 갑오개혁(甲午改革) 때 폐지되었다(장상일
·장경희, 『새로 쓴 국사사전』, 교문사, 1999, 292쪽).

736) 오위도총부(五衛都摠府): 조선 때 5위(五衛)의 군무(軍務)를 총괄하던 관청. 본
래 조선의 군제(軍制)는 고려 공민왕 때 설치한 삼군도총제부(三軍都摠制府)를 계
승하였으나 1393년(태조 2)에 의흥삼군부(義興三軍府)를 계승하였으나 1403년(태
종 3)에 삼군도총제부(三軍都摠制府), 1405년(태종 5)에 삼군진무소(三軍鎭撫所)
로 개칭하였고, 1446년(세조 28)에 의흥부(義興府)로 개칭하였다. 그러나 1457년
(새조 3)에 이르러 3군(軍)을 5위(五衛)로 개편함과 동시에 3군진무소를 5위진무
소로 고치고, 1466년(세조 12) 오위도총부라 하여 병조에서 독립되었다. 관원으
로는 도총관(都摠管-정2품) 5명, 부총관(부총관-종2품) 5명, 경력(經歷-종4품) 6
명, 도사(都事-종5품) 6명, 이속(吏屬)으로는 서리(書吏) 13명, 사령(使令) 20명이
있었으며, 총관과 부총관은 타관이 겸임하였다. 중종 때 비변사(備邊司)가 설치되
고 임진왜란 후에는 군국(軍國)의 사무를 비변사가 담당하게 되어 오위도총부는
점차 기능이 마비되어 법전(法典)상의 관제(官制)로만 남아 있다가 1882년(고종
19)에 군제개혁과 함께 완전히 폐지되었다(이홍직 편, 『새국사사전』, 교학사,
2004, 838쪽).

737) 도총관(都摠管): 조선의 관직. 오위도총부(五衛都摠府)에서 군무(軍務)를 총괄하
던 최고 군직으로 정2품의 품계(品階)를 가진 관원 중에서 임명, 초기에는 10명
이 있었으나 후에 5명을 감원하였다(이홍직 편, 『새국사사전』, 교학사, 2004, 369
쪽).

738) 부총관(副摠管): 조선 초기에 창설한 오위도총부(五衛都摠府)에서 정2품의 품계
(品階)를 가진 벼슬이다. 5명의 관원이 1년에 1번씩 교대하였으며 타관(他官)이
겸임하기도 하였다(이홍직 편, 『새국사사전』, 교학사, 2004, 545쪽).

739) 훈련원(訓練院): 조선 때의 관청. 군사의 시재(試才), 무예의 연습, 병서(兵書)와 전진(戰
陣)의 강습을 맡아보던 곳이다. 1392년(태조 1) 서울 남부 명철방(明哲坊)에 창설, 처음에
는 훈련관(訓練觀)이라 칭하다가 1467년(세조 13)에 훈련원으로 개칭하였다. 관원은 처음
에 사(使) 1명, 군자좨주(軍諮祭酒) 2명, 사마(司馬) 2명, 참군(參軍) 4명, 녹사(錄事) 6명

을 두었으나 뒤에 이를 개정하여 지사(知事-정2품 타관이 겸임) 1명, 도정(都正-정3품, 1명은 타관이 겸임) 2명, 정(正-정3품) 1명, 부정(副正-종3품) 2명, 첨정(僉正-종4품) 12명, 판관(判官-종5품) 18명, 주부(主簿-종6품) 38명, 참군(參軍-정7품) 2명, 봉사(奉事-종8품) 2명과 이 밖에 습독관(習讀官) 30명이 있었는데 이는 『병요(兵要)』『무경칠서(武經七書)』『통감(通鑑)』『장감(將鑑)』『박의(博議)』『진법(陣法)』『병장설(兵將說)』과 사어(射御)를 연구하였다. 이들 관원은 무관이 임명되었으나 지사는 문관으로 임용(任用)할 수 있었으며 1795년(정조 19) 청정·판관·주부 중의 1명은 문관으로 임명토록 법제화하였다. 이 밖에 이속(吏屬)으로 서원(書員) 3명, 고직(庫直) 1명, 사령(使令) 6명, 방직(房直) 1명, 군사(軍士) 7명, 종각직(鐘閣直) 1명, 타종군(打鐘軍) 3명이 있었다. 이 훈련원은 인조반정(仁祖反正) 때 중요한 역할을 하였으며 1884년(고종 21)에는 중국 오장경(吳長慶, 1834~1884, 1882년 임오군란을 진압하기 위해 조선으로 들어옴)의 공덕을 추모하는 오장무공사(吳壯武公祠)를 여기에 세운 적이 있다. 그 후 1907년(융희 1) 한일신협약(韓日新協約)의 체결에 따라 해산되었는데 이때 많은 군인들이 일본의 처사에 항거하는 항일운동을 전개하였다(이홍직 편, 『새국사사전』, 교학사, 2004, 1584~1585쪽).

740) 선전관청(宣傳官廳): 조선 때의 관청. 조선 초기에 설치되어 형명(形名-軍號의 일종)·계라(啓螺-吹打)·시위(侍衛)·전령(傳令)·부신(符信)의 출납(出納) 등을 관할하던 곳으로 처음에는 8명의 인원이 있었으며 후에 76명으로 증가되었다. 정3품~종9품 중에서 선전관청의 관원이 선출되었는데 1882년(고종 19)에 폐지되었다. 이곳에서 『선청일기』를 냈다(이홍직 편, 『새국사사전』, 교학사, 2004, 643쪽).

741) 총융청(摠戎廳): 조선 때의 군영(軍營). 1624년(인조 2) 사직동(社稷洞) 북쪽에 설치. 내·외 2영(營)으로 나누어 수원(水原)·광주(廣州)·양주(楊州)·장단(長湍)·남양(南陽) 등 진(鎭)의 군무를 맡아보았다. 그 뒤 1659년(현종 10) 삼청동(三淸洞)에 청사를 옮겨지었다가 1747년(영조 23) 경리청(經理廳)을 폐지하고 그 관원을 총융청에 이속시키면서 창의문(彰義門) 밖으로 다시 청사를 이전하고 북한산성의 수비도 아울러 담당하였다. 관원에는 사(使-종2품) 1명, 중군(中軍-종2품), 천총(千摠-정3품) 2명, 진영장(鎭營將-정3품) 3명, 파총(把摠-종4품) 2명, 초관(哨官-종9품) 10명과 교련관(敎鍊官) 15명, 기패관(旗牌官) 2명, 군관(軍官) 10명, 본청군관(本廳軍官) 3명, 별부료군관(別付料軍官) 2명, 감관(監官) 2명, 수문부장(水門部將) 1명, 한량군관(閑良軍官) 150명이 있었으며, 경리청에서 이속된 관성장(管城將-정3품) 1명, 파총 1명, 초관 6명, 교련관 4명, 기패관 5명, 수첩군관총(守堞軍官摠) 2명, 군기감관(軍器監官) 1명, 소임(所任)군관 3명, 부료군관 20명, 성문부장(城門部將) 3명이 있었다. 그 뒤 1846년(현종 12) 총위영(摠衛營)으로 개칭하였다가 3년 후에 다시 본 이름으로 복귀, 1882년(고종 19)에 잠시 폐지하였으나 곧 복귀하여 1884년(고종 21)까지 계속하였다(이홍직 편, 『새국사사전』, 교학사, 2004, 1359~1360쪽).

742) 오위(五衛): 조선 초·중기에 근간을 이루었던 군사조직. 의흥위(義興衛:中衛)·용양위(龍驤衛:左衛)·호분위(虎賁衛:右衛)·충좌위(忠佐衛:前衛)·충무위(忠武衛:後衛)를 말한다. 조선 개국 초 고려 중앙군 조직인 8위(八衛)에 태조 이성계(李成桂)의 친병(親兵)을 바탕으로 하는 의흥친군좌위(義興親軍左衛)와 의흥친군우위를 합쳐 10위의 중앙군 조직을 갖추었다.

1394년(태조 3)에 10위를 10사(十司)로 개칭하고, 그 가운데 4개의 시위사(侍衛司)가 중군(中軍)을 이루어 궁궐을 시위하고, 6개의 순위사(巡衛司)는 좌군(左軍)과 우군을 이루어 경성(京城)을 순찰하게 하였다.

1400년(정종 2) 사병이 혁파되면서 병권이 정부에 귀속된 뒤, 갑사(甲士)도 하나의 병종으로 확립되어 10사의 조직은 중앙군으로서의 지위가 확실해졌다. 그 뒤 1409년(태종 9) 10사의 임무를 바꾸어 순위를 맡은 1사를 제외한 나머지 9사가 모두 시위를 맡게 되었다. 1418년(태종 18)에는 12사로 증설해 왕궁의 시위에 치중하였다.

1422년(세종 4)에 다시 10사로 되돌아갔고, 1445(세종 27)에는 또다시 12사로 환원되었다. 이 사이 갑사를 주축으로 하는 중앙군에 교대제가 나타나고 양계 갑사(兩界甲士)가 따로 구분되는 등 상당한 변화가 있었다.

1451년(문종 1) 12사가 5사로 개편되어 중군에 의흥사(義興司)·충좌사(忠佐司)·충무사(忠武司), 좌군에 용양사(龍驤司), 우군에 호분사(虎賁司)를 분속시켰다. 그리고 이때 갑사 이외에 별시위(別侍衛)·총통위(銃筒衛)·방패(防牌)·섭육십(攝六十) 등 중요 병종(兵種)이 5사에 고르게 분속되었다. 이렇게 만들어진 5사는 2사가 입직(入直)하고 나머지 3사가 출직(出直)해 3일마다 교대하도록 규정되었다.

5사로의 개편 목적은 고려시대 이래 진법체제(陣法體制)인 오군(五軍)·오진(五陣)·오위의 5단위 전투 편성법과 평상시의 부대 조직을 같은 형식으로 만든다는 것이었다. 그리고 5사에 소속된 군사들은 모두 5교대제에 따라 근무하고 하번(下番) 때에는 거주지의 지방군체제에 속하게 하였다. 따라서 5사로의 개편은 국방체제 전반과 연관되는 새로운 군사 제도의 확립을 지향하는 것이기도 하였다.

오위진법은 5사가 갖추어진 문종 초에 완성되었다. 이에 따라 부대 조직과 전투 편성을 완전히 일치시킨다는 방침 아래, 1457년(세조 3) 5사를 5위로 개편하였다. 이에 자연히 삼군에의 예속 규정이 없어지고 군사들은 병종별로 분속되었으며, 이 변화의 결과가 거의 그대로 『경국대전』에 법제화되었다. 즉, 의흥위에 갑사와 보충대(補充隊), 용양위에 별시위와 대졸(隊卒), 호분위에 족친위(族親衛)·친군위(親軍衛)·팽배(彭排), 충좌위에 충의위(忠義衛)·충찬위(忠贊衛)·정병(正兵)·장용위(壯勇衛)가 각각 속하였다.

병력은 복무중인 상번(上番)의 군액을 기준으로 갑사 2,960명, 별시위 300명, 친군위 20명, 파적위 500명, 장용위 120명, 팽배 1,000명, 대졸 600명 등 모두 5,500명이 주력을 이루었다. 그 밖에 정병 약 5,000명과 정원이 전혀 규정되지 않은 충순위·족친위·충의위·충찬위와 보충대가 추가될 수 있었다.

한편, 오위는 각각 5부(部)로 이루어져 모두 25부가 있었다. 위의 병종별 분속과는 별도로 경성 및 전국의 각 진관군사(鎭管軍事)가 그것에 분속하도록 규정되었다. 즉, 서울 중부(中部)와 경기·강원·충청·황해도의 각 진관군사가 의흥위에, 서울 동부(東部)와 경상도의 각 진관군사가 용양위에, 서울 서부(西部)와 평안도의 각 진관군사가 호분위에, 서울 남부(南部)와 전라도의 각 진관군사가 충좌위에, 서울 북부(北部)와 함경도의 각 진관군사가 충무위에 속하였다.

각 진관군사의 5위 분속 규정은 유사시에 대비, 전국의 군사를 동원해 대열(大閱)을 할 때 적용되는 지역별 편성을 뜻하는 것으로 여겨진다. 오위의 관원으로는 타관으로 겸하는 장(將, 종2품) 12명과 그 아래 각 부의 부장(部將, 종6품) 25명이 있었다. 이와는 별도로 군 계급에 해당하는 상호군(上護軍, 정3품) 9명, 대호군(大護軍, 종3품) 14명, 호군(護軍, 정4품) 12명, 부호군(副護軍, 종4품) 54명, 사직(司直, 정5품) 14명, 부사직(副司直, 종5품) 123명, 사과(司果, 정6품) 15명, 부사과(副司果,종6품) 176명, 사정(司正, 정7품) 5명, 부사정(副司正,종7품) 309

명, 사맹(司猛, 정8품) 16명, 부사맹(副司猛,종8품) 483명, 사용(司勇, 정9품) 42
명, 부사용(副司勇,종9품) 1,939명 등 모두 3,211명이 규정되어 있었으며, 이들은
서반 체아직이었다.

오위 조직은 16세기 이후 수포대역제(收布代役制)가 성행하면서 크게 동요하였
다. 게다가 임진왜란 이후에 훈련도감을 비롯한 오군영이 설치되어 중앙군 조직
의 중심을 이루게 되면서 유명무실하게 되고 말았다([출처-오위(五衛) 한국민족
문화대백과사전]).

743) 이수광(李晬光, 1563~1628): 조선 중기의 명신. 자는 윤경(潤卿), 호는 지봉(芝峯), 시호
는 문간(文簡), 본관은 전주(全州). 1585년(선조 18) 문과에 급제, 1592년(선조 25) 임진
왜란 때 경상남도 방어사 조경지(趙敬之)의 종사관으로 용인(龍仁)에서 패전했다. 주청사
(奏請使)로 연경(燕京)에 왕래하였고, 당시 명나라에 와 있던 이태리 신부 마테오·릿치의
저서『천주실의(天主實義)』2권과『교우론(教友論)』1권 및 중국인 유변(劉抃)·심인기(沈
遵奇) 등이 지은『속이담(續耳譚)』6권을 얻어가지고 돌아와 우리나라 최초로 서학(西學)
을 도입했으며,『지봉유설(芝峯類說)』이란 책을 지어 서양 사정과 천주교 지식을 소개했다.
1613년(광해군 5)에 이이첨(李爾瞻)이 대옥을 일으켜 폐모(廢母)하자 관직을 떠나 두문불
출하였다. 1623년(인조 1) 인조반정으로 재 등용되어 도승지(都承旨)·대사간(大司諫)이
되었고, 이해 이괄(李适)이 난을 일으키자 인조를 공주(公州)로 모셨으며 1627년(인조 5)
정묘호란에는 인조를 강화도로 모셨다. 벼슬은 이조판서를 지냈으며 사후 영의정에 추증되
었다(이홍직 편,『새국사사전』, 교학사, 2004, 1013쪽).

744) 절도사(節度使): 조선 때 각 지방에 두었던 무관직(武官職). 도의 군권(軍權)을 맡아 다스
리던 총책임자이다. 대개 관찰사(觀察使)가 겸하였으며 재직기간은 720일로 병마(兵馬)절
도사·수군(水軍)절도사의 구별이 있었는데, 병마절도사는 종2품관, 수군절도사는 정3품관
이었다.『대전회통(大典會通)』에 의하면 병마절도사는 경기도 1명, 충청도 2명, 경상도 3
명, 전라도 2명, 황해도 1명, 강원도 1명, 함경도 3명, 평안도 2명이며, 수군절도사는 경기
도 2명, 충청도 2명, 경상도 3명, 전라도 3명, 황해도 2명, 강원도 1명, 함경도 3명, 평안
도 1명이 있었다(이홍직 편,『새국사사전』, 교학사, 2004, 1174쪽).

745) 노인(路引): 여행권(旅行券) 혹은 통행권(通行券). 일명 문인(文引)·인(引). 중국의 당(唐)
·송(宋) 때부터 이런 종류의 여행권이 있었는데 청대(淸代)에 와서 제도화(制度化)되었다.
청(淸)에서는 문무관(文武官)의 여행자와 일반 여행자에게 이를 발급하여, 관리에게는 여행
중의 보호를 목적으로 하고, 일반인은 관문(關門) 통과 시(通過時) 의무적으로 휴대하게 하
였다. 본인(本人)의 신분연령적관(籍貫) 휴대품의 이름과 수를 기입한 것으로, 병부(兵部)
에서 이를 관장(管掌)하였다. 우리나라 조선 때에는 상인(商人)·어선(漁船)·상선(商船) 등
에게 반드시 노인을 가지게 하여 만약 상인으로서 노인 없이 여행하는 자는 상품을 몰수
하였고 어선(漁船)·상선은 해적(海賊)으로 취급하였다. 이밖에 왜(倭)의 내항선(內航船)과
동북면(東北面) 서북면(西北面) 여행에 관하여는 특수 노인(路引)을 정하였다(이홍직 편,
『새국사사전』, 교학사, 2004, 312쪽).

746) 국민개병(國民皆兵): 국민 전원으로 국방을 담당하는 국가의 자세를 말한다.
징병제는, 소위 징병제 가운데 별로 징병 유예를 인정하지 않고 예비역의 기간
이 긴 것을 특히 국민개병이라고 부르는 경우가 많다. 다시 말해 성인 남성은 징
병에 의해 군적에 들어가고, 제대 후에도 일정 연령에 달할 때까지는, 예비역으로
출동하는 의무가 있다. 현대에 있어서도 국민개병을 표방하고 있는 것은, 상시 분
쟁 상태에 있어 병력 유지가 필요한 나라, 병역을 체제의 긴축에 이용하고 있는

나라, 병역 기피의 대체 노력이 복지 등의 사회 시스템에 갖추어져버리고 있는
나라, 대국에 끼워져 있었던 중소국가 등이다.

역사적으로 병역은 남성이 맡는 것으로 일반적으로 국민개병은 남성만을 대상
으로 한다. 그것에 대해서 여성은 징병되는 남성을 대신해서 사회를 떠받치는 역
할을 기대되는 것이 많다. 예외로서 이스라엘은 여성에게도 병역이 있다(다만 기
간이나 역종에 남녀 차이가 있다). 이 용법은 남성만이 병역에 오르는 것의 당연
시에 기초를 두고 있다고 해서, 남녀평등의 관점에서 비판이 존재한다. 이것에 입
각하면, 남녀를 막론하고 동등하게 병역에 오르는 제도만이 국민개병과 불리게
된다. 한편, 이것을 실시하고 있는 나라는 2011년의 현 시점에서는 존재하지 않
는다. 이스라엘에서는 여성에게도 병역의 의무가 존재하지만, 남성보다 단기(短
期)이며, 배치나 유예(猶豫)·면제(免除)에 관한 규정이 완만하다. 말레이시아에서
도 여성에게 병역의 의무가 부과되어 있지만, 선발 징병제였다가 모병제(募兵制)
로 전환하였다.

현대에서는 징병제에 의한 국민개병보다도, 군인을 전문직화(소위 직업군인화)
하는 편이 낫다는 의견이 강해지고 있다. 먼저 병기가 하이테크화한 현대에서는,
병사의 머릿수에서는 승패가 결정되지 않는 것, 그 때문에 자질이나 의욕의 점에
서 문제가 발생하는 경향이 있는 징병제의 매력이 쇠퇴한 것, 그 위에 핵병기의
등장으로 장기에 걸치는 총력전이나 전면 전쟁이 일어나기 어려워져, 국민 전체
를 대상에 대량 동원하는 국면이 한정되어 오고 있는 것이 논거(論據)이다. 징병
제로부터 지원제(志願制)로의 이행은 세계적인 조류가 되고 있어, 현재 징병제(徵
兵制)를 유지하고 있는 나라는 소수다(위키백과).

747) 루이 14세(Louis XIV, 1638~1715)는 프랑스의 왕이자 나라의 군주이다. 본명은 루이
디외도네(Louis-Dieudonné)이고, 공식 칭호는 루이 드 프랑스-나바르(Louis de France
et de Navarre)다. 그는 다섯 살 생일이 채 되기도 전에 왕위에 올랐다. 아직 정치를 개
인적으로 통치하기에는 충분하지 않아서 이탈리아 추기경 쥘 마자랭이 1661년 죽을 때까
지 사실상 역할을 대신하였다. 루이는 1715년 9월에 죽을 때까지 왕의 자리에 있었는데,
77번째 생일을 맞이하기 4일 전이었다. 그의 치세기간은 최종적으로 72년 3개월 18일으
로 유럽의 군주 중 가장 오랫동안 재위한 것으로 기록되었다.

루이 14세는 세간에는 태양왕(프랑스어: Le Roi Soleil)이란 별명으로 알려져 있다. 루
이 14세는 왕권신수설(王權神授說)을 믿었기에, 국왕의 권력은 신으로부터 받는 것이라는
학설을 지지했다.

루이의 치세 상당부분은 유럽에서 프랑스의 힘과 세력을 확장시키고자 3번의 주요 전쟁
—프랑스-네덜란드 전쟁, 아우크스부르크 동맹전쟁과 스페인 왕위계승전쟁—과 2번의 작
은 분쟁—상속 전쟁, 재결합 전쟁—을 치렀다. 이 시대 프랑스의 정치와 군사상 걸출한 인
물의 면모를 살펴본다면 마자랭, 장바티스트 콜베르, 튀렌, 보방을 들 수 있다. 프랑스 문
화 또한 이 시대 번성하여 위대한 명성을 가진 인물들이 나타났는데, 몰리에르, 장 라신,
부알로, 라 퐁텐, 르브룅, 리고, 루이 르 방, 쥘 아르두앙 망사르, 클로드 페로, 르 노트르
등이 이 시기의 사람이며, 이들의 대다수는 루이로부터 지원금을 받고 왕과 왕실을 찬양하
는 작품을 쓰기도 했다.

루이 14세는 그의 전임자가 만든 중앙 집권화의 일을 계속 추진하여 프랑스의 지방에
끝까지 남아 있던 봉건제도의 잔재를 청소하고 수도에서 내려오는 지시에 따라 통치할 수
있게 만들어 갔다. 그의 성과를 방해한 것은 지방의 힘 있는 귀족들로 많은 이들이 반란으

로 일어났고, 그들 소수를 가리켜 프롱드라고 불리었다. 루이는 이들 힘 있는 귀족들을 베르사유 궁전의 자신의 곁으로 불러들여 사치스런 생활을 즐기게 하면서 서서히 약화시켰고, 이를 통해 귀족들의 힘을 제어했다. 그 결과 그는 오랫동안 유럽에서 절대 군주의 전형으로 고찰되게 되었다. 또한 절대 군주의 자리를 다져 "짐이 곧 국가니라(L' État, c'est moi)"와 같은 말을 했다고 전해지지만, 역사학계에서 이 말은 그의 정적들이나 볼테르가 퍼뜨린 헛소문이라는 견해가 있다.

루이 14세는 키에 대한 콤플렉스로 하이힐을 최초로 신었고 귀족들이 그것을 따라하여 유행처럼 번졌다고 한다(위키백과).

748) 니콜로 마키아벨리(Niccolò Machiavelli, 1469~1527)는 르네상스 시대의 이탈리아 사상가, 정치철학자이다. 그는 레오나르도 다 빈치와 함께 르네상스인의 전형으로 알려져 있다. 이탈리아의 도시국가 피렌체에서 베르나르도 디 니콜로 마키아벨리의 아들로 태어났다. 1494년에 메디치 가문이 몰락할 무렵 공직에 입신하여 피렌체의 공화국 10인 위원회의 서기장이 되었으며, 외교 사절로서 신성 로마 제국 등 여러 외국 군주에게 사절로 파견되면서 독자적인 정치적 견해를 구축하였다. 그는 1498년부터 1512년까지 피렌체 공화국 제2서기국의 서기장을 역임했다.

외교와 군사 방면에서 크게 활약하였으나, 1512년 스페인의 침공으로 피렌체 공화정이 무너지고 메디치 가문이 피렌체의 지배권을 회복하면서 공직에서 추방되어 독서와 글을 쓰며 지냈다. 이때 그는 메디치가의 군주에게 바치는 『군주론』을 저술한 것으로 여겨진다. 1513년 발표한 이 『군주론』에서 위대한 군주와 강한 군대, 풍부한 재정이 국가를 번영하게 하는 것이고, 국가의 이익을 위해서 군주는 어떠한 수단을 취하더라도 허용되어야 하며, 국가의 행동에는 종교 및 도덕의 요소를 첨가할 것이 아니라는 마키아벨리즘을 발표하였다. 이러한 그의 정치사상은 일찍부터 격렬한 논쟁을 불러 일으켰다.

1502년 마키아벨리는 르네상스 시절 거장인 레오나르도 다 빈치와 만났다. 그는 당시 피렌체에서 로마냐로 파견한 외교사절로 이몰라에 있었는데 성채 설계를 위해 이곳으로 온 다빈치와 만났다. 그해 긴 겨울동안 다빈치와 마키아벨리, 그리고 체사레 보르자는 많은 대화를 나누었지만, 그에 대한 기록이 없다. 하지만 이후에도 다빈치와 우호적인 관계를 유지했다.

1513년에는 메디치 군주정에 대한 반란 음모에 가담한 혐의로 투옥되어 고문을 당했다. 같은 해 3월 피렌체의 메디치 가문 출신에 조반니 추기경이 교황(레오 10세)로 선출되자 교황특사로 석방되었다. 이때부터 그는 코시모 루첼라이라는 공화주의파의 주도하에 이뤄진 '오리첼라리 정원의 모임'으로 알려진 피렌체 공화주의자의 모임에 참여하게 된다. 그의 로마사 논고는 바로 코시모 루첼라이에게 헌정되었다. 이 저작은 피렌체 공화주의의 가장 핵심적인 저작이며 로마 공화정을 비롯한 공화국들의 긍정적 역량을 최대한 조명하는데 심혈을 기울이고 있다. 1527년 사망하였다. 당시 민간에서는 부활하고 1일을 살다 죽었다는 믿지 못할 전설이 있다(위키백과).

749) 보뱅(Vauban, Sébastiea Le Prestre Marquis de, 1633~1707): 프랑스의 축성가(築城家), 군인, 경제학자. 가난한 귀족 출신으로 10살에 고아가 되어, 그 고장 신부의 손에 자라났다. 프롱드의 난 때에는 반란군에 속하였으나, 1655년 이래 루이 14세의 기사(技師)로서, 300여 개의 요새의 축성과 수리에 종사하였다. 그 후에 군인이 되었는데, 역시 성(城)의 공격에 이름을 날려 50여 개의 성의 공격을 지휘했다. 1699년 과학 아카데미 명예회원이 되고 1703년에는 원수가 되었다. 은퇴 후에는 '왕실 11세(稅)'를 써서, 당시의 조세 부담이 불합리하게 하층계

급에만 부과됨이 불합리하다고 지적하여 1707년에 체포되어, 저서는 소각되고 실의 속에 사망하였다. 중농주의(重農主義)의 선구자로서 유명하며, 그 밖에 축성에 관한 저작이 있다(조의설편, 『세계사대사전』, 민중서관, 1976, 441쪽).

750) 빌헬름 1세(Wilhelm I, 1797~1888)는 프로이센의 국왕(임기: 1861~1888)이다. 북독일연방의 의장(임기: 1866~1871)이자, 독일 제국의 황제(임기: 1871 ~1888)이었다.

빌헬름 1세는 군국주의로서 프로이센을 일등 국가로 만들려고 생각하였다. 1861년 형인 프리드리히 빌헬름 4세 대신 왕이 되자 비스마르크를 수상으로, 몰트케를 참모총장으로 등용하여 독일의 통일을 꾀하였다. 그는 1864년 프로이센-덴마크 전쟁과 1866년 프로이센-오스트리아 전쟁, 그리고 1870년 프로이센-프랑스 전쟁에서 차례로 승리한 뒤, 1871년 베르사유 궁전에서 독일 제국 황제가 되었다. 비스마르크를 신임하였으며 내외 정치에 수완을 보여, 독일을 유럽 제일의 강대국으로 만들었다(위키백과).

751) 경차관(敬差官): 조선시대 중앙 정부의 필요에 따라 특수 임무를 띠고 지방에 파견된 관직.

경차관이 파견된 것은 1396년(태조 8) 8월 신유정(辛有定, 1347~1426)을 전라·경상·충청 지방의 왜구 소탕을 목적으로 파견한 것이 처음이다. 그 뒤 오용권(吳用權)을 하삼도(下三道)에, 홍유룡(洪有龍)·구성량(具成亮)을 강원도와 충청도에 파견했는데, 이들의 임무는 왜구와의 전투 상황을 점검하고 병선의 허실을 조사하는 것이었다. 경차관은 태종 때부터 그 임무가 대폭 늘어났다. 국방·외교상의 업무, 재정·산업상의 업무, 진제(賑濟)·구황의 업무, 옥사·추쇄(推刷: 불법으로 도망한 노비를 찾아내 원주인 또는 본고장으로 돌려보냄)의 업무 등이었다. 국방·외교 업무를 띤 경차관으로는 군기점고경차관(軍器點考敬差官)·군용경차관(軍容敬差官)·염초경차관(焰硝敬差官)·대마도경차관·여진경차관 등이 있었다. 이들은 비방왜(備防倭)·군기점검·제장선위(諸將宣慰)·군진순행(軍鎭巡行) 및 연변연대축조(沿邊烟臺築造)의 검핵(檢覈) 등을 주 임무로 하였다. 재정·산업의 업무는 가장 중요시되었다. 그 중에서도 손실(損實)과 재상(災傷)이 더욱 중요시되어 거의 매년 파견되었다. 이들의 임무는 화곡손실심검(禾穀損實審檢)과 지방관의 검핵(檢覈), 전토의 재해 상황 검사, 도이인 추쇄(逃移人推刷) 등의 임무를 맡았다. 그 밖에 토지 측량을 주 임무로 하는 양전경차관(量田敬差官)과 조전경차관(漕轉敬差官)·채은채금 경차관(採銀採金敬差官) 등이 있었다. 진제·구황에 관한 업무로 파견된 진제경차관의 임무는 기민진제(飢民賑濟)와 수령의 검핵이었으며, 때로는 손실과 문민질고(問民疾苦)의 임무도 겸하였다. 옥사나 추쇄 관계의 경차관은 죄인의 압송·추국(推鞫)과 범죄 수사, 강도 및 노비 추고(奴婢推考)의 임무를 띠었다. 그 밖의 업무로는 수령의 검핵, 원악향리(元惡鄕吏)의 추국·문폐(問弊) 등의 임무를 띠고 파견되었다. 또한, 대명공마(對明貢馬)를 위한 쇄마경차관(刷馬敬差官), 공녀(貢女)의 선발을 위한 경차내관(敬差內官)을 파견하기도 하였다. 경차관은 주로 청렴정직한 5품 이상의 관원이 뽑혔는데, 때로는 당상관이 파견되기도 하였다([출처:경차관(敬差官)-한국민족문화대백과사전]).

752) 균전사(均田使): 조선의 관직. 인민의 부담을 공경히 할 목적으로 실정을 살피고 혹은 토지의 등급을 다시 사정하기 위해 지방에 파견하던 어사(御使). 권한은 대단하여서 자기가 맡은 도(道)의 수령의 범죄(犯罪)를 문초(問招)할 때 수령이 당하관(堂下官)일 경우에는 스스로 결정하였고, 당상관일 경우에는 왕에게 보고하여 처단하도록 하였으며, 도감관(道監官) 이하는 처벌 또는 견책(譴責)하되 만일 조

신(朝臣)이 이에 관련되었을 경우에는 상부(上部)에 보고하며, 법률에 저촉되는 자는 유배한 뒤에 보고하기로 되어 있었다. 그러나 지방의 실정을 잘 알지 못하였으므로 많은 폐단이 생겼다(이홍직 편, 『새국사사전』, 교학사, 2004, 193쪽).

753) 광무(光武): 광무라는 연호는 1897년(고종 34)에 제정되었다. 조선 개국 506년 8월 17일부터 광무 연호를 사용하여 순종이 즉위하는 1907년 8월까지 10년간 사용되었다. 1897년에 8월 13일 고종은 내외의 요청에 따라 건원(乾元) 연호를 논의해서 결정하라고 하였다. 이에 의정부 대신 심순택(沈舜澤)이 광무와 경덕(慶德)의 두 안을 올렸고, 결국 광무로 결정되었다. 15일에 국왕의 조칙으로 조선 개국 506년 광무원년으로 하였다. 10월에 국왕을 대군주(大君主)에서 황제(皇帝)로 승격시키고, 국호를 대한제국(大韓帝國)이라고 하였다.

....

광무(光武) 1897년(고종 34)에 제정된 조선의 두 번째 연호. 1897년 고종은 의정부의정대신(議政府議政大臣) 심순택(沈舜澤)의 주청(奏請)에 의하여 8월 14일에 광무란 연호를 실시하도록 명령하였다. 이로써 광무란 연호는 조선 건국 506년 8월 17일부터 쓰게 되어 순종에게 양위할 때까지 10년간 사용되었다(위키백과).

754) 감관(監官): 조선 때 관아(官衙)·궁방(宮房)에서 금전(金錢)의 출납(出納)을 맡아보던 관리. 각 지방의 곡식을 서울로 운반할 때 그 지방의 감관은 색리(色吏)와 함께 이를 수송, 관청에 바쳤다. 배에 타는 감관을 영선(領船)감관, 곡식을 바치는 감관을 봉상(俸上)감관이라 하며, 서울로 올라올 때 그 지방의 관리에게 허가를 맡도록 되어 있었다. 감관은 사대부(士大夫) 중에서 선발되었는데 이를 기피(忌避)하면 도피차역률(圖避差役律)로 처단되었다(이홍직 편, 『새국사사전』, 교학사, 2004, 15~16쪽).

755) 호패(號牌): 조선 때 16세 이상 된 남자가 차고 다니던 패. 일명 호패(戶牌). 현재의 신분증명서와 같은 것으로 그 기원은 원(元)나라에서 시작되어 우리나라는 1354년(고려 공민왕 3)에 이 제도를 모방, 수·육군정(水陸軍丁)에 한하여 실시하였으나 잘 시행되지 않고 조선에 와서 비로소 그 사용범위가 확대되어 전국적으로 호적법(戶籍法)의 보조역할로 시행되었다. 그 목적은 ① 호구(戶口)를 명백히 하여 민정(民丁)의 수를 파악하고 ② 직업·계급을 분명히 하여 ③ 신분을 증명하기 위한 것이었으나 가장 중점을 둔 것은 군역(軍役)·요역(徭役)의 기준을 밝혀 인민의 유동과 호적편성상의 누락·허위를 방지하고자 하는 데 있었다(이홍직 편, 『새국사사전』, 교학사, 2004, 1524쪽).

756) 조용조(租庸調)는 북위에서 시작한 조조(租調) 세제(稅制)가 발전하면서 수나라를 거쳐 당나라 시기에 정립된 조세(租稅) 제도이다. 균전법(均田法)과 표리(表裏)의 관계를 이루고 있으며, 그에 따라 농업 발전에 기여하였다.

고려는 물론, 조선시대의 세제도 이 조용조라는 전통적인 공납(貢納) 형태에 근거를 두고 있다. 그런데 한국 역사에서는 그 명칭과 내용에 어느 정도 복잡한 변천이 있었다. 조(租)는 일명 세(稅)·조세(租稅)·공(貢) 등으로, 역(役) 또는 용(庸)은 요(徭)·요역(徭役)·부(賦)·공부(貢賦)·포(布) 등으로, 조(調)는 공(貢)·공부(貢賦) 등으로 각각 별칭하며 서로 혼용되는 경우도 많았으나 그 원칙만은 대대로 계승되었다.

조선 초기에는 이 조용조 가운데서 조(租)는 과세(課稅)의 대상이 일정한 전결

(田結)이므로 부과율이 뚜렷하지만, 용(庸)·조(調)는 그렇지 못하여 관리들의 협잡이 따르게 됨으로써 조(租)보다도 그 부담이 실지로 더 무거웠다. 조선 중기 이후에는 대동법(大同法)이 실시되면서 조(調)의 대부분도 전결(田結)을 대상으로 삼고, 또 균역법(均役法)의 제정 뒤에는 용(庸)의 일부도 전결을 대상으로 하게 되자, 후기에는 조(租)가 가장 무거워지고, 그 다음이 용(庸), 가장 가벼운 것이 조(調)라는 순위로 되는 등 시대에 따라 그 부담의 경중이 바뀌기도 하였다(위키백과).

757) 대동법(大同法): 조선 후기에 공납제(貢納制)를 폐지하고 그에 대신해서 제정·실시한 재정제도.
　　조선 전기 농민이 호역(戶役)으로 부담하였던 온갖 세납(稅納), 즉 중앙의 공물(貢物)·진상(進上)과 지방의 관수(官需)·쇄마(刷馬: 지방에 공무를 위해 마련된 말) 등을 모두 전결세화(田結稅化: 可食米)하여 1결(結)에 쌀[白米] 12말[斗]씩을 징수하고, 이를 중앙과 지방의 각 관서에 배분하여 각 관청으로 하여금 연간 소요물품 및 역력(役力)을 민간으로부터 구입 사용하거나 고용 사역하게 하는 것을 골자로 하였다. 1608년(광해군 즉위년)경기도에 처음 실시된 이후 1623년(인조 1) 강원도, 1651년(효종 2) 충청도, 1658년 전라도의 해읍(海邑), 1662년(현종 3) 전라도의 산군(山郡), 1666년 함경도, 1678년(숙종 4) 경상도, 1708년(숙종 34) 황해도의 순으로 100년 동안에 걸쳐 확대 실시되어, 1894년(고종 31)의 세제개혁 때 지세(地稅)로 통합되기까지 약 3세기 동안 존속하였다. 제주도에는 그곳이 번속(藩屬)으로 여겨진 연유로 해서 실시되지 않았고, 또 평안도에는 민고(民庫)의 운영과 함께 1647년(인조 14)부터 별수법(別收法)이 시행되어 이미 대동법의 효과를 대신하고 있었던 때문에 시행되지 않았던 것으로 알려져 있다. 조선왕조에서는 국용의 기반을 전통적인 수취체제에 따라 전세(田稅)·공물·진상·잡세(雜稅)·잡역(雜役: 徭役) 등에 두었다. 그러나 이들 세납의 부과·징수에 따랐던 여러 가지 폐해와, 때를 같이 하여 전개된 양반층의 토지점유 확대에 따른 농민층의 몰락은 이들 제도를 더 이상 존속시키기 어려운 실정에 이르게 하였다. 특히 부과 기준이 모호하고 물품이 다양했던 공물상납제도(貢物上納制度)에 있어 그러하였으니, 이미 16세기 초부터 그의 폐지·개혁이 논의되고 강구되는 실상을 보여 왔던 것이다. 그러나 공물·진상은 국가재정에서 차지하는 비중이 가장 컸을 뿐만 아니라, 부분적으로는 국왕에 대한 예헌(禮獻)의 의미마저 지니는 것이어서 좀처럼 개혁되지 못하였고, 또 방납인(防納人)들의 이권이 개재되고 있었던 데서 쉽사리 개선되지도 못하였다. 다만, 일부 군현이 사대동(私大同)으로 일컬어지는 자구책(自救策), 즉 군현에 부과된 각종 경납물(京納物)을 관내 전토(田土)에서 균등하게 징수한 쌀(1결에 1말 또는 2말)을 가지고 구입·납부하는 방책을 스스로 마련하여 온 데 지나지 않았다. 그리하여 공납제의 개혁논의는 임진왜란을 겪기까지 아무런 성과를 거두지 못하였다. 그러나 그 동안 개혁론의 주종을 이루어 온 공물작미(貢物作米)의 주장과 위와 같은 사대동의 관행은 왜란 중인 1594년(선조 27)부터 그 이듬해까지 정부로 하여금 대공수미법(代貢收米法)을 잠시나마 시행하게 하였다. 그리고 이것은 다시 왜란 후 국가 기틀을 재건하고 민심을 수습하는 과정 속에서 대동법의 제정·시행으로 이어졌다. 류성룡(柳成龍)의 건의로 실시된 대공수미법은 각 군현에서 상납하던 모든 물품을 쌀로 환가(換價)하여 그 수량을 도별로 합산해서 도내 전토에 고르게 부과·징수(대체로 1

결에 쌀 2말)하게 하고, 이를 호조에서 수납하여 공물과 진상·방물(方物)의 구입경비로 쓰는 한편, 시급하였던 군량으로도 보충하게 한 것이었는데, 이 법의 편익을 체험한 한백겸(韓百謙)·이원익(李元翼) 등이 그 내용을 한층 보완하여, 광해군 즉위 초에 선혜(宣惠)의 법이라는 이름으로 우선 경기도에 시험적으로 실시한 것이었다. 경기도에 처음 실시된 대동법은 그 시행세칙[事目·事例]이 전하지 않아 자세한 내용을 알 수 없으나, 단편적인 기록에 따르면, 수세전결(收稅田結)에서 1결당 쌀 16말씩을 부과·징수하여, 그 중 14말은 선혜청에서 경납물의 구입비용으로 공인(貢人)에게 주어 납품하게 하고, 나머지 2말은 수령(守令)에게 주어 그 군현의 공·사 경비로 쓰게 하였던 것으로 나타난다. 각종 공물·진상으로부터 마초(馬草)에 이르는 모든 경납물을 대동미(大同米)로 대치시켰을 뿐 아니라, 지방 관아의 온갖 경비까지 대동미에 포함시킨 데서 농민의 편익이 크게 도모된 제도였다. 그리하여 대동법은 농민의 열망 속에 1623년 강원도·충청도·전라도에도 확대, 실시되었다. 그러나 실시되던 해와 그 이듬해에 걸쳤던 흉작과 각 지방의 특수성을 고려하지 못한 시행세칙의 미비, 그리고 이를 틈탄 지주·방납인들의 반대운동으로 인하여 1625년(인조 3)강원도를 제외한 충청·전라 2도의 대동법은 폐지되고 말았다. 대동법의 확대실시는 이로 인해 한때 중단되었다. 그러나 이른바 남방토적(南方土賊)을 비롯한 농민들의 저항이 날로 확산되고, 재정의 핍박이 호란(胡亂)으로 인하여 더욱 가중되자, 대동법의 확대 실시는 불가피하게 되었다. 1654년 조익(趙翼)·김육(金堉) 등 대동법 실시론자들이 시행세칙을 새롭게 수정, 보완하여 충청도에 다시금 실시하게 되었고, 뒤이어 그 성공적인 결과로 『호서대동사목(湖西大同事目)』에 기준하는 대동법이 각 도별로 순조롭게 확대되어 갔다. 그리고 앞서 실시된 경기도·강원도의 대동법도 이에 준하여 개정하니, 이에서 대동법은 선혜청(宣惠廳)의 관장 아래 하나의 통일된 재정제도를 이루게 되었다. 다만, 함경도·황해도·강원도의 대동법이 그 지역적 특성으로 인하여 군현별로 부과·징수를 상정하는 이른바 상정법(詳定法)의 특이한 규정을 두게 되었을 뿐이다. 대동법은 일차적으로 공납물의 전결세화(田結稅化: 可食米)를 기한 제도이기 때문에, 그 부과는 전세를 부과하는 수조안(收租案)의 전결(田結)을 대상으로 하였고, 징수는 쌀을 수단으로 하였다. 즉, 수조안에 등록된 전결 가운데서 호역(戶役)을 면제하는 각종의 급복전(給復田)을 제외한 모든 전결에서 1결당 쌀 12말씩을 부과·징수하는 것을 원칙으로 하였던 것이다. 따라서 면부출세(免賦出稅)의 전결이나 면부면세(免賦免稅)의 전결, 예를 들면 궁방전(宮房田)·영둔전(營屯田)·아문둔전(衙門屯田)·관둔전(官屯田)·학전(學田) 등에는 대동세가 부과되지 않았고, 다만 아록전(衙祿田)과 공수전(公須田)에서만은 지방관아의 경비가 대동미에서 지급됨에 따라 대동세가 부과되었다. 부과된 대동세는 봄·가을로 6말씩 나누어 징수(뒷날에는 가을에 전액 징수함)하되, 산군에서는 농민의 편익을 위하여 같은 양의 잡곡이나 소정의 환가(換價)에 기준하여 무명[[綿布], 베[麻布], 화폐[錢]로 바꾸어 내게도 하였다. 단, 무명이나 베로 납부할 경우에는 5승(升) 35척(尺)을 1필(疋)로 하였는데, 그 환가는 대체로 쌀 5~8말이었고, 화폐는 1냥(兩)에 쌀 3말 정도였다. 그러나 현종~영조에 걸쳐 6도의 대동세액(大同稅額)이 12말로 통일되기까지는 지역에 따라 부과액과 징수액 방법에 적지 않은 차이가 있었고, 또 상정법이 시행된 3도에서는 이 이후에도 다른 도와 매우 상이하였다. 이와 같이 징수된 대동세[大同米, 大同木, 大同錢]는 크게 상납미(上納米)와 유치미(留置米)로 나뉘어 사용되었다. 상납미는 선혜청에서 일괄 수납하여 각 도와 군현에서 매년 상납하던 원공(元貢)·전공(田貢)·별공(別貢)·진상·방물(方物)·세폐(歲幣) 등의 구입비와 각종 잡세조(雜稅條) 공물·역가(役價)의 비용으로 지출하였다. 유치미는 각 영(營)·읍(邑)에 보관하면서 그 영·읍의 관수(官需)·봉름(俸廩)·사객지공(使客支供)·쇄마·월과군기(月課軍器)·제수(祭需)·요역, 상납미의 운송, 향상(享上)의 의례(儀禮)를 존속시키는 뜻에서 설정된 약간의 종묘천신물(宗廟薦新物)과 진상물(進上物)의 상납 등의 경비로 사용하였다. 그리고 상납미의 지출은 선혜청이 직접 계(契)·전(廛)·기인(其人)·주인(主人) 등에게 선급(先給)하는 경우도 있으나, 대부분은 해당 관서에 책정된 액수를 주어 각 관서로 하여금 소정의 공인(貢人)에게 납품에 앞서 지급하게 하였고, 유치미의 지출은 영·읍의 관장(官長)이 용목별(用目別)로 책정된 경비 한도 내에서 월별로 나누어 적절히 쓰게 하되, 그 명세서를 매월 선혜청에 보고하게 하였다. 그러나 일부 지역에서는 그 지역의 특성으로 인하여 사용 항목과 운영에 색다른 규정이 가하여지기도 하였다. 대동법은 이처럼 공납제의 폐해를 극복하고, 또 면세전(免稅田)의 증가로 인한 세입의 감축과 영세 소작농의 증대로 인한 호역의 위축을 극복하고자 한 수취제도이자 재정제도였다. 오늘날 이 법은 '봉건체제의 기본적 모순을 은폐하고자 한 편법의 하나'로서 '봉건적 특성이 보다 강요된 수취제도'로 평가되기도 하고, 이와는 달리 '순정성리학자(純正性理學者)들이 중국 3대(三代: 夏·殷·周시대)의 이상사회, 즉 대동(大同)사회를 지향'하여 제정한 정전제(井田制)의 한 형태로 이해되기도 한다. 당시 김육(金堉)의 말에 따른다면 "농민은 전세와 대동세를 한 차례 납부하기만 하면 세납의 의무를 다하기 때문에 오로지 농사에만 힘을 쓸 수 있는" 민생안전의 조치였고, 또 상업과 수공업을 발달시키고 고용증대도 가져올 수 있는 제도였으며, 국가는 국가대로 재정을 확보하면서 합리적으로 운영할 수 있는 최선의 방법이었던 것이다. 그런데 18세기 후반에 이르면서 상납미의 수요가 매년 증대되기 시작하자, 대동법은 점차 그 당초의 성과를 잃게 되었다. 원래 상납미는 봄에 징수하는 대동세(대체로 쌀 6말)로, 유치미는 가을에 징수하는 대동세(대체로 6말)로 각각 충당하는 것을 원칙으로 하였으나, 17세기 말엽부터는 해마다 선혜청에서 수조반강(收租頒降: 상납미의 소요 예상량을 산정한 다음에 각 군현에서 상납할 수량과 영·읍에 유치할 수량을 책정하여 주는 것)하는 제도가 생겨, 그 수량들이 전적으로 선혜청에 의하여 조정되어 갔다. 그것은 대동법의 실시가 전국으로 확대되어 가면서 각 도와 군현들간의 유치미의 다과를 조절하고 대동세를 전국적 차원에서 보다 효율적으로 관리·운영하려는 데서 비롯된 것이었지만, 정치가 혼란해지고 기강이 해이해지면서 중앙에서의 수요가 날로 증대되자, 상납미의 수량만을 거듭 증가시켜 가는 방편으로 전락되고 말았기 때문이다. 그리하여 유치미의 대부분을 서울로 납부하게 된 수령들은 선혜청의 양해 아래 부족한 경비를 점차 농민에게 부담시켰고, 또 이를 기회로 갖가지 탐학을 자행하기도 하였다. 대동법은 여기서 공납제 시절의 농민 부담에다가 대동세를 더하게 한 결과를 초래하였다고 비판될 정도로, 그 시행의 의미를 잃게 되었다. 그러나 대동법의 제정 자체가 지니는 의의나 그 실시가 미친 영향은 매우 긍정적으로 평가되고 있다. 우선 재정사(財政史)의 측면에서는 잡다한 공(貢)·역(役)을 모두 전결세화하면서 정률(定率)로 하고, 그 징수와 지급을 쌀로 하되, 무명이나 베 또는 화폐로도 대신하게 한 사실에서 여러 가지 의의를 찾을 수 있다. 즉, 국가의 수취원(收

取源)을 부(富)와 수입의 척도였던 전토에 일률적으로 집중시켜 수익과 담세(擔稅)를 직결시키는 과세상의 진보, 재산과 수익에 비례하는 공평한 조세체계로의 지향, 배부세주의(配賦稅主義)를 폐기하고 정률세주의(定率稅主義)를 채택하는 세제상의 진보 등을 이룩하였을 뿐만 아니라, 그 징수·지급을 당시 교역의 기준수 단이었던 물품화폐(쌀·무명·베 등)나 화폐로 전환시켜 조세의 금납화(金納化)와 화폐재정으로의 전환을 이룩하는 계기를 마련하였다고 평가되는 것이다. 그리고 사회경제적인 측면에서는 정부 소요물자를 공인·시인 등에게 조달함으로써 상·공업 활동을 크게 촉진시켜 여러 산업의 발달과 함께 전국적인 시장권의 형성과 도시의 발달을 이룩하게 하고, 상품·화폐경제체제로의 전환을 가져오게 하는 계기를 이루었으며, 나아가 상·공인층의 성장과 농촌사회의 분화를 촉진시켜 종래의 신분질서와 사회체제가 이완·해체되는 데도 일정한 영향을 미친 것으로 이해되고 있다([출처:대동법(大同法)-한국민족문화대백과사전]).

758) 류성룡(柳成龍, 1542~1607)은 조선 중기의 문신, 학자, 의학자, 저술가이다. 본관은 풍산(豊山), 자는 이현(而見), 호는 서애(西厓)이고, 시호는 문충(文忠)이다. 경상도 의성의 외가에서 태어났으며, 간성군수 류공작(柳公綽)의 손자이며, 황해도 관찰사 류중영(柳仲郢, 1515~1573)의 차남이다.

이황의 문하에서 후에 1590년(선조 23) 통신사로 갔던 조목(趙穆, 1524~1606)·김성일(金誠一, 1538~1593)과 동문수학하였으며 성리학에 정통하였다. 과거를 통해 관료로 등용되어 서인이 아닌 이산해와 같은 동인으로 활동하였다. 그러나 정여립의 난과 기축옥사를 계기로 강경파인 아계 이산해(鵝溪 李山海), 정인홍(鄭仁弘, 1535~1623) 등과 결별하고 남인을 형성하였다.

임진왜란이 발발하기 직전 군관인 이순신을 천거하여 선조로 하여금 전라좌수사로 임명하도록 하였으며 이순신으로 하여금 임진왜란 당시 열세였던 조선의 전세를 역전시키는 데 공을 세웠고, 임진왜란에 4도 도체찰사, 영의정으로 어려운 조선 조정을 총지휘하였다. 노량해전과 같은 날인, 정인홍, 이이첨(李爾瞻) 등의 북인의 상소로 인해 영의정에서 관직삭탈하게 된다. 안동으로 내려가 선조의 부름에도 올라가지 않고 임진왜란 때 겪은 후회와 교훈을 후세에 남기기 위해 『징비록』을 저술하였다. 이 책은 대한민국의 국보 제132호이다. 죽을 때까지 청렴하고 정직한 삶을 살았던 청백리이면서 '조선의 5대 명재상(名宰相)' 가운데 한 사람으로 평가받기도 한다. 이순신과는 어려서부터 같은 동네에서 함께 자란 절친한 사이로서 후견인 역할을 하였으며 이순신의 형 이요신과 친구 사이이기도 하다.

1564년(명종 19) 사마시(司馬試)에 합격하여, 1566년(명종 21) 별시 문과를 거쳐 한원(翰苑)에 들어갔다가 승문원 권지부정자가 되었다. 이듬해 예문관 검열과 춘추관 기사관을 겸하였고, 1569년(선조 2)에는 성절사의 서장관이 되어 명나라에 다녀왔다. 이때 명나라의 지식인들로부터 '서애 선생(西厓先生)'이라 불리며 존경을 받게 된다.

이조정랑이 되어 이준경(李浚慶)의 관직을 삭탈함이 옳지 않음을 주장하였으며, 인성(仁聖) 대비가 죽었을 때 예조에서 기년설(朞年說)을 주장하였으나 류성룡은 적손(嫡孫)의 예를 따라 3년설이 타당함을 주장하여 그대로 시행되었다.

심의겸이 김효원의 조선전랑 천거를 반대하자 같은 이황의 제자였던 그는 심의겸을 변호하지 않고 김효원을 변호하였다. 1575년(선조 8) 을해당론(乙亥黨論)

으로 동서, 즉 동인과 서인으로 분당되자 그는 서인에 가담하지 않고 동인에 가담하였다. 이후 응교(應敎) 등을 거쳐 경연검토관(經筵檢討官), 직제학(直提學), 부제학(副提學), 도승지, 대사헌(1582~1583), 대제학 등의 요직을 맡으며 별 탈 없이 승진해 나갔다. 상주(尙州) 목사로 나가 예절로 다스렸으며 고향에서 어머니의 병을 간호하던 중 함경도 관찰사(감사)·성균관 대사성 등에 연달아 임명되었으나 나가지 않았다.

예조판서 재직 중 의주 목사 서익(徐益)이 소를 올려 그를 간신이라 탄핵하니 물러나기를 청하고 3년 동안 고향에 내려가 있었다. 형조판서로 부름을 받고 대제학을 겸했다. 1590년(선조 23) 다시 예조판서에 이르러 역옥(逆獄)이 일어나자 많은 사대부와 함께 그 이름이 죄인의 글에 나타났으므로 사퇴를 청하였으나 왕은 이조판서에 옮겼다가 이어 우의정에 승진시키고 광국공신(光國功臣) 3등으로 풍원부원군(豊原府院君)에 봉하였다(위키백과).

759) 김육(金堉, 1580~1658)은 조선 후기의 문신이자 유학자, 실학자, 사상가, 작가, 정치가, 철학자이며, 효종·현종 연간에 대동법의 확대 시행을 주장, 추진하였으며 화폐(동전)의 보급에 힘썼다. 자는 백후(伯厚), 호는 잠곡(潛谷), 회정당(晦靜堂), 시호는 문정(文貞)이다. 1638년(인조 16) 충청도 관찰사에 재직 중 대동법을 제창 건의하였고, 수차(水車)를 만들어 보급하였으며, 전후복구 사업을 시도하였고, 『구황촬요(救荒撮要)』와 『벽온방』 등을 증보·재 간행하였다.

인조반정 직후 학행으로 천거되어 관직에 나갔다가 그 뒤 과거에 급제하여 음성 현감, 성균관 전적, 사헌부 지평 등을 역임했다. 그 뒤 충청 감사 재직 중 충청도 지역에서 시범으로 대동법을 실시하게 했으며, 호서대동법이 실시될 때 호조판서로서 실무를 지휘한 이시방(李時昉)과 함께 대동법 시행의 주역으로 꼽힌다. 병조참판, 형조판서, 의정부 우참찬, 사헌부 대사헌, 예조판서 등을 역임하였다. 1643년(인조 21)과 1645년(인조 23) 청나라에 사절로 다녀온 뒤 화폐의 주조·유통을 건의하여 평안도부터 추진하였고, 수레의 제조, 보급을 확산시켰으며, 시헌력(時憲曆)의 제정·시행을 건의하고, 『유원총보(類苑叢寶)』 『종덕신편(種德新編)』 등을 저술하였다. 또한 그는 1636년(인조 14) 성절사로서 명나라의 연경에 다녀왔는데, 그는 조선에서 명나라에 보내는 마지막 공식 사신이었다.

충청도에 대동법을 시행하는 데 성공하였고, 아울러 화폐 이용의 필요성을 역설하여 주전 사업을 건의, 민간에 주전(鑄錢)의 유통에도 성공하였다. 대동법의 실시를 한층 확대하고자 <호남대동사목(湖南大同事目)>을 구상하고, 이를 1657년(효종 8) 7월에 효종에게 바치면서 전라도에도 대동법을 실시할 것을 건의하였다. 한국 최초의 태양력(太陽曆)인 시헌력(時憲曆)을 도입하여 양력 사용을 보급시키기도 했다. 1651년(효종 2)부터 1654년(효종 5), 1655년(효종 6)부터 1658년(효종 9)까지 영의정을 역임하였다(위키백과).

760) 류성룡은(..) 그의 중상주의적 정책 지향은 폐기되었으나, 직업군인 제도인 훈련도감, 그 재원 마련을 위한 둔전, 그리고 노비의 군역 참여 정책은 존속했고, 대동법과 국경무역시장인 호시(互市)는 폐기되었다가 부활했다. 김육은 충청도와 전라도 대동법, 동전 주화 제도 등 17~18세기 경제성장을 쌓은 제도 개혁에 최대의 공헌을 했다.(..) 그래서 필자는 류성룡과 김육이 퇴계, 율곡, 정약용만큼 존경받을 자격이 있다고 생각한다(이헌창, 『김육 평전』, 민음사, 2020, 17쪽).

761) 공랑(公廊): 조선 때 상인(商人)을 위하여 조정에서 건축하여 빌려 준 점포. 공

랑은 등록제(登錄制)로 하여 호조(戶曹)·공조(工曹)·각 도(道)·읍(邑)에서 세금을 징수하였다(이홍직 편, 『새국사사전』, 교학사, 2004, 116쪽).

762) 차사(差使): 각 지방의 수령(守令)이 죄인을 잡기 위하여 보내는 관하인(官下人)(이홍직 편, 『새국사사전』, 교학사, 2004, 1323쪽).

763) 만호(萬戶): 부관직(武官職)의 하나. 만호·천호(千戶)·백호(百戶) 등은 본래 그 관련(管領)하는 민호(民戶)의 수를 말하는 것으로, 이것은 몽골족 군제(軍制)의 근본이었다. 고려 때에는 원(元)의 제도를 따라 그대로 썼는데, 차차 민호의 수(數)와는 관계없이 진장(鎭將)의 품계(品階)를 나타내는 것이 되고, 또 육군보다는 수군(水軍)에 이 명칭이 남아 있었다. 조선 초기에도 만호·부만호(副萬戶)·천호·백호 등이 있다가 점차 정리되었다. 만호는 대개 정4품관이 임명되었다(이홍직 편, 『새국사사전』, 교학사, 2004, 407쪽).

764) 직전법(職田法): 조선 때 현직관리에게 토지를 지급(支給)하기 위하여 제정한 법제(法制). 고려 말에 실시된 과전법(科田法)은 무질서한 토지소유의 폐단을 시정하고 합법적인 사전(私田)의 분급(分給)을 위한 법제였으나 조선 건국 후부터는 그 모순이 결정적으로 드러나기 시작하였다. 즉 과전은 관리를 18등급으로 나누어 재직·휴직을 막론하고 그 일대(一代)에 한해서 토지를 주던 제도였는데 국가 관리의 불충분으로 과전을 받은 자는 그가 죽은 후에도 수신전(守信田) 휼양전(恤養田) 등의 이름으로 세습화(世襲化)하고 한편 한정된 토지에 비하여 신임관리의 증가는 급격한 것이어서 절대적인 부족을 가져왔다. 더구나 1417년(태종 17) 과전의 진고체수법(陳告遞受法)이 폐지되면서 토지의 세습화는 더욱 조장되고 개국(開國)·정사(定社)·좌명(佐命) 등 계속되는 공신의 설정으로 세습을 공인(公認)하는 공신전(功臣田)은 급격히 증대되어 신임관리의 급전(給田)은 큰 두통거리가 되었다. 이 타개책으로 1417년(태종 17) 사전하삼도이급(私田下三道移給)을 실시, 사전의 3분의 1을 충청·전라·경상의 하삼도에 이급(移給)하였다. 그러나 이 조치로 말미암아 벌써 사전의 탈취가 일어나고 서울에 대한 양곡의 공급이 곤란하게 되어 1431년(세종 13)에는 다시 하삼도의 사전을 경기로 이동하였으나 이미 이때는 귀족층의 토지집중이 확대되어 토지의 편중(偏重)과 아울러 과전의 부족은 심각한 문제로 되었다. 이리하여 제2의 타개책으로 나타난 것이 1466년(세조 12)의 직전법이나 종래의 세습화하던 과전을 폐하고 현직 관리에게만 이것을 지급하게 된 것이다. 이 직전은 처음에는 토지를 소유한 관리가 직접 경작자에게 조세를 받았으나 지급받은 결수(結數)가 과전보다 감소(대군왕자군은 증가)되었고 관리의 퇴직·사망 후에는 아무런 보장도 없는 만큼 재직 중의 착취가 심하여 1470년(성종 1)에는 직전세(職田稅)라 하여 국가에서 경작자에게 직접 조세를 받아 직전의 소유자에게 주었다. 그러나 1475년(성종 6)에는 이미 직전이 부족하여 사패(賜牌)가 없는 관원의 땅을 접수, 이를 직전으로 충당하였으며 이러한 대책도 성과를 얻지 못하여 1492년(성종 23)에는 직전의 폐지를 논의하게 되었다. 그 후 1557년(명종 12)에 벌써 직전의 지급은 불가능하게 되고 임진왜란 이후에는 그 자취를 감추게 되었다(이홍직 편, 『새국사사전』, 교학사, 2004, 1307쪽).

765) 맹삭(孟朔): 맹춘(孟春)·맹하(孟夏)·맹추(孟秋)·맹동(孟冬)의 총칭. 즉 봄, 여름, 가을, 겨울의 네 계절이 각각 시작하는 달.

766) 케네(Quesnay, François, 1694~1774): 프랑스의 경제학자, 중농학설의 수립자. 파리 근교의 소지주의 아들로 출생. 외과의로서 명성을 얻어 1749년 국왕 고

문의(顧問醫), 퐁파두르(Pompadour) 부인의 시의(侍醫)를 지내었다. 59세에 경제학의 연구에 종사하고, 1752년 귀족이 되었으며, 그 영지에 새 농법(農法)을 시도하였다. 『경제표(經濟表)』『차지농론(借地農論)』『곡물론(穀物論)』등 저서를 써서 중농주의의 기초를 세웠다. 미라보, 뒤퐁 드 느무르 등의 협력으로 자기의 이론을 실현시켜 보려다 실패하였고, 곡물 거래의 자유를 주장함으로써 자유주의 경제학의 선구자가 되었다. 농업을 유일한 생산적인 사업으로 간주하는 논리적 오류(현실로는 농업이 생산의 주요 형태였다)를 범하였으나 경제 순환의 착상은 후대에 재생산 도식(圖式)과 균형 이론으로 결실되었다(조의설편, 『세계사대사전』, 민중서관, 1976, 1112쪽).

767) 신문고(申聞鼓): 1402년(태종 2) 특수청원(特殊請願)·상소(上訴)를 위하여 대궐 밖 문루(門樓)에 달았던 북. 조선에서는 초기에도 상소·고발의 제도는 법제화되어 있었으나 신문고는 그 최후의 항고(抗告) 시설로 임금의 직속인 의금부 당직청(義禁府當直廳)에서 주관. 북을 치는 자의 소리를 임금이 직접 듣고 처리하도록 하였다. 즉 억울함을 호소하려는 자는 서울에서는 주장관(主掌官), 지방에서는 관찰사에게 신고하여 사헌부(司憲府)에 고소하고 여기서도 해결이 안 되는 경우에 신문고를 두드리게 하였는데 이는 형식상 조선에 있어서 민의상달(民意上達)의 대표적인 제도였다. 그러나 신문고의 사용에는 제한이 있어서 이서(吏胥)·복예(僕隷)가 그의 상관을 고발하거나, 품관(品官)·향리(鄕吏)·인민 등이 관찰사나 수령을 고발하는 경우, 혹은 남을 사주(使嗾)하여 고발케 하는 자는 오히려 벌을 주었으며, 오직 종사(宗社)에 관계되거나 불법으로 살인하는 자 및 자기에 관계된 억울함을 고발하는 자에 한해서 소원을 받아 들였다. 신문고의 설치는 조선 초 관리들의 권리 남용으로 인한 일반 인민의 고통을 단적으로 표시하는 것이기도 하였으나, 한편 많은 제약에도 불구하고 사소한 일에까지 신문고를 사용하는 무질서한 현상을 초래하였다. 따라서 그후 신문고 사용의 제한을 한층 엄격히 하여 『속대전(續大典)』에 의하면 사건사(四件事-자신에 관한 일, 부자에 관한 일, 적첩嫡妾에 관한 일, 양천良賤에 관한 일)와 자손이 조상을 위하는 일, 노비가 주인을 위하는 일 및 지극히 원통한 내용에 대해서만 신문고를 사용토록 하였다. 그러나 실제에 있어서 신문고의 이용은 주로 서울의 관리들에게만 한정되었으며 본래의 취지와는 달리 일반 상인(常人)이나 노비 또는 지방관민에게는 효용이 없게 되었다. 그러므로 신문고의 효용은 민의창달에 결부되었다기보다 조선 초기에 특수한 신분층에 은총(恩寵)을 주고, 한편으로는 관료의 발호(跋扈)를 억제하는 데 성과가 있었다. 그후 연산군 때부터 오랫동안 신문고의 제도가 폐지되었으나 1771년(영조 47) 11월에 다시 설치하고 병조에서 관리하게 하였다(이홍직 편, 『새국사사전』, 교학사, 2004, 731쪽).

768) 차비문(差備門): 궁궐 정전(正殿)의 앞문과 종묘(宗廟)의 상·하문 및 종묘의 앞전(殿)과 뒷전을 말한다(이홍직 편, 『새국사사전』, 교학사, 2004, 1323쪽).

769) 전옥서(典獄署): 조선 때의 관청. 구금(拘禁)된 죄수의 행형(行刑)을 맡아보았다. 관원으로 부제조(副提調) 1명은 승지(承旨)가 겸임하였으며, 그 아래 실무(實務)를 맡아보던 주부(主簿-종6품)·봉사(奉事-종8품)·참봉(參奉-종9품)을 두었다. 이 밖에 서리(胥吏-京衙前의 1종) 4명과 나장(羅將) 30명이 있었다. 중부(中部) 서린방(瑞麟坊)에 있었는데, 속전(俗傳)에 그 터가 좋으므로 그곳에 죽음을 세워 죄수들이 병들어 죽은 일이 없도록 하여 하려 하였다 한다. 전옥서의 문 밖에는 홍살

문(紅箭門)을 세웠다(이홍직 편, 『새국사사전』, 교학사, 2004, 1170쪽).
770) 고사경(高士褧, ?~?): 조선 전기 『대명률직해(大明律直解)』를 저술한 학자.
　　본관은 제주(濟州). 증조부는 동지밀직사사 고세(高世)이고, 할아버지는 함문지
후(閤門祗侯) 고대명(高大明)이며, 아버지는 판도판서(版圖判書) 고영(高瑛)이다.
　　고려 우왕 때 지인상서(知印尙書)를 지내고, 1392년 조선이 개국한 뒤 보문각
직학사(寶文閣直學士)를 역임하였다. 조선 개국 초에 조준(趙浚)의 건의로 김지(金
祉) 등과 함께 이두(吏讀)로 자구를 직해한 『대명률직해』를 편술하였으며, 정도전
(鄭道傳)·당성(唐誠) 등이 이를 윤색하였다. 조선에서의 관직은 동지중추부사(同
知中樞府事)에 이르렀다([출처:고사경(高士褧)-한국민족문화대백과사전]).
771) 『대명률(大明律)』은 1397년에 반포되어 명·청시대의 약 500년간을 통하여 형
률(刑律)의 근본(根本)이 된 중국의 법전이다. 총 30권으로 구성되어 있다. 이전
에도 당률을 바탕으로 하여 종종 편찬 개정이 이루어졌으나, 결국 그 체계가 현
실에 맞지 않아 원의 법률서 『원전장(元典章)』의 편목을 따랐다. 행정 관청인 이
(吏)·호(戶)·예(禮)·병(兵)·형(刑)·공(工)에 따라 율(律)도 6부로 나눈 뒤에
명례(名例)를 더하여 7률(律)로 했다. 그 후 시세의 추이에 맞지 않는 것이 있어
1550년 『문형조례(問刑條例)』 249조를 반포하여 이를 보충하였다. 이 대명률은
조선·일본·안남(安南)의 법률에 영향을 끼쳐 법률사상 당률과 함께 가장 중요한
것이다(위키백과).
772) 효치주의(孝治主義): 1613년 일어난 계축옥사(癸丑獄事)는 김제남(金悌男,
1562~1613)의 역모, 영창대군(永昌大君, 1601~1614) 추대, 그리고 인목대비(仁
穆大妃, 의 내응(內應)이라는 세 개의 주요 혐의로 구성되었다. 계축옥사의 불똥
이 인목대비에게로 튀면서 대비 처벌 문제를 놓고 폐위론자(廢位論者)는 약 10년
에 걸쳐 치열하게 싸웠다. 처음에는 계축옥사와 폐위 정청을 통해 폐위론자가 반
대론자를 숙청하면서 승리하는 듯하였다. 그러나 계해정변(인조반정)이 성공하면
서 상황은 극적으로 돌변하였다. 계축옥사를 시작으로 약 5년에 걸쳐 폐위론자들
은 반대론자들을 거의 일망타진하다시피 정계에서 축출하였다. 그로부터 다시 불
과 5년 후에 발생한 정변(반정)을 계기로 이번에는 폐위론자들이 사실상 정계에
서 발본색원해버렸다. 이처럼 논쟁의 승부는 무력을 동원한 폭력적 정치 행위로
결판을 보았다. 이런 극적 반전을 겪으면서 조선왕조의 지배 이념도 충(忠)보다는
효(孝)를 앞세우는 쪽으로 확실하게 진화하였다(계승범, 『모후의 반역』, 역사비평
사, 2021)
773) 족징(族徵): 조선 때 부당하게 징수하던 병역세(兵役稅)의 하나. 이 현상은 조선
말 삼정(三政)의 문란이 극심할 때 현저히 나타났는데 생활의 곤궁으로 군역(軍
役)을 피하여 도망한 사람에게는 그 친척이 대신하여 군포(軍布)를 납부케 하던
일을 말한다. 이는 농민들이 농촌을 떠나는 현상을 더욱 촉진시켜 농촌은 점점
더 황폐하여졌다(이홍직 편, 『새국사사전』, 교학사, 2004, 1269쪽).
774) 복제(服制)란 원래 상복(喪服)의 제도를 말하는 것이나, 복상(服喪)제도를 지칭
하는 뜻으로 널리 사용된다.
　　복제는 참최복(斬衰服) 3년, 재최복(齊衰服) 3년, 기년복(朞年服) 1년, 대공(大
功) 9개월, 소공(小功) 5개월, 시마(緦麻) 3개월이다.
　　* 참최복(斬衰服): 거친 베로 짓되 아랫도리를 접어서 꿰매지 않은 상복(아버지
나 할아버지의 상(喪)에 입음.

* 재최복(齊衰服): 조선 때, 오복(五服)의 하나. 굵은 삼베로 짓되 아래 가를 좁게 접어 꿰맨 상복. 자최.
* 기년복(朞年服): 일 년 동안 입는 상복. 준말로 기년·기복.
* 대공(大功): 오복(五服)의 하나. 대공친(大功親)의 상사에 9개월간 입는 복제(服制).
* 소공(小功): 오복(五服)의 하나. 소공친(小功親)의 상사에 다섯 달 동안 입는 복제(이홍직 편, 『새국사사전』, 교학사, 2004, 527쪽).

775) 남구만(南九萬, 1629~1711): 조선 숙종 때의 소론(少論)의 거두. 자는 설로(雪路), 호는 약천(藥泉)·미재(美齋), 시호는 문충(文忠), 본관은 의령, 현령(縣令) 일성(一星)의 아들. 1656년(효종 7)에 별시(別試)에 급제, 1678년(숙종 4) 한성좌윤(漢城左尹)으로 남인(南人)들의 횡포를 상소하다가 남해(南海)로 유배, 1680년 병조판서, 1687년(숙종 3)에 영의정에 올랐다. 당파 싸움이 심해지자 퇴관하여 경사(經史)·문장(文章)을 일삼았으며, 문사(文詞)·서화(書畫)에 다 뛰어났다(이홍직 편, 『새국사사전』, 교학사, 2004, 288쪽).

776) 윤지선(尹趾善, 1627~1704): 조선 숙종 때의 대신. 자는 중린(仲麟), 호는 두포(杜浦), 본관은 파평. 이조판서 강(絳)의 아들. 우의정 지완(趾完)의 형. 1662년(현종 3) 진사로서 형제가 같이 문과에 급제, 설서·수찬을 거쳐 1696년(숙종 22) 우의정에 이르러 다시 좌의정에 오르고 기사(耆社)에 들어갔다(이홍직 편, 『새국사사전』, 교학사, 2004, 944쪽).

777) 조경(趙絅, 1586~1669)의 문집인 『용주유고(龍洲遺稿)』에 실린 「안동 김씨 선세 사적에 대한 발문(安東金氏先世事蹟跋)」에 보면, 내가 생각건대, 김 씨는 옛 왕의 후손으로서 우리나라의 저명한 성씨 중에 김 씨보다 앞서는 성씨가 없으며 자손들이 번창하고 현달(顯達)한 면에서도 김 씨 만한 성씨가 없으니, 세칭 삼한갑족(三韓甲族)의 으뜸이라는 말이 믿을 만하지 않겠는가[余惟金故王者之后. 吾東之以姓著者莫先於金. 而子姓之蕃而顯. 亦莫如金. 世所稱爲三韓甲族之首者. 其文信然]. 라는 글이 보인다. 오운(吳澐, 1540~1617)의 『죽유선생문집(竹牖先生文集)』에서는 경주 이씨(慶州李氏)를, 박미(朴瀰, 1592~1645)의 『분서집(汾西集)』에서는 여흥 민씨(驪興閔氏), 나세찬(羅世纘, 1498~1551)의 『송재선생유고(松齋先生遺稿)』에서는 박 씨(朴氏)를 들고 있어 삼한갑족이 어느 성씨를 말한다는 개념, 정의는 없다(역주자).

778) 초마양반: 지체 낮은 집에서 지체 높은 집으로 혼인해서 행세하게 된 양반. 아무리 名門이라도 그 집안에서 王妃가 나면 설사 척족(戚族)으로서의 권세를 누렸을망정 이른바 <치마兩班>이라 하여 감점을 하는 것이 세상의 평가 안목이었다. 이는 주로 李朝 후기의 王室 外戚 勢道에 말미암은 嫌惡半嫉視牛의 思考인지도 모른다.(..) 그리고 보면 명문과 왕비는 미살불 함수관계에 있었던 것이 사실이다(崔德敎·李勝羽 편저, 『韓國姓氏大觀』, 創造社, 1971, 55쪽).

779) 이의현(李宜顯, 1669~1745): 조선 영조 때의 상신(相臣), 자는 덕재(德哉), 호는 도곡(陶谷), 시호는 문간(文簡), 본관은 용인(龍仁), 좌의정 세백(世白)의 아들. 어려서 총기가 좋아서 읽으면 모조리 기억하였고, 김창협(金昌協)에게 『논어』를 배워 자신을 충실히 하는 공부에만 힘쓰고 벼슬에는 뜻이 없었으나 아버지의 명령으로 전시(殿試)를 보아 5등으로 급제한 후 경종 때에 예·이조판서에 이르러, 1722년(경종 2) 세자를 세우고자 하던 4대신이 화를 입자 거기에 관련되어 운산

(雲山)에 귀양 갔다가 1725년(영조 1) 용서를 받고 우의정으로 있다가 1727년 (영조 3) 영조가 신하를 모두 몰아내는 통에 쫓겨났으며, 다음해 박필몽(朴弼夢) 등의 역란(逆亂)이 있자 판중추(判中樞)가 되어 난을 평정했고 후에 영의정이 되었다(이홍직 편, 『새국사사전』, 교학사, 2004, 1052~1053쪽).

780) 『조선왕조실록』에는 이 기록이 보이지 않는다.

781) 홍국영(洪國榮, 1748~1780): 조선 정조 때의 세도가. 자는 덕로(德老), 본관은 풍산(豊山), 감사 창한(昌漢)의 손자, 판돈령(判敦寧) 낙춘(樂春)의 아들. 1772년 (영조 48) 25세에 급제, 한림에 들어가 춘방설서(春坊設書)를 겸하였다. 때에 권신 정후겸(鄭厚謙)·홍인한(洪麟漢) 등이 동궁(東宮- 왕세손, 뒤의 정조)을 위협하매 이를 막아 무사히 왕위에 오르게 하였다. 그 공으로 정조의 총애를 입어 도승지(都承旨) 겸 금위대장(禁衛大將)에 임명되어 모든 정사는 그를 거쳐 사우(上奏)하고 결재하는 권한을 위임받는 한편, 누이를 정조에게 바쳐 원빈(元嬪)을 삼게 하고 궁중에 있으면서 소위 세도정치를 하였으니, 국가의 대신·원로(元老)들이나 서료(庶僚)들까지도 대궐에 들어가면 먼저 국영의 숙위소(宿衛所)에 들어가서 정치를 논의하였으며, 국영의 위세는 왕을 모욕할 정도였다. 그러나 뒤에 정조는 여론의 귀추와 김종수(金鍾秀)의 진언을 받아들여 국영의 벼슬을 빼앗고 강릉(江陵)으로 추방, 거기서 33세로 병사하였다(이홍직 편, 『새국사사전』, 교학사, 2004, 1530쪽).

782) 화완옹주(和緩翁主, 1738~1808)는 조선의 제21대 왕 영조와 영빈(暎嬪) 이씨(1696~1764)의 딸이다. 이름은 용완(蓉婉). 사도세자의 친동생이자 조선의 제22대 왕 정조의 고모이기도 하다. 정후겸은 그녀의 양자이다. 사도세자의 친동생이었으나 그의 정적이었고, 정조 즉위 후, 옹주 작위를 박탈당하고 서인으로 강등되어, 정 씨의 처라는 뜻의 정처(鄭妻)로 불렸다. 고종 때 가서야 복권되었다. 영조가 특히 총애하던 딸로, 영조와 선희궁 영빈 이씨의 딸이다. 사도세자의 친여동생이다.

1749년(영조 25) 7월 6일 소론의 거두 정휘량의 조카이자 이조판서와 우의정을 지낸 정우량(鄭羽良)의 아들 정치달(鄭致達)과 혼인하였다. 정우량은 우의정까지 지냈고, 사후에는 영의정에 추증되었다. 정치달과의 사이에서 딸을 낳았으나 일찍 죽었다. 남편을 일찍 여의자 시댁 일가의 아들인 정후겸(鄭厚謙- 정석달鄭錫達의 아들)을 데려다가 양자로 삼았다.

친오빠 사도세자와 사이가 좋지 않았던 화완옹주는 사도세자의 비행과 실수를 그대로 부왕 영조에게 고해바쳤다. 인원왕후의 상 때 인원왕후전 나인이었던 빙애를 후궁으로 취한 뒤, 영조의 추궁이 있자 사도세자는 빙애를 화완옹주의 처소에 숨겨두었다. 그러나 누군가에 의해 빙애의 존재가 영조에게 알려지게 되었다. 정조 즉위 후 양자 정후겸이 세손시절부터 정조를 제거하려 하여, 그는 정후겸과 함께 이른바 '『명의록』의 의리'에 반한 죄인으로 취급되어 몰락하였다. 양자 정후겸은 사사당하고 그는 옹주의 호를 삭탈당하고 서인으로 강등되어, '정치달의 처(정처鄭妻)'라고 불리게 된다. 처음에는 강화도 교동, 나중에는 육지인 경기도 파주로 유배되었으며 그 과정에서 여러 차례 대신들의 처벌 요구가 있었다. 그러나 정조는 이를 듣지 않다가 1799년(정조 23) 화완옹주의 죄를 없애고 용서하라는 하교를 내렸다. 1799년 3월 이후 화완옹주는 석방되어 궁에 들어와 살았으며, 순조대에도 화완옹주에 대한 탄핵이 있었으나 순조가 이를 윤허하지 않았다. 화완옹주는 영조의 여러 딸들 중에서도 가장 많은 사랑을 받아 영조는 옹주가 시집간

후에도 자주 그의 집에 거둥하였다. 또한 문과에서 장원을 차지한 정치달의 형 정원달에게도 많은 특혜를 하사하였으며, 1757년(영조 33) 정치달이 세상을 떠나자 곡반(哭班: 국상國喪때 곡하던 벼슬아치의 반열班列)을 하였고 이를 말리는 신하들을 파직하였다.

『순조실록』에는 1808년(순조 8) 5월 17일 삼사에서 올린 글에서 정치달의 처가 죽어 더 이상 죄를 묻지 않는다는 구절이 나온다[合啓, 鄭致達妻以物故, 停]. 즉 옹주의 사망일은 그 이전으로 사료되나 정확한 몰일을 파악할 수 없다. 다만 왕가의 전통상 졸기가 없고 무덤이 경기도 파주 유배지 인근이었던 것으로 보아 죽을 당시 죄를 완전히 벗지는 못했던 것으로 여겨진다. 화완옹주 및 정치달 묘는 경기도 파주시 문산읍 사목리에 있다. 2001년 12월 21일 파주시의 향토유적 제14호로 지정되었다(위키백과).

783) 정후겸(鄭厚謙, 1749~1776): 조선 영조 때의 문신. 자는 백익(伯益). 본래 해서(海西)의 상인(常人)집 정석달(鄭錫達)의 자식이었는데 영조의 제9녀 화완옹주(和緩翁主)가 데려다 아들로 삼았다. 성미가 교활하고 잔재주가 있어서 영조도 옹주와 같이 그를 아끼었으며, 문과에 급제, 벼슬이 참판에 이르렀다. 당시 홍봉한(洪鳳漢)·홍인한(洪麟漢) 형제가 오랫동안 국권을 잡고 조관(朝官)들을 맘대로 내쫓고 들여앉히고 하였으나 후겸의 세력이 일조에 왕성해지자 대신을 비롯한 상하 인물의 진퇴에는 반드시 후겸의 의견의 의견을 따르게 되었다. 이에 홍인한(洪麟漢) 일당도 후겸에게 가담하게 되었다. 동궁(東宮- 정조)이 내외 정무를 대청하여 국사를 바로 잡으려는 것을 미워한 정후겸·화완옹주·홍인한 등은 거짓말로 동궁의 신하들을 모함, 이들을 내쫓은 다음 동궁의 시청(視聽)을 현혹시키려고 꾀하였으며, 신하로서 도저히 입에 담을 수 없는 언사로써 협박하였다. 그러나 정조가 즉위하자 여러 신하들이 다투어 그들을 주살(誅殺)할 것을 청하여, 드디어 후겸은 경원(慶遠)에 귀양 가서 사사(賜死)되었다. 어머니 화완옹주도 사사(賜死)되었다(이홍직 편, 『새국사사전』, 교학사, 2004, 1216쪽).

784) 원문에는 정원겸(鄭原謙)으로 되어 있다. 원(原) 자는 후(厚) 자의 오식(誤植)이다.

785) 시벽론(時僻論): 1762년(영조 38) 장헌세자(莊獻世子- 사도세자思悼世子)의 폐위(廢位)·아사(餓死)를 중심으로 일어난 파당의 싸움. 세자의 억울한 무고를 받아 서인(庶人)이 된 후 뒤주 속에서 굶어 죽은 소위 임오사건(壬午事件)이 있자 세자에 동정하는 파와 세자를 더욱 공격하여 자기들의 허위보고를 합리화시키려는 파가 일어나게 되었다. 세자를 동정하는 파를 시파(時派)라 하였는데 그 대부분이 남인(南人) 계통이었다. 이에 따라 사색당쟁(四色黨爭- 남소남북老少南北)은 더욱 악화되었다. 영조가 돌아가고 정조(장헌세자莊獻世子의 아들)가 즉위하자 억울하게 죽은 아버지의 죽음을 슬퍼한 나머지 자연히 시파를 가까이 하고 벽파를 멀리 하였다. 그러다가 정조가 죽고 어린 순조(純祖)가 즉위, 영조의 계비(繼妃)인 김 씨(金氏- 벽파계辟派系)가 섭정(攝政)하게 됨에 따라 벽파가 자연히 정권을 잡고는 시파를 억누르게 되었다. 1801년(순조 1)에 일어난 신유사옥(辛酉邪獄- 辛酉年天主敎迫害事件)은 천주교가 우리나라의 고유 전통과는 다르다는 의미에서도 그 박해가 일어났지만, 그보다도 시파를 이루고 있는 남인 계통에 대부분 천주교 신자 내지(乃至) 천주교를 연구하는 학자들이 많았다는 의미에서 탄압이 컸다. 이 사건은 시파 벽파의 싸움이 빚어낸 하나의 예(例)에 불과하지만 이러한 치열한 싸움이 종전의 사색당쟁에 배가(倍加)되어 조선 말기의 정치를 더욱 어지럽게 하였다(위키백과).

786) 심환지(沈煥之, 1730~1802): 조선 정조 때의 상신. 자는 휘원(輝元), 호는 만포

(晚圃), 시호는 충헌(忠憲), 본관은 청송(青松), 교리 태현(泰賢)의 손자이며 진(鎭)
의 아들. 어머니는 부사 김이복(金履福)의 딸이다. 1771년(영조 47) 문과에 급제,
규장각 제학, 병·이조판서를 거쳐, 1799년(정조 23) 좌의정에 이르렀다. 어려서
가세가 극빈하였으나 지조를 잃지 않았고, 오흥(鰲興)부원군 김한구(金漢耉)의 아
들 구주(龜柱, ?~1725)와 가까이 지냈으며 순조가 즉위하고 왕비가 수렴첨정할
때 나라의 대권을 맡겼으나 둔재 무능하여 실정을 하였으며, 다만 검소하다는 평
을 들었을 뿐이다(이홍직 편, 『새국사사전』, 교학사, 2004, 758쪽).
787) 탈리앵, 장 랑베르(Tallien, Jean-Lambert, 1767~1820): 프랑스 혁명 지도자
이자 정치가이다. 애인을 구하기 위해 테르미도르의 쿠데타에서 활약한 것으로
알려져 있다.
　　1767년, 파리에서 여관집 아들로 태어나 교육을 받고 변호사의 비서가 되었다.
열성적인 혁명 지지자로 초기부터 자코뱅파의 일원이 되었으며, 1791년 자신도
회보 『시민의 친구』를 발간하여 유명해졌다. 1792년 8월 10일 튈르리 궁전 습격
에 참가하여, 파리 코뮌의 서기로 취임하였다. 9월 학살에도 관여했으며, 국민 공
회 의원으로 선출되었다. 국민 공회에서는 산악파에 속해 국왕의 처형에 찬성했
으며, 지롱드파에 대한 공격을 지휘한다.
　　1793년 9월 보르도에 파견되어, 반혁명파에 대한 숙청을 단행했다. 이때, 원래
후작 부인이었던 테레즈 카바루스와 만나 연인 관계가 된다. 그녀에게 영향을 받
아 탄압을 그치고 로베스피에르를 노리게 된다. 테레즈가 투옥되었을 때 그녀와
옥중에서 편지를 주고받았다. 탈리앵은 자신의 안위와 그녀의 목숨을 구하기 위
해, 폴 바라스 등에게 초대되어 테르미도르의 쿠데타에 참가를 결의한다. 협의한
대로 국회 단상에 올라가면 단도를 휘두르면서 "폭군을 타도하라!"고 로베스피에
르를 고발하는 연설을 했다. 그 솔선수범 활약으로 로베스피에르 실각시키는데
결정적인 역할을 했다.
　　쿠데타를 끝내고 1794년 12월에 테레즈와 결혼하고, 주위의 축복을 받았다. 청
년대를 선동하여 자코뱅 클럽을 습격하고, 이것을 폐쇄한다. 혁명재판소의 폐지와
지방에 파견되어 반란을 일으키려고 하는 왕당파를 대량 처형한다. 그러나 그는
온건파에서도 급진파도 인기가 없었고 1년도 되지 않아 권력을 잃게 되었다. 총
재 정부 때는 오백의원이 되었다.
　　사태를 타개하기 위해 나폴레옹의 이집트 원정 조사단에 경제 담당으로 참가
해고, 귀환 때 영국군에 사로잡혀 런던에 연행된다. 테레즈는 결혼하고 나서도 자
유분방하게 행동하는 탈리앵에게 싫증을 느껴 그녀는 바라스의 애인이 되어 있었
다. 1802년에 탈리앵이 마침내 귀국했지만, 이혼을 했다. 이후 1806년 간신히 공
직을 얻은 적도 있었지만, 열병으로 한쪽 눈을 실명하고 실의에 빠져 파리에서
여생을 보낸다. 1820년 가난 속에 쓸쓸히 세상을 떠났다(위키백과).
788) 김윤식(金允植, 1841~1920): 조선 말기의 고관, 학자. 자는 순경(洵卿), 호는
운양(雲養), 본관은 청풍. 익태(益泰)의 아들. 유신환(兪莘煥, 1801~1859)에게서
배우고 학문에 통달하여 1874년(고종 11) 문과에 급제, 1881년(고종 18) 영선사
(領選使)로 청국 천진(天津)에 파견됐다. 1882년(고종 19) 대원군의 집정을 배척
하는 민 씨 일파와 결탁하고 이홍장(李鴻章)에게 원조를 청하여 청병 4,500명을
오장경(吳長慶)의 지휘 하에 한국에 보내니 이들이 와서 대원군을 잡아 가고 부
단히 내정을 간섭하려 들었다. 1884년(고종 21) 전권대사의 자격으로 러시아와

통상조약을 체결, 1894년(고종 31) 갑오경장 이후 김홍집(金弘集) 내각의 외부대신이 되어 개혁정치에 힘쓰다가 친일파로 몰려 10년간 귀양살이를 하고 1910년 한일합방 조인에 가담하여 후에 일본 정부로부터 자작(子爵)을 받았다. 그러나 1919년 3·1독립운동에 동조하여 작위를 반환하고 동포들로부터 신망을 얻었다. 본래 이름 높은 석학(碩學)이라 일본 학사원의 회원이었으며 많은 저서를 남겼다(이홍직 편, 『새국사사전』, 교학사, 2004, 256쪽).

789) 양녕대군(讓寧大君, 1394~1462): 조선 전기 제3대 태종의 첫째아들인 왕자. 이름은 이제(李禔). 자는 후백(厚伯). 태종의 장남이고, 어머니는 여흥 민씨로 민제(閔霽, 1339~1408)의 딸이며, 부인은 광주 김씨(光州金氏)로 김한로(金漢老)의 딸이다. 1404년(태종 4) 왕세자로 책봉되었다. 그러나 자유분방한 성품의 소유자였기 때문에 왕세자로서 지녀야 할 예의범절이라든가, 딱딱한 유교적인 교육이나 엄격한 궁중 생활에 잘 적응하지 못하였다. 오히려 남몰래 궁중을 벗어나서 사냥을 하는 등의 자유분방한 풍류 생활을 더 즐겼다. 이와 같은 품행은 부왕인 태종의 눈에도 걱정스럽게 비쳤으며, 엄격한 유학자들에게도 비판의 대상이 될 수밖에 없었다. 태종은 몇 차례 군왕으로서 지녀야 할 덕행을 닦도록 타이르기도 하고, 때로는 심한 벌을 주기도 했으나, 끝내 부왕의 요구에 부응하지 못하였다. 그리하여 결국 1418년(태종 18)에 유정현(柳廷顯) 등의 청원으로 폐위되고, 왕세자의 지위에는 동생이며, 뒷날 세종이 된 충녕대군(忠寧大君)이 책봉되었다. 그런데 양녕대군이 왜 그러한 파격적인 행동을 했으며, 세자의 지위를 잃게 되었는지 아직까지 자세히 알려져 있지 않다. 동생인 세종이 즉위한 뒤에도 세종과 매우 우애가 깊었다고 한다. 그러나 과거의 왕세자였고 현재 왕이 동생이라는 점 때문에, 일거일동이 세밀한 관찰의 대상이 되어 번번이 그것도 수십 차례에 걸쳐 탄핵되었다. 하지만 세종의 각별한 배려로 처벌을 받은 적은 없었다. 이러한 특이한 생애는 후세 사람들의 많은 사랑을 받았던 듯하며, 재미있는 일화도 적지 않다. 특히 시와 서에 능하였다. 시호는 강정(剛靖)이다. 아들 셋과 딸 넷을 두었다([출처: 양녕대군(讓寧大君)-한국민족문화대백과사전]).

790) 사육신(死六臣): 조선 전기 단종의 복위를 도모하다가 발각되어 죽은 6명의 관리.
박팽년(朴彭年)·성삼문(成三問)·이개(李塏)·하위지(河緯地)·유성원(柳誠源)·유응부(兪應孚) 등 여섯 사람을 말한다. 사육신 사건으로 김문기(金文起)·박쟁(朴崝)·권자신(權自愼)·성승(成勝)·윤영손(尹令孫)·허조(許慥) 등 많은 사람이 연루되어 참혹한 죽음을 당하였다. 그리고 세조는 이 사건에 집현전학사 출신이 주동이 되었다 하여 집현전을 혁파하였다. 단종을 몰아내고 세조로 즉위한 수양대군은 세종의 둘째 왕자로 야심만만한 호걸이었다. 수양대군은 문종이 죽고 13세의 어린 나이로 단종이 즉위하자, 왕위에 야심을 품고 정인지(鄭麟趾)·신숙주(申叔舟)·한명회(韓明澮) 등을 당여(黨與)로 삼고는 호시탐탐 기회를 노리고 있었다. 이에 먼저 고명대신(顧命大臣)인 영의정 황보인(皇甫仁), 좌의정 김종서(金宗瑞) 등을 살해한 다음, 1455년(단종 3) 6월 드디어 단종을 몰아내고 왕위를 빼앗았다. 세조의 잔인한 왕위 찬탈에 분개한 6신을 비롯한 많은 문무신은 단종 복위를 결의하였다. 마침 세조가 상왕(上王: 단종)을 모시고 명나라 사신을 창덕궁에 초청하는 자리에서 성승(성삼문의 아버지)과 유응부를 별운검(別雲劍)으로 임명하자 곧 그 자리에서 거사, 세조와 측근 관료들을 제거하고 상왕을 복위시키기로 계획하였다. 그러나 한명회의 주장으로 장소가 협소하다 하여 세조가 연회 당일에 별운검을 폐지하도록 명하고 또 왕세자도 질병 때문에 연회 자리에 나오지 못하게 되자, 박팽년과 성삼문의 주장으로 거사를 미루게 되었다. 이때 단종 복위에 참여했던 사예(司藝) 김질(金礩)이 장인 정창손(鄭昌孫)에게 이 사실을 알리니 정창손이 즉시 김질과 함께 대궐로 가서 반역을 고발하였다. 세조는 이들을 직접 국문(鞠問: 신문)하였다. 이에 박팽년・성삼문・이개・하위지・유응부 등이 차례로 국문을 당했으나 모두 늠름한 태도로 공초(供草: 신문한 조사서)에 승복하였다. 박팽년은 옥에서 죽고 유성원과 허조는 거사 실패의 소식을 듣고 집에서 자결하였다. 이들은 옥이 일어난 지 7일 만인 6월 9일의 단기간에 모두 군기감(軍器監) 앞에서 처형되었다. 단종 복위 운동의 주모자가 꼭 사육신이라고 단정할만한 자료는 나오지 않는다. 다만 추국(推鞠) 과정에서 주모자로 생각될만한 사람이 드러나고 있을 뿐이다. 즉, 김질이 고변할 때 성삼문의 말이라 하여 모의자로서 금성대군・성삼문・이개・하위지・유응부를 들었고, 성삼문이 잡혀와 첫 번 국문 때 박팽년・이개・하위지・유성원이 같이 모의했다 하고 이 계획을 알고 있는 자는 유응부와 박쟁이라고 말하였다. 박팽년의 공초에서는 성삼문・하위지・유성원・이개・김문기・성승・박쟁・유응부・권자신(權自愼)・송석동(宋石同)・윤영손・이휘(李徽)・박중림(朴仲林) 등 13인이 모의한 것을 자백하고 있다. 또, 김문기는 도진무(都鎭撫)의 직책을 가지고 있음을 들어 박팽년과 성삼문에게 "그대들은 궐내에서 성사하고 나는 밖에서 군대를 거느리고 기다리겠다"는 말이 보이고 있지만, 주모자임이 확실한 성삼문과 박팽년을 제외하고 사육신이 꼭 누구라고 단정하기는 어렵다. 사건 5일 만에 그 전모를 밝힌 공식 명단에서 이개・성삼문・박팽년・하위지・유성원・박중림・권자신・김문기・성승・유응부・박쟁・송석동・최득지(崔得池)・최치지(崔致池)・윤영손・박기년(朴耆年)・박대년(朴大年) 등 17인이 몰래 반역을 도모했다고 발표하였다. 그러나 순서대로 여러 사람의 이름만 거론했을 뿐, 역시 사육신이 누구인지는 확실히 나타나 있지 않다. 단종 복위 계획의 주동자가 육신으로서 확실히 기록에 처음 보이는 것은 남효온(南孝溫)의 『추강집(秋江集)』에 나오는 「6신전(六臣傳)」이다. 여기에는 박팽년・성삼문・이개・하위지・유성원・유응부의 순서로 6신의 이름이 명백히 밝혀져 있다. 남효온은 생육신(生六臣)의 한 사람으로서 6신의 옥이 일어날 때에는 겨우 두 살밖에 안 된 어린 나이였지만, 그 뒤 세조의 즉위를 불의로 얼룩진 찬탈 행위로 규정하고 세조를 비난, 생육신의 한 사람이 되었다. 또 1478년(성종 9) 4월에는 소릉(昭陵: 단종의 어머니 현덕왕후(顯德王后)의 능 복위를 청하는 소를 올렸다. 남효온은 또한 <조의제문(弔義帝文)>을 지어 무오사화의 도화선을 만든 김종직(金宗直)의 제자이며, 소릉 복위를 청한 죄로 부관능지(剖棺陵遲)의 극형을 당하였다. 남효온이 사육신의 명단을 어디서 취했는지 확실히 알 수는 없지만, 아마 단종 복위 운동이 실패해 큰 옥이 벌어지고 단종마저 영월로 귀양 가 피살되자, 이 사건을 은밀히 동정하던 사람들에 의해 사육신의 이름이 입으로 전해 내려온 것을, 사종(師宗)인 김종직(金宗直)이나 종유(從遊)인 김일손(金馹孫)으로부터 확인해 남효온의 문집에 수록한 것이 아닐까 생각된다. 중종반정 후 사림파의 절의(節義) 문제는 그 당시 조신들로부터 국력 배양면에서 거론되었다. 즉, 성삼문과 박팽년 등의 일은 난신(亂臣)이라는 죄명을 벗기고 충신으로 평정하기를 건의하는 상소가 나오기 시작하였다. 또, 1511년(중종 6) 3월에 그동안 발간이 금지되었던 『추강집(秋

江集)』이 인출되어 세상에 나오게 된 것은 사육신 문제가 정치적으로 공인되는 동기가 되었다. 그리하여 이로부터 34년이 지난 1545년(인종 1) 4월에 경연에서 시강관 한주(韓澍)의 입으로 『추강집(秋江集)』에 나오는 사육신의 이름을 그대로 들고 그들의 충절을 거론했으며, 이 사실은 곧 『인종실록(仁宗實錄)』에 수록되기에 이르렀다. 그 뒤 사육신 문제는 선조 때에 조상(세조)을 무욕(誣辱: 거짓으로 욕되게 함)하는 허황된 일이므로 기휘(忌諱: 꺼리어 삼가거나 감춤)에 저촉된다 하여 수난을 겪을 뻔했으나, 영의정 홍섬(洪暹)의 지극한 간청으로 큰 일은 벌어지지 않았다. 그러나 시대가 변하고 점점 이 문제가 올바로 인식되어감에 따라 1691년(숙종 17) 12월에 이르러 사육신을 정식으로 국가에서 공인, 복관시키고 묘우(廟宇)를 만들어 제사지내게 하였다. 1791년(정조 15) 2월에는 절의 숭상의 범위를 더 넓혀 단종을 위해 충성을 바친 여러 신하들에게 <어정배식록(御定配食錄)>을 편정(編定)하였다. 즉, 육종영(六宗英)·사의척(四懿戚: 송현수宋玹壽를 비롯한 4인의 외척)·삼상신(三相臣: 황보인·김종서·정분鄭苯 등 3정승)·육신(六臣: 성삼문·이개·유성원·박팽년·하위지·유응부)·삼중신(三重臣: 민중閔仲·조극관趙克寬·김문기)·양운검(兩雲劍: 성승·박쟁) 등으로 구분 선정해 정단배식인원(正壇配食人員)을 32인으로 편정하고 있다. 이 <어정배식록>은 정조가 내각과 홍문관에 명령, 『세조실록(世祖實錄)』을 비롯한 국내의 참고 문헌을 널리 고증하게 하여 신중히 결정한 국가적인 의전이었다. 이와 같이 사육신 문제는 오랜 기복(起伏)을 거듭한 끝에 국가의 공식적인 인정을 받아 오늘에 이르렀으며 국민들에게 숭앙의 대상이 되어왔다([출처:사육신(死六臣)-한국민족문화대백과사전]).

791) 건저(建儲): 왕의 후계자(後繼者) 즉 왕세자(王世子) 또는 황태자(皇太子)를 세우는 것을 말한다(이홍직 편, 『새국사사전』, 교학사, 2004, 48쪽).

792) 장미전쟁(薔薇戰爭 War of the Rose, 1455~1485): 영국의 대봉건 귀족인 랭카스터와 요크 양가(兩家) 사이의 왕위 계승 문제를 둘러싼 귀족의 내란. 30년간 산발적으로 계속되었으며, 상공업이 발달한 선진 지방(先進地方)은 요오크가를, 북부 웨일즈의 후진 지방은 랭카스터가를 지지했다. 귀족들 간의 싸움으로 대귀족의 자멸(自滅)을 촉진시켰으며, 튜더 절대 왕정(絶對王政)을 탄생시켰다. 당시 랭카스터가(家)의 헨리 6세는 신병으로 국사를 귀족의 손에 맡겼으므로, 정권을 둘러싸고 랭카스터가의 서머세트 공(公)과 요오크가의 리처드 공 사이에 싸움이 벌어졌다. 1453년, 요오크공은 호민관(護民官) 겸 방위관(防衛官)이 된 뒤, 서머세트 공을 런던 탑에 유폐하고 요직을 자파(自派)에서 독점하였으나 1년 후에 실각하였다. 이어 서머세트 공이 부활하자, 자파의 위험을 느껴 1455년 전쟁을 일으켰다. 요오크가는 백장미, 랭카스터가는 분홍 장미를 그 휘장으로 쓴 데서 이 이름이 나왔다. 5월 22일의 최초의 싸움에서 서머세트 공이 전사하고, 1460년 노오댐프턴의 싸움에서 승리한 요오크 공은 왕 사후의 계승권을 획득했다. 그러나 동년 웨이크피일드 싸움에서 요오크 공이 전사하고, 그의 아들 에드워드가 타우튼 싸움에서 랭카스터를 철저히 부순 후, 에드워드 4세로서 대관(戴冠)하였다. 그 후 워리크 백(伯)의 배반으로 일시 프랑스로 망명하였다가, 1471년에 돌아와 헨리 6세를 죽이고 지위를 확보한 후, 의회도 소집하지 않고, 강제 헌금(獻金)과 몰수지 수입(沒收地收入)으로 재정을 꾸려 나가면서, 상인 계급(商人階級)의 지지를 얻어 중상주의 정책을 취했다. 에드워드 4세 사후, 그 아우 글로스터 공(公) 리처드는 어린 조카 에드워드 5세와, 그 아우 리처드를 죽이고 왕위에 올라 리처드 3세라

칭했으나, 인심을 잃어 내분을 초래했다. 이때 프랑스에 망명 중이던 헨리 6세의 왕위 계승권자 리치먼드 백(伯) 헨리튜더는, 1485년 8월 웨일즈에 상륙하여 보즈워어드 평야 싸움에서 리처드 3세를 패사시키고 즉위하여 헨리 7세가 되고, 1486년 요오크가의 엘리자베드와 결혼함으로써 양가의 전쟁은 종결을 보았다. 이로부터 튜더 왕조가 시작되는데, 이 전쟁은 백년 전쟁에 이어 많은 귀족과 기사의 세력을 꺾었으므로 왕권의 신장을 보게 되어 이후 영국은 절대주의 시대로 들어갔다(조의설편,『세계사대사전』, 민중서관, 1976, 959쪽).

793) 대마도정벌(對馬島征伐): 고려 말 조선 초에 왜구를 근절시키기 위해 대마도를 정벌한 일.

왜구는 13세기부터 16세기에 걸쳐 한반도와 중국 연안에서 활동한 일본인의 해적집단을 총칭하는 것으로서, 여말선초 약 70년간 우리나라 연안 각지에 침입하였다. 특히 고려 말의 약 40년간은 왜구가 창궐해 피해가 극심하였다. 이에 고려는 사절 파견, 성보(城堡) 수축, 수군 증강, 화기 개발 등의 왜구의 근절책을 세웠으나 끝내 성공하지 못하였다. 고려 말의 장군 출신이었던 태조 이성계(李成桂)는 왜구의 피해를 잘 알고 있었기 때문에, 즉위 초부터 왜구대책에 부심해 이를 방어하는 한편, 흥리왜인(興利倭人: 商倭)과 귀화왜인을 우대하는 등 유화정책(宥和政策)을 썼다. 그러나 침입이 계속되자 그들의 근거지인 대마도를 정벌하게 되었다. 대마도는 본래 신라에 소속되었으나 차차 왜인들이 들어와 거주하게 되면서 일본 땅이 되었다. 대마도주는 소씨[宗氏]로서, 일본사에 의하면 가마쿠라막부시대[鎌倉幕府時代: 고려 고종시대] 지쿠젠주[筑前州: 福岡]의 다사이부소이[太宰府小貳] 무토[武藤]가 그의 가신 소[宗尙重]를 대마도에 보내어 이를 점령하고, 그를 수호대(守護代)로 삼았기 때문에 이후 소씨가 대대로 대마도를 관리하게 되었다고 한다. 대마도는 인구가 적고, 농토가 매우 척박해 농사에 적합하지 않아 기근을 면하기 어려운 곳이었다. 더구나, 당시는 일본 국내의 내환으로 정상적인 교역을 통한 식량의 구입이 어려운 상태였다. 또한 몰락한 무사와 농민 등 빈민이 증가해 비상수단에 의한 물자 공급이 요청되었다. 이러한 이유로 대마도를 비롯한 삼도(三島 : 對馬·壹岐·松浦地方)가 왜구의 근거지가 되어 중국과 한반도에서 약탈을 감행하였다. 대마도정벌에는 고려 말 조선 초의 수군 확충과 화기 발달이 있었기에 가능하였다. 즉, 고려는 초기부터 수군을 양성했고, 현종 때는 동여진 해적을 막기 위해 도부서(都府署)를 설치, 전함을 건조하는 등 조직과 군비를 강화하였다. 고려 말에는 도부서를 사수서(司水署)로 개편, 전함들을 건조하는 등 수군을 재정비하였다. 조선도 수군을 강화해 세종 때는 총 72곳에 829척의 병선과 5만 169명의 기선군(騎船軍)을 보유하게 되었다. 화기는 1377년(우왕 3) 최무선(崔茂宣, ?~1395)이 화통도감(火㷁都監)을 설치, 20여 종을 제조하였다. 나세(羅世)·최무선 등의 진포싸움과 정지(鄭地, 1347~1391)의 남해대첩에서는 이들 화포를 전함에 배치, 왜구를 섬멸하였다. 화약과 화기는 태종 때 최무선의 아들 최해산(崔海山)이 군기주부가 되어 더욱 개발, 대마도정벌에 많은 효과를 보았다.

첫 번째의 대마도 정벌은 1389년(창왕 1) 2월 박위(朴葳)에 의해 이루어졌다. 우왕의 재위 14년 동안 378회나 침입한 왜구의 소굴이 대마도라고 생각하였다. 1387년 왜국 격멸에 큰 공을 세운 정지가 건의한 바 있었으나 채택되지 않았다. 그러나 정벌을 결행할 때까지 꾸준히 준비된 것으로 보인다. 이때 동원된 군대의 규모·장비는 자세히 알 수 없으나 전함이 1백 척 이상 되었던 것으로 보아, 1만 정도의 군대가 동원되었을 것이다. 박위는 대마도에 도착해 왜선 3백여 척과 가까운 언덕에 있는 관사와 민가를 다 불태웠다. 또, 원수 김종연(金宗衍)·최칠석(崔七夕)·박자안(朴子安) 등과 함께 공격을 감행, 고려인 남녀 1백여 인을 데리고 돌아왔다. 이 정벌에 대한 기사는 너무 간략해 자세한 내용은 알 수는 없다. 그러나 전과가 컸던 것으로 보아 왜국의 피해도 매우 컸던 것으로 짐작된다. 한편 이들의 개선은 왜국에 대한 자신감을 갖게 하였다. 이에 창왕도 그의 공을 찬양하고 큰 상을 내렸으며, 그 뒤 공양왕 때 왜구가 많이 줄어들고 유구국(琉球國)에서 사신을 보내온 것도 모두 대마도 정벌의 영향이라 할 수 있다. 조선의 대마도정벌은 1396년(태조 5)과 1419년(세종 1)에 있었다. 태조는 향화왜인(向化倭人=귀화왜인歸化倭人, 투화왜인投化倭人)*과 사절의 내왕을 환영하면서, 한편으로는 왜국에 대한 소탕과 변경의 방어를 엄중히 하였다. 그러나 사절·향화왜인·흥리왜인(興利倭人=상왜商倭, 판매왜인販賣倭人, 조선 전기에 해마다 부산 등 조선을 오가며 무역에 종사하던 일본인)**의 내왕이 빈번해진 반면, 침입도 1393년부터 1397년까지 모두 53회나 되었다. 정벌의 발단은 특히, 1396년 8월 9일 경상도에 침입한 왜구는 120척으로 동래·기장·동평성을 함락, 병선 16척을 탈취하고 수군만호를 살해하였다. 또, 같은 달 18일 통양포에, 23일 영해성을 침략했으며, 11월에도 5회나 침입하는 등 이해에만도 13회나 침입함으로써 이에 대한 강력한 응징책이 필요했던 것이다. 이에 태조는 12월 3일 우정승 김사형(金士衡, 1332~1407)을 5도병마도통처치사(五道兵馬都統處置使)에 임명하고, 남재(南在, 1351~1419)를 도병마사, 신극공(辛克恭, 1353~1423)을 병마사, 이무(李茂, ?~1409)를 도체찰사(都體察使)로 삼아 5도의 병선을 모아 이키도[壹岐島]와 대마도를 정벌하게 하였다. 이때 동원된 5도 병선의 수와 군대의 규모나 정벌의 결과 등에 대한 기록이 없어 자세한 내용을 알 수 없다. 한편 많은 왜구들이 투항하고 추운 날씨가 계속되었던 점을 주목해 실행단계에까지 이르지는 못한 것으로 보기도 한다. 김사형이 1월 30일에 돌아올 때까지 약 2개월간의 사정이 분명하지 않기 때문이다. 그러나 1419년(태조 7) 이종무(李從茂)의 대마도정벌이 주원방포(周原防浦)를 출발해 거제도로 귀환할 때까지 14일 걸린 것을 미루어보면 김사형이 그 동안에 대마도를 정벌한 것으로 볼 수 있다. 더욱이, 김사형이 귀환할 때 태조가 친히 흥인문 밖까지 나가 노고를 치하했고, 서대(犀帶)를 하사했다는 기록을 보면 이때의 정벌을 확인할 수 있다. 이 정벌은 반드시 성공했다고는 볼 수 없으나 조선 최초의 대마도정벌이었다는 데 의의가 크다. 왜구를 근절시키고 이들을 평화적 내왕자로 만든 것은 1419년(세종 1)의 기해동정(일본에서는 應永의 外寇라 함)이었다. 1398년 1월 대마도의 사절이 조하(朝賀)에 참예한 이후 거의 매년 와서 예물을 바치고, 대가로 쌀과 콩을 받아 갔다. 이들 사절은 도주 소[宗貞茂]와 그 아들 및 도내의 각포만호(各浦萬戶)가 보낸 자들이었다. 이에 따라 상인들도 급증해 항구에 돌아다니며 무역을 하자 여러 가지 폐단이 생기게 되었다. 이에 부산포(釜山浦)와 내이포(乃而浦)에 한해 출입하도록 하고, 그것도 행장(行狀: 통항증명서로 文引 또는 路引이라고도 함)을 소지한 선박에 한해 기항하도록 하였다. 따라서 이 지역에는 많은 왜인이 거주하였고, 그들 가운데에는 풍기를 문란하게 하거나, 국가의 허실을 살피는 자도 있었다. 그리하여 1418년(태종 18) 3월 경상도의 염포(鹽浦)와 가배량(加背梁)에 왜관을 설치하고 왜인을 분치시켰다.

이렇게 왜인에게 편의를 제공했으나 왜구의 침입은 계속되어 태종 때에는 작은 규모였지만 60여 회나 되었다. 그러나 대마도주 소는 조선의 요구에 응해 흥리왜선을 통제하고, 왜구를 금하는 노력을 했기 때문에 정벌을 계획하지는 않았다. 소가 죽은 후 아들 소[宗貞盛, 都都熊丸]가 아버지의 직을 이었으나, 도내의 실권은 산미(三味多羅: 대마도 만호 혹은 早田萬戶라 함)가 장악하고 있었다. 그는 여러 번 조선과 통교한 적도 있지만, 왜구의 두목으로 동족과 함께 도내에 일대 세력을 형성하고 있었다. 그런데 기근이 들어 생활이 궁핍해지자, 대마도의 왜적이 명나라에 약탈하러 가는 도중 조선의 연안을 약탈하게 되었고, 이것이 계기가 되어 기해동정이 결행되었다. 태종은 재위 18년 만에 세종에게 양위하고 정치의 일선에서 물러났다. 그러나 군무(軍務)만은 계속하고 있었으며, 기해동정도 태종에 의해 시행된 것이었다. 동정의 직접적인 원인은 1419년(세종 1) 5월 5일 왜선 39척이 명나라에 가던 도중 비인현(庇仁縣) 도두음곶(都豆音串)을 침탈한 때문이었다. 이 싸움에서 병선 7척을 잃었고, 도두음곶 만호 김성길(金成吉)와 그의 아들, 아군의 태반이 전사하는 등 피해가 컸다. 같은 달 12일 왜선 7척이 해주를 침입, 약탈했고, 13일 황해도조전절제사 이사검(李思儉) 등이 병선 5척으로 왜구를 토벌하러 갔다가 해주 연평곶(延平串)에서 적선 38척에 포위되어 식량을 요구받는 등 대규모의 왜구가 연안을 침입하였다. 이에 태종은 14일 대신회의를 열고 대마도 정벌을 결정하였다. 이종무를 3군 도체찰사(都體察使)로 임명해 중군을 거느리게 하고, 우박(禹博)·이숙무(李叔畝)·황상(黃象)을 중군절제사로, 류습(柳濕)을 좌군도절제사로, 박초(朴礎)·박실(朴實)을 좌군절제사로, 이지실(李之實)을 우군도절제사로, 김을화(金乙和)·이순몽(李順蒙)을 우군절제사로 삼아 경상·전라·충청의 3도 병선 2백 척과 기선군정(騎船軍丁)을 거느려 왜구가 돌아오는 길목을 지키게 하였다. 그리고 6월 8일 각 도 병선을 견내량(見乃梁)에 모이도록 하는 한편, 영의정 류정현(柳廷顯, 1355~1426)을 3군도통사로 삼아 경상도에 가서 이를 총감독하게 하였다. 또, 정벌에 앞서 조선에 거주하고 있던 왜인에 대한 조처를 취하였다. 즉, 대마도주의 사신을 함길도(咸吉道)로 보내고, 흉악한 왜인 21명의 목을 베었으며, 경상도에 거주하던 왜인 591명을 경상도에 355명, 충청도에 203명, 강원도에 33명을 분치시켰다. 이때 죽은 자와 자살한 자가 136명에 이르렀다. 이와 같이, 준비를 마친 다음 이종무는 9절제사를 거느리고 정벌길에 올랐다. 그때 동원된 병선은 모두 227척이며, 군사는 1만 7285인으로 65일간의 식량을 준비하였다. 정벌군은 6월 19일 주원방포를 출발, 20일에 먼저 10여 척이 대마도에 도착하였다. 이에 이종무는 지문(池門·望沙門: 태조 때 항복해 귀화한 자)을 시켜 도주 소에게 글을 보내어 항복을 권했으나 대답이 없자, 정벌군은 길을 나누어 수색하였다. 그 결과 적병 114명을 참수, 21명을 포로로 했으며, 1,939호의 가옥을 불태웠다. 또한, 129척의 선박을 노획해 쓸만한 것 20척만 남기고 나머지는 모두 태워버렸으며, 131명의 중국인을 찾아내는 등의 전과를 올렸다. 또, 이종무는 적이 내왕하는 중요지점에 책(柵)을 세워 오래 머무를 뜻을 보여주고, 29일 두지포(豆知浦)를 수색해 가옥 68호와 선박 1척을 태우고, 적병 9명을 참하고 중국인 15명과 본국인 8명을 찾아내었다. 한편, 이로군(尼老郡)에서 좌우군을 이끌고 수색하던 좌군절제사 박실이 복병을 만나 편장 박홍신(朴弘信)·김해(金諧) 등 장수와 군사 백수 십 인이 전사하였다. 일본사료『조선통교대기(朝鮮通交大紀)』에는 이때 아군 1,500인을 죽이고, 배를 불살랐다고 하나, 과장된 말이라 하겠다. 이러한 박실의 패전이 있은 데다가 대마도주 소는 아군이 오래 머무를까 두려워서 퇴사(退師)해 수호하기를 애원하므로 7월 3일 거제도로 철군하였다. 동정(東征) 이후 대규모의 왜구가 없어지고, 평화적 내왕자로 변하게 되었다. 또한, 그들의 죄는 묻고, 약탈행위를 방지하고자 한 정벌의 본래 목적은 이루어진 것으로 볼 수 있다. 기해동정은 왜구에 대한 조선의 태도가 능동적으로 변한 것을 의미하며, 또 강력한 무력 시위로 왜인들에게 적지 않은 위협을 준 것도 사실이다. 그러나 같은 해 7월 3일 왜구가 재침하므로 다시 정벌에 대한 논의가 있었으나 중지하였다. 대마도주는 1420년 정월 지오(時應界都)를 보내어 항복의 뜻을 전해왔다가 뒤에 번복하자, 같은 해 11월 항복하지 않으면 다시 정벌하겠다는 뜻을 전하였다. 그러나 이것은 그들로 하여금 성심껏 귀순하도록 하는 데 목적이 있었으므로 실행되지는 않았다. 또한 1421년 4월 대마도주가 통상을 허락해 주도록 애원하자, 왜구를 평화적 내왕자로 바꾸기 위한 정책으로 그들의 요구를 받아들였다. 이와 같이, 기해동정은 왜구를 종식시킨 결정적인 사건이었다. 동정 후 즉시 왜구가 근절된 것은 아니지만, 이를 계기로 대마도를 비롯한 서부 일본 각지의 도둑들이 차차 평화적 내왕자(商倭·客倭)로 변하게 되었다. 고려 말 조선 초에 3차에 걸친 대마도 정벌은 수십 년간 계속되던 국가의 근심을 제거했을 뿐 아니라, 대일외교사상에 새로운 전기를 마련했다는 점에서 역사상 의의가 크다고 할 것이다([출처:대마도(對馬島)-한국민족문화대백과사전]).

....

* 향화왜인(向化倭人): 조선 전기의 향화 왜인은 왜구의 토벌에 종군하였거나 조선에 침입하였던 적왜를 붙잡아 오는 일, 왜구 및 일본의 정세를 조선에 제공하여 왜구의 침입에 대비하도록 하는 등 왜구의 침입을 사전에 방지 억제하는데 커다란 역할을 하였다. 또한 사절의 왕래 및 사행의 호송, 의술·조선술·제련술을 전수하는 등 매우 다양한 역할을 수행하였다. 이런 점에서 볼 때 향화 왜인은 왜구 문제를 해결하고 일본과 우호적인 외교 관계를 유지하는 데 큰 의의가 있다고 할 수 있다(집필 한문종, 부산역사문화대전).

....

** 흥리왜인(興利倭人): 조선 정부는 1407년(태종 7) 흥리 왜선이 정박할 수 있는 포구를 부산포(富山浦)[부산]와 내이포(乃而浦)[제포(薺浦), 진해] 2개소로 제한하고 이곳에서만 무역을 할 수 있도록 했으며, 왜구와 구별하고 무역 상인으로서의 신분을 입증하는 행장(行狀)을 발급해서 휴대하도록 하였다. 그리고 지정된 포구에 온 흥리 왜선에 대해서는 어염(魚鹽)의 무역을 관영(官營)으로 해서 무역하러 오는 자가 없어 장기 체류하는 폐단을 막고자 하였다. 또한 흥리 왜인에게는 다른 사송선과 마찬가지로 일정한 양곡을 지급하였다.
이러한 제한 조치 이후 일본에서 포소의 증가를 요구할 때는 반드시 물품을 교역할 수 있는 장소로 허가를 구하도록 하여, 교역의 안정을 꾀하고자 하였다. 흥리 왜인에 대한 정책은 향화 왜인·수직 왜인 제도와 더불어 고려 말부터 계속된 왜구에 대한 통제책을 통해 정상적인 통교로 일본과 평화적인 관계를 유지하면서 조선 내의 제도 정비와 안정을 도모하려는 의지의 표명이었다(집필 이승민, 부산역사문화대전).

794) 나선정벌(羅禪征伐): 조선 효종 때 조선이 청의 요청으로 러시아를 공격한 사건.
나선은 러시아 사람들, 즉 러시안(Russian)을 한자음으로 옮긴 것이다. 이들은 흑룡강(黑龍江: 러시아와 중국의 국경 부근을 흐르는 강. 몽골 북부의 오논강에서 나와 동쪽으로 흘러 타타르 해협으로 들어간다. 길이는 4,352km) 방면의 풍부한 자원을 탐내어서, 1651년(효종 2) 흑룡강 우안(右岸)의 알바진(雅克薩) 하구에 성을 쌓고 그곳을 근거지로 삼아 모피를 수집하는 등 활동을 전개하였다. 그래서 부근의 수렵민들과 분쟁이 생기고 청나라 군사와 충돌하게 되었다.

이듬해 러시아인들이 다시 오소리강(烏蘇里江: '우수리강'의 음역어) 하구에 내려가 성을 쌓고 송화강(松花江: 중국 둥베이 지방 길림성(吉林省) 및 흑룡강성(黑龍江省)을 흐르는 강. 백두산 천지(天池)에서 시작하여 북으로 흘러 넌장강과 합류하여 아무르강으로 흐르며, 강기슭에는 길림(吉林) 따위의 도시가 있어 지방 경제의 중심지를 이룬다. 상류의 평만(豊滿)에는 세계적으로 큰 댐과 인공호인 송화호(松花湖)가 있다. 길이는 1,927km) 방면으로 활동 범위를 넓혔다. 이에 청나라에서는 영고탑(寧古塔: 중국의 마지막 왕조인 청(淸)의 발상지. 발해 시대에 상경용천부가 설치되었던 지역이며, 현재의 중국 헤이룽장성(黑龍江省) 닝안현성(寧安縣城) 일대이다)에 있는 군사를 보내어 공격, 축출을 시도하였다. 그러나 구식 장비의 청군으로서는 총포를 가진 러시아군을 당하지 못해 번번이 패배하였다.

이에 청나라에서는 조선 조총군의 위력을 잘 알고 있었으므로, 1654년 2월에 청나라 사신 한거원(韓巨源)을 보내어 조총군사 100명을 뽑아 회령을 경유, 3월 10일까지 영고탑에 보내주도록 요구하였다.

조선 정부에서는 영의정 정태화(鄭太和)의 의견에 따라 함경도병마우후 변급(邊岌)에게 조총군 100명과 초관(哨官: 조선시대에, 한 초(哨)를 거느리던 종9품 무관 벼슬)·기고수(旗鼓手) 등 50여 명을 거느리고 출정하도록 하였다.

그해 4월 영고탑에 도착한 조선 조총군은 청나라 군사와 합류, 흑룡강 방면으로 떠났으며, 20일에 왈가(曰可) 지방에서 배를 타고 후통강(厚通江)으로 내려갔다.

28일, 흑룡강으로 거슬러 올라오는 러시아군을 만난 조선 조총군들은 맹렬한 공격을 퍼부어 적군의 기세를 꺾고 계속 추격, 적군은 7일 만에 도망갔다. 조선 군사는 전승을 거두고 5월 16일에 회군해 6월에 본국으로 개선하였는데, 이것이 제1차 정벌이었다.

그 뒤에도 러시아군이 흑룡강 방면에서 계속 활동하고 이에 대한 청나라 군사의 출정이 자주 실패로 돌아갔다. 그리하여 1658년 3월 청나라에서 다시 사신을 보내어 조선 조총군의 파견을 요청하였다. 이에 혜산진첨사 신류(申瀏)를 대장으로 삼아 조총군 200명과 초관·기고수 등 60여 명을 거느리고 정벌에 나섰다. 조선 군사들은 5월에 영고탑에 들어가 청나라 군사와 합류, 흑룡강에 나아갔다. 6월 송화강과 흑룡강이 합류하는 곳에서 러시아 군사를 만났다. 러시아 측에서 큰 배 10여 척에 군사를 싣고 당당한 기세로 공격하고 육상에서도 적군이 공격을 해오자 청나라 군사는 나아가지 못했다. 그러나 조선 군사가 용감하게 나아가 화전(火箭)으로 적선을 불태우자 흩어져 도망갔다.

이 전투로 흑룡강 방면에서 활동하던 러시아 군사의 주력이 거의 섬멸되었다. 조선 측에서도 8명이 전사하고 25명이 부상을 입었다. 이들은 청나라의 요청으로 얼마 동안 송화강 방면에 머무르다가 그 해 가을 영고탑을 거쳐 개선하였다. 이것이 제2차 정벌이었다.

2차에 걸친 러시아 정벌은 효종의 즉위 후부터 준비해왔던 북벌계획을 간접적으로 실현한 결과였다. 이 때 비록 적은 수의 군사를 보냈으나 큰 전과를 올리게

된 것은 당시 사격술과 전술이 뛰어났음을 보여주는 것이다[출처:나선정벌(羅禪征伐)-한국민족문화대백과사전]

795) 이시애(李施愛, ?~1467): 조선 전기 함길도에서 이시합(李施合), 이명효(李明孝) 등과 반란을 일으킨 주모자. 무신.

　　본관은 길주(吉州). 할아버지는 검교문하부사(檢校門下府事) 이원경(李原京)이며, 아버지는 함길도 첨절제사(咸吉道僉節制使) 이인화(李仁和)이다. 대대로 길주에서 살아온 지방 호족 출신으로서 일족이 함길도 여러 읍에 살았다. 조선 초 대북방민회유정책으로 중용되어 1451년(문종 1) 호군이 되고, 1458년(세조 4) 경흥진병마절제사를 거쳐 첨지중추부사·판회령부사를 역임하였다. 이 당시 세조는 등극 후 강력한 왕권 하에서 중앙집권화 시책을 펴나갔다. 그리하여 북방민의 등용을 억제해 북도 출신의 수령을 점차 줄이고 지방관을 중앙에서 직접 파견하였다. 이에 북도인은 큰 불만을 가지게 되었다. 그러던 때에 세조는 전국적으로 호적을 개정해 호패제도를 실시하고, 이를 바탕으로 1465년(세조 11) 보법(保法)을 실시하였다. 이 법은 본래 대토지를 소유하고 많은 인정(人丁)을 점유했으면서도 군역을 회피하는 관인이나 지방 세력가들에게 군역을 공평히 부과해 군역의 평준화와 군액의 증가를 아울러 가져오기 위한 것이었다. 그러나 이 법은 시행 과정에서 많은 폐단과 부작용을 일으켰다. 즉 농민에게 과중한 부담을 안겨 생산의 감퇴와 농민의 유망(流亡)을 촉진시켰으며, 지방 세력가와 대토지 소유자의 격심한 반발을 야기하였다. 그리하여 지방 세력들은 그들의 반자치기관의 성격을 가진 유향소(留鄕所)를 중심으로 반정부(反政府)활동을 전개하였다. 이와 같은 분위기 속에서 함길도의 토호(土豪)였던 이시애 역시 지위 확보에 불안을 느끼던 중, 1467년(세조 13) 어머니의 상으로 칩거하는 동안에 아우 이시합(李施合)과 매부 이명효(李明孝)와 모의해 반란을 일으켰다. 이들은 남도의 군사가 육로·해로 양방으로 쳐들어와 북도의 군민을 죽이려 한다는 소문을 퍼뜨려 지방민을 선동해 민심을 혼란시키는 한편, 당시 동북 지방의 군권을 쥐고 있던 함길도 절도사 강효문(康孝文, ?~1467)과 휘하 군관들을 살해하고 각 지방의 수령들을 살육해 반란을 일으켰다. 처음에는 도리어 본도절도사가 제진장(諸鎭將)과 함께 반역을 도모하므로 처형했다고 보고해 자신들의 반란을 합리화하였다. 그리고 당인(黨人)으로 하여금 지금 각 읍의 인민이 모두 화를 입을까 두려워해 와언(訛言)이 분분하다고 상서하게 하는 한편, 본도인으로 본도의 각 수령을 삼을 것을 요구하였다. 난이 일어나자 도내 각지의 유향소의 토호들과 농민들이 호응해 거대한 반란 세력을 형성하였다. 이에 이시애는 절도사를 자칭하고, 단천·홍원·북청·함흥 등 함흥 이북의 여러 지역을 점거하였다. 반란의 보고를 접한 조정에서는 구성군 이준(龜城君 李浚, 1451~1503)을 4도병마도총사, 호조판서 조석문(曺錫文)을 부총사, 허종(許琮, 1434~1494)을 함길도 절도사로 삼고, 강순(康純, ?~1468)·어유소(魚有沼, 1434~1489)·남이(南怡, 1441~1468) 등을 대장으로 삼아 3만의 관군을 동원시켜 반란군을 진압하게 하였다. 처음 조정에서는 단천인 최윤손(崔潤孫)을 이시애에게 보내 위무하고자 하였다. 그러나 최윤손이 이시애에게 붙어 조정의 밀사(密事)를 모두 고하는 등 조정 내부에서도 반란군과 내응하는 세력이 있었다. 또 한명회(韓明澮, 1415~1487)·신숙주(申叔舟, 1417~1475) 등의 중신들이 내응하고 있다는 반군의 거짓 선전을 믿고 이들을 투옥시키는 등 반군 토벌에 적지 않은 혼란과 차질을 초래하였다. 그리하여 반란이 일어난 지 3개월이 지난 8월에 이르러서야 관군이 진열을 가다듬고 홍원·북청·이원 등지의 전투에서 크게 승리하였다. 이때 이시애는 길주인 허유례(許惟禮, ?~?)의 계교(計巧)로 부하 이주(李珠)·황생(黃生) 등에 의해 체포되어 참형, 이어 각 도에 효수되었다([출처:이시애(李施愛)-한국민족문화대백과사전]).

796) 이괄(李适, 1587~1624): 조선시대 한성부판윤, 포도대장, 부원수 등을 역임한 무신. 주모자. 본관은 고성(固城). 자는 백규(白圭). 병조참판 이육(李陸, 1438~1498)의 후손이다.

선조 때 무과에 급제한 뒤 형조좌랑·태안군수를 지냈다. 1622년(광해군 14) 함경북도 병마절도사에 임명되어 임지로 떠날 준비를 할 즈음, 평소 친분이 있던 신경유(申景裕)의 권유로 광해군을 축출하고 새 왕을 추대하는 계획에 가담해 1623년 3월의 인조반정 때 큰 공을 세웠다. 그러나 반정 과정에서 주도 세력인 거의대장(擧義大將) 김유(金瑬, 1571~1618)의 우유부단한 처사에 크게 반발하면서 불화(不和)가 생겨, 반정 뒤에 겨우 한성부판윤이 되자 불만이 많았다. 1623년(인조 1) 포도대장을 지낸 뒤 평안병사 겸 부원수에 임명되었다. 평안도 영변에 출진해 군사 훈련에 힘쓰는 한편 그 지방의 성책(城柵)을 보수해 진의 방비를 엄히 하였다. 이는 당시 후금과의 국제 관계가 긴박해지면서 불의의 사태에 대비하기 위해서였다. 이해 윤10월 반정에 참가한 공신들의 공훈을 책정할 때 정사공신(靖社功臣) 2등의 첫째가 되었다. 1624년(인조 2) 정월에 외아들 이전(李栴)·한명련(韓明璉)·정충신(鄭忠信)·기자헌(奇自獻)·현집(玄楫)·이시언(李時言) 등과 함께 반역을 꾀한다는 무고를 받았다. 이어 서울에서 선전관과 의금부도사 등이 이괄의 군중(軍中)에 머물던 아들 이전을 붙잡아 사실 여부를 조사한다는 명목으로 영변에 내려오자, 이들을 죽이고 반란을 일으켰다. 신속한 행군으로 한때 서울을 점령, 기세를 떨쳤으나 곧 관군에 대패해 피신 중 부하 장수에게 살해되었다. 무과 출신이었으나 문장과 서예에도 능하였다([출처:이괄(李适)-한국민족문화대백과사전]).

797) 이인좌(李麟佐, 1695~1728): 조선 후기 정권에서 배제된 남인과 소론 강경파 세력을 중심으로 반란을 일으킨 주모자. 본명은 이현좌(李玄佐). 본관은 전주(全州). 충청도 청주목 괴산군 송면(지금의 충청북도 괴산군 청천면 송면리) 출신. 할아버지는 관찰사 이운징(李雲徵)이며, 윤휴(尹鑴, 1617~1680)의 손서(孫壻)이다. 본래 남인 가문에서 출생하였던 이인좌는 소론 당파와도 연대하는 입장이었다. 영조의 즉위로 소론이 정계에서 배제되자 정희량(鄭希亮)·이유익(李有翼)·심유현(沈維賢)·박필현(朴弼顯)·한세홍(韓世弘) 등 소론 과격파는 갑술환국 이후 정계에서 물러난 남인들과 공모하여 밀풍군(密豊君) 이탄(李坦:소현세자昭顯世子의 증손)을 추대하고 무력으로 정권쟁탈을 꾀하였다. 이인좌는 대원수라 자칭하고 1728년(영조 4) 3월 15일 상여에 무기를 싣고 청주에 진입, 충청병사 이봉상(李鳳祥), 군관 홍림(洪霖), 영장(營將) 남연년(南延年) 등을 살해하고 청주성을 점령하였다. 이어서 각처에 격문을 돌려 병마를 모집하고 관곡을 풀어 나누어주는 한편, 서울을 향하여 북상하여 목천·청안(淸安)·진천을 거쳐 안성·죽산에 이르렀다. 이때 반란 진압을 위하여 출동한 도순무사 오명항(吳命恒)의 관군과 싸워 안성에서 패하자 죽산으로 도피하였으나, 계속적인 추격으로 산사에 숨었다가 신길만(申吉萬) 등 마을사람에게 잡혀 서울로 압송되었다. 그해 3월 26일 친국에서 역모의 전모를 공술하고 다음날 대역죄로 군기시(軍器寺) 앞에서 능지처참되었다

([출처:이인좌(李麟佐)-한국민족문화대백과사전]).

798) 홍경래(洪景來, 1780~1812): 평안도 용강군 다미면(多美面)에서 태어났다. 몰락한 양반 출신이라고 전해지지만 거의 평민 수준으로 곤궁하게 살았다. 그는 유교, 병법, 풍수지리 등을 익히고 서당에서 아이들을 가르치기도 한 지식인이었다. 1797년(정조 21) 평양 향시에 합격했으나 이듬해 1798년 사마시(司馬試)에 실패하고 집을 나가 방랑하면서 거사를 꿈꾸었다.

　　1811년(순조 11) 홍경래는 조선 정부에 대항하는 농민군을 이끌고 반란을 일으켜 정주를 비롯하여 서북 지방 상당수를 지배했다. 이를 홍경래의 난이라고 한다. 세력이 최고조에 이르렀을 때는 청천강 이북을 거의 지배했다. 1812년(순조 12) 5월 29일(음력 4월 19일) 관군에게 정주성이 함락될 때 관군의 총에 맞아 전사하였다. 또한 그의 심복들인 우군칙(禹君則, 1776~1812)과 홍총각(洪總角, 1785~1812)도 관군에 체포되어 주살되고 말았다(위키백과).

799) 동학(東學): 1860년(철종 11) 4월에 최제우(崔濟愚)가 창도한 종교.

　　동학은 그 교지(敎旨)가 시천주(侍天主) 신앙에 기초하면서도 보국안민(輔國安民)과 광제창생(廣濟蒼生)을 내세운 점에서 민족적이고 사회적인 종교이다. '동학'이란 교조(敎祖) 최제우(崔濟愚, 1824~1864)가 서교(西敎)의 도래에 대항하여 동쪽 나라인 우리나라의 도를 일으킨다는 뜻에서 붙인 이름이며, 1905년(광무 9)에는 손병희(孫秉熙, 1861~1922)에 의하여 천도교(天道敎)로 개칭되었다. 창도 당시 동학은 한울에 대한 공경인 경천과 시천주 신앙을 중심으로 모든 사람이 내몸에 천주(한울님)를 모시는 입신(入信)에 의하여 군자가 되고, 나아가 보국안민의 주체가 될 수 있다는 경천사상에 바탕한 나라 구제의 신앙이었다. 그러나 제2대 교주인 최시형(崔時亨, 1829~1898)에 이르러서는 '사람 섬기기를 한울같이 한다[事人如天]'는 가르침으로 발전하게 되고, 인간뿐만 아니라 모든 자연의 산천초목에 이르기까지 한울에 내재한 것으로 보는 물물천사사천(物物天事事天)의 범천론적 사상(汎天論的思想)이 널리 서민들의 마음을 사로잡았다. 손병희는 더 나아가서 사람이 곧 한울이라는 '인내천(人乃天)'을 동학의 종지(宗旨)로 선포하였다. 동학의 사회사적 의의는 양반사회의 해체기에 농민대중의 종교가 된 점에 있다. 동학사상과 동학운동은 서민층의 반(反)왕조적인 사회개혁운동의 성격을 띠고 있었다. 최제우의 창도단계에서는 서민층에 널리 유포된 신앙형태이었으나, 교조의 신원운동(伸寃運動)을 통해 민중의 집단적 시위운동으로 전환되면서 탐관오리의 혁파, 외세 배척 등 정치적 요인이 끼어들어 사회운동의 요인이 강해지기 시작하였다. 1894년(고종 31) 갑오동학농민운동에 와서는 동학의 종교운동이 쌓아올린 만민평등의 이념과 그 교문조직이 기반이 되어 농민운동의 집대성인 사회개혁운동으로 발전되었다. 동학군이 표어로 내세운 '제폭구민(除暴救民)·축멸왜이(逐滅倭夷)·진멸권귀(盡滅權貴)'는 이미 동학운동이 혁명적인 사회개혁운동으로 전환되었음을 말해 준다. 개항·개화기에 동학운동은 단발령에 대한 지지세력이 되어 개화운동 편에 서서 갑진개혁운동을 일으켰고, 1905년 천도교 선포 이후에도 개화에 적극적으로 참여하여 흥학회운동(興學會運動)에 공명하여 보성학교와 동덕학교 등 많은 학교경영을 통하여 신교육운동에 크게 공헌하였다. 천도교운동은 신민회운동(新民會運動)과 더불어 널리 서민층에 뿌리를 내려, 3·1운동에 나타난 자주독립의 민족주의 역량을 키운 민족운동 세력으로 근대사에 빛나는 업적을 남겼다.

창도: 최제우는 1860년(철종 11) 4월 5일 오랜 정신적 방황과 수행을 거쳐 마침내 동학이라는 새로운 종교를 득도하였다고 그의 경전 저술에서 고백하고 있다. 이때 그의 종교적 체험이 동학창도의 기점이 되며, 1905년 손병희의 천도교 선포에 이르는 동학운동의 교리와 조직의 원리를 제공한 것이다. 동학이 널리 영호남 서민층의 반(反)왕조적 민심을 기반으로 하여 보국안민과 광제창생의 사회적 종교로 대두된 데는 조선왕조의 시운(時運)이 다하였다는 말세관(末世觀)과 사회변동기의 불안(不安)이 크게 작용하였다. 양반사회의 신분 차별에 대한 서민들의 불만이 커지고, 적서(嫡庶)의 차별을 괴로워하였던 서민계층에서 신분 평등을 주장하는 동학에 대하여 공명(共鳴)하는 자가 많이 나왔다는 것은 당연한 일이었다. 최제우 자신이 몰락양반의 서출(庶出)로 깊은 소외감을 가졌던 사실 또한 유의할 필요가 있다. 그의 아버지 최옥(崔鋈)은 한학자로 성리학에 정통하였으며, 그의 문집 『근암집(近庵集)』은 최제우에게 끼친 유교적 교양의 일단을 말해 주고 있다. 청소년기 최제우의 내면적 갈등은 문장 도덕이 높으면서도 벼슬을 못한 아버지에 대한 동정, 가문을 위하여 입신양명을 할 수 없는 서출로서의 자기 처지, 비천한 신분의 생모(生母)에 대한 열등감(劣等感)이 원인이 되었다. 그는 40세까지 일정한 직업 없이 명산대찰을 찾아 구도(求道)의 방황(彷徨)을 계속했다. 그가 관명인 제선(濟宣)을 제우(濟愚)로 고친 동기는 종교적으로 구국(救國)과 제세(濟世)의 길을 대각(大覺)하려는 깊은 자각을 나타낸 것이다. 그가 파악한 당시의 사회상은 왕조의 시운이 쇠하여 개벽(開闢)을 대망(大望)하는 말세(末世)였다. 그는 이러한 시운에 대하여 "아국 운수 가련하다"라고 하였고, 왕조사회의 기강이 무너져 '천명을 돌보지 않는' 경천(敬天)의 가치관(價値觀)이 무너진 난세(亂世)로 보았다. 당시의 사회는 '나쁜 질병이 가득 찬 혼탁한 세상'이라고 표현하였다. 이 시기의 가장 심각한 사회·경제적 위기는 국정의 문란으로 민생이 도탄에 빠지고 홍수·지진·역병 등이 가중되어 전국적인 농민폭동의 민란의 시기에 접어든 데 있었다. 서양의 이양선(異樣船)의 출현과 서학의 전래도 왕조 질서의 동요를 가져왔다. 이와 같은 위기의식에서 최제우는 서학과 서교에 대한 대응으로 동학이라는 새로운 도를 제창하게 되었다. 그러나 최제우의 서교에 대한 이해가 동학 창도와 관계가 있음을 부인할 수는 없다. 천시(天時)와 천명(天命)을 받은 것으로 여겨지는 서교(西敎)와의 대결(對決)을 위해서는 아국(我國) 운수(運數)의 회복(回復)을 염원(念願)하여 우리 민족도 경천사상을 되찾아 천도를 받은 새 종교 동학의 창도가 필요하였던 것이다. 동학 득도(得道)의 종교적 체험은 그의 표현에 따르면 '만고(萬古) 없는 무극대도(無極大道)'를 맞은 것이 된다. 득도(得道) 체험은 갑자기 몸과 마음이 떨리고 무슨 병인지 가늠할 수 없는 강령적 인격 전환의 순간에 하늘에서 들려오는 소리를 듣고, 그와 문답한 것으로 되어 있다. 최제우는 이 순간의 체험을 강령(降靈)을 받은 것으로 여기고, '안으로 신령이 있고, 밖으로 기화(氣化)가 있는' 종교적 깨우침의 상태로서 강령체험에 의하여 수심정기(守心正氣)의 새 도를 깨쳤다고 생각하였다. 1861년(철종 12)부터 최제우는 득도 체험을 기초로 하여, 한편으로 주문을 짓고 다른 한편으로는 강령의 방법을 만들어 시천주의 새로운 신앙을 포교하기 시작했다. 뜻밖에도 신도가 많이 모여들어 경주 일대의 민가에서는 13자 주문인 '시천주조화정영세불망만사지(侍天主造化定永世不忘萬事知)'를 외는 소리가 집집마다 들리고, 이렇게 하여 초기 동학교문이 형성되어 갔다. 동학의 사상 내용에는 유(儒)·불(佛)·선(仙) 3교가 종합되어 있다

고 하나, 그것을 통일하는 사상은 우리 민족의 경천사상과 구제를 위한 민족적 염원이며, 민간신앙적 요소가 널리 서민들에게 동학의 신봉자를 얻게 해주었다. 동학은 기성 종교인 불교와 유교에 대하여 "유도·불도 수천 년에 운이 역시 다하였던가"라고 하여 유교와 불교의 쇠운설(衰運說)을 주장하였다. 그리고 사대부 양반계층의 종교였던 유교의 사상 내용을 비판적으로 흡수하여, 무학의 서민들이 10여 년의 수학 기간을 거치지 않고도 입도(入道)할 수 있고 입도한 그 날부터 군자(君子)가 될 수 있다고 하여, 서민에게도 군자의 인격을 갖출 수 있는 인격적 자존의 길을 열었다. 한편, 서교에 대해서는 천시를 알고 천명을 받은 도이므로 막강한 힘을 가졌음을 인정하였다. 그러나 최제우는 천주나 천도가 서학의 독점일 수 없고 특히 동학이 서교와 다르다는 것을 뚜렷이 밝힐 필요를 느껴, 서교와의 차이점을 다음과 같이 지적하였다. 즉, 서교에서는 빌어도 효험(效驗)이 없다고 하여 주술적(呪術的) 요소의 결여를 들고, 서교(西敎)의 조상숭배 배격과 제사 부정을 공격하였다. 또한 서교의 내세관을 비판하여 '죽어서 천당(天堂)간다'는 내세관(來世觀)에 대하여, 오직 일찍 죽기를 바라는 것이 기이(奇異)하다고 하였다. 그러나 동학의 서교에 대한 가장 기본적인 비판은, 서양의 세력이 우리나라를 침략하는 위험한 존재로 파악하고 있다는 척사(斥邪)이다. 서양 문명과 서양 군함의 내습은 곧 천하 분란의 문명적 위기이기도 하였다. 그러므로 동학은 중화문화권인 천하(天下)의 붕괴 속에서 내 나라를 단위로 한 '보국(保國)'의 종교이고, 안으로 '안민(安民)'의 새 사상이었다는 점에서, 민족주의적 종교의 성격을 지니고 있었다. 동학교문의 교세가 날로 커지자 조정에서는 동학도 서학과 같이 민심(民心)을 현혹(眩惑)시켰다고 하여 나라가 금하는 종교로 규정하여 금지시키고, 교조 최제우는 추종자들과 함께 붙잡혀 서울로 압송되었다가 1864년 봄, 대구감영에서 혹세무민죄(惑世誣民罪로) 사형(死刑)에 처하여졌다.

경전: 동학의 기본사상은 최제우의 저술로 전해지는 두 가지 경전 『동경대전(東經大全)』과 『용담유사(龍潭遺詞)』에 나타나 있다. 『동경대전』은 한문으로 된 글로서 「포덕문(布德文)」·「논학문(論學文)」·「수덕문(修德文)」 등이 포함되어 있다. 『용담유사』는 한글 가사체로 되어 있으며 「용담가」·「안심가」·「교훈가」·「권학가」·「흥비가」·「도수가」·「몽중노소문답가」·「도덕가」 등이 있다. 『용담유사』는 풍월을 노래한 가사가 아니고, 자신의 사상을 도인들에게 전하려고 지은 일종의 사상가사이다. 이 가사체는 무학의 서민과 아녀자들이 읽고 음송하는 동안에 외워서, 동학의 사상을 쉽게 이해할 수 있도록 할 뿐만 아니라, 가사체의 문체도 훌륭하여 문학적인 가치도 인정받고 있다. 그 운율은 3·4조, 4·4조가 우세하여 조선시대 후기의 것과 같다. 「용담가」은 자신의 가문과 신라 고도 경주의 수려한 자연을 노래하였고, 「안심가」은 부인을 안심시키는 형식으로 일반 도중(道衆)에게 수도를 계몽하고 있고, 임진왜란과 병자호란의 치욕에 대한 분노와 더불어 보국의 신념을 역설했다. 「몽중노소문답가」은 꿈속에서 노소가 문답을 하는 우화체로, 참위설(讖緯說)과 풍수지리설에 기초한 이망(李亡)의 예언요(豫言謠)의 성격을 띠고 있다. 조선왕조 400년이 시운을 다하여 쇠망하고 새 시대가 도래함을 노래하고 있다. 「권학가」은 민심이 날로 험악해지는 시운의 변천을 예감하면서, 도덕의 공부를 쌓아 천리(天理)를 따르고 천명을 배울 것을 권하는 경천신앙의 내용으로 되어 있다. 그러나 이들 원전은 모두 불타 없어지고, 최시형이 암송하였던 것을 구송(口誦) 대필(代筆)하게 하여 오늘에 전한다는 설이 있다. 최시형

이 피신하여 다니면서 포교하던 시절, 1880년 5월강원도 인제군에 경전간행소를 만들어 『동경대전』을 간행하고, 다음해에 충청북도 단양에서 『용담유사』를 간행하였으나, 현재 전하는 목판본은 1883년 충청북도 옥천에서 간행된 것과 경주판이 남아있다.

사상: 『동경대전』과 『용담유사』에 나타난 동학의 신앙대상은 '천(天)' 또는 '천주(天主)'·'한울님'이었다. 창도 당시 최제우의 중심사상은 경천의 '시천주'신앙을 바탕으로 한 '보국안민'의 종교였다. 그러나 동학의 도통(道統)을 이어받은 제2대 교주 최시형에 와서는 시천주신앙보다 세속화되어 '사인여천(事人如天)'·'이천식천(以天食天)', '양천주(養天主)' 등을 내세우게 되고, '물물천사사천'의 주장과 같이 서민들의 생업, 농사·장사 등 상공업을 신성시하게 해 주는 범천론적으로 되었다. 이어 1905년 천도교 선포 이후 손병희 대에 이르러 위의 두 교주의 사상을 '인내천'의 종지로 교의화하였는데, 최제우와 최시형의 설법이나 남긴 글에는 '인내천'이라는 용어는 보이지 않는다. 『천도교창건사(天道敎創建史)』에서 '천도교의 종지를 인내천이라 한 것은 의암성사(義庵聖師)의 창언이니'라고 한 것을 보아도, '인내천'은 손병희가 천도교를 선포한 뒤에 만든 종지임을 알 수 있다. 위에서 요약한 바와 같이, 동학에서의 '천'이나 '천주'의 규정은 고정적인 것이 아니라 한국 사회가 근대화되어 감에 따라 보다 인간화되고, "사람이 곧 한울이다"라는 '인즉천(人卽天)'까지 '천'의 인간화 과정을 보여준 것이라고 할 수 있다. 우선 최제우는 『동경대전』이나 21자 주문 '지기금지원위대강 시천주조화정 영세불망만사지(至氣今至願爲大降 侍天主造化定 永世不忘萬事知)'에서 보편자를 '지기(至氣)'·'천'·'천주' 등 여러 가지로 표현하였는데, 특히 그의 주문의 '천' 개념이 가장 중요하다. 그 주문에서 보편자적 존재로는 '지기'와 '시천주'의 두 가지가 제시되어 있는데, 이 주문만으로는 '지기'와 '시천주'와의 관계가 분명하지 않다. 그는 과연 '지기'를 본체로 삼는 기일원론자(氣一元論者)였는지, '천주'를 모신다는 점에서 천주를 보편자로 삼았는 경천의 사상가였는지 분명하지 않다. 그러나 주문 암송에 의한 무아경(無我境)의 경지에 이를 것을 기원한 점에서, 그 인격전환 상태는 '지기'가 크게 내린 상태요 천주를 모셔서 조화가 정하여진 상태일 것이다. '지기'에 대하여 「논학문(論學文)」에서, '지기'는 '무사불섭(無事不涉)'·'무사불명(無事不命)'의 보편자로 '혼원일기(混元一氣)'라 한 데서 서경덕(徐敬德, 1489~1546)의 기철학(氣哲學)의 유에 속하고, '무위이화(無爲而化)'의 구절에서 선교(仙敎)의 영향을 읽을 수 있다. 또한, 이 글은 강령지문(降靈之文)이라고 하였듯이, 강령(降靈)체험을 기철학적 개념으로 표현하였다고 보아도 무방할 것이다. 그리고 '시천주(侍天主)'의 '시(侍)'에 관해서도 "내유신령(內有神靈)하고 외유기화(外有氣化)하여, 일세지인(一世之人)이 각지불이자야(各知不移者也)"라고 규정하고 있는데, 이 '시천주'는 '한울님의 공경(恭敬)'이요 천주(天主)에 대한 '경외지심(敬畏之心)'을 가진 상태이다. 따라서 '시천주'는 한울님의 존재를 믿는 신앙(信仰) 상태에 한 걸음 나아간 강령체험의 상태이다. 「권학가」에서 "한울님만 공경하면 자아시(自兒時) 있던 신병물약자효(身病勿藥自效) 아니런가"라고 하였는데, 이 또한 '시천주'의 신앙체험을 가지면 신병이 낫는다는 것으로 풀이하여도 무방할 것이다. 이와 같이 최제우의 동학에 영부(靈符)와 강령의 요소가 섞여 있음을 부인할 수는 없으나, 그렇다고 하여 그 사상적 위치가 격하되는 것은 아니다. 당시 민중에게 호소할 수 있는 방법은 민간신앙적 형태였고, 이러한 요소들에 대하여 점점 탈피해

가고자 하는 뚜렷한 노력을 보여주고 있다. "일일시시(日日時時) 먹는 음식, 성경이자(誠敬二字) 지켜내어, 한울님만 공경하면" 어렸을 때부터의 오랜 지병도 치료된다고 하였다. '성경이자'란 유학적 덕목으로서, '시천주'는 '성경'의 덕을 지켜내는 인격적 상승으로 승화되고 있다. 여기에 유교적인 도덕적 인격과 신선사상과 민간신앙이 혼합되어 있음을 본다. 또한 최제우에게는 '성경' 등 유교적 덕목의 실천을 강조하면서도, 그러한 윤리적 인격화의 형이상학적 기초를 주리설(主理說)이 아니라, 주기설(主氣說) 위에 세우려고 한 흔적이 뚜렷이 엿보인다. 이 점에 관하여 동학사상에서 '천주'는 지공무사(至公無私)하는 마음, 불택선악(不擇善惡)하는 존재로 규정하고 있다. 이와 같이 지공무사한 존재로서의 천주는 주리설에서의 이(理)의 지배에 의한 차등 있는 계층적 존재론에서는 불가능하고, 오히려 주기설에서 모든 존재를 평등하게 기화(氣化)의 동일성으로 인정할 수 있게 된다. 이것이 바로 '불택선악(不擇善惡)'의 근거이다. 그러나 최제우의 동학은 주자학의 주리(主理)의 자리에 천주를 대치하는 경천주의였다. 최제우는 우선 '지기'와 성인(聖人)과의 관계를 성리학적 사고의 틀에서 규정하고 있다. 「논학문」의 주문 풀이에서 "지기에까지 화하여, 지성에까지 이른다"라고 하였다. 이때 '지성', 즉 '성경'을 지키는 이상적 인격자에 이르는 방법으로 '지화지기'의 강령체험을 통한 인격전환의 높은 깨우침의 경지를 들고 있다. 성인군자와 소인의 구별에 관한 그의 개념은 주자학적 인성론(人性論)에서 빌어온 것임은 의심할 바 없으나, 최제우는 서민들, 즉 세상사람 누구나가 도성덕립(道成德立)하여 성인군자(聖人君子)가 될 수 있는 길을 열었다는 데 근대시민정신(近代市民精神)의 선각자(先覺者)로서의 의의(意義)를 인정할 수 있다. 군자는 기가 바르고 마음이 정하여진 고로 천지와 더불어 그 덕이 합일(合一)된다고 하였고, 소인은 기가 부정하고 마음이 정해지지 않아 천지와 그 명(命)이 어긋난다고 하였다. 강령주문에서 시자(侍者), 즉 천주를 모신 심적 상태를 "내유신령 외유기화 일세지인 각지불이야"라 하였을 때의 '불이'란 바로 심유정(心有定)과 같은 뜻이다. 또, 항상 강조하여 동학의 근본원리로 내세우는 '수심정기(守心正氣)' 역시 성리학에서의 군자의 덕을 쌓은 상태와 다를 바 없는데, 다만 그 군자적 인격을 양반층 이외의 모든 서민들에게 열려진 길로 인정한 것이 특색이다. 특히, 『동경대전』은 한문체로 유학자들을 대상으로 서술하였기 때문에, 성리학적 개념체계를 통하여 그의 사상을 논하고 있으며, 결국 서민과 상인(商人), 수공업자도 시천주사상을 통하여 모두 지성(至聖)에 이를 수 있다고 주장한 것이다. 그러나 동학이 유교나 불교에 기초를 둔 유교경신(儒敎更新)의 성격을 가진 것이 아니고 성리학적 개념체계를 원용하였다고 하지만, 오히려 그 개념체계를 이용하여 유교나 불교를 비판하고 있는 것이다. 조선왕조의 지배이데올로기로서의 불교나 유교는 운이 다해 무력해겼고, 시운관(時運觀)의 관점에서 쇠퇴기에 접어든 것으로 예단하고 있다. 그 전에도 유교의 기본 사상인 삼강오륜(三綱五倫)·인의예지(仁義禮智)·원형이정(元亨利貞)·성경이자(誠敬二字) 등을 들고 있으며, 공자를 선성(先聖)으로 받들기를 잊지 않는다. 「수덕문(修德文)」에서 "인의예지는 선성이 가르친 바요, 수심정기는 내가 다시 정하는 바이다"라고 하여 '인의예지'를 선성의 가르침으로 일단 긍정하여 놓고, 자신의 각도인 '수심정기'도 역시 자기의 독창이 아니라 다만 자기의 '경정(更定)'이라 하였으니, '인의예지'의 실천을 다시 강조한 것에 불과한 것이라고 해석할 수 있다. 여기서 최제우 자신에 의하여 주장된 '수심정기'는 성인이나 군자와 같은 도덕적 인격수양(人格修養)을 위한 주관적 방법으로서의 수양방법이다. 격물치지(格物致知)의 지적 탐구면은 부정되고, 유교적인 고전 교양 없이도 오직 '수심정기'의 내면적 수양만으로 누구나 '도성덕립(道成德立)'하여 군자가 될 수 있다고 하여 만민평등사상(萬民平等思想)을 설파하였다. '수심정기'의 수양법은 유교와 불교뿐만 아니라 천주 등 보편자를 만인이 주체적으로 내면화할 수 있는 방법이었고, 소외되었던 서민들이 '시천주'의 신앙을 통하여 우선 인격적 자기동일성을 얻고 자아를 자각하여 개인격(個人格)의 존엄성의 바탕을 가지게 된 것이다. 최제우는 '도성덕립'을 위하여 객관적인 방법보다는 오히려 마음공부[心學]의 주관적인 수양법을 권하고 있는 것이다. 이것은 서민들에게는 오랜 경전 학습의 시간이 허락되지 않기 때문이기도 하다. 이처럼 최제우는 동학에 유교의 근본정신을 심학(心學)면에서 계승하면서도, 그것이 입신출세를 위한 관학(官學)으로 타락하여 오랜 학습과정으로 인해 소수의 특권적인 양반자제들의 독점물이 된 점을 비판하고 있어, 십 년을 공부해도 속성(速成)이라 한다고 꼬집은 것이다. 이에 비하여 동학은 "삼년불성(三年不成)되게 되면 그 아니 헛말인가"라고 호언장담(豪言壯談)하면서, 동학을 모든 서민의 군자화의 길을 마련한 학(學)으로 권장하고 있다. 특히, 시천주사상은 계층에 관계없이 모든 사람이 각기 보편자 천주를 내면화하게 되고, 따라서 양반과 상민, 대인과 소인의 본질적 차등은 인정할 수 없게 되어, 만인이 군자가 될 수 있는 신분평등의 이념이기도 하였다. 「교훈가」중의 "네 몸에 모셨으니 사근취원(捨近取遠)한단 말가"에서 보듯이, 천주를 멀리서 찾을 것이 아니라, 바로 가까이 '네 몸에 모셨으니'가 곧 그의 시천주의 뜻이다. 각 개인이 천주를 모신다는 것은, 첫째로 각 개인이 시천주의 인격적 존엄성을 가진 존재가 될 수 있다는 뜻과, 둘째로 천주를 모시는 시천주신앙을 통하여 비로소 인격적 존엄성을 얻게 된다는 두 가지의 뜻이 담겨 있는 것이다. 그리고 서학에서와 같이 천주를 멀리 천당에 있거나 초월적인 존재로 보아, '사근취원한단 말가'와 같이 멀리서 구하지 말고 각자가 스스로 천주를 모신 경천의 주체임을 자각하라는 것이다. 최제우의 단계에서는 아직 인간이 곧 천이라고 하는 '인즉천(人卽天)'·'인내천(人乃天)'의 범신론적(汎神論的)인 범천주의(汎天主義)에까지 세속화되지는 못하고, 다만 인간 위에서 만물을 주재하는 상제(上帝)로서, 혹은 경외지심(敬畏之心)의 대상으로서 한울님(천주)이 모셔지고, 때로는 천주를 모신 신비적 경험의 자각상태에 머물렀다. 이상과 같은 동학사상이 동학농민운동(東學農民運動)에 그 사상적 영향을 끼쳤음은 물론이려니와, 근대적 개인의 인격적 존엄성에 대한 근대 시민적 평등사상의 기초를 주고, 대인관계에서 상하·주종의 지배·복종관계로서가 아니라 대등한 횡적인 인간평등관계를 가르쳐 줌으로써, 동학이 근대적 사회관의 선구적 사상의 위치에 있었다고 할 수 있다. 이 점에서 동학사상은 신분적 차등에서 벗어나 근대적 평민의식의 대두를 약속하는 것이었다.

　　최시형의 동학운동과 사상: 최제우가 순교한 뒤 교통을 이어받은 최시형은 지하에 숨어 다니면서 포교에 힘쓰는 한편, 『동경대전』을 간행하는 등 교리를 확립하였고, 조직을 강화하여 동학의 완성을 이룩하였다. 그의 시대에 이르러 보편자인 천·천주는 더욱 세속화되어 '만인과 만물이 천이다'라는 범천론적인 경향을 갖게 된다. 왕조 사회의 신분질서에서 오는 차별제도도 최시형의 '물물천 사사천'의 사상에서는 그 차별의 근거가 사라지고, "사람을 한울처럼 섬긴다"는 인간존엄의 가르침이 더욱 뚜렷해진다. 인간을 대할 때 상민도 양반이나 다름없이 한울처럼 섬긴다는 가르침은 양반사회의 신분 차등을 부정하는 것이 된다. 그리고 그는 "성·경 두 자를 잘 지키라"는 스승의 가르침을 이어받아, 한울 공경, 사람 공경, 사물 공경의 3경을 강조하였다. 이 3경설에서 '경'의 대상을 '천'과 '인'에서 '만물'로까지 확대한 점에 유의할 때 자연보호와 환경윤리의 선각을 인정할 수가 있다. '경물(敬物)'이란 동물을 애호하고 새소리도 한울의 소리로 들으라는 그의 가르침에서 자연보호사상이 깃들어 있음을 알 수 있으며, 인간뿐만 아니라 동식물에까지 시천(侍天)을 인정한 것이다. 특히, 최시형의 범천론은 양반사회에서 천시당했던 노동(勞動)과, 일반 세속사(世俗事) 전반에 대하여 천주를 위하는 덕을 요구하고 있다. 노동에 대하여 그는 "사람이 그저 놀고 있으면 한울님이 싫어하시니라"고 한 점에서 세속적 근로와 직업을 신성화한 근대적 세속윤리의 일면을 엿볼 수 있다. 그의 "천이 천을 먹는다[以天食天]"의 설법은 인간의 식생활 행위도 '천이 천을 먹는' 행위로 신성화(神聖化)하였고, 일상생활(日常生活)의 규범을 범천론적으로 재정립하였다. 그의 이러한 세속윤리는 부녀자에게 보낸 『내수도문(內修道文)』에 잘 나타나 있다. 또한, 양천주의 설법 역시 온갖 탐욕(貪慾)을 물리치고 도덕적 인격을 닦는 일이 내 몸에 모신 천주를 양(養)하는 것이라고 하였다. 온갖 욕망(慾望)을 자제하고 마음을 정(定)하면, 그것이 양천주(養天主)가 되고, 양천주로 한울과 사람이 하나가 된다고 설파하여, 선민들도 양천주하면 성인이나 군자가 된다고 하였다. 최시형의 '향아설위(向我設位)'의 주장은 그의 '인즉천'사상의 극단적인 표현이기도 하다. 제사상을 놓을 때 신위(神位)를 향하여 향벽설위(向壁設位)하는 것이 보통이지만, 그가 제안한 '향아설위'는 천주를 모신 나 자신을 향하여 제사상을 놓자는 것이다. 조상이나 스승에게 제사를 지낼 때, 부모님의 정령은 자손에게 전해 왔고, 스승님의 정령은 제자에게 옮아 왔으므로 그 제사를 위해서는 자아를 향하여 설위하는 것이 마땅하다는 생각이었다. 이 설법에서 최시형은 "사람이 천령(天靈)을 모셨으니 신이 곧 내 마음이요, 예(禮)는 내 마음의 기념이다"라고 주장하였다. 최시형은 동학사상의 실천에서 종교적 포교와 교문의 확대, 교의 공인, 교조의 신원에만 전념하였으나, 동학사상의 전파는 당시의 사회상으로 보아 필연적으로 농민운동에 들어가 혁명을 잉태하게 되어 제폭구민(除暴救民)과 척양왜(斥洋倭)의 정치적·사회적 개혁운동으로 발전되었다.

조직: 동학 교문은 1860년 창도 당시 교조 주위에 자연발생적으로 신자조직이 생겼다. 이 종교집단은 주로 글을 아는 잔반(殘班)의 식자층과 널리 서민층으로 구성되고, 민간신앙의 전파 통로로 신앙적 결집이 생겼다고 볼 수 있다. 최제우는 창도 3년 만에 많은 입신자(入信者)를 얻어 각처에 접소(接所)를 두고, 그 지방의 유지를 접주(接主)로 삼아 교세를 늘려 나갔다. 동학의 포교는 경주를 비롯하여 영덕·고성·영일·단양 등 경상도 산간지방에 번져 나갔다. 최시형 시대에 접어들어 교세는 더욱 늘어나 전라도·경상도·충청도·강원도 등 삼남 각지로 번져, 접포(接包)의 교단조직이 생겼다. 즉, 각처에 접소가 있고 접주가 그 우두머리가 되었으며, 지방의 읍단위에는 대접주를 두었고, 일종의 교구제와 같은 포(包)를 두어 대접주로 하여금 포주를 삼아 예하의 접주를 감독하게 하였다. 포에는 행정기구를 이루는 6임제라 하여 교장(敎長)·교수(敎授)·도집(都執)·집강(執綱)·대정(大正)·중정(中正)의 여섯 가지 부서를 두었다. 교단을 총괄하는 중앙기관으로 충주에 법소(法所)를 두었고, 각 지방에 도소(都所)를 두어 도접주가 있는 곳도 있었다. 접과 포의 차이에 대해서는 접은 교화적인 것이고, 포는 행정적인 조직이

라는 견해도 있으나, 접이 모여 포가 이룩된다는 견해도 있다. 동학농민운동 때 동학조직을 총동원한 것을 기포(起包)라고 하였는데, 포 조직을 총동원하였다는 뜻이 된다. 동학의 조직원리는 연원제(淵源制)이다. 도통연원(道統淵源)이라 하여 도의 가르침을 전하는 이가 연원주가 되고, 그에 의하여 포교된 신자들을 자기의 연원으로 간주한다. 유교에서의 사제지간이 같은 스승의 가르침을 받은 급문(及門)의 제자들이 연원이 되는 것과 같이, 동학의 조직에서도 1에서 3, 3에서 10, 10에서 50 등으로 나뭇가지처럼 연원의 점조직이 문어발 모양을 이룬다. 예를 들어 누구 인가(認可)가 아래로 여러 사람에게 동학의 심법(心法)을 전수하여 연원이 되고, 그 입신자들이 각기 연원주가 되어 다시 입신자를 만들었을 때, 위의 연원주는 접주(接主)가 된다. 이러한 접들을 이번에는 지역별로 크게 묶어서 포를 이루니 이것이 설포(設包)이다. 농민혁명 때에는 이 교구조직이 동학군의 부대편제로 그대로 이용된 것인데, 대접주들의 부대의 군단을 포라고 지칭하였다([출처: 동학(東學)-한국민족문화대백과사전]).

800) 의병(義兵): 국가가 외침을 받아 위급할 때 국민이 자발적으로 조직하는 자위군. 국가의 명령이나 징발을 기다리지 않고 자원 종군하는 민군(民軍)이다. 의병의 전통은 이미 삼국시대부터 비롯되었으며, 고려·조선시대를 거쳐 조선 말기에까지 이르렀다. 특히 조선 말기의 의병은 항일 독립군의 모태가 되었다. 이같이 오랜 의병의 역사로 인하여 특유의 의병 정신이 조성되어, 승패를 가리지 않고 죽음을 결심하고 과감히 전투하는 것을 의병의 본분이라 여기게 되었다. 나아가 의병 정신이 곧 한민족의 특성이라고까지 믿게 되었다. 이러한 믿음을 피력한 학자로 박은식(朴殷植, 1859~1926)을 들 수 있다. 그는 "의병은 우리 민족의 국수(國粹)요 국성(國性)이다"라고 하면서 "나라는 멸할 수 있어도 의병은 멸할 수 없다"고 말하였다. 즉, 우리 민족은 역대 항중(抗中)·항몽(抗蒙)·항청(抗淸)·항일(抗日)의 투쟁 속에서 무력이 강한 국민성을 갖게 되었고, 이 때문에 어느 침략자로부터도 정복당하거나 굴복하여 동화되는 일이 없었다는 것이다. 의병의 역사에서 가장 탁월한 활동을 보여준 것은 임진·병자 양란의 의병과 한말의 의병이었다([출처:의병(義兵)-한국민족문화대백과사전]).

801) 융희(隆熙): 대한제국의 마지막 연호. 조선의 끝 왕 순종(純宗) 즉위년인 1907년부터 1910년의 한·일합방 때까지 사용되었다.

자산 안확 연보와 주요 논저

802) 안확의 논저 및 연보 작성은 다음을 참고하였다. 崔元植, 「安自山 著作 目錄」(安自山의 國學- 朝鮮文學史를 中心으로), 『心象』8, 心象社, 1981; 권오성, 「安自山의 朝鮮音樂硏究 關聯 著述 目錄」, 「安廓(自山)의 國樂硏究에 對한 考察」, 『韓國傳統音樂 論究』, 고대 민족문화연구소 출판부, 1990; 金倉圭, 「附錄, 自山의 國文學硏究에 대한 先行의成果考」, 『論文集』, 대구교대, 1992; 崔元植·丁海廉 編譯, 『安自山國學論選集』, 현대실학사, 1996; 鄭承喆, 「자산 안확의 논저목록」, 『자산 안확의 생애와 국어 연구』, 2013.

803) 안필주(安必周)는 '천하장안(천희연千喜然, 하청일河淸一, 장순규張淳奎, 안필주安必

周의 성을 딴 것)'의 한 명으로, 흥선대원군은 실권을 잡기 직전부터 중인 신분의 사람들과 어울려 다닌 것으로 유명하고, 대원군이 된 이후에도 흥선대원군의 심복으로 활약했다고 한다.

참고문헌

단행본

공임순, 『3·1과 반탁 - 한반도의 운명적 전환과 문화권력』, 앨피, 2020, 346쪽.

안확 지음/송강호 역주, 『조선문명사 朝鮮文明史』(우리국학총서 6), 우리역사연구재단, 2015.

최형국, 『제국의 몸, 식민의 무예』, 민속원, 2020.3, 208쪽.

한국국학진흥원 국학자료부 편, 『(자산 안확 저작 자료집) 자각론·개조론, 정승교 해설·윤문』, 한국국학진흥원(안동), 2003, 282쪽.

정승철, 최형용, 『안확의 국어 연구』, 박이정, 2015, 350쪽.

안확 지음/심승구 옮김, 『(자산 안확의) 조선무사영웅전朝鮮武士英雄傳』(근현대 국학자료 총서; 4), 한국국학진흥원(안동), 2005, 396쪽.

정승철·최형용, 『안확의 국어 연구』, 박이정, 2015, 전자자료(Application) PDF, 350쪽.

安廓(著), 權五聖·李泰鎭·崔元植(編), 『自山安廓國學論著集: 第1部 著書類』1-1 (朝鮮文法)(朝鮮武士英雄傳)(自覺論), 驪江出版社, 1994.

安廓(著), 權五聖·李泰鎭·崔元植(編), 『自山安廓國學論著集: 第1部 著書類』1-2 (朝鮮文學史)(朝鮮文明史), 驪江出版社, 1994.

安廓(著), 權五聖·李泰鎭·崔元植(編), 『自山安廓國學論著集: 第1部 著書類』1-3 (時調詩學), 驪江出版社, 1994.

安廓(著), 權五聖·李泰鎭·崔元植(編), 『自山安廓國學論著集: 第2部 論文·論說· 詩文類』2-1(朝鮮哲學思想槪觀外)(朝鮮文學의 起源外), 驪江出版社, 1994.

安廓(著), 權五聖·李泰鎭·崔元植(編), 『自山安廓國學論著集: 第2部 論文·論說· 詩文類』2-2(諺文發生前後의 記錄法 外)(自山詩話 外), 驪江出版社, 1994.

安廓(著), 權五聖·李泰鎭·崔元植(編), 『自山安廓國學論著集: 第3部 研究論文篇』 (諺文發生前後의 記錄法 外)(自山詩話 外), 驪江出版社, 1994.

이태진 교, 『朝鮮文明史』(中央新書 109), 중앙일보사, 1983.
崔元植・丁海廉 編譯, 『安自山國學論選集』, 현대실학사, 1996.

강연회

성균관대학교 동아시아학술원, 한국국악진흥원 [편], 『자산 안확 선생 기념강연회』,
성균관대학교 동아시아학술원 : 한국국악진흥원, 2003, 49쪽.
일시 및 장소: 2003년 1월 24일, 성균관대학교 동아시아학술원(2003년 1월의 문화인물).

학위논문

권오성, 『조선음악의 연구』(한국음악자료총서), 한국국악학회, 1980.
김남규, 『한국 근대시의 정형률 논의에 관한 연구: 안확과 김억을 중심으로』,
　　　고려대학교 대학원, 국어국문학과 학위논문(박사), 2017, 160쪽.
金善姬, 『白山 安廓의 文學論 硏究』, 한국교원대학교 대학원: 국어교육학과 초등
　　　국어교육전공 학위논문(석사), 1998, 110쪽.
김은희, 『자산 안확의 국어 연구에 대한 비판적 고찰』, 연세대학교 대학원:
　　　국어국문학과 학위논문(석사), 1995, 99쪽.
金一榮, 『自山 安廓의 地方政治論에 대한 硏究』, 경남대학교 대학원: 정치외교학
　　　과 학위논문(박사), 1998, 141쪽.
金在甲, 『安廓의 歷史認識 연구: 『朝鮮文明史』를 중심으로』, 경기대학교 대학원,
　　　사학과 한국사전공 학위논문(석사), 2006, 52쪽.
柳浚弼, 『自山 安廓의 國學思想과 文學史觀』, 서울大學校 大學院: 國語國文學科
　　　國文學專攻 학위논문(석사), 1991, 80쪽.
송영국, 『안확(安廓)의 국악 이론 연구: ‘朝鮮音樂의 硏究’를 중심으로』, 중앙
　　　대학교 대학원: 음악학과 국악이론전공 학위논문(석사), 1994, 47장.
이종두, 『안확의 ‘문명적’ 민족주의』, 고려대학교 대학원, 정치외교학과 학위논문
　　　(석사), 2009, 163쪽.
河泰碩, 『國學派의 時調論 硏究: 安廓.李秉岐의 時調論을 中心으로』, 고려대학교

대학원: 국어국문학과 학위논문(석사), 1997, 71쪽.

논문

공임순, 「안확과 개조론 세계어로서의 개조와 자기 민족지의 생성 논리」, 『민족문학사연구』(64), 197~233쪽, 민족문학사연구소, 2017.8

權五聖, 「安廓(自山)의 國樂硏究에 對한 考察」, 『韓國 傳統音樂 論究』, 고대민족문화연구소 출판부, 1990(『自山安廓國學論著集』6(제3부　硏究論文篇), 여강출판사, 1994, 173~190쪽에 재수록).

권오성, 「안확(자산)의 국악연구에 대한 고찰」, 김선풍 외『한국 민속학 인물사』, 보고사, 2004.

김남규, 「'현대시조'라는 이념과 '율'의 문제-안확의 시조시학(1940)을 중심으로」, 『한국시학연구』(47), 231~261쪽, 한국시학회, 2016.8

김남규, 「시와 시가의 경계에서 기획된 조선 시형이라는 이념:이병기, 안확, 김억의 논의를 중심으로」, 『Journal of Korean Cuiture』, 313~348쪽, 한국어문학국제학술포럼, 2017.2

金伯哲, 「오래된 미래 교과서 : 안확의 『조선문명사』」, 『東아시아 古代學』50, 193~224쪽, 東아시아 古代學會, 2018.6

김병문, 「과학으로서의 언어학이라는 난점(2)- 안확의 1910~20년대 조선어 연구를 중심으로, 『동방학지』191, 161~185쪽, 국학연구원, 2020.6

金富宣, 「安廓의 朝鮮文學史에 나타난 '自覺的 統一' 史觀 小考」, 『韓國文化硏究』 제2집, 485~505, 경기대학교 한국문화연구소, 1985.

金相善, 「自山 安廓 時調論」, 『月山 任東權博士 頌壽紀念 論文集』(國語國文學篇), 265~283, 집문당, 1986.

김수현, 「自山 安廓의 음악론에 관한 고찰」, 『溫知論叢』9, 275~326, 溫知學會, 2003.

김용국, 「자산 안확의 조선무사영웅전에 대한 체육교육학적 가치 탐색」, 『한국체육교육학회지』18(3), 81~90쪽, 2013.11

김웅진, 「일제 강점기 민주주의 담론에 반영된 민주주의 개념의 변용 양상: 자산 안확(自山 安廓)과 '신지식인(新知識人)'의 담론을 중심으로」, 『비교민주 주의연구』13(2), 5~44쪽, 민주주의와자치연구소, 2017.12

김은자, 「안확의 조선 무용사 서술내용 및 인식태도」, 『동양음악』(구 민족음악 학)43, 9~38쪽, 동양음악연구소, 2018.6

金倉圭, 「自山의 國文學硏究에 대한 先行的 成果考」, 『論文集』, 대구교대, 1992.

金倉圭, 「自山의 國文學硏究에 成果에 대한 考察」, 『自山安廓國學論著集』6(제3 부 硏究論文篇), 여강출판사, 1994, 191~248쪽.

김창원, 「근현대 고시조 앤솔로지의 편찬과 고시조 정전화 과정-육당, 자산, 가람 을 대상으로-」, 『우리어문연구』(51), 51~71쪽, 우리어문학회, 2015.1

김태웅, 「고시조 앤솔로지 편찬 방법 연구- 자산 안확의 〈모범의 고시조〉를 중심으로-」, 『시조학논총』(43), 667~94쪽, 한국시조학회, 2015.7

김현양, 「안확의 '조선민족담론'과 상호중심주의 『조선문학사』와 『조선문명사』를 중 심으로」, 『민족문학사연구』(64), 157~176쪽, 민족문학사연구소, 2017.8.

김형태, 「안확의 『조선문학사』 중 시가(詩歌)문학 서술 방식 고찰」, 『민족문학사 연구』(64), 177~195쪽, 민족문학사연구소, 2017.8

김호직·최연식, 「자산 안확(自山 安廓)의 조선 민족사에 대한 이원적 접근 - 〈조선문학사〉와 〈조선문명사〉를 중심으로-」, 『동양고전연구』67, 259~296쪽, 동양고전학회, 2017.6

류시현, 「1910~1920년대 전반기의 안확의 '개조론'과 조선 문화 연구」, 『역사문 제연구』13(1), 45~75쪽, 역사문제연구소, 2009.4(『한국 근현대와 문화 감성』, 전남대출판부, 2014 재수록).

류시현, 「안확 《조선문명사》(1923) - 민족사와 문명사 그리고 정체성 찾기」, 김기승 외 『인문학의 싹-오늘의 한국 인문학을 있게 한 인문고전 12선-』, 인물과사상사, 2011.4

柳浚弼, 「自山 安廓의 國學思想과 文學史觀」, 『自山安廓國學論著集』6(제3부 硏究論文篇), 여강출판사, 1994, 101~172쪽.

류준필, 「1910~20년대 초 한국에서 자국학 이념의 형성 과정-최남선과 안확을 중심으로」, 대동문화연구(52), 35~61쪽, 대동문화연구원, 2005.12

박노자, 「자산 안확에게 있어서의 민족·무도(武道)·역사」, 『열상고전연구』(27),
41~72쪽, 열상고전연구회, 2008.6

박노자, 「민족의 위대성과 타민족의 정복: 안확의 민족담론」, 임지현 외 『근대
한국, 제국과 민족의 교차로』, 책과함께, 2011

박상규, 「自山 安廓論 -생애와 그의 민속관을 중심으로-」, 『韓國民俗學』28, 164~
192쪽, 民俗學會, 1996.

박홍식, 「일제강점기 『신천지』에 발표된 안확의 「조선철학사상개관(朝鮮哲學思想
槪觀)」에 대한 고찰」, 『동북아문화연구』16, 109~129쪽, 동북아시아문화
학회, 2008.9

배성우, 「안확의 (수정)조선문법」, 『우리어문연구』(23), 7~28쪽, 우리어문학회,
2004.12

배은희, 「자산 안확의 시조론 연구」, 『시조학논총』(30), 219~240쪽, 한국시조학회,
2009.1

배은희, 「1930년대 시조담론 고찰-안확과 조윤제의 시가(詩歌) 인식을 중심으로」,
『시조학논총』(38), 49~75쪽, 한국시조학회, 2013.1

배은희, 「1930년대 시조담론 연구-안확, 이병기, 조윤제를 중심으로-」, 『시조학
논총』(49), 73~98쪽, 한국시조학회, 2018.7

徐俊燮, 「安自山의 '朝鮮文學史'에 대하여」, 『국어교육』35, 한국국어교육연구회,
1979.12

서형범, 「1910~20년대 自山 安廓의 國學硏究를 통해 본 近代 知識人의 主體的
自己 理解」, 『어문연구(語文硏究)』38(3), 255~275쪽, 2010.9

신경숙, 「안확이 주도한 아악부 『가집』의 편찬 방식- 이본 처리 방식을 중심으로」,
『민족문화연구』74, 127~160쪽, 민족문화연구원, 2017.2

안외순, 「안확(安廓)의 조선 정치사 독법: 조선문명사를 중심으로」, 『온지논총』20,
235~256쪽, 온지학회, 2008.9

양승태, 「安國善과 安廓의 근대 정치학 수용 비교 분석」, 『온지논총』17, 119~
150쪽, 온지학회, 2007.9

이경돈, 「근대문학의 이념과 문학의 관습- 文學이란 何오?와 朝鮮의 文學을 중심
으로」, 『민족문학사연구』26, 231~158쪽, 민족문학사연구소, 2004.11

李基文, 「安自山의 國語研究- 특히 그의 周時經 批判에 대하여-」, 『周時經學報』2, 1988(『自山安廓國學論著集』6(제3부　研究論文篇), 여강출판사, 1994, 77~99쪽에 재수록).

이난수, 「안확의 조선미(朝鮮美) 탐구」, 『유교사상문화연구』72, 241~271쪽, 한국유교학회, 2018.6

李東英, 「安自山(廓) 硏究」, 『論文集』2(也靑 崔海淸先生華甲紀念特輯), 靑丘大學 工業高等專門學校, 1965.

이민식, 「안확과 구미 첫 연주 국악곡」, 『개화기의 한국과 미국 관계』, 한국학술 정보, 2009.

이상현, 「고전어와 근대어의 분기 그리고 불가능한 대화의 지점들-조선문학 사(1922) 출현의 근대 학술사적 문맥, 다카하시게일의 한국(어)문학론」, 『코기토』73, 56~113쪽, 인문학연구소, 2013.2

이선이, 「근대 초 조선민족성과 조선미의식 담론의 논리화 방식: 안확(安廓) 과 야나기 무네요시(柳宗悅)를 중심으로」, 『비교문화연구』25, 267~290쪽, 비교문화연구소, 2011.12

이은경, 「안확의 《중등교육 대한문법》(1910)에 대하여」, 『國語學』(79), 31~ 65쪽, 국어학회, 2016.9

이은상, 「잊을 수 없는 스승-自山 安廓 先生」, 『無常 外』(三中堂文庫 064), 삼중당, 1975.

이종두, 「안확의 조선문학사와 조선문명사 비교연구」, 『대동문화연구』(73), 283~313쪽, 대동문화연구원, 2011.3

李泰鎭, 「安廓(1881~1946?)의 生涯와 國學世界」, 『歷史와 人間의 對應- 高柄翊 先生 回甲紀念 史學論叢』, 771~811, 고병익선생 회갑기념 사학논총 간행위원회, 1984(『自山安廓國學論著集』6(제3부 研究論文篇), 여강출판사, 1994, 11~58쪽에 재수록).

李泰鎭, 「安廓」, 『한국사시민강좌 5』, 135~162, 일조각, 1989.

李泰鎭, 「安廓의 生涯와 國學世界」, 『自山安廓國學論著集 六』(第三部 研究論著集), 여강출판사, 1994, 11~58쪽.

이행훈, 「안확의 '조선' 인식과 '조선철학'」, 『한국철학논집』50, 171~200쪽, 한국철학사연구회, 2016.8

임상선, 「안확의 저술에 나타난 한국고대사 계승 인식」, 『한국고대사 계승인식2』 (근현대편), 동북아역사재단, 377쪽, 2019.12

장만호, 「국학의 이념과 근대시의 거절-최남선과 안확의 시조론을 중심으로-」, 『한국학연구』39, 187~208쪽, 한국학연구소, 2011.12

張錫興, 「안확」, 조동걸·한영우·박찬승 엮음, 『한국의 역사가와 역사학(下)』 (창비신서 127), 창작과비평사, 1994, 143~153쪽.

장효현, 「安廓의 國學과 學問精神 -《自山 安廓 國學論著集》서평」, 『한국고전문학의 시각』, 고려대학교출판부, 2010

鄭肯植, 「自山 安廓의 韓國法史 理解-조선문명사를 중심으로」, 『서울대학교法學』 38권3/4호, 서울대법학연구소, 1997

鄭肯植, 「自山 安廓의 韓國法史 理解」, 『韓國近代法史攷』, 博英社, 2002

정승교, 「근대전환기 최한기와 안확의 인식론과 실천론」, 『시대와 인물, 그리고 사회의식』(이태진 교수 정년기념논총 간행위원회 편), 태학사, 2009

정승철, 「安廓의 『朝鮮文法』(1917)에 대하여」, 『한국문화』58, 179~195쪽, 규장각 한국학연구원, 2012.6

정승철, 「自山 安廓의 생애와 국어 연구」, 『진단학보』116, 241~265쪽, 진단학회, 2012.12(송철의·김명호·양승국, 『한국 근대 초기의 어문학자』, 태학사, 2013 재수록).

조동걸, 「민족사학의 분류와 성격」, 『한국 민족주의의 발전과 독립운동사연구』, 지식산업사, 1992.

조윤제, 「安廓의 朝鮮文學史의 突現', 〈陶南遺稿〉, 『陶南學報』3, 1980.

趙彙珏, 「自山 安廓의 民族主義 思想硏究」, 『인천대학교 논문집』제13집, 253~272, 인천대학교, 1989.

崔範勳, 「自山 安廓의 國語學上의 位置」, 『朴恩用博士回甲紀念論叢』(韓國語學과 알타이語學), 1987.

최형국, 「『朝鮮武士英雄傳』의 저술 의미와 근대적 신체인식」, 『무예연구』13(1), 1~25쪽, 한국무예학회, 2019.2

崔元植, 「安自山의 國學-朝鮮文學史를 중심으로」, 『心象』81(8), 心象社, 1981 (『自山安廓國學論著集』6(제3부 硏究論文篇), 여강출판사, 1994, 59~76

쪽에 재수록).

최형용, 「안확(安廓)과 수사(數詞)-초판본 <조선문법(朝鮮文法)>(1917)을 중심으로-」, 『한중인문학연구』44, 231~254쪽, 한중인문학회, 2014.9

최호영, 「자산(自山) 안확(安廓)의 내적 개조론과 '조선적 문화주의'의 기획」, 『한국민족문화』64, 113~143쪽, 한국민족문화연구소, 2017.8

韓永愚, 「韓國 近代歷史學과 朝鮮時代史 理解-申采浩·金敎獻·安廓의 朝鮮時代史 理解-」, 『人文科學의 새로운 方向』(서울大學校 人文科學硏究所편), 서울大學校 出版部, 1984.

한영우, 「한국근대역사학과 조선시대사 이해-안확의 조선시대사 이해-」, 『인문과학의 새로운 방향』, 서울대학교출판부, 1984.

韓永愚, 「1920年代 安廓의 民族主義 文化史敍述」, 『韓國民族主義歷史學』, 一潮閣, 1994.

한영우, 「1920년대 안확의 민족주의적 문화사연구」, 『역사학의 역사』, 259~265쪽, 지식산업사, 2002.

기타

金龍德, 『韓國史의 探究』(乙酉文庫 61), 1971.

이홍규 지음, 『한국인의 기원』, 우리역사연구재단, 2010.

한국문화상징사전편찬위원회, 『한국문화상징사전』, 동아출판사, 1992.

尹昌鉉, 『朝鮮氏族統譜』, 漢城圖書株式會社, 1922.

이병도, 『국사대관』, 동지사, 1949.

장상철·강경희 편, 『새로 쓴 국사사전』, 교문사, 1999.

진단학회, 『한국사』(중세 편), 을유문화사, 1961.

역주자 후기

해방 후 70년이나 지난 지금까지도 아직도 한국사학계는 식민사학(植民史學)과 유사사학(類似史學) 논쟁으로 들끓는다. 수년 전에는 국사교과서의 국정화(國定化) 논쟁도 있었다. 한국 정치의 진보논쟁 못지않게 평행선을 달리는 공방(攻防)은 그칠 날이 없는 것이다. 이러한 즈음에 한국통사(韓國通史)에 대한 전반적 인식(認識)과 이해(理解)가 선행(先行)되어야 한다는 믿음에서 이 책의 역주 작업은 시도되었다. 아직도 일제 청산 운운(云云)하는 것은 진부(陳腐)하다. 그러나 일제시대에 쓰여진 한국사 관련 서적은 도서관의 깊은 서고(書庫)에 갇혀 있다. 이들 사서(史書)를 끄집어내어 넓고 깊게 섭렵(涉獵)하는 일이 필요하다는 점이다.

1922년에 쓰고 1923년 출간된 자산 안확의 『조선문명사』는 1919년 3·1운동 이후 문화통치가 시작된 시기에 나온 한국통사(韓國通史)의 전형(典型)을 보여주는 책으로 올해는 출간 백주년이 되는 해이기도 하다. 또한 우리 민족의 자치제(自治制)의 기원과 역사를 드러낸 역저(力著)임엔 틀림없다.

국한문(國漢文) 혼용(混用)의 이 책은 쉽게 읽힐 것 같지만 정독(精讀)과 숙독(熟讀)을 거쳐야만 하는, 읽기에 상당한 시간과 공력(功力)을 필요로 한다. 우리말이 많이 보여 쉽게 읽을 수 있을 것 같아 보이지만 지금은 쓰지 않는 용어와 표현 등이 수두룩하기 때문이다. 원문도 오식(誤植)이 상당하여 바로잡는 일도 많았고 활자 인쇄 상태도 양호(良好)하지 못하여 판독에 어려움도 적지 않았다.

이 책은 이태진 서울대 명예교수의 『조선문명사』(1983, 중앙일보사)가 있었고 최근에는 고려대 민족문화연구원 송강호 연구원의 『조선문명사』(2015, 우리역사연구재단)가 있었다. 선행(先行) 저작(著作)으로는 부족함이 없다 하겠으나 이 두 역주서는 보다 치밀하고도 정교한 작업의 부족함, 무리한 대중서(大衆書) 지향이라는 한계점을 갖고 있다고 보았다. 그러한 생각으로 이 역주본은 주석(註釋)을 상당히 보완(補完)하였고 이 책 한 권 읽기는 안확의 『조선문명사』를 일독함은 물론 한국사 일반의 관련 연구결과도 엿볼 수 있도록 최대한의 열(熱)과 성(誠)을 다하려고 했다. 아울러 역주만 아니라 앞서 밝혔듯이 다수의 오식(誤植)을 수정하고 아울러 정오(正誤)의 확인과 주석을 단 원본을 수록하였다. 이미 밝힌 바와 같이 원문 자체가 워낙 인쇄 상태가 좋지 않아 판독(判讀)이 어려운 글자들 또한 적지 않았기에 책의 분량이 많아져서 독자 입장에서는 다소 불편할 수도 있겠지만 원문 수록이 필요하다고 판단(判斷)하였다.

원문을 번역함에 있어 의역을 가급적 피하고 직역의 범주를 크게 벗어나지 않으려 했다. 지금은 쓰지 않는 용어는 현재 상용하고 있는 용어로 대체하려 하였으나 당시의 용어로 현재에도 이해가 가능한 것은 그대로 옮겼다. 그러함에도 일반 현대인이 읽어 이해하기 어렵다는 사실은 역주자만이 아니라 역주자와 소통(疏通)했던 필자의 지인들에게는 그야말로 놀라운 일이었다. 역사는 아카이브(archives)도 중요하지만, 텍스트는 끊임없이 재해석(再解釋)되고 기술(記述)되어야 함을 절실히 느낀다.

역주자는 출판계에서 오랫동안 종사해왔다. 따라서 이러한 책이 시장에서 그다지 환영받지 못할 것이라는 냉철(冷徹)한 상황인식(狀況認識)이 있다. 그러나 일제시기의 대표적인 한국통사로 손색(遜色)이 없는 이 책이 끊임없이 전수(傳授)되고 회자(膾炙)되어야 할 책이라는 생각에는 추호(秋毫)의 주저(躊躇)함이 있을 수는 없다는 생각이다.

찾아보기